DAS PFENNIG-MAGAZIN
DER GESELLSCHAFT ZUR VERBREITUNG
GEMEINNÜTZIGER KENNTNISSE.
1839.

DELPHI 1017.

NEU VERLEGT BEI FRANZ GRENO, NÖRDLINGEN 1985.

Herausgegeben von Reinhard Kaiser.

Die Reproduktion erfolgte
nach dem Hand-Exemplar von Arno Schmidt
mit freundlicher Genehmigung
der Arno-Schmidt-Stiftung, Bargfeld.

Reproduktionen G. Mayr, Donauwörth
und G. Bergmann, Frankfurt/Main.
Gedruckt und gebunden bei Wagner GmbH, Nördlingen.
Printed in Germany.

ISBN 3921568544.

Das

Pfennig-Magazin

der

Gesellschaft

zur

Verbreitung gemeinnütziger Kenntnisse.

Siebenter Band.
Nr. 301—352.

Leipzig,
In der Expedition des Pfennig-Magazins.
(F. A. Brockhaus.)

1839

Inhaltsverzeichniß des siebenten Jahrganges.

Zur bequemen Übersicht der mit Abbildungen versehenen Artikel sind die Titel derselben mit gesperrter Schrift gedruckt; die mit [ ] versehenen Ziffern weisen die Nummer des Stücks nach, die am Ende der Zeilen stehenden die Seitenzahl.

Das Pfennig-Magazin

für

Verbreitung gemeinnütziger Kenntnisse.

301.]   Erſcheint jeden Sonnabend.   [Januar 5, **1839.**

Nikolaus, Kaiſer von Rußland.

Der Beherrſcher des mächtigſten Reiches der Erde, Nikolaus I. Paulowitſch, Kaiſer und Selbſtherrſcher von Rußland und König von Polen, wurde am 6. Juli 1796 geboren und iſt der dritte Sohn des 1801 geſtorbenen Kaiſers Paul I., der wenige Monate nach der Geburt von Nikolaus den ruſſiſchen Thron beſtieg, und der 1828 geſtorbenen Kaiſerin Marie, geborenen Prinzeſſin von Würtemberg. Zugleich mit ſeinem nur 1½ Jahr jüngern Bruder Michael wurde er unter Leitung ſeiner Mutter von dem General Lamsdorf erzogen, außerdem von dem Collegienrath Storch und dem Staatsrath von Adelung unterrichtet, und machte durch Fleiß und Eifer ſchnelle Fortſchritte. Als bald nach dem Abſchluſſe des zweiten pariſer Friedens ſeine Erziehung vollendet war, bereiſte er einen Theil von Europa, ſpäter ſein eigenes Vaterland. Am 13. Juli 1817 vermählte er ſich zu Petersburg mit der älteſten Tochter des Königs von Preußen, Charlotte, geboren 13. Juli 1798, die vorher zur griechiſchen Kirche übergetreten war und ihren frühern Namen mit dem Namen Alexandra Feodorowna vertauſcht hatte. Er hatte die Prinzeſſin auf ſeiner Reiſe in Berlin kennen gelernt und gegenſeitige Neigung hatte dieſes Band geknüpft, was von den Heirathen der Fürſten bekanntlich nicht immer geſagt werden kann. In den erſten acht Jahren nach ſeiner Vermählung lebte er fern von den Staatsgeſchäften nur ſeinem häuslichen Glücke und beſchäftigte ſich viel mit den Künſten, namentlich mit der dramatiſchen Kunſt und der Muſik, in welcher er ſich ſogar als Componiſt von Militairmärſchen für die unter ſeinen Befehlen ſtehenden Truppen verſuchte.

Der Tod ſeines um 19 Jahre ältern Bruders, des Kaiſers Alexander I., welcher zu Taganrog im ſüdlichen Rußland, fern von der Hauptſtadt, am 1. December 1825 plötzlich hinweggerafft wurde, entriß ihn ſeiner Zurückgezogenheit. Da Alexander kinderlos ſtarb, so gelangte die Krone von Rechts wegen nach der Ord= nung der Thronfolge an seinen Bruder Konstantin, der sich als Vicekönig in Polen befand; dieser wurde daher am 9. December 1825 in Petersburg als Kaiser ausgerufen und Nikolaus leistete ihm den Eid der Treue. Unmittelbar darauf fand sich jedoch eine Urkunde vor, nach welcher Konstantin bereits am 26. Januar 1822 seinem Rechte auf die Thronfolge entsagt und Kaiser Alexander seine Verzichtleistung förmlich genehmigt hatte, und da Kon= stantin seine Entsagung feierlich wiederholte, so über= nahm Nikolaus die Kaiserwürde und trat durch ein Manifest vom 24. December 1825 die Regierung an. Schon wenige Tage nachher hatte er Gelegenheit, zu be= weisen, daß er die zur Regierung eines so ungeheuern Reiches erfoderlichen Eigenschaften wirklich besitze. Am 26. December kam nämlich eine lange vorbereitete Ver= schwörung zum Ausbruch, indem ein Theil der Garde nur Konstantin als Kaiser anerkennen wollte, und nur durch den besonnenen Muth und die Entschlossenheit des jungen Fürsten, der den Thron soeben erst bestie= gen hatte, gelang es, den Aufstand noch an demsel= ben Tage ohne weiteres Blutvergießen zu unterdrücken. Allgemein als Kaiser anerkannt, wurde Nikolaus am 3. September 1826 zu Moskau als Kaiser, als Kö= nig oder Zar von Polen aber am 24. Mai 1829 zu Warschau gekrönt. Hatte gleich anfangs sein Beneh= men während der Empörung in der Hauptstadt ihn bei den Russen in Achtung gesetzt, so entwickelte er später immer mehr alle Eigenschaften, die geeignet waren, ihm die Liebe und Verehrung aller Classen der Nation zu erwerben und zu sichern. Auf der einen Seite ener= gisch, unbeugsam, streng gegen Übelthäter und Empö= rer, zeigte er sich auf der andern Seite gerecht, freige= big und wohlthätig, in hohem Grade leutselig und her= ablassend, namentlich gegen den gemeinen Mann, der ihn daher fast vergöttert, und gegen die Soldaten. Den Staatsgeschäften widmet er sich mit unermüdlichem Ei= fer, vor Allem aber wendet er dem Militairwesen eine in das kleinste Detail eingehende Sorgfalt zu, durch welche es ihm gelungen ist, seine ungeheure Armee auf eine sehr hohe Stufe der Vollkommenheit zu erheben. Aber nicht minder befördert und unterstützt er Künste und Wissenschaften und läßt es sein angelegentliches Bestreben sein, die der Cultur theilweise noch so sehr bedürfende russische Nation nach und nach aller Wohl= thaten der Civilisation theilhaftig zu machen und auf gleichen Rang mit den übrigen Völkern des gebildeten Europas zu erheben. Auf seinen zahlreichen Reisen im Auslande, besonders in Deutschland, erregte er durch seine wahrhaft kaiserliche Freigebigkeit, durch die außer= ordentliche Schnelligkeit, mit der er von einem Orte zum andern eilte und ankam, wo und wann man ihn am wenigsten erwartete, um durch seinen Besuch zu überraschen, nicht minder durch sein schönes, männliches Äußere überall großes Aufsehen. Im Jahre 1838 brachte er nebst seiner seit Jahren sehr kränklichen Gemahlin, die in Kreuth in Baiern eine Badecur brauchte, einen großen Theil des Sommers in Deutschland zu, besonders in Berlin, München und Teplitz, und stattete auch sei= nem Nachbar, dem greisen Könige von Schweden, in der Hauptstadt desselben unerwartet einen Besuch ab.

Die Familie des Kaiserpaares besteht gegenwärtig aus vier Söhnen und drei Töchtern; drei andere Töch= ter starben bald nach ihrer Geburt. Der älteste Sohn, Alexander, geboren 29. April 1818, wurde 1825 zum Großfürst Thronfolger und am 4. Mai 1834 für voll= jährig erklärt; nach Vollendung seiner Erziehung befin= det er sich seit dem vorigen Jahre auf Reisen (gegen=

wärtig in Italien). Die übrigen Söhne sind: Kon= stantin, geboren 1827; Nikolaus, geboren 1831; Mi= chael, geboren 1832. Die älteste Tochter, Maria, ge= boren 1819, wurde am 4. November 1838 in Zarskoje= Selo mit dem Herzog Maximilian von Leuchtenberg, geboren 1817, dem zweiten Sohne von Napoleon's Stief= sohn Eugen Beauharnais, verlobt. Die beiden andern Töchter sind Olga, geb. 1822, und Alexandra, geb. 1825.

Der südamerikanische Kuhbaum.

Der Palo de Vaca oder Kuhbaum, ein milchgebender Baum von riesenmäßiger Größe, übertrifft die Amher= stie mit ihrem Scharlachbaldachin, die Arnolds=Rafflesia mit ihrer neunfüßigen Scheibe, ja selbst das neueste bo= tanische Wunder, die Victoria Regina in Guiana*), an Erhabenheit und Brauchbarkeit beiweitem. Er wurde im Jahre 1785 von dem Östreicher Bredemeyer, drei Tagereisen östlich von Caracas, entdeckt. Merkwürdig ist er weniger wegen seiner ungeheuern Größe, als we= gen seiner Nutzbarkeit, indem er zugleich Milch und Brot liefert. Die Milch fließt aus Einschnitten in der Rinde; das Brot wird aus der Rinde gebacken und soll mit dem Weizenbrote einige Ähnlichkeit haben. Der Stamm hat oft noch in Manneshöhe über den Wur= zeln 7 Fuß im Durchmesser und von der Wurzel bis zum ersten Aste 100 Fuß Höhe. Die Milch wird überall von den Eingeborenen benutzt, gleicht im Ge= schmack der süßen Sahne und hat einen angenehmen aromatischen Geruch. Auf einem englischen Schiffe be= diente man sich ihrer lange Zeit und fand sie in jeder Beziehung der Kuhmilch ähnlich; sie übertraf dieselbe darin, daß sie keiner chemischen Veränderung unterlag und keine Neigung zum Sauerwerden zeigte. Nach drei Tagen wurde sie nach oben durchsichtiger und machte einen weißlichen, geronnenen Niederschlag, der sich als vegetabilisches Wachs erwies. Nach den neuesten Nach= richten des Engländers Porter über diesen Baum ist die Milch zwar ebenso süß und schmackhaft als thieri= sche Milch, aber auf der Zunge bleibt eine leichte Bit= terkeit und auf den Lippen eine beträchtliche Klebrigkeit zurück.

Luftbäder.

In die Reihe der Heilmittel scheint abermals ein neues und zwar sehr wirksames einzutreten, nämlich die ver= dichtete oder comprimirte Luft, welche neuerlich mehre französische Ärzte mit gutem Erfolg bei der Behand= lung verschiedener Krankheiten angewandt haben. Das Mittel ist höchst einfach und wird nur von dem kalten Wasser an Einfachheit übertroffen; es ist nichts Ande= res als gewöhnliche Luft, aber verdichtet, wie diejenige, die zum Abschießen einer Windbüchse dient. Der Arzt Tabarié in Paris läßt jetzt einen vollständigen Appa= rat zur Anwendung verdichteter Luft anfertigen; seine Luftbäder werden mittels großer hermetisch verschlossener Glocken gegeben, in denen der Kranke sich befindet, während die Luft darin mittels einer Compressionspumpe verdichtet wird. Ein anderer sehr ausgezeichneter Arzt, Dr. Pravaz in Lyon, Director einer orthopädischen An= stalt, hat ebenfalls viele Versuche mit verdichteter Luft angestellt. Er hat gefunden, daß das pneumatische Bad, wie er es nennt, nicht nur bei Bleichsucht, Taubheit und überhaupt den sogenannten asthenischen Krankheiten

*) Vergl. Pfennig=Magazin Nr. 280.

heilsam ist, sondern auch fast augenblicklich Blutflüsse, wie Blutspucken, Nasenbluten u. s. w. hemmt. Vorzüglich aber schien ihm das Luftbad vortheilhafte Änderungen in der Constitution schwächlicher junger Personen, die eine erbliche oder durch die Enge ihrer Brust bedingte Anlage zu Brustgeschwüren hatten, hervorzubringen. Nach seiner Meinung wirkt die verdichtete Luft hierbei dadurch heilsam, daß sie mechanisch die Lungenkanäle und die feinen Gefäße dieses Organs erweitert; der vermehrte Luftdruck vergrößert die Oberfläche der Lunge, welche Sauerstoff einsaugt, liefert ihr zu gleicher Zeit in einem gleichen Rauminhalte eine größere Menge dieses belebenden Stoffes und befördert dadurch die Verwandlung des Nahrungssafts in Blut und die Ernährung. Hiernach scheint es, als ob man sich von diesem neuen Mittel, dessen Wirkungen bald genauer erforscht sein werden, nicht wenig zu versprechen hätte.

Leipzig.

In der Mitte Deutschlands, in einer zwar flachen und reizlosen, aber fruchtbaren und wohlangebauten Gegend, erhebt sich eine Stadt, die allerdings ihrem Umfange nach ziemlich klein ist, aber ihrer Bevölkerung, ihrer Universität, ihres Handels, sowie nicht minder der mit ihr verknüpften historischen Erinnerungen wegen den bedeutendsten und merkwürdigsten Städten Deutschlands beigezählt werden muß und eine Celebrität erlangt hat, die nicht auf die Grenzen unsers Erdtheils beschränkt ist. Gewiß würde wol jeder Leser auch ohne die Überschrift aus diesen Angaben sogleich errathen, daß damit diejenige Stadt gemeint ist, deren Namen das Haupt jeder Nummer dieser Blätter bildet; ja ohne Zweifel kennt ein großer Theil der Leser dieselbe durch eigne Anschauung, und fast möchte es daher überflüssig scheinen, ihr einen eignen Artikel zu widmen, wenn sie sich nicht im Verlauf weniger Jahre fast bis zur Unkenntlichkeit verändert hätte, sodaß grade die schönsten Zierden der Stadt, auf welche sie mit Recht stolz sein darf, Demjenigen unbekannt sind, der sie seit zehn Jahren nicht besucht hat, abgesehen davon, daß schon die Billigkeit erheischt, Leipzig nicht mit Stillschweigen zu übergehen, nachdem von so mancher weniger wichtigen Stadt des In= und Auslandes die Rede gewesen ist.

Leipzig liegt im nordwestlichen Winkel Sachsens, unter 51° 20′ nördl. Breite und 30° 2′ östl. Länge, 334 Fuß über dem Meeresfläche, nur zwei Stunden von der Grenze des Königreichs entfernt. Statt eines größern, schiffbaren Stromes durchschneiden drei kleine Flüsse, die (weiße) Elster, die Pleiße und die Parthe, von denen der letzte in den zweiten, dieser in den ersten und die Elster in die Saale fällt, das Gebiet der Stadt und bilden mit ihren mancherlei Armen ein ziemlich zusammengesetztes Wassersystem. Die Zahl der Häuser betrug nach der neuesten Zählung vom 1. December 1837 1472, worunter 19 unbewohnte, ist aber seitdem durch Neubauten schon wieder bedeutend gestiegen; die Zahl der Einwohner betrug zu demselben Zeitpunkte 47,514, in 9190 Haushaltungen, sodaß im Durchschnitt auf jedes bewohnte Haus nicht weniger als 33 Einwohner kommen, woraus man sieht, wie zusammengedrängt die Bevölkerung ist. Von jener Zahl waren 812 Reformirte, 1245 Katholiken, 28 Griechen, 162 Juden, die übrigen Lutheraner. Die innere Stadt, deren Umfang nur 8954 Ellen beträgt, wurde ehemals durch eine Mauer und einen Graben, die beide erst in

der neuesten Zeit verschwunden sind, eingeschlossen und von den Vorstädten, die sich viel weiter als jene ausbreiten, getrennt; jetzt ist nicht nur, nach Abtragung der innern Thore, mit Ausnahme eines einzigen, die innere Stadt mit den Vorstädten zu einem Ganzen verbunden, sondern seit zwei Jahren ist vor den äußern Thoren nach Nordosten und Osten zu ein neuer Anbau entstanden, der einer der schönsten Stadttheile zu werden verspricht und mit so reißender Schnelligkeit wächst, daß das nächste Dorf Reudnitz bald zu einer Vorstadt geworden sein wird.

Kann man im Allgemeinen Leipzig nicht schön und regelmäßig gebaut nennen, so hat es doch eine Menge palastähnlicher Gebäude aufzuweisen und ist namentlich im Laufe der letzten Jahre, wo die Baulust eine früher nie gekannte Höhe erreichte, mit einer bedeutenden Anzahl großer, stattlicher und dabei massiver Gebäude bereichert worden, die der größten Residenz Ehre machen würden. Die Straßen sind freilich nicht nach der Schnur gezogen, wie in neuen Städten, zum Theil etwas eng und wegen der ansehnlichen Höhe der meisten Häuser, die zum Theil sechs bis sieben Stockwerke haben, nicht hell genug, zeichnen sich aber fast durchgängig durch große Reinlichkeit und Sauberkeit aus; der Vorwurf des schlechten Pflasters paßt schon auf viele derselben nicht mehr; Trottoirs sind bis jetzt noch selten. Die schon früher musterhafte Straßenbeleuchtung, welche durch Reverberen geschah, ist neuerdings sehr wesentlich verbessert worden, indem seit dem 4. September 1838 ein Theil der Stadt mit Gas beleuchtet wird, was in nicht gar langer Zeit mit der ganzen Stadt und dem größten Theile der Vorstädte der Fall sein wird. Seitdem muß auch die vor dem hallischen Thore gelegene Gasbeleuchtungsanstalt den Sehenswürdigkeiten Leipzigs beigezählt werden.

Die Mitte der innern Stadt bildet der Marktplatz, von welchem fast alle Hauptstraßen auslaufen. Nur wenige Städte haben Marktplätze, die an Größe mit diesem wetteifern können*); er bildet ein regelmäßiges Oblongum von 450 Fuß Länge und 242 Fuß Breite, hat also einen Flächeninhalt von 109,000 Quadratfuß und kann demnach bequem 25,000 Menschen fassen, weshalb er zu Musterungen öfter, unter Anderm von Napoleon 1813, gebraucht worden ist. Die Ostseite desselben bildet das nicht schöne, aber alterthümliche, mit einem Thurme versehene, in der Abbildung dargestellte Rathhaus, das im Jahre 1556 zum Theil mit den Materialien des frühern in neun Monaten für die äußerst geringe Summe von 11,233 Gulden im neugothischen Geschmacke erbaut worden ist. Das Erdgeschoß enthält eine Menge Kaufläden, die sogenannten Bühnen; im ersten Stockwerke befindet sich ein Saal, der so groß ist, daß Friedrich II. in demselben im siebenjährigen Kriege ein Bataillon Garde exerciren lassen konnte; der Durchgang ist seit dem November 1838 mit Asphalt gepflastert, was als das erste und bis jetzt einzige Beispiel einer Anwendung dieses Verfahrens im Großen, das Leipzig aufzuweisen hat, nicht unerwähnt bleiben darf. Unter den übrigen den Markt einschließenden, größtentheils sehr stattlichen Gebäuden ist außer Auerbach's Hof, ehemals als Sammelplatz der feinen Welt während der Messen berühmt, keines, das besondere Erwähnung verdiente. Dem Rathhause zunächst steht ein kleiner Naschmarkte, dem jenes kleine Rückseite zukehrt, die zwar kleine, aber gefällige Börse, 1676—80 im italienischen Geschmacke erbaut. Eins

---

*) Der Genoarmenmarkt in Berlin ist zwar größer, aber nicht, wie der leipziger Markt, frei, da zwei Kirchen und ein Schauspielhaus darauf stehen.

*

der größten, wenn auch nicht schönsten Gebäude der Stadt ist ferner das 1740 erbaute Gewandhaus, welches im ersten Stocke die Stadtbibliothek, im zweiten zwei geschmackvolle Säle, einen Concert= und einen Ballsaal, enthält. Jene ist in einem einzigen schönen Saale von 120 Ellen Länge und 10 Ellen Breite, der schon an sich sehenswerth und mit Bildsäulen und Gemälden geziert ist, aufgestellt und zählt über 60,000 Bände, seitdem sie im Jahre 1838 durch die Privatbibliothek des Professors Pölitz um etwa 25,000 Bände vermehrt worden ist. Der in akustischer Hinsicht ausgezeichnete Concertsaal von elliptischer Form dient seit 1781 zu den Aufführungen des bereits 1743 begründeten sogenannten großen Concerts, eines Instituts, das durch die Trefflichkeit seiner Leistungen allgemein rühmlichst bekannt ist und in Deutschland seines Gleichen sucht; der daran stoßende kleinere Ballsaal wird lediglich von der vornehmsten der zahlreichen Tanzgesellschaften der Stadt benutzt, und die hier stattfindenden Bälle

werden mit dem Namen „großer Ball" von allen übrigen unterschieden. Nicht weit von hier, der Nikolaikirche gegenüber, erhebt sich, einen grellen Contrast zu dem danebenstehenden alten Gebäude bildend, die zierliche deutsche Buchhändlerbörse, das erste und bis jetzt das einzige diesem Zwecke gewidmete Gebäude in Deutschland und ganz Europa, 1834 — 36 auf Actien mit einem Capital von 35,000 Thalern erbaut, am 26. April 1836 eingeweiht und dem gesammten Börsenvereine der deutschen Buchhändler gehörig, welche sich hier in der Ostermesse versammeln und miteinander abrechnen. Das erste Geschoß enthält einen sehr geräumigen und schönen, mit vieler Eleganz decorirten Saal, der zuweilen auch zu Concerten, Gemäldeausstellungen und andern Zwecken benutzt wird.

Kaum einige hundert Schritte von hier gelangt man, die innere Stadt verlassend, auf einen großen Platz, welcher unstreitig die schönste Ansicht gewährt, die Leipzig aufzuweisen hat, und mit den schönsten Plätzen an=

Das Rathhaus zu Leipzig.

derer deutschen Städte kühn in die Schranken treten kann. Drei der herrlichsten öffentlichen Gebäude Leipzigs finden sich hier vereinigt: das in unserer zweiten Abbildung dargestellte neue Postgebäude, das Augusteum und die Bürgerschule, zu denen sich mehre ansehnliche Privatgebäude gesellen, die alle der neuesten Zeit, größtentheils den letzten fünf Jahren, ihre Entstehung verdanken. Leipzig ist der Hauptsitz des sächsischen Postwesens, das jetzt ebenso vortrefflich eingerichtet ist, als es in ältern Zeiten mangelhaft war; eine sehr große Zahl von Reisenden passirt hier täglich aus und ein, und in den Messen namentlich, wo zuweilen 10—15,000 Fremde auf einmal in der Stadt anwesend sind, ist der Zusammenfluß so außerordentlich, daß das ältere, höchst beschränkte und unansehnliche Local, welches sich seit 1712 in dem eines größern Hofes ganz ermangelnden und in einer engen Gasse gelegenen Amthause befand, dem Bedürfnisse schon längst nicht mehr entsprach und der bedeutenden Handelsstadt ebenso sehr

zur Unehre gereichte, als das neue Postgebäude, mit welchem außer dem dresdner vielleicht kein anderes in Deutschland den Vergleich aushält, ihr zur Zierde gereicht. Der Bau desselben, welcher gegen 200,000 Thaler kostete, wurde am 23. März 1836 begonnen, am 3. October 1836 fand die Grundsteinlegung, am 16. September 1837 die Richtfeier, am 14. October 1838 endlich die feierliche Einweihung statt. Es besteht aus einem 306 Fuß langen, 48 Fuß und mit dem ein Drittel der Länge einnehmenden Risalit in der Mitte 56 Fuß tiefen, bis zum Dachsims 70—76 Fuß hohen Hauptgebäude und zwei Flügelgebäuden, von denen das nördliche 174, das südliche 91½ Fuß lang ist, mit Einschluß des geräumigen Hofes und des die Ostseite desselben bildenden niedrigen Hintergebäudes nimmt es einen Flächenraum von 37,710 Quadratfuß ein. Das Haupteinfahrtsthor der Façade wird von einem Balcon von Gußeisen überragt, über welchem sich acht eingemauerte korinthische Pilaster erheben. Außer den

Das Postgebäude zu Leipzig.

zum Postwesen gehörigen Localen (mit Ausschluß der Ställe und der Postwagenremise, welche sich in abgesonderten Gebäuden befinden) enthält das Gebäude Locale für die Kreisdirection, das leipziger Appellationsgericht, die Steuereinnahme, die Landeslotterie, die Zeitungsexpedition, mehre Dienstwohnungen, eine Restauration u. s. w. Die Eleganz und Zweckmäßigkeit der innern Einrichtung entspricht der Pracht des Äußern vollkommen. Die Heizung der Hauptgebäude geschieht durch warme Luft mittels sieben Luftheizungsöfen; die Beleuchtung der Corridore, Treppen, Fluren und Säle durch Gas.

Der Façade des Postgebäudes gegenüber erblickt man auf der Westseite des Platzes in schöner Aufeinanderfolge von der Linken zur Rechten die großartige Bürgerschule, daneben ein geschmackvolles, zur Zeit noch nicht vollendetes Privatgebäude, ferner das Augusteum, die Paulinerkirche und zwei sehr schöne, den Eingang in die innere Stadt bildende und erst vor einigen Jahren an der Stelle des innern grimmaischen Thores erbaute Privatgebäude, von denen das eine die besuchteste und eleganteste Conditorei Leipzigs, das Café français, enthält. Die Bürgerschule, ein wahres Prachtgebäude, das man eher für ein Residenzschloß als für eine Schule halten würde, steht auf den Fundamenten einer von dem Kurfürsten Moritz erbauten und nach ihm benannten Bastei und wurde nach Vollendung des linken Flügels 1804 eröffnet; der rechte Flügel wurde erst 1825 hinzugefügt und enthält größtentheils Privatwohnungen. Vom Augusteum oder Hauptuniversitätsgebäude gilt Dasselbe, was vorhin vom Postgebäude gesagt worden ist; hatte die Hochschule früher Ursache, sich ihrer Gebäude, namentlich des sogenannten alten Paulinums, zu schämen, so kann sie auf dieses neue, das eine der schönsten Zierden der Stadt bildet, mit Recht stolz sein. Es ist nach einem Plane des berühmten Schinkel in Berlin erbaut, 304 Fuß lang, im Mittel 69 Fuß tief, 3 Geschoß hoch, durch kunstvolle Sculpturarbeit am Portal und im Giebelfelde geziert, und enthält neun Hörsäle, die an 100,000 Bände zählende Universitätsbibliothek, das reiche physikalische Cabinet und einen für Feierlichkeiten bestimmten großen Saal, die sogenannte Aula, welcher 100 Fuß lang, 42 Fuß (unter der Galerie 60 Fuß) breit und 36 Fuß hoch ist. Den Namen Augusteum führt das Gebäude zum Andenken an den im Jahre 1827 verstorbenen hochverehrten König Friedrich August I., dem die Stände, die zu diesem Zwecke 125,000 Thaler bewilligten, kein passenderes Denkmal setzen zu können glaubten; der Bau wurde 1830 begonnen, am 4. December 1831 wurde der Grundstein gelegt und am 3. August 1836 erfolgte die feierliche Einweihung. Die danebenstehende, ihres Alters wegen ehrwürdige, aber im Äußern nichts weniger als schöne Universitäts- oder Paulinerkirche bildete nun mit den sie einschließenden neuen Gebäuden einen grellen und störenden Contrast, bis sie im Jahre 1838 mit Umsicht und Geschmack restaurirt wurde. Bei dieser Gelegenheit mag zugleich der übrigen Kirchen der Stadt gedacht werden, die denen sich aber keine durch Schönheit der Bauart auszeichnet. Die Zahl der lutherischen Kirchen beträgt im Ganzen acht, wovon die beiden Pfarrkirchen, die Thomas- und Nikolaikirche, die größten und merkwürdigsten sind; dazu kommen eine reformirte und eine katholische Kirche, beide sehr klein, ein griechischer Betsaal und eine jüdische Synagoge, welche letztere bald in ein neuzuerbauendes Gebäude verlegt werden dürfte.

Rings um die innere Stadt führen gut gehaltene, mit mancherlei Blumenanlagen gezierte, von Linden und

Kastanien eingefaßte Promenaden, die den Bewohnern zu jeder Zeit, im Sommer wie im Winter, einen nahen, angenehmen und belebten Spaziergang darbieten, und auf welchen man im mäßigen Schritte in drei Viertelstunden die ganze innere Stadt umkreisen kann. Da man auf dieser Wanderung die merkwürdigsten Bauwerke der Stadt, wenigstens so weit sie der neuern Zeit angehören, zu Gesichte bekommt, so wollen wir sie im Geiste vornehmen, um die noch nicht erwähnten kennen zu lernen. Wir gehen dabei von dem vorhin erwähnten schönen Platze am Postgebäude aus, den die Promenaden durchschneiden. Indem wir uns von hier nach Süden wenden, gelangen wir zuerst an das Petersthor, das einzige der vier innern Thore, welches verschont geblieben ist, weil die Stadt durch seine Niederreißung eines schönen Denkmals aus der Regierung des prachtliebenden Königs von Polen, August's des Starken, beraubt worden wäre. Diesem Thore gegenüber steht auf einem mit Bäumen besetzten freien Platze, der sogenannten Esplanade, ein 1780 errichtetes Standbild des bereits oben erwähnten ersten Königs von Sachsen, Friedrich August I. Unter den diesen Platz einschließenden Gebäuden gehören einige zu den größten und schönsten der Stadt; bemerkenswerth ist darunter die im Innern nicht nur zweckmäßig, sondern mit einer bei Schulen gewiß sehr seltenen Eleganz eingerichtete Handelsschule. Nicht weit von hier steht ziemlich versteckt das sehenswerthe, von einem Privatmanne 1832—33 nach italienischen Mustern gebaute römische Haus, dessen Loggia schöne Frescogemälde enthält.

Gehen wir in den Promenaden vom Petersthore an weiter fort, so kommen wir an eine geräumige, gleich der Bürgerschule auf den Fundamenten einer Bastei 1838 erbaute Caserne, die sich neben dem Schlosse Pleißenburg erhebt. Dieses wurde 1549—57 nach dem Muster der mailänder Citadelle erbaut, hat aber längst seine kriegerische Bestimmung verloren und enthält außer einer zweiten Caserne mehre Expeditionen, eine Zeichnenakademie, ein chemisches Laboratorium, die katholische Kirche oder vielmehr Schloßkapelle, die katholische Bürgerschule u. s. w. Der kolossale runde Schloßthurm, dessen Mauern gegen sieben Ellen dick sind, wurde 1790 in eine Sternwarte verwandelt und gewährt eine weite und interessante Aussicht auf Stadt und Umgegend. Weiterhin ziehen die Thomaskirche und die stattliche Thomasschule unsere Blicke auf sich, neben welcher ein Denkmal des Componisten Hiller steht, 1832 auf Kosten einer dankbaren Schülerin desselben errichtet. Gegenüber befindet sich Reichel's Garten, der aber in der neuesten Zeit seine frühere Bestimmung größtentheils verloren und sich in eine Stadt im Kleinen verwandelt hat. Unter den zahlreichen übrigen die innere Stadt umgebenden großen und geschmackvollen Gärten ist der sonst Reichenbach'sche, jetzt Gerhard'sche unstreitig der schönste und sehenswertheste, übrigens auch in geschichtlicher Hinsicht merkwürdig, weil hier der tapfere französische Marschall und polnische Fürst Poniatowski, als er bei dem Rückzuge der Franzosen nach der Schlacht bei Leipzig am 19. October 1813 zu Pferde über die neben dem Garten fließende Elster setzen wollte, in den Fluten sein Grab fand. Ein einfaches, von Fremden, namentlich Polen, fleißig besuchtes Denkmal ist dem Andenken des Helden gewidmet. Derselbe Garten enthält außer mannichfaltigen andern Anlagen elegante Flußbäder und eine Struve'sche Trinkanstalt für künstliche Mineralwässer.

Wir gelangen nun zu dem Platze vor dem ehemaligen innern ranstädter Thore, der von den ihn ehemals verunzierenden baufälligen Gebäuden keine Spur mehr, statt ihrer aber eine Anzahl sehr ansehnlicher enthält. Nach Norden erhebt sich seit 1838 eine zweite, kleinere Bürgerschule; nach Osten, umgeben von freundlichen Gartenanlagen, das 1817 von Weinbrenner erbaute, 1500 Personen fassende Schauspielhaus; ihm schräg gegenüber steht ein großartiger Gasthof, genannt der große Blumenberg, in dessen Nähe 1837 — 38 die ebenso schöne als imposante Tuchhalle emporgestiegen ist. Hier muß auch ein benachbarter, wiewol von der Promenade aus nicht sichtbarer Gasthof erwähnt werden, das Hotel de Pologne, welches zwar von außen unscheinbar genannt werden muß, aber zwei große und prachtvolle, erst vor etwa zehn Jahren erbaute Säle enthält, die in den Messen des Abends als Sammelplatz der wohlhabendern Fremden, außer denselben zu Bällen und Concerten dienen. Kehren wir von hier auf die Promenade zurück und setzen unsere Wanderung in der frühern Richtung fort, so erblicken wir links das 1838 begonnene Packkammergebäude, weiterhin am hallischen Thore auf dem Wageplatze, der als der Hafen von Leipzig angesehen werden kann, das 1820 errichtete Wagegebäude. Um von hier zu dem Punkte, von wo wir ausgegangen sind, zurückzukehren, können wir uns rechts wenden und unsern Weg durch den Park oder die sogenannten englischen Anlagen nehmen, wo wir an dem Denkmale des im Jahre 1801 verstorbenen, um Leipzig vielfach verdienten, Kriegsraths und Bürgermeisters Müller vorbeikommen, welchem diese Anlagen ihren Ursprung verdanken. Bleiben wir aber auf dem bisherigen Wege, so stehen wir bald einer großartigen, einen kühn geschwungenen Bogen bildenden Halle gegenüber. Hier befinden wir uns nämlich an dem Anfangspunkte und Bahnhofe der leipzig-dresdner Eisenbahn, welcher wol in Kurzem, nach Beseitigung des noch hier stehenden unschönen Gebäudes, ein würdigeres und ansprechenderes Aussehen erhalten wird. Ein schönes Gebäude an der Promenade enthält eine Restauration für die Eisenbahnreisenden; die vorhin genannte Halle, welche 95 Ellen lang, 45 Ellen breit ist und 5 Geleise nebeneinander enthält, dient zur Aufnahme der in Gebrauch befindlichen Wagen und zum Schutze der darunter auf- und absteigenden Reisenden; in einiger Entfernung sehen wir die Schmiede, die Wagenbauanstalt und das Maschinenhaus. Fast immer trifft man in dieser Gegend der Promenade, welche sonst ziemlich still und einsam war, ein reges Leben, aber vorzüglich interessant ist das Schauspiel, das sich hier zu der Zeit, wo ein Wagenzug ankommt oder abgeht, darbietet und stets eine zahlreiche Menge von Zuschauern versammelt. Gewiß gewährt das Gewühl der Ankommenden oder der zur Abreise in den Bahnhof Eilenden, unter welchen letztern es selten an einigen, ungeachtet ihrer Eilfertigkeit, zu spät kommenden Nachzüglern fehlt, besonders aber der dahinbrausende Dampfwagen mit seinem Wagenschweife eine anziehende Unterhaltung, wiewol man auf der Promenade zu fern und ungünstig placirt ist, um den einen und den andern recht deutlich zu sehen. Über die leipzig-dresdner Eisenbahn selbst, jenes dem sächsischen Unternehmungsgeiste zur größten Ehre gereichende Riesenwerk, das von seiner gänzlichen Vollendung nur wenige Monate entfernt ist und auf den Flor Leipzigs ohne Zweifel einen sehr bedeutenden und wohlthätigen Einfluß ausüben wird, ist es hier nicht der Ort, mehr zu sagen. Auf dem kleinen noch übrigen Theile unserer Wanderung sehen wir in der Ferne ein hohes Gebäude hervorragen, das unmöglich mit Stillschweigen übergan-

gen werden kann. Es ist das zu den Versammlungen der hiesigen Schützengesellschaft dienende neue Schützenhaus, welches auf Actien erbaut und am 20. August 1834 eingeweiht wurde. Seine Bestimmung gibt die lateinische Inschrift an: **Laboris industriis civibus requies.** Auch hier finden wir im ersten Stock einen herrlichen Saal, der 89 Fuß lang, 49 Fuß breit und 30 Fuß hoch ist. Vergleicht man dieses Schützenhaus mit dem alten, dem sogenannten Peterschießgraben, dem obenerwähnten römischen Hause gegenüber, so kann man sich von dem Verhältnisse des sonstigen Leipzigs zum jetzigen einen Begriff machen.

Außer den Promenaden im engern Sinne fehlt es in der Nähe der Stadt nicht an angenehmen Spaziergängen, von denen einer im Sommer der durch das Rosenthal, im Nordwesten der Stadt, vorzüglich besucht ist. Dieser Name bezeichnet jedoch nicht etwa ein wirkliches Thal, zu welchem es an dem nothwendigsten Erfoderniße, den Bergen, fehlt, sondern einen schattigen Hain, in welchem einige Wirthschaften angelegt sind, und durch welchen man nach dem Dorfe Gohlis gelangt, wo sich Schiller eine kurze Zeit aufhielt. Der bisher weniger besuchte, von schönen Waldwiesen unterbrochene Theil des Waldes, das sogenannte wilde Rosenthal, wird durch neue Wege und Anlagen, die noch im Werden begriffen sind, zugänglicher und einladender gemacht. Ein anderes sogenanntes Thal, das aber ganz neuen Ursprungs ist, ist das Johannisthal auf der entgegengesetzten, östlichen Seite der Stadt, bestehend aus einer sehr großen Zahl von kleinen Gärten, die seit dem Jahre 1833 an die Stelle der ehemaligen großen Sandgrube getreten, zum Theil sehr geschmackvoll angelegt sind und gegen die frühere Öde und Unfruchtbarkeit dieser Gegend einen erfreulichen Contrast bilden. Hier wogt seit jenem Jahre am Johannistage, als am Einweihungstage der Pflanzung, die gesammte Bevölkerung vom frühen Morgen bis zum späten Abend im frohen Gewühl auf und nieder, und die ganze Anlage ist dann mit Wimpeln, Guirlanden u. s. w. festlich geschmückt. Die Leipziger pflegen aber an diesem Tage noch einen andern Ort zu besuchen, nämlich den Gottesacker. Schon das ganze Aussehen dieses ausgedehnten, den Todten geweihten Feldes, das einem Garten gleicht und darum auch Manchen als Spaziergang dient, die ausgezeichnete Sorgfalt, die auf Anlage und Erhaltung der Grabstätten gewandt wird, die große Zahl schöner Denkmäler, die zum Theil wahre Kunstwerke sind, zeigen deutlich, daß die Leipziger ihre Todten zu ehren wissen. Am Johannistage aber, der in der Regel so geeignet ist, durch die üppige Pracht der Natur zur Freude, nicht zur Trauer aufzufodern, wird hier ohne alle kirchliche Veranlassung ein Todtenfest gefeiert; am frühen Morgen oder schon am Tage zuvor eilt Jeder, dem ein theurer Verwandter oder Freund dort schläft, hinaus, seinen Grabhügel zu bekränzen, und den ganzen Tag wird der sonst so stille Ort nicht leer von Personen jedes Standes und Alters, welche die im schönsten Blumenschmucke prangenden Gräber besuchen.

In frühern Jahren wurde an demselben Tage eine Art Volksfest auf der Bürgeraue gefeiert, einer großen Waldwiese, auf welcher eine riesige, vielleicht tausendjährige Eiche steht, die mit der Büste des Königs Friedrich August I., der sie einst besuchte, geschmückt ist, und daher die Königseiche heißt. Von hier führen angenehme Waldwege nach dem Dorfe Lützschena, zwei Stunden von Leipzig, das einem leipziger Kaufmanne gehört, und seines Parkes und einer vom Besitzer angelegten sehr sehenswerthen Gemäldesammlung wegen im

Sommer fleißig besucht wird, auch noch außerdem seiner trefflichen Ökonomie halber merkwürdig ist. Anziehende, dem Publicum offen stehende Parkanlagen befinden sich außerdem noch bei den nahen Dörfern Eythra, Abtnaundorf, Zweinaundorf, den schönsten Park aber trifft man in Machern, an der nach Dresden gehenden Straße, dessen vier Stunden betragende Entfernung durch die vorbeiführende Eisenbahn auf eine halbe Stunde herabgesetzt worden ist. Von den übrigen Umgebungen Leipzigs verdient besonders Raschwitz, im Süden der Stadt, etwa eine Stunde von derselben, eine Erwähnung; man gelangt dahin über das Dorf Connewitz, das durch eine Menge eleganter Sommerwohnungen der angesehensten Familien Leipzigs ein ganz städtisches Ansehen gewonnen hat; von hier führt sowol ein Fahrweg durch den Wald, als ein Fußweg über Wiesen, an der Pleiße hin, nach dem Vorwerke Raschwitz, dessen Wirthshaus sonst im Winter der Sammelplatz der vornehmen Welt war, ohne diese Ehre eigentlich im Mindesten zu verdienen. Der jetzige Besitzer hat hier 1835—36 ein Gebäude aufgeführt, das wol zu den Sehenswürdigkeiten Leipzigs im weitern Sinne gezählt werden muß. Das Hauptgebäude enthält einen Saal, der keinem der leipziger Säle nachsteht, von solcher Größe und Eleganz der Ausschmückung, daß schwerlich irgend ein Dorf, in Deutschland wenigstens, einen ähnlichen aufzuweisen hat. Eine bedeckte, nach innen offene, mit Frescomalerei gezierte Galerie, deren plattes Dach eine bequeme Promenade gewährt, schließt sich an jenes an und bildet so ein längliches Viereck, dessen Inneres Gartenanlagen einnehmen. Mehre der zahlreichen, Leipzig rings umgebenden Dörfer, deren Wirthshäuser und Gärten von den Leipzigern sämmtlich fleißig besucht werden, gehören zu den volkreichsten Sachsens; das größte davon, Stötteritz, hat 2500 Einwohner.

Über die Wichtigkeit Leipzigs als Handels- und Universitätsstadt kann hier nicht ausführlicher gesprochen werden. Die bekannten drei Messen, welche zu Neujahr, zu Ostern und zu Michael gehalten werden, jede drei Wochen lang, versammeln hier eine Menge von Ein- und Verkäufern aus nahen und fernen Ländern, selbst aus der Türkei, Griechenland und Grusien (Tiflis), und geben der Stadt ein ungemein buntes und bewegtes Ansehen. Die beiden letzten Messen, noch jetzt die wichtigsten, sollen schon im 12. Jahrhundert gegründet worden sein; alle drei wurden 1497 vom Kaiser Maximilian bestätigt und haben seit dem Anschlusse Sachsens an den preußischen Zollverband an Lebhaftigkeit und Bedeutung sehr gewonnen. Seit mehr als 150 Jahren ist Leipzig der Sitz des deutschen Buchhandels, der früher in Frankfurt am Main war; die mit der Ostermesse verbundene Buchhändlermesse wurde 1838 von etwa 300 fremden Buchhändlern besucht; die Zahl der in Leipzig selbst bestehenden Buchhandlungen beträgt über 100. Die Universität wurde 1409 von dem Markgrafen, nachmaligen Herzoge und Kurfürsten Friedrich dem Streitbaren gestiftet und entstand durch die Einwanderung von etwa 2000 Studenten und ihren Lehren aus Prag, die durch die Zwistigkeiten zwischen den Böhmen und Deutschen veranlaßt worden war. Die Zahl der Studirenden betrug 1834 11—1200, gegenwärtig ungefähr 900; von allen deutschen Universitäten können sich jetzt, die österreichischen abgerechnet, nur Berlin und München einer größern Frequenz rühmen. Unter den 35 ordentlichen und 29 außerordentlichen Professoren, die am Ende des Jahres 1838 in Thätigkeit waren, befinden sich Männer, die Deutschland unter die größten Gelehrten rechnet. Von den zahl-

reichen übrigen Lehranstalten sind vorzüglich zu erwähnen: zwei uralte gelehrte Schulen, die eine (Thomasschule) mit einem trefflichen Sängerchor verbunden, die 1804 gegründete Bürgerschule, welche zu Ostern 1838 1234 Schüler von beiden Geschlechtern zählte, die Rathsfreischule, 1792 errichtet, die 1831 gegründete Handelsschule und ein Taubstummeninstitut. Was wissenschaftliche Sammlungen betrifft, so ist außer den beiden Bibliotheken auch das zoologische Cabinet der Universität dem Publicum geöffnet; öffentliche Kunstsammlungen aber sind nicht vorhanden, doch ist im Jahre 1837 ein leipziger Kunstverein ins Leben getreten, der alle zwei Jahre eine Gemäldeausstellung zu veranstalten und einige der besten ausgestellten Gemälde anzukaufen beabsichtigt, von denen zwei Drittel unter die Mitglieder verloost werden, ein Drittel aber zur Anlegung eines städtischen Museums bestimmt wird.

Schließlich mögen noch einige Notizen über die Geschichte Leipzigs hier Platz finden. Die Anfänge der Stadt sind in Dunkel gehüllt; nur so viel scheint ausgemacht, daß sie aus einem von den Sorben-Wenden angelegten Dorfe Namens Lipzk, d. h. Lindenstadt, entstanden ist. Im Jahre 1015 kommt sie zwar bei dem Chronisten Ditmar mit der Bezeichnung einer Stadt vor, scheint jedoch erst unter Markgraf Otto dem Reichen (1156—89) zu einer eigentlichen Stadt geworden zu sein. 1215 empörte sie sich, bereits mächtig geworden, gegen Markgraf Dietrich den Bedrängten, der sie aber 1218 eroberte und drei feste Schlösser, um sie im Zaume zu halten, anlegte, von denen nur die Pleißenburg noch vorhanden ist. Belagerungen hatte sie mehrmals auszuhalten, namentlich 1547 durch Johann Friedrich den Großmüthigen und im dreißigjährigen Kriege, wo abwechselnd die Kaiserlichen und die Schweden die Stadt eroberten. Schlachten wurden dreimal in ihrer unmittelbaren Nähe geschlagen; zwei davon im dreißigjährigen Kriege, 1631 und 1642, zwischen den Schweden und Kaiserlichen. Beide Male behaupteten die erstern das Schlachtfeld, das erste Mal von ihrem ritterlichen Könige selbst angeführt. Zum Andenken an diese Schlacht ließ der Besitzer des Dorfes Breitenfeld, von welchem sie gewöhnlich benannt wird, im Jahre 1831 einen Denkstein mit der Inschrift setzen: „Glaubensfreiheit für die Welt rettete bei Breitenfeld Gustav Adolf, Christ und Held." Zum letzten Male wurde vor 25 Jahren in den Gefilden Leipzigs gekämpft. Die Völkerschlacht bei Leipzig, wie sie mit vollem Rechte genannt wird, durch welche Deutschland und mit ihm ein großer Theil Europas nach viertägigem Kampfe von fremder Gewaltherrschaft befreit wurde, wem wäre sie wol unbekannt? Der Ruf von dieser Schlacht trug Leipzigs Namen in die entferntesten Winkel der Erde, wo er nie zuvor genannt worden war. Die beiden frühern Schlachten, deren wir vorhin gedachten, waren bloße Scharmützel im Vergleich zu dieser, welche der blutigsten ist, die seit Menschengedenken geschlagen worden sind; gegen 475,000 Kämpfende standen sich gegenüber, von denen gegen 100,000 getödtet oder verwundet wurden! Der östreichische Feldmarschall Fürst Schwarzenberg, der damals die Heere der Verbündeten zum Siege geführt hatte, starb 1820 in Leipzig. Erst lange nachher, im Jahre 1838, ließ ihm seine Familie auf dem sogenannten Monarchenhügel bei Meusdorf, anderthalb Stunden von Leipzig, von welchem aus die drei verbündeten Monarchen am 18. October 1813 einen Theil der Schlacht beobachtet hatten, ein einfaches, aus einem behauenen Granitblocke bestehendes Denkmal setzen, das am 18. October eingeweiht wurde.

Verantwortlicher Herausgeber: Friedrich Brockhaus. — Druck und Verlag von F. A. Brockhaus in Leipzig.

Das Pfennig-Magazin

für

Verbreitung gemeinnütziger Kenntnisse.

302.]   Erscheint jeden Sonnabend.   [Januar 12, **1839.**

Der Handel der Stadt Antwerpen.*)

Die Börse von Antwerpen.

Im 14. Jahrhunderte und in einem Theile des 15. waren die Niederlande der Hauptsitz des europäischen Handels. Zuerst war Brügge lange Zeit der Hauptstapelplatz und die große Niederlage für die Erzeugnisse von Nord= und Südeuropa; diese Stadt liegt zwar nicht unmittelbar am Meere, aber Sluys, kaum vier Stunden entfernt, diente ihr als Seehafen, und von hier konnten die Schiffe auf einem schönen Kanale mitten in die Stadt gelangen, um ausgeladen zu werden. Im Jahre 1482 wurde der Hafen von Sluys in Folge eines Streites zwischen den Bürgern von Brügge und dem Erzherzog Maximilian gesperrt, wodurch der Wohlstand von Brügge einen sehr empfindlichen Stoß erhielt. Von nun an wurde Antwerpen, schon längst ein bedeutender Handelsplatz und im Besitze größerer natürlicher Vortheile, der Mittelpunkt des niederländischen Handels. Zehn deutsche Meilen von dem Ausflusse der Schelde entfernt, eines schönen Stromes, der ziemlich ausgedehnte Länderstrecken durchströmt, war es sowol

für Schiffe, die aus dem Norden, als für solche, die aus dem Süden von Europa kamen, günstig gelegen. Die Schelde entspringt bei St.=Quentin in Frankreich, geht bei Tournay, Gent, Dendermonde und Antwerpen vorbei, wo sie 2400 Fuß breit und 60 Fuß tief ist, und steht mit der Maas und dem Rheine in Verbindung; auf ihr können die größten Kriegsschiffe bis dicht an die Stadt kommen. Schon bevor der Handel Venedigs Wichtigkeit erlangte, hatte Antwerpen große Geschäfte in den Erzeugnissen des Morgenlandes mit den Häfen der Ostsee gemacht, wohin sie über das schwarze Meer zu Lande gebracht wurden. Nach den Kreuzzügen nahmen diese Erzeugnisse ihren Weg nach Westen durch das Mittelmeer, was den Handel von Venedig in die Höhe brachte, der aber nach der Entdeckung des Seewegs nach Ostindien um das Vorgebirge der guten Hoffnung nothwendig in Verfall gerathen mußte. Aber unter allen diesen Wechselfällen fuhr der Handel von Antwerpen zu blühen fort. Die Weisheit der hier bestehenden Handelseinrichtungen zog aus allen Ländern Kaufleute herbei, die ihre Waaren wäh-

*) Vergl. über Antwerpen Pfennig=Magazin Nr. 16.

rend der drei großen Messen zollfrei verkauften. Den Portugiesen, welche den Markt der indischen Erzeugnisse beherrschten, war Antwerpen der bequemste Platz zum Absatze ihrer reichen Ladungen, und die Kaufleute aus Deutschland, Frankreich, England und Nordeuropa waren gewohnt, ihren ganzen Bedarf an Producten des Morgenlandes hier einzukaufen und gegen die Erzeugnisse ihrer Länder auszutauschen, welche dann wieder von den Portugiesen, Spaniern und Italienern gekauft wurden; der ganze Handel Englands mit Spanien ging damals über Antwerpen. Aber auch der binnenländische Handel war von großer Ausdehnung; die Waaren von Frankreich, dem Hennegau, Burgund, Köln u. s. w. kamen auf der Achse nach Antwerpen. Damals lagen zu gleicher Zeit an 2500 Schiffe vor der Stadt und mußten oft Wochen lang warten, ehe sie löschen konnten.

Freilich ist diese Blüte des Handels längst vorüber. Sie dauerte bis etwa in die Mitte des 16. Jahrh., wo der Handel Antwerpens einen Schlag erhielt, von dem er sich nicht wieder erholt hat. Als Karl V. gegen Franz I. Krieg erklärt hatte, wurden die Niederlande mit schweren Contributionen belegt, welche zu häufigen Aufständen führten und viele der betriebsamsten Bürger veranlaßten, das Land zu verlassen. Später brach der Krieg der Niederlande gegen die spanische Macht aus, in dessen Verlauf Antwerpen 1567 geplündert wurde; aber nur den nördlichen Provinzen gelang es, das Joch der Tyrannei abzuschütteln, das auf den südlichen, zu denen Antwerpen gehörte, fortwährend lastete. Unter dem Despotismus Philipp's II. konnte der Handel nicht gedeihen. 1585 wurde Antwerpen von den Truppen des Herzogs von Parma nach vorgängiger dreizehnmonatlicher Belagerung erobert und geplündert; sein Hafen wurde durch eine Schiffbrücke gesperrt. Nun begann Amsterdam sich auf den Ruinen von Antwerpen zu erheben. Im westfälischen Frieden 1648 wurde zwischen Spanien und den vereinigten Niederlanden zu Gunsten des holländischen Handels festgestellt, daß die Schiffahrt auf der Schelde geschlossen bleiben sollte; diese lähmende Bestimmung blieb in Kraft, bis die Franzosen im Jahre 1792 das Land besetzten. Napoleon hatte die Absicht, die Blüte der Stadt wiederherzustellen; auf die Anlegung von Schiffsdocks und andere Arbeiten wurden daher ungeheure Summen verwandt, gleichwol erlangte Antwerpen unter der französischen Herrschaft mehr eine militärische als eine commercielle Wichtigkeit. Nach der Errichtung des Königreichs der Niederlande kamen Handel und Schiffahrt wieder empor, unter Anderm wurden in Antwerpen viele neue Schiffe für den Handel mit Batavia gebaut. Diese neue Blüte des Handels wurde im Jahre 1830 durch den Ausbruch des belgischen Aufstandes unterbrochen, dem sich die Stadt gleich anfänglich anschloß, während die Holländer die Citadelle besetzt hielten und die Stadt am 27. October 1830 bombardirten. Zwar wurden sie zwei Jahre nachher, am 23. December 1832, genöthigt, die Citadelle zu räumen, hielten aber die Schelde gesperrt, bis der Vertrag vom 21. Mai 1833 provisorisch bestimmte, daß der König der Niederlande die Schiffahrt auf der Schelde völlig freilassen sollte. Seitdem hat sich der Handel von Antwerpen wieder sehr gehoben und ist bedeutender, als er vor dem Ausbruche des Aufstandes war, wiewol damals viele Kaufleute und Schiffseigenthümer mit 40 Schiffen Antwerpen verlassen und sich in Holland niedergelassen hatten. Nicht geringen Einfluß mag auf die Wiederbelebung von Antwerpens Flor auch die am 3. Mai 1836 eröffnete Eisenbahn von Brüssel nach Antwerpen gehabt haben.

Die in der Abbildung dargestellte Börse wurde im Jahre 1531 gebaut und war das erste Gebäude dieser Bestimmung in ganz Europa; nach ihrem Muster sind die Börsen von London und Amsterdam (die erste bekanntlich im vorigen Jahre abgebrannt) erbaut worden. Sie ruht auf 44 Pfeilern von blauem Marmor, die sämmtlich mit erhabener Arbeit geziert sind.

Die Maremmen und pontinischen Sümpfe.

Im Kirchenstaate und in Toscana breitet sich längs der Küste des mittelländischen Meeres ein sumpfiger, ungesunder Strich Landes aus, den man mit dem Namen Maremmen bezeichnet. Unangebaute Haiden, unermeßliche Ebenen, auf denen blos unfruchtbares Gestrüpp wild emporschießt, bedecken den größten Theil der Gegend und stehende Wasser verbreiten aus Gräben und Sümpfen mephitische Dünste, die vereint mit den Ausdünstungen aus dem an vulkanischem Schwefel und Alaun überreichen Boden die Luft verderben und ungesund machen. Am meisten ist dies in den Umgebungen Roms, in der sogenannten Campagna di Roma oder römischen Ebene der Fall, deren Öde einen höchst melancholischen Eindruck macht. Hierbei ist es auffallend, daß diese Gegend noch im 5. Jahrhundert n. Chr. fruchtbar, gesund und bewohnt war und nur allmälig ihren jetzigen Charakter angenommen hat. Im Sommer kann die Gegend nur mit Gefahr bewohnt werden, dennoch baut man hier und da etwas Getreide; im Winter dienen die Maremmen als Viehweiden und werden ohne Gefahr von Menschen bewohnt. Durch Baumpflanzungen wird der ungesunde Charakter des Landes gemindert, aber nicht ganz aufgehoben.

Weniger öde als in der Campagna di Roma sind die übrigen Maremmen, die theilweise bereits der Cultur zurückgegeben sind. Hier kommt nicht nur Getreide fort, sondern auch Olivenbäume, die eine reiche Ernte geben, Maulbeerbäume und die trefflichsten Weinstöcke, die sich an jenen hinaufwinden. Früher wurde hier gar kein Wein gebaut, sondern aller Wein aus Neapel eingeführt; erst seit dem Verbote dieser Einfuhr kam der Weinbau empor und bald zeigte sich der wohlthätige Einfluß jener gesetzlichen Maßregel, durch welche vieles Geld, das sonst ins Ausland ging, dieser Landschaft erhalten wurde.

Am meisten ist in Toscana für die Austrocknung der Maremmen geschehen. Diese nahmen ehemals einen Flächenraum von 62 geographischen Quadratmeilen ein, wo es weder Straßen, noch Wirthshäuser, noch trinkbares Wasser gab; die Luft war hier so verpestet, daß man Verbrecher zur Strafe hierher schickte, und die Bevölkerung war daher so dünn, daß noch im Jahre 1825 im Winter nur 26,841, im Sommer nur 15,187, also auf einer Quadratmeile im Winter 433, im Sommer 245 Einwohner durchschnittlich gezählt wurden, während im ganzen Großherzogthume auf einer Quadratmeile durchschnittlich 2784 Menschen wohnen. Die bedeutendsten Sümpfe sind hier der von Piombino, vom Flusse Cornia gebildet, ein ehemaliger Meerbusen, der von Scarlino, den der Fluß Pecora bildet, und der von Castiglione della Pescaja, der von mehren kleinen Flüssen gebildet wird. Vor neun Jahren, im Winter 1829—30, begann man das Werk der Austrocknung, wandte aber dabei nicht das System der Kanäle an, das sich bei Austrocknung der pontinischen Sümpfe so wenig wirksam gezeigt hat, sondern das der Bodenerhöhung, wobei man sich des

Bodensatzes der Flüsse bediente. Der Erfolg dieser Arbeiten, deren Kosten aus dem großherzoglichen Schatze bestritten werden und denen der Großherzog unablässige Sorgfalt widmet, ist äußerst wohlthätig gewesen, und wenn die Arbeiten mit gleichem Eifer fortgesetzt werden, so wird die Austrocknung in 16—20 Jahren vollendet sein. Schon jetzt führt durch einen Theil der Maremmen, von Grosseto bis Colle Salvetti, eine 1830 —33 gebaute, 14—16 Ellen breite treffliche Straße, von welcher mehre Nebenstraßen ausgehen; über die Flüsse sind mehre Brücken, worunter über die Cornia bei Caldano eine marmorne, gebaut, auch an mehren Orten artesische Brunnen angelegt worden. In Folge dieser Arbeiten, deren Kosten bis 1837 8,322,567 Lire (über 1,900,000 Thaler) betrugen, hatte sich die Einwohnerzahl im Winter 1837 auf 34,498 gesteigert.

Von den Maremmen sind die von Alters her berüchtigten pontinischen Sümpfe verschieden, die sich ebenfalls im Kirchenstaate und zwar südwestlich von Rom, an der Grenze von Neapel, finden und von Cisterna bis Terracina erstrecken. Sie werden hauptsächlich durch zwei kleine Flüsse, Astura und Amaseno, erzeugt, die keinen gehörigen Abfluß haben und daher bei ihren Überschwemmungen die Gegend unter Wasser setzen, ohne daß dasselbe wieder abfließen kann. In den zahllosen dadurch gebildeten Lachen entstehen Insekten und Wasserthiere in ungeheurer Menge, vermodern in der heißen Jahreszeit, verpesten die Gegend und erzeugen ungesunde Miasmen, die aber nicht bloß in dieser Gegend bleiben, sondern 40 Meilen weit bis nach Rom geführt werden, wiewol der Wald von Simonetta dazwischen liegt. Diese Miasmen bilden die von den Römern gefürchtete sogenannte aria cattiva, d. h. schlechte Luft. Nur wenige arme Fischerfamilien wohnen hier, und ihr blasses, krankhaftes Aussehen verräth die ungesunde Natur der Gegend, das Bestellen und Ernten der Felder aber geschieht durch Landleute aus den benachbarten Gebirgen, die sich nur so lange Zeit, als zu jenen Arbeiten erforderlich ist, hier aufhalten.

In alten Zeiten waren auch diese von Volskern bewohnten Gegenden fruchtbar; entweder verstanden jene das Wasser abzuleiten, oder der Boden hat sich später gesenkt, oder dem Wasser ist durch Anschwemmung am Ufer der Abfluß versperrt worden. Zu den Zeiten der Römer nahm die Versumpfung immer mehr überhand, und 43 v. Chr. unternahm Cornelius Cethegus die Austrocknung der Sümpfe, die aber bald durch Cäsar's Tod unterbrochen wurde. Augustus begann die Austrocknung von Neuem und scheint neben der 331 v. Chr. durch Appius Claudius Cäcus in dieser Gegend angelegten und die Sümpfe durchschneidenden Appischen Straße in der ganzen Länge der Sümpfe einen schiffbaren Kanal angelegt oder wiederhergestellt zu haben. Indessen machte die Austrocknung damals keine großen Fortschritte; erst unter Theodorich dem Großen begann sie der Patricier Decius wieder mit sehr günstigem Erfolge. Hierauf ließ man Jahrhunderte lang diese Arbeiten liegen, bis mehre Päpste die Gegend zu entwässern suchten. So ließ Leo X. im Anfange des 16. Jahrhunderts unter der Leitung des Julius von Medici einen Kanal anlegen, wodurch das Sumpfwasser einen Abfluß ins Meer erhielt; Sixtus V. vollendete 1588 den nach ihm genannten Kanal Sisto und Pius VI. legte 1777—81 mehre bedeutende Werke an, besonders einen Kanal, Linea morta genannt. Die vollständige Austrocknung dieser Gegenden hat aber bis auf den heutigen Tag nicht gelingen wollen und würde bei der großen Ausdehnung der Sümpfe, die gegen fünf

deutsche Meilen lang, aber viel schmäler und bald mehr bald weniger breit sind und im Ganzen 130,261 Hectaren einnehmen, ein ungeheures Werk sein.

Gypsfigurenhändler.

In dem gebirgigen Theile des Herzogthums Lucca in Oberitalien wohnt ein arbeitsames Völkchen, das sich fast ausschließlich von dem Gypse nährt, der in Menge in jener Gegend gefunden wird. Die Bewohner derselben werden fast als Künstler geboren, indem sie mit bewundernswürdiger Geschicklichkeit die vorzüglichsten Werke der Bildhauerkunst in Gyps wiedergeben, von der Mediceischen Venus und dem Apollo von Belvedere bis zu den chinesischen Wackelköpfen herab. Diese Gypsfiguren tragen sie bekanntlich auf einem Brete auf dem Kopfe und wandern so durch Dörfer und Städte mit dem Ausrufe: „Schöne Figuren! Wer kauft schöne Figuren!"

Es gibt 1800—2000 solcher Arbeiter, die in 300 Gesellschaften von 6—7 Personen zerfallen. Zwei Drittel bleiben zu Hause, um die Figuren, Statuen, Medaillons und andern Verkaufsgegenstände zu fertigen; die übrigen machen sich mit der zerbrechlichen Waare auf die Reise und durchwandern mit geringer Baarschaft nicht nur Europa, sondern ziehen wol gar in andere Welttheile.

Zwar ist der Gewinn unbedeutend, aber die Luccheser sind unermüdet in ihrem Streben, ihren Handelszweig auszudehnen, und da sie sehr sparsam leben, bringen sie nicht selten ziemlich ansehnliche Summen nach Hause, wo sie ihren Genossen Rechenschaft ablegen und den Gewinn mit ihnen theilen. Statt ihrer werden dann wieder Andere in die Fremde geschickt.

Vor ungefähr 20 Jahren kamen einige dieser Leute mit ihrer Waare nach Brasilien. Anfangs machten sie nicht die besten Geschäfte, nach und nach aber erweiterten sich diese und dehnten sich besonders in den letzten Jahren dergestalt aus, daß sich in Lucca eine Handelsgesellschaft für Brasilien einzig zu diesem Behufe bildete. Während die Gypsabgüsse von Meisterwerken der ältern und neuern Bildhauerkunst die Säle der begüterten Colonisten zieren, finden die grotesk bemalten Figuren in den Hütten der armen Neger eine sehr günstige Aufnahme.

Lebensdauer mehrer Thiere.

Zu den interessantesten, zugleich aber auch schwierigsten naturhistorischen Fragen gehört unstreitig diejenige, welches Alter die einzelnen Thiere der Erfahrung nach möglicherweise erreichen können; da wir aber nur die wenigsten Thiergeschlechter von ihrer Geburt bis zu ihrem Tode zu beobachten im Stande sind, so sind unsere Kenntnisse über diesen Gegenstand ausnehmend mangelhaft. So viel ist zwar ausgemacht, daß die Dauer des Lebens mit der Dauer des Wachsthums, die sich am leichtesten durch Beobachtung bestimmen läßt, in einem gewissen Verhältnisse steht, aber dieses Verhältniß selbst ist bei den einzelnen Thierclassen, ja sogar bei den einzelnen Thiergattungen verschieden. Große Thiere, die zu ihrem Wachsthume weit mehr Zeit brauchen, als kleine, leben auch länger als diese. Die Fische leben im Allgemeinen lange, weil sie ein langsames Wachsthum haben. Die Muräne soll über 60, der Delphin über 80, der Karpfen und die Karausche über 100, nach Buffon über 150, der Hecht aber sogar über 200 Jahre alt werden können. Die Amphibien wachsen gleichfalls langsam und leben lange; so sollen das Krokodil und die Schildkröte ihr Alter über 100 Jahre bringen. Würmer und Insekten, als die unvollkommensten Thiere, haben das kürzeste Leben; doch soll die Grille 10 Jahre, der Flußkrebs 20 Jahre alt werden.

Die Vögel wachsen zwar ziemlich geschwind, erreichen aber doch zum Theil ein hohes Alter. Das höchste Alter erreichen, so viel wir wissen, der Schwan, der Adler und der Papagai, welche alle drei 100 und mehr Jahre alt werden sollen. Die Gans wird 50—60, der Habicht 40, der Pfau über 24, der Finke, der Canarienvogel 22 Jahre, die Nachtigall und Lerche 16—18, der Haushahn 10 Jahre und darüber alt.

Die meisten vierfüßigen Thiere haben verhältnißmäßig ein kurzes Leben, das im Allgemeinen sechs bis acht Mal so lange dauern kann, als die Zeit des Wachsthums. Hierbei ist jedoch nicht das Wachsthum in die Höhe, welches bei allen Thieren und Pflanzen zuerst vollendet wird, sondern das vollständige Wachsthum zu verstehen. In der folgenden kleinen Tabelle ist das Alter, welches einige vierfüßige Thiere erreichen können, nebst der Dauer ihres Wachsthums und ihrer Trächtigkeit zusammengestellt.

	Trächtigkeit.	Wachsthum.	Alter.
Eichhörnchen	4 Wochen	1 Jahr	7 Jahre
Hase	30 Tage .	1 =	7—8 =
Kaninchen .	30 =	1 =	8—9 =
Ziege . . .	5 Monate	1½ =	10—11 =
Schaf	5 =	2 =	12—16 =
Fuchs	5 =	2 =	15 =
Schwein . .	4 =	2 =	16—20 =
Katze	6 Wochen	1½ =	18 =
Kuh	9 Monate	2—3 =	20 =
Stier	— =	3 =	30 =
Damhirsch .	- =	=	20 =
Wolf	5 =	2—3 =	20 =
Bär	=	— =	über 20 =
Hund	9 Wochen	2—3 =	23—28 =
Esel	11 Monate	3—4 =	25—30 · =
Pferd . . .	11 =	5—6 =	25—40 =
Hirsch . . .	8 =	5—6 =	35—40 =
Kameel . . .	— =	3 =	50—60 =
Löwe	=	=	60 =
Elefant	— =	— =	150—200 =

Der Mensch gehört zu denjenigen Geschöpfen, welche das längste Leben haben. Zwar wird es mit Recht für eine Seltenheit gehalten, wenn ein Mensch ein Alter von 100 Jahren erreicht, indessen fehlt es nicht an Beispielen von einem noch weit höhern Alter. Fälle, wo Menschen älter als 160 Jahre alt geworden wären, sind aber schwerlich nachzuweisen.

Die Salzwerke von Cardona.*)

Die kleine, aber interessante Stadt Cardona in Catalonien ist wenig bekannt, selbst der spanischen Regierung, aber ihr Besuch wird diejenigen Reisenden, welche aus Frankreich kommend, ihren Weg nach Barcelona nicht über Perpignan, sondern über Seu de Urgel nehmen und die malerische Bergstadt zwischen Solsona und Manresa erreichen, nachdem sie einen schönen Wald von Eichen und Haselnußsträuchern passirt haben, gewiß nicht gereuen. Die Salzgruben befinden sich eine

Stunde östlich von der Stadt und gleichen einem gewaltigen Steinbruche, der vier Stunden im Umfange hat. Ein Engländer, der sie vor Kurzem besuchte, theilt darüber Folgendes mit. „Ich stieg an der Nordseite auf breiten, in den Felsen gehauenen Stufen hinunter und kam in ein wahres Salzmeer, denn von Erde oder Kies ist keine Spur zu finden. Der Cardonero, ein Bergstrom, der nur 20 Fuß breit ist, fließt mitten durch die Grube in einem Salzbette, welches wie das Werk von Menschenhänden aussieht. Auf einer langen Strecke setzt er Salz an seinen Ufern ab und die Landesbewohner brauchen sein Wasser längs seines ganzen Laufes bis zu seiner Vereinigung mit dem Llobregat, wo es seine salzigen Eigenschaften verliert, statt des Salzes zur Bereitung der Speisen. An seinen Ufern weiden schöne Schafheerden.“

„Links vom Eingange in die Grube steht ein hölzernes Gebäude, das als Wohnung für den Aufseher dient; einer seiner Untergebenen hatte die Güte, mich bei dem Besuche dieser interessanten Naturmerkwürdigkeit zu begleiten. Er zeigte mir ein breites Loch, das schon unter der Regierung Karl's III. gegraben worden ist, um die Tiefe des Salzlagers zu bestimmen; als man aber bis zu einer Tiefe von 150 Fuß gekommen war, ohne etwas Anderes als Salz gefunden zu haben, stellte man die Arbeit als vergeblich ein. Seit jener Zeit hat die Tiefe des Lochs wegen des hineinfallenden Regenwassers bedeutend abgenommen und jetzt ist es nur noch wenige Klafter tief. Das frei zu Tage liegende Salz bildet einen ungeheuern Felsen von blendender Weiße, und die in der Grube gesprengten Blöcke haben ungefähr die Größe großer Bausteine. Wenn die Sonne ihre Strahlen in diese auf drei Seiten von Bergen eingeschlossene Grube wirft, so ist das reflectirte Licht fast so stark als das directe Sonnenlicht!“

„In diesen hohen Bergen findet man noch viele andere Salzlager, und mein Führer versicherte mich, daß die in ihnen verborgenen Schätze die in der Ebene frei liegenden noch weit überträfen, da sie aber mit Wäldern von Fichten, Korkeichen und Johannisbrotbäumen bedeckt sind, so liegt das Salz der Oberfläche nicht so nahe, und nie hat man einen Versuch gemacht, sie zu bearbeiten, was auch gar nicht nöthig ist, da die Grube von Cardona allein, ohne merkliche Verminderung ihres Reichthums, ganz Europa auf Jahrhunderte mit Salz versorgen könnte. Das in den Bergen enthaltene Salz ist nicht weiß, sondern wird von allen Farben gefunden, rosa, scharlachroth, blau, grün, violett, gelb und braun in verschiedenen Schattirungen, zum Theil geadert wie Marmor oder von silberähnlichem Glanze. Wird es gestoßen, so verschwindet jede Spur von Farbe und es wird so weiß wie das in der Grube gefundene.“

„Etwa 200 Arbeiter sind in der Grube, die ich besuchte, beschäftigt; sie wählen in der Regel diejenigen Stellen, die von den umgebenden Bergen beschattet werden. Ihre Arbeit besteht darin, die ungeheuern Steinsalzmassen zu sprengen, sie in pyramidalischen Haufen aufzuschichten, die vom Regenwasser locker gemachten Massen zu lösen und die Maulthiere zu beladen, welche das Salz in die benachbarten Städte und die Häfen Barcelona und Tarragona schaffen, von wo es nach England und den nördlichen Staaten von Europa verführt wird. Dieses Salz hat doppelt so viel Kraft als das in Iviza und Cadiz gewonnene Seesalz, und doch erhalten, seltsam genug, die Bewohner von Estremadura, Leon, Galicien, Asturien, Biscaya, Navarra und Altcastilien ihren Salzbedarf aus Portugal, ja sogar durch

---

*) Vergl. Pfennig-Magazin Nr. 245

englische Schiffe, die das Salz aus Nordengland bringen. Fragt man, warum halb Spanien von seinen eignen unerschöpflichen Schätzen keinen Gebrauch macht, so lautet die Antwort: weil das Salz von Cardona allerdings besser, aber im Allgemeinen theurer ist. Dies kommt daher, weil keine Straße nach Cardona führt, wiewol diese Stadt nur 10 Meilen von der besuchten Hafenstadt Barcelona entfernt ist. Der einzige Weg nach Cardona ist ein Fußweg über die Berge, der so schmal ist, daß kaum zwei beladene Maulthiere nebeneinander gehen können, überdies aber so beschwerlich und schlecht ist, daß die Maulthiere sechs Tage zubringen, um nach Barcelona zu kommen, und dann so erschöpft sind, daß sie mehre Tage ausruhen müssen. Die Regierung kümmert sich aber so wenig um die ihr zu Gebote stehenden Schätze des Landes, daß nie etwas geschehen ist, um eine Straße von Cardona nach Barcelona zu bauen; daher wird in dieser Stadt eine größere Menge schmuziges Seesalz von Iviza consumirt, als reines Steinsalz aus dem so nahe liegenden Cardona."

„Diese große Salzgrube ist nicht das Eigenthum der Krone, sondern des Herzogs von Medina Celi, der dafür an den königlichen Schatz eine ansehnliche Abgabe zahlt. Die Stadt aber und die zahlreichen sie umgebenden, noch nie bearbeiteten Salzlager gehören der

Krone, sowie das westlich von der Stadt auf einem isolirten Felskegel stehende schöne Schloß. Dasselbe ist ein Meisterstück militairischer Baukunst, und ward nie eingenommen; auch im Unabhängigkeitskriege konnten die Franzosen nie Herren desselben werden. Es dominirt die Umgegend und ist der eigentliche Schlüssel der ganzen Gebirgskette, der festeste Punkt in Catalonien. Leider hat es kein trinkbares Wasser und kann nicht über 300 Mann fassen. Eine Compagnie catalonischer Miliz, schlecht disciplinirt und schlecht gekleidet, bildet die Besatzung; auch an Artillerie ist großer Mangel."

„Die Stadt enthält einen stattlichen Marktplatz, eine große Kathedrale, fünf bis sechs Klöster und etwa 3000 Einwohner. Die Umgegend liefert trefflichen Wein, Wildpret und Fische im Überfluß und große Schaf- und Ziegenheerden; sie producirt ferner Citronen, Maulbeeren, Mandeln und sendet große Quantitäten von Haselnüssen und Ananassen nach Barcelona; für Oliven, Orangen und feinere Südfrüchte ist das Klima zu rauh. Die Bewohner nähren sich hauptsächlich vom Verkaufe verschiedener kleiner Gegenstände von Steinsalz, wie Rosenkränze, Heiligenbilder, Thiere u. s. w. Jedes Haus erhält jährlich eine Arrobe (26 Pfund) Salz umsonst. Die Abgaben sind geringer als in den übrigen Städten Cataloniens."

Der Salzberg bei Cardona.

Bombay.

Der Hafen von Bombay, der Hauptstadt der Präsidentschaft gleiches Namens im englisch-ostindischen Reiche, bietet ein überaus reizendes Panorama dar. Beim Anblick dieses Amphitheaters von wohlangebauten Terrassen und bewaldeten Felsen, dieser anmuthigen Inseln und Vorgebirge, die sich in den blauen Gewässern des Meeres spiegeln, empfindet der Reisende nicht mehr jenes Misbehagen, das ihn beim Anblick der einförmigen und flachen, nur hier und da mit verkümmerten Bäumen besetzten Küste Bengalens beschleicht. Hier bedecken Blumen und Bäume, im reichsten Farbenschmucke prangend, die Seiten und Gipfel der Berge, während in der Nähe des Meeres die Festung und elegante Gebäude zur Verschönerung des großartigen Schauspiels das Ihrige beitragen. Viele Reisende, die Indien und Italien besucht haben, ziehen die großartige und malerische Ansicht des Hafens von Bombay der so gerühmten Bai von Neapel vor. Die beiden Reihen von Hügeln, die sich in unabsehbarer Ferne verlieren, und die Mannichfaltigkeit der auf ihnen sichtbaren Gegenstände, die Schönheit der Inseln, die Trümmer mahrattischer Festungen, welche hier und da zerstreut sind, die von den Portugiesen erbauten Wohnungen, Klosterruinen, Kirchen, Wälder, aus denen sich Tempel erheben, dies Alles bildet eine Ansicht, von welcher keine Beschreibung einen Begriff geben kann.

Die Insel, auf welcher Bombay liegt, hat etwa fünf Meilen im Umfange; ein Damm, der über einen Meeresarm gebaut ist, verbindet sie mit der Insel Salsette. Einen großen Theil der Insel nimmt die im Südosten stehende Citadelle ein, die eine zahlreiche Garnison fassen kann. Inmitten dieser Festungswerke ist die Stadt Bombay gebaut. Der Anblick der Häuser ist malerisch. Das geschnitzte Holzwerk an den Kaufläden macht durch seine Mannichfaltigkeit und Eleganz einen eigenthümlichen Eindruck, aber die sonderbare Art, wie die Gebäude gruppirt und gleichsam aufeinander gehäuft sind, ihre erstaunliche Höhe und ihre kegelförmigen Ziegeldächer fallen Demjenigen, der an die Paläste von Kalkutta gewöhnt ist, unangenehm auf. Der Regierungspalast, ein großes Gebäude im holländischen Style, befindet sich nebst den schönsten Häusern Bombays auf einer großen Esplanade in der Mitte der Stadt, welche die Wiese heißt. Die Docken und Arsenale von Bombay, von persischen Arbeitsleuten erbaut, sind großartig und enthalten ungeheure Räume für die zum Seewesen gehörigen Vorräthe und eine Seilerwerkstatt, die ihres Gleichen sucht und nur mit der in Portsmouth verglichen werden kann.

Die Insel Bombay, ehemals durch die Ausdünstung von Morästen ungesund, ist jetzt ein sehr gesunder Ort; die den Boden bedeckenden großen Wälder sind gelichtet, alles überflüssige Gehölz ist weggeschlagen, der Boden ist höher gelegt, die Moräste sind ausgetrocknet worden und der Seewind mäßigt durch seine Kühle die Glut der Sonne. Die sehr zahlreiche eingeborene Bevölkerung hat in der Umgebung der Festungswerke eine Menge kleiner leichter Wohnungen angelegt, welche die Vorstädte von Bombay bilden und mit dem Namen der schwarzen Stadt bezeichnet werden. Dies ist ein sonderbares, geräuschvolles und sehr schmuziges Quartier, wo ein unbeschreibliches Durcheinander von Menschen und Thieren herrscht und wo man die größte Mannichfaltigkeit von Sitten und Gebräuchen antrifft, die in ganz Asien zu beobachten möglich ist. Hinter diesen Wohnungen breiten sich Gärten aus, die an-

muthige Villen enthalten, welche größtentheils Europäern gehören und bei deren Bau mehr auf Bequemlichkeit als auf Eleganz Rücksicht genommen ist.

Bombay ist durch seine glückliche Lage gegen die heißen Winde geschützt, welche mehre Theile Indiens heimsuchen und deren nachtheilige Wirkungen man nur dadurch abhalten kann, daß man sie durch Matten, die mit Wasser getränkt sind, gleichsam durchsiebt. Während die unglücklichen Bewohner der benachbarten Gegenden unter dem verzehrenden Hauche dieser glühenden Winde seufzen, geben sich die von Bombay der Freude und den Vergnügungen hin. Nichts kann einen Begriff von der Bewegung und Heiterkeit geben, welche namentlich in den Sommerwohnungen am Meeresufer herrscht, wo alle Europäer vereinigt sind. Im Anfang der Regenzeit geht jedoch in dieser Sommerstadt eine plötzliche Veränderung vor; die Zelte und Pavillons verschwinden, der in Strömen herabfallende Regen vernichtet bald die letzten Spuren derselben und eine weite Fläche von stehendem Wasser bedeckt den Platz, auf dem noch vor Kurzem elegante Lusthäuser und reizende Gärten prangten. Wenn der Mousson heftig bläst, bietet der Hafen von Bombay ein imposantes Schauspiel dar; die nahen Hügel, gewöhnlich so glänzend und von der Sonne so lebhaft beleuchtet, verfinstern sich und hüllen sich in Wolken; das sonst so ruhige Meer wird durch die Heftigkeit der Winde lebhaft aufgeregt, und wenn auch für geschickte Seeleute keine große Gefahr vorhanden ist, so sieht es doch sehr drohend und zornig aus. Die Fischerboote, die gegen die Fluten zu kämpfen haben, scheinen beständig im Begriff unterzugehen. Zuweilen gehen auch wirklich in dieser Jahreszeit Schiffe in der Rhede von Bombay unter, aber meist nur durch die Unwissenheit der eingeborenen Matrosen.

Fast alle Eingeborenen sind persischen Ursprungs; ihre Vorfahren flüchteten sich nach der Eroberung Persiens durch die Mohammedaner im 8. Jahrhundert unserer Zeitrechnung nach Hindostan, um ihren grausamen Verfolgern zu entgehen. Indem sie aber auf fremdem Boden eine Zufluchtsstätte fanden, wollten sie ihrem Glauben treu bleiben und ihren Cultus frei ausüben. Dagegen versprachen sie, die Vorurtheile der Anhänger Brahma's zu schonen, und machten sich demnach verbindlich, keine heiligen Kühe zu tödten. Aus übertriebener Gewissenhaftigkeit enthalten sie sich noch heutzutage des Rindfleisches, wiewol sie für die Kuh keineswegs dieselbe Verehrung hegen als die Hindus. Ursprünglich bestand der Cultus der Perser in der reinen und einfachen Anbetung des Schöpfers, der als Quelle alles Lichtes betrachtet wurde und dessen glänzendes Sinnbild die Sonne war; aber mit der Zeit hat dieser Cultus seine alte erhabene Einfachheit verloren, um in groben Götzendienst auszuarten. Die Perser niederer Classe werden in Bombay als Dienstboten sehr gesucht; da sie weit weniger strenge und intolerante religiöse Gebräuche als die Mohammedaner und Hindus haben, so können sie länger arbeiten; zudem sind sie verständiger, gewandter und höflicher. Die persischen Kaufleute sind die reichsten im Lande; sie sind gastfrei, freigebig, meubliren ihre Wohnungen gern auf europäische Weise und haben Sitten und Gewohnheiten angenommen, von welchen die Mohammedaner und Hindus noch keinen Begriff haben. Ihre Frauen sind zwar aus der Gesellschaft nicht völlig ausgeschlossen, aber keineswegs frei; sie dürfen zwar ohne Scheu die Besuche verheiratheter Europäer annehmen, wohnen aber niemals Gesellschaften bei, in denen die Männer in großer Zahl anwesend sind. Übrigens zeichnen sich die Perserinnen nicht durch Schönheit aus; ihre Formen sind plump und ungraziös; dagegen sind sie sehr geschickt und weit arbeitsamer als die Eingeborenen im Allgemeinen. Sie liefern treffliche Stickereien und bedienen sich dabei aller in England erfundenen Verfahrungsarten. Die jungen Mädchen werden mit großer Sorgfalt erzogen; sie erhalten Unterricht im Malen und Clavierspiel, und die reichsten Perser fangen sogar an, die Erziehung ihrer Töchter englischen Gouvernanten anzuvertrauen.

Die Juden sind in Bombay sehr zahlreich; sie befinden sich dort in einer bessern Lage und sind angesehener als irgendwo sonst in Ostindien; viele von ihnen thun Militairdienste und zeigen sich dabei sehr brauchbar. Auch Armenier gibt es in Bombay, aber weniger als in Kalkutta. Die übrigen im Lande ansässigen Fremden sind Araber, Chinesen, Radschuten, Mongolen, Mahratten, Portugiesen und Engländer, die natürlich ein seltsames Gemisch bilden.

Die Märkte von Bombay sind gut versehen; Fische gibt es immer in großer Menge, besonders ist eine Art, Bumbelow genannt, sehr gewöhnlich; dies ist eine Art Aal, die man in dem Sand an der Küste häufig findet und die sehr nahrhaft sein soll. Man läßt diese Fische in der Sonne trocknen und nach mehren vorgängigen Proceduren kommen sie in den Handel; ein Theil davon wird nach England geschickt. Auch Muscheln, Austern, Krebse u. s. w. sind auf den Märkten häufig, aber das Fleisch läßt zu wünschen übrig. Wildpret ist selten; nur rothe Rebhühner und Wasserschnepfen findet man bisweilen.

Das Klima von Bombay ist von dem Bengalens verschieden; die Temperatur ist in Bombay gleichförmiger und milder und man hat daselbst nichts von außerordentlicher und unerträglicher Hitze zu fürchten. Alle europäischen Gemüsearten gedeihen in Bombay. Kartoffeln sind in der Umgegend sehr häufig, Erbsen, Salat und Blumenkohl kommen mit der größten Leichtigkeit fort. Auch der Weinstock gedeiht und trägt sehr schöne Trauben, um aber zu günstigen Resultaten zu gelangen, sind die Winzer genöthigt, die Erde tief aufzugraben und die Wurzeln während eines Theils des Jahrs entblößt zu lassen, wodurch sie gleichsam einen künstlichen Winter hervorbringen.

Die Menge und Mannichfaltigkeit der in allen Theilen der Insel zerstreuten religiösen Gebäude bezeugen die Freiheit, welche die Anhänger der verschiedenen Religionen genießen. Einer dieser Tempel, zu Ehren der Gottheit Bomba-Devi erbaut, soll nach einigen Schriftstellern der Insel Bombay ihren Namen gegeben haben, während nach Andern der Name portugiesischen Ursprungs ist und von Buon-Baia (d. h. gute Bai) herkommt. Im Allgemeinen haben jedoch die religiösen Gebäude der Insel nichts Merkwürdiges; keines derselben besitzt den großartigen Charakter der mohammedanischen, hindostanischen und römisch-katholischen Gotteshäuser, die man in andern Theilen Indiens findet. Höchst interessant sind dagegen die unterirdischen Tempel auf der Insel Salsette, welche, wie gesagt, mit der Insel Bombay durch einen Damm verbunden ist, der in der Mitte durch eine Zugbrücke unterbrochen wird; diese außerordentlichen und geheimnißvollen Überreste einer unbekannten Periode nehmen die Aufmerksamkeit im höchsten Grade in Anspruch, und Künstler und Dichter sollten sich beeilen, diese Gegenden zu besuchen, so lange sie ihrer ursprünglichen Schönheit noch nicht beraubt sind. Die Cultur verbreitet sich in der Insel mit solcher Geschwindigkeit, daß das Ansehen der Ver-

ödung und schweigender Größe, welches sie ehemals charakterisirte, bald vor den Bemühungen menschlicher Industrie verschwunden sein wird. Der Weg, der zu jenen unterirdischen Räumen führt, geht durch ein enges Thal, das auf allen Seiten von Hügeln eingeschlossen ist, auf denen die reizendsten Aussichten mit kahlen und dürren Stellen abwechseln; herrliche Wälder bedecken die Abhänge und einen Theil der Gipfel, während die von Zeit zu Zeit emporsteigenden kahlen und zerklüfteten Felsen damit seltsam contrastiren. Die mahrattischen Dörfer, die man unterwegs findet, sind klein und arm, aber Thätigkeit und Arbeitsamkeit charakterisiren ihre Bewohner, welche zahlreiche Ziegen- und Rinderheerden halten, Reis bauen und Cocosbaumpflanzungen unterhalten. Während der Reise von Bombay zu den Souterrains von Salsette ruhen die Reisenden häufig in einer der alten portugiesischen Kirchen aus, welche von Priestern bewohnt werden, deren Gastfreundschaft im Lande sprüchwörtlich geworden ist. Je mehr man sich dem steilen Gebirge nähert, in dessen Seiten jene ungeheuern Höhlen sich befinden, desto schwieriger wird der Weg und desto wilder die Gegend; frische Fährten auf dem Boden zeigen bisweilen an, daß Tiger in jenen Räumen gehaust haben. Man ersteigt das Gebirge auf schmalen und steinigen Pfaden, welche für Palankinträger kaum zu passiren sind; aber Viele legen diesen Weg zu Fuß zurück und werden durch die abwechselnden Gemälde, die sich ihren Blicken darbieten, für ihre Anstrengung reichlich belohnt. Bei jedem Schritte erweitert sich der Horizont und nimmt einen andern Charakter an; mit Getöse stürzen die Wasser herab und bahnen sich durch die Felsen einen Weg, und überall entstehen durch den dichten Schatten der Wälder und die blendende Pracht der Vegetation die reizendsten Landschaftsbilder.

Wenn man sich bei Nacht hier befindet, so ist die Wirkung noch schöner. Dann fallen die bleichen Strahlen des Mondes durch die Bäume, vermischen sich mit dem Scheine der Fackeln, und lassen lange Reihen von Reisenden erblicken, welche das Gebirge erklimmen. Eine geringe Neigung des Bodens bildet eine Art Thal, in welchem man in den Felsen gehauene Cisternen findet, die ersten Spuren des Aufenthaltes von Menschen in dieser einsamen und verlassenen Gegend. Von dieser Stelle aus, welche unmittelbar am Fuße der großen Höhlen liegt, entdeckt man durch die Bäume einen Theil ihrer ungeheuern Öffnungen. Die Cisternen enthalten reines und klares Wasser, dessen Frische die Reisenden zu Fuß und die Palankinträger wohl zu würdigen wissen. Man ruht hier eine Weile aus und gelangt nach einhalbstündigen Marsche ans Ziel der Reise.

Die Ausdehnung und Richtung der unterirdischen Räume kennt man noch nicht genau. Vor der Öffnung steht eine Reihe Säulen, die einen feierlichen und imposanten Anblick gewähren. Zellen, die ehemals zu Wohnungen für Einsiedler dienten, sind in den Berg gearbeitet und geben für die Reisenden bequeme Aufenthaltsörter ab, nur muß man sich zuvor überzeugen, ob nicht schon früher ein Bewohner, etwa ein Tiger, davon Besitz genommen hat, denn die Tiger lieben diese engen Behältnisse, welche ausdrücklich für sie angelegt zu sein scheinen. In jeder Zelle findet man eine Cisterne, welche reines und treffliches Wasser liefert.

Die Höhlen von Salsette sind in den Berg Canara gehauen und zwar die berühmtesten der Insel, aber keineswegs die einzigen, welche Beachtung verdienen. Noch andere findet man zu Ambule, die zwar weniger ausgedehnt und zahlreich als die Tempel von

Canara, aber nicht weniger sorgfältig ausgearbeitet, vielmehr eleganter und geschmackvoller sind. Man bemerkt hier eine strengere Regelmäßigkeit im Bau und mehr Symmetrie in der Anwendung der Fenster, Thüren, Corridors und Säulenreihen. Mehre Basreliefs sind trefflich gearbeitet. Diese Aushöhlungen laufen unter der Erde hin, bis zu bedeutender Entfernung; Luft und Licht dringen durch Öffnungen in der Decke, doch ist das Licht nur schwach. Durch zwei Thüren gelangt man in diese Tempel, sie sind aber durch Bäume und Gesträuche so versteckt, daß man sie ohne Führer, die der Gegend genau kundig sind, nicht finden kann. In allen diesen unterirdischen Räumen muß man die Vorsicht beobachten, kein Schießgewehr abzufeuern; befolgt man dies, so hat man von den zahlreichen sich hier aufhaltenden Bienen, deren Stöcke in den Spalten des Berges versteckt sind, nichts zu fürchten, sobald aber ein heftiger Knall ertönt, stürzen sich Schwärme von Bienen auf die ihre Ruhe störenden Menschen, greifen sie erbittert an und nöthigen sie zum Rückzug.

Als sich die Portugiesen im Lande niederließen, erhielt die neben Salsette liegende Insel den Namen Elefanta wegen des daselbst befindlichen in Stein gehauenen Bildes eines Elefanten. Diese Insel enthält noch berühmtere und merkwürdigere unterirdische Tempel, in denen die Künstler die Bildhauerarbeit bewundern, die Gelehrten aber die verschiedenen Gegenstände, welche die Basreliefs vorstellen, mit Interesse betrachten.

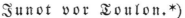

Junot vor Toulon.*)

Unter den Feldherren Napoleon's und den Säulen seines Thrones nimmt Junot, Herzog von Abrantes, nicht den letzten Platz ein. Er studirte die Rechtswissenschaft, als die französische Revolution ausbrach, trat aber 1792, 21 Jahre alt, als gemeiner Grenadier unter die Reihen der Vaterlandsvertheidiger. Schon im folgenden Jahre zog er bei der Belagerung von Toulon, das bekanntlich von den Engländern und Spaniern am 29. August 1793 besetzt worden war, aber am 9. December dieses Jahres von der Revolutionsarmee unter Dugommier wieder erobert wurde, die Aufmerksamkeit des Artilleriecommandanten Bonaparte auf sich, der sich ebenfalls bei dieser Belagerung zuerst bekannt machte. Junot war damals Unterofficier und eben beschäftigt, in einer Batterie unter dem Feuer des englischen Geschützes eine Depesche niederzuschreiben, die ihm Bonaparte dictirte, als dicht neben ihnen eine Bombe einschlug und Beide mit Erde überschüttete. Ohne sich dadurch im mindesten außer Fassung bringen zu lassen, äußerte Junot kaltblütig: „Die Bombe kommt mir eben recht, ich brauchte grade Streusand", und empfahl sich dadurch dem Commandanten, der ihn später zu seinem Adjutanten erwählte, nachmals aber zum Gouverneur von Paris, Gesandten in Lissabon, nach seinem kühnen Zuge durch Portugal zum Herzog von Abrantes und 1809 zum Gouverneur der illyrischen Provinzen ernannte.

*) Diese Abbildung ist aus dem soeben in Leipzig bei Weber erscheinenden Werke: „Geschichte des Kaisers Napoleon von Laurent, mit 500 in den Text eingedruckten Holzschnitten nach Originalzeichnungen von Horaz Vernet", mit Erlaubniß des Herrn Verlegers entlehnt; wir verfehlen nicht, bei dieser Gelegenheit unsere Leser auf dasselbe aufmerksam zu machen, da es sich ebenso sehr durch seinen innern Gehalt, als durch die ausgezeichnete Schönheit der Ausstattung empfiehlt.

Verantwortlicher Herausgeber Friedrich Brockhaus. — Druck und Verlag von F. A. Brockhaus in Leipzig.

Das Pfennig-Magazin

für

Verbreitung gemeinnütziger Kenntnisse.

303.]   Erscheint jeden Sonnabend.   [Januar 19, **1839.**

Otto I., König von Griechenland.

Otto Friedrich Ludwig, erster König von Griechenland, ist der zweite Sohn des Königs Ludwig von Baiern und der Königin Therese, geborenen Prinzessin von Sachsen-Altenburg, und wurde am 1. Juni 1815 zu Salzburg geboren. Sein Erzieher war der geistliche Rath von Öttl, jetziger Dechant von Freisingen; außerdem wurde ihm der Unterricht der Professoren Schelling, Thiersch und anderer ausgezeichneter Gelehrten Münchens zu Theil, wodurch er eine gründliche und vielseitige Bildung erhielt. Er war noch nicht 17 Jahre alt, als ihm eine Krone angetragen wurde, und zwar eine solche, von der sehr zu fürchten stand, daß sie mehr eine Bürde als ein Schmuck sein würde: die Krone des neugeschaffenen Königreichs Griechenland. Nachdem die Pforte darein gewilligt hatte, Griechenland als einen unabhängigen Staat unter einem erbmonarchischen Oberhaupte anzuerkennen, wählte die aus den drei Mächten England, Frankreich und Rußland bestehende londoner Conferenz den Prinzen Leopold von Sachsen-Koburg zum souverainen Erbfürsten von Griechenland; dieser nahm die Wahl zwar am 11. Februar 1830 an, erklärte jedoch am 21. Mai seinen Rücktritt. Die Wahl eines neuen Fürsten, der seiner Aufgabe in gleichem Grade gewachsen schien, war ungeachtet der großen Zahl von Bewerbern sehr schwierig und verzögerte sich daher zwei Jahre, wurde aber durch die am 9. October 1831 zu Nauplia verübte Ermordung des Präsidenten von Griechenland, Johann Kapodistrias, beschleunigt, da es dringend nothwendig schien, der in Griechenland eingetretenen Anarchie ein Ende zu machen. Am 13. Februar 1832 vereinigten sich die drei Mächte über die Wahl des minderjährigen Prinzen Otto, dem der Königstitel angetragen und günstigere Bedingungen als dem Prinzen Leopold gestellt wurden. Sein Vater, schon längst als Freund der Griechen bekannt, nahm als Vormund in einem mit den drei Mächten am 7.

Mai 1832 zu London abgeschlossenen und von ihm am 27. Mai bestätigten Vertrage die Krone für seinen Sohn an. In diesem Vertrage wurde unter Anderm festgesetzt, daß, wenn Otto ohne Nachkommen sterben sollte, die Krone auf seinen jüngern, 1821 geborenen Bruder Luitpold, und wenn bei diesem derselbe Fall einträte, auf seinen jüngsten, 1828 geborenen Bruder Adelbert übergehen sollte; in keinem Falle sollte die bairische und die griechische Krone auf einem Haupte vereinigt werden, aber Prinz Otto sollte seine Apanagen in Baiern beibehalten; bis zu seiner mit dem vollendeten zwanzigsten Jahre eintretenden Volljährigkeit sollte die Regierung durch eine aus drei Räthen bestehende Regentschaft geführt werden.

Vor Allem kam es nun freilich darauf an, daß die Griechen, die bei dieser wie bei der vorigen Wahl gar nicht zu Rathe gezogen worden waren, ihre Zustimmung zu derselben ertheilten. Daß die Ankunft eines fremden, von den europäischen Mächten unterstützten, von einem Truppencorps begleiteten und mit beträchtlichen Geldmitteln versehenen Fürsten ihnen bei der hoffnungslosen Lage des Landes nur zum Heile gereichen könnte, sahen sie sehr wohl ein; auch trug der damals in Griechenland anwesende Hofrath Thiersch nicht wenig dazu bei, sie für ihren neuen König günstig zu stimmen. Die Nationalversammlung zu Nauplia erklärte am 8. August 1832 feierlich und einstimmig ihre Anerkennung des Prinzen Otto als Königs von Griechenland; Hofrath Thiersch erhielt den Auftrag, das Anerkennungsdecret nebst Dankadressen an die Könige von Baiern und Griechenland nach München zu überbringen. Später wurde eine eigene Deputation dahin gesandt, um den König Otto, welcher am 5. October die Königswürde feierlich angenommen hatte, einzuladen, baldigst nach Griechenland zu kommen; diese leistete ihm am 15. October im Namen des griechischen Volkes den Huldigungseid. Am 6. December 1832 trat endlich König Otto, von seinen Ältern und Geschwistern (vom Kronprinzen bis Neapel) begleitet, die Reise nach Griechenland an; an der Stelle, wo er das bairische Gebiet verließ, wurde später eine Kapelle gebaut und in derselben jährlich am Jahrestage seiner Abreise aus Baiern Gottesdienst gehalten. Über Florenz kam er am 20. Dec. in Rom an, hielt sich hier acht Tage auf, kam am 13. Jan. in Brindisi an und machte die Überfahrt nach Griechenland nebst den Regentschaftsmitgliedern auf der ihm zur Verfügung gestellten englischen Fregatte Madagaskar. Die ihn begleitenden 3500 Baiern waren in Triest eingeschifft worden. In Korfu sammelte sich das ganze Geschwader und ging am 30. Januar, 43 Segel stark, im Hafen von Nauplia vor Anker. Mit Ungeduld harrte eine zahlreiche Menschenmenge am Ufer der Landung des Königs, die aber aus mehren Ursachen um acht Tage verschoben wurde. Erst am 6. Februar 1833 betrat der König den griechischen Boden und hielt seinen feierlichen Einzug in Nauplia, welches vorläufig als Residenz dienen sollte. Allgemein war der Jubel, unverkennbar die Freude des Volkes, das seinen jungen König mit den schönsten Hoffnungen begrüßte, die auch bereits zum großen Theile in Erfüllung gegangen sind. Am folgenden Tage hielt der König Musterung über die bairischen, zwei Tage darauf über die noch anwesenden französischen Truppen, die aber bald nachher das Land verließen. Während die Regentschaft mit großer Thätigkeit an der Reorganisation des Landes arbeitete, bereitete sich Otto eifrig auf seinen wichtigen Beruf vor. Am 13. December 1834 wurde die Residenz von Nauplia nach Athen verlegt, das schon

seiner Berühmtheit im Alterthume wegen würdiger schien, um als Hauptstadt des neuen Königreichs zu dienen. Nach beendigter Minderjährigkeit übernahm Otto am 1. Juni 1835 selbst die Regierung; dieses Ereigniß wurde in Athen mehre Tage nacheinander durch Wettlaufen, Wettkampf, Pferderennen, Illuminationen und Bälle gefeiert. Seitdem ist es ihm gelungen, sich die Liebe aller Parteien zu erwerben, was für ihn als Ausländer, der der griechischen Sprache wenig kundig und einer fremden Confession zugethan war, gewiß nichts Leichtes sein mußte. Mit rastlosem Eifer widmet er sich den Staatsgeschäften, präsidirt seit dem 20. December 1837 selbst im Ministerrathe und berechtigt durch die von ihm bisher bewiesene Umsicht und Thätigkeit zu der Erwartung, daß es ihm gelingen werde, über Griechenland eine neue Morgenröthe heraufzuführen und die Blüte, deren es sich einst zu erfreuen hatte, als es der Sitz der Wissenschaften und Künste und das übrige Europa noch in der Nacht der Barbarei begraben war, zu erneuern. Inniger als zuvor wurde die Verbindung zwischen Otto und seinem neuen Vaterlande durch seine gänzliche Verzichtleistung auf die Nachfolge in Baiern und durch seine Vermählung. Jene fand im März 1836 während der Anwesenheit seines Vaters in Athen statt; diese während einer Reise, die Otto in demselben Jahre unter dem Namen eines Grafen von Missolunghi nach Deutschland machte. Er verließ Griechenland im Anfange des Mai und kam am 29. dieses Monats in München an, brauchte später, um sich von einer kleinen Schwerhörigkeit zu befreien, die Badecur in Marienbad und wurde am 22. November 1836 zu Oldenburg mit der ältesten Tochter des Großherzogs von Oldenburg, Amalie, geboren am 21. December 1818, vermählt. So erfreulich dieses Ereigniß für ihn in jeder Hinsicht sein mußte, da die schönsten Eigenschaften des Körpers wie des Geistes und Herzens seine junge Gemahlin schmückten, so schmerzlich mußte er auf der andern Seite durch den Tod seiner beiden ihm aus Griechenland gefolgten Adjutanten berührt werden, die Beide in der Blüte ihrer Jahre von der damals in Baiern und namentlich in München graffirenden Cholera hingerafft wurden: am 6. November starb in München Kazakos Mauromichalis, am 12. November in Uffenheim der Marinecapitain Anton Miaulis, zugleich mit seinem Könige auf der Reise nach Oldenburg begriffen, wo er Zeuge der Vermählung zu sein gedachte. Otto berührte bei seiner Rückkehr von Oldenburg München nicht, trat am 14. December von Tegernsee aus die Rückreise nach Griechenland an und traf am 14. Februar 1837 wieder in Athen ein. Der Wunsch der griechischen Nation, ihre neue Dynastie durch die Geburt eines Thronfolgers befestigt zu sehen, ist bis jetzt noch nicht in Erfüllung gegangen; er würde im griechischen Glauben erzogen werden, während Otto der katholischen und seine Gemahlin der evangelisch-lutherischen Kirche zugethan ist.

König Otto ist schlank gewachsen und mit offener, glücklicher Gesichtsbildung begabt. Er spricht gegenwärtig das Griechische mit Leichtigkeit, trägt auch griechische Nationaltracht und hat sich auf seinen vielfachen Reisen durch das Gebiet seines kleinen Königreichs mit der Natur des Landes und den Sitten der Einwohner völlig vertraut gemacht. Über die Schönheit und Liebenswürdigkeit der Königin sind alle Berichterstatter einstimmig. Auch sie ist von schlankem Wuchse und erscheint bei den athenischen Hoffesten nicht nur durch ihren Rang, sondern ebenso sehr durch ihre Schönheit, bie bezaubernde Anmuth ihres faft kindlichen Geſichts und die ungemeine Grazie ihres ganzen Weſens als Königin. Schon von früher Kindheit an zeigte ſie das größte Intereſſe für die Geſchichte Griechenlands und äußerte oft den Wunſch, dieſes Land zu beſuchen. Im Jahre 1838 traf ſie in der Schweiz mit ihrem Vater zuſammen, während ihr Gemahl ſein Königreich bereiſte.

Die brotgebende Manihot.*)

Dieſe in den meiſten heißen Ländern der Erde, beſonders in Afrika und Amerika angebaute, im heißen Amerika wild wachſende Pflanze, auch Maniok oder Juka genannt, liefert die nutzbaren Stoffe, die unter den Namen Caſſavewurzel, Caſſavemehl und Tapioka bekannt ſind, während bei ihr ſowol als den meiſten andern Manihotarten, die ſehr zahlreich ſind — in Braſilien zählt man ihrer etwa 30 — Saft und Samen giftig ſind. Die brotgebende Manihot iſt ein Strauch, der 6 — 7 Fuß hoch wird; ihr Stamm windet ſich, iſt voll von Mark, mit Knoten und einer dünnen röthlichen Rinde bedeckt. Am meiſten wird ſie in Braſilien und auf den weſtindiſchen Inſeln angebaut, wo das daraus bereitete Caſſavebrot ein ſehr wichtiges Nahrungsmittel für die Schwarzen abgibt. Das Mehl der Manihotwurzel iſt faſt das einzige, deſſen man ſich in Braſilien, wenigſtens im nördlichen, dem Äquator benachbarten Theile, bedient. Auch auf der weſtlichen Küſte von Afrika, namentlich in Congo und Guinea, wird ſie in großer Menge gebaut.

Die Mittel, welche angewandt werden, um den ſchädlichen Stoff von den nährenden Theilen der Pflanze abzuſondern, ſind ſehr einfach und zugleich in ihrer Wirkung ſo unfehlbar, daß man nie etwas von nachtheiligen Folgen des Genuſſes von Caſſavebrot gehört hat. Die Manihot iſt für die Amerikaner als Nahrungsmittel ebenſo wichtig, als Getreide und Reis für die Europäer und Aſiaten, und hat vor jenen den Vorzug, daß bei ihrem Anbaue eine Misernte weniger zu beſorgen iſt. Zugleich iſt die Quantität eßbaren Stoffs, welche ein Stück Land von derſelben Größe liefert, bei der Manihot weit größer, und faſt während der ganzen Dauer ihres Wachsthums kann ſie geerntet und in Speiſe verwandelt werden. Ein mit dieſer Pflanze bepflanzter Morgen Landes liefert ebenſo viel Nahrungsſtoff als ſechs Morgen Weizenboden. Freilich iſt der Nutzen, welchen die Cultur dieſer Pflanze gewährt, nicht ſo ſchnell erfolgend als bei andern angebauten Pflanzen, und ein Volk, das ſich zum Anbau einer Pflanze entſchließen ſoll, die erſt nach 8 — 18 Monaten eßbare Wurzeln trägt, muß ſchon eine gewiſſe Stufe der Cultur erreicht haben. Überdies ſoll die Pflanze den Boden außerordentlich erſchöpfen, und man ſchreibt ihr die Unfruchtbarkeit vieler Landſtriche in Braſilien zu. Wo ſie nur für den eigenen Gebrauch des Feldbeſitzers gebaut wird, pflegt immer nur eine Quantität, die für ein paar Wochen ausreicht, auf einmal geerntet zu werden; der Reſt kann ohne Nachtheil ziemlich lange in der Erde bleiben, jedoch nicht zu lange, weil er ſonſt für den Gebrauch zu hart wird.

Sobald die Zeit zum Ernten gekommen iſt, werden die Stengel ihrer Blätter entkleidet und die Wurzeln ohne große Schwierigkeit aus der Erde gezogen; die letztern werden von den Stengeln getrennt und in eine Art Scheune gebracht, wo die Rinde mit einem

Meſſer abgekratzt wird; dann werden ſie mit Waſſer abgewaſchen und mittels einer Raspel in eine breiartige Subſtanz verwandelt. Hierauf werden ſie in Matten oder Leinwandſäcke gethan und eine ziemlich lange Zeit der Wirkung einer ſtarken Preſſe unterworfen; ſobald durch dieſe genug Flüſſigkeit ausgepreßt worden iſt, drückt man die Wurzeln durch eine Art Sieb mit weiten Löchern und bringt ſie dann in den Backofen, um ſie in Caſſavebrot oder Manihotmehl zu verwandeln.

Zur Verfertigung des Caſſavebrots dient eine runde flache Eiſenplatte, die etwa 2 Fuß im Durchmeſſer hat, ½ Zoll dick iſt und auf vier Füßen ſteht; unter ihr wird ein Feuer angezündet. Sobald die Platte heiß wird, bedeckt man ſie mit den geraspelten Wurzeln bis zur Höhe von etwa 1½ Zoll, wobei man darauf ſieht, daß ſie überall gleich hoch liegen; ſobald ſie warm werden, drückt man ſie mit einem breiten hölzernen Meſſer nieder. Die Wurzeln vereinigen ſich durch die Hitze zu einer feſten Maſſe oder einem Kuchen, den man umwendet, damit er auf beiden Seiten gleichmäßig gebacken wird. Das fertige Caſſavebrot hat die Geſtalt eines dünnen Zwiebacks und die Größe der Eiſenplatte. Man legt es zum Abkühlen an die Luft, wo es hart, feſt und zerbrechlich wird.

Die Bereitung des Caſſavemehls unterſcheidet ſich von der des Caſſavebrotes nur dadurch, daß man die Körner des Wurzelfleiſches ſich nicht zu einer feſten Maſſe verbinden läßt. Um das Mehl in großen Quantitäten zu bereiten, kann eine kupferne Pfanne mit flachem Boden angewandt werden, etwa 4 Fuß lang und 7—8 Zoll tief. Dieſe Pfanne wird erhitzt, die geraspelten Wurzeln werden hineingeworfen, ſtark umgerührt und mit einer Art von hölzernem Schlägel zerquetſcht. Das beſtändige Umrühren verhindert die Verbindung der Körner, während ſie ihre Feuchtigkeit verlieren und bewirkt, daß ſie gleichmäßig gebacken werden. Iſt die Bereitung vollendet, was man an dem Geruch und der röthlichen Farbe erkennt, ſo wird das Mehl mit einer hölzernen Schaufel aus der Pfanne genommen, auf grobes Tuch gebreitet, um abzukühlen, und in Fäſſer gepackt, in denen es ſich lange Zeit aufbewahren läßt.

Selten genießt man Caſſavebrot ohne eine vorgängige Zubereitung. Man weicht es in Waſſer, darin ſchwillt es bedeutend auf und bildet ein feſtes und geſundes Nahrungsmittel. Ebenſo wird mit dem Mehl verfahren.

Der aus den Manihotwurzeln gepreßte Saft enthält eine Art äußerſt feiner und weißer Stärke, die ſich in der Flüſſigkeit ſetzt. Um dieſen Stoff zu erhalten, läßt man die Flüſſigkeit mehre Stunden in der Pfanne ſtehen; dann wird der Saft abgegoſſen, die Stärke in Waſſer gereinigt und getrocknet. Dieſe trockne Stärke wird mit ein wenig Waſſer beſprengt, über Feuer gebracht und abgedampft, bis ſie die Form einer unregelmäßigen zähen Maſſe annimmt, dann in der Sonne getrocknet, bis ſie völlig erhärtet; in kleine Körner zerbrochen iſt ſie in Europa unter dem Namen Tapioka bekannt und wird von den franzöſiſchen Zuckerbäckern zur Bereitung verſchiedener Sorten Backwerk gebraucht. Bisweilen braucht man ſie zu Puder; ſie wird dann getrocknet, in einem Mörſer zerſtoßen und durch ein ſehr feines Sieb geſiebt. In dieſem Zuſtande braucht man ſie zu mehren Zwecken, wo gewöhnlich Weizenmehl angewandt wird.

Die beſchriebenen Stoffe können 15 Jahre und länger aufbewahrt werden; der franzöſiſche Botaniker Aublet fand Tapioka nach 15jähriger Aufbewahrung

Bereitung des Manihotmehls.

in einer Büchse noch ebenso gut und genießbar als an dem Tage, wo sie in die Büchse gethan wurde. Ihm zufolge gewähren 10 Pfund dieses Stoffes einem Reisenden hinreichende Nahrung für 14 Tage; beim Gebrauche wird ein wenig Wasser oder Fleischbrühe, kalt oder warm, darauf gegossen. Personen, die den Amazonenfluß beschiffen, versehen sich selten mit anderm Mundvorrath.

Der ausgepreßte Saft dieser Pflanze ist ein äußerst heftiges Gift, das in wenig Minuten tödtet. Ein französischer Arzt gab ihn in kleinen Quantitäten, die nicht über 1½ Unze betrugen, Hunden und Katzen ein, die in der Regel nach etwa 24 Minuten starben. Übrigens scheint dieses Gift nur durch seine Wirkung auf die Nerven tödtlich zu wirken, da bei der Section keine Entzündung oder Zerstörung der innern Theile zu bemerken war. Daraus hat man vermuthet, daß der giftige Theil des Saftes sehr flüchtiger Natur ist und durch den Einfluß der Wärme schnell verschwindet. Wenn der Saft 24 Stunden lang der Luft ausgesetzt wird, soll er seine giftigen Eigenschaften verlieren. Einem Neger, der wegen Giftmischerei zum Tode verurtheilt war, wurden 35 Tropfen dieses Saftes eingegeben und schon nach sechs Minuten war er todt, ein Beweis, daß dieses Gift heftiger auf Menschen als auf Thiere wirkt.

Rochefort erzählt, nachdem er die Heftigkeit dieses Giftes beschrieben hat, daß die Indianer in den größern westindischen Inseln, von den Spaniern mit Feuer und Schwert verfolgt, sich selbst durch Manihotsaft getödtet hätten; auf St.-Domingo befand sich noch zu seiner Zeit ein Ort, die sogenannte Höhle der Indianer, die mit den Gebeinen von mehr als 400 Indianern angefüllt war, welche sich auf diese Weise selbst das Leben genommen hatten, um nur nicht den Spaniern in die Hände zu fallen.

Unsere Abbildung stellt die Bereitung des Manihotmehls durch Neger in Brasilien dar. Man sieht, daß Frauen unter der Aufsicht eines Werkmeisters mit dieser mühsamen Arbeit beschäftigt sind.

Skizzen aus Lissabon.

Für einen Nordländer ist Lissabon eine Stadt von sehr fremdartigem Aussehen. Der Handelsplatz (Praça do Comercio) ist bedeckt mit einer Menge von Leuten von brauner Gesichtsfarbe, die den Hals, die Brust und die Füße völlig bloß tragen; ihre ganze Kleidung besteht in einem Hemde und Beinkleidern; ihr schwarzes Haar umschließt eine rothe Mütze, ein Gürtel von gleicher Farbe umspannt ihre Hüften. Diese Leute sind die Tejoschiffer; sie scheinen nebst ihren Weibern und Kindern keine andere Wohnung zu haben, als die Quais, die Galerien des Hafens und die Treppen, welche vom Wasserspiegel hinauf ans Ufer führen. Nur wenn das Wetter zu schlecht ist, suchen sie in ihren Barken Schutz. Sobald sie einen Fremden aus dem Innern der Stadt nach ihnen zu kommen sehen, laufen sie ihm in Menge entgegen und bestürmen ihn um die Wette mit ihren Dienstanerbietungen; nimmt er sie aber nicht an, so kehren sie zu ihrem gewöhnlichen Ernste zurück und verfallen wieder in den Zustand träger Sorglosigkeit, den sie nur für einen Augenblick verlassen hatten; sie lagern sich auf dem Boden und rauchen schweigend ihre Cigarre.

Diejenigen unter diesen Schiffern, welche Gallegos, d. h. Galicier, genannt werden, unterscheiden sich von den übrigen durch ein besseres Äußere; sie sind reinlicher, etwas besser gekleidet und haben eine hellere Gesichtsfarbe. In Lissabon nennt man sie die Männer des Nordens oder die Kinder der Berge. Ihre Thätigkeit und Ausdauer in der Arbeit contrastirt mit der allgemeinen Unthätigkeit der Andern; auch sie können jedoch der brennenden Mittagshitze nicht widerstehen und strecken sich ebenfalls auf dem Pflaster der Straßen und Plätze aus, wenn die Stunde der Mittagsruhe kommt.

Aber das Costum, die Sitten und das Leben dieser Schiffer bilden nur einen von den hervorstechenden Zügen des Bildes, welches der Handelsplatz darbietet. Auf demselben erscheinen alle Stände mit ihren eigenthümlichen Trachten und Sitten: Vornehme, die in schwerfälligen, zweiräderigen Wagen, gezogen von Mauleseln oder sogar von Ochsen, wie zu Homer's Zeiten, hin und her fahren; Frauen in rothen oder braunen Mänteln, auf dem Kopfe ein seltsam geformtes Stück von weißem Musselin, unter welchem glühende, fast immer sehr schöne Augen funkeln; Kinder, die um ein Kohlenbecken sitzen, auf welchem die kleinen Barbaren eine Katze braten, um sich damit gütlich zu thun u. s. w. Meistens sieht man auf den Schultern von dem einen oder andern dieser Kinder einen Affen vertraulich sitzen und mit der Mütze seines jungen Herrn spielen. Rings um diese Gruppen zerlumpter und schmuziger Kinder sieht man Matrosen von allen Nationen und Hautfarben, von dem weißen Dänen bis zum schwarzen Afrikaner; Bettler von jedem Alter, oft von häßlichem und abschreckendem Äußern, Edelleute, die nach der alten Mode gekleidet sind, Kaufleute, Mäkler und anmuthige verschleierte Damen, denen ein Neger folgt. Dann erscheint auf einmal an dem einen Ende des Platzes eine Procession von rothgekleideten Priestern, die mit ihren Fahnen vorüberziehen. Überall trifft man Knaben in rothen Röcken mit grünen Kragen; mit der einen Hand reichen sie eine geweihte Fahne zum Küssen dar, die andere strecken sie aus, um ein Almosen zu erhalten; an manchen Orten weist man sie unwillig zurück, an andern küßt man andächtig die Fahne und gibt eine kleine Münze. Weiterhin ziehen andere Scenen die Aufmerksamkeit auf sich; Kuhheerden, die man an die Thüren der bedeutendsten Häuser treibt, wo man sie melkt, um die Milch rein und frisch zu verkaufen; Esel und Maulesel, beladen mit Orangen, Citronen, Feigen, Früchten und Blumen aller Art. Diese Karavanen werden gewöhnlich von jungen Mauren geführt, welche gegen die Gewohnheit herumziehender Verkäufer nicht den leisesten Ruf hören lassen; die Schönheit und Frische ihrer Lebensmittel reicht hin, die Käufer anzulocken.

Wagen sind in Lissabon nicht häufig, dafür sieht man aber hier mehr Reiter als sonst irgendwo. Man betrachte jenen kleinen dicken Mann, der mit einem Stoß von Papieren unter dem Arme schwerfällig auf einem kleinen Esel sitzt, welcher ganz kahl geschoren ist, diejenigen Theile ausgenommen, wo der Sattel und der Gurt aufliegen. (Diese Mode ist in Lissabon für die Esel und Maulesel allgemein angenommen; so rasirt gelten sie für schöner, auch glaubt man, daß der Sattel fester auf dem Rücken liegt.) Aber wohin reitet der würdige Mann? Es ist ein Angestellter, der in sein Bureau auf dem Handelsplatze reitet. Er steigt gravitätisch von seinem Esel, und während sein Herr für das Wohl des Staats arbeitet, bleibt der Esel unter den Galerien in Gesellschaft einer Menge anderer Esel, Maulesel, Pferde und Wagen, welche andere Beamte hergebracht haben.

Als ich eines Tages eine Zeit lang die Goldstraße, eine der schönsten Straßen von Lissabon, hinabgeschlendert war, wandte ich mich rechts nach der Kathedrale, wo ich plötzlich Töne vernahm, die mich zusammenfahren machten. Ich wußte nicht, daß ich mich ganz nahe bei dem Limoeiro, dem größten Gefängnisse Lissabons, befand. Ebenso wenig wußte ich, daß man die zahlreichen darin enthaltenen Verbrecher von Zeit zu Zeit, unter militairischer Bedeckung, spazieren führt. Sie kamen soeben heraus und glichen Teufeln, die der Hölle entrinnen. In unsern nördlichen Ländern hat man keinen Begriff von diesen gräßlichen Gesichtern, diesen schmuzigen Lumpen, diesem Übermaße von Frechheit und Elend. Das Klirren der Ketten dieser Elenden, das zugleich demüthige und wilde Geheul, das sie ausstoßen, wenn sie die Hände ausstrecken und um ein Almosen bitten, machten auf mich einen schrecklichen Eindruck, der sich bei dem Andenken an dieses häßliche Schauspiel jedesmal erneuert.

Die Hunde haben in Lissabon mehr Freiheit, als in den übrigen Ländern des civilisirten Europa, und laufen überall in Haufen umher; sie fressen Alles, was sie finden, und erweisen dadurch der Stadt einen Dienst, indem sie den Unrath vermindern, der sich vor den Häusern anhäuft. Hier und da trifft man Hunde, die mit Wunden und Beulen bedeckt sind, oder sich in den Zuckungen des Todeskampfes winden. Zum Glück hat die Regierung die Reinigung der Stadt einigen Unternehmern übertragen, die sich dazu erboten und in der ersten Zeit, wie man sich denken kann, eine wahrhaft herculische Arbeit gehabt haben. Jetzt fahren Karren ziemlich regelmäßig durch die Stadt; sie sind mit Klingeln versehen, um die Bewohner zu erinnern, daß sie den Kehricht und Unrath zu der Zeit, wo die Karren vorbeikommen, auf die Straße schaffen. Es kostete anfangs einige Mühe, die Portugiesen zu der Befolgung dieser policeilichen Verordnung anzuhalten; jetzt haben sie sich daran gewöhnt und befinden sich wohl dabei. Nur die Hunde haben bei dieser Veränderung verloren, denn ihre Nahrung hat sich dadurch bedeutend vermindert, was man an ihrer Magerkeit und ihrem kläglichem Aussehen leicht erkennt. Sehr bemerkenswerth ist übrigens der Umstand, daß man nie etwas von einem toll gewordenen Hunde hört.

Der Unterschied zwischen dem Leben der Hunde und dem der Lazzaroni von Lissabon ist nicht groß; die einen wie die andern liegen, schlafen und essen auf den Straßen und öffentlichen Plätzen, die ihnen als gemeinschaftlicher Aufenthaltsort dienen. Der Lazzarone macht es sich hier so bequem als möglich. Freilich sind seine Ansprüche auf Bequemlichkeit nicht eben groß; der Schatten einer Mauer, um ihn gegen die Glut der Sonne zu schützen, ein Stein, um seinen Kopf darauf zu legen, eine Orange, um seinen Durst zu stillen, ein paar getrocknete in Öl gesottene Fische, das ist Alles, was er bedarf. Er wohnt mit seiner ganzen Familie, mit Weib und Kindern auf der Straße; mit ihnen streckt er sich auf den Stufen der Brunnen, unter den Säulenhallen der Kirchen, unter den Arcaden der Kaufhallen oder auch nur vor dem Thorwege eines Privathauses aus; hier erlaubt er sich ohne Umstände, was bei uns nur in der Verborgenheit des Hauses vorgeht; hier lacht und scherzt das junge Mädchen mit dem jungen Burschen, dessen Kopf oft auf ihren Knien ruht; bisweilen entfernt sie das dichte Haar des jungen Lazzarone, um gewissen kleinen Thieren, die ihn belästigen, nachzustellen, worauf dieser der gefälligen Dirne denselben Dienst erweist. Während sich die Jungen auf diese Weise oder mit verschiedenen Spielen belustigen, bereiten Ältere auf Kohlen das Bohnengericht, das eine frugale Mahlzeit abzugeben bestimmt ist. Das Bild, welches eine dieser armseligen Familien darbietet, wäre aber nicht vollständig, wenn nicht um die Mittagsstunde fünf bis sechs Hunde hinzukämen, welche auf das Festmahl, welches bereitet wird, gierige Blicke heften und mit Ungeduld den Zeitpunkt erwarten, wo man ihnen die Überbleibsel überlassen wird. Nach der Mahlzeit streckt sich der Lazzarone auf seinem Marmor- oder Granitbette aus. Wenn man gegen Mittag durch die Straßen von Lissabon wandert, besonders in der Nähe des Hafens, und sie so, zu Tausenden hingestreckt, die Wonnen der Siesta genießen sieht, so vergißt man ihr Elend zu beklagen, beneidet vielmehr die Ruhe, deren sie sich erfreuen, und erhebt nicht ohne ernste Betrachtungen seine Blicke zu den prachtvollen Palästen, in denen Gram und Sorgen wohnen.

In den meisten Hauptstädten von Europa vereinigt sich jede Classe der Gesellschaft in einem besondern Stadtviertel; die Vorstadt Saint=Germain in Paris und das Westende von London werden fast ausschließlich vom Adel bewohnt, während die Chaussee d'Antin in Paris und die City oder Altstadt von London die Häuser der Kaufleute und Finanzmänner enthalten. In Lissabon ist dies anders; die Paläste der großen Herren sind fast in allen Stadttheilen zerstreut; man findet sie in dem Mittelpunkte, an den Enden, auf den Hügeln, in den Thälern, sodaß man, wenn man an einem Tage mehren vornehmen Personen Besuche machen will, kaum Zeit hat, um von dem Einen zum Andern zu kommen; dazu kommt, daß diese Touren, die ebenso viele kleine Reisen sind, nicht immer ohne Gefahren oder wenigstens ohne höchst unangenehme Abenteuer ablaufen. Alles trägt hier dazu bei: der Charakter der Einwohner, wie die Beschaffenheit des Bodens und der Straßen, die sich bald steil und uneben erheben, bald zu abschüssig herabsenken, daß die Thiere den Wagen nur mit Mühe erhalten können. Dazu sind diese Zugthiere fast immer sehr schlecht. Wenn sie unterwegs nicht weiter wollen, was häufig vorkommt, so steigt der Kutscher von seinem Sitze, ohne sich im geringsten darum zu bekümmern, ob es Demjenigen, den er führt, gelegen ist oder nicht, nimmt eine eiserne Stange, die er immer bei sich führt, unterstützt damit die Deichsel des Wagens, spannt seine Maulthiere ab und gibt ihnen zu fressen; ein anderes Mal fällt es ihm, wenn er an einer Schmiede vorbeikommt, plötzlich ein, daß sein Wagen einer Reparatur bedarf oder daß einer seiner Maulesel beschlagen werden muß; er hält daher, und läßt das Thier beschlagen oder den Wagen ausbessern. Wenn Alles fertig ist und der beklagenswerthe Insasse des Wagens seine Reise fortsetzen will, so muß er zuvor den Schmied bezahlen.

Die Häuser von Lissabon sind groß und massiv, besonders in demjenigen Theile der Stadt, welcher nach dem großen Erdbeben von 1755, unter Pombal's Ministerium, neu aufgebaut wurde; sie haben vier bis sechs Stockwerke und eine große Menge Fenster, die alle mit schönen Balcons geziert sind. In den dieselben umgebenden eisernen Geländern, die oft mit vieler Kunst gearbeitet sind, verschlingen sich Blumen, Sträucher und Rankengewächse, die in Gewinden herabhängen; bisweilen streckt ein riesiger Cactus seine großen Arme über dieses Laubwerk und diese Blumen aus. Selten fehlt es an einem Affen, der im Schatten dieser Lauben spielt oder auf dem Geländer unter den Papagaien und brasilianischen Vögeln herumspringt, die man besonders des Morgens in großer Menge an der Außenseite der Fenster sieht, theils in Käfige eingesperrt, theils auf Stäben sitzend. Man kann sich kaum einen Begriff machen von dem Lärm, den das Geschrei und Geschwätz dieser Vögel verursacht; bisweilen ist er so betäubend, daß er die Stimme der Ausrufer in den Straßen übertönt. Die Fenster der Häuser sind selbst in dem neuen Theile der Stadt mit kleinen, durch Bleistreifen unter sich verbundenen Glasscheiben versehen, wie in unsern gothischen Kirchen; nur die königlichen Paläste Necessidades und Ajuda zeichnen sich durch größere Fensterscheiben aus. Diese Art von Scheiben gibt den Häusern ein gewisses alterthümliches, aber zugleich melancholisches Ansehen und macht sie inwendig düster. An Bettlern hat Lissabon Überfluß; es gibt ihrer von allen Nationen, Farben und Lebensaltern in solcher Menge, daß man keinen Schritt thun kann, ohne Bettler zu treffen. Diese ausgehungerte, zerlumpte Menge, welche singt, jammert, die Arme ausstreckt, um das Mitleid zu erregen, bietet ein sehr trauriges und widerwärtiges Schauspiel dar. In keiner andern Stadt zeigt dieser elendeste Theil der Bevölkerung so viel Unverschämtheit und Dreistigkeit als hier. Wenn diese abschreckenden Wesen auf die Freigebigkeit eines barmherzigen Mannes speculiren, lassen sie sich rings um seine Wohnung nieder, wie eine Schar Raben, umgeben ihn, bestürmen ihn, wenn er ausgeht, folgen ihm hartnäckig und hängen sich an ihn wie an eine Beute. Um sein Mitleid rege zu machen oder ihn in Furcht zu setzen, wechseln sie mit den demüthigsten Bitten und mit Schmähungen und Drohungen ab; sie stürzen sich auf ihn, um ihm den Weg zu versperren, zerren ihn bei den Kleidern, ergreifen ihn sogar beim Arm, sodaß er oft genöthigt ist, alle seine Kraft und Energie aufzubieten, um sich ihrer Verfolgung zu entziehen.

Dies sind die hervorstechendsten Züge von Lissabon. Es gleicht allen Städten der pyrenäischen Halbinsel, nur sind die Züge hier weit markirter. Lissabon mit seinen Fischern, unreinlichen Straßen, Mauleseln, Hunden und Bettlern ist ein etwas caricirtes Bild vieler großen Städte des Südens. Indessen sind hier bedeutende Änderungen eingetreten; die Straßen sind nicht mehr mit Koth und Unrath bedeckt, die Hunde haben sich vermindert. Vor der letzten Revolution waren die Straßen angefüllt mit Mönchen von allen Orden und Farben; jetzt, da die Klöster leer sind, trifft man keine mehr in den Straßen, die durch ihr Verschwinden an Heiterkeit gewonnen haben.

Hinsichtlich der Bauart bieten wenige Städte frappantere Contraste dar als Lissabon. Im alten Theile, der das Erdbeben von 1755 überdauert hat, sind die Straßen eng, krumm, finster und von abschreckender Unreinlichkeit; in dem neuen Theile, der sich täglich ausdehnt und erweitert, sind sie breit, lang und schnurgerade, mit Durchgängen und auf beiden Seiten mit Trottoirs versehen. Dieser Stadttheil heißt der Mejo; der alte Theil enthält die Quartiere Alfama und Bairoalto; Belem, Junqueira und Alcantara waren sonst getrennte und unabhängige Ortschaften, aber seit der Mitte des vorigen Jahrhunderts betrachtet man sie als Theile der Stadt.

Man kann zwar sagen, daß Lissabon, mit Ausnahme seiner berühmten Wasserleitung, kein einziges Bauwerk besitzt, das als Denkmal der Baukunst genannt werden könnte, dennoch gefallen auf den ersten Blick viele seiner Gebäude im Ganzen sowol als durch ihre Zierathen sehr, und einige sind sogar wahrhaft schön zu nennen. Darunter gehören alle seit dem Erdbeben neu erbaute Kirchen, die von Bruchsteinen erbaut, mit kunstvoller Sculptur und zahlreichen Verzierungen von ausländischen Marmorarten geschmückt sind. Die Zahl der Kirchen und Kapellen zu Lissabon beträgt 240; die größte darunter ist die Kathedrale oder Patriarchalkirche zur Santa Senhora Maria, gewöhnlich nur mit dem Namen Se, der Abkürzung des Worts Senhora, bezeichnet. Übrigens bietet diese Kirche in architektonischer Beziehung nichts Merkwürdiges dar und ist ungeachtet ihrer Größe eher finster als imposant. In der Kirche des heiligen Rochus ist die prachtvolle, mit kostbaren Steinen und Mosaik geschmückte Kapelle Johannis des Täufers zu bemerken. Sie wurde auf Befehl König Johann's V. in Rom erbaut und in Stücken zu Schiff nach Lissabon transportirt, wo sie der König den Jesuiten schenkte.

Die Kirche des Klosters zum Herzen Jesu ist das größte und prachtvollste Gebäude, das in Lissabon seit der Katastrophe von 1755 erbaut wurde. Sie hat eine überaus kühne Kuppel von weißem Marmor, welche der Gründerin der Kirche, der Königin Maria I., die auch den Palast Ajuda baute, zum Grabmal dient. Die Zahl der Klöster ist in Lissabon bekanntlich sehr groß; die meisten davon sind geräumig und schön gebaut. Da es jetzt keine Mönche mehr gibt, stehen sie entweder leer, oder werden zu Staatszwecken verwandt. Das Kloster das Necessidades ist in ein königliches Residenzschloß umgewandelt; im Kloster San-Benito halten die Cortes ihre Sitzungen. Das schönste von allen öffentlichen Bauwerken ist ohne Widerrede die Wasserleitung von Alcantara, eins der großartigsten Werke des neuern Europa, das man kühn den größten Bauwerken des Alterthums an die Seite stellen kann. Sie wurde von Johann V. 1743 erbaut, führt der Stadt über zwei Stunden weit Trinkwasser zu und ist so fest gebaut, daß selbst bei dem großen Erdbeben, als die Pfeiler sich senkten, dennoch das Gewölbe sich wieder fest schloß. Sie besteht aus vielen Bogen von riesenmäßiger Höhe und Breite, (der höchste der 35 Bogen, welche 2400 Fuß weit über das Thal von Alcantara führen, ist über 230 Fuß hoch und jeder Pfeiler 23—28 Fuß dick), die vom Gebirge ausgehen, in das Innere von Lissabon eindringen, die Straßen und Kirchen überschreiten und ihr Wasser bei dem Platze Rato in einen hohen und massiven viereckigen Bau ergießen, der als allgemeiner Behälter dient; von da vertheilt sich das Wasser in die verschiedenen Quartiere der Stadt.

Die größten Diamanten.

Zu den größten und daher kostbarsten Diamanten, die man kennt, werden folgende gerechnet:

1) Der im portugiesischen Schatze; dieser wird als der größte bekannte angegeben und soll 1680 Karat (ungefähr 24 Loth) wiegen. Sein Werth wird auf 39½ Millionen Thaler geschätzt.

2) Der des Rajah von Mattan auf Borneo, 367 Karat schwer.

3) Der des großen Moguls, nach Tavernier 279 Karat schwer; wo er sich jetzt befindet, ist unbekannt.

4) Der an der Spitze des russischen Scepters sich befindende, 194¾ Karat schwer. Er wurde von der Kaiserin Katharina II. im Jahre 1772 für 450,000 Silberrubel und den russischen Adelsbrief, welcher dem Verkäufer, einem Armenier, verliehen wurde, erworben und rührt von Nadir Schah von Persien her, der ihn in seinem Thronsessel hatte.

5) Der im östreichischen Schatze, 139½ Karat.

6) Drei im Schatze zu Rio de Janeiro von 138½, 73 und 70 Karat.

7) Zwei in der französischen Krone sich befindende, Pitt oder Regent und Sancy genannt, jener 136, dieser 106 Karat schwer. Der erstere gilt für den schönsten Diamanten in Europa; er führt den Namen Regent von dem Herzoge von Orleans, der während der Minderjährigkeit Ludwig's XV. von Frankreich Regent war und den Diamanten für die französische Krone um 560,000 Thaler kaufte, während er jetzt auf das Doppelte geschätzt wird. Ungeschliffen wog er 410 Karat.

8) Zwei des Schahs von Persien, Dariainur oder das glänzende Meer und Kuinur oder der glänzende Berg genannt.

9) Zwei im türkischen Schatze von 147 und 84 Karat.

(Man muß sich wol hüten, das Juwelenkarat mit dem bei Bestimmung der Feinheit des Goldes üblichen Karat, das den 24. Theil einer kölnischen Mark oder den 48. Theil eines preußischen Pfundes, also ⅔ Loth beträgt, zu verwechseln. Ein Juwelenkarat beträgt nur den 1136. Theil einer kölnischen Mark, 9/160 eines preußischen Quentchens oder 3⅜ Apothekergran, zerfällt aber selbst wieder in vier Juwelengrane, die demnach etwas leichter als Apothekergrane sind.)

Der versteinerte Wasserfall bei Pambuk=Kalesi.

Zu den bedeutendsten Städten der Landschaft Phrygien in Kleinasien gehörten ehemals Laodicea und Hierapolis; Laodicea war berühmt wegen seiner Schafheerden und der Feinheit ihrer Wolle, Hierapolis wegen seiner Mineralquellen. Die ganze Gegend derselben enthält die entschiedensten Spuren, daß sie ehemals der Sitz heftiger vulkanischer Thätigkeit gewesen ist; Strabo nennt einen Theil Phrygiens die verbrannte Gegend und sagt: „Fast der ganze District des Flusses Mäander ist Erdbeben ausgesetzt und durch Kanäle voll Wasser und Feuer unterminirt." Der ganze westliche Theil von Kleinasien ist reich an heißen Quellen; das Wasser der Flüsse ist kalkhaltig und daher nicht trinkbar. Durch diesen schnellen Niederschlag von Kalktheilen ist der in der Abbildung dargestellte, von dem Engländer Chandler beschriebene versteinerte Wasserfall bei Hierapolis oder Pambuk=Kalesi — so nennen die Türken die Gegend, wo das alte Hierapolis stand — im Mäanderthale entstanden.

Chandler besuchte diese Gegend im Jahre 1764 und fand Strabo's Berichte über die heißen Quellen von Hierapolis bestätigt. Er fand eine Felsenmasse, die von der Tufferde oder dem weichen Sandstein gebildet war, den diese Quellen abgesetzt haben; sie glich einem plötzlich gefrorenen oder in Stein verwandelten Wasserfalle. Chandler spricht sich über dieses Phänomen folgendermaßen aus:

„Das Schauspiel, das wir vor uns hatten, war so wunderbar, daß die Beschreibung davon fabelhaft erscheinen müßte, wenn sie nur eine schwache Ähnlichkeit besitzen sollte. Mit Erstaunen betrachteten wir den großen Hügel, den wir aus der Ferne für einen Kalkfelsen gehalten hatten; er glich einem ungeheuern gefrornen Wasserfalle und hatte eine wellenförmige Oberfläche, als bestände er aus Wasser, das auf einmal erstarrt oder in seinem Laufe plötzlich versteinert worden wäre. Rund um uns her erhoben sich viele hohe und kahle Steinmassen; darunter nahe bei unserm Zelte eine auf großer Basis ruhende, auf welcher in einer kleinen Rinne ein dünner Faden von durchsichtigem und warmem Wasser floß. Ein Weib wusch Leinenzeuch darin; in einiger Entfernung standen Zelte von Turkomanen. Es ist eine alte Beobachtung, daß die Gegend in der Nähe des Flusses Mäander durch Feuer und Wasser unterminirt war; daher war sie reich an heißen Quellen, welche auf dem Gebirge, in der Ebene oder im Schlamme des Flusses zum Ausbruche kamen. Die heißen Quellen von Hierapolis haben dieses außerordentliche Phänomen, diesen mit einer Steinrinde überzogenen Hügel, hervorgebracht. Schon in alten Zeiten waren sie wegen dieser Art von Verwandlung bekannt. Wenn man sie um die Weinberge und Gärten leitete, so verwandelten sich die Kanäle bald in steinerne Umzäunungen. Der Weg zu den Ruinen, der als ein breiter und hoher Damm erscheint, ist ebenfalls eine Versteinerung; von ihm aus erblickt man viele grüne Plätze, ehemalige Weinpflanzungen und Gärten, die durch steinerne Einfriedigungen desselben Ursprungs getrennt sind. Das Plateau auf dem Gipfel des Hügels enthält Kanäle, die in verschiedenen Richtungen laufen; sie werden von einem großen Teiche gespeist; einige von ihnen breiten sich auf der Oberfläche des Hügels aus und geben dem weißen Steinboden das Ansehen von Salz oder schmelzendem Schnee. Das Wasser ist alkalisch, ohne merklichen Geschmack oder Geruch, und wurde ehemals, ungeachtet seiner Wärme, beim Feldbau gebraucht."

Daß die Bewohner von Hierapolis auf ihre Stadt stolz waren, ergibt sich aus einer Inschrift, die Chandler von den Mauern des in Trümmern liegenden Theaters copirt hat und so übersetzt: „Heil, Hierapolis, goldene Stadt, die du allen Orten im weiten Asien vorzuziehen bist, berühmt wegen der Bäche der Nymphen, geschmückt mit Glanz." Laborde, aus dessen Reise im Orient die beigegebene Abbildung genommen ist, theilt über Hierapolis Folgendes mit: „Die Stadt lag auf einer Hochebene, die von der zwischen dem Thale des Gallus und dem des Mäander hinlaufenden Gebirgskette getrennt ist und sich mitten im Lande zu beträchtlicher Höhe erhebt. Eine reiche Quelle fließt in der Mitte der Hochebene, theilt sich in kleine Kanäle, fließt durch die Stadt, bildet auf dem Abhange der Felsen die Tropfsteincascaden und verliert sich in der Ebene." Der Name Pambuk-Kalesi bedeutet wörtlich Baumwollenschloß und ist der Gegend von dem weißen Ausehen dieser Wasserfälle beigelegt worden.

Die Ruinen von Hierapolis bestehen aus einer weit ausgedehnten Nekropolis, die mit zahlreichen Denkmälern angefüllt ist, den dürftigen Überresten zweier Theater und einigen andern Spuren ehemaliger Pracht. Noch prächtiger als Hierapolis war Laodicea, 1½ Stunden nördlich davon liegend, aber auch diese Stadt liegt jetzt gänzlich in Trümmern.

Der versteinerte Wasserfall bei Pambuk-Kalesi.

Verantwortlicher Herausgeber: Friedrich Brockhaus. — Druck und Verlag von F. A. Brockhaus in Leipzig.

Das Pfennig-Magazin

für

Verbreitung gemeinnütziger Kenntnisse.

304.] Erscheint jeden Sonnabend. [Januar 26, **1839.**

Die Dichtkunst, nach Rafael.

Wir geben hier eine allegorische Darstellung der Dicht-kunst nach einem Frescogemälde Rafael's*), welches sich im dritten Zimmer des Vaticans, die Halle der Wissen-schaften genannt, befindet. Ebendaselbst sind noch drei andere Frescogemälde Rafael's, welche die Theologie, die Gerechtigkeit und die Philosophie darstellen. Sie zeichnen sich sämmtlich durch die allen Arbeiten Ra-fael's eigene Verbindung von Anmuth und Würde aus.

Noch etwas über das Kyanisiren des Holzes.

Zur Vervollständigung und theilweise zur Berichtigung des in Nr. 274 über diesen Gegenstand Gesagten kön-nen diejenigen Resultate dienen, welche aus einer Reihe sehr genauer Versuche hervorgehen, die von zwei Mit-gliedern des Directoriums der leipzig-dresdner Eisenbahn angestellt worden sind, um zu prüfen, inwiefern es zweckmäßig sein würde, die Langschwellen des Oberbaus nach Kyan's Methode durch Tränken mit einer Auflö-sung von Quecksilbersublimat gegen Fäulniß zu schützen. Bei diesen Versuchen wurden Holzstücke von Kiefern-holz und Eichenholz genommen und paarweise je 12, 24 und 48 Stunden lang in eine Auflösung von 1 Pfund ätzendem Quecksilbersublimat in 50 Pfund war-mem Wasser gelegt. Hierbei ergab sich, daß zwar im Allgemeinen das weiche Holz zwei- bis dreimal mehr von der Auflösung verschluckte, daß aber auf das Ein-saugen von Flüssigkeit nicht allein die Eigenthümlich-keit der Holzarten, sondern auch die jedes einzelnen Stückes vom größten Einfluß ist. Auf feuchtem Bo-den mag das Holz ein mehr lockeres Gewebe bekom-men, ohne daß dies bei oberflächlicher Untersuchung zu bemerken ist; auch muß die größere oder geringere

*) Vergl. über denselben Pfennig-Magazin Nr. 92.

Menge der für Feuchtigkeit undurchdringlichen Harztheilchen im Kiefernholze von Einfluß sein. Daß in 24 und 48 Stunden mehr Flüssigkeit eingesaugt worden wäre, als in 12 Stunden, war im Allgemeinen nicht zu bemerken; bei der ersten Reihe von Versuchen war durch Einsaugen von Flüssigkeit das weiche Holz in 12 Stunden um 5 Procent, in 24 Stunden um $4\frac{1}{2}$ Proc., in 48 Stunden um 5 Proc.; das harte Holz in 12 Stunden um $1\frac{1}{4}$ Proc., in 24 Stunden um 1 Proc., in 48 Stunden um $1\frac{3}{4}$ Procent schwerer geworden, wo man sogleich erkennt, wie ungleich das Verhalten bei jedem einzelnen Holzstücke war. Weil diese Versuche ein so unerwartetes Ergebniß zeigten, das ihre Genauigkeit zweifelhaft erscheinen ließ, wurde mit andern Holzstücken, die 12, 24, 48, 96 Stunden in die Flüssigkeit gelegt wurden, eine zweite Reihe von Versuchen angestellt, bei welchen die Flüssigkeit öfter umgerührt wurde, auch am untern Ende fortwährend mittels eines Hahns ablief und dann von Neuem wieder aufgeschüttet wurde. Hierbei ergab sich, daß das weiche Holz in 12 Stunden um $14\frac{1}{2}$, in 24 Stunden um 8, in 48 Stunden um 23, in 96 Stunden um $3\frac{1}{4}$ Procent; das harte Holz in 12 Stunden um $\frac{5}{8}$, in 24 Stunden um $\frac{5}{16}$, in 48 Stunden um 1, in 96 Stunden um $1\frac{1}{10}$ Procent schwerer geworden war; also hatte hier das weiche Holz im Ganzen ungleich mehr von der Flüssigkeit eingesaugt, als bei den frühern Versuchen.

Was die Kosten der Operation betrifft, so kostet ein Pfund der Auflösung von Quecksilbersublimat (das Pfund Quecksilber zu $36\frac{1}{4}$ Groschen gerechnet) 9 Pfennige; nimmt man an, daß die Elle weiches Holz im Durchschnitte drei Pfund Auflösung anziehen würde, so würde sie $2\frac{1}{4}$ Groschen zu kyanisiren kosten; beim harten Holze käme man mit der Hälfte durch. Demzufolge würde die sächsische Meile Eisenbahn, zu 16,000 Ellen gerechnet, zu kyanisiren kosten: von weichem Holze (doppelte Schwellenreihe) 3000 Thaler, von hartem Holze 1500 Thaler, und selbst diese hohen Summen sind nicht mit Gewißheit als ausreichend anzunehmen.

Die Tiefe betreffend, bis zu welcher die Sublimatlösung in das Holz eindringt, so zeigte die chemische Untersuchung der kyanisirten Hölzer mit Schwefelwasserstoffammoniak, womit ihre Querschnitte getränkt wurden, wobei sich die Stellen, in welche der Sublimat eingedrungen war, mehr oder weniger schwarz färbten, die übrige Holzmasse aber ihre Farbe behielt, daß das Quecksilbersalz nur in äußerst geringer Menge in das Holz eingedrungen war. Die harten Hölzer zeigten nur einen 2—3 Linien breiten schwarzen Rand; das Innere war ganz unberührt geblieben. Bei den weichen Hölzern war der Rand etwas breiter und hier und da erschienen Streifen, die mit der breitern Basis vom Rande ausgingen und nach der Mitte zu verliefen. Aber auch dies war nur bei einigen Stücken der Fall; die meisten hatten blos einen schwarzen Rand. Daraus ergibt sich, daß die Lösung schon in den äußersten Schichten des Holzes ihren Sublimatgehalt an dasselbe abgegeben hatte und bloßes Wasser in das Innere gedrungen war.

Hieraus folgt, daß die Methode erstens in ihrer Anwendung sehr kostspielig ist, zweitens aber doch nicht die Vortheile zu gewähren scheint, die man nach frühern lobpreisenden Nachrichten von ihr erwarten konnte.

Die Production der edeln Metalle.

Bei der Wichtigkeit, welche die edeln Metalle als Repräsentanten des Reichthums für uns haben, ist es gewiß von Interesse, zu wissen, wie viel davon jährlich producirt wird, ob die Production gegen frühere Zeiten ab- oder zunimmt, wie viel davon zu Geld, wie viel aber zu andern Gegenständen verarbeitet wird u. s. w. Freilich lassen sich alle diese Fragen nicht mit derjenigen Genauigkeit beantworten, welche man wol wünschen möchte, beantworten, aber nach den zuverlässigsten vorhandenen Nachrichten theilt Berghaus hierüber Folgendes mit.

In der alten Welt betrug um das Jahr 1835 die jährliche Production der bekannten Bergwerke 122,710 kölner Mark Gold, 468,470 Mark Silber, in der neuen Welt 41,390 Mark Gold, 3,079,780 Mark Silber, zusammen also 164,100 Mark Gold und 3,548,250 Mark Silber, sodaß die Menge des producirten Silbers im Allgemeinen $21\frac{1}{2}$ Mal, in der alten Welt nur etwa 4 Mal, in der neuen Welt 74 Mal größer als die des Goldes ist. Rechnen wir die Mark Gold zu 200, die Mark Silber zu 14 Thaler, so beträgt die jährliche Gesammtproduction des Goldes etwa 33 Mill., die des Silbers etwa 50 Mill. Thaler.

Von dem jährlichen Ertrage der alten Welt kommen auf Europa 5222 Mark Gold und 276,245 Mark Silber, auf Nordasien 21,592 Mark Gold und 85,224 Mark Silber, auf Südasien 51,000 Mark Gold und 107,000 Mark Silber, auf Afrika 44,900 Mark Gold. Was insbesondere Europa betrifft, so kommen auf Deutschland 157 Mark Gold und 163,459 Mark Silber. Nur die folgenden deutschen Staaten liefern eine Ausbeute an beiden edeln Metallen: Hanover 46,250 Mark Silber, $5\frac{1}{2}$ Mark Gold; Östreich 23,913 Mark Silber, 140 Mark Gold; Braunschweig 1600 Mark Silber, $4\frac{1}{2}$ Mark Gold; Baden 600 Mark Silber, 7 Mark Gold. Nur Silber liefern: Sachsen (wo die Silberausbeute in einem ansehnlichen Zunehmen begriffen ist) 63,945 Mark, von allen deutschen Staaten die größte Quantität; Preußen (wo früher auch einige Mark Gold gewonnen wurden) 21,551, Nassau 3850, Anhalt-Bernburg 1550, Baiern 150, Kurhessen 50 Mark. Die nicht deutschen Länder der östreichischen Monarchie geben 4992 Mark Gold (aus Ungarn und Siebenbürgen) und 69,400 Mark Silber (aus den ungarischen Ländern und Galizien). Ferner producirt Schweden 9000 Mark Silber und 9 Mark Gold; Norwegen, wo der Silberbergbau erst seit 1830 wieder einen neuen Aufschwung genommen hat, 27,541 Mark Silber (im Durchschnitte aus den drei Jahren 1832, 1833 und 1834), Frankreich, im Alterthume reich an edeln Metallen, nur etwa 4000 Mark Silber, Portugal nur etwa 30 Mark Gold, Sardinien 25 Mark Gold und 2250 Mark Silber, Krakau 53 Mark Silber. England, wo in frühern Jahrhunderten Silber gewonnen wurde, baut seit langer Zeit nicht mehr auf Silber. Spanien, das im 1. Jahrhunderte nach Christi Geburt jährlich etwa 30,000 Mark Gold lieferte und auch an Silber das reichste Land der damals bekannten Erde war, hat seit der Entdeckung von Amerika, und zwar insbesondere seit 1535, durch einen Befehl König Karl's I. seine Gold- und Silberbergwerke geschlossen und sie haben sich bis heute noch nicht wieder aufgethan, wiewol die reichen Besitzungen auf dem Festlande von Amerika für Spanien längst verloren gegangen sind.

Rußland beutet zwar von allen europäischen Staaten am meisten Gold und auch sehr viel Silber aus, aber nicht auf seinem europäischen Gebiete, sondern auf dem asiatischen; im Uralgebirge werden jährlich 19,238 Mark Gold und 1503 Mark Silber, im Altai 2098 Mark Gold und 67,852 Mark Silber, im nertschinsker Erzgebirge 78 Mark Gold und 15,560 Mark Silber gewonnen; dies gibt zusammen 21,414 Mark Gold und 84,915 Mark Silber, welche etwa $5\frac{1}{2}$ Mill. Thaler

betragen. Nach den neueſten Nachrichten betrug die Gold=
production aller ruſſiſchen Bergwerke in den 16 Jahren
1823—38 22,467,025 Dukaten, alſo jährlich im Durch=
ſchnitt 1,404,064 Dukaten. Außerdem iſt Rußland das
einzige Land in der alten Welt, wo Platina in größerer
Menge (am Ural) gefunden wird; die Bearbeitung begann
im Jahre 1825 und lieferte bis mit dem Jahre 1836
67,389 kölner Mark; die jährliche Ausbeute beträgt
jetzt etwa 8260 Mark. (Außer in Rußland hat man
dieſes Metall in der neueſten Zeit auch in Südaſien
im birmaniſchen Reiche aufgefunden.) Die Nachrichten
über den Ertrag der Gold= und Silberbergwerke in den
übrigen Theilen Aſiens ſind ſehr mangelhaft; die oſt=
indiſchen Inſeln mögen jährlich etwa 20,000 Mark
Gold produciren. Das britiſche Indien iſt reich an
Gold, welches in den meiſten Flüſſen vorkommt und
ſonſt in bedeutender Menge gewonnen wurde, aber für
jetzt liegen alle dieſe Schätze unbenutzt. China beſitzt
Gold= und Silberbergwerke, deren Ertrag nicht bekannt
iſt; in Tibet findet ſich in den Flüſſen ſehr reines Gold,
auch Cochinchina hat Gold und Silber. Japan hat eine
ſolche Fülle von Gold, daß der kaiſerliche Palaſt mit Gold
bedacht iſt. Im Birmanenreiche ſcheint der Bergbau eine
wichtige Quelle des Nationalreichthums zu ſein. Afrika
liefert vieles Gold (Goldſand) auf den europäiſchen
Markt; ein Theil der Weſtküſte heißt bekanntlich we=
gen ſeines Reichthums an Gold die Goldküſte. Mo=
zambique und die portugieſiſchen Beſitzungen an der
Oſtküſte waren immer wegen ihres reichen Goldertrags
bekannt; aus dem Innern Afrikas kommt Gold
nach Ägypten, und ſelbſt die Vereinigten Staaten von
Nordamerika beziehen Gold zur Vermünzung aus Afrika.
Silber ſcheint dieſer Welttheil gar nicht zu beſitzen.

Der außerordentliche Reichthum der neuen Welt
an edeln Metallen iſt bekannt. Aus Amerika iſt bald
nach Entdeckung dieſes Welttheils, namentlich aber nach
Entdeckung des Silberberge in Bolivia (bei Potoſi) und
Mexico in den Jahren 1545 und 1556, eine ſo un=
geheure Menge edler Metalle nach Europa gekommen,
daß dadurch dieſe Metalle im Preiſe fielen oder, was
Daſſelbe ſagen will, die meiſten Verbrauchsartikel im Preiſe
ſehr bedeutend (um das Vierfache) ſtiegen. Die Maſſe edler
Metalle, welche ſeit der Entdeckung von Amerika bis zum
Ausbruche der mexicaniſchen Revolution, alſo in 318 Jah=
ren, aus dem ſpaniſchen Amerika nach Europa gekommen
iſt, beträgt nach Humboldt 9½ Mill. Mark Gold und 441
Mill. Mark Silber, zuſammen 8100 Mill. Thaler an
Werth. Freilich hat ſich die Production in neuern Zeiten,
beſonders aber ſeit dem Abfalle der meiſten amerikaniſchen
Länder von ihren Mutterſtaaten, ausnehmend verringert.
Der Ertrag der amerikaniſchen Bergwerke läßt ſich für 1835
folgendermaßen annehmen, wiewol es ſehr ſchwierig iſt,
ihn gegenwärtig zu ermitteln.

	Mk. Gold.	Mk. Silber.	Thaler.
Mexico	4025	1,955,730 =	28 Mill.
Centralamerika .	500	30,450 =	½ =
Peru	810	619,120 =	8¾ =
Chile	4670	161,880 =	3¼ =
Bolivia	5075	304,480 =	5¼ =
Neugranada . .	18,270	8120 =	3¾ =
Braſilien . . .	6400	=	1¼ =
Verein.=Staaten			
v. Nordamerika	6520	=	1⅓ Mill.

Zu Bolivia gehört der Silberberg Cerro de Potoſi,
der ſeit ſeiner Entdeckung in J. 1545 bis 1803 die un=
geheure Summe von 1551 Millionen Thaler geliefert
hat. In Braſilien, deſſen Goldausbeute ſonſt weit be=
deutender war, ſind die Goldwäſchen in neuerer Zeit ſehr

in Verfall gerathen. Dafür ſind aber ſeit 1824 in
einigen der nordamerikaniſchen Freiſtaaten ſehr reiche
Goldlager von ungeheurem Umfange entdeckt worden,
namentlich in Nordcarolina und Georgien. Man findet
dort Goldklumpen, die 10 —30 Pfund ſchwer ſind. Dem=
nach dürfte von allen übrigen amerikaniſchen Staaten nur
noch Neugranada gegenwärtig eine größere Goldaus=
beute erzielen, wiewol die angegebene Quantität, wie bei
den meiſten übrigen, auf einer bloßen Schätzung beruht.

Wenn ſchon die Beantwortung der Frage, wie viel
Gold und Silber gegenwärtig producirt wird, ſo große
Schwierigkeiten darbietet, ſo ſind dieſe noch weit größer
bei der zweiten Frage: wie viel Gold und Silber wol
vorhanden ſein mag. Wir wollen hierbei die Berechnungen
Jacob's, des ſcharfſinnigen Geſchichtſchreibers der edeln
Metalle, zum Grunde legen. Ihm zufolge betrug die
Summe des baaren Geldes in Europa und Amerika im J.
1700 2079 Mill. Thaler, 1810 2660 Mill. Thaler, 1835
2651½ Mill. Thaler. Die Verminderung, welche hier=
nach von 1810 —35 ſtattgefunden hätte, muß aller=
dings ſehr auffallen, ergibt ſich aber aus Jacob's Rechnung
folgendermaßen. Jacob nimmt an, daß die vorhandene
Maſſe von Gold= und Silbermünzen ſich durch Abnutzung,
totalen Verluſt u. ſ. w. jährlich um ¹/₄₂₀, alſo in 25
Jahren um 158 Millionen vermindert hat. Der Zu=
fluß aus den Bergwerken beträgt dagegen in dieſem Zeit=
raume ungefähr 1298 Mill. Thaler; davon ſind aber
für die Verwendung der edeln Metalle zu Utenſilien,
Zierathen, Geſchmeiden und Luxusartikeln in Europa
und Amerika, nach Macculloch, jährlich faſt 32 Mill.,
für die Ausfuhr nach Aſien aber, die in neuerer Zeit
aufgehört hat, jährlich 14 Mill. Thaler, zuſammen in
25 Jahren 1148½ Mill. Thaler in Abzug zu bringen,
ſodaß 2651½ Mill. Thaler herauskommen.

Über die Vertheilung des Metallgeldes in die Länder Eu=
ropas und Amerikas beſitzen wir nur ſehr ungenügende An=
gaben, indeſſen theilt Berghaus folgende, größtentheils nur
auf Schätzung beruhende Tafel für das Jahr 1835 mit.

Frankreich 500, Großbritannien und	
Irland 465, öſtreichiſche Monarchie	
360, Rußland mit Polen 275,	
preußiſche Monarchie 140 Mill.,	
alſo die fünf Großmächte Europas	1740 Mill. Thlr.
Deutſche Bundesſtaaten, außer Oſt=	
reich und Preußen, 158, Nieder=	
lande 38, Belgien 54 Mill., alſo	
Deutſchland und die Niederlande	250 = =
Schweden 18, Norwegen 7½, Dä=	
nemark 10½, alſo die nordiſchen	
Reiche außer Rußland	36 = =
Spanien 80, Portugal 30, alſo py=	
renäiſche Halbinſel	110 = =
Italieniſche Staaten	150 = =
Schweiz 21, andere Republiken au=	
ßer Deutſchland 3, zuſammen . .	24 = =
Griechenland und Türkei	50 = =
Summe des in Europa curſiren=	
den baaren Geldes	2360 Mill. Thlr.
Die Vereinigten Staaten von Nord=	
amerika	38 Mill. Thlr.
Canada u. ſ. w.	5 = =
Die ſpaniſch=amerikan. Republiken .	195½ = =
Braſilien	43½ = =
Antillen	9½ = =
Summe des in Amerika curſi=	
renden Geldes	291½ Mill. Thlr.

*

Über den Werth der in den einzelnen Ländern zu verschiedenen Zeiten geprägten Münzen fehlt es ebenfalls an vollständigen Nachrichten, doch geben Berghaus und Balbi folgende Übersichten, die freilich nicht unbeträchtlich abweichen.

Periode.		Werth der jährlich im Durchschnitt geprägten Münzen.
Frankreich:		
nach Berghaus	1803—1832	31,710,900 Thlr.
nach Balbi	1795—1826	24,125,000 =
Großbritannien:		
nach Berghaus	1790—1832	14,362,700 =
nach Balbi	1797—1826	13,533,000 =
Östreich:		
nach Balbi	1792—1826	10,230,000 =
Preußen:		
nach Berghaus incl. Kupfergeld	1809—1832	4,309,700 =
nach Balbi	1764—1826	3,437,000 =
Rußland:		
nach Berghaus	1832	6,770,900 =
nach Balbi	1762—1826	3,860,000 =
Mexico:		
nach Balbi	1733—1826	22,032,000 =
Vereinigte Staaten von Nordamerika:		
nach Berghaus	1833—1834	8,769,400 =
nach Balbi	1792—1826	1,200,000 =

Bei sämmtlichen Ländern ist die Umschmelzung alter Münzen mit inbegriffen, da man in den Rechnungen der Münzstätten nicht füglich unterscheiden kann, wie viel Metall erst aus den Bergwerken gezogen und wie viel nur umgeschmolzen ist. Balbi bemerkt ausdrücklich, daß seine Berechnungen, mit Ausnahme der Rußland betreffenden, alle auf officiellen Angaben beruhen.

Platinamünzen werden nur in Rußland, und zwar seit dem April 1828, geprägt, in Stücken von 3, 6 und 12 Silberrubeln. Bis zum Mai 1832 sind in diesen Münzen 698,790 Silberrubel ausgeprägt und in Umlauf gesetzt worden, was 752,543 Thaler beträgt.

Zum Schlusse mögen noch einige historische Angaben über das Verhältniß zwischen Gold und Silber (nach Berghaus) folgen. Vor den Zeiten Herodot's finden wir keine Nachricht über diesen Gegenstand; Herodot aber versichert, daß zur Zeit des persischen Königs Darius Hystaspis, also um 500 v. Chr., das Gold zum Silber wie 1:13 gestanden habe. Späterhin nahm die Menge des Goldes bei den Griechen dergestalt zu, daß dessen Verhältniß zum Silber auf 1:10 herabsank. Als Griechenland römische Provinz geworden war, stieg das Gold wieder. In Rom stand das Gold zum Silber im Jahre 268 v. Chr., als die ersten römischen Silbermünzen geprägt wurden, wie 1:15. Sobald die Römer im Jahre 211 anfingen, Gold zu münzen, änderte sich das Verhältniß und sank bald nachher auf 1:10, später, unter Julius Cäsar, auf 1:9 und nach Einigen auf $1:7\frac{1}{2}$, stieg aber unter den Kaisern wieder auf 1:12 und endlich sogar 1:15.

Im Laufe des 18. Jahrhunderts — wenn wir die vorhergehenden Zeiten übergehen — war das mittlere Verhältniß $1:15\frac{12}{100}$, wovon es in allen Ländern Europas wenig abwich. Im Laufe des gegenwärtigen Jahrhunderts war das Verhältniß in Deutschland durchschnittlich $1:15\frac{2}{3}$; in Frankreich ist es gesetzlich $1:15\frac{1}{2}$, in England dagegen nur $1:14\frac{3}{10}$.

Der Preis des Platins verhält sich zu dem des Silbers wie $5\frac{1}{5}$ zu 1.

———

Reikiavik.

Reikiavik ist die Hauptstadt von Island und zugleich der einzige Ort auf der ganzen Insel, der unsern Begriffen von einer Stadt einigermaßen nahe kommt. Die südwestliche Spitze der Insel geht ziemlich weit in das Meer hinaus und bildet die Südseite einer großen offenen Bai, der Faxebai, an welcher Reikiavik liegt. Ein Reisender, der den Winter 1814—15 hier zubrachte, beschreibt die Stadt als gebildet von zwei Straßen, von denen die längere aus einer einzigen Häuserreihe besteht, sich längs dem Ufer hinzieht und ganz von Kaufleuten bewohnt wird, die andere aber fast in gerader Linie am Rande eines kleinen Sees hinläuft und die Häuser des Bischofs und aller nicht dem Handelsstande angehörigen Einwohner enthält. Zwanzig Jahre nachher hatte sich hier wenig geändert. Ein englischer Reisender, der die Stadt 1834 besuchte, sagt von ihr Folgendes: „Ein Reisender, der sich zuerst dem Ufer nähert, auf welchem Reikiavik steht, und nicht vorbereitet ist auf Das, was er zu erwarten hat, kann die Hauptstadt von Island, deren bessere Hälfte er vom Ankerplatze aus übersehen kann, unmöglich erblicken, ohne sich bitter getäuscht zu finden. Er sieht nur eine lange Reihe von Häusern oder vielmehr die obern Theile derselben, welche mit einem am Ufer sich erhebenden Hügel von schwarzen Steinen parallel laufen, über den man nur die rothen oder braunen Dächer, die obern Enden der Thüren und etwa die Hälfte einer Fensterreihe vorragen sieht; aber dies reicht hin, um zu erkennen, daß die Häuser sehr armselig und nur ein Stockwerk hoch sind. An dem einen Ende dieser Häuserreihe bemerkt man eine Erhabenheit, die kaum den Namen eines Hügels verdient; darauf steht eine Menge von Rasen= und Erdhütten, oben und meist auch an den Seiten mit grünem Grase bedeckt, die besonders von Fischern, Gehülfen der Kaufleute und Armen bewohnt werden. Hinter der vom Hafen aus sichtbaren Häuserreihe läuft senkrecht gegen dieselbe eine Reihe oder vielmehr zwei Reihen, die eine Art von Straße bilden. In diesem westlichen Stadttheile befindet sich die Wohnung des Landvogts; am äußersten Ende steht eine Art Gasthof oder Gesellschaftshaus, wo sich die dänischen und andern hier wohnenden Kaufleute, die einen Club bilden, versammeln, Billard und andere Spiele spielen und zuweilen auch Bälle, Gastmähler und andere Festlichkeiten anstellen."

„Die Häuser an der Küste werden hauptsächlich von Kaufleuten bewohnt, welche größtentheils Dänen sind; sie sind, wie in Norwegen, von Holz gebaut und mit Schindeln gedeckt, und mit jedem ist ein Magazin verbunden, welches ihre verschiedenen Handelsartikel enthält. Das einzige steinerne Haus ist das des Gouverneurs, am östlichen Ende der Häuserreihe gelegen; es diente ehemals als Corrections= und Arbeitshaus. Die Wohnung des Bischofs steht nahe an der Küste und ist ein sehr stattliches, aus Ziegelsteinen gebautes und weiß getünchtes Haus."

„Das größte, jährlich wiederkehrende Ereigniß in Reikiavik ist die Messe, welche die Landleute aus allen Theilen des Landes herbeiführt. Wenn der lange Winter vorüber ist, beginnt bei den Isländern ein reges Leben. Die Wege können wieder passirt werden, wenn man anders da von Wegen sprechen darf, wo kein Räderfuhrwerk irgend einer Art gebraucht werden kann, und die Landleute, die bis zur Heuernte keine Beschäftigung haben, die sie vorzugsweise in Anspruch nimmt, rüsten sich im Monat Juni zur Reise auf die reikia-

Isländer, die aus dem Innern nach Reikiavik zur Messe kommen.

viker Messe. Dorthin bringen sie in Büchsen, kleinen Kisten oder ledernen Säcken, die sie auf den Rücken der Pferde befestigen, Schafwolle und wollene Waaren, wie Tuch, gestrickte Strümpfe und Handschuhe, Butter in Fässern, Thierfelle, Talg, isländisches Moos, auch etwas Rindvieh und Pferde, kurz Alles, was auf ihren Landgütern erzeugt wird. Dafür nehmen sie Kaffee, Zucker, Rauch- und Schnupftaback, eine kleine Quantität Branntwein, Roggen und Roggenbrot, Zwieback, Weizenmehl, Salz, Seife und ähnliche Artikel mit, die sie für ihre Wirthschaft brauchen. Wo es kann, kauft sich einen kleinen Vorrath von leinenen und baumwollenen Kleidungsstücken, die in der neuesten Zeit mehr in Gebrauch gekommen sind und jedenfalls viel beitragen, die Reinlichkeit zu befördern und den Scharbock, jene verderbliche und ekelhafte Krankheit, zu verhüten, wahrscheinlich aber auch eine noch schlimmere, den Aussatz, den wollene Kleider, die unmittelbar auf der Haut getragen und nicht sehr reinlich gehalten werden, ohne Zweifel erzeugen können. Die Fischer bringen besonders getrockneten und eingesalzenen Kabeljau, Lachs und Stockfisch, Seehund-, Haifisch- und Walfischthran und Seehundfelle zu Markte. Alle diese Meßbesucher campiren in der Nähe von Reikiavik, und die kurze Dauer der Messe ist eine Periode großer Bewegung und Lebhaftigkeit. Sie gewährt die einzige Gelegenheit, die Bevölkerung von Island zu sehen. Auch im übrigen Theile des Sommers gibt es in Reikiavik noch etwas Leben und Gesellschaft, aber wenn die Kaufleute fort sind und der Winter sich einstellt, ist es einer der ödesten und traurigsten Plätze von der Welt."

Die Fronleichnamsprocession in Valencia.

Das Fronleichnamsfest in Valencia ist ohne Widerrede die größte religiöse Feierlichkeit auf der ganzen pyrenäischen Halbinsel; selbst das Fest des heiligen Isidor in Madrid und das Fest der Himmelfahrt Mariä in Sevilla, welche in Spanien so berühmt sind, kommen ihm nicht gleich. Das Fest ist nicht etwa auf den Fronleichnamstag beschränkt, sondern dauert nicht weniger als acht Tage hintereinander. Wir theilen hier die Schilderung eines Franzosen mit, der demselben vor Kurzem beiwohnte.

Am Tage vor dem Fronleichnamstage begab sich einer der Kapläne der Kathedrale auf einem reichaufgezäumten Pferde auf den Domplatz; von da durchritt er die Stadt und den Weg, den die Procession am Tage darauf nehmen sollte. Mit abgezogenem Hute grüßte er die Bevölkerung und lud sie feierlich zu dem bevorstehenden Feste ein. Hinter ihm gingen zu Fuß zwei obrigkeitliche Personen. Dann folgten sieben Personen in einem ziemlich harlekinartigen Costume; sie hatten Fahnen in der Hand und eine schwarze Maske vor dem Gesichte; ihnen folgte eine achte Person in weiblicher Tracht mit einem Scepter, einer Krone und einer weißen Maske; die sieben schwarzen Masken stellten die sieben Capitalsünden, die weiße Frau die Tugend vor. Alle acht tanzten beim Klange der Castagnetten, des Tambourins und einer Binsenflöte. So lange dieser Umzug dauerte, hörten die sieben Capitalsünden nicht auf, die arme Tugend zu verfolgen und zu veriren, sie vertheidigte sich aber muthig, und um ihre Standhaftigkeit anzuzeigen, hörte sie keinen Augenblick zu tanzen auf, während die Sünden von Zeit zu Zeit ausruhten. An demselben Tage wurden auf den Domplatz sechs ungeheure Wagen gefahren, welche symbolische Figuren enthielten und bei dem Feste gebraucht werden sollten. Diese Wagen, welche Rocas heißen, haben die Höhe von zwei Stockwerken. Auf dem ersten sah man die Dreieinigkeit, Gottvater als bärtigen Greis, Jesus Christus und den heiligen Geist in Gestalt einer Taube; am Vordertheil des Wagens standen Adam und Eva in der Stellung der Scham und Reue. Hinter ihnen stand ein Engel mit einem Schwerte von Blech in der Hand. Der zweite Wagen war der unbefleckten Empfängniß der Jungfrau Maria, der Schutzpatronin Spaniens, die in ihrer gewöhnlichen Stellung dargestellt war, gewidmet. Dem Wagen folgten weißgekleidete tanzende Knaben, welche sich Mühe gaben, durch Stellung und Haltung die Unschuld zu repräsentiren. Auf dem dritten Wagen sah man den Glauben, auf dem vierten den heiligen Vincenz Ferrer, den Schutzpatron von Valencia, auf dem fünften den Erzengel Michael, der den Teufel mit Füßen tritt, auf dem sechsten Mohammed, der von den schon erwähnten sieben Capitalsünden escortirt wurde. Ferner sind zu erwähnen acht gigantische Puppen von 15 Fuß Höhe, welche mit verschiedenen Attributen geschmückt waren und vier Paare bildeten, worunter ein schwarzes; sie stellten die Bewohner der verschiedenen Welttheile vor, welche gekommen waren, um den Fronleichnam oder die geweihte Hostie anzubeten. Den Riesenpaaren folgten vier mit denselben Attributen geschmückte Zwergpaare, welche andeuten sollten, daß es in den vier Welttheilen kein noch so kleines Reich gibt, in welches das Wort des Evangeliums nicht gedrungen wäre. Diese Puppen und die Rocas blieben die Nacht über auf dem Domplatze, wo ein Militairorchester unter den lebhaften Beifallsbezeugungen einer zahllosen Menge bis Mitternacht Musikstücke vortrug.

Am folgenden Tage, dem Fronleichnamstage selbst, waren die engen Straßen von Valencia mit Zeltleinwand überspannt, um die Procession gegen die Glut der südlichen Sonne zu schützen; alle Fenster waren geschmückt und mit Zuschauern besetzt, besonders mit einer außerordentlichen Menge reizender Frauen, die man in Valencia nur an diesem Tage beisammen sehen kann. Nach dem Hochamte setzte sich die Procession beim Geläute aller Glocken der Stadt in Bewegung. Nach und nach erschien die ganze Geistlichkeit von Valencia in festlicher Tracht, die Reliquien der Heiligen in silbernen Kästchen tragend und alle in der Sacristei der Kathedrale verborgenen Schätze ans Tageslicht bringend; alle Begebenheiten und Personen des Alten und Neuen Testaments, möglichst natürlich dargestellt: David, welcher beim Klange der Castagnetten vor der Arche Noah's her tanzte; der junge Tobias mit seinem Fische, Judith, die in der einen Hand ihr Schwert, in der andern das Haupt des Holofernes hielt u. s. w. Weiterhin kamen zwölf ehrwürdige Greise, die auf dem Kopfe eine Krone von Goldpapier und am Kinn einen langen roßhaarenen weißen Bart trugen; sie stellten die zwölf Apostel vor. Ihnen folgte ein kolossaler Adler von vergoldetem Holze, zwei oder drei Mal größer als in der Natur. Am Bauche hatte er ein Loch, durch welches ein Mann, der ihm als Fußgestell diente, seinen Kopf bis zu den Schultern gesteckt hatte. Aus dem Schnabel des Adlers ging eine Schrift mit den Bibelworten: Im Anfange war das Wort u. s. w. Ein zweiter Adler, der auf dieselbe Art getragen wurde, hatte den Schnabel offen und in demselben befand sich eine lebendige, mit rosenrothen Bändern befestigte Taube. Dieser Adler stellte den Evangelisten Johannes vor und die Taube den heiligen Geist, der durch seinen Mund redet. Auf den Schultern eines andern Mannes war auf dieselbe Weise ein Stierkopf angebracht, ein Dritter trug einen Löwenkopf; vor ihnen schritt ein Engel her, der ihnen als Führer diente; der Engel sollte den Evangelisten Matthäus, Stier und Löwe die Evangelisten Lukas und Marcus bedeuten.

Diese Allegorien und tausend andere, deren Aufzählung zu weitläufig sein würde, zogen durch die Stadt, begleitet von den Rocas und Scharen von Kindern, die Flügel am Rücken hatten, um Engel vorzustellen, und beim Klange der Castagnetten um die Rocas herumtanzten. Der Umzug der Procession dauerte vier bis fünf Stunden. An jedem Tage der Woche wurden ziemlich dieselben Ceremonien wiederholt und Abends in den erleuchteten Straßen bis um 2 Uhr in der Nacht vor den Häusern der Clavarios Tänze aufgeführt. Clavarios heißen in Valencia einige reiche Bürger, die von der Stadt das Recht erkaufen, ihre Häuser mit glänzenden Draperien zu schmücken, ihre Fenster zu illuminiren und ein im Freien aufspielendes Orchester zu bezahlen. Der Clavario genießt dieses Vorrecht nur an einem einzigen Abend und bezahlt 3—4000 Realen (200—250 Thaler) für das Recht, ebenso viel ausgeben zu dürfen. Gewiß eine uneigennützige Geldverwendung!

Bemerkenswerth war, ungeachtet der herrschenden allgemeinen Fröhlichkeit, die ruhige Haltung der Bevölkerung. Acht Tage ruhten alle Geschäfte in Valencia; die Einwohner der benachbarten Dörfer und Städte eilten in Menge herbei, und diese ganze Menge hatte nur die einzige Beschäftigung, die Angelegenheit, ein Vergnügen, die Procession vorbeiziehen zu sehen. Die außerordentlich große Menge von Personen, die zur Procession nöthig sind, gibt dem ganzen Feste einen volksthümlichen Charakter, der den meisten Festen anderer Länder abgeht. Kurz vor dem Abgange der Procession war ich in der Kathedrale, wo man noch mit den Vorbereitungen beschäftigt war; von der Lustigkeit, Lebhaftigkeit, ja Ausgelassenheit der ganzen hier versammelten Menge kann man sich keinen Begriff machen. Ich sah die zwölf Apostel ihre Papierkronen aufsetzen und ihre Bärte anlegen; sie lachten und waren vor Freude außer sich; Jeder half ihnen und gab laut schreiend sein Wort dazu. Auf den ersten Blick hätte man die wüsten Lärm in der Kirche für ein Zeichen von Mangel an Gottesfurcht halten können, dies wäre aber ein großer Irrthum gewesen, die Leute standen vielmehr mit ihrem Gott zu gut, um sich vor ihm zu geniren, und benahmen sich wie Freunde vom Hause.

Die verschwindenden Flüsse.

Bei vielen Flüssen kommt die überraschende Erscheinung vor, daß sie auf einer Strecke ihres Laufes ganz unter der Erde verschwinden, indem sie von Spalten derselben eingesogen werden; namentlich zeigt sie sich in denjenigen Gegenden, wo die Erdrinde aus dem höhlenreichen Jurakalkstein besteht. Von solchen Flußschwinden, wie die der bekannte Geograph Sommer diese Stellen im Laufe der Flüsse zu nennen vorgeschlagen hat, ist die bekannteste die der Rhone, die sogenannte Perte du Rhône unterhalb Genf. Sobald die Rhone die Ebene von Genf verlassen, erreicht sie zwischen den Ketten des Jura den engen Paß von l'Ecluse und tritt dann in eine enge Spalte, in welcher ihre Breite, die bei Genf 213 Fuß beträgt, auf 15—16 Fuß vermindert wird. Weiterhin nimmt ihr Bett die Form eines Trichters an, der Fluß stürzt sich mit großer Heftigkeit in die Tiefe hinab und ein Theil des Wassers verwandelt sich, von den Wänden zurückgeworfen, in Schaum. Jener Trichter wird zuletzt so schmal, daß die ihn bildenden Felsenwände nur noch zwei Fuß von einander abstehen und man also bequem mit einem Fuße auf französischem, mit dem andern auf savoyischem Boden stehen kann. Weiter hinab sind beide Ufer wieder an 30 Fuß von einander entfernt, und so breit ist das Flußbett bis in 32 Fuß Tiefe. In dieser Tiefe ragt an jeder Seite eine horizontale Felsenplatte von 1—2 Fuß Dicke und 8—10 Fuß Breite hervor. Bei niedrigem Wasserstande im Winter und Frühling fließt die ganze Rhone unterhalb dieser beiden Platten, die sie aber im Sommer und Herbst in der Regel (im J. 1777 um 44 Fuß) übersteigt. Bei dem Dorfe Coupy ist der Fluß auf eine Länge von 180 Fuß von einer natürlichen, durch eingestürzte Felsen entstandenen Decke überwölbt, welche denselben auf dieser Strecke völlig unsichtbar macht. Hier kann man bei einiger Geschicklichkeit im Klettern trockenen Fußes über die Rhone gehen, doch wird diese Felsenbrücke bei großem Wasser überschwemmt. Wo der Strom wieder hervorkommt, läuft er noch eine lange Strecke in einem schmalen Kanale mit senkrecht abgeschnittenen Ufern, über denen sich die an den Rändern gepflanzten Bäume zusammenwölben. Da sein Bette hier nur eine Spalte ist und er sich nicht ausbreiten kann, so steigt er bei Anschwellungen bis zu ungeheurer Höhe. Die Erscheinung scheint erst in einer verhältnißmäßig neuen Zeit entstanden zu sein, da die Alten ihrer keine Erwähnung thun. Auf die bedeutende Größe des Schlundes, in den sich die Rhone stürzt, kann man daraus schließen, daß der hineintobende Strom als ein ruhiges Wasser aus demselben hervorquillt. Wahrscheinlich bildete die aus Jurakalkstein bestehende Gegend ein System von Höhlen, das durch ein Erdbeben zerrissen wurde.

Außerdem sind in dieser Hinsicht folgende Flüsse zu erwähnen. Die Maas verschwindet bei Bazoilles; die Drome verliert sich im Dauphiné eine Strecke in ein Loche von 30—36 Fuß Durchmesser. Die Guadiana in Spanien verschwindet unweit ihres Ursprungs und kommt in einem See wieder zum Vorschein. Auch in der Schweiz und Nordamerika gibt es mehre Flüsse dieser Art. Der Fluß Gaule in Norwegen verschwand im J. 1344 in die Erde, brach aber nach einigen Tagen mit solchem Ungestüm wieder hervor, daß er das angrenzende Thal mit Erde und Steinen füllte und einige Kirchen nebst 48 Bauerhöfen zerstörte. In Salten's Vogtei bei Gillesdaal in Norwegen stürzt sich ein großer Wasserfall in einen tiefen Trichter in Kalkfelsen, der Höllenkessel genannt, verschwindet darin und kommt weit entfernt in der Nähe des Meeres wieder zum Vorschein. Von Alters her berühmt ist der Timavo in Illyrien, welcher von Fiume aus nach Canciano fließt, dort an dem Fuße eines Berges in eine Höhle fällt und, nachdem er wieder zum Vorschein gekommen ist, abermals in einen Abgrund stürzt, aus welchem er durch sieben größere und kleinere Oeffnungen bei Divino wieder hervorbricht. Was die Alten sonst

noch von verschwindenden Flüssen erzählen, z. B. vom Alpheus in Arkadien, welcher unter dem Meere durchgehen und in der Quelle Arethusa in Sicilien wieder erscheinen soll, gehört meistens in das Gebiet der Fabeln.

Manche Flüsse versiegen im Sande oder erreichen in unbedeutenden Wasserfäden das Ende ihres Laufs. Bekannt ist, daß der Rhein in Holland einen großen Theil seines Wassers verliert. In den Tropenländern trocknen kleinere Flüsse in der trockenen Jahreszeit ganz oder streckenweise aus, besonders in regenarmen Jahren; dies ist namentlich bei vielen Flüssen in den afrikanischen Wüsten der Fall. Der Poorally in Beludschistan ist in der Regenzeit zwei englische Meilen breit, trocknet aber nachher so völlig aus, daß sein Flußbette den Reisenden als Straße dient. Vorzüglich ist in dieser Hinsicht der Orangefluß in Südafrika merkwürdig. Dieser hat den ganzen Sommer hindurch hinlängliches Wasser, sodaß er selbst für Kriegsschiffe fahrbar ist, nimmt viele große Flüsse auf und verursacht nicht selten Überschwemmungen; nach der Küste hin wird er aber seichter und versiegt im Winter gänzlich nach einem Laufe von 150 Meilen. Drei ansehnliche Flüsse in Neusüdwales versiegen in Sümpfen.

Dartmoor.

Eine der merkwürdigsten Gegenden in England findet sich im Westen der Grafschaft Devonshire, welche überhaupt zu den malerischsten und romantischsten Englands gehört; es ist das Dartmoor. Dieser Name bezeichnet ein Marsch- und Haideland, das sich von Nordost nach Südwest erstreckt, etwa 5 Meilen lang und im Mittel 2½ Meile breit ist, 130,000 Acres einnimmt und den darauf weidenden Heerden ein sehr dürftiges Futter gewährt. Das äußere Ansehen dieser Gegend ist überaus wild und öde; sie enthält nichts als eine fast endlose Aufeinanderfolge steiler Felsen und enger Thäler, die mit ungeheuern Granitmassen bedeckt sind, welche irgend eine Erdrevolution in grauer Vorzeit von den umgebenden Anhöhen losgerissen zu haben scheint. Man findet diese zahlreichen Steinmassen von allen Größen und von den sonderbarsten, groteskesten Formen; von der Höhe gesehen, gleichen sie den Wellen eines stürmischen Meeres, die durch irgend eine geheime Kraft plötzlich erstarrt sind. An Bäumen und Wohnungen fehlt es fast gänzlich, aber aus den zahlreichen Überresten runder Gebäude, die einzeln, aber einander mehr oder weniger nahe stehen, auf die roheste Art aus einzelnen unbehauenen Steinen erbaut sind und von verschiedenem Durchmesser, der jedoch nie über 12 Fuß beträgt, vorkommen, läßt sich mit Sicherheit schließen, daß das Dartmoor und seine Umgebungen in frühern Zeiten ziemlich dicht bewohnt waren. Diese Gebäude werden den alten Britanniern zugeschrieben, womit Cäsar's Angabe übereinstimmt, daß ihre Wohnungen einzeln gebaut waren.

Das Moor enthält auch mehre druidische oder celtische Denkmäler, wie Steinkreise, sogenannte Logans oder schwankende Felsen u. s. w., auch einen Cromlech oder Steinhügel, welcher von der Sage, daß drei Jungfrauen an einem Morgen zu ihrer Belustigung vor dem Frühstücke aufgeführt hätten, den Namen Jungfernfelsen führt; man hält ihn für eine druidische Gerichtsstelle, vielleicht diente er auch zu astronomischen Zwecken. In dem höhern Theile des Moors befinden sich die in der Abbildung vorgestellten zwei Steinkreise, die „grauen Hammel", so genannt, weil sie in einiger Entfernung eine gewisse Ähnlichkeit mit Schafen haben. Jeder von ihnen hat 60 Fuß im Durchmesser und besteht aus 30 Steinen, die 3—5 Fuß hoch und 7—9 Fuß voneinander entfernt sind; nur etwa die Hälfte der Steine steht noch aufrecht. Alte Grabhügel trifft man in den Niederungen häufig; einer derselben hat 94 Schritte im Durchmesser; mehre hat man geöffnet, aber nur Gebeine und Urnen darin gefunden.

Eine Eigenthümlichkeit des Dartmoors und der umliegenden Gegenden sind die Tors, d. h. Hügel, auf deren Gipfel sich ungeheure Steinhaufen befinden. Das Wort Tor bedeutet in der celtischen Sprache ein Lärmfeuer; manche dieser Hügel dienten wirklich sonst zu diesem Zwecke. Keiner von ihnen ist sehr hoch, der höchste erhebt sich nur 1549 Fuß über das Meer. Am merkwürdigsten ist der Hey=Tor, mit einem Doppelgipfel und zwei gewaltigen Säulen, die mittels Stufen erstiegen werden können; von der Spitze hat man eine herrliche Aussicht. Unerwiesen ist die Vermuthung, daß einige dieser Hügel erloschene Vulkane sind, wiewol ihre konische Form dafür zu sprechen scheint.

Im Dartmoor entspringen eine Menge Flüsse und Bergströme; die bedeutendsten darunter sind der Dart (von welchem das Moor seinen Namen hat), der Tavy, der Plym, der Teign und der Taw, welche alle im nördlichen Theile ihren Ursprung haben und mit Ausnahme des letzten sämmtlich nach Süden in den Kanal fließen; außer diesen finden wir hier 24 kleinere Flüsse, 15 Bäche, 2 Seen und 7 Quellen. Dieser Überfluß an Gewässern hat seinen Grund in der schwammigen Natur des Landes, welches die in den westlichen Grafschaften Englands so häufig fallenden Regengüsse zurückhält, bis das Wasser in den ausgedehnten Morästen allmälig überfließt. Eine Wasserleitung aus dem Dartmoor versorgt die Stadt Plymouth mit Trinkwasser.

Die Luft dieser Gegend ist ungeachtet der sumpfigen Beschaffenheit des Landes außerordentlich gesund und stärkend, daher sind auch die Bewohner wegen ihrer Stärke und ihrer Fertigkeit im Ringen berühmt und erreichen sehr häufig ein hohes Alter. Sie führen meistens ein sehr arbeitsames Leben, indem sie die öden Ländereien in der Nähe ihrer Wohnungen bebauen, sind mit ihrem Loose zufrieden und haben große Anhänglichkeit an ihre Heimat. Ein Theil von ihnen nährt sich mit Torfstechen, Viehhandel — besonders wird die Rindviehzucht in den Marschen des Dartmoors betrieben — und Verkauf ihrer Gartenproducte. Von Jagd ist wenig mehr die Rede, wiewol Füchse, Hasen und Kaninchen noch sehr häufig sind; aber das Rothwild ist, sowie Bären, Wölfe u. s. w., die sich noch zur Zeit der Königin Elisabeth hier gefunden haben sollen, mit den Wäldern aus der Gegend verschwunden.

Seit dem September 1823 führt eine Eisenbahn von Prince Town in Dartmoor bis Sutton=Pool bei Plymouth, eine Entfernung von sechs deutschen Meilen, auf welcher Granit von feinster Sorte in ungeheuern Massen transportirt und dann nach London und andern großen Städten verschifft wird. Prince Town (Prinzenstadt), zu Ehren des Prinzen von Wales, nachmaligen Königs Georg IV., so genannt, ist ein kleiner Ort von etwa 30 Häusern und nur wegen eines ungeheuern Gefängnisses zu bemerken, in welchem während des letzten Krieges eine große Menge Gefangene aufbewahrt wurden, deren Zahl in den fünf Jahren 1809 — 14 12,679 betrug. Dieses gigantische Gebäude, das im Jahre 1806 mit einem Kostenaufwande von etwa 900,000 Thalern meist aus Granit erbaut wurde, enthält innerhalb seiner Mauern einen Flächenraum von 30 Acres; über dem Hauptthore steht die menschenfreundliche Inschrift: „*Parcere subjectis.*" („Schonung den Bezwungenen.")

Die grauen Hammel im Dartmoor.

Verantwortlicher Herausgeber Friedrich Brockhaus. — Druck und Verlag von J. A. Brockhaus in Leipzig.

Das Pfennig-Magazin

für
Verbreitung gemeinnütziger Kenntnisse.

305.]   Erscheint jeden Sonnabend.   [Februar 2, **1839**.

Das Stadthaus von Liverpool.

VII.   5

Liverpool.

Die zweite Handelsstadt der vereinigten Königreiche Großbritannien und Irland, Liverpool, liegt in der Grafschaft Lancaster, im nordwestlichen Theile von England, an dem Ausflusse des schiffbaren Mersey in die irländische See. Diese Stadt, welche noch 1565 nur 138 Häuser und 12 Schiffe, 1699 5967 Einwohner, 1720 10,000, 1773 34,400 Einwohner hatte, hat jetzt an 20,000 Häuser und über 165,000 Einwohner. Sie ist amphitheatralisch gebaut und gewährt, von dem Wallgarten auf dem Mount pleasant (d. i. dem Lustberge) aus gesehen, einen imposanten Anblick. Der herrliche Hafen mit 14 Schiffsdocken, den großen Werften, auf denen in der Regel gegen 3000 Zimmerleute arbeiten, und ungeheuern Waarenspeichern sucht seines Gleichen. Die schönsten Gebäude der Stadt sind die Börse, welche drei Seiten eines viereckigen Platzes, des Börsenplatzes, bildet und vor welcher ein eisernes Denkmal Nelson's steht, das in der Abbildung dargestellte, mit einer schönen Kuppel versehene Stadthaus, dessen Fronte mit korinthischen Säulen geziert ist, und zwei öffentliche Leseanstalten für Kaufleute, das 1799 eröffnete Athenäum und das Lyceum, beide mit ansehnlichen Bibliotheken. Großartig ist auch die Markthalle, 1100 Fuß lang, deren Dach von 120 gußeisernen Pfeilern getragen wird, welche sie in fünf Gänge theilen; sie wird durch 150 Gaslampen erleuchtet. Der botanische Garten ist nach dem von Kew unweit London der größte und reichste in England. Von der Bedeutung des Handels dieser Stadt kann man sich daraus einen Begriff machen, daß sie über 1000 eigene Schiffe und gegen 20 Dampfböte besitzt; von dem ganzen auswärtigen Handel Großbritanniens soll sie den vierten, vom allgemeinen Handel von England den sechsten, von der Schiffahrt des britischen Reichs den zwölften Theil in Händen haben. In den letzten Jahren ist die Lebhaftigkeit des Verkehrs durch die Eröffnung der Eisenbahnen nach Manchester (1829) und Birmingham (1837) und der sich an die letztere anschließenden von Birmingham nach London (1838) noch um ein Bedeutendes erhöht worden.

Das Neueste aus der Natur- und Gewerbswissenschaft.*)

Die Naturereignisse selbst deuten mir den Gegenstand an, mit dem ich diesmal den Eingang meines natur- und gewerbswissenschaftlichen Berichts zu machen habe; denn die verwichenen Monate August und September sind auffallend reich an Nordlichtern gewesen. Ich werde eine der schönsten dieser Erscheinungen, wie ich sie in der Neumark selbst beobachtet habe, beschreiben und daran Betrachtungen über die Nordlichtperioden knüpfen, welche vielleicht einst dazu dienen, den Gang der Natur bei diesem Phänomen genauer zu bestimmen und seinem tiefen Geheimnisse solchergestalt wenigstens von einer Seite näher zu kommen.

Jenes durch seine Schönheit ganz besonders ausgezeichnete Nordlicht hatte am 16. September statt. Das schöne Abendroth war an diesem Tage eben verglommen, als sich im Nordosten zugleich vier prächtige weißliche Lichtsäulen erhoben, welchen gegenüber ein ganz dunkelrother Glanz aufflammte. Diese Erschei-

nung dauerte jedoch nur einige Minuten; bald nachher ward aber im magnetischen Meridian (in der Richtung der Magnetnadel) ein dunkler, von mattem Lichtschein umgebener Kreisabschnitt am Horizont sichtbar, wie man einen solchen bei ausgebildeten Nordlichtern immer zu beobachten pflegt, und das allmälige Höherrücken dieses Segments deutete schon eine baldige Wiederholung der Nordlichtphasen an. Etwa um halb neun Uhr stieg auch gegen Westen eine abermalige Lichtsäule von ähnlicher Farbe wie die frühern empor und blieb bis gegen neun Uhr sichtbar; kurz nachher aber entwickelte sich dies herrliche Naturschauspiel in seiner ganzen Pracht. Aus dem dunkeln Abschnitte, welcher der eigentliche Herd des Vorgangs zu sein schien, stiegen urplötzlich zahllose Lichtsäulen von allen Farben der Flamme herauf und näherten sich dem Zenith bis auf einige vierzig Grad, ließen jedoch, was wegen des magnetischen Bezugs des Nordlichts sehr merkwürdig erscheint, genau im magnetischen Meridian einen dunkeln Streifen ganz frei. Wenige Minuten nach dieser Lichtentwickelung erhob sich im Nordosten eine ganz isolirte Lichtsäule vom tiefsten Rubinroth, über welcher sich, gleichsam wie eine Glorie, ein leichtes Gewölk von gleicher Farbe verbreitete, und bald darauf zeigten sich mehre ähnliche Säulen, der erstern gerade gegenüber, nur nicht in ganz so starker Farbenglut. Dies war der eigentliche Glanzpunkt des Phänomens; die Erscheinung ward sodann schwächer und gegen 11 Uhr verschwand sie.

Reihen wir an diese Beschreibung nunmehr Betrachtungen über die Periodicität der Nordlichter, so muß zuerst bemerkt werden, daß dieses erhabene Naturspiel während der ersten drei Decennien unsers Jahrhunderts in Deutschland überaus selten gewesen ist. Ein sehr großes und prächtiges Nordlicht wurde seit vielen Jahren zuerst wieder am 7. Januar 1831, und zwar von den Ufern der Lena bis in den tiefsten Süden Europas, bis zur Meerenge von Gibraltar hin, beobachtet. In den zunächst folgenden Jahren nahm man stets einzelne Nordlichter wahr, und seit dem Sommer von 1837 scheinen sie wieder häufiger und ausgedehnter in ihrer Erscheinung zu werden. Dies erinnert an eine schon von dem bekannten Naturforscher Ritter angedeutete Periode der Nordlichter von etwa 30 Jahren, wie deren im vorigen Jahrhunderte wirklich zwei angenommen werden können. Die erste derselben dauerte von 1716—50 und scheint eine der ausgezeichnetsten gewesen zu sein; besonders war der Herbst des Jahres 1732 so reich an dieser Erscheinung, daß dieselbe fast in jeder mondfreien Nacht jener Zeit beobachtet wurde. Dann fehlen die Nordlichter von 1750—68 fast ganz; aber von 1768—97, also nach einer Unterbrechung von 18 Jahren, trat die zweite dreißigjährige Nordlichtperiode ein. Im October 1787 wurden allein acht Nordlichter beobachtet. Nun folgt von 1797—1830 eine neue, diesmal aber 33jährige Unterbrechung;*) es wird darauf ankommen, ob die mit dem letzten Jahre anhebende diesmalige Periode wiederum von dreißigjähriger Dauer sein wird. In jedem Falle verdient diese Idee einer Periodicität der Nordlichter große Beachtung.

Die bloße Materienverwandtschaft führt mich vom Nordlichte auf ein anderes, wenngleich nur künstliches Licht, von dem vorläufig schon am Schlusse meines vorigen Berichts die Rede gewesen ist, nämlich auf das vom französischen Naturforscher Gaudin entdeckte Licht,

---

*) Vgl. Pfennig-Magazin Nr. 292—294.

---

*) Referent erinnert sich aus dieser ganzen Zeit nur eines einzigen, im Herbste 1804, vor ihm zu Landsberg an der Warthe beobachteten Nordlichts.

welches er zunächst zur Straßenbeleuchtung anzuwen=
den gedenkt und wovon außerordentliche Erwartungen
gehegt werden. Der Entdecker hat darüber kürzlich
der pariser Akademie der Wissenschaften Bericht abge=
stattet. Nach seinen Angaben leuchtet das Sonnenlicht
80,000 Mal stärker als eine Gasflamme von derselben
scheinbaren Größe, sodaß es also ganz unmöglich scheint,
das erstere durch irgend ein künstliches Mittel vollstän=
dig zu ersetzen. Indeß hatte man doch in der neuesten
Zeit mehre Mittel zur Hervorbringung künstlichen Lich=
tes von ganz außerordentlicher Stärke aufgefunden. Oben=
an steht darunter das Licht, welches der in einer durch
Sauerstoffgas angefachten Alkoholflamme erhitzte, unge=
löschte Kalk zeigt.*) Diese Entdeckung gehört dem eng=
lischen Marinelieutenant Drummond; die außerordent=
liche Lichtentwickelung erfolgt blos durch das Glühen,
in welches der Kalk (schon ein kleines Kügelchen davon
reicht hin, um einen großen Glanz hervorzubringen)
durch die so gebildete Flamme versetzt wird. Man hat
sich dieses Lichtes mit dem besten Erfolge auf den Leucht=
thürmen bedient, indem man das glühende Kalkkügel=
chen in den Brennpunkt eines parabolischen Spiegels
brachte, wodurch die auf letztern fallenden Strahlen, der
Axe parallel, auf eine große Weite reflectirt werden.
Diesen Gedanken verfolgte Gaudin; er wies zuvörderst
nach, daß jenes Drummond'sche Licht das Licht einer
bloßen Gasflamme von gleicher Größe an Leuchtkraft
1500 Mal übertreffe, modificirte aber Drummond's
Verfahren, indem er statt der durch Sauerstoffgas an=
gefachten Weingeistflamme einen Strom brennenden
Wasserstoff= und Sauerstoffgases unmittelbar auf das
an einem Platinadrahte frei aufgehängte Kalkkügelchen
wirken ließ. Das glühende Kalkkügelchen glich einem
hell glänzenden Sterne und erhellte einen sehr weiten
Raum. Dennoch wurde diese außerordentliche Wirkung
durch das nachher von Gaudin erfundene, von ihm so=
genannte Siderallicht übertroffen, welches er erzeugte,
indem er seinen Gasstrom auf brennenden Terpenthin=
spiritus leitete; statt des kleinen Kalkkugelsternes erhielt
er nun eine breite und hohe Flamme. Diese Sideral=
flamme blendet so stark, daß es fast unmöglich ist, mit
bloßem Auge hineinzusehen; bei nur geringer Höhe über=
strahlt sie den Glanz von tausend Wachskerzen; dabei
ist die entwickelte Hitze ebenso außerordentlich. Dieses
Gaudin'sche Licht ist so vollkommen weiß, daß, wie der
Versuch bewies, auch die zarteste Farbennuance dadurch
erkannt werden kann.

Über die Möglichkeit der Anwendung dieses außer=
ordentlichen Lichts im Großen halte ich mein Urtheil
noch zurück. Der Erfinder hegt Erwartungen davon,
deren Gedanke an das Feenhafte grenzt. Er will näm=
lich ganz Paris damit durch einen einzigen Leuchtthurm
beleuchten. Dieser Leuchtthurm soll am Pontneuf auf=
gestellt werden, von hinreichender Höhe sein und ein
Licht der Morgenröthe über die Stadt verbreiten; die
Sonne des Pontneuf würde aufgehen, sobald die himm=
lische Sonne untergegangen ist. Vielleicht muß noch
Manches von dieser kolossalen Idee modificirt werden;
aber in jedem Falle scheint Gaudin's Erfindung die
größte Aufmerksamkeit zu verdienen.

Ich gehe nun zu dem nicht weniger zauberischen
elektro=magnetischen Telegraphen über, von dem in die=
sen Blättern schon mehrfach die Rede gewesen ist. Meine
Leser erinnern sich, daß der dieser Einrichtung zu Grunde

liegende Hauptumstand die unbegreifliche Schnelligkeit
ist, mit welcher die elektrische Materie einen Metall=
draht oder überhaupt jede Metallleitung durchläuft; wie
lang man eine solche Drahtleitung bis jetzt auch irgend
hat anwenden können, so wird der elektrische Funke
oder überhaupt die Elektricität in demselben Augenblicke
am andern Ende des Drahtes bemerkbar, in welchem
die Mittheilung am einen Ende erfolgt. Ein zweiter
mitwirkender Umstand besteht darin, daß der in einem
solchen Metalldrahte über eine darunter angebrachte
Magnetnadel fließende elektrische Strom dieselbe bedeu=
tend von ihrer gewöhnlichen Richtung ablenkt. Man
sieht also, daß mittels eines solchen, durch einen Me=
talldraht geleiteten Stromes von Elektricität von einem
Ende zum andern nicht nur ein Zeichen gegeben, son=
dern auch eine Bewegung hervorgebracht werden kann.

Von den Anwendungen, welche der göttinger Astro=
nom Gauß, der münchner Physiker Steinheil und an=
dere ausgezeichnete Gelehrte von dieser Entdeckung in
einem größern Umfange gemacht haben, ist in diesen
Blättern mehrfach die Rede gewesen; bald dürften sie
allgemeiner werden. Vor Kurzem berichteten die Zei=
tungen von einer Anwendung auf den Privatverkehr.
In der schlesischen Stadt Neiße haben nämlich zwei in
engen Geschäftsbeziehungen stehende Männer, der Apo=
theker Lohmeyer und der Kaufmann Schimmer, zur
Erleichterung ihres Verkehrs eine solche elektro=magneti=
sche Telegraphenverbindung zwischen sich eingerichtet.
Wir wollen hier die Beschreibung dieser Einrichtung
so deutlich als möglich geben.

Dieser kleine, sehr zusammengedrängte Telegraph
steht in einem Parterrezimmer jedes der beiderseitigen
Häuser und nimmt nur einen Flächenraum von zwei
Quadratfußen ein. Derselbe ist zusammengesetzt aus
drei hölzernen, mit beweglichen Scheiben versehenen
Säulen, auf welchen Multiplicatoren befestigt sind, d. h.
hölzerne, vierkantige Rahmen, deren äußere Seiten mit
einem mit Seide übersponnenen Kupferdrahte mehre
hundert Mal umwunden sind und in deren Mitte
Magnetnadeln auf stählernen Spitzen im magnetischen
Meridian schweben; dann aus einem galvanischen Erre=
ger, bestehend aus etwas verdünnter Mineralsäure und
einem Kupfer= und Zinkcylinder, und endlich einer klei=
nen Vorrichtung, Commutator genannt, dazu dienend,
dem erregten elektrischen Strome eine veränderte Rich=
tung anzuweisen, um somit die Magnetnadeln beliebig
nach Osten oder Westen abzulenken. Die Entfernung
der beiden Häuser beträgt 1000 Fuß und die Leitung
(ein Draht hinwärts und ein anderer rückwärts) also
2000 Fuß; diese Leitung, welche beim Rathsthurme
vorbei über ein Kirchdach geführt ist, besteht aus zwei
mit Seide übersponnenen und überfirnißten Messing=
drähten von der Dicke einer schwachen Rabenfeder, die
daher so leicht sind, daß es nur einer einzigen schwa=
chen Aufhängung in einer Rolle bedürfte, um sie bei
eintretenden Beschädigungen leicht in eine der beiden
Wohnungen zurückzuwinden.

Soll nun mittels des so eingerichteten Telegraphen
von einer der beiden Seiten nach der andern hin eine
Mittheilung erfolgen, so läßt man dort die erregte Elek=
tricität in den Leitungsdraht eintreten, welche sogleich
darin fort nach der andern Station über eine der dor=
tigen Magnetnadeln wegströmt und diese dadurch in
Schwingung versetzt, wobei dieselbe einen Wecker aus=
löst. Augenblicklich wird nun von hier auf dieselbe
Weise die Antwort zurückertheilt, daß man das Zeichen
gehört habe und der Mittheilung gewärtig sei. Diese
selbst erfolgt nun in der Art, daß zwei andere mit

_____
*) Wir haben von der vervollkommneten Anwendung die=
ser Idee auf Beleuchtung der Mikroskope in unsern frühern
Berichten ausführlich gehandelt.

Hämmerchen versehene Magnetnadeln in schwingende Bewegung versetzt werden und an Glasglocken von verschiedenem Tone anschlagen, wobei die Correspondenten über die Bedeutung dieser Töne und über ihre Vereinigung zu Worten und ganzen Sätzen übereingekommen sind. Endlich schweben in einem dritten Multiplicator noch zwei Magnetnadeln, welche an den einander nahen Enden kleine Löffelchen haben, die durch einen Tropfapparat beständig mit Wasser gespeist werden und also, wenn sie durch den elektrischen Strom in Bewegung gesetzt werden, auf einem vorbeirollenden Streifen solchen Papiers, welches durch Wasser schwarz wird, Pünktchen machen, über deren Bedeutung die Correspondenten ebenfalls übereingekommen sind.

Diese kleine telegraphische Verbindung, welche von einer Menge urtheilsfähiger Personen in Augenschein genommen worden ist, erreicht, nach deren einstimmigem Zeugnisse, ihren Zweck so vollkommen, daß bei einiger Übung und Sicherheit in der Zeichengebung sehr selten ein Zeichen verloren geht, ja verloren gehen kann, da die Mittheilung durch die Töne mittels der Angabe durch die Pünktchen wiederholt und eins, so zu sagen, durch das andere controlirt wird.

Während man hierbei die Entdeckungen der Naturlehre zu einer fast unbegreiflichen Beschleunigung der Gedankenmittheilung benutzt, haben andere Physiker versucht, eine ähnliche Beschleunigung in der Fortschaffung der Personen mittels Vervollkommnung der Luftschifffahrt zu bewirken. Besonders ist man jetzt in England aufmerksam auf diese Art von fortschaffender Mechanik, und die Luftfahrten sind daselbst fast zur Mode geworden. Wir zeichnen darunter in mehrfacher Hinsicht diejenige Fahrt aus, welche der bekannte Luftschiffer Green in Begleitung eines Herrn Rush am 10. September in seinem berühmten Nassau-Ballon angestellt hat.

Die dabei erreichte Höhe betrug (nach barometrischen Bestimmungen) 26,421 Fuß, also bedeutend mehr als eine deutsche Meile und auch mehr als die Höhe des höchsten bis jetzt bekannten und gemessenen irdischen Gebirges. Gleichwol wollen die Luftschiffer in dieser so bedeutenden Höhe, wo doch die Luft viel feiner als in den untern atmosphärischen Schichten sein muß, durchaus keine Schwierigkeit im Athmen empfunden haben. Dieser Umstand erscheint uns sehr wichtig, indem damit ein vorausgesetztes Haupthinderniß bei Luftfahrten wegfallen würde. Wäre nur eine andere Mangelhaftigkeit, die Unfähigkeit nämlich, irgend einen unmittelbaren Einfluß auf die Leitung des Luftballons auszuüben, auch wegzuräumen! Die hier in Rede stehende Luftfahrt hat den Luftschiffern diese gänzliche Unfähigkeit abermals recht deutlich gezeigt, es ist ihnen nichts übriggeblieben, als mittels abwechselnden Senkens (durch Auslassung von Gas) oder Steigens (durch Auswerfung von Ballast) den Versuch zur Auffindung einer Luftschicht zu machen, in welcher gerade der verlangte Windstrom regierte, da bekanntlich in der Atmosphäre über- und untereinander Winde von ganz entgegengesetzten Richtungen wehen. Dies ist aber auch wieder schneller gesagt als ausgeführt, da sowol das entlassene Gas als der ausgeworfene Ballast für den Luftschiffer unersetzbar ist und er also gar nicht haushälterisch genug damit umgehen kann.

Die Heftigkeit der Luftströmungen in höhern atmosphärischen Schichten, wo deren Gewalt schlechterdings durch gar keinen Gegenstand gehemmt wird, ist nach den bei dieser Luftfahrt angestellten Beobachtungen ganz außerordentlich. Unsere Schiffer kamen z. B.

bei 16,000 Fuß Höhe in einen Windstrom, der sie 60 englische (also über 13 deutsche) Meilen in der Stunde forttrieb. Nun heißt auf der Erde ein Wind schon Sturm, wenn er die Geschwindigkeit von 40 Fuß auf die Secunde, also von etwa sechs Meilen auf die Stunde hat, welches demnach von jener Geschwindigkeit mehr als zweimal übertroffen wird. Ähnliche Anführungen von überaus bedeutenden Geschwindigkeiten der Fortbewegung finden sich in den Berichten der meisten Luftschiffer, und unter diesem Gesichtspunkte wäre also die Ausbildung der Sache sehr wünschenswerth. Allein es ist sehr zu bezweifeln, daß die Aëronautik, die sich eigentlich wesentlicher Vervollkommnungen seit ihrer ersten Ausübung im Jahre 1783, also seit fast 60 Jahren, gar nicht zu erfreuen gehabt hat, je auf die erforderliche Stufe der Vollkommenheit erhoben werden wird.

(Der Beschluß folgt in Nr. 306.)

Der Kautschukbaum.*)

Den merkwürdigen und nutzbaren Stoff, der unter den Namen Kautschuk, Federharz, Gummi elasticum bekannt ist, liefern mehre zu dem Geschlechte der Feigenbäume gehörige Bäume, hauptsächlich aber die in der Abbildung vorgestellte Art, welche in Südamerika und Ostindien (hier besonders in den Pundua- und Juntipurgebirgen) einheimisch ist. Sie hat glänzende, ovale, spitzige und dicke Blätter, kleine uneßbare Früchte von der Größe einer Olive und ungefähr die Größe eines europäischen wilden Feigenbaums. Man findet den Baum besonders in Felsenspalten und auf Bergabhängen unter verwitterten Felsstücken und verfaulten Pflanzentheilen. Er wächst sehr schnell und bei einem Alter von vier Jahren nicht selten 25 Fuß hoch, während der Stamm einen Fuß im Durchmesser hat. Sobald man in die Rinde einen bis auf das Holz gehenden Einschnitt macht, fließt oder schwitzt ein dicker, geschmack- und geruchloser Saft von gelblichweißer Farbe aus, der fast die Hälfte (genauer 46½ Procent) seines Gewichts Kautschuk liefert. Man macht die Einschnitte horizontal rund um den Stamm oder Zweig in einem Abstande von etwa einem Fuß voneinander und bis zum Gipfel; je höher hinauf, desto reichlicher soll der Saft fließen. Nach jeder Operation, die am besten in der Regenzeit vorgenommen wird, braucht der Baum eine Ruhe von 14 Tagen, bevor sie wiederholt werden kann. Wird der Saft der Luft ausgesetzt, so bekommt er eine dunklere Farbe und sondert sich von selbst in eine feste elastische Masse und eine übelriechende molkenähnliche Flüssigkeit. Mit jener überzieht man von außen thönerne Flaschen und trocknet sie über dem Feuer, wobei die Kautschukschichten durch den Rauch geschwärzt werden; sind sie hinreichend getrocknet, so werden die thönernen Formen zerbrochen und herausgeschüttelt, worauf der Kautschuk zur Ausfuhr fertig ist. Dies ist die in Südamerika übliche Bereitung; anders wird der aus Indien kommende Kautschuk bereitet, welcher ungeschwärzt und in flachen Stücken ausgeführt wird.

Der Kautschuk ist erst seit etwa einem Jahrhundert in Europa eingeführt und die Art seiner Erzeugung wurde erst später bekannt, als im Jahre 1735 mehre Mitglieder der französischen Akademie der Wissenschaften Südamerika besuchten und den Baum in Brasilien fanden. Die Indianer kannten den Gebrauch

*) Vergl. Pfennig-Magazin Nr. 23 und 253. Da die in jener gegebene Abbildung ungenügend ist, so geben wir hier eine bessere.

des Kautschuks schon längst; sie machten daraus wasserdichte Boote und brauchten, bevor die Nachfrage nach Kautschuk in Europa so stark wurde, Kautschukfackeln, die ein ruhiges und schönes Licht geben; eine solche Fackel von 2 Fuß Länge und 1½ Zoll Durchmesser brennt 12 Stunden lang.

Dem Kautschuk sehr ähnlich ist eine Substanz, welche aus China kommt und oft schöne Farben, z. B. roth, gelb und blau, hat; man macht daraus die elastischen Kugeln, welche zu Uhrgehängen, Halsketten u. s. w. gebraucht und oft für Früchte gehalten werden. Diese Substanz ist wahrscheinlich ein durch Eintrocknen fetter Öle bereitetes Kunstproduct. Auch mehre bei uns einheimische Pflanzen, z. B. die Cichorien- und Wolfsmilcharten, liefern in ihrem Milchsafte eine Art Kautschuk, das durch Auflösung in Weingeist und Wasser gewonnen wird.

Der Kautschukbaum.

Die Pescherähs.

Unter den Inseln, welche die Südspitze von Amerika umgeben und durch die Magellanstraße von Patagonien getrennt werden, ist die größte und südlichste das sogenannte Feuerland, wegen der darauf befindlichen ausgebrannten Vulkane mit diesem Namen belegt. Hier, in diesem öden und rauhen Theile der Erde, wohnen die Pescherähs, ein Volk, welches zu den beschränktesten und beklagenswürdigsten gezählt werden muß. Sie zeichnen sich durch Häßlichkeit des Gesichts und durch Magerkeit aus, sind 5, höchstens 5½ Fuß groß, ohne Bart, haben große schwarze Augen, plattgedrückte Nasen, einen großen Mund mit dünnen Lippen, ein sehr scharfes Gesicht, große Ohren, schwarze borstige Haare, die sie mit einer fetten Farbe, ähnlich dem Eisenrost, beschmieren, und sind beinahe Alle gelbbraun. Arme und Beine sind im Verhältniß zu ihrem übrigen Körperbau auffallend schwach und mager.

Unreinlichkeit herrscht unter den Pescherähs im

höchsten Grade, und wenn die Reisenden, welche sie besuchten, von ihrem widerlichen Geruche uns nicht genug erzählen können, so wird dies auch noch dadurch erklärlich, daß die Pescherähs sich in Robbenhäute kleiden, Robbenfleisch essen und den Robbenthran statt der Pomade gebrauchen.

Ihre vornehmsten Beschäftigungen sind Jagd und Fischfang, bei welchem letztern sie besonders viel Geschicklichkeit an den Tag legen. Die Jagd beschränkt sich auf Raubvögel, wilde Gänse, Enten und dergl., da man in diesen unwirthbaren Gegenden kein vierfüßiges Thier antrifft, den Hund ausgenommen, welcher wegen seiner Treue und Anhänglichkeit an seinen Herrn von den Pescherähs fast abergläubisch verehrt wird. Die Wasserjagd ist großartiger, indem sie ihnen viel Seelöwen, Seekälber, Robben, verschiedene Muschelthiere, ja zuweilen sogar Walfische liefert. Das Fleisch aller dieser Thiere verzehren sie gewöhnlich roh, nur selten ein wenig geröstet; auch thut es ihrem Appetit nicht im mindesten Eintrag, wenn es schon halb in Fäulniß übergegangen ist. Von den Getränken, welche Natur und Kunst uns geschenkt haben, kennen sie nur ein einziges, das Wasser. Sie führen ein Nomadenleben, indem sie an einem Orte nur so lange bleiben, als sie genug Seethiere finden, sind diese nicht mehr in hinlänglicher Menge vorhanden, so ziehen sie weiter. Da ihre Hütten aus weiter nichts als aus Baumzweigen bestehen, welche, von etlichen Pfählen getragen, kegelförmig zusammenlaufen und oben festgebunden werden, so ist eine solche wandernde Lebensweise für sie durchaus nicht unbequem. Eine Öffnung unten vertritt zugleich die Stelle der Thüre und des Rauchfangs, während mitten im Zelte das Feuer brennt. Ihr ganzer Hausrath besteht in Häuten und Körben, welche aus einer besondern Sorte starken Grases gemacht werden, und aus Beuteln, in welchen sie ihre Farbenpulver und dergl. aufheben. Ihre Kanots verfertigen sie aus Baumrinde und versehen sie mit großen Ruderschaufeln, welche von den Weibern, denen überhaupt alle Arbeiten obliegen, gehandhabt werden müssen.

In der Führung der Waffen (Wurfspieße und Bogen) sind sie ebenso geübt, als in der Fertigung und zierlichen Bearbeitung derselben. Alles dies zusammengenommen beweist, daß sie nicht ohne natürliche Anlagen und Fähigkeiten sind, was man zuweilen hat behaupten wollen.

Meistentheils wohnen mehre Familien in einer Hütte beisammen; die Männer sind die Herren, die Frauen im eigentlichen Sinne des Worts die Sklavinnen. Ein hervorstechender Zug im Charakter der Pescherähs ist Gutmüthigkeit, wodurch sie sich vor vielen andern rohen Völkern vortheilhaft auszeichnen. Ebenso sind sie durchaus nicht ohne Gefühl und vorzüglich besorgt für Weiber und Kinder. Sobald sie ein Schiff an der Küste erblicken oder gar landen sehen, so verbergen sie die letztern in den Wäldern, um sie vor jedem möglichen Unglücke zu sichern. Sie lieben Musik und Gesang und versuchen jeden fremden Ton nachzuahmen. Ihre Sprache ist schwer nachzusprechen; dagegen sprechen sie selbst andere Sprachen mit Leichtigkeit nach. Das Wort Pescheräh, das wahrscheinlich Freund bedeutet, und von welchem sie ihren Namen haben, hört man am häufigsten bei ihnen, und jeder Fremde wird mit demselben bewillkommnet.

Über ihre Abstammung weiß man nichts mit Gewißheit zu sagen, jedoch scheint die Vermuthung, daß sie mit den Patagoniern, denen sie in Körperbildung, Sprache, Sitten und Lebensweise ähnlich sind, von einem und demselben Volke herstammen, nicht ohne Grund zu sein; einigen Nachrichten zufolge wurden sie nämlich von der Westküste Patagoniens verdrängt und mit Gewalt in dieses unwirthbare Land gebracht.

Rother Schnee.

Obgleich der Schnee im Allgemeinen eine blendend weiße Farbe hat, weshalb man ja bekanntlich jedes recht reine und schöne Weiß als Schneeweiß bezeichnet, so hat man doch in einzelnen Fällen auch farbigen Schnee beobachtet, der theils durch Insekten, theils durch vulkanische Asche oder Staub, theils durch andere Stoffe röthlichgelb gefärbt war. Besonders merkwürdig ist der eigentliche rothe Schnee, den unter Anderm Saussure 1760 in den Alpen, Ramond auf den Spitzen der Pyrenäen und Capitain Roß 1819 in der Baffinsbai beobachtete. Außerdem ist der Schnee auch auf der Spitze des St.-Bernhard zuweilen röthlich gefärbt, aber nur ein oder zwei Zoll tief, und die Färbung nimmt daselbst mit der Zeit zu, aber Niemand hat je den Schnee gefärbt herabfallen gesehen. Hiermit stimmt die Angabe des ältern Plinius überein, daß der Schnee durch das Alter roth werde. Auch Parry sah auf seiner Reise nach dem Nordpole den Schnee häufig roth oder gelblich, besonders in den von den Schlitten gebildeten Furchen. Saussure hielt die färbende Substanz für vegetabilisch, etwa für einen Blütenstaub, was aber darum nicht wahrscheinlich war, weil in der Höhe, in der er den Schnee fand, aller Pflanzenwuchs aufgehört hat. Ramond hingegen glaubte, daß die Färbung durch Glimmer hervorgebracht, und daß durch die Einwirkung der Sonne und der Frühlingsluft eine Zersetzung der Felsen bewirkt werde, von welcher der Glimmer herrührt. Damit stand aber die Beobachtung von Roß im Widerspruch, welcher in einer Gegend im hohen Norden, wo gar keine Glimmerfelsen vorhanden sind, den rothen Schnee auf Hügeln von 600 Fuß Höhe fand, wo die rothe Farbe bis auf den Grund, zuweilen 12 Fuß tief, reichte. Freilich wird diese Angabe, wie so manche andere von Roß, von mehren seiner Begleiter bestritten, die behaupten, daß der Schnee nie tiefer als einen bis höchstens zwei Zoll tief gefärbt gefunden worden sei. Roß brachte Proben von den färbenden Kügelchen mit nach Europa, aber die Naturforscher konnten sich nicht darüber vereinigen, woraus diese Kügelchen eigentlich beständen. Nach Agardh rühren sie von Algen her, einer Gattung von Wasserpflanzen, die im Deutschen auch Tang genannt werden; nach Andern gehören sie zum Thierreiche und enthalten Gelatine. Scoresby leitet die Färbung von einer Art kleiner braunrother Thierchen her, die in den nördlichen Polarmeeren häufig sind und zuweilen ganze Strecken der See roth färben, daher auch dem Eise und dem darauf liegenden Schnee eine rothe, gelblichrothe oder gelbe Farbe geben. Diese Thierchen sind so klein, daß nach einer angestellten Zählung in einem Tropfen wenigstens 12,960 derselben enthalten waren. Man sieht aus dem Gesagten, daß der rothe Schnee eine räthselhafte Erscheinung ist, über deren Ursache wir noch gar nicht gehörig im Klaren sind.

Schlangentanz in Indien. *)

Man findet wol in jedem Lande eine Menschenclasse, die sich von der Leichtgläubigkeit und Neugierde Ande-

*) Vergl. Pfennig-Magazin Nr. 16.

rer nährt, indem sie sich mit der Ausübung von Kunst=
stücken beschäftigt, welche nicht ohne hinreichenden Grund
„brotlose Künste" genannt werden; allein nirgend dürfte
die Zahl solcher Gaukler größer sein, als in Indien.
Unter Denen aber, welche den Fremden, sobald er die=
ses Land betritt, durch ihre Kunstfertigkeit zu unterhal=
ten suchen, wofür sie (wie sich von selbst versteht) ein
kleines Geschenk erhalten, verdienen Diejenigen, welche
Schlangen tanzen lassen, besonders erwähnt zu werden,
da dieses Schauspiel vorzüglich geeignet ist, den Euro=
päer in Erstaunen und Schrecken zu setzen, zumal wenn
er hört, daß die Schlangen, welche man hierzu benutzt,
fast immer zu den giftigsten gehören und ihr Biß ge=
wöhnlich in nicht mehr als einer Viertelstunde den Tod
nach sich zieht. Auf der Küste Koromandel findet sich
diese Schlangenart in großer Menge; man nennt sie
Cobra de Capellos, d. h. behelmte Schlangen. Sie sind
in der Regel drei bis vier Fuß lang und ihre gewöhnliche
Farbe ist gelb mit schwarzen Flecken. Von den andern
orientalischen Schlangen unterscheiden sie sich nur da=
durch, daß sie hinten zwei Zoll unter dem Kopfe einen
Sack haben, der, wenn sie kriechen oder sich in ruhigem
Zustande befinden, fast gar nicht bemerkbar ist, sobald
sie aber aus Zorn oder Freude in Bewegung gerathen,
anschwillt und auf beiden Seiten des Kopfes sich aus=
dehnt; er bildet alsdann eine flache Oberfläche, worauf
sich in einem schmuziggelben Grunde gleichsam ein paar
schwarze Flecken zeigen, und der Kopf des Thieres scheint
horizontal aus dem obern Theile dieses Sackes hervor=
zugehen.

Diese Schlangenart zeichnet sich vor allen übrigen
durch ihre ausnehmende Empfänglichkeit für Musik aus.
Sobald man ihren Schlupfwinkel kennt, kann man sich
ihrer mittels Musik sicher bemächtigen. Die Indier,
welche sich dadurch, daß sie diese Schlangen sehen las=
sen, ihren Unterhalt verschaffen, beschäftigen sich auch
mit der Jagd derselben, und da die Art, wie sie sich
dieser Thiere bemächtigen, nicht allgemein bekannt ist,
so dürfte die Schilderung folgender Scene, welche in
dem Hause des Statthalters von Pondichery stattfand,
nicht ohne Interesse sein.

Während der Mittagstafel zeigte ein Diener der
Familie an, man habe eine große Cobra de Capellos
in das Speisezimmer kriechen sehen. Der Gouverneur
ließ einen Schlangenfänger holen und die ganze Tisch=
gesellschaft begab sich sogleich nach dessen Ankunft in
das Gewölbe. Als man den Schlupfwinkel der Schlange
ausfindig gemacht hatte, kauerte der Malabare nieder
und spielte ein Instrument, welches der Form nach ei=
nem Flageolet gleicht, aber etwas von dem schreienden
Tone einer Sackpfeife hat. Ungefähr nach einer Mi=
nute kroch eine drei Fuß lange Schlange hervor, stellte
sich in einige Entfernung von dem Manne, gab dem
obern Theile ihres Körpers eine schwingende Bewegung
und schwellte, als augenscheinliches Zeichen der Freude,
die sie empfand, ihren Sack auf. Nachdem alle An=
wesende diese Wirkung der Musik auf die Schlange
hinlänglich beobachtet hatten, gab man dem Malabaren
ein Zeichen, worauf dieser das Thier am Ende seines
Schweifes ergriff und es in einen zu dessen Aufnahme
bestimmten leeren Korb legte.

Ehe man die so gefangenen Cobras de Capellos un=
ter die Tänzer läßt, beraubt man sie zuvor der Werk=
zeuge, wodurch sie gefährlich werden können. Man
läßt sie frei auf dem Boden und reizt sie dann mit
einem Stücke rothen Tuches, welches man an das Ende
eines Stabes befestigt, so lange, bis sie sich wüthend

darauf stürzen und mit solcher Heftigkeit hineinbeißen,
daß die Zähne darin stecken bleiben.

Die Körbe, worein man die Schlangen sperrt, und
deren die Indier gewöhnlich ein halbes Dutzend mit sich
herumtragen, sind flach und rund und an jedem Ende
an ein Stück Bambus befestigt, welches der Träger
über seine Schultern legt. Derjenige, welcher diese
Thiere öffentlich sehen läßt, stellt zuerst die Körbe in
Form eines Halbkreises vor sich auf und läßt dann die
Schlangen nacheinander heraus. Sobald das Instru=
ment ertönt, richtet sich die Schlange auf und versetzt
sich in eine schaukelnde Bewegung, während ihr Sack
sich aufbläht und ungefähr ein Drittel ihres Leibes auf
den Boden gestützt bleibt.

Leopold Robert.

Unter den Malern unserer Zeit muß ohne Widerrede
Leopold Robert, von dem bei längerm Leben gewiß noch
viel Schönes und Großes zu erwarten gewesen wäre,
als einer der begabtesten und vorzüglichsten genannt wer=
den. Er wurde zu Chaur de Fonds im Canton Neufchatel
im Jahre 1797 geboren. Schon frühzeitig zeigte er gro=
ßen Hang zum Zeichnen und entschiedenen Beruf zur
Kunst und fühlte sich daher in der ihm angewiesenen kauf=
männischen Laufbahn unglücklich, sodaß seine Angehöri=
gen sich genöthigt sahen, ihn in eine Stellung zu ver=
setzen, in der er seinen Talenten und seiner Neigung
leben konnte. Im Jahre 1810 kam er nach Paris
und hatte Unterricht bei einem dasigen Kupferstecher,
erhielt auch 1814 wegen seiner Leistungen in der Kupfer=
stechkunst den zweiten großen Preis, wandte sich aber
bald einem andern Zweige der bildenden Kunst zu, der
Malerei, und wurde David's Schüler. Politische Ver=
hältnisse waren auf diesen Übergang nicht ohne Ein=
fluß, denn seit Neufchatel im Frieden von 1814 an
den König von Preußen abgetreten worden war, konnte
Robert sich nicht mehr um den von der französischen
Regierung ausgesetzten ersten großen Preis für Kupfer=
stechkunst bewerben. Schon im Jahre 1816 wurde
er in seinen Studien auf einige Zeit durch die Ver=
bannung seines Meisters David unterbrochen, der aus
Frankreich verwiesen wurde, weil er im Nationalcon=
vente für den Tod Ludwig XVI. gestimmt hatte, und
kehrte in seine Heimat zurück, wo er durch Por=
traitmalerei bald einen großen Ruf erwarb. Ein rei=
cher Kunstkenner in Neufchatel, der auf ihn aufmerk=
sam geworden war, rieth ihm, zu seiner Ausbildung
nach Italien zu gehen, und schoß ihm, da er die von
seiner Familie schon gebrachten Opfer kannte, großmü=
thig die dazu nöthigen Summen vor. 1818 kam Ro=
bert nach Rom und studirte daselbst mit großer Ruhe
und Ausdauer zwei Jahre lang. Es war die schönste
Periode seines Lebens; in seinen Studien fand er sein
einziges Vergnügen, ohne auf Gelderwerb auszugehen;
mit einem Gemälde brachte er so lange zu, als man=
cher andere Maler mit zehn, war aber dafür stets mit
ganzer Seele bei seiner Arbeit. Große Schüchternheit
hatte ihn gehindert, sich die Hülfsmittel zu verschaffen,
welche Künstlern, die ihrer Ausbildung halber in Rom
leben, in der Regel zu statten kommen, und ohne
seinen gütigen Gönner wäre er in bedrängter Lage ge=
wesen. Aber plötzlich und ohne alle Anstrengung von
seiner Seite fand er eine solche Menge von Gönnern
und Beschützern, daß alle Besorgniß schwand. Wenige
Monate darauf befand er sich in so guten Umständen,
daß er einen seiner Brüder, der sich der wenig einträg=

lichen Uhrmacherkunst widmete, veranlassen konnte, nach Rom zu kommen und sich ebenfalls auf die Malerei, für welche er Neigung zeigte, zu legen. Bald wurden Robert's Arbeiten, meist kleine Gemälde, deren Zahl sich in 14 Jahren, von 1822—35, auf 250 belief, allgemein gesucht, er wurde als einer der ersten Maler in ganz Europa anerkannt und konnte schon im Jahre 1828 die von seinem Wohlthäter vorgestreckten Summen zurückerstatten. 1824 und 1827 sandte er außer andern kleinen Gemälden zwei seiner besten Arbeiten zu der jährlichen pariser Kunstausstellung, den neapolitanischen Improvisator und die Rückkehr vom Madonnenfeste, doch wurden sie nicht zu den ausgezeichnetsten der Sammlung gerechnet. Zur Kunstausstellung von 1831 schickte er außer sieben kleinern Bildern sein berühmtestes Gemälde, die Ankunft der Schnitter in den pontinischen Sümpfen, welches allgemein bewundert und einstimmig als das beste der vorhandenen 2500 Bilder anerkannt wurde. Die Regierung kaufte es und ertheilte dem Künstler nach der Ausstellung den Orden der Ehrenlegion, aber Robert war so bescheiden und anspruchslos, daß ihn während seines Aufenthalts in Paris die Lobsprüche, die ihm von allen Seiten gespendet wurden, nur in Verlegenheit setzten. 1832 lieferte er zur berliner Ausstellung eine treffliche Darstellung aus dem italienischen Volksleben, das ihn ganz vorzüglich ansprach. Die letzten Jahre seines Lebens brachte er in Venedig zu. Hier malte er das unten nachgebildete Gemälde, welches Fischer des adriatischen Meeres darstellt, die sich fertig machen, zum Fischfang auf hoher See abzugehen. Es war sein letztes bedeutendes Werk, dessen Ausführung ihm den größten Genuß gewährte; aber erst nach seinem Tode, 1836, wurde es in Paris ausgestellt.

Leider starb nämlich dieser treffliche Künstler schon am 20. März 1835 zu Venedig durch seine eigne Hand; grade zehn Jahre zuvor war einer seiner Brüder auf dieselbe Art gestorben. Dieses traurige Ende war nicht die Folge eines ausschweifenden Lebens, das alle Freuden dieser Welt bis zur Übersättigung genossen hatte, sondern einer durch mehre Ursachen erzeugten Gemüthskrankheit. Seine Briefe enthalten die richtigsten moralischen Ansichten und seine einfache, regelmäßige Lebensweise gibt nicht den mindesten Anlaß zu der Vermuthung, daß Gewissensbisse ihn zur Verzweiflung getrieben hätten. Sein Charakter hatte viel Eigenthümliches; wiewol seine Sinnesart schüchtern und sogar düster war, besaß er doch eine sehr lebhafte Einbildungskraft. Nach Gewinn strebte er nicht, fast ebenso wenig nach Ehre; ganze Tage brachte er, in die Ausübung seiner Kunst vertieft, in seinem Arbeitszimmer oder mit der Betrachtung von Naturscenen und Naturgegenständen zu, die für den Künstler ein Interesse hatten; aber von Zeit zu Zeit wandelte ihn eine seltsame Schwermuth an, eine Stimmung, die er oft glücklich bekämpfte, indem er in der Bibel Trost und Gemüthsruhe suchte und fand, der er aber leider endlich doch erlegen ist.

Fischer von Chioggia bei Venedig, nach einem Gemälde von Robert.

Verantwortlicher Herausgeber: Friedrich Brockhaus. — Druck und Verlag von F. A. Brockhaus in Leipzig.

2

Das Pfennig-Magazin

für
Verbreitung gemeinnütziger Kenntnisse.

306. | Erscheint jeden Sonnabend. | [Februar 9, 1839.

Calderon.

Don Pedro Calderon de la Barca, der größte Dichter, den Spanien hervorgebracht hat, wurde zu Madrid am Neujahrstage 1601 geboren. Im Jesuitencollegium seiner Vaterstadt, wo er von seinem neunten Jahre an gebildet wurde, zeichnete er sich so aus, daß er schon im dreizehnten Jahre die hohe Schule zu Salamanca beziehen konnte, wo er fünf Jahre lang den Studien oblag. Zur Dichtkunst zeigte er schon früh Anlagen seltener Art und schrieb schon vor seinem vierzehnten Jahre sein erstes Schauspiel. Sein Talent wurde bald bemerkt und verschaffte ihm selbst bei Hofe vornehme Gönner. In Spanien regierte damals (1621—65) Philipp IV., ein prachtliebender Fürst, der ein warmer Freund der Wissenschaften und Künste, insbesondere aber des Theaters war, auf welches er große Summen verwendete. An seinem Hofe fehlte es deshalb für ein so hervorragendes Talent, als Calderon besaß, nicht an den glänzendsten Aussichten, doch begnügte sich dieser damit nicht, son-

dern trat in den Soldatenstand und diente seinem Monarchen zehn Jahre lang (1625—36) mit Auszeichnung in Mailand und den Niederlanden. Im Jahre 1636 rief ihn der König nach Madrid zurück, ertheilte ihm den St.-Jagoorden und übertrug ihm die Leitung der Hoffeste und theatralischen Aufführungen. Als sich im Jahre 1640 Catalonien empörte und alle Ritterorden dem Feldzuge beiwohnen mußten, versäumte auch Calderon nicht, seiner Pflicht nachzukommen, wiewol ihn der König ausdrücklich von dem Militairdienste entbunden hatte, um ein Stück für das Theater zu schreiben; nachdem dieses vollendet und aufgeführt worden war, ging Calderon zur Armee und diente unter dem berühmten Herzog Gasparo de Guzman. Nach Beendigung des Feldzugs kehrte er an den Hof zurück und erhielt ununterbrochene Beweise der hohen Gunst und Achtung des Königs. An den fernern Feldzügen in Catalonien, das erst nach funfzehnjährigem Widerstande gänzlich unterworfen wurde, nahm er keinen Theil, sondern trat 1651 in den geistlichen Stand. Seitdem beschäftigte er sich wenig mehr mit weltlichen Schauspielen, sondern vorzugsweise mit der Abfassung von geistlichen Schauspielen, sogenannten Autos oder Fronleichnamsstücken, mit denen er 37 Jahre lang nicht nur Madrid, sondern auch viele andere angesehene Städte Spaniens versorgte und ein bedeutendes Vermögen erwarb, das er der Priestercongregation des Apostels Petrus in Madrid, deren Vorsteher er seit 1666 war, vermachte. Er starb am 25. Mai 1687 im 87. Jahre zu Madrid und wurde in der Pfarrkirche zu San-Salvador begraben, wo ihm ein prächtiges Denkmal gesetzt wurde.

Unstreitig war Calderon einer der ausgezeichnetsten dramatischen Dichter aller Zeiten und Länder; Innigkeit der Empfindung, eine kühne und feurige Phantasie, Reichthum und Tiefe der Gedanken und eine edle und schöne Sprache zeichnen ihn aus, und nur dem Verderbnisse des spanischen Nationalgeschmacks ist es zuzuschreiben, daß eine lange Zeit allgemein bewunderten Stücke von dem spanischen Theater fast völlig verschwunden sind. Dabei ist seine außerordentliche Fruchtbarkeit bewundernswürdig; er hat 127 Schauspiele (von denen aber nur 108 gedruckt sind), 95 Fronleichnamsstücke, 200 Vorspiele, 100 Zwischenspiele, außerdem eine große Menge Lieder, Sonette, Romanzen und kleinere Gedichte geschrieben. In spätern Alter, wo sein Gemüth eine entschieden religiöse Richtung angenommen hatte, beurtheilte er seine frühern weltlichen Dichtungen streng und ungerecht und zog ihnen die geistlichen beiweitem vor. Sein letztes Stück schrieb er in seinem 81. Jahre. Unter seinen romantischen Trauerspielen steht „Der standhafte Prinz" oben an, wiewol von Vielen „Das Leben ein Traum" vorgezogen wird. Letzteres ist dasjenige seiner Stücke, welches auf deutschen Bühnen ohne Zweifel das meiste Glück gemacht hat und noch jetzt gern gesehen wird.

Chronik der Eisenbahnen im Jahre 1838.

Als wir im verwichenen Jahre[*] über die in den Jahren 1835, 1836 und 1837 vollendeten und eröffneten Eisenbahnstrecken, insbesondere des Festlandes von Europa, berichteten, sprachen wir die Hoffnung aus, daß das Jahr 1838 für sich allein zu einem solchen Berichte hinreichenden Stoff darbieten werde. Diese Hoffnung ist in der That vollständig in Erfüllung gegangen; die Fortschritte, welche die Sache der Eisenbahnen und Dampfwagen in dem abgelaufenen Jahre gemacht hat, wenn wir nur ihre Ausbreitung, nicht ihre Vervollkommnung ins Auge fassen, sind wahre Riesenschritte gewesen, und namentlich in unserm Vaterlande hat das neue Communicationsmittel sich, ungeachtet der unleugbar damit (fast möchte man sagen unzertrennlich) verbundenen Gefahren und Schwierigkeiten, überall, unter allen Ständen Vertrauen und beifällige, ja bewundernde Anerkennung erworben, wenn auch die sanguinischen Hoffnungen Derer, welche sich durch das Erbauen der Eisenbahnen bereichern zu können meinten, bedeutend herabgestimmt worden sind; wir sehen uns daher im Stande, unsern Lesern einen überaus günstigen Bericht vorzulegen.

In Belgien wurden drei neue Bahnstrecken eröffnet: von Tienen oder Tirlemont über Waremme bis

Ans, eine Meile von Lüttich, 5¾ geographische Meilen[*]), am 2. April; von Gent bis Brügge, 5½ Meilen, am 12. August; von Brügge bis Ostende, 3 Meilen, am 28. August; zusammen also 14¼ Meilen. Das große Eisenbahnnetz, mit welchem dieses Land bedeckt werden sollte, ist demnach zur größern Hälfte fertig; die vollendeten zehn Sectionen haben eine Gesammtlänge von 34 Meilen und kosten etwa 9 Mill. Thlr.; acht derselben, 28 Meilen lang, laufen in ostwestlicher Richtung und verbinden Lüttich mit der Nordsee, die übrigen beiden, von Brüssel bis Antwerpen, laufen von Süden nach Norden; beide Linien schneiden sich in Mecheln, das den Mittelpunkt des ganzen Netzes bildet, welches sich in Kurzem bis an die deutsche und französische Grenze erstrecken wird. Die Zahl der Reisenden betrug auf sämmtlichen Strecken im Jahre 1837 1,384,577, im Jahre 1838 2,193,316 (im ersten Vierteljahre 314,600, im zweiten 575,279, im dritten 791,561, im vierten 511,876). Die Bruttoeinnahme betrug 1837 1,416,983 Francs, 1838 aber mehr als das Doppelte, 3,097,830 Francs (etwa 840,000 Thlr).

In Deutschland wurden nicht weniger als 15 einzelne Bahnstrecken, zusammen etwa 21½ Meilen lang, eröffnet, die zu folgenden Eisenbahnen gehören: 1) Von der Bahn von Wien nach Bochnia in Galizien, genannt Kaiser-Ferdinands-Nordbahn, 60 Meilen lang, wurde am 6. Januar die Strecke von Wien (dem Prater) bis Floridsdorf, 1 Meile, eröffnet, nachdem die 1½ Meilen lange Strecke von Floridsdorf bis Deutsch-Wagram schon sechs Wochen vorher (s. Nr. 267) eröffnet worden war; am 19. August wurde die neue Strecke von 2 Meilen, von Wagram bis Genserndorf, eröffnet, und am 15. December begannen Probefahrten von Brünn bis Reygern, 1½ Meile.

2) Die leipzig-dresdner Eisenbahn machte von allen die schnellsten Fortschritte. Im Jahre 1837 war, wie erwähnt, nur eine kleine, kaum eine Meile lange Strecke bei Leipzig eröffnet worden; im Jahre 1838 wurden dagegen folgende sieben Strecken eröffnet: am 11. Mai vom gerichshainer Damme bis Machern, 1 Meile; am 19. Juli von Dresden bis zum Gasthof zur Weintraube, unweit der Elbe, 1 Meile; am 31. Juli von Machern bis Wurzen, 1 Meile; am 16. September von Wurzen bis Dahlen, 2½ Meilen, und gleichzeitig vom Gasthof zur Weintraube bis Oberau, 2 Meilen; am 3. November von Dahlen bis Oschatz, 1¼ Meile; endlich am 21. November von Oschatz bis Riesa an der Elbe, 1¾ Meilen; zusammen also 10½ Meilen, sodaß von der ganzen 15½ geographische Meilen langen Bahn bereits fast 12 Meilen befahren werden. Die noch fehlenden 3½ Meilen von Riesa bis Oberau waren jedoch am Schlusse des Jahres mit alleiniger Ausnahme der Elbbrücke bei Riesa und des Tunnels bei Oberau ebenfalls ganz vollendet, und im Mai dieses Jahres steht die Eröffnung der ganzen Bahn bevor. Die Personenfrequenz betrug im Jahre 1837 (vom 24. April an) 145,674, im J. 1838 aber 365,890 Personen.

3) Die münchen-augsburger Bahn, 8 Meilen lang, schritt dagegen nur langsam fort. Nur eine kleine Strecke derselben, von Augsburg bis zur sogenannten Insel, etwa eine halbe Stunde, wird seit dem 3. September befahren, aber nur mit Pferden. In den beiden ersten Monaten fuhren darauf 14,797 Personen.

4) Die berlin-potsdamer Eisenbahn, 3½ Meilen lang, wurde am 29. October eingeweiht und seitdem

---

[*]) Vergl. Pfennig-Magazin Nr. 267.

[*]) Auch im Folgenden sind immer geographische Meilen, deren 15 auf einen Grad des Äquators gehen, zu verstehen.

ihrer ganzen Länge nach befahren, nachdem schon am 21. September die größere Hälfte derselben, von Potsdam bis Zehlendorf, eröffnet worden war. Der Bau hatte am 29. Mai 1837 begonnen und war mit einem Capitale von einer Million Thaler hergestellt worden. Befahren wurde die Bahn vom 21. September bis 31. December von 102,119 Personen.

5) Die Bahn von Braunschweig bis Wolfenbüttel, 1⅝ Meile lang, die erste Section der sechs Meilen langen Bahn von Braunschweig bis Harzburg, an die sich eine Bahn von Goslar nach Harzburg (1¼ Meile) anschließen wird, wurde am 30. Nov. vom Herzoge eingeweiht. Der Bau dieser Bahn hatte am 22. Aug. 1837 begonnen und ist auf Staatskosten ausgeführt worden. Die Frequenz auf derselben betrug in den ersten vier Wochen, vom 1.—28. Dec., 24,600 Personen.

6) Von der düsseldorf=elberfelder Bahn, 3½ Meilen lang, wurde die erste Section, von Düsseldorf bis Erkrath, 1⅙ Meile, am 20. December eröffnet; vorher waren schon am 12. October auf einer halb so langen Strecke öffentliche Probefahrten unternommen worden.

Alle diese Bahnen werden (mit Ausnahme der dritten) mit Dampfwagen, die fast alle aus England bezogen sind, da aus deutschen Werkstätten noch kein einziger hervorgegangen ist, befahren, sodaß gegenwärtig schon neun größere Städte in Deutschland (vor zwei Jahren nur Nürnberg) das Schauspiel der Dampfwagenfahrten haben. Die erste deutsche Dampfeisenbahn, von Nürnberg nach Fürth, wurde in den drei ersten Jahren ihres Bestehens von 1,357,285 Personen befahren und die Einnahme betrug in dieser Zeit in runder Summe 100,000 Thaler. Außer den oben genannten Eisenbahnen wurde im Jahre 1838 noch an mehren, insbesondere an der leipzig=magdeburger, an der rheinischen von Köln nach Aachen und der belgischen Grenze, an der Taunuseisenbahn von Frankfurt am Main nach Mainz und Wiesbaden und an der badischen fleißig gearbeitet, auch an der Rhein=Weserbahn von Minden bis Elberfeld, die aber schwerlich vollendet werden wird, während bei andern, namentlich der berlin=sächsischen, welche von Berlin über Wittenberg und Dessau nach Köthen führt und hier in die leipzig=magdeburger einmündet, und der nürnberg=bamberger der Bau in Kurzem beginnen dürfte. Weiter scheinen die Bahnen in der bairischen Pfalz (dem sonstigen Rheinkreise), von Nürnberg nach Augsburg, von Prag nach Brünn, von Wien nach Triest, von Berlin nach Stettin und Frankfurt an der Oder, von Hamburg bis Lübeck, die oberschlesische und die erzgebirgische Bahn und andere, für welche sich sämmtlich Unternehmer gefunden haben, von ihrer Ausführung entfernt zu sein. Erst ganz kürzlich ist zum Bau einer Eisenbahn von Hamburg nach Bergedorf eine Gesellschaft zusammengetreten.

In England und Schottland wurden folgende Bahnen eröffnet: 1) Die Riesenbahn von London nach Birmingham, 24¼ deutsche Meilen lang, von welcher schon im Jahre 1837 6½ Meilen, im J. 1838 aber wieder zwei einzelne Sectionen am 9. April eröffnet wurden, worauf endlich am 17. September die ganze Bahn eingeweiht wurde. Wir haben bereits in Nr. 300 über diese längste aller bisherigen englischen Eisenbahnen ausführlichere Nachrichten mitgetheilt, auf welche wir verweisen; nachträglich geben wir hier die Abbildungen zweier der bedeutendsten zu derselben gehörigen Bauwerke. 2) Von Manchester bis Bolton, zwei Meilen, eröffnet am 31. Mai. 3) Von der sogenannten großen Westbahn, welche London mit der bedeutenden Handels= und Hafenstadt Bristol verbinden und eine

Länge von 25 Meilen erhalten, demnach der unter 1) genannten Bahn ziemlich gleich kommen wird, wurde am 4. Juni die erste Strecke von London bis Maidenhead, unweit der königlichen Sommerresidenz Windsor und der berühmten Schule Eton, sechs Meilen lang, eröffnet. Diese Bahn weicht von allen bisher in England und auf dem festen Lande von Europa gebauten, mit alleiniger Ausnahme der petersburger, durch ihre weit größere Spurweite ab, die sonst gewöhnlich 4 Fuß 8½ Zoll englisches Maß, hier aber 7 Fuß beträgt, was in vielen Hinsichten große Vortheile, namentlich einen festern Stand der Wagen und demnach größere Sicherheit gegen das Umwerfen gewährt. Auch die Personenwagen haben viel Eigenthümliches, besonders die überaus eleganten Wagen erster Classe; diese enthalten neun getrennte, mit Sammt überzogene Sophas zu zwei Personen, Tische, auf denen man spielen kann, Erfrischungen, Lecture, Schachbreter u. s. w., sind demnach den Staatsjüten auf Flußdampfschiffen ähnlich; die Decke in denselben ist in der Mitte so erhöht, daß man bequem aufrecht gehen kann. Freilich kostet ein solcher Wagen ohne Gestell 2800 Thaler! Die Schienen liegen auf Unterlagen von kyanisirtem Holze. 4) Die wichtige Bahn von Newcastle am Tyne bis Carlisle, 13 Meilen lang, von denen man zehn bereits seit dem 16. März 1837 befahren werden, wurde am 10. Juni vollständig eröffnet. 5) Von Dundee bis Arbroath in Schottland (unweit des berühmten Leuchtthurmes Bellrock), 4¼ Meilen, eröffnet am 6. October. 6) Die nördliche Verbindungsbahn, fünf Meilen lang, welche Manchester und Liverpool mit der nördlich von beiden liegenden Stadt Preston verbindet und eine Fortsetzung der großen Verbindungsbahn von Birmingham bis zu jenen beiden großen Handelsstädten ist, wurde am 19. October eröffnet. 7) Endlich wurde am 24. December die Bahn von London bis Greenwich, noch nicht eine Meile lang, welche am 15. December 1836 nur bis Deptford eröffnet worden war, sodaß noch etwa eine Viertelmeile fehlte, vollständig eröffnet. Diese Eisenbahn ist zwar eine der kürzesten im Lande, aber ihrer Bauart wegen höchst merkwürdig. Sie läuft nämlich über etwa 1000 gemauerte Bogen, die zum Theil zu Wohnungen eingerichtet sind, in einer Höhe von 22 Fuß über dem Boden, wodurch sich auch ihr langsamer Bau erklärt. Demnach beträgt — wenn nämlich unsere Aufzählung vollständig ist, was freilich nicht verbürgt werden kann — die Länge der in diesem Jahre in Großbritannien eröffneten Eisenbahnen 38 geographische Meilen. Irland hat außer der kurzen von Dublin nach Kingston noch keine Eisenbahnen, doch haben sich daselbst neuerdings Vereine gebildet, um den Bau einiger Eisenbahnen auf Staatskosten zu betreiben. Die Geschwindigkeit der Dampffahrten ist in England im Allgemeinen größer als in Belgien und Deutschland und beträgt nicht selten sechs Meilen in der Stunde; aber als eine besondere Merkwürdigkeit muß die Fahrt des französischen Marschalls Soult von Manchester nach Liverpool erwähnt werden, bei welcher der Weg von 6¾ Meilen in 30 Minuten zurückgelegt wurde.

Von Frankreich ist im Grunde wenig Erfreuliches zu melden. Die Sache der Eisenbahnen schreitet dort auffallend langsam fort; der Vorschlag der Regierung, die bedeutendsten Bahnen auf Staatskosten zu bauen, wurde von der Deputirtenkammer verworfen, worauf sich zum Bau derselben — namentlich der Bahnen von Paris nach Rouen, Havre und Dieppe und von Paris nach Orleans — Actiengesellschaften bildeten. Eröffnet wurde jedoch nur (am 12. September)

Eingang des londoner Bahnhofes bei Euston=Square.

eine einzige kleine Bahnstrecke, von Paris bis St.=Cloud, 1¾ Meile, die erste Section der Bahn von Paris nach Versailles auf dem rechten Seineufer (auch auf dem linken soll von einer andern Gesellschaft eine Bahn in derselben Richtung gebaut werden). Auf dieser Bahn wurde am 25. October die erste in Frankreich gebaute Locomotive eingeweiht. Außerdem wurde an der Bahn von Strasburg nach Basel und einigen kleinern gebaut. Die Eisenbahn von Paris nach St.=Germain hat unterdessen bei Ermangelung aller Concurrenz sehr gute Geschäfte gemacht; im ersten Jahre (vom 26. August 1837 bis 25. August 1838) fuhren auf derselben 1,375,396 Personen, also im Durchschnitt täglich beinahe 3800, eine so ungeheure Frequenz, wie sie noch auf keiner andern vorhandenen Eisenbahn vorgekommen ist, die aber auch nur bei einer Residenz, welche fast eine Million Einwohner zählt, möglich war; die Einnahme betrug in dieser Zeit 420,000 Thaler.

In Holland, Italien, der Schweiz und Ungarn ist noch keine der projectirten oder im Bau befindlichen Bahnstrecken zur Vollendung gekommen. Die Bahn von Amsterdam bis Harlem wird von einer Gesellschaft gebaut und soll über Leyden und Haag bis Rotterdam fortgesetzt werden; dagegen werden die Kosten der Bahn von Amsterdam bis Arnheim mit einer Zweigbahn von Utrecht bis Rotterdam mittels einer Anleihe, deren Interessen der König von Holland aus seinem Privatvermögen garantirt, bestritten. In Italien hat nur bei der kleinen Bahn von Neapel bis Nocera der Bau wirklich begonnen, doch wird dies in Kurzem auch bei der großen, 37 Meilen langen Bahn in Oberitalien, von Venedig bis Mailand, bei welcher alle Vorarbeiten beendigt sind, der Fall sein. Zwei andere Bahnen, von Mailand bis Como und von Florenz bis Livorno, sind gleichfalls im Werke. Die Bahn von Basel bis Zürich scheint im weiten Felde zu sein; eher möchten die ungarischen von Wien nach Raab, von Presburg bis Tyrnau und von Presburg bis Pesth ins Leben treten.

In Rußland begnügt man sich vor der Hand mit der Bahn von Petersburg nach Zarskojeselo und Pawlowsk, auf welcher im ersten Halbjahre ihrer regelmäßigen Benutzung 460,302 Personen fuhren, wodurch eine Einnahme von mehr als 200,000 Thalern erzielt wurde.

Es verdient bemerkt zu werden, daß bisher auf sämmtlichen deutschen Eisenbahnen kein Unfall von Bedeutung vorgekommen ist; der schlimmste fand noch in Berlin statt, wo in Folge des Stoßes einer Locomotive gegen einen Wagenzug, den sie durch Schieben beschleunigen sollte, am 10. November einige Personen verletzt wurden. Auf der nürnberger Bahn hat in den drei Jahren ihres Bestehens Niemand eine lebensgefährliche Verletzung erhalten, und auf der leipzig=dresdner Eisenbahn erlitt sogar kein Passagier die geringste Beschädigung. Von den außerdeutschen Bahnen läßt sich nicht Dasselbe sagen; namentlich auf den belgischen und englischen Bahnen kamen Unglücksfälle von ernsterer Bedeutung vor, in der Regel durch grobe Fahrlässigkeit verursacht; z. B. zwischen Lüttich und Löwen am 3. August 1838, wo in Folge der Wegnahme einer Schiene ein aus zwei Locomotiven und zehn Personenwagen, die von Soldaten besetzt waren, bestehender Wagenzug von einem Damme von 12 Fuß Höhe herabstürzte und doch wunderbarerweise Niemand getödtet, nur wenige Personen leicht verletzt wurden; ferner zwischen Brügge und Gent am 20. August, wo bei der Rückkehr eines außerordentlichen Wagenzuges, der den König nach Ostende gebracht hatte, eine Drehbrücke über die Lys geöffnet geblieben war, sodaß ein Wagen in den Fluß fiel und zwei Personen auf der Stelle todt blieben. Auf der Bahn von Paris nach St.=Germain fanden am 10. Juni und 12. August Zusammenstöße von zwei Wagenzügen statt, von denen namentlich der zweite viele Verletzungen und die Zertrümmerung mehrer Wagen zur Folge hatte. Am 23. April entzündete sich (angeblich durch die aus dem Schornsteine der Maschine fliegenden Funken) auf der petersburger Bahn ein Wagen, der außer mehren Personen das kaiserliche Silber=

Eingang des Tunnels durch den primrofer Hügel.

service enthielt, und verbrannte mit seinem Inhalte gänzlich, wobei 15 Personen, die während der Fahrt heraussprangen, sich zum Theil sehr stark verletzten.

In den Vereinigten Staaten von Nord=amerika haben die Eisenbahnen, deren Heimat eigentlich England ist, bekanntlich eine wahrhaft ungeheure Ausdehnung erreicht, doch sind die von daher kommenden Nachrichten zu mangelhaft, als daß wir viel Detail über das letzte Jahr mittheilen könnten. Ein glaubwürdiger und sachverständiger Reisender, der englische Ingenieur David Stephenson, welcher ganz kürzlich Nordamerika bereist und über die dort vorhandenen Land= und Wasserbauten ein belehrendes Werk herausgegeben hat, gibt die Länge der bis jetzt theils fertigen, theils im Bau begriffenen dortigen Eisenbahnen auf 1600 englische oder 350 geographische Meilen an; rechnet man die erst projectirten hinzu, so kommt mehr als das Doppelte heraus. Zu den größten, theils fertigen, theils in Angriff genommenen gehören folgende: 1) Von Neuyork bis zum Eriesee, über 100 geogr. Meilen; 2) von Boston bis Buffalo am Eriesee, in gerader Linie 90 Meilen, aus 11 einzelnen, von ebenso vielen Gesellschaften unternommenen Bahnen bestehend, von denen 3 fertig sind; 3) von Philadelphia bis zum Staate Ohio, 90 Meilen (zur Hälfte fertig); 4) von Baltimore nach Ohio, 67 Meilen (erst etwa zum dritten Theile fertig); 5) von Baltimore nach Virginien, 47 Meilen. Diese Bahnen führen zum Theil durch öde, fast undurchdringliche Wälder, in denen man, der schnellen Dampffahrt ungeachtet, Stunden lang, mit Ausnahme der Häuser der Wächter und Aufseher, keine menschliche Wohnung antrifft. Als ein Beispiel der außerordentlichen Schnelligkeit, mit welcher in Nordamerika gereist wird, führen wir an, daß vorigen Sommer ein beliebter Schauspieler die Rolle des Falstaff an einem Donnerstage in Washington, Tags darauf in Philadelphia, am Sonnabend wieder in Washington spielte, dabei in jeder Stadt 12 Stunden verweilte und am Sonntag

gegen Mitternacht in Neuyork anlangte, was man erst würdigen kann, wenn man weiß, daß Washington von Philadelphia $32^1/_2$, von Neuyork aber $49^1/_2$ Meilen entfernt ist. Was die amerikanischen Eisenbahnen von den europäischen vorzugsweise unterscheidet, sind die auf jenen häufig vorkommenden, zuweilen ziemlich steilen, schiefen Flächen. So finden sich z. B. auf der 18 Meilen langen Bahn von Philadelphia nach Columbia im Staate Pennsylvanien Steigungen von 1 in $14^1/_2$ und 1 in 21, die von den Dampfwagen aus der Werkstatt des Ingenieurs Norris in Philadelphia, ohne Anwendung von stehenden Dampfmaschinen oder Beistand von Hülfsmaschinen, mit Leichtigkeit überwunden werden. Jene, sowie andere amerikanische Dampfwagen (von denen sich einer in Leipzig befindet), sind durch ihre Construction, namentlich durch den aufrechtstehenden Kessel und die große Zahl der Heizröhren in denselben u. s. w., von den in Europa üblichen englischen wesentlich verschieden, werden auch nicht wie diese mit Steinkohlen, sondern fast durchgehends mit Holz (Fichtenholz), nur an wenigen Orten mit Anthracit geheizt. Viel Eigenthümliches haben auch die amerikanischen Personenwagen; diese sind in der Regel sehr groß, haben Sitze für 60 Personen und ihr Himmel ist so hoch, daß die größten Männer bequem darin aufrecht stehen können. In der Mitte des Wagens befindet sich zwischen den Sitzen ein Gang, der von einem Ende zum andern führt, auch sind die einzelnen Wagen so miteinander verbunden, daß man, ohne auszusteigen, den ganzen Wagenzug entlang gehen kann; im Winter werden sie geheizt. (In Leipzig befindet sich ein amerikanischer Personenwagen mit acht Rädern, auf welchem 100 — 110 Personen Platz haben; 64 sitzen in vier Reihen, die übrigen stehen an beiden Enden des Wagens.)

Auch auf der spanischen Insel Cuba in Westindien wird eine von Havana nach Guines führende, 10 Meilen lange Eisenbahn gebaut, deren erste Strecke, $3^1/_2$ Meilen lang, am 19. November 1837 eröffnet wurde; ob sie Privat= oder Staatsunternehmung ist, und ob sie mit Pferden oder mit Dampfwagen befahren wird, ist uns nicht bekannt geworden. Die übrigen in diesem Welttheile projectirten Eisenbahnen — in Canada von Quebec nach St.=Andrews, in Mexico von Veracruz nach Mexico, in Brasilien von Rio Janeiro ins Innere — sind noch nicht zur Ausführung gelangt; ebenso wenig die in Ostindien von Kalkutta nach dem St.=Georgshafen und die in Ägypten von Kairo nach Suez, auch dürfte die letztere vor der Hand Project bleiben, obgleich der Pascha von Ägypten schon seit 1835 Schienen und anderes Material aus England bezogen hat.

Zum Schlusse geben wir eine vergleichende Übersicht der Preise, welche die Reisenden gegenwärtig auf den Eisenbahnen verschiedener Länder für einen Platz in der ersten und in der letzten Wagenclasse und für die geographische Meile zu bezahlen haben, ausgedrückt in preußischem Courant (24 Groschen auf den Thaler).

	Letzte Wagenclasse.		Erste Wagenclasse.	
	Gr.	Pf.	Gr.	Pf.
a) In Belgien (durchschnittlich 1 Gr. 6 Pf.)	1	4	3	10
b) In Deutschland:				
Berlin bis Potsdam . . .	1	8	4	—
Braunschweig bis Wolfenbüttel	1	3	3	8
Leipzig=dresdner Eisenbahn	1	8	5	—
Nürnberg bis Fürth . . .	1	4½	2	9
Wiener Eisenbahn	1	8	5	—
c) In England:				
London bis Birmingham .	7	—	11	4
London bis Greenwich . .	6	6	9	9
Große Westbahn	5	—	9	—
d) In Frankreich:				
Paris bis St.=Germain . .	1	11	3	11
Lyon bis St.=Etienne . .	2	10		
e) In Nordamerika:				
(genaue Angaben fehlen).	5	2		
f) In Rußland:				
Petersburg bis Zarskojeselo	1	7	6	8

Das Neueste aus der Natur= und Gewerbswissenschaft.

(Beschluß aus Nr. 305.)

Mit Vergnügen gehen wir von der Erfolglosigkeit dieses aëronautischen Strebens auf die astronomischen Bemühungen unserer Zeit über, von welchen sich ein befriedigenderes Resultat für die Wissenschaft erwarten läßt. Die Untersuchung eines der allerwichtigsten Elemente der Sternkunde, der Parallaxe der Fixsterne, beschäftigt jetzt besonders den trefflichen königsberger Astronomen Bessel, und wir dürfen unsern Lesern in Kurzem eine gründliche Mittheilung darüber versprechen. In Erwartung derselben unterhalten wir sie mit einem Vortrage über den Halley'schen Kometen, welcher von Sir John Herschel herrührt, bei der letzten Versammlung der britischen Naturforscher zu Newcastle vorgelesen worden ist und allgemeine Aufmerksamkeit erregt hat. „Eine der interessantesten Beobachtungsreihen, welche ich am Cap der guten Hoffnung zu machen Gelegenheit gehabt habe, betrifft den Halley'schen Kometen, diesen großen Ruhm der neuern Astronomie. Zu sehen, wie die vorausgesagte Wiederkehr eines solchen Kör-

pers nach Abwesenheiten von mehren 70 Jahren, während welcher er den unabläßigen Perturbationen aller Planeten unsers Systems und namentlich den mächtigen Einflüssen des Jupiter und Saturn unterworfen gewesen, auf den Tag, ja auf die bestimmte Stunde eintrifft, ist schon ein wahrhaft erhebendes Gefühl für den menschlichen Geist. Was ich jedoch jetzt zu berichten habe, betrifft einen lehrreichen Umstand in Betreff seiner physischen Construction. Ich sah diesen merkwürdigen Weltkörper nach dem Durchgange durch den Punkt seiner Sonnennähe zum ersten Male wieder in der Nacht des 25. Januar, und von dieser Zeit an beobachtete ich ihn regelmäßig. Er erschien zuerst als eine runde, wohlbegrenzte Scheibe, welche nahe an ihrem Mittelpunkt einen sehr kleinen glänzenden Gegenstand hatte, der genau einem eignen kleinen Kometen glich und von einem dünnen Nebel umringt war. Letzterer wurde in zwei bis drei Nächten von der Scheibe absorbirt und verschwand gänzlich, während sich die Scheibe selbst mit außerordentlicher Schnelligkeit erweiterte. Ich maß diese Vergrößerungen und fand die Zunahme vollkommen gleichmäßig; wurde angenommen, daß dieselben schon länger und mit der nämlichen Gleichmäßigkeit stattgefunden hätten, so mußte die Scheibe des Kometen am 21. Januar außerordentlich klein gewesen und also seitdem eine bedeutende Veränderung in der physischen Beschaffenheit des Kometen vor sich gegangen sein. Dies war bis dahin nur noch Speculation; welche Überraschung ward mir aber, als mir der ehrwürdige Olbers, den ich auf meiner Reise nach Hanover besuchte, mittheilte, daß der breslauer Astronom Boguslawski laut eines Schreibens den Kometen in der Nacht jenes 21. Januars wirklich nur als einen glänzenden concentrirten Punkt beobachtet habe, welcher bei 140maliger Vergrößerung keinen meßbaren Durchmesser zeigte. Es scheint hiernach, als wenn die festern Bestandtheile des Kometen bis auf jenen glänzenden Punkt in der Sonnennähe zu einem unsichtbaren Dunste verflüchtigt waren und sich nur erst bei der Wiederentfernung von der Sonne und der nachlassenden Einwirkung derselben auf den Kometen allmälig wieder in sichtbarer Gestalt um den Kern niederschlugen, wodurch das ebenerwähnte Anwachsen der Scheibe sehr ungezwungen erklärt wird." Ähnliche Gedanken, wenigstens hinsichtlich der Schweifbildung, hegt bereits die ältere Astronomie. Die Beobachtungen zeigten schon den frühern Astronomen an den Kometen meistens Kopf und Schweif; an jenem gewahrten sie durch Fernröhre einen andern Kern und an demselben eine nebelige Atmosphäre; den Schweif fanden sie stets von der Sonne abgekehrt, dergestalt, daß er dem Kopfe folgt, wenn der Komet zur Sonne geht, und dagegen voran ist, wenn derselbe zurückkommt. (In den neuern Zeiten und bei Vermehrung der Kometenbeobachtungen sind in diesem Bezuge freilich mannichfache Anomalien bemerkt worden.) Wenn sich der Komet der Sonne näherte, sah man den Kern an der Sonne zugekehrten Seite seine Rundung verlieren und sich in einen Nebel auflösen, welcher auf beiden Seiten um den Kern herumgeht und den Schweif verlängert. Kommt der Komet aus der Sonnennähe zurück, so fand man den Kern fast gar nicht mehr und nur dichte Atmosphäre und Schweif, daher denn schon jene ältern Astronomen auf die Vermuthung geriethen, daß die Kometen aus einer Materie bestehen, welche durch den Einfluß der nahen Sonne aufgelöst und in Dünste verwandelt wird, die in dem oft viele Millionen Meilen langen Schweife fortgetrieben werden und bei der mehrmaligen Entfernung von der Sonne verdichtet wieder zum Kern zurückfallen. Man sieht, daß Herschel's obige Gedanken nicht viel mehr als diese Gedanken der ältern Astronomie sind, welche indeß durch die Herschel'schen Beobachtungen eine schöne Bestätigung erhalten.

Den Übergang vom natur= zum gewerbswissen=schaftlichen Theile unsers Berichts machen wir diesmal, indem wir vom Himmel in die Erde, nämlich in die Tiefen des artesischen Brunnens, hinabsteigen, welchen die Stadt Paris bekanntlich jetzt bei ihren großen Schlachthäusern bohren läßt und von dem in diesen Blättern schon mehrfach die Rede gewesen ist. Um das Außerordentliche dieses Unternehmens gehörig zu würdigen, muß man zuerst wissen, daß die bei die=ser Bohrung erreichte Tiefe jetzt schon 1400 Fuß beträgt, ohne daß man noch Wasser gefunden hätte. Eine der größten Schwierigkeiten besteht darin, bei einer so großen Tiefe Röhren einzubringen, eine Schwierigkeit, deren Überwindung wir eben unter dem technologischen Gesichtspunkt stellen. Da die Röh=ren ineinander geschoben werden müssen, um an ihr Ziel zu gelangen, so würde, wenn die Tiefe die vor=aussichtliche Grenze überschreitet, der Röhrendurchmesser endlich überaus klein werden müssen, welcher Fall auch wirklich eingetreten war, indem sich die letzte Röhre so enge fand, daß eine neue nicht ferner eingeschoben wer=den konnte. Der Architekt Mullot, der diese Bohrun=gen leitet, hat jedoch diese Schwierigkeit überwunden, indem er Röhren von fast 1000 Fuß Länge einbrachte. Es ist demselben sogar gelungen, den Löffel eines Bohrers, welcher in einer Kreideschicht stecken geblieben war, wie=der herauszubringen, welches nicht wenig sagen will, wenn man ermißt, daß die Stange, mittels welcher die=ses ausgeführt wurde, auch gegen 1000 Fuß lang war. Das eigentlich technische Detail aller dieser Operationen wird für Männer von Fach einmal sehr instructiv wer=den. Aus einer uns nachträglich zugehenden Notiz dar=über mag für jetzt hier blos noch erwähnt werden, daß es außerordentlich starker Maschinen bedarf, um den Erdbohrer in Bewegung zu setzen, da derselbe 20,000 Pfund wiegt; derselbe bringt auch täglich nur einen einzigen Fuß ein. Dieses Unternehmen hat aber zu=gleich noch eine wissenschaftliche Seite, indem dabei ent=schieden werden soll, ob das in solcher Tiefe endlich zu findende Wasser wirklich den hohen Temperaturgrad ha=ben wird, den es nach der Hypothese einer beständigen Wärmezunahme bei tieferm Eindringen in den Erdkör=per haben müßte? Unter diesem Gesichtspunkte verfol=gen die Akademiker Arago und Elie de Beaumont das=selbe mit großer Aufmerksamkeit, und wir sehen der Beantwortung der obigen Frage mit großer Spannung entgegen.

Für die Heizung der Dampfmaschinen ist ein au=ßerordentlicher Fortschritt durch die in England gemachte Erfindung geschehen, statt der Steinkohlen selbst viel=mehr eine Mischung von Kohlenstaub, Lehm und Theer anzuwenden, welche in Blöcke von der Gestalt und Größe der Mauersteine geformt wird. Man gewann bei Anwendung dieser Mischung fast 50 Procent, in=dem man mit 50 Pfund dieser Blöcke ziemlich Dasselbe wie mit 100 Pfund Kohlen ausrichtete, wobei noch überdies die Raumersparniß in Anschlag gebracht wer=den muß, da sich diese Blöcke nicht nur der Form we=gen viel besser als die Kohlen verpacken lassen, sondern auch bei größerm Gewicht in kleinerm Umfange viel weniger Platz einnehmen. Der Gedanke dieser schönen Erfindung sollte übrigens nicht auf die Dampfapparate eingeschränkt bleiben; da das Holz als Brennmaterial

täglich theurer, ja unbezahlbar wird, und der Torf, als Surrogat, doch manches empfindlichere Geruchsorgan sehr belästigt, so mag man nur für Herde und Zim=meröfen zeitig genug auf ähnliche Mischungen wie jene englische Brennziegel, wenn wir uns des Ausdrucks bedienen dürfen, denken, und es wird dazu an Mate=rial nicht fehlen. So geht z. B. in vielen Gegenden auf den Schneidemühlen noch eine Menge Sägespäne, beim Heckselschneiden eine Menge Strohreste u. s. w. verloren, welches Alles sich in gehöriger Mischung mit einem paßlichen Bindemittel zu solchen Brennblöcken verarbeiten ließe.

Ich gehe von dieser für jede Haushaltung wichti=gen Frage auf einen, zunächst nur die Landwirthschaft interessirenden, in der letzten Zeit mannichfach besproche=nen Gegenstand, die behauptete Verwandlung des Ha=fers in Roggen, über, welche so sehr einem botanischen Wunder gleicht, daß sich eine Menge von Zweifeln ge=gen die Thatsache selbst erhoben haben. Gleichwol spricht sich der neueste Jahresbericht des gemeinnützig wirken=den Vereins für Gartenbau und Feldwirthschaft in ei=nem so zuversichtlichen Tone darüber aus, daß es leicht=sinnig erscheinen würde, darüber wegzugehen. Es heißt daselbst: „Was die schon in frühern Jahresberichten besprochene, zuerst vom Oberstlieutenant von Schauroth und späterhin auch von andern Mitgliedern des Ver=eins beobachtete Verwandlung des Hafers in Roggen betrifft, wenn der Hafer nämlich sehr spät gesäet und als Futterkraut zweimal abgeschnitten wird (wonächst der größte Theil der Haferstöcke nicht abstirbt, sondern überwintert und sich im nächsten Frühjahre eben als Korn zeigt), so hat sich diese höchst merkwürdige Er=scheinung nicht nur neuerdings bestätigt, sondern es wurden auch noch neue Aussaaten gemacht, um auf Verlangen im Frühjahre 38 Haferstöcke, mit Erdballen versehen, und die unverkennbaren Überreste der vorjäh=rigen Hafervegetation neben den neuen Halmen des schönsten Winterkorns zeigend, vorlegen und versenden zu können. Den Verein kann es nicht befremden, wenn noch viele Zweifler an dieser so höchst auffälligen Verwandlung auftreten, da er solche Zweifler in sei=ner eignen Mitte zählt, welche aber entweder noch kei=nen Versuch gemacht oder auch den Hafer zu früh ge=säet haben, daher die Halme, um das Schossen zu ver=hüten, öfter als zweimal abgeschnitten werden mußten, wodurch die Haferstöcke indeß die Kraft zum Überwin=tern und zur beabsichtigten Verwandlung einbüßten. Der Hafer muß durchaus erst in der zweiten Hälfte des Juni gesäet werden; dann wird die Verwandlung in Roggen aber auch ganz gewiß erfolgen. Diese genaue Einhaltung der Zeit der Saat, gleichwie das ebenso un=erläßliche, gerade zweimalige Abschneiden der Halme hatte dem Vereine, wie auch dessen erste Berichte bewei=sen, anfänglich selbst nicht so unumgänglich nothwendig geschienen; jetzt aber ist man dahin gekommen, es nur als eine Ausnahme zu betrachten, wenn der Versuch auch ohne Beobachtung dieser Bedingungen gelingt. Sollte um jene vorgeschriebene Saatzeit der zweiten Hälfte des Juni der Boden gar zu trocken sein, wie es sich in dieser Jahreszeit wol zu ereignen pflegt, so muß einmal gegossen werden, aber gerade nur so viel, daß die Saat eben keimen kann, weil sonst ein öfteres Abschneiden nothwendig wird, um das Schossen zu verhüten, wodurch man aber seinen Zweck wieder verfehlt." So weit der Bericht; wir fodern aber schließlich alle Landwirthe auf, nach dieser so einfachen und deutlichen Vorschrift den Versuch selbst anzustellen, um zur Gewißheit zu bringen, wie es sich mit dieser hochwichtigen, von Vielen so fest behaupteten, von vielen Andern so entschieden bestrittenen Sache verhalte.

Die Kretinen.

Gleich den Kakerlaken, von denen in Nr. 285 die Rede war, bilden auch die Kretinen eine besondere, durch eine krankhafte Abnormität sich unterscheidende Menschenart. Sie haben einen dicken, unförmlichen Kopf, grobe Gesichtszüge, röthliche Augen ohne allen Ausdruck und vor Allem einen sehr großen, nicht selten bis über die Brust herabhängenden Kropf. Aber abgesehen von dieser körperlichen Misgestalt, ist ihnen auch eine auffallende Geistesschwäche eigen; sie sind äußerst träge, einer höhern Bildung unfähig, unreinlich und gefräßig, also ganz Das, was ihr Name anzeigt, der in der romanischen Sprache elende Geschöpfe bedeutet. Am häufigsten finden sie sich in den Thälern von Wallis und Savoyen, wo sie wol auf 1000 Familien ausmachen, die den Kretinismus unter sich fortpflanzen, wiewol auch Kinder gesunder Ältern Kretinen werden können. Manche Menschen in jenen Gegenden halten die Kretinen für heilig und erweisen ihnen eine abergläubische Verehrung, wie in manchen Ländern auch mit den Kakerlaken geschieht. Zschokke sagt in seiner Beschreibung der Schweiz über die Kretinen Folgendes:

„Den traurigsten Anblick gewähren in den tiefern Rhonelandschaften des Unterwallis die zahlreichen Kretinen. Man kann im Durchschnitt in Ortschaften, die dem Kretinismus unterworfen sind, noch immer auf hundert Einwohner eines dieser elenden Wesen rechnen, die mit erdfahlen Gesichtern, schlaffen Mienen, dummstierenden Augen, Hals und Brust ekelhaft von ungeheuern Kröpfen belastet, zuweilen kaum Spuren der Vernunft verrathen. Manche sind sprachlos; ihre Stimme gleicht nur dem Blöken eines Thieres; ihr grinsendes Lächeln jagt Furcht und Grausen ein."

„Noch immer bleiben die Ursachen dieser entsetzlichen Verzerrung der menschlichen Gestalt ein Geheimniß. Thatsächlich aber ist, daß der ausgebildete Kretinismus hauptsächlich nur in Gebirgsländern (aller Welttheile) und dann nur in den tiefern Gegenden derselben bemerkt wird, die durchwässerten, sumpfigen Boden und feuchte Luft haben, auch (wie an Schattenseiten der Berge) eine Zeit lang im Jahre der Frühstrahlen der Sonne entbehren. In ebenen Ländern, in hochgelegenen Thälern, an trocknen, sonnigen Seiten tiefliegender Thäler erblickt man dergleichen unglückliche Geschöpfe nur selten oder gar nicht. Unreinlichkeit und schlechte, wenig abwechselnde, schwer verdauliche Nahrungsmittel mögen bei Menschen mit Anlage zu skrophulösen Krankheiten das Übel bedeutend befördern. Die benachbarten moorigen Ufer des Genfersees und dazu die von Zeit zu Zeit eintretenden Überschwemmungen der Rhone tragen ohne Zweifel nicht wenig zum Verderben einer Atmosphäre bei, die, mit Sumpfluft geschwängert, in Hochebenen, sonnigen Gegenden und Ebenen etwa blos Wechselfieber erzeugen würde."

Sicher könnte das Übel sehr vermindert, vielleicht sogar ausgerottet werden, wenn die vom Aberglauben an mehren Orten hier und da beförderten Heirathen der Kretinen untereinander gesetzlich verboten würden, wiewol ihnen dadurch auf der andern Seite das Heirathen überhaupt gar zu sehr erschwert werden würde, und wenn man Kinder, die einen Ansatz zur Krankheit zeigen, in hochliegenden Gegenden erziehen ließe, die vom Kretinismus frei sind.

Der eigentliche Kropf ist bekanntlich eine Geschwulst am Halse in der Gegend der Schilddrüse und besteht aus einer Anschwellung des Zellgewebes und der in ihm befindlichen Adern, durch Austreten von Blut und lymphatischen Feuchtigkeiten; anfangs ist er mehr beweglich und schwammig, wird aber in der Folge härter und gleichsam knorpelig. Bei Solchen, denen der Kretinismus nicht angeboren ist, entsteht er schnell, nach starker Anstrengung, heftigem Husten oder Schreien und Tragen auf dem Kopfe, am häufigsten durch Tragen schwerer Lasten bergan, weshalb man ihn in bergigen Gegenden am meisten unter Menschen findet, deren Beschäftigung dasselbe mit sich bringt. Auch der häufige Genuß sehr kalkreicher Wasser mag zur Entstehung des Kropfes beitragen, weniger wol das Trinken des Schneewassers.

Mexicanische Kunst.

Kunstwerke der Malerei und Bildhauerkunst sieht man in Mexico sehr selten; Bildhauerarbeiten von Marmor, andern Steinen oder Metall findet man fast gar nicht, da es in Mexico nicht Sitte ist, den Verstorbenen Denkmäler zu setzen; dagegen sieht man in ungeheurer Menge in Kirchen und Privathäusern Bildhauerarbeiten in Holz, die zum Theil von guter, zuweilen sogar von vorzüglicher Arbeit sind, aber durch den bunten Anstrich entstellt werden. Indessen gibt es eine Kunst, in welcher die Mexicaner alle andern Völker übertreffen, nämlich die des Bossirens in Wachs. Die kleinen Wachsstatuen von Heiligen, von Indiern in ihrer Nationaltracht, von Reitern, von Thieren aller Art, und die höchst vollkommenen Nachbildungen von Früchten und allerhand andern Gegenständen sind ungemein niedlich und lassen nichts zu wünschen übrig; auch werden Wachsportraits von der höchsten Ähnlichkeit verfertigt. Noch mehr erstaunt man, wenn man die Bossirer in ihren Werkstätten besucht und die Instrumente erblickt, mit denen sie arbeiten. Da sieht man in den Höhlen der Vorstädte zerlumpte, häßliche, wildaussehende Kerle sitzen, von dem größten Elend und dem gräßlichsten Schmuz umgeben, und eine Statue der heiligen Jungfrau, mit himmlischer Anmuth und Sanftheit im Gesicht, oder eine treue Copie der großen Reiterstatue in Mexico ausarbeiten. In einigen verschieden gespitzten Hölzchen, einigen Stücken von weißem Blech und einigen Glasscherben bestehen alle Instrumente und Geräthschaften der zerlumpten Künstler. Mit diesen arbeiten sie Figuren aus, welche die höchste Bewunderung erregen, so graziös, so correct in Zeichnung und Ausführung selbst der Muskeln und Knochen, daß man glauben sollte, der Künstler habe Jahre lang Anatomie studirt, und doch kennt er vielleicht nicht einmal das Wort, ja er hatte vielleicht nie eine Bleifeder, noch weniger einen Pinsel oder Meißel in der Hand. Es gibt keinen Gegenstand, welchen diese Leute nicht auf Verlangen aufs Täuschendste in den natürlichen Farben und Formen nachzubilden verständen. Dabei sind die Preise dieser Figuren, welche jedes Kunstcabinet zieren würden, so niedrig, daß man nicht begreift, wie die Künstler um so geringen Lohn arbeiten können.

Verantwortlicher Herausgeber Friedrich Brockhaus. — Druck und Verlag von F. A. Brockhaus in Leipzig.

Das Pfennig-Magazin

für

Verbreitung gemeinnütziger Kenntnisse.

307.]   Erscheint jeden Sonnabend.   [Februar 16, 1839.

Japan.*)

Der Hafen Simonoseki an der Südwestküste von Nipon.

I.

Japan wurde den Europäern zuerst im 13. Jahrhunderte durch den venetianischen Reisenden Marco Polo bekannt, der sich lange am Hofe des großen Kublai Khan, des Eroberers von China, aufhielt, aber Japan nicht besuchte und nur nach Berichten Anderer eine Beschreibung dieses von ihm Zipangu genannten Landes lieferte. Diese reizte den Unternehmungsgeist des Genuesers Colombo, der vor der Entdeckung Amerikas die Hoffnung nährte, die goldene Insel Zipangu zu finden. Auf seiner ersten Reise hielt er die Insel Cuba für Zipangu, und in demselben Jahre (1492) fertigte ein deutscher Geograph eine Erdkugel an, auf welcher er Zipangu in geringer Entfernung nach Westen von den Inseln des grünen Vorgebirges angab; doch fanden diese Irrthümer bald ihre Berichtigung. In der ersten Hälfte des folgenden Jahrhunderts erforschten die Portugiesen die östlichen Meere und Länder Asiens, und im Jahre 1542 wurde ein portugiesischer Schiffer durch einen Sturm in einen Hafen der Hauptinsel von Japan verschlagen, wo ihn die Eingeborenen sehr freundlich aufnahmen, da die strenge Absperrung dieses Landes erst seit 200 Jahren eingeführt ist. Die Portugiesen benutzten sogleich die dargebotene Gelegenheit zur Ausbreitung ihres Handels, und im Jahre 1545 bewog ein junger Japanese, der in Goa getauft worden war, die Jesuiten, eine Mission nach Japan zu schicken. Unter den ersten Missionaren, welche nach Japan kamen, war auch der heilige Xaver, welcher der Apostel der Inder genannt wird. Anfangs waren die Fortschritte der Jesuiten nur gering, aber ihre Beharrlichkeit überwand alle im Wege stehenden Hindernisse; sie setzten sich im Lande fest und erbauten in der großen Stadt Miako, der zweiten Stadt des Reichs, ein ansehnliches Collegium, während gleichzeitig portugiesische Kaufleute sich in Japan niederließen und sich mit den Japanesen sogar durch Heirathen verbanden. Je besser es aber den Portugiesen ging, desto stolzer und übermüthiger wurden sie, was bald zur Verstimmung führte. Diejenigen Japanesen, die ihren alten Sitten und Glaubenslehren zugethan waren, wurden eifersüchtig auf die stolzen Frem-

---

*) Vgl. Pfennig-Magazin Nr. 110—113.

den und diejenigen ihrer Landsleute, die denselben anhingen, und so bildeten sich zwei feindliche Parteien. Unterdessen suchten die Holländer und Engländer den Einfluß der Portugiesen zu untergraben und sich eines Theils des japanesischen Handels zu bemächtigen, was ihnen auch gelang; beide Nationen gründeten auf der Insel Firando Niederlassungen.

Nur zu bald wurde jedoch dem Christenthume und der europäischen Civilisation in Japan ein Ende gemacht. Schon im Jahre 1590 brach die Spannung zwischen den Portugiesen und bekehrten Eingeborenen einerseits und den Anhängern des alten Glaubens andererseits zum offenen Kampfe aus, wobei viele Menschen ihr Leben verloren; dennoch wurden die Jesuiten nicht eher verbannt, bis die Unbesonnenheit einiger Franziskanermönche den Christen die Rache der Regierung zuzog. Diese Mönche kamen aus Manilla und begannen, ungeachtet der dringenden Vorstellungen der Jesuiten und des kaiserlichen Verbots, eine Kirche zu erbauen und in den Straßen von Miako öffentlich zu predigen, indem sie zu ihrer Rechtfertigung die Vorschrift der Bibel anführten, daß man Gott mehr gehorchen müsse als den Menschen. In ihrem Eifer vergaßen sie jedoch die andere biblische Lehre, „seid klug wie die Schlangen, aber ohne Falsch wie die Tauben", denn sie ermahnten die Japanesen, ihre Götzenbilder zu zerstören, und versuchten sogar, einen Tempel in Brand zu stecken. Von dieser Zeit an nahm die Macht und der Einfluß der Portugiesen und Jesuiten schnell ab und die eingeborenen Christen waren Verfolgungen jeder Art von ihren Landsleuten ausgesetzt, wobei sie selbst ihre Kinder zu Märtyrern machten und lieber in den Flammen sterben als im Heidenthum erziehen ließen. Um diese Zeit fanden die Holländer auf einem portugiesischen Schiffe, das in ihre Hände fiel, Briefe eines vornehmen Japanesen an den König von Portugal, die der Gouverneur von Firando an den Kaiser von Japan sandte. Angeblich enthielten sie die Beweise eines weit verzweigten Complotts der Portugiesen und japanesischen Christen gegen den Kaiser. Ihr Verfasser wurde verurtheilt und hingerichtet, und unmittelbar darauf, im Jahre 1637, erschien eine kaiserliche Verordnung, die Japan allen Fremden verschloß und bis auf den heutigen Tag in Kraft geblieben ist. Die Portugiesen wurden darin sämmtlich nach Macao, der portugiesischen Niederlassung in China, verbannt; die eingeborenen Christen sollten gefangen gesetzt werden; auf die Entdeckung von Christen, namentlich Priestern, wurden Belohnungen gesetzt, den Japanesen wurde verboten, ihr Vaterland zu verlassen, und den Fremden wurde unter Androhung der härtesten Strafen untersagt, nach Japan zu kommen. Nach Erlaß dieses Befehls griffen mehre tausend japanesische Christen zu den Waffen, besetzten ein altes Castell bei Simabarra und beschlossen, sich aufs äußerste zu vertheidigen. Der Kaiser foderte die Holländer auf, ihm, zum Beweise, daß sie aufrichtige Bundesgenossen seien, die Empörer überwältigen zu helfen. Da sie ihren eigenen Einfluß wanken sahen, willfahrten sie ihm und sandten ein Kriegsschiff ab, um jenen Platz zu beschießen, der auch bald erobert wurde. Während des ganzen Aufstandes sollen 40,000 Japanesen umgekommen sein. In demselben Jahre, 1638, wurden die europäischen Niederlassungen auf der Insel Firando zerstört und die Holländer auf die mit dem festen Lande durch eine Brücke zusammenhängende kleine Insel Desima im Hafen von Nangasaki verwiesen, welcher seitdem der einzige für Fremde zugängliche Hafen geblieben ist; doch ist der Handel der

Holländer mit Japan so unbedeutend, daß sie mehrmals damit umgingen, ihre Factorei ganz aufzuheben. Im Jahre 1640 machten die Portugiesen einen Versuch, ihre verlorene Macht wieder zu erlangen, und sandten eine aus 73 Personen bestehende Gesandtschaft aus Macao nach Japan. Der Kaiser von Japan ließ jedoch, ohne auf die Rechte und die völkerrechtliche Unverletzlichkeit der Gesandten Rücksicht zu nehmen, die Portugiesen verhaften und hinrichten, mit Ausnahme von 12 Personen, welche mit einer hochmüthigen Botschaft des Kaisers, des Inhalts, daß der König von Portugal dieselbe Behandlung erfahren würde, wenn er es wagen sollte, den Fuß nach Japan zu setzen, auf ein kleines Schiff gesetzt wurden, von denen man aber nie wieder etwas gehört hat. Die englische Factorei auf Firando war nach kurzem Bestand schon im Jahre 1623 wieder eingegangen und ein späterer Versuch der Engländer, im Jahre 1674, Handelsverbindungen mit Japan anzuknüpfen, wurde vereitelt.

Fast alle Nachrichten, die über Japan in den vergangenen zwei Jahrhunderten, in denen es für Fremde gesperrt war, nach Europa gekommen sind, verdanken wir den Holländern, welche jährlich eine Gesandtschaft an den Kaiser geschickt haben; von diesen jährlichen Reisen von Nangasaki nach Jeddo schreibt sich unsere Kenntniß des Innern zum größten Theile her. Drei Gelehrte, welche zu verschiedenen Zeiten als Ärzte bei der holländischen Factorei angestellt waren und Gelegenheit hatten, Jeddo zu besuchen, haben Berichte über Japan bekannt gemacht: Engelbert Kämpfer, geboren zu Lemgo 1657, welcher Jeddo 1690 und 1691 besuchte und 1716 in Lemgo starb; der Schwede Thunberg, geboren 1743, welcher 1775 und 1776 in Japan war und als Professor der Botanik zu Upsala 1828 starb, und Franz von Siebold, geboren zu Würzburg 1796, ohne Zweifel der gründlichste Erforscher Japans, der als dirigirender Sanitätsoffizier beim niederländischen Heere in Indien angestellt war, sieben Jahre, 1823—29, zum Theil als Gefangener, in Japan zubrachte und eine reiche Sammlung von japanesischen Büchern, Karten, Bildern, Münzen, Gefäßen, Kunst- und Naturproducten aller Art im Jahre 1830 nach Holland gebracht hat. Auch der Jesuit Charlevoix hat eine Geschichte von Japan geschrieben, und unter andern Schriftstellern über Japan ist der Capitain Golownin zu erwähnen, der von den Japanesen 1811 gefangen genommen wurde. Neuerdings wird das System der Absperrung mit erneuter Strenge aufrecht erhalten, wiewol die Eingeborenen dem Verkehr mit den Ausländern im Ganzen nicht abgeneigt sind. Die neueste Expedition nach Japan, welche von amerikanischen Kaufleuten in Macao veranstaltet wurde und angeblich zum Zwecke hatte, sieben schiffbrüchige Japanesen in ihr Vaterland zurückzubringen, ist gänzlich mislungen. Das dazu bestimmte, gar nicht bewaffnete Schiff Morrison, auf welchem sich auch der bekannte Missionar Gützlaff befand, kam am 30. Juli 1837 in der Bai von Jeddo an, die an ihrem Eingange sechs bis acht geographische Meilen breit ist, wurde aber, als es sich dem Hafen Uragawa näherte, beschossen und dadurch am Weitersegeln gehindert. Über den fernern Aufenthalt jenes Schiffes an der Küste von Japan theilt das berliner „Magazin für die Literatur des Auslandes" folgende, zwei amerikanischen Reiseberichten entlehnte Angaben mit.

Bald nachdem der Morrison sich vor Anker gelegt hatte, kam eine Anzahl Boote sehr behutsam herbeigesegelt. Der Erste, welcher es wagte, das Schiff zu besteigen, war ein alter Mann, der, auf dem Verdecke angelangt, eine so ungeheure Verbeugung machte, daß seine Nase beinahe den Boden berührte. Durch sein Beispiel ermuthigt, kamen noch viele andere Japanesen an Bord und betrachteten das Schiff mit staunender Bewunderung. Man bewirthete sie mit süßem Weine und andern Erfrischungen; der Wein wollte den Meisten nicht munden, aber von dem Schiffszwieback aßen sie Alle mit großem Appetite. Sie boten der Mannschaft nichts zum Tausche an und wollten sich von ihren kleinen Zierathen, ihren Pfeifen, Fächern u. s. w. nicht trennen. Die große Mehrzahl dieser Leute war, ungeachtet des kalten Regenwetters, nur dünn bekleidet und ohne Kopfbedeckung. Sie scheren sich das Haar am Scheitel und lassen es über die Ohren zu beiden Seiten lang wachsen; dann kämmen sie es nach dem Hinterhaupte zurück und binden es in Form eines Haarbeutels am Scheitel fest, jedoch so, daß ein kleiner Büschel emporragt. Das Haar der Frauen ist lang und mit vielen Kämmen und andern Zierathen aufgeputzt. Die meisten Männer hatten einen derben, kräftigen Gliederbau und viele einen tüchtigen Bartwuchs. Ihre Physiognomie war, mit Ausnahme der langen und enggeschlitzten Augen, von dem chinesischen Gesichtstypus merklich unterschieden; der kürzere Hals, die stumpfere Nase und die stärker hervortretenden Backenknochen machten sie den Koreanern, Kurilen und andern Stämmen des nördlichen Meeres ähnlicher. In phrenologischer Hinsicht hat der Japanese einen schön geformten Kopf: der Gesichtswinkel ist groß, die Stirn hoch und breit und das ganze Vorderhaupt sehr entwickelt. Die Frauen haben gefälligere Züge als die Männer; allein ihre Zähne sind so schwarz, als ob sie Betel kauten. Sie waren in Matten gehüllt, die wie chinesische Regenmäntel aussahen, und trugen große Hüte aus Bambusrinde. Die achtbarern Leute von der Gesellschaft erhielten Stücke Papier oder Karten, auf welchen in chinesischer Schrift zu lesen war, daß die Mannschaft des Morrison Wasser und Proviant nöthig habe und mit einem Regierungsbeamten zu sprechen wünsche. Die Meisten waren des Lesens unkundig; allein Herr Gützlaff erklärte ihnen den Inhalt der Blätter. Von den mitgebrachten Japanesen ließ sich keiner sehen, weil man es für rathsam hielt, diese Leute zu verstecken, bis ein Beamter an Bord kommen würde. Die japanesischen Boote waren grob, aber stark und solid gearbeitet und führten ein Segel aus starkem Zeuche. Die Fahrzeuge haben eine Länge von 20— 30 Fuß, bei 6 bis 8 Fuß Breite. Der Bug ist sehr spitz. Offenbar sind die Fahrzeuge dieser Nation besser als die der Chinesen, wie denn überhaupt fast Alles, was der Japanese baut und zimmert, einen massivern und solidern Charakter hat. Man beschloß, am folgenden Tage zu landen; allein während der Nacht wurden vier Kanonen auf der nächsten Anhöhe an der Küste aufgepflanzt, und sobald der Tag graute, begann ein wohlunterhaltenes Feuer. Nachdem der Capitain vergebens eine weiße Flagge aufgezogen, ließ er schnell die Anker lichten. Als das Schiff unter Segel ging, stießen drei Kanonenboote, jedes mit 30—40 Soldaten bemannt, vom Hafen ab und schickten ihm eine Ladung aus Drehbassen nach. Man verdankte es nur dem schlechten japanesischen Pulver und der ungeschickten Handhabung des groben Geschützes, daß der Morrison mit geringer Beschädigung davonkam.

Die Reisenden wollten nun bei Toba, 33 geographische Meilen von Jeddo, wo einige der an Bord befindlichen Japanesen sich eingeschifft hatten, ihr Glück versuchen; allein der Wind trieb sie des folgenden Tages an dieser Gegend vorüber, und so beschlossen sie, nach der Bai von Kagosima zu steuern, die man am 10. August erreichte. Ein Lieutenant und vier Personen von der Mannschaft wurden an die Küste geschickt, um sich einen Lootsen zu verschaffen; sie stiegen in das erste Fischerboot und ruderten nach dem Dorfe Sataura, das ungefähr eine halbe Meile von Siono-misaki (Cap Tschitschakoff) landeinwärts liegt. Bald darauf kamen sie in Begleitung eines japanesischen Beamten und seiner Leute zurück. Der Beamte war ein Mann von einnehmendem Äußern und würdigem Benehmen; er trug eine blau- und weißgestreifte Robe aus Baumwollenzeuch, die mittels eines breiten Gürtels befestigt war. In dem Gürtel steckten zwei kurze Schwerter und an demselben hing ein Tabacksbeutel nebst Pfeife. Seine Begleiter gingen fast nackt. Er sagte unumwunden, daß man schon Vorkehrungen getroffen habe, nach dem Schiffe zu schießen, weil man es für einen Piraten angesehen. Als die Reisenden ihm eröffnet hatten, was sie eigentlich bezweckten, schien er mit großem Interesse in ihre Pläne einzugehen. Er nahm die Depeschen an den Gouverneur des Districts und an den Kaiser in Empfang, mit dem Versprechen, sie einem seiner Vorgesetzten einzuhändigen. Auch ließ er einen Piloten an Bord, dem er jedoch streng einschärfte, das Schiff nicht weiter in die Bucht vordringen zu lassen.

Man schickte hierauf dem Morrison einen Vorrath frischen Wassers, und viele Eingeborne kamen in Booten herbei, um das Schiff zu betrachten; allein sie boten nichts zum Verkaufe. Das Volk war hier schöner und ansehnlicher, auch besser gekleidet als in Uragawa. Einer der schiffbrüchigen Japanesen ging ans Land und wurde sehr gastfrei aufgenommen. Man erzählte ihm, das Reich sei in großer Gährung; zu Jeddo fänden viele Hinrichtungen statt, und Osakka, die dritte Stadt des Reichs, sei durch die Insurgenten beinahe in Asche gelegt worden. Die Depeschen erfolgten bald wieder zurück; ihre Überbringer, drei andere Beamte, sagten, der Oberbeamte weigere sich, diese Papiere anzunehmen; indeß habe er einen ausführlichen Bericht nach Kagosima gesandt, und die Entscheidung könne nicht lange ausbleiben. Ein Lootse, den die Deputation mitgebracht, erhielt Befehl, das Schiff nach einem sichern Ankerplatze an der Westseite der Bucht zu geleiten. Die Schilderung, welche die schiffbrüchigen Japanesen von den friedfertigen und menschenfreundlichen Absichten der Fremden entwarfen, machte auf ihre Landsleute den tiefsten Eindruck. Ihre Aussagen wurden von den obrigkeitlichen Personen im Beisein der versammelten Dorfbewohner zu Papier gebracht und besiegelt. Einem dieser würdigen Herren entfuhr sogar der Ausruf: „Wahrlich, unsere fremden Gäste müssen aus edlerm Stoffe sein, als gewöhnliche Menschen!‟

Nur zu bald erfuhr man jedoch, was von japanesischen Versprechungen zu halten sei. Bis zum 12. blieb zwar Alles ruhig; allein es war eine Windstille, wie sie dem Orkane voranzugehen pflegt. Keine Vorräthe an Lebensmitteln wurden verabfolgt; kein Lootse erschien, um den Morrison nach einem bessern Ankerplatz zu führen, und kein Eingeborner durfte an Bord gehen, obgleich das Schiff genau bewacht wurde. Man sprach sich von der erwarteten Ankunft des Oberbeamten aus Kagosima; allein es verlautete zugleich, daß die Schiffbrüchigen keine Wiederaufnahme finden würden. Am Morgen des 12. kamen einige Fischer herangerudert und meldeten den Japanesen an Bord, das Schiff

Eine Landstraße in Japan.

solle mit Gewalt vertrieben werden. Sie setzten wohl= meinend hinzu: „Das Klügste, was ihr thun könnt, ist, wenn ihr die Anker lichtet und euch davon macht.“ Bald nachher bemerkte man kriegerische Rüstungen von ganz eigener Art am Ufer. Ein Haufe von Arbeitern war damit beschäftigt, sehr lange und breite Streifen Packtuch reihenweise hintereinander an Bäumen und Pfählen zu befestigen. Batterien aus Tuch scheinen etwas sehr Lächerliches, und doch mögen sie keine so üble Erfindung sein; denn in jedem Falle muß eine Kanonenkugel viel von ihrer Wirkung verlieren, wenn sie durch vier oder fünf Stücke groben Packtuchs fährt, die in kurzen Abständen und dabei schlapp ausgespannt sind. Als diese transportablen Forts errichtet waren, sah man eine Abtheilung von einigen hundert Solda= ten, die Tornister auf dem Rücken trugen, im Ge= schwindschritt hineinmarschiren, und sogleich begann ein lebhaftes Feuer aus großem und kleinem Geschütz. Das Schiff lichtete die Anker und ging unter Segel; allein man konnte, da vollkommene Windstille herrschte, nur langsam und mit großer Anstrengung aus dem Berei= che der Geschütze kommen. 18 Stunden lang befand sich der Morrison zwischen zwei Feuern, die von beiden Seiten der etwa eine geographische Meile breiten Bai ihn begrüßten, und es fehlte jedes Mittel zur Gegenwehr.

Alle Hoffnungen der Expedition waren gescheitert. Die armen schiffbrüchigen Japanesen sahen sich nun für immer von ihrer Heimat abgesperrt und zeigten große Entrüstung über diesen schnöden Empfang von Seiten ihrer Landsleute. Zwei von ihnen schoren ihre Häup= ter vollständig, zum Zeichen, daß sie ihrem Vaterlande auf ewig entsagten. Man hielt es aus verschiedenen Gründen nicht für rathsam, nach Nangasaki zu steuern, und auch die Japanesen an Bord wollten in jenem

Hafen durchaus nicht gelandet sein. Der Morrison sagte den Gestaden des ungastlichen Landes ein für alle= mal ein verdrießliches Lebewohl und trat die Rückreise nach Macao an.

II.

Kämpfer vergleicht die japanischen mit den briti= schen Inseln, eine Vergleichung, die in mehrfacher Hin= sicht passend ist. Dort wie hier finden wir eine Haupt= insel, welche die bedeutendsten Städte enthält, lang und ziemlich schmal ist, sich von Norden nach Süden aus= dehnt und den Haupttheil des Reichs bildet; auch die Bevölkerung scheint ziemlich gleich zu sein, wiewol es eine bloße Schätzung ist, wenn die von Japan auf 25 Millionen angegeben wird. Die drei größten Inseln, zu denen eine unbekannte Zahl kleinerer gehören, sind Ni= pon oder Niphon, beiweitem die größte, welche über 140 Meilen lang ist, Schikoka oder Sikof und Kiusju oder Schimo, die westlichste, welche den Hafen Nangasaki enthält. Die beiden letztern liegen südlich von Nipon; nördlich von Nipon liegt die nicht zum eigentlichen Japan gehörige, aber davon abhängige Insel Jesso oder Chicha; zwischen dieser und der Halbinsel Kamtschatka liegen die kurilischen Inseln, von denen mehre japani= sche Niederlassungen enthalten. Jesso eingerechnet, er= strecken sich die japanischen Inseln vom 31. bis zum 45. Grad nördl. Breite und nehmen etwa 8000 Qua= dratmeilen ein. Das Meer um Japan ist gefährlich, weil es plötzlichen Stürmen sehr ausgesetzt und an den Küsten überaus seicht ist, ein Umstand, der den ja= panesischen Behörden bei Behauptung ihres Absper= rungssystems sehr zu statten kommt. Große europäische Schiffe können dem Lande gar nicht nahe kommen, die japanesischen Fahrzeuge aber gehen aus demselben Grunde nicht tief im Waſſer. Das Klima iſt geſund und im Ganzen angenehm; im Winter fällt Schnee und die Kälte iſt zuweilen empfindlich, im Sommer erreicht dagegen die Hitze einen hohen Grad. Regen fällt das ganze Jahr und ziemlich häufig, am reichlichſten aber im Juni und Juli. Erdbeben kommen ſehr häufig vor und werden nicht mehr gefürchtet, als bei uns Gewitter, richten aber nicht ſelten großen Schaden an.

Im Allgemeinen ſcheinen die Inſeln, wiewol das Innere wenig bekannt iſt und nicht einmal die Küſten genau aufgenommen ſind, ziemlich gebirgig zu ſein, namentlich Nipon, das einen Berg, Namens Faſi, enthält, der gegen 14,000 Fuß hoch ſein ſoll, weshalb auch der Lauf der Flüſſe, wenigſtens unweit ihrer Mündung, ſehr ſchnell iſt. Vulkane, die zum Theil noch thätig ſind, kommen auf mehren der Inſeln vor; auf der Inſel Jeſſo heißt eine Bai die Vulkanbai, weil ſich auf beiden Seiten derſelben Vulkane befinden.

Die größern Inſeln enthalten zahlreiche Städte und Dörfer. Die Hauptſtadt des Reichs und Reſidenz des Kaiſers, Jeddo, liegt auf der Oſtſeite von Nipon; ſie iſt an Größe mit Peking zu vergleichen und ſoll 1 — 1½ Mill. Einwohner haben. Die Japaneſen pflegen Größe und Einwohnerzahl derſelben ſehr zu übertreiben; ſie behaupten, man könne in einem Tage nicht von einem Ende der Stadt bis zum andern gehen, und geben die Zahl der Häuſer auf 280,000, die der Einwohner auf mehr als 10 Millionen an. Übrigens ſind die Häuſer von Holz und ſehr leicht gebaut und niedrig; jede Straße iſt durch Thore verſchloſſen. Der kaiſerliche Palaſt, deſſen Dach vergoldet iſt, ſoll allein 2½ Meilen im Umfange haben. 1703 wurde die Stadt durch ein Erdbeben zum großen Theile zerſtört.

Die zweite Stadt iſt Miako, wo das geiſtliche Oberhaupt des Reichs, Dairi Soma genannt, der bis zum Jahre 1585 auch die weltliche Obergewalt ausübte, reſidirt. Sie liegt im Innern von Nipon, enthält anſehnliche Manufacturen, iſt faſt ebenſo groß als Jeddo und ſoll eine halbe Million Einwohner haben. Die Zahl ihrer Tempel gibt Kämpfer auf 6000 an. Die drei im Range folgenden Städte ſind Oſakka und Sakai, Seehäfen an der Küſte von Nipon, und Nangaſaki auf der Inſel Kiusju; dieſe fünf heißen die kaiſerlichen Städte von Japan. Nangaſaki ſoll etwa 70,000 Einwohner haben; der ſtreng bewachte Hafen iſt lang und ſchmal und die Tiefe des Waſſers nimmt von 40 bis 4 Faden ab.

Die Abbildung auf Seite 49 ſtellt den kleinen Seehafen Simonoſeki am ſüdweſtlichen Ende von Nipon, an der Meerenge, welche dieſe Inſel von der Inſel Kiusju trennt, vor. Er liegt auf dem Wege, den die von Nangaſaki nach Jeddo gehende holländiſche Geſandtſchaft zu nehmen hat, und der von der erſten Stadt über Kokura hieher, von hier über Oſakka nach Jeddo führt, am Fuße einer Hügelreihe, die ſich bis nahe ans Meer erſtreckt. Auch hier ſind die Häuſer, wie man ſieht, alle nur ein Stockwerk hoch und die Straßen ungemein eng, was die Feuersbrünſte ſehr verheerend macht.

Die zweite Abbildung auf Seite 52, die eine Landſtraße in Japan vorſtellt, gibt einen Begriff von der japaneſiſchen Art zu reiſen, über welche Capitain Golownin Folgendes mittheilt. Die reichen Japaneſen treiben mit ihren Equipagen vielen Staat, und die Vornehmen haben Wagen, die den europäiſchen ähnlich ſind und von den Holländern in Japan eingeführt wurden; dieſelben werden in der Regel von Ochſen, zuweilen auch von Pferden gezogen. Gewöhnlich bedient man

ſich aber der Tragſeſſel oder Palantins. Die Japaneſen reiten auch, halten es aber für unanſtändig, ſelbſt den Zügel zu halten, weshalb das Pferd geführt werden muß. Die Straßen ſind von guter Beſchaffenheit, und ſchon der engliſche Capitain Saris, der vor 200 Jahren in Japan war, bemerkt, daß ſie durch kleine, mit Bäumen bepflanzte Erdaufwürfe in Meilen eingetheilt ſeien, eine Einrichtung, die, ungeachtet ihrer Zweckmäßigkeit, noch in vielen Ländern Europas vermißt wird. Längs der Straßen findet man zahlreiche Wirths= und Poſthäuſer. Thunberg vergleicht den Anblick des Landes in Hinſicht auf Ordnung und Reinlichkeit mit dem von Holland. So weit er ſehen konnte, war das Land auf beiden Seiten der Landſtraßen angebaut und fruchtbar, und ein Dorf folgte dem andern.

Der ausländiſche Handel Japans beſchränkt ſich auf den unbedeutenden, ſtreng beauffichtigten Verkehr mit den Holländern und Chineſen. Der innere iſt ziemlich lebhaft, ſowol zur See als zu Lande. Jeder Hafen enthält ein Zollhaus, und zum Beſten der Handeltreibenden gibt die Regierung eine Art Handelszeitung, welche Preisliſten enthält, heraus. Wichtige Handelsartikel ſind Holz und Reis, von denen jenes im Norden, dieſer im Süden von Nipon häufig iſt; ferner Thee und Taback, die zu den Bedürfniſſen des Lebens gezählt werden. Außerdem beſchäftigen ſich die betriebſamen Japaneſen mit Baumwollen= und Seidenmanufactur, Gewinnung von Salz, Fiſchfang, Verarbeitung des Kupfers und Eiſens, Verfertigung von Porzellan, welches das chineſiſche noch übertrifft, Anbau von Nahrungspflanzen u. ſ. w.

Die Abſtammung der Japaneſen iſt ungewiß, doch mögen ſie ihrer Geſichtsbildung nach zu der mongoli-

Kopf eines Japaneſen.

ſchen Race gehören; ihre Civiliſation rührt wahrſcheinlich aus China her. Ihrer Überlieferung zufolge, leiten ſie ſelbſt ihren Urſprung von Halbgöttern ab, dünken ſich daher beſſer als alle andern Nationen und verachten alles Ausländiſche. Ihr geiſtliches Oberhaupt, der Dairi Soma, iſt erblich und war ehemals, wie bereits oben geſagt wurde, zugleich weltliches Oberhaupt, aber einen großen Theil ſeiner Gewalt übte der Kubo Soma oder Oberfeldherr aus, bis ein ehrgeiziger Kubo nach der Obergewalt strebte und sich ihrer nach langen und blutigen Unruhen wirklich bemächtigte. Doch ist noch immer zu allen Gesetzen die Zustimmung des Dairi erfoderlich; auch erweist diesem der Kaiser äußerlich die größte Ehrfurcht und stattet ihm zu bestimmten Zeiten in seiner Residenz Miako mit großem Pompe einen Besuch ab, um seine Huldigung darzubringen. Der Kaiser theilt seine Macht mit einigen vornehmen Familien, sodaß die ganze Staatsgewalt auf Erblichkeit beruht. Die verschiedenen Classen der Gesellschaft sind: die regierenden Fürsten, der Adel, Priester, Soldaten, Kaufleute, Handwerker, Bauern und Sklaven. Der Soldatenstand steht in hohen Ehren. Die Familien der Fürsten, welche als Gouverneurs in die Provinzen geschickt werden, müssen in Jeddo wohnen, um dem Kaiser als Unterpfand für die Treue jener zu dienen. Über die genaue Befolgung der Gesetze wird mit unerbittlicher Strenge gewacht.

Die Pflanzengeographie.

Die zahlreichen auf der Erde vorkommenden Pflanzenarten sind in ihrer Beschaffenheit so sehr voneinander verschieden, bedürfen daher zu ihrem Fortkommen so verschiedener Bedingungen in Hinsicht auf Wärme, Feuchtigkeit u. s. w., daß bekanntlich viele Pflanzen nur in sehr beschränkten Strichen der Erde, manche nur an einer bestimmten Stelle vorkommen und jedes Land, jedes Klima sich von den übrigen wie durch seine Thierwelt, so auch durch den Anblick seiner Vegetation und gewisse ihm eigenthümliche Gewächse unterscheidet. Allgemein bekannt ist es, daß Palmen und Riesenbäume nur in den heißen Ländern der Erde, welche auch die größten Landthiere enthalten, wild wachsen, und daß statt unserer grünen Wiesen und Wälder im hohen Norden nur Löffelkraut und verkrüppelte Gesträuche anzutreffen sind. Die Untersuchungen über die Vertheilung der Pflanzen in den einzelnen Ländern der Erde kann man mit dem Namen Pflanzengeographie bezeichnen, eine Wissenschaft, um welche sich namentlich die Botaniker Willdenow, Treviranus, Decandolle und Schouw verdient gemacht haben.

Der letztere ausgezeichnete Gelehrte, dem wir hier folgen wollen, theilt die ganze Erde in Hinsicht der den einzelnen Gegenden eigenthümlichen und sie charakterisirenden Vegetation in 25 Theile, welche er Reiche nennt. Indessen bezieht sich diese Eintheilung vorzugsweise auf die ebenen Gegenden der Erde, da die Vegetation der Gebirge eines Landes wegen der daselbst herrschenden größern Kälte eine ganz andere ist und von der Höhe der Gebirge abhängt; je höher man in einem Gebirge steigt, desto ähnlicher ist die Vegetation, welche man antrifft, derjenigen kälterer Länder, bis man eine gewisse Grenze (die Schneegrenze) erreicht, wo aller Pflanzenwuchs aufhört, wie in den kältesten Ländern der Erde, die mit ewigem Eise bedeckt sind. Die erwähnten 25 Reiche sind folgende.

I. Das Reich der Moose und Saxifragen (Steinbreche) oder das arktisch-alpinische Reich umfaßt die Nordpolarländer von der Eisgrenze bis zur Baumgrenze, also Lappland, Skandinavien bis zu 70° nördl. Breite, Sibirien, Labrador, Grönland, Island, Nordamerika bis 66° nördl. Breite. Hier kommen nur Moose, Flechten, niedrige mehrjährige Kräuter und Sträucher fort; Bäume fehlen ganz; Anbau von Gewächsen findet gar nicht statt.

II. Das Reich der Umbellaten (Doldenpflanzen) und Cruciaten oder das nordeuropäische und nordasiatische Reich umfaßt Europa und Nordasien von der Südgrenze des vorigen Reichs bis zu den Pyrenäen, Alpen, dem Balkan, Kaukasus und Altai. Hier findet sich üppiger Graswuchs und viele Laubhölzer mit abfallendem Laube. Angebaut werden Roggen, Weizen, Hafer, Gerste, Spelt, Mais, Kartoffeln, der Apfel-, Birn-, Kirsch-, Pflaumen-, Pfirsich-, Maulbeer-, Nußbaum, Wein, Johannis-, Stachel- und Erdbeeren u. s. w., Kohl, Erbsen, Linsen, Bohnen, Rüben, Lein, Hanf, Klee u. s. w., kurz alle Nutzpflanzen und Fruchtbäume Deutschlands.

III. Das Reich der Labiaten und Karyophylleen oder der mittelländisch-europäischen Küsten umfaßt die Länder, welche das Mittelmeer umgeben, also Portugal, Spanien, Italien, die griechische Halbinsel, Kleinasien, Nordafrika bis zu den Sandwüsten. Hier finden wir viele immergrüne Laubhölzer und Gesträuche und mehr holzartige Gewächse als im zweiten Reiche, aber einen weniger üppigen Graswuchs. Angebaut werden dieselben Pflanzen wie im zweiten Reiche, doch kommen noch folgende hinzu: Reis, der Feigen-, Citronen-, Orangen-, Mandel- und Ölbaum, die Pistazie, Safran, Baumwolle, Esparsette u. s. w., dagegen sind Roggen, Hopfen, Stachel- und Johannisbeeren selten und nur in Berggegenden zu finden.

IV. Das Reich der Asterarten und Solidaginen (Goldruthen) oder das nördliche nordamerikanische Reich umfaßt Amerika von der Südgrenze des ersten Reichs bis 36° nördl. Breite. In den nördlichen Gegenden dieses Reichs findet keine Cultur statt; südlicher finden wir dieselben Culturgewächse wie im zweiten Reiche, nur wird die Maiscultur häufiger.

V. Das Reich der Magnolien oder das südliche nordamerikanische Reich umfaßt Nordamerika zwischen 30 und 36° nördl. Breite. Hier finden wir einige Annäherung an die tropische Vegetation und meist Bäume mit breiten glänzenden Blättern und großen Blumen. Die Culturpflanzen sind ungefähr dieselben wie im dritten Reiche, nur fehlt der Ölbaum, dafür breitet sich der Reisbau mehr aus und im Süden werden einige Tropenpflanzen, namentlich Zuckerrohr, gebaut.

VI. Das Reich der Camellien und Celastrineen umfaßt Japan und das nördliche China zwischen 30 und 40°. Die bedeutendsten Culturpflanzen sind: Reis, Weizen, Gerste, Hafer, Sugo u. s. w., gewöhnliche Obstbäume, der Quitten-, Aprikosen-, Pfirsich-, Citronen-, Orangenbaum, der Theestrauch, Baumwolle, Safran, Bohnen, Erbsen, Schminkbohnen, Gurken, Kürbisse, die Broussonetie, Hanf.

VII. Das Reich der Scitamineen umfaßt die beiden ostindischen Halbinseln. Die tropischen Pflanzen werden zahlreicher; die Bäume entlauben sich nicht; große prachtvolle Blumen zeigen sich und viele Schling- und Schmarozerpflanzen. Culturpflanzen: Reis, die Cocospalme, die Tamarinde, der Mangobaum, Pisang, der Orangenbaum, Zuckerrohr, Kaffee, Pfeffer, Ingwer, Baumwolle, Indigo.

VIII. Das emodische Reich begreift das indische Hochland oder die südlichen Terrassen des Himalaya von 4000 — 10,000 Fuß Höhe über dem Meere, wo die tropischen Formen abnehmen oder verschwinden. Hier werden die Getreide- und Obstarten Europas und Bergreis angebaut.

IX. Das polynesische Reich umfaßt die Inseln zwischen Hinterindien und Australien und ist dem siebenten Reiche sehr ähnlich; zu den in demselben vorkomnenden Culturpflanzen kommen hinzu: der Brotbaum, der Kampherbaum, die Broussonetie, Hanf, die Manihotpflanze, der Melonenbaum, die Muskatennuß.

X. Das hochjavanische Reich begreift die über 5000 Fuß über dem Meere liegenden Gegenden von Java und ist dem achten Reiche sehr ähnlich. Eichenwälder treten an die Stelle der Feigenwälder.

XI. Das oceanische Reich umfaßt sämmtliche Inseln des großen Oceans innerhalb der Wendekreise. Es hat eine dürftige, nicht sehr eigenthümliche Flora, die der asiatischen und neuholländischen ähnlich ist. Angebaut werden der Brotfruchtbaum, die Taropflanze, die Cocospalme, die Arecapalme, der Drachenbaum, die Broussonetie, Pisang, Rauschpfeffer u. s. w.

XII. Das Reich der Balsambäume umfaßt den südwestlichen Theil des Hochlandes von Arabien. Angebaut werden: Mais, die Dattel= und Cocospalme, die Tamarinde, der Feigen=, Pfirsich=, Aprikosen=, Pflaumen=, Apfel=, Melonen=, Quittenbaum, Wein, Kaffee, Zucker, Ingwer, Baumwolle, Indigo, das ägyptische Aron, Spinat, Rettig.

XIII. Das Wüstenreich umfaßt Nordafrika zwischen 15 und 30° nördl. Breite und Nordarabien und hat eine sehr dürftige Flora, ohne alle charakteristische Familien oder Gattungen. Nur in den Oasen findet Cultur statt, und zwar von der Dattelpalme, Weizen, Gerste, den südeuropäischen und einigen indischen Obstarten.

XIV. Das tropisch=afrikanische Reich umfaßt Afrika zwischen 15° nördl. und 30° südl. Breite. Die Flora ist weder reich noch eigenthümlich. Angebaut werden Mais, Reis, Manihot, Pisang, der Maulbeerbaum, Mangobaum, die Ananas, die Tamarinde, Kaffee, Zucker, Amomum, Caladium, Yamswurzel.

XV. Das Reich der Cactus und Piperaceen umfaßt Mexico und Südamerika bis zum Amazonenstrom (zwischen dem Äquator und 30° nördl. Breite). Angebaute Gewächse: Mais, Manihot, Wein, Cocospalme, Melonenbaum, Cacaobaum, Vanille, Ananas, Kaffee, Zucker, Taback, Yamswurzel u. s. w.

XVI. Das Reich des mexicanischen Hochlandes, das sich über 5000 Fuß erhebt. Culturpflanzen: Mais, die europäischen Getreide= und Obstarten.

XVII. Das Reich der Cinchonen umfaßt die Cordilleren der Andes in Amerika zwischen 20° südl. und 5° nördl. Breite von 5—9000 Fuß über dem Meere. Die tropischen Culturpflanzen des 15. Reichs verschwinden fast gänzlich, doch werden noch Mais und Kaffee gebaut; außerdem die europäischen Getreide= und Obstarten und Kartoffeln.

XVIII. Das Reich der Escallonien und Calceolarien umfaßt die Andesgebirge zwischen 20° südl. und 5° nördl. Breite, wie das 17. Reich, aber über 9000 Fuß Höhe, und jenseit des südlichen Wendekreises die Andes von Chile. Hier sind die tropischen Formen fast gänzlich verschwunden, auch gibt es keine großen Bäume mehr, dafür sind Gräser und Haiden vorherrschend.

XIX. Das westindische Reich hat eine Flora, die sich von der des festen Landes von Amerika hauptsächlich durch die große Menge von Farrenkräutern und Orchideen unterscheidet. Die Culturpflanzen sind wie im 15. Reiche.

XX. Das Reich der Palmen und Melastomen umfaßt Brasilien oder Südamerika im Osten der Andeskette zwischen dem Äquator und dem südlichen Wendekreise. Dies ist wahrscheinlich derjenige Theil der Oberfläche der Erde, in welchem die Vegetation in der größten Fülle und Mannichfaltigkeit hervortritt. Der Reichthum an Gattungen und Arten ist ebenso auffallend als die Größe vieler Gewächse; in den undurchdringlichen Wäldern findet man zahllose Schling= und Schmarozerpflanzen. Die Culturpflanzen sind ungefähr dieselben wie im 15. Reiche. Der Theebau ist neuerdings versucht worden, aber ohne besondern Erfolg.

XXI. Das Reich der holzartigen Synanthereen umfaßt Südamerika im Osten und Westen der Andeskette von 23—40° südl. Breite, größtentheils offene, flache Ebenen (Pampas), in denen Gräser und Disteln vorherrschen. Als Culturgegenstände findet man hier die meisten europäischen Culturpflanzen, besonders verbreitet sind aber der Weizen, der Wein und der Pfirsichbaum.

XXII. Das antarktische oder südpolarische Reich umfaßt den südwestlichen Theil von Patagonien, das Feuerland und die Falklandsinseln, also den südlichsten Theil von Amerika, zwischen 50 und 55° südl. Breite, und hat in seiner Vegetation mit der nordeuropäischen Flora sehr auffallende Ähnlichkeit. Cultur findet in diesem Reiche nicht statt.

XXIII. Das Reich der Stapelien und Mesembryanthemen umfaßt Südafrika zwischen 23 und 35° südl. Breite und hat eine an Formen sehr reiche, aber nicht gerade üppige Flora, nicht die großen dichten Wälder und die Menge von Schlingpflanzen wie Südamerika, dagegen viele Saftpflanzen. Angebaut werden die europäischen Getreide= und Obstarten und Küchengewächse; außerdem der Pisang, die Tamarinde, der apfeltragende Guajavabaum, die Pompelmuscitrone, Kafferhirse.

XXIV. Das Reich der Eucalypten und Epacriden umfaßt das Festland von Australien außerhalb des Wendekreises nebst der Insel Vandiemensland und hat eine der reichsten und eigenthümlichsten Floren, wiewol ohne bedeutende Vegetationsfülle. Vier Fünftheile der Wälder werden von Eucalyptusarten gebildet, deren Zahl hundert übersteigt. Diese Baumgattung (deren deutscher Name Schönmütze lautet) ist gewürzhaft und wird über 160 Fuß hoch. In den britischen Colonien von Ostaustralien und auf Vandiemensinsel werden die europäischen Getreide= und Obstarten angebaut.

XXV. Das letzte Reich umfaßt nur die beiden neuseeländischen Inseln. Als Culturpflanzen findet man hier außer den neuerdings eingeführten europäischen Gewächsen die Broussonetie, den neuseeländischen Flachs, das genießbare Caladium u. s. w.

Der Rüssel des Elefanten.

Dieses merkwürdige Organ hat unter allen Organen lebender Wesen schwerlich seines Gleichen. In ihm concentrirt sich das Organ des Fühlens, die Kanäle, die zu dem innern Geruchsorgane führen, das Vermögen des Ergreifens und Festhaltens und die äußern Werkzeuge des Athemholens. Überdies dient es noch als Pumpe und Behälter für die flüssige Nahrung des Elefanten, welche bekanntlich erst von dem Rüssel eingesaugt und dann in das Maul eingeführt wird. Mittels seines Rüssels kann das Riesenthier die tiefsten Flüsse durchschwimmen, sich waschen und fächeln, eine Nadel aus den Fingern eines Kindes nehmen oder einen Baum entwurzeln. Die wunderbaren Eigenschaften dieses Organs waren längst im Oriente bekannt, und die Hindus haben kein besseres Symbol für Weisheit und Allmacht gewußt, als den Elefantenkopf, den ihre Gottheit Ganesa auf einem menschlichen Leibe trägt.

Die Wurzel des Rüssels befindet sich am untern Theile des Stirnbeins, an den Nasenbeinen und der obern Kinnlade. Von da erstreckt sich ein langer biegsamer Schlund, aus Muskeln und Nerven bestehend, mit einer Art von Finger am untern Ende, in welchem der ganze Tastsinn des Thieres concentrirt scheint. Eine starke hautartige Scheidewand theilt den Rüssel in zwei mit den Nasenlöchern und dem Schlunde in directer Verbindung stehende Kanäle. Durch den obern derselben riecht und athmet der Elefant, durch den untern pumpt er seine flüssige Nahrung, die er dann, indem er den Rüssel einwärts krümmt, zum Munde bringt.

Der Rüssel ist, wie bemerkt, rein muskulös und mit Nerven ausgestattet, zu deren Stärke die Blutgefäße in schwachem Verhältnisse stehen. Die Hautbekleidung ist dicht und so fest mit einer Lage von zelliger Substanz verwachsen, daß die erste Muskellage nur mit vieler Mühe bloßgelegt werden kann. Die Fibern der letztern laufen der Länge nach und etwas spiralförmig von der Basis des Rüssels bis zu dessen Ende. Sie sind von allen Seiten gleich stark und vermitteln die Bewegungen des Organs. Unter dieser Lage befindet sich, als unmittelbare Bekleidung der Kanäle, eine Schicht fleischiger Substanz, die an der obern, etwas gewölbten Seite am dicksten ist und der Länge nach durchschnitten wie eine gekochte Ochsenzunge aussieht.

Die Nerven des Rüssels bilden an jeder Seite einen Strang von der Stärke eines Mannsfingers. Jeder dieser Stränge läßt sich in drei kleinere zerlegen, von denen jeder aus 16 Fäserchen zur Bewahrung des Nervenfluidums besteht. Schon aus der Analogie mit der thierischen Structur im Allgemeinen läßt sich schließen, daß in einem so reichlich mit Nerventhätigkeit begabten Organe einer der Sinne seinen Sitz haben muß.

Die Todten des Jahres 1838.

Eine ähnliche Übersicht der ausgezeichnetern Verstorbenen wie für 1837 *) geben wir auch für das jüngst verflossene Jahr, in welchem abermals der trefflichen, edeln und berühmten Menschen so viele ins Grab gestiegen sind, daß wir uns hier auf die Nennung derjenigen beschränken müssen, welche in den namenreichen Todtenlisten als die hervorragendsten erscheinen.

Die souverainen Fürstenhäuser sind im vorigen Jahre mehr als im Jahre 1837 verschont geblieben. Nur ein regierender Fürst ist diesmal gestorben, der Fürst von Hohenzollern=Hechingen; außerdem der Vater eines Königs, der ehrwürdige, hochbejahrte Prinz Maximilian von Sachsen, welcher seinem Anspruche auf die Thronfolge freiwillig entsagt hatte, ferner die regierende Fürstin Sophie von Reuß=Greiz, die Witwe des letzten Fürsten von Nassau=Saarbrück, Herzog Heinrich von Würtemberg, Oheim des Königs, und eine Tochter des Großherzogs von Toscana. Von den Gliedern nicht souverainer Fürstenhäuser sind zu bemerken: die Fürsten Ludwig von Doria=Pamfili, Karl von Salm=Reifferscheid=Krautheim und Karl Joseph von Hohenlohe=Jartberg, Fürst Moritz von Talleyrand=Perigord, der berühmte Diplomat und ehemalige Fürst von Benevent, 84 Jahre alt, dem sein Bruder, der Herzog Archembald, nur um wenige Wochen im Tode vorangegangen war; Fürst

Karl von Wrede, der berühmte bairische Feldmarschall; der Erbprinz von Löwenstein=Wertheim=Rosenberg; die Herzogin von Abrantes, als eine der fruchtbarsten französischen Schriftstellerinnen bekannt, Witwe des Generals Junot, die Herzogin von Broglie, Tochter der Frau von Staël. Aus dem Collegium der Cardinäle ist diesmal nur der Cardinal Benvenuti gestorben.

Dienstthuende Minister starben zwei: der schwedische Minister des Auswärtigen, Graf Mörner, und der badische Minister des Innern, Winter; ehemalige Minister acht: ein englischer, Lord John Eldon; ein griechischer, Ignaz von Rudhart; ein bairischer, Graf von Montgelas, drei preußische, von Klewitz, von Brenn und von Beyme; ein französischer, der bereits vorhin erwähnte Fürst von Talleyrand; ein brasilischer, Joseph Bonifaz d'Andrada e Silva. Ferner sind noch folgende Staatsmänner bemerkenswerth: General Laharpe in Lausanne, ehemaliger Director der helvetischen Republik und Erzieher des Kaisers Alexander; Novosilzoff, Präsident des russischen Reichsraths; Graf von Reede, Präsident der ersten Kammer der holländischen Generalstaaten; die französischen Pairs Herzog von Fitz=James, Herzog von Choiseul und Graf von Montlosier, der Engländer Robert Grant, Gouverneur von Bombay. Unter den verstorbenen Feldherren sind außer dem schon oben genannten Fürsten Wrede noch folgende besonders zu erwähnen: der französische Marschall Graf von Lobau, die französischen Generale Valazé und Haro, der schwedische General Anckarswärd, der russische General Weliaminow und drei spanische Generale, Murillo, Pardiñas und Mendez=Vijo, von denen der Zweite am 1. October in der Schlacht bei Maella blieb, der Dritte aber am 24. October in Valencia ermordet wurde.

Unter den Gelehrten ist vor Allen der berühmte französische Orientalist Sylvestre de Sacy zu nennen; außer ihm verlor Frankreich noch mehre ausgezeichnete Gelehrte, namentlich den Physiker Dulong und den Arzt Broussais, denen die Reisenden Caillié und Pouqueville, der Naturforscher Graf Hericart de Thury und Napoleon's Arzt, Antommarchi, der auf der Insel Cuba starb, beizufügen sind. Von englischen Gelehrten verdient nur der durch Einführung der Methode des gegenseitigen Unterrichts verdiente Joseph Lancaster, der in Neuyork starb, besondere Erwähnung. In Deutschland starben folgende Universitätsprofessoren: die Theologen Möhler in München, Palmer in Gießen, Pott in Göttingen; die Juristen Clossius in Gießen, Unterholzner in Breslau, Klenze in Berlin; die Mediciner Jäger in Erlangen, Schweigger=Seidel in Halle, Beck in Freiburg, Bartels in Berlin; die Philologen Walch in Greifswald, Heinrich und Näcke in Bonn; die Historiker und Kameralisten Wachler in Breslau, Pölitz in Leipzig, Lips in Erlangen. Außerdem hat Deutschland den Verlust des Dichters Adelbert von Chamisso, der zwar von Geburt ein Franzose war, aber als Schriftsteller Deutschland angehörte, des sächsischen Oberberghauptmanns Freiherrn von Herder, Sohns des berühmten Herder, des östreichischen Geschichtschreibers von Buchholz und des böhmischen Grafen Kaspar von Sternberg, der sich als Naturforscher und eifriger Freund der Wissenschaften auszeichnete, denen auch eine Schriftstellerin, Johanne Schopenhauer, beigefügt werden kann, zu beklagen.

Von namhaften Künstlern sind im vergangenen Jahre nur wenige gestorben. Obenan steht der Componist Ferdinand Ries; in Frankreich starben die Maler Thevenin und Langlois.

---

*) Vergl. Pfennig=Magazin Nr. 262.

Verantwortlicher Herausgeber: Friedrich Brockhaus. — Druck und Verlag von F. A. Brockhaus in Leipzig.

Das Pfennig-Magazin

für

Verbreitung gemeinnütziger Kenntnisse.

308.]   Erscheint jeden Sonnabend.   [Februar 23, **1839.**

Die Salzwerke in Sicilien.

Salzquellen in Sicilien.

Das fast mit allen Naturerzeugnissen gesegnete Sicilien ist auch reich an Salz, sowol an Stein= als an Quellsalz. Auf der östlichen und westlichen Seite der Insel finden sich Salzwerke, namentlich auf der östlichen, ein paar Stunden nördlich von Syrakus, die großen und einträglichen von Sajona. Sie befinden sich am Ende einer Landenge, welche das Vorgebirge Magnisi mit Sicilien verbindet; nicht weit davon steht eine Säule, welche der römische Feldherr Marcellus zum Andenken an seine Einnahme von Syrakus errichtet hat. Die Alten kannten das Vorgebirge (welches jetzt gewöhnlich eine Insel genannt wird) unter dem Namen der Halbinsel Thapsus. Steinsalz findet sich ferner bei Nicosia und Castro Giovanni. Südlich von Syrakus, bei dem Dorfe Marzamemi, unweit der südöstlichen Spitze der Insel, findet sich ein Salzsee, der alles für den Bedarf der Umgegend nöthige Salz liefert. Der Fluß Salso (der salzige Fluß), der bei den Alten Himera hieß und sich unweit Alicata auf der Südküste ins Meer ergießt, wird brakisch durch die Vereinigung mit einem Flusse, der bei Caltanissetta aus Salzgruben kommt. Außerdem besitzt Sicilien mehre Salzquellen, von denen eine Gruppe in der Abbildung dargestellt ist.

Trapani, eine der bedeutendsten Städte am westlichen Ende der Insel, ist wegen seiner Salzbereitung bekannt. Hier wird Seesalz gewonnen, und die Salzwerke nehmen eine beträchtliche Fläche Land ein. Eine Menge Dämme von 1½ Fuß Höhe schließen hier große viereckige Plätze ein; in diese wird das Seewasser geleitet und hier dem Einflusse der Sonne ausgesetzt. Bei fortschreitender Verdampfung wird die bittere Sole allmälig in die entfernten Abtheilungen geleitet; in der letzten krystallisirt das Salz. Von Zeit zu Zeit wird ein neuer Wasservorrath zugelassen, bis die Kruste eine gewisse Dicke erlangt hat, dann wird das Salz in Pyramiden aufgehäuft und ist zur Ausfuhr fertig; gegen den Regen wird es durch nichts als durch die Härte, die es mit der Zeit annimmt, geschützt. Aus der Ferne gesehen gleichen die Salzpyramiden den Zelten eines Lagers. Außerdem wird noch an mehren Stellen der Küste von Sicilien Seesalz bereitet, z. B. bei Spaccafurno und Sciacca.

Production der unedeln Metalle, Salze und Brennstoffe.

Wir haben in Nr. 304 nach Berghaus eine Übersicht der Production der edeln Metalle gegeben und gesehen, daß sie sich jährlich auf 83 Millionen Thaler veranschlagen läßt. So ansehnlich auch dieser Ertrag ist, so beträgt er doch nur etwa den fünften Theil des Er=

trags der übrigen Bergbauproducte, welche allein in Europa und Nordasien gewonnen werden. Freilich muß auch hier die Bemerkung gemacht werden, daß es an zuverlässigen und genauen Angaben hierüber gänzlich fehlt, indem aus den meisten Ländern gar keine Nachrichten über diesen Gegenstand bekannt gemacht werden, und diejenigen, welche bei andern Ländern zur allgemeinen Kenntniß kommen, nur in einem sehr beschränkten Grade Zutrauen verdienen; daher beruht auch die Tabelle, welche Berghaus gibt, zum größten Theil nur auf allgemeiner Schätzung. Nach derselben beträgt in Europa und dem asiatischen Rußland die jährliche Production:

                                              209,535,590 Thaler.

I. Der unedlen Metalle . . . .

Nämlich: Kupfer . .	469,520	Ctr. à 34	Thlr.	=	15,963,680 Thlr.
Blei . . .	1,324,890	= = 5	=	=	6,624,450 =
Glätte . .	87,250	= = 12	=	=	1,047,000 =
Eisen . . .	35,660,210	= = 5	=	=	178,301,050 =
Zinn . . .	93,780	= = 40	=	=	3,751,200 =
Zink . . .	148,530	= = 5	=	=	742,650 =
Braunstein	17,080	= = 8	=	=	136,640 =
Kobalt . .	27,620	= = 16	=	=	441,920 =
Spießglanz	8,020	= = 10	=	=	80,200 =
Wismuth	780	= = 55	=	=	42,900 =
Arsenik . .	10,030	= = 9	=	=	90,270 =
Quecksilber	23,370	= = 90	=	=	2,313,630 =

II. Der Salze . . . . 70,006,090 Thaler.

Nämlich: Kochsalz	53,582,800	Ctr. à 1¼	Thlr.	=	66,978,500 Thlr.
Vitriol .	234,630	= = 4	=	=	938,520 =
Salpeter	65,300	= = 14	=	=	914,200 =
Alaun .	176,230	= = 6⅔	=	=	1,174,870 =

III. Der Brennstoffe . . . . 135,257,990 Thaler.

Nämlich: Schwefel . .	22,440	Ctr. à 6½	Thlr.	=	145,860 Thlr.
Steinkohlen	536,419,830	= = ¼		=	134,104,960 =
Braunkohlen	10,130,000	= = 1/15		=	675,330 =
Torf . . .	331,840,000	Stück		=	331,840 =

Gesammtsumme   414,799,670 Thaler.

Die jährliche Production der edeln Metalle in Europa und Nordasien beträgt dagegen nach Berghaus nur . . . . 11,476,990 Thaler.

       Nämlich Gold   5,872,270 Thaler.
           Silber   5,060,570 =
           Platina   544,150 =

Hiernach machen die edeln Metalle, die in Europa und Nordasien gewonnen werden, nur etwa $\frac{1}{37}$ des Totalbetrags der berg- und hüttenmännischen Production aus.

Was die einzelnen Metalle anlangt, so liefert vom Kupfer Großbritannien die reichste Ausbeute, 285,000 Centner; die Provinz Cornwall lieferte allein 1831 240,000 Ctr. Dann folgt das russische Reich mit 80,870, Östreich mit 44,310, Schweden mit 29,100, Preußen mit 15,070 Ctr. Außer Europa ist Chile reich an Kupfer, aber für die reichsten Kupferbergwerke in der Welt gelten die japanesischen, die auch das beste und reinste Kupfer liefern.

Von Blei liefert Spanien am meisten, besonders in neuerer Zeit, 675,000 Ctr. jährlich; dann folgen Großbritannien mit 422,400, Östreich mit 105,110 Ctr. Auch die Vereinigten Staaten von Nordamerika treiben einen ziemlich ergiebigen Bleibau, der 1823—32 jährlich im Durchschnitt 55,900 Ctr. geliefert hat.

Vom Eisen wird unter allen Metallen beiweitem am meisten gewonnen und die Eisenproduction übertrifft die der edeln Metalle in Europa und Nordasien an Geldwerth 16 Mal. Auch hier steht Großbritannien oben an; es liefert etwa 13½ Mill. Ctr., dann folgen Frankreich mit 7 Mill., Rußland mit 6½ Mill., Preußen mit 2,360,000, Schweden mit 1,763,800, Östreich mit 1,694,760 Ctr. Das schwedische Eisen gilt für das beste.

An Zinn ist Europa arm; das meiste liefert ebenfalls Großbritannien, 90,000 Ctr.; es versorgt die übrigen Länder damit, doch wird beiweitem der größte Theil aus Asien bezogen, namentlich aus den malaiischen Ländern, die den ausgedehntesten und wahrscheinlich reichsten Zinndistrict der Erde enthalten und etwa ebenso viel Zinn als Großbritannien liefern, wiewol beiweitem der größte Theil der Minen noch ganz unbenutzt liegt. Sachsen producirte 1835 2575 Ctr. Zinn.

Zink liefert von allen europäischen Ländern nur Preußen in größerer Menge, 135,460 Ctr.; der meiste kommt aus Schlesien. Der preußische Zink geht in alle Erdtheile, auch nach Ostindien, wo er seit den letzten zehn Jahren den chinesischen verdrängt hat.

Vom Braunstein producirt Frankreich (14,650 Ctr.), vom Kobalt Sachsen (12,400 Ctr.), vom Spießglanz Östreich (3980 Ctr.), vom Arsenik Sachsen (6000 Ctr.) am meisten.

Quecksilber kommt nur vereinzelt an wenigen Orten vor: in Spanien (Almaden), Östreich (in Krain, Ungarn, Siebenbürgen und Böhmen) und Rheinbaiern; außerdem in Peru und in China. Spanien liefert etwa 20,000 Ctr., Östreich 3260 Ctr. England bezog seinen Bedarf früher fast ausschließlich aus Deutschland, gegenwärtig aber aus Spanien.

Über die Kochsalzproduction wird in einem besondern Artikel die Rede sein. Die übrigen Salze anlangend, wird nach Berghaus der meiste Vitriol von England, Frankreich und Östreich, der meiste Alaun von Frankreich, England und Preußen geliefert. Über Salpeter fehlen genauere Angaben; die skandinavische Halbinsel soll 65,000 Ctr. liefern; der Salpeter, welchen Europa verbraucht, kommt meistens aus Indien, seit einigen Jahren auch aus Südamerika.

Unter den brennbaren Mineralstoffen ist die Steinkohle beiweitem der wichtigste, wie die Tabelle zeigt. Auch in dieser Production übertrifft Großbritannien alle andern Länder beiweitem *) und liefert 407½ Mill. Ctr.; dann folgen Belgien mit 55½, Preußen mit 33, Frankreich mit 24¾ Mill. Ctr. Die Angaben über die Production der übrigen Brennstoffe des Mineralreichs sind sehr mangelhaft.

Die Gasbeleuchtung.

Zu den merkwürdigsten und nützlichsten Erfindungen der neuern Zeit ist unstreitig auch die Gasbeleuchtung zu zählen, und eine etwas ausführlichere Belehrung über diesen Gegenstand, der im Pfennig-Magazin bisher nur gelegentlich dann und wann erwähnt worden ist, wird daher gewiß hier an ihrem Orte sein.

Das Wort Gas bedeutet bekanntlich so viel als Luft. In ältern Zeiten kannte man keine andere Luft, als die atmosphärische, d. h. diejenige, welche wir einathmen und von welcher wir beständig umgeben sind; seit dem vorigen Jahrhunderte hat man aber eine Menge anderer Luftarten entdeckt, die man auch Gase, Gasarten oder elastische Flüssigkeiten nennt, und die theils einfach, theils aus mehren zusammengesetzt sind. Unter den einfachen sind besonders drei merkwürdig: das Sauerstoffgas, das Stickgas und das Wasserstoffgas. Die beiden ersten bilden, wenn sie in solchem Verhältniß gemischt sind, daß auf einen Theil Sauerstoffgas vier Theile Stickgas kommen, unsere gewöhnliche oder atmosphärische Luft. Sauerstoffgas (Oxygen) heißt auch Lebensluft, weil es derjenige Bestandtheil der gewöhnlichen Luft ist, welcher zum Leben der Menschen und Thiere, sowie zum Brennen von Flammen aller Art unentbehrlich ist. Stickgas hat seinen Namen daher, weil lebende Wesen es nicht einathmen können, sondern darin sogleich ersticken müssen, sowie auch jede Flamme, die in diese Luftart gebracht wird, sogleich erlöschen muß. Wasserstoffgas (Hydrogen) kann zwar auch nicht eingeathmet werden, unterscheidet sich aber von dem Stickgas dadurch, daß es brennbar ist, während das Sauerstoffgas zwar das Brennen einer schon vorhandenen Flamme unterhält und dadurch verzehrt wird, aber selbst nicht brennen kann. Seinen Namen hat das Wasserstoffgas daher, weil es durch die Zersetzung des Wassers entwickelt wird, welches aus Wasserstoffgas und Sauerstoffgas besteht, sodaß auf zwei Theile von jenem ein Theil von diesem kommt. Bekanntlich braucht man es seiner großen Leichtigkeit wegen zur Füllung von Luftballons.

Diejenige Gasart, welche zur Beleuchtung gebraucht und daher Leuchtgas genannt wird, ist kein reines Wasserstoffgas, sondern eine Verbindung desselben mit Kohlenstoff. Überhaupt bestehen die Flammen der meisten verbrennlichen Körper hauptsächlich aus diesen beiden Stoffen, verdanken aber ihren Glanz nicht dem Wasserstoffgas, sondern dem darin enthaltenen dichtern Bestandtheilen, namentlich dem Kohlenstoff. Das reine Wasserstoffgas ist für die Beleuchtung ganz untauglich, weil es mit einer sehr wenig leuchtenden, am Tage kaum sichtbaren Flamme brennt; wenn es aber mit Kohlenstoff verbunden ist, so leuchtet es desto heller, je größer die Menge des letztern ist. Man hat vornehmlich zwei Arten solcher Verbindungen zu unterscheiden: Kohlenwasserstoffgas und ölbildendes Gas. Bei jenem

sind vier Theile Wasserstoffgas mit einem Theil luftförmigen Kohlenstoff verbunden; es heißt auch Sumpfluft oder Grubengas, weil es sich in den Sümpfen und in Steinkohlengruben entwickelt *); bei dem zweiten sind zwei Theile Wasserstoffgas mit einem Theile Kohlenstoff verbunden, das ölbildende Gas enthält also noch einmal so viel Kohlenstoff als das erstgenannte, gemeine Kohlenwasserstoffgas, und verbrennt daher auch mit viel hellerer Flamme. Das Leuchtgas, wie man es im Großen anwendet, ist nun eine Mischung dieser beiden Luftarten, zu denen aber noch mehre andere kommen, namentlich reines Wasserstoffgas, Schwefelwasserstoffgas, welches aus Schwefel und Wasserstoffgas besteht, und Kohlenoxydgas, welches aus Sauerstoff und Kohlenstoff besteht. Die beiden letztern Luftarten sind zwar brennbar, geben aber eine bläuliche, nicht sehr leuchtende Flamme; je weniger daher von diesen schlecht leuchtenden Luftarten und je mehr dagegen ölbildendes Gas im Leuchtgas enthalten ist, desto vollkommener und brauchbarer ist dasselbe.

Eigentlich liefern alle thierischen und vegetabilischen Körper, wenn sie im verschlossenen Raume verkohlt werden, Kohlenwasserstoffgas; aber zur Bereitung von Leuchtgas können nur folgende Stoffe gebraucht werden: 1) die Steinkohlen; 2) Harz, Theer, Öl, Fett und ähnliche Substanzen. Man pflegt daher vornehmlich zwei Arten von Leuchtgas zu unterscheiden: Steinkohlengas und Ölgas. Das letztere enthält weit mehr ölbildendes Gas als jenes, gibt mithin ein viel schöneres und weißeres Licht und empfiehlt sich außerdem durch die größere Einfachheit der Bereitung, bei welcher keine Reinigung vorzunehmen nöthig ist, indessen ist für große Etablissements und ganze Städte die Beleuchtung mit Steinkohlengas passender und im Allgemeinen wohlfeiler.

Von den Steinkohlen können nur die Schwarzkohlen gebraucht werden; sie sind um so besser, je weniger Schwefelkies sie enthalten, je leichter sie im Feuer schmelzen, je pechartiger sie sind und je aufgeblasener die Koks sind, welche sie hinterlassen. Kohlen, die sich den Braunkohlen nähern, sind nicht brauchbar, da sie ein schlecht leuchtendes Gas geben, welches dem Gase aus Holz ähnlich ist. Ein Pfund guter Schwarzkohlen liefert vier, wol auch sechs Cubikfuß gutes Leuchtgas. Die von Merle, dem Director der pariser Gasbeleuchtungsgesellschaft, vor einigen Jahren erfundene Darstellung von Gas aus Torf, welches sehr rein sein und ein sehr schönes Licht geben sollte, während man vorher das Torfgas nicht gehörig zu reinigen verstand, scheint sich nicht sehr bewährt zu haben. Zur Bereitung von Ölgas braucht man gemeines ungereinigtes Rübsenöl, auch den dicken Satz der Ölfässer und überhaupt schlechtes, an sich zum Brennen in Lampen nicht brauchbares Öl; ferner Steinkohlentheer, Steinkohlen-, Terpenthin- und Steinöl, Fischthran, thierisches Fett, rohes Fichtenharz und Pech. Ein Pfund Öl und flüssiges Fett liefert etwa 13—15, ein Pfund Theer etwa 12, ein Pfund Harz oder Pech 10 Cubikfuß Gas. Im Allgemeinen kann man annehmen, daß das Ölgas ungefähr 2½ Mal so viel Licht gibt, als Steinkohlengas (also zwei Cubikfuß von jenem so viel als fünf Cubikfuß von diesem), wiewol das letztere nach Beschaffenheit der angewandten Kohlen sehr verschieden ausfällt und nach manchen Angaben ein Cubikfuß Ölgas so viel Licht geben soll, als 3½—4 Cubikfuß Steinkohlengas. Auch aus gepreßten Olivenkernen läßt sich ein sehr brauch-

---

*) Vergl. Pfennig-Magazin Nr. 272.

*) Vergl. Pfennig-Magazin Nr. 293.

hares Gas entwickeln; eine Tonne solcher Kerne soll 13—14,000 Cubikfuß Gas geben. Da das Steinkohlengas beiweitem am häufigsten angewandt zu werden pflegt, so werde ich mich hier darauf beschränken, die Bereitung dieser Gasart zu beschreiben; was ich sodann über die Aufbewahrung, Leitung und Verwendung des Gases sagen werde, gilt für beide Arten Gas.

I. Bereitung und Reinigung des Gases.

Die Steinkohlen werden in kleine Stücke zerschlagen, getrocknet und dann in gußeiserne cylindrische oder elliptische Gefäße gebracht, in denen sie vier bis fünf Stunden lang der Rothglühhitze ausgesetzt und dadurch zersetzt werden. Diese Gefäße, welche Retorten heißen, sind etwa 6½ Fuß lang und haben, wenn sie cylindrisch sind, 1 Fuß im Durchmesser, wenn sie aber oval oder elliptisch sind, welches die beste und jetzt fast allgemein übliche Form ist, so muß die große Achse wenigstens doppelt so groß als die kleinere sein, jene z. B. 18 Zoll, diese 8 Zoll lang; die Dicke des Eisens beträgt einen Zoll, das Gewicht mit dem Mundstücke acht bis zehn Centner. Vortheilhaft ist es, wenn der Boden etwas nach innen zu gewölbt ist.

Die Retorten werden in einen Ofen, der hinlänglichen Zug hat und mit Rost und Aschenherd versehen ist, so gelegt, daß sie mit einem Gewölbe aus vollkommen feuerfesten Steinen umgeben sind und das Feuer sie überall gleichförmig treffen und im Zustande des Hellrothglühens erhalten kann; die große Achse des elliptischen Querschnitts muß dabei horizontal liegen. In der Figur stellt R eine solche von der Seite gesehene Retorte vor; O ist der Ofen, H der Heizraum. In einen Ofen kommen eine oder zwei Retorten nebeneinander und meistens noch eine dritte freischwebend über den beiden untern; in großen Anstalten liegen drei in einer untern Reihe und zwei über ihnen in den Zwischenräumen, oder auch vier unten und drei oben. Die Zahl der nebeneinander angebrachten Öfen, von denen je zwei eine gemeinschaftliche Seitenmauer haben, hängt von der nöthigen Menge Gas ab. Die Steinkohlen werden in die Retorten, wenn diese bereits glühend sind, mit großen muldenförmigen Schaufeln aus Eisenblech eingeschoben; sie werden dann gleichförmig ausgebreitet und die Retorten höchstens bis zur Hälfte damit angefüllt. Die Zeit, welche zur Gasentwickelung nöthig ist, hängt theils von der Beschaffenheit der Steinkohlen, theils von der

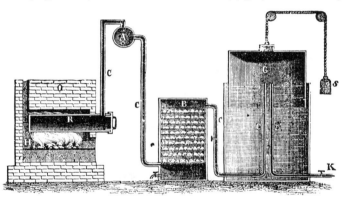

Form der Retorten ab; bei cylindrischen Retorten sind sechs Stunden, bei elliptischen nur vier bis fünf erforderlich. Setzt man die Operation noch ein paar Stunden länger fort, so erhält man immer noch Gas, das aber von schlechterer Beschaffenheit ist.

Der Hergang bei der Entwickelung des Leuchtgases ist nun folgender. Zuerst entbinden sich Wasserdämpfe mit Luft vermengt; sowie die Retorte zu glühen anfängt, entwickelt sich Theer in bedeutender Menge und Gas, das noch mit Wasserdampf vermengt ist. Die Gasentwickelung nimmt desto mehr zu, je vollständiger die Retorte glüht, und ist am lebhaftesten, wenn diese sich in völliger Rothglühhitze befindet, wo auch zugleich das beste Gas entsteht. Das sich entwickelnde Gas kann jedoch nicht unmittelbar zur Beleuchtung verwandt werden, da es noch viele fremdartige Stoffe enthält, von denen es erst gereinigt werden muß, nämlich Dämpfe von Theer und Steinkohlenöl und ammoniakalische Wasserdämpfe, welche sich in den Leitungsröhren bald niederschlagen, d. h. in Theer, Öl und ammoniakalisches Wasser verwandeln und dadurch die Röhren verstopfen würden; Schwefelwasserstoffgas, das bei der Verbrennung einen sehr unangenehmen Schwefelgeruch verbreiten würde, und kohlensaures Gas, das die leuchtende Kraft des Gases schwächt. Daher sind mehre Theile des Apparats dazu bestimmt, das Gas von diesen unbrauchbaren und schädlichen Bestandtheilen zu befreien.

Aus jeder Retorte geht eine Röhre C senkrecht aufwärts und dann durch einen Bogen oder ein sogenanntes Sattelrohr wieder herunter in ein cylindrisches Gefäß, welches die Vorlage heißt; in dieser setzen sich während der Gasentwickelung Theer und ammoniakalisches Wasser ab und füllen sie bis zu einer gewissen Höhe an; steigen sie höher, so fließen sie durch eine an der Seite angebrachte, senkrecht heruntergehende Röhre in ein anderes, in unserer Abbildung nicht vorgestelltes Gefäß, die Theercisterne, aus welcher die Flüssigkeit mittels eines Hahns abgelassen werden kann. Jene Röhre dient auch zugleich zur Fortleitung des Gases; dieses enthält aber noch immer einen bedeutenden Antheil von Theer- und ammoniakalischen Dämpfen, der nur durch Abkühlung entfernt werden kann. Hierzu dient nun der in der Figur auch weggelassene sogenannte Condensator oder Kühlapparat, gewöhnlich ein viereckiger, eiserner, mit Wasser angefüllter Kasten, welcher eine Anzahl senkrechter, abwechselnd herauf= und heruntergehender Röhren von Eisen oder Kupfer enthält, die auf die Öffnungen des Bodens aufgeschraubt, oben aber paarweise durch Sattelröhren verbunden sind und die das Gas durchströmen muß. Unmittelbar unter jenem Kasten steht ein gleich großer Kasten mit senkrechten Scheidewänden; in diesem sammelt sich die Flüssigkeit, welche sich in den Röhren in Folge der Abkühlung des Gases durch das kalte Wasser (Kühlwasser), von welchem die Röhren umgeben sind, absetzt, und fließt in die Theercisterne, kann auch durch einen Hahn am Boden abgelassen werden. Statt von Wasser umgeben zu sein, können die Röhren auch durch Verdunstung kühl erhalten werden, indem sie mit feuchtem Wollenzeuch umwickelt und dem Luftzuge ausgesetzt sind, oder nur durch den letztern, wie es in Leipzig der Fall ist. Das abgekühlte Gas tritt nun aus dem Kühlapparat in das Reinigungsgefäß oder die Kalkmaschine. Dies ist ein eisernes cylindrisches Gefäß, welches mit Kalkmilch gefüllt ist, die man erhält, wenn man einen Theil gebrannten Kalk mit etwas Wasser löscht und dann mit 22—25 Theilen Wasser (dem Gewichte nach) verdünnt. Durch den Deckel des Gefäßes geht die senkrechte Achse des Rührers, der mittels einer Kurbel umgedreht wird und dazu dient, den sich zu Boden setzenden Kalk im Wasser zu vertheilen. Indem das Gas durch die Kalkmilch strömt, verbindet sich das in dem Gase enthaltene Schwefelwasserstoffgas und kohlensaure Gas mit dem Kalke und das Leuchtgas tritt, so viel als möglich gereinigt, in den Gasbehälter. Indessen kann man es von dem Schwefelwasserstoffgas aus dem Grunde nicht völlig reinigen, weil durch ein wiederholtes Waschen des Gases auch seine Leuchtkraft vermindert wird, indem es dadurch auch den in ihm aufgelösten Dampf des flüchtigen Gasöls verliert, der für das Leuchten sehr wirksam ist. Da die gebrauchte, von den angenommenen Stoffen grün gefärbte Kalkmilch beim Ablassen einen sehr unangenehmen Geruch verbreitet, so muß mit dem Abflußhahn eine Röhre verbunden sein, welche dazu dient, sie in eine Cisterne oder einen Kanal zu leiten. Bei einer andern Art von Reinigungsapparat, welche in der Abbildung nicht vorgestellt ist, braucht man statt der Kalkmilch feuchten Kalk, der auf Sieben liegt und durch welchen das Gas streichen muß; doch ist diese Art nicht so zweckmäßig und daher weit weniger in Gebrauch gekommen als die vorhin beschriebene, wiewol bei ihr die Schwierigkeit wegfällt, die gebrauchte Kalkmilch wegzuschaffen und durch neue zu ersetzen.

Bei der Bereitung des Ölgases fallen Theercisterne, Condensator und Reinigungsgefäß weg und das Gas geht aus der Vorlage des Retortenofens unmittelbar in den Gasbehälter. Die Retorten werden hier zum größten Theil mit Koks oder Ziegelsteinen angefüllt, auf welche die ölige Flüssigkeit mittels einer Röhre gegossen wird. Die Heizung der Retorten braucht weniger heftig zu sein als bei der Bereitung des Steinkohlengases, weshalb diese Retorten auch weit länger dauern.

II. Aufbewahrung des Gases.

Das gereinigte brennbare Gas wird vor seinem Gebrauche aus dem Reinigungsgefäße in einen großen Behälter, den sogenannten Gasometer (in der Figur G), geleitet. Dieser besteht aus zwei Gefäßen, am besten von runder oder cylindrischer Gestalt, von denen das eine, der Wasserbehälter, mit Wasser gefüllt und oben offen, das andere, der Gasbehälter, von gleicher Form, aber geringerer Stärke, in dem ersten verkehrt eingetaucht, d. h. oben verschlossen und unten offen ist. Sobald sich kein Gas im Gasometer befindet, ist der Gasbehälter ganz im Wasser eingetaucht und läßt über demselben keinen leeren Raum; tritt nun durch die aus dem Reinigungsgefäße kommende Röhre, die etwas über die Wasseroberfläche hervorragt, Gas in den Gasbehälter, so wird dieser nach und nach emporgehoben, darf je-

doch niemals ganz herausgehoben werden. Eine ähnliche, ebenfalls über dem Wasser mündende Röhre (in der Fig. C) leitet das Gas, welches durch den Druck des Gasbehälters in dieselbe getrieben wird, dahin, wo es gebraucht werden soll, und kann durch den Hahn K gesperrt werden. Das Gegengewicht S, das mittels einer über Rollen gehenden Kette mit dem Gasbehälter verbunden ist, dient dazu, diesen so viel leichter zu machen, daß er durch das Gas leicht emporgehoben werden kann. Es kann mit einem Zeiger und einer Scale versehen sein, die an dem den Gasometer einschließenden Gebäude von außen angebracht ist, um sogleich zu erkennen, wie viel Gas sich im Gasometer befindet.

Der Wasserbehälter wird gewöhnlich aus gußeisernen Platten oder aus starkem Eisenblech verfertigt und mit Reifen umgeben, kann aber auch in die Erde eingesenkt und aus Mauerwerk hergestellt werden; der Gasbehälter wird immer aus Eisenblech verfertigt. Die Größe des Gasometers richtet sich nach der Menge des Gases, welches verbraucht wird, doch ist es nicht vortheilhaft, ihn zu groß zu machen; als Maximum der Größe kann ein Inhalt von 30,000 Cubikfuß Gas angenommen werden. Da der Inhalt eines Cylinders bei gleicher Oberfläche dann am größten ist, wenn die Höhe desselben dem Halbmesser der Grundfläche gleich ist, so richtet man den Gasbehälter so ein, daß der Halbmesser seiner Grundfläche (seines Deckels) der Höhe desjenigen Theils gleich ist, welcher ganz mit Gas angefüllt sein kann, macht aber die Höhe noch ein bis zwei Fuß größer, damit auch dann, wenn jener Theil ganz mit Gas erfüllt ist, kein Gas an der Seite herausdringen kann. Soll nun der Gasbehälter 30,000 Cubikfuß fassen, so muß er 42 Fuß im Durchmesser haben und etwa 23 Fuß hoch sein. Ihn größer zu machen, ist darum nicht zweckmäßig, weil er sonst aus stärkerm Blech verfertigt werden müßte und dadurch einen unverhältnißmäßigen Kostenaufwand verursachen würde; statt dessen braucht man lieber zwei oder mehre kleinere Gasometer, was auch in anderer Hinsicht zweckmäßiger ist.

Der Gasometer dient aber nicht blos zur Aufbewahrung des Gases, sondern hat noch eine zweite Bestimmung. Der Gasbehälter drückt nämlich auf das darin enthaltene Gas mit immer gleicher Stärke und bewirkt dadurch, daß das Gas nicht nur in die Röhre, die zur Fortleitung des Gases bestimmt ist, gedrückt, aus ihr in die übrigen Röhren getrieben wird und aus den Öffnungen, wo es brennen soll, ausströmt, sondern auch immer gleichmäßig ausströmt und eine gleichförmige Flamme hervorbringt. Nun ist aber der Druck oder das Gewicht des Gasbehälters größer oder kleiner, je nachdem er weniger oder mehr im Wasser eingetaucht ist; wenn er ganz im Wasser eingetaucht ist, so ist er am leichtesten, weil bekanntlich jeder in Wasser eingetauchte Körper so viel an seinem Gewichte verliert, als die Wassermenge wiegt, die er verdrängt; wird er durch das in ihn geleitete Gas emporgehoben, so wird er allmälig etwas schwerer. Dieser Unterschied wird jedoch bei dem Steinkohlengas fast ganz durch den Umstand ausgeglichen, daß dasselbe bedeutend leichter als die gewöhnliche Luft ist und daher den Gasbehälter wie einen Luftballon in die Höhe hebt. Dadurch könnte freilich bei sehr großen Gasometern der Gasbehälter ganz aus dem Wasser hervorgehoben werden; dann würde die äußere Luft hineinströmen und, mit dem Leuchtgas vermischt, Knallgas bilden, dessen Entzündung eine furchtbare Explosion erzeugen könnte; bei Gasometern von mittlerer Größe ist dies aber nicht zu fürchten. Bei dem Ölgas, das mit der atmosphärischen Luft ungefähr gleich schwer ist, tritt der umgekehrte Fall ein; da würde der Gasbehälter einen immer größern Druck ausüben, je mehr er aus dem Wasser hervorgehoben würde; dies wird aber durch das Gegengewicht verhütet; je mehr nämlich der Gasometer emporgehoben wird, desto tiefer sinkt das Gegengewicht, desto größer ist also der auf der Seite desselben hängende Theil der Kette, welcher jenes vergrößert und daher das Gewicht des Gasbehälters immer mehr erleichtert.

Um die Verdunstung des Wassers zu verhindern, übergießt man die Oberfläche desselben in der Höhe von einigen Zollen mit Steinkohlentheeröl oder Brandöl; dann nimmt das Gas keinen Wasserdampf auf, sondern den Dampf des Öls, der die Leuchtkraft verstärkt. Im Winter muß das Wasser durch Einlassen von Dampf aus einem kleinen Dampfheizungsapparat, der gewöhnlich mit den Retortenöfen in Verbindung steht, vor dem Gefrieren geschützt werden. Eine Erneuerung des Wassers ist nicht nothwendig; man erneuert nur das wenige, was durch Verdunsten oder Durchsickern verloren geht.

Das Ausströmen des Gases, das sich durch kein Mittel völlig vermeiden läßt, kann durch Bildung und Entzündung von Knallgas Explosionen von ungeheurer Gewalt hervorbringen; ein Quadratfuß Gas, mit der vierfachen Menge atmosphärischer Luft vermengt, übt eine ebenso große Gewalt aus, als fünf Pfund Schießpulver. Damit nun das ausströmende Gas sich leichter zerstreuen kann und die etwa stattfindenden Explosionen nicht so großen Schaden anrichten können, errichtet man die Gasometer gewöhnlich im Freien und legt die Gasbereitungsanstalten außerhalb der Städte an.

(Der Beschluß folgt in Nr. 309.)

Die Bereitung der moussirenden Weine. *)

Lange schon war es kein Geheimniß mehr, daß das Moussiren oder Schäumen des Champagners auf einer besondern künstlichen Behandlung seines Mostes beruhe, jedoch glaubte man noch immer, daß es dessenungeachtet eine Eigenthümlichkeit sei, welche die in der Champagne wachsende Traube allein besitze. Neuere Versuche haben indeß gelehrt, daß sich bei angemessenem Verfahren in jedem Weine dieselbe Eigenschaft entwickeln lasse, und eine große Anzahl Fabriken moussirender Weine liefern jetzt, je nachdem die dazu verwendete Traubengattung vorzüglich oder gering ist, mit dem nöthigen Zusatz von Zucker zur Versüßung, Producte, welche oft Kenner selbst von dem wahren Champagner nicht zu unterscheiden vermögen, und die deshalb auch wol mit dem Namen „künstlicher Champagner“ belegt.

Die Verfahrungsarten selbst, wobei es darauf ankommt, dem Weine eine hinreichende Menge kohlensaures Gas — die Ursache des Schäumens — zu erhalten oder beizubringen, ohne seiner Abklärung Eintrag zu thun, waren anfangs sehr verschieden, indem man theils ältern, schon abgeklärten Wein dazu verbrauchte und das bei der Gährung entwichene Gas durch Aufpumpen eines künstlich gewonnenen zu ersetzen, theils auch dem Moste dasselbe durch Unterbrechung der Gährung zu erhalten suchte. Diese letztere

Art, von welcher wir hier eine nähere Beschreibung geben wollen, hat die weiteste Ausbreitung erlangt und ist besonders in den Gegenden am Rheine und in Franken allgemein üblich.

Man wählt unter den rothen Trauben, als der passendsten Gattung, die reifen, jedoch nicht überreifen, aus und schneidet sie, am besten beim Thau, sondert davon alles Unreife und Unreine und bringt sie unter die Kelter, noch ehe sie von der Sonne erwärmt worden, damit der Most gleich in Gährung geräth und so keinen Farbestoff annimmt, der nur in den Häuten der Beeren enthalten ist und erst durch die Gährung entbunden wird.

Den durch eine leichte Pressung gewonnenen Most oder den sogenannten Vorlauf vermischt man mit einer größern Menge Gelatine (man gibt ihm eine starke Schönung) und bringt ihn sogleich in ein Faß, welches vorher so lange geschwefelt wurde, bis der darin brennende Schwefel erstickte. Nach ungefähr 24 Stunden wird der Most hell sein und eine Menge Hefen abgesetzt haben. Man sondert nun das Klare ab, setzt ihm so viel reinen weißen Zucker zu, als nöthig ist, um die Süßigkeit des Champagners zu erzeugen, bringt ihn auf ein reines, nicht geschwefeltes Faß, legt dieses an einen kühlen Ort oder in einen Keller, wo die Wärmezahl nicht über 10° Réaumur sein darf, und spundet es leicht, damit theilweise die Schwefelung verflüchtigt und der Most in eine leichte Gährung geräth, wodurch der Zucker mit dem Weine inniger verbunden wird. Statt des Spundes bedient man sich auch wol zum Verschließen des Fasses einer besondern Vorrichtung mit Röhren, das Gasleitungsrohr benannt.

Nach Verlauf von abermals 24 Stunden, oder im Verhältniß der eingetretenen Gährung etwas später, bringt man den Wein wieder auf ein nicht zu stark geschwefeltes Faß, gibt ihm eine zweite sogenannte Schönung mit Gelatine und läßt ihn ruhig zur völligen Abklärung liegen. Nachdem er ganz hell geworden, füllt man ihn auf starke Flaschen, versieht diese mit Korken und Draht und verpicht sie gut. Sie werden hierauf an einen kühlen Ort auf den Kopf gestellt, mit Sand bedeckt, den man durch kaltes Wasser feucht erhält, und bleiben ein Jahr lang liegen, worauf man sie im Keller auf Gestelle so legt, daß der Kopf immer unten bleibt. Hat sich nun während des Liegens noch Bodensatz in den Hals der Flasche abgesetzt, so wird dieser im Winter bei Frostkälte durch schnelles und geschicktes Öffnen des Pfropfes beseitigt, die Flasche aber wie vorher verstopft und bis zum Verbrauche an einem kühlen Orte aufbewahrt.

Der Ameisenbaum von Guiana.

Dieser Baum, dessen botanischer Name Triplaris americana ist und der in die Ordnung der Polygonien gehört, wächst in Menge auf den sandigen Ufern der Binnenflüsse von Guiana, wo die durch die Armuth des Bodens verkrüppelten Gesträuche kaum fünf oder sechs Fuß hoch werden, zu einer Höhe von 50 oder 60 Fuß. Wer den Baum nicht kennt, sollte glauben, er sei mit weißen, etwas rothgefärbten Blüten bedeckt, unter denen die dunkelgrünen Blätter nur hier und da vorsehen. Der unvorsichtige Botaniker, der, durch den täuschenden Anblick gelockt, sich dem Baume nähern wollte, um die Blüten zu pflücken, würde den Versuch schwer bereuen. Der Stamm und die Zweige des

---

*) Vergl. über die Zubereitung des echten Champagnerweins Pfennig-Magazin Nr. 231.

Baumes sind hohl und mit Abtheilungen versehen, die der Stellung der Blätter an der Außenseite entsprechen. Diese Höhlungen werden von einer hellbraunen, etwa zwei bis drei Zehntel Zoll langen Ameisenart bewohnt, deren Biß höchst schmerzlich ist. Sie fallen mit der größten Heftigkeit über ihre Beute her und setzen, sobald sie mit einem weichen Stoffe in Berührung kommen, ihre dreieckigen Freßzangen ein, wobei sie einen weißlichen Saft ausfließen lassen; ihr Biß verursacht mehre Tage lang Geschwulst und Jucken. Verschieden von diesem Baume ist ein anderer Ameisenbaum, Cecropia peltata, zur Familie der Urticeen oder nesselartigen Gewächse gehörig, der sich ebenfalls in den wärmern Ländern von Amerika findet. Sein Holz ist sehr leicht und wird von den Amerikanern als Zunder zum Feueranzünden gebraucht. Gewöhnlich ist er von Ameisen ganz durchlöchert und so sehr damit angefüllt, daß man ihn nicht schütteln kann, ohne von diesen ganz bedeckt zu werden.

Junot.*)

Andoche Junot, Herzog von Abrantes, wurde zu Bussy-les-Forges im Departement Côte d'Or (in Burgund) am 23. Oct. 1771 geboren. Beim Ausbruche der französischen Revolution studirte er die Rechtswissenschaft und hatte sich bereits mehr Kenntnisse erworben, als die Mehrzahl der jungen Leute, welche damals in Frankreich zur Vertheidigung des Vaterlandes die Waffen ergriffen und sich der kriegerischen Laufbahn widmeten. Er trat als gemeiner Grenadier in eins der Bataillons seines Departements und zeichnete sich sehr bald bei mehren Gelegenheiten durch seine Tapferkeit aus. Schon in einer der frühern Nummern (302) ist erzählt worden, wie er im Jahre 1793 bei der Belagerung von Toulon durch einen Zufall Gelegenheit erhielt, sich bei Bonaparte in Gunst zu setzen und ihm von seinem Muthe einen hohen Begriff beizubringen. Seitdem begleitete er ihn beständig; zunächst folgte er ihm als sein Adjutant nach Italien, zeichnete sich hier in vielen Treffen aus, wurde mehrmals schwer verwundet und avancirte schnell nacheinander zum Escadronchef der leichten Reiterei, Oberst und Brigadegeneral. Später begleitete er Bonaparte nach Ägypten, wo er sich besonders in dem Treffen bei Nazareth hervorthat, in welchem er mit nur 300 Reitern 10,000 Türken anzugreifen wagte und sie, vom General Kleber unterstützt, in die Flucht schlug. In demselben Augenblicke, wo der Neffe Murad Bei's, ein gefürchteter Krieger, im Begriff war, sich mit dem Säbel auf ihn zu stürzen, gelang es Junot, der im Schießen eine außerordentliche Geschicklichkeit besaß, ihn mit einem Schusse niederzustrecken. Zwar handhabte er auch den Säbel mit großer Gewandtheit, war jedoch von der Überlegenheit der Mamluken in der Führung dieser Waffe so überzeugt, daß er sich nur auf seine trefflichen Pistolen verließ. Mit Bonaparte kehrte er nach Frankreich zurück, nahm an dem 18. Brumaire, d. h. dem Sturze des Directoriums, Theil und wurde 1804 zum Commandanten, nachher zum Gouverneur von Paris ernannt; später stand er als Divisionsgeneral bei der sogenannten Armee von England und erhielt den Titel Generaloberst der Husaren. Noch in demselben Jahre wurde er als Botschafter nach Portugal geschickt, ver-

ließ aber Lissabon wieder auf einige Zeit, ging nach Deutschland zur Armee und that in der Schlacht bei Austerlitz Wunder der Tapferkeit.

Im Jahre 1807 wurde ihm der Oberbefehl der in Bayonne versammelten, zur Eroberung von Portugal bestimmten Armee übertragen; dies war jedoch eine sehr unglückliche Wahl, welche für Napoleon und Frankreich nachtheilige Folgen hatte. Junot war ein muthvoller, unerschrockener Krieger und seinem Kaiser unbedingt ergeben, aber es fehlte ihm gänzlich an denjenigen Eigenschaften, die nöthig sind, um eine Armee zu commandiren, besonders eine solche, die ein entferntes Land zu besetzen bestimmt ist. Dazu kam, daß er seit einigen Jahren von Zeit zu Zeit Anfälle von einer ungemessenen Heftigkeit hatte, die eine Störung seiner Seelenkräfte befürchten ließen. Durch einen Vorfall dieser Art machte er sich in Bayonne verhaßt und allgemein war in dieser Stadt die Freude, als die Armee nach Spanien abmarschirte; man glaubte von einem Feinde befreit zu sein, da Junot und die meisten seiner Generale und Offiziere die Bürger wie bezwungene Feinde behandelt hatten. Damals ließ sich schon voraussehen, wie er in einem fremden, von seiner Armee besetzten Lande verfahren würde, wo er sich als unumschränkten Herrn des Volkes ansehen könnte. Junot gelangte fast bis Lissabon, ohne von Seiten der Einwohner auf das geringste Hinderniß gestoßen zu sein, da der Prinz-Regent von Portugal seine ganze Armee an der Seeküste in der Nähe von Lissabon concentrirt und keine Vertheidigungsanstalten getroffen hatte. Indessen war der Marsch wegen des schlechten Zustandes der Wege, der Überschwemmungen der Flüsse und des Mangels an Lebensmitteln äußerst gefährlich und beschwerlich. Erst in Abrantes, einer kleinen Stadt am Tajo in der Provinz Estremadura, etwa 12 Stunden von Lissabon, fand die Armee Vorräthe und ihre Strapazen hatten hier ein Ende; dieser Umstand bestimmte, wie es scheint, Napoleon, dem General Junot den Titel Herzog von Abrantes zu geben, an den sich sonst keine wichtige militairische Erinnerung knüpft. Als Junot, der am 30. November 1807 mit nur 1500 Grenadieren in Lissabon einrückte, Herr von Portugal war, dessen flüchtende Königsfamilie sich bereits am 25. November nach Brasilien eingeschifft hatte, benahm er sich auf eine Weise, welche die ganze Nation gegen die Franzosen aufbringen mußte. Anfangs hatten die Portugiesen die französischen Soldaten mit dem größten Wohlwollen aufgenommen und eine Bewunderung und Verehrung für den Kaiser gezeigt, die dieser bei der Ausführung seiner Plane in Betreff Spaniens sehr vortheilhaft hätte benutzen können. Statt sie aber in dieser günstigen Stimmung zu erhalten, kündigte Napoleon in seiner hochfahrenden, aus Mailand datirten Proclamation seine Absicht an, die portugiesische Nation zu plündern, und behandelte sie wie ein besiegtes Volk oder eine mit Sturm eroberte Stadt. Dadurch bereitete allerdings der Kaiser selbst der portugiesischen Aufstand vor, aber Junot, der durch seine Ausschweifungen die Heftigkeit seines Charakters steigerte und seine Geisteskräfte schwächte, trug durch seine Habgier, seine Anmaßung und die Unfähigkeit, welche er an den Tag legte, sehr bedeutend dazu bei. Die Portugiesen empörten sich, die Engländer unterstützten sie, landeten eine Armee und zwangen Junot nach zwei Gefechten zu capituliren. Junot machte sich hierbei eines groben Fehlers schuldig, indem er anfangs nur eine schwache Division unter General Laborde gegen die von Sir Arthur Wellesley commandirte englische Armee schickte.

Die Franzosen bedeckten sich mit Ruhm, wurden aber durch den zu sehr überlegenen Feind genöthigt, sich zurückzuziehen, nachdem sie einen großen Verlust erlitten; dies setzte den englischen Feldherrn in den Stand, eine furchtbare Stellung bei Bimieira einzunehmen, wo die zu spät vereinigte französische Armee am 21. August unterliegen mußte. Wären die Engländer gleich nach ihrer Ausschiffung durch alle unter Junot's Befehl stehenden Truppen angegriffen worden, so wäre ihre Besiegung höchst wahrscheinlich gewesen. Die in dem Dorfe Cintra am 30. August 1808 abgeschlossene Capitulation war für die französische Armee, welcher gestattet wurde, sich mit Waffen und Gepäck auf Kosten der Engländer nach Frankreich einzuschiffen, sehr ehrenvoll und wurde eben deshalb in London entschieden gemißbilligt, wiewol auch Napoleon sie keineswegs billigte. Nach neunmonatlicher Besetzung von Portugal kehrte demnach die Armee nach Frankreich zurück; unter einem geschicktern Anführer hätte sie sich noch mehre Monate halten und die Engländer hindern können, den Spaniern wirksame Hülfe zu leisten. Bei seiner Rückkehr wurde Junot vom Kaiser sehr kalt aufgenommen, begleitete ihn aber später nach Spanien, zeichnete sich bei der zweiten Belagerung von Saragossa aus und nahm am zweiten Feldzuge gegen Portugal Theil, in welchem er unter Marschall Massena ein Corps commandirte. Ebenso führte er 1809 im östreichischen Kriege ein Armeecorps und wurde dann Gouverneur der illyrischen Provinzen. 1812 commandirte er in dem Feldzuge gegen Rußland das achte Armeecorps der großen Armee und that sich am 19. August im Gefecht bei Balontina hervor. Nach dem Rückzuge aus Rußland wurde er abermals zum Generalgouverneur der illyrischen Provinzen ernannt, verfiel aber bald in völligen Wahnsinn und wurde daher nach Frankreich zu

seinem in Montbard im Departement Côte d'Or lebenden Vater gebracht. Zwei Stunden nach seiner Ankunft, am 22. Juli 1813, stürzte er sich zum Fenster heraus und brach ein Bein, sodaß eine Amputation vorgenommen werden mußte, aber nach derselben riß Junot den Verband ab und starb am 28. desselben Monats.

Fast noch bekannter als Junot ist durch ihre schriftstellerischen Verdienste seine Witwe geworden, Laurette, Tochter des Finanziers Permon, geboren zu Montpellier am 6. November 1784. Ihre Mutter war aus Corsica, stammte aus dem alten griechischen Kaisergeschlechte der Komnenen und war eine alte Freundin der Familie Bonaparte, weshalb ihre Tochter bei ihrer Verheirathung mit Junot bald nach seiner Rückkehr aus Ägypten von Bonaparte ein Hochzeitsgeschenk von 100,000 Francs erhielt. Später wurde sie zur Hofdame von Napoleon's Mutter ernannt und gewöhnte sich an ein sehr verschwenderisches Leben, das freilich nach dem Tode ihres Gemahls, der ihr kein Vermögen hinterließ, ein plötzliches Ende nahm, sodaß sie sich genöthigt sah, die Wohlthätigkeit der königlichen Familie in Anspruch zu nehmen und sich in das Nonnenkloster Abbaie aux bois zurückzuziehen. Ihre Umstände besserten sich etwas, als sie im Jahre 1831 als Schriftstellerin auftrat und ihre Memoiren in 22 Bänden herausgab, die bei aller Weitschweifigkeit viel Interessantes enthalten und mit Begierde im In= und Auslande, im Original und übersetzt, gelesen wurden. Mit den zahlreichen darauf folgenden Werken der schreiblustigen Herzogin war dies freilich weniger der Fall, doch sicherten sie ihr ein anständiges Auskommen, und nur ihrer verschwenderischen Lebensweise ist es zuzuschreiben, daß sie zuletzt ganz in Dürftigkeit versunken ist. Sie starb am 7. Juni 1838 in einem Privatkrankenhause zu Paris.

Herzogin von Abrantes.

Verantwortlicher Herausgeber Friedrich Brockhaus. — Druck und Verlag von F. A. Brockhaus in Leipzig.

2

Das Pfennig-Magazin

für

Verbreitung gemeinnütziger Kenntnisse.

309.]   Erscheint jeden Sonnabend.   [März 2, 1839.

Hans Sachs.

In unserer frühen Jugend schon hörten wir ein altes Reimsprüchlein, welches sich auf den wackern Meister bezog, dessen Name diesem Artikel als Überschrift dient, und von dessen Lebensumständen wir dem Leser hier einiges Nähere mittheilen wollen. Dieses Sprüchlein, auf Verszierlichkeit und geistreiche Erfindung wenig Anspruch machend, lautete so:

> Hans Sachs war ein Schuh-
> macher und Poet dazu!

Damals lachten wir wol über den schlechten Reimfall dieses Sprüchleins, sowie über den seltsamen Mann, der zu so schlechter Syllabirung seinen Namen hergeben mußte, und welchen das merkwürdige Lebensloos getroffen hatte, ein Dichter zugleich und ein Schuhmacher zu sein. Allein als wir älter und verständiger und etwas vertrauter wurden mit den mannichfachen Verwickelungen des Lebens, in welchem sich oft noch Widersprechenderes zusammenfindet und zusammenfügt als die Musen und ein Leisten; als wir zu unserer Belehrung einen Blick in die Geschichte der ältern deutschen Dichtkunst geworfen hatten, welche zwar langsam, aber siegreich aus so vielen Widerwärtigkeiten des äußern Staats- und bürgerlichen Lebens hervorging und sich hervorbildete, da kam uns in der That das alte übelgereimte Sprüchlein wenigstens nicht mehr ungereimt vor, und wir lernten Respect bekommen vor der kräftigen, strebelustigen, in ihrem Doppelberuf rüstig und rastlos thätigen Natur des deutschen Meistersängers, der ein wackerer Schuster, und des deutschen Schu-

sters, der wieder beiweitem der wackerste Meistersänger in den deutschen Gauen war.

Es ist zu beklagen, daß wir dessenungeachtet von den äußern Lebensumständen dieses merkwürdigen und ausgezeichneten Mannes verhältnißmäßig nur wenig wissen. Im Allgemeinen fehlt es uns zwar nicht an historischen Nachrichten über seine Persönlichkeit, seine Wirksamkeit und seine poetische Stellung in der damaligen Zeit; allein Diejenigen, welche wir jene geschichtlichen Mittheilungen über den verdienstvollen Meistersänger verdanken, hielten sich, aus natürlichen Gründen, mehr an das innere Leben des Mannes, an seine Geistesentwickelung, welche, wie es sich aus den Verhältnissen selbst ergibt, unter mancherlei Widerwärtigkeiten stattfand, mit einem Worte, sie hatten mehr den Poeten und sein dichterisches Dasein als sein äußerliches, bürgerliches Leben, mehr seine Bildung als seine Existenz vor Augen. Daher kommt es denn, daß in einer Lebensschilderung von Hans Sachs die Phantasie selbst Manches in ihrer Weise ausdeuten und ergänzen muß. Was Geschichtliches vorliegt, sind mehr einzelne Ereignisse und Züge, welche der Darsteller sich befleißigen muß, mit möglichster Treue zu verbinden und zu einem biographischen Ganzen zusammenzufügen, dessen Einzelheiten auch innerlich zusammenstimmen. Und von dieser Seite wünschen wir, daß der Leser auch den kurzen Abriß, welchen wir im Nachstehenden von dem Leben des trefflichen Meistersängers liefern wollen, ansehen und beurtheilen möge. Was die Hauptereignisse anlangt, so sind sie der Wahrheit gemäß und geschichtlich begründet.

Hans Sachs, so viel die Geschichte meldet, der einzige Sohn von Veit Sachs, einem ehrsamen, fleißigen Schuhmacher in der freien Stadt Nürnberg, wurde geboren am 5. Nov. 1494 und von seinem Vater, dessen Geschicklichkeit sich einiges Rufes erfreute, ebenfalls für dieses seit zwei Jahrhunderten in der Familie einheimische Handwerk erzogen. Kaum 14 Jahre alt, hatte der junge Hans, der schon als kleiner Knabe eine lebhafte Fassungskraft zeigte, alle Geheimnisse seines Handwerks inne und war ein so vortrefflicher Schustergesell, wie nur einer zu finden war in bairischen und fränkischen Landen. Allein je mehr sich der junge Mensch von dieser seiner unbestreitbaren Kunstfertigkeit selbst überzeugte, desto unbefriedigter fühlte er sich in seinem innersten Gemüth. Er fühlte und erkannte, daß in ihm noch ein höherer, edlerer Trieb sich regte, als der bloße Eifer für sein niedriges Handwerk. Von Tage zu Tage mehrte sich in seinem Innern dieses noch halb unbewußte Sehnen und Verlangen nach etwas Anderm; er versank in Träumerei und Traurigkeit und verlebte wüste Tage, schlaflose Nächte, ganz dem Gedanken hingegeben an das Herrlichere, was da kommen sollte und ihm selbst noch nicht einmal deutlich war.

Es war gleichfalls ein ganz schlichter nürnberger Bürgersmann, welcher dem jungen Hans Sachs in dieser seiner wirren Gemüthslage das richtige Verständniß öffnete. Leonhard Nunnenbeck hieß der Mann, der Hans Sachsens Freund und bald sein Lehrer und Rathgeber wurde; seines Zeichens war er ein Leinweber, aber wer von ihm gemeint hätte, er verstehe nur sein Weberschiffchen auf dem Webstuhl lustig hin und her zu werfen und zu weben, der würde sich dem wackern Meister sehr getäuscht haben. Meister Leonhard verstand sich auch auf das Schiffchen der Gedanken und der Poeterei, und er wußte es so lustig auf der elastischen Welle des Reimes und Verses, auf der spielenden Fläche der Gesätze und des Strophenwerks daherschaukeln zu lassen, daß es eine Freude war. Mit einem Worte, der würdige Leonhard Nunnenbeck war zu gleicher Zeit ein geschickter und berühmter Meistersänger, und in dieser trefflichen Kunst wurde er der Lehrer des jugendlich-eifrigen Sachs, dem nun auf einmal wie durch eine Himmelsoffenbarung Das, was er längst erwartet und ersehnt hatte, aufgegangen war, dem nun auf einmal in der allbeglückenden Kunst der zierlich sich fügenden Dichtung der rechte Lebenstrost, die rechte Lebensfreude und Seelenweide sich erschlossen hatte. Einen eifrigern, unermüdlichern Schüler als unsern Hans Sachs konnte es nicht geben. Jedes Viertelstündlein, das er sich von der beschwerlichen, freudelosen Arbeit des Schuhflickens (die er ja doch, weil er arm war, nicht gänzlich aufgeben durfte) abdarben konnte, verwandte er zum eifrigen Studium in der herrlichen, weltberühmten Kunst des Meistergesangs. Ganze Nächte durchwachte er im einsamen Kämmerlein beim trüben Lampenschimmer, ganz vertieft in die schwierigen, aber belohnenden Regeln seiner neuen Kunst. Es konnte nicht fehlen, daß der Jüngling, je glühender er für diesen edlern Beruf entbrannte, nach und nach desto nachlässiger in seinem väterlichen Handwerke ward. Hans Sachs versprach die Krone des Meistergesangs zu werden, aber er wurde von Tage zu Tage ein unordentlicherer Schuhmacher. Es liefen Klagen ein, es wurden Bestellungen zurückgenommen, und der alte Sachs, der sein Geschäft den Krebsgang gehen sah, ergrimmte heftig wider seinen Sohn und dessen Verführer, wie er

ihn nannte, den Leinweber Nunnenbeck. Zuletzt jagte er den Erstern, als ein unnützes Handwerks- und Familienglied, aus dem Hause, mit dem Bescheid, er möge sein brotloses Gewerbe des Reimeschmiedens treiben, wo es ihm beliebe, und nicht früher, als bis er diesem aus vollem Herzen entsagt, es wagen, wieder das väterliche Haus zu betreten.

Die Sage meldet nun, daß an einem schönen Frühlingsmorgen der sechzehnjährige Jüngling Hans Sachs mit seinem Bündelchen auf dem Rücken, aber rüstigen Muthes, zum Thore seiner guten Vaterstadt Nürnberg hinauswanderte, in deren Schoose ihm seine Knaben- und ersten Jünglingsjahre freudlos genug verstrichen waren. Aber diese Erinnerung trübte seine jugendfrische Seele nicht mehr; war ihm ja doch das hohe Ideal seines Berufs gleich einem leuchtenden Sternbilde im Osten aufgegangen! Hans Sachs pilgerte nun den ganzen schönen Rheinstrom auf und ab, keine Stadt unbesucht lassend, wo nur irgend die herrliche Kunst des Meistergesanges gepflegt und geübt ward. Aber vom Singen wird der Mensch nicht satt, so erging es schon in jener Zeit den bedauernswerthen Dichtern. Es half nichts, Hans Sachs mußte wieder zu seinem Handwerke sich wenden; er mußte bei tüchtigen Schuhmachermeistern Arbeit suchen, die ihm auch nirgend fehlte, und wenn er nun, auf seinem Dreifuß sitzend, so den ganzen Tag gezwirnt, genäht und gehämmert hatte, dann warf er sich noch spät am Abend in seinen Sonntagsstaat und begab sich nach den Versammlungsorten der Singschulen, wo er anfangs als ein lehrbegieriger, vielversprechender Schüler, bald aber selbst als wackerer Praktikant und endlich als ein so tüchtiger Meister willkommen war, wie nur einer jemals ein Gesätz und Gegengesätz gefügt hatte. So vergingen einige Jahre, binnen welcher Hans Sachs bekannt und berühmt geworden war bei allen Verständigen und Liebhabern der Kunst in ganz Deutschland. Aber als brotlose Kunst erwies sich denn doch noch fürs Erste der herrliche Meistergesang, sowie es der Vater Hans Sachsens vorausgesagt hatte. Da entschloß sich der Jüngling, im gerechten Stolz auf seinen erworbenen Ruhm, wieder umzukehren nach seiner lieben Vaterstadt und wie zuvor im Hause des Vaters zu arbeiten als Handwerksgenosse, nebenbei aber der edeln Kunst, von welcher er nun und nimmer lassen konnte, fleißig obzuliegen. Nach langer, mühseliger Wanderschaft langte er an einem späten Abende in Nürnberg an. Er suchte die wohlbekannte Gasse auf, wo das väterliche Häuschen stand; in allem Dunkel fand er doch leicht den eisernen Klöpfer wieder, welcher in leisen, vorsichtigen Schlägen den Bewohnern die Ankunft eines befreundeten Gastes melden sollte. Lange, lange mußte der Jüngling, erst leise, dann lauter und immer lauter klopfen, bevor im Innern des Hauses Tritte und eine kreischende keifende Weiberstimme laut wurden. Endlich öffnete sich das Fenster und ein altes häßliches Weib erschien mit einem Lichte, scheltend und tobend, wer noch in so später Nacht Einlaß begehre. „Gute Frau", sagte bescheiden der Jüngling, „wohnt hier nicht Veit Sachs, der Schuhmacher?" Auf diese Frage schalt die Frau nur ärger: „Merkt es Euch, Ihr Tagedieb", rief sie im heftigsten Unwillen, „daß Veit Sachs, der Schuhmacher, schon vor zwei Jahren das Zeitliche gesegnet und weder Mann noch Maus von seiner Familie an dieser Wohnung mehr Antheil hat." Wie diese traurige Nachricht den armen Jüngling erschreckte, wollen wir dem Leser nicht schildern; er sank erschüttert nieder auf einen Stein vor der Thüre des gegenüberstehenden Hauses, verbarg das Gesicht in beiden Händen und schluchzte laut. So zeigt ihn, den jugendlichen Meistersänger, unsere Abbildung auf Seite 68.

Armer Sachs, wohin sollst du dich nun wenden, um ein Nachtquartier, um eine gastliche Aufnahme zu finden? Muth gefaßt, dem Redlichen hilft Gott! Der trauernde Hans besann sich zur rechten Zeit auf seinen alten Meister in der Kunst, der er nun sein ganzes Leben gewidmet hatte, auf den alten Weber Leonhard Nunnenbeck. Zu dem Hause dieses würdigen Mannes wendet er sich und bald liegt er in den Armen dieses seines einzigen väterlichen Freundes. „Bleibe du bei mir, lieber Sohn", spricht der wackere Greis, „und liege nur ohne Scheu und Störung der edeln Kunst ob, welche dir schon so reichliche Früchte der Ehre getragen. Vertraue dabei auf Gottes Rath, er wird das Zukünftige am besten fügen." Durch diesen Freundestrost gestärkt, verlebte nunmehr der wackere Jüngling im Hause seines alten Lehrers ruhige, glückliche Tage, welche ganz dem Studium der von Tage zu Tage berühmter werdenden Kunst des Meistergesangs gewidmet waren. Und so sehen wir ihn auf Seite 65 vorgestellt, wie er ein mit Versen und Sprüchlein beschriebenes Pergament oder Papier vor sich hält, in dessen poetischen Inhalt sich seine ernste Phantasie ganz vertieft hat.

Allein dieser häusliche Friede sollte nicht gar lange währen; diese Stimmung der in sich selbst beruhigten, dichterischen Begeisterung sollte nicht anhaltend sein. Wissen wir ja doch aus uralter Zeit, daß, wo die Dichtung wohnt, auch die Liebe nicht fern ist, und welche große Störung im Innersten eines reinen, phantasievollen Dichtergemüths kann nicht die Liebe hervorbringen! So geschah es auch mit dem nun 21jährigen Dichter. An einem Sonntage, als er im saubern Feiertagsornat nach St.=Sebaldus wanderte, um dort den Gottesdienst zu feiern (denn in einem altdeutschen Dichtergemüth wohnte neben der Kunstbegeisterung auch die Frömmigkeit), erblickte er unter den in dem Gotteshause andächtig versammelten Frauen ein so liebliches, wunderschönes Mädchenbild, daß er sogleich sein Herz von ihrem Anblick ganz durchdrungen und erschüttert fühlte. Und dieses zarte, herrliche Mädchenbild, die wol kaum 16 Lenze zählt, war Niemand anders, als das einzige Kind des weit und breit berühmten Goldschmieds, Meister Gulden, des reichsten Bürgers in der ganzen Stadt Nürnberg. Wie es nun zu geschehen pflegt, daß der Reichthum der Liebe manchmal in den Weg tritt, so geschah es auch hier. Denn wiewol Röschen, die liebliche Goldschmiedstochter, und ihr stattlicher Anbeter, der jugendliche Meistersänger Hans Sachs, sich in gegenseitiger Liebesneigung bald vereinigten und manch heimliches Stündchen traulichen Beisammenseins selbst im blühenden Garten des Goldschmieds feierten, so war doch des alten, reichen und über Alles stolzen Vaters Gesinnung ganz unbeugsam, und er hatte sich hundert und aber hundert Mal das feierliche Gelübde gethan, sein einziges schönes und reiches Töchterlein Niemandem zum Ehegespons zu geben, der nicht von reinem, adeligem Geschlecht entsprossen sei und einer einflußreichen Stellung in der freien Reichsstadt Nürnberg sich erfreue. Und so fand sich denn, wie die Sage meldet, für die reizende Goldschmiedstochter ein Bewerber, welcher einem der ältesten Adelsgeschlechter des deutschen Reichs entsprossen war und nebenbei noch das ehrenvolle Amt eines der ersten Räthe der Stadt Nürnberg bekleidete. Dieser angesehene Mann hatte in aller Form beim reichen Goldschmied um sein Töchterlein geworben, und

dieser hatte der einflußreichen Standesperson, die ja alle seine Bedingungen als Eidam erfüllte, die Hand der Tochter bereits zugesagt.

Aber wie wenig entsprach dagegen der Schützling des Vaters den Ansprüchen der Tochter! Wie gar nicht hielt er in jeder Beziehung den Vergleich aus mit ihrem schlanken, wohlgestalteten, geistvollen, von Liebe und Poesie ganz durchglühten Liebhaber! Herr Krebsblut von Wirbelrad (so nennt die Sage den vom Vater auserwählten Eidam) war in körperlicher und geistiger Beziehung ein wahres Ungethüm. Er war von Wuchs überaus kurz und gedrungen gebaut; seine kurzen, dünnen Beine waren beiweitem mehr nach innen zu gekrümmt, als es die Schönheitslinie verstatten will; sein Kopf war groß, dick und platt, sein Gesicht ausdruckslos, seine Wangen schlaff, seine Nase karfunkelroth, von dem feurigen Geiste der im Übermaß genossenen Weine stets durchglüht; der rundliche Hängebauch, die Runzeln auf der Stirn und an den Mundwinkeln und die immer rücksichtsloser hervortretenden grauen Einschlagfäden seines struppigen Haupthaars verriethen ein schon um Vieles weiter vorgerücktes Alter, als es einer hübschen Jungfrau lieb ist, selbst wenn sie nicht mehr in der ersten Maienblüte des Lebens steht, wie dies bei Röschen Gulden der Fall war. Was die geistigen Fähigkeiten des edeln Junkers betraf, so waren sie von dem untergeordnetsten Range, und es galt allgemein bei Hoch und Niedrig die Ansicht, daß, wenn die Stadt Nürnberg diesem Rath allein ihren guten Rath hätte verdanken sollen, es in Kurzem mit ihrem Glück und Gedeihen gar schlecht bestellt gewesen sein würde. In aller Kürze denn, und damit wir uns in die fast lächerliche Persönlichkeit des hochgestellten Nebenbuhlers unsers jugendlichen Meistersängers nicht allzu sehr vertiefen, der Tag der Hochzeit Röschen's mit diesem unerwünschten Bräutigam war bereits angesetzt, und ein widerwärtiges, für unsern liebeglühenden Dichter höchst demüthigendes Ereigniß mußte sich noch zutragen, um den Kummer, der schon an seinem treuen Herzen nagte, in wirkliche Verzweiflung zu verwandeln.

Bis diesen Augenblick nämlich wußte der Vater Röschen's, der reiche Goldschmied, noch nicht, welches Standes und Berufs eigentlich der von seinem einzigen Kinde geliebte Jüngling sei. Er hatte ihn für einen Abenteurer gehalten, der sich der brotlosen Kunst der Poeterei ergeben, und schon als solchen für ganz unwürdig, die Hand seines Kindes zu besitzen. Er hatte ihm streng und barsch nach den ersten kurzen Besuchen sein Haus verboten. Nun begab es sich aber an einem Festtage, daß der häßliche Nebenbuhler Hans Sachsens, der kurze, feiste Rathsherr von Nürnberg, im stattlichen Aufputz vor dem Laden vorüberschritt, in welchem der Jüngling seit Kurzem wieder seine Handthierung begonnen hatte, um sich seinen Lebensunterhalt zu erschwingen. Das Unglück wollte, daß in demselben Augenblicke an dem Schuh des Rathsherrn ein zierlich aufgeheftetes Röslein absprang und er, um diesem Schaden auf der Stelle abzuhelfen, in des Jünglings Laden trat, der ihm, wie gerufen, gleich zur Hand war. Hier nun folgte eine Erkennungsscene, die den armen Dichter schier zur Verzweiflung brachte. Kaum war der Schuh des Rathsherrn in Ordnung gebracht, als dieser sich spornstreichs in das Haus seines Schwiegervaters, des Goldschmieds, begab und nichts Eiligeres zu thun hatte, als diesem brühwarm die Nachricht aufzutischen, wie jener unverschämte Gesell, jener Reimschmied, der um die Liebe seiner Braut zu buhlen wage, kein Anderer sei, als der armselige Schuhflicker in der Lambertusgasse, der ihm

*

Hans Sachs kehrt nach Nürnberg zurück.

soeben seinen zerplatzten Schuh ausgebessert. Diese Er-öffnung geschah noch obenein in Röschen's Gegenwart, welche vor Ärger und Scham in die Erde zu versin-ken meinte. Der Vater aber ergrimmte darüber höch-lich; er beschloß, den verliebten, unverschämten Gesellen sonder Verzug auf das empfindlichste zu züchtigen, und setzte deshalb die Vermählungsfeier seiner Tochter mit dem häßlichen Rathsherrn sogleich auf den folgenden Tag fest. Will der Leser zu bildlichem Beleg dessen einen Blick auf unsere hier dargestellte dritte und auf die

Seite 72 gegebene vierte Abbildung werfen, so wird er auf ersterer den demüthigenden Auftritt zwischen dem Rathsherrn und dem Meistersänger in des Letztern Schuh-macherladen, auf der letztern aber einen noch herzbre-chendern Auftritt zwischen Röschen und ihrem Vater dargestellt finden, wo wir leider die Klagen und Liebes-betheuerungen des armen Kindes an der felsenfesten Ent-schlossenheit des alten Goldschmieds scheitern sehen.

(Der Beschluß folgt in Nr. 310.)

Hans Sachs und der Rathsherr.

Die Gasbeleuchtung.

(Beschluß aus Nr. 308.)

III. Fortleitung und Benutzung des Gases.

Von dem Gasometer geht eine cylindrische Röhre aus, die Hauptröhre, welche das Gas an seinen Bestimmungsort leitet; von ihr gehen die übrigen Hauptleitungsröhren, die das Gas durch die Straßen leiten, aus, und von diesen die Ableitungsröhren, die zu den einzelnen Brennöffnungen führen. Die Hauptleitungsröhren gehen in einer Tiefe von etwa zwei Fuß unter der Erde hin. Ihre Weite hängt von der Menge des Gases ab, welche gebraucht wird und fortgeleitet werden muß; je mehr Gas nöthig ist, desto weiter müssen sie natürlich sein; wenn sie aber von Gußeisen sind, so dürfen sie nie enger als 2 Zoll weit sein. (In Leipzig ist das Hauptrohr 6, in Berlin 10 Zoll weit.) Die Ableitungsröhren sind selbst bei einer einzigen Flamme von der Helligkeit eines Talglichts von ⅙ Pfund, welche in einer Stunde nur ½ Cubikfuß Gas braucht, nicht unter ¼ Zoll im Lichten dick und können eher zu weit als zu enge gemacht werden, denn je weiter sie sind, desto gleichmäßiger und ruhiger brennt die Flamme. Alle Hauptleitungsröhren und solche Zuleitungsröhren, welche über 1½ Zoll im Durchmesser haben, sind aus gußeisernen Röhrenstücken von 6—8 Fuß Länge zusammengesetzt. Diese haben an der einen Seite einen Wulst, an der andern eine Schnauze oder Erweiterung, und die Verbindung der Röhrenstücke geschieht so, daß der Wulst des einen in die Schnauze des andern gesteckt und der noch bleibende Zwischenraum mit Hanf und Blei ausgefüttert wird. Die engern Ableitungsröhren macht man aus Eisenblech, Kupfer oder Blei; im Innern des Gebäude, wo viele Biegungen vorkommen, sind Bleiröhren am bequemsten; zu den dünnen Enden der Röhren, an deren Mündung die Flammen brennen, nimmt man am besten gezogene Messingröhren. Die Verbindung der Ableitungsröhren mit den Hauptröhren geschieht gewöhnlich dadurch, daß man in die letztern Löcher einbohrt und in diese mittels eines eingeschnittenen Schraubengewindes schmiedeeiserne Röhren einschraubt, an welche die Fortleitungen angefügt werden.

Natürlich müssen die Röhren überall vollkommen luftdicht sein; sie werden deshalb vor dem Gebrauche durch Einpumpen von Wasser geprüft. Durch Abkühlung des Gases wird auch in den Röhren noch etwas Wasser und Theer niedergeschlagen; um beides zu sammeln, werden an manchen Stellen sogenannte Theerbrunnen angebracht; dies sind Erweiterungen der Röhren, auf welche oben Pumpen geschraubt werden können, um die angesammelte Flüssigkeit herauszusaugen.

Dringend nothwendig ist es, die Röhrenleitung an beliebigen Stellen schließen und dadurch das Gas sperren zu können. Bei den engern Röhren geschieht dies durch gewöhnliche Hähne; bei den weitern würden Metallhähne zu schwer, daher unbehülflich und zu kostspielig sein, auch können große Hähne nur schwer vollkommen luftdicht erhalten werden; daher bedient man sich da gewöhnlich anderer Vorrichtungen zum Sperren, z. B. einer bloßen Klappe. Um das Zuströmen des Gases aus dem Gasometer zu unterbrechen, dient am besten ein sogenanntes Wasser- oder Quecksilberventil. Das erste ist eine dem Gasometer ähnliche Vorrichtung, bestehend aus einem gußeisernen Gefäße voll Wasser, in dessen Seitenwände das aus dem Gasometer kommende Rohr und der Anfang des Hauptleitungsrohrs eingeschraubt sind, und einem beweglichen, mit einer Scheidewand versehenen Deckel, der durch Vermehrung oder Verminderung eines angehängten, über zwei Rollen gehenden Gegengewichts höher oder tiefer gestellt werden kann. Läßt man den Deckel so tief herab, daß die Scheidewand im Wasser eingetaucht ist, so ist die Communication zwischen beiden Röhren unterbrochen und daher das Gas gesperrt. Bei dem Quecksilberventil taucht eine Scheidewand in ein zum Theil mit Quecksilber gefülltes Gefäß, das durch eine gegen seinen Boden drückende Schraube höher und tiefer gestellt werden kann.

An den Stellen, wo eine Gasflamme brennen soll, dringt es durch eine feine Öffnung und wird hier durch Hinzubringung einer gewöhnlichen Flamme angezündet, nachdem man vorher durch Öffnung des hier angebrachten Hahns dem Gase den Ausweg geöffnet hat. Die Flamme verlischt entweder durch Luftzug, gegen welchen sie daher durch Glascylinder oder Glaslaternen geschützt wird, oder durch Verschließen des Hahns; das letztere ist jedesmal vorzunehmen, sobald die Flamme nicht mehr brennen soll. Wenn in einem verschlossenen Raume aus einer Brennöffnung Gas ausströmt, ohne zu brennen, so verbreitet es nicht nur einen äußerst unangenehmen Geruch, sondern kann auch durch Bildung von Knallgas, welches eine heftige Explosion verursacht, sobald Licht dazu gebracht wird, sehr gefährlich werden. Durch jenen Geruch wird man bald aufmerksam darauf gemacht, daß ein Hahn offen steht, indessen dürfen natürlich, um Unglück zu verhüten, die Schließungshähne nicht so angebracht sein, daß Kinder oder unverständige und böse Menschen freien Zugang zu denselben haben.

Dadurch, daß man den Hahn mehr oder weniger öffnet, kann man die Flamme vergrößern oder verkleinern; außerdem hängt die Größe derselben theils von der Zusammendrückung des Gases, theils von der Größe der Brennmündung ab. Für einfache Flammen beträgt der Durchmesser der Ausströmungsöffnungen, die in der Regel rund sind, am besten ½ Linie bei Steinkohlengas und ¼ Linie bei Ölgas. Je länger die Flamme ist, wenn sie nur nicht länger als 5 Zoll ist, desto größer ist bei gleichem Aufwande von Gas die Stärke des Lichts. Brennen mehre einzelne Flammen aus demselben Leuchtansatze (Brenner oder Schnabel), so wird die Leuchtkraft verstärkt, wenn die Öffnungen so nahe aneinander sind, daß die Flammen sich vereinigen; man kann auf diese Weise das Gas nach Art einer Argand'schen Lampe aus einem mit Öffnungen versehenen Ringe brennen lassen, doch darf man auch dann den Durchmesser der Öffnungen nicht viel kleiner, als vorhin angegeben ist, machen. Die Straßenlaternen haben gewöhnlich keine einfachen Flammen, sondern sogenannte Fledermausflügelflammen, indem der Leuchtansatz drei bis fünf Öffnungen in einer geraden Linie hat, sodaß eine flache Flamme von drei bis fünf Zacken entsteht. Zuweilen brennen die Flammen in den verschiedensten Richtungen und Formen, die man mittels der Ausströmungsöffnungen nach Belieben hervorbringen kann.

Um die Menge des Gases zu messen, welche durch eine Ableitungsröhre abgeführt und z. B. zur Beleuchtung eines Hauses gebraucht wird, kann ein Gasmesser von sehr sinnreicher Einrichtung dienen. Alles abgeführte Gas strömt nämlich vor seinem Gebrauche durch einen hohlen Cylinder und treibt hier einen innern beweglichen Cylinder um, wodurch der Zeiger eines Uhrwerks bewegt wird. Aus dem Stande dieses Zeigers kann man die Zahl der in einer gewissen Zeit erfolgten Umdrehungen erkennen und daraus die Menge des verbrauchten Gases leicht berechnen, wenn man den Inhalt jenes Cylinders kennt.

Um das Gas in Privatwohnungen zu schaffen, in welche wegen der zu großen Entfernung oder aus andern Gründen keine Ableitungsröhren aus den Hauptröhren geführt werden können, bedient man sich in England und Frankreich tragbarer Gasbehälter, in denen das Gas den Kunden in die Häuser gebracht werden kann. Weil aber die dazu nöthigen Gefäße, um nur das für einen Tag nöthige Gas zu enthalten, sehr groß und daher schwer und unbequem sein müßten, zumal da sie von Metall verfertigt werden müssen, damit sie völlig luftdicht sind und zur Absperrung des Gases kein Wasser nöthig ist, so muß das Gas, mit welchem solche tragbare Behälter gefüllt werden, vorher stark zusammengedrückt werden, was durch eine gewöhnliche Compressionspumpe geschieht. Man comprimirt das Gas 15—20, wol auch 25 Mal, sodaß 15, 20 oder 25 Cubikfuß Gas in den Raum von einem Cubikfuß zusammengedrängt werden, und bedient sich dabei in der Regel des Ölgases, weil man, wie bereits oben angegeben wurde, von diesem zur Beleuchtung weniger braucht. Die Behälter sind von dichtem Eisenblech oder Kupfer, das zwei bis drei Linien dick sein muß, verfertigt und mit einem Hahne versehen, der sehr genau gearbeitet sein muß. Aus diesen kann nun entweder ein kleiner Gasometer von der oben angegebenen Einrichtung gefüllt werden, aus welchem das Gas durch Röhren nach den Orten, wo es brennen soll, geleitet wird, oder, was bequemer ist, unmittelbar ausströmen und angezündet werden. Hierbei tritt freilich der Übelstand ein, daß das Licht nicht gleichmäßig sein kann, weil das Gas anfangs viel schneller und heftiger ausströmt als späterhin; um demselben abzuhelfen, sind viele Vorschläge gethan worden, von denen aber keiner den Zweck vollständig zu erreichen scheint. Das beste Verfahren scheint darin zu bestehen, daß man den Hahn anfangs nur wenig aufdreht, nachher aber immer weiter, je nachdem die Flamme kleiner wird.

Die Vortheile, welche die Gasbeleuchtung im Vergleich zu andern Beleuchtungsarten gewährt, sind groß und unwidersprechlich. Das Gaslicht ist ein sehr schönes und helles, ferner, weil kein Putzen und Reinigen, sowie kein Zugießen von Öl oder anderm Brennstoff nöthig ist, ein sehr reinliches und bequemes, endlich ein ruhiges und gleichförmiges Licht, während die Flamme einer Kerze oder Lampe nach der Länge der Schnuppe, die sich gebildet hat, der Menge des vorhandenen Öls u. s. w. bald mehr, bald weniger hell ist. Ob das Gaslicht auch billiger ist als andere Beleuchtungsarten, ist eine Frage, deren Beantwortung schwierig ist. Natürlich kommt hierbei sehr viel auf die Verhältnisse jedes Orts an, wo Gasbeleuchtung eingeführt werden soll, auf den Preis der Steinkohlen oder des Öls, auf die Größe der Stadt, welche erleuchtet werden soll, auf den größern oder geringern Absatz des Gases durch Privatpersonen, die ihre Wohngebäude und sonstige Locale damit erleuchten wollen u. s. w. Übrigens ist wohl zu berücksichtigen, daß bei der Vergleichung der Kosten zweier Lichter auch die verschiedene Helligkeit des Lichts mit in Anschlag gebracht werden muß; wenn also Gaslicht doppelt so viel kostet als ein anderes Licht, zugleich aber dreimal heller ist, so muß es doch verhältnißmäßig wohlfeiler genannt werden. In London hat das Gaslicht ganz entschieden den Vorzug der größern Wohlfeilheit. Eine der dortigen Ölgascompagnien verkauft 1000 Cubikfuß Ölgas für 2½ Pf. St. oder 17 Thaler, wornach 1 Cubikfuß auf 5 Pfennige zu stehen

kommt; da nun 6 Cubikfuß Ölgas so viel Licht geben als 1 Pfund Wachslicht, so kommt das Äquivalent vom letztern nur auf 2½ Groschen zu stehen, was gewiß sehr billig ist. Die ersten Anlagekosten einer Gasbereitungsanstalt werden freilich immer sehr bedeutend sein. Bei der Bereitung von Steinkohlengas werden noch mehre Nebenproducte gewonnen, die wieder verwerthet werden können; zuerst Koks als Rückstand der verkohlten Steinkohlen, welche in manchen Fällen als Brennmaterial noch brauchbarer als Steinkohlen selbst sind und zum Heizen der Retortenöfen selbst gebraucht werden können (in Leipzig nimmt man zur Hälfte Koks, zur Hälfte Steinkohlen); dann ammoniakalisches Wasser, aus welchem Salmiak und schwefelsaures Ammoniak gewonnen werden können, und Steinkohlentheer, der zum Anstreichen für Holz- und Mauerwerk mit Nutzen gebraucht wird. Aus diesem Theer kann man wieder 26 Procent flüchtiges Theeröl, das wie Terpenthinöl, auch mit Wasser gemengt als Heizmaterial gebraucht werden kann, und 48 Procent Pech oder Brandharz, das man wieder zur Gasbereitung im Ölgasapparat oder anderweit verwenden kann, erhalten. 100 Pfund Steinkohlen geben destillirt 60 Pfund Koks (die aber um ⅓ mehr Raum als jene ursprünglichen 100 Pfund einnehmen), 10 Pfund ammoniakalisches Wasser, 8½ Pfund Theer.

Man hat der Gasbeleuchtung den Vorwurf gemacht, daß sie mit großen Gefahren verbunden sei und durch die bei der Entzündung von Knallgas entstehenden Explosionen großes Unglück entstehen könne. Es fehlt in der That nicht an Beispielen von solchen Unglücksfällen; so wurden im October 1836 die Gebäude einer Gascompagnie in London an der Surreykanalbrücke durch eine Gasexplosion theils in die Luft gesprengt, theils sehr beschädigt; ebenso wurden in Paris am 4. Januar 1837 durch eine Explosion dieser Art mehre Personen verwundet. Insofern gewährt allerdings die Anwendung von Öl, Talg u. s. w. zur Beleuchtung den Vortheil der Sicherheit, weil dabei keine ähnlichen Unglücksfälle möglich sind; daß sie sich aber durch Vorsicht auch beim Gase vermeiden lassen, ist schon oben angegeben worden. Ungeachtet dieser Besorgniß ist daher die Anwendung des Leuchtgases bereits sehr weit verbreitet. Am allgemeinsten ist sie unstreitig in England, das einen so großen Reichthum an Steinkohlen besitzt. Schon im Jahre 1825 gab es in 52 Städten Großbritanniens 63 vom Parlamente privilegirte Gasgesellschaften, worunter 5 Ölgasgesellschaften. In London erstreckt sich die Gasbeleuchtung auch auf die zwei bis drei englische Meilen entlegenen Vorstädte. Die Länge der Hauptröhren beträgt 1,650,000 pariser Fuß oder über 70 deutsche Meilen; die zur Vertheilung dienenden eisernen und bleiernen Seitenröhren sind etwa zehnmal so lang. Die Zahl der Gaslampen betrug 1834 etwa 168,000, welche täglich über 4 Mill. Cubikfuß Gas consumirten, zu deren Bereitung mit Einschluß der Heizkohlen jährlich die ungeheure Quantität von 200,000 Tonnen oder 4 Mill. Centnern erfodert wird. Auch die Dörfer um London sind mit Gas erleuchtet. In Deutschland machte Hanover 1826 den Anfang; noch in demselben Jahre folgte Berlin. Hier sind in der innern Stadt die Hauptröhren über 300,000 Fuß oder 14 deutsche Meilen lang und von denselben zu den öffentlichen Laternen, 1759 an der Zahl, führenden kleinern Röhren sind fast doppelt so lang. Seitdem ist auch in andern deutschen Städten, z. B. in Dresden (zum Theil), seit dem 4. September 1838 auch in Leipzig, Gasbeleuchtung eingeführt, und andere Städte,

Aachen, Nürnberg, Triest u. s. w., dürften sehr bald nachfolgen.

Ungeachtet der entschiedenen Vortheile, welche die Gasbeleuchtung in ihrer bisherigen Einrichtung gewährt, ist es nicht unwahrscheinlich, daß sie in nicht gar langer Zeit durch vollkommenere Beleuchtungsarten verdrängt werden wird, die neuerdings in Vorschlag gebracht worden sind. Bereits in Nr. 294 und 305 wurde einer von dem Franzosen Gaudin erfundenen Art Licht gedacht, von ihm Siderallicht genannt; nach den mangelhaften Angaben öffentlicher Blätter soll es hervorgebracht werden, wenn Gas (wahrscheinlich eine Mischung von Wasserstoffgas und Sauerstoffgas) durch Terpenthinöldämpfe geleitet wird. Mehr als von dieser bisher noch nicht zur Reife gekommenen Erfindung kann man sich, wie es scheint, von der Erfindung des französischen Chemikers Seligues versprechen. Nach derselben reicht es nämlich hin, gleichzeitig Wasser und eine geringe Menge irgend eines kohlenstoffreichen Öls durch eine glühende eiserne Röhre zu leiten, um ein mit Öl geschwängertes Wasserstoffgas zu erhalten, welches ein doppelt so starkes Licht gibt als das gewöhnliche Steinkohlengas und den großen Vorzug hat, daß es keiner Reinigung bedarf. Durch diese Erfindung, über welche der berühmte Arago der pariser Akademie am 19. November 1838 einen vortheilhaften Bericht abstattete, werden, wenn sie sich vollkommen bewährt, die Kosten der Gasbereitung außerordentlich vermindert. Übrigens ist dem Vernehmen nach bereits ganz Antwerpen und Dijon, ferner die königliche Buchdruckerei und die Rue du Temple in Paris und ein großer Theil von Lyon mit diesem Gase beleuchtet, und die Einführung derselben Beleuchtungsart in Havre, Brüssel, Bordeaux, sowie in Baiern ist im Werke. In Belgien und Frankreich wendet man der Wohlfeilheit wegen ein Öl an, das aus bituminösem Mergel durch trockene Destillation gewonnen wird (das sogenannte huile de schiste oder Schieferöl), doch kann statt dessen auch anderes Öl, Naphtha oder Harz gebraucht werden. Nach Zeitungsnachrichten gibt ein Pfund von jenem Öl 38 Cubikfuß Gas (also ungleich mehr, als bei der bisher üblichen Bereitung von Ölgas) und eine Flamme, welche zehn Wachskerzen an Helligkeit gleich kommt, consumirt in der Stunde 3 Cubikfuß Gas, welche nur einen Pfennig kosten, während Steinkohlengas zwei- bis dreimal und Öl- oder Harzgas fünf- bis sechsmal so viel kostet. Auch Versuche, die kürzlich in Dresden von dem Director der dasigen Gasbeleuchtungsanstalt damit angestellt wurden, sind vollkommen gelungen; sie zeigten zugleich, daß die Leuchtkraft dieses Gases außerordentlich erhöht wird, wenn es mit Sauerstoffgas verbrannt wird. Demnach ist alle Aussicht vorhanden, daß wir in nicht gar langer Zeit Stoff zu einem zweiten Berichte über die Fortschritte der Gasbeleuchtung haben werden, den wir unsern Lesern nicht schuldig zu bleiben gedenken.

Der Krösus von Botany-Bai.

Kürzlich starb zu Sidney in Neusüdwales ein Mann, Namens Terry, der ein Vermögen von einer Million Pf. Sterl. hinterließ und seiner Frau eine Rente von 10,000 Pfund vermachte. Er war in seiner Jugend wegen Gänsediebstahl nach Botany-Bai deportirt worden; nach seiner Freilassung versuchte er sein Glück als Pfandverleiher und machte so glänzende Geschäfte, daß er nach 20 Jahren bereits 90,000 Pf. St. erworben hatte. Wie die meisten Emporkömmlinge dieser Art war er habgierig und hart, ließ einen Bedienten, der ihn bestohlen hatte, zum Tode verurtheilen und einen General Schulden halber auspfänden. Wenn er einmal einen Freund bei Tische hatte und ihm zu Ehren eine Bouteille Liqueur holen ließ, so beroch er den Mund des Bedienten, der sie brachte, um sich zu versichern, daß er nicht unterwegs davon getrunken. Seine Frau durfte sich keine Magd halten. In Sidney besaß er eine ganze lange Straße und seine Mieth- und Pachtzinse betrugen jährlich gegen 70,000 Pf. St.; dennoch lebte er mit 5 — 600 Pf. St. des Jahres. Trotz seines kolossalen Vermögens war er keineswegs glücklich und vier Jahre lang völlig gelähmt. Er starb in einem Alter von 52 Jahren, ohne ein Testament zu hinterlassen, und verlangte nur, daß seine Almosen, die sich jährlich auf höchstens 100 Pf. St. beliefen, noch zehn Jahre lang fortbezahlt würden und er mit freimaurerischen Auszeichnungen begraben würde.

Die Taucherglocke. *)

Nicht zufrieden mit dem von der Natur ihm angewiesenen Wohnsitze hat der Mensch von jeher nicht nur ferne Länder aufgesucht, ohne sich durch Meere und Gebirge zurückhalten zu lassen, sondern auch auf Mittel gedacht, in die Regionen des Luftkreises und in die Tiefen der See, welche die Natur nur für Vögel und Fische zugänglich gemacht zu haben schien, zu gelangen und sie zu erforschen. In jene zu dringen, ist erst in der neuesten Zeit durch die Erfindung des Luftballons möglich gemacht worden; in die Tiefe des Meeres haben sich schon in den ältesten Zeiten kühne Menschen herabgelassen, die es durch Übung dahin gebracht hatten, einige Minuten lang den Athem an sich zu halten und daher ohne Gefahr unter Wasser zu verweilen. Sollen die Taucher längere Zeit in der Tiefe bleiben und soll das Tauchen auch andern Personen als den in dieser beschwerlichen Kunst geübten ohne besondere Anstrengung möglich gemacht werden, so bedarf es einer Vorrichtung, um Menschen unter Wasser mit Luft zu versehen, und dies ist die Taucherglocke, die bereits den alten Griechen bekannt gewesen zu sein scheint.

In der That liegt die Idee, auf welcher die Einrichtung dieses Apparats beruht, sehr nahe. Wenn man nämlich ein leeres, d. h. nur mit Luft gefülltes Gefäß verkehrt unter Wasser taucht, sodaß die Luft an der Seite nicht herausdringen kann, so wird es sich nicht mit Wasser füllen, sondern der oberste und größte Theil desselben wird leer bleiben, weil hier die Luft das Eindringen des Wassers hindert; je tiefer aber das Gefäß eingetaucht wird, desto mehr Wasser dringt ein, weil die Luft immer mehr zusammengedrückt wird. Wird daher ein glockenartiger, wasserdicht gearbeiteter, unten offener Behälter, der an der Seite mit einer Bank oder einer andern Einrichtung versehen ist, auf welcher ein Mensch stehen oder sitzen kann, an Seilen ins Wasser gelassen, so wird der oberste Theil desselben frei vom Wasser und mit Luft gefüllt bleiben. Dies wäre also die einfachste Einrichtung einer Taucherglocke, mit welcher jedoch noch mehre große Übelstände verbunden sind. Erstens dringt in einer bedeutenden Tiefe zu viel Wasser hinein; bei einer Tiefe von 32 Fuß wird nämlich die in der Glocke enthaltene Luft auf die Hälfte, bei 64 Fuß auf den dritten Theil, bei dreimal 32 oder 96 Fuß auf den vierten, bei viermal 32 oder 128 Fuß auf den fünften Theil u. s. f. ihres ursprünglichen Raumes zusammengedrängt, mithin wird in 32 Fuß

*) Vergl. Pfennig-Magazin Nr. 1.

Tiefe die Hälfte, in 64 Fuß zwei Drittel, in 96 Fuß drei Viertel u. s. w. der Glocke mit Wasser gefüllt; daher müssen die Taucher so tief im Wasser stehen, daß sie nicht im Stande sind, die Arbeiten, um deren willen sie hinuntergelassen wurden, gehörig zu verrichten. Ein zweiter Übelstand ist, daß die so stark zusammengedrängte oder verdichtete Luft den darin befindlichen Personen in der Regel empfindliche Beschwerden verursacht, namentlich einen schmerzhaften, oft ganz unerträglichen Druck auf das Paukenfell und die Gehörknöchelchen im Ohre, wiewol nicht alle Menschen dafür gleich empfindlich sind. Der dritte und bedeutendste Übelstand liegt darin, daß die eingeschlossene Luft, um keine Einrichtung getroffen ist, um sie zu erneuern, durch das Einathmen, bei welchem Sauerstoff verzehrt und dafür kohlensaures Gas ausgeathmet wird, sehr bald verdorben und zum fernern Einathmen unbrauchbar gemacht wird. Ein erwachsener Mensch verbraucht beim Athmen in einer Stunde so viel Sauerstoffgas, als in $5\frac{1}{2}$ pariser Cubikfuß gewöhnlicher, nicht verdichteter Luft enthalten ist; da aber die Luft durch das ausgeathmete kohlensaure Gas schon dann zum Athmen unbrauchbar geworden ist, wenn zwei Drittel ihres Sauerstoffgehalts verzehrt sind, so beträgt der Luftbedarf eines erwachsenen Menschen in einer Stunde etwa $8\frac{1}{4}$ Cubikfuß. Diese Mängel wurden zuerst von dem berühmten englischen Naturforscher Edmund Halley (geboren 1656, gestorben 1742) beseitigt, indem er dem Apparate ein paar Tonnen hinzufügte, aus denen die Glocke mittels eines Schlauches mit frischer Luft versehen werden konnte, was sich so zweckmäßig zeigte, daß Halley selbst mit noch vier andern Personen anderthalb Stunden in einer Tiefe von 60 Fuß bleiben konnte, ohne die mindeste Beschwerde zu empfinden. Seine Taucherglocke war von Holz, oben 3, unten 5 Fuß weit und 8 Fuß hoch, von außen mit Blei überzogen und mit Gewichten beschwert; im Deckel enthielt sie ein Glas, um Licht eindringen, und einen Hahn, um die verdorbene Luft entweichen zu lassen.

Diese Einrichtung hat jedoch namentlich den Mangel, daß die Glocke zu schwer ist und leicht das Reißen des Seils herbeiführen kann, was nothwendig den Untergang der Taucher nach sich ziehen muß. In dieser Hinsicht ist die von Spalding in Edinburg angegebene, sehr sinnreich eingerichtete Taucherglocke, welche in Nr. 1 abgebildet ist, vorzüglicher; sie ist so leicht, daß sie von einem kleinen Kahne herabgelassen und leicht von einem Orte zum andern geführt werden kann. Die Zuführung frischer Luft durch eine Tonne ist bei derselben beibehalten; da aber das Herablassen der Tonnen beschwerlich ist und zu viele Aufmerksamkeit von Seiten der Taucher selbst verlangt, so bedient man sich auch dieser Taucherglocke jetzt nicht mehr, sondern gewöhnlich einer andern, nach der Angabe des Engländers Smeaton eingerichteten. Diese ist ein eiserner, aus einem Stück gegossener, viereckiger und unten offener Kasten, der unten dicker als oben und so schwer ist, daß er, ohne durch besondere Gewichte belastet zu werden, im Wasser untersinkt und nicht umschlagen kann. Im Deckel befinden sich 12 Öffnungen, zum Erleuchten bestimmten Gläsern verschlossen sind, außerdem aber noch eine Öffnung, in welcher ein elastischer Schlauch befestigt ist, welcher bis an die Oberfläche reicht und dazu bestimmt ist, um fortwährend mittels einer über dem Wasser in Thätigkeit gesetzten Druckpumpe frische Luft zuzuführen, während die verdorbene in großen Blasen unter dem Rande entweicht. An der Seite befinden sich Bänke für die Arbeiter, welche absteigen, sobald sie in der Tiefe angekommen sind, die Taucherglocke nach Befinden auf dem Boden hinschieben und ihre Arbeit darunter verrichten können; bisweilen ist noch eine besondere Abtheilung mit einem bequemern Sitze für den Aufseher über die in der Tiefe vorzunehmenden Arbeiten darin angebracht. Die Glocke hängt an einer Kette von einem Krahne herab, um sie hinabzulassen und auf ein gegebenes Signal der Taucher wieder emporzuziehen.

Röschen und der Goldschmied. (Zu S. 68.)

Verantwortlicher Herausgeber: Friedrich Brockhaus. — Druck und Verlag von F. A. Brockhaus in Leipzig.

Das Pfennig-Magazin

für

Verbreitung gemeinnütziger Kenntnisse.

310.]   Erscheint jeden Sonnabend.   **[März 9, 1839.**

Hans Sachs.

(Beschluß aus Nr. 309.)

Der Zwist der Liebenden.

Einen beiweitem ergreifendern, rührendern Auftritt zwischen den beiden Liebenden selbst stellt uns die vorstehende Abbildung dar. Hans Sachs, der durch Röschen von der ihn so sehr beleidigenden Eröffnung seines hämischen Nebenbuhlers unterrichtet worden war, beeilte sich, eine Unterredung mit der Geliebten in ihrem eigenen Hause herbeizuführen. Er trifft die Geliebte seines Herzens in ihrem stillen Kämmerlein in Thränen aufgelöst. Sie verbirgt ihm nichts; sie zeigt ihm die drohende Nähe der Vermählungsfeier; sie fodert ihn auf, um noch die Möglichkeit ihres Besitzes zu gewinnen, seinem väterlichen Handwerke zu entsagen. Aber da trifft sie gerade die empfindlichste Seite seines stolzen Herzens. „Nimmermehr soll dies geschehen", ruft der Sänger voll Leidenschaft aus, „eher noch entsage ich dir selbst!" So gibt denn ein leidenschaftliches, empfindliches Wort das andere, bis es zum völligen Zwist zwischen Beiden kommt und Hans Sachs, von Stolz und Kränkung überwältigt, von dannen eilt, fest entschlossen, ein Haus, wo man ihm so schnöde begegnet, nie wieder zu betreten, und die Stadt, wo er lange so glücklich gewesen war, zum zweiten Male zu verlassen. Und so finden wir ihn denn auf der Seite 76 gegebenen Abbildung wieder wanderungsfertig weit vor den Thoren seiner Vaterstadt. Er hat sein Felleisen und seinen Wanderstab auf einen Augenblick von sich geworfen und sich am Fuße eines Eichbaums hingestreckt, um von da aus, wo

sich der Weg in einen dichten Wald verliert, noch einmal zum Abschied nach den Thürmen seiner undankbaren Vaterstadt zurückzublicken. Überlassen wir ihn an diesem einsamen Orte auf ein Weilchen seinen kummervollen Gedanken, bis er sich neuermuthigt aufrafft, Stab und Bündel ergreift und unaufhaltsamen Schrittes in das Dickicht des Waldes hineinwandert.

Ob das überraschende Schlußereigniß, das wir nunmehr zu berichten haben, Wahrheit oder Dichtung sei, vermögen wir beim besten Willen nicht anzugeben. Wir müssen die Entscheidung dem Ermessen unserer Leser selbst überlassen und dürfen nur treu nacherzählen, was die Sage meldet. Wie nämlich oft, wenn die Noth und Verzweifelung am größten, auch die Hülfe am nächsten ist, wie oft ein schnell hereintretender Zufall das trübe Geschick auf das schnellste und freudigste wendet, so geschah es auch, der Sage nach, mit unserm wackern Sänger. Denn kaum war er ein Stündlein bei schon einbrechender Abenddämmerung im Dickicht des Waldes vorwärts geschritten, als es in dem Gezweig rauschte wie Männertritte und nicht lange darauf die hohe, Ehrfurcht gebietende Gestalt eines stattlich gekleideten Mannes dem in seine schmerzlichen Gedanken vertieften Wanderer in den Weg trat. „Gut, daß ich Euch treffe", sprach der Fremde im freundlichen Tone, der doch fast wie Befehl klang; „Ihr scheint mir aus der guten Stadt Nürnberg zu kommen und seid wol in der Gegend bewandert. Ich aber

habe mich in diesem endlosen Walde von meinem Gefolge verirrt und muß Euch ersuchen, mir für Geld
und gute Worte als Führer nach Nürnberg zu dienen,
woselbst ich noch heute unfehlbar eintreffen muß.“ Wie
nun der unmuthige Jüngling sich anfangs, aus leicht
erklärlichen Gründen, weigerte, den Wunsch des hohen
Fremden zu erfüllen; wie dieser immer heftiger in ihn
drang und sich gelegentlich nach der Ursache seines
Herzeleids freundlich erkundigte; wie daraus der arme
Hans Sachs, von der freundlichen Zusprache des Fremden, der etwas gar Vornehmes zu sein schien, bewogen, sich entschloß, ihm Alles, was sein Herz erfüllte,
und was ihm in Freud und Leid begegnet war, treu-
lich zu berichten; wie er darauf dem Fremden seinen
Namen nannte, und dieser, der längst von ihm vernommen hatte, ihn mit freundlichem Handedruck als
Hans Sachs, den weitberühmten Meister deutschen
Gesangs, begrüßte; wie dann das Jagdgefolge des vornehmen Mannes sich einfand und dieser den Jüngling
ermahnte, gutes Muths zu sein und mit ihm umzukehren, weil er selbst ihn in seinen vermögenden Schutz
nehmen und seinetwegen mit dem Vater der Geliebten
in aller Frühe, bevor noch die Vermählungsfeier vor
sich gehen könne, sprechen wolle, dies Alles weitläufig
zu erzählen verstattet uns der Raum nicht. Genug,
Hans Sachs fühlte sich neu gekräftigt und beruhigt;
er kehrte im Gefolge des vornehmen Mannes, welches
ihm als einem weitberühmten Meistersänger alle Ehre
erwies, nach Nürnberg zurück und ward nach einer vor
Freude und Hoffnung schlaflosen Nacht in früher Mor-
genstunde zu dem Fremden beschieden, welcher sich dem
erstaunten Dichter nunmehr als Kaiser Maximilian zu
erkennen gab.

Und so war es denn vergeblich, was unsere Abbildung auf Seite 77 schildert, daß in der ersten Frühe
des Hochzeitsmorgens der festlich und fast lächerlich aufgeputzte Rathsherr in das Kämmerlein seiner
Braut trat, um ihr als Symbol der bevorstehenden Feier einen ungeheuern Blumenstrauß zu überreichen; denn wenige Minuten darauf beschied ein
prachtvoll geschmückter Leibpage den Goldschmied und
sein schönes Töchterlein zum Kaiser Maximilian, wo
ihrer bereits mit hochklopfendem Herzen, in freudigster
Erwartung, der Dichterjüngling harrte. Vor der Majestät des Kaisers (wie die Abbildung auf S. 80 zeigt)
schwand die Hoffart des alten Goldschmieds, wie man
sich denken kann, sogleich, und es hielt von diesem Augenblicke an nicht schwer, von ihm die Einwilligung zu
der Vermählung der beiden Liebenden zu erlangen.

Der dichterische Ruf des Mannes, dessen sagen-
hafte Jugenderlebnisse wir soeben geschildert, ist in der
Geschichte deutscher Dichtkunst unsterblich. Seine sehr
herrlichen, schönen und wahrhaften Gedichte, welche in
Nürnberg zuerst im Jahre 1558 im Druck erschienen;
die schönen, einfachen und herzerhebenden Kirchengesänge,
welche er gedichtet (unter denen wir nur des Gesanges:
„Warum betrübst du dich, mein Herz“, gedenken wollen), seine mannichfachen Gedichte und Opera zum
Preise des großen Reformators Luther und zur Förde-
rung des erhabenen Werks der deutschen Kirchenverbes-
serung, endlich noch sein reiner und fleckenloser Lebenswandel sichern ihm ein bleibendes Andenken in
dem Herzen aller Deutschen und in der Geschichte
nicht blos der deutschen Dichtkunst, sondern überhaupt in der deutschen Culturgeschichte. Hans Sachs
starb in seiner Vaterstadt Nürnberg allgemein geehrt
am 25. Januar 1576, in dem ehrwürdigen Alter von
82 Jahren, nachdem er schon viele Jahre zuvor aus

innigster Überzeugung zur protestantischen Kirchenlehre
übergetreten war. Wer die innere, geistige Lebens- und
Bildungsgeschichte dieses ausgezeichneten Mannes genauer kennen zu lernen wünscht, dem empfehlen wir
die Biographie Hans Sachsens von Furchau, welche
1820 zu Leipzig in zwei Bänden erschienen ist.

Erdbeben im Jahre 1838.

Wie wir im vorigen Jahre ein Verzeichniß der im
Jahre 1837 vorgekommenen Erderschütterungen, so weit
sie bekannt geworden sind, geliefert haben *), so geben
wir eine ähnliche Zusammenstellung für das verflossene
Jahr, in welchem diese Erscheinungen zwar häufig, wie
immer, aber doch minder häufig und von weit geringerer
Stärke als im Jahre 1837 vorkamen.

Am häufigsten und bedeutendsten waren sie im
Monat Januar. Am 5. wurden zu Belley in Frankreich (im Departement Ain) und an demselben Tage
in Italien Erdstöße bemerkt, die namentlich in Spoleto
und dessen Umgegend heftig waren, wo bis zur Mitte
Februars fast kein Tag ohne Erdbeben verging und man
an einigen Stellen Flammen aus der Erde schlagen gesehen haben will. Am 14. brachte ein Erdstoß zu Ty-
nehead bei Newcastle in England auf einer Wiese eine
Vertiefung hervor und stürzte Möbeln um; am 16.
empfand man in Gibraltar einen heftigen Erdstoß. Das
heftigste und am weitesten verbreitete Erdbeben fand
aber am 23. Januar Abends zwischen 8 und 9 Uhr
im südöstlichen Europa, namentlich in Südrußland,
Siebenbürgen, Ungarn, Galizien, der Moldau und Wa-
lachei statt. Seinen Mittelpunkt scheint es in der Wa-
lachei, in der Gegend von Bukarest, gehabt zu haben,
wo es den größten Schaden anrichtete. Es begann hier
mit horizontalen Schwingungen, denen senkrechte Stöße
folgten, und hielt über zwei Minuten an. Nicht weniger als 36 Häuser stürzten völlig ein, fast alle andern wurden beschädigt und viele, wie der Palast des
Hospodars, wurden fast ganz unbewohnbar. Viele Personen wurden im Freien umgeworfen; nach amtlichen
Berichten wurden 8 auf der Stelle getödtet, 14 andere schwer, zum Theil tödtlich verwundet. Entsetzlich
war das Geschrei der Menschen und Thiere, zu dem
sich brausendes Getöse im Innern der Erde und das
Anschlagen der Thurmglocken gesellte; starker Schwefelgeruch erfüllte die Luft. Weit schwächere Stöße wurden am nächsten Morgen und in der Nacht vom 24.
zum 25. bemerkt. In Jassy wurde außer Rissen in
dem Gemäuer der meisten Häuser kein bedeutender Schaden angerichtet. In Odessa hingegen, wo das Erdbeben über eine Minute anhielt und weit heftiger war
als das im November 1837, wurden sehr viele Häuser, jedoch keine Menschen beschädigt; das Kreuz einer
Kirche wurde weit hinweggeschleudert; auch auf den
Schiffen im Hafen war die Erschütterung merklich.
Ebenso heftig war das Erdbeben in den meisten Städten von Bessarabien, besonders in Jsmail, Kischenew,
Bender und Leowo. In Kronstadt und Hermannstadt
stürzten einige hundert Schornsteine und Dächer ein
und viele Häuser litten sehr bedeutend; das Erdbeben
war hier sogar heftiger als das am 26. October 1802,
und das dumpfe Sausen in der Luft hielt fast eine
halbe Stunde an. In Alt-Orsowa blieb fast kein Haus
unbeschädigt, das Posthaus stürzte ein und verschüttete
fast alle seine Bewohner; hier und da sahen die Nachtwächter Feuer aus der Erde kommen. In Temeswar wurde
fast Jedermann von Übelkeit und Schwindel befallen.

*) Vergl. Pfennig-Magazin Nr. 271.

In Pesth äußerte sich das Erdbeben nur dadurch, daß mehre Pendeluhren stehen blieben; auch in Wien wollen mehre Personen eine Erschütterung bemerkt haben. Der nördlichste Punkt, wo das Erdbeben fühlbar war, scheint Dombrowitza in Wolhynien, der südlichste Konstantinopel, der östlichste die Halbinsel Krim gewesen zu sein. Merkwürdig ist es, daß am 23. und 24. auch an mehren Orten in Frankreich, namentlich in Chambon und Pouilly, schwache Erdstöße und an der Küste bei Cherbourg eine sehr heftige Bewegung des Meeres oder Widersee bemerkt wurden.

Februar. Am 2. empfand man in Reichenbach und Schönhaide in Sachsen einen bedeutenden Erdstoß, von welchem Thüren und Fenster bebten; am Morgen desselben Tages fanden in Leowo in Bessarabien zwei Erdstöße statt. Diese, sowie die am 10. in Kronstadt, am 15. in Cordova in Spanien, am 16. im französischen Departement der Ostpyrenäen bemerkten, thaten keinen Schaden, wol aber das Erdbeben am 14. in Spoleto, welches sowol in der Stadt als in den nahen Dörfern viele Häuser bedeutend beschädigte und die ebendaselbst in den vorhergehenden Wochen bemerkten Erdstöße an Heftigkeit weit übertraf. Zwei leichte Erdstöße bemerkte man auch an demselben Tage in Dijon.

März. In der Nacht auf den 1. fand in Lissabon ein ziemlich starkes Erdbeben statt, das aber keinen sonderlichen Schaden that. Am 6. setzte ein Erdstoß die Bewohner der Insel Reichenau im Bodensee in Schrecken und trieb sie aus den Häusern, wurde aber im nahen Konstanz nicht bemerkt. Am 17. Erdstoß in Shrewsbury in England.

April. Starke Erderschütterung am 25. in Smyrna. In Koblenz wollen manche Personen eine solche am 16. während eines heftigen Sturmes bemerkt haben, was leicht auf Täuschung beruhen kann.

Mai. Die Erdstöße zu Konstantine in der Regentschaft Algier im Anfange dieses Monats und in Genua am 5. waren schwächer und unschädlicher als die am 22. im französischen Departement Isère; in Grenoble bekamen die Mauern an vielen Stellen Risse, in der Gemeinde Méandre stürzten mehre Häuser zusammen.

Juni. Am 7. auf der dalmatischen Insel Meleda, am 23. in Venedig (drei leichte Stöße) und zu Fano und Pesaro im Kirchenstaate (starkes Erdbeben, jedoch ohne Schaden).

Juli. Erdstöße in Gibraltar; am 27. in Smyrna; am 31. in Ungarn (besonders zu Racz-Kanisa im zalader Comitat) und in Steiermark, wo eine ungewöhnliche Unruhe des Murflusses bemerkt wurde.

August. Im Anfange dieses Monats wurde die Gegend von Spoleto abermals heimgesucht, am 9. und 10. August Illyrien, namentlich Fiume; hier läuteten die Glocken, Menschen und Wagen stürzten um, die Mauern bekamen Risse, die Einwohner flüchteten ins Freie und brachten daselbst die Nacht zu. In Buccari, unweit Fiume, stürzte der Kirchthurm ein. Schwächer waren die Stöße in Triest und der Umgegend.

September. Am 9. in Lechnich in Rheinpreußen, wo Wanken der Möbeln und lebhafte Unruhe der Fische beobachtet wurde; am 14. in der Umgegend von Orford, besonders in Adderbury, wo sich viele Einwohner flüchteten und die Heerden großen Schrecken zeigten. Die in Messina am 29. und 30. bemerkten Erschütterungen hingen ohne Zweifel mit dem Ausbruche des Ätna zusammen.

October. Am 14. zu Koblenz (heftiger Stoß); am 26. zu Avesnes in Frankreich; am 31. abermals zu Fiume in Illyrien.

November. Am 8. wieder zu Konstantine in Afrika (heftiger Stoß).

December. Am 23. zu La Rochelle in Frankreich und in der Grafschaft Leicester in England; am 27. in Athen; am 28. zu Lillehammer in Norwegen.

Das Leuchten thierischer und menschlicher Körper nach dem Tode.

Schon längst hat man beobachtet, daß viele thierische Substanzen leuchtend werden, bevor sie wirklich in Fäulniß übergehen. Alle Seefische werden ungefähr am zweiten Tage nach dem Tode leuchtend; das Leuchten fängt bei den Augen an, breitet sich von da immer mehr aus und dauert mehre Tage lang fort, selbst 14 Tage nach dem Tode und noch länger, wenn sie in kaltem Wetter transportirt und dadurch gehindert werden in Fäulniß überzugehen; indessen leuchten sie nur so lange, als sie feucht sind, und an den vorragenden Spitzen zeigt sich das Licht am schönsten. Die Substanz, welche das Leuchten hervorbringt, läßt sich durch Abwaschen oder längeres Aufbewahren in Wasser, das etwas gewöhnliches Salz oder Bittersalz enthält, dem Wasser mittheilen, welches dadurch ebenfalls leuchtend wird; Rogen von Heringen und Makrelen, sowie Heringsmilch sind dazu besonders brauchbar. Zu starkes Einsalzen hebt die Eigenschaft der Fische, leuchtend zu werden, völlig auf; auch hört das Leuchten sehr bald auf, wenn man die leuchtende Materie in ungelöschten Kalk, gegohrene Säfte, spirituöse Flüssigkeiten, Säuren, Aufgüsse auf Chamillenblumen, Kampher u. s. w. bringt. Flußfische werden weit schwerer als Seefische leuchtend, und zwar nur bei warmer Luft und mit salzigem Wasser befeuchtet. Zuweilen wird auch Fleisch von Säugthieren leuchtend, und die fette Substanz, welche vorzüglich das Leuchten bewirkt, läßt sich mit den Fingern abwischen, sodaß auch diese leuchtend werden; doch hängt diese Erscheinung auf jeden Fall von ganz besondern Umständen ab, da sie nur sehr selten vorkommt. Das Leuchten lebendiger Thiere, z. B. der Johanniswürmchen, gehört nicht hierher.

Nachrichten von menschlichen Leichnamen, die leuchtend waren, sind äußerst selten; erst ganz kürzlich hat man jedoch diese Erscheinung in einem anatomischen Theater in London beobachtet. Der Wächter der Anstalt sah nämlich, als er am 3. März des vorigen Jahres Abends seine Runde durch das ganze Gebäude machte, den noch unsecirten linken untern Theil der bereits am 14. Februar auf die Anatomie gekommenen Leiche eines achtundzigjährigen Mannes leuchten, was ihn sehr überraschte, da ihm dieser Fall noch nie vorgekommen war, wiewol er sein Amt bereits seit 1812 verwaltete. Zwei Tage darauf wurde eine andere Leiche auf die Anatomie gebracht, welche ebenfalls leuchtete, und bei näherer Untersuchung fanden die Professoren, daß die leuchtende Eigenschaft dem Oberleibe nach außen und sich einen nicht im geringsten Grade, bis zu den Knochen, der Membrane und selbst den Muskeln erstreckte; nur das Eingeweide zeigte keine Spur davon. Am Spannmuskel der Schenkelsehne konnte man die leuchtende Materie mit den Fingern wegnehmen, und diese begannen dann selbst zu leuchten. Am 12. März schien das Leuchten bedeutend abgenommen zu haben; als man aber das Knie aufhob, bemerkte man, daß es stark leuchtete. Das Leuchten verlor sich nicht, obgleich man mit dem Secirmesser immer mehr von der Materie abschabte; es war, als ob dieselbe bis in die Knochen gedrungen sei.

Die Vermuthung lag hier nahe, daß die Eigenschaft zu leuchten der zweiten Leiche durch die erstere mitgetheilt worden sei. Um darüber Gewißheit zu erlangen, legte man ein Fragment der leuchtenden Materie auf eine andere in demselben Saale liegende Leiche, und auch diese leuchtete nach zwei Tagen an einem großen Theile. Weitere Experimente ergaben, daß nur die feuchten Theile leuchtend waren.

Es war interessant, die leuchtende Materie mit dem Mikroskop zu untersuchen, zumal da sich nach der Schnelligkeit, womit sie sich verbreitete, vermuthen ließ, daß sie von irgend einer der untersten Sprosse der animalischen Stufenleiter angehörenden Art lebender Geschöpfe herrühre. Bei der ersten Untersuchung ließ der Anblick einer eigenthümlichen Bewegung der leuchtenden Theilchen glauben, daß sie von kleinen Thierchen hervorgebracht werde, doch zeigten neue Beobachtungen mit einem stärkern Mikroskop, daß nichts vorhanden war, was Infusionsthierchen glich; die leuchtende Materie schien eine ölige Substanz zu sein.

Hans Sachs verläßt Nürnberg abermals (S. 73).

Röschen und der Rathsherr (S. 74).

Die Wochentage.

Schon im grauesten Alterthume findet sich die Woche von sieben Tagen *). Die Juden feierten schon in den ersten Zeiten jeden siebenten Tag als Ruhetag, der dem Herrn geweiht war. Man leitet diesen Gebrauch aus der Mosaischen Schöpfungsgeschichte her, nach welcher Gott die Welt in sechs Tagen geschaffen und am siebenten geruht hat; wahrscheinlicher aber gab der Mond, nach welchem so viele Völker ihre Zeitrechnung einrichteten, Veranlassung zur Eintheilung der Zeit in Zeiträume von sieben Tagen, da die vier Phasen oder auffallenden Lichtwechsel des Mondes in Zwischenräumen von ungefähr sieben Tagen aufeinander folgen und sich alle 29 Tage erneuern. Die Eroberer von Südamerika sollen die Perioden von sieben Tagen auch bei den Peruanern im allgemeinen Gebrauche gefunden haben. Die Römer und Griechen bedienten sich derselben nicht; sie hatten zwar Ausdrücke für einen Zeitraum von sieben Tagen, brauchten sie aber nur in Bezug auf den Verlauf einer Krankheit.

Von unsern Namen der Wochentage sind nur Sonntag, Montag (eigentlich Mondtag), Mittwoch und Sonnabend für sich klar. Sowie aber die beiden ersten Wochentage im Deutschen von der Sonne und dem Monde ihre Namen haben, so haben im Lateinischen und in den davon abgeleiteten romanischen Sprachen auch die übrigen Tage von Gestirnen und zwar von Planeten ihre Namen. Der Dienstag heißt nämlich Tag des Mars, der Mittwoch Tag des Mercur, der Donnerstag Tag des Jupiter, der Freitag Tag der Venus, der Sonnabend Tag des Saturn, wovon auch die englische Benennung des letztern (Saturday) herkommt. Bei näherer Betrachtung zeigt es sich, daß auch die deutschen und englischen Benennungen des Dienstags, Donnerstags und Freitags damit übereinstimmen. Der Dienstag heißt im Englischen **Thuesday**; dies leitet man von dem angelsächsischen Namen Thus her, welcher den Kriegsgott oder Mars der alten Deutschen bezeichnete. Donnerstag (englisch **Tursday**) kommt her von dem altdeutschen Thur oder Thor, dem Namen des Donnergottes oder Jupiter in der Mythologie der alten Deutschen. Der Freitag endlich soll von der nordischen Venus, Freya, seinen Namen haben. Es fragt sich nun, woher es kommt, daß die Wochentage fast in allen neuern Sprachen von den Gestirnen des Himmels oder den damit gleichnamigen Gottheiten der römischen Mythologie ihre Namen erhalten haben.

Der Grund davon ist in der Astrologie zu suchen. Nach den Träumereien der alten Astrologen regiert nämlich jeder Planet eine Stunde des Tages, und von demjenigen Planeten, welcher die erste Stunde beherrscht, hat der ganze Tag seinen Namen. Bekanntlich kannten die Alten von unsern elf Hauptplaneten nur sechs, rechneten aber statt der Erde die Sonne zu den Planeten, denen sie als siebenten den Mond beifügten. Nach dem Ptolemäischen Weltsysteme folgen die Planeten, wenn man mit dem von der Sonne entferntesten anfängt, in folgender Ordnung aufeinander: Saturn, Jupiter, Mars, Sonne, Venus, Mercur, Mond. Nimmt man nun an, daß die Sonne als erster und wichtigster Planet die erste Stunde des ersten Tages regiert, die Venus die zweite, Mercur die dritte u. s. w., indem

man die Planeten in der vorigen Ordnung aufeinander folgen läßt und nach dem Mond wieder mit dem Saturn anfängt, so trifft die Sonne auf die 8., 15. und 22. Stunde; auf die 23. trifft also Venus, auf die 24. Mercur und auf die 25. oder die erste Stunde des zweiten Tages der Mond. Fährt man auf diese Weise fort, so treffen die Planeten auf die erste Stunde jedes Tages in derjenigen Ordnung, welche mit den Namen der Tage übereinstimmt: Sonne, Mond, Mars, Mercur, Jupiter, Venus, Saturn.

Hierbei liegt, wie man sieht, die Eintheilung des Tages in 24 Stunden zum Grunde, die sich ebenfalls schon in den ältesten Zeiten und zwar bei den Juden und Babyloniern findet; die Letztern theilten den Zeitraum von einem Sonnenaufgange bis zum folgenden in 24 gleiche Theile, hingegen die Juden, Griechen und Römer theilten den natürlichen Tag in 12 und ebenso die Nacht in 12 gleiche Theile.

Von den Schutzmitteln gegen den Blitz.

Einer der ausgezeichnetsten jetzt lebenden Astronomen und Physiker, Arago in Paris, hat vor Kurzem eine populaire Abhandlung über das Gewitter herausgegeben, von welcher wir hier, wegen der hohen Wichtigkeit des in unsern Blättern noch nirgend ausführlicher behandelten Gegenstandes, denjenigen Theil, der sich auf die wirklichen oder vermeintlichen Schutzmittel gegen diese furchtbare Naturerscheinung bezieht, im Auszuge mittheilen, aber zugleich mit einigen Bemerkungen begleiten und hier und da vervollständigen werden.

1) **Mittel, deren sich die Menschen bedient haben, um sich selbst gegen den Blitz zu schützen.**

Die griechische Literatur hat uns vollständig mit den Ansichten der alten Philosophen über die Ursache des Gewitters bekannt gemacht, gibt aber nur sehr kurze und mangelhafte Andeutungen über ein paar von den Alten gebrauchte Schutzmittel. Herodot meldet, daß die Thrazier bei einem Gewitter Pfeile gegen den Himmel abzuschießen pflegten, aber nur, um ihn zu bedrohen. Plinius erzählt, daß die Etrusker den Blitz vom Himmel herabzulocken verstanden, daß sie ihn nach Willkür leiteten, daß Numa dasselbe Geheimniß besaß, und daß Tullus Hostilius, der seinem Vorgänger entlehnte Ceremonien nicht mit gehöriger Sorgfalt in Anwendung brachte, vom Blitz erschlagen wurde; als Mittel, das Meteor herabzuziehen, gibt er nur Opfer, Gebete und dergl. an.

Die Alten glaubten, daß der Blitz niemals tiefer als fünf Fuß in die Erde eindringe. Sie hielten daher Höhlen für vollkommen sichere Zufluchtsorte, und Augustus zog sich nach Sueton an einen niedrigen und gewölbten Ort zurück, sobald ein Gewitter zu erwarten war. Indeß zeigen die Blitzröhren, d. h. die röhrenförmigen Gebilde, die durch den Blitz im Sand in Folge einer Schmelzung oder Verglasung entstanden sind und bisweilen über 30 Fuß in den Boden hinabgehen, wie sehr die Alten sich täuschten. Noch jetzt kann Niemand bestimmen, in welcher Tiefe unter der Oberfläche man vor dem Blitz vollkommen sicher sein würde.

Um den auf die Dicke des Mauerwerks, des Gesteins oder der Erde, womit ein unterirdischer Raum oder eine natürliche Höhle bedeckt sind, beruhenden Schutz zu verstärken, lassen, wie wenigstens Kämpfer erzählt, die Kaiser von Japan über der Grotte, in die sie sich

---

*) Das Wort Woche soll aus dem gothischen Wik entstanden sein, das in den Fragmenten der Bibelübersetzung des gothischen Bischofs Ulfilas vorkommt und so viel als Ordnung oder regelmäßiger Wechsel bedeutet.

während eines Gewitters flüchten, einen Wasserbehälter anbringen, der bestimmt ist, das Feuer des Blitzes zu löschen. Unter gewissen, später zu erörternden Bedingungen ist eine Wasserfläche ein fast untrügliches Schutzmittel für Alles, was sich unter ihr befindet; man darf indeß nicht daraus schließen, daß die Fische nicht vom Blitze getroffen werden könnten, wovor sie selbst in den ausgedehntesten Gewässern nicht sicher sind. Als im Jahre 1670 der Blitz den zirknitzer See traf, sah man gleich darauf auf der Oberfläche des Wassers eine so große Menge todter Fische schwimmen, daß die Bewohner der Umgegend 28 Karren damit anfüllten.

Ehemals glaubte man allgemein, daß Personen, die im Bette lägen, nichts vom Blitze zu fürchten hätten. Allerdings werden Fälle erwähnt, wo der Blitz ein Bette traf, wol gar zertrümmerte, ohne dem darin befindlichen Menschen Schaden zuzufügen; aber am 29. September 1772 wurde zu Harrowgate in England ein Mann neben seiner Frau, die nicht einmal aufwachte, und am 27. September 1819 zu Confolens in Frankreich eine Magd im Bette erschlagen.

Die Römer betrachteten die Seehundsfelle als ein wirksames Schutzmittel. Man machte daher Zelte daraus, unter welche sich furchtsame Personen während eines Gewitters flüchteten, und Augustus, der sich sehr vor dem Gewitter fürchtete, seitdem er auf einer nächtlichen Reise durch einen Blitzschlag erschreckt worden war, trug, nach Sueton, immer ein solches Fell. In den Cevennen heben die Schäfer sorgfältig die Schlangenhäute auf; noch heutzutage überziehen sie damit ihre Hüte und glauben dadurch gegen den Blitz gesichert zu sein. Im Allgemeinen steht der Gedanke, daß es nicht gleichgültig ist, welche Kleidungsstücke man zur Zeit eines Gewitters trägt, mit Dem, was wir von der Blitzmaterie oder der Elektricität wissen, nicht im Widerspruche. Man kann viele Fälle anführen, wo Personen, je nachdem sie diesen oder jenen Stoff trugen, vom Blitze getroffen oder verschont worden zu sein scheinen. Im Allgemeinen hat man gefunden, daß Wachstaffet, Seide, Wolle für den Blitz weniger durchdringlich sind als Gewebe von Flachs, Hanf oder andern Pflanzenstoffen; ob aber feuchte oder trockene Kleider vorzuziehen sind, ist nicht ausgemacht; Franklin hält jene für besser, weil sie nach seiner Meinung den Blitz unmittelbar bis zum Boden fortpflanzen müssen. Es gibt sogar Thatsachen, aus denen erhellt, daß bei Verletzungen von Thieren durch den Blitz die Farbe der Haare von Einfluß ist. In England wurde einmal ein braunrother Ochse mit weißen Flecken vom Blitze getroffen; nach dem Blitzschlage bemerkte man mit Erstaunen die Entblößung der weißen Flecken, auf denen kein einziges Haar mehr zu sehen war, während die rothbraunen Theile keine sichtbare Veränderung erlitten hatten. Ähnliche Fälle werden auch von Pferden erzählt.

Die Meinung, daß gewisse Bäume niemals vom Blitze getroffen würden, ist öfter gehegt worden, aber ohne Grund. Die Alten glaubten, daß der Blitz niemals in Lorberbäume schlage (weshalb der Kaiser Tiberius, nach Sueton, während eines Gewitters einen Lorberkranz zu tragen pflegte), doch fehlt es nicht an Beweisen vom Gegentheil. Der Amerikaner Maxwell behauptete irrthümlich, daß der Blitz niemals Buchen, Birken und Ahornbäume treffe; aus theoretischen Gründen glaubten Andere, daß harzige Bäume vor dem Blitze sicher wären, aber gerade in Fichten und Tannen schlägt er ziemlich häufig.

Manche Physiker haben aus gewissen ähnlichen Erscheinungen geschlossen, daß der Blitz das Glas immer verschone. Man könnte daher leicht auf den Gedanken kommen, daß ein ganz aus Glas bestehendes Behältniß einen vollkommen sichern Zufluchtsort abgeben müßte, und wirklich sind dergleichen Behältnisse für Personen, die sich vor dem Blitze fürchten, vorgeschlagen und sogar verfertigt worden. Eine solche Glashülle würde indeß die Gefahr wol vermindern, aber keineswegs ganz beseitigen. In vielen Fällen, wo der Blitz in Gebäude einschlug, sind nicht nur Fensterscheiben, und zwar oft in Menge, zerbrochen worden, was man aus der Erschütterung der Luft erklären könnte, sondern mehrmals mit kreisrunden Löchern, von denen sonst keine Sprünge und Risse ausgingen, durchbohrt worden.

Durch eine große Menge von Beispielen ist bewiesen, daß der Blitz, wenn er Menschen trifft, stets die metallischen Theile ihrer Kleidungsstücke vorzugsweise angreift, woraus man schließen muß, daß diese Theile die Gefahr bedeutend vergrößern. Bei größern Metallmassen unterliegt diese Annahme keinem Zweifel; bei den kleinen an unsern Kleidungsstücken befindlichen Metallstücken ist sie schwerer zu rechtfertigen, wiewol in dieser Hinsicht einige sonderbare Fälle erzählt werden. So erzählt der bekannte englische Reisende Brydone von einer Dame, die während eines Gewitters zum Fenster heraussah, als ein Blitzstrahl ihren Hut (aber nur diesen) in Asche verwandelte; nach Brydone war er durch den im Hute befindlichen dünnen Metalldraht angezogen worden. Wenn man solche Fälle berücksichtigt, so scheint es freilich das Beste zu sein, bei einem Gewitter kein Metall an sich zu haben, ob es sich aber wirklich der Mühe verlohnt, an die geringe Vermehrung der Gefahr zu denken, welche Uhren, Schnallen, Geldstücke, Nadeln, Ketten u. s. w. bewirken, ist eine Frage, die sich nicht allgemein beantworten läßt, weil es hier auf die Furchtsamkeit und die Vorurtheile jedes Einzelnen ankommt.

Wenn der Blitz Menschen oder Thiere trifft, die nebeneinander in einer geraden oder krummen, aber nicht geschlossenen Linie stehen, so sind seine Wirkungen an den beiden Enden der Reihe am stärksten und verderblichsten, gerade so wie bei einer Metallstange, die nur an beiden Enden geschmolzen oder beschädigt wird. So schlug der Blitz 1785 in Rambouillet in einen Stall, wo 32 Pferde in einer Reihe standen; 30 davon wurden umgeworfen, aber nur die beiden äußersten getödtet.

Franklin gibt für Personen, die sich bei einem Gewitter in Häusern ohne Blitzableiter befinden und sich vor dem Blitze fürchten, folgende Vorschriften. Sie sollen die Nähe der Schornsteine vermeiden, denn der Blitz schlägt oft in diese, weil der Ruß, wie die Metalle, zu den Körpern gehört, welche der Blitz vorzugsweise trifft. Aus demselben Grunde entferne man sich so viel als möglich von den Metallen, Spiegeln, Öfen, Feuerherden, Vergoldungen u. s. w. Im Allgemeinen ist in der Mitte eines Zimmers der beste Ort, nur dann nicht, wenn man daselbst eine Lampe oder einen Kronleuchter, die an metallenen Stangen oder Ketten aufgehangen sind, gerade über sich hat. Je weniger man die Wände und den Boden berührt, desto weniger ist man in Gefahr, weil sich in jenen metallene Drähte, Klammern u. s. w. befinden; am sichersten wäre man also in einer Hängematte, die in der Mitte eines großen Zimmers an seidenen Schnuren hängt. Statt dessen kann man zwischen sich und dem Fußboden einige derjenigen Körper anbringen, welche der Blitz am seltensten durchdringt, also den Stuhl, auf dem man sitzt, auf Glas oder Pech, auch auf mehre Polster oder

Betten stellen. Übrigens können alle diese Vorsichtsmaßregeln die Gefahr nur vermindern, aber keinesweges ganz
beseitigen, denn in mehren Fällen sind Glas, Pech und
mehre Polsterschichten vom Blitze durchbohrt worden;
auch begreift Jeder, daß der Blitz, wenn er außerhalb
des Zimmers kein ununterbrochenes Metall findet, das
ihn leitet, von einem Punkte auf den gegenüberliegenden Punkt überspringen und die auf seinem Wege befindlichen Personen, auch wenn sie in Hängematten
liegen, treffen kann.

Je ausgedehnter eine irgendwo angehäufte leitende
Materie ist, desto größer ist die Gefahr, in ihrer Nähe
vom Blitze getroffen zu werden. Da nun der lebende
Mensch ein ziemlich guter Leiter des Blitzes ist, so sind
zahlreiche Versammlungen von Menschen oder Thieren
bei einem Gewitter gefährlich. Dazu kommt ein zwei-
ter Grund: die Ausdünstung bildet nämlich in solchen
Fällen eine aufsteigende Dunstsäule; bekanntlich leitet
aber die feuchte Luft den Blitz viel besser als die trockene.
Demnach kann es nicht sehr auffallen, daß so häufig
Schafheerden vom Blitze getroffen werden, und ein einziger Schlag 30, 40, ja 50 dieser Thiere tödten kann.
In Amerika ist die Meinung allgemein verbreitet, daß
Scheunen, mit Getreide oder Heu angefüllt, häufiger
als andere Gebäude vom Blitz getroffen werden. Diese
Erscheinung muß ebenfalls einem Strome feuchter Luft
zugeschrieben werden, der daher rührt, daß die Ernte
gewöhnlich eingebracht wird, ehe sie völlig trocken geworden ist.

Oft hört man die Behauptung, daß es gefährlich
sei, bei einem Gewitter zu laufen, ja man dürfe nicht
einmal gegen die Richtung des Windes und der Wolken gehen; dies kommt darauf hinaus, daß man es
vermeiden müsse, sich in einem Luftstrom zu befinden.
Indessen läßt sich keinesweges beweisen, daß trockene Zug-
luft gefährlich wäre; man hat daher auch nicht nöthig,
wie gewöhnlich aus übertriebener Ängstlichkeit geschieht,
bei einem Gewitter Thüren und Fenster sorgfältig zu
verschließen, wenn dies nicht des Windes und Regens
wegen nothwendig ist. Befindet man sich im Freien, so
dürfte der vermeintliche Vortheil einer Verminderung
der Gefahr durch Stehenbleiben die Unannehmlichkeit,
von einem starken Regengusse durchnäßt zu werden,
schwerlich genügend aufwiegen. Übrigens darf man im
Freien, da der Blitz in der Regel die höchsten Gegenstände trifft, nicht unter Bäumen, Heuhaufen,
Korngarben u. s. w. Schutz suchen, muß aber auch
vermeiden, selbst der höchste Gegenstand in der Gegend
zu sein; am besten ist es, wenn man sich in einige
Entfernung von einem oder mehren Bäumen so stellen
kann, daß man sowol von den Stämmen als von den
nächsten Zweigen 15—20 Fuß entfernt bleibt; liegend
ist man sicherer als stehend oder sitzend. Auf jeden
Fall muß man die Nähe von Teichen und überhaupt
von größern Wasserflächen vermeiden, weil der Blitz
leicht durch den menschlichen Körper einen Weg zum
Wasser suchen kann. Zu Pferde oder in offenen Wagen
ist man in einiger Gefahr, wiewol in der Regel nur die
Pferde getroffen werden. wie denn überhaupt der thierische
Körper, besonders der der Pferde und Hunde, den Blitz
besser als der menschliche zu leiten scheint. Auf der
Gasse suche man nicht unter Thüren oder nahe an
Häusern Schutz, sondern gehe entweder in ein Haus
oder bleibe in der Mitte der Gasse, wenn sie nicht zu
eng ist. Neben einer Stelle, wo eine Dachrinne das
Wasser ausgießt oder eine Metallröhre das Wasser bis
zur Erde leitet, ist ein besonders gefährlicher Aufenthalt.

2) Ältere Mittel zur Sicherung von Ge-
bäuden.

Daß der Blitz, unter übrigens gleichen Umständen,
vorzugsweise hochgelegene Punkte trifft, ist eine unbe-
streitbare Thatsache. Man hat daraus geschlossen, daß
jeder Gegenstand durch einen in seiner Nähe befindlichen höhern immer geschützt wird, daß z. B. ein von
Thürmen umgebenes Haus nichts zu fürchten hat; hierbei hat man jedoch nicht erwogen, daß eigenthümliche,
sichtbare oder versteckte Umstände die Einflüsse einer größern Höhe überwiegen können. Man hat Beispiele in
Menge, daß Landleute dicht neben Heu- oder Kornhau-
fen, die zwei- bis dreimal höher als sie waren, vom
Blitz getödtet wurden, während jene nicht getroffen wurden. Auch die Behauptung vieler Physiker, daß Bäume,
die in geringer Entfernung von einem Hause stehen,
dasselbe vollständig gegen Blitzschläge schützen, ist unrichtig. Allerdings ist so viel gewiß, daß die Bäume,
welche öfter als man glaubt vom Blitze getroffen werden, wovon man beim Zersägen derselben sehr häufig
Spuren findet, den Gewitterwolken einen bedeutenden
Theil ihres Blitzstoffes entziehen, man kann sie daher
als ein Mittel ansehen, die Gewalt der Blitzschläge zu
schwächen, aber eine absolute Schutzkraft läßt sich ihnen
nicht beilegen.

Volta und andere Physiker stellten die Meinung
auf, daß große Feuer den Wolken den größten Theil
ihres Blitzstoffs entziehen müßten und daher das beste
Mittel abgeben würden, den Ausbruch der Gewitter
und Hagelwetter zu verhindern oder sie doch weniger
furchtbar zu machen. Es fehlt indeß an hinreichenden
Erfahrungen, um darüber zu entscheiden. In einem
Kirchspiele bei Cesena in der Romagna pflegen die
Landleute seit drei Jahren auf den Rath ihres Pfar-
rers bei Annäherung eines Gewitters Haufen von Stroh
und Reißholz, die von 50 zu 50 Fuß angebracht sind,
anzuzünden, auch soll in dieser Zeit das Kirchspiel weder von Gewittern, noch vom Hagel zu leiden gehabt
haben, während die benachbarten Kirchspiele davon heimgesucht wurden; jedoch läßt sich auf einen so kurzen
Zeitraum kein allgemeiner Schluß gründen. In denjenigen Grafschaften Englands, welche viele Bergwerke,
daher eine Menge Hochöfen und Hütten enthalten, sind
Gewitter merklich seltener als in den übrigen, doch kann
dies ebenso wol auf der Beschaffenheit des Bodens, als
auf der Wirkung der großen Feuer, welche dort beständig unterhalten werden, beruhen.

Das Abfeuern von Geschützen halten namentlich
die Seefahrer allgemein für wirksam, um die Gewitterwolken, ja die Wolken überhaupt zu zertheilen; in mehren Gegenden Frankreichs pflegt man bei der Annäherung von Hagelwolken Böller, die auf Anhöhen stehen,
zu lösen, ein Gebrauch, der um das Jahr 1769
eingeführt worden zu sein scheint. Indessen ist es keinesweges ausgemacht, daß durch dieses Mittel Hagelwetter und Gewitter abgehalten werden können; es gibt
vielmehr mehre Erfahrungen, die ausdrücklich dagegen
sprechen. Am 20. September 1711 wurde Rio Janeiro von einer französischen Flotte beschossen, aber während des heftigsten Bombardements brach über der
Stadt ein überaus heftiges Gewitter aus; Dasselbe fand
bei der Beschießung von Dannholm bei Stralsund durch
die Franzosen am 25. August 1806 statt. Im Jahre
1793 schlug der Blitz in ein englisches Schiff, als es
eben eine Batterie auf Martinique beschoß.

Hierher gehört auch ein Mittel, das man besonders in
ältern Zeiten zur Vertreibung von Gewittern gebraucht
hat: das Läuten der Glocken. Mit dem Abfeuern von

Geschützen hängt es insofern zusammen, als in beiden Fällen die Luft erschüttert wird, indessen ist der Gebrauch des Läutens weit älter und hat seinen Grund ohne Zweifel in abergläubischen religiösen Meinungen. Daß dieses Mittel nichts hilft, ist völlig ausgemacht; man hat viele Beispiele, wo Kirchen während des Läutens der Glocken vom Blitze getroffen wurden; im J. 1718 wurden einmal 24 Kirchen in Frankreich, und zwar gerade diejenigen, in denen man zur Abhaltung des Gewitters läutete, vom Blitze getroffen und die mit dem Läuten beschäftigten Personen theils getödtet, theils schwer verwundet. Nun läßt sich zwar nicht beweisen, daß das Läuten der Glocken die Blitzschläge erst herbeizieht, aber für die läutenden Personen ist es auf jeden Fall gefährlich, denn diese sind einer ähnlichen Gefahr ausgesetzt, als Menschen, die sich bei einem Gewitter unter hohe Bäume flüchten. Der Blitz trifft die hohen Gegenstände und vorzugsweise die Thurmspitzen; das an die Glocke befestigte und gewöhnlich feuchte Hanfseil leitet den Blitz zu den Läutenden und durch diese zum Erdboden. Ein deutscher Gelehrter rechnete im Jahre 1783 aus, daß in 33 Jahren 386 Glockenthürme vom Blitze getroffen und dabei 121 Personen, welche die Glocken läuteten, getödtet worden waren, ungerechnet die große Zahl der Verwundeten. Im J. 1775 schlug der Blitz in einen Kirchthurm in Frankreich und tödtete drei Männer, welche die Glocken läuteten, und vier Kinder, die sich in den Thurm geflüchtet hatten. Ähnliche Beispiele lassen sich in Menge anführen. Hierbei ist nicht zu übersehen, daß in vielen Fällen der Blitz spurlos verschwinden wird, wenn der an der Glocke hängende Strick nicht bis zur Erde reicht und mit derselben in keiner Verbindung steht. Daß die Furcht ängstlicher und abergläubischer Personen durch das Läuten der Glocken nur vermehrt wird, würde gar nicht in Betracht kommen, wenn das Mittel nur sonst zweckmäßig wäre. Demnach ist es sehr zu billigen, daß der Gebrauch des Glockenläutens beim Gewitter in vielen Ländern schon längst (ganz neuerlich erst in Frankreich) obrigkeitlich verboten worden ist.

(Der Beschluß folgt in Nr. 311.)

Der Indianersommer.

Der sogenannte Indianersommer in Nordamerika besteht in einem eigenthümlichen, periodisch wiederkehrenden Ansehen und einer besondern Beschaffenheit der Atmosphäre, welche jährlich in allen Breiten von dem obern See bis nach Missuri und wol noch südlicher zu Ende Octobers und im November eintritt. Die Atmosphäre hat dann ein getrübtes, dunstig nebeliges Ansehen und der Himmel zeigt eine auffallende Röthe; dabei fällt kein Regen und die Temperatur ist bei Tage für die Jahreszeit unverhältnißmäßig hoch, wiewol es in den Nächten schon friert. Woher der Name Indianersommer kommt, ist nicht entschieden; nach Einigen daher, weil in dieser Zeit der Südwestwind vorherrscht, von dem die Indianer glauben, daß er ihnen von ihrem guten Gotte Cutantowit als Zeichen seiner Gunst geschickt werde; nach Andern daher, weil der November die eigentliche Jagdzeit der Indianer ist, welche auf die Frage, wenn sie zu ihrem Jagdboden (nach amerikanischer Redeweise) ausziehen werden, zur Antwort geben: wenn unser Herbstsommer kommt. Diese milde Zeit tritt nach den merkwürdigen kalten Regenschauern ein, die in Nordamerika jeden Herbst fallen und vom Ende Septembers bis zum October anhalten.

Meister Gulden vor dem Kaiser (S. 74).

Verantwortlicher Herausgeber Friedrich Brockhaus. — Druck und Verlag von F. A. Brockhaus in Leipzig.

Das Pfennig-Magazin

für

Verbreitung gemeinnütziger Kenntnisse.

311.]   Erscheint jeden Sonnabend.   **[März 16, 1839.**

Mölk.

Ungefähr in der Mitte zwischen Linz und Wien, in einer der reizendsten Gegenden Niederöstreichs, steht auf steilem Granitfelsen an der Donau die berühmte Benedictinerabtei Mölk, deren gegenwärtige prächtige Gebäude 1720—32 erbaut wurden, während das Kloster selbst schon sieben Jahrhunderte früher, im Jahre 1018, gestiftet wurde. Dieses Kloster ist unter allen jetzt vorhandenen Benedictinerklöstern — deren Zahl ungefähr 800 betragen mag, während im 15. Jahrhundert deren 15,000 gezählt wurden, von denen etwa 10,000 durch die Reformation eingegangen sind — eins der reichsten und bedeutendsten und bildet eine besondere Brüderschaft, zu der sich die übrigen östreichischen Benedictinerklöster halten. Es enthält eine theologische Lehranstalt, ein Gymnasium, eine ansehnliche Bibliothek, ein Münz- und Naturaliencabinet und einen botanischen Garten. So dienen die reichen Einkünfte des Klosters zu gemeinnützigen Zwecken und zur Pflege der Wissenschaften, wie denn der Benedictinerorden sich von jeher durch seinen wissenschaftlichen Eifer ausgezeichnet hat; eine große Zahl der gelehrtesten Männer Östreichs hat hier ihre Bildung erhalten. Am Fuße des Klosterberges,

auf welchem schon in römischer Zeit eine Feste stand, liegt ein Marktflecken gleiches Namens von etwa 1000 Einwohnern.

Die Theestaude in Ostindien.

Die frühern in diesem Blatte enthaltenen Mittheilungen über den Thee *) bezogen sich nur auf den Thee, welcher in China und Japan wächst, als den einzigen Ländern, wo diese Pflanze bisher cultivirt wurde und fortkam. In der neuesten Zeit hat man aber die Theestaude auch in Ostindien und zwar in Assam, einem mit den Engländern verbündeten Gebiete jenseit des Ganges, angetroffen und darauf die Hoffnung gegründet, die Ausfuhrartikel Ostindiens um einen neuen, sehr wichtigen vermehrt zu sehen. Der Thee, welcher bisher ostindischer hieß, ist bekanntlich solcher, der aus China über Ostindien zu uns kommt. Die Pflanze wächst in Assam ganz wild und ist ohne allen Zwei-

*) Vergl. Pfennig-Magazin Nr. 22, 59 und 152.

fel aus Samen entstanden, welche durch die aus Osten in das Assamthal einfließenden Ströme aus den benachbarten chinesischen Provinzen hergeflößt und am Ufer abgesetzt wurden; daher ist sie natürlich hauptsächlich in den Gegenden gediehen, die ihr von Natur die angemessensten sind, und man kann mithin die ihr vortheilhafteste Lage in Assam besser studiren als in China selbst, wo die Cultur sie nach und nach auf minder günstige Localitäten verbreitet haben mag, in denen sie sich nur künstlich erhält. Nordassam bildet ein großes Bassin von angeschwemmtem Boden, etwa 18 deutsche Meilen lang und 9 breit, das von vier großen und sieben kleinen Flüssen durchströmt wird, deren Niederschlag nach und nach den Boden gebildet hat. Der Burhamputer, in den die übrigen Ströme fallen, durchschneidet die Ebene in ihrer Mitte der Länge nach und die Theepflanzen finden sich nur auf der südöstlichen Seite des Thales, die nach der chinesischen Grenze zu liegt und sich an die Naga= und Duphagebirge anlehnt; auf dem rechten Ufer des Burhamputer, das gegen Tibet zu liegt, hat man bis jetzt keine Theestauden entdecken können. Diese finden sich nicht in großen Massen oder Wäldern, sondern in kleinen Gruppen. Eine von dem englischen Generalgouverneur von Ostindien nach Assam geschickte Commission besuchte eine Anzahl solcher Gruppen von Theestauden, die alle unter ähnlichen Umständen wuchsen; sie nahm Proben der Erde mit und verglich sie mit dem umliegenden Boden; der Erfolg war immer, daß der Theeboden sandiger war als der Boden der Umgegend. Sobald der Boden schwerer wird, was sich durch seine schwärzere Farbe anzeigt, verschwindet die Theestaude, während sie in den besten Lagen eine Höhe von 40 Fuß erreicht und wahre Bäume bildet. Das Thal von Assam ist meistens in dichte Nebel gehüllt, welche aus den Flüssen aufsteigen und vom Wind immer auf der Südseite des Thales, welche allein Thee hervorbringt, an den Nagagebirgen hin aufgehäuft werden, wo sie sich in heftige Regen auflösen. Diese sind so häufig, daß in den Monaten December bis Februar 15 Zoll Regen fielen, während in derselben Zeit in Bengalen nur 2 Zoll Regen fielen, und wenn es nicht regnet, so ist das Thal fast immer von einer Masse von Nebeln und Wolken beschattet. Man kann daher sagen, daß die zum Gedeihen der Theestaude erfoderlichen Bedingungen in leichtem porösem Boden, einer feuchten und warmen Luft und Schutz vor der Sonne durch Wälder und Nebel bestehen. Versuchsweise pflanzte man Theestauden in Gebüsche im tiefen Schatten, wo sie sehr gut gediehen, während dies nicht mit denen der Fall war, die in der Sonne standen; indessen scheint Schatten nicht unumgänglich nöthig zu sein. Übrigens ist der Thee eine sehr harte Pflanze, die nicht allein das Abschneiden, sondern sogar das Feuer verträgt; ein Stück Land, das abgebrannt war, brachte eine Menge neuer Schößlinge hervor, die schöne Stauden bildeten, welche sogar noch mehr trugen, als die ursprünglichen Pflanzen. Die Commission erfuhr von einem Eingeborenen, daß man in allen Districten östlich von Assam Thee statt Wasser beim Essen trinkt, nämlich Alle, die reich genug sind, ihn sich zu verschaffen, während die Ärmern ihn nur an Festtagen trinken. In allen diesen Provinzen ist es die Gewohnheit, bei festlichen Besuchen Thee als Geschenk mitzubringen. Man baut ihn in Gärten, nicht um ihn von besserer Qualität zu erhalten als die wildwachsenden, sondern um ihn bei der Hand zu haben. Die Bäume werden nicht beschnitten und erreichen daher eine solche Höhe, daß man auf die Zweige steigen muß, um die Blätter

zu brechen. Wenn man bei Gastmählern Thee bereitet, wirft man gewöhnlich zwei Pfund in einen Kessel und Jedermann in der Gesellschaft schöpft daraus.

Die Behandlung der frischen Theeblätter in Assam ist folgende. Die jüngsten und zartesten Blätter des schwarzen Thees werden, wenn sie eingesammelt sind, in große, kreisrunde, locker geflochtene Bambuskörbe gelegt, in welchen sie auseinander gebreitet und dann auf ein Gestell von Bambusrohr gesetzt werden, welches unter einem Winkel von etwa 25 Grad aufgestellt ist. Auf diesem Gestelle werden die Blätter etwa zwei Stunden lang der Sonne ausgesetzt und dabei von Zeit zu Zeit umgewandt. Sobald sie etwas welk auszusehen anfangen, bringt man sie in das Haus und läßt sie dort sich abkühlen; hierauf werden sie mit der Hand gerieben, bis sie sich wie weiches Leder anfühlen. Der Thee wird dann in gußeiserne Pfannen gethan, stark erhitzt und fortwährend umgerührt, damit er nicht anbrennt. Ist er zu heiß, um mit den Händen gefaßt zu werden, so legt man die Blätter auf einen Tisch und theilt sie in einzelne Haufen, worauf sie zu Kugeln zusammengerollt werden, um alle noch übrige Feuchtigkeit herauszuschaffen. Hierauf werden sie wieder in die heiße Pfanne gethan, wie früher, auseinander gebreitet, darauf noch einmal herausgenommen und gerollt, sodann in den Trockenkorb gelegt und auf dem in der Mitte des Korbes befindlichen Siebe ausgebreitet, worauf das Ganze auf ein sehr genau abgemessenes Kohlenfeuer, das auch nicht den geringsten Rauch von sich geben darf, gesetzt wird. Man nimmt sich sorgfältig in Acht, daß auch nicht ein einziges Blatt in das Feuer fällt, weil der Rauch dann sogleich den Thee verderben würde. Am nächsten Tage werden die Blätter sortirt. Der Thee wird dann noch einmal sorgfältig über dem Feuer getrocknet (wobei man sich hütet, die Sorten zu vermischen), bis die Blätter so kraus geworden sind, daß sie unter den Fingern brechen, womit das Verfahren sein Ende erreicht hat. Alle diese Zubereitungsarbeiten sind zwar an und für sich sehr einfach, erfodern aber große Sorgfalt und Gewandtheit, die man von den Arbeitern in Assam in mehren Jahren nicht wird erwarten können. Ganz dasselbe Verfahren soll in China beobachtet werden. Der Thee, welcher an der Sonnenseite der Berge wächst, soll der beste sein, muß aber ein Jahr liegen bleiben, ehe er getrunken wird, weil, wenigstens nach der Meinung der Chinesen, der frische Thee den Kopf angreifen soll. Proben von Thee aus Assam, die der oben gedachten Commission vorgelegt wurden, wurden als dem chinesischen Thee vollkommen gleich und zum Handel passend befunden. Eine Hauptschwierigkeit soll in der Verpackung liegen, die so eingerichtet werden muß, daß der Thee gegen die Wirkung und den Wechsel des Klimas geschützt wird; das Blei, dessen sich die Chinesen zur Verpackung bedienen, ist auf ganz eigenthümliche Art zubereitet. Bei dem englischen Generalgouverneur von Ostindien soll seit einem Jahre kein anderer als indischer Thee getrunken werden.

Sonach haben die Engländer alle Wahrscheinlichkeit für sich, in Ostindien angemessenen Boden und passendes Klima für die Theecultur zu besitzen, die daher in wenig Jahren von ihnen in größerm Umfange betrieben werden dürfte, wozu aber die Anwendung chinesischer Arbeiter zweckmäßig sein wird. Alle frühern Versuche, die Theestaude in andere Länder zu verpflanzen — in den Gebirgen von Java durch die Holländer und in Brasilien durch eine chinesische Colonie *) —

*) Vergl. Pfennig-Magazin Nr. 283.

sind ohne günstigen Erfolg geblieben. Daher ist es auch sehr zweifelhaft, ob der Plan, die Theecultur in Frankreich einzuführen, gelingen wird. Zwar ist es entschieden, daß die Theestaude in Frankreich nicht im Gewächshause gehalten zu werden braucht, sondern in allen Landestheilen im freien Boden gedeiht und den Winter sehr gut übersteht; aber ob sie deswegen auch ein trinkbares Product liefert, ist eine andere Frage, da die Theestaude, wie die Rebe, der Nelkenbaum und alle aromatischen Pflanzen, nicht nur vom Klima, sondern auch vorzugsweise vom Boden abhängt. So kam der Nelkenbaum auf der Insel Mauritius, die Pfefferstaude in Guiana fort, ohne deswegen brauchbare Producte zu liefern. Man pflanzt übrigens gegenwärtig die Theestaude in Frankreich in allen denkbaren Lagen an, um ihre Natur beobachten und den Boden wählen zu können.

Die Vererbung der Hautfarbe.

Über diesen interessanten Gegenstand hat der Engländer Stevenson zwanzigjährige Beobachtungen in Südamerika angestellt, wobei sich ergab, daß im Allgemeinen bei Ältern von verschiedenen Stämmen das Kind mehr von der Farbe des Vaters als der Mutter erhält. Seine Resultate im Einzelnen, nebst den Benennungen der Kinder, mit denen ihre Abstammung bezeichnet wird, sind in folgender Tabelle enthalten.

Vater.	Mutter.	Kinder.	Farbe.
Europäer	Europäerin	Creole	weiß.
Creole	Creolin	=	weiß.
Weißer	Indianerin	Mestize	$\frac{3}{4}$ weiß, $\frac{1}{4}$ Indianer — hell
Indianer	Weiße	=	$\frac{1}{2}$ weiß, $\frac{1}{2}$ Indianer.
Weißer	Mestize	Creole	weiß — oft sehr hell.
Mestize	Weiße	=	weiß — etwas schmuzig.
=	Mestize	=	schmuzigweiß; oft helles Haar.
Weißer	Negerin	Mulatte	$\frac{7}{8}$ weiß, $\frac{1}{8}$ Neger — oft hell.
Neger	Weiße	Zambo	$\frac{1}{2}$ weiß, $\frac{1}{2}$ Neger — dunkel kupferfarben.
Weißer	Mulattin	Quarteron	$\frac{3}{4}$ weiß, $\frac{1}{4}$ Neger — hell.
Mulatte	Weiße	Mulatte	$\frac{5}{8}$ = $\frac{3}{8}$ = loh-farben.
Weißer	Quarteron	Quinteron	$\frac{7}{8}$ weiß, $\frac{1}{8}$ Neger — sehr hell.
Quarteron	Weiße	Quarteron	$\frac{3}{4}$ weiß, $\frac{1}{4}$ Neger — lohfarben.
Weißer	Quinteron	Creole	weiß — lichte Augen, helles Haar.
Neger	Indianerin	Chino	$\frac{1}{2}$ Neger, $\frac{1}{2}$ Indianer.
Indianer	Negerin	=	$\frac{1}{4}$ = $\frac{3}{4}$ =
Neger	Mulattin	Zambo	$\frac{5}{8}$ = $\frac{3}{8}$ weiß.
Mulatte	Negerin	=	$\frac{1}{2}$ = $\frac{1}{2}$ =
Neger	Zambo	=	$\frac{15}{16}$ = $\frac{1}{16}$ = — dunkel.
Zambo	Negerin	=	$\frac{7}{8}$ Neger $\frac{1}{8}$ weiß.
Neger	Chino	Zambo-Chino	$\frac{15}{16}$ = $\frac{1}{16}$ Indianer.
Chino	Negerin	=	$\frac{7}{8}$ = $\frac{1}{8}$ =
Neger	=	Neger	Neger.

Der Sklavenmarkt in Kairo.

Ein trauriges, aber nichtsdestoweniger im hohen Grade interessantes Schauspiel in Kairo ist der Sklavenmarkt, über welchen ein neuerer Reisender Folgendes mittheilt: „Ich kam eben aus einer christlichen Kirche, wo mir ein greiser Armenier den Stein gezeigt, auf welchen einst der Heiland als Kind auf der Flucht nach Ägypten gelegen. Mit erhebenden Gefühlen verließ ich die geweihte Stelle und war noch in tiefe Betrachtungen versunken über ihn, der das größte Werk auf Erden vollbracht, der das ewige Reich der reinsten Sitte, Liebe und Menschlichkeit gestiftet, als ich auf dem Sklavenmarkte vor einer Heerde von Menschen stand, die gleich wilden Bestien eingefangen, gefesselt, gepeitscht, gemästet und verkauft werden. Man hat die Wahl zwischen Zähneknirschen oder Thränen, wenn man in dem großen abgeschlossenen Zwinger und in engen dumpfen Kellergewölben Hunderte dieser armen Opfer in Haufen auf der Erde gelagert sieht. Sie sind meist nackt und nur mit Lendenlappen bedeckt. Die feinere Waare wird ausgelesen und als Lockspeise für die rohe Begierde in dunkeln Zellen gezeigt und gemustert. Es sind dies meist rothbraune Abyssinierinnen mit klugen Augen; mit erborgten Gewändern und buntem Zierath wie Opferthiere aufgeschmückt, kauern sie vor ihrem Räuber, der mit Pfeife und Peitsche daneben sitzt, und harren der Erlösung durch einen neuen Peiniger. In diesen Räumen hängen auch die Waffen, Lanzen, Säbel, Pistolen u. s. w., womit der Sklavenjäger seine Beute erkämpft. Die tätowirten Nubierinnen mit hundert wie kurze Stricke herabhängenden Haarzöpfchen sind so häßlich thierischer Bildung, daß man sich bei ihrem Anblick von dem Argwohn einer Verwandtschaft mit den Affen nicht losmachen kann. Die meisten waren beschäftigt, Haare und Haut mit einem dicken Thran zu salben, dann legten sie sich ruhig in die sengende Sonne und ließen sich gleichsam im Fette braten. Die harmlosen Wesen sind in wohlthätige Stumpfheit versunken und scheinen keine Ahnung zu haben von ihrem Schicksale und dem grausamen Frevel, der ihnen das Vorrecht freier Vernunftwesen raubt. Sie sehen meist recht vergnügt aus, sind glücklich, wenn man ihnen etwas Glänzendes schenkt und spielen lächelnd mit ihren Glasperlen und vielen Armringen, welche sie wechselseitig sich vor den Ohren klingen lassen. Fast Alle belachten meine Brille, mehr griffen darnach und schienen diesen Gegenstand so albern zu finden, wie wir etwa ihre Nasenringe. Da ich die Vorbereitungen zu ihrer Mahlzeit sah, wartete ich diese ab. Sie werden gut gemästet, damit die Waare im Preise steige, denn der Menschenwerth wird hier nach Pfunden gewogen; je schwerer, desto theurer. Auch kommen diese armen Geschöpfe ganz verkümmert und von der Beschwerde der Reise zu Skeletten abgemagert an; Hunderte fallen unterwegs und enden spurlos ihr erbarmungswürdiges Dasein im glühenden Sandmeer der Wüste. Andere kommen krank und elend an, wie ich deren viele in einer Art Pestcontumaz, in abgesperrten mephitischen Löchern sah und wimmern hörte."

„Als die ungeheuern Schüsseln mit einem braungelben, dicken, warmen Brei aus Reis und Mais in die Mitte der vielen schwarzen Gruppen gestellt wurden, verbreitete sich allgemeine Heiterkeit. Mit dem Diogeneslöffel der hohlen Hand, die meist noch vom Thrane troff, holten sie ihre Nahrung gierig aus dem Gefäße, dann gingen sie zu einer Cisterne, löschten den Durst und legten sich in träger Ruhe hin, um zu schlafen."

„In der ganzen großen Masse von 4—500 Negern beider Geschlechter fiel mir nur ein Mädchen höchst angenehm auf. Sie trug einen Gürtel aus bunten Federn, war von schönem Bau und verrieth geistiges Leben in Blick und Wesen. Neugierde verlockte mich, durch meinen Dragoman — einen Neger aus Darfur, der einst selbst auf diesem Markte verhandelt worden war — nach ihrem Preise zu fragen. Allein der Skla-

*

venhändler machte ein pfiffiges Gesicht und meinte, solche Waare wäre für Paschas von drei Roßschweifen, nicht aber für Franken; überhaupt besteht unter diesen Seelenverkäufern eine Art Übereinkommen, sich mit Ungläubigen nicht einzulassen; doch schätzte sie mein Dolmetscher, der sich aus eigener Erfahrung auf den Handel verstand, auf 3—4000 Piaster, also etwa 2—300 Thaler."

Francisco Goya.

Der geniale Maler Francisco Goya y Lucientes, der durch seinen Einfluß auf die neueste, sogenannte romantische Schule der Franzosen nicht nur für die Geschichte der spanischen, sondern der Malerei überhaupt von Bedeutung geworden ist und europäischen Ruf erlangt hat, wurde zu Fuente de Todos im Königreiche Aragon den 31. März 1746 geboren. Nachdem er die Elemente seiner Kunst in der Akademie von St.-Luis zu Saragossa erlernt hatte, begab er sich, von brennendem Eifer für seinen Beruf getrieben, auf eigene Kosten nach Rom. Die meisten der dort studirenden jüngern Maler huldigten der damals in Italien und fast in ganz Europa herrschenden manierirten Schule des Conca und Trevisani; Goya's Genius bewahrte ihn jedoch vor diesem Abwege; er suchte sich nur nach den Musterwerken der alten Kunst, an denen Rom so reich ist, auszubilden. Bald aber verließ er wieder Rom und kehrte in sein Vaterland zurück, wozu ihn eine außerordentliche Anhänglichkeit an seine Ältern bestimmte, von denen er sich seitdem nie wieder getrennt hat. Hier machte er sich zuerst bemerklich durch die Gemälde, die er für die königliche Tapetenfabrik verfertigen mußte; das ungewöhnliche Talent und die erstaunliche Schnelligkeit, womit er diesen Auftrag ausführte, erwarben ihm den Beifall des berühmten Mengs, unter dessen Leitung die Arbeiten standen. Die Anmuth und Natürlichkeit, womit er namentlich spanische Volksscenen darzustellen wußte, ein Genre, in dem er sich stets besonders ausgezeichnet hat, erregten die Bewunderung aller Kenner. Ebenso zeugten seine zahlreichen Staffeleigemälde, meist Eingebun-

gen des Augenblicks, von einer ungemein fruchtbaren, feurigen Phantasie und originellen Laune. Überhaupt zeichnen sich die Werke dieser seiner ersten Epoche durch Einfachheit und Natürlichkeit der Composition, ungesucht effectreiches Helldunkel und eine bezaubernde Wahrheit aus. In diese Epoche gehören noch die Cyklen von Darstellungen aus dem Volksleben und von Stiergefechten in kleinerm Maßstabe, die er für den Herzog von Osuña und D. Andres del Peral malte, und von seinen größern Gemälden die Familie des Infanten D. Luis, die Portraits in Lebensgröße des Grafen Florida Blanca und der Herzogin von Alba, und das Altarblatt und das herrliche Crucifix im Eingange des Chors der Kirche von S.-Francisco el Grande zu Madrid; vorzüglich dieses letztern wegen wurde er zum Mitgliede der Akademie von S.-Fernando ernannt (den 7. Mai 1780). Goya bildete sich nun vorzugsweise nach Velasquez und Rembrandt aus, indem er sich von dem Erstern die bewundernswürdige, duftartige Luftperspective, die kühne Einfachheit in der Ausführung und jenes Verschmähen alles unwesentlichen, die Aufmerksamkeit von dem Hauptgegenstande ablenkenden Details, von dem Letztern aber die überraschenden Lichteffecte anzueignen suchte. Durch diese Eigenschaften charakterisiren sich denn auch die Werke seiner zweiten Epoche; alle tragen mehr oder minder den Stempel des Genies und der errungenen Meisterschaft; aber eben durch jenes allzu sichtliche Streben nach Effect und jene Kühnheit, die nicht selten wie Nachlässigkeit aussieht, sind sie manchmal manierirt und selbst incorrect in der Zeichnung geworden. Unter seine ausgezeichnetsten größern Gemälde dieser Epoche gehören die beiden trefflichen Bilder von S.-Francisco de Borja, die er für die Kathedrale von Valencia malte, die Gefangennehmung Christi, die sich in der Sacristei jener von Toledo befindet, die heilige Jungfrau in der Kirche der Stadt Chinchon und vor Allem das herrliche Gemälde: die königliche Familie Karl's IV. in Lebensgröße (nun im königlichen Museum), auf dem er auch sich selbst, im Begriffe, dieses Werk auszuführen, portraitirte. Durch dieses letzte Bild erwarb er sich so sehr den Beifall des Hofes, daß er den 31. October 1799 zum ersten Hofmaler ernannt wurde, nachdem er schon seit dem 25. April 1789 wegen anderer trefflicher Portraits des Königs und der Königin in Lebensgröße den Titel eines königlichen Kammermalers geführt hatte. Überhaupt besaß Goya eine außerordentliche Fertigkeit im Portraitiren, er malte mit erstaunlicher Leichtigkeit, denn er brauchte in der Regel nicht mehr als eine Sitzung und traf gerade dann zum Sprechen ähnlich; auch wußte er die Stellungen so gut zu wählen, daß sich fast schon daraus die charakteristische Individualität errathen ließ. Natürlich kam er dadurch in die Mode, und Jeder strebte nach der Ehre, durch seinen Pinsel verewigt zu werden, sodaß unter den zahlreichen von seiner Hand gemalten Portraits, außer denen der Mitglieder der königlichen Familie, der Vornehmen und Reichen, auch die der meisten ausgezeichneten Personen seiner Zeit sich befinden, wie z. B. die trefflichen Portraits des Generals Urrutia, des Naturforschers Azara, des Architekten Villanueva, des Dichters Moratin und des Schauspielers Maiquez u. s. w. Doch zog sich Goya immer mehr aus der großen Welt zurück und widmete sich immer ausschließender dem Studium der Natur, die er seinen einzigen Meister zu nennen pflegte, da er seit seinem dreiundvierzigsten Jahre völlig taub war. Seit 1822 wurde seine Gesundheit immer schwankender, sodaß er zur Wiederherstellung derselben 1824 mit königlicher

Erlaubniß sich nach Paris begab und von da an Frankreich nicht wieder verließ. Er starb zu Bordeaux den 16. April 1828. Goya übte seine Kunst bis an das Ende seines Lebens; so hat man selbst aus seinem schon sehr vorgerückten Alter größere Gemälde, worunter einige, an denen noch nicht einmal die Abnahme der physischen Kräfte bemerklich ist, wie z. B. das schöne, effectvolle Bild, welches ihn selbst, schon mit dem Tode ringend, und seinen Arzt, den berühmten Professor Arrieta, wie er ihm mit dem Ausdrucke der innigsten Theilnahme den Trank reicht, durch den er gerettet wurde, darstellt, wobei das Bestreben, seinen Dank zu verewigen, ihm die Kraft und das Feuer seiner Jugend wiedergegeben zu haben scheint; das Gemälde von der heiligen Justa und Rufina, das er für die Kathedrale von Sevilla gemacht hat; die Communion des heiligen Joseph de Calasanz in der Kirche von S.=Antonio Abad zu Madrid u. s. w. Goya malte aber nicht blos in Öl, sondern auch fresco. Unter seinen Gemälden der letztern Art zeichnen sich besonders aus die in der Metropolitankirche del Pilar zu Saragossa, in der von S.=Antonio de la Florida und in dem Landhause seines Sohnes am Manzanares. Ja, er versuchte sich fast in allen Zweigen seiner Kunst; so hat man von ihm eine bedeutende Anzahl radirter Blätter, theils nach den vorzüglichsten Gemälden des Velasquez, theils eigene Compositionen. Unter diesen letztern ist besonders seine 1796 und 1797 verfertigte Sammlung von 80 Capriccios merkwürdig, in denen, sowie in vielen einzelnen Blättern ähnlicher Art, seine reiche, originelle Phantasie, seine echt komische Laune, sein beißender Witz und seine Freimüthigkeit glänzen, womit er die Untugenden und Laster, selbst der höchsten Stände, lächerlich machte und züchtigte. Vorzüglich diese ebenso geistreich erfundenen als effectvoll ausgeführten Kinder der Laune

hat die neue romantische Schule in Frankreich sich zum Muster genommen, und Goya's neckische Koboldchen treiben in den Illustrationen der modernen französischen Romane noch bis auf den heutigen Tag ihren Spuk. Übrigens liebt er auch in seinen Radirungen das mystische Helldunkel und überraschende, ja manchmal grelle Lichteffecte in Rembrandt's Manier. Endlich hat sich Goya noch in seinen alten Tagen auch im Lithographiren versucht und in dieser Weise außer mehren einzelnen Blättern eine Reihe von Darstellungen aus Stiergefechten, seiner Lieblingsunterhaltung, geliefert. Überhaupt zeichnen sich Goya's Werke, sowie die aller wahrhaft großen Künstler, durch nationale Färbung und volksthümliche Gesinnung aus.

Die hier als Probe von Goya's Talent zur Satire beigefügte Caricatur, einen Esel im Schlafrocke vorstellend, wie er seinen Stammbaum studirt, hält man für eine Anspielung auf den bekannten Manuel de Godoy, den sogenannten Friedensfürsten, der lange Zeit spanischer Premierminister war. Dieser Godoy war nämlich ein Mensch ohne alles Talent, hatte wenig mehr gelernt als Guitarre spielen, gefiel aber der Königin, stieg deshalb vom Leibgardisten zum Oberst, Staatsrath und Premierminister und wurde 1792 sogar zum Herzog von Alcudia ernannt. Wie so viele verdienstlose Emporkömmlinge, die das Glück zu hohen Ämtern und Würden erhob, und die durch nichts zu imponiren wissen als durch unbändigen Stolz und Verachtung aller Tieferstehenden, machte sich auch Godoy durch gleiche Eigenschaften bald allgemein verhaßt, gerieth bei einem Aufstande in Aranjuez 1808 in große Lebensgefahr und theilte nachher das Schicksal Karl's IV., mit dem er nach Frankreich und später nach Rom ging; seit 1830 lebt er in Paris.

Der Esel im Schlafrocke, nach Goya.

Von den Schutzmitteln gegen den Blitz.

(Beschluß aus Nr. 310.)

3) Der Blitzableiter.

Das einzige Schutzmittel gegen den Blitz, dessen Wirksamkeit nicht zweifelhaft zu sein scheint, ist der jetzt so gewöhnliche, von dem Nordamerikaner Benjamin Franklin

um das Jahr 1753 erfundene Blitzableiter, der auf der Erfahrung beruht, daß der Blitz im Allgemeinen vorzugsweise Metalle und die höchsten Theile der Gebäude trifft, und dann, wenn er in eine Metallmasse einge=

drungen ist, nur beim Herausfahren aus derselben und in der Nähe der Gegend, wo er sie verläßt, Schaden hervorbringt. Wenn daher eine Metallmasse den höchsten Punkt eines Hauses einnimmt, so kann man beinahe gewiß sein, daß der Blitz, wenn er herabfällt, sie treffen wird, und das Haus wird vom Giebel bis zum Grunde geschützt sein, wenn die metallene Leitung vom Dache ohne Unterbrechung bis zur Erde geht. Die feuchte Erde gewährt dem Blitz einen leichten Abfluß, wo er unmerklich und unschädlich verschwindet, wenn man die Leitung etwas tief in die Erde bis dahin, wo sie immer feucht ist, führt. Befinden sich auf dem Dache mehre isolirte Metallmassen, so müssen sie untereinander und mit dem Ableiter metallisch, d. h. durch eiserne oder kupferne Stangen, Streifen von Zink oder Blei u. s. w., verbunden sein. Außer der bloßen metallischen Leitung vom Dache bis zur Erde, dem eigentlichen Ableiter, hat der Blitzableiter in der Regel noch eine auf der Dachfirst angebrachte, senkrecht stehende Auffangstange, die sich gewöhnlich mit einer dünnen Spitze aus einem der Oxydation nicht ausgesetzten Metalle endigt. Diese Stange ist ein wesentlicher Theil der ganzen Vorrichtung, wenn sie die Gewitterwolken allmälig und im Stillen entladen soll; je höher sie ist, desto mehr Wirkung übt sie aus, und die Versuche von Beccaria haben gezeigt, daß die Stange am wirksamsten ist, wenn sie sich oben mit einer scharfen Spitze endigt. Wollte man diese letztere von Eisen machen, so würde der durch die Wirkung des Wassers und der Luft entstehende Rost sie bald zerstören und abstumpfen; diesem Übelstande hat man anfänglich durch Vergoldung der eisernen Spitze abzuhelfen gesucht, da aber die Vergoldung des Eisens sehr wenig Haltbarkeit hat, so zog man es bald vor, an das Ende der Stange mittels einer Schraube eine Spitze von vergoldetem Kupfer zu befestigen. Noch besser ist eine Spitze von Platina, weil sie der Wirkung des Wassers und der Luft widersteht und unschmelzbar ist; solche Spitzen sind daher sicherer und zugleich in ökonomischer Hinsicht vorzuziehen, da die Herstellung geschmolzener Spitzen häufig nicht ohne kostspielige Gerüste geschehen kann. In manchen Ländern, namentlich in Deutschland und England, befestigt man an das Ende der Auffangstange nicht blos eine verticale Spitze, sondern bringt rings um dieselbe andere gegen den Horizont unter verschiedenen Winkeln geneigte Spitzen an. Man geht dabei von der Ansicht aus, daß erstens mehre abgestumpfte und verrostete Spitzen zusammen so stark als eine einzige nicht verrostete wirken müssen, und zweitens unter den verschieden gerichteten Spitzen immer eine sein wird, die gegen die Gewitterwolke die vortheilhafteste, nämlich die senkrechte Richtung hat. Der Nutzen dieser Einrichtung läßt sich weder mit Bestimmtheit behaupten, noch in Abrede stellen.

Viele Physiker sind freilich der Meinung, daß es gar keiner Auffangstangen bedürfe, was namentlich der verdiente Reimarus in Hamburg behauptete, der sie nur für Strohdächer empfiehlt, bei denen man den unmittelbaren Anfall des Blitzes auf das Haus zu fürchten hat. Man erhob gegen die Auffangstangen insbesondere die Einwendung, daß die Spitzen von einem Wetterschlage nicht selten geschmolzen werden und das herabfließende glühende Metall dann Entzündungen verursachen kann, wenn auch der Blitz selbst in seinem weitern Fortgange unschädlich abgeleitet worden wäre.

Die Wirksamkeit des Blitzableiters hängt vorzugsweise von der guten Einrichtung des eigentlichen Ableiters ab. Sowol dieser als die Auffangstange müssen stark und massiv genug sein, um von einem Blitzschlage nicht

geschmolzen zu werden. Dieser Bedingung leistet man Genüge, wenn man vierkantige oder cylindrische Stangen von Eisen oder Kupfer nimmt, die 3/4 Zoll dick sind; der Auffangstange pflegt man nur darum, besonders an ihrem untern Theile, eine größere Dicke zu geben, damit sie dem Winde besser widerstehen kann. Um Ableiter und Auffangstangen gegen den Rost zu schützen, überzieht man sie gewöhnlich mit Firniß oder Ölfarbe; in Amerika nimmt man Farbe aus Ruß, weil dieser ein guter Leiter der Elektricität ist. Ist der Boden sehr trocken, so muß man seine Leitungsfähigkeit durch eine größere Zahl von Ästen des Ableiters ersetzen. Führt der letztere in ein nicht sehr feuchtes Erdreich, so muß er mit ihm auf einer möglichst große Länge in Berührung stehen; ist das Erdreich das ganze Jahr hindurch sehr feucht, so kann die Länge geringer sein, noch geringer dann, wenn der Ableiter zu einer natürlichen Wasserfläche führt. Statt in eine Anzahl von Ästen, kann man den Ableiter in eine breite Metallplatte endigen lassen; nach Befinden braucht er dann wol gar nicht in die Erde versenkt zu werden.

Ist die Leitungsstange in den Boden versenkt, so können zwei Übelstände eintreten. Wenn der Boden feucht ist, so breitet sich der Blitz ohne Schwierigkeit aus, aber das Metall rostet und wird schnell zerstört. Wenn dagegen der Boden trocken ist, so dauert der Ableiter länger, entspricht aber seinem Zwecke sehr unvollkommen. Es war daher wünschenswerth, einen sehr gut leitenden und doch das Eisen nicht angreifenden Körper zu entdecken, und ein solcher ist die geglühte Kohle, welche Robert Patterson 1790 vorschlug. Seitdem leitet man häufig den Ableiter in eine Art Brunnen, der mit ausgeglühter Kohle (denn gewöhnliche ungeglühte Kohle thut keine Dienste) angefüllt ist. Führt der Ableiter zu einer natürlichen Wasserfläche, so braucht er nicht tiefer als drei Fuß unter dieselbe herabzugehen. Künstliche Wasserbehälter oder Cisternen für Regenwasser, welche auf dem Boden und an den Seiten durch Mauerwerk und genaue Verkittung oder eine dicke Schicht von hydraulischem Mörtel wasserdicht gemacht worden sind, vertreten keineswegs die Stelle eigentlicher Brunnen, bei denen der Blitz sich schnell durch zahllose Spalten und Ritzen voll Wasser oder Feuchtigkeit ausbreiten kann. Denn da die Steine und der hydraulische Mörtel im Innern trocken sind, so gestatten sie dem Blitze keinen leichten Durchgang; dieser kehrt also zurück, steigt längs des Ableiters wieder in die Höhe und fährt in irgend einen in der Nähe befindlichen Gegenstand, wie mehre Beispiele beweisen.*) Bedeckte Kanäle unter der Erde und Abtritte sind am wenigsten geeignet, um die Ableiter darin endigen zu lassen, weil der Blitz die darin entstandene brennbare Luft entzünden kann.

Starre Metallstangen schließen sich den Krümmungen der Dächer, Karniese, architektonischen Zierathen nur mittels einer großen Menge kleiner Stücke und Verbindungen an, bei denen Feuchtigkeit und Rost leicht nachtheilige Unterbrechungen des Zusammenhangs hervorbringen können. Diese Übelstände werden vermieden, wenn man statt der früher ausschließend üblichen Stangen biegsame Metallseile anwendet, welche übrigens mit jenen gleiche Dimensionen haben müssen. Die Drähte, aus denen sie bestehen, können einzeln getheert werden; dasselbe Verfahren wird dann mit dem ganzen Seile sorgfältig wiederholt, aber nur bei Theilen desselben,

---

*) Selbst bei Brunnen ist die Oberfläche viel zu beschränkt und die Einfassung kann hindernd wirken.

welche durch den Theer gegen die Einwirkung der äußern Luft und Feuchtigkeit geschützt werden sollen; dagegen müssen die metallischen Oberflächen derjenigen Theile, die bestimmt sind, in Wasser, Erde oder Kohle versenkt zu werden, entblößt und so frei als möglich bleiben. *)

Früher glaubten Manche, die Dächer und Mauern der Gebäude von den Blitzableitern durch solche Körper, welche am wenigsten geeignet sind, den Blitz, überhaupt die Elektricität fortzuleiten, z. B. Glas, Pech u. s. w., trennen zu müssen, um dadurch zu verhindern, daß ein merklicher Theil des Blitzes sich seitwärts verbreite und von dem Ableiter auf Gegenstände, welche derselbe schützen soll, überspringe. Diese isolirten Blitzableiter sind aber nichtmehr in Gebrauch, weil man die gedachte kostspielige Vorsicht als übertrieben erkannte. Wenn der Blitzstoff von einer hinreichend dicken, zu einer ausgedehnten Waserfläche führenden Metallstange geleitet wird, so geht er gewiß von ihr auf die Materialien, aus denen die Gebäude gewöhnlich bestehen, nur in so geringer Menge über, daß er keinen Schaden, nicht einmal eine merkliche Wirkung thun kann.

Nicht so bestimmt läßt sich behaupten, daß es einerlei ist, die Ableiter innerhalb oder außerhalb der Gebäude anzubringen. Voltaire sagt, der Blitz gehöre zu denjenigen großen Herren, denen man sich nur mit außerordentlicher Vorsicht nähern darf, und man muß nach Erwägung mehrer Fälle geneigt sein, ihm beizupflichten. Bisher haben die Physiker, wie es scheint, der Form der Biegungen des Ableiters, die man ihm geben muß, um ihn vom Dache zu der verticalen Mauer des Gebäudes zu führen, keine Wichtigkeit beigelegt. Am Rande des Daches machen die Theile des Ableiters gewöhnlich einen rechten, bisweilen einen spitzen Winkel, und ebenso plötzliche Richtungsänderungen kommen nicht selten auch bei andern Theilen des Ableiters vor. Bei heftigen Blitzschlägen können solche Biegungen, nach mehren Fällen zu schließen, gefährlich sein; es dürfte daher vortheilhaft sein, bei der Form des Ableiters spitzige Winkel zu vermeiden und nur mittels krummer Verbindungsstücke, aber nicht plötzlich von einer Richtung zu einer andern sehr verschiedenen überzugehen.

Von großer Wichtigkeit ist nun hierbei die Frage: wie weit erstreckt sich die Schutzkraft eines gut eingerichteten Blitzableiters? Die Erwägung einer großen Zahl von einzelnen Fällen führt zu dem Schlusse, daß ein Blitzableiter rings um sich her einen kreisförmigen Raum, dessen Halbmesser das Doppelte der Höhe der Auffangstange über dem Befestigungspunkte beträgt, beschützt, wofür sich auch die französische Akademie der Wissenschaften im Jahre 1823 ausgesprochen hat. Ein großes Gebäude muß daher mehre Blitzableiter haben, und je niedriger die Auffangstangen sind, desto mehr müssen vorhanden sein; ein Dach, eine Terrasse u. s. w. ist vollkommen geschützt, wenn es keine Stelle darauf gibt, deren horizontale Entfernung von der nächsten Auffangstange mehr als das Doppelte der Höhe der letztern beträgt. Mehre Physiker bezweifeln freilich, daß obige Regel ausreichend ist, und behaupten, nur durch die metallische Bewaffnung aller in der Höhe hervorragenden Ecken eines Gebäudes könne dasselbe vollkommen gesichert werden. Franklin selbst nahm auf die Höhe

wenig Rücksicht und verlangte nur, daß die Spitzen etwas über die Schornsteine hinausragen sollten. In Frankreich gibt man den Auffangstangen zuweilen bis zu 30 Fuß Höhe.

Der Nutzen, den die Blitzableiter gewähren, ist ein doppelter: erstens machen sie die Blitzschläge unschädlich und zweitens vermindern sie die Zahl derselben. Hier muß natürlich die Frage aufgeworfen werden: ob es denn bewiesen ist, daß Gebäude durch Blitzableiter gegen die Verheerungen des Blitzes geschützt worden sind, und diese Frage läßt sich mit Bestimmtheit bejahen. Als deutlichsten Beweis für die Wirksamkeit der Blitzableiter führt Arago den Tempel zu Jerusalem an, *) der während seines mehr als tausendjährigen Bestehens, wie man mit ziemlicher Bestimmtheit behaupten kann, von keinem einzigen Blitzschlage getroffen wurde, da weder die Bibel noch Josephus davon das Mindeste erwähnen. Gleichwol war dieser Tempel durch seine Lage den sehr starken und häufigen Gewittern Palästinas sehr ausgesetzt und hätte, da er von innen und außen mit Bohlen von Cedernholz getäfelt war, gewiß Feuer gefangen, wenn ein starker Blitzschlag ihn getroffen hätte. Der Grund jener Erscheinung muß wol darin gesucht werden, daß der Tempel zufällig mit Blitzableitern versehen war. Das platte Dach, welches stark vergoldetem Cedernholze bedeckt war, war nämlich von einem Ende zum andern mit langen vergoldeten Spitzen von Eisen oder Stahl versehen, die, nach Josephus, die Vögel abhalten sollten, sich auf das Dach zu setzen und dasselbe mit ihrem Kothe zu verunreinigen. Auch die Seitenwände des Gebäudes waren in ihrer ganzen Ausdehnung mit stark vergoldetem Holze bedeckt. Unter dem Vorhofe befanden sich endlich Cisternen, in welche das Wasser von den Dächern durch Metallröhren geleitet wurde. Hier haben wir also einen vollständigen Blitzableiter, der die meisten der neuern hinter sich zurückläßt. Etwas Ähnliches findet bei der Kathedrale in Genf statt, welche das höchste Gebäude der Stadt ist und doch seit mehr als 250 Jahren vom Blitze verschont worden, wiewol diese Stadt den Gewittern sehr ausgesetzt ist und ein weit niedrigerer Thurm vom Blitze ziemlich häufig beschädigt wurde. Saussure suchte 1771 den Grund dieser Erscheinung darin, daß der mittlere Thurm jener Kirche, welcher von Holz ist, mit Blech überzogen ist, an welches sich seit mehr als 100 Jahren bleierne Regenröhren anschließen. Ferner läßt sich eine sehr große Zahl von Gebäuden nachweisen, welche in frühern Zeiten vom Blitze wiederholt beschädigt wurden, aber seit Anlegung von Blitzableitern, die freilich in eine sehr neue Zeit fällt, keinen Schaden durch Blitzschläge erlitten haben. Dies ist z. B. der Fall bei dem Märcusthurme zu Venedig, der früher in Folge seiner bedeutenden Höhe (320 Fuß), seiner isolirten Lage und der Menge daran befindlichen Metalltheile sehr oft vom Blitze getroffen und stark beschädigt wurde, was, so viel bekannt, seit 1776, wo er mit einem Blitzableiter versehen wurde, nicht wieder geschehen ist. Man kann auch nicht sagen, daß solche Gebäude durch bloßen Zufall seit Anlegung von Blitzableitern nicht vom Blitze getroffen wurden, denn in vielen Fällen läßt sich nachweisen, daß sie allerdings vom Blitze getroffen wurden, dieser aber am

---

*) Arago übergeht eine dritte, sehr empfehlenswerthe Art von Blitzableitern aus Metallstreifen, am besten aus Kupfer- oder Bleistreifen, die sich auf Holz mit den Rändern übereinander nageln lassen und vom Gebäude nicht durch eiserne oder hölzerne Stützen oder Klammern abgehalten zu werden brauchen.

*) Der Zeit nach sind eigentlich zwei Tempel zu unterscheiden: 1) der Tempel Salomonis, erbaut 1012—1005, verbrannt von Nebukadnezar 588 v. Chr.; 2) der Serubabel'sche, erbaut 534—516, umgebaut von Herodes dem Großen seit 21 v. Chr., zerstört 70 n. Chr. Die folgenden Angaben beziehen sich zunächst auf den zweiten.

Ableiter unschädlich heruntergeführt wurde, während zu gleicher Zeit andere Häuser ohne Blitzableiter ebenfalls getroffen und bedeutend beschädigt waren. Ebenso wurden mehrmals mehre zu gleicher Zeit in einem Hafen liegende Schiffe vom Blitze getroffen, und nur diejenigen darunter, die nicht mit Blitzableitern versehen waren, beschädigt; dies geschah z. B. im Juni 1813 in Jamaica, im Januar 1814 in Plymouth, im Januar 1830 bei Korfu.

Die zweite Wirkung der Blitzableiter besteht, wie erwähnt, darin, daß sie den Gewitterwolken die Blitzmaterie, mit der sie geladen sind, allmälig entziehen und stillschweigend in die Erde leiten, wodurch sie die Heftigkeit der Gewitter schwächen, also die Zahl, Stärke und Gefährlichkeit der Blitzschläge überhaupt vermindern und daher auch für andere, nicht mit Blitzableitern versehene Gebäude wohlthätig werden, sobald wir nämlich annehmen, daß die in den Wolken angehäufte Blitzmaterie oder Elektricität sich nicht so schnell wieder erzeugen kann. Wenn man an irgend einer Stelle eines Blitzableiters die Metallleitung desselben unterbricht, sodaß der Zwischenraum nur etwa eine Linie beträgt, so bemerkt man hier während der ganzen Dauer eines nahen Gewitters einen von leichtem Zischen begleiteten Lichtschein; beträgt der Zwischenraum einen Zoll oder mehr, so bemerkt man statt dessen Funken, die mit einem pistolenschußähnlichen Knalle überspringen; je höher die Auffangstange ist, desto auffallender ist diese Erscheinung. Man hat Beobachtungen mit fliegenden Drachen angestellt, deren Schnur mit Metalldraht umwickelt war, und selbst bei einem leichten Gewitter aus dem untern Ende der Schnur in weniger als einer Stunde Hunderte von Feuerbällen, die mehre Fuß, wol bis 10 Fuß, lang waren, springen gesehen, wiewol dergleichen Versuche immer mit großer Gefahr verknüpft sind. Manche haben in Zweifel gezogen, daß die den Wolken durch spitzige Blitzableiter entzogene Menge von Blitzmaterie sehr beträchtlich ist und die Gewitter dadurch merklich geschwächt werden können, dies ist aber gewiß der Fall, namentlich bei einer großen Zahl von Blitzableitern, sobald das Gewitter nicht eine sehr große Ausdehnung hat, und bei kleinern Gewitterwolken mögen schon sehr wenige Ableiter von großer und schneller Wirkung sein. Beccaria fand bei Versuchen am Schlosse zu Turin, daß während eines Gewitters aus jedem von zwei aufrechten, isolirten Metalldrähten auf einen in den Boden führenden Leitungsdraht in einer Secunde mehr als 10, also in einer Stunde mehr als 36,000 Funken übersprangen, die hingereicht hätten, 360 Menschen zu tödten, wenn wir annehmen, daß 100 solcher Funken vereinigt einen Blitz bilden.

Nicht selten hört man das Bedenken äußern, daß die Blitzableiter, namentlich die mit hohen und langen Auffangstangen, den Blitz anziehen und deshalb wenigstens den benachbarten, nicht mit Blitzableitern versehenen Häusern gefährlich werden können, wenn sie auch das Gebäude, auf dem sie sich befinden, schützen. Man bezeichnet daher zuweilen die zugespitzten Blitzableiter als offensive, weil sie die Wolken gleichsam selbst angreifen sollen, diejenigen ohne Auffangstangen aber als defensive, weil sie den Anfall des Blitzes nur erwarten, um ihn abzuwehren und unschädlich zu machen. Schon Nollet (nach ihm Wilson) behauptete 1764, der Blitz

treffe ein mit einem Blitzableiter versehenes Haus häufiger, als wenn es keines hätte, und da der letztere doch nicht unfehlbar sei und nicht absolut schützen könne, so seien die Blitzableiter im Allgemeinen mehr gefährlich als nützlich. Aber dieses Vorurtheil, das noch jetzt viele Personen von der Anwendung der Blitzableiter abhält, ist seit Erfindung derselben bis jetzt durch die Erfahrung so wenig bestätigt worden, daß es keiner weitern Widerlegung bedarf. Man ist jetzt ziemlich allgemein überzeugt, daß Blitzableiter, wenn sie nur zweckmäßig angelegt sind, den Anfall des Blitzes auf Gebäude, Schiffe u. s. w. in der That unschädlich machen. Freilich fehlt es nicht an einzelnen Fällen, wo sie den beabsichtigten Schutz nicht gewährten und keine Wirkung thaten, dann ist aber mit Bestimmtheit anzunehmen, daß sie auf fehlerhafte Weise angelegt oder nicht in Ordnung waren; aber auch dann, wenn der Blitzableiter selbst zum Theil zertrümmert wurde, woraus man schließen muß, daß er keine genügende Ableitung gewährte, leitete er meistens die Hauptmasse des Blitzstoffes an der Außenseite des Gebäudes herab und verhütete dadurch anderweitige Beschädigungen desselben.

Die Meteoren in Griechenland.

Eine der größten Merkwürdigkeiten Griechenlands sind die sogenannten Meteoren in Thessalien, einige Meilen nördlich von der Stadt Trikala. Dies sind hohe Felsenmassen, die größtentheils senkrecht stehen wie Mauern, sodaß man sie für Menschenwerke hält und bald die Gestalt von Pyramiden, bald von Obelisken haben, bald stumpfen Kegeln, bald kolossalen Säulen gleichen, im Ganzen aber übereinander gethürmte Felsen zu sein scheinen. Auf diesen Felsen erbauten einst während der türkischen Herrschaft fromme Einsiedler und Mönche mehre Klöster als Zufluchtsörter der Christen. Schon Homer und Strabo sprechen von den steilen Felsen in dieser Gegend, die aber damals wüst und verlassen waren. Die dort befindlichen Mönche führen die Erbauung von Klöstern auf diesen Felsen auf die Zeiten des griechischen Kaisers Andronikus (1282—1328) zurück und geben an, früher seien hier 24 Klöster gewesen; jetzt sind es nur 10 und nur 7 davon bewohnt, von denen das ausgezeichnetste, größte und höchste, welches vorzugsweise den Namen Meteora führt, 1371 von Kaiser Johann V. Paläologos gegründet wurde.

Diese Klöster hängen theils auf den Spitzen der unzugänglichen Felsen wie in der Luft, theils befinden sie sich in den von der Natur oder der Kunst gebildeten Vertiefungen und sind hinter alten, dickbelaubten Bäumen versteckt; sie sind sehr reich und zahlen dem Patriarchen eine jährliche Abgabe. Die Mönche selbst sind überaus gastfrei und nehmen jeden Fremden freundlich auf, der, wenn er sie besuchen will, entweder mittels einer auf den vorspringenden Felsen ruhenden Leiter hinaufsteigt oder mit Hülfe eines an einem Seile hängenden Korbes hinaufgezogen wird. Die Höhe dieser Felsen ist verschieden; die meisten erheben sich über 100 Fuß, manche bis zu 200 und 300 Fuß über den Spiegel des nahen Flusses Kachios.

Verantwortlicher Herausgeber: Friedrich Brockhaus. — Druck und Verlag von F. A. Brockhaus in Leipzig.

Das Pfennig-Magazin

für

Verbreitung gemeinnütziger Kenntnisse.

312.] Erscheint jeden Sonnabend. [März 23, **1839.**

Leopold, König der Belgier.

Leopold I. (Georg Christian Friedrich), erster constitutioneller König der Belgier, geboren am 16. December 1790 zu Koburg, ist der zweite Sohn des im Jahre 1806 verstorbenen Herzogs Franz von Sachsen-Koburg und seiner 1831 gestorbenen zweiten Gemahlin Auguste, geborenen Gräfin von Reuß-Ebersdorf, demnach der Bruder des regierenden Herzogs Ernst von Sachsen-Koburg-Gotha und der Oheim sowol der Königin Victoria von Großbritannien, als des Königs Ferdinand von Portugal. Da das Haus Sachsen-Koburg durch die 1796 geschlossene Vermählung seiner Schwester Juliane (nachher Anna Feodorowna genannt) mit dem Großfürsten Konstantin in innige Verbindung mit dem russischen Kaiserhofe gekommen war, nahm er frühzeitig im russischen Heere Dienste und wurde als Generalmajor und Oberst des Leibgarderegiments zu Pferde in demselben angestellt, wiewol er schon 1810, durch die Rücksicht auf die Theilnahme seines Vaters am Rheinbunde und die Drohungen des Kaisers Napoleon bewogen, den russischen Dienst wieder verließ, um sich den Beschäftigungen des Friedens zu widmen. Im Jahre 1811 schloß er im Auftrage seines Bruders zu München einen Grenzvertrag mit Baiern ab, machte 1812 eine Reise nach Wien, Italien und der Schweiz und begab sich im Februar 1814 nach Polen zu dem Kaiser Alexander, worauf er in sein früheres Dienstverhältniß im russischen Heere wieder eintrat und den Feldzug in Frankreich, der mit der Einnahme von Paris endigte, mitmachte, in welchem er Feldherrntalent und persönliche Tapferkeit an den Tag legte. Später begleitete er die Monarchen nach England, war in Wien bei dem Congresse anwesend, begab sich nach Napoleon's Rückkehr von Elba zur Rheinarmee und erhielt 1815 als Generallieutenant seine Entlassung aus russischen Kriegsdiensten.

Im folgenden Jahre begann eine zweite, glänzende

und glückliche Periode seines Lebens. Er folgte nämlich einer erhaltenen Einladung nach England und
wurde hier am 2. Mai 1816 mit der zwanzigjährigen
Thronerbin des britischen Reichs, Charlotte, Prinzessin
von Wales, der Tochter des damaligen Prinz-Regen-
ten und spätern Königs Georg IV. von England, vermählt. Schon vorher war er durch eine Parlamentsacte vom 27. März in England naturalisirt worden;
er erhielt den Titel eines Herzogs von Kendal, den er
jedoch nicht annahm, das Prädicat königliche Hoheit,
den Rang unmittelbar nach den Prinzen des königlichen
Hauses und den Genuß aller denselben zukommenden
Ehrenbezeugungen, die Würde eines britischen Feldmarschalls und Mitglieds des Geheimraths, den Hosenband-
orden und Bathorden und ein Jahrgeld von 60,000
Pf. St., wovon 10,000 Pf. als Nadelgelder für seine
Gemahlin. Als Sommerwohnung wurde von dem hohen
Paare der reizende Landsitz Claremont in der Grafschaft Surrey, unweit London, für 69,000 Pf. er-
kauft. Sehr bald erwarb sich Prinz Leopold die allgemeine Liebe und Achtung, besonders wurde seine Erklärung, sich nie in die politischen Angelegenheiten des
Landes mischen zu wollen, sehr beifällig aufgenommen;
aber leider war seine überaus glückliche Ehe mit der
geistreichen und hochgebildeten Charlotte von sehr kurzer
Dauer, da dieselbe schon am 5. November 1817 im
ersten Kindbette starb, ohne ihm ein Kind zu hinterlassen.
Prinz Leopold blieb aber auch als Witwer in seinem
zweiten Vaterlande England, wo seine Schwester Victoria im Jahre 1818 mit dem dritten Sohne des König Georg's III., dem Herzog von Kent, vermählt
wurde, dessen Tochter die jetzt regierende Königin ist,
hielt sich abwechselnd in London und Claremont auf,
lebte den Wissenschaften und Künsten und bezog fortwährend vom Parlamente eine jährliche Rente von
50,000 Pf. St.

Eine neue Aussicht auf einen Thron eröffnete sich
ihm im J. 1830, als ihm die drei seit dem londoner
Vertrage zur Herstellung des Friedenszustandes in Griechenland verbundenen Großmächte Rußland, Großbritannien und Frankreich nach Anerkennung der Unabhängigkeit Griechenlands durch die Pforte am 3. Februar 1830 die Souverainetät von Griechenland
mit dem Titel eines souverainen Fürsten antrugen.
Prinz Leopold nahm zwar am 11. Februar die Wahl
an, die auch am 16. April von dem griechischen
Senate genehmigt wurde, suchte jedoch in den Bestimmungen hinsichtlich der Grenzen des neuen Staats eine
Änderung zu bewirken. Da ihm dies nicht gelang und
die Briefe des griechischen Präsidenten Kapodistrias an
den Prinzen die Lage des Landes und die Stimmung
des Volkes mit den düstersten Farben schilderten, so erklärte Leopold, der unter den obwaltenden Verhältnissen
von seiner Wirksamkeit nur geringen Erfolg erwartete,
vor Allem aber sich den Griechen nicht gegen ihren
Willen aufdringen wollte, am 21. Mai 1830 seine
Verzichtleistung auf die angenommene Würde.

Schon im Jahre darauf wurde er abermals auf
einen Thron berufen, und zwar auf denjenigen, den er gegenwärtig einnimmt. Nach der im Sept. 1830 erfolgten Trennung Belgiens von Holland, d. h. der südlichen Provinzen
des Königreichs der Niederlande von den nördlichen,
wählte der belgische Nationalcongreß, die Versammlung
von 200 Abgeordneten des Landes, am 3. Febr. 1831
den Herzog von Nemours, zweiten Sohn des Königs der
Franzosen, und als dessen Vater die Annahme der
Krone im Namen seines Sohnes verweigert hatte, am
4. Juni den Prinzen Leopold mit 152 unter 196

Stimmen zum Könige der Belgier. Leopold empfing
am 26. Juni die Deputation, welche ihm das Wahl-
decret überreichte, erklärte, daß er die Wahl annehme,
jedoch nur unter gewissen Bedingungen, verließ nach Erfüllung derselben am 16. Juli England und reiste über
Calais nach Ostende. Hier und überall in Belgien wurde
er mit lebhaftem Jubel begrüßt, traf am 19. in Brüssel
ein und trat am 21. die Regierung an, indem er die
Constitution, die ihm vorgelegt wurde, feierlich beschwor.

Groß waren die Schwierigkeiten, mit denen er in
diesem neuen Wirkungskreise zu kämpfen hatte, noch sind
sie keineswegs alle beseitigt, aber Leopold hat fortwährend
ebenso viel Energie als Klugheit und Besonnenheit an den
Tag gelegt. Er erwarb sich bald in hohen Grade die
allgemeine Liebe des belgischen Volkes, ohne daß der
Umstand, daß er sich zur lutherischen Kirche bekannte,
während die Belgier der großen Mehrzahl nach sehr eifrige
Katholiken sind, sich im mindesten hinderlich gezeigt
hätte, und wußte sich alle Parteien geneigt zu machen,
sodaß über ihn nur eine Stimme des Lobes in Belgien vernommen wird. Unter seiner Regierung blühte
der Wohlstand des Landes, der durch die Revolution
sehr gelitten hatte, bald von Neuem freudig auf, und
Industrie und Handel nahmen einen größern Aufschwung als je zuvor. Andererseits erhielt er sich auch
die Achtung der auswärtigen Souveraine, die ihn
bald nach seiner Thronbesteigung fast sämmtlich anerkannten. In der innigsten Verbindung steht er aber
mit dem benachbarten französischen Hofe, zumal seitdem
er sich am 9. August 1832 zu Compiegne mit der ältesten Tochter des Königs Ludwig Philipp, Louise, geboren zu Palermo am 3. April 1812, vermählt hat.
Aus dieser zweiten Ehe wurden ihm drei Söhne geboren, von denen der älteste, geboren 1833, schon im ersten Jahre starb, die beiden andern aber, der Kronprinz
Leopold, geboren am 9. April 1835, und Prinz Philipp, geboren am 24. März 1837, noch am Leben sind.

Die Lichtbilder Daguerre's.

Unmöglich können wir länger Anstand nehmen, unsern
Lesern von einer höchst merkwürdigen und außerordentlichen, ganz eigentlich an das Fabelhafte grenzenden Erfindung Nachricht zu geben, über welche der berühmte
Arago in der Sitzung der pariser Akademie vom 7.
Januar dieses Jahres Bericht erstattete, die aber noch
immer in großes Dunkel gehüllt ist.

Diese Erfindung besteht nämlich in der Hervorbringung dauerhafter Bilder beliebiger Gegenstände ohne
die mindeste Mühe und Geschicklichkeit, ja ohne daß man
nur die Hand zu bewegen braucht. Wol die meisten unserer Leser sind mit den Wirkungen und der Einrichtung der
von dem Neapolitaner Johann Baptist Porta um 1550
erfundenen camera obscura oder dunkeln Kammer bekannt und wissen, daß man darunter ein finsteres Zimmer oder einen ringsum verschlossenen Kasten mit einer kleinen Öffnung versteht, in welche eine convexe
Glaslinse eingesetzt wird, die alle von den äußern Gegenständen ausgehenden Lichtstrahlen sammelt und dadurch auf einer im Innern des Kastens oder des Zimmers, und zwar im Brennpunkte der Glaslinse, angebrachten weißen Fläche eine sehr deutliche verkleinerte
Darstellung der äußern Gegenstände mit ihren natürlichen Farben hervorbringt; ursprünglich sind die Bilder
verkehrt, werden aber durch ein Glasprisma oder einen
Spiegel wieder umgekehrt, sodaß sie aufrecht erscheinen.

Bisher mußte man bedauern, daß diese zierlichen, durch die Schönheit und Harmonie der Farben, durch die Zartheit der Umrisse und eine gewisse Weichheit ausgezeichneten Landschaftsbilder von so vergänglicher Art waren, wiewol man sie zur Zeichnung eines bleibenden Bildes benutzen konnte; wer hätte aber wol denken sollen, daß es möglich wäre, dieses Bild, diesen wesenlosen Schein an die Fläche, auf der man ihn erblickt, zu bannen und dadurch ohne alle Anstrengung und in sehr kurzer Zeit ein dauerhaftes Bild zu erhalten? Darin besteht aber eben die erwähnte Erfindung des Franzosen Daguerre. Er fixirt das Bild der dunkeln Kammer mit allen Schatten und Lichtern, und dasselbe ist so genau und treu, wie es der geschickteste Zeichner nicht zu liefern im Stande wäre, sodaß man sogar auf demselben durch ein Vergrößerungsglas diejenigen Details deutlich erkennen kann, die man mit bloßem Auge nicht wahrzunehmen vermag. Das Einzige, was man dabei aussetzen und vermissen könnte, ist, daß die Bilder nicht, wie in der dunkeln Kammer, die natürlichen Farben der Gegenstände haben, sondern daß dieselben nur, wie bei der aqua tinta, durch die Nuance der Schatten und durch eine unmerkliche Abstufung angedeutet werden. Außerordentlich ist ferner die Schnelligkeit, mit welcher man sich dergleichen Bilder verschaffen kann; bei dem größten Bilde bedarf man nur 10—15 Minuten, je nach der verschiedenen Tageshelle, denn das Licht wirkt nach seiner größern oder geringern Helligkeit mehr oder weniger schnell; unter einem reinen Himmel, wie man ihn in südlichen Ländern findet, würden vielleicht zu der verwickeltsten Zeichnung kaum zwei Minuten nöthig sein.

Der erstaunte Leser wird natürlich fragen, wie Daguerre es anfängt, um solche Bilder zu erhalten? Wir sind zwar noch nicht im Stande, hierüber einen völlig befriedigenden Aufschluß zu geben; im Wesentlichen ist aber das Verfahren folgendes: Daguerre läßt das in einer dunkeln Kammer hervorgebrachte Bild auf eine Metallplatte fallen, die durch Überzug mit einem gewissen schwarzen firnißartigen Stoffe so präparirt ist, daß die mehr oder minder hellen Lichtstrahlen, welche die Theile der verschiedenen Gegenstände darauf werfen, die Oberfläche mehr oder minder angreifen oder ätzen und dadurch die schwarze Farbe mehr oder weniger hell färben. Die Idee, das Bild in der dunkeln Kammer durch das Licht selbst zeichnen zu lassen, ist nicht neu; man versuchte zu diesem Zwecke chemische Substanzen, die am Lichte ihre Farbe verändern. Von allen bekannten Körpern ist keiner so empfindlich für das Licht, als das Chlorsilber, eine feste Verbindung zwischen Silber und Chlor, die in geschmolzenem Zustande ein hornartiges Ansehen besitzt und daher auch Hornsilber genannt wird. Dasselbe ist ursprünglich weiß und schwärzt sich sehr leicht am Lichte, je nach der Stärke desselben. Brachte man ein mit diesem Stoffe überzogenes Blatt in die dunkle Kammer, so erhielt man eine Art von Silhouette, indem das Blatt da schwarz wurde, wo volles Licht hinfiel, an den weniger hellen Stellen mehr oder minder dunkel wurde und da, wo gar kein Licht hinfiel, ganz weiß blieb; aber diese unvollkommenen Schattenrisse ließen sich nicht aufbewahren, und wenn man sie am Lichte besah, schwamm Alles ineinander. Daguerre hat nun einen Stoff entdeckt, der noch unendlich empfindlicher für das Licht als das Hornsilber ist und sich gerade auf entgegengesetzte Weise färbt, sodaß Das, was in der Wirklichkeit dunkel ist, auch im Bilde so erscheint, das Hellere heller und die vom vollen Lichte beleuchteten Stellen ganz farblos. Hat das Licht die

gewünschte Wirkung hervorgebracht, so wird sie auf einmal gehemmt, worin hauptsächlich das Neue, Außerordentliche und Räthselhafte der Erfindung besteht, und die Zeichnung kann ans Tageslicht gebracht und überall hin transportirt werden, ohne sich im mindesten zu verändern. Es ist bemerkenswerth, daß die Tageszeit und die Beschaffenheit der Atmosphäre auf die Bilder von großem Einflusse sind und die geringsten Zufälligkeiten der Beleuchtung dieselben modificiren, sodaß sogar derselbe Gegenstand sich auf einem früh hervorgebrachten Bilde merklich anders ausnehmen soll, als auf einem Nachmittags bei gleicher Sonnenhöhe producirten. Da das Licht eine gewisse Zeit braucht, um seine Wirkung auszuüben, so ist es natürlich, daß Gegenstände, die sich in Bewegung befinden, nicht deutlich dargestellt werden können, weshalb auch die Bäume einer Landschaft nicht völlig deutlich erscheinen (wobei auch die grüne Farbe von Einfluß sein könnte) und die Anwendung dieser Copirmethode zum Portraitiren der Bewegung der Augen wegen Schwierigkeit haben würde. Auf einem Bilde Daguerre's ist unter Anderm ein vor einem haltenden Fuhrwerke stehendes Pferd dargestellt; der Körper desselben ist ganz deutlich, aber der Kopf, den das Thier beim Fressen auf- und niederbewegte, ist nur durch eine undeutliche Schattenlinie angedeutet. Auf einem andern befindet sich ein Mann, der sich die Stiefeln reinigen läßt; er muß sich dabei sehr ruhig verhalten haben, da er ganz deutlich dargestellt ist, während der Stiefelputzer seiner unaufhörlichen Bewegung wegen ganz verschwommen und unkenntlich erscheint.

Daguerre war früher Decorationsmaler und beschäftigte sich von jeher viel mit den Wirkungen des Lichts auf die Farben; schon vor 16 Jahren machte er sich durch die Erfindung des Diorama bekannt. Im Jahre 1829 erfuhr er, daß ein gewisser Niepe in Chalons sich damit beschäftigte, ein Mittel zur Fixirung der Wirkungen des Lichts zu entdecken, worauf er sich mit ihm in Verbindung setzte, doch ist unbekannt, wie vielen Antheil dieser Niepe an seiner Erfindung hat. Ganz kürzlich hat der englische Physiker Talbot die Ehre der Erfindung in Anspruch genommen, aber, wie es scheint, völlig ohne Grund. Daguerre's Verfahren ist, nach der Versicherung Arago's, dem es der Erfinder mitgetheilt hat, so einfach und leicht, daß ein Patent nicht hinreichen würde, ihm das Eigenthum seiner Erfindung zu sichern; Arago gedenkt daher, dem französischen Ministerium und den Kammern vorzuschlagen, sich mittels Ertheilung einer angemessenen Nationalbelohnung in den Besitz des Geheimnisses zu setzen, welches der reiche russische Graf Demidoff dem Erfinder abzukaufen vergeblich versucht hat.

Die größten Gelehrten in Paris, namentlich Biot und Arago, haben sich über die Erfindung sehr beifällig ausgesprochen, sodaß in dieser Hinsicht jeder Zweifel verschwinden muß. Arago äußerte darüber in einer spätern Sitzung der Akademie unter Anderm: „Ich selbst, der ich kein Zeichner bin, habe vor einigen Tagen, bei dem ungünstigsten Wetter, in zehn Minuten das schönste Bild des Boulevard du Temple aufgenommen, und was sehr interessant ist, ein kleiner Blitzableiter auf einem der Häuser des Boulevard, so klein, daß er im richtigen Maßstabe auf dem Papiere verschwinden müßte, wurde gleichfalls auf das Bild übergetragen; mit bloßem Auge bemerkte ich ihn nicht, aber das Vergrößerungsglas zeigte mir ihn deutlich." An einem andern Hause, das etwa einen Zoll breit erschien, konnte man mit dem Vergrößerungsglase deutlich erkennen,

*

daß die zerbrochene Scheibe eines Dachfensters mit Papier ergänzt war. Biot vergleicht den Apparat, dem man den Namen Daguerrotyp gegeben hat, mit einer Art künstlicher Netzhaut, die ebenso empfindlich ist, als die im Auge. Über die Eigenschaften des Lichts wird die neue bewundernswürdige Copirmethode die merkwürdigsten Aufschlüsse geben; interessant sind namentlich die Versuche, die bereits damit über das Licht des Mondes angestellt worden sind. Auch der Mond, dessen Licht im Vergleich zum Sonnenlichte so ausnehmend schwach ist und selbst in einer großen convexen Linse concentrirt, auf Hornsilber nicht die mindeste Wirkung macht, bringt bei Daguerre's Verfahren ein deutliches Bild hervor. Daguerre wiederholte den früher mit Hornsilber vergeblich angestellten Versuch mit einer weit schwächern Linse und seinem neuen Stoffe und erhielt nach 20 Minuten auf seinem schwarzen Überzug ein weißes Bild des Mondes, das mithin von dem Mondlichte selbst eingeätzt worden war. Auch durch Fixirung der kolossalen Bilder sehr kleiner Gegenstände, welche das Sonnenmikroskop und das Hydroxy-

gengasmikroskop hervorbringen, kann die neue Erfindung für die Wissenschaft von Nutzen sein.

Überhaupt lassen sich kaum Worte finden, um die außerordentliche Wichtigkeit der Erfindung gehörig hervorzuheben; am willkommensten aber muß sie für Reisende sein, welche mittels derselben, ohne den sonst unerläßlichen Aufwand von Zeit und Mühe und ohne die mindeste Kenntniß vom Zeichnen zu haben, alle bemerkenswerthen Gegenden, Bauwerke und sonstigen Erscheinungen aufnehmen können. Gewiß wird Jeder, der einmal reizende Gegenden besucht und es lebhaft bedauert hat, den Eindruck derselben nicht sogleich festhalten und ein treues Bild zu seinem und Anderer Ergötzen mit nach Hause bringen zu können, um jenen nach Belieben zu erneuern, nicht darüber in Zweifel sein können, wie viel durch die neue Erfindung gewonnen worden ist. Zu wünschen ist nur, daß sie dem großen Publicum recht bald näher bekannt und zugänglich gemacht werden möge; sobald dies geschieht, werden wir uns beeilen, auch unsern Lesern davon Nachricht zu geben.

Der Dom zu Mailand.

Unter den vielen merkwürdigen und sehenswerthen Kirchen Italiens steht ohne Zweifel die Peterskirche in Rom oben an, auf den zweiten Rang aber hat wol keine in jeder Hinsicht so gerechten Anspruch als der Dom zu Mailand, der überhaupt zu den berühmtesten und großartigsten Baudenkmalen der neuern Zeit zu rechnen ist. Er ist der heiligen Maria und der heiligen Thekla gewidmet und steht im Mittelpunkte der Stadt. Sein Bau wurde von dem ersten Herzog von Mailand, Galeazzo Visconti, im Jahre 1386 begonnen, aber gleich dem kölner Dome ist er unvollendet

geblieben, wiewol Napoleon ihn mit großem Kostenaufwande seiner Vollendung nahe bringen ließ und noch gegenwärtig sehr bedeutende Summen auf seinen Ausbau verwendet werden. Kaiser Franz bestimmte dazu 1819 jährlich 48,000 Gulden. Zu bedauern ist es, daß der neugothische Styl, in welchem er nach dem anfänglichen Plane gebaut werden sollte, von spätern Baumeistern nicht immer festgehalten worden ist. Die Farbe des weißen Marmors, aus welchem er gebaut ist, läßt die neuern Theile von den ältern leicht unterscheiden, denn in jenen zeigt er sich in glänzendster

Fische, während er an der andern Seite vom Alter geschwärzt und schon halb verwittert ist; einen ähnlichen Contrast zeigt der Fußboden, welcher halb aus köstlicher Mosaik, halb aus Backsteinen besteht. Die Länge des Doms beträgt 454 Fuß, die Breite 270 Fuß; die Kuppel ist 232, der höchste durchbrochene Thurm 336 Fuß hoch; außer dem letztern bedecken das Dach nicht weniger als 98 gothische Thürmchen, sowie über 4000 Bildsäulen das Äußere des Doms zieren. Von den zahlreichen Kunstwerken und Merkwürdigkeiten im Innern ist vorzüglich das Grabmal des heiligen Borromäus zu erwähnen, das sich in einer unterirdischen Kapelle befindet; der Körper liegt in einem Krystallsarge, der mit den reichsten Kostbarkeiten geschmückt ist. Viele der sonst hier aufbewahrten Reichthümer, goldenen und silbernen Gefäße u. s. w., sind freilich durch die Franzosen 1796 weggenommen und in die Münze geschickt worden.

Ausflug von Alexandrien nach den Pyramiden von Memphis. *)

Die ägyptischen Pyramiden, diese tausendjährigen Riesen der Wüste, sind Magnete, die schon zahllose Wanderer aus der weitesten Ferne anzogen; wie viel mächtiger winken sie in der Nähe! Ihr Besuch lag erst nicht in meinem Plane, da er sich aber mit der Abfahrt des nächsten Dampfbootes vereinigen ließ, widerstand ich der Lockung nicht. Kaum entschlossen, lag ich auch schon in der Hundehütte einer Segelbarke auf dem Mahmudie, so heißt der Kanal, der Alexandrien mit dem Nil, folglich mit Kairo und ganz Oberägypten, in unmittelbare Verbindung bringt. Der Bau dieses Kanals ist eines jener Werke, das an die der Pharaonen erinnert. Mohammed Ali hat es mit der Raschheit vollbracht, die er Napoleon abgelernt. Durch sie zwang dieser Zauberer die Zeit in neue Gesetze, durch sie schuf er, bis er sich selbst durch Eile überstürzte, jene Wunder, die oft schneller entstanden, als gewöhnliche Naturen Muße brauchen, sie zu begreifen und anzustaunen. Aus Mangel an Werkzeugen bei Grabung des Kanals mußten die Hände der Araber statt Schaufeln und Spaten dienen. An 30,000 Menschen haben sich zugleich ihr Grab da gegraben. Entbehrung an Wasser und Brot, folglich an Allem, Anstrengung und Seuche rafften die Armen in Scharen dahin.

Zu einer Nilreise nach Kairo rüstet man sich wie zu einem Zuge durch die Wüste. Ein Bett, eine vollkommen ausgestattete Küche mit innerm und äußerm Apparat, ferner eine Flaschenbatterie, wenn man sich gehörig gegen den nimmersatten Durst waffnen und ihn nicht wie ein Krokodil mit Nilwasser stillen will, kurz eine ganze Kameelladung wird eingeschifft. Noch ist unerläßlich eine Muskitonetz und eine lange Gazemaske bei Nacht, und ein Fliegenwedel bei Tage. Die Natur, hier in allen ihren Bildungen kräftiger, hat auch die Werkzeuge der Insekten mit bewundernswürdiger Stärke und ihre Menge verschwenderisch wie Sand der Wüste geschaffen. Unentbehrlich aber ist ein Koch und Dragoman. Beide vereint man in einer Person. Es gibt eine Menge arabischer Bursche, die eine Babelsprache aus englisch, französisch und italienisch sich zusammengestohlen haben und dem Fremden Zeugnisse präsentiren über die Verdienste, die sie sich bei Begleitung der Nilreisenden erworben. Mein Cicerone war ein häßlicher Neger aus Darfur. Als Kind ge-

*) Nach der Erzählung eines Ungenannten in dem Journale des östreichischen Lloyd.

fangen, wurde er in Kairo verkauft, durchzog mit seinem Herrn Europa und ward frei. Er sprach geläufig italienisch und besaß alle guten Eigenschaften eines Dieners bis auf eine: Nüchternheit. Beim Einkauf der Provisionen bewies er mir, daß Rum unentbehrlich sei, um die Schädlichkeit von Luft und Wasser auf dem Nil zu bekämpfen.

Abdul Fablala, so hieß der Rumsüchtige, machte zwar zu gern Punsch, goß bisweilen auch daneben, im Ganzen aber war ich mit ihm sehr zufrieden. Besonders gefiel mir seine Gutmüthigkeit. Er hatte freien Zutritt zu meinem Magazin, das er für sich nicht mißbrauchte, um so gastfreier war er aber gegen die Schiffer, die er, ohne mich zu fragen, mit meinem Kaffee, Brot und Taback wie mit den Resten meiner Mahlzeit bewirthete. Die Araber betrachten alles Eßbare als Gemeingut. Der Hungrigste wird ungebeten sein Stück Brot mit Dem theilen, der ihm mit leerem Munde zusieht. Wenn die Nilschiffer ihre Mahlzeit hielten und ich in der Nähe stand, boten sie mir immer ein Stück Gurke oder Zwiebel an, was ich zum Schein auch annahm.

Als ich Abdul an das Gesetz der Selbsterhaltung und an die Folgen seiner Freigebigkeit mahnte, meinte er: „Ei! wir haben guten Wind und Vorrath auf neun Tage, in dreien aber sind wir am Ziel, dann erhalten Ratten und Mäuse, was wir uns die dahin übrig gelassen." An diesen Gästen fehlt es in den Nilbarken nie. Läßt man Nachts die Leuchte nicht brennen, so ignoriren sie den Schlafenden, machen allerlei Kreuzcapriolen über ihm und gewähren ihm mit manchen andern Thieren die unwillkommenste Gesellschaft. So fühlt man sich oft mitten im Nil nach Bingen in Hatto's Mäusethurm versetzt. Sonst aber mahnt auch nichts am Kanal noch am ganzen Nil an den reichen, schönen Rhein. Meist sieht man nichts als kahle Ufer, hier und da mit den jammervollen Backofenhütten der Araber besetzt, oder unabsehbare Sandflächen, die nur selten von spärlichen Palmen oder Dattelwäldchen unterbrochen sind. Dem Nil entlang, so weit seine Bewässerung reicht, laufen breite Streifen wunderbaren Fruchtlandes hin, darüber hinaus ist aller Boden ein Ocean von Sand. Aber selbst da, wo die schlammgedüngte Erde, üppiger als irgendwo in der Welt, nur des Samens begehrt, um ihn hundertfach zurückzugeben, sieht man im nächsten Umkreis der vielen Dörfer nie thätige Hände. Wozu auch Schweiß und Mühe! Seinen dringendsten Bedarf findet der Fellah auch ungesucht; alles Übrige ist von Übel und für Andere. Hat er nichts, so kann der Scheik ihm auch nichts nehmen. So findet man fast überall nur leere Felder, dagegen liegen ganze große Gruppen nackter Araber im und am Nil, die wie Amphibien bald schwimmend, bald ruhend ihren Tag in thierischem Müßiggang verbringen. Neben diesen Menschen und ihren Behausungen, die außer einer Höhle, wo Kaffee gekocht wird, kaum die Urelemente der ersten Bildung verrathen, stößt das Auge wieder auf die Ergebnisse der neuesten europäischen Cultur, wie die Telegraphenlinie, die sich von Alexandrien nach Kairo erstreckt.

Bei El-Atfe mündet sich der Nil in den Kanal. Da ist großes buntes Leben. Hunderte von Barken diesseit und jenseit der Schleusen laufen täglich da ein und aus. Träger, Kameele, Esel und Pferde schleppen hin und wieder. Der Mittelpunkt dieses Getreibes ist der Ort El-Atfe, der mit seinen schwarzen Bazarhütten und Holzbuden, die doch menschlichen Wohnungen ähnlich sehen, wohlthuend absticht gegen die Kothdörfer, die auf den anstoßenden Hügeln zerstreut umher liegen.

Hier erst sieht man den eigentlichen Strom, der in der grünenden weiten Fläche bei hohem Wasserstande sehr imponiren mag. Dieser beginnt erst mit dem 21. Juni und erreicht seinen Höhepunkt fast genau mit demselben Tage des Septembers, daher er den alten Ägyptern auch als Kalender diente. Jetzt aber schritt der geheimnißvolle Nil; dessen Ursprung man noch immer nicht kennt, durchaus nicht mit jener Ehrfurcht gebietenden Majestät einher, welche die Reisenden so oft beschreiben und beschreiben. Sein Bett war so seicht, daß man es an vielen Orten durchwaten konnte, was die Fahrt für die Schiffer beschwerlich, für die Reisenden gefährlich macht. Oft sitzt man acht bis zehn oder zwölf Mal des Tages auf, und hat man keinen eifrigen Reis oder Schiffsherrn, so bleibt man bis zum nächsten Windstoß ruhig liegen. Daher dauert die Reise nicht selten 9—10 Tage, bisweilen aber auch nur 2½. Wir trafen unterwegs viele Wraks, denn die Windstöße sind oft so heftig und die Strömungen so ungleich, daß die Fahrzeuge häufig umschlagen, was selbst mit einem Nilschiff geschah, worin Mohammed Ali und seine Tochter sich befanden; man mußte Beide aus dem Wasser fischen.

Ich war so glücklich, die größte und schnellste Nilbarke gegen meine elende in El-Atfe einzutauschen. Sie ist berühmt durch ihre raschen Fahrten und hat auch eine leidliche Kajüte mit zwei Pritschen, wo zwei Personen bequem liegen, auch beinahe aufrecht stehen können, während die Kajüte der erstern einer schwimmenden Bleikammer von Venedig glich. Keiner Lage Herr, ward ich dort entweder innen von Stickluft gekocht oder außen von der Sonne gebraten. Die Büffelochsen, die oft dutzendweise ganz unter Wasser steckend, nur die dicken, dummen Schädel behaglich über die Oberfläche hinstrecken, schienen mir gleichsam zu sagen: mache es auch so; und ich that es. So oft die Hitze mich allzu sehr übermannte, sprang ich in den Kanal und schwamm oder ließ mich von der Barke eine Weile im Schlepptau nehmen und nachzerren. Ungefähr auf halbem Wege zum Ziele sah ich erstaunt mit einem Male viele ganz freundliche weiße Dörfer, erstaunte aber noch mehr, als ich hörte, daß sie im Innern so elend wie alle andern und nur außen, nach dem Nile zu, weiß übertüncht wären. Mehre dieser Dörfer waren noch vor wenig Jahren ihrer Nildiebe wegen berüchtigt. Einst wurden die Reisenden einer Barke, welche aus Vorsicht mitten im Strome geankert hatte, Nachts gänzlich beraubt. Man begriff kaum die Möglichkeit, ging ans Ufer, forschte nach und bot großen Bakschisch (Lohn). Dieses Wort ist dem ebenso armen als habgierigen Araber das angenehmste seiner Sprache, und bald stellte sich ein Bursche ein, der gegen die versprochene Summe nicht nur alles Entwendete: Kleider, Waffen und Geld, herbeischaffen, sondern auch zeigen wollte, wie er den Diebstahl vollbracht habe. Er führte die Fremden nach einer entlegenen Grube am Nil; da lag der ganze Raub. Jetzt verlangte er seinen Bakschisch; als er ihn hatte, sagte er: „Seht, so habe ich es gemacht! Ich schwamm unter dem Wasser nahe hinzu, schlich leise in die Kajüte, nahm erst die Waffen, damit ihr, erwachend, mich nicht tödten könntet, dann lud ich dies Stück auf und das und jenes, bis ich Alles fest beisammen und so wie jetzt auf dem Kopfe hatte, dann" — machte er einen Froschsprung in den Nil, schwamm jenseits heraus, verschwand, ehe man ihn verfolgen konnte, in der Wüste und ließ den Verwunderten das Nachsehen.

Wenn man schnell und glücklich die schlimmsten Untiefen hindurch ist, so hält man an und die Schiffleute bitten um ein lebendes Bakschisch. Kaum hatte ich das Jawort ausgesprochen, so war auch schon zehn Minuten ein Hammel aus dem nächsten Dorfe zur Stelle geschafft, zehn andere Minuten genügten, um ihn zu schlachten, und nicht viel länger, so war er halb gekocht und ganz verzehrt. Nach diesem üppigen Mahle bot sich bald Gelegenheit zur Verdauung. Wir waren wieder aufgefahren und saßen fester als noch irgend vorher. Nun erfolgte durch fünf Stunden ohne Pause eine Anstrengung, welcher der stärkste Europäer schon in der Hälfte dieser Zeit erlegen wäre. Es ist nicht möglich, von dem Grade der Kraftäußerung und Ausdauer einen Begriff zu geben, womit die elf Matrosen und der Reis das schwerbeladene Fahrzeug in und außer dem Wasser bald mit den Schultern hoben, bald an Seilen daran zerrten und zogen. Wenn sie von der fruchtlosen Arbeit ganz erschöpft schienen, schwammen sie wieder vom Lande heran und nahmen schnell die Stemmstangen zur Hand. Diese wurden so kräftig auf der nackten Brust eingelegt, daß sie sich bogen, während der Mann fast horizontal sich mit allen Vieren auf dem Schiffsrande krampfhaft einkrallte und oft auch noch mit den Zähnen an einem Seile festhielt. Man sollte meinen, die Stunde solcher Spannung aller Kräfte, bei erstickender Hitze unter einem Regen von Schweiß müßte einen Riesen erschöpfen. Allein der Araber erträgt sie nicht nur ohne Zeichen der Ermüdung, sondern er hält auch außerdem noch die Lunge beständig in Bewegung. Während der schwersten Arbeit vergeht kein Moment, wo nicht Alle im taktmäßigen Gesänge zusammenkreischen, um sich zu ermuthigen und die Gesammtkraft zu concentriren. Gewöhnlich dirigirt einer diesen Chor, der in bedeutungslosen Ausrufungen, manchmal auch in einer Art Improvisation besteht. So z. B. ließ heute der Vorschreier in kurzen Absätzen folgende Worte nachsprechen: Du Hund — hast heut — den Bauch — mit Fleisch — mit süßem — weißem — warmem — fettem — Fleisch — gestopft — du Hund — und kannst — jetzt nicht — das schlechte Schiff — vom Fleck — bewegen! — Zieh, Schuft, — so lang — bis du geborsten. — Gesegnet sei der Gott im Nil, — verflucht — der Teufel — der drunten haust — im Grund, — taucht zu — und quetscht ihn platt! — Endlich siegten Gewalt und fester Wille. Das Schiff bewegte sich, und wiewol der Kiel nur langsam ruckweise eine Furche in den Sand pflügte, so waren wir doch wieder unter großem Jubelrufen flott geworden. Nicht leicht findet Eifer und Hang zur Trägheit in so hohem Grade sich vereint, als im Araber. Er hat darin ganz die Natur eines Jagdhundes und kann ebenso gut Tage lang in regungsloser Ruhe hinbrüten, wie er, wenn es gilt, einer unbegreiflichen Aufbietung aller Kräfte fähig ist.

In Munse, einem der unzähligen armseligen Höllendörfer, das von Datteln und Palmen schön umschattet ist, legten wir an und fanden da drei Eigenthümlichkeiten: ein neuvermähltes Paar, das zusammen 21 Jahre zählte, der Gatte nämlich 11 und die Frau 10; dann einen Scheikh, der die Pfeife in der einen, die Rhinocerospeitsche in der andern Hand, vor der Kaffeebude sitzend, gravitätisch Gericht hielt, und endlich einen jämmerlichen Krüppel, der, nackt und schmuzig auf dem Boden hinkriechend, erst einem wandelnden Erdhaufen glich, und sich dann als Improvisator vernehmen ließ. Ich war nicht wenig erstaunt, die erschreckend häßliche Misgestalt in poetische Verzückung gerathen zu sehen. Ich glaubte erst, ein Thier oder höchstens einen Kretin zu erblicken, und fand einen Dichter. Das Auffallendste dabei war, daß dieser Mensch im Idiom der Schriftsprache und ganz rein sprach; so versicherte wenigstens mein Dolmetsch und alle Umstehenden, die nur einzelne Worte seiner Verse verstanden. Daß er diese selbst gemacht, ist nicht wahrscheinlich, wiewol auch kaum erklärbar, durch welche Art der Überlieferung sie an ihn gekommen.

Endlich! endlich! rief ich, ermüdet von der Eintönigkeit der immer gleich flachen Nilufer, aus, als ich am Abend des vierten Tages die Pyramiden wie Nebelgeister aus der fernen Wüste herüberdämmern sah. Es war ziemlich spät geworden, ehe wir in Bulak landeten. Dies ist der Ort, wo Mohammed Ali's vielbesprochene Arsenale eine kleine Stadt großer weiter Gebäude bilden. Eigentlich ist Bulak, eine halbe Stunde von Kairo entlegen, nur ein größeres Dorf und der wimmelnde Stapelplatz für Hunderte von Nilschiffen, die da täglich kommen und gehen. Auch hier springen wieder die schärfsten Contraste ins Auge. Am nahen Ufer hat Mohammed Ali seinen Tauben einen Palast erbaut, der feenhaft im Mondlicht herüberschimmert, während die Nachbarn, welche die Steine zum schönen Bau getragen, nebenan, schlimmer als in Taubenschlägen, in Höhlen wohnen, die sich im Dunkel des engen dumpfen Ortes wie Grabgewölbe aneinander reihen. Das Innere ist dürftig von einer Ampel und dem Widerschein der brennenden Pfeifen erleuchtet, um welche die Bewohner wie unbestimmte schweigende Schattengestalten lagern. Weiber und Kinder kauern schlafend in der Ecke und das Ganze macht den Eindruck des düstersten, traurigsten Nachtstücks. Da es schon zu spät war, um noch zur Stadt zu reiten, schlief ich in der Barke und besuchte am folgenden Morgen das Innere der Militairwerkstätten, wo die Armee in ungeheuern Fabriken ihren ganzen Bedarf an Waffen, Kleidern und Geräth sich selbst erzeugt. Diese riesige Anstalt, von Franken geleitet, unterscheidet sich von den größten europäischen ähnlicher Art durch nichts, als dadurch, daß Araber darin arbeiten und Araber davor Schildwache sitzen.

Auf dem Marktplatze von Bulak sah ich einen Stamm von mehr als 200 Beduinen campiren, die, eben aus Mekka kommend, Reliquien verhandelten. Ich suchte vergeblich, mir welche zu verschaffen. Mein schwarzer Dolmetsch hatte es dabei etwas plump angefangen und entging kaum einer Tracht frommer Schläge, da er merken ließ, daß er für einen Ungläubigen unterhandle. Der Anblick des kleinen Beduinenlagers war höchst malerisch. In und vor den Zelten bewegten sich die hohen braunen Gestalten, von der weißen Bernuß kaum halb verhüllt, in allerlei Gruppen. Die dunkeln, meist wildschönen Gesichter, mit vollem schwarzen Barte am kahlgeschorenen Haupte, waren von groteskem Ausdruck und traten um so schärfer hervor, da diese Söhne der Wüste statt aller Kopfbedeckung nur eine dünne weiße Turbanrolle wulstförmig um die Schläfen winden, den kahlen Scheitel aber der Sonne preisgeben. Die wenigen Weiber, die sie bei sich hatten, waren unverhüllt, stark tätowirt und trugen einen, auch zwei große Nasenringe. Rings um die flachen Zelte weidete eine kleine Heerde Kameele. Auf drei Füßen hüpfend, der vierte wird in die Höhe gebunden, damit sie nicht entlaufen, grasten sie umher und sahen aus wie Fabelthiere. Auch einige schöne Pferde der Häuptlinge fehlten nicht. Das Interessanteste aber war eine medicinisch-chirurgische Scene. Der junge Beduinendoctor saß

vor einem Greise von etwa 70 Jahren, der am Magen zu leiden schien. Zur Seite lag ein altes Hufeisen im Kohlenfeuer. Sobald es glühte, hielt der Doctor es in Absätzen an die eigene Ferse, bis sie mit dem Geruche verbrannten Horns aufrauchte, dann faßte er den Alten an beiden Händen und drückte ihm die erwärmte Ferse in die Brusthöhle. Erst nachdem diese neue Art Moxa dreimal mit jeder Ferse angebracht war, gab er den Patienten frei, den man halb ohnmächtig in sein Zelt trug.

(Der Beschluß folgt in Nr. 313.)

Die Spitzbubenregimenter in Indien.

In den Armeen der eingeborenen indischen Fürsten gibt es Regimenter, die den seltsamen Namen Spitzbubenregimenter führen, denn das Wort Schodha bedeutet wörtlich einen Spitzbuben oder Schurken. Sie bestehen aus Leuten, die das Privilegium haben, manche Verbrechen zu begehen, die an Andern auf das strengste geahndet werden würden, müssen aber dafür im Kriege die gefährlichsten Dienste leisten, den Vortrab bilden und bei Belagerungen, sobald Bresche geschossen worden ist, zuerst stürmen. Wenn sie nicht wirklich im Dienste sind, so sind sie völlig Herren ihrer Zeit, gehen, wohin es ihnen beliebt, verüben alle Arten von Ausschweifungen und werden selten, außer bei großen Verbrechen, zur Rechenschaft gezogen. Da sie vom Staate, dem sie dienen, wenig oder keinen Sold erhalten, so suchen sie auf jede mögliche Weise, durch Spitzbübereien und Schurkenstreiche aller Art, ihren Lebensunterhalt zu gewinnen.

Der Anbau der Kapern.

In der Provence, der Berberei und der Umgegend der Stadt Tunis wird ein bedeutender Handel mit Kapern getrieben. Die Kaper ist bekanntlich die Blumenknospe der Capparis spinosa. Diese Pflanze stammt nicht ursprünglich aus jenen Ländern, sondern aus Asien, weshalb sie im Süden Frankreichs und in der Umgegend von Tunis nur durch Pflege fortkommt. Die in Nordafrika erzeugte Frucht ist von geringerer Beschaffenheit als die aus der Provence und wenig im Handel gesucht. Die provencer Kapern kommen von den zwischen Marseille und Toulon gelegenen Gegenden und hauptsächlich von der Umgegend letzterer Stadt, wo sie im Großen angebaut werden und man ganze Felder mit Kapern bedeckt sieht. In den etwas nördlichern und folglich kältern Gegenden der Provence wird nur wenig, so viel als für den eigenen Verbrauch hinreicht, angebaut; dort werden sie, damit sie vor der strengen Witterung geschützt sind, an den durch das Abfließen der Gewässer leer gelassenen Stellen und an den Seitenwänden der Gärten gepflanzt.

Bei dem Anbau im Großen oder in den offenen Plantagen werden sie in Gestalt eines V und in der Entfernung von ungefähr zehn Fuß voneinander angebaut. Sie vermehren sich sehr schnell. Man hat für die Pflanze weder von der Dürre noch von der Hitze etwas zu besorgen, dagegen leidet sie durch strenge Kälte und hauptsächlich durch Schatten. Man fand sie auf mehre Fuß Breite durch in ihrer Nähe hingepflanzte Papiermaulbeerbäume, die ihnen die Sonne benahmen, gänzlich zu Grunde gegangen.

Der Anbau der Kapern ist einfach; man braucht die Felder blos im Frühjahre und im Herbst aufzuhacken, worauf man die Pflanze ungefähr sechs Zoll hoch über dem Boden abschneidet und sie ganz mit der Erde, die zwischen der einen und der andern liegt, bedeckt, wo sie den ganzen Winter durch verdeckt bleibt. Im Frühjahr deckt man sie auf, schneidet sie nochmals und bedeckt dann wieder die alten Sprößlinge, bis wo der Stengel der Pflanzen anfängt, welche bald neue hervorbringen, die Anfang Sommers zu blühen anfangen und so lange Blüten zu tragen fortfahren, bis die kühlern Nächte den Saft unterdrücken.

Weiber und Kinder gehen alle Morgen, Kapern einzusammeln, und setzen dabei keinen Tag aus, indem die Dicke der Knospe ihren Werth vermindert, weil sie alsdann an der Güte verlieren und wegen ihrer Härte zermalmt werden müssen. Wie vorsichtig man aber auch immer in der Einsammlung sei, so entgehen doch immer mehre dem Auge und treiben. Man läßt

sie auch in Samen schießen; wenn die Kapseln noch grün und von der Größe einer Olive sind, so werden sie gesammelt und eingemacht, sind sehr schmackhaft und heißen Capperoni.

So wie man sie täglich sammelt, werden sie sogleich in Fässer mit Essig gefüllt gethan und ein wenig Salz beigemischt, um zu verhindern, daß der wässerige Theil der Kaper nicht den Essig schwäche. Nach der Einsammlung gehen die Kapern aus den Händen der Pflanzer in jene der Einsalzer über, d. i. derjenigen, die die Oliven, Sardellen u. s. w. zubereiten. Diese scheiden mittels großer Siebe, die aus rothem Kupferblech, ein wenig ausgehöhlt und mit Löchern von verschiedener Größe versehen, verfertigt sind, die verschiedenen Sorten voneinander und classificiren sie, worauf der Essig erneut und sie in Fäßchen zum Versenden verpackt werden.

Anekdoten aus dem Leben Napoleon's.

I.

Als nach dem Sturze des Schreckenssystems und der Jakobinerherrschaft in Frankreich im Jahre 1795 in Paris selbst ein Aufstand gegen die revolutionnaire Regierung und den Nationalconvent ausbrach, ernannte der letztere den General Bonaparte, der sich bereits bei der Belagerung von Toulon hervorgethan und bekannt gemacht hatte, zum Befehlshaber seiner Truppen und insbesondere des Bataillons der Patrioten von 1789. Bonaparte lieferte den empörten Parisern am 13. Vendemiaire (5. October) eine entscheidende Schlacht und gewann einen vollständigen Sieg, indem er durch sein Geschütz die rebellischen Sectionen oder Bürgerabtheilungen niederschmetterte. Dies mußte die gedemüthigten Pariser gegen die Truppen und deren Chefs erbittern; im Stillen dauerte eine bedenkliche Gährung fort und wurde durch eine bald darauf eintretende Theuerung nicht wenig gesteigert. Als eines Tages die Brotvertheilung, welche die Regierung damals täglich vornehmen ließ, unterblieben war und zahlreiche Volkshaufen sich an den

Bäckerläden drängten, ritt Bonaparte mit einem Theile seines Generalstabs durch die Straßen, um über die öffentliche Sicherheit zu wachen. Ein Pöbelhaufe, der großentheils aus Weibern bestand, warf sich ihm in den Weg und verlangte mit ungestümem Geschrei von ihm Brot; da die Menge sich mit jedem Augenblicke vergrößerte, so wurde die Lage des Generals immer kritischer. Am meisten that sich eine Frau von unförmiger Dicke hervor, die im Namen des Volkes das Wort führte. „Die Herren mit Epauletten“, rief sie den Offizieren zu, „kümmern sich viel darum, ob wir Brot haben; wenn sie nur essen und sich mästen können, so ist es ihnen einerlei, ob das Volk vor Hunger stirbt.“ Gelassen antwortete ihr Bonaparte: „Seht mich einmal genau an, gute Frau; wer von uns Beiden ist wol am besten genährt?“ Der General war aber gerade damals, wie auch die Abbildung zeigt, außerordentlich mager und hing, wie er später selbst scherzhaft äußerte, nur in Haut und Knochen. Ein allgemeines Gelächter, das seinen Worten folgte, entwaffnete den Pöbel und der Generalstab konnte nun seinen Weg ungehindert fortsetzen.

Verantwortlicher Herausgeber Friedrich Brockhaus. — Druck und Verlag von F. A. Brockhaus in Leipzig.

Das Pfennig-Magazin

für
Verbreitung gemeinnütziger Kenntniſſe.

313.]   Erſcheint jeden Sonnabend.   [März 30, **1839**

Vincennes.

Das Schloß Vincennes, welches zwischen dem Dorfe gleiches Namens und einem Walde ſteht, hat als Luſt=ſchloß der franzöſiſchen Könige, als Staatsgefängniß und als Feſtung eine gewiſſe Berühmtheit erlangt. Der Ort, welcher urſprünglich Vilcenne, dann Vicenne hieß, kommt zuerſt 847 vor; ein Kloſter, welches König Karl VII. in den erſten Jahren des 12. Jahrhunderts gründete, iſt als Grundlage des Schloſſes anzuſehen, welches erſt unter Philipp Auguſt im Jahre 1183 er=baut wurde. Dieſer König ließ das Gehölz mit einer Mauer umgeben, um die wilden Thiere, welche König Heinrich II. von England auf ſeinen Ländereien in der Normandie fangen ließ und ihm zum Geſchenk machte, hier zu hegen. Seitdem hielten ſich die Könige von Frankreich häufig zu ihrer Erholung hier auf. Indeſſen war das Schloß ein ſehr beſcheidenes Gebäude geblieben und fing an in Verfall zu gerathen, als Philipp von Valois im 14. Jahrhunderte die alten Gebäude nieder=zureißen befahl, um ein neues Schloß zu erbauen; von ihm rührt der berühmte, ſo vortrefflich erhaltene Thurm her. Karl V. vollendete die von Philipp begonnenen Bauten und das Schloß diente in ſeiner würdigern Ge=ſtalt bis zur Zeit Ludwig's XI. als königliches Luſt=ſchloß. In demſelben ſtarb 1422 König Heinrich V. von England, nicht als Gefangener, ebenſo wenig als Gaſt des franzöſiſchen Königshauſes, ſondern als Eroberer des größten Theils von Frankreich, deſſen rechtmäßiger Kö=nig, Karl VII., auf ein ſo geringes Gebiet beſchränkt war, daß er im Spott der kleine König von Bourges genannt wurde.

Von weit größerer Bedeutung iſt Vincennes als Staatsgefängniß, wozu es zuerſt Ludwig XI. beſtimmte. Dieſer tyranniſche König, der aus Mangel an Gefäng=niſſen neue erbauen ließ, erkannte mit ſeinem Scharf=blicke in ſolchen Dingen ſogleich, wie trefflich ſich der Thurm von Vincennes dazu eigne; ſeitdem hat das Schloß mit wenigen Unterbrechungen dieſe traurige Be=ſtimmung bis auf die neueſte Zeit behalten, und der Name des Thurmes von Vincennes flößte nicht min=dern Schrecken ein, als der Name der Baſtille und des Berges St.=Michel. Der Cardinal Richelieu ſperrte die Gefangenen ſcharenweiſe hier ein; die Unruhen der Fronde im Beginne der Regierung Ludwig's XIV. führ=ten den großen Condé hierher, in daſſelbe Gemach, wo ſein Vater gefangen gehalten worden war; auch der be=kannte Latude, der eine Unbeſonnenheit mit 36jähriger Gefangenſchaft büßte, und den ſein unermüdlicher Kampf gegen den raſtloſen Haß ſeiner Feinde zu einem der berühm=teſten Gefangenen machte, die es je gegeben hat, war längere Zeit hier. Der Philoſoph Diderot ſchmachtete hier ein Jahr lang zur Strafe für eine gegen die chriſtliche Reli=gion gerichtete Schrift. Mirabeau brachte hier jene Gedan=ken zur Reife, welche die franzöſiſche Revolution vorbe=reiteten, und ſchrieb gegen die Baſtille, deren Zerſtörung er ſpäter beförderte; aber ſein eigenes Gefängniß ſollte ſtehen bleiben und noch nach der Revolution neue Opfer verſchlingen. Als ſich 1791 das Gerücht verbreitete, daß der ſeit ein paar Jahren geöffnete Thurm von Vincennes wieder als Staatsgefängniß gebraucht wer=den würde, wollten die Pariſer ihn demoliren wie die Baſtille, aber die bewaffnete Macht ſchritt ein und hin=derte das ſchon begonnene Zerſtörungswerk. Man wagte indeſſen nicht, den Plan einer Herſtellung dieſes Staats=gefängniſſes auszuführen, ſondern machte daraus eine

Straf= und Correctionsstalt für Weiber. Napoleon gab das Gebäude der ihm von Ludwig XI. angewiesenen Bestimmung wieder und abermals schlossen sich die Thore derselben hinter politischen Gefangenen. Der bedeutendste von allen war der Prinz von Enghien, der dritte Condé, der seinen Aufenthalt hier zu nehmen genöthigt wurde, der aber, weniger glücklich als seine Ahnen, das Schloß nicht verlassen sollte, da er bald nach seiner Ankunft durch eine Militaircommission gerichtet, zum Tode verurtheilt und am 21. März 1804 in einem der Gräben des Schlosses erschossen wurde. Die letzten Gefangenen, welche Vincennes aufnahm, waren vier der Minister Karl's X., welche die berüchtigten Ordonnanzen unterzeichnet und dadurch den Ausbruch der Juliusrevolution veranlaßt hatten, Polignac, Peyronnet, Guernon und Chantelauze.

Am Ende des Jahres 1813 wurde das Schloß, das schon längst als Zeughaus gedient hatte, mit neuen Befestigungswerken versehen und der General Daumesnil von Napoleon zum Commandanten desselben ernannt. Dieser General, der unter dem Namen des Stelzfußes bekannt ist (ein Bein hatte er in der Schlacht bei Wagram verloren), zeigte sich des Vertrauens des Kaisers würdig. In den Jahren 1814 und 1815 behauptete er das Schloß ungeachtet aller Drohungen und Versprechungen der Feinde, die keinen Fuß in dasselbe setzten. „Ich werde ihnen das Schloß übergeben", sagte er scherzend, „wenn sie mir mein Bein übergeben werden." Blücher schrieb an ihn und bot ihm große Summen; er schlug sie aus und fügte hinzu, er würde den Brief aufheben, um ihn seinen Kindern zu vermachen. Dieses edle Benehmen des wackern Generals Daumesnil konnte ihn unter der Restauration nicht vor der Ungnade des Königs schützen, aber nach der Juliusrevolution wurde ihm die Citadelle abermals anvertraut, und bald nach Übernahme des Commandos entfaltete er wieder seine gewohnte Energie, indem er den Aufrührern die Auslieferung der gefangenen Minister verweigerte.

Das Schloß Vincennes, im Mittelalter eine der größten und regelmäßigsten Festungen, erinnert durch den Anblick seiner verschiedenartigen, ein großes Parallelogramm bildenden Gebäude an seine verschiedenen Bestimmungen als Lustschloß, Staatsgefängniß und Festung, aber der Charakter des Ganzen ist militairisch. Man findet hier in gefälliger Mischung alle Verfahrungsarten und Formen der alten und neuen militairischen Baukunst vereinigt: Thürme, Gräben, Zinnen, Zugbrücken, Schießscharten u. s. w. Die neulich ausgeführten Befestigungsarbeiten haben das Schloß von Vincennes in einen festen Platz vom ersten Range verwandelt. Einige Theile desselben sind indessen auch in künstlerischer Hinsicht bemerkenswerth, besonders die von Karl V. erbaute gothische Kapelle und einige Thürme, und der Gefängnißthurm setzt in Erstaunen durch die Mannichfaltigkeit und den Scharfsinn der Maßregeln, durch welche er zu einem strengen und sichern Gefängnisse umgewandelt worden ist.

Ausflug von Alexandrien nach den Pyramiden von Memphis.

(Beschluß aus Nr. 312.)

Kairo, eine der größten Städte der Erde und von unvermischt orientalischem Charakter, empfängt den Eintretenden mit der ungastlichsten Physiognomie. Finster stehen die hohen alten Steingebäude sich so nahe gegenüber, daß die Nachbarn aus den vorspringenden Erkern sich die Hände über die Straße reichen könnten, wären die kleinen Fenster nicht fest vergittert. Die schmalen langen Gassen, in welchen fast jedes Haus eine neue Richtung beginnt, sind ungepflastert, holperig und schmuzig; meist auch noch mit Lappen verhängt, schlingen sie sich in ewigem Dunkel so chaotisch durcheinander, daß man nicht begreift, wie die Eingeborenen es angefangen haben, um sich je in diesem zweiten ägyptischen Labyrinthe zurecht finden zu lernen. Den Zugang in die Häuser bilden Thorwege wie moderige Kellergewölbe, durch die man ohne Hülfe des Tastsinns nicht leicht ins Innere dringt. Da aber überraschen meist schöne lichte Hallen mit kühlenden Steinfliesen, in deren Mitte nicht selten kleine Wasserkünste angebracht sind.

Der Bazar ist auch hier die Wiege der Pest. Man wird unwillkürlich an dieses schwarze Gespenst erinnert, wenn man die finstern, überfüllten Gänge zwischen diesen tausend farb= und formlosen Verschlägen durchkreuzt. Oben ist der schmale freie Zwischenraum meist mit löcherigen Matten oder Lumpen verhüllt, welche Licht und Luft nur spärlich zuströmen lassen. In diesem düstern Helldunkel arbeiten zahllose Handwerker und drängen sich Tausende von Käufern oder Gaffern in einer Atmosphäre, welche durch die widerliche Ausdünstung der Araber, durch Staub, Hitze und Unrath mephitische Zusätze entbinden muß. Dies macht es erklärlich, warum Cholera, Pest und Ruhr so gern ihr Hauptquartier in der Nähe aufschlagen. Auch für Typhus, kalte Fieber, Elephantiasis und wie die scheuslichen Dämone des Landes alle heißen, werden hier die Opfer vorbereitet und gereift. Mehr aber als irgend ein Stadttheil ist das Quartier der Juden ein licht= und luftscheues Nest aller Seuchen und der Hauptsitz der Ophthalmie. Die engen Gäßchen in Kairo verhalten sich wie Heerstraßen zu den schmalen Pfaden, welche hier zu den elendesten Behausungen führen. Ist man zu Esel, so muß man oft absteigen oder seine Beine an den Hals des Thiers legen, um nicht mit beiden Knieen anzustreifen. Die Bewohner, fast ohne Ausnahme an den Augen leidend, führen ihren Ursprung bis auf die Brüder Joseph's zurück, die schon hier gewohnt haben sollen. Als Gewähr haben sie auch die ägyptische Finsterniß für sich, deren Spur aus dem schmuzigen Irrsal dieser Schluchten noch immer nicht gewichen ist.

Von der hohen Festung besehen, zeigt sich Kairo in imposanter Größe. Das Macatamgebirge am Rande gartenreicher Flächen, die der Nil in schönen Windungen durchflutet, das ehemalige Altkairo, jenseits Wald, Feld und Aue, begrenzt durch die Pyramiden von Memphis und Sakkara, und darüber hinaus, so weit das Auge reicht, der große Leichnam der Wüste; dies Alles vereinigt sich um den Mittelpunkt der ungeheuern, häßlichen und doch interessanten Stadt zu einem großartigen Gemälde. Die Citadelle bietet mehr des Sehenswerthen als Kairo selbst. Einer der interessantesten Punkte ist der Josephsbrunnen. Da alles Wasser fern vom Nil zur Stadt gebracht und da verkauft wird, so hat dieser Brunnen schon als der einzige vorhandene einen eigenthümlichen Werth. Er ist aber auch an sich ein höchst merkwürdiges Werk, wie jetzt kein ähnliches mehr zu Tage gefördert wird. Er ist 280 Fuß tief, an 30 Quadratschuh breit und ganz in den Felsen gehauen. Innerhalb der Wände ist, mit Öffnungen versehen, ein Gang ausgehauen, so breit und bequem, daß ein großer ägyptischer Büffel beinahe bis zum Grunde gelangen könnte. Ich sah einen solchen in einer Ochsenmühle da ein Pumpenwerk treiben oder vielmehr ein großes Rad, woran irdene Schöpfer hängen, die das nicht sonderlich gute Wasser heraufholen.

Der berühmte Josephspalast, der in geringer Entfernung davon stand, ist bis auf einige Säulen verschwunden. Auch diese werden eben abgetragen und liegen schon zum Theil wüst durcheinander. Mohammed Ali will nicht, daß man hier andere Werke neben den seinen bewundere. Sein neuer Palast, meist von armenischen Werkleuten erbaut und mit herrlich gemalten Sälen, Marmorbädern, Hallen, Höfen und Gärten versehen, ist der Vollendung nahe. Ausgezeichnet kunstreich ist darin das Tafelwerk. Manche Thüren sind so fein in Holz geschnitzt, als wären sie mit brüsseler Spitzen belegt. Auch sind noch ringsum im weiten Raume ungeheure neue Säulen aus röthlichem Marmor zum Bau einer Moschee in Arbeit.

An der Festungsmauer zeigt man die Stelle, wo Mohammed Ali den Mamluken einen Kugelregen nachschicken ließ, als sie Alle seinen Palast verlassen hatten, wo sie zum Beschneidungsfest seines jüngsten Sohnes geladen waren, der später von den Abyssiniern verbrannt wurde. Ein einziger entkam durch einen sechs Klafter hohen Sprung mit dem Pferde. Diese Rettung erscheint fabelhaft, wenn man an Ort und Stelle ist und den Graben sieht, in welchen der schnell entschlossene Mamluk sich gestürzt. Sein Pferd blieb natürlich augenblicklich todt, ihn selbst fand man nach vielen Stunden noch bewußtlos. Er lebt noch in Kairo und bezieht einen namhaften Gnadengehalt von Mohammed Ali.

An der untern Festungsmauer ist das Serail der Löwen, deren drei oder vier an leichten Ketten hinter hölzernen Gittern liegen. Ich ging ins Innere dieser Löwenställe mit dem Wärter, der auf einem sehr vertrauten Fuße mit den schönen Bestien steht. Übrigens scheint das Klima besänftigend auf die Thiere überhaupt zu wirken; sie sind meist von entschiedener Gutartigkeit. Die Büffel sieht man in Menge von kleinen Knaben treiben und lenken. Die Hunde, zu Tausenden herrenlos auf der Straße liegend, sind so phlegmatisch, daß sie weder den Kameelen noch den Eseln, am wenigsten aber den Menschen aus dem Wege gehen. Sie wissen, man steigt im Nothfall über sie hin, ohne ihre Ruhe zu stören. Merkwürdig und zu einer genauen Untersuchung auffodernd ist die Erscheinung, daß bei der außerordentlichen Menge dieser Thiere im Orient, die weder genährt noch bewacht werden, kein Beispiel von Wasserscheu vorkommt. Der Grund davon dürfte mit in dem Umstande liegen, daß man die Weibchen hier nicht vertilgt und folglich das geschlechtliche Verhältniß mehr als ein natürliches bestehen läßt. Am auffallendsten ist die Gutmüthigkeit und Leutseligkeit der arabischen Pferde, die sich von der Bösartigkeit der türkischen höchst vortheilhaft unterscheiden. Die letztern sind von Natur schon wilder; das Übrige thut dann auch noch die widersinnige Behandlung, wozu hauptsächlich die Grausamkeit gehört, ihnen im Stalle die beiden Füße der linken oder rechten Seite an den Fersen durch einen Strick so zu verbinden, daß sie, wie die Gazellen auf einer Felsspitze, mit den Beinen beisammen stehen.

Einen gräßlichen Anblick menschlichen Elendes gewährt das Innere des Irrenhauses, wo die Kranken wie Verbrecher oder wilde Thiere nackt an Ketten und Halseisen liegen. Es ist zu hoffen, daß die große Thätigkeit des ausgezeichneten Arztes D. Pruner, welcher Organisator und Vorstand aller Sanitätsanstalten im Lande ist, sich auch bald auf eine menschlichere Umgestaltung dieses Instituts erstrecken werde.

Durch die Güte des östreichischen Consuls, Herrn von Champion, fand ich Gelegenheit, außer der großen Moschee des Sultan Hassan noch einige der bedeutenden im Innern zu besehen. Vor wenig Jahren noch durfte kein Franke zur Zeit der Betstunde ungestraft einer Moschee sich nahen oder je vorüberreiten; er mußte absteigen und Pferd oder Esel führen. Heutzutage bedarf der Ungläubige nur eines Janitscharen von einem der Consulate, und man kann, so bald man sich nur auf einige Stunden türkisch costumirt, den Propheten im Innern seiner Behausungen die Aufwartung machen. Doch lohnt sich diese Mühe nicht eben sehr; auch ist Kairo mehr durch die Zahl als durch Schönheit und Größe seiner Moscheen berühmt. Der große offene Vorhof, in dessen Mitte ein kolossaler Brunnen steht, an dem sich der Muselmann wäscht, ehe er ins Heiligthum eingeht, ist mit seinen Säulengängen und schattigen Bäumen in der Regel gefälliger als der Tempel selbst. Dieser besteht meist aus einem mächtigen halbdunkeln Gewölbe mit einer Kuppel, vier kahlen, langen, weißen Wänden mit Votivtafeln aus dem Koran und einem mit Strohmatten ganz bedeckten Marmorboden.

In den prächtigen ungeheuern Gärten des Vicekönigs duftet die reiche morgenländische Flora dem Kommenden mit den frischen Wohlgerüchen Arabiens wollüstig entgegen. Die unabsehbar verschlungenen Wege sind alle mit bunter Mosaik aus farbigen Quarzsteinchen ausgelegt. Überall erblickt das Auge Wasserkünste, Vogelhäuser, Kioske, Grotten, Marmorhallen, Bäder und Alles, was orientalische Üppigkeit vom feinsten bis zum stärksten Sinnengenuß zu bieten hat. Ungeheure Summen sind hier aufgewendet für eine kühle Stunde, die der Eigenthümer ein- oder zweimal im Jahre hier zubringt, während Tausende keinen Para haben, um sich einen Trunk schlechten Wassers zu kaufen. In allen diesen Gärten, von denen der zu Schubra der reichste ist, strecken Hunderte von Mohren die schwarzen Köpfe da und dort zwischen den Laubgewinden hervor und vollenden das lebende Bild der Zaubergärten arabischer Märchen. Auch fällt die Freigebigkeit der Gärtner angenehm auf, die mich mit Blumen und Früchten überhäuften und immer auffoderten, mehr und mehr zu pflücken.

Auf dem Rückwege von Schubra wurde ich vom Chamsin überfallen. Dieser glühende Gifthauch der Wüste, der bei jedem Athemzuge das Vorgefühl des Erstickens gibt, während er die Augen mit Sandnebel füllt, ist so entnervend, daß ich mich wie gelähmt meinem Esel auf Discretion übergab. Mit geschlossenen Augen, nur selten aufblickend, ließ ich mich von ihm durch die lange Allee prachtvoller alter Mimosen hintragen, wohin es ihm gefiel. Aber auch er schien besorgt für sein Augenlicht, denn bald kamen wir Beide mit einer dicken Mohrin in Collision, die im weißen Mantel, mit rother Gesichtsmaske und gleichem reichen Turban, ebenfalls auf einem geblendeten Esel sitzend, ebenso stattlich als häßlich aussah. Ich konnte sie nahe genug beobachten, denn als ich den Zusammenstoß empfand, faßte ich wie im Blindekuhspiel rasch nach der Gegend, woher er kam, und hielt verwundert die alte Negerin in der Hand.

Der nächste Morgen fand mich früh 4 Uhr zu Esel auf dem Wege nach den drei großen Pyramiden

*

von Gizeh oder Memphis. Schon vor den Thoren Alt=Kairos schweben sie scheinbar nahe vor den Blicken, treten aber äffend wie Irrwische immer mehr zurück, je näher man kommt. Nach drei Stunden raschen Rittes war ich am Eintritt in die lybische Wüste, folglich den alten Riesen schon ganz nahe, und begriff noch immer nicht, wie sie zu dem Ruf ungeheurer Größe gekommen wären. Doch nach einigen hundert Schritten waren die Würfel, woraus sie gefügt, erst unscheinbaren Backsteinen gleichend, in wahre Titanen=stufen umgewandelt, und ich sah mit geheimem Schauer an den vier ungeheuern, den Weltgegendn zugewand=ten Flächen dieser künstlichen ägyptischen Spitzberge zur schwindelnden Höhe hinan. Aus einem Schwarm Ara=ber, die meinen Esel schon seit einer halben Stunde vom letzten Dorfe her so umdrängten, daß ich meinen großen Fliegenwedel mehrmals als Waffe gegen sie ge=brauchen mußte, wählte ich jetzt zwei, die mich ins Schlepptau ihrer Arme nahmen. Wie Katzen von Kante zu Kante emporspringend, zogen sie mich über die kolossalen Quaderstücke nach, welche, immer zurück=tretend, bis zur scheinbaren Nadelspitze sich aufthürmen; diese aber ist eine Fläche, die an hundert Menschen faßt. Nachdem ich eine halbe Stunde im Schweiße meines Angesichts mich angestrengt hatte, stand ich, bis auf blutende Knie, wohlerhalten auf dem Gipfel dieser versteinerten Jahrtausende. Jetzt erst übersah ich stau=nend die ganze Riesenmasse, die unter mir breit und breiter bis zum tiefen Grunde mächtig hervorquoll.

In allem Alten liegt ein geheimnißvoller Zau=ber, und wiewol gewissermaßen jeder Pflasterstein eine Antike der Natur ist, so erscheint uns unser kur=zes Leben, mit seinen kleinen Launen und großen Kämpfen, unendlich nichtiger nach außen, zugleich aber um ebenso viel bedeutsamer nach innen, wenn wir es auf solcher Höhe des Raumes und der Jahre über=schauen, wenn wir es auf solche Größen halten, die, an sich bedeutungslose todte Massen, nur durch den Geist, den der Mensch in sich verschloß, so beredt zum Men=schen sprechen. Während die armen nackten Araber ohne höheres Bedürfniß, zu einem blos physischen Sein verdammt, mir zu Füßen schliefen, blickte ich lange sin=nend in ihr wunderbares Land von diesem Fels im Sandmeer, den ihre Ahnen erbaut haben und an dem sich die Brandung des Zeitstroms mit seinem ungeheuern Inhalt so lange brach und noch lange brechen wird, wenn vielleicht wieder glücklichere Geschlechter die reichen Auen des Nilthals bewohnen und die jetzigen, wie wir die vergangenen, gleich verklungenen Märchen der Vor=welt erblicken werden.

Der Rundblick durch die klare Luft verliert sich in einen weiten Umkreis, ist aber, wie alle flachen Fern=sichten, unerfreulich. Dicht an der großen stehen die beiden kleinern Pyramiden. Zu ihren Füßen erhebt sich das granitene Sphinxungeheuer, dessen Kopf 24— 26 Fuß hoch ist. In einer Entfernung von wenigen Meilen tauchen die sieben Pyramiden von Sakkara auf und rings an der reichen Pflanzenwelt der Nilufer dehnt sich unabsehbar das Sandmeer der libyschen Wüste aus. Der trostlose Anblick dieser grauen Oede, von der todesstillen Höhe des himmelnahe aufgethürmten Mu=miengrabes besehen, erfüllt die Seele mit Trauer und Wehmuth. Die furchtbarste Sonnenglut, von kei=nem Lufthauch gemildert, mahnte dringend zur Heim=kehr. Als ich jetzt meinen Rückweg von oben herab überblickte, befiel mich zum ersten Mal im Leben eine Anwandlung von Schwindel; ich schloß schnell die Au=gen und er ging vorüber. Wer an diesem Übel leidet,

wage sich nicht hierher. Wenn man aus der Vo=gelperspective herab die immer größer, weiter und breiter sich dehnende Fläche überschaut und nur die scharfen Spitzen und Kanten der endlosen Steinlagen vorspringen sieht, überfällt den Beschauer ein ängsti=gendes Gefühl. Der Gedanke, daß man da hinab soll über diese steile, geländerlose Treppe, ist um so weniger angenehm, weil man sich unwillkürlich erinnert, daß vor kaum einem Jahre ein Engländer an der Stelle, wo man eben steht, vergnügt ein Glas Champagner trank und wenige Momente darnach durch einen Fehltritt wie ein Rad, das über einen Berg kollert, herabstürzte und zerschmettert zum alten Todtenhof nie=derfiel, der die Pyramide umgibt.

Ihr Inneres zu durchkriechen ist nicht ohne Be=schwerde. Man hat oft nicht mehr Raum als ein Schornsteinfeger in seinem Schlot, bis man in eine Halle kommt, wo die Wände schwarz und glatt wie Achat und trotz der unberechenbaren Wucht, die sie tra=gen, geebnet sind, als wäre gestern das Richtscheit des Baumeisters darüber hinweggegangen. In der Ecke dieses mäßig großen Saals steht ein granitener leerer Sarkophag, dessen behauene Kanten die Merkmale die=bischer Alterthumsfrevler tragen. Vielleicht ist dies der Sarg des Königs Cheops, der sich in dieser Pyramide sein Grab erbaut, an dem 100,000 Menschen 30 Jahre gearbeitet haben.

Wer sich nicht der schamlosesten Zudringlichkeit der arabischen Führer preisgeben will, gehe ja nicht allein ins Innere. Ich hatte den Janitscharen vom Consulate und meinen schwarzen Abdul draußen ge=lassen und darum jetzt eine etwas unheimliche Scene mit meinen vier Begleitern zu bestehen, welche mir die Lichter vortrugen. Als ich alle Hallen, Höhlen und Gänge der innern Pyramide durchforscht hatte und wie=der herauswollte, vertraten mir die nackten Kerle den Weg und begehrten erst ihr Bakschisch. Ich wollte mir es nicht abtrotzen lassen und bedeutete ihnen, dazu wäre draußen der Ort. Nun löschte einer, dann ein zweiter sein Licht aus und gab mir zu verstehen, ich könne mir den labyrinthischen Rückweg selber suchen. Ich wußte, am Eingang stand der gefürchtete Janit=schar mit Pistolen, Stock und Säbel; dies gab mir mehr Muth, als ich auf eigene Rechnung besaß. Ich zog daher, ehe noch die andern Beiden dem Beispiele der Er=sten folgen konnten, mein großes Taschenmesser, riß dem Nächsten die brennende Kerze aus der Hand, befahl pantomimisch, die ausgelöschten Lichter wieder anzuzün=den, und wies mit erhobener Faust und Stimme nach dem Ausgange. Feige, wie sie sind, und der drohen=den Prügel eingedenk, die ihrer an der Pforte warten dürften, thaten sie, was ich begehrte, und führten mich wieder zurück.

Auf dem Heimwege befiel mich wieder der glü=hende Chamsin und noch glühenderer Durst; ich be=greife jetzt, warum Reisende in Afrika so viel vom Trinken und Wassermangel in ihren Beschreibungen reden. Noch an demselben Mittag war ich wieder in Kairo und nach fünf Tagen in Alexandrien.

Gerhard Dow.

Gerhard Dow oder Dou, einer der ausgezeichnetsten Maler der niederländischen Schule, von dem wir be=reits in Nr. 247 ein Gemälde mitgetheilt haben, war der Sohn eines Glasers, der sich zugleich mit Malerei beschäftigte, und der Schüler Rembrandt's; er wurde im Jahre 1613 zu Leyden geboren, starb daselbst 1680 und hinterließ ein ansehnliches, durch seine Kunst erworbenes Vermögen, da seine Gemälde schon bei seinem Leben sehr gut bezahlt wurden. Er malte nur kleine Stücke, die selten mehr als einen Fuß hoch sind, und mit so außerordentlicher Sorgfalt, daß er einmal über einer Hand fünf Tage zubrachte; einem seiner Freunde soll er gestanden haben, daß ihn einmal ein Besenstiel drei Tage lang beschäftigt habe. Um seine Gemälde vor jedem Unfall zu bewahren, pflegte er sie zu verschließen, wenn er von der Arbeit ging; wenn er aber in seine Werkstatt zurückkehrte, um weiter daran zu malen, blieb er erst eine Zeit lang unbeweglich stehen, um den durch seine Bewegungen verursachten Staub sich setzen zu lassen, und dann erst holte er sorgsam Gemälde, Pinsel und Palette aus ihrem Verschlusse. Er verfertigte seine Pinsel selbst und rieb sich selbst seine Farben, weil ihm keins von beiden von Andern zu Danke gemacht wurde; beim Malen soll er sich eines convexen Spiegels bedient haben, der die natürlichen Gegenstände verkleinerte.

Anfänglich malte Dow Miniaturportraits, weil aber seine ausnehmende Langsamkeit Diejenigen, die ihm saßen, ermüdete und er selbst es unbequem und schwierig fand, zu gleicher Zeit nach dem Verdienste der Ähnlichkeit und dem der Ausführung zu streben, da das Eine ihn vom Andern abzog, gab er die Portraitmalerei auf und widmete sich der sogenannten Genremalerei, d. h. der Darstellung von Scenen aus dem gewöhnlichen Leben. Diese malte er mit einer solchen ins Kleinliche gehenden Genauigkeit, daß er die kleinsten, fast unsichtbaren Naturgegenstände nicht vergaß und man eines Vergrößerungsglases bedarf, um Alles in seinen Gemälden zu sehen und seinen Fleiß nach Verdienst zu würdigen. Den unbedeutendsten Nebendingen widmete er dieselbe Sorgfalt als den Hauptfiguren; ein Möbel stellte er mit derselben Treue dar, wie einen Kopf. In den meisten von ihm gewählten Gegenständen haben Einbildungskraft und Gefühl wenig Gelegenheit, ihre Thätigkeit zu entfalten; zu den wenigen Ausnahmen gehört das hier dargestellte Bild, die kranke Frau. Die wenigen Figuren, aus denen es besteht — die wassersüchtige Patientin im Lehnstuhle, ihre Tochter, die zu ihren Füßen weint, die Dienerin, welche ihr Arznei reicht, und der Arzt, welcher die der Kranken abgezapfte, in einem Glase enthaltene Flüssigkeit mit prüfendem Blicke betrachtet — zeichnen sich sämmtlich durch die Wahrheit ihres Ausdrucks aus.

Die kranke Frau, nach Gerhard Dow.

Bedenken wegen des Gebrauchs der Stearinlichter.

Sämmtliche Fette und Harten sind nach den Untersuchungen des französischen Chemikers Chevreul aus zwei Arten von einfacher Fettmaterie zusammengesetzt, von denen die eine ölartig und flüssig, die andere aber starr ist; beide sind geruch- und geschmacklos und kommen in der Natur immer verbunden vor. Den ersten, flüssigen Fettbestandtheil nannte Chevreul Olein, weil er in den flüssigen Fetten oder Ölen vorherrscht, den andern Stearin, von dem griechischen Worte Stear, der Talg, weil er hauptsächlich die Talgarten oder festen Fette bildet. *) Beide bestehen übrigens, wie fast alle organischen Substanzen, aus Kohlenstoff, Wasserstoff, Sauerstoff und etwas Stickstoff, und zwar enthält das Stearin etwa 82 Procent Kohlenstoff, 11¼ Wasserstoff, 6¼ Sauerstoff, das Olein aber 76 Procent Kohlenstoff, 11½ Wasserstoff, 12 Sauerstoff. Das Stearin wird bei niederer Temperatur leicht fest, während das Olein flüssig bleibt, weshalb die flüssigen Öle im Winter immer dickflüssiger werden; daher lassen sich beide leicht durch folgendes Mittel trennen. Man läßt das Öl im Winter erstarren und preßt es zwischen Löschpapier aus; dabei wird das Olein vom Papiere aufgesogen, aber das Stearin bleibt als Talg auf dem Papiere zurück, und wenn dann das vom Olein durchdrungene Papier in warmes Wasser eingeweicht wird, so sammelt sich das Olein auf der Oberfläche desselben.

Bald erkannte man, daß das Stearin ein sehr vorzügliches Beleuchtungsmaterial abgebe und sowol vor dem Talg als vor dem Wachs große Vortheile voraus habe, da die daraus verfertigten Kerzen sich im Vergleich mit den Talgkerzen durch ihr gleichförmigeres, helleres Licht, ihr schöneres Aussehen, ihre geringere Neigung zu laufen, überhaupt ihre größere Reinlichkeit, sowie dadurch empfehlen, daß sie fast gar nicht geputzt zu werden brauchen und beim Auslöschen keinen unangenehmen Geruch verbreiten, zugleich auch weit wohlfeiler sind und heller brennen als Wachslichter. (Von den letztern sind sie im Aussehen fast gar nicht verschieden, man kann sie aber von ihnen dadurch unterscheiden, daß sie, wenn sie mit Elfenbein gerieben werden, ihre natürliche Politur verlieren, während dagegen die Wachskerzen bei demselben Verfahren noch mehr Politur annehmen.) Indessen zeigte sich anfangs bei der Verfertigung der Stearinlichter die Schwierigkeit, daß sie sehr brüchig und fast zerreiblich waren. Im Jahre 1833 kamen in Paris Stearinlichter in den Handel, die sehr bald großen Beifall fanden, indessen bemerkte man bei vielen Personen, die sich ihrer bedienten, bedenkliche Symptome. Dies und der Knoblauchgeruch, den die Lichter verbreiteten, erregte die Aufmerksamkeit der französischen Behörden, und bei einer von ihnen angeordneten Untersuchung ergab es sich, daß die Lichter Arsenik enthielten, der hineingebracht worden war, um dem vorhin bemerkten Übelstande abzuhelfen und ein langsameres Erstarren der Masse zu bewirken, worauf die Behörden die Anwendung dieser giftigen Substanz verboten. Einige Zeit nachher verkaufte Jemand in London an viele Lichtfabrikanten ein weißes Pulver, durch welches die Stearinsäure sich in schöne Kerzen verwandeln ließ; es ergab sich, daß dieses Pulver nichts Anderes als gepulverter weißer Arsenik oder arsenige Säure war, und bald wurde die Fabrikation der Lichter aus Stearinsäure, die mit Arsenik gemengt war, fast ganz allgemein. Gleichwol hatte das Publicum von diesem Verfahren keine

Ahnung, bis im Jahre 1837 die medicinische Societät in London den Gegenstand durch eine Commission untersuchen und den von derselben erstatteten Bericht bekannt machen ließ. Die Commission fand, daß ein Pfund der in London verkäuflichen Stearinlichter 10 —18 Gran weißen Arsenik enthielt, und zwar die wohlfeilsten am meisten; der obere Theil der Lichter, der beim Gießen den untern Theil der Form einnimmt, enthielt fast um ein Drittel mehr Arsenik als das andere Ende, sodaß eine solche Kerze dann die meisten Arsenikdämpfe verbreiten muß, wenn sie zum ersten Mal angezündet wird.

Der Arsenik ist ein so starkes und furchtbares Gift, daß auch eine sehr geringe Menge desselben schädliche Wirkungen ausübt; auch überzeugten sich die Mitglieder der Commission durch sorgfältige Versuche von den gefährlichen Wirkungen der Verbrennung jener Lichter, bei welcher arsenige Säure entwickelt wird, auf das thierische Leben. Sie brachten nämlich Vögel (Zeisige und Grünfinken), Meerschweinchen und Kaninchen in ein mit Öffnungen versehenes Behältniß, in welchem vier arsenikhaltige Lichter angezündet wurden; hierbei ergab es sich, daß die Zeisige schon nach 7½, die Grünfinken nach 49 Stunden starben und im Innern des Körpers deutliche Spuren von Arsenik zeigten, die Säugthiere aber ebenfalls sehr angegriffen waren und bei längerer Fortsetzung des Versuchs gewiß ebenfalls unterlegen wären. Dieselben Versuche wurden mit Thieren derselben Gattungen und mit Wallrathkerzen vorgenommen, ohne daß die Gesundheit jener Thiere im mindesten dadurch gestört wurde. Daß das Verbrennen einer großen Zahl arsenikhaltiger Stearinkerzen nachtheilige Wirkungen auf die Gesundheit der Menschen ausüben muß, dürfte demnach nicht zu bezweifeln sein, wenn sie auch bei einem Lichte oder einer geringen Anzahl in einem größern Raume, wo die Luft freien Zutritt hat, nicht hervortreten sollten.

Man kann die arsenikhaltigen Kerzen vornehmlich daran erkennen, daß sie, wenn sie so ausgelöscht werden, daß noch ein langer rothglühender Docht zurückbleibt, einen sehr deutlichen Knoblauchgeruch verbreiten. In Frankreich, der Schweiz und Deutschland verfertigt man gegenwärtig Stearinkerzen ohne Arsenik; namentlich sind die vorzüglichen wiener Stearinlichter bei angestellter Untersuchung ganz frei von Arsenik gefunden worden. Um dem oben angegebenen Übelstande abzuhelfen, braucht man der geschmolzenen Stearinsäure nur etwa 1/20 weißes Wachs zuzusetzen, ein Mittel, das auch bei dem Wallrath (Spermaceti) angewandt wird, der an sich wegen seiner Neigung zur Krystallisation und seiner brüchigen Consistenz dieselbe Schwierigkeit wie die Stearinsäure darbietet, aber durch Zusatz von 1/30 weißen Wachses von diesem Fehler befreit wird. Ohne Zweifel hat dieses einfache Mittel auch in England den Arsenik gänzlich verdrängt; jedenfalls kann man sich, wie bereits erwähnt, der in Deutschland verfertigten Stearinlichter ohne die mindeste Besorgniß bedienen.

Die Opiumcultur. *)

Das Opium, welches den Europäern nur als Arznei, den Völkern des Orients aber als Erheiterungsmittel dient, wie jenen geistige Getränke, und von ihnen, sei-

---

*) Vergl. Pfennig-Magazin Nr. 91.

*) Siehe Pfennig-Magazin Nr. 169.

ner höchst nachtheiligen Folgen für die Gesundheit ungeachtet, leidenschaftlich geliebt wird, ist bekanntlich das Product des Gartenmohns. Diese in Asien wild wachsende Pflanze wird zwar auch in manchen Theilen von Europa, besonders in Frankreich, des in den weißen Samen enthaltenen Mohnöls wegen angebaut; aber ungleich bedeutender ist der Anbau derselben in Asien, wo ganze Länder ihren Reichthum darauf gründen. Da jedoch der Mohn eine sehr zarte Pflanze und der Beschädigung durch Insekten, Wind, Hagel und Regen sehr ausgesetzt ist, so hat der Opiumbau fast mehr Gewagtes und Unsicheres als irgend ein anderer Zweig der landwirthschaftlichen Cultur, und der Ertrag ist entweder so gering, daß die Kosten nicht gedeckt werden, oder so außerordentlich groß, daß er den Bauer auf einmal bereichert. Das Opium, welches nach Europa kommt, wird von ausgepreßten Saft bereitet und fast ausschließlich aus Smyrna bezogen, da das in der asiatischen Türkei gewonnene stärker als das indische und daher zum ärztlichen Gebrauche vorzüglicher ist. Nach Smyrna kommt es 10—20 Tagereisen weit, das beste aus Kaissar, 150 Meilen von Smyrna. Der Opiummarkt dauert in Smyrna vom Juni bis zum December, und die Menge, welche jährlich hierher gebracht wird, beträgt etwa 400,000 Pfund, was gegen die Production von Indien ganz unbedeutend ist. Hier wird das Opium besonders in den Provinzen Benares, Patna und Malwa im Großen producirt und in großer Menge auf Schmuggelwegen hauptsächlich nach China ausgeführt, denn wiewol die chinesische Regierung auf die Einfuhr des Opiums die Todesstrafe gesetzt hat, hat es doch selbst in die Hauptstadt seinen Weg gefunden. Im August vorigen Jahres erschien in China eine neue Verordnung gegen das Opiumrauchen; nach derselben sollen nach Verlauf eines Jahres Alle, die noch Opium rauchen und sich dabei betreten lassen, das erste Mal mit der Inschrift Ver-fei, d. h. Rauchspitzbube, im Gesicht gebrandmarkt und dann freigegeben, im Wiederholungsfalle mit 100 Stockstreichen und Landesverweisung auf drei Jahre, das dritte Mal durch Enthauptung bestraft werden. In den 15 Jahren 1816—30 betrug die Ausfuhr aus Indien im Durchschnitt jährlich 8000 Kisten oder 1,200,000 Pfund und hat so schnell zugenommen, daß im Jahre 1816 erst 3210, im J. 1830 dagegen 18,760 Kisten ausgeführt wurden und im J. 1835—36 sogar 26,018 Kisten oder 3,900,000 Pfund, welche einen Werth von 25 Mill. Thaler hatten. In den letzten Jahren hat aber die Opiumausfuhr aus Indien nach China wieder sehr abgenommen und betrug im Jahre 1836—37 nur noch 15,420, im Jahre 1837—38 sogar nur 5068 Kisten, was unstreitig den Verboten der chinesischen Regierung zuzuschreiben ist.

Die entnervenden Wirkungen des Opiums, das in der Türkei und Westasien gewöhnlich gekaut, in China geraucht wird, sind entsetzlich; es untergräbt alle Lebenskraft, schwächt den Verstand und übertrifft in dieser Hinsicht noch den Branntwein. Entzündete Augen, ein bleiches, abgemagertes Gesicht, Zittern der Glieder sind die äußern Erkennungszeichen der leidenschaftlichen und unmäßigen Opiumesser. Die Opiumesser beginnen mit einer sehr kleinen Quantität, etwa von der Größe eines Nadelkopfes, und empfinden bald nach dem Genusse eine angenehme, einige Stunden anhaltende, rauschähnliche Aufregung, auf welche aber Erschlaffung und Unmuth folgen. Bei der Wiederholung muß man, um dieselben angenehmen Wirkungen hervorzubringen, eine größere Quantität nehmen, und so steigen die Opiumesser bis

zur Größe einer Erbse. Schon die Alten kannten das Opium, brauchten es auch schon als Medicament, und die unter den Namen Mithridat und Theriak bekannten, aus dem Alterthume herrührenden Heilmittel sind nichts Anderes als sogenannte Opiate oder Mischungen, welche Opium enthalten. Das reinste Opium kam im Alterthume aus Ägypten, besonders aus Theben. Noch häufiger brauchten es die arabischen Ärzte, und in neuern Zeiten empfahl es Paracelsus. Man bedient sich des Opiums in der Medicin als eines Reizmittels des Nervensystems, aber in größerer Gabe genommen, wirkt es auf die Nervenkraft schwächend oder betäubend, weshalb es nur mit der äußersten Vorsicht angewandt werden darf. Von ähnlichen, wiewol schwächern Folgen ist der in Peru gewöhnliche Genuß der Cocapflanze, der dort zum unentbehrlichen Bedürfniß geworden ist und daher in solcher Ausdehnung cultivirt wird, daß allein in der Republik Bolivia davon jährlich 400,000 Kisten oder 10 Mill. Pfund producirt werden. Der von dieser Pflanze bewirkte Zustand von Überreizung ist darum doppelt gefährlich, weil er weit längere Zeit anhält als beim Opium.

Über das Bohnen der Fußböden.

Ein Fußboden, welcher gebohnt werden soll, wird zuerst durch Bürsten und Kehren vom Staube gereinigt, dann sorgfältig abgewaschen und durch Abziehen oder Abhobeln von etwaigen Tinten- und Fettflecken befreit. Das fernere Verfahren richtet sich darnach, ob der Boden seine natürliche Farbe behalten oder eine besondere Färbung bekommen soll. Das Erstere geschieht bei hartem, das Letztere bei weichem Holze; im erstern Falle bedient man sich des gebleichten, im letztern des gewöhnlichen gelben Wachses. Das Wachs wird zuerst in geraden und parallelen Streifen eingerieben, dann von einem Arbeiter mit einer Pfanne voll glühender Kohlen, welche den Boden nicht berühren kann und einen hölzernen Stiel hat, überfahren, worauf ein anderer Arbeiter die Stelle, wo das Wachs flüssig ist, mit einem wollenen Tuche reibt, bis der Fußboden das Wachs überall gleichförmig aufgenommen hat. Soll er keine künstliche Färbung weiter erhalten, so wird er hierauf durch eine scharfe, nicht zu steife Bürste gerieben, welche ein Arbeiter mit dem Fuße bewegt, und sodann mit einem wollenen Tuche überwischt. Soll er hingegen eine besondere Färbung erhalten oder ist er schon früher gebohnt gewesen, aber durch den Gebrauch abgenutzt worden, so trägt man mit einem Pinsel oder Borstwisch eine auf folgende Art bereitete Wachsseife auf. Man schmilzt über einem gelinden Feuer Wachs mit Regenwasser (1 Pfund Wachs auf 1½ Maß Wasser) und setzt bei noch flüssigem Zustande des Wachses unter beständigem Umrühren 1½ Loth Weinsteinsalz oder gereinigte Pottasche zu, wodurch man eine breiartige Masse erhält, die in verschlossenen Gefäßen aufbewahrt werden muß. Vor dem Gebrauche mischt man noch ½ Loth fein gepulvertes arabisches Gummi und 2 Loth Zucker dazu und verdünnt die Mischung durch Wasser, bis sie so dünn wie eine schwache Leimfarbe ist. Will man dem Fußboden durch diese Seife eine Färbung ertheilen, so setzt man etwas Goldocker oder Orlean, im letztern Falle, der bessern Auflösung wegen, auch etwas Weingeist zu. Wenn dieser Seifenanstrich ganz getrocknet ist, so erfolgt das Bohnen mit Bürste und Tuch wie zuvor. In Wohnzimmern, die zum gewöhnlichen Gebrauche dienen, muß dieser Anstrich etwa alle zwei Monate, in Sälen, die nur zum Tanzen benutzt werden, jährlich wiederholt werden; um aber die Fußböden stets blank zu erhalten, reibt man sie wöchentlich einmal mit der Bürste ab, wozu sich am besten große, an den Füßen befestigte Bürsten eignen. Übrigens lassen die beiden oben beschriebenen Methoden, welche die gewöhnlichsten sind, noch viel zu wünschen übrig und sind großer Verbesserungen fähig, bis jetzt kennt man aber kein besseres Mittel, um hölzernen Fußböden einen schönen Glanz und denjenigen Grad von Glätte zu geben, der namentlich bei Tanzsälen erfoderlich ist. Das Bohnen der Möbeln, das sonst allgemein üblich war, ist gegenwärtig durch die Politur mit Weingeist und Schellack fast ganz verdrängt worden.

Alcantara.

Die kleine Stadt oder Villa Alcantara (man betone die zweite Sylbe) in der spanischen Provinz Estremadura, unweit der Grenze von Portugal, ist wegen der prächtigen und sehr hohen steinernen Römerbrücke bemerkenswerth, die hier über den Tajo führt. Sie ist an der höchsten Stelle 150 Fuß über dem mittlern Wasserstande hoch, 578, nach Andern 670 Fuß lang, 28 Fuß breit und besteht aus 6 Bogen; in ihrer Mitte steht ein Triumphbogen. Der in Spanien geborene Kaiser Trajan ließ sie im Jahre 103 n. Chr. auf Kosten mehrer Städte, deren Namen vier auf der Brücke angebrachte Marmortafeln nannten, von denen eine noch jetzt vorhanden ist, erbauen; von ihr erhielt die Stadt selbst den Namen Pons Trajanus, während sie vorher Norba Cäsarea hieß; ihren jetzigen Namen gaben ihr die Mauren, welche die Stadt 600 Jahre lang inne hatten, bis König Alphons IX. von Castilien und Leon sie ihnen 1212 entriß und dem Ritterorden von Calatrava schenkte. Weil aber dieser Orden wegen der Ausdehnung der ihm zur Bewachung angewiesenen Grenzen sich außer Stande sah, die Stadt genügend zu vertheidigen, so überließ er sie schon fünf Jahre darauf, im Jahre 1218, dem ältesten aller spanischen Orden, dem zur Regel des heiligen Benedict gehörigen militairischen Ritterorden des heiligen Julian von Pereiro, der 1156 von den Brüdern Suero und Gomez Fernando Barrientos gestiftet, 1177 von dem Papste Alexander III. bestätigt worden war und sich nunmehr Alcantaraorden nannte. Er ordnete sich damals dem Orden von Calatrava unter, entzog sich aber später dieser Abhängigkeit wieder und erlangte deshalb eine Bulle des Papstes Julius II. Sein Abzeichen bestand anfänglich in einem grünen Birnbaum, mit Bezug auf seinen ersten Namen, da pera im Spanischen die Birne heißt; jetzt ist das Ordenszeichen ein grünes, lilienförmiges Kreuz, das an einem grünen Bande um den Hals getragen wird; der Mantel, auf den ebenfalls ein grünes Kreuz gestickt ist, ist weiß. Die Stadt ist mit Wällen, Bastionen und andern Werken umgeben, um als Grenzfestung zu dienen, und hat etwa 3000 Einwohner, die sich mit Manufactur grober Tücher und Wollhandel ernähren.

Verantwortlicher Herausgeber: Friedrich Brockhaus. — Druck und Verlag von F. A. Brockhaus in Leipzig.

Das Pfennig-Magazin

für
Verbreitung gemeinnütziger Kenntnisse.

314.]   Erscheint jeden Sonnabend.   [April 6, **1839.**

Sardes.

Ein turkomanisches Mädchen, das einem Wanderer zu trinken gibt.

Wenige Meilen östlich von Smyrna in Kleinasien trifft man die Überreste der ehemaligen prachtvollen Residenz der reichen lydischen Könige, von denen der letzte, Krösus (560 — 546 vor Christus), seinen Reichthum eine solche Berühmtheit erlangt hat, daß man noch jetzt seinen Namen zur Bezeichnung eines sehr reichen Mannes braucht. Aber Sardes, einst die reichste Stadt Kleinasiens, welche der römische Schriftsteller Florus ein zweites Rom nannte und wo Johannes eine der sieben ersten christlichen Kirchen gründete, ist jetzt eine öde Stelle in der Wüste, die noch immer den Namen Sart oder Sarto führt. Einige verwitternde Säulen und verstümmelte architek-

tonische Fragmente sind Alles, was noch übrig ist, um an ihre ehemalige Pracht zu erinnern, sowie einige hier und da unter den Ruinen zerstreute, von türkischen Hirten bewohnte Lehmhütten, ein paar Mühlen und die Zelte eines Stammes wandernder Turkomanen die einzigen Spuren von Leben sind, die dem Auge des durch den Contrast zwischen Vergangenheit und Gegenwart wehmüthig gestimmten Reisenden begegnen.

Die Stadt Sardes lag an dem goldführenden Flusse Paktolus (jetzt Sarabat) und am Fuße des Berges Tmolus (jetzt Tamolize), ihre Burg aber auf einem hohen und steilen Hügel, dessen eine Seite fast senkrecht ist. Lange galt sie für uneinnehmbar, aber die Truppen des Cyrus wußten sich den Weg in die Stadt zu bahnen, da die dem Tmolus gegenüberliegende Seite der Burg als völlig unzugänglich unbesetzt geblieben war. Hierauf wurde sie nach dem Sturze des lydischen Reichs durch Cyrus, im Jahre 546 v. Chr., die Residenz persischer Statthalter, aber im Jahre 499 unter Darius Hystaspis von den Joniern, die sich gegen die Perser empört hatten, mit Hülfe der Athenienser und Eretrienser erobert und verbrannt. Nach der Schlacht am Granicus im Jahre 334 fiel sie in die Hände Alexander's des Großen, welcher daselbst dem Jupiter Olympius einen Tempel erbaute. Unter den Römern blühte sie aufs Neue freudig empor und erlangte fast größern Glanz und Reichthum als je zuvor, wurde aber gleich so vielen Städten Kleinasiens durch das heftige Erdbeben im Jahre 17 v. Chr. unter Tiberius zum großen Theile zerstört. Dieser Kaiser stellte zwar einen beträchtlichen Theil der Stadt wieder her, aber ihren frühern Glanz erlangte sie nie wieder. Indessen hatte sie noch im 13. Jahrhunderte eine zahlreiche Bevölkerung, ist aber seitdem schnell in Verfall gerathen und jetzt, wie gesagt, so gut als völlig verlassen; die christliche Gemeinde besteht nach dem Berichte eines neuern Reisenden nur noch aus zwei Griechen, die im Dienste des türkischen Müllers stehen. Unter den Ruinen sind namentlich die Überreste des großen Tempels der Cybele zu bemerken, der zwischen 715 und 545 v. Chr. erbaut worden sein muß; 1812 standen noch drei Pfeiler desselben, jetzt aber steht, nach neuern Nachrichten, nur noch einer. In der Nähe findet sich ein kolossaler Grabhügel, der von Einigen zu den merkwürdigsten Alterthümern Asiens gerechnet wird; man hält ihn für das Grab des Königs Alyattes, des Vaters von Krösus, das schon Herodot erwähnt und an Merkwürdigkeit nur den ägyptischen Pyramiden und den babylonischen Bauwerken nachsetzt. Er besteht aus einem 200 Fuß hohen Erdkegel, dessen ursprünglich steinerne Basis, die 3800 Fuß im Umfang hält, jetzt mit Erde bedeckt ist, sodaß er das Ansehen eines natürlichen Hügels hat. In der Umgegend finden sich noch viele andere Grabhügel von geringerer Größe. Unsere Abbildung kann einen Begriff von der äußern Erscheinung der jetzigen Bewohner dieser Gegend geben. Die Turkomanen oder Truchmenen finden sich als Nomaden in einem großen Theile von Nordwestasien, Kleinasien, der Tatarei, in den Kaukasusländern u. s. w.; ungeachtet ihrer mongolischen Züge sind sie Stammverwandte der Türken.

Elektromagnetische Schiffahrt.

Bereits früher ist wol in diesen Blättern gelegentlich erwähnt worden, daß aller Wahrscheinlichkeit nach zu den bereits bekannten Kräften, welche zur Bewegung von Maschinen benutzt werden, unter denen die Dampfkraft in der neuesten Zeit alle andern als die wirksamste und großartigste überflügelt hat, sehr bald eine neue hinzugefügt werden müßte, nämlich die Elektromagnetismus. Es ist an der Zeit, unsern Lesern eine etwas ausführlichere Mittheilung darüber zu geben. Seit mehren Jahren hat namentlich der Professor Jakobi in Dorpat diesem Gegenstande die angestrengtesten Bemühungen gewidmet, welche allgemeines Interesse erregen mußten, und es ist endlich dahin gebracht, daß man nicht mehr daran zweifeln kann, daß der Elektromagnetismus eine zum Betriebe von Maschinen geeignete Kraft darbietet, wozu er auch, nach einigen Nachrichten, in Nordame-

rika bereits benutzt werden soll.[*] Im September 1838 wurde in Rußland auf den Vorschlag des Ministers des öffentlichen Unterrichts eine Commission niedergesetzt, die aus dem Viceadmiral von Krusenstern, den Akademikern Fuß, Kupffer, Lenz und Ostrogradskij und zwei Marine-Ingenieurs bestand und zur Unterstützung und Leitung der im Großen anzustellenden Versuche des Professors Jakobi bestimmt war. Diese Commission richtete nach den ihr ertheilten Instructionen ihr Hauptaugenmerk auf die Anwendung der erwähnten Kraft zur Schiffahrt und machte vom 13. September an auf der Newa bei Petersburg Versuche, um ein Boot in Bewegung zu setzen, die auch vollkommen befriedigend ausgefallen sind. Da man noch im vorigen Jahre einen öffentlichen Versuch anzustellen wünschte, so konnte man nicht erst ein besonderes Fahrzeug für diesen Zweck erbauen lassen, sondern benutzte eine achtruderige Schaluppe von 26 Fuß Länge und 8½ Fuß Breite. Diese wurde nach Art der Dampfschiffe mit Schaufelrädern versehen, welche durch die Bewegungsmaschine umgetrieben wurden. Die Maschine selbst nahm nur einen Raum von 14 Zoll Breite und 25 Zoll Länge ein, und die dazu nöthigen galvanischen Batterien, bestehend aus 320 Plattenpaaren, konnten längs der Seitenwände angebracht werden, sodaß außerdem 12 Personen auf dem Fahrzeuge bequem Platz hatten. Man wollte anfangs die Versuche nur im stillen Wasser — in den Kanälen — anstellen, doch gelang es, die Newa selbst und sogar gegen den Strom zu befahren; die Geschwindigkeit betrug hierbei im Mittel zwischen 2 und 3 Fuß in der Secunde und im Ganzen legte man eine Strecke von 7 Werften oder einer geographischen Meile auf der Newa und in den Kanälen in etwa 2½ Stunden zurück; wenn man aber die Last auf dem Schiffe noch gleichmäßiger hätte vertheilen können, so würde die Geschwindigkeit gewiß noch viel größer gewesen sein. Daß sich noch weit genügendere Resultate ergeben werden, wenn man mit einem eigens für diesen Zweck construirten Fahrzeuge und mit Benutzung aller bereits gemachten Erfahrungen Versuche anstellt, kann nicht bezweifelt werden.

Abgesehen von der Wirksamkeit der Kraft selbst, über welche das Ergebniß weiterer Versuche abgewartet werden muß, hat sie vor der Dampfkraft den großen Vorzug, daß man zu ihrer Erzeugung keines Feuers bedarf, wodurch die mit demselben verbundenen Nachtheile und Gefahren gänzlich wegfallen. Was die Frage hinsichtlich des Kostenpunktes betrifft, so sind zwar die angestellten Versuche noch nicht hinreichend gewesen, um darüber gehörigen Aufschluß zu geben, doch läßt sich wenigstens mit großer Wahrscheinlichkeit vermuthen, daß auch in dieser Hinsicht der Vortheil entschieden auf der Seite dieser neuen Kraft sein wird. Die zur Erzeugung der elektromagnetischen Kraft nöthigen Stoffe sind Kupfer, Zink und Schwefel- oder andere Säure; von diesen findet aber nur bei dem Zink eine erhebliche Consumtion statt, während die beiden andern nur einer sehr kleinen Abnutzung unterworfen sind, und selbst bei dem Zink die Consumtion verhältnißmäßig nur gering. Zwar läßt sich noch nicht genau angeben, wie

---

[*] Wenn jenen Nachrichten zu trauen ist, so hat der Mechaniker Davenport in den Vereinigten Staaten eine elektromagnetische Locomotive erfunden und ein Modell davon nach London gesandt; in Neuyork soll eine von demselben Mechaniker verfertigte elektromagnetische Maschine von der Kraft von zwei Pferden mit dem besten Erfolge zum Drucken einer Zeitung angewandt werden. Die Richtigkeit dieser Angaben müssen wir freilich dahingestellt sein lassen.

groß die Quantität Zink ist, welche bei einer Maschine für jede Pferdekraft und für jeden Tag oder jede Stunde consumirt wird; aber die obigen Versuche zeigten doch schon, daß der Verbrauch verhältnißmäßig nicht bedeutend sein kann; denn nachdem dieselben Zinkplatten zwei bis drei Monate lang gebraucht worden waren, oft ganze Tage lang ununterbrochen, so fand sich nach Beendigung der Versuche, daß sie statt 400 Pfund, wie im Anfange, noch 376 Pfund wogen, also nur 24 Pfund oder 6 Procent verloren hatten. Auch ist zu bemerken, daß der Zink hierbei nicht ganz verloren geht, sondern nur durch die Einwirkung der Säure in Zinkvitriol verwandelt wird.

Natürlich wird aber ein großer Theil unserer Leser die Frage aufwerfen, was es denn mit dieser elektromagnetischen Kraft für eine Bewandtniß habe, auf welche Weise sie entstehe und wie sie zum Betrieb von Maschinen benutzt werden könne? Ich kann daher nicht unterlassen, mich darüber ausführlicher auszusprechen, um die Sache so weit als es durch eine Beschreibung möglich ist, ins Klare zu setzen. Das bewegende Princip bei jenen elektromagnetischen Maschinen ist der Galvanismus oder diejenige Elektricität, welche durch bloße Berührung zweier verschiedener Metalle erregt wird. Sie wurde im J. 1790 von dem Italiener Ludwig Galvani, Professor in Bologna, entdeckt und nach ihm benannt, aber seine Entdeckung wurde zehn Jahre später durch den Italiener Alexander Volta, welcher den verstärkten Galvanismus und die nach ihm benannte Voltaische Säule erfand, außerordentlich erweitert und vervollkommnet. Eine Voltaische Säule, auch galvanische Batterie genannt, besteht nach der ersten Form, die Volta ihr gab, in einer aufrechtstehenden Säule, welche von übereinander geschichteten metallischen Plattenpaaren gebildet ist, zwischen denen sich Tuch= oder Pappscheiben befinden, die mit einer sauren Flüssigkeit, am besten mit verdünnter Schwefelsäure, getränkt sind. Die Plattenpaare bestehen aus zwei gleich großen runden oder viereckigen Platten zweier verschiedener Metalle, zu denen sich am besten Kupfer und Zink eignen (anfänglich nahm man Silber und Zink), und die Lage der Metalle muß in allen Plattenpaaren dieselbe sein, sodaß also die Aufeinanderfolge von der einen Seite folgende ist: Kupfer, Zink, Tuch, Kupfer, Zink, Tuch u. s. w. In einer so aufgebauten Säule wird durch die bloße Berührung der Metalle Elektricität erregt, die desto stärker ist, je mehr Plattenpaare man anwendet, und wenn man die beiden Enden der Säule, die sogenannten Pole, durch einen Metalldraht und andere leitende Körper verbindet, so bringt die Vereinigung der beiden Elektricitäten an denjenigen Körpern, durch welche der elektrische Strom hindurchgehen muß, ganz ähnliche Wirkungen hervor, wie bei einer elektrischen Flasche oder Batterie, die durch eine Elektrisirmaschine geladen worden ist. Dahin gehören die heftigen Schläge oder Erschütterungen, welche Menschen erhalten, das Schmelzen und Glühen von Metalldrähten, die Zersetzung des Wassers und anderer Flüssigkeiten u. s. w. Übrigens ist die angegebene Einrichtung der Voltaischen Säule wegen mehrer damit verbundener Übelstände später durch andere Apparate verdrängt worden, welche nach ihrer Form verschiedene Namen führen, namentlich Zellen=, Trog=, Becher= und Kastenapparate, von denen die zweite Art am meisten in Gebrauch gekommen ist. Ein Trogapparat besteht aus einem hölzernen Troge oder, nach der verbesserten, in England üblichen Einrichtung aus einem Trog von Steingut (Wedgwood'scher Masse), der in einem hölzernen Behälter steht und in eine Anzahl einzelner Zellen getheilt ist, die mit einer sauern Flüssigkeit gefüllt werden. In diese Zellen sind Zink= und Kupferplatten so eingetaucht, daß jede Zinkplatte mit der Kupferplatte der nächsten Zelle in Verbindung oder Berührung steht, aber von der in derselben Zelle befindlichen Kupferplatte getrennt ist; sämmtliche Plattenpaare sind an einem hölzernen Querholze befestigt, durch welches sie alle zugleich in die Flüssigkeit eingetaucht oder aus derselben hervorgehoben werden können. Die beiden äußersten Zellen bilden die Pole; mehre Tröge können durch Metallstreifen zu einer einzigen Batterie verbunden werden. Einer der größten Apparate dieser Art ist derjenige, welchen die königliche Societät zu London anfertigen ließ; er bestand in 2000 Plattenpaaren Zink und Kupfer, die in 200 hölzerne Tröge vertheilt waren; jede Platte hatte 10 Zoll Seite. Die Mitglieder der oben genannten russischen Commission haben indeß Batterien von einer eigenthümlichen Einrichtung erfunden und angewandt, welche nach ihrer Versicherung große Energie der Wirkung, Dauer und Wohlfeilheit der Unterhaltung in einem Grade vereinigt, wie dies bei keinem der bisherigen Apparate der Fall war, über welche aber zur Zeit noch nichts Näheres bekannt geworden ist.

Hier kommt es aber nur auf eine, im Vorigen nicht erwähnte Wirkung der galvanischen Batterie an, nämlich auf die magnetische. Die Lehre von der Elektricität und dem Galvanismus erhielt nämlich eine ganz außerordentliche Bereicherung, als der dänische Gelehrte Örsted im Jahre 1820 die Entdeckung machte, daß die Elektricität mit dem Magnetismus in der innigsten Verbindung steht und dieser durch jene hervorgebracht werden kann. Wenn nämlich der Schließungsdraht einer galvanischen Batterie um eine Magnetnadel herumgeführt wird, so wird diese durch den elektrischen Strom von ihrer natürlichen Richtung abgelenkt, gerade so, wie es durch einen in der Nähe befindlichen Magnet geschehen würde, und wenn statt einer Magnetnadel eine unmagnetische Stahlnadel genommen wird, so wird diese durch den elektrischen Strom, der sie umkreist, in eine Magnetnadel verwandelt. Der elektrische oder galvanische Strom wirkt hier desto stärker, je mehr Windungen der Draht bildet, den er durchlaufen muß; weil aber hierbei Berührungen des Drahtes unvermeidlich sind, so wird der Draht mit Seide übersponnen, damit der elektrische Strom sämmtliche Windungen durchlaufen muß und durch die eigenthümliche Eigenschaft der Seide verhindert wird, von einer Windung auf dem kürzesten Wege auf die übrigen überzugehen; die Batterie selbst braucht nur aus wenigen Plattenpaaren, ja sogar nur aus einem einzigen zu bestehen. Ungleich auffallender ist aber noch die zuerst in England beobachtete Erscheinung, daß man durch eine galvanische Batterie künstliche Magnete von einer ungeheuern Stärke hervorbringen kann, die viel stärker sind, als die stärksten, welche man bisher kannte, aber ihre magnetische Kraft nur so lange behalten, als der elektrische Strom dauert. Wenn man nämlich einen hufeisenförmigen Stab von weichem Eisen in vielen Windungen mit einem starken, mit Seide oder Baumwolle übersponnenen Kupferdrahte schraubenförmig umwickelt, dessen Enden mit den Polen einer galvanischen Batterie in Verbindung stehen, so wird das Hufeisen augenblicklich in einen Magnet verwandelt und erhält die Kraft, einen eisernen Anker und Gewichte, die an denselben gehängt sind, zu tragen. Zwei nordamerikanische Physiker haben auf diese Weise einen Magnet hervorgebracht, der die ungeheure Kraft von 2000 Pfunden

*

zu tragen im Stande war, wiewol er selbst nur 60 Pfund wog, wobei die Batterie aus einem Kupfer= und einem Zinkcylinder, die in Säure eingetaucht waren, bestand und nur 12 Zoll Höhe und 5 Zoll Durchmesser hatte.

Um aber zu begreifen, wie durch einen auf diese Weise hervorgebrachten Magnet, einen sogenannten Elektromagnet, eine fortgesetzte Bewegung hervorgebracht werden kann, muß noch zweierlei berücksichtigt werden. Der erste Umstand ist die magnetische Anziehung und Abstoßung der Pole eines Magnets. Jeder Magnet hat nämlich zwei (zuweilen auch mehr) Stellen, an denen er Eisen und Stahl am stärksten anzieht, und welche die beiden Pole genannt werden; man nennt den einen Pol den Nordpol, den andern den Südpol, weil ein freischwebender Magnet von selbst die Lage annimmt, daß der erstere ungefähr nach Norden, der letztere ungefähr nach Süden gerichtet ist. Hierbei ist es nun sehr merkwürdig, daß der Nordpol des einen Magnets den Südpol des andern anzieht, hingegen zwei Nordpole und ebenso zwei Südpole einander abstoßen, weshalb man die ungleichnamigen Pole zweier Magnete die freundschaftlichen, die gleichnamigen aber die feindlichen nennt. Ein durch Galvanismus hervorgebrachter Magnet hat ebenfalls, wie jeder andere, einen Nord= und einen Südpol (und zwar an dem mit dem Kupfer verbundenen Ende den Nordpol, an dem andern den Südpol); wenn man aber durch eine sinnreiche Vorrichtung, welche Jakobi erfunden und Commutator genannt hat, das Drahtende, das vorher mit dem Zink in Verbindung stand, mit dem Kupfer, und umgekehrt das mit dem Kupfer verbundene mit dem Zink verbindet, was sehr schnell und leicht bewerkstelligt werden kann, so werden die beiden Pole des Magnets augenblicklich umgewechselt, und dies ist der zweite Umstand, welcher vorläufig ins Auge gefaßt werden muß.

Hiernach hat es nun keine Schwierigkeit, im Allgemeinen die Einrichtung der von Jakobi erfundenen elektromagnetischen Maschine und die Art, wie sie in Bewegung gesetzt wird, zu übersehen. An einer verticalen hölzernen Scheibe, die um eine horizontale Achse oder Welle drehbar ist, sind seitwärts und senkrecht gegen ihre Ebene vier Hufeisen von weichem Eisen befestigt, deren Enden bei der Umdrehung der Scheibe dicht vor den Enden von vier andern Hufeisen vorbeigeführt werden, welche unverrückbar an einem festen Gestelle befestigt sind, sodaß ihre Enden in einem entsprechenden Kreisumfange liegen. Sämmtliche Hufeisen sind auf die angegebene Weise mit Metalldraht umwickelt, der mit den Polen einer galvanischen Batterie verbunden ist, und dadurch in Elektromagnete verwandelt, sodaß sowol bei den beweglichen als bei den unbeweglichen Hufeisen die Pole im Kreise herum abwechseln und folgende Lage haben, wenn N den Nordpol, S den Südpol eines Hufeisenmagnets bezeichnet:

$$
\begin{array}{ccc}
 & N & \\
S & & S \\
N & & N \\
S & & S \\
 & N &
\end{array}
$$

Angenommen nun, die Scheibe sei zuerst so gestellt worden, daß die gleichnamigen Pole der beweglichen und der unbeweglichen Pole einander gegenüber stehen, so stoßen die gegenüberstehenden Pole einander ab, und da die abstoßende Kraft zweier Pole durch die achtmalige Wiederholung bedeutend verstärkt wird, so wird die Scheibe genöthigt, sich zu drehen. Hier entsteht freilich die Frage, ob sie sich nach der linken oder nach der rechten Seite drehen wird, da sie an sich ebenso gut das Eine als das Andere thun kann; doch läßt sich leicht eine Einrichtung treffen, durch welche die Umdrehung nach der einen Seite unmöglich gemacht, folglich die Scheibe zur Umdrehung nach der andern Seite genöthigt wird. Hat die bewegliche Scheibe eine Lage erreicht, wo jeder bewegliche Nordpol zwischen einem Nord= und einem Südpol der unbeweglichen Magnete steht, so muß sie sich weiter drehen, weil jeder bewegliche Nordpol von dem nächsten Nordpole der festen Magnete abgestoßen und von dem nächsten Südpole angezogen wird, bei den Südpolen aber Dasselbe stattfindet, und diese anziehenden und abstoßenden Kräfte die Scheibe alle nach derselben Richtung treiben, welche sie anfänglich angenommen hat. Die Scheibe kommt nicht eher zur Ruhe, bis überall die ungleichnamigen Pole (Nord= und Südpol) sich gegenüberstehen; da die ungleichnamigen Pole sich gegenseitig anziehen, so würde die Bewegung der Scheibe schon hier ein Ende nehmen, aber in diesem Augenblicke werden durch die oben erwähnte Vorrichtung die Pole entweder bei den beweglichen oder bei den festen Magneten umgekehrt, sodaß nun, wie im Anfange, überall gleichnamige Pole einander gegenüberstehen und die Bewegung daher von neuem beginnen oder vielmehr fortgesetzt werden kann, und zwar in derselben Richtung als zuvor. Es erhellt hieraus, daß auf diese Weise die Umdrehung der Scheibe ununterbrochen fortdauern kann, wenn bei jedem Kreisumgange der Scheibe die Richtung des galvanischen Stromes achtmal umgekehrt wird, um die Pole umzukehren, was aber nicht durch Menschenhände verrichtet zu werden braucht, sondern von der Maschine selbst durch Selbststeuerung bewirkt werden kann. Daß nun die Umdrehung der Scheibe und der Welle, an der sie befestigt ist, auf die mannichfachste Weise zum Betriebe von Maschinen benutzt werden kann, ist von selbst klar; sehr einfach ist aber namentlich die Anwendung auf die Schiffahrt, da die Schaufelräder des Schiffes unmittelbar auf der Welle der beweglichen Scheibe festsitzen und mit dieser zugleich sich umdrehen können. Das Anhalten der Maschine wird sehr leicht dadurch bewirkt, daß man die Metalldrähte, welche um die Hufeisen gewunden sind, außer Verbindung mit der galvanischen Batterie setzt und dadurch dem Magnetismus der Hufeisen ein Ende macht.

Die californische Riesenfichte.

In der neuesten Zeit hat eine in Californien einheimische Fichtenart ihrer gigantischen Verhältnisse wegen die Aufmerksamkeit der Botaniker auf sich gezogen. Sie wurde zuerst von Douglas, dem Secretair der londoner Gartenbaugesellschaft, bei seinem Aufenthalte in den warmen Bädern am Flusse Maltuomet entdeckt. Dieser Baum liebt vorzugsweise ganz dürren, reichen Sandboden, von welchem man glauben sollte, daß gar nichts in ihm fortkommen könnte, und gerade in solchem Erdreiche wächst er am höchsten und trägt reichliche Früchte. Er bildet keine dichten Forste, wie die meisten Fichtenarten in Nordamerika, wie z. B. Pinus resinosa, die häufig neben ihm vorkommt, sondern die Bäume wachsen einzeln, weit zerstreut auf den Ebenen. Der Stamm wird 100 — 200 Fuß hoch und sein Umfang wechselt zwischen 20 — 60 Fuß. Ein vom Sturme umgestürzter Stamm, sicher nicht der größte, den der Reisende gesehen, war 215 Fuß hoch und maß, 3 Fuß über dem Boden, 55 Fuß im Umfange und noch 17½ Fuß 134 Fuß über dem Boden. Der Stamm erhebt sich schnurgerade und der Wipfel ist pyramidalisch; in der Vertheilung der Zweige hat er Ähnlichkeit mit unserer Tanne. An den Enden derselben hängen die Fruchtzapfen, welche zwei Jahre zu ihrer Reise brauchen, 11—12 Zoll im Umfange messen und 15—16 Zoll lang sind. Die Samen sind nicht viel größer als unsere Fichtensamen und haben einen süßen angenehmen Geschmack. Die Fichte erzeugt in Menge ein nach Ambra riechendes Harz; das Holz ist, wie bei allen verwandten Arten, weich und leicht. Die Samen werden gegessen und man sammelt sie für den Winter ein. Bei den spanischen, im Lande ansässigen Priestern bekommt man sie zum Dessert. Der Entdecker hat dieser Fichte den Namen Pinus Lambertiana gegeben.

Der Wasserfall bei Foßvöllum in Island.

Aus dem vulkanischen Charakter der Insel Island und den vielen vulkanischen Ausbrüchen, die sich dort in verschiedenen Zeiten ereignet und die Berge zerrissen, den Flüssen ihren Weg versperrt und in den Thälern Klüfte und Spalten hervorgebracht haben, erklärt sich das Entstehen der zahlreichen Wasserfälle, die der Reisende in diesem öden und traurigen Lande antrifft. Sie sind besonders in der Nähe der Vulkane häufig und haben einen wilden, aber malerischen Charakter. Auch in der Nähe des Geysers im westlichen Theile der Insel gibt es viele sehenswerthe, aber der merkwürdigste ist an der Nordostküste, unweit Hof, anzutreffen. Dieser Wasserfall wird von vielen kleinern umgeben, welche einzeln anderwärts großes Interesse erregen würden, da sie zum Theil über 100 Fuß hoch sind, aber in der Nähe des größern, der in der Abbildung vorgestellt ist, unbedeutend erscheinen.

Die Gegend zwischen Hof und den Wasserfällen ist öde und bergig und enthält Erdspalten, die den Reisenden schaudern machen, wenn er in den Abgrund hinunterschaut. Der Weg windet sich bald an der Seite eines Berges, bald an dem steilen Abhange einer Schlucht hin und ist für Räderfuhrwerk ganz unbrauchbar, aber auch zu Fuß nur mit großer Vorsicht zurückzulegen. In der Nähe der Wasserfälle hat man einen Sumpf zu passiren und Gelegenheit, die Güte und Wasserdichtheit seiner Stiefeln auf die Probe zu stellen. Noch weiter herabsteigend, gelangt man über abwechselnde steinige und sumpfige Stellen zu einem ansehnlichen Landgute, das von dem ganz nahe befindlichen Wasserfalle den Namen Foßvöllum, d. h. das Wasserfallfeld, führt und in Verbindung mit jenem und der es umgebenden öden Haide einen höchst malerischen und anziehenden Anblick gewährt. Die Wassermassen, die sich über einen Abhang kahler zerklüfteter Felsen stürzen, der auf beiden Seiten mit grünen Wiesen eingefaßt ist, die das Feld einschließenden Anhöhen, das stattliche Ansehen des Landguts, die überall weidenden Schafe, Kühe und Pferde, alles Dies thut vereinigt eine unbeschreibliche Wirkung. Wol nur wenige Wasserfälle mögen ein noch großartigeres Schauspiel als dieser gewähren. Man wird für die beschwerliche Reise belohnt, wenn man die ungetheilte Wasserfläche wie Silber in den Sonnenstrahlen glänzen sieht, bis sie sich auf halbem Wege ausbreitet und zu einer Schneewolke anzuschwellen scheint. Noch großartiger jedoch ist der Eindruck des Wasserfalls bei Nacht, wenn der Mond am Himmel hell genug scheint, um die jene umgebenden Gegenstände erkennen zu lassen. Die Gebirgslinien, die sich in der Entfernung hinziehen, die umherliegenden gewaltigen Felsmassen, die Gebäude der Meierei lassen dann, indem sie nur in unbestimmten Umrissen erscheinen, der Einbildungskraft freien Spielraum, während das Brüllen des Wasserfalls näher und deutlicher als bei Tage vernommen wird.

Tunis.

Bei der allgemeinen Aufmerksamkeit, welche seit neun Jahren derjenige Theil der Nordküste von Afrika erregt hat, der sich in den Händen der Franzosen befindet, nämlich die Regentschaft Algier, werden auch folgende Mittheilungen eines Franzosen über das angrenzende Gebiet von Tunis und vorzüglich die Hauptstadt desselben nicht ohne Interesse sein.

Nach einer schnellen Fahrt längs desjenigen Theils der afrikanischen Nordküste, der Algier von Tunis trennt, bin ich in der letztern Stadt angekommen. So kurz die Dauer der von dem schönsten Wetter begünstigten Fahrt auch war, so hat sie mir doch erlaubt, den ganzen Reichthum und die Mannichfaltigkeit des prachtvollen Panoramas, das sich vor meinen Augen entfaltete, zu bewundern. Wie viele malerische Punkte, wie viele großartige Erinnerungen an die Vergangenheit erwecken, beschäftigen und fesseln unaufhörlich die Phantasie! Nachdem wir das weiße Algier im Abendnebel hinter uns gelassen hatten, befanden wir uns am Tage darauf, 30. April, vor Bugia. Hier hielt das Packetboot einige Stunden an, um die an Bord befindlichen Militairs ans Land zu setzen. Bugia, ehemals lange Zeit im Besitze der Spanier, ist einer derjenigen Punkte, deren Einnahme den Franzosen das meiste Blut gekostet hat. Wir haben die alte Stadt gänzlich zerstört, um unsere militairischen Anstalten in einer leicht zu vertheidigende Linie von Festungswerken einzuschließen. Die Bauten, meist von Holz, bedecken zwei durch ein Thal getrennte, sich gegen das Meer abflachende Hügel. Jedes Haus ist von einigen Bäumen umgeben. Der Anblick dieser kleinen Stadt ist überaus malerisch und freundlich. Rechts erheben sich die Berge, welche von jenen unerschrockenen Kabylen bewohnt werden, die fast täglich mit unsern Vorposten Flintenschüsse wechseln. Das Land scheint sehr fruchtbar zu sein.

Wir kamen hierauf vor Djegelli vorbei, wo die Macht des Seeräubers Barbarossa entstand und sich auf eine für die christlichen Nationen so verderbliche Weise ausbreitete. [*] Unser Lootse war ein ehemaliger Fregattencapitain des Dei Hussein, Sohn eines Beis, der in Konstantine früher befehligt hatte; Hussein, der nachmals sein Herr wurde, war ehemals sein Koch gewesen. Die kleine Stadt Djegelli ist von den Franzosen nicht besetzt; ihre Einwohner sind größtentheils Fischer, welche nach alter Sitte ihre Kähne jeden Abend ans Ufer ziehen. Da wir sehr nahe an der Küste hinfuhren, konnten wir die Einwohner erkennen, welche unser Feuerschiff, wie sie das Dampfschiff nennen, mit ebenso viel Erstaunen als Entsetzen betrachteten. Wir fuhren sodann durch den Golf von Stora, das seit

Einnahme von Konstantine zu einer wichtigen Rolle berufen zu sein scheint. Am 1. Mai legten wir mit Tagesanbruch vor Bona vor Anker, in demselben Augenblicke, wo die Kanonen der Kasbah oder Citadelle und der im Hafen befindlichen königlichen Schiffe den Namenstag des Königs mit Artilleriesalven begrüßten.

Zwanzig Lieues über Bona hinaus kamen wir nach La Calle, wo der französische Name seit so langer Zeit bekannt ist. Die Korallenfischerei ist hier sehr einträglich und gibt dem Orte einiges Leben; jeder der zahlreichen Kähne, die sie betreiben, zahlt an Frankreich eine jährliche Abgabe von 1200 Francs. Nachdem wir eins der zum Schutze der Korallenfischer aufgestellten Fahrzeuge, das durch das schlechte Wetter verhindert wurde, den Hafen zu erreichen, ins Schlepptau genommen hatten, ließen wir die kleine nur von wilden Ziegen bewohnte Insel Galite zu unserer Linken.

Am 2. Mai erschien früh Biserta, das nahe bei dem Platze des alten Utica steht. Hier befanden wir uns schon auf dem Gebiete von Tunis. Weiterhin kommt Tenara, ein Dorf von europäischer Bauart, bewohnt von Neapolitanern und Sicilianern, die der Bei von Tunis zum Thunfischfang braucht; dann Ras-el-Dschebel, das auf einem Bergrücken liegt; dann Mathnine, das durch die Vereinigung zweier Flecken gebildet wird. Überall sieht man wohlangebaute Ländereien, Olivenbaumpflanzungen und Getreidefelder. Bald nachher liefen wir in den Golf von Tunis ein. Porto Farino zeigte sich uns, dann Mersa, wo die europäischen Kaufleute zu Tunis ihre Landhäuser haben, endlich der Flecken Sidi-Bou-Saïd, der die Ruinen von Karthago beherrscht. Wenige Minuten darauf ankerten wir vor der Goletta, die der Stadt Tunis als Festung und Hafenplatz dient und durch einen drei Lieues langen Arm von ihr getrennt ist.

Die Goletta hat ein entschieden militairisches Aussehen; überall sieht man Citadellen und Basteien, überall Zinnen und Kanonen, welche das Meer bedrohen. Man scheint sich noch immer an die schreckliche Landung Karl's V. zu erinnern und das Schicksal des kriegerischen Algier zu fürchten. Von dem in der Goletta wohnenden französischen Agenten erfuhren wir, daß der Bei denselben Tag angekommen wäre, um das Arsenal, die Casernen und die Flotte in Augenschein zu nehmen. Einundzwanzig Kanonenschüsse bestätigten uns bald diese Nachricht und meldeten seine Ankunft an Bord einer Corvette, welche das ganze tunesische Geschwader ausmachte. [*]

Noch war das Entzücken nicht vorüber, in welches diese schnelle Reise längs der Küste, die ebenso angenehm und bequem als eine Fahrt auf einem Flusse war, uns versetzt hatte; noch dauerte der Eindruck, welchen der Anblick der Ruinen von Karthago auf uns gemacht hatte, als wir ans Land stiegen. Hier war der Zauber zu Ende. Aus der Ferne hatten wir den Orient gesehen; jetzt standen wir den lächerlichsten Nachahmungen von Europa gegenüber. Die auf europäische Art gekleideten Soldaten, die ihre weiten Pantalons, ihren malerisch umgewundenen Turban, ihre eleganten Babuschen und die hellen Farben ihrer Kleidung eingebüßt haben, gewähren einen sehr unerfreulichen Anblick.

Tunis war in den Zeiten der größten Blüte von

---

[*] Barbarossa nahm 1531 Tunis ein, verlor es aber vier Jahre darauf an Kaiser Karl V.

---

[*] Diese Angabe scheint unrichtig zu sein; noch vor wenig Jahren hatte Tunis 1 Fregatte, 1 Corvette, 3 Briggs, 3 Schooner und 30 Kanonenboote; aber freilich ist die ehemals so mächtige und gefürchtete Seemacht von Tunis nur noch ein Schatten von Dem, was sie in frühern Zeiten war.

Karthago nur ein unbedeutender Flecken, Namens Tunes, der jedoch älter als Karthago ist und schon 1250 vor Christus von Eingeborenen gegründet wurde, hat aber von dem Siege des Scipio Africanus an alle Städte emporsteigen und fallen sehen, welche Römer, Vandalen und Griechen auf dem Platze, wo Dido ihre Niederlassung gründete, zu bauen suchten. Tunes entging, vielleicht eben seiner Kleinheit wegen, allen Eroberungen und Revolutionen, welche Afrika heimsuchten, bis zu dem Tage, wo die arabischen Eroberer, denen wenig daran lag, Ruinen aus dem Staube zu erheben und verschwundenen Ruhm wieder ins Leben zu rufen, dem Flecken Tunes die Erbschaft der ganzen Größe Karthagos übergaben. Die muselmännische Stadt schloß den Flecken ein und nahm seinen Namen an. Der Kreideboden, auf welchem sie steht, verschaffte ihr den Beinamen des weißen Tunis. Sie liegt zum großen Theile auf einem Hügel, am Ufer des Sees, der sie von der Goletta trennt, ein wenig nach Westen, hat etwa 2 Lieues im Umfange und ihre Bevölkerung wird auf 130,000 Seelen geschätzt. Die in Afrika in den letzten Jahren eingetretenen Ereignisse haben die Zahl ihrer Einwohner schnell vermehrt. Als die Franzosen Algier eroberten, flüchteten sich viele Muselmänner, denen ihr Gewissen nicht erlaubte, unter der Herrschaft eines christlichen Volks zu leben, nach Tunis; später zog die Revolution, welche in Tripoli zu Gunsten des Großherrn bewerkstelligt wurde, die zahlreichen Anhänger des vorigen Beis, welche die Rache der Pforte fürchteten, hierher; endlich hat das Loos, mit welchem Konstantine seit 1836 bedroht war, viele Mauren bewogen, in Tunis eine Zuflucht zu suchen. Man schätzt die von diesen verschiedenen Punkten gekommenen Auswanderer auf 25—30,000. Ungeachtet dieser beträchtlichen Zunahme der Bevölkerung ist die Stadt nur dünn bevölkert, was mit einer Beobachtung übereinstimmt, die fast für alle Städte des Orients gilt: ihre Ausdehnung steht nie im Verhältnisse mit ihrer Bevölkerung und ihr Umfang läßt immer zwei bis drei Mal mehr Einwohner vermuthen, als sie wirklich haben. Dies beruht auf mehren Ursachen, vor Allem auf dem trägen und abergläubischen Charakter der Muselmänner, welche sich scheuen, ein Haus auf Ruinen zu erbauen, und oft ihre Wohnung verfallen lassen, weil ihr Vater darin gestorben ist und sie der Vorbedeutung wegen nicht darin wohnen wollen. Nie denken sie daran, ihr Haus um ein Stockwerk zu erhöhen, weil jede Familie ein Haus für sich allein haben will; nur die Ärmsten besitzen ein eigenes Haus. Weniger Bemittelte bauen sich kleine Häuser in den Vorstädten. Man achtet auch gewissenhaft die Plätze der Todtenäcker, die anfangs außer der Stadt lagen, allmälig aber von der Stadt eingeschlossen werden. Die Bazars nehmen sehr große Räume ein, sind aber nur dem Handel gewidmet. Mit Sonnenuntergang schließt jeder Kaufmann seinen Laden und kehrt zu seiner oft weit entfernt wohnenden Familie zurück. Wächter bewachen den Bazar des Nachts. Endlich findet man fast in allen Quartieren geräumige freie Plätze, verfallene Häuser und unvollendete Gebäude. Konstantinopel, Smyrna und Kairo beweisen ebenso wohl als Tunis, daß man unmöglich die Bevölkerung großer muselmännischer Städte mit einiger Genauigkeit nach ihrem Umfange schätzen kann.

Tunis ist eine der wenigen orientalischen Städte, welche breite, luftige Straßen, niedrige und von einander getrennte Häuser haben. Der Grund liegt darin, daß sie einen Feind zu bekämpfen hat, der furchtbarer ist als die Wärme, und daß die Luft ihr nothwendiger ist

als der Schatten. Sie ist nämlich mit Morästen umgeben, deren Ausdünstungen ihr längst verderblich hätten sein müssen, wenn sie sich in dem dunkeln Labyrinthe der Straßen hätten sammeln können. Obgleich die Stadt fast gänzlich von einem großen Graben eingeschlossen wird, aus dessen faulendem Wasser im Sommer unerträgliche Gerüche aufsteigen, so ist sie doch immer von den Epidemien, welche den Orient verheerten, befreit geblieben. Selbst die Cholera, welche die ganze Welt heimgesucht hat und in Algier, Bona, Konstantine, Tripoli gewesen ist, hat sie verschont. Man behauptet, daß die Einflüsse der Ausdünstungen durch die Menge von Mastir, Rosmarin, Thymian und andern aromatischen Gesträuchen und Pflanzen, die man täglich in den Häusern und öffentlichen Bädern verbrennt, unschädlich gemacht werden. Die Einwohner sind gut gewachsen und wohlaussehend; besonders das weibliche Geschlecht zeichnet sich durch sein munteres, gesundes Ansehen aus. Die Kinder stehen den schönen, anmuthigen Kindern in Algier nicht nach. Die Männer stehen in dem Rufe freundlichen und zuvorkommenden Benehmens gegen Fremde und gelten für civilisirter, als die Bewohner der übrigen Barbareskenstaaten. Diese Eigenschaften rühren von den vielfachen Geschäftsverbindungen her, die sie immer mit Europa gehabt haben und welche die Tunesen immer mehr vom Seeraube zum Handel hingelenkt haben.

(Der Beschluß folgt in Nr. 315.)

Schnelligkeit im Schiffbau.

Ein englischer Schiffbaumeister zu Devonport erhielt am 3. September vorigen Jahres Auftrag, drei Boote zu bauen, eins von 30, eins von 20 und eins von 14 Fuß Kiellänge. Das erste war in 25½, das zweite in 28, das dritte in 33 Stunden fertig, und am 5. September erhielten diese Boote schon Preise in einer Wettfahrt.

Der Krokodilfang.

Wenn die Nilfischer auf das Krokodil Jagd machen, so lauern sie ihm an seichtern Stellen und Einbuchten des Stromes auf, in deren Nähe das Unthier, auf dem Schlamme liegend, sich gern sonnt. Bei Annäherung des Fischerboots kriecht es langsam und in geringer Ferne ins Wasser zurück. Die Fischer rudern allmälig nach, den Wasserblasen folgend, die das Thier bei jedem Athemzuge aufwirft, und welche die Stelle anzeigen, wo es liegt. Hier wird ein Harpuneisen an der Handhabe eines starken Ruders befestigt und leise eingesenkt, um die Lage des Thieres zu ermitteln, das, ungeachtet der geringen Tiefe, wegen des schlammigen Nilwassers nicht sichtbar ist. Es bleibt träge und regungslos auf dem Grunde liegen, wiewol die Fischer es mit der Harpune an den Weichen und überall befühlen, bis sie die geeignete Stelle zum Angriff aufgefunden. Jetzt wird die Harpune vorsichtig gehoben und in derselben Richtung mit aller Gewalt in des Thieres Rücken eingetrieben, worauf die Fischer rasch hinwegrudern; denn das Krokodil schnellt und bäumt sich wüthend auf, ohne jedoch dem Kahne zu folgen, den ein Schlag des gewaltigen breiten Schwanzes zerschellen würde. Dabei schleudert es nicht selten die Harpune aus dem Körper und geht dann, nachdem es sich erst auf das wüthendste geberdet, schnell zur vollen Ruhe über. Die Jäger, die den Bewegungen des Thieres und des aufgewühlten Wassers ausgewichen sind, kehren dann ohne Gefahr zurück, um einen zweiten und oft einen dritten Stoß anzubringen, bis sie der Beute gewiß sind. Noch ehe das Thier ganz verendet, schleppen sie es mittels eingehauener Haken ans Ufer, wo es noch wüthend mit dem Schwanze die Erde peitscht und furchtbar um sich schnappt, bis ihm ein starker Pfahl in den ungeheuern Rachen gestoßen wird, in welchen es sein Gebiß so einhakt, daß die Zähne darin stecken bleiben und die Jäger Zeit gewinnen, den Knebel mit Stricken am Kopfe festzubinden. Das Krokodil ist nun machtlos und wird vollends erschlagen oder wie dasjenige, welches der Berichterstatter fangen sah, durch einen Pistolenschuß getödtet. Nicht die leiseste Zuckung verkündigte den Moment des Todes, nachdem die Kugel in den Kopf eingedrungen war, noch äußerte sich irgend eine Regung, als fast zugleich die tief eingetriebene Harpune aus dem Rücken gerissen wurde.

Die Tellenplatte.

Unter den zahllosen classischen Punkten der Schweiz, die theils der sich daran knüpfenden historischen Erinnerungen, theils ihrer landschaftlichen Schönheit wegen diesen Namen verdienen und jährlich das Ziel der Wallfahrt von Tausenden sind, haben diejenigen, welche sich auf den gefeierten Wiederhersteller der schweizerischen Freiheit, Wilhelm Tell, beziehen, ein ganz eigenthümliches Interesse. Drei Denkmale sind es namentlich, die an ihn erinnern, die beiden ersten im Canton Uri, das dritte im Canton Zug befindlich: die Kapelle bei dem Dorfe Bürglen, ein kleines, mit Gemälden seiner Thaten geschmücktes Bethaus, das sich auf der Stelle des Hauses erhebt, in welchem er am Ende des 13. Jahrhunderts geboren wurde; die Kapelle auf der Tellenplatte und die Kapelle bei Küsnacht, wo Tell den Landvogt Geßler erschoß. Jede dieser drei Kapellen — die Form von Kapellen haben fast alle von den Schweizern erbaute Denkmäler — führt den Namen Tell's Kapelle. Welche Erinnerung sich an die zweite knüpft, ist wol wenigen unserer Leser unbekannt. Wer Schiller's Schauspiel „Wilhelm Tell" kennt, erinnert sich, daß Tell, als er nach seinem berühmten Schusse von dem Landvogt gefangen über den Vierwaldstättersee von Altdorf nach Küsnacht geführt wurde, bei einem ausbrechenden heftigen Sturme von seinen Fesseln befreit und gebeten wurde, seine Geschicklichkeit im Rudern anzuwenden, um den Nachen glücklich ans Ufer zu bringen, worauf Tell das Ruder mit starker Hand ergriff und das Fahrzeug absichtlich nach einer vorspringenden Platte am Ufer lenkte, auf welche er sprang, indem er jenes durch einen gewaltigen Fußtritt wieder vom Ufer entfernte und der Wuth der Wellen preisgab. Zum Gedächtniß dieses Ereignisses, bei dessen Erzählung sich Schiller treu an die Überlieferung gehalten hat, erhebt sich jetzt im Gebüsche über dem Spiegel des Wassers die offene geräumige Kapelle, welche in unserer Abbildung vorgestellt ist.

Verantwortlicher Herausgeber Friedrich Brockhaus. — Druck und Verlag von F. A. Brockhaus in Leipzig.

Das Pfennig-Magazin

für

Verbreitung gemeinnütziger Kenntnisse.

315.]   Erscheint jeden Sonnabend.   [April 13, **1839.**

Karl XIV. Johann, König von Schweden.

König Karl XIV. Johann, der älteste aller gegenwärtig regierenden Monarchen in Europa, ist seit dem Sturze der Herrschaft Napoleon's, dessen trefflichsten Feldherren er auch darum beigezählt werden muß, weil er im Kriege die Menschlichkeit nie vergaß, der einzige Fürst, der einen europäischen Thron einnimmt, ohne aus fürstlichem Blute zu stammen. Er hieß ursprünglich Johann Baptist Julius Bernadotte, ist der Sohn eines Rechtsgelehrten und wurde am 26. Januar 1764 zu Pau in Südfrankreich, am Fuße der Pyrenäen, geboren. Aus Neigung zum Soldatenstande trat er 1780 als Gemeiner in Kriegsdienste, ging später unter Rochambeau nach Amerika, wo er mit Lafayette zugleich für die Freiheit der Nordamerikaner kämpfte und auf kurze Zeit in englische Gefangenschaft gerieth, und war 1789, beim Ausbruche der französischen Revolution, erst Unteroffizier; von da an wußte er sich aber durch Klugheit und Tapferkeit schnell zu den höchsten militairischen Würden emporzuschwingen. 1792 war er schon Oberst und diente 1793 unter Kleber mit solcher Auszeichnung, daß er bald nacheinander zum Brigade- und Divisionsgeneral befördert wurde. Am 26. Juni 1794 trug er nicht wenig zum Gewinn der Schlacht bei Fleurus bei und zeichnete sich später bei Altorf, Neumark und bei andern Gelegenheiten aus. 1797 ging er mit seiner Division nach Italien, nahm Gradisca und später Triest ein und wurde nach der Schlacht bei Rivoli als Überbringer der in derselben eroberten Fahnen von Bonaparte nach Paris geschickt, nahm aber seine Ernennung zum Militaircommandanten von Marseille, wo ein royalistischer Aufstand ausgebrochen war, nicht an, um nicht gegen seine Mitbürger kämpfen zu müssen. Nach dem Friedensschlusse bei Campo Formio ging er als Gesandter der französischen Republik nach Wien, aber ein ernsthafter Tumult, den die von dem Directorium befohlene Aufpflanzung der dreifarbigen

Fahne veranlaßte, nöthigte ihn, seiner Sicherheit wegen, die Hauptstadt zu verlassen, worauf er sich nach Rastadt und später nach Paris begab, ohne die ihm angetragene Gesandtenstelle in Holland anzunehmen. Am 16. August 1798 vermählte er sich mit der Tochter eines der angesehensten Kaufleute in Marseille, Eugenie Clary, geboren am 8. November 1781, deren ältere Schwester bereits früher Napoleon's ältern Bruder, Joseph, nachmaligen König von Spanien, geheirathet und deren Hand ihr Vater, wie man sagt, dem General Bonaparte verweigert hatte, wobei er geäußert haben soll, seine Familie hätte genug an einem Bonaparte. Als 1799 Frankreich an Östreich den Krieg erklärte, wurde Bernadotte zum Oberbefehlshaber der Beobachtungsarmee am Rhein ernannt und zeichnete sich als solcher durch die Milde aus, mit der er die Bewohnern der von seinen Truppen besetzten Gegenden, namentlich Badens, die Lasten des Kriegs zu erleichtern suchte. Bald darauf ernannte ihn das Directorium zum Kriegsminister; er verwaltete dieses Amt mit einer Energie, die mit der sonstigen Schwäche der damaligen französischen Regierung sehr contrastirte, wurde aber schon nach drei Monaten von dem auf seinen Einfluß eifersüchtigen Directorium von diesem Posten entfernt, nahm daher seinen Abschied und zog sich auf das Land zurück. An der Revolution vom 18. Brumaire, durch welche nicht lange nachher das Directorium gestürzt und Bonaparte Consul wurde, hatte er nicht nur keinen Antheil, sondern sprach sogar offen seine Unzufriedenheit mit derselben aus, wurde jedoch von Bonaparte zum Staatsrath und Oberbefehlshaber der Westarmee ernannt. In mehren Gefechten schlug er die royalistischen Insurgenten in der Vendée und hinderte am 16. Mai 1800 die Landung der Engländer bei Quiberon, wurde aber im Jahre darauf durch seine schlechten Gesundheitsumstände bewogen, das Commando niederzulegen, was zu verschiedenen Vermuthungen Anlaß gab. Einige meinten, er sei, wie der General Hoche, vergiftet worden; Andere vermutheten, er sei in Folge der Entdeckung einer in der Bretagne angestifteten Verschwörung gegen die Consularregierung in Ungnade gefallen. Gewiß ist nur so viel, daß Bernadotte weder jemals der Schmeichler, noch das Werkzeug, noch der Freund des damaligen ersten Consuls und nachherigen Kaisers gewesen ist, sondern daß im Gegentheile immer eine gewisse Spannung und Abneigung zwischen Beiden bestanden hat, die mehrmals in offene Feindschaft auszubrechen drohte, namentlich bei Gelegenheit der Expedition von S.=Domingo, deren Oberbefehl Bonaparte nicht dem General Bernadotte, der ihn zu erhalten wünschte, sondern dem General Leclerc übertrug, und bei der Stiftung des Ordens der Ehrenlegion, der sich Bernadotte im Staatsrathe beharrlich widersetzte; indessen vermittelte damals Joseph Bonaparte zwischen seinem Bruder und seinem Schwager eine politische, freilich nicht eben sehr aufrichtige Aussöhnung.

Nachdem Napoleon Bonaparte im Jahre 1804 den Kaiserthron bestiegen hatte, ernannte er Bernadotte zum Reichsmarschall und übertrug ihm an Mortier's Stelle den Oberbefehl der in Hanover stehenden Armee, welche Bernadotte beim Wiederausbruche des Kriegs mit Östreich nach Baiern führte und mit dem bairischen Truppencorps vereinigte. In der Schlacht bei Austerlitz am 2. December 1805 commandirte er das Mitteltreffen und hatte an dem großen Siege, den die Franzosen an diesem Tage über die Östreicher und Russen erfochten, einen sehr bedeutenden Antheil. Am 5. Juni 1806 wurde er von Napoleon zum souverainen Fürsten von Ponte=Corvo ernannt; welches kleine Fürstenthum im Gebiete des Königreichs Neapel liegt und jetzt zum Kirchenstaate gehört. In demselben Jahre führte er das erste Armeecorps gegen die Preußen ins Feld, schlug sie mit Suchet bei Saalfeld und verfolgte die Trümmer der preußischen Armee unter Blücher mit Soult und Murat bis Lübeck. Als diese Stadt am 6. November von den Franzosen mit Sturm genommen und geplündert wurde, bemühte er sich mit allen Kräften, ihr trauriges Schicksal zu mildern. Bei dem preußischen Truppencorps, das sich damals den Franzosen ergeben mußte, befand sich auch ein kleines Corps Schweden, durch deren humane Behandlung sich Bernadotte vor den beiden andern Marschällen auszeichnete. Hierauf zog er nach Polen und Altpreußen gegen die Russen, schlug sie am 25. Januar 1807 bei Mohrungen und am 26. Februar bei Braunsberg, wurde bei Spandau schwer verwundet und commandirte 1807 — 9 das in Norddeutschland zurückgebliebene Heer. Während dieser Zeit hielt er sich meistens in Hamburg auf und nahm dessen Bewohner durch seine Humanität, die mit dem Benehmen seiner Vorgänger Mortier, Michaud und Brune stark contrastirte, sehr für sich ein. In dem östreichischen Kriege 1809 befehligte er das großentheils aus Sachsen bestehende neunte Armeecorps, siegte am 17. Mai bei Linz und nahm an der großen Schlacht bei Wagram Theil, wo er im linken Flügel stand und wo die Sachsen, welche Wagram nahmen, sich mit der größten Tapferkeit schlugen. Da sie viele Mannschaft verloren hatten, befahl Bernadotte dem unter ihm stehenden General Dupas, mit seiner Division den Sachsen zu Hülfe zu kommen, allein Dupas weigerte sich, indem er höhere Befehle vorschützte. Entrüstet hierüber, begab sich der Fürst zum Kaiser, beklagte sich bitter über diese Verletzung der Kriegsregeln und verlangte, wiewol Napoleon den Vorfall für ein Versehen auszugeben suchte, seinen Abschied, der ihm auch gewährt wurde; in seinem Tagesbefehl ertheilte er der Tapferkeit der Sachsen hohe Lobsprüche, denen aber von Napoleon öffentlich widersprochen wurde. Bernadotte ging nun nach Paris, wo bald darauf die Nachricht von der Landung der Engländer auf der holländischen Insel Walcheren in der Scheldemündung eintraf; der Ministerrath übertrug Bernadotte ihre Vertreibung, dieser nahm den Auftrag an, täuschte den Feind durch Kriegslist über die Stärke seiner an sich geringen Macht und zwang die Engländer, am 30. September die Insel wieder zu räumen.

Seitdem lebte er in der Zurückgezogenheit und im Schoose seiner Familie, bis er sich im folgenden Jahre ganz unerwartet zum Erben der Krone eines ausgedehnten Reichs berufen sah, und zwar nicht durch den Einfluß seines Kaisers, der nach Willkür an seine Verwandten Kronen vertheilte, aber gewiß für Bernadotte keine bestimmt hatte, sondern durch sein Verdienst und die freie Wahl einer Nation. In Schweden regierte seit dem Ausbruche der Revolution vom 13. März 1809, in deren Folge König Gustav IV. für sich und seine Nachkommen auf die schwedische Krone Verzicht geleistet hatte, dessen Oheim, der bejahrte und kinderlose König Karl XIII., der in Ermangelung anderer schwedischen Prinzen dem Reichstage den Prinzen Christian August von Holstein zum Thronfolger vorschlug und nach erfolgter Wahl desselben adoptirte. Der Prinz starb indeß plötzlich schon am 28. Mai 1810 und die Thronfolge Schwedens war abermals in Frage gestellt. Der schwedische Reichstag wurde nach Örebro berufen, um einen neuen Kronprinzen zu wählen, und da die Schwe=

den einen Mann brauchten, der als Feldherr wie als Administrator tüchtig und der schwierigen Lage des Landes gewachsen war, so fiel ihre Wahl nach langer Berathung auf den ihnen längst rühmlich bekannten Bernadotte, der am 21. August 1810 auf des Königs Vorschlag fast einstimmig zum Kronprinzen erwählt wurde. Als die erste Veranlassung zu seiner Wahl muß wol sein menschenfreundliches Benehmen gegen die 1806 bei Lübeck gefangenen 1500 Schweden betrachtet werden, deren Offiziere, zu den ersten Familien des Landes gehörend, ihn bei dieser Gelegenheit persönlich kennen und schätzen lernten. Da Napoleon ihm seine Einwilligung zur Annahme der Wahl ertheilte und seine Unterstützung zusagte,*) verließ Bernadotte schon am 2. October Paris, trat am 19. Oct. zu Helsingör zur lutherischen Kirche über, was der Reichstag ihm zur Bedingung gemacht hatte, zog am 2. November in Stockholm ein, wurde am 5. unter dem Namen Karl Johann von dem König adoptirt und empfing nach Leistung des Eides als Kronprinz die Huldigung der Reichsstände, worauf er sogleich mit vielem Eifer den Staatsgeschäften sich zu widmen begann, auch während einer langwierigen Krankheit des Königs die Regierung allein führte. Mit Napoleon blieb er anfangs im besten Vernehmen und bewirkte, um ihm gefällig zu sein, sogar die von ihm gebieterisch verlangte Kriegserklärung Schwedens an England am 17. November 1810, die den Interessen Schwedens entgegen war, aber nicht zur wirklichen Ausführung kam. Als aber Napoleon seine Foderungen immer höher spannte und den Kronprinzen als seinen Vasallen behandelte, wie er bei seinen Brüdern zu thun gewohnt war, trat bald Spannung zwischen Beiden ein und steigerte sich zur Feindschaft, als der Kronprinz auf Napoleon's Verlangen, 2000 schwedische Matrosen zur französischen Flotte zu stellen, nicht einging, auch Schweden das von Napoleon aufgestellte Continentalsystem nicht befolgte, vielmehr seine Häfen allen Nationen öffnete, und Napoleon das schwedische Pommern durch seine Truppen besetzen ließ. Damals machte sich Napoleon's Entrüstung in den Worten Luft: „Wär' er hier, so ließ ich ihn in den Staatsgefängnissen von Vincennes erst Schwedisch lernen." Im März 1812 hatte der Kronprinz in Åbo eine Zusammenkunft mit dem Kaiser Alexander, deren Frucht ein geheimes Bündniß zwischen Schweden und Rußland war, aber erst im Juli 1813 erklärte Schweden den Krieg an Frankreich, nachdem der Kronprinz am 18. Mai mit 30,000 Schweden in Stralsund gelandet war, die später einen Theil der von ihm befehligten, 100,000 Mann starken, vereinigten Armee von Norddeutschland bildeten, welche den rechten Flügel des Heeres der Verbündeten ausmachte. Karl Johann siegte bei Großbeeren über Oudinot und bei Dennewitz über Ney, ließ es aber fortwährend nicht an Bemühungen fehlen, um Napoleon zum Frieden zu bewegen. In der Völkerschlacht bei Leipzig verhielt er sich ziemlich passiv, zog nach derselben die Elbe abwärts gegen Davoust und die Dänen, schloß am 14. Jan. 1814 mit dem Könige von Dänemark Frieden, worin derselbe Norwegen an Schweden abtrat, und zog dann in langsamen Mär-

schen nach dem Rheine, ohne am Feldzuge in Frankreich Theil zu nehmen. Erst nach Napoleon's Abdankung kam er nach Paris, hielt sich aber hier nur kurze Zeit auf und ging dann bald wieder nach Schweden zurück, wo er mit allgemeinem Jubel und großen Feierlichkeiten empfangen wurde. Ohne Widerstand nahm er für Schweden von Norwegen Besitz, wurde auch hier im November 1814 als Thronfolger anerkannt und bestieg am 5. Februar 1818 nach dem Ableben seines Adoptivvaters den schwedisch-norwegischen Thron, wurde auch am 11. Mai in Schweden, am 7. September in Norwegen feierlich gekrönt.

Seitdem hat Karl Johann bewiesen, daß er des Vertrauens der schwedischen Nation vollkommen würdig war, und sich die Liebe derselben in hohem Grade erworben, sowie er auch die Norweger, die anfangs über ihre Vereinigung mit Schweden bei ihrem alten Nationalhasse gegen dessen Bewohner sehr unzufrieden waren, für sich zu gewinnen verstanden hat. Wol unter keiner frühern Regierung ist mehr gethan worden, um den Wohlstand, den Handel und Ackerbau, die Unterrichts- und andern öffentlichen Anstalten beider Königreiche zu heben und zu befördern, als unter der Karl Johann's. Ganz vorzüglich suchte derselbe dem Ackerbau aufzuhelfen und brachte es dahin, daß sogar zuweilen Getreide ausgeführt werden konnte, was bis dahin etwas Unerhörtes war. Unter den vielen großartigen Werken, die unter seiner Regierung zu Stande kamen, ist namentlich der seit 21 Jahren im Bau begriffene, den Wettersee mit der Ostsee verbindende Ostgöthakanal, welcher am 26. September 1832 eröffnet wurde, auszuzeichnen. Auch im Auslande steht der König bei sämmtlichen Regierungen in hoher Achtung und verdient ohne Zweifel den trefflichsten Fürsten, welche je die Krone Schwedens getragen haben, beigezählt zu werden. In einem Alter von 75 Jahren ist er übrigens gegenwärtig noch so kraftvoll und rüstig, daß er allem Anscheine nach noch lange der Nestor der europäischen Fürsten, was er seit dem Tode des Großherzogs von Mecklenburg-Schwerin (am 1. Februar 1837) ist, bleiben wird.

Karl Johann ist von schlankem Wuchse und stark ausgeprägten Zügen; sein dunkles Haar hat das Alter nicht zu bleichen vermocht. Seine Lebensweise ist mit seltenen Ausnahmen folgende: Er steht um 12 Uhr auf, unterschreibt bis 2 Uhr, gibt dann Audienz und widmet sich den Staatsgeschäften, geht um 6 Uhr zur Tafel und begibt sich um 2 Uhr Nachts zu Bette. Erholung von den Staatsgeschäften findet er in der französischen Literatur und dem französischen Theater; übrigens hat er sich die Sprache seines zweiten Vaterlandes zu eigen gemacht, obwol er nicht gern Schwedisch spricht. Im Winter zeigt er sich wenig öffentlich, da er, von seiner Geburt an ein wärmeres Klima gewohnt, gegen die Kälte sehr empfindlich ist.

Seine Gemahlin lebte 1811—15 in Schweden, verstieß aber daselbst gegen den Nationalstolz und hielt sich daher von 1815 an unter dem Namen einer Gräfin von Gothland im Auslande (meistens in Paris und Frankfurt) auf; erst 1823 ging sie bei Gelegenheit der Vermählung ihres Sohnes wieder nach Schweden und wurde am 21. August 1829 als Königin von Schweden gekrönt, ohne von der katholischen zur lutherischen Kirche übergegangen zu sein. Karl Johann hat von ihr einen einzigen Sohn, den Kronprinzen Oskar, geboren am 4. Juni 1799, dem dieser Name von seinem damals eifrig mit der Lecture des Ossian beschäftigten Taufpathen, dem Kaiser Napoleon, beigelegt

---

*) Napoleon erzählt in seinen Memoiren, der König Karl XIII. habe ihn um einen französischen Prinzen gebeten, und namentlich den Vicekönig von Italien gewünscht, aber der nach der schwedischen Constitution erfoderliche Übertritt zur lutherischen Kirche habe sich als unübersteigliches Hinderniß gezeigt. Vielleicht war auch die Neigung, welche Napoleon der Gemahlin Bernadotte's fortwährend bewahrt hat, auf seine Zustimmung zu dessen Wahl nicht ohne Einfluß.

wurde; derselbe hat als Vicekönig von Norwegen im J. 1824 und durch die mehrmalige Führung der Regierung während der Abwesenheit oder Krankheit seines Vaters seinen Beruf zum Regenten genügend an den Tag gelegt und sein Land zu den besten Hoffnungen berechtigt. Im Jahre 1823 hat er sich mit der Prinzessin Josephine von Leuchtenberg, der Tochter von Napoleon's Stiefsohn Eugen, vermählt, die ihm vier Söhne und eine Tochter geboren hat.

Das Thal Tempe.

Ein neugriechischer Schriftsteller gibt von dem bei den Alten so berühmten Thale Tempe in der unter türkischer Herrschaft gebliebenen Landschaft Thessalien folgende Schilderung. Ungefähr vier Stunden nordöstlich von Larissa liegt das Thal Tempe, gebildet von den Bergen Olympos und Ossa (jetzt Kissawos genannt), welche ziemlich gleich hoch sind und sich in stets gleicher Entfernung dem Flusse Peneus (jetzt Salambria) nähern, der zwischen beiden in einem bald breitern, bald engern Bette hindurchfließt und das an sich schöne Thal noch mehr verschönert. Es erstreckt sich von Südwest nach Nordost, ist ungefähr eine geographische Meile lang und in seiner größten Breite 472, in seiner geringsten 94 Fuß breit. Die malerischen Schönheiten des Thals gewähren an und für sich einen ebenso großartigen als angenehmen Anblick und geben dem Thale einen Charakter der Ruhe und Anmuth, während die ewig fließenden Gebirgswasser den Anblick der Frische und des regen Lebens gewähren. Die nahen Berge auf beiden Seiten sind mit Pflanzen und Gräsern bedeckt; auf den Felsen der Gebirge findet sich Epheu, Bärenklau und andere wilde Gewächse, und an einzelnen Abhängen derselben sind kleine Gärten von Mandel- und Granatbäumen angelegt und sorgfältig unterhalten, während aus ihnen beständig Quellen des reinsten Wassers hervorsprudeln. Etwas unterhalb des Einganges in das Thal erblickt man das Dorf Hassan Baba, das auf einer runden Ebene am Fuße des Kissawos liegt und eine berühmte Moschee besitzt. Dieselbe liegt mitten unter Cypressen und pyramidenförmigen Ulmen; der ganze Ort ist von Platanen und schönen Spaziergängen umgeben. Von Baba führt der Weg anfangs durch einen malerischen Platanenwald; noch haben sich die Nachkommen der alten Platanen erhalten, deren Zweige mit wilden Weinreben umrankt sind. Das Wasser des von ihnen beschatteten Flusses, das ruhig und geräuschlos dahinfließt, scheint aus den Platanen hervorzuströmen. An einigen Stellen ist das Ufer mit Agnus castus, an andern nur mit Gras bewachsen und theilweise ganz kahl.

Weiterhin gelangt man an furchtbaren Felsen vorüber, die einen erhabenen Anblick gewähren, aber das rechte Ufer des Peneus in düsterer Gestaltung einengen. In der Mitte des Thales quillt aus dem Fuße eines Felsens eine kühle Quelle, Kryologos genannt, an welcher die Wanderer auszuruhen pflegen; gegenüber steht auf einem Felsen ein verfallener Thurm von neuerer Bauart, und die Überreste eines Tempels, wo bisweilen für die Bewohner eines nahen Dorfes Gottesdienst gehalten wird. Da, wo das Ufer früher ganz und gar mit Lorbeerbäumen bedeckt war, ist jetzt nur noch ein einziger zu sehen. In alten Zeiten pflegten die Bewohner von Delphi (jetzt Kastri) alle neun Jahre eine Gesandtschaft mit Musik in das Thal zu schicken, um dem Apollo, der einst aus diesem Thale in ihre Stadt gekommen sein sollte, ein feierliches Opfer an den Ufern des Peneus darzubringen. Jetzt sieht man auf demselben statt jener festlichen Züge nur hin und wieder einzelne Fahrzeuge hin- und hergehen, die mit Bienenkörben beladen sind; diese werden hier aufgestellt, damit die Bienen von den Abhängen des Olympos und Kissawos einen vorzüglich wohlriechenden und süßen Honig eintragen.

Etwa eine halbe Stunde von der Quelle Kryologos fällt ein reißender Bergstrom, Burlam genannt, vom Kissawos herab über Felsenmassen mit heftigem Brausen in den Peneus; gleich nachher gelangt man in die größte Enge des Thales, wo ein Weg den Wanderer in die Höhe führt. Am Ausgange des Thales befinden sich mehre türkische Landgüter, auf denen sich marmorne Denkmäler der alten Griechen erhalten haben; eine halbe Stunde weiter ist eine Stelle, wo man viele Urnen findet.

Von der Stadt Tempe, welche sonst in der Nähe des Thales lag, sind nur noch Trümmer vorhanden, die den seltsamen Namen Lyköstomion, d. h. Wolfsmaul, führen, wonach sich auch der Bischof des ganzen Districts nennt.

Lieblingsgerichte großer Männer.

Die Freuden, welche der Genuß von Speisen und Getränken an sich gewährt, gelten gewiß mit vollem Rechte für die niedrigsten aller irdischen Freuden, da sie rein sinnlicher Art und uns mit den Thieren gemein sind; womit indessen über die Freuden der Tafel, welche zum großen Theile geistiger und gemüthlicher Art sind oder doch sein können, wenn witzige und heitere Gespräche das Mahl würzen, und welche schon bei den geistreichen Griechen so hoch gehalten wurden, keineswegs der Stab gebrochen werden soll. Nichtsdestoweniger ist es nicht ohne Interesse, von bedeutenden, berühmten Männern, deren kleinste Eigenthümlichkeiten für uns merkwürdig sind, zu wissen, wie sie es in dieser Hinsicht gehalten haben, wiewol die Angaben, welche die biographischen Erzählungen hierüber enthalten, sehr dürftig sind. Wurden auch die Biographen hierbei von der richtigen Ansicht geleitet, daß Züge dieser Art ganz unwesentlich sind und mit der geistigen Ausbildung Desjenigen, dessen Leben geschildert wird, in gar keinem Zusammenhange stehen, so tragen sie doch ebenso gut als andere, welche bloße Äußerlichkeiten betreffen, dazu bei, das Bild seiner Persönlichkeit zu vervollständigen. Wir theilen im Folgenden einige diesen Gegenstand betreffende Notizen aus dem „Morgenblatte" mit.

Karl der Große liebte vor Allem gebratenes Fleisch, besonders Wildpret. Torquato Tasso war ein Liebhaber von Süßigkeiten, eingemachten Früchten, Marzipan und anderm süßen Backwerk; selbst Salat aß er mit Zucker. Luther's Lieblingsgetränke waren torgauer Bier und Rheinwein. Melanchthon war in seiner Jugend ein großer Freund von Gerstensuppe, und gab in Tübingen, wo er studirte, um eine Portion solcher Suppe oft eine Portion Fleisch. Ferner liebte er Gründlinge und ähnliche kleine Fische, aber Fleischwerk und große Fische waren ihm zuwider, wie er denn überhaupt sehr mäßig und ein Feind aller Schmausereien war. Heinrich IV. von Frankreich war ein gewaltiger, oft unmäßiger Austern- und Melonenesser, dagegen soll Karl XII. von Schweden ein Butterbrot jedem andern Leckerbissen vorgezogen haben. Friedrich der Große, Napoleon und Voltaire waren unersättliche Kaffeetrinker. Des Erstern Lieblingsspeise waren Kuchen von gerösteter Gerste. Crébillon der Jüngere besaß große Virtuosität im Austernessen; Lessing's Lieblingsgericht waren Linsen; Klopstock war ein leidenschaftlicher Liebhaber von Weintrauben, außerdem liebte er Pasteten, Lachs, geräuchertes Fleisch und Erbsen, von Weinen aber zog er Rheinwein, in der letzten Zeit Bordeaurwein, allen andern vor. Kant's Lieblingsspeisen waren: ein Linsenbrei, Pastinakbrei mit Bauchspeck, pommerscher Speckpudding, Pudding von weißen Erbsen mit Schweinsfüßen, getrocknetes und gebackenes Obst aus Pommern; der große Philosoph pflegte drei Stunden dem Mittagsessen zu widmen. Schiller liebte ganz besonders Schinken. Wieland war, wie die von ihm so gefeierten Athener, ein besonderer Freund von Kuchen und Backwerk; wenn seine Frau ihm etwas dergleichen aufgehoben hatte, so stand er nicht selten des Nachts, wenn er zufällig erwachte, aus dem Bette auf, um es zu verzehren. Matthisson gab selbst an, daß er Erbsen, weiße Bohnen und Pökelfleisch vor Allem liebe.

Das Affeneichhorn.

Dieses seltsame Thier, über dessen Verwandtschaft und richtige Stellung im Thierreiche so viele widersprechende Meinungen geäußert worden sind, und über welches die Naturforscher sich noch immer nicht vereinigt haben, ist in Madagaskar, wo es in Erdhöhlen wohnt, zu Hause und daselbst entweder sehr selten oder nur in abgelegenen Einöden zu finden, welche selten von den Eingeborenen, niemals aber von den Europäern besucht werden. Denn seitdem der Entdecker und erste Beschreiber der einzigen bekannten Art dieses Thieres, Sonnerat, um das Jahr 1781 ein Eremplar davon nach Europa brachte, ist durch die Berichte von Reisenden nichts weiter über dasselbe bekannt geworden, wiewol so viele Europäer in der langen seitdem verflossenen Zeit Ma-dagaskar besucht und sich an der Küste der Insel zum Theil längere Zeit aufgehalten haben. Sonnerat bemerkte, daß es mit den Makis, Affen und Eichhörnchen verwandt scheine; später haben es Pennant und Gmelin seiner eigenthümlichen Zahnbildung wegen unter die Eichhörnchen gestellt, neuere Schriftsteller aber es von denselben als ein besonderes Geschlecht, das jedoch mit jenen zu derselben Familie der Nagethiere gehört, abgesondert, während Linné und Schreber es zu den Makis, also zur Familie der Affen, rechnen. Es ist etwas größer als ein Hase, hat einen langen und buschigen Schwanz, wie das gemeine Eichhörnchen, lange Haare und an den Füßen, in deren Bildung es sich den Beutelthieren nähert, fünf lange, dünne, fingerartige Zehen mit spitzigen Klauen, an den Hinterfüßen einen Daumen. Die Farbe des Thieres ist oben braun=schwarz, unter dem Bauche weißlich; der runde Kopf ist von mäßiger Größe und endigt mit einer kurzen, ziemlich spitzigen Schnauze; die Augen sind groß und stehen mehr nach vorn als beim Eichhörnchen, sowie auch die Ohren runder als bei diesem sind.

Das Wenige, was wir über die Gewohnheiten dieser Thiere wissen, gründet sich auf die Beobachtungen Sonnerat's, die er an zwei in der Gefangenschaft lebenden Thieren anstellte. Am Tage sehen sie nur mit Schwierigkeit, und ihre ockerfarbigen Augen sind denen der Eulen ähnlich. Sie sind schüchtern und gutartig; am Tage schlafen sie und sind nur schwer zu erwecken; in ihren Bewegungen haben sie die Langsamkeit der Faulthiere und Loris, und wie diese lieben sie die Wärme. Daß sie gegen die Kälte, die bekanntlich in tropischen Ländern bei Nacht einen auffallenden Contrast mit der Tageshitze bildet, empfindlich sind, zeigt schon ihr dickes Fell. Ihre Nahrung besteht in Baumknospen, Früchten und andern Vegetabilien, sowie in Insekten und Larven, die sie mit ihren Klauen in den Spalten der Baumrinde aufsuchen. Bei den Eingeborenen heißt das Thier Aye=Aye, ein Name, der von seinem eintönigen, klagenden, aus zwei Sylben bestehenden Geschrei herrührt.

Woher kommt der Name Macaroni.

Ein italienischer Edelmann liebte, wie dies öfters vorkommen mag, einen guten Tisch und besaß den vortrefflichsten sicilischen Koch, der nicht nur alles Bekannte mit Meisterhand zubereitete, sondern mit schöpferischem Geiste auch häufig selbst neue Schüsseln erfand; der gnädige Herr war aber schwer zu befriedigen und zwei bis drei Versuche nacheinander hatten einmal keinen Beifall erhalten können. Da schuf das Genie eines alle seine Geisteskräfte zusammenraffenden Kochs die Macaroni. Als die neue Speise, mit dem besten Parmesankäse und einer Sauce au boeuf à la mode vermählt (wie noch heutzutage die Macaroni in Sicilien servirt werden), seinem Herrn vorgesetzt wurde und er einige Mundvoll davon zu sich genommen hatte, erheiterten sich die Züge seiner Gnaden zusehends und sie geruheten mit billigender Geberde zu äußern: Cari! (Schön!) Immer schneller folgten indeß Bissen auf Bissen und bald darauf erfolgten die mit gesteigerter Zufriedenheit ausgesprochenen Worte: Ma cari! (Recht schön!) Zuletzt aber ging das frühere bloße Wohlgefallen des Kenners in wahren Enthusiasmus über, und mit glänzenden Augen seinen Teller von neuem füllend, rief er begeistert aus: Ma caroni! (Ganz ungemein schön!) Und verewigt blieb fortan dieser Name.

Tunis.
(Beschluß aus Nr. 314.)

Die mercantilische Wichtigkeit von Tunis, abgesehen von allen Vortheilen seiner geographischen Lage, fällt in die Augen, wenn man die zahlreichen und mannichfaltigen Bazars, die es enthält, besucht. Diese Gebäude unterscheiden sich von den übrigen Gebäuden in Orient durch eigenthümliche Merkmale; sie sind einfach, bequem und tragen das Gepräge des Wohlstandes. Allerdings gleichen sie nicht den berühmten Bazars von Kairo und Konstantinopel, jenen ungeheuern Märkten, welche zwei Sultane allen Waaren aus Europa, Asien und Afrika eröffnet haben, wo die Kaufleute selbst an der Macht und dem Ruhme ihrer Fürsten Theil zu nehmen scheinen, wo der Geist der Araber im Angesichte der Riesenbauten der Vergangenheit sich selbst antrieb, sie an Größe zu erreichen und an Eleganz und Reichthum zu übertreffen. Die Bazars von Tunis sind weder so großartig noch so glänzend. Die Handelsverbindungen der Stadt waren viel weniger ausgedehnt, die afrikanischen Küsten lieferten ihr fast allein ihre Producte und nur langsam, durch ausdauernde Anstrengungen gelangte die Stadt zum Reichthume.

Der gewölbte Bazar der Essenzen oder wohlriechenden Öle ist von Wohlgeruch ganz durchdrungen. Die Läden erhalten hier nur durch viereckige Löcher Licht, welche in der Mitte der Decke in geringen Entfernungen von einander angebracht sind. Sonnenstrahlen dringen nie herein; die Wärme ist kaum merklich, besonders für die Verkäufer, welche, in ihren Läden nachlässig ausgestreckt, auf Käufer warten. Die meisten dieser Kaufleute sind Ulemas oder Rechtsgelehrte, welche ihre Mußezeit dazu anwenden, die heiligen Bücher zu studiren oder den Koran herzusagen. Oft wird man durch das abgesetzte Gemurmel der Stimmen, welche die heiligen Sprüche singen, das sich mit den diesen Bazar erfüllenden lieblichen Wohlgerüchen verbindet, in eine religiöse Stimmung versetzt, als beträte man einen heiligen Ort. Man erkennt die Essenzenhändler an ihrem symmetrisch gefalteten Turban, ihrer Schärpe von grünem Kachmir, mit der sie den Kopf umwinden, ihren weiten Kleidern, bei denen sie die hellsten Farben lieben, und der ernsten Ruhe ihrer Gesichtszüge. Sie bilden eine besondere Classe der Bevölkerung, die allein die Kraft und die Sitten ihrer Väter beibehält und den Handel nur als Zeitvertreib und zum Schutz der Unabhängigkeit ihres Charakters zu treiben scheint. Man sieht sie in der Regel nur des Morgens in ihren Läden, Nachmittags kaum eine Stunde.

Ganz originell ist der Bazar der Gewänder. Er ist besser erleuchtet als der vorhin beschriebene; die Buden sind sehr hoch und haben alle eine Art Schirmdach, das von roth und grün bemalten Säulen von harten Steinen gehalten wird. Die sehr leichte Breterdecke des Bazars ist mit vielen kleinen Öffnungen durchbrochen, durch welche die Sonnenstrahlen eindringen. Pflanzen, die am Rande des Daches der Buden zufällig gewachsen sind, lassen ihre grünen Zweige herabhängen und sonnen sich in diesen grünen Strahlen. Dieser Bazar hat ein anziehendes festliches Ansehen. Jeder Schneider breitet hier Kleider aus, welche mit goldenen Stickereien bedeckt sind, die das Auge blenden. Nur darf man diesen Ort nicht des Morgens zur Zeit des Marktes besuchen, sonst verschwindet der Zauber; denn dann herrscht hier ein betäubender Lärm. Die öffentlichen Ausrufer verkaufen dann Sachen aller Art an den Meistbietenden, goldbetreßte Mannskleider, Burnus, Haiks, gestickte Frauenkleider, Lumpen und Fürstengewänder.

Der Bazar der Wollenstoffe stößt an den Bazar der schwarzen Sklavinnen. Diese unglücklichen Geschöpfe sind auf einer Estrade versammelt, die einige Fuß über den Boden erhöht und von einem Geländer umgeben ist; der Schreiber, welcher die Verkäufe notirt, sitzt neben ihnen. Die Käufer gehen um die Estrade herum, bis sie eine Wahl getroffen haben;

dann steigen sie in die Höhe, um die Sklavinnen genauer zu betrachten. Mit größter Aufmerksamkeit nehmen sie die Zähne, den Hals, die Füße in Augenschein, als wollten sie daraus auf das Alter schließen; wenn diese Prüfung sie befriedigt, so wird der Handel für 60 — 80 Thaler abgeschlossen. Diese Sklavinnen sind gewöhnlich reinlich gekleidet, weil sie schon frühere Herren gehabt haben, welche sie entweder eines geheimen Fehlers wegen, oder um die Eifersucht ihrer Frauen zu beschwichtigen, wieder verkaufen. Auf ihren Gesichtern liegt viel Sorglosigkeit; sie lachen und plaudern miteinander; die meisten sind noch jung. Wenn aber eine Karavane aus der Wüste ankommt, so ist der Anblick dieses Marktes weit häßlicher. Dann sind die armen Negerinnen fast nackend; sie sind ermüdet und niedergeschlagen, denn während der langen Reise, die sie gemacht haben, haben sie oft Hunger, Ungemach des Wetters und schlechte Behandlung zu erdulden gehabt. Mehre dieser Sklavinnen trugen noch tiefe Narben an sich, welche von der Unmenschlichkeit und Rohheit ihrer Führer zeugten. Als ich den Bazar besuchte, war ihre Zahl klein, etwa 15 — 20. Neben den Sklavinnen werden Edelsteine und Bijouterien feilgeboten.

Zu bemerken sind auch die zahlreichen Fabriken rother Kappen, die unter den Namen Feß, Tarbusch oder Schaschia, jenachdem sie nach Konstantinopel, Ägypten oder in die übrigen Küstenländer von Nordafrika kommen, von Tunis aus im ganzen Morgenlande verbreitet werden. Die Fabriken haben viel Ähnlichkeit mit den Durchgängen von Paris, wenn man die Pracht und Eleganz der Kaufläden in den letztern hinwegdenkt. An beiden Enden sind sie geschlossen und mit Bretern oder Matten bedeckt; nur durch die eiden sehr großen Thüren erhalten sie Licht. Einige haben Cisternen in der Mitte. Die Arbeit, die in den an der Seite befindlichen Buden verrichtet wird, ist sehr mannichfaltig. Im Hintergrunde der Buden ist eine Art offenes Gerüst errichtet; hier wird die Wolle bearbeitet, wenn sie vom Walker kommt, bevor sie dem Färber übergeben wird. Zur Rechten und Linken stehen Bänke, wo sechs bis acht Arbeiter die gefärbten Mützen in die gehörige Form bringen und die blauseidnen Quasten daran befestigen. Außerhalb auf der Schwelle der Buden schlagen Kinder die schon gewalkte Wolle, um sie geschmeidig zu machen. Sie necken sich mit allerhand Scherzen von einer Bude zur andern und schlagen mit einer hölzernen Latte in einem schnellen Tacte auf die Wolle. Zu gewissen Stunden des Tages gibt es hier einen ohrenzerreißenden Lärm, von dem man am besten fern bleibt. *)

Nur nennen kann ich den sehr schönen, aber noch unvollendeten Bazar am Palaste des Beis, wo die Juden Kattune und Seidenzeuche verkaufen, die Bazars, wo Seide verarbeitet wird, diejenigen, die für die Verfertigung aller Arten von Schuhen, rothen, gelben, schwarzen u. s. w., bestimmt sind, ferner die Bazars der Stiefeln, der Sattlerarbeiten, der trockenen Früchte, endlich diejenigen, welche in der Nähe der Stadtthore gelegen sind, und wo die vom Lande kommenden Araber die bei ihnen beliebten Stoffe einkaufen. Es gibt Straßen, wo ein Maler Stoff für ein ganzes Jahr fände.

Als Ausfuhrartikel von Tunis sind zu nennen: die Datteln, welche das Land Biledulgerid, d. h. das Dattelnland, liefert, die im Innern gewebten oder durch die Karavanen aus der Regentschaft Tripoli gebrachten Wollenstoffe, die Ottos oder wohlriechenden Öle, welche im ganzen Orient so berühmt sind, die rothen wollenen Mützen, von denen schon die Rede gewesen ist, endlich Öl, das besonders nach Marseille geht und in den dortigen Seifenfabriken in großer Menge verbraucht wird. Von den wohlriechenden Ölen ist das weiße Rosenöl das beste; die andern sind das rothe Rosenöl, das Jasmin-, Ambra-, Sandel-, Akazien- und das Moschusöl. Sie sind alle besser, obgleich theurer, als die aus der Levante (der Türkei und Kleinasien) kommenden.

Auf die Moscheen von Tunis kann man die Bemerkungen anwenden, die ich oben hinsichtlich der Bazars im Vergleich zu denen von Konstantinopel und Kairo gemacht habe. Diese religiösen Denkmäler haben nicht den großen architektonischen Charakter und die reiche Pracht, die man in einigen Hauptstädten des Morgenlandes bewundert. Indessen ist die Hauptmoschee sehr groß; sie ist ein viereckiges, nicht sehr hohes Gebäude; an den vier innern Seiten läuft eine Säulengalerie hin; die Kiblah ist mit einer Marmormosaik bedeckt. Bekanntlich bezeichnet das Wort Kiblah eine Nische, die in der Mauer auf der nach Mekka zu gerichteten Seite angebracht und dazu bestimmt ist, zugleich die Gegenwart und die Unsichtbarkeit Gottes anzuzeigen; gegen diese Nische wenden die Muselmänner während des Gebets das Gesicht. Der Minaret dieser Moschee ist ein dicker, schwerfälliger, viereckiger Thurm, der durch nichts an die zierlichen Verhältnisse der Minarets von Kairo erinnert. Die Galerie, von welcher herab die Muezzins die Gläubigen zum Gebete rufen, ist bedeckt, um sie gegen den Regen zu schützen, und mit einem hübschen Geländer versehen. Die Bäder sind klein und durch nichts ausgezeichnet; man bedient sich in denselben eines brackischen Wassers, welches die großen, so schönen und bequemen Bäder der Türkei sehr vermissen läßt.

Wir fügen noch hinzu, daß die Häuser von Tunis fast nach demselben Plane, wie die von Algier gebaut, aber weniger groß und schön sind; sie enthalten im Innern einen offenen Hof, aus welchem das Licht in die Zimmer fällt, die nur selten Fenster nach der Straße haben; doch gilt dies nur von den eigentlichen maurischen Häusern, nicht von denen im Frankenquartiere. Die Dächer sind flach und bilden offene zusammenhängende Terrassen, auf denen man einen großen Theil der Stadt durchwandern kann. Jedes Haus hat zwei Cisternen, eine für Regenwasser, die andere für Quellwasser, da das letztere aber brackisch ist, so wird es blos zum Waschen und Kochen, zum Trinken aber Regenwasser gebraucht. Als gewöhnliche Residenz des Bei dient der Bardo, eine kleine, von etwa 4000 Menschen bewohnte Festung, eine halbe Stunde von der Stadt. Der Stadtpalast des Bei ist ein hübsches, im Innern prächtig mit reinem Zechinengolde, das in dünne Plättchen geschlagen ist, und Marmor verziertes Gebäude, welches der Königin Karoline von England zur Residenz diente, als sie auf ihren Reisen Tunis besuchte.

---

*) Die rothen Kappen sind das Hauptmanufacturerzeugniß von Tunis, welches an 20,000 Menschen beschäftigt; sie sind sehr schön und man hat sie anderwärts vergeblich nachzumachen gesucht. Einige sind so fein, daß sie fünf spanische Piaster oder sieben Thaler kosten; die Arbeit ist sehr mühsam und langwierig. Der Bei schickt jährlich eine große Menge dieser rothen Kappen als Geschenk an den Sultan.

Zeichnen der Wäsche durch Einbrennen.

Man läßt sich einen kleinen Stempel von Messing oder Eisen verfertigen, der den Namen in erhabenen Buchstaben enthält; die Stelle, welche gezeichnet werden soll, wird mit einer Auflösung von zwei Loth Zucker in einem Loth Wasser bestrichen und dann getrocknet. Um sie zu bezeichnen, macht man den Stempel so heiß, daß er fast glühend ist, und drückt ihn ein paar Secunden lang auf die Stelle; hierbei verbrennt der Zucker mit einem unbedeutenden Theile der Fasern des zu zeichnenden Zeuches, das von dem Zucker gegen das gänzliche Verbrennen geschützt wird, und stellt den Namenszug in brauner Farbe dar, die durch und durch geht und nicht ausgewaschen wird. Diese neuerdings empfohlene Methode dürfte dem Zeichnen mit chemischer Tinte, die in der Regel sehr vergänglich ist, vorzuziehen sein.

Montserrat.

Am rechten Ufer des Küstenflusses Llobregat in Catalonien, im nordöstlichen Spanien, erhebt sich unweit der kleinen Stadt Manresa und fünf Meilen von Barcelona der 3800 pariser Fuß hohe Kalkberg Montserrat, zu deutsch gesägter Berg, ein Name, den er von seiner zackigen oder sägenförmigen, überaus grotesken Gestalt erhalten hat. Auf ihm steht etwa in halber Höhe eine berühmte Benedictinerabtei, die eine Congregation von 70 Mönchen enthält, eine ausgezeichnet schöne Kirche und viele Heiligthümer besitzt und durch den Aufenthalt des Stifters des Jesuitenordens, Ignaz von Loyola, der 1522 von hier ausging, merkwürdig ist. In dem weitläufigen Kloster wohnen in Allem gegen 250 Menschen. Zu dem hier befindlichen wunderthätigen Marienbilde pilgern jährlich Tausende von Wallfahrern; dasselbe wurde im Jahre 880 gefunden und soll Anlaß zu der Erbauung des Klosters, das im J. 1410 in eine Abtei verwandelt wurde, gegeben haben. Auch Loyola pilgerte zu diesem Bilde, weihte seine Waffen der heiligen Jungfrau und erklärte sich zum Ritter derselben. Die Jungfrau von Montserrat hat außerdem noch Kirchen in Madrid, Wien und Rom. Über dem Kloster erblickt man in fast unzugänglichen Felsenhöhlen der höhern Gipfel 14 Einsiedeleien, welche stufenweise immer höher und höher angelegt sind; außerdem die sogenannte Grotte der heiligen Jungfrau, in der das Marienbild gefunden worden sein soll. In vielen der Einsiedeleien ist nur so viel Platz, daß eine ärmliche Hütte Raum hat; die in der Abbildung dargestellte ist eine der geräumigsten. Die höchsten und beschränktesten werden immer von den jüngsten Mönchen bewohnt, die nach dem Absterben der ältern allmälig in die tiefer liegenden und zuletzt ins Kloster selbst einrücken. Das letztere war vor dem französischen Kriege sehr reich, litt aber in demselben vielen Schaden, da es mehrmals als Festung benutzt wurde. Die Aussicht, die man von dem Gipfel des Berges hat, ist ungemein reizend; das Auge schweift weit in das mittelländische Meer, auf welchem am Horizont die balearischen Inseln erscheinen.

Verantwortlicher Herausgeber: Friedrich Brockhaus. — Druck und Verlag von F. A. Brockhaus in Leipzig.

Das Pfennig-Magazin

für
Verbreitung gemeinnütziger Kenntnisse.

316.]   Erscheint jeden Sonnabend.   [April 20, **1839.**

Neuseeland.*)

Ein Canot der Neuseeländer bei Cap Wangari.

Die unter dem Namen Neuseeland bekannten, zum fünften Welttheile gerechneten beiden Inseln, welche neuerdings wieder die Aufmerksamkeit von Europa in erhöhtem Grade auf sich zu ziehen anfangen, liegen südöstlich von Neuholland, vom 34.—47. Grade südl. Breite, und werden durch die Cooksstraße getrennt. Man vermuthet, daß Juan Fernandez auf einer Fahrt von der Westküste Südamerikas aus im Jahre 1576 Neuseeland erreicht habe, doch hat diese Vermuthung wenig für sich; erst 1642 wurde das Land erwiesenermaßen von dem Holländer Abel Jansen Tasman entdeckt. Dieser wurde vom Gouverneur des holländischen Ostindien, Anton van Diemen, ausgeschickt und verließ am 14. August 1642 mit zwei Schiffen den Hafen von Batavia. Er entdeckte zuerst die unter dem Namen Vandiemensinsel bekannte Insel im Süden von Neuholland; als er dann seine Fahrt nach Osten fortsetzte, sah er am 13. September abermals Land, nämlich die südliche

Insel von Neuseeland, folgte der Küstenlinie und ging am folgenden Tage in einer großen Bai vor Anker. Hier erblickte er zuerst die Eingeborenen, die in zwei Kähnen kamen und die fremden Ankömmlinge mit wildem Geschrei begrüßten, sich aber nicht sehr nahe heranwagten. Am folgenden Tage kam ein Kahn mit 13 Mann auf Steinwurfsweite, aber nichts konnte sie bewegen, an Bord zu kommen. Nach Tasman's Beschreibung waren sie von gewöhnlichem Wuchse und starkem Knochenbau; ihre Gesichtsfarbe war braungelb und ihr Haar trugen sie, nach Art der Javanesen, auf dem Scheitel aufgebunden und mit einer Feder geschmückt. Bald darauf stießen noch sieben andere Kähne vom Ufer, und da Tasman über ihre Absichten Verdacht schöpfte, ließ er ein Boot aussetzen, um das andere Schiff zu warnen. Sogleich fuhren die Neuseeländer mit großem Ungestüm auf das Boot zu und tödteten vier Matrosen, worauf sie sich in Eile zurückzogen. Tasman ließ sogleich die Anker lichten und gab dem Ort den Namen der Mordbai. Als sein Schiff unter Segel gegangen

*) Vergl. Pfennig-Magazin Nr. 53.

war, folgten ihm 22 Kähne; Tasman ließ auf sie feuern, wodurch ein Mann mit einer weißen Flagge getödtet wurde. So blutig endigte das erste Zusammentreffen zwischen den Neuseeländern und Europäern. Tasman's schnelle Rückfahrt ließ ihn nicht bemerken, daß Das, was er für eine große Bai hielt, eine Meerenge war, welche die nördliche Insel von der südlichen trennt. Er hielt daher beide für zusammenhängend und glaubte sich an der Küste eines neuen Continents zu befinden, den man im südlichen Ocean vermuthete. In eine ähnliche Täuschung war ein Vierteljahrhundert früher einer seiner Landsleute verfallen, welcher ein Land entdeckte, das er Staatenland nannte; Tasman glaubte, ebenfalls einen Theil des Staatenlandes erreicht zu haben, als man aber bald darauf erkannte, daß das Staatenland nur eine Insel war, erhielt das von Tasman entdeckte Land den Namen Neuseeland. Am 4. Januar 1643 erreichte Jener die Nordwestspitze desselben und nannte sie, der Tochter seines Gouverneurs zu Ehren, Cap Maria Van Diemen.

Seit Tasman's Entdeckung verging mehr als ein Jahrhundert, bevor Neuseeland wieder von Europäern besucht wurde. Am 6. Oct. 1769 bekam Capitain Cook, damals auf seiner ersten Reise um die Welt in dem Schiffe Endeavour begriffen, die Insel zu Gesicht; er näherte sich ihr nicht, wie Tasman, von Westen, sondern von Osten, von den Gesellschaftsinseln kommend. Die allgemeine Meinung am Bord seines Schiffes war, daß man den unbekannten südlichen Continent gefunden habe. Am 8. ging Cook in der Bai von Turunga vor Anker und eilbald darauf mit Banks und Solander ans Land, sie wurden aber von den Eingeborenen angegriffen und genöthigt, auf sie zu feuern. Am folgenden Tage wurde ein Versuch zu einem friedlichen Verkehr gemacht, aber ohne Erfolg, wiewol ein an Bord des Schiffes befindlicher Eingeborener von Otaheite ihn unterstützte. Später gerieth man abermals mit den Eingeborenen in Streit, wobei dieselben mit großer Hartnäckigkeit kämpften und vier Todte verloren. Da Cook an dieser Stelle, der er den Namen Armuthsbai gab, keinen Proviant erlangen konnte, ließ er die Anker lichten, fuhr längs der Küste hin, die er wegen ihres unfruchtbaren Aussehens die öde Küste nannte, und kam in die von Tasman aufgefundene vermeintliche Bai, die Cook aber als eine Straße oder Meerenge, welche zwei Inseln trennt, erkannte, weshalb sie nach ihm benannt wurde. Er blieb ziemlich lange (fast sechs Monate) in der Nähe von Neuseeland und lieferte eine sehr genaue Karte der Küste.

Ungefähr um dieselbe Zeit, im December 1769, kam ein französisches Schiff unter de Surville hierher, dessen Mannschaft von den Eingeborenen freundlich aufgenommen wurde, aber ihre Gastfreundschaft mit Undank vergalt. Da der Capitain die Eingeborenen im Verdacht hatte, ihm ein Boot gestohlen zu haben, ließ er die Dörfer, in denen er und die Seinen während eines heftigen Sturmes ein Unterkommen gefunden hatten, in Brand stecken und führte einen durch List auf das Schiff gelockten Häuptling gefangen mit sich fort. Im Jahre 1772 kamen abermals zwei französische Schiffe unter Marion du Fresne nach Neuseeland. Die Eingeborenen kamen an Bord und bezeugten über ihre Aufnahme und die Gegenstände, welche sie um sich sahen, große Freude; bald bildete sich der freundschaftlichste Verkehr, die Eingeborenen besuchten das Schiff nach Belieben und die Franzosen durchstreiften ohne Argwohn das Land und wurden überall gastfrei aufgenommen. Am 8. Juni, als sie über einen Monat an der Küste gewesen waren, ernannten die Eingeborenen

den französischen Capitain feierlich zu ihrem Häuptling; aber von diesem Zeitpunkte an trat in ihrem Benehmen eine seltsame Veränderung ein. Sie hörten auf, das Schiff zu besuchen, mit Ausnahme eines jungen Wilden, der eine starke Anhänglichkeit an den einen Offizier bewies und einmal in großer Bestürzung an Bord kam, wiewol er über die Veranlassung derselben nichts äußerte. Am 12. ging Marion mit 16 Mann ans Ufer, um zu angeln. Die Nacht kam heran, ohne daß sie an Bord zurückkehrten, man glaubte aber, sie wären bei dem einen Häuptling, Takuri, der sich als der wärmste Freund der Franzosen gezeigt hatte, geblieben. Am Morgen darauf wurde ein Boot ans Land geschickt, um Wasser und Holz zu holen; als es vier Stunden ausgeblieben war, sah die Schiffsmannschaft mit Erstaunen einen ihrer Kameraden vom Ufer nach dem Schiffe schwimmen. Er brachte schreckliche Nachrichten. Die Mannschaft des Bootes, anfangs freundlich wie immer empfangen, war beim Holzfällen, wo sie vereinzelt war, von einer überlegenen Zahl von Wilden überfallen und erschlagen worden. An dem Schicksale des Capitains und der 16 Offiziere und Matrosen, die den Tag vorher ans Land gegangen waren, konnte nun nicht mehr gezweifelt werden. Eine zahlreiche und wohlbewaffnete Abtheilung ging sogleich ans Land, um nähere Nachricht einzuziehen, und erhielt bald die Gewißheit von der Ermordung Marion's und seiner Begleiter; Takuri zeigte sich, einen Theil der Kleider des Capitains an sich tragend. Mit Mühe gelang es, wieder in die Boote zu kommen, die unter einem Regen von Wurfspießen und Steinen nach dem Schiffe zurückfuhren, beschützt durch Flintensalven vom Schiffe, durch welche viele der Wilden getödtet wurden. Indeß war es nöthig, vor der Abfahrt Holz und Wasser einzunehmen; zu diesem Ende wurden zwei oder drei Dörfer der Eingeborenen in Brand gesteckt. In der verlassenen Wohnung des Häuptlings fand man Stücke von Menschenfleisch, zum Theil gekocht und die Spuren von Zähnen tragend. Die Ursache dieses schrecklichen Ausgangs ist nach den französischen Berichten völlig unerklärlich.

Im Jahre 1773 besuchte Cook Neuseeland zweimal auf seiner zweiten Reise um die Welt; das eine Mal verlor er 11 Mann, die von den Wilden erschlagen wurden. Den fünften und letzten Versuch machte er hier 1777, wo er mit den Eingeborenen in friedlichen Verkehr trat. Noch jetzt wird Cook's Name in Neuseeland mit großer Verehrung genannt.

Die Nähe der englischen Niederlassungen in Neusüdwales, die am Ende des vorigen Jahrhunderts gegründet wurden, veranlaßte nachmals einen häufigen Verkehr mit Neuseeland, dessen Bewohner öfters nach Sidney, Port Jackson und andern australischen Häfen kamen. Neuseeländischer Flachs war der hauptsächlichste und fast einzige Tauschartikel der Eingeborenen, der eine Zeit lang so sehr begehrt war, daß eine bedeutende Anzahl Schiffe von Port Jackson sich mit diesem Handel beschäftigten. Später fingen die mit dem Walfischfange in der Südsee beschäftigten Schiffe an, Neuseeland zu besuchen, und die Gouverneurs von Neusüdwales bedienten sich ihrer, um den Eingeborenen Geschenke an Vieh, Korn und andern Gegenständen zu schicken, die darauf berechnet waren, ihre Civilisation zu befördern. Indeß hat das zügellose und oft unmenschliche Benehmen der Walfischfänger die Neuseeländer nur noch mehr demoralisirt. In vielen Fällen machten sie sich groben Betruges schuldig, verlockten die Eingeborenen, ihnen bei ihrem Fischfang beizustehen, und schickten sie dann ohne alle Belohnung fort. Auch verdarben es die Europäer mit den Neuseeländern oft dadurch, daß sie die bei ihnen bestehenden Rangunterschiede nicht anerkannten, was unter Anderm im Jahre 1809 ein bereits in Nr. 53 erzähltes Blutbad, das die Eingeborenen unter den Engländern anrichteten, zur Folge hatte. Während der ersten 20 Jahre des 19. Jahrhunderts wurden die südlichen Gegenden des Landes in allen Richtungen von Robbenjägern durchzogen, die jährlich Tausende dieser Thiere erlegten.

Eine neue Ära begann für Neuseeland im Jahre 1814 mit der Ankunft christlicher Missionare aus Neusüdwales, denen sich bald noch andere Mitarbeiter zugesellten, und ihr Wirken ist auf den Charakter der Neuseeländer und ihre im Allgemeinen so barbarischen Sitten, über welche bereits in Nr. 53 ausführlicher gehandelt worden ist, von wesentlichem Einflusse gewesen. Auch in den Bereich zahlreicher Handelsunternehmungen sind die Inseln gezogen worden, und der Gesammtbetrag des neuseeländischen Handels wird auf 4½ Mill. Pf. St. jährlich angegeben. Gegenwärtig beträgt die Bevölkerung von Neuseeland auf einem Flächenraume von etwa 4500 geogr. Quadratmeilen wahrscheinlich ungefähr 150,000, wiewol Manche 200,000 und mehr Einwohner rechnen, und zerfällt in folgende Abtheilungen: Eingeborene, weiße Einwohner, weiße Besucher und gemischte Race. Der weißen Einwohner (meist Auswanderer aus den englischen Inseln) mögen etwa 2000 sein; weiße Besucher kommen hauptsächlich in die Inselbai an der nördlichen Insel (welche überhaupt am meisten bekannt und besucht ist), wo man schon ein 1000 englische und amerikanische Matrosen beisammen gesehen hat. Die gemischte Race soll im Zunehmen begriffen sein; die Gesammtbevölkerung aber nimmt bedeutend und schnell ab aus mancherlei Ursachen, namentlich in Folge der Einführung europäischer Krankheiten und der von den kriegerischen Häuptlinge E'Ongi, welcher England besuchte und bei Georg IV. eine Audienz hatte, verursachten Kriege in den Jahren 1821—30.

Die Aufmerksamkeit der Europäer ist bisher vorzugsweise auf die lange und schmale Halbinsel gerichtet gewesen, welche das Nordende der nördlichen Insel bildet und mit derselben nur durch eine Landenge zusammenhängt. Das Meer in der Nähe des äußersten Endes, das Nordcap, ist ein Hauptaufenthaltsort für Walfischfänger. Auf der Ostseite der Halbinsel findet sich die Inselbai, wo die meisten Handels= und Missionsniederlassungen angelegt worden sind; die bedeutendste ist die auf S. 124 vorgestellte, 1814 gegründete Niederlassung englischer Missionare, Pahia genannt, am Eingange der Bai. Im Jahre 1838 wurde von den Franzosen eine Niederlassung katholischer Missionare gegründet. Auch an der Cooksstraße, am nördlichen Ende der südlichen Insel, findet man englische Ansiedler, aber die Bevölkerung dieser Insel, welche die größere ist, ist sehr dünn und von man findet man keine europäische Niederlassung bis zur düstern Bai am südwestlichen Ende, welches mehre treffliche Häfen enthält.

Bei der großen Zahl von Europäern, welche die Inseln theils bewohnen, theils besuchen, kann der anarchische Zustand, welcher bisher auf denselben stattgefunden hat, nicht länger fortdauern. Bereits sind mehre verschiedene Vorschläge wegen Einführung einer geordneten Regierung des Landes gemacht worden. Die Missionare schlugen vor, das Land durch ihren Einfluß über die Häuptlinge und mit Hülfe von britischen Kriegsschiffen die in den neuseeländischen Meeren sta-

tionirt würden, diplomatischen Agenten in den Hauptorten und Richtern, die aus Neusüdwales geschickt würden, zu regieren. Bei diesen, wie bei andern Plänen wurde vorausgesetzt, daß England ein gewisses Recht auf den Besitz des Landes erlangt habe. Ganz abweichend hiervon ist der Plan des französischen Barons de Thierry, dessen Ausführung bereits begonnen hat, nach welchem der gedachte Baron selbst, unter Voraussetzung der Einwilligung der Einwohner, Neuseeland als König regieren wollte. Im September 1837 segelte er mit einer Anzahl von Auswanderern aus Europa ab, scheint jedoch bei der Ausführung seines Plans auf große Hindernisse gestoßen zu sein, denn selbst die von ihm mitgebrachten Ansiedler trennten sich von ihm, und von seinem Königthume hat man nichts weiter vernommen, als daß er von den Eingeborenen im Spott König von Pokanoe genannt, aber keineswegs als ihr Oberhaupt anerkannt wird. Im Jahre 1838 ertheilte die englische Regierung einer Compagnie einen Freibrief zur Colonisirung Neuseelands.

Namentlich im nördlichen Theile der nördlichen Insel, wo sich zuerst Missionare der englischen Missionsgesellschaft niederließen und jetzt ein Personal von 25 Personen haben, ist mit den Eingeborenen eine auffallende und sehr erfreuliche Veränderung vorgegangen. Im Jahre 1835 hatten sie bereits 54 Schulen, die von 1431 Kindern und Erwachsenen besucht wurden, während 2476 Personen die Kirchen besuchten und 178 am heiligen Abendmahle Theil nahmen. Man hat das Neue Testament, einen großen Theil des Alten, die englische Agende, Kirchenlieder u. s. w. in die Landessprache übersetzt und auf der Insel gedruckt; diese Bücher werden mit Begierde selbst in Gegenden, wohin die Missionare noch nicht gekommen waren, von Solchen, die von andern Eingeborenen Unterricht erhalten hatten, gesucht und gelesen, und viele Eingeborene kommen oft meilenweit zu den Missionaren, um weitere Belehrung zu erhalten, wenn sie sich auch noch nicht sofort zum Christenthume bekennen. Der Einfluß der Missionare ist im Steigen, wird aber von ihnen nur zum Besten der Eingeborenen angewandt; besonders ist es ihnen häufig gelungen, Kriege zu verhindern oder bald zu endigen, oder wenigstens die meisten ihrer neubekehrten Jünger, selbst die, welche sich sonst am meisten durch kriegerischen Muth auszeichneten, von der Theilnahme daran abzuhalten und zu bestimmen, sich über die Spöttereien ihrer Landsleute hinwegzusetzen, was namentlich in den blutigen Kriegen des Jahres 1836 auffallend war.

Mit diesen erfreulichen Resultaten, welche die Wirksamkeit der Missionare in einem so überaus schönen Lichte erscheinen lassen, stehen freilich andere neuere Missionsberichte über die Wildheit der Eingeborenen im Naturstande im grellsten Contraste. So schreibt der Missionar Knight am 22. September 1836: „Wir waren noch nicht weit durch das Farrnkraut hingegangen, als ich mich auf einmal neben der Leiche eines Mannes befand, der soeben getödtet worden war und noch in seinem Blute schwamm. Weiterhin kam ich an Leichen vorbei, welche hier und da zerstreut lagen, bis zu einer Stelle, wo eine Menge derselben angehäuft war, bereit, für den Ofen zerschnitten zu werden. Voll Ekel wandte ich mich ab, aber wohin ich mich kehren mochte, wurden meine Augen von scheußlichen Gegenständen beleidigt. Die Leiche eines Mannes, der eben erst getödtet zu sein schien, wurde vor mir ins Lager geschleppt; ehe ich mich umsehen konnte, hatte man ihm den Kopf abgeschnitten. Aber dies war für die Bar-

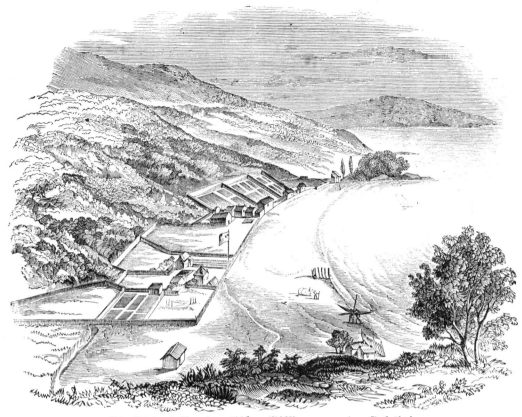

Die Niederlassung englischer Missionare an der Inselbai.

baren noch nicht genug; man öffnete ihm die Brust, riß das noch warme Herz heraus und schleppte es davon. Halbe Leichname, Viertel, Beine, Köpfe wurden beständig weggetragen und einige derselben mir vorsätzlich ins Gesicht gestoßen." Der Missionar Brown schreibt am 25. August 1836: „Wir besuchten heute den Ort, wo die Schlacht stattgefunden hatte, und kamen an den Punkt, wo Waharoa's Mannschaft ihr Lager gehabt, sich zwei Tage nach der Schlacht aufgehalten und 60 Leichen aufgezehrt hatte. Noch jetzt ist der Anblick empörend; menschliche Gebeine, die Überreste dieses Kannibalenfestes, liegen überall umher, viele darunter offenbar in der Absicht zerbrochen, um das Mark daraus zu saugen, und alle so rein abgenagt, als wenn es die Wölfe oder Geier gethan hätten. Auf einem Pfahl in der Mitte steckt ein hinten eingeschlagener Schädel, und zwei Reihen Öfen bezeichnen die Stelle, wo die Leichname gebraten worden. Ein kleinerer Ofen ist mit einem Kranz umgeben und hat an der Seite zwei Stöcke, von denen einer eine Kartoffel, der andere eine Haarlocke trägt. Dies ist der Ort, wo diese Kinder der Bosheit nach der Gewohnheit des Landes einen Theil ihres gräßlichen Mahles dem bösen Geiste weihen." Aber nicht nur die im Felde gefallenen Männer werden verzehrt, sondern auch Weiber, Kinder und Greise werden zu gleichem Zwecke erschlagen, und selbst die mitgeschleppten Gefangenen laufen beständig Gefahr, nach harter Sklaverei ermordet und gefressen zu werden. Die Blutrache ist eine Hauptverpflichtung der Neuseeländer; sie macht natürlich die Kriege endlos und trägt bedeutend zur Abnahme der Bevölkerung bei.

Ungeachtet aller dieser Barbareien, der schrecklichen Unwissenheit, des Aberglaubens und der Lasterhaftigkeit der Eingeborenen hegen doch sowol Missionare als Handelsleute und Seemänner, die unter ihnen gelebt haben, eine hohe Meinung von der Bildsamkeit der Neuseeländer. Für dieselbe spricht schon die Thatsache, daß in so wenig Jahren der Einfluß des Christenthums, trotz der bösen Beispiele, welche ihnen viele Europäer gaben, und des unklugen Verfahrens mancher Missionare, so Viele vermocht hat, der Blutrache zu entsagen. Der Bericht eines Missionars liefert ein rührendes Beispiel von einem Manne, der die Bestrafung der Mörder seiner jungen Tochter Gott anheimstellte und die Gelegenheit benutzte, um sich selbst und seine Landsleute zur Vermeidung des Lasters und zur Übung der Gerechtigkeit zu ermuntern. Den Eingeborenen von Neusüdwales sind die Neuseeländer an geistigen, moralischen und physischen Anlagen weit überlegen und zeichnen sich durch warmes Gefühl, namentlich für Ehre, und schnelle Fassungskraft aus. Ihre kannibalische Wildheit, die ihnen zur andern Natur geworden ist und ihre übrigen guten Eigenschaften verdunkelt, hat unverkennbar bereits abgenommen und dürfte bei fortschreitender Civilisation durch den Einfluß des Christenthums in nicht gar langer Zeit ganz verschwinden.

Das Klima von Neuseeland ist gleichmäßig und gesund; Frühling, Sommer und Herbst sind sehr angenehm, ganz im Gegensatze mit der unmäßigen Hitze und den kalten Nächten in Neusüdwales; das Thermometer steigt mitten im Sommer selten über + 23½° Réaumur und fällt im Winter selten unter + 6° Diese Milde des neuseeländischen Winters hat viele

Seefahrer in Erstaunen gesetzt. Die Vegetation ist üppig, wozu die fortdauernde Feuchtigkeit viel beiträgt, und besteht größtentheils aus Immergrünen, die auch im Winter die grüne Sommerkleidung behalten. Die herrlichen Wälder bilden die Bewunderung der Reisenden; sie enthalten Bäume von erstaunlichem Umfange, namentlich thurmhohe Fichtenstämme, Palmen in großer Mannichfaltigkeit und Paulinien in ungeheurer Länge, welche diese dichten Wälder fast undurchdringlich machen. Die einheimischen Früchte sind unbedeutend und wenig zahlreich, dafür haben aber die Europäer eine Menge Nutzpflanzen hier eingeführt. Kartoffeln, fast alle europäischen Wurzelgewächse und die Kürbisarten werden mit Vortheil und Erfolg gebaut, ebenso Mais, der sehr hoch wird, und Weinreben. Stachelbeeren und Himbeeren wuchern, wo man sie pflanzt; Oliven, Granatbäume, Feigen, Quitten, Pfirsche, Äpfel und Birnen wachsen in Menge. Das Zuckerrohr blüht, sowie mehre andere tropische Gewächse. Alle Gewächse der gemäßigten Zone treiben Früchte von einer Größe und einem Wohlgeschmacke, daß sie denen keines andern Landes nachstehen. Die Vögel des Landes sind zahlreich, aber meist klein; am bekanntesten ist den Fremden der Spottvogel. Der Albatros zeichnet sich durch seine Größe aus; man hat Exemplare gefangen, die mit ausgespannten Flügeln 18 Fuß maßen. Eigenthümliche vierfüßige Thiere hat das Land nicht; seit zwei oder drei Jahrhunderten ist der Hund eingeführt, vielleicht durch Spanier; er dient, wie die Katze und die Ratte, beide erst durch Europäer eingeführt, den Eingeborenen als beliebtes Nahrungsmittel. Die Schweine gedeihen vortrefflich, wie überall, ebenso Rindvieh, Pferde, Maulthiere und Esel, weniger die Schafe, welche von den einheimischen Hunden zerrissen werden. Die Amphibien nehmen schnell ab, namentlich die Robben, die noch vor 13 Jahren im Süden so häufig waren, daß manche Schiffsmannschaft in einem Jahre 100,000 Felle zusammenbrachte. Von Schlangen und andern schädlichen Thieren ist das Land frei. Die dasselbe durchziehende Bergkette enthält eine große Menge Eisenerz und Erdpech, wahrscheinlich auch andere Mineralien. Allenthalben finden sich Spuren von vulkanischer Thätigkeit, namentlich eine große Menge Höhlen und ausgebrannte Vulkane. Alle Inseln in der tiefen Bai des Überflusses im Norden enthalten sichere Spuren vulkanischen Brandes, siedende Quellen, Schwefel und Obsidian. Auf dem die Bai einschließenden Lande erheben sich ausgedehnte Ebenen mit Seen, von denen der mehr als sechs Stunden breite Rota=Rua der größte ist. Das östliche Ufer desselben ist mit zahlreichen kochenden Quellen besetzt, die mephitische Dünste ausstoßen. Eine halbe Stunde weit besteht der Boden ganz aus bituminösen Stoffen und klingt bei jedem Schritte hohl. Die Eingeborenen finden an diesen heißen Quellen ein solches Wohlgefallen, daß sie sich Stunden lang darin zusammensetzen, ohne Unterschied des Alters und Geschlechts. Die gewöhnliche Art, Speisen zu kochen, besteht hier darin, daß man in der Nähe einer kochenden Quelle ein Loch in den Boden gräbt, die Lebensmittel hineinlegt und das Loch mit Körben und Erde ausfüllt; in einer halben Stunde sind die Speisen gahr gekocht. Die Wohnungen der Eingeborenen auf den verhältnißmäßig gut bevölkerten Ufern dieses Sees, sowie von vier andern in der Nähe, sind für Europäer wegen der Wärme des Bodens, auf dem sie stehen, unerträglich heiß.

Die größten Gebäude in Europa.

In folgender Zusammenstellung ist die Größe des Flächenraums, welche mehre der größern und berühmtesten Residenzschlösser und andere Gebäude in Europa einnehmen, in pariser Quadratfußen angegeben.

Die Tuilerien und der Louvre in Paris mit den Verbindungsgalerien, den projectirten Gebäuden und den Höfen .	1,438,421.
(Davon kommen auf die Gebäude selbst 552,353, nämlich: Tuilerien 64,548, Louvre 150,309, Verbindungsgalerien 55,904 und 68,904, projectirte Gebäude 212,688; auf die Höfe 886,068, nämlich: Hof des Louvre 125,316, der Tuilerien 487,800, großer Hof des projectirten Hauptgebäudes 183,312, kleiner Hof 59,040, zwei Plätze vor den alten Louvre 30,600.)	
Das Serail in Konstantinopel mit seinen drei Höfen, der Münze, dem Zeughause, den Casernen und dem Marstall . . .	1,135,200.
Das Serail allein, ohne die am ersten Hofe stehenden Gebäude und die Gärten	775,200.
Der Winterpalast in Petersburg, abgebrannt am 30. Dec. 1837, mit der Eremitage und dem anstoßenden Hoftheater	654,237.
Die Admiralität in Petersburg mit Hof	639,432.
Das Schloß zu Fontainebleau mit Höfen	561,600.
Der Vatican in Rom mit dem Belvedere und allen Höfen	478,900.
Die Hofburg in Wien mit der Kapelle, der Bibliothek, dem Theater und den Höfen	432,000.
Das Schloß Caserta bei Neapel mit Höfen	410,480.
Der Winterpalast in Petersburg ohne die Eremitage	395,218.
Das Hospital zu Greenwich mit Höfen	347,755.
Das Hospital zu Mailand mit Höfen .	312,480.
Das Residenzschloß in München . .	291,600.
Das Invalidenhaus in Paris mit Kirche und Höfen	290,016.
Der Quirinal in Rom mit Höfen . .	270,500.
Der Sommerpalast in Konstantinopel .	260,100.
Der taurische Palast in Petersburg . .	243,191.
Das Schloß in Berlin mit Höfen . . .	232,320.
Die Akademie der Künste in Petersburg	199,216.
Das Armenhospital in Genua . . .	156,000.
Das Schloß zu Versailles mit Höfen (aber ohne Vorhof und Ställe) . . .	144,000.
Der Palast Pitti in Florenz mit Grotte und Hof	113,436.
Der Palast Luxembourg in Paris . . .	83,160.
Das allgemeine Krankenhaus in München	61,479.
Der Dogenpalast in Venedig mit Hof .	36,500.

Zur Vergleichung fügen wir aus dem Alterthume folgende Gebäude hinzu:

Die Kaiserpaläste auf den palatinischen Hügeln in Rom	1,365,000.
Die Bäder des Antonin oder Caracalla in Rom	1,218,000.
Der große Tempel zu Theben in Ägypten	399,800

Mittel gegen die Seekrankheit.

Lungendruck, Schwindel, allgemeines Unbehagen, schmerzhafter Reiz zum Erbrechen und endlich heftiges Erbrechen selbst, welches eine völlige Erschlaffung aller physischen und geistigen Kräfte zur Folge hat, sind die Symptome jenes nur zu bekannten Übels, das so Manchem die ersten Tage einer Seereise so arg verleidet und sich bei Vielen mit jeder neuen Reise wiederholt. Die Ursache dieser Erscheinung liegt unstreitig in der ungewohnten schwankenden Bewegung des Schiffes, die sich dem Körper mittheilt, und daher auf Jene am meisten wirkt, die zum ersten Male zur See sind. Glücklicherweise übt das Seeübel niemals einen bleibenden Einfluß auf die Gesundheit aus und seine heftigsten Anfälle beschränken sich häufig auf den ersten Tag. Sind diese überstanden, so tritt gewöhnlich große Eßlust und eine gesteigerte Lebensthätigkeit des ganzen Organismus ein. Bei empfindlichen Individuen bleibt indeß nicht selten eine Schwäche zurück, welche der Nachwirkung einer bedeutenden Krankheit gleicht. In manchen Personen ist die Empfänglichkeit für die Seekrankheit so vorherrschend, daß sie davon befallen werden, sobald sie nur den Bord eines Schiffes betreten; eine Erscheinung, die sich mehr durch die Macht der psychischen Einwirkung, durch die das Übel selbst erzeugte Vorempfindung desselben, als durch dessen mechanische Ursachen erklärt. Es ist bekannt, daß Insel= und Küstenbewohner selten seekrank werden, da sie meist schon in der Kindheit, wo man dem Übel weniger zugänglich ist, in der Lage, ja in der Nothwendigkeit sind, sich auf Kähnen und Schiffen an die Wellenschwankung zu gewöhnen. Die Venetianer, mehr als irgend ein Volk auf das Leben zu Wasser angewiesen, sind fast ohne Ausnahme diesem Ungemache fremd.

Das widerwärtige Übel ist so alt als die Schiffahrt selbst, und noch immer mislangen alle die zahllosen Versuche, ein drastisches Gegenmittel aufzufinden. Endlich will man dieses entdeckt oder besser, wiedergefunden haben. Wir säumen nicht, es bekannt zu machen und im Namen Aller willkommen zu heißen, welche es bewährt finden werden. Sind wir auch nicht unbedingt von der Unfehlbarkeit desselben überzeugt, so ist es schon um seiner großen, mehr als homöopathischen Einfachheit willen empfehlenswerth, um so mehr, da auf dieses Arcanum mehr als auf irgend eines das Sprüchlein: „Nützt es nicht, so schadet es doch nicht‟, angewendet werden kann.

Wir wollen erst die herkömmlichen Präservative gegen die Seekrankheit berühren, welche gewöhnlich, aber nur mit zweifelhaftem Erfolge, angewendet werden, und dann das neue, als untrüglich verbürgte Mittel folgen lassen.

Zu den üblichsten prophylaktischen Schutzmitteln gehört namentlich die wagerechte ruhige Lage des Körpers, wo möglich im Centrum des Schiffes, wo die schaukelnde Bewegung am wenigsten fühlbar wird. Diese Vorschrift kann indeß bei Dampfbooten nur annäherungsweise beobachtet werden, da die Maschine mit ihrem Zubehör diesen mindest bewegten Mittelpunkt einnimmt.

Um den Schwindel nicht zu nähren, muß das Auge alle Gegenstände meiden, welche einer zitternden, schwankenden Bewegung ausgesetzt sind, wie besonders die Hängelampen im Schiffssaale, wenn sie nicht mit Gegengewicht nach Art des Compasses eingerichtet sind, der bei dem stärksten Wellenschlage in immer gleicher Lage bleibt. Auch die Spiegel, womit gewöhnlich die

Dampfboote nur zu reichlich ausgestattet sind, und deren Reflex die natürliche Schwankung der Gegenstände in der Kajüte optisch vervielfältigt, fördern den Schwindel und sind daher zu verhüllen oder doch mit den Blicken zu meiden. Die gewöhnliche Annahme, daß man bei leerem Magen dem Übel leichter widerstreben könne, ist nicht gegründet. Viel gerathener ist es, sich durch nahrhafte, aber leichte Speise zu stärken, aus ein Glas feinen Wein, am besten starken bittern Kaffee mit einigen Tropfen Citronensaft oder 10—12 Tropfen Äther auf Zucker zu nehmen. Auch glaubt man, der Erregung im Magen und den dadurch erzeugten Übelkeiten zu begegnen, indem man ein Leinensäckchen mit zerriebenem Kampher oder gar mit Seesalz gefüllt auf der Magengrube trägt, oder durch den Geruch starker Essenzen das Nervensystem zu größerer Thätigkeit und dadurch zum Widerstand gegen einen Anfall reizt.

Allein alle diese und andere Präservative haben entweder keinen oder nur einen bedingten Erfolg. Das neue Schutzmittel gegen das Seeübel, dem eine entschiedene und allgemeine Wirksamkeit zugeschrieben wird, ist nur ein wiedergefundenes altes und besteht in einem elastischen, drei Zoll breiten Schnallengürtel, den man zwischen der Hüfte und den Rippen fest zusammenzieht. Diese Vorrichtung ist indeß mit den vielfach angewandten Überschnüren des Unterleibes nicht in Vergleichung zu stellen, da, wie gleich gezeigt wird, die Wirkung beider eher eine entgegengesetzte als eine ähnliche ist.

Die Seekrankheit rührt bekanntlich nicht von der Luft, wie dies mitunter geglaubt ward, sondern, wie schon bemerkt, von der Wellenbewegung her, die durch das abwechselnde Steigen und Sinken des Schiffs auch alle darauf sich befindenden Personen unter ähnliche Bedingungen stellt. Im Augenblicke, wo der Körper in wenigen Secunden drei bis vier Klafter hoch gehoben wird, finden die sich dabei senkenden Eingeweide des Unterleibes einen Ruhepunkt an dem Becken, ohne einen andern als den schmerzlosen, fast angenehmen Eindruck zu erregen, den man in einer aufsteigenden Schaukel wahrnimmt.

Dagegen heben sich bei jeder Senkung des Schiffs, und folglich des Körpers, die Gedärme im Innern mit einer schneidenden, unangenehmen Empfindung, indem sie einen schmerzhaften Druck auf das Zwerchfell ausüben, wie dies bei der rückweichenden Schaukelbewegung der Fall ist. Doch findet bei der Analogie der Unterschied statt, daß die dem Körper sich mittheilende Schwankung des Schiffes meist eine gekreuzte, vierfach zusammengesetzte ist und von den Wellen mitbestimmt wird, welche zugleich auf die beiden Flanken des Schiffs wirken. Daher kommt es, daß Personen, welche ohne Unbehagen die gleichmäßigere Schaukelschwingung ertragen, dem Seeübel leichter, aber darum nicht immer widerstehen. Das Zwerchfell ist daher der Sitz der Seekrankheit, und die größere Erregbarkeit des erstern erhöht auch die Empfänglichkeit für die letztere. Diese Sensibilität stumpft sich deshalb bei Vielen erst durch lange Gewöhnung an den Nervenreiz im Zwerchfell ab, und mancher Seemann wird Jahre lang bei jeder neuen Reise auch aufs neue von dem Übel befallen. Für die Wirksamkeit der empfohlenen Gürtung spricht auch die Erfahrung, daß Frauen, welche eine fest anliegende Schnürbrust tragen, fast nie an der Seekrankheit leiden, weil auf diese Weise wie durch den Hüftengürtel das Zwerchfell gehoben und der Berührung durch die Gedärme mehr entrückt wird.

Die Mönche in Palästina kannten dieses Bewahrungsmittel schon zur Zeit der Kreuzzüge und ertheil=

ten an viele Pilger, die vom heiligen Grabe nach Europa zurückkehrten, diese sogenannten Seegürtel, welche auch noch durch eine fromme Einsegnung geweiht wurden.

Elektrische Erscheinungen an einer Dame.

Silliman, Herausgeber des „American journal", theilt folgenden merkwürdigen Fall von einer außerordentlichen Entwickelung der Elektricität bei einer Dame mit. Die Wahrheit der Thatsache ist durch viele Zeugen constatirt und ein sehr achtbarer Arzt zu Orford in New-Hampshire, Dr. Hasford, hat darüber berichtet. Eine Dame von Stande entwickelte plötzlich Abends den 25. Januar 1837, während gerade ein prächtiges Nordlicht am Himmel glänzte, eine außerordentliche elektrische Thätigkeit. Indem ihre Hand den Körper ihres Bruders berührte, erzeugte sie aus ihren Fingerspitzen lebhafte Funken, worüber sie nicht weniger erstaunt war als Derjenige, welcher diese unerwarteten elektrischen Entladungen empfing. Jede der anwesenden Personen erfuhr Dasselbe, hierunter der Berichterstatter, welcher einige Augenblicke nachher eintrat und anfangs zweifelte, bis er durch den Augenschein von der Wahrheit der Thatsache überzeugt wurde. Das elektrische Vermögen der Dame dauerte fort und steigerte sich sogar bis gegen Ende Februar; von da an nahm es ab und erlosch um die Mitte des Mai gänzlich. Die Menge der entladenen Elektricität war zwar nach Tagen und Stunden verschieden; aber vom 25. Januar bis 1. April gab es keinen Augenblick, wo sich nicht unter begünstigenden Umständen eine elektrische Thätigkeit an ihr offenbart hätte. Dieser Zustand hatte für sie, wie man wol denken kann, etwas Peinliches und Beängstigendes. Die Funken erzeugten sich unfreiwillig, wenn irgend ein leitender Körper in die Sphäre ihrer Thätigkeit gerieth; sie durfte kein metallenes Geräth antasten, ohne daß alsbald aus ihren Fingern jene elektrischen Funken hervorgingen, wobei sie stets ein schmerzhaftes Gefühl an der berührten Stelle empfand. Wenn sie ihre Finger $\frac{1}{16}$ Zoll von einem metallischen Körper entfernt hielt, so fühlte sie, hörte und sah man in jeder Secunde ein Fünkchen hervorgehen. An ihren Füßen, wenn sie Metall berührten, nahm man dieselbe Erscheinung wahr, trotz der isolirenden Schuhe und seidenen Strümpfe. Unter den günstigsten Umständen gab die Dame, wenn sie ihren Finger einer Messingkugel näherte, in der Minute einen Funken von $1\frac{1}{2}$ Zoll Länge. Diese Funken waren sehr lebhaft und sehr glänzend; man sah und hörte sie in allen Theilen eines großen Zimmers auf gleich starke Weise. An einer Messingkugel konnten sie sich von der Dame durch eine Kette von vier Personen fortpflanzen, und obgleich sie etwas von ihrer Intensität verloren, waren sie noch immer sehr glänzend. Diese Frau ist die Gemahlin eines angesehenen Mannes in Orford, eine Frau von ungefähr 30 Jahren, von zarter Constitution, nervösem Temperament, von sitzender Lebensart, meist mit Lecture und Nadelarbeit beschäftigt, im Ganzen heitern Humors. Seit zwei Jahren leidet sie an rheumatischen Zufällen, die immer nur wenige Tage andauerten; aber den Herbst und einen Theil des Winters, welche dem Entstehen dieser elektrischen Eigenschaft vorangingen, litt sie an einem umherziehenden Nervenschmerz an verschiedenen Theilen ihres Systems; auch hatte sie stellenweise eine Empfindung, derjenigen ähnlich, welche die Anwendung von heißem Wasser hervorbringen würde. Dieser bange

Zustand wich keiner Arznei; erst nachdem der elektrische Zustand aufgehört, verminderten der zurückgekehrte Frühling und eine glückliche Reaction der Natur ihren Nervenschmerz und ihre andern Übel beträchtlich. Im November 1837 war ihr Gesundheitszustand besser, als er seit einer Reihe von Jahren gewesen ist. Diese Erscheinung ist einzig, obgleich man schon Personen gesehen hat, welche in einer Kette, bestimmt, eine elektrische Entladung fortzupflanzen, diese vollständig auffingen und so den Dienst isolirender Körper verrichteten. Nun ist aber bekannt, daß isolirende Körper zugleich eigentlich elektrische sind.

Sprachröhre für Kutschen.

Es ist allgemein bekannt, wie schwierig und unbequem es für die in Kutschen fahrenden Personen ist, mit dem Kutscher zu sprechen und ihm Befehle zu ertheilen. Das gebräuchlichste Mittel, dessen man sich zu diesem Zwecke bisher bediente, bestand in einer Schnur, die vom Innern des Wagens aus zu dem Arme des Kutschers lief und an der man zog, um ihm anzuzeigen, daß man ihm etwas sagen wolle. Ungleich vorzüglicher ist aber ein Mittel, das man kürzlich in Frankreich in Vorschlag gebracht hat. Dasselbe besteht in einer hohlen, elastischen, inwendig mit Kautschuk überzogenen Röhre, die sich im Wagen in der Art Trichter oder Mundstück endigt, außerhalb des Wagens aber in eine hornartige Röhre, die der Kutscher unter den Arm nimmt. Soll ihm etwas gesagt werden, so macht man ihn erst durch einen Zug an der Röhre aufmerksam und spricht dann in dieselbe, nachdem der Kutscher das äußere Ende an sein Ohr geführt hat.

Die Straßen von Konstantinopel.

Die Straßen der so interessanten Hauptstadt des türkischen Reichs sind von denen der übrigen europäischen Hauptstädte fast in jeder Hinsicht verschieden. Fast ohne Ausnahme sind sie eng und krumm; während in den Straßen von London und Paris Waaren aller Art, vor den Kaufläden an den Fenstern ausgestellt, unsere Blicke auf sich ziehen und zahllose Fußgänger und Wagen von allen Formen sie in allen Richtungen durchkreuzen, sind die von Konstantinopel in der Regel still und bei Tage fast verödet. Erst gegen Abend bieten sie einen belebtern Anblick dar, die Einwohner kommen dann heraus und begeben sich entweder in die Kaffeehäuser oder rauchen an irgend einem Lieblingsplätzchen ihre Pfeife. Alle Fenster, welche die Häuser nach der Straße zu haben, sind, wie die in der Abbildung vorgestellten, in einer Art Erker angebracht, klein, vergittert und verschlossen; viele Häuser haben aber gar keine Fenster nach der Straße hinaus, sondern nur eine niedrige und enge Thüre. Ein Reisender, der Konstantinopel 1828 besuchte, wo allerdings politische Ursachen die Stadt noch stiller und öder als gewöhnlich gemacht hatten, äußert sich über den Eindruck, den die Straßen auf ihn machten, auf folgende Weise: „Ich ging einige Straßen auf und ab, aber außer einer Straße, welche augenscheinlich die bedeutendste der ganzen Stadt ist, sie fast in ihrer ganzen Länge durchschneidet, indem sie von dem nordwestlichen Ende des Hippodromus bis zum Thore von Adrianopel läuft und ziemlich breit und hell ist, erschien mir Alles düster und menschenleer. Ich ging über mehre große freie Plätze in der Mitte der Stadt, wo Häuser niedergebrannt und nicht wieder aufgebaut worden waren, und selbst in andern von den Verwüstungen des Feuers verschont gebliebenen Quartieren, wo die finstern, rothbemalten Häuser dicht um mich standen, kam nur so selten ein menschliches Wesen zum Vorschein und herrschte eine so ununterbrochene Stille, daß ich kaum glauben konnte, in der Hauptstadt eines großen Reichs, in dem glänzenden Stambul zu sein. Etwa ein halbes Dutzend Mal während meiner Wanderung wurden meine Betrachtungen durch den Anblick von ein Paar schwarzen Augen belebt, welche durch die jedes Fenster eines türkischen Hauses verschließenden dichten Gitter sahen, die, im Französischen so bezeichnend, Jalousien genannt werden. Ein- bis zweimal hörte ich das Kichern verborgener Beobachter, woraus ich wenigstens schließen konnte, daß noch nicht alle Heiterkeit aus dieser Stadt verschwunden war. Was mir einen vorzüglichen Reiz gewährte, war, durch die finstere Häuserreihe einer der öden Straßen am Ende der Stadt, das breite blaue Wasserbecken der Propontis, die lieblichen Prinzeninseln, die entfernten Berge von Nikomedien und die noch entfernten und erhabenen Höhen des bithynischen Olymp, die hell und heiter in den Strahlen der blendenden Sonne glänzten, zu erblicken.“

Wiewol der gedachte Reisende Konstantinopel unter besonders traurigen Verhältnissen sah, so ist doch die Stille und Öde der Straßen eine allgemeine Erscheinung. Damit scheint zwar unsere Abbildung im Widerspruche zu stehen, da sie im Gegentheil eine größere Zahl von Personen auf der Straße zeigt; man hat sich aber zu denken, daß es Abend und die Thüre im Vordergrunde die eines Kaffeehauses ist. Alles Leben und alle Bewegung im Innern der Stadt ist auf die Bazars beschränkt, lange und breite Corridors, die miteinander in Verbindung stehen, aus Stein erbaut und mit steinernen Bogen oder kleinen Kuppeln bedeckt sind, durch welche ein schwaches Licht einfällt. Die Verkäufer sind nach ihren Nationen, Religionen oder Gewerben abgesondert.

Eine andere Eigenthümlichkeit Konstantinopels sind die Hunde, jene Geißel aller mohammedanischen Städte. Nach dem mohammedanischen Glauben sind die Hunde unrein, daher gehören sie in kein einzelnes Haus und keinem einzelnen Besitzer, wiewol sie überaus zahlreich sind. Sie leben auf den Straßen und freien Plätzen von Aas und den zufälligen Gaben mitleidiger Personen. Die Hunde in Konstantinopel sind etwas mehr unter Aufsicht und Fremden nicht so gefährlich wie in andern Städten des Morgenlandes, was in dem beständigen Zusammenströmen von Fremden seinen Grund hat, aber sie sind doch hungerig, zahlreich, ekelhaft und wild genug, um Europäern schon durch ihre Gegenwart, wenn auch nicht gerade durch ihre Angriffe beschwerlich zu werden. Obgleich aber die Mohammedaner die Hunde als unrein aus ihren Häusern vertreiben, so gewähren sie ihnen doch auf den Straßen Schutz und Duldung, wol weniger darum, weil nach dem Koran der Hund der Siebenschläfer das einzige Thier ist, welches im Himmel zugelassen wird, als darum, weil sie die Straßen von Unrath und Aas befreien, die sonst pestartige Krankheiten erzeugen würden.

Straßenscene in Konstantinopel.

Verantwortlicher Herausgeber: Friedrich Brockhaus. — Druck und Verlag von F. A. Brockhaus in Leipzig.

Das Pfennig-Magazin

für

Verbreitung gemeinnütziger Kenntnisse.

317.]   Erscheint jeden Sonnabend.   [April 27, **1839.**

Der Winterpalast in Petersburg.

Der Winterpalast in Petersburg.

Unter den zahlreichen und prachtvollen Pälasten der russischen Kaiserstadt war der kaiserliche Winterpalast am linken Newaufer, der am 30. December. 1837 abbrannte, beiweitem der größte und merkwürdigste. Er wurde in den Jahren 1754—62 unter Elisabeth und Peter III. von Rastrelli erbaut, in einem Style, der freilich den Ansprüchen eines geläuterten Geschmacks nicht durchaus entsprach. Ohne die durch bedeckte Arcaden oder Bogengänge damit verbundenen Gebäude, welche das Feuer verschont hat, war der Palast — welcher den Namen Winterpalast als die Winterresidenz des Kaisers führte, der im Sommer das Schloß Zarskojeselo bewohnt — 450 englische Fuß lang, 350 Fuß breit und 70 Fuß hoch; das Äußere war mit 308 Säulen geschmückt, die 53—64 Fuß hoch waren; in dem quadratischen Hofe standen 108 Säulen. Von der ungeheuern Größe der innern Räume kann man sich einen Begriff machen, wenn man bedenkt, daß jährlich am Neujahrstage nicht weniger als 25—30,000 Personen Theil an dem großartigen Feste nahmen, das der Kaiser seinem Volke in demselben zu geben pflegt. Mit dem Palaste war durch zwei Arcaden ein Gebäude verbunden, das auf der Plattform des Erdgeschosses einen etwa 30 Fuß langen und 80—90 Fuß breiten schwebenden Garten enthielt; in diesem befanden sich Birken und Linden von solcher Größe, daß sie mit ihrem Laubwerke über die umgebenden zwei Stockwerke und das Dach des Palastes hervorragten, außerdem eine Menge Fruchtbäume und Blumen, schattige Lauben, Taubenschläge und Vogelhäuser. Seitwärts stieß an den Winterpalast die durch Bogengänge verbundene sogenannte Eremitage, ein großes quadratisches, von Katharina II. erbautes Gebäude, das 350 Fuß lang und ungefähr ebenso breit ist, und in seinen Galerien und Sälen die reichsten und kostbarsten Sammlungen von Kunstschätzen und wissenschaftlichen Gegenständen aller Art enthält: eine Gemäldesammlung von etwa 4000 Stücken, kunstvolle Arbeiten von Glas, Elfenbein, Marmor u. s. w., Kostbarkeiten von edeln Steinen und Metallen, Sammlungen von Antiken, Gemmen, Kameen, Münzen und Medaillen, eine Bibliothek von mehr als 100,000 Bänden und eine Sammlung von 30,000 Kupferstichen und Handzeichnungen. Der Verlust dieser Sammlungen würde ganz unersetzlich gewesen sein, daher waren die Anstrengungen des Kaisers, der alle Rettungs- und Löschanstalten mit großer Geistesgegenwart und Thätigkeit selbst leitete, vorzugsweise auf die Rettung der Eremitage gerichtet, als der Untergang des Winterpalastes selbst unabwendbar war. Auch der letztere, mit dessen Wiederaufbau seit Jahresfrist Tausende von Arbeitern beschäftigt gewesen sind, erhebt sich schöner und großartiger, als er war, aus der Asche und wird in Kurzem schon wieder bereit sein, den Kaiser und dessen Familie in seinen Räumen aufzunehmen. Vor dem Winterpalaste steht auf dem Isaaksplatze die dem Andenken des Kaisers Alexander I. gewidmete kolossale Alexandersäule.

Reise durch Abyssinien.

Bereits in Nr. 264 haben wir Bemerkungen über dieses Land und dessen Bewohner mitgetheilt, die der Reisebeschreibung zweier jungen Franzosen, Combes und Tamisier, entlehnt waren. Da dieselbe aber des Interessanten so viel und das geschilderte, bisher nur wenig bekannte Land so viel Abweichendes und Eigenthümliches enthält, so dürfte es nicht unangemessen sein, noch einige weitere Auszüge aus jener Reise mitzutheilen.

Abyssinien oder Habesch, dessen Ausdehnung etwa der von Spanien gleichkommt, ist der südlichste Theil desjenigen Landes, das die Alten Äthiopien nannten. Man theilt es gewöhnlich in zwei Haupttheile, Tigre und Amhara, die wieder in eine große Zahl kleinerer Provinzen zerfallen. Das Land wird von ansehnlichen Gebirgsketten und zahlreichen, sehr malerischen Thälern durchschnitten und von mehren großen Flüssen bewässert, unter denen die bedeutendsten der Takazze und der blaue Nil sind, welcher letztere nur ein Arm des großen oder weißen Nils ist. Ein früherer englischer Reisender, Bruce, der Abyssinien 1769—73 besuchte, beging einen großen Fehler, indem er die Quellen des blauen Nils, welche er in der Provinz Gojam fand, für die Quellen des großen Nils hielt; dieselben sind noch heutiges Tages nicht bekannt, wie ihre Entdeckung schon eine der berühmtesten Aufgaben der alten Geographie bildete. Der Boden ist im Allgemeinen außerordentlich fruchtbar. Die eingeborene Bevölkerung ist christlichen Glaubens, wiewol man denselben unter den wilden Sitten und der Menge widersinniger, abergläubischer Meinungen, die ihn verunstalten, kaum noch erkennen kann; die Gallas hingegen, wilde Negerstämme, die einen Theil des abyssinischen Gebiets erobert haben, bekennen sich zur mohammedanischen Religion. Von den verschiedenen Sprachen, die im Lande gesprochen werden, sind die bedeutendsten die Tigre-, die Amhara-, die Gallas-, die Schangallas- und die Gaffasprache.

Über die Urgeschichte des Landes liest man in den von den Priestern aufbewahrten Annalen, daß sich die Kinder Ham's in Abyssinien niedergelassen und das Land schnell bevölkert hätten; ihre Nachkommen wohnten anfangs in Felsenhöhlen und bauten später die Stadt Arum, welche bald die Hauptstadt eines großen Reichs wurde. Die Abyssinier, besonders aber die Vornehmen, welche israelitischer Herkunft zu sein behaupten, schämen sich ihrer Abstammung von Ham, der der Bibel nach den väterlichen Fluch auf sich gezogen hatte, und geben sich viele Mühe, zu beweisen, daß sie von Sem und nicht von Ham abstammen. Die Könige leiten ihren Ursprung von der bekannten Königin von Saba in Arabien, die zur Zeit des Königs Salomo lebte, ab; der Tradition nach wäre Melinek, der Sohn Salomo's und der Königin von Saba, welche Makeda geheißen haben soll, König von Abyssinien und der Stammvater der jetzt regierenden Könige gewesen. Die Königin von Saba, welche die Weisheit und Pracht des Königs Salomo rühmen gehört hatte, machte ihm, nach der Erzählung der Bibel, einen Besuch in Jerusalem und überbrachte ihm kostbare Geschenke; die abyssinische Tradition setzt hinzu, Salomo, von ihrer Schönheit hingerissen, habe kein Mittel unversucht gelassen, sie zu verführen, und sei auch wirklich endlich zum Ziele gekommen. Wie man sieht, rühmt sich die abyssinische Dynastie eines höhern Alters als irgend eine andere; daß sie sehr alt ist, scheint ausgemacht zu sein, und es ist sehr bemerkenswerth, daß sie sich inmitten der Stürme und der äußern und innern Kriege, die von jeher dieses schöne Land zerfleischt haben, so lange auf dem Throne zu erhalten gewußt und namentlich dem Angriffe der mohammedanischen Stämme, die unter der Fahne des Propheten zum Sturze des christlichen Abyssinien verbündet waren, siegreich widerstanden hat. Jetzt hat sie freilich nur noch einen Schatten von Macht behalten; seit einem halben Jahrhunderte sind die Könige oder

Kaiser von Abyssinien, Negus genannt, zu derselben Ohnmacht und Erniedrigung herabgesunken, wie die letzten Merovinger in Frankreich; sie sind der Spielball des Ehrgeizes der Statthalter, die sie nach Gefallen auf den Thron erheben und stürzen. Der letzte Abkömmling Salomo's residirt zu Gondar in einem Palaste, der so verfallen ist wie sein Königthum. Die wahren Beherrscher des Landes sind gegenwärtig Ras-Ali, der einen großen Theil von Amhara beherrscht, Dschescha-Ubi, der in Semen und Tigre regiert, und Sahle-Sellassi, Statthalter des Landes Schoa.

Als die obengenannten jungen Franzosen in Abyssinien ankamen, wurde Tigre, eine der schönsten Provinzen, durch Bürgerkrieg verheert. Der Beherrscher von Semen, Ubi, bestrafte, nachdem er den Fürsten von Tigre, Sabagadis, unterworfen und getödtet hatte, die Tigrener durch Plünderung und Verwüstung für ihren Widerstand gegen seine siegreichen Waffen. Unsere Reisenden kamen im April 1835 in seinem Lager an und wurden von ihm freundlich aufgenommen, worüber sie Folgendes mittheilen: „Am Tage unserer Ankunft wurden wir dem Ubi vorgestellt; er befand sich in einem großen Zelte, das aus zwei Abtheilungen bestand. Der Fürst saß in halb liegender Stellung auf einem mit einem seidenen Teppich bedeckten Lager; sein Kopf ruhte auf einem gewaltigen rothen Kissen; seine nackten Füße lagen auf den Knieen eines seiner Minister, der auf dem mit Binsen bedeckten Fußboden saß. Hinter ihm bemerkte man ein Bündel, gebildet aus seiner schönen Lanze, seinem Säbel, dem Hammelfelle, welches alle abyssinischen Krieger tragen, und seinem Schilde, das von außen mit Silberplatten verziert, inwendig mit rothem Sammt überzogen war. Neben ihm standen einige Knaben, die ihm, wie es schien, als Pagen dienten. Der Fürst, der von kleiner Statur war und in seinem Gesichte den Ausdruck der Hinterlist und Verschlagenheit hatte, empfing uns mit der größten Zuvorkommenheit; er stand bei unserm Erscheinen auf, reichte uns die Hand und ließ uns neben sich sitzen; bis zur Zeit des Mittagsmahls unterhielt er sich vertraulich mit uns, und als wir uns entfernen wollten, sobald die Speisen aufgetragen wurden, ließ er es nicht zu, sondern nahm uns vielmehr das Versprechen ab, täglich an seinem Tische zu speisen. Zur Mahlzeit fanden sich einige vornehme Personen beiderlei Geschlechts ein; den Prinzessinnen folgten einige Buhlerinnen von ausgezeichneter Schönheit und vieler Würde in ihrer Haltung. Uns war ein Ehrenplatz angewiesen; Ubi foderte uns beständig auf, zu essen, und reichte uns sogar als besonderes Zeichen seiner Gunst einige von ihm eigenhändig bereitete Bissen. Während der ganzen Dauer unserer Anwesenheit in seinem Lager ließ er keinen Tag vorübergehen, ohne uns Beweise seiner Freigebigkeit zu geben; jeden Morgen schickte er uns zehn Brote und zwei Ziegen oder einen Ochsen; einmal stellte er uns die schönsten Frauen seines Hofes vor und foderte uns auf, darunter zu wählen." So von dem Fürsten und seinen Unterthanen gefeiert und mit der größten Aufmerksamkeit behandelt, erfuhren die Reisenden durch einen Zufall, daß Ubi sie ihrer Freiheit berauben und mit aller Gewalt bei sich behalten wolle; durch eine List gelang es ihnen jedoch, die Wachsamkeit ihres Wirths zu täuschen und seinen Fesseln bei Zeiten zu entrinnen.

Sie überschritten nun den Fluß Takazze, der die Provinzen Tigre und Amhara trennt, und durchwanderten die letztere, um in das Land Schoa zu gelangen, meist zu Fuß und ohne Fußbekleidung, um sich der

Landessitte anzuschließen; in der Nacht ließ sie das Geheul der Tiger und Hyänen wenig zum Schlafe kommen. In allen Dörfern wurden sie mit Zeichen der tiefen Verehrung aufgenommen, welche die weiße Farbe den schwarzen Bewohnern dieses Landes einflößt; man kniete vor ihnen nieder und küßte ihre Hände; Männer und Frauen stritten sich um die Ehre, ihnen die Füße zu waschen, sodaß die Reisenden es in der Regel geschehen lassen mußten, daß sie ihnen mehrmals hintereinander gewaschen wurden. Die Frauen besonders, welche in Zweifel waren, ob sie Menschen seien, konnten nicht müde werden, sie anzusehen, mit unersättlicher Neugierde zu befragen und am ganzen Körper zu betasten. Die Kranken verlangten von ihnen Amulete und Heilmittel, die Verliebten Liebestränke; unfruchtbare Frauen baten um ihren Rath; Bezauberte und Besessene verlangten von ihnen Beistand gegen die Zauberer und bösen Geister, sodaß natürlich die beiden Franzosen durch diese Zumuthungen, denen Genüge zu leisten sie völlig außer Stande waren, in die peinlichste Verlegenheit versetzt wurden.

Halb triumphirend, halb verfolgt kamen sie in der Hauptstadt von Amhara, Devra-Tabur, an; der Palast des Königs Ras-Ali, in den sie sich sogleich begaben, ist, wie alle andern Häuser jener Stadt, eine bloße Hütte. „Man führte uns", erzählen sie, „in einen großen Hof, wo einige Männer auf Steinen saßen; unter ihnen befand sich der König, in ein schlechtes leinenes Gewand gekleidet. Wir fanden in ihm einen schlanken jungen Mann von schwächlicher Körperbildung, der etwa 18 Jahre alt sein mochte; sein Kopf war völlig kahl geschoren, was in Abyssinien ein Zeichen ist, daß man entweder sich zum mohammedanischen Glauben bekennt oder mit einer der schrecklichen in diesem Lande herrschenden Krankheiten behaftet ist; da nun der Fürst ein Christ war, so mußte das Letztere stattfinden. Ali lud uns ein, uns auf dem Rasen niederzusetzen, erkundigte sich nach unserer Religion und unserm Vaterlande, wollte dann unsere Waffen sehen und schenkte einem Paar Taschenpistolen, die wir aus Kairo mitgebracht hatten, vorzügliche Aufmerksamkeit. Wir boten sie ihm als Geschenk an, und da er behauptete, es sei unmöglich, einen Menschen damit zu tödten, schossen wir die eine, welche geladen war, ab, sodaß die Kugel zu seinem großen Erstaunen tief in die Erde drang; dennoch wollte er sie nicht annehmen, weil er sie für bezaubert hielt. Bald darauf führte man uns in das königliche Wohnzimmer; welches ziemlich groß und mit schönen Waffen verziert war; in der Mitte brannte ein lebhaft knisterndes Feuer, das mit harzigem Holze unaufhörlich genährt wurde. In drei besondern Vertiefungen an der Wand standen die besten Pferde Ali's, sodaß das Wohn- und Audienzzimmer zugleich ein Stall war; dies fiel uns nicht auf, da die vornehmen Abyssinier ihre Pferde so leidenschaftlich lieben, daß sie sie gern in ihrer Nähe haben."

Auch Ali wollte die Reisenden bei sich behalten und versprach ihnen schöne Weiber, treffliche Pferde und große Districte, welche sie verwalten sollten; aber ohne diesen Anerbietungen Gehör zu geben, reisten sie ab. Auf Befehl Ali's wurden sie verfolgt, zu ihm zurückgebracht und unter strenge Aufsicht gestellt, doch nach einigen Tagen gelang es ihnen, abermals zu entkommen. Freilich kamen sie aus der Scylla in die Charybdis und aus dem Regen in die Traufe. Aus dem Lande Ras-Ali's kamen sie in das Land eines mohammedanischen Stammes, der Wello-Gallas, die wegen ihres wilden, räuberischen und blutgierigen Charakters

*

in ganz Abyssinien bekannt und gefürchtet sind und die Gastfreundschaft, die sie gewähren, sich theuer bezahlen lassen. Nachdem sie durch mehre Dörfer gekommen waren, machten sie in Guel, der Residenz des mächtigsten und furchtbarsten Häuptlings dieses Stammes, Namens Hassan=Dullo, Halt. Dieser verfolgte sie nicht, wie Ubi und Ali, mit seinen Freundschaftsbezeugungen und Anerbietungen, sondern behandelte sie auf ganz entgegengesetzte Weise. Er versammelte seinen Rath, ließ die Weißen vor sich kommen und befragte sie über ihre Religion; es half ihnen nichts, daß sie sich für gläubige Muselmänner ausgaben; sie wurden beschuldigt, Götzendiener zu sein und deshalb, ihrer Protestationen ungeachtet, ausgezogen und beraubt. Man nahm ihnen ihre Mäntel, ihre Handschriften und zehn Geldstücke, welche den einzigen Schatz ausmachten, den sie besaßen; da aber Hassan nicht glauben konnte, daß dies ihr ganzes Vermögen sei, so wurden sie beschuldigt, ihre Schätze verborgen zu haben, zum Tode verurtheilt und sechs Tage lang in einem Kerker eingesperrt gehalten. Allmälig ließ jedoch der wilde Hassan von seiner Strenge nach und die geheime Dazwischenkunft seiner jungen und anmuthigen Gattin, der Königin Zaliah, gab ihnen unerwartet die Freiheit und sogar ihre Handschriften, deren Verlust sie schmerzlich bedauert hatten, wieder.

Zwei Tage darauf überschritten die Reisenden die Grenze des Landes der Gallas und betraten das Ziel ihrer Reise, das Land Schoa, wo sie sich wieder unter einer christlichen Bevölkerung befanden. Dieses Land bildet den südlichsten Theil Abyssiniens und zerfällt in zwei Districte, das Land Efat und das eigentliche Land Schoa. Die Statthalter desselben haben sich von der Oberherrschaft der abyssinischen Könige längst frei gemacht; der jetzige Beherrscher, Sahlé=Sellassi, ist ein wohlwollender, aufgeklärter und unternehmender Fürst, der auf unsere Reisenden von allen schwarzen Gewalthabern, Königen und Vicekönigen, die sie kennen lernten, den vortheilhaftesten Eindruck machte. Ihr langer Aufenthalt in seiner Hauptstadt Ankober war sehr angenehm, wiewol auch er sich eigennützig zeigte. Sahlé=Sellassi ist nämlich ein leidenschaftlicher Freund der Gewerbe. „Sein Palast ist angefüllt mit Webern, Tischlern, Drechslern und andern Handwerkern, die Pulver anfertigen, Waffen und allerhand andere Gegenstände machen und in Gold, Silber und Elfenbein arbeiten. Seine Werkstätten liefern gute Leinwand, Waffen und Zierathen aller Art. Die vornehmsten Personen seines Gefolges sind Handwerker, die er mit der größten Achtung behandelt." Bei der Ankunft unserer Reisenden erkundigte sich der Fürst sogleich, ob sie sich auf irgend ein Handwerk verständen, und war über ihre verneinende Antwort ebenso überrascht als betreten; er konnte nicht begreifen, daß zwei Europäer zu keiner nützlichen Beschäftigung geschickt sein sollten. Ohne die Hoffnung, sie für seinen Nutzen verwenden zu können, suchte er gleichwol, sie bei sich zu behalten, und sparte deshalb weder Bitten noch Versprechungen. Da sie aber auf alle Bitten nur zur Antwort gaben: „Laß uns reisen", konnte er seine Thränen nicht zurückhalten und entließ sie, nachdem er sie mit Wohlthaten überhäuft hatte.

Sie traten nun ihre Rückreise nach Frankreich an, auf welcher sie natürlich das Land der grausamen Wollo=Gallas sorgfältig vermieden; sie schlugen eine mehr westliche Richtung ein und kamen durch das Land der Borena=Gallas, einer gutmüthigen Völkerschaft, die sich von jener sehr vortheilhaft unterscheidet. Diese völlig

im Naturzustande lebenden Menschen, welche noch niemals Weiße gesehen zu haben schienen, nahmen sie wie übernatürliche Wesen auf; in jedem Dorfe wurden sie von dem Häuptling in seine Hütte eingeladen und mit dem Besten, was er zu bieten vermochte, bewirthet. In einem großen Theile von Abyssinien scheint eine Überlieferung verbreitet zu sein, nach welcher ein aus dem Westen kommendes weißes Geschlecht einst zur Herrschaft des Landes gelangen wird; daher empfing man die Reisenden an vielen Orten mit dem hundertfältigen Rufe: „Der weiße König ist angekommen." Dieser Umstand hat sie veranlaßt, nach ihrer Rückkehr in ihr Vaterland, die ohne besonders bemerkenswerthe Ereignisse über Arabien erfolgte, einen Plan zu einer zweiten Reise zu entwerfen, die sie an der Spitze einer kleinen Colonie nach Abyssinien zu unternehmen gedenken, um die europäische Civilisation und Industrie dort heimisch zu machen.

Von den Sitten der Abyssinier ist das Merkwürdigste schon in Nr. 264 mitgetheilt worden; der hervorstechendste Zug in denselben ist die große Ungebundenheit und Zügellosigkeit im Umgange beider Geschlechter, die sich freilich mit dem Christenthume, zu dem sich dieses Volk dem Namen nach bekennt, sehr schlecht verträgt. Die Kleidung der Abyssinier besitzt eine Einfachheit, die nichts Orientalisches hat. Sie besteht bei den Männern in anliegenden Beinkleidern, die nur bis zu den Knieen reichen, einem Gürtel und einem leinenen Überwurf, der nach Stand und Vermögen der Einzelnen an Feinheit und Form verschieden ist. Alle Stände haben dieselbe Tracht, nur die Krieger werfen noch ein Hammelfell über die Schultern. Außer den vornehmen Frauen, einigen Priestern und den Mohammedanern, welche Schuhe tragen, geht Jedermann barfuß, sowie auch mit Ausnahme der letztern und der Priester, die den Kopf in einen Turban von lächerlicher Form hüllen, Niemand eine Kopfbedeckung trägt. Die vornehmen Frauen und die Buhlerinnen tragen reichgestickte Tuchmäntel, die in ihrer Form den Gewändern der katholischen Priester gleichen; wenn sie öffentlich erscheinen, so sind sie dicht verschleiert, was jedoch nicht etwa aus übertriebener Schamhaftigkeit, die bei den abyssinischen Frauen gerade nicht zu Hause ist, sondern nur darum geschieht, um dem Einflusse des bösen Blickes zu entgehen, der in Abyssinien sehr gefürchtet wird.

Die Räuberhöhle bei Balda Yökel in Island.

Island enthält sowol an der Küste als im Innern eine große Menge von Höhlen. An der Küste sind die interessantesten die Basalthöhlen von Stappen auf der die Baien Brede=Fiord und Faxe=Fiord trennenden Landzunge im Westen der Insel, wo der Snäfell Yökel liegt, jener hohe Eisberg, welcher wegen seiner Gestalt, Höhe und Lage im Grunde noch merkwürdiger und bedeutender als der so gefeierte Hekla ist. Von der Landseite sind sie schwerlich zugänglich und von der Seeseite können sie nur an einem sehr ruhigen Tage besucht werden. Eine derselben ist ebenso groß als die Fingalshöhle und in vieler Hinsicht weit merkwürdiger, namentlich wegen der Windung der Säulen und einer Öffnung in der Decke.

Die zahlreichen Höhlen im Innern scheinen ebenfalls sämmtlich vulkanischen Ursprungs zu sein. Manche dienen als Schafställe, andere als Heuböden; an manche knüpfen sich seltsame Sagen. Am bekanntesten ist die merkwürdige Höhle oder vielmehr Höhlenreihe in der Nähe von Balda Yökel, welche Surtschellir oder die

Die Räuberhöhle bei Balda Yökel in Island.

Räuberhöhle heißt. Den Namen Surtschellir leiten Manche von Surtur, d. h. schwarz, ab und meinen, er rühre her von einem schwarzen Riesen oder Unthier, das der Sage nach die Höhle bewohnt habe. Nach Andern glaubten die alten Skandinavier, daß am Ende der Dinge Surtur, der schwarze Fürst der Feuerregionen, von Süden kommen und die Welt in Flammen setzen werde; da nun die Ureinwohner Islands die Spuren eines ungeheuern Brandes bemerkten, welche jene Höhle umgeben, so meinten sie, daß dem Dämon des Feuers gar kein passenderer Aufenthalt angewiesen werden könnte.

Wie dem auch sei, so viel scheint ausgemacht, daß in dem Innern der Höhle einst eine Räuberbande hauste, wofür außer den isländischen Chronikenbüchern auch die in einer Abtheilung der Höhle gefundenen Knochen von Schafen und Ochsen sprechen. Noch jetzt herrscht allgemein der Glaube, daß sich im Innern der Insel, namentlich in den öden und fast unbekannten Landstrichen zwischen den Vulkanen Hekla im Süden und Krabla im Norden, Räuber aufhielten. Mit der bekannten Ehrlichkeit der Isländer läßt sich dies freilich nicht vereinigen und ist schon darum unglaublich, weil in jenen Gegenden für Räuber nicht das Mindeste zu finden ist. Der Ursprung jener Meinung ist wahrscheinlich in der Thatsache zu suchen, daß Banden von

Seeräubern, die von ihren Nestern auf einer der benachbarten kleinen Inseln, z. B. der Westmanainseln oder der Insel Geirholm, vertrieben oder hierher verschlagen worden waren, sich in das Innere des Landes flüchteten und den Einwohnern eine Zeit lang durch ihre Räubereien beschwerlich fielen. Die ersten normännischen Ansiedler von Island waren selbst Seeräuber, und lange nachdem es bevölkert und civilisirt worden war, wurden seine Küsten noch von Seeräubern heimgesucht.

Der Engländer Henderson gibt von seinem Besuch der Höhle folgende Beschreibung: „Wir machten uns zu Fuß auf den Weg zu der merkwürdigen Surtschellirhöhle; auf dem ganzen Wege sahen wir die unregelmäßigste Lava, die man sich denken kann, bald in festen und glatten Massen da liegend, bald in tausend Stücke zerbröckelt. Der Feuerstrom war offenbar vom Balda Yökel ausgegangen, hatte jeden Winkel des Thales ausgefüllt und an den Seiten der benachbarten Berge eine bedeutende Höhe erreicht. Ein schmaler Fußpfad, von frühern Besuchern der Höhle gebildet, leitete uns zu derselben. Als wir sie erreicht, stiegen wir in eine weite Spalte, welche durch das Einsinken der Lavadecke entstanden ist; gerade vor uns gähnte der finstere Schlund, etwa 40 Fuß hoch und 50 breit; diese Dimensionen behält die Höhle in mehr als zwei Dritteln ihrer Länge, welche einer angestellten Messung zufolge 5034 Fuß beträgt."

„Wir zündeten unsere Fackeln an und gingen in die Höhle, welche bis zu beträchtlicher Höhe mit Schnee gefüllt war; weiterhin war der holperige Weg mit großen eckigen Lavastücken bedeckt, die von der Decke gefallen waren, sodaß wir in beständiger Gefahr waren, uns an denselben zu verletzen oder in die zwischen den Lavastücken befindlichen Wasserlöcher zu fallen; auch schwebten wir immer in Furcht, daß neue Lavamassen sich von der Decke trennen und uns zerschmettern möchten. Die Finsterniß war so groß, daß wir ungeachtet des Lichts, welches uns zwei große Fackeln gewährten, nicht im Stande waren, die schönen schwarzen vulkanischen Stalaktiten so deutlich, als wir wünschten, zu sehen, mit denen das hohe und geräumige Gewölbe bedeckt war, sowie die Seiten der Höhle, welche in verglaste horizontale Streifen auslaufen, die durch den Strom geschmolzener Steine gebildet worden zu sein scheinen, während die äußern Theile durch die umgebende Luft abgekühlt wurden. Fast genau uns gegenüber waren Eingänge zu andern unterirdischen Räumen von ungeheurer Größe, die wir als die Zufluchtsstätte erkannten, in welche in alten Zeiten Räuberen sich flüchteten. Weiterhin stiegen wir über eine Art Wall, der sich etwa 10 Fuß über den Boden der Höhle erhebt, und gelangten in die hinter ihm befindliche Höhlung, waren aber nur wenige Schritte vorwärts gekommen, als eine lange steinerne Mauer, etwa 3 Fuß hoch und augenscheinlich von Menschenhänden gemacht, unser Fortschreiten hemmte. Sie hatte jedoch in der Mitte eine kleine Thüre oder Öffnung, durch welche wir gingen, nachdem wir einen großen runden Haufen verwitterter Knochen, meist von Schafen und Ochsen, aber auch von Pferden, welche den Räubern als Nahrung gedient haben mögen, in Augenschein genommen hatten. Der eingeschlossene Raum, dessen Boden mit dem feinsten vulkanischen Sande bedeckt war und wahrscheinlich als Schlafstätte diente, hatte 30 Fuß Länge und 15 Fuß Breite. Die Decke dieser Höhle ist mit noch schönern Stalaktiten bedeckt als die der Haupthöhle, und da sie stark verglast sind, so reflectiren sie das Licht auf eine sehr glänzende Weise."

Die Reisenden besuchten dann noch andere Abtheilungen dieser Höhle. Eine derselben beschreibt Henderson als einen Ort, dessen Größe und Erhabenheit alle ihre Strapazen belohnt habe, und es gethan haben würde, wenn sie auch hundertmal weiter gereist wären, um ihn zu sehen. „Decke und Wände der Höhle (fährt er fort) waren mit den herrlichsten Eiszapfen geziert, die in jeder nur denkbaren Form krystallisirt waren und an Feinheit zum Theil den schönsten Thierversteinerungen nicht nachstanden; von dem Fußboden von Eis erhoben sich Pfeiler von demselben Stoffe, welche alle nur ersinnlichen seltsamen und phantastischen Gestalten hatten und den schönsten Kunstwerken gleich kamen. Wir fanden auch die von zwei frühern Besuchern, Olassen und Povelson, erwähnte Lavapyramide. Nach vierstündigem Verweilen unter der Erde verließen wir die kalte und finstere Höhle, fanden aber bei dem plötzlichen Übergange ins Freie, wo die Sonnenstrahlen von der verglasten Lava und dem vulkanischen Sande stark reflectirt wurden, die Hitze fast erstickend. Es war beinahe, als hätten wir plötzlich einen grönländischen Winter mit einem afrikanischen Sommer vertauscht."

Die neueste Theorie der Gährung.

Zu den wichtigen Entdeckungen, an denen unsere Zeit so reich ist, kommt eine neue hinzu, durch welche wir über den Vorgang der Gährung einen lange vermißten Aufschluß erhalten. Um die Mittheilung derselben allen unsern Lesern deutlich zu machen, schicken wir einige allgemeine Bemerkungen über die Gährung voran.

Gährung und Fäulniß bezeichnen im Grunde Dasselbe, nämlich eine freiwillige Zersetzung organischer Substanzen, wobei sie sich in ihre Urbestandtheile auflösen, die großentheils in Gasform entweichen, denn die Gasentwickelung bildet hierbei die Haupterscheinung und geht bald langsamer, bald schneller vor sich. Die Hauptbedingungen dieser Zersetzung sind Einwirkung der Luft, des Wassers und eine mittlere Temperatur; Gegenstände, die dem Einflusse der Luft entzogen oder vollkommen ausgetrocknet sind, können nicht faulen, und hermetische Verschließung ist daher ein Mittel, um Fleisch und andere organische Stoffe Monate und Jahre lang unverdorben zu erhalten, ja in den Ruinen von Pompeji hat man unverdorbene Oliven, die fast 2000 Jahre alt waren, gefunden, vieler ähnlichen Fälle nicht zu gedenken; ebenso bleibt gefrorenes Fleisch ganze Winter hindurch frisch, weil die Kälte die Fäulniß verhindert. Im engern Sinne versteht man unter Gährung nur diejenigen Arten der freiwilligen Zersetzung, bei denen Producte gebildet werden, die benutzt werden können. Diejenigen Substanzen, welche Zucker enthalten, durchlaufen eine Periode der Zersetzung, die allen übrigen fehlt; man nennt sie die weinige oder geistige Gährung. Zu den vorhin angegebenen allgemeinen Bedingungen kommt noch eine hinzu, welche zum Eintritt dieser Gährung erforderlich ist: die Gegenwart eines sogenannten Gährungsstoffs oder Ferments, d. i. einer kleberartigen, stickstoffhaltigen Substanz, die sich nach dem Gähren als sogenannte Hefe absetzt. Oft braucht sie nicht erst hinzugethan zu werden, sondern ist schon von Natur in der zuckerhaltigen Substanz enthalten, z. B. in den Hülsen der Weinbeeren. Die nöthige Temperatur beträgt 8—16 Grad Réaumur. Während der Gährung trübt sich die Flüssigkeit, verändert ihre Farbe, nimmt eine merklich größere Wärme an und aus ihr entwickelt sich eine große Menge kohlensaures Gas. Wenn die Gasentwickelung und damit zugleich die erste Periode vorüber ist, so ist die Flüssigkeit wieder klar geworden und hat sich in eine weingeisthaltige Flüssigkeit verwandelt, dergleichen Wein, Bier u. s. w. sind. Wenn diese aber denselben Bedingungen abermals unterworfen, also wieder mit einem Gährungsstoffe verbunden und der Luft ausgesetzt wird, so beginnt eine zweite Gährung, die saure oder Essiggährung, während welcher Sauerstoff aus der Luft angezogen und kohlensaures Gas, jedoch in geringerer Menge als vorher, ausgeschieden wird; hierbei wird der Weingeist zerstört und die Flüssigkeit verwandelt sich in Essig. Dieser zweiten Gährung, welche sich durch einen sauern Geruch zu erkennen gibt, sind die meisten Pflanzenstoffe, welche in die vorhin erwähnte Gährung nicht übergehen können, fähig. Die dritte und letzte Periode der Gährung ist die faulige Gährung oder Fäulniß; in diese gehen die meisten thierischen Stoffe bei ihrer Zersetzung unmittelbar über, und bei ihr entwickeln sich übelriechende Gasarten; man unterscheidet die langsame Fäulniß oder Verwesung von der rascher vor sich gehenden stinkenden Fäulniß.

Bei der ersten und zweiten Art von Gährung war nun bisher der Einfluß, welchen der Gährungsstoff ausübte, sehr räthselhaft, da er keine merkliche Veränderung erlitt und sein Gewicht nach der Gährung keine Verminderung zeigte, denn daß er die Gährung durch seine bloße Gegenwart befördern sollte, konnte nicht füglich angenommen werden und widersprach allen übrigen Erscheinungen in der Natur. Längst schon mußte man vermuthen, daß der Gährungsstoff aus organischen Pflanzen- oder Thierbildungen bestehe. Die neuesten mikroskopischen Untersuchungen haben es nun zur Gewißheit erhoben, daß er aus Eiern von Infusionsthierchen besteht, die bei einer mäßigen Wärme ausgebrütet, aber sowol bei zu niedriger, als bei zu hoher Temperatur getödtet werden, weshalb die Gährung nur bei einer mittlern Temperatur vor sich gehen kann. Der eigentliche Vorgang der Gährung besteht aber, mikroskopischen Beobachtungen zufolge, darin, daß diese den bloßen Auge unsichtbaren Thierchen, deren Gestalt im Allgemeinen mit der einer Destillirblase Ähnlichkeit hat, mit ihrer Mundöffnung oder dem Rüssel Zuckerstoff verschlucken, dagegen aber durch die Absonderungsorgane Weingeist und kohlensaures Gas von sich geben (denn ihrer außerordentlichen Kleinheit ungeachtet, sind diese Thierchen mit regelmäßigen Absonderungsorganen versehen). Hieraus erklärt sich nun unter Anderm auch die Erscheinung, daß ätherische Öle die Gährung unterbrechen, weil sie die Infusionsthierchen betäuben, sowie überhaupt alle Räthsel der Gährung durch diese ebenso merkwürdige als überraschende Entdeckung, die sich gar nicht in Zweifel ziehen läßt, auf befriedigende Weise gelöst werden.

Der Bumerang.

Der Bumerang oder Keili ist eine Wurfwaffe der Ureinwohner Neuhollands, die zwar schon von frühern Reisenden, z. B. dem Capitain King, erwähnt wird, aber erst seit wenigen Jahren näher bekannt geworden ist; seitdem hat sie die Aufmerksamkeit der Mathematiker und Physiker in hohem Grade auf sich gezogen, weil die Art ihres Gebrauchs und ihrer Wirkung höchst seltsam und räthselhaft ist, sodaß die Gelehrten sich bis jetzt vergebens bemüht haben, eine völlig genügende Erklärung davon zu geben.

Der Bumerang (dieser Name soll in den östlichen, der andere in den westlichen Theilen Neuhollands gebräuchlich sein) ist ein flaches Stück Holz von sichelförmiger oder genauer von hyperbolischer Gestalt, etwa 2½ Zoll breit und auf der einen Seite ganz eben, auf der andern schwach gewölbt; das eine Ende ist vom andern in gerader Linie etwa 2½ Fuß und die Mitte des Instruments von dieser geraden Linie etwa 1 Fuß entfernt. Wenn er gehörig geworfen wird, so beschreibt er einen Kreis, indem er sich beständig umdreht, kehrt wieder um nach dem Werfenden zurück, geht sogar hinter ihm fort und sucht wieder umzukehren, ehe er zu Boden fällt. Ohne große Übung läßt sich nicht im voraus bestimmen, welchen Weg das Instrument nehmen wird; damit nach entfernten Gegenständen zu zielen ist also fast unmöglich, weshalb auch die Australier die Waffe nur brauchen sollen, um sie aufs Gerathewohl unter einen großen Schwarm Vögel zu werfen oder um den Feind vorläufig dadurch in Verwirrung zu setzen; auf keinen Fall kann sie ihnen als Ersatz für Bogen und Pfeile dienen, die ihnen unbekannt sind. Ein Engländer, Moore, der zuerst die Aufmerksamkeit auf dieses Instrument gelenkt und sich mit demselben

viel beschäftigt hat, gibt von den Erscheinungen, die er beim Werfen desselben beobachtete, folgende genauere Beschreibung: „Die Eingeborenen werfen den Bumerang mit der convexen Kante gegen die Luft von der Linken zur Rechten; mir gelang es, indem ich ihn an einem Ende anfaßte, sodaß seine Ebene einen Winkel von etwa 40 Grad mit der horizontalen Ebene machte, wobei die hohle Kante einwärts und die flache Seite nach unten gekehrt war, und ihn nun fortschleuderte, als wenn er etwa 30 Ellen davon in den Boden einschlagen sollte. Dann wird seine Ebene in etwa 25 Ellen Entfernung horizontal und bleibt es auf einer Strecke von 15 Ellen; hierauf erhebt er sich in der Luft, sodaß seine Ebene wieder einen Winkel von 40 Grad mit der horizontalen Ebene bildet, und beschreibt nach der Linken zu einen Kreisbogen, bis er in der Entfernung von 60—70 Ellen eine Höhe von 40—60 Fuß erreicht hat; dann kehrt er um bis zu dem Punkte, von wo er geworfen wurde, streicht einige Fuß über den Boden hinweg, indem seine Ebene mehr horizontal wird, und geht rechts neben dem Werfenden vorbei. Im Vorbeigehen steigt er zum zweiten Male in die Höhe und beschreibt 15—20 Ellen hinter dem Werfenden auf ähnliche Weise wie zuvor, aber von der Linken zur Rechten, einen zweiten kleinern Bogen, worauf er endlich zu Boden fällt." Wird er von Jemand geworfen, der sich einen hohen Grad von Geübtheit angeeignet hat, so soll der Anblick der Bahn, welche er beschreibt, etwas ungemein Überraschendes haben.

Dieses Instrument kam zuerst in einer Sitzung der irländischen Akademie der Wissenschaften zur Sprache und ist daher in Irland am meisten bekannt geworden; in Dublin wird es bereits als Spielzeug verkauft, wiewol es für Kinder jedenfalls ein gefährliches Spielwerk ist. Auch die Alterthumsforscher haben sich mit diesem Instrumente bereits beschäftigt; namentlich hat ein Herr Ferguson zu zeigen versucht, daß ähnliche Wurfinstrumente schon den alten Römern und Griechen bekannt gewesen seien, ja daß selbst die Keule von Hercules von ähnlicher Art gewesen sei, wie auch der Hammer von Thor, dem nordischen Hercules, der Edda zufolge, ähnliche Eigenschaften gehabt haben soll. Nur der Sonderbarkeit wegen führen wir an, daß Ferguson am Schlusse die Vermuthung ausspricht, da das deutsche Wort Keule und das australische Wort Keili ähnliche Instrumente bezeichneten, so möchte wol zwischen den germanischen Völkern und den australischen Stämmen eine gewisse Verwandtschaft stattfinden.

Die Kokelskörner.

Zur Bereitung des englischen Porterbiers, vielleicht auch des Ales, wird ein Stoff genommen, der wenigstens für Thiere ein entschiedenes Gift ist, wiewol nicht hinlänglich ermittelt zu sein scheint, ob er auch auf den Organismus des Menschen nachtheilig wirkt. Diese Ingredienz sind die Kokelskörner oder Fischkörner, die Samen einer Pflanze, deren deutscher Name fischtödtender Mondsamen ist. Man nimmt von ihnen bei der Porterbrauerei zu je 10 Quarter Malz (etwa 80 Scheffel) 3 Pfund. Sie geben dem Biere eine angenehme Bitterkeit, vermehren dessen berauschende Kraft bedeutend, hindern die sogenannte zweite Gährung auf Flaschen oder das Platzen derselben und lassen eine Säurung nicht so leicht zu. Daß sie aber ein heftiges Gift sind, ist anerkannt. Fische werden schnell durch Kokelskörner getödtet und wirken nachher wieder giftig auf die sie verzehrenden Thiere; die Bewohner von Java, wo die Pflanze wild wächst, zerstoßen die Samen, vermischen sie mit dem Fleische einer Krabbenart und verfertigen daraus kleine Kugeln, mit denen sie, indem sie sie ins Wasser werfen, die Fische so betäuben, daß man sie mit Händen greifen kann; in Europa hat man die Körner, mit Mehl und Honig vermischt, auf dieselbe Art gebraucht. Wenige Gran davon sollen hinreichend sein, einen Hund zu tödten. Auch bei Menschen wirken sie, nach Einigen, betäubend und abstumpfend auf Gehirn, Nerven und Muskelkraft. Ihre Benutzung ist in England zwar verpönt, aber Gesetze und Strafen haben nur dazu gedient, die Schlauheit der Porterbrauer zu steigern, sodaß es der Chemie immer schwieriger wird, der Behörde die Anwesenheit des giftigen Stoffes (Pikrotoxin oder Bittergift) in dem Gebräu nachzuweisen.

Der Doumbaum.

Dieser Baum (nucifera Thebaica) war zwar bereits den Alten bekannt, scheint aber in neuern Zeiten, vor dem Feldzuge der Franzosen in Ägypten, von den Europäern gar nicht beachtet worden zu sein. Er gehört zu den Palmen, unterscheidet sich aber von den übrigen Gattungen dieser Familie durch seinen Wuchs, denn während fast bei allen Palmen der Stamm ungetheilt in einer geraden Linie in die Höhe geht, theilt er sich bei dem Doumbaume in mehre Äste. Bei einer Höhe von 30 oder mehr Fuß hat er etwa 3 Fuß im Umfange; der Wipfel theilt sich in zwei Äste, von denen jeder wieder in zwei getheilt ist, und so folgen drei bis vier Verzweigungen aufeinander; von den letzten Zweigen ist jeder mit einem Büschel von 24 — 30 Palm=

blättern gekrönt, die etwa 6 Fuß lang sind und zusammen einem halbgeöffneten Fächer gleichen.

Die Frucht dieses Baumes ist eine ovale Beere, die mit einer dünnen Haut bedeckt ist; sie hat etwa die Größe einer kleinen Birne und eine einzige Höhlung, die ein gelbes, von Fasern durchkreuztes Fleisch von honigähnlichem Geschmacke und aromatischem Geruche enthält; die Fasern vereinigen sich im Innern der Frucht und bilden eine Art Holzdecke des Samens, der in einer großen Nuß von weißlicher Farbe besteht.

Der Doumbaum ist ein sehr nützlicher und werthvoller Baum, der auch dazu dient, das Überhandnehmen des Sandes in der Wüste zu verhindern. Viele Arten von Dornsträuchern, die unter seinen Zweigen einen Zufluchtsort finden, breiten sich in der Nähe aus und bilden eine Art Hecke zum Schutze angebauter Stellen. Der Stamm des Doumbaums besteht, wie der der Dattelpalme, aus Längenfasern, ist aber in seiner Textur weit compacter, sodaß man Breter daraus machen kann, die bei der Zimmermannsarbeit gebraucht werden; die Schwärze der Fasern und die gelbe Farbe der zwischenliegenden Substanz gibt dem Holze ein zierliches Ansehen. Die Blätter werden zu Matten, Körben u. s. w. verarbeitet. Das Fleisch der Frucht ist genießbar und würde ohne die Fasern, von denen es durchzogen ist, ein sehr angenehmes Nahrungsmittel bilden; indessen wird's ungeachtet dieses Übelstandes von den Eingeborenen häufig gegessen. In großer Menge werden diese Früchte nach Kairo gebracht, wo sie zu billigem Preise verkauft werden, aber hauptsächlich als Medicin dienen. Der Geschmack derselben wird namentlich von Kindern geliebt; man macht auch ein angenehmes Getränk davon. Die Nuß selbst ist außerordentlich hart; sie wird auf der Drechselbank zu mancherlei Gegenständen verarbeitet und kann einen hohen Grad von Politur annehmen.

Boraxsäurehaltiges Bleiglas.

Das boraxsäurehaltige Bleiglas ist neuerlich als brauchbares Surrogat für das Flintglas, dessen Verfertigung im Großen so ausnehmend schwierig ist (vergl. Nr. 283), zum Gebrauch für optische Instrumente empfohlen worden. Es besteht aus 2 Theilen Kieselerde, 3 Theilen Boraxsäure und 19 Theilen Bleioxyd; diese Materialien müssen aber im reinsten Zustande angewendet und daher von allen fremdartigen Beimischungen vorläufig so viel als möglich gereinigt werden. Die Mischung wird in Tiegeln von reinem Porzellanthon geschmolzen, aber das Umrühren und die Verwandlung des rohen Glases in Platten geschieht mit Werkzeugen und Blechen von Platina; die Farbe des Glases ist bei Anwendung gehöriger Reinlichkeit so schwach, daß weißes Papier, durch eine neun Zoll dicke Masse gesehen, nur citronengelb erscheint. Daß es als Stellvertreter des Flintglases brauchbar ist, hat die Erfahrung gelehrt; übrigens dürfte seiner allgemeinen Einführung namentlich Zweierlei im Wege stehen, die geringere Härte, welche für die Dauerhaftigkeit fürchten läßt, und die Kostbarkeit der Verfertigung. Bis jetzt scheint man die letztere nur in England versucht zu haben; daß man aber auf dem Festlande ungleich weiter in der Verfertigung des Flintglases gekommen ist als in England, ist schon früher bemerkt worden.

Verantwortlicher Herausgeber: Friedrich Brockhaus. — Druck und Verlag von F. A. Brockhaus in Leipzig.
1

Das Pfennig-Magazin

für

Verbreitung gemeinnütziger Kenntnisse.

318.]   Erscheint jeden Sonnabend.   [Mai 4, 1839.

Papst Gregor XVI.

Der gegenwärtig regierende Papst Gregor XVI., in der Reihe der Päpste, welche nach der katholischen Zählung mit Petrus beginnt, der 258., heißt ursprünglich Mauro Capellari und wurde zu Belluno im Venetianischen von unbemittelten Ältern am 18. September 1765 geboren. Er trat frühzeitig in den Orden der Camaldulenser, kam 1795 nach Rom, wurde Generalvicar seines Ordens und erwarb sich durch theologische Schriften den Ruf ungewöhnlicher Gelehrsamkeit. Papst Leo XII. ernannte ihn daher zum Vorstande des von Urban VIII. 1627 gestifteten Collegiums der Propaganda, d. h. derjenigen Bildungs- und Vorbereitungsanstalt für Missionare, welche mit der von Gregor XV. 1622 gestifteten Congregation der Propaganda, d. h. der Versammlung zur Ausbreitung des katholischen Glaubens, die aus 18 Cardinälen und mehren päpstlichen Beamten besteht, verbunden ist. Am 21. März 1825 verlieh ihm Leo XII. die Cardinalswürde, machte aber

diese Ernennung erst im Jahre darauf, am 13. März 1826, bekannt.*) Als dieser Papst am 10. Februar 1829 starb, war Capellari nahe daran, zum Papste gewählt zu werden, doch geschah dies erst zwei Jahre später, als Pius VIII. am 30. November 1830 gestorben war, nachdem das Conclave, die Versammlung der Cardinäle, von welcher der Papst gewählt wird, zwei Monate gedauert hatte. Am 2. Februar 1831 wurde Capellari

---

*) Bei der Ernennung von neuen Cardinälen, die in einer feierlichen Cardinalversammlung (einem Consistorium) geschieht, behält sich bekanntlich der Papst in der Regel vor, die Namen eines oder einiger erst später bekannt zu machen, oder er behält sie, dem üblichen Ausdrucke nach, in petto (im Sinne). Wenn er sie dann in einem spätern Consistorium als neuernannte Cardinäle namhaft macht, so gibt er zugleich an, daß er sie früher, in einem bestimmten, von ihm angegebenen Consistorium in petto behalten, und nach dem Datum dieses letztern nehmen sie unter ihren Collegen ihren Rang ein.

durch die erforderliche Stimmenmehrheit zum Papste erwählt, am folgenden Tage zum Bischof geweiht, da er bisher nur Cardinalpriester gewesen war, und am 6. Febr. gekrönt. Er nahm den Namen Gregor XVI. an, weil er früher Abt in der Kirche des heiligen Gregorius gewesen war. Zwar machte es unter den Römern großes Aufsehen, daß ein Ausländer, ein außerhalb des Kirchenstaates geborener Cardinal zum Papst gewählt wurde, was seit Papst Clemens VIII. (Rezzonico), der aus Venedig gebürtig war und 1758 Papst wurde, nicht der Fall gewesen war, indessen wurde diese Wahl doch sehr günstig aufgenommen, da der neue Papst sich durch Rechtlichkeit, ungemeine Thätigkeit und Arbeitsamkeit, streng sittlichen Lebenswandel und Mäßigung in seinen politischen Grundsätzen auszeichnete und deshalb allgemein beliebt war. In den schwierigen Verhältnissen, welche bald nachher im Kirchenstaate eintraten, hat Gregor XVI., der noch jetzt in einem Alter von 74 Jahren sehr rüstig ist, Festigkeit und Energie bewiesen.

Kunststraßen in Portugal.

Wie groß die Nachtheile sind, welche dem Aufblühen des Handels, der Gewerbe, des Ackerbaues aus dem Mangel an guten fahrbaren Straßen erwachsen, davon gibt Portugal ein recht deutliches Beispiel. In diesem Lande ist der Ackerbauer wie der Fabrikant, der an Ort und Stelle nicht hinreichenden Absatz für seine Erzeugnisse findet, genöthigt, dieselben auszuführen; aber der theure Transport auf schlechten Wegen mit Maulthieren oder auf schweren, plumpen Ochsenkarren mit Walzenrädern, die seit ihrer Einführung während der römischen Herrschaft noch immer dieselben sind, raubt ihm den geringen Gewinn, auf den er gerechnet hatte. Deshalb können im Innern des Landes weder Fabriken bestehen, noch kann der Landmann etwas für die Erweiterung seines Ackerbaues thun; ein großer Theil der Felder bleibt unbearbeitet; man baut nicht mehr, als man für sich selbst und die nächsten Umgebungen zu brauchen und abzusetzen gedenkt.

Es klingt beinahe fabelhaft, ist aber dennoch erwiesen, daß der Transport des Getreides, welches zu Lande aus einer Entfernung von 16—20 Stunden Weges nach Lissabon gebracht wird, sei es nun auf der Achse oder auf Maulthieren, noch theurer zu stehen kommt als der Transport desselben von Danzig nach Portugals Hauptstadt.

Zwar finden sich in der ältern und neuern Geschichte Portugals hin und wieder Andeutungen, daß man zuweilen den Mangel von Straßen gefühlt und demselben abzuhelfen getrachtet habe, und in dieser Beziehung treten noch immer vor Allem die Ueberbleibsel der Werke der Römer hervor, die durchaus großartig erscheinen, wie z. B. die merkwürdigen Meilensteine mit Inschriften, die man in den nördlichen Provinzen zerstreut aufgefunden und in der Stadt Braga zum Gedächtniß verflossener Zeiten als Alterthümer aufgestellt hat. Ist auch heutzutage nichts mehr von den Straßen zu bemerken, an denen sie gestanden haben, so finden sie sie doch, daß jene vorhanden waren, indem dergleichen Steine schwerlich an gewöhnliche Feldwege gesetzt wurden. Ebenso findet sich noch der Rest einer gepflasterten Kunststraße, die über das hohe Granitgebirge der Serra de Gerez führte, auch mehre Brücken und Spuren von in Felsen gehauenen Straßen, die wahrscheinlich ebenfalls aus den Zeiten der Römer herrühren.

Selbst im Mittelalter scheint man mehr für Straßen gesorgt zu haben als jetzt; denn damals entstanden die meisten noch heute existirenden massiven Brücken. Dann aber folgte ein langer Stillstand, bis zur Regierung Pombal's, der die Straße nach Oporto ernstlich zu verbessern bemüht war. In den beiden letzten Jahrzehnden des vorigen Jahrhunderts ließ man auch französische Ingenieurs kommen, um eine gute Straße nach der genannten Stadt, sowie von da nach den Weindistricte des obern Douro herzustellen. Beide Straßen kamen wirklich zu Stande und kosteten mehre Millionen; allein da man für ihre Unterhaltung durchaus nichts that, so waren sie schon nach Verlauf von zehn Jahren wieder in einem ebenso schlimmen Zustande wie früher. So verschlimmerten sie sich immer mehr, bis man vor zwölf Jahren mit großen Kosten die Straße von Coimbra nach Oporto mit einem neuen Pflaster versah, das jetzt ebenfalls wieder aus dem bereits angeführten Grunde kaum befahren werden kann.

Daß Portugal so sehr an fahrbaren Straßen Mangel leidet, daran ist, außer manchen andern Ursachen, zum Theil der widersinnige, aber in diesem Lande oft ausgesprochene Grundsatz Schuld, daß man sich gegen fremde Armeen nur durch Unfahrbarkeit der Straßen vertheidigen könne, diese also auch in einem so kläglichen Zustande erhalten werden müßten. Daher kam es, daß, wenn einmal ein aufgeklärtes Ministerium etwas für die Straßen that, das darauf folgende, solchen verkehrten Ansichten huldigend, Alles der Zerstörung der Elemente und des Frevels überließ.

Sogar in der neuesten Zeit hat man in Portugal noch so wenig Kenntnisse vom Straßenbau, daß kein einziger portugiesischer Ingenieur ein derartiges Unternehmen zu beurtheilen vermag. Wie überall, so stehen auch hier alte Vorurtheile hemmend im Wege; Portugal, sagt man, sei nicht wie andere Länder beschaffen, es sei unmöglich, daß die Straßen bei den häufigen und heftigen Regen im Winter sich in einem fahrbaren Zustande erhielten; aber man hat keinen Begriff davon, daß eine Straße, wenn sie gut bleiben soll, fortwährend Aufsicht und Ausbesserungen erfodert, oder man hält es geradezu für unmöglich, dies Letztere wegen der großen Kostspieligkeit zu bewerkstelligen.

An diesem zuletzt erwähnten Uebelstande sind bis jetzt alle Versuche, Portugal mit fahrbaren Straßen zu versehen, gescheitert und werden auch fernerhin scheitern müssen, wenn nicht der Staat sich ins Mittel schlägt und auf seine Kosten Straßen anlegt, um dadurch den innern Handel, der jetzt auf der niedrigsten Stufe steht, zu heben und zu beleben. Für Privatpersonen, die jederzeit bei der Anlegung ihres Capitals darauf zu sehen haben, daß eine angemessene Verzinsung baldmöglichst eintrete, bleibt ein solches Unternehmen immer gewagt, und deshalb wird auch Portugal von dieser Seite in der erwähnten Beziehung keine Hülfe erhalten, obgleich es mit dem besten Baumaterial für Kunststraßen, worunter sich besonders die Basalte und die festen kieselhaltigen Mineralien auszeichnen, reichlich versehen ist.

Grönland.

Gegen das Ende des 10. Jahrhunderts, um das Jahr 981, entdeckte ein isländischer oder norwegischer Seeräuber, Namens Gunnbeörn, die Westküste von Grönland, wohin er durch einen Sturm verschlagen wurde, und gab dem Lande seinen jetzigen Namen Grönland, d. h. grünes Land. Ob ihm die dürftige Vegetation des Landes nach dem erduldeten Ungemach wirklich so reizend erschien, oder ob er seine Landsleute veranlassen wollte, es zu besuchen, ist ungewiß, aber der von ihm gewählte Name kam in Gebrauch und dient noch jetzt als Bezeichnung eines Landes, das als ein ungeheures Eisfeld beschrieben wird. Bald nachher segelte Erik der Rothe, der in Island einen Mord begangen hatte, nach Grönland, brachte einige Zeit an seinen unwirthbaren Küsten zu, kehrte mit lobpreisenden Berichten über seine grünen und fruchtbaren Thäler zurück und erhielt seine Begnadigung, indem er versprach, eine Colonie nach Grönland zu führen. Unter seiner Leitung gingen mehre Schiffe unter Segel; unterwegs traf sie ein Sturm, mehre Schiffe wurden verschlagen oder nach Island zurückgetrieben und nur etwa die Hälfte erreichte ihren Bestimmungsort. Dort wurde wirklich eine Colonie gegründet, welche 3—400 Jahre blühte. Da die Entfernung zwischen der Ostküste und Island nicht viel über 40 Meilen betrug, so bildete sich zwischen diesen Ländern ein regelmäßiger Verkehr, und die Zahl der Ansiedler wuchs so schnell, daß bald nach Einführung der christlichen Religion, um das Jahr 1000, eine Zahl Kirchen gebaut und ein Bischof ernannt wurde, der, unter dem Erzbischof von Drontheim in Norwegen stand, um den kirchlichen Angelegenheiten der Colonie vorzustehen. Über 350 Jahre bestand zwischen dieser Colonie und Dänemark und Norwegen ein regelmäßiger Verkehr. Im J. 1406 wurde der 16. und letzte Bischof nach Grönland gesandt; seitdem hat man aber von der Colonie nichts wieder gehört. Ihr Verschwinden hat man den Kriegen, welche damals zwischen Dänemark und Schweden geführt wurden und die Handelsschiffe auszulaufen verhinderten, und der Anhäufung ungeheurer Eismassen an der Küste zugeschrieben, durch welche sie völlig unzugänglich geworden ist. Der 17. Bischof wurde vom Eise abgehalten, das Land zu erreichen. Nach den letzten Nachrichten bestand die Colonie 1406 aus 190 Dörfern und hatte 12 Kirchspiele und 2 Klöster.

Es entstand nun die Frage: war die Colonie noch vorhanden, wiewol von allem Verkehr mit der übrigen Welt abgeschnitten? Ist das undurchdringliche Eisfeld, das bisweilen das ganze Meer zwischen Island und Grönland einnimmt, wirklich erst seit Anlegung der isländischen Colonie auf Grönland entstanden? Sollte man Dörfer und Kirchen, christliche und civilisirte Bewohner, die durch ewiges Eis ganz isolirt sind, noch finden können? Manche äußerten die Vermuthung, die Colonie sei auf der entfernten Westküste angelegt und ihr Verschwinden durch einen Einfall von Seeräubern oder eine ansteckende Krankheit, oder beide Ursachen zugleich verursacht worden. Andere entscheiden sich mit Bestimmtheit für die Ostküste; namentlich ist die Meinung des norwegischen Geistlichen Hans Egede, der sich dafür erklärt, von Gewicht. Zu seiner Zeit, vor etwa 100 Jahren, hing das Eis, so weit er es untersuchte, nicht mit der Küste zusammen, sondern ließ einen Zwischenraum von offenem Wasser, in welchem die Einwohner eine hinreichende Menge von Fischen für ihren Unterhalt fangen konnten. Hiernach wäre es möglich, daß die Abkömmlinge der frühern Colonisten, wiewol sie aller Zufuhren beraubt sind, noch existirten.

Die Frage scheint indessen durch die Bemühungen eines unternehmenden dänischen Offiziers, des Capitains Graah, erledigt worden zu sein. Demselben gelang es im Jahre 1829, von der Westküste nach der Ostküste Grönlands zu kommen. Er fand dort keine Ruinen, welche angedeutet hätten, daß ein civilisirtes Volk einst hier gewohnt habe, auch war nach seiner Meinung der niedrige Strich Landes, der sich längs der Küste hin-

zieht, viel zu beschränkt, um eine so viele Dörfer enthaltende Colonie zu fassen. Überdies scheint es unzulässig, anzunehmen, daß die Umgebung der östlichen Küste vor einigen hundert Jahren von ihrem jetzigen Zustande so sehr verschieden gewesen sein sollte. Wir müssen daher zu dem Schlusse kommen, daß die ehemalige isländische Colonie auf der Westseite längs der Küste an der Davisstraße angelegt worden ist, wo auch alte Ruinen, besonders von Kirchen, vorhanden sind, welche die Sache außer allen Zweifel zu setzen scheinen. Die Ursache des Untergangs der Colonie bleibt freilich im Dunkeln, wiewol man, wenn man die Lage der Colonisten zu einer Zeit, wo kein regelmäßiger Verkehr bestand, erwägt, sich leicht mehre Ursachen denken kann.

Die neuere Colonisirung der Westküste Grönlands, welche von den englischen Seefahrern Forbisher und Davis unter der Regierung der Königin Elisabeth neu entdeckt worden ist, ist das Werk des ehrwürdigen norwegischen Geistlichen Hans Egede, des Apostels von Grönland. Dieser legte, nachdem er lange damit umgegangen und endlich durch Subscriptionen und von der dänischen Regierung unterstützt worden war, im Jahre 1721 eine Niederlassung von Missionaren auf der Westküste unter 64° nördl. Breite an, die er Godhaab, d. i. gute Hoffnung, nannte. Über zehn Jahre lang hatte er mit vielen Schwierigkeiten zu kämpfen, bis sich ihm, etwa um 1733, die mährischen Brüder anschlossen. Im Jahre 1758 starb Egede, 73 Jahre alt; er hatte 15 Jahre lang ununterbrochen in Grönland aufgehalten, und sein würdiger Sohn, der 1789 in Kopenhagen als Bischof starb, war ihm im grönländischen Lehramte gefolgt. Nach Gründung dieser Colonie begannen die Dänen die Küste zu besuchen und legten eine Anzahl von Niederlassungen an, die zu den dänischen Colonien gerechnet werden. Von Süden nach Norden sind folgende: Lichtenau unter 60° 34′ nördl. Breite, Julianshaab unter 61° nördl. Breite, mit 14—1500 Einwohnern, Frederikshaab, Lichtenfels, Godhaab, Neuherrnhut, Sukkertoppen (Zuckerhut), Holsteinborg, Egedeminde, Christianshaab, Jacobshavn, Ritenbenk und Uppernamick; die letzte liegt an der Küste der Baffinsbai unter 72° 48′ nördl. Breite. Alle diese Niederlassungen enthalten noch etwa 300 dänische Colonisten, außerdem aber eine beträchtliche Zahl von Eingeborenen. Der dänische Statthalter von Südgrönland hat seinen Sitz in Godhaab, der von Nordgrönland in Guthaven auf der Diskoinsel. Auf der ganzen Küste sind fünf protestantische Kirchen.

Die beharrlichen Anstrengungen der Missionare, um die Eingeborenen zu bekehren und zu civilisiren, sind allgemein bekannt; sie haben jetzt 1200 derselben unter ihrer Obhut, die man mit Fug Christen nennen kann und die einen Theil der heiligen Schrift in ihrer eignen Sprache lesen können. Die Gesammtzahl der mit den Europäern Verkehr treibenden Eingeborenen in Grönland wird auf etwa 6000 geschätzt. Dieselben gehören zu dem weitverbreiteten Stamme der Eskimos, welche in Labrador, an den amerikanischen Küsten des nördlichen Eismeers und auf den Inseln zwischen Amerika und dem Nordpole, so weit sie bewohnt sind, finden. [*] Sie sind in der Regel von dunkler Olivenfarbe und kleiner Statur, selten über fünf Fuß hoch, und haben langes schwarzes Haar, große Köpfe, platte Nasen und dicke Lippen. Sie sind behend und stark, gutmüthig, aber völlig roh und höchst abergläubisch.

---

[*] Über die Sitten der Eskimos vergl. Pfennig-Magazin Nr. 65.

*

Im Winter kommen sie von der Seeküste in das Innere, wo sie ihre kleinen Dörfer haben, welche aus kellerartigen steinernen Wohnungen bestehen, in die man hineinkriechen muß und die in der Regel keine Fenster haben. In Folge des Rauchs der beständig brennenden Thranlampe, der Ausdünstung und der großen Unreinlichkeit der Bewohner herrscht in diesen Wohnungen ein unerträglicher Gestank. Als Schlafstelle dient ihnen ein mit Moos bedeckter erhöhter Theil des Bodens. Im Sommer oder in der Zeit des Fischfangs halten sie sich in Zelten aus Fellen auf. Die Gegenstände, welche sie am meisten schätzen, sind Messer, Nadeln, Spiegel u. s. w., für diese vertauschen sie ihre Bogen, Pfeile, Kähne, ja selbst ihre Kleider; die leztern bestehen meist aus Seehundsfellen und Vogelhäuten, die mit Thiersehnen und Nadeln aus Gräten zusammengenäht sind. Die größte Kunst zeigen sie aber im Bau und in der Lenkung ihrer Kähne, die aus Holz und dickem, durch Sehnen befestigten Fischbein bestehen, das mit Seehundsfellen bedeckt ist. Sie sind 10—20 Fuß lang, 2 Fuß breit und laufen an beiden Enden scharf zu. Diese Kähne lenken sie mit einem etwa 6 Fuß langen Ruder, das an jedem Ende eine 6 Zoll breite Schaufel hat, und wissen dasselbe mit solcher Gewandtheit zu handhaben, daß ein europäisches Boot mit 10 Rudern einen solchen grönländischen Kahn nicht überholen kann.

Unsere Abbildung stellt das Innere einer Eskimowohnung in der dänischen Niederlassung Frederikshaab vor; man sieht wohl, daß auf die hier dargestellte Familie der civilisirende Einfluß und Unterricht der Missionare seine Wirkung geübt hat, und erblickt schon Spuren von einer gewissen Verfeinerung, die bei den Eskimos im Allgemeinen keineswegs gesucht werden darf.

Die Producte des Landes sind sehr beschränkt. Als Ausfuhrartikel liefert es Seehundsfelle, Pelzwerk, Eiderdunen, Thran, Fischbein und Fische. Von Thieren enthält es Hunde, die zum Ziehen der Schlitten auf dem Eise gebraucht werden, Rennthiere, Hasen, Füchse, Eisbären, Adler, Falken, aber das Meer liefert die Hauptproducte, Seehunde, die fast alle Lebensbedürfnisse der Grönländer befriedigen, Walfische und zahlreiche andere Fische. Das fehlende Holz ersetzen im Norden Steinkohlen und Knochen; doch gibt es im Süden niedrige Birken-, Weiden- und Erlengesträuche, auch werden daselbst Kartoffeln und einige Gemüsearten gebaut, während sich im Norden die Vegetation auf Löffelkraut, Flechten und Moose beschränkt.

Das Innere eines Eskimohauses.

Die Länge der Tage.

Das Wort Tag hat bekanntlich eine doppelte Bedeutung, indem es einmal einen Zeitraum von 24 Stunden oder die Zeit bedeutet, welche von einem Mittage
bis zum nächstfolgenden verfließt, oder, wie man auch
sagen kann, die Zeit, welche die Erde braucht, um sich
einmal um ihre Achse zu drehen, dann aber auch, im
Gegensatze der Nacht, die Zeit bezeichnet, während welcher die Sonne über dem Horizonte verweilt, also die
Zeit zwischen dem Aufgange und Untergange der Sonne.
Beide Begriffe sind offenbar völlig verschieden und werden doch, merkwürdig genug, in allen Sprachen mit
demselben Worte bezeichnet; die Astronomen nennen aber
den Tag in der zweiten Bedeutung des Worts zum Unterschiede den natürlichen Tag.

Was die erste Bedeutung anlangt, so hat man
eigentlich wieder mehre Begriffe zu unterscheiden: den
Sterntag, den mittlern Tag und den wahren Tag oder
eigentlichen Sonnentag. Der Sterntag ist die Zeit,
welche die Erde braucht, um sich vollständig einmal um
ihre Achse zu drehen; er ist immer von gleicher Länge
und hat seinen Namen daher, weil in derselben Zeit
auch der ganze Sternhimmel sich scheinbar gerade einmal umgedreht hat. Der wahre Tag ist der Zeitraum
zwischen einem Mittage und dem nächstfolgenden, d. h.
zwischen dem Zeitpunkte, wo die Sonne einmal ihren
höchsten Stand am Himmel erreicht oder genau im
Süden steht, und demjenigen Zeitpunkte, wo derselbe
Fall das nächste Mal wieder eintritt. Dieser Tag ist
veränderlich und daher zu einem Maße der Zeit nicht
brauchbar; seine Länge ändert sich im Laufe eines Jahres fortwährend, indessen ist der Unterschied in seiner
Länge sehr unbedeutend, denn der längste Sonnentag ist kaum eine Minute länger als der kürzeste, und
die Veränderungen in der Länge kehren jährlich zu bestimmten Zeiten wieder; um den 21. September ist er
am kürzesten, um den 21. December am längsten.
Nimmt man aus der Länge aller wahren Sonnentage
im ganzen Jahre das Mittel, so erhält man den mittlern Tag, der immer genau von gleicher Länge ist und
daher zu einem Maße der Zeit gebraucht werden kann;
dieser mittlere Tag ist es, den wir bei unserer Zeitrechnung brauchen und nach welchem unsere Pendel= und
Taschenuhren eingerichtet sind, bei denen, wenn sie richtig gehen, eine Stunde gerade dem vierundzwanzigsten
Theile eines mittlern Tages gleich sein muß. Natürlich können wir nicht erwarten, daß unsere nach mittlerer Zeit gehenden Uhren gerade dann Mittag oder
12 Uhr zeigen sollen, wenn die Sonne wirklich
im Mittag oder im Meridiane steht und eine richtig construirte Sonnenuhr 12 Uhr zeigt; nur viermal im Jahre, am 15. April, 16. Juni, 2. September und 25. December, stimmen die Sonnenuhren mit
den nach mittlerer Zeit gehenden Uhren völlig überein,
zu jeder andern Zeit des Jahres müssen sie voneinander abweichen, und zwar ist dieser Unterschied am größten am 11. Februar und am 4. November, wo er jedesmal etwa eine Viertelstunde beträgt. Der Sterntag
ist etwa vier Minuten kürzer als der mittlere Sonnentag, daher kommt es, daß der Anblick des gestirnten
Himmels nicht in allen Nächten das ganze Jahr hindurch gleich bleibt, sondern sich von Tag zu Tag allmälig ändert, sodaß z. B. um 9 Uhr Abends nicht
etwa in jeder Nacht dieselben Sterne und an derselben
Stelle erblickt. Derselbe Anblick, den der gestirnte Himmel an dem einen Tage, z. B. am 1. November, um
9 Uhr darbietet, tritt nämlich am Tage darauf schon

4 Minuten vor 9 Uhr, 2 Tage nachher 8 Minuten vor 9 Uhr u. s. w., also nach 15 Tagen schon
um 8 Uhr, nach einem Monat schon um 7 Uhr ein;
daher bietet um 9 Uhr der Himmel am 1. December
denselben Anblick dar, wie am 1. November um 11
Uhr, am 1. Januar denselben, wie am 1. November
um 1 Uhr Nachts u. s. w. [*]

Gehen wir nun über zu dem natürlichen Tage,
als dem Zeitraume zwischen Aufgang und Untergang
der Sonne, so ist es allgemein bekannt, daß dieser Zeitraum sich im Laufe eines Jahres sehr bedeutend ändert und im Sommer am längsten, im Winter am
kürzesten ist, und diese verschiedene Länge der natürlichen Tage hängt mit dem Wechsel der Jahreszeiten genau zusammen. Wir verdanken denselben dem Umstande, daß die Erdachse, um welche die Erde sich dreht,
gegen die Ebene der Ekliptik, d. h. gegen diejenige Ebene,
in welcher sich die Erde um die Sonne bewegt, eine
schiefe Lage hat, denn wenn die Erdachse auf der Ekliptik senkrecht stände, so würde es gar keine Jahreszeiten
geben und auf der ganzen Erde würden Tag und Nacht
beständig von gleicher Länge sein oder 12 Stunden
dauern. Wie aber der Schöpfer die Bewegung der
Erde um die Sonne eingerichtet hat, gibt es nur eine
bestimmte Gegend der Erde, in welcher kein Wechsel
der Jahreszeiten stattfindet, sondern es fortwährend Sommer ist und Tag und Nacht das ganze Jahr hindurch
einander gleich sind, dies ist der Äquator oder diejenige
Linie rund um die ganze Erde, welche von beiden Polen genau gleich weit entfernt ist. An zwei Punkten
der Erde, an den beiden Polen, besteht das ganze Jahr
aus einem einzigen (natürlichen) Tage und einer einzigen Nacht, indem die Sonne abwechselnd ein halbes
Jahr lang gar nicht untergeht und im nächsten halben
Jahre gar nicht aufgeht. Auf den um diese Punkte
herum liegenden Theilen der Erdoberfläche (innerhalb
des nördlichen und südlichen Polarkreises) geht die Sonne
einen längern oder kürzern Theil des Jahres hindurch
gar nicht unter und während eines ebenso langen gar
nicht auf, sodaß die längste Dauer des natürlichen Tages dort einen oder mehre Tage, wol gar Wochen und
Monate beträgt.

Die nebenstehende Abbildung kann dienen, um
diese Veränderungen einigermaßen zu versinnlichen. In
derselben bedeutet S die im Mittelpunkte befindliche
Sonne, A, B, C und D vier Stellungen der Erde am 21.
März, 21. Juni, 23. September und 21. December.

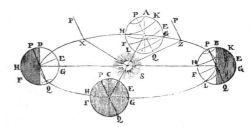

In jeder dieser Stellungen ist P Q die Erdachse, welche
während der Umdrehung der Erde unverändlich dieselbe Richtung beibehält, P der Nord=, Q der Südpol, E F
der Äquator. Natürlich kann die Sonne nur die eine
Hälfte der Erde, nämlich die ihr zugekehrte, auf einmal beleuchten; in der Abbildung stellt der helle Theil
der Kugel die erleuchtete, der schattirte die dunkle Erd-

*) Vergl. den Aufsatz „Das südliche Kreuz“ Pfennig=Ma-
gazin Nr. 272.

hälfte vor. In der Stellung A fallen die Strahlen der Sonne senkrecht auf den Äquator; die beiden Pole liegen an den äußersten Grenzen der erleuchteten Hälfte der Erde, jeder Punkt der Erde beschreibt seinen Kreis zur Hälfte im Hellen, auf der der Sonne zugekehrten Seite, zur Hälfte im Dunkeln, und folglich sind die Tage und Nächte überall auf der ganzen Erde gleich; man nennt daher diese Zeit das Äquinoctium oder die Nachtgleiche. Ganz Dasselbe findet in der Stellung C statt, in welcher sich die Erde am 23. Sept. befindet; jenes heißt das Frühlings=, dieses das Herbstäquinoctium. In der Stellung B, welche die Erde am 21. Juni einnimmt, liegt nicht nur der Nordpol P, sondern auch ein Theil der Oberfläche in seiner Nähe bis B während der Umdrehung der Erde ganz auf der beleuchteten Halbkugel der Erde, sieht also die Sonne gar nicht untergehen; die übrigen Orte auf der nördlichen Erdhälfte, oberhalb des Äquators E F, bringen bei der Umdrehung der Erde längere Zeit auf der erleuchteten als auf der dunkeln Seite zu und haben also länger Tag als Nacht. Das Entgegengesetzte findet bei den Orten auf der südlichen Halbkugel statt und sowol der Südpol als ein Theil der Erdoberfläche in seiner Nähe bleiben bei der Umdrehung der Erde beständig im Dunkeln. Um diese Zeit, welche die Sommersonnenwende oder das Sommersolstitium heißt, hat die nördliche Halbkugel der Erde Sommer, die südliche Winter. Das Entgegengesetzte findet in der Stellung D statt, welche die Erde am 21. Dec. zur Zeit der Wintersonnenwende oder des Wintersolstitiums erreicht; hier hat der Nordpol beständig Nacht, der Südpol beständig Tag und die nördliche Halbkugel Winter, die südliche Sommer. Demnach ist leicht zu begreifen, daß vom Frühlings= bis zum Herbstäquinoctium, von A—C, die nördliche Halbkugel länger Tag als Nacht, der Nordpol aber beständig Tag haben wird, während die südliche Halbkugel längere Nächte als Tage und der Südpol beständig Nacht hat, daß aber vom Herbst= bis zum Frühlingsäquinoctium, von C—A, gerade das Entgegengesetzte stattfinden wird.

Man sieht schon aus dem Vorigen, daß die Veränderung in der Länge der Tage in der Nähe der Pole viel bedeutender sein muß als in der Nähe des Äquators; die Dauer des längsten Tages ist von den kürzesten an irgend einem Orte der Erde desto mehr verschieden, je näher dieser Ort nach den Polen zu liegt, d. h. je größer seine Polhöhe oder geographische Breite ist. Auf diese kommt es hierbei ganz allein an; wenn zwei Orte gleiche geographische Breite haben, so ist bei ihnen der längste Tag, also auch die längste Nacht von völlig gleicher Dauer, und wenn sie auf derselben Halbkugel, also auf demselben Parallelkreise liegen, so haben sie zu jeder Zeit gleiche Länge der Tage und gleiche Jahreszeiten. Schon den Alten war diese ungleiche Länge des längsten Tages in verschiedenen Gegenden der Erde bekannt und sie hatten hiernach die Erdoberfläche in sogenannte Klimate abgetheilt; dies sind schmale Streifen vom Äquator bis zu den Polen, die mit dem Äquator parallel liegen und an deren Grenzen der längste Tag im Jahre um eine halbe Stunde zugenommen hat. Da nun der längste Tag unter dem Äquator, wo alle Tage im Jahre gleich sind, nur 12 Stunden, unter den Polarkreisen aber, unter 66½ Grad nördlicher und südlicher Breite, 24 Stunden beträgt, so gibt es zwischen dem Äquator und dem Polarkreise auf jeder Halbkugel 24 Klimate, die nach den Polen zu immer schmaler werden. Das erste Klima geht vom Äquator bis 8½ Grad Breite, man muß also vom Äquator aus etwa 128 Meilen nach Norden oder

nach Süden reisen, um in Gegenden zu kommen, wo der längste Tag 12½ Stunden beträgt; das zweite Klima geht von 8½ — 16¾, das dritte von 16¾ — 24¼ Grad u. s. w., das zwanzigste schon bis 65 Grad 48 Minuten, bei allen Orten unter dieser Breite ist also der längste Tag 22 Stunden lang; man braucht aber nur 11 Meilen weiter nach dem Pole zu zu reisen, um in Orte zu kommen, wo der längste Tag im Jahre schon 2 Stunden länger, also 24 Stunden lang ist, im Winter aber, am 21. December, die Sonne einen ganzen Tag lang gar nicht aufgeht. Von den Polarkreisen bis zu den Polen zählt man noch sechs Klimate, an deren Grenzen der lange Sommertag, der an den Polen sechs Monate beträgt, d. h. die Zeit, während welcher die Sonne im Sommer gar nicht untergeht, um einen Monat zugenommen hat; diese werten nach den Polen zu immer breiter, in der Nähe des Polarkreises nimmt also die Länge der Tage am schnellsten zu, und wenn man von einem Orte, wo der längste Tag gerade 24 Stunden beträgt, 11½ Meilen weiter nach den Polen zu reist, so kommt man in Gegenden, wo die Sonne schon einen ganzen Monat lang nicht unter= und im Winter einen ganzen Monat lang nicht aufgeht.

Im Vorhergehenden ist jedoch noch auf einen Umstand keine Rücksicht genommen worden, der von sehr merklichem Einflusse ist und die Wirkung hat, daß dadurch auf der ganzen Erde die Tage etwas verlängert und die Nächte verkürzt werden. Dies ist nämlich die Erscheinung, welche man Strahlenbrechung nennt. Jeder Lichtstrahl, der aus einem durchsichtigen Stoffe in einen andern, z. B. aus Luft in Wasser, aus Luft in Glas u. s. w. eindringt, wird von seinem geradlinigen Laufe abgelenkt, sobald der zweite Stoff dichter oder weniger dicht als der erste ist. Wenn aber ein Lichtstrahl von einem Sterne zu uns kommt, so kommt er aus dem leeren Raume in die Atmosphäre, und da die Luft nach der Erde zu immer dichter wird, so wird der Lichtstrahl unaufhörlich abgelenkt oder gekrümmt; daher kommt es, daß wir die Sterne nicht da erblicken, wo sie wirklich stehen, sondern etwas höher, weil wir jeden Gegenstand in derjenigen Richtung suchen, welche der von ihm kommende Lichtstrahl zuletzt hat, kurz bevor er unser Auge erreicht. Je näher ein Stern dem Horizonte steht, desto mehr wird er durch die Strahlenbrechung verrückt, d. h. desto mehr weicht sein scheinbarer Ort von seinem wirklichen ab, immer aber ist jener höher, und wenn wir einen Stern eben aufgehen sehen, so steht er eigentlich noch unter dem Horizonte. Dasselbe findet nun auch bei der Sonne statt, wir sehen sie nicht etwas höher, als sie wirklich steht, sondern des Morgens sehen wir sie schon am Himmel, wenn sie eigentlich noch ganz unter dem Horizonte steht, und des Abends sehen wir sie noch, wenn sie eigentlich bereits untergegangen ist. Durch diesen Umstand wird die Länge des Tages vergrößert, und zwar desto mehr, je größer die geographische Breite des Orts ist. Dies bemerkten zuerst die holländischen Seefahrer Heemskerk und Barends auf der Insel Novaja-Semla unter 76 Grad Breite im Jahre 1597, welche die Sonne schon am 24. Januar wieder erblickten, wiewol sie sie, ihrer Berechnung nach, erst am 10. Februar wieder aufgehen zu sehen erwarteten. Dadurch wird nun alles früher Gesagte einigermaßen abgeändert. Selbst unter dem Äquator dauert der Tag 4 — 5 Minuten länger als 12 Stunden, ist also 9 — 10 Minuten länger als die Nacht, und auch während des Äquinoctiums ist der Tag überall auf der Erde

einige Minuten (in Leipzig etwa 7 Minuten) län=
ger als 12 Stunden, also auch die Nacht um ebenso
viel kürzer. Schon diesseit vom Polarkreise sieht man
die Sonne im Sommer einen Tag lang gar nicht
untergehen, was König Karl XI. von Schweden zu sei=
ner großen Überraschung zu Torneå in Finnland be=
merkte, aber erst jenseit des Polarkreises kommt man
in Gegenden, wo die Sonne im Winter gar nicht auf=
geht; selbst an den Polen muß der Sommertag bedeu=
tend länger als sechs Monate, die Winternacht um
ebenso viel kürzer dauern. Indessen läßt sich nicht mit
völliger Genauigkeit berechnen, um wie viel der Tag
an jedem Orte der Erde zu jeder Zeit durch die Strah=
lenbrechung verlängert wird, weil hierbei viel auf die
veränderliche Beschaffenheit der Atmosphäre und auf die
größere oder geringere Wärme derselben ankommt; aber
wie lang der Tag an jedem Orte der Erde und zu je=
der Zeit des Jahres sein müßte, wenn keine Strahlen=

brechung vorhanden wäre, läßt sich sehr genau durch
Rechnung finden.

In der folgenden Tabelle ist die halbe Dauer
des natürlichen Tages von fünf zu fünf Graden nörd=
licher Breite (bis zu den Polarkreisen) und von Mo=
nat zu Monat angegeben, sodaß die angegebene Zeit
(die erste Zahl bedeutet Stunden, die zweite durch ei=
nen Punkt getrennte Minuten) ungefähr für den 22.
Tag jedes Monats gilt und zugleich die Stunde (aber
nach dem wahren, nicht nach dem mittlern Mittag) an=
gibt, um welche die Sonne Abends untergeht; will
man die Stunde des Aufgangs finden, so muß man
die angegebene Zeit von zwölf Stunden abziehen. Hier=
bei ist auf die Strahlenbrechung aus dem oben ange=
gebenen Grunde keine Rücksicht genommen, doch ist in
der untersten Zeile angegeben, wie viel Minuten der
Strahlenbrechung wegen unter jeder Breite hinzugefügt
werden müssen.

Nördl. Breite	0°	5	10	15	20	25	30	35	40	45	50	55	60	65	66½
Jan. 21.	6	5.53	5.45	5.38	5.30	5.21	5.11	5. 1	4.49	4.35	4.17	3.55	3.24	2.35	2.12
Febr. 20.	6	5.56	5.52	5.48	5.44	5.39	5.34	5.29	5.22	5.15	5. 6	4.56	4.41	4.21	4.13
März 21.	6	6. 0	6. 0	6. 0	6. 0	6. 0	6. 0	6. 0	6. 0	6. 0	6. 0	6. 0	6. 0	6. 0	6. 0
April 19.	6	6. 4	6. 8	6.12	6.16	6.21	6.26	6.31	6.38	6.45	6.54	7. 4	7.19	7.39	7.47
Mai 21.	6	6. 7	6.15	6.22	6.30	6.39	6.49	6.59	7.11	7.25	7.43	8. 5	8.36	9.25	9.48
Jun. 21.	6	6. 9	6.18	6.27	6.36	6.45	6.58	7.11	7.25	7.43	8. 5	8.33	9.15	10.34	12. 0
Jul. 24.	6	6. 7	6.15	6.22	6.30	6.39	6.49	6.59	7.11	7.25	7.43	8. 5	8.36	9.25	9.48
Aug. 25.	6	6. 4	6. 8	6.12	6.16	6.21	6.26	6.31	6.38	6.45	6.54	7. 4	7.19	7.39	7.47
Sept. 23.	6	6. 0	6. 0	6. 0	6. 0	6. 0	6. 0	6. 0	6. 0	6. 0	6. 0	6. 0	6. 0	6. 0	6. 0
Oct. 22.	6	5.56	5.52	5.48	5.44	5.39	5.34	5.29	5.22	5.15	5. 6	4.56	4.41	4.21	4.13
Nov. 21.	6	5.53	5.45	5.38	5.30	5.21	5.11	5. 1	4.49	4.35	4.17	3.55	3.24	2.35	2.12
Dec. 21.	6	5.51	5.42	5.33	5.24	5.15	5. 2	4.49	4.35	4.17	3.55	3.27	2.45	1.26	
u. darüber	0.2	0. 2	0. 2	0.2½	0.2½	0. 3	0. 3	0. 3	0. 3	0.3—4	0.3—4	0.4—5	0.4—7	0.5—20	0.6—30

Hiernach ist also leicht auszurechnen, wie lang der
Tag zu einer gewissen Zeit des Jahres an einem gewissen
Orte, dessen geographische Breite bekannt ist, ungefähr
sein muß, um welche Zeit also daselbst die Sonne auf=
und untergeht; die Verlängerung des Tages durch die
Strahlenbrechung ist, wie man sieht, erst unter höhern
Breiten zu verschiedenen Zeiten des Jahres merklich
verschieden, z. B. unter 60 Grad Breite wird dadurch
die halbe Tageslänge wenigstens um, höchstens um
sieben Minuten verlängert u. s. w., und zwar findet
der kleinste Betrag im März und September, der größte
im Juni und December statt. Obige Tafel gilt zwar
zunächst nur für die nördliche Halbkugel, sie kann aber
auch für die südliche gebraucht werden, wenn man die
sechs letzten Monate der Reihe nach an die Stelle der
sechs ersten setzt, und umgekehrt, weil die südliche Halb=
kugel Sommer und die längsten Tage hat, während die
nördliche Winter und die kürzesten Tage hat, und um=
gekehrt. Was endlich die Gegenden in der Nähe der
Pole und zwar zunächst des Nordpols betrifft, so geht
die Sonne

unter 70 Grad Breite 2 Monate und 3 Tage
  » 75 » » 3 » » 12 »
  » 80 » » 4 » » 12 »
  » 85 » » 5 » » 7 »
  » 90 » » 6 » — »

lang nicht unter und etwa ebenso lange nicht auf.
Demnach ist es unter 70° Breite beständig Tag vom
21. Mai bis 24. Jul., unter 75° vom 1. Mai bis
13. Aug., unter 80° vom 16. Apr. bis 28. Aug.,
unter 85° vom 3. Apr. bis 10. Sept., unter 90°
vom 21. März bis 23. Sept., und dagegen beständig
Nacht unter 70° vom 21. Nov. bis 21. Jan., unter

75° vom 3. Nov. bis 8. Febr., unter 80° vom 19.
Oct. bis 23. Febr., unter 85° vom 6. Oct. bis 8.
März, unter 90° vom 23. Sept. bis 21. März. Am
21. März und 23. Sept. sind dort, wie überall auf
der Erde, Tag und Nacht einander gleich; außerdem
beträgt die ganze Tageslänge am 20. Febr. und 22.
Oct. für 70° Breite 7 Stunden 42 Minuten; für
75° Breite 5 Stunden 48 Minuten; am 19. Apr.
und 25. Aug. für 70° Breite 16 Stunden 18 Mi=
nuten; für 75° Breite 18 Stunden 12 Minuten.
Auf die Strahlenbrechung, welche, wie schon bemerkt,
in diesen Gegenden die Zeit der Sichtbarkeit der
Sonne sehr bedeutend verlängert, ist hierbei ebenfalls
keine Rücksicht genommen. Die obigen Angaben gelten
für die nördliche kalte Zone; in der südlichen geht die
Sonne in derselben Zeit auf, in welcher sie in
der Nähe des Nordpols nicht untergeht, und umgekehrt,
und ebenso sind in den letzten Angaben die Monate Fe=
bruar und October mit April und August zu vertauschen.

Stahlstabgeläute.

Ein vollständiges, auf der sollinger Hütte bei Uslar
in Hanover verfertigtes Geläute von Gußstahlstäben ist
kürzlich an eine Kirchengemeinde abgeliefert worden. Es
besteht aus drei nach dem Profile der Glocken gebo=
genen Stäben von 97, 77 und 55 Pfund Gewicht,
deren Klang in einer Entfernung von 5000 Fuß oder
einer kleinen halben Stunde noch vollkommen deutlich
hörbar ist. Der Preis desselben war an der Hütte
130 Thaler.

Macao.

Die Südspitze der Halbinsel Gaumin im Meerbusen von Kanton bildet die in geringer Entfernung südlich von Kanton liegende portugiesische Niederlassung Macao (gesprochen Massao), welche die Portugiesen seit 1563 unter chinesischer Oberhoheit besitzen und wofür sie dem Kaiser von China einen jährlichen Tribut von 100,000 Ducaten zu entrichten haben. Sie ist von dem übrigen China durch eine theilweise verfallene Mauer getrennt, hat einen Flächenraum von fünf Quadratmeilen und enthält eine Volksmenge von etwa 35,000 Einwohnern, meist Chinesen, von denen der größte Theil in der unten vorgestellten Stadt Macao wohnt. Diese ist die Residenz des portugiesischen Gouverneurs und eines katholischen Bischofs; sie hat eine Citadelle, einen sichern Hafen, dessen Einfahrt sehr beschwerlich ist, und eine Besatzung von 400 Mann, die vertragsmäßig nicht über 450 Mann betragen darf. Der Handel der Niederlassung war ehemals sehr blühend; jetzt laufen noch etwa 30 Schiffe jährlich hier ein, welche Opium und andere indische Waaren bringen und dagegen vorzüglich Thee eintauschen. Nahe bei der Stadt findet man auf einer Anhöhe die Camoensgrotte, in welcher Camoens, Portugals größter Dichter, der seit 1556 mehre Jahre in der Verbannung hier lebte, sein berühmtes Heldengedicht: „Die Lusiaden“, gedichtet haben soll.

Verantwortlicher Herausgeber: Friedrich Brockhaus. — Druck und Verlag von F. A. Brockhaus in Leipzig.

Das Pfennig-Magazin

für
Verbreitung gemeinnütziger Kenntnisse.

319.]   Erscheint jeden Sonnabend.   [Mai 11, **1839.**

Allgemeine Ansicht von Florenz.

Florenz und seine Bewohner. *)

Florenz, die Hauptstadt des Großherzogthums Toscana, ist eine der schönsten Städte nicht nur in Italien, sondern in ganz Europa. Sie liegt in einem schönen, vom Arno durchströmten Thale auf beiden Seiten des Flusses, über welchen sechs Brücken führen, worunter sich zwei Hängebrücken befinden, und hat etwa zwei Stunden im Umfange; ihre Straßen sind gut gepflastert und reinlich und die Häuser im Allgemeinen stattlich und solid gebaut; ihre zahlreichen Kirchen enthalten viele auserlesene Gemälde und treffliche Bildsäulen. Von dem prachtvollen Dome ist in diesen Blättern (Nr. 172) schon die Rede gewesen; außer ihm ist eine der merkwürdigsten Kirchen die Lorenzkirche, die eine der ältesten in Florenz ist und ursprünglich die Domkirche war, aber im Anfange des 15. Jahrhunderts abbrannte und später von Brunelleschi wieder aufgebaut wurde. In dieser Kirche, deren Inneres mit korinthischen Säulen geschmückt ist, sind die berühmten Kapellen der Mediceer sehenswerth. Der Urahn dieses Geschlechts, Cosmus, ist in der Mitte der Kirche begraben, wo ein einfacher flacher Grabstein die Inschrift trägt: „Dem Andenken von Cosimo dei Medici, dem Vater seines Landes." Nicht so einfach sind die Grabmäler seiner Nachkommen, namentlich die gedachten Kapellen. Die erste derselben, von Michel Angelo erbaut, ist von vierseitiger Form, mit korinthischen Säulen geziert, und enthält die Gräber von Julian und Lorenzo Medici; die Figuren auf ihren Sarkophagen gehören, nächst dem Moses in Rom, zu Michel Angelo's berühmtesten Bildhauerarbeiten. Auf des Erstern Grabe sind die vier Tageszeiten vorgestellt. Der Morgen ist ein eben erwachendes Mädchen; die Helligkeit scheint ihren Schlummer unterbrochen zu haben, aber noch ist sie im Kampfe mit dem Schlafe begriffen, was durch die Augenlider und Gesichtsmuskeln sehr schön ausgedrückt ist. Die Nacht, welche für die trefflichste dieser Figuren gilt, wiewol sie sich nicht eben durch weibliche Schönheit auszeichnet, ist der anatomischen Vollendung und der überaus treuen Nachbildung der Natur wegen merkwürdig. Weniger vollendet sind die beiden männlichen Figuren, Mittag und Abend, die denen indeß die erste die Fülle männlicher Lebenskraft gut ausdrückt. Auf Lorenzo's Grabmal befindet sich eine sitzende Figur, welche mit nachdenklicher Miene die Beschauenden zu beobachten scheint. Nur wenige von Michel Angelo's Statuen sind ganz vollendet, was gewöhnlich der Ungeduld seines Geistes zugeschrieben wird, vielleicht aber auch daraus zu erklären ist, daß er seine Unfähigkeit fühlte, das ihm vorschwebende Ideal zu verwirklichen, und absichtlich die Statuen halb vollendet ließ, damit sich die Einbildungskraft den fehlenden Theil in idealer Vollkommenheit vorstellen möchte. Zu der andern mediceischen Grabkapelle, welche ebenfalls zwei Gräber enthält, die von Ferdinand I. und Cosmus II., entwarf Vasari unter Cosmus I. den Plan; ausgeführt wurde sie unter Ferdinand I. Sie ist von achtseitiger Form und mit einer Kuppel gedeckt; auf ihre Ausschmückung wurden ungeheure Summen und die Arbeit zweier Jahrhunderte gewendet. Die kostbarsten mineralischen Producte des Morgenlandes, Jaspis, Chalcedon, Malachit, Porphyr, Lapis Lazuli u. s. w. schmücken die Wände und bilden schöne musivische Darstellungen der Wappen aller toscanischen Städte. Ein deutscher Reisebeschreiber, Kephalides, sagt von dieser Kapelle: „Alle architektonische Pracht in Flo-

renz verschwindet gegen die vermeintlichen Verzierungen und Steinmalereien der über 180 Fuß hohen Begräbnißkapelle der Mediceer, deren dritten oder vierten noch unvollendeten Theil in gleichem Style auszubauen jetzt kein gekröntes Haupt mehr Geld und Muth genug hat. Lasur und alle antiken und modernen Edelsteine sind hier so leichtsinnig verschwendet, als wenn es gemeine Kiesel wären, und man tritt die blinkende Pracht des ganzen Mineralreichs mit Füßen." Indeß macht gleichwol die Bauart dieser Kapelle durchaus keinen gefälligen Eindruck, und es ist Schade, daß nicht ein Theil der großen hier verschwendeten Summen zur Vollendung der Façade dieser oder einer andern Kirche von Florenz bestimmt worden ist.

Die Kirche Santa-Croce enthält die Grabmäler der berühmtesten Toscaner und wird wegen der großen Zahl von Inländern und Fremden, die sie besuchen, das italienische Mekka genannt. Hier findet man die Gräber von Galileo Galilei, Michel Angelo, Macchiavelli, Alfieri und vielen andern der größten Männer Italiens, auch ein Kenotaphium des Dante, der in Ravenna begraben liegt. Die Florentiner, die ihn bei seinen Lebzeiten wegen seiner Anhänglichkeit an die ghibellinische Partei verbannt und für den Fall seiner Rückkehr mit dem Feuertode bedroht hatten, gaben sich nach seinem Tode große Mühe, seine sterbliche Hülle zu erhalten, aber die päpstliche Regierung weigerte sich beharrlich, sie herauszugeben; in der Inschrift auf seinem Grabe wird Florenz als eine wenig liebevolle Mutter bezeichnet. Auf seinem von Ricci gefertigten Kenotaph steht die kolossale, von zwei weinenden Figuren, welche Italien und die Dichtkunst vorstellen, unterstützte Statue des großen Dichters. Das Grab Michel Angelo's ist mit seiner Büste geziert, die sehr ähnlich sein soll; darunter stehen die Figuren der verwandten drei Künste der Bildhauerei, Malerei und Architektur, in denen allen er groß war. Das Grab Macchiavelli's ziert eine Figur, welche die Politik und Geschichte vorstellt, und das Galilei's, des großen Astronomen, der das Fernrohr erfand und die Jupiterstrabanten entdeckte, eine Büste, neben welcher zu beiden Seiten die Figuren der Astronomie und Geometrie stehen. Die Seitenkapellen der im gothischen Style erbauten Kirche sind mit Bildhauerarbeiten der ersten Meister geschmückt.

Die Kirche Santa-Annunziata, welche mit vergoldeten Hautreliefs und kostbarem Marmor reich geschmückt ist und die Gräber mehrer berühmter Künstler enthält, die zu der Schönheit und dem Glanze der Stadt wesentlich beigetragen haben, wie Johann's von Bologna, Benvenuto Cellini's und Anderer, wird in der Regel vom Hofe besucht und ist daher die Modekirche von Florenz. Hier und in den anstoßenden Klostergängen findet man zahlreiche Frescogemälde des florentinischen Malers Andrea del Sarto, von denen das berühmteste, welches die Jungfrau mit dem Kinde und Joseph, der auf einem Sacke ruht, vorstellt, die Madonna del Sacco genannt wird; es soll in Zeiten großer Theurung für die Mönche des Klosters gemalt und mit einem Sacke Korn bezahlt worden sein. Noch findet man in einer Ecke eine Sammlung elender Pinseleien, welche Krankheiten und Unglücksfälle vorstellen. Dieselben sind von Personen, welche durch die Hülfe der Jungfrau Maria aus den abgebildeten Gefahren errettet worden zu sein glauben, hier aufgehängt worden. Hinsichtlich des Altarblattes in der Kapelle der heiligen Jungfrau in dieser Kirche geht die Sage, daß der Maler desselben einst während der Arbeit eingeschlafen sei und es beim Erwachen durch übernatürliche Kräfte voll-

---

*) Vergl. Pfennig-Magazin Nr. 172 und 173.

endet gefunden habe. Dieses Gemälde wird nur bei Gelegenheit außerordentlicher Gebete dem Publicum gezeigt, ist aber sehr mittelmäßig und spricht eben nicht für die große Geschicklichkeit des übernatürlichen Künstlers. Im Monat Mai wird ein mit Früchten, Wein und Öl beladener Esel in feierlicher Procession zum Altar dieser Kapelle geführt, wo die Priester die Gaben, welche er trägt, in Empfang nehmen.

Unter den übrigen Kirchen ist die Kirche Santa Maria Novella, die Michel Angelo seine Braut zu nennen pflegte, am interessantesten. Mit dem dazu gehörigen Kloster ist eine Anstalt verbunden, welche die Fremden in Florenz selten unbesucht lassen, nämlich die Farmacia oder Apotheke der Mönche. Ursprünglich mögen dieselben nur einige einfache Arzneimittel an kranke Arme ausgetheilt und ihre Freistunden auf Bereitung derselben verwandt haben; daraus ist ein regelmäßiger Handel mit Droguereiwaaren und Spezereien entstanden, der die Einkünfte des Klosters, das jetzt zum großen Theil in ein Laboratorium verwandelt ist, beträchtlich vermehrt. Im Ganzen hat Florenz 170 Kirchen und Kapellen. Jährlich einmal, am grünen Donnerstage, besucht der Großherzog mit seiner Gemahlin und seinem Hofstaat zu Fuß sieben der bedeutendsten Kirchen und vertheilt in denselben Almosen.

Florenz ist seit dem Mittelalter unter allen Städten Italiens in Künsten und Wissenschaften am weitesten fortgeschritten gewesen. Die großherzogliche Gemälde- und Statuengalerie enthält die Meisterwerke der verschiedensten Perioden der Kunst. Die mediceische Venus, jenes vollkommenste Muster weiblicher Schönheit, das jemals ein Meißel hervorbrachte, der sein Messer schleifende Scythe, der tanzende Faun von Michel Angelo, der Knabe, der sich den Dorn aus dem Fuße zieht, und die auserlesensten Gemälde von Rafael (namentlich Johannes der Täufer, das Portrait der Geliebten des Malers, die schönen Fornarina, und Maria mit dem Stieglitz), Tizian's, Guercino's und Anderer finden sich beisammen in einem kleinen achtseitigen Gemach, das die Tribune heißt; die Wände desselben sind mit rothem Sammt, das Gewölbe mit Perlmutter, der Boden mit köstlichem Marmor bekleidet. In einem andern Saale befindet sich die Gruppe der Niobe und ihrer Kinder, welche, wie man glaubt, ursprünglich einen Apollotempel zierten, in einem dritten über 300 Portraits der ausgezeichnetsten Maler, von ihnen selbst gemalt. Noch andere Säle enthalten Bronzestatuen, Vasen, Gemmen, Kupferstiche, Münzen u. s. w., einer ein reichhaltiges ägyptisches Museum. Diese kleinern Säle werden nur an bestimmten Tagen geöffnet; dagegen sind zwei parallele Corridors von 200 Schritt Länge und ein dritter sie verbindender von 60 Schritt Länge, welche gleichfalls Kunstwerke der Sculptur und Malerei enthalten, ganz offen und dem Publicum zu jeder Zeit zugänglich. In der Vorhalle der Galerie steht ein in Stein gehauener Eber, den Kephalides den Apollo des Saugeschlechtes nennt; die florentinischen Metzger haben ihn zum Beweise ihres Kunstsinnes in einer schönen Copie am Fleischmarkte aufstellen lassen (s. die Abbildung S. 152). Auch die Paläste der edeln Familien von Florenz, der Riccardi, Strozzi, Corsini, Gerini und anderer, enthalten zahlreiche Meisterwerke der Kunst. Auf die sorgsame Pflege der Wissenschaften deutet das naturhistorische Museum, die Sternwarte, mehre große Bibliotheken, worunter die berühmte mediceische, eine Universität u. s. w. In dem gedachten Museum befindet sich eine Sammlung von anatomischen Wachspräparaten, durch deren Verfertigung die Florentiner immer berühmt gehabt haben; das physikalische Cabinet enthält unter Anderm das Fernrohr Galilei's und dasjenige Brennglas, mit welchem zuerst ein Diamant verbrannt wurde. Noch jetzt steht die Wissenschaft in Toscana in großem Ansehen und die wissenschaftlichen Anstalten erfreuen sich der wohlwollendsten und freigebigsten Unterstützung der Regierung.

Die Florentiner sind im Allgemeinen gutartig, gefällig, lebenslustig und verständig; zwar beschuldigt man die höhern Classen des Mangels an Gastfreundschaft und die niedern der Unehrlichkeit, aber beide Beschuldigungen sind gleich ungegründet. Die erste geht von den Engländern aus, nach deren Begriffen Gastfreundschaft von guter Lebensart unzertrennlich ist; aber bei der großen Zahl von Fremden, welche beständig durch die Stadt kommen und sich nur kurze Zeit daselbst aufhalten, würde es den Bewohnern, deren Einkommen im Allgemeinen beschränkt ist, schwer fallen, sie immer glänzend zu bewirthen; doch wird der Fremde niemals finden, daß sie einen Aufwand von Zeit und Mühe scheuen, um ihm gefällig zu sein. Die Beschuldigung der Unehrlichkeit rührt daher, daß der Reisende in der Regel mit der verdorbensten Classe zu thun hat, mit Gastwirthen, Commissionnairs, Vetturini u. s. w.; wer jedoch längere Zeit mit ihnen gelebt hat, wird sich selten über Betrug zu beschweren haben, wiewol sie allerdings gern handeln und aus Übervortheilung Gewinn ziehen. Es ist in Italien ein Übelstand, daß es an festen Preisen fehlt, sodaß Jeder darauf ausgeht, so viel zu bekommen und so wenig zu geben als möglich; übrigens kann man, mit Ausnahme Neapels, in keiner Stadt Italiens mit guter Laune so viel, mit Ungestüm und Barschheit so wenig ausrichten, als eben in Florenz. Beraubungen und Diebstähle sind in dieser Stadt fast unbekannt, was von wenig andern Städten Italiens gerühmt werden kann.

Daß die Florentiner etwas indolent und bequem sind, ist wol dem Klima zuzuschreiben, wiewol Frau von Staël ihnen zu viel thut, wenn sie sagt, die Florentiner brächten ihre Morgen damit zu, längs des Arno spazieren zu gehen, und ihre Abende damit, einander zu fragen, ob sie dort gewesen seien. Ihre beständige Antwort, wenn sie ihre Nachlässigkeit entschuldigen und ungestüme Foderungen abweisen wollen, lautet: Pazienza (Geduld). Daß sie dieselbe zu üben wissen, ist ihnen nicht abzusprechen; ihre Geschichte lehrt, daß sie, im Großen wie im Kleinen, zu dulden und zu tragen verstanden haben. Das Spiel lieben sie sehr und sind besonders dem Lottospiel, das der Regierung als Einnahmequelle dient, sehr ergeben.

Namentlich bei schönem Wetter ist Florenz ein reizender Aufenthalt; bei Sonnenschein gibt es keinen schönern Spaziergang als am Ufer des Arno, wo man immer Wärme findet, wenn es auch in den übrigen Stadttheilen ziemlich kalt ist. Bei Regenwetter hingegen ist die Stadt sehr schmuzig und ein Gang durch dieselbe sehr unangenehm, besonders wegen der Dachtraufen, die das Regenwasser von den Dächern nicht an den Häusern herunterleiten, sondern in der Mitte der Straße ausgießen, ein Übelstand, der sich zwar auch in Rom, Neapel und andern großen italienischen Städten findet, aber in Florenz wegen der Enge der meisten Straßen doppelt lästig ist.

Die Schauspielkunst der Chinesen.

In der weitläufigen Literatur der Chinesen nimmt das Drama nicht den letzten Platz ein, und wiewol sie sich nicht gerade großer Theaterdichter rühmen können, deren

Namen vom Volke mit Stolz ausgesprochen werden, so ist doch die Zahl ihrer dramatischen Schriften sehr ansehnlich. Sie besitzen eine Sammlung von Schauspielen in 199 Bänden, aus welchen wieder 100 Stücke als die besten ausgewählt worden sind; einige Stücke dieser Auswahl, die den Namen Yuen=tschin=pi=tschong führt, sind in mehre europäische Sprachen übersetzt worden. Da die Beschränkungen, denen der Verkehr der sogenannten Barbaren mit dem himmlischen Reiche unterworfen ist, uns verhindern, auf gewöhnlichem Wege mit den Sitten und dem häuslichen Leben der Chinesen bekannt zu werden, so ist das Studium der chinesischen Schauspiele vorzüglich darum interessant, weil es mehr als ihre übrigen Schriften geeignet ist, uns eine Einsicht in ihr häusliches Leben zu gewähren. Einen wichtiger Theil dieser Dichtungen bilden die in dieselbe verwebten Lieder, die in ihrem Charakter mit den Chören der griechischen Tragödien einige Ähnlichkeit haben; ihrer schwülstigen Sprache wegen sind sie schwer zu verstehen und fast unübersetzbar, zumal da bei denselben mehr auf den Wohllaut als auf den Sinn gesehen wird, während derjenige Theil dieser Stücke, welcher gesprochen wird, in der gewöhnlichen Umgangssprache abgefaßt und in der Regel leicht verständlich ist.

Die Schauspieler stehen bei den Chinesen in geringer Achtung, sind aber sehr zahlreich. In Peking allein soll es mehre hundert Truppen geben, so lange sich der Hof dort aufhält; die meisten ziehen fortwährend von einer Stadt zur andern. Jede Truppe besteht in der Regel aus acht bis zehn Personen, die ganz eigentlich die Sklaven des Directors sind. Sie reisen auf den Kanälen oder Flüssen, an denen die meisten großen Städte in China liegen, auf bedeckten Barken, in denen sie wohnen und ihre Rollen lernen. Werden sie in eine Gesellschaft gerufen, um etwas aufzuführen, so wird dem Gastgeber ein Verzeichniß der Stücke eingehändigt, welche sie aufführen können, und dieser befragt seine Gäste über die zu treffende Wahl; wenn diese getroffen ist, so wird das Verzeichniß der Personen des Stücks vorgelesen, und wenn es sich treffen sollte, daß darin der Name eines der Gäste vorkommt, so wird sogleich ein anderes Stück gewählt, damit der Name des Gastes nicht etwa mit einer anstößigen Handlung oder Anspielung im Stück in Verbindung gesetzt werden möge. Ein neuerer Reisender bemerkt indeß, daß diese Regel sehr häufig unberücksichtigt gelassen wird, sowie auch diejenige Vorschrift, welche den Schauspielern verbietet, in ihren Aufführungen Kaiser, Kaiserinnen, berühmte Prinzen, Minister und Feldherren früherer Zeiten darzustellen, beständig übertreten wird, indem gerade solche Darstellungen die gewöhnlichsten und beliebtesten sind.

Wenn Privatleute ein Verlangen nach theatralischen Vorstellungen tragen, so bringen sie durch eine Subscription eine Summe zusammen, die hinreichend ist, um die geringen Kosten der Einrichtung eines zeitweiligen Theaters und der Besoldung der Schauspieler zu decken. Zuweilen werden die Tempel oder Pagoden als Theater gebraucht, was nicht auffallen kann, da sie der gewöhnliche Schauplatz für Spiele anderer Art sind. Die chinesischen Wirthshäuser enthalten ein großes Zimmer, das eigens zu theatralischen Aufführungen bestimmt ist, wodurch dem Mangel an besondern Schauspielhäusern abgeholfen wird. Übrigens ist ein zeitweiliges Schauspielhaus bei den Chinesen sehr schnell errichtet; zwei Stunden reichen dazu hin. Zu diesem Ende werden einige Bambuspfähle in den Boden gepflanzt, über welche eine Decke von Matten

gebreitet wird, sechs bis sieben Fuß über dem Boden wird ein Breterboden angebracht, um als Bühne zu dienen, drei Seiten derselben werden mit Vorhängen von gemalter Leinwand versehen, während die vierte, dem Publicum zugekehrte offen bleibt, und das Schauspielhaus ist fertig.

Als der englische Gesandte, Lord Macartney, mit seinem Gefolge auf seiner Reise nach der Hauptstadt bei Tien=sing Halt machte, wurde ein solches tragbares Theater am Ufer, der Barke des Gesandten gegenüber, errichtet, in welchem den ganzen Tag über Pantomimen und historische Schauspiele aufgeführt wurden. Eins derselben zog, wie uns ein Begleiter des Gesandten erzählt, wegen seiner Ähnlichkeit mit einem Stücke von Shakspeare die Aufmerksamkeit der Engländer vorzugsweise auf sich. Es stellte einen chinesischen Kaiser vor, der mit seiner Gemahlin herrlich und in Freuden lebt, als sich seine Unterthanen plötzlich empören; nun beginnt ein Bürgerkrieg, mehre Schlachten werden geschlagen, endlich überwältigt der Anführer der Rebellen seinen Kaiser und tödtet ihn. Die gefangene Kaiserin erscheint auf der Bühne in höchster Verzweiflung, sowol aus Schmerz über den Verlust ihres Gatten und ihrer Würde, als aus Furcht, entehrt zu werden. Während sie ihr Haar zerreißt und die Luft mit ihren Klagen erfüllt, tritt der Eroberer ein, nähert sich ihr mit Anstand, redet sie in sanftem Tone an, lindert ihren Schmerz durch seine Theilnahme, spricht von Liebe und Verehrung und beredet endlich die Kaiserin, wie Richard III. die Lady Anna in Shakspeare, ihre Thränen zu trocknen, den verblichenen Gatten zu vergessen und dem tröstenden Freier Gehör zu geben. Das Stück schließt mit der Hochzeit und einem großen Zuge. Eine der Hauptscenen dieses Schauspiels ist in unserer Abbildung vorgestellt. Während sich Lord Macartney am Hofe befand, kam unter den zur Feier des kaiserlichen Geburtstages veranstalteten Lustbarkeiten auch eine theatralische Vorstellung vor, zu welcher der Gesandte eingeladen wurde; sie begann des Morgens um acht Uhr und dauerte bis Mittag. Der Kaiser saß auf einem Throne der Bühne gegenüber, die einen großen Raum einnahm; auf beiden Seiten befanden sich Logen, wo hinter Gitterfenstern versteckt geschmückte Frauen saßen. Die Vorstellung bestand aus tragischen und komischen Stücken in bunter Aufeinanderfolge und scheinbar ohne allen Zusammenhang, die theils gesungen, theils gesprochen wurden und in denen Schlachten und Ermordungen in großer Zahl vorkamen; den Beschluß machte eine große Pantomime, die mit besonders lebhaftem Beifall aufgenommen wurde und dem Anscheine nach die Vermählung des Meeres mit der Erde vorstellen sollte.

Über Namen und Charakter der vorkommenden Personen werden die Zuhörer niemals in Zweifel gelassen, denn jede Person stellt sich dem Publicum selbst vor und gibt bei ihrem ersten Auftreten ausführlich an, wer sie ist, wie sie heißt, was sie früher gethan hat und was sie jetzt zu thun beabsichtigt. So fängt ein von Davis ins Englische übersetztes Stück folgendermaßen an: „Ich bin ein Mann aus Tung=ping=fu; mein Name ist Tsung=schu, mein Zuname Lu. Ich bin 60 Jahre alt, mein Weib Li 58, meine Tochter Jin=tschang 27 und ihr Mann Tschang=lang 30. Ich hatte sonst einen Bruder Li=Tsung=tau, dessen einziger Sohn Jin=sun hieß. Dieses Kind hatte ein sehr trauriges Schicksal u. s. w." Die Einheit des Orts wird insofern beobachtet, als Veränderungen der Scene gar nicht vorkommen, wiewol man sich oft Ortsveränderungen denken muß, wobei der Einbildungskraft nicht selten auf sehr sonderbare Weise zu Hülfe gekommen wird. Wenn z. B. Jemand eine weite Reise unternehmen soll, so reitet er auf einem Stocke ein paar Mal um die Bühne, schwingt dabei eine Peitsche und singt ein Lied; hierauf steht er plötzlich still und — ist an Ort und Stelle angekommen. In Ermangelung aller Decorationen werden Häuser und andere Gegenstände durch Menschen vorgestellt; wenn z. B. eine Festung erstürmt werden soll, legen sich eine Anzahl Soldaten auf der Bühne übereinander und stellen so den Wall vor, den die Stürmenden erklettern müssen. Aus diesem Allen erhellt, daß die Schauspielkunst der Chinesen nicht eben auf einer hohen Stufe steht und ungeachtet des hohen Alters der Nation und ihrer Literatur sich noch immer in ihrer Kindheit befindet.

Eine Scene aus einem chinesischen Schauspiele.

Die neuesten Mittheilungen über die Nordpolarländer.

Je größer die mit der Erforschung der Polarmeere sowol als der Polarländer verbundenen Schwierigkeiten und die Entbehrungen sind, ohne welche eine Reise in denselben gar nicht denkbar ist, desto dankbarer müssen die Bemühungen derjenigen Männer aufgenommen werden, welche aus Eifer für die Wissenschaft Reisen in jene Gegenden unternehmen, ohne sich durch die vielen entgegenstehenden Hindernisse abschrecken zu lassen. Die russische Regierung hat in der neuesten Zeit mehre Expeditionen in jene Gegenden veranlaßt, unter denen die Reise des Akademikers Baer theils wegen der günstigen Umstände, unter denen sie gemacht wurde, theils wegen der Menge von Gegenständen, die er zurückgebracht hat, zu den interessantesten und wichtigsten gehört, weshalb wir einen kurzen Abriß seiner Reisebeschreibung mittheilen.

Am 19. Juni 1837 verließen Hr. Baer und seine Reisegefährten in zwei kleinen Fahrzeugen Archangel und fuhren die Dwina herab bis zu ihrer Mündung ins weiße Meer, wo widrige Winde sie bis zum 30. desselben Monats aufhielten. Ein frischer Südwind brachte sie hierauf in wenig Tagen an die Küste von Lappland, wo sie wieder im vergeblichen Kampfe gegen den Nord-

wind einige Zeit bleiben mußten. Am 12. Juli war endlich der Wind günstig, die Anker wurden gelichtet und fünf Tage darauf liefen die Reisenden nach glücklicher Fahrt in die Meerenge Matoschkin-Schar ein, welche sich von Ost nach West erstreckt und Nowaja-Semlja in zwei Theile theilt. Das Meer war frei, da der Nordwind das Eis in das weiße Meer getrieben hatte, und dieser günstige Umstand erlaubte den Reisenden, das Land in mehren Richtungen zu durchstreifen und in naturhistorischer Hinsicht zu erforschen. Ihr Wunsch, in der Meerenge nach Osten vorzudringen, ging jedoch nicht in Erfüllung, da das Eis im östlichen Theile derselben fest und compact geblieben war. Am 4. August lichteten sie abermals die Anker; da der Nordwind sie südlich trieb, blieben sie einige Tage in der namenlosen Bai, liefen in die inselreiche Meerenge Kostin-Schar ein, dann in die Bai Neschwatowa, verließen am 31. August die Küste von Nowaja-Semlja und kamen nach einer Fahrt von acht Tagen an der Seeküste von Lappland, zwei Tage nachher wieder im Hafen von Archangel an.

In physikalischer und naturhistorischer Hinsicht sind die Ergebnisse dieser Reise von hohem Interesse. Die

Beobachtungen des Hrn. Baer begannen an der Mün=
dung der Dwina; hier liegen zahlreiche Inseln, deren
angeschwemmter Boden in Folge des beständigen Kam=
pfes zwischen der Strömung des Flusses und den Mee=
resströmungen unaufhörliche Veränderungen erleidet. Die
Vegetation dieser Inseln, auf denen kein Baum wächst,
ist höchst dürftig, dagegen ist sie sehr schön an den
Ufern der Dwina und in allen gegen den Nordwind ge=
schützten Gegenden, wo man stattliche Bäume und üp=
pige Wiesen erblickt. Dasselbe Schauspiel zeigt der
Winterberg auf der Ostküste des weißen Meeres, in 65
Grad 20 Minuten nördlicher Breite gelegen, dessen süd=
licher Abhang mit Eisenhutarten, selbst mit einer Rosenart
und mit mehren Pflanzen und Sträuchern, die man in
den Gärten Südfrankreichs und Italiens findet, bedeckt
ist. Die Schönheit dieser Vegetation wird ungemein
gehoben durch den Contrast mit denjenigen Gegenden,
die dem Nordwinde ausgesetzt sind; hier ändert sich die
Scene, die Sträucher der warmen Zone machen denen
der kalten Platz, die Natur ist rauh und unfreundlich
und nur hier und da sieht das Auge mitten in der
allgemeinen Öde Torfmoos und Sumpfpflanzen wachsen.

Vom Winterberge begaben sich unsere Reisenden
nach Pialitzi an der Küste von Lappland unter 66
Grad 10 Minuten nördl. Breite. Bei jedem Schritte
entdeckten sie hier Tausende von Muschelschalen von
verschiedener Gestalt und Größe; die Ufer des Meeres,
die sich bis 100 Fuß über die Wasserfläche erheben,
waren ganz mit Gras bedeckt, während die Spalten
der Felsen noch mit Schnee angefüllt waren. Von den
höchsten Punkten dieser Küste erblickt man unabsehbare
Ebenen, die sich nach allen Richtungen ausdehnen und
mit Flechten und verkrüppelten Straucharten bedeckt
sind, deren Höhe zum Theil noch nicht ein Drittel ih=
rer Dicke beträgt. Diese Ebenen nennen die Finnen
Tuntur oder Tundra, ein Wort, womit die Russen
baumlose Ebenen in Sibirien bezeichnen, auf denen
nur kryptogamische Gewächse, wie Flechten und Moose,
vorkommen, während auf den lappländischen Tundras
mitten unter diesen Pflanzen Bäume wachsen, wiewol
Hr. Baer beobachtet hat, daß an allen Orten, die an
kryptogamischen Pflanzen reich sind, nur verkrüppelte,
in krankhaftem Zustande befindliche Bäume angetroffen
werden.

Die Berge, welche mehre Geographen auf der
Ostküste von Lappland angegeben haben, sind nicht vor=
handen; das ganze Land ist hier flach und von gleichem
Niveau, nur im Westen wird es von einer Kette nie=
driger Hügel durchzogen, die zu den skandinavischen Ge=
birgen gehören, jedoch mit der Zeit immer niedriger zu
werden scheinen und in nicht gar langer Zeit ganz ver=
schwinden dürften. Die Hauptflüsse des Landes ent=
springen aus den zahlreichen, weit ausgedehnten Süm=
pfen; sie fließen in ihren Felsenbetten langsam und
ruhig und ihre Ufer sind an vielen Stellen, besonders
aber in der Nähe des Meeres, mit Felsen besetzt, die
mehr als 300 Fuß hoch sind. Die im östlichen Theile
des russischen Lapplands vorherrschende Felsart ist Syenit,
der von Adern aus Quarz und körnigem Granit durch=
zogen wird; mehre Inseln an der Küste bestehen ganz
aus reinem Quarz.

In jenen Ebenen findet man wenig Spuren des
thierischen Lebens, und die Vögel, die man zu Gesichte
bekommt, sind fast sämmtlich Wasservögel, aber der
Reichthum des Meeres an diesen Gestaden entschädigt
für die Armuth des Landes. Eine sehr bedeutende Zahl
von Walfischen besucht jährlich die Küsten, und im
Frühjahre enthalten die Flüsse Fische von allen Arten

und Größen, unter andern treffliche Lachse in außeror=
dentlicher Menge. Der Fischfang ist daher der haupt=
sächlichste Nahrungszweig der Bewohner, die gegen Fische
Thee, Rum, Mehl und alle andern Bedürfnisse ein=
tauschen.

Auch die Beschreibung, welche Hr. Baer von Nowaja=
Semlja gibt, ist von hohem Interesse. Dieses aus Felsen=
massen bestehende Land ist im Westen von einem Gürtel
von Klippen umgeben, die an einigen Stellen der Küste
unter dem Wasser verborgen sind. Am südlichen Ende
ist die Küste flach, aber von Kostin=Schar an ist das
Land von Bergketten, die 2000 Fuß hoch sind, durch=
zogen. Nach Norden zu wird die Zahl und Höhe die=
ser Berge bedeutender; in der Nähe der Meerenge Ma=
roschkin=Schar bedecken sie das ganze Land, erreichen
Höhe von 3500—4000 Fuß und sind mit unermeß=
lichen Schneefeldern bedeckt. Weiter nach Norden nimmt
die Höhe wieder ab und die Berge verflachen sich nach
der Westküste zu, wo sie tiefe, nach dem Meere zu of=
fene und mit Gletschern angefüllte Thäler bilden. Das
vorherrschende Gestein ist Thonstein, der an der Luft
bei der Strenge des Klimas leicht verwittert, dann
kömmt Kalkstein, häufig mit Thonschiefer gemischt. In
mehren Gegenden findet man eine Erscheinung, die
durch die vollständige Widerlegung der neptunischen Theo=
rie, welche sie liefert, sehr große Aufmerksamkeit ver=
dient; nämlich Berge von Porphyr, der auf Secundär=
formationen von Kalkstein ruht. Haufen von Stein=
kohlen, welche die Reisenden an der Küste fanden, schie=
nen durch die Wellen angespült worden zu sein.

In Nowaja=Semlja findet man keine Tundras
wie in Lappland; die Vegetation ist hier sehr arm; auf
den Granitblöcken sieht man nur Flechten wachsen. Im
Allgemeinen wachsen die Pflanzen dieses Landes zwar
sehr langsam, brauchen aber auch ebenso lange Zeit,
um zu vergehen; die alten Blätter bleiben verwelkt an
ihren Stielen und oft sieht man an derselben Pflanze
Blätter, die mehre Jahre alt sind, mit neuen Blättern
vermischt. Wie in Lappland, findet man auch hier
Stellen, wo die Umstände der Vegetation vorzugsweise
günstig sind, namentlich durch die Lage gegen Südwe=
sten und den Schutz gegen den Nordostwind. Der An=
blick dieser Gegenden, die wahre Oasen bilden, thut in=
mitten der allgemeinen Öde dem Auge unbeschreiblich
wohl. Übrigens ist auch hier die Vegetation auf die
Oberfläche des Bodens und den niedrigsten Theil der
Atmosphäre beschränkt; die Pflanzen dringen in der
Erde nur bis zu einer sehr geringen Tiefe ein und er=
heben sich nur wenige Zolle über die Oberfläche. Die=
selben Pflanzen, welche in warmen Ländern verticale
Wurzeln haben, haben in Nowaja=Semlja horizontale
und kriechen am Boden hin, wo die Temperatur am
wärmsten ist, während sie in größerer Tiefe eine Kälte
finden würden, die ihnen tödtlich sein müßte. Diese
Erscheinung ist am auffallendsten an den Bäumen.
Der gewöhnlichste Baum in Nowaja=Semlja ist die
Polarweide; dieser Baum erhebt sich nur einen halben
Zoll über das Moos, und der Stamm, der die Dicke
eines Federkiels hat, trägt etwa zwei Blätter; dies ist
aber nicht der ganze Baum; untersucht man seinen
Stamm oder vielmehr Zweig, so findet man, daß er
mit einem dicken Aste zusammenhängt, der unterirdisch
hinläuft und von welchem in ungleichen Zwischenräu=
men mehre ähnliche Zweige ausgehen. Zwei andere
Weidenarten, von denen die eine, **Salix reticulata**, vier
bis fünf Zoll lang wird, die andere aber, **Salix lanata**,
als der Riese der Wälder dieses Landes anzusehen ist,
wiewol sie nur eine Höhe von sechs bis acht Zoll er=

reicht, besitzen ebenfalls einen auf der Erde hinlaufenden Hauptstamm, von welchem in Zwischenräumen verticale Zweige ausgehen. Hr. Baer hat im Ganzen 90 Arten phanerogamischer, 45 Arten kryptogamischer Gewächse hier gefunden, fast doppelt so viel, als die Reisenden bisher in Spitzbergen entdeckt haben. Von Thieren finden sich nur sehr wenige Arten hier, aber die Ratten, unter andern die grönländische, und die Füchse sind ziemlich zahlreich; die letztern führen mit den erstern Krieg und verzehren die von den Wellen ans Ufer geworfenen Körper todter Thiere, sowie die Eier und Jungen der Wasservögel. Die Fische sind auch hier sehr zahlreich, namentlich im Meere der grönländische Walfisch und in den Flüssen der Lachs.

Bei seinen Untersuchungen über die Höhe der Schneelinie hat Hr. Baer Folgendes gefunden. In den Ebenen verschwindet der Schnee gegen Ende des Juli, aber in den Gegenden, wo er vom Winde aufgehäuft wird, sowie in den Höhlungen, bleibt er das ganze Jahr hindurch liegen. An dem Ufer der Meerenge Kostin-Schar bildet der Schnee ganze Berge von außerordentlicher Höhe. An der Meerenge Matoschkin-Schar stehen zwei Berge einander gegenüber; der eine, 3400 Fuß hoch, hat fast gar keinen Schnee, während der andere, nur 3100 Fuß hoch, ganz mit Schnee bedeckt ist.

Im vorigen Sommer sandte das französische Ministerium eine naturwissenschaftliche Expedition in die nördlichen Länder von Europa, nach Skandinavien, Lappland und Spitzbergen, welcher sich mehre dänische, schwedische und norwegische Gelehrte im Auftrage ihrer Regierungen anschlossen. Noch ist wenig von den Resultaten dieser Expedition zur öffentlichen Kenntniß gekommen; wir theilen einstweilen ein Schreiben, das einer dieser Reisenden, **Dr. Robert**, an den russischen Ministerresidenten in Hamburg gerichtet hat, aus Kaafjord vom 29. August 1838 datirt, im Auszuge mit.

„Am 15. Juli gingen wir von Hammerfest nach Spitzbergen ab. Die unter drohenden Aspecten begonnene Überfahrt war überaus glücklich. Die großen Eisbänke sahen wir nur von fern und stießen erst dicht an der spitzbergischen Küste auf kleinere. Acht Tage darauf bot sich ein ganz neues Schauspiel unsern Blicken dar. Gebirge, spitz auslaufend wie Kirchthürme, schneebedeckt, von allen Seiten mit unzähligen Gletschern umgeben, Eisgruppen, wie kleine Berge, die sich jeden Augenblick davon ablösen und mit furchtbarem Krachen ins Meer stürzen, das von Seekühen und Seehunden aller Gattungen, nebst Scharen von Vögeln und ungeheuern Walfischen, die ihre Wasserstrahlen mit dem Brausen eines Dampfschiffes in die Höhe spritzen, bewohnt ist — das sind die Gegenstände, die beim Einlaufen in die tiefe Bucht Spitzbergens zuerst in die Augen fallen. Im ersten Augenblicke schien uns Spitzbergen prachtvoll und durch die riesigsten Schöpfungen der Natur beseelt, aber Todtenstille herrschte auf der Rhede von Bells-Sound, wo wir in der russischen Niederlassung einige Fischer zu finden hofften. Ein fast abgetakeltes Schifflein lag am Ufer, der Raum voll Eis und nur durch eine gefrorene Schneebank zugänglich, welche vom Ufer dahin führte; etwas weiter hin das Wrack einer großen Schaluppe; rechts und links mehre Reihen von großen Fässern, alle voll Eis; endlich die russische Behausung, die einem schlechten norwegischen Blockhause ähnlich war. Was, fragten wir uns, mochte aus den Russen selbst geworden sein? Offenbar waren sie während des Winters vor Kälte oder Hunger umgekommen. Nahebei lag ein Kirchhof,

hier fanden wir noch frische, aber mit Eis bedeckte Gräber. Der Letzte jener Unglücklichen lag noch in der Hütte im Eise verscharrt, das bis ans Dach aufgethürmt war. Während unsers Aufenthalts in Bells-Sound erfuhren wir, daß allerdings an der Südküste 26—28 russische Matrosen umgekommen waren, ehe sie noch Zeit gehabt, ihre Winterbehausung zu erbauen. Man findet fast noch alle ihre Leichname unter dem Eise. Der Muth verging uns, die Hütte gänzlich vom Eise zu befreien; wir begnügten uns, einen Theil derselben herzustellen. Ein widriger Geruch, vermuthlich eine Folge des Aufenthalts von Füchsen und Eisbären, verpestete diese traurige Einöde. Wir schlugen daher unsere Zelte in einiger Entfernung von dort, in der Mitte großer Kreuze auf, welche die Russen in dieser unwirthbaren Gegend errichtet hatten. Ich ließ mir einfallen, zuerst in einem der Zelte zu schlafen; nur dann und wann kam eine Art von Schlummer in meine Augen, der aber immer wieder durch das dumpfe Krachen gestört wurde, welches der Sturz der Eiskegel eines prachtvollen Gletschers veranlaßte, an dessen Fuß die Corvette vor Anker lag. Diese Eisstücke sind es, die, nach meiner Ansicht, mit zur Bildung der Eisfelder in den nordischen Gewässern beitragen. Gegen 12 —14 Tage verstrichen mit der Erforschung dieses merkwürdigen Landes, bei der herrlichsten Witterung und dem hellsten Sonnenschein, an dem man um Mitternacht Feuerschwamm durch das Brennglas anzünden konnte. Erst am Tage unserer Abreise fiel Schnee. Die Nacht zuvor brachte ich auf dem Gipfel eines Berges zu, wohin man ein kleines Zelt geschafft hatte, welches als höchster Standpunkt für die magnetischen Beobachtungen dienen sollte. Nie sah ich Spitzbergen schöner; wir glaubten, uns in den Wolken zu befinden, und die Sonne schien uns durch einen seltsamen Reflex aus dem unter uns liegenden Gletscher hervorzutauchen. Die Besorgniß, durch Eisschollen blockirt zu werden, die sich schon thurmhoch am Eingange der Rhede zeigten, bewog uns, zu unserm großen Bedauern die Anker zu lichten, denn täglich sah man neue Seethiere, neue Pflanzen, die in den botanischen Verzeichnissen nicht vorkommen und auf dem Meeresgrunde wuchern; vollends aber waren die geologischen Beobachtungen vom höchsten Interesse. Ich habe darüber einen langen Bericht an unsere Akademie der Wissenschaften erstattet. Auf unserer Rückkehr geriethen wir unter die Eisbänke; da aber glücklicherweise der Wind nicht scharf wehte, so gelang es uns, die größern zu vermeiden, die kleinern zu zerschlagen und uns so loszumachen. Auf einen Besuch auf Cherry-Island (Beereninsel) mußten wir verzichten, da die Eisfelder sie unzugänglich machten. Am 12. August Abends waren wir wieder in Hammerfest, und die Meisten erholten sich dort auf einem Ball von ihren Strapazen. Ich selbst hatte nicht Zeit, ans Land zu gehen, und am folgenden Morgen gingen wir fast Alle in zwei Schaluppen wieder nach dem Nordcap ab. Diese dreitägige Reise war überaus ermüdend: die Matrosen mußten fast immer rudern und bedurften daher der Erholung, und wir mußten deswegen bei den einzelnen Inseln Halt machen, was uns die Bekanntschaft der Lappländer verschaffte. Bei dieser Race haben wir freilich großes Elend, keineswegs aber den Grad moralischer und physischer Erniedrigung gefunden, den man ihnen andichtet. Einzelnen Nomaden aus der Gegend von Torneå fehlt es nicht an einer gewissen Würde, und den Weibern, unter denen einige mir ganz artig vorkamen, scheint es an Gewandtheit nicht zu fehlen. Höchst interessant ist die Sorgfalt der Mütter für ihre Kinder, die ganz nackt in eine Art von Mumienkasten gesteckt und mit Dunen oder Rennthierfellen umhüllt werden. Wenn die Mütter sie säugen wollen, nehmen sie die ganze Wiege in den Arm und hängen sie dann bei schönem Wetter an Baumzweige. Die alten Weiber lieben Branntwein und Taback sehr, die Kinder aber knacken gern Zucker und laufen uns wie Hündlein nach. Morgen geht es quer durch Lappland nach Torneå, weshalb ich mir eine nähere Beschreibung dieses Volkes vorbehalte. Unsere Instructionen lauteten, daß wir das Nordcap besuchen sollten, wo sich unter andern berühmten Männern auch der jetzige König der Franzosen aufgehalten. Zum Andenken an unsern Besuch bringe ich Ihnen die höchste Spitze desselben mit, nämlich ein Stück von sechs Zoll, welches ich mit dem Hammer abgeschlagen. Dieser Punkt bildet gleichsam den Schlußstein der Geologie im nördlichen Europa. Wir umschifften die Insel Mageröe, auf welcher das Nordcap sich befindet, und kehrten acht Tage darauf nach Hammerfest zurück. Zwei Tage später gaben wir den Einwohnern dieses Orts und der Umgegend einen großen Ball, welchen wir, so gut wir konnten, durch die am Bord befindlichen Mittel zu verschönern suchten."

Recept zu einer unauslöschlichen Tinte.

Man zieht aus Weizen den darin enthaltenen Kleber aus, reinigt ihn vom Stärkmehl und löst ihn mit Hülfe von Wärme in Holzsäure auf. Die dadurch erhaltene seifenartige Flüssigkeit verdünnt man dann mit Wasser bis zur Stärke von gewöhnlichem Weinessig und reibt 8 Unzen davon mit 8—10 Gran Lampenruß und 1½ Gran Indigo zusammen. Die Mischung gibt eine schön schwarze, leicht fließende und schnell trocknende Tinte, die auf dem Papier so fest haftet, daß sie sich weder abreiben noch durch chemische Mittel zerstören lassen soll.

Der Brunnen zum wilden Eber in Florenz.

Verantwortlicher Herausgeber: Friedrich Brockhaus. — Druck und Verlag von F. A. Brockhaus in Leipzig.

Das Pfennig-Magazin

für

Verbreitung gemeinnütziger Kenntnisse.

320.]   Erscheint jeden Sonnabend.   [Mai 18, 1839

Demosthenes.

Demosthenes, der größte Redner des Alterthums, wurde um das Jahr 385 v. Chr. geboren, als Athen den Gipfel seines Ruhmes erreicht, aber bereits von seiner politischen Größe herabzusteigen angefangen hatte. Sein wohlhabender Vater betrieb unter mehren Gewerben auch das eines Schwertfegers; seine Mutter, Kleobule, war thrazischer Abkunft, ein Umstand, von dem seine Feinde Gelegenheit nahmen, ihn einen Barbaren und Erbfeind Griechenlands zu schelten, da die Griechen im Allgemeinen die Beimischung von barbarischem, d. h. nicht griechischem Blute für ziemlich ebenso schimpflich hielten, als die Weißen in Nordamerika die geringste Spur von afrikanischer Abstammung. Er war von schwächlicher Körperbildung und scheint deshalb an den gymnastischen Übungen keinen Theil genommen zu ha-

ben, die einen großen Theil der Erziehung der Jugend in Griechenland ausmachten und von großer Wichtigkeit in einem Lande sein mußten, wo weder Geburt noch Reichthum von der allen Bürgern gemeinschaftlichen Verpflichtung zum Kriegsdienste befreiten und daher Geschicklichkeit in der Führung der Waffen, Stärke und Übung im Ertragen von Beschwerden für Arme und Reiche gleich nothwendig waren. Dieser Umstand zog ihm einen auf Weichlichkeit bezüglichen Spottnamen (Battalos) zu; auch hing ihm der Vorwurf, daß es ihm an physischem Muthe fehle, sein ganzes Leben hindurch an, und, wie es scheint, nicht ganz unverdient.

Seine Neigung, als Redner aufzutreten, soll durch eine von ihm gehörte meisterhafte Rede des Kallistratus geweckt worden sein; seine Lehrer in der Redekunst waren Isäus und Isokrates, Beide treffliche Lehrer der Rhetorik. Zur Belebung seines Eifers mag der Entschluß, als Kläger gegen seine unredlichen Vormünder aufzutreten, die sein väterliches Vermögen veruntreut hatten, nachdem er schon im siebenten Jahre Waise geworden war, viel beigetragen haben; im Jahre 364 v. Chr., als er 21 Jahre alt war, gewann er den Proceß und erlangte einen großen Theil seines Erbes wieder. Dieser günstige Erfolg bewog ihn, auch in einer Volksversammlung als Redner aufzutreten, man weiß nicht genau, wann und bei welcher Gelegenheit; doch die Aufnahme, welche er damals fand, war entmuthigend. Damals hatte er die langwierigen und mechanischen Vorbereitungen, die zu allen Zeiten erforderlich gewesen sind, um sich als Redner auszuzeichnen, aber besonders dann wesentlich waren, wenn es galt, zu einem so schwer zu befriedigenden Publicum, als die Athener waren, zu sprechen, nicht gehörig in Anschlag gebracht; auch hatte er mit physischen Fehlern zu kämpfen, die ihn zum Redner beinahe unfähig machten, namentlich mit schwacher Stimme, kurzem Athem und fehlerhafter Aussprache. Indessen ließ er sich durch den anfänglichen schlechten Erfolg nicht abschrecken; er fühlte, was in ihm lag und sich nothwendig Bahn brechen mußte; auch sprachen ihm mehre einsichtsvolle Männer Muth ein. Nun begann er mit Eifer an seiner Vervollkommnung zu arbeiten, und die von ihm angewandten seltsamen und beschwerlichen Methoden, welche von einem ungewöhnlichen Grade von Energie und Willensstärke zeugten, sind zu berühmt und merkwürdig, um mit Stillschweigen übergangen zu werden. Er ließ sich ein unterirdisches Zimmer bauen, um sich hier mehre Monate unausgesetzt und ungestört üben zu können, und damit es ihm unmöglich würde, auszugehen, wenn ihm einmal die Lust dazu ankommen und der Festigkeit seines Entschlusses nachgeben sollte, ließ er sich die eine Hälfte des Kopfes kahl scheren. Das Stammeln überwand er dadurch, daß er kleine Steine in den Mund nahm und so Abschnitte aus Dichtern hersagte; seine Lunge aber stärkte er, indem er sich gewöhnte, im schnellen Gehen oder Bergauflaufen Verse herzusagen. Vor einem großen Spiegel übte er sich in der Gesticulation. Auf Ausbildung seiner geistigen Fähigkeiten war er nicht minder eifrig bedacht; er studirte mit großem Fleiße sowol die Theorie der Beredtsamkeit als die größten Meister derselben, und soll sich namentlich den Thucydides, dessen Geschichtswerk er achtmal abschrieb und fast ganz auswendig konnte, im Style zum Muster genommen haben.

Nach dieser mühevollen Vorbereitung trat er als Sachwalter auf, begnügte sich aber nicht mit der Kenntniß der athenienfischen Gesetze, sondern richtete sein Augenmerk auf die politische Lage von Athen sowol als von ganz Griechenland. Indessen nahm er erst seit dem Jahre 354, wo der Vorschlag gemacht wurde, den Persern unverzüglich den Krieg zu erklären, thätigen Antheil an den Staatsgeschäften und bekämpfte jenes Vorhaben in einer Rede, in welcher er zugleich einen Plan zur Umgestaltung der athenienfischen Seemacht angab. Im Jahre 352 hielt er die erste derjenigen Reden, die unter dem Namen Philippiken berühmt geworden sind. Dieselben haben ihren Namen von Philipp, König von Macedonien, gegen welchen sie gerichtet sind. Dieser verschlagene König drohte der Unabhängigkeit von Griechenland furchtbar zu werden, und Demosthenes machte es von dieser Zeit an zur Hauptaufgabe seines Lebens, in den Gemüthern der Athener eine beständige Eifersucht gegen die Macht und die Ab-

sichten des Königs zu erwecken und rege zu erhalten und ein Bündniß der griechischen Staaten gegen ihn zu Stande zu bringen. Freilich hat man dem Demosthenes den Vorwurf gemacht, hierbei keineswegs aus uneigennützigem Patriotismus gehandelt zu haben, sondern von Persien bestochen gewesen zu sein, um den macedonischen König, dessen Ehrgeiz auch den Monarchen im Orient drohend erschien, in Griechenland zu beschäftigen; aber wiewol sein Charakter von dem Verdachte der Bestechlichkeit nicht ganz freizusprechen ist, so ist doch schwerlich anzunehmen, daß Eigennutz sein Beweggrund bei dem Widerstande gegen König Philipp gewesen sei. Vierzehn Jahre lang, von 352—338 v. Chr., bot er alle Hülfsmittel der Beredtsamkeit und Staatskunst auf, um die Fortschritte des macedonischen Herrschers zu hemmen, und wie man auch von seinem moralischen Werthe denken mag, so kann doch sein Genie und die Energie, mit der er unablässig sein Ziel verfolgte, unmöglich verkannt oder mit Geringschätzung beurtheilt werden. Auf seinen Antrieb schlossen die Athener mit den Thebanern ein Bündniß und lieferten den Macedoniern ein Treffen bei Chäronea im Jahre 338, wurden aber in demselben von König Philipp gänzlich besiegt. Dieser unglückliche Ausgang der Schlacht, die der Freiheit Griechenlands ein Ende machte, drohte auch für Demosthenes um so verderblicher zu werden, weil er an der Schlacht zwar Theil genommen, aber in derselben die Flucht ergriffen hatte, was seinen Landsleuten nicht eben in vortheilhaftestem Lichte erscheinen ließ, doch blieb ihm gleichwol die Gunst des athenienfischen Volkes. Schon zwei Jahre nachher, 336 v. Chr., wurden durch den Tod des Königs Philipp, der von Pausanias zu Edessa im Theater ermordet wurde, die Hoffnungen der Griechen auf Wiederherstellung ihrer Freiheit neu belebt, und Demosthenes erschien, um seine Freude an den Tag zu legen, öffentlich in einem weißen Kleide und bekränzt, wiewol wenige Tage zuvor seine einzige Tochter gestorben war; aber schon das erste Auftreten des Königs Alexander, der seinem Vater Philipp in einem Alter von 20 Jahren auf dem Throne folgte und in der Geschichte den Beinamen des Großen führt, schlug nur so bald alle Hoffnungen nieder. Demosthenes trieb seine Landsleute an, das macedonische Joch abzuschütteln, Athen rüstete sich zum Kampfe und Theben fiel offen von Macedonien ab, als plötzlich Alexander in Böotien erschien, die Thebaner nach hartnäckigem Widerstande besiegte und ihre Stadt der Erde gleich machte. Da verzagte Athen und der Vorschlag ging durch, an den König eine Gesandtschaft zu schicken, um ihn wegen Bestrafung der Thebaner Glück zu wünschen. Alexander verlangte von den Gesandten als Bürgschaft für die künftige Treue der Athener die Auslieferung derjenigen Männer, die sie zum Kampfe angetrieben hatten, vor Allen des Demosthenes, ließ sich jedoch später bewegen, von seiner Foderung abzustehen. Dem Demosthenes aber war der Muth gelähmt, und so lange Alexander lebte, wagte Jener keinen neuen Versuch, die Athener zum Aufstande aufzuregen.

Sehr nachtheilig für den Ruf des Demosthenes war der Kampf, der im Jahre 330 zwischen ihm und seinem Nebenbuhler Äschines, welcher nach ihm für den ausgezeichnetsten Redner seiner Zeit gelten muß, ausbrach. Bald nach der Schlacht bei Chäronea hatte nämlich der Athener Ktesiphon den Vorschlag gemacht, den Demosthenes auf öffentliche Kosten mit einer goldenen Krone zu schmücken, weil derselbe, als ihm die Leitung der Ausbesserung der Mauern Athens aufgetragen worden war, aus seinem eigenen Vermögen eine sehr bedeutende Summe dazu hergegeben hatte. Aeschines trat nicht nur gegen diesen Vorschlag auf und hinderte dessen Ausführung, sondern verklagte auch den Urheber desselben, Ktesiphon. Erst acht Jahre später kam diese Klage vor den Gerichtshof; Ktesiphon wurde in Folge der trefflichen Vertheidigung des Demosthenes freigesprochen und Aeschines mußte Athen verlassen. Die maßlosen Vorwürfe, welche hierbei von Aeschines auf Demosthenes gehäuft wurden, haben diesem weniger in der Meinung seiner Zeitgenossen, als in der der Nachwelt großen Schaden gethan, so glänzend sie auch von ihm widerlegt wurden, und so entschieden er auch sein Verfahren als Staatsmann vor seinen Mitbürgern zu rechtfertigen verstand.

Noch weit nachtheiliger war für Demosthenes folgendes Ereigniß. Ein gewisser Harpalos, der sich großer Verbrechen gegen Alexander schuldig gemacht hatte, verließ Babylon bei der unerwarteten Rückkehr des Königs von seinen Feldzügen und ging nach Athen, um dort einen Aufstand gegen ihn zu erregen. Durch den mitgebrachten Reichthum bestach er viele Anführer des Volkes, aber Demosthenes setzte einen Volksbeschluß durch, den Harpalos nicht in Athen zu dulden und dem Alexander die ihm gehörigen Gelder zu erhalten. Später verlangten die Macedonier die Auslieferung des Harpalos, und als darüber berathen wurde, schwieg Demosthenes; dadurch entstand das Gerücht, auch er sei von Jenem bestochen worden. Der Areopag, der erste Gerichtshof in Athen, stellte eine strenge Untersuchung über alle Diejenigen an, die der Bestechung verdächtig waren, erkannte auch den Demosthenes für schuldig und verurtheilte ihn (326 v. Chr.) in eine Strafe von 50 Talenten (über 30,000 Thaler) und zum Gefängniß. Aus diesem entwich er heimlich und floh nach der nahegelegenen Insel Aegina.

Aber schon 323 v. Chr. starb der junge König Alexander plötzlich, und von neuem erwachte der Muth der Athener und ihres verbannten Redners. Jene sandten Boten zu allen Staaten Griechenlands, um sie zum Kampfe gegen die Fremdherrschaft zu überreden. Demosthenes schloß sich ihnen an und zog mit ihnen von Stadt zu Stadt. Durch einen Beschluß des Volkes wurde er nach Athen zurückgerufen und mit den größten Ehren und den lebhaftesten Freudensbezeugungen empfangen. Der Freiheitskampf der Griechen war anfangs glücklich, und unter dem Athener Leosthenes schlugen sie die Macedonier unter Antipater bei Lamia; aber schon das Jahr darauf erlitten sie bei Krannon eine entscheidende Niederlage und büßten ihre Unabhängigkeit abermals ein. Athen schloß einen Bund mit Macedonien und Demosthenes floh auf die Insel Kalauria. Als ihn hier ein Macedonier, den der Feldherr Antipater abgeschickt, gefangen zu nehmen versuchte, nahm er Gift und starb 322 v. Chr. in einem Alter von 63 Jahren. Die Athener errichteten ihm später aus Dankbarkeit eine Bildsäule und die Bewohner der kleinen Stadt Kalauria ein Denkmal in dem Tempel des Neptun, in welchem er gestorben war.

Der Orkan in Barbados **1831**.

Die Stürme, welche während des Jahres 1833 und im Januar 1839 in einem großen Theile Europas gewüthet haben, waren schrecklich, es sind Hunderte von Schiffen dadurch in den Wellen begraben und ans Ufer geschleudert worden. Die gepeitschten Sturmfluten rissen die Deiche durch und setzten zahllose Dörfer und Fluren unter Wasser. Aber das Schrecklichste, was sie haben beobachten lassen, ist doch nichts gegen die Erscheinungen der Orkane, wie sie in den Tropenländern fast jährlich wüthen. Stürzen bei uns durch den Sturm gehobene Ziegel vom Dache, wird auch wol ein ganzes Dach mit fortgerissen oder eine Scheune, eine Hütte umgestürzt, so ist dies doch nichts gegen die Verwüstungen, die in solcher Art dort auf den Antillen, in Afrika, in Südamerika vorfallen. Im Jahre 1780 kamen gegen 4500 Menschen unter den Trümmern ihrer auf solche Art zusammenstürzenden Häuser allein in Barbados um. Das Aergste aber, was man dort bis jetzt je erlebte, fand im Herbste 1831 statt. Als der Orkan vorüber war, schien die ganze Insel nichts als ein Haufe Ruinen, der Sitz allgemeiner Verwüstung zu sein. Die Inseln St.=Vincent, St.=Lucie, San=Domingo, Cuba, die Stadt Neuorleans litten damals ebenfalls schrecklich, aber so schlimm ging es ihnen doch nicht, wie dem reizenden Barbados. Als am 10. October 1780 der Orkan seine Verheerungen angerichtet hatte, glaubte man nie Schrecklicheres erleben zu können, denn er hatte in 11 Stunden drei Viertheile der Gebäude zerstört. *) Diesmal wüthete das Element nur zwei Stunden und ließ kaum ein Zehntel der Wohnungen stehen! Es wirkte, was man auch bei den Stürmen am 18. und 31. December 1833 in Deutschland häufig bemerkte, der Sturm nicht in seiner vollen Breite, wie sie sich ihm darbot, sondern so, daß er jedes ihm entgegenstehende Hinderniß niedergerissen hätte, wenn es seiner Wuth nicht Widerstand leisten konnte. Er kam vielmehr stoßweise in einer verhältnißmäßig geringen Breite, die kaum eine Stunde betragen mochte, sodaß z. B. ein Schiff, welches von einem andern kaum eine Stunde in der Breite entfernt war, in die Fluten stürzte und dem andern auf derselben Querlinie kaum bemerkbar wurde. Einige Zeit darauf hatte aber dieses vielleicht ein gleiches Geschick und das entmastete Wrack des erstern fühlte nicht das mindeste von ihm. Hätten beide in einer Linie hintereinander gesegelt, so hätten sie auch gleichzeitig dasselbe Geschick gehabt. So ging es auch den Wohnungen auf der Insel selbst. Die eine stürzte in Trümmer über dem Haupte ihres Besitzers zusammen und in mäßiger Entfernung davon wiegte sich der Besitzer einer andern recht behaglich in seinem Bette, indem er nur das Sausen des fernen Sturmes vernahm und sich noch freute, so sicher vor seiner Wuth daheim zu sein. Aber vielleicht ehe einige Minuten vergingen, ereilte auch ihn das furchtbare Geschick, dem zu entrinnen keine Vorsicht lehren konnte.

Es war am 10. August 1831, als mehre Veränderungen am Wolkenhimmel unstäte Witterung verkündeten und dem kundigen Beobachter einen nahen Sturm ahnen ließen; aber Niemand glaubte, daß in der Nacht eine so schreckliche Verheerung davon die Folge sein könnte. Der Wind erhob sich in der That und gegen 10 Uhr Abends kam ein tüchtiger Regenguß, worauf es ruhiger wurde. Plötzlich thürmten sich am Himmel schwarze Wolkenmassen auf und hingen wie ein schweres Gewölbe herab, als ob der Geist des Sturmes von seinem Throne schaue und erst die zerbrechliche Wohnstätte der Menschen betrachte, die er zu zerstören im Begriff war. Um Mitternacht begann sein Werk. Ein Regenstrom ergoß sich, ein Windstoß begleitete ihn. Der Himmel heiterte sich auf und glänzte,

---

*) Damals verloren 4326 Einwohner ihr Leben; den verursachten Verlust schlug man auf 1,300,000 Pf. St. an.

*

als ob er boshaft lächle. Bald aber nahm der Sturm zu, Alles hüllte sich in finstere Nacht, die nur von schrecklichen Blitzen durchkreuzt wurde, und nun erfolgten eine Menge Stöße, daß die Grundfeste der Insel erbebte. Die Wolken, Luft und Meer erwachten aus ihrem Schlafe und begannen einen Kampf; das Werk der Zerstörung sollte beginnen. Alle fünf Minuten stürzte ein neuer Windstoß Bäume, Essen, Dächer und Häuser um. Die Menschen flüchteten sich in die Keller, wo solche waren, von der tödtlichen Angst ergriffen, unter den stürzenden Balken und Steinen begraben zu werden. Wer keinen Keller hatte, sprang aus den zusammenstürzenden Häusern auf die Straße, bis es ihm gelang, ins freie Feld zu kommen oder bis er ein Opfer der herabstürzenden Steinmassen wurde. Viele Häuser wurden aus der Erde herausgerissen, die stärksten Bäume mit der Wurzel herausgedreht oder ihrer Äste beraubt, die wie die Blätter vor dem Winde des Herbstes hintrieben und beim Herabstürzen Solche tödteten, welche im Freien Rettung gehofft hatten. Die hohen Palmen schwankten hin und her, bis sie mitten im Stamme abknickten. Von Zeit zu Zeit veränderte sich die Richtung des Sturmes und bald kam er aus Nordwesten, bald aus Osten, bald aus Südosten, bis er wieder die erste Richtung nahm und eine Sündflut von Regen herabströmte. Die See wälzte berghohe Wellen nach dem Gestade und schien eine ungeheure Masse von weißem Schaum zu sein, so peitschte der Sturm ihre Fluten. Ihr Salzwasser spritzte auf die höchsten Bäume am Ufer. Einzelne, dem Orkane preisgegebene Gegenstände waren unwiederbringlich verloren. Einen schweren Wagen schleuderte er in einen Teich, daß er stückweise späterhin herausgenommen wurde; eine große bleierne Cisterne drückte er zusammen; die Menschen im Felde mußten sich zur Erde niederwerfen, denn Keiner vermochte stehen zu bleiben oder zu gehen. Mitten in solchem Aufruhr der Natur leuchteten von Zeit zu Zeit die Blitze und der Donner rollte unaufhörlich, ohne daß man ihn vom Brausen des Orkans unterscheiden konnte, und es war späterhin eine nicht zu entscheidende Frage, ob die in ihren Kellern Begrabenen oder die im Freien allen Schrecknissen Preisgegebenen die größte Todesangst ausgestanden hätten. Oft heulte der Orkan in einer Stärke, daß man einen unaufhörlichen Kanonendonner zu vernehmen glaubte.

Endlich hörte sein Toben auf, nur ein heftiger Wind, von kaltem Regen begleitet, blieb zurück; jetzt erst wurde die Klage laut, jetzt erst vernahm man das Stöhnen der Verwundeten, der Sterbenden, der vor Kälte und Nässe ganz Erschöpften; jetzt sah man erst die Verheerungen in der Stadt Bridgetown, sowie auf der ganzen Insel, so weit nur das Auge eines Menschen reichen konnte. In der Stadt war keine Straße mehr gangbar, kein einziges Dach vorhanden. Gebälke, Steine, Mauern versperrten überall hochaufgethürmt den Weg. Hier ragten aus den Trümmern die Köpfe der Todten heraus, dort sah man Arme und Beine derselben. Wer noch Kräfte übrig hatte, strengte sie an, die Leichname seiner Verwandten und Freunde auszugraben oder Verwundete frei zu machen und sie auf einen Ruheplatz zu geleiten. Frauen jammerten hier um den todten oder sterbenden Gatten, Mütter weinten bei dem Leichname ihres Kindes, Kinder knieten vor dem Leichname des Vaters oder der Mutter, und mitten unter diesen Klagen und Weinen flossen doch auch die Thränen der Freude, des Wiedersehens, wenn die voneinander Getrennten plötzlich einander trafen. Im Fort St.-Anna

hatten 50 Mann der Besatzung den Tod gefunden, mehr als 200 Andere hatten schwere Wunden erhalten. Die Dächer waren fortgeführt, die Mauern niedergestürzt und die Pfeiler lagen da wie ungeheure Bäume. Von Landhäusern war keine Spur geblieben, und das lachende Bild, das sie noch am Abend vorher gewährten, war dahin. Die Casernen, das Zeughaus, der Gouvernementspalast, das Zollhaus, die Schule, das Theater lagen in Trümmern. Im Hafen, der sichern Zufluchtsstätte der Schiffe, war kein Fahrzeug mehr zu sehen; die Küste aber zeigte, was aus so vielen Briggs, Schoonern, Kuttern und Kauffahrern geworden war. Fünf Schiffe waren gescheitert, zwei von den Ankern gerissen und ins Meer getrieben worden; zwölf saßen hoch oben auf dem festen Lande, in ein zerschelltes Wrack verwandelt. In 20 Jahren kann Bridgetown erst wieder werden, was es war, und 100 Jahre gehören dazu, ehe die Plantagen wieder auf den vorigen Fuß kommen. So zerstört die starke Hand der Natur in wenigen Minuten, was der schwache Arm des Menschen in vielen Jahren schuf!

Die Hauptkirche war allerdings auch ihres Daches beraubt worden, aber doch noch geeignet, jetzt als Spital zu dienen. Von allen Seiten trug man die Todten, Sterbenden, Kranken, Verwundeten herbei. Die gemeinsame Noth ließ den Unterschied der Stände vergessen. Weiße und Farbige, Sklaven und Freie wurden nebeneinander hingelegt und der Reihe nach erquickt, versorgt und getröstet, verbunden, mit Arznei versorgt, so weit nur die Hülfe der Ärzte und Wundärzte und die augenblicklich entdeckten Vorräthe reichten. Ein Sprüchwort sagt, daß der Wind das geschorene Lamm verschone, und dies erfuhr auch Barbados. Man fürchtete, daß die große Zahl von Leichnamen (an 5000), deren Beerdigung viele Zeit erheischte, eine ansteckende Krankheit erzeugen, daß Hungersnoth eintreten, und daß, um das Maß des Unglücks voll zu machen, ein Negeraufstand die Weißen vollends vernichten möchte; aber nichts von diesem Allen erfolgte. Von allen Seiten kam Zufuhr von Bauholz und Lebensmitteln, und die Verkäufer schämten sich, höhere Preise zu verlangen, als früher gezahlt worden waren. Einzelne Sklaven zeigten sich ungehorsam und widerspenstig; aber die ganze Masse wetteiferte, ihr und ihren Herren Eigenthum zu retten oder wieder in den Stand zu setzen. Die menschliche Behandlung derselben trug hier eine schöne Frucht. Sicher hat aber, mit Ausnahme von Städten, die durch Erdbeben oder Ausbrüche von Vulkanen vernichtet wurden, keine Gegend in so kurzer Zeit eine solche Verheerung erfahren, wie Barbados in der Nacht vom 10.—11. August 1831. Den ganzen Verlust berechnete man auf 2½ Mill. Pf. St.

Chambord.

Vier Stunden von Blois im französischen Departement Loire-et-Cher steht in einem Thale, das der kleine Fluß Cosson bildet, in der Mitte eines Parks, den eine acht Stunden lange Mauer einschließt, fern von der Landstraße ein prachtvolles Schloß, dessen unerwarteter Anblick den Reisenden in Erstaunen setzt; es ist das Schloß Chambord, das der galante und ritterliche König Franz I., an welchen überall die unzählig oft wiederholte Figur des Salamanders erinnert, den sich jener König zu seinem Zeichen erkoren hatte, von dem Architekten Primaticcio im gothischen Style erbauen ließ. Hier feierte Franz I. jene üppigen Feste, deren Königinnen seine Maitressen waren, aber längst sind die Töne des Jubels und der Lust verklungen und haben öder Stille Platz gemacht. Erst sein Nachfolger, Heinrich II., vollendete das Schloß; König Ludwig XV. schenkte es, nachdem sein Schwiegervater, König Stanislaus Lesczinski, neun Jahre lang hier gewohnt hatte, 1745 dem Marschall Moritz von Sachsen, nach dessen Tode 1750 es unbewohnt blieb. Napoleon schenkte es mit den weitläufigen dazu gehörigen Ländereien unter dem Titel eines Fürstenthums Wagram dem Marschall Berthier; von der Witwe desselben kaufte es ein Verein für 1½ Mill. Francs und machte damit 1821 dem Herzoge von Bordeaux, Sohn des Herzogs von Berri, ein Geschenk. Nach der Juliusrevolution wurde Chambord zu den Krondomainen geschlagen, wiewol die Bevollmächtigten des jungen Prinzen Einspruch thaten und behaupteten, daß es zum Privateigenthume desselben gehöre.

Das Schloß Chambord.

Das Neueste aus der Natur= und Gewerbswissenschaft.*)

Während Daguerre zu Paris auf chemischem Wege mittels der Einwirkung des Lichts selbst die naturgetreuesten Abbildungen der Gegenstände darzustellen lehrt, nähert sich ganz in unserer Nähe, nämlich zu Berlin, ein in dieselbe Kategorie gehöriges, fast ebenso wunderbares Verfahren, die Kunst, Ölgemälde in aller Treue und Farbenpracht auf mechanischem Wege zu vervielfältigen, seiner Vollendung. Der Erfinder, Jakob Liepmann, ist durch seine Studien des Colorits und der Farbenmischung auf diesen Gedanken gebracht worden, mit dessen Ausführung er sich lange Jahre beschäftigt hat, bis sie ihm jetzt endlich gelungen sein soll; wenigstens versichern Kenner, welche dergleichen Copien gesehen haben, daß das so wunderbar Klingende hier wirklich erreicht werde.

Obwol das von Liepmann bei dieser Vervielfältigung beobachtete Verfahren noch durchaus Geheimniß ist, so scheint doch dabei, wie bei dem Daguerrotypen, die Mitwirkung von Naturkräften aufgeboten zu werden, und ebenso verhält es sich mit einer andern hierher gehörigen, erst ganz neuerlich gemachten Erfindung des Professors Jakobi zu Petersburg: durch den Galvanismus Kupferplatten zu erhalten, auf denen sich Dasjenige erhaben dargestellt findet, was im Originale vertieft gravirt war. Das dazu anzuwendende, überaus merkwürdige Verfahren besteht in Folgendem: Ein in zwei Hälften getheilter hölzerner Kasten, dessen Scheidewand aus schwach gebranntem Thon besteht, wird in der einen Hälfte mit einer Mischung von Wasser und etwas Schwefelsäure, in der andern mit einer Auflösung von blauem Kupfervitriol in Wasser gefüllt. In jene erste Abtheilung stellt man eine Zinkplatte, in die zweite die gravirte Kupferplatte, dergestalt, daß deren gravirte Seite zum Zink gewendet ist. Beide Platten verbindet man durch einen Draht, durch welchen sogleich ein Strom galvanischer Elektricität von einer Platte zur andern zu fließen beginnt. Zugleich beginnt aber ein anderer chemischer Proceß, indem sich die Zinkplatte langsam in der verdünnten Schwefelsäure auflöst, wogegen sich das im Kupfervitriol enthaltene Kupfer in metallischer Form ausbildet. Mit diesen metallischen Kupferelementen erfüllen sich nun die kleinsten Vertiefungen der Gravirung und es entsteht also eine zweite, der ersten entgegenliegende Platte mit dem verlangten erha-

*) Vgl. Pfennig=Magazin Nr. 305 ff.

benen Gepräge, welche hiernächst nur von dieser getrennt zu werden braucht. Menschenhand hat hierbei gar nichts weiter zu thun, als zuweilen etwas frischen Kupfervitriol nachzuschütten; die ganze übrige Operation wird durch die geheime galvanische Thätigkeit der Natur ausgeführt. Eine mittels dieses Verfahrens gewonnene, vollkommen gelungene Probeplatte ist kürzlich dem Kaiser von Rußland durch den Minister des öffentlichen Unterrichts überreicht worden. Die ursprüngliche gravirte Kupferplatte leidet bei diesem Verfahren gar nicht, wofern nur bei der Trennung der neuen Platte mit größter Vorsicht zu Werke gegangen wird, sodaß man also jede beliebige Anzahl von Abdrücken erhalten kann; in jener Trennung der Platten liegt demnach die einzige Schwierigkeit bei dem ganzen Verfahren; zuweilen hängen freilich beide Platten so fest zusammen, daß eine Trennung beider gar nicht möglich ist.

Wir gehen zunächst auf die Vervollkommnung der Dampfmaschinen über, in welcher Rücksicht schon in einem frühern Berichte von der Erfindung die Rede gewesen ist, eine große Ersparung an Feuerungsmaterial bei gleichzeitiger Vermeidung des Rauches durch einfache Leitung eines Dampfstrahls auf das Feuer zu bewirken. Der Grund dieses doppelten Resultats scheint uns der zu sein, daß der auf das Feuer geleitete Wasserdampf durch die Hitze des Ofens zersetzt wird, sodaß sich sein Sauerstoff mit den Kohlenstoffe des Rauches verbindet und dessen Verbrennung bewirkt, indeß das zugleich frei werdende entzündliche Wasserstoffgas ebenfalls verbrennt; beide Bestandtheile dienen demnach zur Hitzevermehrung. Alle neuern Versuche bestätigen den Nutzen dieses Verfahrens; besonders ist die Rauchverzehrung ein Gegenstand von der größten Wichtigkeit, und man kann sich durch den Augenschein überzeugen, wie sie ganz von der Dampfzuleitung auf die Ofenflamme abhängt, indem es sogleich zu rauchen anfängt, wenn man diese Dampfzuleitung unterbricht, wogegen bei deren Wiederherstellung der Rauch ebenso schnell wieder aufhört. Diese Einrichtung scheint uns übrigens auf jedes andere Ofen=, auf jedes Küchenfeuer u. s. w. Anwendung zu finden, und wir empfehlen den Versuch um so angelegentlicher, da die Ersparung an Feuerungsmaterial sehr bedeutend sein soll und die Röhre zur Zuleitung des Wasserdampfes leicht angebracht ist.

Die von uns ebenfalls schon erwähnte Feuerung aus Kohlenstaub hat indeß durch einen Engländer, A. Drani, eine noch größere Vervollkommnung erhalten, indem es nach dem von ihm angegebenen Verfahren gelingt, den Kohlenstaub mit einigen andern Materien zu äußerst compacten Klumpen von außerordentlicher Heizkraft zusammenzudrängen. Die mit diesem Drani'schen Feuerungsmaterial auf Befehl der britischen Regierung zu Woolwich angestellten Versuche haben ein sehr befriedigendes Resultat gegeben: bei der Dampfmaschine erhielt man eine weit größere Menge Dampf, als wenn mit Kohlen geheizt wurde; in den Eisenschmelzöfen kam das Eisen binnen viel kürzerer Zeit zum Flusse, und auf den Dampfschiffen gewährt die „gepreßte Feuerung" außerdem wegen der Raumersparung große Vortheile. Zugleich kann sie zu allen gewöhnlichen häuslichen Zwecken mit entschiedenem Nutzen verwendet werden.

Neben dieser neuen künstlichen Feuerung wendet man auf den englischen und amerikanischen Dampfbooten und Eisenbahnen jetzt immer mehr Anthracitkohle (eine bekannte, sonst wenig genützte Abart der Steinkohle) an, welche man ungleich ökonomischer als die gewöhnliche, theurere Steinkohle findet. Für England ist dieser Gegenstand von großer Wichtigkeit, da man in Südwales Lager solcher Anthracitkohle entdeckt hat, deren Volumen auf 100 englische Cubikmeilen angeschlagen werden kann; eine solche Meile enthält aber 64 Millionen Tonnen, woraus die Unerschöpflichkeit des vorhandenen Vorraths beurtheilt werden kann.

Wenn sich aber einerseits Alles zur Ausdehnung und Vervollkommnung der Dampffahrt zu vereinigen scheint, so hat dagegen der englische Naturforscher Dr. Lardner gefunden, daß die dabei zu erreichende Geschwindigkeit doch in viel engere Grenzen eingeschränkt ist, als man bisher hat zugeben wollen, indem das zu wenig beachtete Widerstand der Atmosphäre bei Vermehrung dieser Geschwindigkeit über eine gewisse Grenze hinaus in einem zu großen Verhältnisse wächst. Lardner's Versuche wurden auf der Liverpool=Manchesterbahn angestellt und er behauptet auf Grund derselben, daß schon bei einer Geschwindigkeit von 32 englischen Meilen in der Stunde der atmosphärische Widerstand 80 Procent des gesammten von der Dampfkraft zu überwindenden Widerstandes betrage. So scheint also auch hier aller menschlichen Anstrengung durch die widerstrebende Natur eine unübersteigliche Grenze gesteckt zu sein. Sieht man sich aber solchergestalt doch einmal in die Grenzen einer mäßigen Geschwindigkeit eingeschlossen, so scheint die Erfindung von Dampfwagen, mit welchen man auf gewöhnlichen Landstraßen mit einer solchen mäßigen Geschwindigkeit fahren kann, um so mehr Aufmerksamkeit zu verdienen.

Wir erheben uns von diesen technischen Betrachtungen, die sich auf irdische Vortheile beziehen, mit Vergnügen zu den Interessen des Himmels, um welche sich unsere Astronomen mit nicht weniger glänzendem Erfolge bemühen, und müssen in dieser Hinsicht zunächst noch einmal auf Bessel's Untersuchungen über die Entfernung der Fixsterne von der Erde zurückkommen. Damit unsere Leser wenigstens den allgemeinsten Begriff von der Art erlangen, auf welche der treffliche Astronom Bessel jetzt der Entscheidung dieser großen Frage über die Entfernung der Fixsterne von uns näher gerückt ist, erinnern wir daran, daß die Erde jährlich eine Ellipse durchläuft, deren große Achse 41 Millionen Meilen beträgt. Um diese ganzen 41 Mill. Meilen sind wir also gewissen Fixsternen in der einen Hälfte des Jahres näher als in der andern. Nehmen wir jetzt blos zur Erläuterung an, zwei Sterne, ein sehr entfernter und ein näherer, ständen im Weltenraume also hintereinander, daß sie von den weitern Endpunkte der Erdbahnachse aus ganz dicht beieinander erschienen, so würde sich ihr scheinbarer Abstand vergrößert zeigen, wenn man sie aus dem ihnen um 41 Millionen Meilen nähern andern Endpunkte der Erdbahnachse betrachtete, und diese Abstandsvergrößerung würde sich, da die Fixsterne als bloße glänzende Punkte am Himmel stehen, mit äußerster Präcision messen lassen. Es werde dabei ferner angenommen, daß sich der entferntere der beiden Fixsterne genau in der Richtung der verlängerten Erdbahnaxe befinde, so würde sich also die ganze beobachtete Abstandszunahme auf den nähern Stern beziehen, und da diese Zunahme offenbar ein gewisses Verhältniß zur Entfernung dieses Sternes von der Erde hat, so läßt sich demnach aus ihr auf diese letztere Entfernung schließen. In einer, wenngleich nur entfernt ähnlichen Art hat nun unser Bessel aus beobachteten scheinbaren Ortsveränderungen des Fixsterns 61 im Schwan die Entfernung desselben von der Erde gefolgert und gefunden, daß diese Entfernung die Entfernung der Erde von der Sonne 1,314,000 Mal übertrifft. Damit ist also eins der allerwichtigsten Elemente der Astronomie, die wirkliche Entfernung der Firsterne von der Erde, um deren Bestimmung man sich noch immer vergeblich bemüht hatte, endlich auch festgesetzt, und wenn die menschliche Einbildungskraft einerseits vor der ungeheuern Größe dieser Entfernung erschrickt, so kann man andererseits einer Wissenschaft ehrfurchtsvolle Huldigung nicht versagen, deren Beobachtungen selbst diese Unendlichkeit des Raumes siegreich überwinden.

Eine zweite, ganz kürzlich gemachte, überaus interessante astronomische Entdeckung bezieht sich auf das Zerfallen des Saturnringes in mehre concentrische Ringe. Es ist nämlich bekannt, daß den Saturn in der Richtung seines Äquators ein ringförmiger Körper frei umschwebt, welcher vom Planeten durch einen freien, gegen 5500 Meilen breiten Zwischenraum getrennt ist. Dieser Ring hat eine Breite von wol 600 Meilen, seine Dicke (Kante) faßt aber nur etwa 20 Meilen. Schon früher hatten nun die Himmelsbeobachter wahrgenommen, daß dieser Ring jener auf 600 Meilen geschätzten Breite nach durch einen andern freien Zwischenraum in zwei concentrische Ringe, einen äußern und einen innern, getheilt sei; Beobachtungen einer fernern Theilung waren aber mit Sicherheit bis jetzt noch nicht gemacht worden. Im April vorigen Jahres bemerkte indeß der Astronom Encke mit seinem großen Refractor und mit 480maliger Vergrößerung eine solche fernere Theilung jenes äußern Ringes in wieder zwei concentrische Ringe, sodaß man also den Saturn jetzt von drei Ringen umgeben annehmen darf, wenn nicht, wie sehr wahrscheinlich ist, weitere Beobachtungen noch fernere Theilungen zeigen. Die Bewohner des Saturnäquators selbst, in dessen erweiterter Ebene, wie gesagt, diese Ringe liegen, sehen also oder haben doch gerade über ihren Häuptern, aber freilich in der oben angegebenen großen Höhe, drei übereinander aufgethürmte ungeheure Ringgewölbe, deren innere Kante in ihr Zenith fällt, indeß die Anwohner des Äquators den Ring in seiner ganzen Breite und, nach Maßgabe des Sonnenstandes, im blendenden Reflex des Sonnenlichts gewahren. Letztere Erleuchtungswohlthat scheint auch die Absicht bei der wohlthätigen Natur bei der Bildung dieses wunderbaren Ringes gewesen zu sein. Etwas Genaueres über seinen Zweck und Nutzen beizubringen, hindert uns unsere Unkenntniß von der eigentlichen physischen Beschaffenheit der Saturnskugel.

Eine dritte, noch neuere astronomische Entdeckung endlich bezieht sich auf die Natur der Sonnenflecke und gehört dem derzeitigen Director der königlichen Sternwarte zu Neapel, Capocci, dessen Bericht wir, bei der Wichtigkeit und Merkwürdigkeit der Sache, aus den uns vorliegenden Mittheilungen zuvörderst selbst geben. „Mit meteorologischen Forschungen beschäftigt", heißt es daselbst, „bemerkte ich am 25. Januar Morgens 9 Uhr an einem Sonnenflecke oft wiederholte und äußerst auffallende Veränderungen und Bewegungen. Zu meinem großen Vergnügen konnte ich dieselben auch dem oben auf der Sternwarte gegenwärtigen berühmten englischen Astronomen, General Brisbane, zeigen. Über die Natur der Sonnenflecke wußten die Astronomen bis jetzt wenig Bestimmtes; die Mehrzahl derselben neigte sich zu Herschel's Hypothese. Nach dieser Hypothese (wie auch wir sie in diesen Blättern mehrfach auseinandergesetzt haben) müßten die Flecke als Öffnungen (Risse) in der die Sonne umgebenden Lichthülle (Photosphäre) betrachtet werden, durch welche Risse hindurch der dunkle

Sonnenkörper sichtbar wird. Veränderungen an diesen Sonnenflecken sind schon vielfach beobachtet worden; ich selbst habe darüber in den „Astronomischen Nachrichten" für 1827 Manches mitgetheilt; durch meine gegenwärtige Entdeckung glaube ich über die eigentliche Natur dieser Flecke völlige Gewißheit erhalten zu haben. Die Sonnenflecke sind wirklich ungeheure trichterförmige Öffnungen der leuchtenden Atmosphäre, welche die Sonne umgibt; durch diese Öffnungen hindurch erscheint die dunkle Masse der Sonne selbst. Diese Öffnungen (Risse) entstehen durch Eruptionen eines andern, nicht leuchtenden, aber ebenfalls transparenten Fluidums (wahrscheinlich einer Atmosphäre, wie schon Herschel eine solche unter der Lichtsphäre, und also als den festen Sonnenkern zunächst umgebend, annimmt); die Heftigkeit, mit welcher dieses Fluidum die Lichthülle der Sonne durchbricht, läßt auf elektrische Kräfte (oder wol überhaupt nur auf große Bewegungen und Processe) im Luftkreise der Sonne schließen. An dem größten der diesmaligen Sonnenflecke oder trichterförmigen Öffnungen in der Sonnenlichtsphäre bemerkte ich Folgendes: Sein oberer Rand würde, nach genauen Berechnungen, unsere ganze Erdkugel 13—15 Mal haben fassen können (man erinnere sich, daß die Oberfläche der Sonne die Oberfläche der Erde 12,000 Mal enthalten könnte); der untere kleinere wol nur 4 Mal. Dieser untere Trichterrand des Sonnenfleckens schien noch sehr weit vom dunkeln eigentlichen Sonnenkörper entfernt zu sein; die ganze Tiefe der Öffnung vom obern Trichterrande an bis herunter zur festen Oberfläche der Sonnenkugel betrug nach meinen Bestimmungen noch über 1400 Meilen. Am merkwürdigsten erschienen mir die Veränderungen, welche sich vor meinen Augen und oft mit unglaublicher Schnelligkeit im Boden dieser trichterförmigen Öffnung der Lichtsphäre der Sonne zutrugen, bald nämlich verengte sich die untere Trichteröffnung bis auf ein Unbedeutendes, bald aber drang das darunter liegende Fluidum mit neuer Gewalt empor und stellte die frühere Weite der Öffnung wieder her."

Man kann nach dieser sehr wichtigen Beobachtung als bestätigt ansehen, daß die Sonne, wie angeführtermaßen der ältere Herschel schon beständig behauptet hat, aus einem unserer Erde und den übrigen Planeten mehr oder weniger gleichenden, eigentlichen körperlichen Kerne besteht, den zunächst ein Luft- oder Dunstkreis einhüllt, dann um welchen letztern sich erst die Lichtsphäre zieht, welche der Sonne ihr glänzendes Ansehen für uns verleiht. Reißt diese Lichthülle durch irgend einen Vorgang, z. B. durch solche Revolutionen im Sonnenluftkreise, wie der oben mitgetheilte Bericht dergleichen schildert, so sieht man natürlich durch den Riß hindurch bis auf den Grund des entstehenden Schlundes in den Luftkreis der Sonne und bis auf ihre feste Oberfläche hinab, die also eben das Schwarze ist, welches uns die sogenannten Sonnenflecke zeigen. Die ältere Vorstellung, als sei die Sonne ein Feuermeer, wird demnach hierdurch gänzlich widerlegt, und wir erblicken in dieser großen und prächtigen Kugel vielmehr einen zur Bewohnung nicht weniger als unsere Erde oder die übrigen Planeten geschickten Körper.

Unterdrückung des Christenthums auf Madagaskar.

Wenn es auch als bekannt vorausgesetzt werden dürfte, daß vor einigen Jahren die Ausübung der christlichen Religion durch einen Befehl der Königin auf der Insel den untern Classen und größtentheils dem weiblichen Geschlechte angehören, meist barfuß gehen und lange, mit Blumen umwundene Stäbe tragen. Sobald der Zug den Gipfel des Berges erreicht hat und die alte Kirche ansichtig wird, in der sich das Marienbild befindet, fallen alle Pilger auf ihre Knie nieder und brechen in ein lautes Jubelgeschrei aus, worauf sie sich bekreuzen und unter Gesang langsam und ehrfurchtsvoll nach der Kirche ziehen, in deren Mitte eine kleine und finstere, durch eine Lampe nur schwach erleuchtete Kapelle steht, wo eine Menge Kostbarkeiten, von der Andacht vieler Generationen hierher gestiftet, ihren Schimmer zurückstrahlen. Den Zugang zum Altar wehrt ein massives silbernes Gitter, vor welchem die Pilger dichtgedrängt niederknien. Das ihnen kaum sichtbare Marienbild ist von Stein und ruht auf einem abgesonderten, im Hintergrunde der Kapelle stehenden Steinpfeiler.

Wiewol die Stadt Mariazell, die ihr Dasein dem Marienbilde verdankt, unter ihren 120 Häusern nicht weniger als 44 Wirthshäuser enthält, sodaß also jedes dritte Haus ein Wirthshaus ist, so sind dieselben doch nicht selten, namentlich während der Anwesenheit der gedachten großen Procession, außer Stande, die Menge der Pilger zu fassen. In warmen Sommernächten übernachten daher Hunderte, wol Tausende derselben im Freien, meist im Walde, und bringen den größten Theil der Nacht mit Gesang zu.

Der reformliebende Kaiser Joseph II. hatte die große Wallfahrt von Wien aus ganz aufgehoben, auch nicht nur den größten Theil der in Mariazell befindlichen Kostbarkeiten in Beschlag genommen, sondern sogar die silbernen Bilder seiner Mutter, der Kaiserin Maria Theresia, und seiner Brüder, welche durch jene als Weihgeschenke vor dem Altar aufgehängt worden waren, einschmelzen lassen. Der verstorbene Kaiser Franz I. stellte die Wallfahrt wieder her und begünstigte sie auf alle Weise.

Die Edelsteine.
(Beschluß aus Nr. 332.)

Der eigentliche Smaragd, zum Glycingeschlechte gehörig, ist von einer hellen grasgrünen Farbe, die von ihm selbst den Namen Smaragdgrün erhalten hat; durch längern Gebrauch wird die Farbe allmälig blasser. Die besten Smaragde kommen aus Peru und stehen sehr hoch im Preise; weniger schöne, meist von etwas schmuziger Farbe, kommen aus dem Salzburgischen (Pinzgau) und aus Ägypten. Eine Varietät des Smaragds ist der Beryll oder Aquamarin, der sich nur durch verschiedene Färbung von den eigentlichen Smaragden unterscheidet; er kommt von berggrüner Farbe in mancherlei Schattirungen, ferner von blauer und gelber Farbe vor; die dunkelhimmelblauen Arten sind am meisten gesucht. Die Berylle kommen meistens aus Sibirien, zum Theil auch aus Peru, finden sich aber auch an vielen andern Orten, z. B. in Deutschland und Frankreich.

Der Spinell oder dodekaedrische Korund ist von rother Farbe, in mancherlei Abstufungen; nach denen er im Handel verschiedene Namen erhält, der ponceaurothe heißt Rubinspinell oder nur Rubin, der rosenrothe Rubin=Balais, der hyacinthrothe oder gelblichrothe Rubicell, der bläuliche Almadin. Das Vaterland des Spinells ist Indien, besonders Ceylon. Eine Varietät dieses Steins ist der Ceylonit, der sich von dem eigentlichen Spinell nur durch dunklere Farbe unterscheidet und

von seinem Fundorte Ceylon den Namen hat, wiewol er auch in Italien und Nordamerika vorkommt.

Der Chrysoberyll oder prismatische Korund ist von spargelgrüner Farbe, die zuweilen ins Helle fällt oder ins Blaue spielt; wenn er von schöner gelbgrüner Farbe und recht durchsichtig ist, wird er wegen seines Glanzes, der mit dem des Diamants wetteifert, sehr geschätzt, namentlich in England und seinem Vaterlande Brasilien. Er kommt auch in Sibirien, auf der Insel Ceylon und in Nordamerika vor. Im Schatze zu Rio de Janeiro befindet sich das größte bekannte Exemplar, das 16 Pfund wiegen soll.

Der Topas, welcher häufiger als die meisten genannten Steine ist und zum Thongeschlechte gehört, kommt meist von gelber Farbe vor, die sich in mancherlei Abstufungen zuweilen ins Rosenrothe, Meergrüne und Bläuliche verläuft; auch weiße kommen vor. Öfters gibt man dem Topas durch künstliche Behandlung (Brennen) andere Farben, besonders Rosenroth, da diese Farbe am Topas am meisten geschätzt wird. Der rosenrothe Topas wird auch brasilischer Rubin genannt, der lichtblaue brasilischer Saphir. Vorzüglich häufig sind die Topase in Brasilien, doch finden sie sich auch an vielen Orten der alten Welt, namentlich in Sachsen (am Schneckenstein im Voigtlande, daher der Name Schneckentopas), Böhmen, England, Sibirien und Kleinasien.

Der Opal, eine Varietät des untheilbaren Quarzes, gehört zum Kieselgeschlechte und zerfällt in verschiedene Abarten. Der edle Opal, auch orientalischer Opal, Elementstein oder Firmamentstein genannt, ist meist wasserhell oder von gelber Farbe, erscheint aber auffallendem Lichte milchblau und irisirt, d. h. er spielt Regenbogenfarben; er wird, wenn er ziemlich groß, völlig rein und von lebhaftem Farbenspiele ist, sehr geschätzt, besonders im Morgenlande, und kommt in Europa vorzüglich in Ungarn, außerdem aber auch in Mexico vor. Eine noch wenig bekannte Varietät ist der Feueropal, von hyacinthrother Farbe; andere heißen Flammenopal und Flimmeropal. Der gemeine Opal, dem jenes Farbenspiel des edeln fehlt, kommt im sächsischen Erzgebirge, in Schlesien, auf den Färöerinseln u. s. w. vor und wird nicht zu den Edelsteinen gerechnet. Eine Abart desselben, welche kleine Flecken von allen Farben, namentlich grüne, rothe und blaue, hat, heißt der Harlekinopal. Der Hydrophan oder veränderliche Opal, auch Weltauge genannt, ist weiß, gelblich oder röthlich und besitzt die Eigenschaft, durch Eintauchen in Wasser oder andere Flüssigkeiten, auch in zerlassenes Wachs oder Wallrath, einen größern Grad von Durchsichtigkeit und zuweilen das Farbenspiel des edeln Opals zu erlangen, doch hören diese Veränderungen mit dem Trockenwerden auf. Der Halbopal (Pechopal, Wachsopal) kommt weiß, gelb, grau, olivengrün, roth und braun mit verschiedenen Nuancen; zuweilen wechseln die Farben in bandartigen Streifen oder bilden eine baumartige Zeichnung. Opal, der versteinertes Holz enthält und daher holzartig aussieht, heißt Holzopal.

Der Granat kommt blut=, kirsch= und bräunlichroth, braun, schwarz, olivengrün und weiß vor. Nach den Hauptfarben unterscheidet man drei Arten des Granats: rother Granat oder orientalischer Granat, der sich vorzüglich in Pegu in Südasien findet; brauner Granat oder Eisengranat, der sehr schön in der Schweiz am St.=Gotthard vorkommt, und grüner Granat, auch grüner Eisenstein genannt; von diesen nennt man die erste Art edeln, die beiden andern gemeinen Granat. Unter den Abarten des edeln Granats steht der violette fyrifche Granat, der zuweilen Karfunkel genannt wird, am höchften im Preife. Von weit geringerm Werthe als der edle Granat ift der blutrothe böhmifche Granat oder Pyrop, der vorzüglich in Böhmen und Sachfen gefunden wird. Diejenigen Steine, welche unter den Namen Hyacinth, Hessonit oder Kaneelftein im Handel vorkommen und eine ponceaurothe, zimmtbraune oder pomeranzengelbe Farbe haben, find oft ebenfalls Granaten und kommen aus Ceylon; wenn fie völlig fehlerfrei find, find fie fehr gefchätzt; beim Durchfehen erfcheinen fie roth oder gelb, je nachdem man fie ferner vom Auge oder nahe an demfelben betrachtet.

Der Zirkon, auch Cerkonier, Sargon und Hyacinth genannt, der ein eigenthümliches Foffiliengefchlecht, das Zirkongefchlecht, bildet, ift von hyacinthrother oder gelblichbrauner, zuweilen auch von grauer oder grünlicher Farbe, felten wafferhell. Durch Glühen in einem mit Kalk gefüllten Tiegel verliert er feine Farbe und erhält das Anfehen eines gelblichen Diamants, dem er bisweilen untergefchoben wird. Er findet fich auf der Infel Ceylon und in Norwegen.

Vom Turmalin oder Schörl, der zum Thongefchlechte gehört und wafferhell oder von fchwarzbrauner, rother, blauer, grüner, gelber Farbe vorkommt, können nur wenige Varietäten vortheilhaft gebraucht werden. Die fchönfte ift der rothe fibirifche Turmalin, auch Rubelit oder Siberit genannt, der mit dem Rubin in der Farbe Ähnlichkeit hat, daher oft unter dem Namen Rubin verkauft wird, fehr gefucht ift und bei völliger Fehlerlofigkeit, die aber felten angetroffen wird, hoch im Preife fteht; die grüne Art, welche auch unter dem Namen Peridot oder brafilianifcher Smaragd verkauft wird, kommt in Brafilien häufig vor; die blaue Art wird bisweilen brafilifcher Saphir oder Indikolith genannt. Der Turmalin ift in hohem Grade merkwürdig wegen feiner fonderbaren thermoelektrifchen Eigenfchaft, die darin befteht, daß er durch Erhitzung ftark elektrifch wird und leichte Körper anzieht, weshalb er früher auch Afchenzieher genannt wurde; der braune Turmalin aus der Infel Ceylon zeigt diefe Eigenfchaft am ftärkften.

Der Cordierit, auch Waffersaphir, Dichroit oder Iolith genannt, eine Art prismatifcher Quarz, ift von veilchenblauer Farbe und erfcheint beim Durchfehen, je nachdem man ihn in verfchiedenen Richtungen betrachtet, blau oder gelblichbraun. Im Handel kommt diefer Stein, der bisweilen zu Ringen und Nadeln angewandt wird, felten vor.

Der Chryfolith oder Peridot hat eine gefällige piftaciengrüne Farbe, ift aber nur wenig gefchätzt, weil er wenig Glanz befitzt und feine Politur leicht verliert. Dunkle Chryfolithe erhalten durch Ausglühen hellere Farben. Wo diefer Stein gefunden wird, ift nicht genau bekannt; wahrfcheinlich im Orient.

Zu den Halbedelfteinen rechnet man insgemein hauptfächlich folgende Steine:

Der Türkis ift, ungeachtet feiner geringen Härte, wegen feiner angenehmen himmelblauen oder grünlichblauen Farbe ein fehr gefuchter Stein. Merkwürdig ift, daß er in vielen Fällen ein halbanimalifches Product ift, weshalb man mineralifchen (echten oder orientalifchen Türkis, Türkis vom alten Stein oder Felfen) und animalifchen Türkis (Türkis vom neuen Stein oder Felfen, Zahntürkis) zu unterfcheiden hat. Der letztere, welcher meiftens von blaugrüner Farbe ift und befonders in Perfien gefunden wird, befteht aus verfteinerten thierifchen Knochen oder Zähnen (vermuthlich von Fifchen), die durch kohlenfaures Kupferoryd und

phosphorfaures Eifenoryd ihre Farbe erhalten haben. Türkife der letztern Art werden weniger gefchätzt, weil fie keine fo glänzende Politur annehmen als der mineralifche Türkis, auch ihre Farbe am Lichte verblaßt.

Der Quarz enthält mehre Arten, die zu den Halbedelfteinen gerechnet werden; dahin gehört der Bergkryftall, der Amethyft, der Rauchtopas, der Rofenquarz und der Prafem. Der Bergkryftall oder edle Quarz ift farbenlos und wafferhell, hält aber nicht felten fremdartige Foffilien eingefchloffen, z. B. Asbeft, Glimmer, zuweilen fogar Waffertropfen. Diefer Stein, welcher auch unter dem Namen böhmifcher Stein, böhmifcher oder occidentaler Diamant vorkommt, ift einer der gewöhnlichften Schmuckfteine, der nach vorgängiger Zurichtung mehren eigentlichen Edelfteinen untergefchoben wird. Zu den farbigen Abarten des edeln Quarzes gehört vorzüglich der Amethyft, die einzige, welche einigen Werth hat, die Farbe diefes Steins, der als Schmuckftein fehr häufig gebraucht wird, ift meiftens violett in mancherlei Abftufungen; große Exemplare von gleichförmiger Färbung werden fehr gefchätzt. Amethyften von dunkler Farbe find fehr felten und werden immer einzeln gefaßt; zu Schmuckgegenftänden zieht man die minder theuern hellen Amethyften vor, die fehr gut zu dem Golde paffen. Die fchönften Amethyften kommen aus Oftindien und Perfien. Die übrigen Abarten des edeln Quarzes, von denen einige von gelber oder brauner Farbe (namentlich der Citrin und der Rauchkryftall oder fogenannte Rauchtopas) den Topas, der fie aber an Glanz übertrifft, andere den Chryfoberyll, Aquamarin, Hyacinth u. f. w. nachahmen, werden ebenfalls fehr häufig gebraucht, namentlich zu Diademen, Petfchaften, Siegelringen u. f. w. Sie kommen meiftens aus Brafilien. Von den Abarten des gemeinen Quarzes find befonders zwei merkwürdig: der Rofenquarz, bisweilen böhmifcher Rubin genannt, der von feiner von dem beigemengten Braunftein herrührenden rofenrothen, oft ins Graue und Milchweiße fallenden Farbe den Namen hat, und der Prafem, der von dem Strahlfteine, mit dem er innig vereinigt ift, eine lauchgrüne Farbe hat und auch unter dem Namen Smaragdmutter vorkommt. Jener wird befonders in Baiern und am Altaigebirge in Afien, diefer im fächfifchen Erzgebirge gefunden.

Das Katzenauge, welches viele Mineralogen zu den Quarzarten rechnen und Schillerquarz nennen, hat eine graue, meift ins Gelbe und Grüne, zuweilen auch ins Braune und Rothe fallende Farbe und ift ein fehr feltener Stein, der von der Infel Ceylon und der Küfte Malabar kommt und bei einiger Größe hoch im Preife fteht. Eigenthümlich ift ihm die Eigenfchaft des Opalifirens, ein befonderer Lichtfchein oder Widerfchein, den man befonders dann, wenn er convex gefchliffen ift, an ihm bemerkt und von dem er feinen Namen hat.

Der Jaspis kommt von allen Farben vor, weiß, roth, grün, gelb, blau, braun und fchwarz; öfters bilden die Farben Streifen oder ringförmige Zeichnungen, von denen der Stein befondere Namen erhält, Bandjaspis u. f. w. Eine befonders merkwürdige Abart ift der ägyptifche Jaspis von brauner, rother und grauer Farbe, auch Kugeljaspis genannt.

Der Heliotrop ift von dunkellauchgrüner Farbe mit rothen und gelben Punkten und Flecken, und wird vorzüglich in Ägypten gefunden; unter den antiken gefchnittenen Steinen kommt er häufig vor. Je mehr durchfcheinend er ift und je mehr rothe, gleichmäßig vertheilte Punkte er hat, defto höher wird er gefchätzt.

Der Chryfopras hat eine fchöne apfelgrüne Farbe,

Madagaskar gänzlich untersagt worden ist, so sind doch die nähern Umstände dieses Ereignisses, wie sie von der londoner Missionsgesellschaft mitgetheilt werden, in vielfacher Beziehung so interessant, daß eine genauere Schilderung derselben unsern Lesern gewiß willkommen sein wird.

Am 1. März 1835 sprach die Königin in einer öffentlichen Nationalversammlung ihren Entschluß aus, das Christenthum durch jedes der Regierung zu Gebote stehende Mittel zu unterdrücken und die alten religiösen Gebräuche des Landes wiederherzustellen. Die ganze Bevölkerung aus der Nähe und Ferne, ohne Unterschied des Geschlechts, Alters und Standes, hatte sich bei dieser Gelegenheit versammelt. Ein Kanonenschuß begrüßte diesen verhängnißvollen Tag, nicht um freudige Gefühle hervorzurufen, sondern um die Herzen des Volkes mit Schrecken und Trauer zu erfüllen. Die Königin gab in einer von ihr erlassenen Botschaft ihren Unwillen zu erkennen, daß mehre ihrer Unterthanen es gewagt hätten, sich von den alten Gebräuchen loszusagen, die Götzenbilder zu verachten, die Weissagungen hintan zu setzen, zu neuen und unerhörten Namen zu beten, den Sabbath zu feiern, die Gebräuche der Europäer in dieser Beziehung nachzuahmen, in Privathäusern zum Gebet sich zu versammeln, die Eidesformel abzuändern und ihren Sklaven zu erlauben, lesen zu lernen. Dies Alles sei von jetzt an streng verboten, sowie überhaupt jeder Schritt, der die bestehenden Religionsgebräuche abzuändern versuche.

Jeder Einzelne im Volke wurde nun bei Todesstrafe aufgefodert, sich freiwillig selbst anzuklagen und sich zu den erwähnten Lehren und Gebräuchen zu bekennen, ganz besonders aber Diejenigen, welche die Taufe empfangen, dem öffentlichen Gottesdienste oder auch nur Abendgebetversammlungen beigewohnt und aus eigenem Antriebe lesen gelernt hatten. Jeder, der mehr gethan als lesen gelernt hatte, wurde ohne Widerrede im Range herabgesetzt. Höhere Beamte, sowie ältere Lehrer, die sich größere Vergehungen hatten zu Schulden kommen lassen, wurden um die Hälfte ihres Ranges erniedrigt, die Masse des schuldigen Volkes aber je nach Districten zu einer Geldstrafe verurtheilt. Wenn diese Strafverfügung, insofern Niemand dadurch das Leben verlor, als eine gelinde erscheinen mag, so ist gleichwol zu berücksichtigen, daß viele der angesehensten Familien des Landes unter den Verurtheilten sich befanden.

Die Anrufung des Namens Jesus wurde gänzlich untersagt und dem Volke eingeschärft, nicht mehr an den von den Missionaren erhaltenen Unterricht zu denken. Wer dagegen handeln würde, sollte mit dem Tode bestraft, sein Vermögen eingezogen, seine zurückgelassene Familie aber als Sklaven verkauft werden. Demgemäß wurden die Schulen gänzlich aufgehoben; der ganze Unterricht sollte sich fortan darauf beschränken, Ziffern und einige Buchstaben schreiben zu lernen.

Die Missionare wurden als Fremde weder in der Ausübung ihres Gottesdienstes behindert, noch erfuhren sie irgend eine Verletzung ihrer Person oder ihres Eigenthums, allein man fand sich doch bewogen, sie genau zu beaufsichtigen und sie mit der ganzen Strenge des Gesetzes zu bedrohen, falls sie sich auch nur die geringste Übertretung desselben zu Schulden kommen lassen würden.

Auf diese Weise hat man den Missionaren auf Madagaskar alle Aussicht geraubt, ihre für das Seelenheil der unerleuchteten Menschheit so ersprießliche Thätigkeit wieder zu entfalten, besonders da das erwähnte Gesetz durch spätere Verfügungen der Regierung bestätigt worden ist.

Kolossale Eichen in England.

Die Parlamentseiche.

Für die älteste Eiche in England hält man die sogenannte Parlamentseiche, die ihren Namen von der Sage hat, daß König Eduard I., welcher 1272—1307 regierte, unter ihren Zweigen ein Parlament gehalten habe. Sie soll 1500 Jahre alt sein und steht in dem zu den Besitzungen des Herzogs von Portland gehörigen Clipstoneparke, welcher zugleich der älteste Park in ganz Großbritannien ist, da er, urkundlichen Nachrichten zufolge, schon vor der Eroberung Englands durch die Normänner im Jahre 1066 ein Park war. Der gedachte Herzog besaß auch die längste Eiche in England; sie hieß „der Spazierstock des Herzogs“, war höher als die Westminsterabtei und stand bis vor wenigen Jahren. Die dickste Eiche in England findet man zu Calthrope in Yorkshire; sie hat unten am Stamme 78 Fuß im Umfange. Als eine der berühmtesten Eichen ist auch die Drei-Grafschaftseiche in Workson zu erwähnen, welche so hieß, weil sie Theile der Grafschaften York, Nottingham und Derby bedeckte; sie hatte eine größere Ausdehnung als irgend eine Eiche in Großbritannien, von der man weiß, und bedeckte mit Stamm und Zweigen 6993 Quadratfuß. Die einträglichste Eiche war wol die in Gelonos in Monmouthshire, welche 1810 gefällt wurde; aus der Rinde derselben wurden 200, aus dem Holze 670 Pf. St. gelöst. Im Schlosse in Tredegarpark in Monmouthshire soll sich ein Zimmer von 42 Fuß Länge und 27 Fuß Breite befinden, dessen Fußboden und Täfelwerk von einer einzigen auf jener Besitzung gewachsenen Eiche herrührt.

Verantwortlicher Herausgeber: Friedrich Brockhaus. — Druck und Verlag von F. A. Brockhaus in Leipzig.

Das Pfennig-Magazin

für

Verbreitung gemeinnütziger Kenntnisse.

321.]   Erscheint jeden Sonnabend.   [Mai 25, **1839.**

Mecheln.

Mecheln oder Malines an der Dyle ist gegenwärtig diejenige Stadt Belgiens, welche als Mittelpunkt des dieses Land bedeckenden Eisenbahnnetzes mehr Reisende als jede andere in ihren Mauern oder doch in ihrem Weichbilde ankommen, aber freilich zum größten Theile ebenso schnell wieder abreisen sieht. Sie gehört zur Provinz Antwerpen und liegt in einer sehr fruchtbaren Ebene, fast genau in der Mitte zwischen Brüssel und Antwerpen, von jeder der beiden Städte nur etwa drei geographische Meilen entfernt. Die Stadt ist wohlgebaut und hat breite Straßen und ansehnliche öffentliche Gebäude, unter denen vor allen die schöne Kathedrale mit ihrem 348 Fuß hohen, eine sehr weite Aussicht gewährenden Thurme ausgezeichnet ist; außerdem sind noch der erzbischöfliche Palast, das Zeughaus mit einer Stückgießerei, das Beguinenhaus, worin ehemals gegen 800 Frauen unterhalten wurden*), und das Rathhaus zu bemerken. Die Zahl der Einwohner beträgt etwa 25,000, welche größtentheils dem Handel und den zahlreichen Fabriken ihre Nahrung verdanken, unter denen die Fabriken von Hüten, Spitzen, die nächst den brüsseler Spitzen für die schönsten gelten, und wollenen

Decken, nächst diesen aber die Tuch-, Leder- und Tapetenfabriken als die wichtigsten anzusehen sind. Der Flor der Stadt hat seit Anlegung der sich in derselben durchkreuzenden belgischen Eisenbahnen zusehends zugenommen und sie ist seitdem schon um mehre neue Straßen vergrößert worden. Erwähnung verdient noch die katholische Universität, welche 1834 hier gestiftet wurde.

Die photogenischen Zeichnungen oder Lichtzeichnungen.

Wiewol über die Erfindung des Franzosen Daguerre*), welche wir in Nr. 312 besprochen haben, etwas Näheres noch immer nicht bekannt geworden ist, so kommen wir doch schon jetzt darauf zurück, um der Pflicht der Gerechtigkeit Genüge zu leisten. Bereits dort haben wir erwähnt, daß bald nach Daguerre der englische Physiker Talbot auf die Ehre der Erfindung Anspruch gemacht habe, und nach neuern Nachrichten sind seine Ansprüche keineswegs so unbegründet, als es nach unsern frühern Andeutungen scheinen könnte; indessen geht aus

---

*) Beguinen hießen sonst Personen, welche sich zu frommen Zwecken verbunden hatten und in besondern Gebäuden zusammenlebten, ohne die Regel eines Ordens angenommen zu haben. Sie waren ehemals in den Niederlanden besonders häufig.

*) Ganz kürzlich, im Monat März dieses Jahres, hat dieser thätige Mann das Unglück gehabt, sein Diorama und den größten Theil seiner Habe, unter Anderm auch die meisten auf seine neue Erfindung bezüglichen Gegenstände, durch eine Feuersbrunst zu verlieren, was auch für die Geschichte dieser Erfindung ein Verlust ist.

den bisher bekannt gewordenen Nachrichten so viel mit Gewißheit hervor, daß zwischen den Verfahrungsarten Beider ein wesentlicher Unterschied besteht. Beide erhalten zwar ihre Zeichnungen durch Einwirkung des Lichts, aber Daguerre bedient sich eines dunkeln Stoffes, der durch das Licht entfärbt wird, Talbot hingegen eines weißen Stoffes, der durch das Licht geschwärzt wird, sodaß diejenigen Stellen, die von dem hellsten Lichte getroffen werden, dadurch gerade am dunkelsten gefärbt werden; Daguerre braucht, wie es scheint, immer eine camera obscura, Talbot bedient sich derselben in den meisten Fällen nicht; Daguerre braucht Metallplatten (wahrscheinlich Kupferplatten), Talbot Papier. Über die Bereitung dieses sogenannten photogenischen, d. h. für die Einwirkung des Lichts empfänglichen und zu Lichtzeichnungen tauglichen Papiers gibt Talbot folgende Vorschriften. Man nehme gutes, festes und glattes Papier, am liebsten feines Schreibpapier, tauche es in eine schwache Auflösung von gewöhnlichem Salze, bis sich dieselbe gleichmäßig vertheilt hat, und trockne es dann ab; hierauf befeuchte man es auf einer Seite mit einer nicht gesättigten, sondern stark mit Wasser verdünnten Auflösung von salpetersaurem Silber und trockne es am Feuer. Das Papier ist nun schon für den Gebrauch geeignet und kann z. B. zur Abbildung von Blättern und Blumen dienen, wenn man diese so darüber hält, daß sie von der Sonne beschienen werden; das durch die Blätter fallende Licht zeichnet dann das Geäder derselben deutlich ab. Um aber das Papier zur Aufnahme von Bildern in der dunkeln Kammer geeignet zu machen, muß es mehrmals abwechselnd mit Salz- und Silberauflösung gewaschen und in den Zwischenzeiten getrocknet werden, wodurch seine Empfindlichkeit ungemein erhöht wird. Hat man auf solchem Papiere ein Bild hervorgebracht, so kann man dieses firiren und das Papier für die fernere Einwirkung des Lichts unempfindlich machen, wenn man es mit einer Verdünnung von Jodkalium wäscht, die jedoch, wenn sie zu stark ist, die dunkeln Stellen des Bildes angreift; alle auf diese Weise erhaltenen Bilder sind von blaßgelber Farbe, die sich, wenn sie der Hitze eines Feuers ausgesetzt wird, in starkes Hochgelb verwandelt, beim Erkalten aber völlig wiederherstellt. Ein noch einfacheres Verfahren besteht darin, daß man das Bild in eine starke Auflösung von gemeinem Salze taucht, dann die überflüssige Nässe abwischt und das Papier trocknet; also kann dieselbe Substanz, die vorher dazu beitrug, dem Papier seine Empfindlichkeit gegen das Licht zu geben, nun dazu dienen, sie ihm wieder zu nehmen. Wird das getrocknete Bild in die Sonne gestellt, so färben sich die weißen Theile blaßlila und bleiben hierauf unempfindlich.

Talbot's erste Versuche fallen in das Jahr 1834. Außer dem salpetersauren Silber hat er noch andere chemische Stoffe, die er nicht genauer angibt, angewandt und es nach seiner Versicherung dahin gebracht, daß der Grund seiner Bilder nach Belieben schwarz, braun, gelb, hellblau oder rosenroth sein kann; die verschiedenen Arten von Bildern, welche Talbot liefert, lassen sich auf folgende Weise classificiren. 1) Er bildet Pflanzenblätter, Blumen, Bänder u. s. w. ab, indem er das Licht durch dieselben auf sein präparirtes Papier fallen läßt, wobei die dunkeln Stellen jener Gegenstände, welche kein Licht durchlassen, im Bilde weiß bleiben. Der Königlichen Societät in London zeigte Talbot unter andern das Bild eines drei Zoll breiten gewässerten Bandes vor, das nicht einmal im vollen Sonnenlichte, sondern an einem trüben Februartage in

London erhalten worden und dennoch so gut gerathen war, daß man in einiger Entfernung ein wirkliches Band zu sehen glaubte. 2) Er bildet die Umrisse von Portraits und andern Gemälden ab; am besten gelingt die Abbildung von Glasgemälden, auf denen aber, nach seiner Bemerkung, kein Hochgelb und Roth sein dürfen, weil diese die zur chemischen Wirkung nothwendigen violetten Strahlen nicht durchlassen. Unter allen von ihm hervorgebrachten Bildern kommen die durch Glasgemälde entstandenen einer Kreidezeichnung am nächsten und sind die einzigen, welche eine schwache Andeutung der verschiedenen Farben enthalten. 3) Er bildet die im Sonnenmikroskop vergrößert erscheinenden Gegenstände ab, erhält 4) Ansichten von Gebäuden, die indessen nur sehr unvollkommen zu sein scheinen, und copirt 5) Kupferstiche, worin er es am weitesten gebracht zu haben scheint. Er erhält nämlich auf seinem photogenischen Papier zuerst ein verkehrtes Bild, das die weißen Stellen des Stichs schwarz und die schwarzen weiß zeigt, und von diesem wieder ein zweites, das die hellen und dunkeln Stellen wieder umkehrt und dadurch zum treuen Abbilde des Originals wird.

Sonach ist wol nicht mehr zu bezweifeln, daß auch die von dem englischen Physiker erhaltenen Resultate alle Berücksichtigung verdienen, wenn schon nach Allem, was die ausgezeichnetsten französischen Gelehrten über die Leistungen der Daguerre'schen Methode mitgetheilt haben, zu urtheilen, der letztern der Vorzug gegeben werden muß. Hoffentlich wird es bald möglich sein, nach Bekanntmachung seines Verfahrens ein entscheidenderes und genaueres Urtheil über dasselbe zu fällen.

Daß die Farben vieler Gegenstände durch die Einwirkung des Sonnenlichts verändert werden, war längst bekannt; diese Erscheinung, welche bei Seiden- und andern Stoffen mit dem Namen des Verschießens bezeichnet wird, ist sehr auffallend und kann ohne alle Aufmerksamkeit fast täglich wahrgenommen werden. Namentlich entfärben sich Pflanzenfarben leicht, besonders die Farben von Safflor, Blauholz, Brasilienholz, Curcuma und Wau; nur geht diese Entfärbung immer sehr langsam und allmälig vor sich, weit schneller jedoch bei den aus Kirsch- und Fliederblättern mit Spiritus bereiteten grünen Tinctur, die an der Sonne in 20 Minuten ihre Farbe verliert. Auch die Oryde mehrer Metalle, namentlich des Eisens, Kupfers, Goldes und Platins, entfärben sich, wenn sie durch die Verbindung mit Salzsäure in salzsaure Salze verwandelt und als solche in Äther aufgelöst worden sind, an der Sonne, jedoch ebenfalls nur langsam. Bei den von Talbot und Daguerre angewandten Stoffen geht hingegen die Einwirkung des Lichts, die bei der Methode des Einen in einer Färbung, bei der des Andern in einer Entfärbung besteht, schnell und fast augenblicklich vor sich.

Übrigens hat Daguerre ebenfalls, und zwar schon im Jahre 1826, ein Verfahren zur Hervorbringung eines photogenischen oder empfindlichen Papiers aufgefunden, später aber wieder verlassen, das mit dem Talbot'schen im Wesentlichen übereinstimmt. Nach dem Berichte, welchen Biot darüber der pariser Akademie abstattete, besteht es in Folgendem. Man nimmt Papier, das gar nicht oder nur wenig geleimt ist, wie Druckpapier, tränkt es mit Salzäther und läßt es in der Luft oder in mäßiger Wärme vollkommen trocknen. Hierauf taucht man es in eine wässerige Auflösung von salpetersaurem Silber und läßt es im Dunkeln trocknen, aber ohne Wärme oder wenigstens mit einem sehr geringen Grade derselben, weil die Wärmestrahlen das noch feuchte Papier so gut wie die Lichtstrahlen färben. Das so zubereitete Papier muß bis zum Gebrauche an einem ganz dunkeln Orte, z. B. in einem Portefeuille, aufbewahrt und nur bei künstlichem Lichte betrachtet werden. Wird es der Sonne oder dem Tageslichte ausgesetzt, so färbt es sich ausnehmend schnell, weit schneller, als das bloße salpetersaure Silber; die Stellen, auf welche das stärkste Licht fällt, erhalten die stärkste braune Färbung; bringt man es in die dunkle Kammer, so stellen sich helle Gegenstände, z. B. ein hellbeleuchtetes weißes Haus, schwarz oder braun darauf dar, und schwarze oder ganz beschattete Gegenstände bleiben ganz weiß, wie bei dem Talbot'schen Papiere. Will man die hervorgebrachte Wirkung firiren und die Empfindlichkeit des Papiers aufheben, so braucht man nur das salpetersaure Silber, so weit es noch nicht verwandelt worden ist, mit Wasser auszuwaschen und dann das Papier ohne Erwärmung wieder zu trocknen; das Licht kann dann keinen weitern Einfluß mehr darauf ausüben. Wie bereits erwähnt, ist Daguerre später zu einem weit zweckmäßigern Verfahren gelangt und hat jenes frühere völlig aufgegeben.

Seit Kurzem verkünden die öffentlichen Blätter, daß es zwei Physikern in München, den Professoren von Steinheil und von Kobell, von denen sich der Erste bereits um die Vervollkommnung des galvanischen Telegraphen so große Verdienste erworben hat, gelungen sei, auf eigenem Wege durch Lichtwirkung Abbilder bestimmter Gegenstände hervorzubringen und demnach die Resultate der Daguerre'schen oder vielmehr der Talbot'schen Erfindung zu gewinnen. Wie Talbot, bedienen sie sich des Papiers; das Bild erscheint auf demselben erst bläulich, erhält aber später durch den Firationsproceß einen angenehmen gelblichbraunen Ton. Die nach ihrem Verfahren erhaltenen Bilder der camera obscura haben bis jetzt noch den Mangel, daß, wie bei dem Talbot'schen Verfahren, das Lichte dunkel, das Dunkle licht erscheint. Ein ganz neuerlich veröffentlichter Bericht aus München über die Leistungen jener deutschen Physiker lautet folgendermaßen: „Gestern kamen mir die ersten vom Lichte copirten Zeichnungen nach der von Kobell=Steinheil'schen Methode zu Gesicht. Es waren Figuren von den Herren Volz und Förster gezeichnet. Auf weißem Grunde oder Naturton erscheint die Zeichnung mit sehr bestimmten und doch zarten braunen Linien. Kein Abdruck einer radirten Platte kommt so treu und schön. Es scheint diese Anwendung zur leichten Vervielfältigung von Handzeichnungen besonders geeignet und der Aufmerksamkeit der Künstler höchst würdig. Die Ausführung des Ganzen, der ich diesen Vormittag beiwohnte, ist ungemein leicht und einfach. Auf einer gewöhnlichen Glastafel wird ein dünner Radirgrund von Asphalt warm aufgetragen und über Licht etwas eingeschwärzt; es ist nicht nöthig, ihn völlig undurchsichtig zu machen. Auf diesen Grund wird die beabsichtigte Zeichnung radirt. Zum Schutze des Grundes wird ein sehr dünnes Glimmerblatt aufgelegt; um dieses fest haften zu machen, ist ein Tropfen Wasser hinreichend, der durch Andrücken hinausgetrieben wird, sodaß das Glimmerblättchen durch Adhäsion festsitzt. Nun wird das bereitete Papier naß auf das Glimmerblatt, ebenfalls durch Adhäsion, festgedrückt und dann dem Sonnenlichte ausgesetzt. Nach wenigen Minuten hat sich die Zeichnung in violettem Tone gebildet; sie wird nun vorsichtig abgenommen, in kaustisches Ammoniak gelegt, bis der Ton der Zeichnung braun geworden, und hier-

auf in Wasser abgespült und getrocknet. Dies ist eine der Anwendungen, welche die oben Genannten von der Fixirung der Lichtzeichnungen gemacht haben. Ich führte sie beispielsweise auch aus dem Grunde an, weil sie leicht von Jedermann wiederholt werden kann. Ohne Äßen, ohne Presse ist Jeder selbst im Stande, sich die getreuesten und schönsten Wiederholungen einer Zeichnung zu verschaffen." Die Zubereitung des hierbei nöthigen Papiers besteht darin, daß eine dünne Schicht von Chlorsilber auf feines geleimtes Papier aufgetragen wird, indem dasselbe zuerst mit salpetersaurer Silberauflösung bestrichen, dann getrocknet und hierauf durch eine Salmiakauflösung gezogen wird, ist also von der Talbot'schen Methode nur darin verschieden, daß Salmiak statt des gewöhnlichen Salzes genommen wird; bei dem Gebrauche wird das Papier mit Wasser befeuchtet und ist nun sehr empfindlich, sodaß die Abbildung eines beleuchteten Gegenstandes nach Maßgabe der Helle nur wenige Minuten erfodert. Die Anwendung des kaustischen Ammoniaks zur Auflösung des nicht veränderten Chlorsilbers und zur Fixation des Bildes muß als den deutschen Physikern eigenthümlich bezeichnet werden.

Die Diamanten Brasiliens.

Die Diamantengruben in Brasilien wurden im Jahre 1730 entdeckt; von diesem Jahre an wurden bis 1822 folgende Quantitäten Diamanten gewonnen:

1730 — 40 nach Schätzung	200,000	Karat.
1740 — 72 nach Rechnungen	1,666,569	=
1772 — 1806 =	910,512	=
1811, 1814, 1815 — 18 nach Rechnungen	74,147	=
1819 — 22 nach Schätzung	132,000	=
In den Flüssen Abaiti u. Indaca	464	=
Summa	2,983,692	Karat.

Hierzu kommt jedoch noch die ungeheure Menge, welche durch Schleichhandel ausgeführt wurde; diese betrug bis zum Jahre 1807, wo die königliche Familie ihren Aufenthalt in Brasilien nahm und der freie Handel dahin allen Nationen geöffnet wurde, wol ebenso viel, als an die königlichen Administrationen abgeliefert wurde, und von dieser Zeit an hat sich der Schleichhandel bestimmt verdoppelt, sodaß man die Menge der bis zum Jahre 1822 in Brasilien gewonnenen Diamanten auf mindestens 6½ Mill. Karat veranschlagen kann, was etwa 2700 Pfund beträgt. Könnte man sie zu einer Masse verbinden, so würden sie einen Raum von 21,000 französischen Cubikzollen einnehmen, man würde also daraus einen Diamantenwürfel bilden können, dessen Kanten etwa 28 Zoll lang wären, der sich also zur Brustnadel eines Riesen vortrefflich eignen würde.

Nach dem gesetzlichen Werthe der Diamanten, wie sie die Krone verkauft, beträgt das Karat 8000 Reis oder 13 Thaler, sodaß 6½ Mill. Karat, zum geringsten Preise angeschlagen, einen Werth von 84½ Mill. Thaler geben würden, wovon jedoch die Krone, welcher sämmtliche Diamantgruben gehören, kaum die Hälfte erhalten hat. Indessen würde diese Rechnung darum ganz unrichtig sein und ein viel zu kleines Resultat geben, da der Werth der Diamanten, sobald sie das Gewicht eines Karats übersteigen, sich im Verhältnisse des Quadrats ihres Gewichts vermehrt, sodaß ein Diamant von zwei Karat viermal, einer von drei Karat neun-

*

mal so viel werth ift, als einer von einem Karat. Diefer Umftand erfchwert freilich die Rechnung unge= mein und macht es unmöglich, aus dem Gefammtge= wichte einer Anzahl von Diamanten ihren Werth zu berechnen, fobald man nicht weiß, wie viele von zwei, wie viele von drei u. f. w. Karat fich darunter befinden. Wollte man annehmen, daß ein Drittel des Gewichts aller gefundenen Diamanten aus Diamanten von zwei Karat beftehe, alle übrigen aber nur einen Karat fchwer feien, fo würde der Gefammtwerth über 112 Mill. Thaler betragen; aber auch dies würde noch viel zu wenig fein, da man annehmen kann, daß der 20. Theil aus Diamanten befteht, die über fechs Karat wiegen. Der Werth eines einzigen Diamanten von 6½ Mill. Karat

Gewicht würde nach obigen Angaben in runder Summe 550 Billionen Thaler betragen. Da Diamant bekannt= lich nichts Anderes ift, als concentrirter Kohlenftoff, fo liegt die Frage ziemlich nahe, wie groß denn ein Stein= kohlenwürfel fein müßte, der mit jenem Diamantwür= fel gleichen Werth hätte? Rechnet man die Tonne oder 20 Centner Steinkohlen zu 7 Schilling oder 2⅓ Thaler, fo kommt die vorhin angegebene Summe 236 Bil= lionen Tonnen Steinkohlen gleich, und da ein Cubik= fuß Steinkohle ungefähr 93 Pfund wiegt, fo würde jener Steinkohlenwürfel nicht weniger als 416 geogra= phifche Cubikmeilen groß fein, mithin eine Seite von 7½ Meilen haben.

Die Altäre der Vorzeit.

Altäre auf hochgelegenen Stellen.

Altäre, befondere Örter, wo der Gottheit Opfer dar= gebracht wurden, find fchon im graueften Alterthume in Gebrauch gewefen. Kain und Abel errichteten Al= täre, als fie die erften Opfer darbrachten, deren in der heiligen Gefchichte gedacht wird, und als die Sündflut vorüber war, war es Noah's erfte Sorge, einen Altar zu erbauen. Altäre find demnach weit älter als Tem= pel; man errichtete fie bald in Wäldern, bald auf offe= ner Landftraße, bald auf den Spitzen der Berge. Weil fich nämlich Begriffe von einer dunkeln Erhabenheit an die Vorftellungen der älteften Völker von der Gottheit knüpften, war es natürlich, daß fie ihre Altäre bald in der dunkeln Verborgenheit von Wäldern, bald auf den unfruchtbaren Gipfeln hoher Berge errichteten; diefen Gebrauch finden wir bei den alten Perfern im Often, wie bei den Druiden und alten Deutfchen im Weften. Den Juden wurde der Gottesdienft an hochliegenden Stellen ftreng verboten; er war bei den Kanaanitern und bei den übrigen in der Nähe von Paläftina wohnen= den heidnifchen Völkern in Gebrauch, die vor diefen Al= tären ihren falfchen Göttern Menfchenopfer darbrachten und fich dabei Ausfchweifungen aller Art überließen. Bei

den Ägyptern finden wir keine Altäre auf Bergen und hohen Stellen; dagegen finden wir, daß die Griechen ihre Bacchanalien, die mit Gefchrei, Schwelgerei und zügellofen Ausfchweifungen aller Art verbundene Bac= chusfeier, die ihren Urfprung im Morgenlande hatte, auch auf Bergen begingen.

Die erften Altäre wurden aus Rafen oder Erde verfertigt, fpäter brauchte man Holz, Steine und an= dere Materialien, aber man begnügte fich lange Zeit mit Altären aus unbehauenen Steinen, ja den Juden wurde es unterfagt, einen Altar aus behauenen Stei= nen zu bauen. „Einen Altar von Erde mache mir, darauf du dein Brandopfer und Dankopfer, deine Schafe und Rinder opferft. Und fo du mir einen fteinernen Altar machen willft, follft du ihn nicht von gehauenen Steinen bauen; denn wo du mit deinem Meffer dar= über fähreft, fo wirft du ihn entweihen.“ Als man anfing, Tempel zu bauen und dabei auf architektonifche Schönheit Rückficht zu nehmen, erhielten auch die Al= täre Verzierungen von mancherlei Art.

Die Geftalt der Altäre war in verfchiedenen Län= dern und Zeiten verfchieden, doch in der Regel vier=

eckig. Die meisten Altäre der Griechen hatten die Würfelform; daher enthielt das Gebot des Orakels zu Delos, welches bei einer Pest in Griechenland um Rath gefragt wurde, wie dieses Übel zu vertreiben sei, und zur Antwort gab, man solle dem Apollo einen neuen Altar errichten, der genau doppelt so groß als der bereits vorhandene, aber wie dieser würfelförmig wäre, eine schwie-

rige mathematische Aufgabe, die die Kräfte der Mathematiker der damaligen Zeit überstieg und unter dem Namen der delischen Aufgabe eine gewisse Berühmtheit erlangt hat.

Nachstehend ist ein römischer Altar, auf welchem die Bildsäule der Minerva steht, und zugleich ein römisches Opfer nebst den dabei üblichen Ceremonien vorgestellt.

Ein römischer Altar.

Die Verbannten in Sibirien.

Die große, auf einem unermeßlichen Landstriche verbreitete, ein buntes Gemisch aller Stände darbietende Verbrechercolonie in Sibirien ist hinsichtlich ihrer von den Gesetzen ihr dort zuerkannten bürgerlichen Verhältnisse in Europa fast nur dem Namen nach bekannt, obgleich sie eine der zahlreichsten Bevölkerungsclassen bildet und auf die allmälige Culturentfaltung der übrigen Bewohner Sibiriens unverkennbar einen wichtigen Einfluß ausübt. Sie zerfällt nach Maßgabe ihrer Vergehen und der den Einzelnen von dem Gesetze zuerkannten Strafen in zwei Hauptclassen: in Verwiesene auf Zwangsarbeiten (Katorschniki) und in Verwiesene zur Urbarmachung wüster Landstrecken. Erstere werden zu Arbeiten in den Fabriken, in den Bergwerken, auch zum Festungsbau verwandt; die letztere Classe begreift die zur Ansiedelung in Sibirien bestimmten Individuen und zählt fünf Abtheilungen. Zur ersten gehören Individuen, welche wegen bedeutender Verbrechen zuvor mit der Peitsche (Plette) gezüchtigt und dann deportirt werden. Sie werden gleichen Strafarbeiten wie die erste Classe unterworfen, nur auf kürzere Dauer, auf ein Jahr und länger, und zur Ergänzung der erstern gebraucht; man nennt sie darum die temporairen Zwangsarbeiter. Zur zweiten Abtheilung ge-

hören die jugendlichen, noch stark constituirten Verbrecher, die eines Handwerks kundig sind. Sie werden auch in ihrem Exil zur Ausübung ihres Gewerbs gebraucht und heißen die Handwerkerabtheilung. Alle zu den Arbeiten des Landbaus Unfähigen, wie herrschaftliche Bediente u. s. w., gehören zur dritten Abtheilung, werden zu allerlei Dienstverrichtungen gebraucht und heißen die Dienerzunft. Die vierte, die bevorzugteste und zahlreichste unter den sibirischen Verbannten, begreift alle für den Landbau fähigen Individuen, die auch ausschließlich dafür, unter dem Namen der Ansiedlerabtheilung, gebraucht werden. In die Listen der fünften werden endlich die Schwachen und Gebrechlichen eingetragen. Sie müssen in den Dorfgemeinden leben und werden zu keinen Arbeiten angehalten, sondern sind hier zum freien Erwerb ihres eigenen Unterhalts angewiesen. Die Landansiedler umfassen zwei Drittheile von allen hier angegebenen Kategorien; die Dienerzunft und die temporairen Zwangsarbeiter sind die schwächsten Abtheilungen.

Das noch jetzt geltende Hauptgesetz für die sibirischen Verbannten bleibt das vom Kaiser Alexander am 3. August 1822 bestätigte Verweisungsreglement. Es schont auch in dem Verbrecher die Menschenwürde und athmet den Geist der Milde, verbunden mit strenger Sühne als Strafe des Bösen. Sich über alle Zweige ihrer Verwaltung ausdehnend, hat es zur steten Haupttendenz: die Gesellschaft gegen die weitern Unthaten der Verbrecher zu schützen, sie durch strenge Zucht und ununterbrochene Thätigkeit, wo möglich gebessert, eines Tages der Gesellschaft zurückzugeben, nicht aber, sie durch unmenschliche Behandlung zwecklos zu martern. Sibiriens Verbannte aller Classen haben sich seit der Erscheinung dieses Reglements einer weit menschlichern Behandlung zu erfreuen. Das humanere Verwaltungssystem hat auch nicht verfehlt, wohlthätige Folgen für die verschiedenartigen Verbannten zu haben. Früher beharrten sie hartnäckig bei ihren Lastern und Unthaten, bezeugten keine Reue, rühmten sich vielmehr ihrer Verbrechen und waren stolz darauf, wenn sie sich durch die Größe derselben ausgezeichnet hatten; jetzt sieht man viele unter ihnen sich bemühen, durch innige Reue und sittliche Aufführung das Andenken ihres frühern Lebens zu verwischen und sich so der Gnade der Staatsregierung würdig zu machen, die dahin strebt, sie durch Strafen selbst zu bessern. Die Straffrist für die verpönteste Verbrecherclasse, die Zwangsarbeiter, darf nach diesem Reglement nicht länger als 20 Jahre dauern. Nach Verlauf dieser Frist ist das Individuum, wenn es kein neues Verbrechen begangen hat, frei von allen Zwangsarbeiten, kann sich an seinem bisherigen Strafort selbst ansiedeln und bleibt nur unter der gewöhnlichen policeilichen Aufsicht.

In der Stadt Tobolsk besteht die Centralbehörde für alle nach Sibirien Verbannte. Sie allein ist autorisirt, die ihr aus Europa zugeschickten Verbrecher zu empfangen und über ihre Vertheilung im weiten Sibirien zu verfügen. Kein Criminalgericht im europäischen Rußland darf mehr in seinem Urtheil über einen Verbrecher — was diese Behörden früher zu thun berechtigt waren — seinen künftigen Strafort bestimmen; dies liegt jetzt nur dieser Centralbehörde ob, welche am besten die dortigen Verbrecherclassen und die örtlichen Verhältnisse kennt. Nächst ihr und unter ihrer Controle bestehen noch in jedem der sibirischen Gouvernements besondere Expeditionen für diejenigen Verwiesenen, welche als Ansiedler zur Urbarmachung und zum Anbau wüster Landstrecken verurtheilt sind; sie stehen unter ihrer Jurisdiction während der Dauer der durch das Gesetz ihnen dictirten Strafzeit. Nach ihrem Ablaufe treten sie in den Stand freier Kronbauern oder Bürger und gehen unter die Aufsicht der gewöhnlichen Civilgerichte über. Die Aufsicht und Verwaltung über die Zwangsarbeiter führen diejenigen Localbehörden, unter deren Jurisdiction sie ihre Arbeiten zu verrichten haben.

Die Mittelzahl der jährlich nach Sibirien wegen Capitalverbrechen Verbannten kann zwischen 3300 und 3500 angenommen werden; nie übersteigt ihre Zahl 4000. Die häufigsten Verbrechen sind Mord, Raub, Diebstahl und Brandstiftung. Die Mittelzahl der jährlich nach Tobolsk an die gedachte Behörde eingesandten Verbrecher ist 7000, wovon das weibliche Geschlecht ein Fünftel beträgt. Eine zehnjährige Vergleichungstabelle des bisherigen sibirischen Comité in Petersburg hat dargethan, daß die sich am meisten zu Verbrechen hinneigende Lebensepoche des Menschen die vor dem vierzigsten Jahre ist, schwächer wird diese Hinneigung im spätern Alter. Dieselbe Tabelle stellt noch ein zweites, für Psychologen sehr bemerkenswerthes Resultat dar: die zwischen dem 50. und 60. Lebensjahre stehenden Frauen sind mehr zur Ausübung

von Verbrechen geneigt, als die im gleichen Alter sich befindenden Männer. Die Zahl der Zwangsarbeiter verhält sich zu der der übrigen Verwiesenen in ganz Sibirien wie 1:9. Am 1. Januar 1835 zählte man ihrer dort überhaupt 9667. Die Mehrzahl derselben, über zwei Drittheile, befand sich im Gouvernement Irkutsk, und zwar in den Bergwerken von Nertschinsk, bei den Kronbranntweinbrennereien und Salzsiedereien und auf der bekannten Telmin'schen Tuchfabrik unweit Irkutsk.

Häufig geschieht es, daß die nach Sibirien Verwiesenen dort aufs neue Verbrechen verüben, wozu ihnen die Localverhältnisse des weiten Landes und die dadurch erzeugte Unzulänglichkeit der Beaufsichtigungsmittel günstig sind. Bei der Entdeckung werden schärfere Strafen gegen sie verhängt. Landansiedler des westlichen Sibiriens werden in diesem Falle zu Zwangsarbeiten in Bergwerken und Fabriken verurtheilt; die Katorschniki dagegen werden in gleicher Qualität ins östliche Sibirien transportirt. Den in diesem Theile Sibiriens in neue Verbrechen fallenden wird die durch das Gesetz dictirte Strafzeit verlängert, nach Maßgabe der Verhältnisse wol verdoppelt. Die meisten hier von ihnen verübten neuen Verbrechen sind Mord und Raub. Häufig desertiren die Verwiesenen, vornehmlich die Zwangsarbeiter, die wirklich mit einem harten Loose zu kämpfen haben, verbergen sich entweder in den unermeßlichen Wäldern oder suchen in die europäische Heimat zu entkommen; die meisten bringt aber im ersten Falle Hunger und Kälte, im zweiten die ungeheure Weite des Wegs, auf welchem sie von den Kosaken, der Landpolicei und den Bauern eingefangen werden, in ihre frühern Verhältnisse zurück, die nun, wie gesagt, eine noch ärgere Gestalt für sie annehmen. Eine ununterbrochene, der Menschennatur entsprechende Thätigkeit, deren Erfolg ihnen aber auch Gewinn bringen müßte, würde ein unfehlbares Mittel werden, sie von diesen moralischen Gebrechen zu heilen. Die Sterblichkeit hat sich im Verlauf von zehn Jahren nicht sehr bedeutend unter ihnen erwiesen: unter den Zwangsarbeitern verhielt sie sich wie 1 zu 9, unter den Ansiedlern wie 1 zu 16.

Das Exilreglement vom Jahre 1822 stellte zuerst die humane Idee auf, ganz Sibirien und die dort befindlichen Verwiesenen aller Classen zu colonisiren. Seit dem Jahre 1827 sucht die Regierung dieselbe mit unablässigem Eifer auszuführen; dies geschieht auf eine zweifache Weise: man siedelt entweder die Verwiesenen in schon bestehenden, von russischen Bauern seit lange bewohnten Dörfern an, oder es werden ganz neue Dörfer auf Kosten der Regierung angelegt und sie in diesen untergebracht. Im ersten Falle müssen sich die Verwiesenen durch eigene Arbeiten erhalten; im letztern gewährt die Krone den Ansiedlern zum Aufbau der Häuser, zur Anschaffung der Ackergeräthe, des Viehs, des Getreidebedarfs zur eigenen Subsistenz wie zum Bestellen der Felder alle nöthige Unterstützung. Zu Ansiedlern in diesen neuen Krondörfern wählt man vorzugsweise starke junge Leute, die verheirathet und für landwirthschaftliche Arbeiten geeignet sind. Wie gesagt, begann die Regierung im Jahre 1827 in mehren Districten des Gouvernements Jeniseisk, namentlich zu Kansk, Atschinsk und Minusinsk den Aufbau von 22 neuen Dörfern und colonisirte darin an 6000 Verwiesene, wozu sie die Summe von 479,000 Rubeln verwandte. Im J. 1833 waren diese neuen Ansiedelungen völlig fertig. Auch in andern Theilen Ostsibiriens hat man mit dem besten Erfolge in den letzten Jahren neu angelegte Dörfer mit Verwiesenen angesiedelt und setzt dieses System allmälig weiter fort. Im Jahre 1835 fanden sich schon 58,026 Verwiesene in beiden Haupttheilen Sibiriens colonisirt. Von ihnen waren 45,013 in ältern von russischen Bauern bewohnten Dörfern untergebracht, 13,014 aber in ganz neu angelegten. Bei der ersten Ansiedlerclasse machte das weibliche Geschlecht ein Siebentel, bei der zweiten ein Drittel der Bevölkerung aus. Zu Anfange des gedachten Jahres zählte man in den verschiedenen sibirischen Gouvernements an 15,688 Verbannte beider Geschlechter, die, völlig colonisirt, nach beendigter Strafzeit in den Stand freier Kronbauern oder Bürger übergetreten waren; unter dieser Zahl befanden sich 2968 Weiber.

San Juan de Ulloa und Veracruz.

Das am 28. Nov. 1838 gegenwärtig von den Franzosen eroberte Fort San Juan de Ulloa ist die bedeutendste Festung, welche die Spanier auf dem Festlande von Amerika erbaut haben. Die kleine Insel, auf der es steht, und die es völlig einnimmt, erhebt sich der Stadt Veracruz gegenüber über der Untiefe Gallega; auf derselben landete Juan de Grijalva, der erste Spanier, welcher Mexico betrat, ein Jahr vor der Ankunft von Ferdinand Cortez (1518). Da er die Überreste zweier Menschen, die den Göttern geopfert worden waren, hier fand, so fragte er die Eingeborenen, warum sie Menschen opferten; man antwortete ihm, es geschehe auf Befehl der Könige von Acolhua (so hieß ein Theil der mexicanischen Hochebene), und aus diesem Namen, welchen er für den der Insel hielt, machte er Ulua oder Ulloa, wozu später sein eigener Vorname gesetzt wurde. Das Schloß beherrscht die Stadt, die von ihm nur eine halbe Kanonenschußweite entfernt und nach dieser Seite nur durch zwei kleine Schanzen geschützt ist, aber noch vollständiger den Hafen, da alle Schiffe zwischen dem Fort und der Stadt vor Anker gehen müssen und die Kriegsschiffe an eisernen Ringen in den Mauern des Forts befestigt werden. Es ist mit jener außerordentlichen Solidität gebaut, welche die bürgerlichen und militairischen Bauwerke der Spanier in der neuen Welt charakterisirt und an die Bauwerke der Römer erinnert; die Geschicklichkeit der spanischen Ingenieurs, welche damals für die geschicktesten in Europa galten, hatte es uneinnehmbar zu machen geglaubt. Bisher stand es auch im ganzen spanischen Amerika in größtem Ruf und galt für ein Wunder, für einen Koloß, gegen welchen alle Flotten von Europa nichts ausrichten würden. Es enthält große Magazine und ungeheure Cisternen, welche der Besatzung ein ungleich gesunderes Wasser liefern als den Bewohnern von Veracruz die ihre Stadt umgebenden stehenden Gewässer. Nach der in Mexico allgemein verbreiteten Meinung hat der Bau des Schlosses dem spanischen Schatze 40 Millionen Piaster gekostet; bei der festen Bauart und der Höhe des Arbeitslohnes in diesem Lande, wo das Tagelohn eines Maurers bis zu drei Piastern steigt, muß er jedenfalls einen außerordentlichen Kostenaufwand verursacht haben, zumal da ein Theil der Festungswerke unter dem Wasser angelegt ist und eine ungemeine Stärke erhalten mußte, um dem Andrange des oft empörten Meeres zu trotzen.

Der Anblick des Schlosses hat übrigens nichts Imposantes. Die Insel selbst erhebt sich sehr wenig über die Wasserfläche; die Mauern steigen senkrecht aus dem Meere hervor und haben nur eine mäßige Höhe, da sie keiner großen bedurften, um durch ihre Kanonen die Batterien der etwa einen Angriff versuchenden Schiffe und das gleichfalls sehr niedrige Ufer zu beherrschen. Nur zwei durch das Bombardement der Franzosen zerstörte Thürme überragten die Mauern: der Caballero (Ritter) und der Signalthurm, welcher zugleich als Leuchtthurm diente. Auch der Anblick der Küste hat durchaus nichts Großartiges. Links von dem Fort erblickt man etwa eine Stunde entfernt eine andere kleine Insel von länglicher Gestalt, die Insel de Sacrificios, welche öde und unbewohnt ist und von den Menschenopfern, denen sie unter der Herrschaft der den blutdürstigen Gott Mexitli anbetenden aztekischen Könige als Schauplatz diente, deren Reihe von Montezuma beschlossen wurde, ihren Namen erhalten hat; jenseit derselben dehnt sich links und rechts, so weit man sehen kann, die sandige Wüste aus, auf welcher man nur hier und da einige Cactus und an das Ufer geschwemmte Baumstämme bemerkt, die sich wahrscheinlich aus dem Mississippi hierher verirrt haben. Dies Alles bildet, zumal seit der republikanischen Herrschaft, ein sehr uninteressantes und unbelebtes Panorama. Im Hafen liegen einige mexicanische Goeletten und Briggs und die Gerippe einiger ehemaligen Linienschiffe, wie die Asia und der Guerrero, welche abgetakelt und in Pontons von Galeerensklaven verwandelt oder wol gar halb untergesunken sind. In der Mitte des Hafens läuft ein Molo oder Damm nach dem Fort zu, den das Meer zu drei Viertheilen zerstört hat und den die Mexicaner niemals herzustellen unternommen haben. Da man in die Straßen der Stadt die sie einschließenden Mauern wegen aus den Schießscharten des Forts nicht sehen kann, so erblickt man in deren Nähe keine andern lebenden Wesen, als einige Schildwachen und ungeheure Scharen von Geiern, deren Vervielfältigung die Bewohner der Stadt nicht hindern, weil sie die Straßen von dem Unrathe und den Überresten todter Thiere reinigen, die sich ohne sie auf ihnen anhäufen würden. Der Reisende fühlt sich bitter getäuscht und würde vielleicht auf den Gedanken kommen, daß der Lootse sich verirrt und ihn anderswohin geführt habe, als nach Mexico, in jenes herrliche Land, das dem Rufe zufolge einen so reichen Boden und eine so wundervolle Natur haben soll, sähe er nicht zu seiner Rechten den majestätischen Vulkan Orizaba seinen schneebedeckten Gipfel erheben und seine bewaldeten Seiten ausbreiten.

Veracruz, unter dem Vicekönig Monterey am Ende des 16. Jahrhunderts auf der Stelle gegründet, wo Cortez am 21. April 1519 gelandet war, als er an der Spitze von 500 Mann die Eroberung des von einer zahlreichen und tapfern Armee vertheidigten Reichs der aztekischen Könige unternahm, war vor der Vertreibung der Spanier der einzige Handel offen stehende Hafen von Mexico am atlantischen Meere. Die Spanier, welche sich auf die Kunst, Colonien zu organisiren, trefflich verstanden und in dieser Hinsicht ein von den übrigen Völkern nicht erreichtes Muster aufgestellt haben, hielten es im Interesse ihres sehr beschränkten Handelssystems für nothwendig, allen Verkehr von Mexico mit Europa und Asien nur durch zwei Häfen betreiben zu lassen, Veracruz auf der Ostküste und Acapulco auf der Westküste. Diese Anordnung, welche nachtheilig wurde, sobald Mexico das Bedürfniß einer häufigern Verbindung mit der alten Welt empfand, hat in Veracruz Anstalten und Schöpfungen ins Leben gerufen, wie sie noch kein anderer mexicanischer Hafen besitzt, da die republikanischen Behörden des Landes besser zu zerstören als zu schaffen verstanden haben.

Der Hafen von Veracruz hat vor allen übrigen

mexicanischen Häfen den großen Vorzug, daß er mit der Hauptstadt durch eine fahrbare Straße verbunden ist, die in den Jahren 1800—10 von dem Consulado oder der Handelskammer dieser Stadt theils auf ihre Kosten, theils auf Subscription über das Gebirge gebaut wurde und der Straße über den Simplon, mit der sie auch ziemlich gleiche Länge hat, an Schönheit nichts nachgibt, während man aus allen andern Häfen nur auf Pfaden, wo nicht zwei Maulthiere nebeneinander gehen können, nach Mexico gelangen kann. Freilich haben die Mexicaner diese Straße während des Befreiungskrieges an mehren Stellen und gerade auf den schwierigsten Punkten demolirt, um den aus Spanien ankommenden, für die Truppen der Hauptstadt bestimmten Zufuhren den Weg zu versperren, an ihre Herstellung hat aber seitdem Niemand gedacht und die mächtige Vegetation der Tropenländer hat das Ihrige zum Verfalle des schönen Werks beigetragen; gleichwol ist sie noch immer die gangbarste Straße, die vom Meere nach Mexico führt. Veracruz ist eine ansehnliche, gut gebaute Stadt mit breiten, nach der Schnur gezogenen Straßen; man findet hier mehre schöne Kirchen, ein stattliches Regierungsgebäude und große Casernen. Vor etwa 30 Jahren war die Stadt in ihrer Blüte; man zählte damals im Ganzen 36,000 Einwohner, worunter 7—8000 Maulthiertreiber und 4500 Fremde, Reisende und Soldaten, und der Hafen wurde von 4—500 Schiffen jährlich besucht. Während des Aufstandes litt Veracruz sehr; die Spanier blieben noch mehre Jahre, nachdem sie das feste Land geräumt hatten, im Besitze des Forts Ulloa, und während dieser Zeit hatte sich der gesammte Handel von hier in den benachbarten kleinen Hafen Alvarado geflüchtet. Seitdem hat Veracruz seine frühere Blüte nicht wieder erlangt, wiewol es bei dem Abzuge der Spanier neu auflebte und noch jetzt beiweitem der bedeutendste Hafen von Mexico ist. Von allen Häfen an der Ostküste des Landes ist er der beste oder vielmehr der am wenigsten schlechte; er kann Linienschiffe aufnehmen, ist aber eng und seine Zugänge sind gefährlich; die Lootsen von Cortez verglichen ihn mit einer zerrissenen Tasche. Die Insel Sacrificios und die Untiefen Arecife del Medio, Isla Verde, Anegada de Dentro, Blanquilla und Gallega bilden mit dem Festlande eine Bucht, die auf der einen Seite dem stürmischen Nordwestwind offen steht und auf der andern einen freien Ausgang darbietet. Die andern mexicanischen Häfen im atlantischen Meere haben so wenig Tiefe, daß kein Kriegsschiff darin einlaufen kann, und unterscheiden sich darin sehr von dem herrlichen Hafen Acapulco am stillen Meere. Noch immer ist Veracruz, wie sonst, der Hauptsitz und gleichsam der Herd des gelben Fiebers, jener Geißel der Hafenplätze des tropischen Amerika. Die dürre Ebene, in welcher die Stadt liegt, ist wie besäet mit einer Menge kleiner Dünen oder Hügel von Flugsand, welche die hier herrschende, durch keine Bäume, welche die Spanier nicht lieben, gemilderte Hitze noch vermehren; zwischen denselben dehnen sich große, mit Manglebäumen und anderm Gesträuch bewachsene Morastflächen aus, deren Ausdünstungen die Luft mit verderblichen Miasmen erfüllen. Die verheerende Krankheit wüthet am heftigsten vom Ende Aprils bis zum September und verschwindet im November, wo die Nordwinde zu wehen beginnen, fast gänzlich.

Mexico ist etwa 60 geographische Meilen von Veracruz entfernt; man gelangt dahin auf der vorhin erwähnten Straße des Consulado, indem man den Abhang der Cordilleren ersteigt. In Vigas, 7200 Fuß über dem Meere, erreicht man die Hochebene und kommt über Perote in die große Stadt Puebla, auch Puebla de los Angelos genannt, welche 70,000 Einwohner zählt; zwischen Puebla und Mexico hat man einen Paß von 10,000 Fuß Höhe zu passiren. Am interessantesten ist der erste Theil des Wegs, von Veracruz bis Perote, wo man fast auf jedem Schritte den Anblick des Landes und des Himmels, die Pflanzenwelt, die Sitten der Einwohner und die Cultur des Bodens sich verändern sieht. Man kann hier über alle Pflanzen, vom Kaffeebaum, dem Zuckerrohr und dem Bananenbaum an bis zu der Agave und von den Bäumen unsers Klimas bis zu der nordischen Tanne und den Alpengewächsen, eine schnelle Musterung halten und in einem Tage von der Küste, wo erstickende Hitze herrscht, in die Region des ewigen Schnees gelangen. Nirgend sieht man auf einem so kleinen Raume solchen Reichthum und solche Mannichfaltigkeit der Pflanzenwelt beisammen. Hier wächst Baumwolle von ausgezeichneter Feinheit und Weiße, dort treffliche Cacaobäume. Am Fuße der Cordilleren, in den immergrünen Wäldern von Papantla und Nautla, welche die Denkmäler der altmericanischen Religion beschatten, wächst diejenige Liane, deren Frucht die wohlriechende Vanille ist. Weiterhin findet man die schöne Windenart, deren knollige Wurzel unter dem Namen Jalappenwurzel in der Medicin bekannt ist; noch mehr westlich, bei Oaxaca, baut man in sogenannten Nopalerien eine Cactusart (die Cochenillenopuntie), auf deren Zweigen sich das unter dem Namen Cochenille bekannte Insekt findet. Auf Zuckerpflanzungen folgen Orangengärten und Maisfelder, auf diese Weizenfelder, die einen drei= bis viermal größern Ertrag liefern als unsere besten Landstriche in Europa. In einer Höhe von 3600 Fuß erblickt man die mexicanische Eiche, deren Gegenwart dem von Veracruz kommenden Reisenden die tröstliche Nachricht verkündet, daß er dem Bereiche des gelben Fiebers entronnen ist.

Das Versetzen der Häuser.

Das Versetzen der Häuser ist in Nordamerika sehr gewöhnlich und wird namentlich in Neuyork angewandt, wenn Straßen gerade gelegt werden sollen. Ein Ingenieur in Neuyork hat in 14 Jahren bereits mehr als 100 Häuser von der Stelle gerückt, die größtentheils aus Holz und leichten Materialien, aber zum Theil auch aus Mauersteinen aufgeführt waren; darunter befand sich eine hölzerne Kirche, die gegen 1000 Personen fassen konnte und 1100 Fuß weit fortbewegt wurde. Ein Reisender erzählt, daß er ein Haus von 50 Fuß Tiefe, 25 Fuß Breite und 4 Stock Höhe, in welchem die Meubeln, ja sogar ein Vorrath von Spiegelglas, 1500 Dollars an Werth, vorher nicht ausgeräumt worden waren, in Zeit von sieben Stunden durch Winden und Anstalten, deren Vorrichtung fünf Wochen gedauert hatte, 14½ Fuß weit fortbewegen sah, wofür 1000 Dollars (1500 Thaler) bezahlt wurden. Der gedachte Ingenieur, dem bisher alle solche Verschiebungen vollkommen gelungen sind, hat den Beinamen „der Hausbeweger" erhalten.

2

Verantwortlicher Herausgeber: Friedrich Brockhaus. — Druck und Verlag von F. A. Brockhaus in Leipzig.

Das Pfennig-Magazin

für

Verbreitung gemeinnütziger Kenntnisse.

322.]   Erscheint jeden Sonnabend.   **[Juni 1, 1839.**

Tizian.

Tizian Vecelli, der mit Recht zu den Heroen der Malerkunst gerechnet wird, wurde zu Campo del Cadore im Venetianischen im Jahre 1477 (nach Andern erst 1480) geboren. Er arbeitete anfänglich bei dem Mosaikarbeiter Sebastian Zuccato, zeigte aber bald so entschiedenes Talent zur Malerei, daß er nach Venedig gesandt und hier Giovanni Bellini's Schüler wurde, dessen Manier er sich in sehr kurzer Zeit aneignete, aber bald mit der freiern des Giorgone vertauschte; diesem eiferte er mit so großem Erfolge nach, daß Giorgone, der sich von dem jungen Künstler erreicht sah, aus Eifersucht alle Verbindung mit ihm abbrach. Die Bemühungen Tizian's und Giorgione's thaten für Venedig, was schon früher Leonardo da Vinci, Perugino, Correggio, Mantegna und andere Meister für Florenz, Rom, Parma, Mailand u. s. w. gethan hatten. Das erste große Ölgemälde, das der junge Tizian lieferte, war die Himmelfahrt der Maria in der Minoritenkirche in Venedig; hierauf malte er mehre große Gemälde für den Saal des Senats und erwarb sich die Zufriedenheit desselben in solchem Grade, daß er zum ersten Maler der Republik ernannt wurde, ein Posten, der mehr ehrenvoll als einträglich war, da das Portrait jedes neuen Dogen, das er in dieser Eigenschaft zu malen hatte, nur mit dem festen Preise von acht Scudi bezahlt wurde. In Ferrara, wohin ihn der dortige Herzog berief, um in seinem Palaste einige von Bellini angefangene Werke zu vollenden, malte Tizian die Portraits des Herzogs und der Herzogin, Ariost's, den Triumph der Liebe, und das berühmte Bacchusfest, welches Augustin Carracci für das kostbarste Gemälde der Welt erklärt und der Cardinal Ludovisi später dem Könige von Spanien geschenkt hat. 1529 ging Tizian nach Bologna, um den Kaiser Karl V.

zu malen, der sich damals seiner Krönung halber in Italien befand. Der Kaiser zeichnete ihn sehr aus, wiederholte mehrmals, es werde noch viele Kaiser, aber nie wieder einen Tizian geben, und hob ihm unter Anderm einmal seinen Pinsel, der zu Boden gefallen war, mit den Worten auf: „Ihr seid würdig, von einem Kaiser bedient zu werden.“ Mit dem gelieferten Portrait war er so wohl zufrieden, daß er dem Künstler einen Jahrgehalt aussetzte und ihn zum Ritter ernannte. Erst im Jahre 1545 kam Tizian nach Rom und malte den Papst Paul III. in Lebensgröße; hätte er Rom in einem frühern Alter besucht und die Meisterwerke der römischen Schule studirt, so würde er vielleicht alle frühern Maler übertroffen und dem Michel Angelo schwerlich Veranlassung zu der Äußerung gegeben haben, die dieser in Bezug auf Tizian's oft nicht fehlerfreie Zeichnung that: „Wie Schade ist es, daß man in Venedig nicht damit anfängt, zeichnen zu lernen!“ Im Jahre 1550 begann Tizian auf Befehl Karl's V. die Apotheose der kaiserlichen Familie, ein Gemälde, das er erst fünf Jahre darauf vollendete, als der Kaiser schon die Krone niedergelegt und sich in das Kloster St.=Just zurückgezogen hatte. Fortan arbeitete Tizian hauptsächlich für Karl's Nachfolger, König Philipp II. von Spanien, der den ihm von seinem Vater ausgesetzten Jahrgehalt erhöhte; daher befinden sich gerade von den schönsten Werken Tizian's viele in Spanien, ohne durch den Kupferstich vervielfältigt zu sein. In einem Alter von mehr als 80 Jahren malte Tizian noch das Märtyrerthum des heiligen Laurentius, die Geißelung Christi, die heilige Magdalena und das Abendmahl, treffliche Werke, die nicht die mindesten Spuren des Alters an sich tragen, ja in seinem 88. Jahre malte er noch eine Verkündigung Mariä, die aber nur noch entfernt an die Schönheiten seiner ältern Werke erinnerte, sodaß man dieses Bild allgemein nicht für das seinige anerkennen wollte; unwillig darüber, schrieb Tizian zur Beglaubigung die Worte darauf: **Titianus fecit, fecit, fecit.** Er war noch immer mit Ausübung seiner Kunst beschäftigt, als er 1576 in seinem 89. Jahre von der Pest hinweggerafft wurde.

Den größten Theil seines Lebens brachte Tizian in Venedig zu und lebte hier auf glänzendem Fuße, durch seine Kunst bereichert, da viele Vornehme und Fürsten seiner Zeit einen Ehrenpunkt darin suchten, sich von ihm malen zu lassen. Seinem Charakter fehlte es nicht an Schroffheit und Härte, die er namentlich andere Maler fühlen ließ; so verfolgte er Paris Bordone und Sebastian del Piombo, und zwang seinen Bruder, der gleichfalls viel Anlage zur Malerei zeigte, fast mit Gewalt, Kaufmann zu werden. Übrigens trieb er außer der Malerei auch andere Beschäftigungen mit Eifer und Erfolg, und galt in seiner Jugend für einen der besten Dichter seiner Zeit. Als Maler war er namentlich in der Landschafts=, Geschichts= und Portraitmalerei ausgezeichnet; in der letzten sucht er seines Gleichen, und die zahlreichen von ihm gelieferten Portraits haben ihrer Ähnlichkeit wegen für die jetzige Zeit außer ihrem Kunstwerthe noch ein historisches Interesse. Sich selbst hat er mehrmals gemalt, und seine Abbildung auf umstehender Seite ist nach einem dieser Portraits gefertigt. Im Allgemeinen zeichnen sich seine Bilder vorzugsweise durch die außerordentliche Vollendung des Colorits oder der Farbengebung aus, während die Zeichnung, wie schon oben bemerkt, oft zu wünschen übrig läßt. Die Zahl der von ihm während seines langen Lebens gelieferten Gemälde, die durch ganz Europa zerstreut sind, ist außerordentlich groß, wie man schon daraus schließen kann, daß über 600 Kupferstiche nach Gemälden von Tizian existiren, wiewol von sehr vielen noch immer keine Kupferstiche vorhanden sind.

Damaskus.

Zu den berühmtesten Städten der asiatischen Türkei gehört Damaskus in Syrien, in einer weiten und anmuthigen Ebene, welche von den Morgenländern als ein irdisches Paradies gepriesen wird, am Fuße des Antilibanus gelegen. Wenn man in dieselbe von der Seite der stattlichen Vorstadt Salahié kommt, welche von der Stadt etwa eine halbe Stunde entfernt, aber durch eine ununterbrochene Folge von Gärten und Landhäusern mit dem reichen Damascener mit ihr verbunden ist, so scheint sich die Stadt unter den Gärten, die sie in einem weiten Umkreise umgeben, ganz zu verstecken. Aus dieser dichten grünen Masse ragen zahllose Moscheen und Minarets hervor und wetteifern an Eleganz der Formen mit den schönsten Werken der Natur. Mit ungeduldiger Erwartung betritt man die Stadt, aber bei genauerer Betrachtung entspricht dieselbe den erregten Hoffnungen nicht völlig. Die Ideen von Glanz und Pracht, die man sich in der Ferne von ihr gemacht hat, verschwinden bald, wenn man innerhalb ihrer Mauern angekommen ist; man trifft Beides nur in den Wohnungen der Reichen und Vornehmen, aber nirgend außerhalb derselben. Die Straßen sind eng, wie fast überall in den heißen Ländern, wo man nach Schatten und Kühle strebt, und unregelmäßig, wie alle türkischen Städte, wo die Zierathen der Architektur auf einzelne Denkmäler beschränkt oder in das Innere der Wohnungen verbannt sind; aber der entschieden orientalische Charakter der Stadt fesselt den Reisenden, der durch nichts als etwa durch den grellen Contrast zwischen Dem, was er sieht, und Dem, was er bisher gesehen hat, an sein Vaterland erinnert wird. Mit Ausnahme des Morgens und des Abends trifft man selten Jemand in den Straßen, und zumal des Mittags herrscht geheimnißvolles Schweigen in der ganzen Stadt. Nur bisweilen vernimmt man, wenn man unter dem Gitterfenster eines Hauses vorbeigeht, den schwachen Ton einer leise geführten Unterhaltung oder die verklingenden Töne einer Mandoline. Treibt die Neugierde den Reisenden, die Schwelle der Hausthüre, welche in der Regel offen bleibt, zu überschreiten, so befindet er sich in einem mit Bäumen bepflanzten Hofe, aber Niemand kommt, ihn willkommen zu heißen, und innerhalb der Mauern herrscht dieselbe Ruhe und dasselbe Stillschweigen wie außerhalb derselben. Zieht ihn der Lärm der Gewerbthätigkeit in der Nähe der Bazars an, so findet er sie mit einer Bevölkerung erfüllt, deren Gesichtsbildungen ebenso mannichfaltig sind als ihre Trachten und Sprachen, und betrachtet er die zum Verkauf ausgestellten Waaren, so kann er die Bestimmung und den Nutzen von vielen kaum errathen.

Die Häuser in Damaskus sind nur bis zu einer Höhe von einigen Fußen über dem Grunde aus Bruchsteinen erbaut; der übrige Theil besteht aus Ziegelsteinen, die an der Sonne getrocknet und übertüncht sind. Wohnungen aus so leichten Materialien können nicht sehr dauerhaft sein; daraus erklärt es sich, daß man in dieser Stadt so wenig Alterthümer findet. Ein anderer mit dieser Bauart verknüpfter Übelstand ist, daß die Straßen bei starkem Winde sehr staubig und im Regenwetter sehr kothig sind. Der Anblick der langen Mauern, die nach der Straße zu nur selten Fenster haben, hat etwas sehr Einförmiges und Melancholisches; nur dann und wann gewähren die glänzenden Farben der öffentlichen Gebäude dem Auge eine Abwechselung. Übrigens bildet die Pracht, die in dem Innern eines Theils der Wohnungen herrscht, mit ihrem ärmlichen Äußern einen sehr auffallenden Contrast. Eine niedrige Thüre führt in einen viereckigen Hof, der gewöhnlich mit Marmor gepflastert ist und in der Mitte einen kleinen, beständig springenden Springbrunnen enthält; während des Sommers wird hier mit Hülfe von Seilen, die von einer Wand zur andern gehen, eine Art Zelt ausgespannt. Um den Hof herum laufen offene Bogengänge, die um einige Fuß über den Erdboden erhöht sind und zu welchen man auf Stufen gelangt. Der Boden dieser Bogengänge ist mit reichen Teppichen bedeckt, auf welchen längs den Wänden schmale Sophas mit sammtnen oder damastnen Kissen stehen. Hier empfängt der Hausherr seine Besuche und verrichtet seine Geschäfte. Ob ein Gast Einlaß in die innern Gemächer erhält, zu welchen Thüren aus den Bogengängen führen, hängt von dem Grade seiner Verwandtschaft oder Bekanntschaft mit dem Hausbesitzer oder der Ehre, die man ihm erzeigen will, ab. Der Harem oder der Theil des Hauses, der von den Frauen bewohnt wird, befindet sich auf der von der Eingangsthüre am weitesten entfernten Seite und seine Thüren und Fenster gehen auf einen zweiten innern, immer mit Bäumen bepflanzten Hof. Diese im Orient ganz allgemeine Bauart scheint sich ohne alle Abänderung und ohne einen Versuch zur Verbesserung von den ältesten Zeiten her bis auf unsere Tage erhalten zu haben.

Der ungünstige Eindruck, den die Straßen und die Außenseite der Häuser auf den Fremden bei seiner Ankunft machen, wird durch die Bazars bald wieder verwischt. Hier, wie im ganzen Oriente, hat jede Gattung von Waaren ihren besondern Bazar. Diese Bazars befinden sich bald an der Seite der Straßen, bald sind sie mit Arcaden bedeckt, welche sie im Sommer gegen die Sonne, im Winter gegen Regen und Kälte schützen. Mehre der letztern sind sehr schön und gewähren den unbeschäftigten Fremden, die den Morgen hier, den Abend in den Kaffeehäusern zuzubringen pflegen, einen angenehmen Spaziergang. Man bildet ganze Budenreihen, in denen man nichts als Stiefeln, Schuhe und Pantoffeln, andere, in denen man nur Sattlerarbeiten oder Waffen erblickt; die Goldschmiede sind in ein besonderes Quartier oder vielmehr Gebäude gewiesen, das ehemals als christliche Kirche gedient zu haben scheint. Etwa um drei Uhr Nachmittags schließen sämmtliche Verkäufer ihre Läden und kehren in ihre Wohnungen zurück; nur einige Wächter bleiben in den zur Nachtzeit mit eisernen Thüren verschlossenen Bazars. Im Allgemeinen sind die Bazars von Damaskus wohl versehen. Die Zahl der der Stadt eigenthümlichen Manufacturgegenstände ist freilich gering; sie bestehen vorzugsweise in einem außerordentlich dauerhaften Stoffe von Seide, dem bekannten, von der Stadt benannten Damast, Tischlerarbeiten, die mit Perlmutter und Elfenbein ausgelegt sind, und gelbem und rothem Leder zu Stiefeln und Pantoffeln. Die Verfertigung von vortrefflichen Degenklingen, die einst Damaskus so berühmt machte, hat längst aufgehört und sich nach Khorasan gezogen; die Klingen, welche gegenwärtig in Damaskus verfertigt werden, halten mit den gepriesenen alten Damascenerklingen keinen Vergleich aus. Die wichtigsten der übrigen Ausfuhrartikel sind rohe Seide, Krapp, Gummi, Galläpfel und Opium; die Einfuhrartikel bestehen in Eisen, Zinn, kurzen Waaren,

Colonialwaaren, Indigo, Musselin, Baumwollenzeuch, Leinwand und Kattun.

Außer den Bazars gibt es noch mehre große Waarenhäuser oder sogenannte Khans, wo die Großhändler ihre Comptoirs und Niederlagen haben. Unter denselben ist besonders einer erwähnenswerth, der alle andern weit übertrifft. Ein herrlicher, mit vieler Bildhauerarbeit verzierter Säulengang führt in einen geräumigen viereckigen Hof, der mit großen polirten, gut zusammengefügten Steinen gepflastert ist; an den vier Seiten desselben laufen Bogengänge für die Waaren hin, über ihnen in ihrer ganzen Länge eine offene, in einzelne Gemächer getheilte Galerie; das Mauerwerk besteht aus schwarzen und weißen Steinen, deren Verbindung zu den Haupteigenthümlichkeiten der saracenischen Architektur gehört.

Die Moscheen von Damaskus, welche zum Theil ehemals christliche Kirchen waren, sind zahlreich und prachtvoll und werden nur von denen von Konstantinopel übertroffen. Die größte steht mitten in der Stadt; sie diente ehemals als Kathedrale, war Johannes dem Täufer, nach Andern dem heiligen Johannes von Damaskus gewidmet, und gilt für das schönste, von Glaubenseifer der ersten Christen in diesem Lande errichtete Gebäude; im Jahre 707 n. Chr. wurde sie in eine Moschee verwandelt. Sie ist 300 Fuß lang, 150 F. breit und hat einen schönen mit Marmor gepflasterten Hof mit einem Springbrunnen und Säulen von korinthischer Ordnung, welche zwei Reihen von Arcaden tragen.

Die Kaffeehäuser, welche in den orientalischen Städten die einzigen Versammlungsörter der Einwohner sind, sind in Damaskus zahlreich und elegant, meistens kioskförmig, an den Seiten offen und von Holz erbaut, das mit verschiedenen bunten Farben bemalt ist, unter denen Grün und Blau vorherrschen; an den schlanken Säulen, welche das Dach tragen, schlängeln sich Schlingpflanzen hinan; ein mit Kissen bedeckter Divan läuft an der Wand hin. Die Erfrischungen, welche hier gereicht werden, bestehen in Kaffee, verschiedenen Arten von Sorbet und Eiswasser. Die Pfeifenart, deren man sich in Damaskus am häufigsten bedient, heißt Gozeh und ist dem Nargileh ähnlich, nur noch leichter transportabel. Sie besteht aus einer Cocosnußschale, die mit Wasser gefüllt ist, von welcher ein gerades, etwa 18 Zoll langes, aufwärts gerichtetes Rohr ausgeht, dessen Ende zur Aufnahme des Tabacks und einer glühenden Kohle eingerichtet ist. Der Rauchende hält das gedachte perpendiculaire Rohr in der Hand und zieht mittels eines ähnlichen kleinern Rohrs, das von der Kugel zum Munde führt, den Rauch ein, der durch seinen Durchgang durch Wasser abgekühlt wird. Die Röhren und das Wassergefäß sind bisweilen von Silber und kunstvoll gearbeitet.

Die Gärten und geschlossenen Pflanzungen, welche die Stadt auf allen Seiten umgeben und sich Stunden weit ausdehnen, bilden einen grünen Gürtel von außerordentlicher Pracht und Üppigkeit, welche sie der reichlichen Bewässerung durch mehre kleine Flüsse und eine Menge Kanäle verdanken. Sie prangen mit den herrlichsten Blumen, namentlich Rosen, und die Früchte, welche sie liefern, sind überaus mannichfaltig und schmackhaft; unter ihnen sind besonders Äpfel, Citronen, Feigen, Kirschen, Aprikosen, Pfirsche und Pflaumen zu erwähnen, doch muß der Reisende sich sehr vor Unmäßigkeit in ihrem Genusse hüten, da sie, im Übermaße genossen, Europäern leicht verderblich werden, was namentlich von den Aprikosen und weißen Maulbeeren gilt. Getrocknet werden diese Früchte in großer Menge nach Konstanti-

nepal und andern Theilen des Morgenlandes ausge=
führt. Ein Theil der Stadt ist mit einer Mauer von
geringer Höhe eingeschlossen, die meist doppelt ist und auf
alten Fundamenten ruht; eine ähnliche Mauer schließt
das Schloß ein, das als Residenz des Gouverneurs dient;
dasselbe ist so weitläufig, daß es im Innern einer klei=
nen Stadt gleicht.

Ein kleiner Fluß, Barada genannt, der einige
Meilen nordwestlich von der Stadt entspringt, theilt
sich oberhalb derselben in mehre (nach einigen Angaben
fünf, nach andern sieben) Arme, von denen der eine
die Stadt durchschneidet, die andern aber sie rechts und
links einschließen und sich unterhalb der Stadt wieder mit
jenem vereinigen, um sich einige Meilen von Damas=
kus in einen kleinen fischreichen See zu ergießen.

Die Bevölkerung von Damaskus schätzt man auf
120 — 150,000 Einwohner, die bis auf etwa 12,000
Christen von verschiedenen Sekten und 2 — 3000 Ju=
den Mohammedaner sind und von jeher wegen ihrer fa=
natischen Anhänglichkeit an den Islam und ihres Has=
ses gegen alle andere Religionen bekannt waren; sie
rechnen Damaskus zu den heiligen Städten und nennen
es eine Pforte zur heiligen Kaaba. Noch vor Kurzem
war es den Christen streng verboten, in der Stadt zu
reiten, doch sind ihnen seit der Herrschaft der Ägypter
auch hier größere Freiheiten als früher eingeräumt worden.

Damaskus ist eine sehr alte Stadt; sie kommt
schon im Alten Testamente vor und soll nach einer
orientalischen Tradition von einem Diener Abraham's,
Namens Damask, ihren Namen erhalten haben; nach der
Meinung der Araber und der in Damaskus lebenden Chri=
sten ist sie von Abraham selbst erbaut worden. Schon
zur Zeit des Königs David hatte sie politische Bedeu=
tung und war der Sitz eines Königs, den David un=
terjochte. Unter Salomo wurde sie wieder unabhängig
und der Sitz eines neuen Reichs, das im Jahre 740
v. Chr. mit ganz Syrien dem assyrischen Reiche ein=
verleibt wurde. Nach dem Tode Alexander's des Gro=
ßen war sie mehrmals die Residenz selbständiger Für=
sten, wiewol Antiochia als Hauptstadt des syrischen
Reichs galt. Das Christenthum faßte hier sehr zeitig
Wurzel; daß Paulus hier predigte, erzählt uns die
Apostelgeschichte. Die Araber eroberten Damaskus im
J. 635 n. Chr. unter dem Khalifen Omar. Als Moham=
med die Stadt aus der Ferne erblickte, soll er vor Ver=
wunderung über die reizende Aussicht stillgestanden und
nicht gewagt haben, seinen Fuß in dieses Paradies zu
setzen, weil er nur in ein Paradies zu gelangen hoffe
und dieses nicht auf Erden suche. Nach mannichfachen
Wechseln der Herrschaft kam Damaskus mit seinem Ge=
biete im Jahre 1516 unter türkische Botmäßigkeit und
war fortdauernd der Sitz eines türkischen Statthalters,
bis im Jahre 1832 ganz Syrien von dem Pascha
Mohammed Ali von Ägypten erobert und ihm später
von der Pforte als Paschalik oder Statthalterschaft über=
lassen wurde.

Die Jodine.

Unter den zahlreichen Stoffen, deren Entdeckung wir
der neuern Chemie verdanken, ist die Jodine einer der
merkwürdigsten und des Nutzens wegen, den sie ge=
währt, vorzüglich wichtig. Ihr Entdecker ist der So=
dafabrikant Courtois in Paris. Nachdem derselbe
schon längst die Bemerkung gemacht hatte, daß seine
Metallgefäße bei der Bereitung von Soda aus der Asche

von Seepflanzen angefressen wurden, und zwar desto stärker,
je concentrirter die Flüssigkeit war, und deshalb verschie=
dene Versuche angestellt hatte, gelang es ihm zu Ende
des Jahres 1811 durch Anwendung von Schwefelsäure
aus der Auflösung von Seepflanzen, besonders verschie=
denen Tangen oder Fucusarten, schöne violettfarbene
Dämpfe zu erhalten. Er wiederholte diesen Versuch in
Gegenwart des Chemikers Clement Desormes, welcher
den Dampf verdichtete und so einen festen Körper er=
hielt, der später von einem griechischen Worte, welches
veilchenblau bedeutet, Jodine oder Jod genannt wurde,
weil er sich in der Wärme in einen veilchenblauen
Dampf zersetzt. Auch im Seewasser und in vielen
Salzsoolen, besonders in Deutschland, hat man Jodine
entdeckt, aber die Hauptquelle, aus der sie gewonnen
wird, bilden die verschiedenen Seetang= oder Fucusar=
ten. Die Seifensieder brauchen große Quantitäten von
Barec oder Barecsoda, die nichts Anders ist, als Asche
von Seepflanzen; aus dieser Soda erhält man Jodine
in größerer Menge, wenn man sie mit Wasser aus=
laugt, die Lauge mehrmals abdampft, die bei der Kry=
stallisation anschießenden Salze entfernt und die zurück=
bleibende Mutterlauge mit Salpetersäure vermischt, wo=
bei die Jodine in Pulverform niedergeschlagen wird.

Als der berühmte englische Chemiker Sir Humphry
Davy im August 1813 in Paris war und von diesem
neuen Stoffe hörte, wünschte er eine Probe davon zu
erhalten; der Physiker Ampère verschaffte sich eine kleine
Quantität Jodine und steckte sie in Papier gewickelt
zu sich, um sie seinem englischen Collegen zu bringen,
als er sie aber diesem überreichen wollte, fand er, daß
sie völlig verschwunden war, weil die Wärme sie in
Dampf verwandelt hatte. Eine zweite Probe gelangte
glücklich in Davy's Hände; dieser unterwarf nun den Stoff
einer genauen Untersuchung und kam zu dem Resul=
tate, daß derselbe zu den einfachen Stoffen, die sich
nicht weiter in verschiedenartige Bestandtheile zerlegen
lassen, gerechnet werden müsse.

Im festen Zustande ist Jodine ein weicher Körper
von schwarzgrauer oder schwarzblauer Farbe und metal=
lischem Glanze; sie kommt gewöhnlich in kleinen Blätt=
chen vor, die zerreiblich sind, und hat in ihrem Aus=
sehen mit dem Reißblei Ähnlichkeit. Ihr specifisches
Gewicht ist beinahe fünfmal so groß als das des Was=
sers. Ihr Geruch ist stark und unangenehm, der Ge=
schmack herbe und lange im Munde haftend, beide
ähnlich wie beim Chlor, dem dieser Stoff auch sonst in
vieler Hinsicht ähnlich ist; in größerer Menge genom=
men wirkt sie giftig. Auf viele Stoffe wirkt Jodine
beizend; Haut und Papier werden durch die Berüh=
rung mit Jodine braun gefärbt, doch verschwindet diese
Farbe bald wieder, indem sich die Jodine verflüchtigt.
In Wasser löst sie sich nur schwach auf (1 Theil Jo=
dine in 7000 Theilen Wasser) und gibt eine gelbbräun=
liche Auflösung, dagegen löst sie sich in großer Menge
in Weingeist mit dunkelgelbbrauner Farbe. Mit Queck=
silber verbunden bildet sie ein Pulver von schönem Schar=
lachroth, das nebst mehren andern Zusammensetzungen
als Farbestoff benutzt wird. Am leichtesten
verbindet sie sich mit der Stärke, mit der sie eine dun=
kelblaue Mischung gibt; dieser Stoff kann daher be=
nutzt werden, um zu prüfen, ob in einem gewissen Kör=
per Jodine enthalten ist. Wenn man nämlich in eine
Flüssigkeit, welche eine sehr geringe, durch kein anderes
Mittel wahrnehmbare Menge (wenn es auch nur der
450,000. Theil ihres Gewichts ist) Jodine enthält, ein
paar Tropfen einer Stärkeauflösung fallen läßt, so wird
die ganze Flüssigkeit, nach der größern oder geringern

Menge der Jodine, augenblicklich violettblau oder wenigstens röthlich gefärbt.

Bereits hat man von diesem Stoffe in den Gewerben zahlreiche Anwendungen gemacht und noch mehr wird dies künftig der Fall sein, aber am wirksamsten scheint er als Heilmittel zu sein, und zwar namentlich als Mittel gegen den Kropf. Dieses Übel, das dem ganzen Körper ein abschreckendes Ansehen gibt, und dessen Ursachen noch nicht ganz im Klaren sind, ist bekanntlich in der Schweiz und andern Berggegenden sehr häufig, und die damit behafteten Menschen, die sich zugleich durch auffallende Verstandesschwäche unterscheiden, werden mit dem Namen Kretinen bezeichnet. *) Als ein Mittel gegen diese Krankheit galt bisher ge-

brannter Schwamm. Bald nach der Entdeckung der Jodine in Seepflanzen entdeckte man sie auch im Badeschwamme; dies brachte den genfer Arzt Coindet auf den Gedanken, daß, wenn Schwamm sich als wirksames Mittel gegen den Kropf zeige, dies wol von der geringen darin enthaltenen Quantität Jodine herrühren könnte, und daß daher Jodine allein noch wohlthätigere Wirkungen hervorbringen müßte. Er stellte hierüber Versuche an und fand zu seiner großen Befriedigung, daß die Jodine schnell und energisch die größten und härtesten Geschwülste vertrieb und sich somit als wirkliches Specificum gegen dieses häßliche Übel erwies, das allen Bemühungen der Kunst so lange hartnäckig getrotzt hatte.

Der Zug der holländischen Gesandtschaft in Japan.**)

Seit der Gründung der Macht des Kubo Soma oder Kaisers von Japan wurde für die Vornehmen dieses Landes der Gebrauch eingeführt, einmal jährlich am Hofe zu Jeddo zu erscheinen. Auch die Holländer, die einzigen Ausländer, welche im japanischen Reiche geduldet werden, wurden aufgefodert, sich diesem Gebrauche zu unterwerfen, und seitdem wird jährlich aus ihrer Factorei zu Nangasaki mit großem Gepränge eine Gesandtschaft an den Kaiser nach Jeddo, das von Nangasaki etwa 200 deutsche Meilen entfernt ist, abgeschickt, die ihren Weg über Kokura, Simonoseki und Osakka nimmt. An der Spitze derselben steht das Oberhaupt der Factorei; ihn begleiten der Arzt derselben und mehre

Secretaire, außerdem ein zahlreiches Gefolge von Japanesen, die angeblich zur Ehrenwache, eigentlich aber dazu bestimmt sind, die Communication der Holländer mit den Eingeborenen möglichst zu verhindern, zusammen an 100 Personen. Die Hin- und Herreise dauert, den Aufenthalt in der Hauptstadt eingerechnet, gegen drei Monate. Daß dabei dem Kaiser von Japan ansehnliche Geschenke überbracht werden müssen, versteht sich von selbst. Die Tagereisen sind lang und beschwerlich; den zur Gesandtschaft gehörigen Personen wird zwar unterwegs dieselbe Ehre erwiesen wie den einheimischen Vornehmen, welche an den Hof reisen, aber die Beschränkung ihrer Freiheit durch die japanesische Escorte, welche jeden ihrer Schritte bewacht, ist in hohem Grade lästig.

*) Vergl. Pfennig-Magazin Nr. 306.
**) Vergl. Pfennig-Magazin Nr. 307.

Bronze und Bronziren.

Das Wort Bronze wird in einer vierfachen Bedeutung gebraucht. Es bedeutet nämlich erstens eine aus Kupfer und Zinn bestehende Metallmischung, aus welcher Glocken, Kanonen, Bildsäulen u. s. w. gegossen werden; zweitens Gegenstände aus Messing, Tomback oder einer andern gelben Metallmischung, die im Feuer vergoldet sind; drittens mattes, d. h. nicht polirtes Gold, Silber und Platin, welche zur Verzierung auf Porzellan aufgetragen werden, wobei man daher Gold=, Silber= und Platinbronze unterscheidet; viertens gewisse Anstriche, durch welche man Gegenständen aus Holz, Gyps u. s. w. ein metallisches Ansehen gibt. Von diesen Bedeutungen ist die erste die ursprüngliche und gewöhnlichste. Die mit dem Worte Bronze bezeichneten Metallmischungen sind hart und spröde und erhalten nach ihrer verschiedenen Bestimmung ein verschiedenes Mischungsverhältniß; sie werden auch häufig Erz genannt, besonders diejenigen, welche zu Bildsäulen verwandt werden. Wenn das Zinn den dritten Theil des Kupfers und darüber beträgt, so hat die Mischung eine weiße, außerdem eine röthlichgelbe Farbe; mit der Menge des Zinns wächst im Allgemeinen die Härte und Sprödigkeit. Nicht selten wird noch etwas Zink und Blei zugesetzt; das letztere Metall macht die Bronze zäher. Die Bronze zu Glocken, Glockengut oder Glockenspeise genannt, setzt man aus 100 Theilen Kupfer und 12—25 Theilen Zinn, oder aus 80 Kupfer, 10 Zinn, 6 Zink, 4 Blei u. s. w. zusammen. Die Mischung aus 4 Theilen Kupfer und 1 Theil Zinn, aus welcher die unter dem Namen Tam=Tam oder Gong=Gong bekannten chinesischen musikalischen Instrumente bestehen, zeichnet sich durch ihre große Härte und ihren hellen, durchdringenden Klang aus. Zu kleinen Glocken kann man 1 Theil Zinn und 3 Theile Kupfer nehmen. — Die Bronze zu Kanonen, das Kanonenmetall, muß viel zäher sein und daher weniger Zinn enthalten; gewöhnlich nimmt man auf 1 Theil Zinn 9 Theile Kupfer, oder auf 100 Theile Kupfer 11 Theile Zinn; auch soll die Mischung aus 100 Theilen Kupfer, 12 Theilen Zinn und 6 Theilen Messing brauchbar sein. (Das Messing selbst besteht bekanntlich aus Kupfer und Zink, am gewöhnlichsten aus etwa 7 Theilen Kupfer und 3 Theilen Zink.) 1 Theil Zinn und 2 Theile Kupfer geben das Spiegelmetall, ein weißes Metall, das alle andern Mischungen an Härte und Sprödigkeit übertrifft, das Licht sehr schön reflectirt und daher zu den Spiegeln der Spiegelteleskope angewandt wird. — Eine zu Bildsäulen brauchbare Legirung geben 3 Theile Zinn mit 10 Theilen Kupfer, doch ist die Menge des Kupfers oft noch weit größer, zuweilen 16 und mehrmal größer als die des Zinns, ja die Masse des berühmten Viergespanns von Chios enthält auf 1000 Theile Kupfer nur 7 Theile Zinn. Zuweilen werden Bildsäulen aus sogenannter weicher Bronze gegossen; dies ist entweder reines Blei oder solches, das mit Zinn oder andern Metallen legirt ist. Bronze wird auch zu Medaillen verwandt; eine der besten Mischungen zu diesem Zwecke geben 92 Theile Kupfer und 8 Theile Zinn. Auch die Münzen der Alten bestanden häufig aus Bronze.

Im Alterthume machte man von diesen Metallmischungen einen weit allgemeinern Gebrauch als jetzt und verwandte sie sogar zu schneidenden Werkzeugen, wie Schwertern und Messern, sowie zu andern Zwecken, zu denen sich Eisen und Stahl, von denen jenes noch dazu weit wohlfeiler ist, weit besser eignen und daher jetzt ausschließlich gebraucht werden. Hierzu kommt, daß man sich ehemals auf die Bearbeitung der Bronze weit besser verstand und sie zum Hämmern geschickt zu machen wußte, was jetzt nur noch die Chinesen zu verstehen scheinen.

Die Bereitung der Bronze geschieht, indem man zuerst das Kupfer zum Schmelzen oder in Fluß bringt, dann die andern, leichter schmelzenden Metalle zusetzt, die Masse gut umrührt und dann sogleich ausgießt. Hierbei ist eine große, schnell wirkende Hitze nöthig, weil sonst ein zu großer Theil des leichter schmelzenden Metalls an der Oberfläche oxydirt, wodurch das Mischungsverhältniß sich ändert. Um den neu gegossenen Bronzegegenständen statt ihres natürlichen Glanzes und ihrer hellen Farbe das dunklere, matter glänzende Braun zu geben, das sie von selbst nur im Verlaufe der Zeit annehmen, reibt man sie mit einer Auflösung von Salmiak und Sauerkleesalz in Essig ein.

Das Verfahren, welches angewandt wird, um einem Gegenstande das Ansehen der Bronze in der vorhin erklärten ersten Bedeutung des Worts zu geben, nennt man Bronziren. Man nimmt es hauptsächlich mit Bildhauerarbeiten aus Holz und Stein, mit Gypsabgüssen, Verzierungen und Abdrücken, mit gegossenen Zinn= und Eisenwaaren u. s. w. vor und will dabei entweder die natürliche braungelbe Bronzefarbe oder das sogenannte Verde antico, d. h. die grüne Farbe der antiken Bronzewaaren, nachahmen. Die natürliche frische Bronzefarbe wird durch feingeriebenes Gold oder Kupfer hervorgebracht, indem diese Metallpulver auf die zu bronzirenden, mit Ölfarbe überzogenen und noch nicht völlig getrockneten Gegenstände aufgestreut und eingerieben werden. Zuweilen gibt man Gypswaaren und andern Gegenständen eine silberweiße oder eine eisenartige Farbe. Zur weißen Bronze nimmt man zerriebenes unechtes Blattsilber oder auch Musivsilber, d. h. eine Mischung aus Quecksilber, Wismuth und Zinn; die eisenartige Bronze entsteht durch Einreiben von fein gepulvertem und geschlämmtem Reißblei. Gußeisernen Gegenständen, namentlich Büsten, gibt man eine bronzeähnliche Farbe, indem man sie in Kupfervitriolauflösung eintaucht oder damit bestreicht, wodurch sie sich mit einer sehr dünnen Schicht von Kupfer überziehen.

Die Antikbronze oder die grüne Farbe des Grünspans, welche den antiken Bronzewaaren eigenthümlich ist, ist eine Folge der langen Einwirkung der Luft und Feuchtigkeit. Um auf neuen Bronzebildsäulen diesen Rost in seiner ganzen Vollkommenheit und Schönheit hervorzubringen, ist ein Jahrhundert nicht hinreichend, die verschiedenen künstlichen Mittel aber, welche man anwendet, um neuen Kunstwerken ein alterthümliches Ansehen zu geben, sind für jenen natürlichen Rost nur unvollkommene Surrogate. Das einfachste dieser Mittel besteht in verdünnter Salpetersäure (1 Theil Scheidewasser und 2—3 Theile Wasser), die man auf die Bronze streicht und dann abtrocknen läßt. Weit zweckmäßiger ist jedoch eine Bronze, die man erhält, wenn man 1 Theil Salmiak, 3 Theile gereinigten Weinstein und 6 Theile Kochsalz zusammen in 6 Theilen heißen Wassers auflöst und diese Flüssigkeit mit 8 Theilen salpetersaurer Kupferauflösung vermischt. Noch ein anderes Verfahren besteht darin, daß man die gegossenen Bronzewaaren in feinem Quarzsand erhitzt, der mit einer geringen Menge sehr verdünnter Salpetersäure befeuchtet ist. Um den firnißartigen Glanz mancher antiken Bronzen hervorzubringen, erhitzt man die Gegenstände, welche man bronzirt hat, und reibt sie mit Wachs ein. Die künstliche Antikbronze auf Arbeiten von Holz, Eisen, Messing, Gyps u. s. w. ist gewöhnlich weiter nichts als grüne Ölfarbe.

Noch etwas über Luftbäder. *)

Nach einem der pariser Akademie erstatteten Berichte ergänzen wir das bereits früher über diesen Gegenstand Gesagte durch einige genauere Angaben. Unsere Leser erinnern sich, daß der französische Arzt Tabarié einen Apparat erfunden hat, um Personen längere Zeit einer verdichteten Luft auszusetzen, was sich bei mehren Krankheiten als heilsam bewiesen hat. Die Schwierigkeit bestand hierbei in der Größe des die verdichtete Luft enthaltenden Raumes, welcher zur Aufnahme eines Menschen groß genug sein und hermetisch verschlossen werden muß, weil die verdichtete Luft ein großes Bestreben hat, durch jede vorhandene Öffnung zu entweichen und sich mit der äußern dünnern Luft ins Gleichgewicht zu setzen. Zugleich muß der Apparat, wenn er zweckmäßig sein soll, so eingerichtet sein, daß diejenigen Personen, die sich desselben bedienen, jede beliebige Stellung annehmen, nach Befinden stehen, sitzen oder liegen, beliebige Beschäftigungen vornehmen und so lange als es wünschen oder vielmehr bedürfen, darin zubringen können, wozu freilich noch erfoderlich ist, daß andere Personen sich zu den Patienten begeben können, ohne die Wirkung der verdichteten Luft zu unterbrechen. Endlich muß die verdichtete Luft unaufhörlich erneuert werden können, wie bei der Taucherglocke, weil die Luft, in welcher Menschen oder Thiere athmen, bekanntlich nach kurzer Zeit verdirbt und zum fernern Einathmen untauglich wird. Allen diesen Bedingungen entspricht der von Hrn. Tabarié erfundene Apparat auf das vollständigste. Derselbe besteht nämlich aus einem förmlichen Zimmer nebst einem kleinen Vorzimmer, mit Thüren und Fenstern, die so vollkommen schließen, daß die Luft in dem Gemach verdichtet und beständig erneuert werden kann, ohne daß die geringste Menge derselben entweicht, was bei dem Vorhandensein der kleinsten Öffnung sogleich mit zischendem Geräusche geschehen würde. Wer von dem Apparate Gebrauch machen oder sich zu einer darin befindlichen Person begeben will, betritt zuerst das Vorgemach, schließt die erste Thüre und öffnet einen kleinen Schieber in der zweiten Thüre, wodurch die Verbindung zwischen der Luft im Vorgemach und der im eigentlichen Badezimmer hergestellt wird; erst nach Öffnung dieses Schiebers ist man im Stande, die zweite sich nach innen öffnende Thüre zu öffnen, welche außerdem durch die verdichtete Luft mit großer Kraft angedrückt wird. Das Hauptzimmer selbst ist 8—10 Fuß hoch und geräumig genug, um ein Bett, einen Tisch, mehre Stühle und selbst ein kleines Fortepiano zu fassen. Kleinere Öffnungen in den Wänden des Zimmers, die mit Schiebern versehen und auf ähnliche Art wie jene beiden Thüren eingerichtet sind, dienen, dem Kranken alle Gegenstände, deren er bedarf, zukommen zu lassen. Eine Dampfmaschine verrichtet die Verdichtung der Luft, die von Hrn. Tabarié nach Belieben regulirt und bis auf ¾ des Atmosphärendrucks (als Maximum) gesteigert werden kann, sodaß also dann, wenn der höchste Grad der Verdichtung angewandt wird, das gedachte Zimmer 1¾ Mal so viel Luft enthält als ein Zimmer derselben Größe unter gewöhnlichen Umständen. Die Verdichtung wird so lange erhalten, als nöthig ist, worauf die Luft allmälig wieder zu ihrem normalen Zustande zurückgeführt wird.

Wiewol jener Grad von Luftverdichtung unbedeutend scheint, so ist er doch sehr merklich. Schon bei den ersten Kolbenzügen merkt man, daß die Luft in die innere Ohrenhöhle eindringt; dieses Gefühl steigert sich zu einer leichten Betäubung, die Lebhaftigkeit des Athemholens und des Blutumlaufs nimmt ab, zuletzt aber stellt sich ein gewisses Gefühl des Wohlbehagens ein, das als sehr wohlthuend beschrieben wird. Obgleich der Apparat des Hrn. Tabarié in Paris noch nicht öffentlich aufgestellt ist, haben sich doch bereits mehre Personen desselben mit großem Vortheile bedient, und einer ausgezeichneten pariser Sängerin, welche sich desselben drei Monate lang täglich bediente, soll es gelungen sein, ihre geschwächte Gesundheit durch dieses Mittel gänzlich wiederherzustellen.

Der Tempel von Segesta.

Unweit der Nordküste Siciliens, etwa sieben Meilen westlich von Palermo und südlich von dem Orte Castellamare, sieht der Reisende in einer öden und kahlen Landschaft, auf einem unbebauten und steilen Berge zahlreiche Steine aufgehäuft, an denen man noch Spuren menschlicher Thätigkeit erkennt, welche aber in ihrer Vereinzelung nicht mehr errathen lassen, welche Bauwerke sie einst gebildet haben. Eine einzige Ruine ist noch vollständig genug, um schließen zu lassen, daß sie einst einem Theater angehörte; es war aus großen Werksteinen ohne Mörtel erbaut; man erkennt noch die Sitzreihen und die Bühne. Diese Trümmer ohne einen bestimmten Namen sind Alles, was von einer der mächtigsten und reichsten Städte Siciliens noch übrig ist. Segesta oder Egesta, das von Begleitern des Äneas gegründet wurde und das Andenken seines trojanischen Ursprungs in den Namen zweier benachbarten kleinen Flüsse, Scamander und Simois, heutzutage Fiume San Bartolomeo und Fiume Freddo genannt, lebendig erhielt, wetteiferte in den ersten Jahrhunderten nach Roms Erbauung mit den Städten Selinunt und Syrakus an Reichthum und Größe. Etwa 300 Jahre vor Christus wollte Agathokles, Tyrann von Syrakus, die Stadt Segesta dafür bestrafen, daß sie sich mit den Karthaginensern gegen ihn verbündet hatte, und zerstörte sie von Grund aus; den Trümmern wurde zum Andenken an diese schreckliche Züchtigung der Name "Stadt der Rache" beigelegt. Indessen gelang es den Segestanern, die Spuren dieses Ereignisses zu vertilgen, und ihre Stadt wurde unter ihrem alten Namen bald wieder zu den ansehnlichsten Städten Siciliens gezählt. Nach mehren Jahrhunderten des Wohlstandes traf die Stadt ein neues Unglück, als die Saracenen sich in Sicilien festsetzten; diesmal war es aber nicht wieder gut zu machen, weil Italien erschöpft war. Mit Feuer und Schwert verwüstet, versuchte Segesta nicht, sich von neuem zu erheben, und die Zeit vollendete das von den Menschen begonnene Zerstörungswerk. Man wundert sich, daß eine einst so berühmte Stadt so wenig Spuren zurücklassen konnte; aber in auffallendem Contraste mit diesen so völlig verfallenen Ruinen steht ein Denkmal, welches sich ganz in der Nähe erhebt und vielleicht das großartigste, älteste und am besten erhaltene in ganz Sicilien ist.

Wenn man von der Meeresküste nach den Steinhaufen von Segesta zugeht, kommt man anfangs durch üppige, sorgfältig angebaute Thäler, zwischen dichten Hecken von Aloestauden und indianischen Feigenbäumen hindurch; weiterhin, von dem Bache San-Bartolomeo

*) Siehe Pfennig-Magazin Nr. 301.

an, umringen den Reisenden öde Hügel; das Auge wird durch den Anblick von kahlen Felsen und von Haiden, die nur spärlich mit Gebüsch und Haidekraut bewachsen sind, ganz ermüdet; vergebens sucht man nach Spuren menschlicher Wohnungen. Da erscheint plötzlich auf dem Gipfel eines entfernten Hügels eine sich am Horizont scharf abschneidende, majestätische Säulenhalle, nach dem Ausdrucke eines neuern Reisenden einen göttlichen Anblick darbietend. Dieses Gebäude steht südwestlich von Segesta auf einem nach drei Seiten senkrecht abfallenden, besonders gegen Süden durch eine ungeheure Kluft scharf abgeschnittenen Hügel, weit niedriger als der, auf welchem die Stadt oder vielmehr die Burg derselben stand; es bildet ein regelmäßiges Parallelogramm von 175 Fuß Länge und 73 Fuß Breite und besteht aus 36 Säulen, von denen je 6 an den beiden Enden stehen. Diese Säulen, von dorischer Ordnung, haben 28 Fuß Höhe und unten 6 Fuß im Durchmesser; nach oben werden sie schwächer. Sie bestehen, wie der Reisende Kephalides meldet, nicht aus einem Stücke wie die römischen, sondern werden durch übereinander gelegte Steine gebildet, die im Mittelpunkte ein viereckiges Loch haben, durch welches, um das Ganze zusammenzuhalten, vermuthlich ein hölzerner Keil getrieben wurde, denn des Bleis scheint man sich erst zu August's Zeiten bedient zu haben. An beiden Enden befindet sich ein Frontispiz. Nichts läßt darauf schließen, daß der von den Säulen eingeschlossene Raum jemals ein inneres Gebäude, eine Cella enthalten habe, und man muß vermuthen, daß das Gebäude stets so offen als jetzt gewesen ist; nur so viel bemerkt man an den Einschnitten in den Giebeln, daß ursprünglich ein gezimmertes Dach den innern Raum bedecken sollte oder bedeckt hat, aber gleich dem Fußboden, dessen Stelle jetzt ein Rasenteppich einnimmt, verschwunden ist. Das Material des Tempels ist gewöhnlicher, viele versteinerte Muscheln enthaltender Kalkstein von glänzend gelber Farbe und geadert, sodaß die Säulen, aus einiger Entfernung gesehen, von Marmor zu sein scheinen. Dieser durch seine gänzliche Schmucklosigkeit, seine Regelmäßigkeit und seine vollkommene Harmonie ausgezeichnete Tempel, einer der vollständigsten und größten des Alterthums, der von einer düstern, melancholischen Landschaft trefflich eingerahmt wird, muß auf jeden Beschauer einen mächtigen Eindruck machen; gleichwol lassen ihn die meisten Reisenden unbegreiflicherweise unbesucht. Auf allen vier Seiten sind Säulen, Architrave und Giebel vortrefflich erhalten; zwar zeigten sich am Ende des vorigen Jahrhunderts mehre bedenkliche Symptome, indessen gelang es, dem Übel bei Zeiten abzuhelfen. Ungeachtet jener Frische ist der Tempel von hohem Alter und möchte leicht drittehalb Jahrtausende überdauert haben, wiewol sich darüber mit Sicherheit nichts bestimmen läßt. Seinem Baustyle nach gehört er weder der römischen noch der griechischen Architektur an, und zeigt einen Verein von Kraft und Roheit, der Viele bewogen hat, seinen Ursprung auf fabelhafte Zeiten zurückzuführen und seine Erbauung den ersten Nachkommen der Begleiter des Äneas zuzuschreiben. Welcher Gottheit der Tempel — da die religiöse Bestimmung des Gebäudes nicht zweifelhaft sein kann — gewidmet war, ob der Ceres, der Venus oder der Diana, ist der Gegenstand eines noch immer unentschiedenen Streites unter den Alterthumsforschern Siciliens gewesen; vermuthlich ist es aber derselbe Tempel, aus welchem, wie wir aus Cicero wissen, der römische Statthalter Verres, von dessen Bedrückungen Sicilien so viel zu leiden hatte, eine schöne Statue der Diana raubte.

Der Tempel von Segesta.

Verantwortlicher Herausgeber: Friedrich Brockhaus. — Druck und Verlag von F. A. Brockhaus in Leipzig.

Das Pfennig-Magazin

für
Verbreitung gemeinnütziger Kenntniſſe.

323.]   Erſcheint jeden Sonnabend.   [Juni 8, **1839.**

Ludwig Philipp, König der Franzoſen.

Das Haus Orleans, welches jetzt den franzöſiſchen Königsthron inne hat, gehört zur Dynaſtie der Capetinger, dem ſeit 987 herrſchenden dritten franzöſiſchen Königsgeſchlechte, und zwar zur Seitenlinie Bourbon, welche mit Heinrich IV. im Jahre 1589 auf den Thron gelangte. Der Sohn deſſelben, Ludwig XIII., hinterließ zwei Söhne, von denen der ältere unter dem Namen Ludwig XIV. im Jahre 1643 ſeinem Vater in der Regierung folgte, der jüngere aber, Herzog Philipp I., der Stifter des jetzt regierenden Hauſes Orleans wurde. König Ludwig Philipp iſt der Sohn des berüchtigten Herzogs Philipp von Orleans, der in der erſten franzöſiſchen Revolution unter dem Namen Philipp Egalité eine Rolle ſpielte und am 6. Nov. 1793 unter dem Beile der Guillotine fiel; er wurde zu Paris am 6. Oct. 1773 geboren und hieß anfangs Herzog von Valois, ſeit dem Tode ſeines Großvaters in J. 1785 aber Herzog von Chartres. Seine Erziehung wurde unter der

Oberaufſicht ſeiner trefflichen Mutter Louiſe Marie Adelaide von Penthièvre zuerſt von dem Chevalier de Bonnard, ſeit 1782 aber von der als fruchtbare Schriftſtellerin bekannten Frau von Genlis geleitet, welche im Schloſſe ihrer männlichen Feſtigkeit wegen Madame le gouverneur hieß und nichts verſäumte, um die reichen Anlagen des Prinzen nach jeder Richtung hin vollſtändig auszubilden. Mit jugendlichem Enthuſiasmus bekannte er ſich beim Ausbruche der franzöſiſchen Revolution gleich ſeinem Vater zu den Grundſätzen derſelben und übernahm in Folge eines Beſchluſſes der Nationalverſammlung, nach welchem jeder Titularinhaber eines Regiments entweder das wirkliche Commando deſſelben übernehmen oder aus den Armeeliſten geſtrichen werden ſollte, das Commando des ſeinen Namen führenden 14. Dragonerregiments in Vendôme, ging ſpäter nach Valenciennes und vollbrachte am 28. April 1792 unter Biron beim Einfalle in die öſtreichiſchen

Niederlande seine ersten Waffenthaten. Bald darauf wurde er unter Luckner zum Generalmajor und in demselben Jahre unter Kellermann zum Generallieutenant befördert, nahm das ihm angebotene Commando von Strasburg nicht an, weil er lieber im offenen Felde kämpfen wollte, und that sich am 20. Sept. 1792 in der Schlacht bei Valmy hervor, indem er eine schwierige Stellung, die den ununterbrochenen Angriffen des Feindes ausgesetzt war, den ganzen Tag über mit größter Unerschrockenheit vertheidigte. Nachher wurde er der Armee von Dumouriez zugetheilt, welche in Belgien einfiel, und nahm am 6. Nov. desselben Jahres an der Schlacht bei Jemappes, in der er 24 Bataillone commandirte, lebhaften Antheil, ja der Gewinn derselben ist ihm vorzugsweise zuzuschreiben, indem er mehre von den Östreichern geworfene und bereits fliehende französische Regimenter sammelte und in die Schlacht zurückführte, die Batterien stürmen ließ und so den Ausschlag gab. Die Eroberung Belgiens war die Frucht dieses Sieges, der Prinz eilte aber nach Paris zurück, um seine Schwester, die Frankreich zu verlassen genöthigt wurde, ins Ausland zu begleiten, und befand sich auf der Rückreise in Tournay, als er erfuhr, daß der Nationalconvent alle Mitglieder des königlichen Hauses verbannt habe. Indessen wurde bald nachher das Haus Orleans von dieser Maßregel ausgenommen; der junge Herzog kehrte daher zur Armee zurück und nahm an der Belagerung von Mastricht, sowie an der für die Franzosen so nachtheiligen Schlacht bei Neerwinden am 18. März 1793 Theil, durch welche die Früchte der Schlacht bei Jemappes wieder verloren gingen. In Folge dieses Treffens und des ebenso ungünstigen bei Löwen faßte der besiegte Oberbefehlshaber Dumouriez, entweder weil er die Rache der republikanischen Gewalthaber fürchtete, oder weil er schon längst im Stillen mit der Herrschaft des Nationalconvents unzufrieden war, den Entschluß, die Sache der Republik, für die er bisher gekämpft, zu verlassen und zum Feinde überzugehen. Der Herzog von Chartres schloß sich ihm hierbei an und kann wegen dieses Schrittes um so weniger getadelt werden, da er seit der Hinrichtung des Königs Ludwig's XVI. am 21. Januar und bei den heftigen Angriffen, die im Nationalconvent gegen ihn selbst gerichtet wurden, seines tadellosen Verhaltens ungeachtet, auch für sich das Schlimmste fürchten mußte. Er verließ demnach mit Dumouriez am 4. April 1793 Frankreich, ging zuerst nach Mons im Hennegau ins östreichische Hauptquartier, wo der Erzherzog Karl ihn vergebens zum Eintritt in östreichische Dienste zu bestimmen suchte, und von da am 12. April unter falschem Namen mit seinem Adjutanten Ducrest nach der Schweiz. In Schaffhausen traf er seine Schwester Adelaide und seine Erzieherin, Frau von Genlis, und ging mit ihnen nach dem Kloster Bremgarten; hier verschaffte der General Montesquiou den beiden Damen einen Zufluchtsort, aber der Herzog von Chartres, auf dessen Kopf in Frankreich ein Preis gesetzt worden war, wäre dort nicht sicher gewesen. Er strich daher in Begleitung eines alten Dieners in den Alpen umher, litt mehre Monate die größten Entbehrungen, da er mit Geldmitteln nur sehr dürftig versehen war, benutzte aber auch diese beschwerlichen und unfreiwilligen Reisen zu seiner Belehrung. Ende Octobers 1793 bewarb er sich, um nur seinen Unterhalt bestreiten zu können, da seine Mittel völlig erschöpft waren, um die Stelle eines Professors der Geometrie und Geographie am Gymnasium zu Reichenau, unweit Chur in Graubündten, und erhielt sie, nachdem er ein Era-

men bestanden, durch Vermittelung des Generals Montesquiou. Acht Monate verwaltete er unter dem Namen Chabos, außer den Vorstehern der Anstalt von Niemand gekannt, dieses Amt, lehrte Mathematik, Geographie, Geschichte, französische und englische Sprache und kam allen Pflichten des erwählten Berufs mit einer Gewissenhaftigkeit und Treue nach, die ihm die Achtung seiner Collegen und die Liebe seiner Schüler erwarb. Nach dem Tode Robespierre's (28. Juli 1794) und dem Sturze des fürchterlichen Schreckenssystems verließ der Herzog Reichenau, begab sich nach Bremgarten, wo er bis 1795 unter dem Namen Corby als angeblicher Adjutant Montesquiou's lebte, mußte aber dann die Schweiz verlassen, da man in Frankreich seinen Aufenthaltsort erfahren hatte, und begab sich nach Hamburg, um eine Reise nach Amerika zu machen. An der Ausführung dieses Planes wurde er durch Mangel an den nöthigen Geldmitteln gehindert und ging nun nach Kopenhagen. Hier verschaffte ihm ein Banquier Geld und Pässe zu einer Reise nach Skandinavien; er bereiste nun Schweden, Norwegen und Lappland, drang sogar bis zum Nordcap vor (24. Aug. 1795), wurde in Stockholm von dem damaligen Könige Gustav IV. wohlwollend aufgenommen und kehrte 1796 nach Hamburg zurück, wo er ziemlich dürftig lebte. Unerwartet erhielt er hier einen Brief seiner Mutter, worin sie ihn ersuchte, für einige Zeit Europa zu verlassen, weil nur unter dieser Bedingung das Directorium sein strenges Verfahren gegen sie und ihre Familie zu mildern versprochen habe. Der Herzog antwortete ihr unverzüglich: „Wenn meine theure Mutter diesen Brief empfangen wird, werden ihre Befehle vollzogen sein", verließ Hamburg am 24. Sept. 1796 und kam am 21. Oct. in Philadelphia an, wohin ihm im Febr. 1797 seine beiden jüngern Brüder, der Herzog von Montpensier (geboren 1775) und der Graf von Beaujolais (geboren 1779), aus Marseille, wo Beide mehre Jahre lang gefangen gehalten worden waren, nachfolgten. Die drei Brüder bereisten nun gemeinschaftlich einen großen Theil der Vereinigten Staaten, besuchten auch mehre wilde Stämme und wurden von Washington freundlich aufgenommen. Im Febr. 1798 begaben sie sich nach Neuorleans, um über Cuba nach Spanien zu reisen, wohin ihre Mutter deportirt worden war, aber ihr Vorhaben scheiterte an dem feindseligen Verfahren des spanischen Gouverneurs von Cuba, welcher Befehl gab, sie wieder nach Neuorleans zu bringen. Es gelang ihnen indeß, nach einer englischen Colonie, wo der Herzog von Kent sie mit vieler Auszeichnung behandelte, und von da nach Neuyork zu kommen, wo sie sich nach England einschifften. Hier kamen sie im Jahre 1800 an, söhnten sich mit den Bourbons der ältern Linie aus, schifften sich aber bald wieder nach Minorca ein, um sich zu ihrer in Barcelona lebenden Mutter zu begeben. Da sich aber Spanien mit England im Kriegszustande befand, gelang es ihnen nicht, nach Catalonien zu kommen; unverrichteter Sache kehrten sie daher nach England zurück und lebten sieben Jahre lang auf dem Landsitze Twickenham in der größten Ruhe und Zurückgezogenheit. Am 18. Mai 1807 starb der Herzog von Montpensier an der Lungenschwindsucht, und da auch der jüngste Bruder bereits Symptome einer auszehrenden Krankheit zeigte, so ging der Herzog von Orleans (denn diesen Titel führte er seit dem Tode seines Vaters), nach dem Rathe der englischen Ärzte, mit ihm nach Malta, wo jedoch der Graf von Beaujolais bald nach ihrer Ankunft am 14. Mai 1808 starb. Der Herzog ging nun nach Palermo und erwarb sich hier bald die Zuneigung des Königs Ferdinand IV. und seiner Gemahlin. Auf des Königs Wunsch entschloß er sich, in Spanien für die Sache der Bourbons gegen Joseph Napoleon zu kämpfen, aber die Engländer vereitelten sein Vorhaben und gestatteten ihm nicht, in Spanien zu landen; er mußte daher 1809 über Malta nach Palermo zurückkehren, wo er sich am 25. Nov. 1809 mit der Tochter des Königs Ferdinand, Amalie, vermählte. Als ihm im folgenden Jahre von der Regentschaft zu Cadiz ein Commando in Catalonien angetragen wurde, nahm er das Anerbieten an und begab sich nach Tarragona, wurde aber auch diesmal durch den Einfluß Englands an der Ausführung seiner Absichten gehindert und zur Rückkehr nach Palermo genöthigt. Hier verlebte er die nächsten vier Jahre im Schoose seiner Familie, ohne sich in die innern Angelegenheiten des Landes zu mischen, vom Hofe zurückgezogen, weil er das Verfahren der Königin Marie Karoline nicht billigte, und kehrte nach dem Sturze Napoleon's 1814 nach Frankreich zurück, wohin er auch bald nachher seine in Palermo zurückgelassene Familie abholte.

Nach der Rückkehr Napoleon's von der Insel Elba im Jahre 1815 übernahm der Herzog das Commando der Nordarmee; als aber Napoleon in Paris eingerückt und Ludwig XVIII. flüchtig geworden war, übertrug der Herzog, vom König ohne Verhaltungsbefehle gelassen, das Commando dem Marschall Mortier und ging abermals nach England, wohin er seine Familie vorausgeschickt hatte. Sein Aufenthalt war diesmal von kurzer Dauer, da die Schlacht bei Waterloo am 18. Juni 1815 der Herrschaft des Kaisers ein schnelles Ende machte; am Ende des Juli dieses Jahres kehrte er nach Paris zurück und trat in Folge einer königlichen Ordonnanz in die Pairskammer ein, wo er sich mit vieler Energie und Bestimmtheit für freisinnige Maßregeln aussprach. Hierdurch misfiel er der Hofpartei und fand es gerathen, sich der Ungnade des Hofes durch eine freiwillige Verbannung nach England zu entziehen, von wo er erst am 14. Februar 1817 nach Frankreich zurückkehrte, als die zwischen ihm und dem Könige herrschende Spannung beseitigt war. Von nun an lebte er, ohne sich weiter in die Staatsangelegenheiten zu mischen (da durch einen neuern Befehl des Königs den Prinzen von Geblüte die Theilnahme an den Sitzungen der Pairskammer nur bei feierlichen Gelegenheiten gestattet worden war), in der größten Zurückgezogenheit im Schoose seiner Familie, abwechselnd im Palais royal in Paris und auf seinem Landgute in Neuilly, und erwarb sich durch seine freigebige Unterstützung der Wissenschaften und Künste, durch seine edeln und liberalen Gesinnungen, sowie durch seine Leutseligkeit und Herablassung die allgemeine Achtung und Liebe. Schon der Umstand, daß er seine Söhne öffentliche Schulen besuchen und ganz bürgerlich erziehen ließ, trug viel dazu bei, ihn und seine Familie populair zu machen, weshalb der größte Theil der Franzosen es lebhaft bedauerte, daß seine Aussichten auf den Thron, dem er seit der Ermordung des Herzogs von Berri sehr nahe stand, durch die Niederkunft der Witwe desselben mit einem Sohne, welcher den Titel Herzog von Bordeaux erhielt, in den Hintergrund gedrängt wurden.

Dennoch kam Ludwig Philipp schneller in den Besitz der französischen Königskrone, als irgend Jemand nach dem gewöhnlichen Gange der Ereignisse für möglich hätte halten können. König Karl X., der seinem Bruder Ludwig XVIII. im Jahre 1824 in der Regierung gefolgt war, wurde in Folge einer Verletzung mehrer wichtigen Bestimmungen der Verfassung durch die Juliusrevolution (27.—29. Juli 1830) genöthigt, für sich und seinen Sohn am 2. August auf die Krone Verzicht zu leisten. Schon am 30. Juli hatten die in Paris anwesenden Pairs und Deputirten den Herzog von Orleans eingeladen, nach Paris zu kommen und das Amt eines Reichsverwesers zu übernehmen. Der Herzog folgte diesem Rufe, wurde am folgenden Tage zum Reichsverweser ausgerufen und eröffnete als solcher am 3. Aug. die Sitzung der Kammern. Diese erklärten, daß der Thron erledigt sei, wiewol Karl X. nur zu Gunsten seines Neffen, des Herzogs von Bordeaux, abdicirt hatte, und trugen am 7. August die Krone dem Herzoge von Orleans an, der sie annahm, weil er dadurch seinem Vaterlande einen wichtigen Dienst zu erweisen glaubte. Am 9. Aug. 1830 beschwor er in der Versammlung der Kammern die neue Landesverfassung, wie sie von jenen festgesetzt worden war, und nahm unter dem Namen Ludwig Philipp I. den Titel eines Königs der Franzosen an.

Schon neun Jahre sind seitdem verflossen, während welcher Ludwig Philipp mit starker Hand das Scepter geführt, seinem Lande die Segnungen des Friedens erhalten und äußern und innern Stürmen Trotz zu bieten verstanden hat. Seine Klugheit verschaffte ihm sehr bald die Anerkennung sämmtlicher Souveraine (mit alleiniger Ausnahme eines kleinen italienischen Fürsten), mit denen ihm gelungen ist, unausgesetzt ein gutes Einverständniß zu unterhalten. Die zahllosen Schwierigkeiten zu überwinden, welche seiner Regierung von den verschiedensten Parteien, von den Anhängern der vertriebenen Königsfamilie sowol, als von den Anhängern der Familie Napoleon's und der Republik, in den Weg gelegt wurden, war eine Aufgabe, welche einen Regenten wie Ludwig Philipp erfoderte, der Scharfsinn, Kenntnisse, Klugheit und Festigkeit in einem Grade vereinigt, wie vor ihm nur wenige Regenten Frankreichs, ja wenige Regenten, die je ein Scepter geführt haben. Man hat ihn den Napoleon des Friedens genannt, und in der That hat diese Vergleichung viel Wahres, wiewol nicht zu verkennen ist, daß Ludwig Philipp an Edelmuth, Humanität und Freisinn den Kaiser, der ein großer Feldherr, aber ein tyrannischer Herrscher war, unendlich übertrifft. Daß dieser vortreffliche Fürst gleichwol seine guten Absichten so vielfach verkannt sehen mußte und selbst sein Leben mehrmals durch fanatische Feinde des Königthums bedroht sah — am 28. Juli 1835 durch den Corsen Fieschi, dessen Höllenmaschine den Marschall Mortier und mehre andere Personen in der Nähe des Königs, der eben beschäftigt war, über die Nationalgarde Revue zu halten, todt niederstreckte, am 25. Juni 1836 durch den Handlungsdiener Alibaud, am 27. December 1836 durch den Sattler Meunier — war nur in einem Lande wie Frankreich möglich und erklärlich. Bei allen diesen ruchlosen Attentaten schirmte eine höhere Hand den König, dessen Tod unermeßliches Unglück über Frankreich gebracht hätte, und wiewol er bereits in vorgerücktem Alter steht, lenkt er noch immer das Schiff des Staats mit ungeschwächter Manneskraft, gestützt auf den Beifall und die Liebe der großen Mehrzahl der Franzosen. Bei der ungestörten Fortdauer des Friedens entwickelte sich der Wohlstand und die Blüte des Landes mehr als je, Handel und Fabriken nahmen einen außerordentlichen Aufschwung, der Volksunterricht erhielt die dringend nöthigen Verbesserungen, Künste und Wissenschaften wurden auf jede Weise gepflegt und unterstützt und großartige Werke geschaffen, welche als bleibende Denkmäler der Regierung Ludwig Philipp's dienen werden.

*

Wenn einst der erbitterte Streit der Parteien in Frankreich geendigt und die Heftigkeit der politischen Leidenschaften der Gegenwart gemäßigt sein wird, werden sich ohne Zweifel alle Stimmen dahin vereinigen, Ludwig Philipp als den Vater seines Volkes, als den wahren Wohlthäter Frankreichs anzuerkennen.

Des Königs Familie, für ihn eine reiche Quelle von Freuden, ist zahlreich und blühend. Seine Gemahlin Amalie (geboren am 26. April 1782), die wegen ihrer Frömmigkeit und Wohlthätigkeit die allgemeinste Verehrung genießt, gebar ihm zehn Kinder, worunter drei in Palermo und eins in England; von diesen sind gegenwärtig noch sieben am Leben, fünf Söhne und zwei Töchter. Der älteste Sohn, Ferdinand, geboren am 3. Sept. 1810, heißt seit der Thronbesteigung seines Vaters Herzog von Orleans und Kronprinz, und vermählte sich am 30. März 1837 mit der liebenswürdigen und geistreichen Prinzessin Helena von Mecklenburg-Schwerin, die ihn am 24. Aug. 1838 mit einem Sohne, dem Grafen von Paris, beschenkt hat. Von den übrigen Söhnen ist der Herzog von Nemours jetzt 25, der Prinz von Joinville 21, der Herzog von Aumale 17, der Herzog von Montpensier 15 Jahre alt; der Erste hat als General an mehren Feldzügen Theil genommen (1832 zugleich mit seinem ältesten Bruder an der Belagerung von Antwerpen, 1836 und 1837 an den Expeditionen gegen Konstantine), der Zweite sich zum Seemann gebildet und bei der Eroberung von San-Juan de Ulloa bei Veracruz am 27. Nov. 1838, wo er eine Corvette commandirte, durch seine Unerschrockenheit sehr rühmlich ausgezeichnet; die beiden jüngsten Söhne besuchen noch eins der pariser Collegien. Die älteste Tochter, Louise, geboren 1812, ist seit 1832 an den König der Belgier verheirathet, die zweite, Marie, geboren 1813, seit 1837 mit dem Herzog Alexander von Würtemberg vermählt, zeichnete sich durch seltene Talente aus und hatte namentlich in der Bildhauerkunst einen solchen Grad von Fertigkeit erlangt, daß ihr nach dem Urtheile aller Kenner ein ehrenvoller Platz unter den Künstlern dieses Faches gebührt, starb aber leider schon am 2. Jan. 1839 in der schönsten Blüte ihrer Jahre; die noch unverheirathete jüngste Tochter, Clementine, ist jetzt 22 Jahre alt. Noch lebt eine jüngere Schwester des Königs, bekannt unter dem Namen Madame Adelaide.

Helgolands Zukunft.

Die Insel Helgoland bildete bis zum Jahre 1720 ein Ganzes, wurde aber im genannten Jahre durch eine heftige Sturmflut in zwei Theile getrennt, und besteht jetzt aus dem Felsen, welcher ein schmales, mit der Spitze gegen Nordwest gerichtetes Dreieck bildet, und der östlich von demselben liegenden Sandinsel. Diese Trennung der Sandinsel von der Hauptinsel ist ein sehr ungünstiger Umstand, welcher keinen Zweifel übrig läßt, daß die erstere nach und nach ganz verschwinden werde. Andresen Siemens, ein Helgolander, stellt in seiner Schrift „Die Insel Helgoland vor ihrem bevorstehenden Untergange", die Behauptung auf, daß, nach der Ansicht der verständigsten Leute, die Sandinsel höchstens noch zehn Jahre bestehen könne. Es muß nämlich bemerkt werden, daß der Sand auf schroff emporstehenden Klippen aufliegt; wird nun die Insel einmal vom Wasser überspült, so führt der Wellenschlag den Sand allmälig in die Tiefe, und an die Erhaltung der Sandinsel ist dann schwerlich noch zu denken.

Von und bis zu den Stellen, wohin jetzt die Sturmfluten steigen, ist die Sandinsel nur noch 190 Schritte breit und 540 Schritte lang; mehre kleine Graslandinseln (sogenannte Halligen), welche im Jahre 1720 noch auf den nördlich liegenden Klippen vorhanden waren, sind seitdem verschwunden, sowie auch eine hohe Kreideklippe, die ehemals am nördlichen Ende der Sandinsel sichtbar war, allmälig unterwaschen wurde und endlich einstürzte. Vor ungefähr 20 Jahren wurde ein Brunnen fast in der Mitte der Insel gegraben, und schon zehn Jahre nachher standen die Pfähle desselben im täglichen Bereich des Hochwassers; ein Vorstrand, der früher bei niedrigem Wasserstande eine deutsche Meile breit war, kann jetzt in fünf Minuten überschritten werden, und in den letzten Jahren hat sich eine Vertiefung am nördlichen Ende gezeigt, wo man einige Jahre vorher noch trockenen Fußes gehen konnte. Alles dies zusammengenommen scheint eine längere Existenz der Sandinsel unmöglich zu machen.

Wenn es nun auf den ersten Anblick seltsam scheinen dürfte, auf das Bestehen einer ganz unbewohnten Sandinsel einen so hohen Werth zu legen, so ist zu bemerken, daß diese Sandinsel den Bewohnern von Helgoland zwei Vortheile darbietet, von denen beinahe ihre ganze Existenz abhängt. Sehr wichtig ist nämlich für die Bewohner Helgolands das im Jahre 1825 errichtete Seebad. Nun aber werden die Seebäder nicht auf der Hauptinsel, wo der felsige, unebene Uferstrich das Baden beschwerlich und sogar gefährlich macht, sondern auf der Sandinsel genommen, wohin man jeden Morgen übersetzt; verschwindet aber die Sandinsel, so ist auch wahrscheinlich das Seebad dahin, oder Helgoland ist dann wenigstens gegen andere Seebäder, wie z. B. das auf Norderney, bedeutend im Nachtheile. Der zweite, fast noch wichtigere Vortheil, welchen die Sandinsel den Helgolandern gewährt, besteht darin, daß sie auf derselben die sogenannten Sandspieren fangen, deren sie zum Hummerfange als Köder bedürfen, und die sie nur hier in gehöriger Menge finden. Würde nun durch den Untergang der Sandinsel der Hummerfang für die Inselbewohner beschränkt, so büßten sie nicht nur eines ihrer bedeutendsten Unterhaltsmittel ein, indem sie die Hummer mit Vortheil nach dem Festlande absetzen, sondern es würden auch nicht mehr so viel tüchtige Lootsen herangebildet werden können, deren Geschäft, wenn auch nicht mehr so einträglich wie früher, doch noch manchen Gewinn abwirft. Aus dem Angeführten ergibt sich, daß die Erhaltung der Sandinsel für die Helgolander äußerst wichtig ist; ohne künstliche Unterhaltsmittel kann die Bevölkerung der Felseninsel, welche auf dem kleinen Raume, der noch nicht den hundertsten Theil einer Quadratmeile umfaßt, 2300 Menschen enthält, nicht bestehen.

Nach Lappenberg's Meinung umfaßte die Insel noch im Jahre 1010 ungefähr $^3/_5$ Quadratmeile. Vergleicht man nun damit ihre jetzige Größe, so dürfte die Annahme der Möglichkeit ihres allmäligen Untergangs wol gerechtfertigt erscheinen. Übrigens ist der Felsen beinahe an allen Punkten der Insel mürbe und bröcklich, sodaß man den äußern Rand nicht ohne Gefahr betreten kann; Regen, Frost und Hitze arbeiten vereint an der Zerstörung der Felsenmasse, und wenn auch in gewöhnlichen Zeiten die Verminderung des Umfangs der Insel unmerklich ist, so treten die Folgen der allmälig fortschreitenden Zersetzung bei großen Sturmfluten desto furchtbarer hervor. So stürzte vor einigen Jahren bei einem fürchterlichen Sturme der sogenannte

„große Mönch" zur Hälfte ins Meer, auch löste sich ein Theil des Klippenrandes, da, wo die Insel am höchsten ist, ab und rollte mit donnerähnlichem Getöse in die Tiefe.

Das ägyptische Museum in London.

Gewiß gewährt die Betrachtung einer Sammlung von Alterthümern, welche uns um mehre Jahrhunderte, wol gar Jahrtausende zurück versetzen und uns den Bildungszustand und die Lebensweise von Völkern, die längst von der Erde verschwunden sind, vor Augen führen, allen Menschen, denen es nicht an aller Bildung fehlt, stets ein großes Interesse, aber vor allen sind es die ägyptischen Alterthümer, die theils ihres hohen Alterthums, theils ihrer besondern Eigenthümlichkeit wegen unsere Aufmerksamkeit erregen. Die Sitten und Gebräuche der Ägypter, eines der ältesten Völker der Erde, welches frühzeitig eine hohe Bildungsstufe erreichte und seine Cultur den Griechen mittheilte, von denen sie allmälig auf die übrigen Länder von Europa überging, waren in den meisten Beziehungen nicht nur den unserigen, sondern denen aller andern Völker entgegengesetzt und haben für uns eben ihrer Sonderbarkeit wegen viel Anziehendes; die zahlreichen Reliquien dieses merkwürdigen Volkes sind aber ganz geeignet, uns eine Einsicht in die Sitten desselben zu verschaffen. Ihre kolossalen Bauwerke, namentlich die Pyramiden und Obelisken, welche noch nach vier Jahrtausenden den Angriffen der Zeit Trotz bieten, sind von jeher ein Gegenstand der Bewunderung gewesen, aber erst in der neuern Zeit hat man näher untersucht, was man früher nur

aus der Ferne anstaunte, ist in das Innere ihrer Gräber und Tempel gedrungen und hat sich vielfach bemüht, die räthselhaften Inschriften derselben zu entziffern. Nach und nach, namentlich seit der Expedition der Franzosen nach Ägypten (1798 — 1801), sind zahlreiche Sammlungen von ägyptischen Alterthümern nach Europa gebracht worden, sodaß man, um sich mit denselben bekannt zu machen, nicht mehr nöthig hat, eine Reise nach Ägypten zu unternehmen; selbst von den Obelisken Ägyptens sind mehre nach Europa gewandert und in Rom, Paris und London aufgestellt, und gegenwärtig bilden die Pyramiden beinahe den einzigen Gegenstand von Bedeutung, den Derjenige, welcher das alte Ägypten kennen lernen will, in keinem ägyptischen Museum, sondern lediglich an Ort und Stelle in Augenschein nehmen kann.

Unter den ägyptischen Museen sind die zu Turin, Paris, Berlin und Leyden, nächst diesen die Sammlungen zu Rom, Petersburg, Wien und London die bedeutendsten. Die zuletzt genannte bildet einen Theil des Britischen Museums und ist in zwei großen Sälen aufgestellt, von denen der eine in unserer Abbildung vorgestellte erst vor kurzem dem Publicum eröffnet worden ist und eine Menge interessanter Gegenstände enthält. Die beiden großen Glasgehäuse in der Mitte enthalten in ihren untern Theilen die äußern Särge zweier Mumien, die außerhalb und innerhalb mit Malereien und Hieroglyphenschrift bedeckt sind; die obern Theile enthalten theils mannichfache Proben von Papyrusrollen, theils eine Menge Zierathen, Halsbänder von Gold und Edelsteinen, Fingerringe, Scarabäen, Talismane u. s. w. Viele dieser Gegenstände sind so kunstvoll gearbeitet, daß der hohe Grad von Geschicklich-

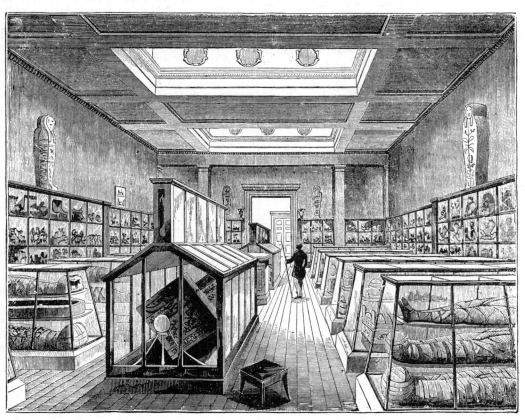

keit, den die ägyptischen Künstler und Handwerker schon vor 3—4000 Jahren besaßen, höchst bewundernswürdig und überraschend erscheint. Die übrigen Glasgehäuse enthalten Mumien, die so aufgestellt sind, daß sie die Art der Behandlung der einbalsamirten Körper ziemlich deutlich erkennen lassen; einige haben nur die erste Umhüllung, andere sind über und über mit Binden umwickelt, die von den Balsamen ganz durchdrungen sind und dieselbe braune Farbe wie die Körper haben; einige sind nur in einen dünnen hölzernen Kasten oder ersten Sarg eingeschlossen, andere befinden sich in den äußern künstlich geschnitzten und mit Malereien verzierten Särgen, in welchen die Körper beigesetzt zu werden pflegten. Unter allen hier befindlichen Mumien verdient namentlich eine wegen ihrer vorzüglich sorgfältigen Einbalsamirung und der reichen Ausschmückung der Särge besondere Aufmerksamkeit. Der Körper scheint einem Manne aus königlichem Geschlechte, der zugleich Priester des Osiris war, angehört zu haben. Der innerste Sarg ist von hellblauer Farbe und mit erhabenen goldenen Zierathen und Hieroglyphen bedeckt. Diese Mumie, die als Beispiel des außerordentlichen Luxus dienen kann, welcher von den Ägyptern bei dem Einbalsamiren der Körper ihrer Könige und Priester getrieben wurde, und in dieser Hinsicht vielleicht einzig in ihrer Art ist, wurde in Theben gefunden und um die Summe von 305 Guineen (2100 Thalern) für das britische Museum erworben. In den Glasschränken an der Wand befinden sich viele interessante Gegenstände, welche die Ägypter im häuslichen Leben brauchten, unter andern Stühle von Holz und mit Elfenbein eingelegt, zum Theil mit Binsensitzen, die den Sitzen unserer Rohrstühle ähnlich sind; Vasen, die an Zierlichkeit und Schönheit nur von den einer viel spätern Periode angehörenden griechischen und etrurischen übertroffen werden; Spiegel, Schminkbüchsen und andere Toilettengegenstände; Spielwaare, Waffen u. s. w. Das Interessanteste von Allem ist vielleicht ein Modell eines ägyptischen Hauses, das in Gurna bei Theben gefunden wurde.

Eine mehr ins Einzelne eingehende Beschreibung der wichtigsten ägyptischen Alterthümer behalten wir uns für einen spätern Artikel vor.

Von den Brillen.

Unter den zahllosen Vortheilen, welche die Neuern vermöge der im Verlaufe der Zeit gemachten Erfindungen vor den Alten voraus haben, sind diejenigen gewiß von ganz vorzüglicher Wichtigkeit, welche sich auf die Schärfung unserer Sinne und namentlich des edelsten und kostbarsten derselben, des Gesichtssinnes, beziehen. Wenn wir auch hier einerseits die großen Fortschritte der Augenheilkunde, welche viele Gesichtsfehler ganz zu entfernen und selbst Blinden in gewissen Fällen das Gesicht wiederzugeben versteht, mit Stillschweigen übergehen, andererseits die Fernröhre und Vergrößerungsgläser — diejenigen Instrumente, mit denen wir in den Stand gesetzt werden, Gegenstände zu sehen, die das schärfste Auge ohne ihre Hülfe nicht zu entdecken vermag, weil sie entweder zu entfernt oder zu klein sind — für jetzt außer Betracht lassen wollen, so müssen wir ohne Zweifel schon darin eine überaus große Wohlthat erkennen, daß die Kunst im Verein mit der Wissenschaft Mittel an die Hand gibt, um die Gesichtsschwächen, mit denen unzählige Menschen behaftet sind, so gut als ganz zu beseitigen, und Denen, die daran leiden, die Vortheile völlig gesunder Augen zu verschaffen. Diese Mittel sind nichts Anderes als die sogenannten Brillen oder Augengläser, aber so allgemein bekannt und verbreitet sie auch in unsern Tagen sind, so fehlt es doch nur zu Vielen, selbst von denjenigen Personen, die sich derselben bedienen, an richtigen Begriffen von diesem Gegenstande, und eine ausführlichere Erklärung desselben möchte daher hier wol am rechten Orte sein.

Die Gesichtsschwächen oder Fehler der Augen, denen man durch den Gebrauch der Brillen abhelfen will, sind hauptsächlich von zweierlei Art, nämlich Kurzsichtigkeit und Weitsichtigkeit; beide sind einander gerade entgegengesetzt. Kurzsichtig heißt ein Auge dann, wenn es nur sehr nahe Gegenstände deutlich erkennen kann; weitsichtig hingegen, wenn es nahe Gegenstände nur undeutlich, entfernte hingegen scharf und deutlich erkennen kann. Ein gesundes Auge sieht die Gegenstände in einer Entfernung von 8—10 Zoll vollkommen deutlich, weniger deutlich in kleinerer oder größerer Entfernung; ein kurzsichtiges sieht nur in einer geringern Entfernung, die oft nur 2 Zoll und noch weniger beträgt, ein weitsichtiges nur in einer größern, die zuweilen 2 und mehr Fuß beträgt, deutlich. Die Weitsichtigkeit ist selten angeboren und pflegt gewöhnlich erst beim herannahenden Alter einzutreten, auch mit der Zeit zuzunehmen; sie äußert sich zuerst dadurch, daß die damit behafteten Personen nahe Gegenstände nur mit Anstrengung und bei starker Beleuchtung deutlich sehen können, und daher namentlich solche des Abends bei künstlichem Lichte nicht gut sehen können, weil dasselbe an Helligkeit dem Tageslichte immer bedeutend nachsteht; sehr häufig halten sie daher, wenn sie Abends lesen wollen, das Buch hinter das Licht, damit jenes so hell als möglich beleuchtet wird. Zuweilen werden auch jüngere Personen, die fortwährend viel in die Ferne sehen, namentlich Schiffer und Landleute, so weitsichtig, daß sie für nahe Gegenstände vergrößernde Gläser brauchen müssen, und umgekehrt tritt derselbe Fehler selbst bei Kindern ein, wenn sie sich zur Verfertigung sehr feiner Fabrikarbeiten, z. B. der Spitzen, lange den Vergrößerungsgläsern bedienen. Der entgegengesetzte Fehler, die Kurzsichtigkeit, ist zuweilen angeboren, kommt jedoch unter den niedern Ständen nur sehr selten vor, während er unter den höhern Ständen bisweilen erblich ist. In der Regel ist er die Folge der Angewöhnung und wird erzeugt durch anhaltendes Sehen stark erleuchteter, naher und kleiner Gegenstände; am häufigsten findet man ihn bei Gelehrten, die sich durch klein geschriebene oder Lesen sehr klein gedruckter Bücher die Augen verderben. Bei dem weiblichen Geschlechte ist Kurzsichtigkeit weit seltener als beim männlichen, wiewol man erwarten sollte, daß das Fertigen feiner weiblicher Arbeiten, Stickereien u. s. w. sehr anstrengend auf die Augen wirken müßte. Übrigens sind die Augen Kurzsichtiger in der Regel gut und dauerhaft, können sehr kleine Gegenstände in der Nähe deutlich erkennen und bedürfen nur geringer Beleuchtung.

Natürlich müssen auch die Gläser, deren sich kurzsichtige und weitsichtige Personen bedienen, ganz verschiedener Art sein, wenn sie ihren Zweck erfüllen sollen. Kurzsichtige brauchen hohle oder concave Gläser, die in der Mitte dünner als am Rande sind; gewöhnlich sind sie doppeltconcav oder biconcav, d. h. auf beiden Seiten hohl, seltener planconcav, d. h. auf einer Seite eben und auf der andern hohl oder gar concavconver, d. h. auf einer Seite hohl, auf der andern in geringerm Grade erhaben. Weitsichtige müssen sich dagegen der erhabenen oder convexen Gläser bedienen, die in der Mitte dicker als am Rande sind; in der Regel sind sie doppeltconvex oder biconvex, d. h. auf beiden Seiten erhaben, gewölbt oder bisweilen planconvex, d. h. auf einer Seite flach und auf der andern erhaben, oder convex-concav, d. h. auf einer Seite convex, auf der andern in geringerm Grade concav. Wenn Kurzsichtige durch Gläser der ersten Art sehen, so erscheinen ihnen die Gegenstände so, als wenn wenn die von ihnen ausgehenden Lichtstrahlen von größerer Nähe ausgingen, und daher ebenso deutlich, als wenn sie sich selbst in dieser Nähe befänden. Gläser der zweiten Art thun die Wirkung, daß sie nahe Gegenstände, die man durch dieselben betrachtet, so zeigen, als wenn die von ihnen ausgehenden Lichtstrahlen aus größerer Ferne kämen, wodurch sie weitsichtigen Personen, die sich derselben bedienen, deutlich erscheinen. Convexe Gläser sind für Kurzsichtige völlig unbrauchbar und ebenso umgekehrt concave Gläser für Weitsichtige; für ein gesundes Auge sind beide Arten von Gläsern gleich unbrauchbar. Plangläser oder Flachgläser, die auf beiden Seiten völlig eben geschliffen sind, wie Fensterglas, thun weder Kurzsichtigen noch Weitsichtigen die geringsten Dienste, werden aber bisweilen zur Abhaltung des Staubes gebraucht. Personen, deren Augen sehr reizbar sind, brauchen zuweilen farbige Brillen aus grünem oder blauem Glase, durch welche die zu große Helligkeit beleuchteter Gegenstände gemildert wird, und hierbei ist himmelblaues Glas am meisten zu empfehlen; indessen ist es nicht rathsam, sich solcher Brillen anhaltend zu bedienen, weil das Auge dadurch verwöhnt wird und den Glanz des natürlichen Lichts zu ertragen allmälig immer mehr verlernt. Mit vorzüglichem Nutzen bedienen sich solcher gefärbter Gläser Diejenigen, welche Reisen in sehr nördlichen Gegenden machen, wo das Auge durch den Glanz der weiten Schnee- und Eisfelder stark angegriffen wird.

Die Brillengläser müssen geschliffen und gut polirt, nicht in Formen gegossen, ferner vollkommen rein von Ungleichheiten und Ritzen und (den vorhin erwähnten Fall ausgenommen) völlig farblos sein. Gewöhnlich nimmt man zu denselben Kronglas oder Spiegelglas, das dem Flintglase vorzuziehen ist; die Brillen aus brasilischem Bergkrystall sind zwar die schönsten und dauerhaftesten, aber freilich sehr theuer. Neuerdings hat man in England Brillen aus Bernstein zu verfertigen angefangen, diese sind jedoch keineswegs zu empfehlen und stehen da, wo farbige Brillen erheischt werden, den grünen und blauen beiweitem nach, weil die gelbe Farbe dem Auge nicht zuträglich ist. Die Fassung ist am besten von dunkler Farbe, daher sind Hornbrillen, ihres unscheinbarern Aussehens ungeachtet, den Fassungen von Gold und Silber, die durch reflectirtes Licht nachtheilig wirken, vorzuziehen; auch Fassungen von dünnem Stahle sind aus mehren Gründen sehr zu empfehlen. Übrigens müssen die Gläser beim Gebrauch so viel als möglich überall gleich weit vom Auge abstehen, was bei solchen Brillen, die mit keinem Bügel versehen sind, sondern auf die Nase eingeklemmt werden, nicht der Fall ist. Die Gläser müssen ferner groß genug sein, um zu verhindern, daß man darüber hinaussehen kann; kreisrunde Gläser sind daher zweckmäßiger als die in neuerer Zeit beliebt gewordenen kleinern ovalrunden.

Am meisten kommt bei den Brillengläsern auf die Krümmung der Oberflächen an, die zwar immer kugelförmig (Theile von Kugeloberflächen) — denn die neuerlich erfundenen Brillen mit cylindrischen Oberflächen sind ganz unzweckmäßig — aber nach der verschiedenen Beschaffenheit der Augen mehr oder minder stark gekrümmt sein müssen, da bekanntlich ein Kurzsichtiger nicht jede Brille mit concaven, ein Weitsichtiger nicht jede Brille mit convexen Gläsern brauchen kann. Je bedeutender die Kurzsichtigkeit oder Weitsichtigkeit ist, desto schärfere Gläser muß man nehmen; ein Brillenglas ist aber desto schärfer, je kleiner seine Brennweite ist, und diese richtet sich wieder nach dem Grade der Krümmung der Oberfläche. Unter der Brennweite eines convex oder concav geschliffenen Glases versteht man die Entfernung des Glases von seinem Brennpunkte, d. h. von demjenigen Punkte, in welchem die auf das Glas fallenden Lichtstrahlen, die von entfernten Gegenständen kommen, sich vereinigen. Dieser Punkt hat seinen Namen daher, weil bei einem convexen Glase die Sonnenstrahlen, wenn sie senkrecht darauf fallen, in diesem Punkte durch ihre Vereinigung eine bedeutende Erhitzung hervorbringen und brennbare Gegenstände, die man dahin hält, namentlich solche von dunkler Farbe, entzünden. Gläser dieser Art heißen deshalb auch Brenngläser oder, weil sie die darauf fallenden Strahlen vereinigen oder sammeln, Sammelgläser; bei concaven Gläsern werden die darauf fallenden Strahlen nicht wirklich in einem Punkte gesammelt, solche Gläser haben daher keinen eigentlichen Brennpunkt, und die darauf fallenden Lichtstrahlen entfernter Gegenstände fahren, wenn sie aus dem Glase kommen, auseinander oder divergiren, statt sich zu vereinigen; wenn man aber ihre Richtungslinien rückwärts verlängert, so schneiden sie sich in einem Punkte, von welchem die Strahlen auszugehen scheinen, und dieser Punkt wird ebenfalls, wiewol uneigentlich, der Brennpunkt solcher Gläser (die auch Zerstreuungsgläser heißen) genannt. Bei einem convexen Glase kann man den Brennpunkt leicht finden, wenn man es gegen die Sonne hält und die Sonnenstrahlen durch dasselbe auf eine dunkle Fläche, z. B. ein Stück dunkles Papier, fallen läßt; dann entsteht auf dieser ein erleuchteter Kreis, der größer oder kleiner ist, je nachdem die Fläche dem Glase mehr oder weniger nahe ist, und durch Probiren findet man leicht, in welcher Entfernung vom Glase man die dunkle Fläche halten muß, damit jener helle Kreis am kleinsten, als ein heller Punkt erscheint. Dieser Punkt ist der Brennpunkt, und eine zweite Person kann nun leicht (etwa mit Hülfe eines Fadens) die Brennweite messen. Ein anderes Verfahren, das jedoch weniger vortheilhaft ist, ist folgendes: Man bedecke das Glas mit einem steifen Papier, in welches man zwei feine Löcher, etwa zwei Nadelstiche, gemacht hat, und halte es gegen die Sonne; dann werden sich auf einer dunkeln Fläche, die man auf der von der Sonne abgekehrten Seite des Glases hält, zwei helle Punkte zeigen, die aber bei einer passenden Entfernung der Fläche von dem Glase in einen zusammenfallen; die Entfernung, bei der dies stattfindet, ist die gesuchte Brennweite. Bei einem concaven Glase kann man sich desselben Verfahrens bedienen; hier ist aber der Abstand der beiden hellen Punkte auf der dunkeln Fläche größer als der Abstand der Löcher auf dem Papiere, und zwar desto größer, je weiter jene Fläche vom Glase entfernt ist; sucht man nun die Entfernung, bei welcher der Abstand der beiden hellen Punkte gerade doppelt so groß ist als der Abstand der beiden Löcher, so hat man die Brennweite.

(Der Beschluß folgt in Nr. 324.)

Murviedro.

Die Stadt Murviedro im Königreiche Valencia, einer der reizendsten Provinzen Spaniens, unweit der Meeresküste am Ausflusse des Palancia gelegen, ist auf den Ruinen der alten Stadt Sagunt erbaut, die durch ihre Treue gegen die Römer so berühmt geworden ist. Sie war eine Pflanzstadt der Zakynthier (Bewohner der Insel Zakynthos oder Zante, einer der sieben ionischen Inseln), und wurde als Bundesgenossin der Römer von den Karthagern unter Hannibal im Jahre 219 v. Chr. angegriffen und acht Monate lang belagert. Nach der Angabe des Livius war Sagunt, in kurzer Zeit zu hohem Wohlstande gelangt, damals beiweitem die reichste und mächtigste Stadt Spaniens jenseit des Ebro. Gleich im Anfange der Belagerung unternahm Hannibal, dessen Macht auf 150,000 Mann angegeben wird, einen Sturm, wobei ihm ein Schenkel durch einen Wurfspieß durchbohrt wurde. Dies brachte unter seinen Truppen eine solche Verwirrung hervor, daß der Sturm fehlschlug, indessen konnten sich die Saguntiner, ihres äußerst hartnäckigen und heldenmüthigen Widerstandes ungeachtet, gegen die ungeheure Übermacht der Feinde auf die Länge nicht halten. Als ihre Bedrängniß den höchsten Gipfel erreicht hatte, zündeten sie auf dem Marktplatze ein großes Feuer an, warfen alle ihre Kostbarkeiten an Gold und Silber hinein und ein großer Theil der vornehmsten Bewohner stürzte sich dann selbst in die Flammen. Die entstandene Verwirrung benutzend, unternahm Hannibal jetzt abermals einen Sturm, bemächtigte sich der Stadt und ließ alle darin noch vorhandenen waffenfähigen Männer umbringen. Die Einnahme dieser Stadt, in welcher die Karthager noch eine sehr ansehnliche Beute fanden, gab den Anlaß oder wenigstens den Vorwand zum zweiten punischen Kriege.

Murviedro ist noch wie besäet mit Steinen, welche phönizische und lateinische Inschriften enthalten; die letztern sind vorzüglich häufig; man findet sie nicht selten in den Wänden der Häuser. Außerdem trifft man dort Trümmer eines Bacchustempels und eines Circus, aber von allen Ruinen Sagunts ist das in der Abbildung vorgestellte Theater am besten erhalten; in demselben sind noch die Stufen, die als Sitzplätze dienten, deutlich zu erkennen. Die Erhaltung des Theaters verdankt die Stadt der Sorgfalt des spanischen Ministers Aranda. Hoch über dem Theater stehen die halbverfallenen Thürme und Mauern eines maurischen Kastells. Die Stadt hat jetzt etwa 7000 Einwohner, die jährlich 168,000 Cantaren Wein (eine Cantare beträgt etwa 6½ preuß. Eimer) bauen und damit, sowie mit Branntwein handeln. Der kleine Hafen oder Grao von Murviedro ist noch eine Stunde von der Stadt entfernt. In der Umgegend befinden sich Kupferminen und Marmorbrüche. Etwa zwei Leguas von Murviedro trifft man die ungemein malerischen Ruinen eines Klosters, das dem San-Juan de Dios gewidmet war und 1679 abbrannte. Da der Raum desselben sehr beschränkt war, so erhielten die Mönche, die zu dem Orden der Hieronymiten gehörten, Erlaubniß, ihr Kloster an einem andern fruchtbarern und geräumigern Platze näher der Stadt wieder aufzubauen.

Ruinen eines alten Theaters zu Murviedro.

Verantwortlicher Herausgeber: Friedrich Brockhaus. — Druck und Verlag von F. A. Brockhaus in Leipzig.

2

Das Pfennig-Magazin

für

Verbreitung gemeinnütziger Kenntnisse.

324.]   Erscheint jeden Sonnabend.   **[Juni 15, 1839.**

Gent.

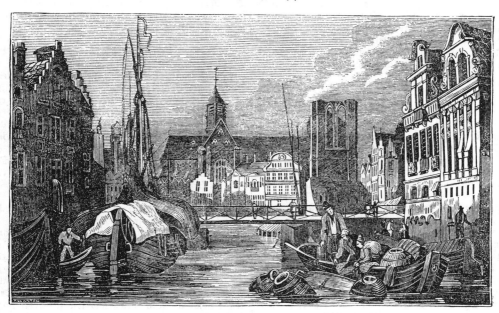

Gent, die Hauptstadt der belgischen Provinz Ostflandern (ehemals der ganzen Grafschaft Flandern) und nächst Brüssel und Antwerpen die bedeutendste und schönste Stadt des Königreichs Belgien, liegt am Einflusse der kleinen Flüsse Lys, Lieve und More in die Schelde und an mehren schiffbaren Kanälen. Auf den von diesen gebildeten 26 Inseln, welche durch 85 größere und eine große Zahl kleinerer Brücken verbunden sind, ist die Stadt in Form eines Dreiecks erbaut. Sie hat über 1¾ geographische Meile im Umfange, doch wird etwa die Hälfte dieses Raums von Gärten, Bleichen und Kornfeldern eingenommen. Gegenwärtig zählt sie etwa 83,000 Einwohner. Im Ganzen ist sie sehr regelmäßig gebaut und hat eine Menge schöner und merkwürdiger Gebäude aufzuweisen, von denen namentlich der große und sehr alte Dom, welcher herrliche Gemälde und eine Menge anderer Sehenswürdigkeiten enthält, das ansehnliche Rathhaus mit schöner Colonnade, der Prinzenhof oder das alte Residenzschloß der spanischen Statthalter, in welchem Kaiser Karl V. am 24. Februar 1500 geboren wurde, das Theater, das Universitätsgebäude und das große neuangelegte Zuchthaus vor der Stadt, das an 1500 Züchtlinge enthält, die mit dem Weben von wollenen und baumwollenen Zeuchen und andern Arbeiten beschäftigt werden, Erwähnung verdienen. Unter den 13 großentheils sehr ansehnlichen öffentlichen Plätzen ist besonders der Paradeplatz ausgezeichnet. Die bedeutendsten wissenschaftlichen und Kunstanstalten sind die 1816 gestiftete Universität mit etwa 400 Studirenden und einem sehr schönen botanischen Garten, eine Zeichnen-, Maler-, Bildhauer- und Bauakademie, eine musikalische Akademie, Gesellschaften der Künste und der Literatur, des Ackerbaus, der Botanik u. s. w., eine öffentliche Bibliothek und ein Antikencabinet. Die zahlreichen Fabriken und Manufacturen von Gent gehören zu den wichtigsten von ganz Belgien; sie liefern Gegenstände aller Art, namentlich baumwollene und wollene Zeuche, Tuch, Leinwand, Zwirn, Spitzen, Wachstuch, Leder, Zucker, Seife, Salz, Papier, Tapeten, Posamentier-, Bijouterie- und Quincailleriearbeiten u. s. w. Von der Ausdehnung dieser Fabriken kann man sich einen Begriff aus dem Umstande machen, daß die Baumwollenfabriken allein schon 1815 19,700 Menschen beschäftigten, wiewol die Stadt damals noch nicht 61,000 Einwohner zählte. Der ansehnliche Handel der Stadt wird durch die Kanäle, welche über Brügge nach Ostende und zur Mündung der Schelde führen, sowie durch die Eisenbahnen, welche Gent seit dem 28. September 1837 mit den östlicher liegenden Landestheilen, seit dem August 1838 aber mit Brügge, Ostende und dem Meere verbinden, nicht wenig befördert.

Gent wird schon im 7. Jahrhundert als Stadt erwähnt. Um das Jahr 1000 kamen die Grafen von Flandern nach Vertreibung des kaiserlichen Burggrafen in Besitz der Stadt, die so mächtig wurde, daß sie, wie es heißt, zu den Zeiten des Königs Karl VI. von Frankreich eine Armee von 50,000 Mann ins Feld stellen konnte, was freilich kaum glaublich erscheint. Als aber die Stadt im Jahre 1539, durch den unerträglichen Druck der

Abgaben bewogen, sich gegen den Kaiser Karl V. empörte und unter französische Herrschaft stellen wollte,
nahm der Kaiser, dem der König Franz I. von Frankreich das Anerbieten der Genter verrathen hatte, schwere
Rache an ihr und brach ihre Macht mit solchem Erfolge, daß sie ihre frühere Blüte nie wieder erlangen
konnte. Um sie besser im Zaume halten zu können,
legte er eine Citadelle an, nahm alle Privilegien der
Stadt zurück und bestrafte eine große Anzahl der Theilnehmer des Aufstandes theils mit dem Tode, theils mit
der Acht. In historischer Hinsicht ist Gent noch merkwürdig wegen der hier 1576 geschlossenen sogenannten
Pacification, durch welche die südlichen Provinzen der
Niederlande dem Bündnisse der nördlichen beitraten,
und wegen des Friedens, der hier am 24. December
1814 zwischen England und den Vereinigten Staaten
von Nordamerika geschlossen wurde.

Von den Brillen.
(Beschluß aus Nr. 323.)

Hierbei entsteht nun natürlich die Frage: wie groß
muß die Brennweite der für irgend ein kurzsichtiges
oder weitsichtiges Auge passenden Brillengläser sein?
Um dies zu berechnen, muß man erstens wissen, in
welcher Entfernung das fehlerhafte Auge am deutlichsten sehen, z. B. gewöhnliche Druckschrift bei mäßiger
Beleuchtung am deutlichsten und ohne Anstrengung lesen kann, und zweitens, in welcher Entfernung man
die Gegenstände mit Hülfe des Glases am deutlichsten
sehen will. Die letztere Entfernung ist natürlich in der
Regel diejenige, welche für das Lesen, Schreiben und
die Verrichtung der gewöhnlichen Geschäfte am bequemsten ist; man kann sie auf 10 pariser Zoll setzen. Hat
man beide Entfernungen in einem und demselben Län-
genmaße, z. B. in pariser Zollen, ausgedrückt, so multiplicirt man beide Zahlen und. dividirt das erhaltene
Product mit dem Unterschiede jener Entfernungen. Beträgt z. B. die erste Entfernung bei einem Weitsichtigen 24 Zoll und nimmt man für die zweite 10 Zoll,
so ist die Brennweite des für denselben passenden Glases
$\frac{10+24}{24+10} = \frac{240}{14} = 17\frac{1}{7}$ Zoll. Indessen findet man
nach dieser Regel, die sich aus der Theorie ergibt, die
Brennweite immer etwas zu klein, folglich die Gläser
zu scharf; den Optikern ist dies bekannt, auch wissen
sie, wie sie darauf Rücksicht zu nehmen haben, sie brauchen also blos zu wissen, in welcher Entfernung ein
fehlerhaftes Auge am deutlichsten sehen kann, um die
Brennweite darnach richtig zu bestimmen. Da übrigens der Fehler nur selten bei beiden Augen gleich stark
ist, so ist es nothwendig, jene Entfernung für jedes
Auge besonders zu suchen, um für jedes ein besonderes
Glas zu brauchen. Die gewöhnlichsten Brillengläser für
Kurzsichtige haben zwischen 4 und 30 Zoll, die für
Weitsichtige zwischen 15 und 80 Zoll Brennweite.

Aber, wird man fragen, wie kann man einem
Glase die Brennweite geben, welche es haben muß?
Die Brennweite eines Glases hängt erstens von der
Krümmung seiner Oberflächen, zweitens von der Beschaffenheit des Materials, aus dem es besteht, ab. Die
Gestalt oder Krümmung der Oberflächen drückt man
durch den Halbmesser derjenigen Kugeln aus, von deren Oberflächen die Oberflächen des Glases Theile bilden oder bilden könnten; man nennt diesen Halbmesser
den Krümmungshalbmesser. Bei doppeltconvexen und
doppeltconcaven Gläsern ist gewöhnlich die Krümmung

oder der Halbmesser beider Oberflächen gleich. Wenn
nun solche Gläser aus englischem Kronglase verfertigt
sind, welches in der Regel zu Brillen genommen wird,
so ist die Brennweite fast genau so groß als der Krümmungshalbmesser. Bei einem plan-convexen oder plan-
concaven Glase, wo die eine Seite eben geschliffen ist,
ist die Brennweite, wenn es aus Kronglas besteht, gerade doppelt so groß als der Krümmungshalbmesser der
krummen Oberfläche, das Glas ist also nur halb so scharf,
als wenn beide Oberflächen diese Krümmung hätten.
Diese Bestimmungen gelten aber, wie gesagt, nur für
Brillengläser von Kronglas; bei andern Glasarten und
durchsichtigen Körpern überhaupt, welche das Licht, wenn
es aus der Luft in dieselben eindringt, mehr von seiner
geradlinigen Richtung ablenken oder eine stärkere lichtbrechende Kraft besitzen als das Kronglas, ist das Verhältniß nicht so einfach. Im Allgemeinen läßt sich angeben, daß von zwei Gläsern, welche auf völlig gleiche
Weise geschliffen sind, aber aus verschiedenen Glasarten
bestehen, dasjenige eine größere Brennweite oder eine
geringere Schärfe haben wird, dessen Material eine geringere lichtbrechende Kraft hat. Bergkrystall bricht das
Licht stärker als Kronglas, Flintglas noch stärker; Brillengläser, die daraus bestehen, sind daher schärfer als
Brillengläser aus Kronglas von völlig gleicher Krümmung, und eine Brille von Diamant, wenn sich eine
solche verfertigen ließe, würde fast dreimal so scharf als
eine völlig gleich geschliffene von Kronglas sein.

Die Optiker pflegen die verschiedenen Grade der
Schärfe der Brillengläser durch Zahlen zu bezeichnen, die
am Rande der Gläser eingeschliffen werden, verfahren
jedoch dabei nach sehr verschiedenen Grundsätzen und oft
ganz willkürlich. Nur darin stimmen Alle überein,
daß sie die schärfsten Gläser mit den niedrigsten, die
schwächsten mit den höchsten Nummern bezeichnen, aber
derselbe Grad der Schärfe hat bei verschiedenen Optikern verschiedene Nummern, und wer z. B. bei einem
Optiker Nr. 10 für sein Auge passend gefunden hätte
und bei einem andern Optiker dieselbe Nummer fodern
wollte, würde wahrscheinlich eine Brille erhalten, die
für ihn nicht passend, sondern entweder zu scharf oder
zu schwach wäre. Bei manchen herumziehenden Brillen-
händlern sind die Brillen nach den Altersjahren derjenigen Personen, die sie gebrauchen sollen, numerirt;
diese Bezeichnungsart ist aber die verkehrteste, die es geben kann, da sie auf der ganz und gar unrichtigen Voraussetzung beruht, daß ältere Personen immer schärfere Gläser
gebrauchen als jüngere, und Personen von gleichem Alter
Gläser von gleicher Schärfe bedürfen. Nur insofern
hängen die Fehler der Kurzsichtigkeit und Weitsichtigkeit
mit dem Alter zusammen, als jene mit dem Alter ab-
zunehmen, diese aber zuzunehmen pflegt, indessen leidet
diese Regel sehr viele Ausnahmen, auch geht die Ab-
und Zunahme keineswegs so regelmäßig vor sich, daß
man darüber allgemeine Gesetze aufstellen könnte. Bei
mehren Optikern bedeutet die Nummer die Länge des
Krümmungshalbmessers in Zollen; indessen ist diese
Methode darum nicht ganz zweckmäßig, weil eine Flint-
glas- oder Krystallbrille schärfer ist als eine völlig gleiche,
also mit derselben Nummer bezeichnete Kronglasbrille,
und weil doppeltconvexe und planconvexe (ebenso doppelt-
concave und planconcave) Brillengläser von derselben Glas-
art und derselben Nummer (nach dieser Bezeichnungsart) ungleich scharf, letztere nämlich immer weit schwächer als erstere sind. Die beste Bezeichnungsart ist die,
wo die Nummer die Brennweite des Glases in Zollen
bedeutet, wobei die Optiker freilich überall dasselbe Län-
genmaß, am besten den allgemein bekannten pariser Zoll,

brauchen müssen. Bei dieser Methode, deren sich bereits die besten Optiker bedienen, ist die doppelt so große Nummer auch immer halb so scharf, z. B. Nr. 30 gerade halb so scharf als Nr. 15.

So sehr es zu verwerfen ist, wenn Jemand sich einer Brille bedient, ohne es nöthig zu haben, nur um die Mode mitzumachen, da das Tragen der Brillen unter jungen Männern der höhern Stände, in Deutschland wenigstens, zur wahren Mode geworden ist, so sehr ist auf der andern Seite Denjenigen, die entschieden an Kurz= oder Weitsichtigkeit leiden, der Gebrauch einer Brille zu rathen. *) Die Bequemlichkeit, welche sie sich dadurch verschaffen, ist außerordentlich, auch wird die vollkommen passende Brille in der Regel auf das Auge keine oder doch nur eine ganz unmerkliche nachtheilige Wirkung ausüben. Wer also beim Lesen und Schreiben sich bücken muß, die Personen, denen er auf der Straße begegnet, sowie diejenigen, die sich mit ihm in einem Zimmer befinden, gar nicht oder nur in größter Nähe erkennen u. s. w., der thut wohl, wenn er zu einer Brille seine Zuflucht nimmt, schon seiner Gesundheit wegen, da das Bücken nachtheilig ist. Wie viele Übelstände allein damit verbunden sind, daß man bekannte Personen, an denen man auf der Straße vorbeigeht, nicht erkennt, braucht wol kaum weiter auseinander gesetzt zu werden; diese sowol als viele andere werden aber durch den Gebrauch einer Brille beseitigt. Wer hingegen kleine Gegenstände nur in bedeutender Entfernung vom Auge erkennen kann, vorzugsweise große Druckschrift liebt, bei längerm Lesen bemerkt, daß die Buchstaben sich verwirren und ineinander fließen, nur hell beleuchtete Gegenstände gut sehen und des Abends beim künstlichen Lichte nur mit Mühe oder gar nicht lesen und schreiben kann, der ist in so starkem Grade weitsichtig, daß er eine Brille nicht länger entbehren kann. Freilich kommt es, wie gesagt, Alles darauf an, daß man eine für sein Auge passende Brille anwendet, weil eine zu schwache Brille wenig oder gar nichts hilft, eine zu scharfe aber die Augen immer mehr verdirbt und den Fehler derselben immer mehr vergrößert. Bei der Auswahl einer Brille muß daher mit der größten Sorgfalt verfahren werden. Wendet man sich deshalb persönlich an einen geschickten Optiker, so wird dieser sicher bald durch geeignete Versuche die passenden Gläser auszufinden im Stande sein; man kann sich jedoch, um recht sicher zu gehen, mehre Brillen von verschiedenen Brennweiten nach Hause geben lassen und darunter diejenigen auswählen, welche dem Auge am meisten zusagt, wiewol man freilich, wenn man mehre Brillen hintereinander probirt, sehr leicht in Täuschungen verfällt. Daß eine Brille zu scharf ist, erkennt ein Kurzsichtiger daran, daß sie ihm die Gegenstände zwar deutlich und scharf begrenzt, aber auffallend verkleinert zeigt, und er nahe Gegenstände weiter als etwa 10 Zoll vom Auge entfernen muß, um sie durch dieselbe deutlich zu sehen, ein Weitsichtiger an einer auffallenden Vergrößerung der Gegenstände und daran, daß er nahe Dinge in weniger als 10 Zoll Entfernung vom Auge halten muß, um sie ohne Anstrengung deutlich zu sehen, womit zugleich in beiden Fällen eine unbehagliche, etwas schmerzhafte Empfindung der Augen verbunden ist. Mittels einer passenden Brille muß ein Kurzsichtiger die Sterne als einzelne glänzende Punkte und ohne die Strahlen erkennen, durch welche die Bilder der Sterne bei der

Betrachtung mit bloßem Auge vergrößert werden; ein Weitsichtiger muß eine mäßig große Schrift in einer Entfernung von 10 Zoll deutlich und ohne Anstrengung lesen können. Hat man keinen geschickten Optiker in der Nähe, so muß man die Güte seiner Augen dadurch prüfen, daß man untersucht, in welcher Entfernung vom Auge man eine mäßig große Schrift am deutlichsten erkennen kann; wenn man diese Entfernung für jedes Auge besonders mißt, so kann jeder einigermaßen geschickte Optiker, dem man diese Angaben unter Beilegung einer Probe der angewandten Schrift mittheilt, darnach leicht das für jedes Auge passende Glas auswählen. *)

Für den Gebrauch der Brillen läßt sich vor Allem die Regel geben, daß man sich ihrer nicht immer, sondern nur dann bedienen muß, wenn man sie nöthig hat, weil durch den beständigen Gebrauch einer Brille, selbst wenn sie völlig passend ist, die Sehkraft abgestumpft wird. Kurzsichtige, die es nicht in dem Grade sind, daß sie sich ohne Brille beim Lesen und Schreiben sehr bücken müssen, thun wohl, sich bei diesen Arbeiten keiner Brille zu bedienen; Weitsichtige, die am Tage ohne Brille auskommen können, thun wohl, sie nur des Abends zu gebrauchen. Müssen Kurzsichtige auch beim Lesen und Schreiben eine Brille anwenden, so müssen sie wenigstens das Buch so weit als möglich entfernen und so gerade als möglich sitzen; Weitsichtige hingegen müssen das Buch beim Lesen dem Auge möglichst nahe halten und sich überhaupt gewöhnen, nahe Gegenstände zu erkennen. Kurzsichtige sollten von Zeit zu Zeit versuchen, ob sie nicht mit schwächern Gläsern als bisher auskommen könnten, weil der Fehler der Kurzsichtigkeit nicht selten abnimmt, freilich aber wenigstens ebenso häufig zunimmt, meistens in Folge zu scharfer Gläser; der Fehler der Weitsichtigkeit nimmt, wie bereits erwähnt, mit der Zeit wol immer hingegen zu. Solche Kurzsichtige, die nur dann und wann bei Betrachtung entfernter Gegenstände das Bedürfniß einer Bewaffnung des Auges empfinden, können sich statt einer Brille mit Vortheil einer Lorgnette bedienen, die nur so lange vor die Augen gehalten wird, als jenes Bedürfniß dauert; nur muß dieselbe doppelt sein, da einfache Lorgnetten für ein Auge nachtheilig sind, weil das eine Auge bei deren Gebrauch unthätig bleibt. Die sogenannten Lesegläser für Weitsichtige, große doppelt-convexe Gläser, die an einem Stiele gehalten werden und in ältern Zeiten häufig in Gebrauch waren, sind durchaus verwerflich, schon darum, weil sie nicht immer in derselben Entfernung von dem Auge gehalten werden.

Nicht selten hört man den Ausdruck Conservationsbrillen, womit Brillen bezeichnet werden sollen, welche die Augen in ihrem Zustande erhalten und einer Verschlechterung derselben vorbeugen. Man hat aber darunter nicht etwa Brillen von einer besondern Art oder Einrichtung zu verstehen, sondern jener Name bedeutet nichts Anderes als passende, dem Auge vollkommen angemessene Brillen, und diese verdienen ihn auch insofern, als durch sie entweder gar keine oder doch nur eine ganz unmerkliche Verschlechterung der Augen herbeigeführt wird; für gesunde Augen aber kann es keine Conservationsbrillen geben, da für solche Augen weder concave noch convexe Gläser zu brauchen sind, und Plangläser keine andere

---

*) Daß in England, ganz im Gegensatze zu unsern Sitten, das Tragen der Brillen in vornehmen Gesellschaften für unanständig gilt, ist eine Sonderbarkeit, welche sich schwerlich rechtfertigen läßt.

*) Genauere Vorschriften enthält die in Leipzig bei Barth 1832 erschienene kleine Schrift: Tauber, „Anweisung für auswärtige Personen, wie dieselben vom optisch-oculistischen Institute zu Leipzig passende Augengläser bekommen können.“ Dieses Institut steht wegen Fertigung guter Augengläser schon seit geraumer Zeit in verdientem Rufe.

*

Wirkung haben können, als den Staub abzuhalten. Eine wirkliche Verbesserung der Augen darf man vollends von Brillen nicht erwarten, und wenn jene wirklich eintritt, so ist sie nur die Folge von Veränderungen, die der Bau der Augen mit der Zeit sehr häufig erleidet, ohne daß die Brillengläser den mindesten Antheil daran hätten. Durch vollkommen zweckmäßige Brillen werden die Augen zwar in der Regel, selbst bei längerm Gebrauche, gar nicht angegriffen, indessen darf es nicht auffallen, wenn die Augen dennoch, selbst durch passende Gläser, etwas angestrengt und unangenehm, wol gar schmerzhaft afficirt werden, weil sie sich beim Gebrauche derselben in einer ungewohnten Thätigkeit befinden und die Gegenstände durch concave Gläser immer etwas verkleinert, durch convexe immer etwas vergrößert sehen. Häufig versteht man unter Conservationsbrillen auch Brillen mit langer Brennweite, die beim ersten Anfange der Kurz- oder Weitsichtigkeit gebraucht werden, die aber eher nachtheilig als räthlich sind, weil man sich bei einem geringen Grade der Kurz- oder Weitsichtigkeit besser aller Brillen enthalten sollte.

Durch gewöhnliche Brillengläser kann man nur Gegenstände, die man durch die Mitte derselben betrachtet, vollkommen deutlich erkennen; wenn sich das Auge dreht und durch den Rand der Gläser sieht, so erblickt es die Gegenstände weit weniger deutlich. Diesem Übelstande wird größtentheils abgeholfen bei den sogenannten periskopischen oder umsichtigen, d. h. zum Durchsehen nach allen Seiten eingerichteten Gläsern, die auf einer Seite hohl, an der andern erhaben geschliffen sind. Besondere Arten von Brillen sind noch die Staubbrillen, welche Plangläser haben und nur zur Abhaltung des Staubes und fremdartiger Gegenstände dienen, daher auch bei Dampfwagenfahrten gebraucht werden können, um die Augen gegen die kleinen, aus der Esse der Locomotive fliegenden Kohlentheilchen zu schützen, die auf offenen Wagen zuweilen sehr lästig werden; ferner die Staarbrillen, d. h. convexe Brillen für Solche, die vom grauen Staar glücklich operirt worden sind. Die Letztern leiden nachher fast immer in hohem Grade an Weitsichtigkeit, die daher rührt, weil durch die Operation die getrübte Kryställinse herausgezogen oder zerstört worden ist, und müssen sich daher so lange, bis sich dieselbe wieder erzeugt hat, einer convexen Brille bedienen, die in der Regel weit convexer ist, als die der Brillen weitsichtiger Personen gewöhnlich zu sein pflegen.

Die Erfindung der Brillen, deren Vortheile die Alten nicht ahnen konnten, setzt man gewöhnlich zwischen 1280 und 1310. Gewiß ist, daß sie im Anfange des 14. Jahrhunderts in Italien bekannt waren, und daß schon der berühmte Roger Baco, der im Jahre 1292 starb, die Wirkung der concaven und convexen Gläser kannte. Meistens nennt man den Mönch Alexander de Spina aus Pisa, welcher 1313 starb, als Erfinder der Brillen; in einer Kirche in Florenz befand sich aber ehemals die Grabschrift eines im Jahre 1317 gestorbenen florentinischen Edelmannes, Salviano degli Armati, welcher in derselben als Erfinder der Brillen bezeichnet ward. Wie dem auch sei, einem Italiener verdanken wir unstreitig diese wichtige Erfindung, die zwar schon ein halbes Jahrtausend alt ist, aber erst seit etwa einem Jahrhundert mehr vervollkommnet wurde und allgemeiner in Gebrauch kam.

Wanderung eines Granitblocks.

Im vorletzten Jahre — sagt Hr. von Baer, Mitglied der petersburger Akademie, in einem derselben erstatteten Berichte — theilte ich der Akademie eine Notiz über zwei ansehnliche Geschiebe mit, die im Laufe dieses Jahrhunderts an der Küste von Finnland ihre Lagerstätte verändert hatten. Während einer kurzen Reise, die ich im vergangenen Sommer durch Finnland machte, überzeugte ich mich durch eigenen Anblick, daß solche Translocationen dort keineswegs selten sind. Ein Granitblock, den man schon zu den sehr großen, ja fast zu den ungeheuern zählen kann, ist vom Eise über das Meer nach der Insel Hochland getragen worden und hat jetzt an der Ostküste dieser Insel zwischen zwei Dörfern seine Stellung eingenommen. Seine längste Dimension mag gegen zwei Klafter, seine Höhe über eine Klafter betragen. Genauere Maße kann ich nicht angeben, da mir Meßinstrumente fehlten, als ich an ihm vorbeifuhr; doch glaube ich, diesen Block nicht zu überschätzen, wenn ich ihm fast ein Drittheil von der Masse des Felsstücks gebe, auf welchem hier auf dem Admiralitätsplatze die Bildsäule Peter's des Großen steht. Nach dieser Schätzung mag der herübergewanderte scharfkantige Felsblock ein Gewicht von fast einer Million Pfund haben. Die Hochländer behaupteten einstimmig, der Stein sei ein neuer, der vor dem Eisgange des Frühlings von 1838 auf der Insel nicht bemerkt worden sei; das Eis habe ihn wirklich aus Finnland herübergetragen. Wäre er blos aus einer Gegend der hochländischen Küste in die andere versetzt, so würden ihn die Bewohner ohne Zweifel kennen, da sie gewiß alle bedeutenden am Ufer liegenden Geschiebe ihrer kleinen Felseninsel unterscheiden. Ob Jemand von den Bewohnern noch das Eis gesehen hat, das den Felsblock trug, weiß ich nicht; vielleicht geschah dies auch von Allen unbemerkt; denn die Bucht, in welcher der Stein strandete, ist unbewohnt. Es ist bekannt, daß auf den Eisfeldern der Polargegenden zuweilen große Felsblöcke gesehen worden sind, aber auch in unsern Breiten hat diese Wanderung durchaus nichts Unglaubliches oder auch nur Unwahrscheinliches, wenn man sich der Strenge des Winters von 1837 auf 1838 erinnert. Der finnische Meerbusen war über zwei Monate hindurch in seiner ganzen Breite mit Eis bedeckt gewesen, und ununterbrochen waren mehre Eiswege von Finnland nach Esthland mehre Wochen lang befahren worden. In dieser Zeit gewinnt das Eis schon eine bedeutende Dicke, und wenn es dann bricht und das Eisfeld, welches einen großen Block gefaßt hat, eine ansehnliche Ausdehnung behält, bevor es strandet, kann es den größten Block in die weiteste Entfernung, in die es ohne zu schmelzen gelangt, tragen. Der Block, von dem ich hier spreche, hatte den Strand nicht erreicht und lag von ihm etwas entfernt im Wasser, sodaß zu seinem Anlanden gar keine gewaltige Bewegung des Wassers erforderlich war, sondern es mehr das Ansehen hat, als ob ein bedeutendes Eisfeld hier von zwei Vorgebirgen zurückgehalten worden sei, was bei ganz ruhigem Wetter geschehen konnte. Ein hoher Seegang würde wahrscheinlich die Eisfläche zertrümmert und den Granitblock in das Meer versenkt haben. Die Ankunft dieses Fremdlings war an sich den Hochländern keineswegs merkwürdig, sondern nur seine Größe. Sie versichern, daß kleinere Blöcke am Ufer jährlich kommen und gehen. Diese Behauptung findet man auch sogleich einleuchtend, wenn man Finnland besucht hat, bei dessen Anblick sich dem Reisenden überall die Spuren vorweltlicher Bewegungen deutlich darstellen, wenn man an seiner Küste wie an den Inseln alle kleinern oder größern Vorsprünge mit sehr gemischten Geröllablagerungen bedeckt sieht, welche nicht selten in Bewegung kommen. Des Reisenden ganze Aufmerksamkeit wird hier auf den Anblick der unzähligen und ungeheuern Geschiebe, auf ihre zuweilen höchst abenteuerliche Stellung, wie auf die sonderbare Furchung dieser Felsmassen hingezogen. Immerhin verdient die Wanderung eines so ansehnlichen Felsblockes wie der hier gedachte über einen Meerbusen in unsern Breiten der Vergessenheit entzogen zu werden.

Der Kapuzineraffe.*)

Der Kapuzineraffe gehört zu den langgeschwänzten Affen, welche bisweilen im Allgemeinen Meerkatzen genannt werden, und zwar zu den Sapajous, welche einen Wickelschwanz haben. Er hat auf dem Hinterhaupte eine sammtschwarze Kappe (daher auch sein Name), die vorn mit einem kleinen Zipfel versehen ist; die schwarze Farbe der Kappe zieht sich über den Nacken bis zum Rücken, aber am Gesichte, am Halse, an den Schultern und vor der Brust sieht das Thier braun oder gelblichweiß aus. Sein Schwanz ist ganz behaart und länger als der Körper; die Hände haben einen deutlich wahrnehmbaren Daumen; die Größe des Thieres ist ungefähr die einer Katze, nur sind die Beine länger. Der Kapuzineraffe — der sich in den Wäldern von Südamerika, namentlich in Brasilien, findet — ist sehr behend und munter, von gutartigem Naturell, leicht abzurichten, sehr zutraulich und in hohem Grade anhänglich gegen Personen, von denen er gut behandelt wird; seine Gelehrigkeit ist größer als die eines Hundes; wegen seiner drolligen Manieren ist er sehr wohl zu leiden und gewährt Denen, die sich mit ihm abgeben und seinem Treiben zusehen, viel Unter-

*) Vergl. über die Affen Pfennig-Magazin Nr. 149 u. 150.

haltung. Im Naturzustande geben diese Affen häufig, besonders vor einem Regen oder Gewitter, sowie des Morgens und des Abends, flötende Klagetöne von sich, weshalb sie von den Eingeborenen Winselaffen genannt werden. In der Abbildung ist eine seltenere Abart vorgestellt, die sich durch die schnurrbartähnlichen Haare unter der Nase unterscheidet und sich seit kurzem im Pflanzengarten zu Paris vorfindet.

Suwarow.

Suwarow Rimnikski — von welchem ein Memoirenschreiber das ungerechte Urtheil fällt, daß er ein Ungeheuer gewesen sei, welches in einem Affenleibe die Seele eines Fleischerhundes gehabt habe — muß jedenfalls den berühmtesten und größten Feldherren des 18. Jahrhunderts beigezählt werden, da er ohne große Kenntnisse der Kriegskunst, aber dafür mit großer Menschenkenntniß ausgestattet, das Geheimniß besaß, die von ihm befehligten Truppen zu großen Unternehmungen zu begeistern. Er wurde am 24. November 1729 in Suskoï, einer kleinen Stadt in der Ukraine, geboren und, als Sohn eines Offiziers höhern Ranges (der bis zum General en chef und Senator stieg), im Cadettenhause in Petersburg erzogen. Im 13. Jahre trat er in den activen Dienst und war, nachdem er alle niedern Grade durchlaufen hatte, mit 27 Jahren schon Oberstlieutenant. 1759 wohnte er der Schlacht bei Kunersdorf bei und wurde 1763 auf eigenhändigen Befehl der Kaiserin Katharina II. zum Obersten befördert. Die Feldzüge von 1769—72, welche der ersten Theilung Polens vorausgingen, verschafften ihm den Grad eines Generalmajors und den Alexandernewski=Orden. Nach dem polnischen Kriege, in welchem die polnischen Conföderirten mit bewundernswürdiger Unerschrockenheit gegen die zu große Übermacht der Russen ankämpften, wurde er nach Rußland zurückgerufen, diente 1773 unter Rumjanzow gegen die Türken, über die er vier Siege erfocht, und trug 1774 zur Niederlage des kühnen Empörers Pugatschew bei, welcher kosackische und tatarische Völkerschaften, unter andern die kriegerischen Baschkiren, aufgewiegelt, eine große Länderfläche verwüstet und unterworfen hatte, und sich selbst mit der Hoffnung schmeichelte, die Krone Peter's III., dessen Namen er angenommen hatte, auf sein Haupt zu setzen. Nach dem Siege, den er über die Türken unter den Mauern von Silistria erfochten hatte, wurde er zum Generallieutenant ernannt; als er später, im J. 1783, die Tataren am Kuban dem russischen Scepter unterworfen hatte, belohnte ihn seine Kaiserin, Katharina II., durch die Erhebung zum commandirenden General und durch ein Geschenk, das für einen Krieger, der zugleich Hofmann war, noch weit werthvoller sein mußte, durch ihr mit Diamanten reich besetztes Portrait, das er seitdem immer an sich trug, sobald er seinen Schafpelz ausgezogen hatte, den er bei der Armee zu tragen pflegte. Die Bezeichnung eines Hofmannes könnte in ihrer Anwendung auf einen Halbwilden, wie Suwarow war, als ein lächerlicher Widerspruch erscheinen, und doch war der Sieger von Ismail ein Hofmann, freilich von ganz eigenthümlicher Art. Da er sah, daß eine unbegrenzte Ergebenheit und wichtige Dienste nicht hinreichten, um zu bewirken, daß Katharina ihn auszeichnete, so wollte er sich durch Wunderlichkeiten hervorthun, die geeignet waren, die Aufmerksamkeit einer verwöhnten Herrscherin zu erregen. Er hatte Katharinen ergründet, wie er den

russischen Soldaten studirt hatte, und die Kaiserin zog ihn allen Andern vor, weil er einzig in seiner Art war.

Nach den Siegen, welche die verbündeten Russen und Östreicher in den Feldzügen von 1788 und 1789 über die Türken erfochten hatten, nach der Niederlage, welche 100,000 Türken an den Ufern des Flusses Rimnik durch 10,000 Russen erlitten, die von Suwarow und dem Prinzen von Sachsen=Koburg befehligt wurden, eine Waffenthat, für welche der Erstere von dem Kaiser Joseph in den deutschen Reichsgrafenstand erhoben, von seiner eigenen Kaiserin aber mit der russischen Grafenwürde und dem Beinamen Rimnikski belohnt wurde, leistete nur noch ein wichtiger Platz Widerstand, nämlich Ismail. Sieben Monate lang hatte ihn der General Gudowitsch vergeblich belagert. Der allmächtige Günstling Potemkin, gewohnt, Alles, im Felde wie bei Hofe, seinem Willen sich beugen zu sehen, und unwillig über ein Mislingen, das er seinem Ruhm als Oberbefehlshaber nachtheilig glaubte, befahl dem Suwarow, diese Schmach im Blute der Muselmänner abzuwaschen und Ismail um jeden Preis zu nehmen. Suwarow marschirt, der Strenge des Winters ungeachtet, mit der größten Schnelligkeit und überwindet alle Hindernisse; drei Tage nach seiner Ankunft vor der Festung versammelt er seine Soldaten und verkündigt ihnen den bevorstehenden Sturm. „Freunde‟, sagt er zu ihnen, „seht nicht auf die Augen des Feindes, seht auf seine Brust, in diese müßt ihr eure Bayonnete stoßen; gebt kein Quartier, die Lebensmittel sind theuer. Morgen früh, eine Stunde vor Tage, werde ich aufstehen, beten, mich waschen, mich anziehen und krähen wie ein Hahn; dann stürmt nach meiner Disposition.‟ Wirklich dient sein Krähen als Signal. Zweimal werden die Russen mit schrecklichem Verluste zurückgetrieben, aber Suwarow befiehlt einen dritten Angriff; dieses Mal nehmen die Grenadiere zuerst die Außenwerke weg und dringen endlich nach unerhörten Anstrengungen in das Innere der Stadt ein. Sie stürzen sich sogleich in die Moscheen, in welche die Einwohner sich geflüchtet hatten, in die Häuser und in die Gärten; Alle, die sie treffen, werden grausam hingeschlachtet, und Suwarow selbst feuert sie zum Blutvergießen an, indem er ihnen mit seiner Donnerstimme zuruft: Tödtet! Tödtet! Nahe an 12,000 Russen und über 30,000 Türken kamen an diesem blutigen Tage (22. December 1790) um, und auf die brennenden Trümmer der eroberten Stadt schrieb Suwarow an Katharinen in dem sonderbaren und lakonischen Style, der ihr, wie er wußte, gefiel: „Mutter, das ruhmvolle Ismail liegt zu deinen Füßen.‟ Bisweilen schrieb Suwarow seine Berichte an die Kaiserin in Versen; so zeigte er ihr während eines seiner ersten Feldzüge die Einnahme der Stadt Tutukaï in Bulgarien durch einen russischen Vers an, der sich so übersetzen läßt: „Preis sei dem Herrn und dir, o Kaiserin; genommen ist die Stadt und ich bin drin.‟ Ebenso waren auch seine Tagesbefehle und Proclamationen an die Armee oft in Versen abgefaßt.

Nach dem Frieden vom Jahre 1791 wurde Suwarow zum Gouverneur der Krim und der eroberten Provinzen am Dniestr ernannt und hielt sich in dieser Eigenschaft zwei Jahre in Cherson auf. Im Jahre 1794 wollte Katharina Polen, das sich unter seinem letzten Helden Kosciuszko erhoben hatte, bezwingen und vernichten. Suwarow hatte bei Ismail einen Beweis seines Gehorsams gegeben, der ihm den Vorzug vor allen übrigen russischen Generalen gab; er erhielt daher den Auftrag, in dieses unglückliche Land mit einem zahlreichen Armeecorps einzudringen, um die Operationen des Generals Fersen zu unterstützen, der durch seine Übermacht die kleine polnische Armee bei Macziejowicze am 10. October 1794 überwältigte; Kosciuszko selbst wurde in dieser Schlacht gefangen genommen, seine geringe Streitmacht gänzlich geschlagen und zerstreut. Suwarow kam nicht, um zu siegen, sondern nur um zu morden und zu vernichten. Mit seinem gewöhnlichen Ungestüm griff er alle polnische Corps an, die noch das Feld behaupteten, und marschirte gerades Wegs nach Warschau, wo nur die befestigte Vorstadt Praga, in welche sich eine Menge muthiger Bürger geworfen hatte, noch einigen Widerstand leistete. Der Sturm wurde am 4. November commandirt; die in sieben Colonnen marschirende russische Armee bemächtigte sich beim ersten Angriffe der Festungswerke, die von einer ungenügenden Artillerie vertheidigt wurden, und die christlichen Vertheidiger von Praga wurden ebenso behandelt, wie die Ungläubigen in Ismail. Weder Alter noch Geschlecht wurden geschont; 9000, nach andern Angaben 20,000 Vertheidiger und Einwohner fielen als Opfer der Wuth der Russen. Wenige Tage nachher öffnete Warschau selbst dem Sieger seine Thore; als eine Deputation dem Suwarow die Schlüssel der Stadt überbrachte, erhob er sie gen Himmel und sagte: „Allmächtiger Gott, ich danke dir, daß du mich die Schlüssel dieser Stadt nicht so theuer bezahlen ließest als …" hierbei wandte er sein Gesicht nach Praga, konnte nicht weiter sprechen und vergoß Thränen. Katharina war mit seinem Gehorsam zufrieden und schrieb ihm: „Ihr wißt, daß ich nie Jemand außer der Reihe befördere; aber Ihr selbst habt Euch durch die Eroberung Polens zum Feldmarschall gemacht." Diesen Brief begleitete ein mit Diamanten besäeter goldener Lorberkranz, dessen Werth man auf 500,000 Rubel schätzte, und ein goldener, mit Edelsteinen besetzter Commandostab; zu diesen kolossalen Geschenken fügte die Kaiserin noch das von mehren ansehnlichen Gütern und 20,000 Bauern.

Zum Unglück für Suwarow starb seine Wohlthäterin, für die er eine unbegrenzte Verehrung an den Tag legte, plötzlich vom Schlage gerührt; er betrauerte sie tief, so lange er lebte. Ihr Nachfolger, Kaiser Paul I., begann seine Regierung mit Neuerungen im Kriegswesen, die der ganzen Armee, besonders aber Suwarow, misfielen. Dieser konnte sein Misvergnügen nicht verbergen, als er sah, wie der Kaiser sogar die alte russische Uniform veränderte und mit der preußischen vertauschte. Paul, der seine Verordnungen über Alles, selbst über das kleinste Detail ausdehnte, hatte Puder, Locken und Zöpfe vorgeschrieben und die Größe derselben genau bestimmt, weshalb an die Anführer der Armeecorps kleine Stäbe, die als Modell für die Zöpfe dienen sollten, geschickt wurden. Als Suwarow das für ihn bestimmte Packet empfing, äußerte er: „Puder ist kein Schießpulver, Zöpfe sind keine Piken und Locken keine Kanonen." Diese Rede wurde dem Kaiser hinterbracht; denn während Suwarow von den gemeinen Soldaten fast angebetet wurde, haßten ihn die Offiziere, deren Luxus er beschränkte und denen er durch seine strenge Disciplin beschwerlich fiel, und benutzten jede Gelegenheit, ihm zu schaden. Der Kaiser wurde heftig erbittert und befahl ihm, das Commando niederzulegen.

Der Feldmarschall wollte, daß seine Armee aus seinem eigenen Munde erführe, daß er aufgehört habe, sie zu commandiren; sein Benehmen war bei dieser Gelegenheit ebenso eigenthümlich und originell, wie bei jeder andern. Er ließ die Soldaten sich in Schlachtordnung vor einer aus Trommeln und Pauken gebildeten Pyramide aufstellen, trat dann in voller Uniform, mit allen seinen Orden geschmückt und das Portrait Katharinens im Knopfloche tragend, vor sie und redete sie folgendermaßen an: „Kameraden! Ich verlasse euch vielleicht auf lange Zeit, vielleicht auch für immer, nachdem ich 50 Jahre unter euch zugebracht habe. Euer Vater, der mit euch aß und trank und der in eurer Mitte schlief, wird in der Einsamkeit fern von seinen Kindern essen, trinken und schlafen und der Gedanke an sie wird sein einziger Trost sein. Dies ist der Wille unsers gemeinschaftlichen Vaters, unsers Kaisers und Herrn, aber ich gebe die Hoffnung nicht auf, daß er sich zu Gunsten meines Alters noch einmal anders besinnt. Wenn dann Suwarow wieder unter euch erscheinen wird, wird er diese Ehrenzeichen wieder in Empfang nehmen, die er euch als Andenken und als Unterpfand seiner Freundschaft zurückläßt; ihr werdet nicht vergessen, daß er sie in den Siegen trug, die er an eurer Spitze erfochten hat." Hierauf nahm er alle seine Orden ab, legte sie auf die Trommelpyramide, neben welcher er stand, und behielt nur das Portrait der Kaiserin auf seiner Brust.

Suwarow, der das Opfer einer Ungerechtigkeit geworden war, war nicht gewohnt, die Hand, die ihn gedemüthigt hatte, zu küssen, sobald sie wieder Milde übte. Er lebte auf seinen Gütern in Ungnade und Verbannung, als Paul I., welcher an der gegen Frankreich gebildeten Coalition Theil genommen hatte, ihm den Oberbefehl der Armee, die er im Anfange des J. 1799 nach Italien geschickt, zu übertragen beschloß. Der Kaiser schrieb eigenhändig an Suwarow, und sein Brief erhielt die Adresse: „An den Feldmarschall Suwarow." Als der alte Krieger dieselbe las, sagte er: „Dieses Schreiben ist nicht an mich gerichtet; wenn Suwarow Feldmarschall wäre, so würde er nicht einsam in einem Dorfe leben, sondern an der Spitze der Armee zu finden sein." Der Courier mußte wirklich dem Kaiser den Brief uneröffnet zurückbringen. Aber die Franzosen zu bekämpfen, deren Ruhm ihn verdroß, war Suwarow's sehnlichster Wunsch; er hatte einer Nation, deren Heldenthaten die seinigen verdunkelten, unversöhnlichen Haß gelobt. Als er daher glaubte, dem Kaiser die Ungerechtigkeit seines Verfahrens hinreichend fühlbar gemacht zu haben, nahm er das angebotene Commando an und übernahm am 18. April 1799, nachdem ihn auch der deutsche Kaiser zum Generalfeldmarschall ernannt hatte, den Oberbefehl der vereinigten österreichisch-russischen Armee; noch denselben Tag verkündigte er einen Tagesbefehl, in welchem er seinen Soldaten einschärfte, gegen den Feind vorzugsweise das Bayonnet und die blanke Waffe zu brauchen. Er verfolgte nun mit Nachdruck die Vortheile, welche die Generale Kray und Melas über die von Scherer befehligten Franzosen bereits davon getragen hatten, erfocht glänzende Siege und besetzte fast ganz Piemont. Moreau, der im Oberbefehl auf Scherer folgte, war klüger und geschickter als dieser; er vertheidigte jeden Fußbreit und zog sich in guter Ordnung zurück; erst nach zwei nachtheiligen Gefechten, am 27. April (beim Übergange über die Adda) und am 16. Mai, sah er sich genöthigt, Alessandria und Turin zu räumen und sich in die Schweiz zurückzuziehen. Gleichwol konnte man Suwarow den Vorwurf machen, daß er sich bei Verfolgung des Feindes in seinem Ungestüm habe hinreißen lassen und keine hinreichenden Streitkräfte zurückgelassen habe, um sie der in Eilmärschen heranrückenden, die Sieger im Rücken bedrohenden Armee Macdonald's entgegenzustellen. Suwarow sah diesen Fehler ein und eilte ihn gut zu machen; er kehrte zurück, marschirte schnell gegen seinen neuen Feind, warf alle ihm in den Weg kommenden Truppencorps und lieferte am 18. und 19. Juni die blutigen Schlachten an der Trebbia, wo die Franzosen nach heldenmüthiger Gegenwehr mit beträchtlichem Verluste zurückgeschlagen wurden. Den Rückzug nach Frankreich konnte jedoch der Sieger dem General Macdonald nicht abschneiden; auch brachte Moreau hinreichende Kräfte zusammen, um dem Vordringen des Feindes Widerstand entgegenzusetzen. Inzwischen war Joubert vom französischen Directorium zum Oberbefehlshaber der Armee in Italien ernannt worden; er übernahm das Commando im Monat August und lieferte die blutige Schlacht bei Novi (am 15. August), in der er fiel. Dies war Suwarow's letzter Sieg; er wurde lebhaft bestritten und Moreau, der abermals an der Spitze der französischen Armee erschien, führte in Gegenwart überlegener Streitkräfte einen ruhmvollen Rückzug aus.

(Der Beschluß folgt in Nr. 325.)

Trockenmaschine.

Eine neuerlich von den Franzosen Penzolt und Levesque erfundene Vorrichtung, welche dazu dient, um Zeuche aller Art ohne Anwendung von Feuer oder Druck schnell zu trocknen, besteht aus einer doppelten Trommel, die sich mit einer außerordentlichen Geschwindigkeit (mehre tausend Mal in einer Minute) um ihre Achse dreht, und in welche die feuchten Stoffe gethan werden. Vermöge der Schwungkraft, die desto größer ist, je größer die Schnelligkeit der Umdrehung ist, wird das zwischen den Fäden des Gewebes enthaltene Wasser bei der Umdrehung nach der durchlöcherten Außenseite der Trommel getrieben und durch die Löcher ausgespritzt. Auf diese Weise werden wollene Stoffe bei einem kleinen Apparate dieser Art in weniger als drei Minuten getrocknet. Leinene und baumwollene Stoffe müssen, wenn sie aus der Trommel kommen, eine kurze Zeit der Luft ausgesetzt werden.

Das Rathhaus zu Gent.

Verantwortlicher Herausgeber: Friedrich Brockhaus. — Druck und Verlag von F. A. Brockhaus in Leipzig.

Das Pfennig-Magazin

für

Verbreitung gemeinnütziger Kenntnisse.

325.]   Erscheint jeden Sonnabend.   [Juni 22, **1839**.

Die Afghanen.

Persien und Hindostan trennt ein Land von ansehnlicher Größe, Afghanistan genannt. Im Osten dient ihm der Fluß Indus oder Sind als Grenze, im Norden eine ausgedehnte Kette schneebedeckter Gebirge, genannt Hindukusch und Paropamisus, im Westen grenzt es an Persien, im Süden an Beludschistan; es liegt zwischen dem 29. und 36. Grade nördl. Breite und dem 78. und 91. Grade östl. Länge (von der Insel Ferro). Ein vorzügliches Interesse hat dieses Land in unsern Tagen als Schauplatz des Krieges zwischen den Persern einerseits und den von den Engländern und Rundschit-Singh, König von Lahore, unterstützten Afghanen andererseits erhalten. Ohne auf die dadurch veranlaßten politischen Fragen einzugehen, wozu hier nicht der Ort ist, beschränken wir uns darauf, einige Notizen über die Bewohner des Landes mitzutheilen.

Einige Schriftsteller leiten den Ursprung der Afghanen wegen der Verwandtschaft ihrer Sprache mit der hebräischen von den Israeliten, andere von den Ägyptern ab; die allgemeinste Meinung ist aber, daß sie von den hunnischen und scythischen Völkerschaften abstammen, die zur Zeit der Völkerwanderung freiwillig oder gezwungen auszogen, um sich eine neue Wohnung zu

suchen, und sich in den Berggegenden zwischen Persien und Hindostan niederließen, wo sie wegen der Unfruchtbarkeit des Bodens und der Kälte des Klimas unbehelligt zu bleiben hoffen konnten. Viele ihrer Häuptlinge haben sich in der Geschichte des Morgenlandes berühmt gemacht. Im 10. Jahrhunderte eroberte ein Anführer aus Khorassan den nordöstlichen Theil des Landes, aber die Afghanen selbst behaupteten in ihren Bergfesten ihre Unabhängigkeit; die Familie dieses Anführers blieb 200 Jahre lang im Besitze des Landes, aber 1159 eroberten es die Afghanen wieder und steckten die Hauptstadt des fremden Usurpators in Brand. Später griff sie der mongolische Eroberer Dschingis-Khan an und die mongolische Dynastie blieb lange im Besitze der Ebenen, während die Afghanen die Berge inne hatten. Von Tamerlan's Tode im J. 1405 an genossen die Afghanen einen langen Frieden bis 1506, wo sie Babur angriff und aus den Ebenen, die er eroberte, wieder ins Gebirge trieb. Im Jahre 1722 waren die Afghanen der angreifende Theil, indem sie Persien eroberten und daselbst ein Reich gründeten, das aber nur von sehr kurzer Dauer war und 1737 von dem berühmten Nadir-Schah gestürzt wurde, der Afghanistan seinem Königreiche Persien einverleibte. Nach seiner Ermordung 1747 kehrte ein Offizier der in persischen Diensten stehenden afghanischen Truppen, mit Namen Achmed-Abdalli, in sein Vaterland zurück, erklärte dasselbe für unabhängig und gründete 1749 ein afghanisches Reich, das er durch Eroberung tatarischer und hindostanischer Provinzen vergrößerte, das aber nach seinem Tode 1777 eine Beute innerer Zwistigkeiten wurde. Es zerfällt seit etwa 20 Jahren in mehre selbständige Staaten, Kabul, Herat und Kandahar, von denen der erste der mächtigste ist; einen vierten, Peschawer, hat 1823 Rundschit-Singh, König von Lahore, der sich auch Kaschmirs und mehrer andern afghanischen Provinzen bemächtigt hat, sich zinsbar gemacht. Gegen den Staat Herat hat der jetzige Schah von Persien in der neuesten Zeit einen Kriegszug unternommen, um ihn seinem Reiche einzuverleiben; nur durch die dringendsten Vorstellungen und Drohungen Englands ist er bewogen worden, die Belagerung der Stadt Herat aufzuheben und von seinem Vorhaben abzustehen. Die Engländer sind gegenwärtig im Begriff, den im Jahre 1809 vertriebenen Beherrscher von Afghanistan, Schah Sudscha-ul-Mulk, wieder auf den Thron von Kabul zu setzen, wobei sie vom König zu Lahore unterstützt werden.

Die Bevölkerung von Afghanistan beträgt nach einigen Angaben 8, nach andern 14 Millionen, und besteht nur etwa zur Hälfte aus Afghanen; die übrigen sind Belubschen, Tataren, Usbeken, Perser, Turkomanen, Araber, Hindus, Juden u. s. w. Die Afghanen (denen dieser Name von den Persern gegeben wird, während sie sich selbst Puschtaneh nennen, von den Hindus aber Patanen genannt werden) sind von ihren Nachbarn, den Hindus, völlig verschieden. Ihre Züge sind wild und stark markirt, ihre Gesichtsfarbe braungelb; Haupt- und Barthaar lassen sie lang wachsen; ihre Kleidung ist in hohem Grade kunstlos; Alles verräth, daß die Afghanen auf einer weit niedrigern Culturstufe als die Hindus stehen. Übrigens sind sie muthig und kriegerisch, ihre wilde Freiheit geht ihnen über Alles; sie lieben Nüchternheit und Gastfreundschaft, verachten aber Üppigkeit und Trägheit, was ihnen vor den schwachen und feigen Hindus einen großen Vorzug gibt.

Die Religion der Afghanen ist strenger Mohammedanismus, doch sind sie duldsam gegen Andersgläubige. Ihre zahlreichen Mollahs oder Priester bilden eine Körperschaft, in welche neue Mitglieder nach gewissen Studien und strenger Prüfung eintreten können. Die Häuptlinge der afghanischen Stämme sind nicht erblich, sondern werden aus der ältesten Familie eines jeden Stammes vom Könige, bisweilen auch vom Volke gewählt; wegen der großen Zahl von Bewerbern geht es bei einer solchen Wahl selten ohne Blutvergießen ab.

Die Rechtspflege, welche, so weit sie Criminalvergehen betrifft, von den Versammlungen der Stämme, den sogenannten Dschirgas, nach einem auf den Koran gegründeten einfachen Gesetzbuche gehandhabt wird, hat viel Eigenthümliches. In jenem Gesetzbuche ist als erster Grundsatz aufgestellt, daß alle Verbrechen nur als Beleidigungen gegen die Personen, welche darunter leiden, anzusehen sind; sich durch Privatrache Genugthuung für erlittenes Unrecht zu verschaffen, gilt für erlaubt und sogar für rühmlich, nur wenn dabei das Maß überschritten wird, tritt eine Strafe des Gesetzes ein.

An geistiger Regsamkeit und Thätigkeit fehlt es den Afghanen nicht; sie lieben Märchen und Geschichten, besonders die rohe Poesie ihrer Häuptlinge, welche die Kriegsthaten des Stammes preist, besitzen aber wenig Bücher, die über anderthalb Jahrhunderte alt sind;

der Mehrzahl nach sollen dieselben Nachahmungen und Übersetzungen persischer Schriftsteller sein. Ihre Sprache, Puschtu genannt, ist dem Persischen nahe verwandt. Da die Afghanen die Perser als Irrgläubige betrachten, so besuchen sie keine persischen Schulen, besitzen indeß selbst zahlreiche Schulen, wo ein nothdürftiger Unterricht ertheilt wird. Für edle Abkunft hegen sie große Verehrung und suchen einen Stolz darin, ihre Abstammung durch viele Generationen zu verfolgen, weshalb jeder Afghane das Verzeichniß seiner Ahnen sorgfältig aufbewahrt.

Für das Hirtenleben haben sie entschiedene Vorliebe; Handel und Handarbeit sind ihnen zuwider, und Die, welche sich damit beschäftigen, werden von ihnen verachtet. Einige Stämme wohnen in festen Häusern, andere, die ein Nomadenleben führen, in Zelten. Die Kleidung der untern Stände besteht aus eng anliegenden Röcken und weiten Mänteln aus Schaffellen oder grobem Wollenzeuch, die der Vornehmern aus Sammt, Seide und feinem Shawlstoff; die Frauen tragen Gewänder und Beinkleider von gleichen Stoffen. Zierathen aus Gold, Silber und Edelsteinen sind bei ihnen nicht selten. Ihre Nahrung ist einfach und besteht vorzüglich aus Pilau, d. h. Reis in Butter gekocht, und Hammelfleisch. Das Tabackrauchen ist bei ihnen ebenso üblich, als bei den Türken und Persern.

Suwarow.
(Beschluß aus Nr. 324.)

Die Uneinigkeit zwischen Suwarow, der für seine Waffenthaten in Italien mit dem Titel Fürst Italinski belohnt wurde, und den österreichischen Generalen hatte indeß zugenommen; Ersterer empfand eine große Antipathie gegen die letztern, gefiel sich darin, gegen ihre Vorurtheile zu verstoßen, machte sich über ihre pedantischen Gewohnheiten lustig und setzte ihnen die rauhe Einfachheit und die halbwilden Sitten eines alten Russen entgegen. Die Deutschen warfen ihm dagegen vor, er verstehe wenig von der Taktik, wolle Alles mit Gewalt durchsetzen und verschwende ohne Barmherzigkeit das Blut seiner Soldaten — Vorwürfe, die allerdings zum großen Theile gegründet waren. Suwarow führte über die schlechte Unterstützung der Östreicher Klage, zugleich nahm das russische Cabinet Anstoß an dem Befehle, den der Erzherzog Karl erhalten hatte, nach der Schweiz zu marschiren; Paul I. schrieb daher Suwarow vor, Italien und die Östreicher zu verlassen und mit den wenigen ihm gebliebenen Truppen dem General Korsakow entgegen nach der Schweiz zu marschiren. Aber dieser hatte den Feldmarschall nicht erwartet; von den Östreichern verlassen, war die Armee, zu welcher Suwarow stoßen sollte, von Masséna bei Zürich völlig geschlagen worden. Suwarow selbst, der über den St.-Gotthard in die Schweiz eingerückt war, stieß bei seinem Marsche durch dieselbe auf Hindernisse aller Art, die nur die beharrlichste Unerschrockenheit zu überwinden versuchen konnte; die Jahreszeit war streng, die Wege durch das Gebirge waren fast ungangbar geworden, an Lebensmitteln war Mangel und die siegreichen Truppen der Franzosen unter Molitor, Lecourbe und Gudin umschwärmten die Russen auf allen Seiten.

Jetzt entschloß sich Suwarow, die Östreicher sich selbst zu überlassen und seinem Souverain die schwachen Überreste der ihm anvertrauten Armee wieder zuzuführen. Aber der Rückzug über Lindau bot große Schwierigkeiten dar; die demoralisirten und entmuthigten Russen fingen an, auf die Stimme ihres Generals nicht mehr zu hören. Eines Tages weigerten sich die Grenadiere, welche die Avantgarde bildeten, von Müdigkeit überwältigt, weiter zu marschiren; sie standen im Angesichte steiler Anhöhen, die von einem bedeutenden französischen Corps vertheidigt wurden; man konnte zu ihnen nur durch einen Engpaß gelangen, wo die Russen bis auf den letzten Mann umzukommen fürchteten. Suwarow stellt sich ungestüm an die Spitze der Avantgarde, befiehlt zu marschiren und gibt selbst das Beispiel, aber die Grenadiere bleiben unbeweglich. „Ihr weigert euch also", rief er aus, „mir zu folgen, ihr wollt meine weißen Haare beschimpfen; das werde ich nicht überleben." Dies war eines seiner gewöhnlichen Auskunftsmittel; wenn er sonst in einer Schlacht eine Colonne weichen sah, stürzte er sich unter die Fliehenden und rief ihnen zu: „Ich werde sterben, ich kann den Verlust der Schlacht nicht überleben", und sogleich kehrten die Soldaten mit neuem Feuer in den Kampf zurück. Diesmal aber sprach Suwarow vergebens zu den meuterischen Russen. Sogleich befahl er kalt, einen Graben von einigen Fuß Länge zu machen und legte sich vor den erstaunten Soldaten hinein, ihnen zurufend: „Da ihr euch weigert, mir zu folgen, so bin ich nicht mehr euer General; ich bleibe hier. Dieser Graben wird mein Grab sein. Soldaten, bedeckt den Körper Desjenigen mit Erde, der euch so viele Male zum Siege führte." Bis zu Thränen gerührt, aber zugleich elektrisirt durch diese wenigen Worte, schwuren die Soldaten, ihn nie zu verlassen, und stürzten sich ihm nach in den schrecklichen Engpaß, wo zwar Viele von ihnen den Tod fanden, die Übrigen aber den Durchgang erzwangen und den Trümmern der Armee den Weg bahnten. Nach unerhörten Beschwerden und Anstrengungen kam Suwarow mit den unansehnlichen Überresten einer noch kurz vorher glänzenden und siegreichen Armee nach Deutschland, wo er sich in Oberschwaben mit den Trümmern des Korsakow'schen Heers vereinigte und in Böhmen Winterquartiere bezog.

Paul I. billigte das Benehmen des Feldmarschalls und sprach laut die Absicht aus, die Siege Suwarow's in Italien durch einen triumphirenden Einzug in Petersburg zu feiern, wo der Feldmarschall im kaiserlichen Palaste wohnen und ihm ein Denkmal errichtet werden sollte; aber plötzlich änderte er seine Gesinnung, und statt eines Triumphes wartete eine abermalige Ungnade auf den alten Krieger, der dem Kaiser mit so großer Ergebenheit gedient hatte. Nachdem Suwarow den Monat Januar des Jahres 1800 in Prag zugebracht hatte, wo sich sein Sohn mit einer Prinzessin von Kurland vermählte, dann durch eine Krankheit zu längerm Verweilen auf seinen Gütern in Lithauen genöthigt worden war, setzte er, nach dem ausdrücklichen Befehle des Kaisers, seine Reise nach Petersburg fort, fand aber statt der erwarteten und verdienten Ehrenbezeigungen einen Verbannungsbefehl vor. Insgeheim und bei Nacht kam er in der Hauptstadt an und begab sich zu seiner Nichte, die in einem vom Palaste entfernten Stadtviertel wohnte. Alle seine Versuche, zum Kaiser zu gelangen, waren vergeblich; sich zu entfernen genöthigt, zog sich der alte vom Gram gebeugte Krieger auf sein Landgut Pollendorff zurück, wo er nicht lange mehr lebte, da ihn eine Krankheit in wenig Tagen an den Rand des Grabes brachte. Jetzt bereute der Kaiser seine Ungerechtigkeit und Härte gegen einen Mann, der die russischen Waffen mit Ruhm bedeckt hatte, und schickte seine beiden ältesten Söhne, Alexander und Konstantin, zu ihm, von denen der Letzte

einen Theil der Gefahren des letzten Feldzugs mit dem Feldmarschall getheilt hatte. Die beiden Großfürsten brachten ihrem Vater die Nachricht, daß Suwarow dem Tode nahe sei; Paul schickte daher einen Offizier zu ihm und ließ ihm sagen, daß jede Gnade, um die er bitten würde, ihm gewährt werden sollte. Diesem zählte der sterbende Feldmarschall alle Wohlthaten und Ehrenbezeigungen her, die er von der Kaiserin Katharina erhalten hatte, und fügte dann hinzu: „Ich verdanke ihr mehr als das Leben, denn sie hat mir die Mittel gewährt, mich auszuzeichnen. Sagen Sie ihrem Sohne, daß ich sein kaiserliches Anerbieten annehme. Sehen Sie dieses Portrait Katharinens, nie hat es mich verlassen; die einzige Gnade, um die ich bitte, ist, daß es mit mir begraben werden und immer auf meinem Herzen ruhen möge." Diese Worte, deren Bitterkeit der Kaiser vielleicht nicht ganz empfand, waren die letzten, die der Marschall sprach; er verschied am 18. Mai 1800 in einem Alter von 70 Jahren. Sein Begräbniß wurde sehr feierlich begangen und 15,000 Mann Truppen folgten seiner Leiche.

Suwarow war an eine harte und strenge Lebensweise gewöhnt. Bei Tagesanbruch pflegte er aufzustehen und sich in freier Luft in Gegenwart seiner Soldaten den nackten Körper mit einigen Eimern kalten Wassers begießen zu lassen. Bei Tafel war er außerordentlich nüchtern und hinsichtlich seines Nachtlagers nicht im mindesten scrupulös; auch wo er ein Bette haben konnte, ließ er lieber ein paar Schütten Heu auf den Boden werfen, breitete seinen Mantel darüber und schlief darauf; diese Gewohnheit behielt er auch dann bei, als er den höchsten Gipfel des Glücks erstiegen hatte. Seine Uniform trug er nur bei feierlichen Gelegenheiten, wo es galt, daß in seiner Person der General der kaiserlichen Armee respectirt wurde; bei allen andern fand man ihn in einen gewöhnlichen Schafpelz gehüllt. Wenn er dagegen an Galatagen seine Feldmarschalluniform anlegte, so überlud er sich mit Schmuck, legte alle Ordensbänder, Diamantensterne und Decorationen jeder Art an und befestigte an seinem Hute eine diamantene Agraffe, die ihm Katharina gegeben hatte, deren Portrait er am Halse trug.

Suwarow besaß einen hohen Grad von Bildung und sprach mit Fertigkeit mehre Sprachen, konnte sich aber niemals zur Fertigung langer diplomatischer und politischer Aufsätze entschließen, weil, wie er sagte, die Feder einem Soldaten schlecht stehe. Am Hofe beschäftigte man sich sehr viel mit dem originellen Charakter Suwarow's, dessen Lebensweise, rauhe Sitten und Anzug den Hofleuten, bei denen er nicht beliebt war, als Gegenstand des Gespöttes dienten. Aber Suwarow wollte dies eben; begierig nach Reichthum und Ehre, glaubte er sich einen neuen Weg bahnen zu müssen, um die Gunst seiner Souverainin zu erlangen, und gefiel Katharinen, in deren Gegenwart er seine Sonderbarkeiten absichtlich übertrieb. Die Soldaten beteten einen Feldherrn an, der alle ihre Beschwerden theilte und ohne allen Prunk, ebenso einfach als sie, mitten unter ihnen lebte. Da er die Macht der Religion und selbst des Aberglaubens über den russischen Soldaten kannte, so hielt er die Offiziere an, Abends mit ihren Truppen regelmäßig nach dem Zapfenstreich Gebet zu halten; nie begann er ein Gefecht, ohne sich mehrmals zu bekreuzen und ein kleines Bildniß der heiligen Jungfrau oder des heiligen Nicolaus zu küssen, das er immer bei sich trug, und nie ermangelte er, am Tage vor einer Schlacht in den Tagesbefehl zu setzen, daß Alle, welche am folgenden Tage umkämen, in den Himmel kommen würden.

*

Seine ganze Taktik bestand nach seiner eigenen Äußerung in den Worten: Vorwärts und schlage! Ebenso thätig als verwegen, besaß er im höchsten Grade die Kunst, die Begeisterung des Soldaten rege zu machen und ihn an sein Geschick zu ketten. Mit Recht verlangte er im Dienste strenge Mannszucht und genauen und unverbrüchlichen Gehorsam gegen den Befehlshaber. Er stellte sein eigenes Beispiel zur Nachahmung auf, indem er sich öffentlich von einem seiner Adjutanten irgend einen Befehl geben ließ, sich anfangs darüber erstaunt stellte und endlich fragte, von wem dieser Befehl käme. Sobald nun der Adjutant antwortete: von dem Feldmarschall Suwarow selbst, sagte er mit lauter Stimme: „Wenn er es befohlen hat, so muß man gehorchen", und that sogleich, was ihm vorgeschrieben worden war. Als er einmal einen Soldaten wegen eines Dienstfehlers prügelte, rief ihm ein Adjutant zu: „Der Feldmarschall Suwarow hat befohlen, daß man sich nicht von seinem Zorn hinreißen lassen soll", worauf Suwarow augenblicklich abließ. Zwar war diese Art, seine Untergebenen daran zu erinnern, daß sie ihm Gehorsam schuldig seien, mehr bizarr als sinnreich, aber Suwarow bemaß seine Mittel nach den Verstandeskräften Derjenigen, auf die er wirken wollte; seine Soldaten waren halbe Barbaren, mit denen er sich wohlweislich hütete, von moralischen Pflichten, von Ruhm und von Vaterlandsliebe zu sprechen.

Sein ungeheures Vermögen hatte Suwarow nicht durch Plünderung erworben; Alles, was er besaß, hatte ihm Katharina geschenkt. Bei Ismail machten die Russen eine ansehnliche Beute; allein Suwarow nahm für seinen Theil nur ein Pferd an. An seinen Diamanten hing er sehr und führte sie unter der Obhut eines Kosacken überall mit sich, wol nur darum, weil sie von der Kaiserin kamen, gegen die er eine abgöttische Verehrung hegte. Seine Gattin, mit der er sehr jung verheirathet worden war, liebte er zärtlich; vor Allem übte aber sein Sohn, den er frühzeitig für die kriegerische Laufbahn bestimmt hatte, einen großen Einfluß auf ihn aus, wiewol er ihn auf seinen Feldzügen niemals in seiner Nähe haben wollte. Dieser hoffnungsvolle Sohn, der als Militair ebenso tapfer als menschlich war, war schon zum Generalmajor gestiegen und hatte sich, wie erwähnt, im Jahre 1800 mit einer jungen und schönen Prinzessin von Kurland vermählt, kam aber im Jahre 1811 auf der Reise von Bucharest nach Jassy auf eine klägliche Weise ums Leben, als er über den angeschwollenen Fluß Rimnik setzen wollte, an dessen Ufern sein Vater einen seiner berühmtesten Siege erfochten hatte, dem er den Beinamen Rimnikski verdankte.

Der Kaiser Alexander machte sogleich nach seiner Thronbesteigung die Ungerechtigkeit seines Vaters gegen Suwarow wieder gut; er ließ ihm 1801 in Petersburg eine kolossale Bildsäule errichten, deren Einweihung alle ehemaligen Waffengefährten des Feldmarschalls beiwohnen mußten. Der Großfürst Konstantin, dessen Natur mit der Suwarow's einige Ähnlichkeit hatte, hielt vor den versammelten Truppen eine Lobrede auf den alten Krieger und alle Armeecorps mußten vor der Statue vorbeidefiliren und ihr die militairischen Ehren erweisen, die dem Feldmarschall bei seinen Lebzeiten zu Theil geworden waren.

Newcastle am Tyne.

Newcastle am Tyne, die Hauptstadt der nördlichsten englischen Grafschaft Northumberland, 60 geographische Meilen nördlich von London, ist im Laufe des jetzigen Jahrhunderts eine der schönsten Städte Englands geworden und kann, was geschmackvolle Bauart betrifft, mit der Hauptstadt selbst in die Schranken treten. Sie liegt an und auf einer Anhöhe auf dem linken oder nördlichen Ufer des Tynestroms, am Ende des Pictenwalls oder der Pictenmauer, welche die Römer unweit der Grenze zwischen England und Schottland quer durch die Insel zur Abwehr der Einfälle der Picten und Scoten erbaut hatten. Schon die Römer, denen die militairische Wichtigkeit der Lage nicht entging, hatten hier einen Ort gegründet, der unter der sächsischen Herrschaft einer der Hauptsitze der Könige von Northumberland wurde, welche mehre Klöster hier anlegten, von denen er den Namen Monkchester erhielt. Als die Dänen in England einfielen, siedelten sich viele von ihnen hier an, aber im Kriege gegen Wilhelm den Eroberer, dem die Dänen hartnäckigen Widerstand leisteten, wurde Monkchester dem Erdboden gleich gemacht. Wilhelm's Sohn, Robert, erbaute hier am Tyne ein neues Castell, von welchem die Stadt ihren jetzigen Namen hat; ein zu demselben gehöriger fester Thurm rührt noch aus der Zeit der Römer her, an welche außerdem mehre Alterthümer in der Stadt und Umgegend erinnern. Der Haupterwerb der Stadt, dem sie ihren Wohlstand und ihre Berühmtheit zu verdanken hat, besteht in den nahe gelegenen, anscheinend unerschöpflichen Steinkohlengruben, die von etwa 7000 Bergleuten bearbeitet werden. Schon Heinrich III. gab den Bürgern von Newcastle das Privilegium, die Kohlenminen in ihrer Nähe zu bearbeiten; 1325 wurden bereits Steinkohlen von Newcastle nach Frankreich ausgeführt. Jetzt werden die Steinkohlen von hier jährlich durch etwa 7000 Schiffe nach den meisten Ländern von Europa, namentlich nach Frankreich, Holland, Portugal und den nordischen Reichen, ja sogar nach Westindien verführt; die Menge der von hier verschifften Steinkohlen betrug im Jahre 1837 über 57 Millionen Centner, wovon fast drei Viertheile nach London. Die Stadt selbst besitzt 400 Steinkohlenschiffe und außerdem 100 Kauffahrteischiffe, welche Walfischfang und Kornhandel treiben, insbesondere aber das englische Steingut, das von den in der Umgegend wohnenden Töpfern verfertigt wird, ausführen. Die Kohlenbarken, deren Führer mit dem Namen Keelmen bezeichnet werden, werden mit Rudern von etwa 30 Fuß Länge gelenkt und können etwa 400 Centner fassen.

Unter den ältern Gebäuden von Newcastle ist die Nicolauskirche am bemerkenswerthesten. Sie wurde zuerst 1091 erbaut und 1216 durch Feuer zerstört; die jetzige Kirche wurde erst 1359 vollendet; der Thurm gehört zu den merkwürdigsten Schöpfungen der gothischen Architektur. Außerdem verdienen noch folgende Gebäude Erwähnung: die Börse und das Rathhaus im ältern Stadttheile; das Gerichtshaus, wo die Gerichtssitzungen für die Grafschaft gehalten werden; das Gebäude der trefflich eingerichteten literarischen und philosophischen Gesellschaft, welches außer einer Bibliothek von 14,000 Bänden ein Lesezimmer, das 500 Personen faßt, und einen reichen physikalischen Apparat enthält, und das Gebäude der naturhistorischen Gesellschaft, das naturhistorische und archäologische Sammlungen enthält, in die das Publicum unentgeltlichen Zutritt hat.

Besonders aber sind es die neuen Stadttheile, welche der Stadt zur Zierde dienen, namentlich die Grey-Straße, welche in nur drei Jahren aufgeführt worden ist, lauter steinerne, palastähnliche Gebäude enthält und es kühn mit den schönsten Straße Londons aufnehmen kann. Am einen Ende der Straße steht die kolossale Bildsäule des Grafen Grey, des berühmten Staatsmannes, nach welchem die Straße benannt worden ist; sie ist 14 Fuß hoch und steht auf einer Säule von 135 Fuß Höhe, in deren Innerm eine Treppe zu einem Balcon am Fuße der Statue führt, wo sich eine treffliche Ansicht der Stadt und ihrer Umgegend darbietet. Die neue Centralbörse ist ein ebenso gigantisches als prachtvolles, mit einer korinthischen Säulenhalle verziertes Gebäude, dessen Hauptsaal ein Halbkreis von 150 Fuß Durchmesser ist; das Licht fällt von oben durch ein Fenster von riesenmäßiger Ausdehnung herein. Das Merkwürdigste aber ist der Markt, der vielleicht auf der ganzen Erde seines Gleichen sucht. Fleisch-, Geflügel- und Gemüsemarkt befinden sich unter einem Dache und nehmen einen Raum von etwa zwei Acres ein. Der Fleischmarkt besteht aus vier geräumigen Gängen, von denen jeder 338 Fuß lang, 20 Fuß breit und 27 Fuß hoch ist und durch

Grey-Straße in Newcastle.

Fenster in der Decke Licht erhält; der Gemüsemarkt besteht aus einer Halle von 318 Fuß Länge und 57 Fuß Breite, deren Dach von 30 eisernen Pfeilern getragen wird; in der Mitte befinden sich zwei elegante Springbrunnen nach dem Muster des berühmten im Palast Borghese in Rom. Beide Märkte werden Abends durch eine große Zahl von Gaslaternen erleuchtet.

Die Einwohnerzahl hat sich seit 30 Jahren verdoppelt; sie betrug nach der letzten Zählung im Jahre 1831 55,922, ist aber seitdem bereits wieder beträchtlich gestiegen; dazu kommen die Bewohner der zur Grafschaft Durham gehörigen Vorstadt Gateshead, deren Zahl 1831 15,177 betrug. Gateshead liegt am andern Ufer des Tyne und ist mit Newcastle durch eine steinerne, mit Häusern besetzte Brücke verbunden. Der schöne Fluß Tyne wird erst bei dem Dorfe Newburn, etwa eine geographische Meile westlich von Newcastle, schiffbar, trägt bei Newcastle schon Schiffe von 400

Tonnen, bildet weiter stromabwärts bei der Stadt Shields einen sehr bequemen und geräumigen Hafen, der an 2000 Schiffe fassen kann, und erreicht bei Tynemouth das Meer. Seine Ufer bieten von Newburn bis Nord-Shields auf eine Länge von vier Meilen ein sehr belebtes und anziehendes Gemälde dar, da sie eine ununterbrochene Folge von industriellen Anstalten enthalten, als da sind Kron- und Tafelglasfabriken, Pech-, Theer-, Bleiweiß-, Vitriol- und Farbefabriken, Blei- und Eisenwerke, Gießereien und mechanische Werkstätten, unter andern die von Stephenson, wo ein beträchtlicher Theil der im In- und Auslande in Gebrauch befindlichen Dampfwagen verfertigt wird. Den hervorstechendsten Zug der Landschaft bilden die hohen Essen der chemischen Anstalten, welche 150 — 300 Fuß hoch sind und aus denen unaufhörlich ungeheure Rauchmassen hervorquellen.

In den ausgedehnten Kohlenwerken der nächsten Umgegend, von denen die Stadt seit uralten Zeiten den Beinamen „Kohlenloch des Nordens" erhalten hat, ist die Grube bei Monk-Wearmouth als die tiefste in der Welt zu bemerken; sie ist 1740 englische Fuß, d. h. mehr als viermal so tief, als der höchste Thurm hoch ist.

Die Gegend von Newcastle kann als die Heimat der Eisenbahnen betrachtet werden; dieselben sind hier seit fast 200 Jahren in Gebrauch, um Kohlen von den Kohlenwerken bis zum Flusse Tyne, wo sie mittels besonderer mechanischer Vorrichtungen in Schiffe verladen werden, zu transportiren. Auch von Newcastle bis zum Hafen Nord-Shields führt eine Eisenbahn, die merkwürdigste ist aber die 1838 vollendete von Newcastle nach Carlisle, unweit der englischen Westküste, welche England von Osten nach Westen durchschneidet, die Nordsee mit der irländischen See verbindet und 13 geographische Meilen lang ist. Sie führt durch das schöne Thal des Tyne und bietet dem Reisenden in ununterbrochener Reihenfolge eine größere Fülle malerischer Aussichten dar, als irgend eine andere englische Eisenbahn, wird jedoch hinsichtlich ihres Ertrags schwerlich den davon gehegten Erwartungen entsprechen, da der Hafen von Carlisle klein, gefährlich und unbequem, überdies noch drei Meilen von der Stadt entfernt ist.

Vom Gebrauche des Asphalts oder Erdharzes. *)

Daß der Gebrauch des Erdharzes zu architektonischen Zwecken bereits mehre tausend Jahre alt ist, ergibt sich aus den Zeugnissen vieler alten Schriften, zu denen selbst die Bibel gehört. Mehre Schriftsteller erwähnen die Anwendung von Erdharz bei dem Baue der Mauern der Stadt Babylon; auch Vitruv, dessen verdienstvolles Werk über die Baukunst das einzige über diesen Gegenstand ist, das aus dem Alterthume zu uns gekommen ist, spielt darauf an und sagt geradezu, daß Erdharz jedem andern Mörtel vorzuziehen, nur leider nicht überall zu haben sei. Dieses Urtheil ist um so gewichtiger und bemerkenswerther, da der Mörtel der alten Römer den jetzt üblichen beiweitem übertraf und fast dem Marmor an Härte gleich kommt. Im Orient ist besonders der Bergtheer häufig, eine sehr zähe, verdickte Art Erdöl, die bei sehr geringer Wärme flüssig wird und ihren Namen von ihrer Ähnlichkeit mit wirklichem Theer hat. Als Mörtel wurde dieser Stoff im Alterthume sehr häufig gebraucht und mag an alten Gebäuden durch die Einwirkung der Luft verglast worden

*) Vgl. Pfennig-Magazin Nr. 276.

sein. Sowol dieser Stoff als der eigentliche Asphalt (Erdharz oder Erdpech) und andere bituminöse Stoffe sind jedoch seit etwa 2000 Jahren außer Gebrauch gekommen, wahrscheinlich darum, weil sie in den civilisirtern Ländern ziemlich selten sind; nur in Ländern, die daran reich waren, wurden sie hin und wieder gebraucht, z. B. als Mörtel bei der alten Londonbrücke, und bei den Arabern zum Kalfatern der Schiffe. Der Arzt d'Eirinis, ein geborener Grieche, der 1712 auf einer Reise durch das Fürstenthum Neuchatel in dem Thale Val de Travers ein beträchtliches Lager von Asphaltfelsen entdeckte, scheint der Erste gewesen zu sein, der die Aufmerksamkeit durch verschiedene Schriften wieder darauf hinlenkte. Er prüfte durch Versuche den Werth und die nähern Eigenschaften des von ihm gefundenen Asphalts, den er als eine mineralische, gallertartige, entzündliche Substanz beschreibt, welche zäher und klebriger als Pech, aber nicht porös, sondern sehr compact sei, und bemerkt, daß diese Substanz sich besser als jede andere zum Mörtel beim Bauen und zum Bindemittel verschiedenartiger Körper eigne, auch als Firniß das Gebälk gegen trockene Fäulniß, Wurmfraß und Verwitterung bewahre. Im Jahre 1740 wurden zwei französische Schiffe vor ihrem Abgange nach Ostindien mit bituminösem Kitt kalfatert; bei ihrer Rückkehr fand man sie weit weniger von Würmern angefressen als die andern Schiffe. Auch zu andern Zwecken wandte man damals in Frankreich diesen bituminösen Kitt mit Vortheil an.

Der Hauptgrund, warum das Erdharz nicht schon damals allgemeine Anwendung fand, lag unstreitig in der Schwierigkeit, es in hinreichender Quantität zu gewinnen. Man fand es zwar in mehren Theilen Frankreichs und der Schweiz vor, aber in so kleinen Quantitäten und so eigenthümlichen Verbindungen, daß die Gewinnung für allgemeine Zwecke zu beschwerlich und kostspielig war. Die vorzüglichsten Fundörter desselben waren Lobsann und Pechelbronn bei Weißenburg im französischen Departement Niederrhein, Piriment bei Seyssel im französischen Departement Aix und das erwähnte Val de Travers im Canton Neufchatel in der Schweiz; aber an keinem dieser Örter wurde es hinlänglich rein oder in hinlänglich großen Quantitäten gefunden, um zur allgemeinen Anwendung desselben aufzufodern. Erst seit Entdeckung der Minen bei Bastenne und Gaujac im französischen Departement Landes wurden damit Operationen nach einem größern Maßstabe vorgenommen. Der Boden dieser am Fuße der Pyrenäen gelegenen Minen besteht aus losem Sande, durch welchen das Erdharz in fast reinem Zustande und in sehr großer Menge ausschwitzt. Es besitzt in weit höherm Grade als alle andern bituminösen Stoffe die Fähigkeit, sich mit kalkartigen und andern Stoffen eng zu verbinden. Seine schätzbarsten Eigenschaften bilden Festigkeit und Elasticität; wegen der letztern und seiner Undurchdringlichkeit für Feuchtigkeit ist es dauerhafter als Metall und Stein.

Zu welcher Zeit die Minen von Bastenne und Gaujac entdeckt wurden, ist nicht bekannt, aber schon seit mehr als 30 Jahren wird der Asphalt in Bordeaux und dessen Nachbarschaft in Verbindung mit Sand und Kalk zur Bedachung von Häusern und zum Pflastern von Straßen und Hausfluren gebraucht. Zuerst wurde er nur mit Sand verbunden bei der Ausbesserung von Landstraßen bei Bayonne, und da er hierbei tauglich befunden wurde, auch von Maurern und Architekten gebraucht, die ihm den Vorzug vor Stein und Schiefer gaben; jetzt sind über 500 Häuser in Bordeaux damit gedeckt. Man fand bald, daß er sich ebenso gut zum

Pflastern innerhalb der Häuser als außerhalb der= selben eigne; selbst in Wohnzimmern und Sälen stellte man den Fußboden von Asphalt her und gab ihm durch verschiedenartig gefärbte Muster ein parquet= artiges, der Mosaik ähnliches Ansehen. Als Material für Fußböden empfahl er sich durch Wasserdichtheit, Abhaltung von Ratten und Mäusen und verhältniß= mäßige Wohlfeilheit; bei der Anwendung zum Pfla= stern der Straßen geben ihm außer den vorhin aufge= zählten Eigenschaften seine Elasticität und sein gleich= förmiges Aussehen in jeder Beziehung den Vorzug vor dem Stein. Mit völlig befriedigendem Erfolg wurde er in Bayonne auf den Landungsplätzen und Quais angewandt, auch wurden viele Brücken und Wege da= mit gepflastert, wo sich überall bis jetzt unverändert erhalten hat. Vor einigen Jahren kam der Asphalt in Paris zuerst zur Anwendung, wo 1835 erst Ställe, Thorwege und bedeckte Durchgänge damit belegt, später der Fußweg des Pont=royal damit gepflastert wurde, und seine Vorzüge sind jetzt in Frankreich allgemein an= erkannt, auch ist der Gebrauch desselben sowol in Paris als den Provinzialstädten von der Regierung befor= dert worden, die mit mehren Asphaltcompagnien Con= tracte von sehr großer Ausdehnung abgeschlossen hat. Asphalt ist, um nur einige Beispiele zu nennen, in sehr großen Quantitäten bei den Festungswerken von Bayonne, Vincennes, Douay, Grenoble, Besançon, Lyon, Lille u. s. w. und den Waarenniederlagen in Bordeaux und Douay, sowie bei den Brücken, die über die Eisenbahnen von Paris nach St.=Germain und St.=Cloud führen, gebraucht worden; mehre Brücken in Paris, Theile des Platzes der Eintracht, der Rue de Rivoli und der Boulevards sind damit gepflastert; auch zur Bedachung ist er dort vielfach angewandt und sehr zweckmäßig befunden worden. In der Schweiz ist er sehr allgemein in Gebrauch gekommen, namentlich in Genf; in Belgien sind mehre Gebäude im Arsenal von Antwerpen, ferner die Casernen in Lüttich, Brüssel und Tirlemont mit Asphalt gedeckt. Auch in Deutschland ist in mehren Städten, z. B. in Berlin und Leipzig, wo sich eine Asphaltcompagnie auf Actien gebildet hat, mit der Benutzung des Asphalts ein Anfang gemacht worden. *)

Man hat viele Versuche gemacht, um aus Stein= kohlen und gewöhnlichem vegetabilischen Theer einen dem natürlichen Asphalt ähnlichen Stoff zu bereiten, aber noch ist man nicht im Stande gewesen, einen künstlichen Asphalt zu erhalten, der die erforderliche Dauerhaftigkeit besäße und fähig wäre, den gewöhnli= chen Wechseln der Temperatur in unserm Klima hin= reichend zu widerstehen. Alle Zusammensetzungen dieser Art zeigten sich in der Kälte bröcklich und unelastisch, bei einem mäßigen Wärmegrade hingegen, selbst bei et= was größerer Sonnenhitze erweichten sie, was sich na= mentlich bei Trottoirs zeigte; zudem verbreitet der künst= liche Asphalt beim Schmelzen einen auffallend unange= nehmen Geruch. Der von Asphalt oder mineralischem Theer bereitete Mörtel hingegen hat in flüssigem Zu= stande keinen unangenehmen Geruch und ist so ausneh= mend zähe und elastisch, daß er der Einwirkung von weit höhern Kälte= und Hitzegraden, als sie in unserm Klima je vorkommen, widerstehen kann.

Die Festigkeit des Asphalts geht deutlich aus zwei neuerlich in England darüber angestellten, sehr einfachen,

aber entscheidenden Versuchen hervor. Eine Asphalt= platte, einen Zoll dick, wurde zwischen zwei gußeiserne Platten gelegt, von denen jede einen halben Zoll dick war, und einer hydraulischen Pressung unterworfen, die bis auf 160 Tonnen oder 3200 Centner gesteigert wurde. Eine der Eisenplatten brach hierbei, während die Asphaltplatte nicht nur keinen Bruch, sondern nicht einmal die mindeste Veränderung zeigte. Der zweite Versuch bestand darin, daß man zwei Asphaltblöcke, wie sie von einer Asphaltcompagnie in London zum Pfla= stern benutzt worden, durch Asphaltmörtel verband und an beiden Enden mit schweren Gewichten beschwerte. Dieser Versuch wurde mehrmals angestellt, und stets zerbrach der eine der beiden Blöcke in der Mitte in seiner ganzen Ausdehnung, während die Verbindungs= stelle völlig unbeschädigt blieb.

Bei seiner Anwendung zum Pflastern gewährt der Asphalt darum große Vortheile, weil er eine glatte Ober= fläche darbietet, weil er keine Zwischenräume hat, durch welche der Regen eindringen kann, wie dies bei den Quadersteinen und übrigen zum Pflastern dienenden Materialien der Fall ist, weil er eine dem Fuße ange= nehme Elasticität besitzt und endlich weil er die Wärme weit schlechter leitet als Stein oder gar Metall, sodaß er den Fuß nicht, wie diese Stoffe, erkältet oder erwärmt, je nachdem er der Kälte oder Hitze ausgesetzt ist. Eine Erneuerung be= darf er erst bei wirklicher Abnutzung, dann kann aber der Überrest eingeschmolzen und aufs neue verwandt werden. Dieselben Vorzüge empfehlen ihn zum Dachdecken, in welcher Hinsicht er bei allen gewöhnlichen Wohngebäu= den die Stelle von Blei, Zink, Schiefer und Ziegeln vertreten kann. Bei öffentlichen Gebäuden würde es sowol der Dauerhaftigkeit wegen, als auch in ökonomi= scher Hinsicht zweckmäßig sein, unter dem Schiefer oder dem sonstigen Material, aus welchem das Dach besteht, eine dünne Schicht von Asphalt anzubringen. Die Er= sparniß, welche der Asphalt bei seinem Gebrauche als Bedachungsmaterial gewährt, ist sehr bedeutend, denn da er keine Feuchtigkeit hindurchläßt und durch dieselbe nicht leidet, so kann er beinahe ganz horizontal gelegt werden und die Anwendung von Metallröhren zur Ab= leitung des Wassers wird größtentheils unnöthig. Auch durch Leichtigkeit empfehlen sich die Asphaltbelege, da eine Dicke von einem halben Zoll für Dächer und Fußboden hinreicht. Die Besorgniß, daß diese Dächer feuergefährlich seien, ist völlig ungegründet; selbst ein starkes Feuer, das auf einem Asphaltbeleg angezündet wird, erweicht die Masse erst nach längerer Zeit, bringt sie aber nicht zum Fließen und setzt sie noch viel weni= ger in Brand.

Lange hat man bezweifelt, ob der Asphalt in leb= haften Straßen, wo eine starke Wagenpassage stattfindet, zum Pflastern benutzt werden kann. Die in London, Paris und andern großen Städten angestellten Versuche haben auch über diese Frage vollständigen Aufschluß ge= geben, wiewol man erst nach längern Bemühungen das geeignete Verfahren auffand. Das gewöhnliche Stra= ßenpflaster hat den Nachtheil, daß der Regen zwischen den Steinen eindringt, die Unterlage beschädigt und da= durch eine allmälige Störung der Gleichförmigkeit der Oberfläche herbeiführt. Dieser Übelstand kann wenig= stens großentheils vermieden werden, wenn man die ge= wöhnlichen Pflastersteine in erhitztem Zustande durch Asphaltmörtel verbindet; eine noch bessere Straße geben aber künstliche Pflastersteine aus kleinen Granitstücken, die durch Asphalt zu einer Masse verbunden und in For= men gegossen sind. Diese Blöcke werden auf dieselbe Weise wie gewöhnliche Pflastersteine gelegt, mit der Aus=

---

*) Die leipziger Asphaltcompagnie liefert den sächsischen Quadratfuß gewöhnlichen, ½ Zoll dicken Asphaltbeleges zu Fuß= böden in Niederlagen, Küchen, Waschhäusern u. s. w., zu Trottoirs und Dachbedeckungen durchschnittlich für 3½ Gr. preuß. Courant.

nahme, daß sie durch Asphaltmörtel verbunden werden. Das so gebildete Pflaster dürfte von allen bisher angewandten Pflasterungsarten die dauerhafteste sein; sie gestattet den Pferden ein festes Auftreten, ist aber dennoch glatt genug, um ihnen durch die Verminderung der Reibung das Ziehen zu erleichtern, und ist fast ganz frei von den mit dem gewöhnlichen Steinpflaster verbundenen Übelständen des Staubes, Straßenkoths und betäubenden Geräusches. Ein solcher Weg leidet durch die Einwirkung des Regens, welcher das gewöhnliche Pflaster unterminirt, nicht im mindesten, wird durch schweren Druck immer fester und bedarf, wenn er nur anfangs gehörig gelegt worden ist, in einem sehr langen Zeitraume keiner Ausbesserung.

Außer den angeführten Benutzungsarten des Asphalts kann er noch zu mehren andern Zwecken dienen, zu wasserdichten Überzügen für Tuch, Leinwand und alle andern Gewebe, zu Firnissen für Gemälde u. f. w., zu Anstrichen von Eisenarbeiten, die dadurch gegen das Rosten oder die Einwirkung der Luft und Feuchtigkeit geschützt werden, selbst zu medicinischen Zwecken. Auch seine Anwendung als Feuerungsmaterial ist kürzlich in Vorschlag gekommen. Daß sich Asphalt in großer Menge auf dem todten Meere findet, ist schon in Nr. 276 erwähnt worden; ein zweiter Landsee, der wegen derselben Eigenschaft merkwürdig ist und eine Meile im Umfange hat, findet sich auf der den Engländern gehörigen westindischen Insel Trinidad. Auf einem Dampfschiffe hat man den Versuch gemacht, das auf diesem See, dem sogenannten Pechsee, gefundene Erdharz, mit einer gleich großen Quantität von Kohlen vermischt, zur Feuerung zu benutzen. Hierbei ergab es sich, daß sich dieser Stoff allerdings dazu benutzen läßt; das Erdharz gab eine glänzende Flamme und große Hitze, wobei mit großer Schnelligkeit Dampf erzeugt wurde; weil es aber flüssig wird und durch die Stäbe des Rostes fließt, so würde seine Anwendung eine Änderung in der Einrichtung des Heizraumes nöthig machen. Sollte sich diese Anwendung des bisher auf Trinidad gar nicht verwertheten Asphalts vollständig bewähren, so würde der Pechsee dieser Insel, seiner Ausdehnung und Tiefe nach zu schließen, eine ganze Flotte von Dampfschiffen vielleicht auf Jahrhunderte hinaus mit Feuerung versehen können.

Das Wasserglas.

Vor mehren Jahren hat Professor Fuchs in München eine Verbindung von Kieselerde und Kali entdeckt, welche zwischen dem gewöhnlichen Glase, bei welchem die Kieselerde vorherrscht, und der Kieselfeuchtigkeit oder dem im Wasser auflöslichen Glase, bei welchem das Kali vorherrscht, mitten inne steht. Diese Verbindung, welche ihrer technischen Anwendung wegen von Wichtigkeit ist, hat von ihrem Erfinder den Namen Wasserglas erhalten und entsteht, wenn man 10 Theile kohlensaures Kali, 15 Theile feingepulverten Quarz und 1 Theil Kohlenpulver in einem Tiegel sechs Stunden lang schmilzt. Man erhält dann ein graues Glas, das an der Luft nicht zerfließt, sondern nur durch Anziehen von Wasser aus der Luft matt und rissig wird. Dieses interessante Product wird also im Wesentlichen aus den Bestandtheilen des gewöhnlichen Glases dargestellt, erscheint jedoch durch besondere Mischungs- und Bereitungsart nicht in der festen und spröden Form desselben, sondern gallertartig dickflüssig und erlangt hierdurch die vortheilhafte Eigenschaft, in erwärmten Zustande mit Was-

ser vermischt, mittels eines Pinsels auf verschiedene Gegenstände aufgetragen, auf diesen, schnell trocknend, einen glasartigen Firniß zu bilden, der durch Wasser nicht wieder weggewaschen werden kann und die angestrichenen Gegenstände sowol gegen die Einwirkung des letztern als gegen die des Feuers schützt.

Wenn aber ungeachtet dieser höchst schätzenswerthen Eigenschaften das Wasserglas bisher in den Künsten und Gewerben noch nicht jene zahlreichen Anwendungen fand, zu denen es so geeignet ist, so mag die Hauptursache darin liegen, daß dessen Darstellung im Großen nicht ohne Schwierigkeit ist, Geschicklichkeit und Sorgfalt in der Bereitung erfodert, wenn es für Jedermanns Gebrauch leicht geeignet sein soll, daher bis jetzt nur hier und da zu eigenen Versuchen, nirgend aber im Großen als Handelsartikel erzeugt wurde. Erst zu Anfange dieses Jahres hat man in Böhmen angefangen, es fabrikmäßig zu erzeugen. Unter den Verwendungsarten dieses Products steht oben an die feuersichernde Anwendung auf Holz, Gewebe, Geflechte und andere leicht entzündbare Gegenstände, welche, mit Wasserglas angestrichen, an der Feuerflamme nicht fangen, und höchstens wenn sie demselben bei großem Hitzegrad länger ausgesetzt sind, nach und nach, ohne zu brennen, verkohlen. Wie sehr hierdurch die Feuergefährlichkeit bei Theatern, Fabriken und andern Gebäuden vermindert werden kann, ist einleuchtend. Im münchener Theater sind alle feuerfangenden Bestandtheile, Holzwerk, Decorationen u. f. w., mit Wasserglas angestrichen. Damit die mit Wasserglas bestrichenen Zeuche sich zusammenrollen lassen, ohne daß das Glas abspringt, wird der Wasserglasauflösung noch ein anderer Körper beigemischt, wozu sich am besten das Bleioryd eignet. Wie gegen Feuer, werden die erwähnten Gegenstände durch diesen Anstrich auch gegen Durchdringen des Wassers, gegen Witterungseinflüsse, Moder, Schwamm und Wurmfraß geschützt; er gibt allen Gegenständen einen glasartigen Überzug, mit welchem versehen sie daher auch leichter durch Abwaschen gereinigt werden können. Den verschiedenen Thongeschirren ertheilt das Wasserglas, auf geeignete Weise angewendet, eine bleifreie Glasur; auch werden die damit angestrichenen Metallgegenstände vor der Orydation oder dem Rosten geschützt. Mit Mineralfarben, für Decorations-, Zimmer- und Häusermalerei, versetzt, hat es das Ansehen eines Ölanstrichs, widersteht besser als jeder Firniß der Einwirkung von Luft und Wetter und kann durch Abwaschen mit kaltem Wasser sehr leicht von Staub und Schmuz befreit werden, ist also zum Anstreichen für Gebäude viel geeigneter als der hierzu versuchte Ölfirniß. Die sonst so empfehlenswerthen Pisègebäude können durch dessen Anwendung von dem einzigen Mangel, den sie bisher hatten, befreit, nämlich wasserdicht gemacht werden; mit ebenso viel Nutzen dürfte das Wasserglas aber auch zum Ersatze des Theers bei der Dorn'schen Lehmbedachung, dann zum Glasiren der Ziegel, ferner zum Wasserdichtmachen des gewöhnlichen Mörtels und zur Vermehrung seiner Haltbarkeit verwendet werden. Besonders gute Dienste leistet dasselbe als Kittmittel in verschiedenen Gewerben für Stein, Glas, gebrannten Thon, dann als Klebemittel für die Befestigung elastischer Stoffe auf glatte Flächen von Glas, Metall und dergl.; auch als Firnißüberzug für Landkarten, Zeichnungen und gewisse Arten von Möbeln wird das Wasserglas eine vortheilhafte Anwendung gestatten.

Verantwortlicher Herausgeber Friedrich Brockhaus. — Druck und Verlag von F. A. Brockhaus in Leipzig.

Das Pfennig-Magazin

für
Verbreitung gemeinnütziger Kenntnisse.

326.]　　　Erscheint jeden Sonnabend.　　　[Juni 29, **1839**.

Middleton.

Sir Hugh Middleton hat sich durch Anlegung einer Wasserleitung um die Stadt London ein großes Verdienst erworben. Schon vor mehr als 200 Jahren, unter der Regierung Elisabeth's und Jakob's I., fühlten die Bewohner Londons, wiewol die Stadt nicht weniger als 16 gewöhnliche Röhrenleitungen hatte, einen empfindlichen Mangel an Trinkwasser. Der londoner Bürger und Goldschmied Middleton, der sich durch Bergwerksunternehmungen ein ansehnliches Vermögen erworben hatte, erbot sich zur Anlegung einer neuen Wasserleitung oder eines sogenannten neuen Flusses auf seine Kosten, und begann den Bau im Jahre 1608; vier Jahre nachher wurde er vollendet. Für

seine Zeit war es ein großes Werk, dessen Schwierigkeiten man jetzt, wo die Mechanik so außerordentliche Fortschritte gemacht hat, gar nicht nach Verdienst zu würdigen im Stande ist. Die Wasserleitung führt das vereinigte Wasser zweier Quellen in Hertfordshire nach London und hat eine Länge von 39 englischen Meilen; ihr Bau machte an manchen Stellen, wie der einer Eisenbahn, die Anlegung von tiefen Einschnitten und zahlreichen Brücken nothwendig, während sie an andern mehr 20 Fuß über den Boden erhaben auf hölzernen Bogen hinläuft. Groß waren die Vortheile, welche diese Wasserleitung den Bewohnern Londons gewährte, aber ihrem Erbauer brachte sie keinen Gewinn und hatte 18 Jahre nach ihrer Vollendung noch keine Rente abgeworfen. König Jakob I. belohnte den patriotischen Bürger durch die Verleihung der Baronetswürde und andere Ehrenbezeigungen.

Die Klangfiguren.

Der Schall entsteht bekanntlich durch schnelle Schwingungen eines Körpers, welche die sie umgebende Luft in eine Art Wellenbewegung versetzen, die sich unserm Ohre mittheilt und unsere Gehörorgane in ähnliche schwingende Bewegungen versetzt, wodurch der Schall uns hörbar wird. Wenn eine Saite mit einem Violinbogen gestrichen wird, so wird sie dadurch in Schwingungen versetzt und gibt dabei einen Ton von sich, der nach der Länge, Dicke und Spannung der Saite verschieden ist. Freilich können wir die einzelnen Schwingungen nicht unterscheiden, weil sie unserm Auge zu schnell sind, denn wenn sie so langsam sind, daß wir sie einzeln wahrnehmen, so hören wir keinen Ton, sondern nur ein unbestimmtes Geräusch, doch bemerken wir, daß die schwingende Saite in der Mitte dicker erscheint als an den Enden, auch gibt es gewisse sehr sinnreiche Mittel, um die Schwingungen sogar zu zählen; je schneller die Schwingungen aufeinander folgen, desto höher wird der Ton, und wenn sie gar zu schnell aufeinander folgen, so hört man gar keinen Ton mehr. Eine Saite, die nur an den beiden Enden befestigt ist und mit dem Violinbogen oder mit dem Finger in Schwingungen versetzt wird, schwingt ihrer ganzen Länge nach, d. h. so, daß sich die ganze Saite abwechselnd hin und her bewegt und sich bald links, bald rechts von ihrer gewöhnlichen Lage, die sie ruhend einnimmt, befindet, wobei nur die beiden Endpunkte in Ruhe bleiben. Wenn man aber die Saite genau in ihrer Mitte mit dem Finger leise berührt oder dämpft und dann in der Mitte der einen Hälfte mit dem Bogen streicht, so wird sowol diese als die andere nicht gestrichene Hälfte in Schwingungen versetzt, aber jede schwingt für sich; die berührte Stelle der Saite bleibt völlig in Ruhe und der Ton, welcher entsteht, ist gerade eine Octave höher als der Grundton der Saite, d. h. derjenige Ton, welcher entsteht, wenn die Saite ihrer ganzen Länge nach schwingt. Theilt man die Saite in drei, vier oder beliebig viele gleiche Theile, berührt einen der Theilungspunkte mit dem Finger und streicht die Saite in der Mitte des einen Theils, so schwingen sämmtliche Theile der Saite zu gleicher Zeit, aber jeder für sich; während sich der eine Theil nach der linken Seite bewegt, bewegt sich der nächste nach der rechten Seite, die dazwischen liegenden Theilungspunkte aber bleiben völlig in Ruhe; man nennt sie Schwingungsknoten. Je größer die Anzahl der Theile ist, desto höher wird der Ton; diejenigen Töne, welche in der Musik unter dem Namen Flageolettöne bekannt sind, werden auf den Bogeninstrumenten auf diese Weise hervorgebracht. Um zu erkennen, daß einige Theile der Saite in vollkommener Ruhe sind, während die übrigen hin und her schwingen, braucht man nur kleine umgebogene Papierstückchen, sogenannte Papierreiter, auf die Saite zu hängen; wenn man dieselbe dann streicht, so bleiben die auf die Theilungspunkte oder Schwingungsknoten gelegten Papierstückchen vollkommen ruhig liegen, alle andern aber, die der leichtern Unterscheidung halber von anderer Farbe sein können, werden sogleich herabgeworfen.

Etwas ganz Ähnliches findet nun auch dann statt, wenn statt der Saiten oder Stäbe elastische Scheiben, am besten von Metall oder Glas, wiewol man auch dünne elastische Holzplatten nehmen kann, durch Streichen mit einem Violinbogen in Schwingungen versetzt und zum Tönen gebracht werden. Hierbei theilt sich die Scheibe von selbst in mehr oder weniger gleiche oder ungleiche Theile, welche unabhängig voneinander auf- und niederschwingen, während die zwischen ihnen liegenden Grenzlinien in Ruhe bleiben; diese ruhenden Linien nennt man Knotenlinien. Man kann diese Schwingungen auf eine interessante Weise anschaulich machen, wenn man die Scheibe, bevor man sie streicht, mit Sand bestreut. Durch die Schwingungen wird nämlich der Sand von den schwingenden Theilen herabgeworfen, häuft sich auf den ruhenden Linien oder schmalen Streifen auf und bildet dadurch Figuren, die in der Regel symmetrisch sind und Klangfiguren genannt werden; sie wurden vor ungefähr 50 Jahren von einem deutschen Gelehrten, dem Doctor Chladni, erfunden. Man bedient sich dabei am besten dünner Scheiben von gewöhnlichem Fensterglas, das dem Spiegelglase wol noch vorzuziehen ist; die Gestalt der Scheiben kann dreieckig, viereckig, vieleckig, kreisrund, oval, halbkreisförmig sein, muß aber eine gewisse Regelmäßigkeit haben, wenn die Figuren symmetrisch werden sollen; die Kanten, welche nach dem Schneiden scharf sind, werden auf einem Sandsteine rundlich geschliffen. Der Violinbogen braucht nicht von besonderer Güte zu sein, vielmehr leistet schon ein Bogen der schlechtesten Art, der nur wenige Groschen kostet, gute Dienste; er hat am besten etwa halb so viele Haare, als gute Bogen haben müssen, und muß vor dem Gebrauche stark mit Geigenharz gestrichen werden. Zum Aufstreuen nimmt man feinen Quarzsand, den man vorher durch Schütten in Wasser und wiederholte Erneuerung des Wassers von dem beigemischten Staube gereinigt und dann gehörig getrocknet hat. Die Scheiben sind vor dem Gebrauche jedesmal sorgfältig abzureiben, damit der Sand nicht auf den klebrigen Stellen festgehalten wird.

Was das Verfahren selbst betrifft, durch welches man die Klangfiguren erhält, so hält man die Glasscheiben in horizontaler Richtung zwischen zwei oder mehren Fingern mäßig fest, berührt sie wol auch noch an einer oder einigen andern Stellen leise mit den Fingerspitzen oder stemmt sie irgendwo an und streicht sie, nachdem man sie vorher dünn mit Sand bestreut hat (eine zu große Menge Sand würde die Schwingungen hindern), irgendwo an der Seite, aber unverrückt an derselben Stelle, gleichmäßig mit dem Violinbogen, den man dabei lothrecht hält; bei tiefen Tönen ist langsamer Strich und schwacher Druck, bei hohen schneller Strich und stärkerer Druck passender. Man kann die Scheibe auch in ein Gestelle festklemmen, besonders wenn sie so groß sind, daß man sie nicht mehr gut mit den Fingern festhalten kann, doch ist es besser, kleine Scheiben mit den Fingern zu halten und große auf weiche Unterlagen von geringer Breite, z. B. auf Stücke Kork oder Gummi, zu legen und von oben mit dem Finger aufzudrücken. Diejenige Stelle, wo man streicht, wird in Schwingungen versetzt, hingegen durch diejenigen Punkte, die berührt werden, gehen Knotenlinien. Nicht bei jeder beliebigen Lage der Punkte, wo man die Scheibe hält und streicht, entstehen Figuren; sobald man aber einen bestimmten, deutlich vernehmbaren Ton hört, so kann man auch gewiß sein, daß eine bestimmte Figur entsteht, die sich immer schärfer ausbildet, wenn man durch längeres Streichen wiederholt denselben Ton hervorbringt. Wenn aber während des Streichens ein anderer Ton entsteht, wird die vorige Figur sogleich zerstört und geht in eine andere über. Nicht selten können bei derselben Lage der berührten und gestrichenen Punkte mehre Figuren und mehre Töne entstehen; dann hängt es von Zufälligkeiten, namentlich aber von der Stärke und Schnelligkeit des Strichs ab, welche Figur und welcher Ton gerade hervorgeht; sobald man einen bestimmten Ton sich bilden hört, muß man ihn festzuhalten suchen, wenn sich aber einmal schon eine Figur zu bilden angefangen hat, ist es weit leichter, den zu ihr gehörigen Ton fortgesetzt hervorzubringen und dadurch die Figur schärfer auszubilden.

Die Gestalt der Figuren, welche sich auf einer Scheibe bilden können, wird wesentlich durch die Gestalt, Größe und Dicke der Scheibe bedingt. Die Mannichfaltigkeit und Menge der Figuren ist selbst bei einer einzigen Scheibe, wenn sie etwas größer ist, außerordentlich groß und geht ins Unglaubliche; auf quadratförmigen Scheiben allein hat Chladni nicht weniger als 90 verschiedene Figuren hervorgebracht, womit aber noch nicht einmal alle möglichen Fälle erschöpft waren, da es auch ihm gelungen ist, noch andere Figuren hervorzubringen, die unter jenen nicht enthalten waren. Große Scheiben geben bei gleicher Gestalt mehr und zusammengesetztere Figuren als kleine, dünne mehr als dicke. Nicht wenig kommt auch auf die innere Structur des Glases an; nimmt man zwei Glasscheiben von völlig gleicher Größe und Gestalt, so wird man doch, selbst wenn alle übrigen Umstände scheinbar dieselben sind, auf der einen nicht leicht genau dieselben Figuren wie auf der andern hervorbringen können. Selbst auf einer und derselben Scheibe von symmetrischer Gestalt werden die Figuren oft nicht vollkommen symmetrisch, wenn nicht alle Theile der Scheibe von völlig gleicher innerer Beschaffenheit sind, was nur selten stattzufinden scheint. Die Höhe der Töne hängt mit der Gestalt der dazu gehörigen Figuren in so weit zusammen, daß der Ton desto höher ist, je zusammengesetzter die Figur ist, je zahlreicher und je kleiner also die einzelnen, für sich schwingenden Theile der Scheibe sind, gerade so, wie bei einer Saite desto höhere Töne entstehen, in je mehr Theile dieselbe getheilt wird. Im Allgemeinen gehört zu jeder Figur ein besonderer Ton, doch kann derselbe Ton auch zu zwei verschiedenen Figuren gehören, niemals aber umgekehrt dieselbe Figur einer und derselben Scheibe zu zwei verschiedenen Tönen. Werden dieselben Figuren auf zwei Scheiben von gleicher Gestalt, aber verschiedener Größe hervorgebracht, so ist der dabei entstehende Ton bei der kleinern Scheibe höher, wie der Ton einer kürzern Saite höher ist als der einer längern. Das Gesetz, nach welchem die Töne von den dazu gehörigen Figuren oder vielmehr von der Gestalt und Größe der Scheibe und der Anzahl und Größe der Theile, in welche sie sich beim Schwingen theilt, abhängen und daraus bestimmt werden können, hat man noch nicht aufzufinden vermocht. Bei einer quadratförmigen Scheibe entsteht der tiefste Ton oder Grundton, wenn man sie in der Mitte hält und an einer Ecke streicht; dann entsteht ein Kreuz, dessen Linien den Seiten der Scheibe parallel laufen. Hält man sie in der Mitte und streicht in der Mitte der einen Seite, so entsteht gleichfalls ein Kreuz, aber ein solches, dessen Linien Diagonallinien der Scheibe bilden oder durch die Ecken derselben gehen, und der Ton ist dann um eine Quinte höher als der vorige. Vorzüglich interessant sind die Figuren bei runden Scheiben. Am leichtesten erhält man auf diesen Sterne, d. h. Figuren, die nur aus zwei oder mehren (auf großen Platten wol

bis 15) geraden Linien bestehen, welche sich in der Mitte durchkreuzen; man erzeugt sie, indem man die Scheibe in der Mitte festhält, sie zugleich an einer Stelle, durch welche eine Knotenlinie gehen soll, mit dem Finger berührt und in der Mitte zwischen zwei Spitzen streicht, wobei es freilich schwer ist, durch das bloße Augenmaß die rechte Stelle genau zu finden, weshalb eine am Rande durch feine Striche bemerkte Eintheilung eine große Erleichterung gewährt. Den tiefsten Ton gibt das einfache Kreuz oder der Stern mit vier Spitzen. Die einfachste krummlinige Figur besteht aus einem einzigen, dem Rande der Scheibe concentrischen Kreise; dieser kann einen, zwei oder mehr Durchmesser, auch einen kleinen concentrischen Kreis enthalten u. s. w. Alle Figuren mit Kreisen unterscheiden sich durch besondere Stärke und Fülle des Tons; übrigens darf man nicht erwarten, bei der Hervorbringung der Klangfiguren angenehme Töne zu erhalten, vielmehr sind die meisten so schreiend und gellend, daß man sie nur aus Interesse an den sie begleitenden Figuren erträglich finden kann.

Der Erfinder der Klangfiguren, Dr. Chladni, geboren zu Wittenberg 1756, gestorben zu Breslau 1827, auch durch seine wissenschaftlichen Forschungen und Schriften über den Schall und andere Theile der Naturlehre rühmlichst bekannt, bereiste von 1802 an zehn Jahre lang Deutschland, Holland, Frankreich, Italien, Rußland und Dänemark, hielt mit großem Beifall Vorlesungen über die Lehre vom Schalle und zeigte in denselben die Klangfiguren vor, in deren Hervorbringung er eine bewundernswürdige, seitdem wol von Niemand wieder erreichte Gewandtheit erlangt hatte. Im Jahre 1809 erregten seine Versuche in Paris bei den Mitgliedern der Akademie, namentlich dem berühmten Laplace, so große Sensation, daß sie den Kaiser Napoleon darauf aufmerksam machten. Napoleon ließ sich die Klangfiguren zwei Stunden lang von Chladni zeigen und erläutern und nahm an der Sache das größte Interesse; er fand es höchst merkwürdig, daß man auf diese Weise die Töne gleichsam sehen könne, und bedauerte nur lebhaft, daß sich die Figuren nicht mathematisch berechnen ließen. Auch bethätigte er seine Theilnahme dadurch, daß er für Chladni die Summe von 6000 Francs anwies, um eine französische Übersetzung seines Lehrbuchs der Akustik zu besorgen. Außerdem setzte die französische Akademie einen Preis von 3000 Francs für Denjenigen aus, der eine befriedigende mathematische Theorie der Schwingungen elastischer Scheiben liefern würde; die Aufgabe war aber so außerordentlich schwer, daß sie mehrmals vergeblich wiederholt wurde. Eine Dame, Demoiselle Sophie Germain, das einzige Frauenzimmer, das, so viel bekannt, mit so glücklichem Erfolge in die Tiefen der Mathematik eingedrungen ist, hatte den Muth, sich an ihre Lösung zu wagen; sie war es, welche zuerst der Akademie eine Denkschrift über diesen Gegenstand einreichte, welcher sie zwei andere folgen ließ, von denen die letzte im J. 1816 den Preis erhielt; indessen ist weder durch sie, noch durch die Untersuchungen Poisson's und Anderer die Aufgabe bis jetzt vollständig gelöst worden.

Noch ist aber eine andere Art von Klangfiguren zu erwähnen, welche durch Mittönen oder Resonanz entsteht. Wenn eine Saite über einen hölzernen Resonanzboden gespannt und dieser mit Sand bestreut ist, so entstehen beim Streichen der Saite ebenfalls Figuren des Sandes. Bestreut man eine in einem Punkte festgeschraubte dünne Metallplatte mit Sand und setzt eine Stimmgabel, die man vorher in Schwingungen

*

versetzt und zum Tönen gebracht hat, darauf, so wird der Ton der Stimmgabel bekanntlich sehr verstärkt und zugleich bildet der Sand eine Figur. Hierbei zeigt sich aber eine sehr auffallende Erscheinung. Der gewöhnliche oder tiefste Ton einer Stimmgabel, der beim Anschlagen entsteht und an sich ungemein schwach ist, wird nämlich beim Aufsetzen durch die Resonanz bedeutend verstärkt, die dabei entstehende Figur ist aber nur undeutlich und unvollkommen. Man kann aber auf jeder Stimmgabel noch einen zweiten, fast um drei Octaven höhern Ton hervorbringen, wenn man dieselbe etwas über der Mitte mit dem Violinbogen streicht (gibt die Stimmgabel beim Anschlagen das eingestrichene a, wie gewöhnlich, so ist jener zweite Ton das viergestrichene f); dieser hohe Ton wird nun durch das Aufsetzen auf die Metallplatte gar nicht verstärkt, hört vielmehr sehr bald auf, bildet aber sehr schnell eine deutliche und schön ausgeführte Klangfigur. Dasselbe ist bei dem dritten noch höhern Tone, den die Stimmgabel geben kann, der Fall. Auch mit Wasser kann man eine Art Klangfiguren hervorbringen. Füllt man nämlich ein gut klingendes Trinkglas oder ein größeres rundes Glasgefäß zum Theil mit Wasser und streicht es dann an einer Stelle des Randes mit einem Violinbogen, so geräth die Oberfläche des Wassers in eine Wellenbewegung und an vier Stellen, die gleichweit voneinander entfernt sind, spritzt das Wasser auf, an vier andern, zwischen ihnen in der Mitte liegenden, dagegen bleibt es ganz ruhig; diese Stellen sind also Schwingungsknoten oder Knotenlinien, und man kann hier den Finger anlegen, ohne das Klingen zu stören. Berührt man den Rand während des Streichens an passenden Stellen mit dem Finger, so kann man sechs oder acht Schwingungsknoten erhalten. Man kann die Wellenbewegung noch deutlicher wahrnehmen, wenn man die Oberfläche des Wassers mit einer dünnen Schicht von Bärlappsamen oder Hexenmehl bestreut. Übrigens bemerkt man, daß die Töne desto tiefer werden, je mehr Wasser sich im Gefäße befindet, was seinen Grund darin hat, daß die Schwingungen durch eine größere Wassermenge immer mehr gehemmt und langsamer gemacht werden. Bei zu starken Tönen zerbricht das Gefäß, weil die Schwingungen dann zu heftig werden.

Der Harem des Paschas von Widdin.

Folgender Auszug aus dem Reiseberichte einer Engländerin, der es gelang, den Harem eines türkischen Großen in Augenschein zu nehmen, gibt uns über die Fortschritte, welche das von dem jetzigen Sultan Mahmud II. eingeführte System der Reform und die europäische Civilisation in der Türkei auch bei dem weiblichen Geschlechte bereits gemacht hat, ebenso belehrende als überraschende Aufschlüsse, und dürfte daher namentlich für den weiblichen Theil unserer Leser von Interesse sein.

In den letzten Tagen des Monats Juli vorigen Jahres reiste ich von Konstantinopel ab, um auf dem Dampfschiffe Ferdinand I. die Donau hinaufzufahren und über Wien nach London zurückzukehren. An Bord des Schiffes befand sich eine junge Griechin aus Pera, die nach Belgrad reiste und mir während der ganzen Reise so interessante Einzelheiten über das gegenwärtige Leben der französirten türkischen Frauen erzählte, daß ihre Unterhaltung mir die Reise sehr angenehm machte. Wenn sich Frauen auf der Reise treffen, besonders in

entfernten Ländern, so schließen sie sich leichter aneinander an, als die Männer, was das Gefühl ihrer Schwäche und ein gewisser unter dem weiblichen Geschlechte herrschender Gemeinsinn erklärlich macht. So wurden wir bald befreundet und gestanden einander, daß wir ein unüberwindliches Verlangen trügen, einen Harem zu sehen, wozu meine Reisegefährtin während eines sechsjährigen Aufenthalts in der Türkei keine Gelegenheit gefunden hatte. Unter den Passagieren befand sich ein Mann, der unsere Begeisterung für die türkischen Frauen durch seine Mittheilungen noch erhöhte; dies war nämlich ein jüdischer Arzt von der Sekte der Karaiten,[*] welcher vor einiger Zeit den Pascha von Widdin, Hussein, von einem heftigen Anfalle der Gicht geheilt hatte und jetzt zu ihm zurückkehrte, weil er von Neuem erkrankt war und die Hülfe des Arztes in Anspruch nahm. Von ihm erfuhren wir auch, daß der Pascha von Widdin zu den Neuerern unter den Türken gehört und einer Derjenigen ist, die am meisten dazu beigetragen haben, das seltsame Schauspiel, welches das ottomanische Reich gegenwärtig darbietet, ins Leben zu rufen. Er war Großvezier, als Sultan Mahmud im Jahre 1826 die Janitscharen niedermetzeln ließ, und nahm an dieser Katastrophe den thätigsten Antheil; als Oberbefehlshaber der türkischen Truppen während des Kriegs mit Rußland zeichnete er sich 1828 bei der Vertheidigung von Schumla aus und hemmte die Fortschritte von Diebitsch; 1832 wurde er der ägyptischen Macht unter Ibrahim Pascha entgegengestellt, erlitt aber eine entscheidende Niederlage, mußte in deren Folge das Commando an Reschid-Pascha abgeben und wurde zum Pascha von Widdin ernannt. Auf diesem Posten findet er das größte Vergnügen darin, Fremde von Auszeichnung, welche die Donau herauf- oder herunterfahren (vor Allen stehen Engländer in seiner Gunst), bei sich zu empfangen und sich mit ihnen über Europa zu unterhalten; seine beste Eigenschaft besteht aber ohne Widerrede darin, daß er den Neugierigen seinen Harem zeigt, auf welchen er die neumodischen Reformen gleichfalls überzutragen angefangen hat.

Dies war der Mann, den wir Beide nach unserer Ankunft in Widdin um die Erlaubniß bitten ließen, seinen Harem zu besuchen. Meine Reisegefährtin, die sehr gut türkisch sprach, ließ ihm sagen, daß eine englische Dame, deren Dolmetscherin sie wäre, einige Augenblicke mit seiner interessanten Familie zu verplaudern wünsche. Der jüdische Arzt übernahm es, die Botschaft zu überbringen; einer seiner Glaubensgenossen stand gerade bei dem Pascha als Privatsecretair in Diensten. Die gewünschte Erlaubniß ließ nicht lange auf sich warten. Der Secretair, der ein schlechtes Italienisch sprach, machte uns im Zollhause einen Besuch und sagte uns, Se. Hoheit der Pascha fühle sich durch den ausgesprochenen Wunsch in hohem Grade geschmeichelt; seine drei Gemahlinnen wären zwar gerade auf einem Ausfluge begriffen und pflückten in den Gärten des Harems Granaten, man habe aber Schwarze abgesendet, um sie zurückzurufen, und sie würden sehr bald zurückkehren. Wir folgten hierauf dem mit pathetischen Schritten vorausgehenden Secretair in die Citadelle, deren Festungswerke den Palast des Paschas umgeben. Nachdem wir ungeheure Höfe und lange Galerien durchwandert hatten, wo Schwarze,

---

[*] Die Karaiten sind eine jüdische Sekte, welche sich durch ihre treue Anhänglichkeit an die Bibel auszeichnet und die Talmud, sowie die übrigen rabbinischen Schriften verwirft. Ihr Hauptsitz ist in der Krim; doch sind sie überhaupt in Rußland und dem Morgenlande häufig.

Scene in einem türkischen Harem.

Eunuchen, Pagen und die Stummen des Harems Schatten gleich aufgestellt waren und uns mit starren Mumienaugen vorübergehen sahen, kamen wir in den Audienzsaal oder Divan des Paschas. Hier saß in einer Ecke eines Sophas nahe am Fenster mit untergeschlagenen Beinen Hussein, der berühmte Vernichter der Janitscharen, und betrachtete mit einem Opernperspective, das als das erste Zeichen der europäischen Civilisation gelten konnte, durch das Fenster die majestätischen Windungen der Donau.

Der Pascha, ein schöner Greis von etwa 65 Jahren, war ganz nach dem eigentlichen türkischen Style gekleidet, mit Ausnahme des Fes, mit welchem er am Tage der Schlacht gegen die Janitscharen den Turban vertauschte, den er im Angesichte der empörten Janitscharen unter den schrecklichsten Verwünschungen mit Füßen trat. Mit der einen Hand bewegte er einen prächtigen Fächer von Reiherfedern, mit welchem er die ihn sehr belästigenden Fliegen verjagte, mit der andern zählte er die Kügelchen eines hölzernen Rosenkranzes aus Mekka, ein Schmuck, den alle Muselmänner von Stand tragen. Sein gelbes Gesicht zeigte die entstellenden Spuren der Pocken, aber seine Augen hatten einen energischen und leidenschaftlichen Ausdruck; die Fülle seines parfumirten und sorgfältig beschnittenen Bartes trug nicht wenig dazu bei, seinem Ansehen Würde zu geben. Dem Anscheine nach war er sehr wohlbeleibt, doch war es schwer, hierüber ins Klare zu kommen, weil die muselmännische Etikette ihm nicht gestattete, aufzustehen oder nur die Lage seiner Füße zu

verändern. Übrigens war er so galant, mir den Kuß, den alle uns begleitenden Personen seiner Hand appliciren mußten, zu erlassen.

Dem Sopha des Paschas gegenüber wurden Stühle hingestellt, und nachdem ich mich gesetzt, betrachtete ich mir die Umgebungen genauer. Die ganze eine Seite des Zimmers, und zwar diejenige, wo sich die Fenster befanden, nahm nach orientalischer Weise einer jener langen Divans ein, die von einer Wand zur andern reichen. Die beiden Ecken, welche bekanntlich für die Ehrenplätze gelten, enthielten einen Überzug von feiner Seide und gestickte Kissen. Das übrige Mobiliar des Zimmers bestand aus französischen Canapés, die mit dem feinsten Damast und gelben und purpurrothen persischen Teppichen bedeckt waren. Die Decke war nach türkischer Sitte bemalt und vergoldet und die Karnieße mit Frescomalereien verziert, welche Ansichten von Konstantinopel darstellten, aber freilich manchen groben Verstoß gegen die Regeln der Perspective und der Zeichnung enthielten. Im Hintergrunde des Zimmers standen zwei Reihen von Dienern mit bloßen Füßen, deren Pantoffeln man vor der Thüre aufgeschichtet sah.

Als die Unterhaltung begann, entfaltete meine Begleiterin ihre Kenntniß der türkischen Sprache mit so vieler Grazie, daß der Pascha oft lächelte und seine Augen funkelten; übrigens ging die Unterhaltung, die zwischen ihm und mir durch die Vermittelung der Griechin geführt wurde, nicht über die in solchen Fällen üblichen Gemeinplätze hinaus. Unter Anderm fragte

Hussein, in welchem Alter wir ständen; dies war echt orientalisch. Im Alter der Rosen, war die ausweichende Antwort meiner Begleiterin. Bei diesen Worten machte der alte Pascha ein Zeichen und sogleich brachte man einige Flaschen des berühmten Rosenöls, die uns der Pascha eigenhändig mit der Versicherung überreichte, daß es das beste in der ganzen Türkei wäre, und daß er die londoner Damen bäte, ihm einmal persönlich ihre Meinung darüber zu sagen. Indessen hatte sich der karaitische Jude, der bis dahin hinter einer großen Vase von chinesischem Porzellan verborgen gewesen war, ehrfurchtsvoll dem Sopha genähert und fühlte dem Pascha mit aller Grazie eines pariser Arztes nach dem Puls; unsere Unterredung mochte den leicht erregbaren Greis in eine etwas fieberhafte Aufregung versetzt haben. Der Arzt theilte uns mit, daß der Besuch leider abgekürzt werden müsse, weil der Pascha einen Gichtanfall befürchtete; dies bedeutete, daß die Zeit, wo uns Kaffee gericht werden sollte, gekommen war. Wenn man in der Türkei bei einem Besuche nichts mehr zu reden weiß, so trinkt man Kaffee; Jeder bereitet sich dann, indem er seine Tasse leert, auf das Abschiedscompliment vor. Unmittelbar darauf sahen wir einen Diener eintreten, der an zwei Henkeln eine Art von großer Terrine trug, die mit einem purpurrothen Tuche mit reichen Fransen bedeckt war; als das Tuch weggenommen wurde, erblickten wir ein allerliebstes Kaffeeservice von persischem Email, mit Diamanten besetzt und von einer elegant-barocken Form, mit goldenen Untertassen. Jedem der Anwesenden wurde von einem besondern Diener eine Tasse überreicht, in welche ein schwarzer Sklave Kaffee goß, der ganz vortrefflich war. Da die Etikette nicht gestattet, die Tasse ganz auszutrinken, so entfernte ich mit Bedauern meine Lippen, als ich plötzlich hinter mir in der Schar von Dienern, welche an der Thüre aufgestellt waren, eine ungewöhnliche Bewegung bemerkte, welche durch die Rückkehr der Frauen des Pascha's veranlaßt wurde.

Die drei Frauen Hussein's kamen in arabischen Wagen in den innern Hof des Harems und stiegen am Fuße der Treppe aus; ein schwarzer Vorreiter, der ihnen in gestrecktem Galopp vorausgeritten war, stieg schnell die Treppe hinan und machte uns ein Zeichen, daß wir ihm folgen sollten. Es war die wichtigste Person des ganzen Harems, nämlich der oberste der sechs im Harem befindlichen Eunuchen. Unter der Leitung dieses hohen Beamten durchschritten wir den Hof und wurden in das von den Frauen bewohnte Gebäude geführt, das dem, aus welchem wir kamen, parallel stand. Im ersten Vorzimmer, das wir betraten, fiel uns Mancherlei auf: zuerst eine Menge goldener Käfige, die an der Decke hingen und Canarienvögel enthielten; dann eine Dienerin, die ganz auf englische Weise den Thee bereitete, am meisten aber ein elegantes Fortepiano, das zwischen einem Waffenbündel und einem kleinen im Fußboden angebrachten Springbrunnen stand. Überhaupt war der Harem anders meublirt als die Zimmer des Pascha's, namentlich waren die Divans weit niedriger. Die letztern fanden wir alle leer, mit Ausnahme eines einzigen, auf welchem die Tänzerinnen des Pascha's regungslos kauerten. Sie waren von kleiner Statur, von hübschen und muntern Gesichtszügen, in Röcke von Gold- und Silberstoff und weite Pantalons gekleidet, aber barfuß; ihre Augenbrauen waren schwarz gefärbt, was ihren Gesichtern einen sehr fremdartigen Ausdruck gab. Der Eunuch bat uns, Platz zu nehmen, und nun begann ein ziemlich uninteressanter und einförmiger Tanz, der uns un-

terhalten sollte, während die Frauen des Pascha's sich damit beschäftigten, ihren Anzug mit einem bessern, für den Empfang fremder Gäste mehr geeigneten zu vertauschen; nach Beendigung des Tanzes näherten sich die kleinen Tänzerinnen unserm Divan, um ihren Anzug betrachten zu lassen. Bald darauf wurde ein Zeichen gegeben, daß die Frauen Hussein's bereit seien, uns zu empfangen; der Schwarze bat uns durch eine Pantomime, unsere Schuhe abzulegen, und führte uns hierauf in ein Zimmer, in welchem sich die erste Favoritin des Pascha's, Zuleika mit Namen, eine griechische Sklavin aus der Insel Hydra von etwa 20 Jahren, ganz allein befand. Diese ist zwar nicht seine rechtmäßige Gattin, wird aber von ihm seinen beiden Frauen vorgezogen und erscheint durch ihre außerordentlichen Reize seiner Liebe würdig. Wuchs, Haut, Hände, Haar, Zähne, Augen, Alles war an ihr von gleich bewundernswürdiger Schönheit. Wir fanden sie der Thüre gegenüber auf einer blauseidenen Ottomane sitzend; bei unserm Eintritte erhob sie sich, lud uns mit sanfter Stimme ein, neben ihr Platz zu nehmen, und fügte hinzu: „Möge euer Besuch gesegnet sein und so lange dauern, als es euch beliebt.” Ihr weißer Teint und die hellblaue Farbe ihrer Augen gaben ihr eher das Ansehen einer hübschen Französin als einer Odaliske. Der jüdische Arzt flüsterte uns zu, wir könnten stolz darauf sein, daß Zuleika ihren Spaziergang unsertwegen unterbrochen habe, denn ihr stolzer und herrschsüchtiger Charakter gebe nur den Befehlen des Pascha's nach; übrigens legte die schöne Griechin gegen uns eine ungemeine Zuvorkommenheit an den Tag, wahrscheinlich um uns die üble Meinung von ihrem Charakter, die sie bei uns voraussetzte, zu benehmen; zum Zeichen ihrer Freundschaft berührte sie leise meine Lippen und meine Brust und überließ mir ihre reizende Hand, deren blendende Weiße von der rosenrothen Färbung der Fingerspitzen noch mehr gehoben ward. Zuleika trug auf ihrem Fes einen Schleier von schwarzer Gaze, dessen Falten ihr Haar gänzlich verbargen, welcher aber dergestalt mit Diamanten überladen war, daß er nach allen Seiten hin funkelte und den Glanz ihrer Augen erhöhte. Unter einem prachtvollen purpurnen Überwurfe, der mit Zobelpelz besetzt war, trug sie ein Unterkleid von blauer Seide und Silberstoff, ihre Pantoffeln waren von Goldstoff und mit Perlen besetzt, bedeckten aber nur die äußerste Spitze ihrer bloßen Füße.

Nach einer ziemlich lebhaften Unterhaltung nahmen wir Abschied und begaben uns zu der zweiten Favoritin, welche Schirin hieß und eine Cirkassierin war. Eine gewisse Vernachlässigung ihrer Kleidung zeigte schon an, daß sie im Herzen des Pascha's nur einen untergeordneten Platz einnahm. An weißer Farbe kam sie der Zuleika gleich, sie war aber magerer und hatte etwas Schmachtendes und Krankhaftes; ihre schwarzen Augen hatten einen melancholischen Ausdruck. Sie empfing uns noch herzlicher und ungezwungener als Zuleika, ging bald nach unserm Eintritte zu ihrem Piano, vor dem sie sich auf einem Haufen Kissen niederkauerte, und spielte uns die Ouverture einer bekannten Oper. Als sie fertig war, reichte sie mir ihre mit Diamanten besetzte Pfeife und war nicht wenig überrascht, als ich ihr durch das Organ meiner Begleiterin zu verstehen gab, daß ich nicht rauchen könnte. Hierauf ließ sie in einer silbernen Terrine, die wie gewöhnlich mit einem Kaschmirshawl bedeckt war, Kaffee serviren und wurde nach dem Genusse desselben noch vertraulicher. Erst jetzt hatte ich Gelegenheit, ihren Anzug genauer zu prüfen, und fand, daß ihr Costume zwar weniger glänzend, aber nicht minder reich war als das der Zuleika; sie trug einen wahren Schatz von Diamanten an sich; ein Halsband von drei Reihen feiner Perlen umgab ihren schneeweißen Hals, mehre kostbare persische Shawls waren unter ihrem schwarzsammtnen Pelze sichtbar; Ringe erhoben den Glanz ihrer Haut und eine antike Camee hielt die Falten ihres Untergewandes auf der Brust zusammen.

Die dritte Odaliske, Leila, fanden wir mit einer Stickerei beschäftigt. Ihr Anzug war vom Kopf bis zu den Füßen rosafarben, mit derselben Verschwendung von Diamanten und Perlen wie bei ihren Rivalinnen; neben ihr saß auf einem Teppich ein allerliebstes Kind, ihr Sohn Ali-Bey, dessen ausdrucksvolle Pantomimen mich belustigten und mir die Kenntniß seiner Sprache ersetzten. Da seine Mutter sah, wie sehr er mir gefiel, wurde sie selbst freundlicher und zutraulicher gegen uns, nahm eine Guitarre von der Wand und begann eine Romanze zu singen. Kaum war diese vollendet, als man uns die eigentliche Favoritin des Paschas ankündigte, die sanfte und unvergleichliche Cocila, die er den drei bisher genannten noch vorzieht und gegen deren strahlende Schönheitssonne Zuleika, Schirin und Leila nur Sternschnuppen waren. Die sogenannte „Mutter der Mädchen" ging mit einem Schlüsselbunde vor ihr her; auf ein Zeichen der Cocila öffnete diese ehrbare Matrone ein kleines Cabinet, in welchem die Shawls und Sammtpantoffeln der Tänzerinnen des Harems aufbewahrt wurden; dies war ein Zeichen, daß der Tanz wieder beginnen sollte. Cocila begab sich nun mit den übrigen Frauen und uns in den großen Saal, welchen wir zuerst betreten hatten; wir nahmen hier wieder auf den Divans Platz und die Musik begann. Das Orchester bestand aus sechs jungen Mädchen, die im Kreise auf einem Sopha saßen und ein klagendes Lied sangen, das sie mit ihren Tambourins und einem beständigen Hin- und Herbewegen des Körpers begleiteten. In der Galerie am Eingange des Saals stand die sogenannte Mutter und vertheilte unter die Tänzerinnen die Sammtpantoffeln und die Shawls, die sie um ihren Leib knüpften, um ihren Kopf schlangen oder leicht auf die Schultern warfen. Bald ertönten die Castagnetten und die erste Tänzerin der Bande, in ein kurzes gelbes Kleid und rothe gestickte Pantalons gekleidet, näherte sich uns mit vor Freude funkelnden Augen und führte mehre Stellungen aus, bei denen jedoch der Körper mehr beschäftigt war als die Füße. Darauf gesellten sich zwei ihrer Mittänzerinnen zu ihr und führten nach dem Gesange des Orchesters und dem Klange der Tambourins einen sehr anmuthigen Tanz auf, der mit dem Fandango große Ähnlichkeit hatte, aber die Grenzen des Anstandes nicht im mindesten überschritt. Sie waren eben, angefeuert durch das Crescendo der Tambourins, im besten Tanzen begriffen, als der schwarze Verschnittene erschien und uns meldete, daß das Dampfschiff im Begriff stehe, seinen Weg fortzusetzen. Augenblicklich hatte der Tanz ein Ende, die Frauen Hussein's umringten uns mit Zeichen des lebhaftesten Bedauerns und nahmen noch zuletzt in Eile alle Theile unsers Anzugs in Augenschein, von denen nichts so sehr ihr Erstaunen erregte, als unsere Handschuhe, welche sie vergeblich anzuziehen versuchten. Endlich mußten wir uns trennen; die Salams (Abschiedsbegrüßungen) begannen von beiden Seiten und es fehlte nicht an Küssen; das Auffallendste beim Abschiede war das Bedauern und die kläglichen Mienen des alten schwarzen Verschnittenen. Alle eilten an die Fenster, um das Dampfschiff, das uns wieder aufgenommen, auf den Fluten der Donau

vorbeigleiten zu sehen; Cocila war die Letzte, die wir erblickten, und sie warf uns noch Kußhände zu und schwenkte ihre Purpurschärpe, als die Zinnen der Festung unsern Blicken entschwanden.

Über Glasgewebe.

In den letzten Jahren hat man die längst bekannte Kunst, aus Glasfäden Stoffe zu weben, neuerdings in Frankreich wieder hervorgesucht und der Erfolg ist allem Anscheine nach ungleich günstiger gewesen, als es der in frühern Zeiten durch diese Fabrikation erzielte war. Im Jahre 1837 nahm ein Herr Dubus-Bonnel aus Lille ein Patent auf seine Zeuche, die ganz oder zum Theil aus Glas gewebt sind und mit großem Beifalle aufgenommen wurden. Seine Fabrik wurde später von Lille nach Paris verlegt und arbeitet bereits mit 30 Webstühlen, worunter sich einige Jacquardstühle befinden. Die Rohstoffe bereitet der Erfinder zuvor, von seinen drei Kindern unterstützt, selbst zu. Das Wesentlichste seiner Erfindungen besteht darin, daß er den Glasfäden durch eine eigenthümliche Behandlung mit Dampf eine solche Biegsamkeit zu geben weiß, daß sie zu einem Knoten geschlungen und als Einschuß mit der Lade eingeschlagen werden können, ohne zu brechen. Die weißen oder gefärbten Glasfäden vermischt Herr Dubus mit seidenen oder andern Fäden und liefert dadurch façonnirte Zeuche, die sich durch den Reichthum ihrer Muster, die Frische und Lebhaftigkeit ihrer Farben, vor Allem aber durch ihren bei andern Stoffen bisher nicht erreichten Glanz auszeichnen. Manche seiner Fabrikate wetteifern mit den schönsten Gold- und Silberbrocaten; auch Glassammt denkt er zu liefern und verspricht sich davon großen Erfolg. Zu seinen vorzüglichsten Producten gehören sehr schöne Glastapeten, von denen der englische und der russische Hof Sendungen bestellt haben. Man vermuthet, daß diese Stoffe, welche ihrer Wohlfeilheit wegen den lyoner Damasten und Brocaten leicht durch ihre Concurrenz gefährlich werden können, namentlich im Oriente sehr gesucht werden dürften.

Man glaubte früher, daß die Glasfäden sich selbst bei gleicher Feinheit mit einfachen Coconfäden oder Spinnefäden zu Geweben nicht eignen würden, weil das Glas weit geringere Festigkeit besitzt als Seide oder Spinngewebe. Indessen sprach schon Réaumur die Vermuthung aus, daß es möglich sein müsse, aus Glasfäden, deren Biegsamkeit mit ihrer Feinheit zunehme, Zeuche zu weben, wenn man sie nur von derselben Feinheit als Spinne- oder Coconfäden herzustellen im Stande wäre, was zu erreichen allerdings möglich ist. Sonst pflegte man Glasfäden von der Dicke eines Menschenhaares zu spinnen, in fünf bis sieben Zoll lange und fingerdicke Büschel zu vereinigen und einen federartigen Schmuck für Damenhüte daraus zu verfertigen; man ist jedoch von dem Gebrauche dieser künstlichen Federn darum abgekommen, weil die Fäden nicht selten brechen und kleine Spitzen herabfallen lassen, die namentlich den Augen sehr schädlich werden können. Aus weißen Glasfäden fertigte man zuweilen Perücken, die zwar kostspielig, aber darum sehr bequem waren, weil sie immer gekräuselt blieben und ebenso hinsichtlich ihrer Farbe keiner Veränderung unterworfen waren.

Die Verfertigung der Glasfäden selbst ist übrigens mittels einer guten Blaslampe sehr leicht und einfach und geschieht auf folgende Weise. An oder neben dem Blastische befindet sich eine Trommel, die 12—15 Zoll im Durchmesser hat und deren Umfang, aus Holz oder Pappe bestehend, sich zusammenlegen läßt, sodaß man das darauf befindliche Glasgespinnst leicht herabnehmen kann; auf dieser Trommel ist ein Zwirnfaden befestigt, an welchen ein kleines Glasknöpfchen gebunden ist. Man hält nun das Glasstückchen, das zu Fäden versponnen werden soll, in die Flamme der Blaslampe, schmelzt daran jenes Glasknöpfchen und läßt sodann die Trommel so schnell als möglich (in der Secunde wenigstens 30 Mal) umlaufen, was durch ein gezahntes Rad bewirkt wird, das in ein an der Achse der Trommel befindliches Getriebe eingreift; je schneller die Trommel sich dreht, desto feiner werden die Fäden. Man nimmt dazu am besten Streifen von Fensterglas, doch kann man auch weißes Beinglas oder dunkel gefärbte Glassorten nehmen und erhält dann Glasfäden von heller, aber kenntlicher Farbe.

Petrarca's Tintenfaß.

Wenn überhaupt Gegenständen, die sich im Besitze und Gebrauche großer Männer befunden haben, eben deswegen eine gewisse historische Merkwürdigkeit beigelegt werden muß, die sie der Aufbewahrung werth macht, so gilt dies namentlich von solchen, die mit der Art von Wirksamkeit, durch welche ihre Besitzer sich auszeichneten und Berühmtheit erlangten, in genauerm Zusammenhange stehen. Wie daher in Rüstkammern und historischen Museen die Waffen und Rüstungen berühmter Feldherren sorgfältig aufbewahrt und mit Theilnahme betrachtet werden, so hat unstreitig das Tintenfaß eines berühmten Schriftstellers, aus welchem gewissermaßen alle diejenigen Werke hervorgegangen sind, welche das Publicum der Mit- und Nachwelt belehrt, erheitert, erhoben haben, einen mindestens gleich großen Anspruch auf Beachtung. Wenn ein solches Tintenfaß sich noch dazu durch Schönheit der äußern Form em-

pfiehlt, was freilich von den heutzutage üblichen Tintenfässern und Schreibzeugen im Allgemeinen nicht gerühmt werden kann, so wird sein Anspruch auf die Ehre, in eine Sammlung von Merkwürdigkeiten aufgenommen zu werden, um ein Bedeutendes erhöht. Aus diesem doppelten Gesichtspunkte betrachtet, wird die Abbildung des ausgezeichnet schönen Tintenfasses Petrarca's, das sich im Besitze einer englischen Dame befindet, gewiß vielen unserer Leser nicht uninteressant sein. Was der auf dem Deckel befindliche Genius bedeuten soll, bedarf wol nur für wenige derselben einer Erläuterung; es ist Amor, der Gott der Liebe, welcher die meisten der begeisterten Lieder Petrarca's, die aus jenem Tintenfasse sämmtlich oder doch zum Theil (denn die Geschichte schweigt darüber) hervorgingen, bekanntlich gewidmet sind.

Anekdote.

Ein spanisches Journal erzählt folgende Begebenheit, welche sich im Monat Januar in Sevilla ereignet haben soll: Ein Gastwirth jener Stadt, welcher nahe an den Jerezthore einige Baumstämme gekauft hatte, sandte einen Knecht mit dem Auftrage dahin, einen derselben zum Hausgebrauche zu sägen und zu spalten. Eben hatte er den ersten Hieb mit der Art darauf geführt, als sich ein jämmerliches Wehklagen aus dem Innern des Holzes vernehmen ließ; der Arbeiter sah sich verwundert um, und da er außer einem Menschen, der in einiger Entfernung davon eine Cigarre rauchte, Niemand bemerkte, glaubte er durch ein entferntes Geräusch irre geführt worden zu sein. Er führte demnach einen zweiten Hieb auf den Baumstamm; diesmal aber drang ein heftiger Schrei zu den Ohren des Knechts und bat ihn flehentlich um Barmherzigkeit. Der arme Mann wäre vor Bestürzung ohnmächtig geworden, wenn ihm nicht mehre Vorübergehende, denen er die übernatürliche Erscheinung in unzusammenhängenden Worten erzählen wollte, zu Hülfe geeilt wären. Jedermann lächelte über die vermeintliche Trunkenheit des Knechts, als auf einmal die frühere Stimme aus dem Stamme hervordrang und unter Schluchzen um geneigtes Gehör bat. Hier erzählte der Unsichtbare, daß er, der Sohn eines Licentiaten aus Salamanca, vor gerade 50 Jahren in Folge eines Wortwechsels mit einem Zauberer von diesem in einen Baumstamm gebannt und verurtheilt worden sei, darin so lange zu leben, bis der Baum gefällt und unter Dach gekommen wäre. In dem Maße, als die Stimme des Verzauberten fortfuhr, entfernten sich nach und nach die beängstigten Zuhörer und verbreiteten die Kunde des Vorgefallenen so schnell in der Stadt, daß gegen Abend fast Niemand mehr sich dem Jerezthore nähern wollte. Tausend Gerüchte und Muthmaßungen durchkreuzten sich hierüber in allen Gesellschaften, und die Municipalität selbst war Willens, am folgenden Tage darüber zu deliberiren, als die Gährung des Publicums sich legte. Um die Mittagsstunde nämlich las man am Marktplatze auf einem großgedruckten Anschlagezettel folgende Anzeige: „Der rühmlich bekannte französische Bauchredner, Herr Faugier, welcher gestern Mittags unweit dem Jerezthore einen kleinen Beweis seiner Fähigkeit ablegte, wird die Ehre haben, sich morgen um vier Uhr Nachmittags im großen Saale des hiesigen Schauspielhauses zu produciren."

Verantwortlicher Herausgeber: Friedrich Brockhaus. — Druck und Verlag von F. A. Brockhaus in Leipzig.

Das Pfennig-Magazin

für

Verbreitung gemeinnütziger Kenntnisse.

327.]   Erscheint jeden Sonnabend.   [Juli 6, **1839.**

Der Trappe.

Der Trappe vertritt in Europa die Stelle des Strau-ßes und der mit ihm verwandten Vögel in Afrika, Ostindien, Südamerika und Neuholland, indem er der größte europäische Landvogel ist. Er gehört zu den hühnerartigen Vögeln mit kurzen Flügeln und langen Füßen, welche nur niedrig oder gar nicht fliegen, dafür aber sehr schnell laufen. Man kennt etwa 12 Arten, welche sämmtlich nur in Europa und Asien in der ge-mäßigten Zone vorkommen und wovon die kleinste 18 Zoll lang ist. Die gewöhnlichste Art, der gemeine Trappe, ist hier und da in Deutschland, Frankreich und Italien zu finden, selten in England, und verbrei-tet sich nordwärts bis Schweden und Rußland, südlich bis Griechenland und Syrien. Er hat einen gera-den Schnabel von mittler Länge und an den Füßen drei getrennte Zehen; der Oberleib ist von rostrother Farbe mit schwarzer wellenförmiger Zeichnung. Das Männchen wird bis 3½ Fuß lang und 25--30 Pfund schwer; das Weibchen ist um ein Drittel kleiner. Am Kopfe hat ersteres, wie die Abbildung zeigt, ei-nen langen faserigen Federbart; was aber die Männ-chen noch mehr auszeichnet, ist ein vorn am Halse be-findlicher weiter und verborgener Sack, der sich unter der Zunge öffnet und dessen Bestimmung nicht ganz im Klaren ist. Da dieser Vogel sich gern in trockenen und sandigen Ebenen aufhält, wo kein Wasser zu fin-den ist, so ist jener Sack, der mehre Maß Wasser fas-sen kann, vielleicht zur Aufbewahrung von Wasser be-stimmt. Nach Einigen vertheidigt sich der Vogel da-mit gegen die Angriffe von Raubvögeln, indem er das im Kehlsacke befindliche Wasser jenen mit Heftigkeit in die Augen spritzt; noch Andere meinen, das Männchen versehe während der Brutzeit das Weibchen und nach dem Ausbrüten der Eier die Jungen mit Wasser.

Die Trappen streichen in Frankreich und Deutsch-land in Familien und bisweilen in größern Heerden von 30—40 umher; im Frühjahre ziehen sie gewöhn-lich nördlich. Sie lieben diejenigen Gegenden, die ein-sam und von menschlichen Wohnungen entfernt sind. Wenn sie fliegen wollen, müssen sie vorher eine bedeu-tende Strecke mit ausgebreiteten Flügeln laufen. Ih-nen nahe zu kommen, hält schwer, weshalb man zu verschiedenen Listen seine Zuflucht nimmt, sich unter das Fell einer Kuh oder eine bewegliche Decke von Holz, die der Hütte eines Schäfers ähnlich ist, versteckt u. s. w. In der Brunstzeit kämpfen die Männchen miteinander um die

Weibchen. Die letztern legen ihre Eier, gewöhnlich zwei bis drei, im Monat Mai in ein Loch in der Erde, am liebsten in einem Kornfelde; dieselben sind von der Größe der Gänseeier und werden in 30 Tagen ausgebrütet. Die Nahrung der Trappen besteht in verschiedenen Samenkörnern, aber auch in Mäusen, Fröschen und Eidechsen.

Die Entdeckungsreisen im Innern Afrikas.

Zur Zeit Herodot's und noch lange nachher glaubte man allgemein, daß sich Afrika im Süden nicht bis zum Äquator erstrecke. Einer Tradition zufolge ist Afrika etwa 600 Jahre v. Chr. von den Phöniziern umschifft worden; wenn dies aber der Fall gewesen wäre, so ist schwer zu begreifen, wie so irrige Begriffe über die Ausdehnung dieses Welttheils sich so lange erhalten konnten, weshalb es wahrscheinlich ist, daß nie eine Reise dieser Art mit Erfolg unternommen worden ist. Viele Jahrhunderte vergingen, bevor die Kenntniß der Europäer von Afrika eine wesentliche Bereicherung erhielt; am Anfange des 15. Jahrhunderts kannten die Europäer von der Westküste Afrikas nur denjenigen Theil, der sich von der Meerenge von Gibraltar bis zum Cap Nun oder Non (non plus ultra, d. h. bis hierher und nicht weiter) erstreckt, eine Linie, die nicht viel über 120 Meilen lang ist. Den Portugiesen gebührt der Ruhm, diese beschränkte Kenntniß von der Ausdehnung Afrikas erweitert zu haben; ihr Eifer für Entdeckungen in Afrika wurde zur Nationalleidenschaft, und die Regenten Portugals verfolgten dieses Ziel mit wahrer Begeisterung. Im Jahre 1471 waren die Portugiesen bis 2½ Grad südlich vom Äquator gekommen; 1484 erreichte Diego Cam 22 Grad südlicher Breite. Der nächste Seefahrer, Bartholomäus Diaz, erhielt Befehl, so weit nach Süden vorzudringen, bis er das Ende von Afrika erreicht habe; ihm gebührt die Ehre, 1486 das Vorgebirge der guten Hoffnung entdeckt zu haben, ein Name, der demselben von dem Könige von Portugal beigelegt wurde, wiewol es Diaz selbst das stürmische Vorgebirge genannt hatte. Im J. 1497 segelte Vasco de Gama mit der Absicht aus, um dieses Vorgebirge herum nach Indien zu segeln, ein Zweck, den er vollständig erreichte, indem er im folgenden Jahre an der Küste von Malabar vor Anker ging. Die Portugiesen hatten nun die äußern Umrisse von Afrika nebst der Lage vieler der wichtigsten Flüsse und Vorgebirge bestimmt und mit Ausnahme eines kleinen Theils der Ostküste von der Straße von Bab el Mandeb bis Magadoxo unter 3 Grad nördl. Breite die ganze Küste aufgenommen; ihr unermüdlicher Eifer wurde einige Jahre nach der großen Entdeckung des Colombo durch die Entdeckung des Seewegs nach Ostindien mit den glänzendsten Erfolge gekrönt. Sie legten jetzt auch Niederlassungen in Afrika an und begannen mit dem Innern des Welttheils bekannt zu werden; ihnen folgten zunächst die Franzosen, später die Engländer und Holländer. Gleichwol waren die Fortschritte, welche die Kenntniß von Afrika in den nächsten 300 Jahren machte, im Ganzen nur unbedeutend; erst in den letzten 50 Jahren wurden die Entdeckungen im Innern Afrikas beharrlich und systematisch verfolgt.

In London wurde nämlich 1788 eine Gesellschaft gestiftet, deren Zweck dahin ging, unternehmende Männer für wissenschaftliche Reisen in Afrika zu gewinnen und ihnen die nöthige Unterstützung zu gewähren. Der Nordamerikaner John Ledyard war der Erste, auf den die Wahl der Afrikanischen Gesellschaft fiel; er reiste 1788 ab, in der Absicht, den breitesten Theil von Afrika von Osten nach Westen zu durchwandern; leider wurde er in Kairo von einem Fieber befallen, an welchem er starb. Zwar war seine wissenschaftliche Ausbildung gering, aber seine geistige und körperliche Abhärtung, Energie und Ausdauer ließen von ihm die besten Erfolge erwarten. Lucas, den die Gesellschaft als seinen Nachfolger absandte, wurde durch den Kriegszustand, welcher in mehren der Länder, die er bereisen wollte, herrschte, zur Rückkehr genöthigt. Im Jahre 1790 ging Major Houghton, der mit den Sitten der Neger bereits durch Erfahrung bekannt war, mit Unterstützung der Gesellschaft nach Afrika und war schon ziemlich weit im Innern vorgedrungen, als er in der Wüste von seinen Begleitern verrätherischerweise ausgeplündert und verlassen wurde; vor Allem entblößt erreichte er Jarra und starb hier 1791, wahrscheinlich ermordet. Die Wahl der Afrikanischen Gesellschaft fiel nun zunächst auf den schottischen Wundarzt Mungo Park, der sich im Jahre 1795 nach dem Flusse Gambia begab, am 20. Juli 1796 den Fluß Niger erreichte, den man bisher mit dem Senegal für identisch gehalten hatte, und seinem Laufe so lange als möglich folgte. Im Jahre 1805 unternahm er eine zweite Reise auf Kosten der Regierung und zwar nicht, wie die frühern Reisenden, in Begleitung einer Karavane, sondern mit 36 Europäern, worunter 6 Matrosen, die übrigen Soldaten waren; er hatte die Absicht, mit ihnen, sobald sie den Niger erreicht hätten, zwei Boote zu erbauen und den Fluß hinabzufahren. Nur mit sieben seiner Begleiter, die sämmtlich von den Wirkungen des Klimas sehr angegriffen waren, erreichte er den Niger; hier ließ er ein kleines Boot bauen und schiffte sich am 17. November 1805 ein, entschlossen, den Niger bis zu seiner Mündung zu verfolgen, wenn auch alle seine Begleiter umkommen sollten; er kam durch Timbuktu und mehre andere Städte, ertrank aber am Ende am Niger bei Buffa, als er sich einem Angriffe bewaffneter Neger durch Schwimmen zu retten suchte.

Im Jahre 1797 wählte die Afrikanische Gesellschaft einen Deutschen, Hornemann aus Hildesheim, der Kairo am 5. September 1798 mit der Absicht verließ, so weit als möglich nach Süden und Westen vorzudringen. In seinen letzten Berichten, die er am 12. April 1800 verfaßte, als er eben im Begriff stand, mit einer Karavane von Bornu abzugehen, sprach er die zuversichtliche Hoffnung aus, weiter ins Innere vorzudringen, als je ein europäischer Reisender; seitdem hat man nie wieder etwas von ihm gehört, doch hat man Gründe, zu vermuthen, daß er in Timbuktu gestorben sei. Sein Nachfolger Nicholls kam im November 1804 im Meerbusen von Benin in Guinea an und starb bald nachher an einem dort herrschenden Fieber. Darauf wurde der Deutsche Roentgen aus Neuwied nach Afrika gesandt, der auf die Erlernung der Landessprachen den größten Fleiß gewandt hatte; er reiste in muselmännischer Tracht, wurde aber von seinen Führern auf dem Wege nach Timbuktu 1811 ermordet. Der letzte von der Gesellschaft ausgeschickte Reisende war der Schweizer Burckhardt aus Lausanne, welcher mehre Jahre (1806—9) dazu angewandt hatte, um sich mit der Sprache und den Sitten des Volkes, das er besuchen wollte, genauer bekannt zu machen, und alle einem Reisenden nothwendigen Eigenschaften in einem seltenen Grade vereinigte. Er schiffte sich am 14. Februar 1809 in England nach Malta ein, bereiste in der Tracht eines syrischen Kaufmanns Syrien, Ägypten und Nubien, nahm 1814 an dem Zuge von mehr als 80,000 Pilgern von Mekka nach dem Berge Ararat Theil und galt im Morgenlande allgemein für einen Eingeborenen und rechtgläubigen Muselmann. 1815 kehrte er nach Kairo zurück und starb daselbst 1817, als er eben im Begriff war, mit einer Karavane durch die Wüste nach Fezzan abzureisen. *)

Im Jahre 1816 sandte die englische Regierung eine Expedition unter Capitain Tuckey nach dem Flusse Kongo oder Zaire, den man damals für einerlei mit dem Niger hielt; Tuckey verfolgte den Lauf des Kongo 60 Meilen weit, ohne zu einem Resultate zu kommen. Wichtiger war die Reise des Engländers Bowdich, welcher 1817 von der Colonie Cape Coast Castle in Oberguinea aus das Land der Ashantis erforschte und hier eine kraftvolle Negernation fand. 1818—20 bereiste der Capitain Lyon Nordafrika, besuchte mit seinem Freunde Ritchie, welcher 1819 in Murzuk starb, die Troglodytenhöhlen der Gharianstämme und drang bis zur südlichsten Stadt des Königreichs Fezzan vor. Im September 1821 gingen wieder drei Engländer, Dudney, Clapperton und Denham, nach Tripolis, um von hier über Murzuk und Bornu durch die Wüste Sahara bis zum Niger vorzudringen. Der Erste von ihnen starb schon in Murzuk, die beiden Andern kamen glücklich durch die Wüste, erreichten den merkwürdigen großen Landsee Tsad, in den sich die großen Flüsse Shary und Yaou ergießen, und reisten durch die Königreiche Bornu, Haussa und das Land der Fellatahs nach Sakkatuh; von hier traten sie ihren Rückweg an und kehrten 1825 nach England zurück. Noch in demselben Jahre unternahm der unermüdliche Clapperton im Auftrage der englischen Regierung eine neue Reise nach Afrika und drang diesmal von der Bai von Benin aus nach Sakkatuh vor, starb aber 1827 in der Nähe dieser Stadt. Der britische Major Laing reiste 1824 von Tripolis aus nach der großen Stadt Timbuktu im Innern, erreichte sie im August 1826, blieb mehre Wochen hier, mußte aber entfliehen und wurde auf der Rückreise ermordet. Von der Südspitze Afrikas aus wurden eine Menge zum Theil sehr interessanter Expeditionen unternommen, die wir hier übergehen, weil es keiner von ihnen gelungen ist, sehr weit in das Innere einzudringen.

Eine der schwierigsten und interessantesten Aufgaben in der Geographie von Afrika hat lange Zeit die Erforschung der Mündung des Niger gebildet, eine Aufgabe, die erst nach zahllosen vergeblichen Bemühungen gelöst worden ist. Mungo Park hatte diesen Fluß, der von den Eingeborenen Dscholiba, d. h. großes Wasser, genannt wird, zuerst bei Sego, der Hauptstadt von Bambarra, erblickt und bezeichnete ihn als langsam in östlicher Richtung fließend. Er verfolgte seinen Lauf etwa 65 Meilen weit und hörte, daß er bis zu den Quellen noch zehn Tagereisen habe. Clapperton belehrt uns, daß der Niger in Sakkatuh den Namen Quorra führt; unter welchem er auf den meisten Landkarten erscheint; der Name Niger ist ihm früher nur deshalb beigelegt worden, weil man ihn mit dem von Ptolemäus erwähnten Niger für einen und denselben Fluß hielt. In Ermangelung sicherer Nachrichten stellten die Geographen in Bezug auf diesen Fluß die verschiedensten Vermuthungen auf; Einige meinten, er fließe in den Nil, Andere, er ergieße sich in einen großen Landsee. Der Major Rennell, der als Geograph eine bedeutende Autorität hatte, kam zu dem Schlusse, daß der Niger, nachdem er bei Timbuktu vorbeigeflossen, etwa 200 geo-

graphische Meilen in östlicher Richtung fließe und sich dann in den großen See Wangara ergieße; Andere waren der Meinung, daß er sich in der Wüste verliere; noch Andere hielten dafür, daß der Kongo oder Zaire den Ausfluß des Niger bilde. Major Laing fand jedoch, daß die Quelle des Niger nicht mehr als 1600 Fuß über der Meeresfläche liege, womit bewiesen war, daß er nicht in den Nil fließen könnte; schon früher hatten Denham und Clapperton bewiesen, daß er sich nicht in den See von Bornu ergieße. Völlig befriedigenden Aufschluß über den Lauf und Ausfluß des Niger gaben endlich die Gebrüder Richard und John Lander, von denen der Erste der treue Begleiter und Diener Clapperton's gewesen war, der in seinen Armen gestorben ist. Nachdem er die Herausgabe der Tagebücher seines vormaligen Herrn in England besorgt hatte, suchte er bei der Regierung um Unterstützung behufs eines neuen Versuchs, die Mündung des Niger zu entdecken, nach; als sein Gesuch gewährt worden war, verließen beide Brüder am 9. Januar 1830 England und kamen am 22. März in Cape Coast Castle an. Von hier begaben sie sich zu Pferde nach Bussa am Niger und schifften sich auf demselben ein. Nahe bei Funda vereinigt sich der Niger mit einem großen Flusse, Tschadda, der nach Aussage der Eingeborenen in gerader Richtung aus dem 15 Tagereisen östlich liegenden See Tsad herkommen soll. Unterhalb dieser Stelle wurden die Reisenden von einer aus 30—40 Booten bestehenden Flottille einer kriegerischen Völkerschaft verfolgt und gefangen genommen, später aber an einen Sklavenhändler verkauft. Auf dessen Schiff erreichten sie am 18. November auf dem Flusse Nun oder Brasse, einem Arme des Niger, das Meer einige Meilen östlich vom Cap Formosa und wurden hier von einer an der Mündung des Flusses stationirten englischen Brigg in Freiheit gesetzt. Durch ihre Reise ist es nunmehr vollständig bewiesen, daß die Flüsse Nun, noch mehr Kalabar und Benin, die sich an der Küste von Oberguinea ins Meer ergießen, sämmtlich Arme des großen Flusses Niger sind, der unweit der Quellen des Senegal entspringt, erst in östlicher, dann in südlicher Richtung fließt, mit dem großen Landsee Tsad in Verbindung steht und an seinem Ausflusse wie der Nil ein Delta bildet; die Länge seines Laufs schätzt man auf etwa 500 geogr. Meilen. Im Juni 1831 kamen die beiden Brüder wieder in England an, reisten aber schon im folgenden Jahre wieder ab, um mit drei Dampfschiffen, welche eine Gesellschaft von Kaufleuten in Liverpool hatte ausrüsten lassen, den Niger hinaufzufahren und Handelsverbindungen mit den Eingeborenen anzuknüpfen. Sie liefen in der That in die Mündung des Niger ein, fuhren später den Tschadda hinauf und legten auf einer kleinen, von einem Negerfürsten erkauften Insel ein Fort an, das als Niederlage für britische Waaren dienen sollte, knüpften auch später mit den Fellatah-Negern in der Stadt Rabba freundlichen Verkehr an. Durch Krankheit wurde aber Richard Lander genöthigt, nach der Colonie Fernando Po zurückzukehren, und als er später wieder den Fluß Nun hinauffuhr, um zu dem gedachten Fort zu gelangen, wurde er von einem aus dem Gebüsche kommenden Schusse verwundet und starb an der erhaltenen Wunde am 6. Februar 1834. Von neuern Versuchen der Engländer, mittels der Schiffahrt auf dem Niger Handelsverbindungen anzuknüpfen, ist nichts bekannt geworden.

Auch Franzosen haben in der neuern Zeit wichtige Beiträge zur Kenntniß von Afrika geliefert. Mollien erreichte 1818 die Quellen des Senegal, des Gambia und des Rio Grande unweit Timbo. Caillaud er-

---

*) Im J. 1831 wurde die Afrikanische Gesellschaft mit der Königlichen geographischen Gesellschaft in London vereinigt.

forschte 1821—22 Nubien im Auftrage des Paschas von Ägypten. Douville drang 1828—30 auf eigene Kosten mit einem Gefolge von mehren hundert Menschen durch die Reiche Angola und Benguela weit in das Innere von Afrika vor, wiewol von mehren Seiten Zweifel gegen die Glaubwürdigkeit seines Reiseberichts erhoben worden sind. Eine der schwierigsten Aufgaben in der Geographie von Afrika löste René Caillié, der 1824—28 das Innere von Afrika bereiste und der erste europäische Reisende ist, welcher die große Stadt Timbuktu nicht nur erreicht hat, was vor ihm schon dem Engländer Laing, wahrscheinlich auch Mungo Park gelungen war, sondern auch glücklich von derselben zurückgekehrt ist und über sie Nachrichten bekannt gemacht hat, weshalb er auch den von der Geographischen Gesellschaft in Paris ausgesetzten Preis erhielt. Unter den Deutschen, welche Afrika in der neuern Zeit bereisten und sich dabei nicht auf die Küstenländer beschränkten, sind außer Denen, die bereits oben als Solche, die im Auftrage der londoner afrikanischen Gesellschaft reisten, namhaft gemacht worden sind, vorzüglich Eduard Rüppell aus Frankfurt am Main, der Östreicher Russegger, der Fürst von Pückler-Muskau und der Herzog Maximilian von Baiern zu nennen, welche sämmtlich von Ägypten aus in Nubien und Kordofan tief nach Süden vordrangen, sowie der preußische General von Minutoli, welcher von Ägypten aus westlich durch die libysche Wüste bis zum Tempel des Jupiter Ammon reiste.

Die Schule von Athen.

Unter den Werken des unsterblichen Rafael Sanzio d'Urbino nehmen seine Frescomalereien im vaticanischen Palaste zu Rom einen ausgezeichneten Platz ein. Im Jahre 1508 wurde er auf Veranlassung seines Landsmannes Bramante, des Wiederherstellers der Baukunst in Italien, vom Papst Julius II. nach Rom berufen, um jenen Palast durch seine Kunst zu schmücken. Diese Arbeit beschäftigte ihn mehre Jahre; die von ihm gelieferten Frescomalereien sind unter dem Namen der Stanzen und Logen Rafael's bekannt und in zahlreichen Abbildungen und Kupferstichen vervielfältigt. Den Anfang machte er mit dem zweiten Zimmer neben dem großen Saale des Konstantin, der sogenannten stanza della segnatura, auf deren Steinwänden er den Streit der Kirchenväter, die Schule von Athen, den Parnaß, Kaiser Justinian und Papst Gregor X. nebst mehren allegorischen Figuren malte. Von diesen Bildern ist das zweite in unserer Abbildung wiedergegeben; es stellt eine Versammlung von Griechen vor, die sich in verschiedenen Gruppen über wissenschaftliche Gegenstände besprechen, zum Theil auch einzeln mit Lesen beschäftigt oder in Nachdenken versunken sind. Daß sie dem Alterthume angehören, zeigt ihre Tracht sogleich, und daß die schöne Halle, in der sie sich befinden, literarischen Beschäftigungen gewidmet ist, deuten schon die vorn zu beiden Seiten befindlichen Bildsäulen des Apollo, des Gottes der Dichtkunst, und der Minerva, der Göttin der Weisheit, an; hinter diesen stehen seitwärts die Bildsäulen der Musen, die ihrer Stellung nach nicht vollständig zu sehen sind. Bei einigen Gruppen ist der Gegenstand ihrer Betrachtung durch Symbole näher bezeichnet, wie bei der vordersten Gruppe rechts der Cirkel und die Kugeln auf geometrische Untersuchungen.

Unter den altathenischen Schulen — bei denen man mehr an unsern heutigen akademischen Unterricht als an Schulen im neuern Sinne zu denken hat, von denen die Alten nichts wußten — waren die der Philosophen und der Rhetoriker oder Lehrer der Redekunst die bedeutendsten und berühmtesten. Die griechischen Philosophen lehrten aber nicht, wie die neuern, in finstern Hörsälen, sondern in offenen Hallen und heitern Gärten, die mit Bäumen bepflanzt und mit Bildsäulen geschmückt waren und zu verschiedenen Zeiten zu Übungen des Geistes und des Körpers benutzt wurden. Solche freundliche Sitze der Wissenschaft hießen Gymnasien, ein Name, der ursprünglich einen blos zu gymnastischen Übungen bestimmten Ort bedeutete; die berühmtesten derselben waren die Akademie der Platoniker, das Lyceum der Peripatetiker, die Säulenhalle oder Stoa der Stoiker und der Garten der Epikuräer. *) Kein anziehenderer Schauplatz — sagt ein trefflicher Geschichtschreiber — läßt sich denken, als jene Gärten und Hallen der Philosophen zu Athen, zum Theil aus dem Privateigenthume der Lehrer, zum Theil aus den freiwilligen Gaben der Schüler, aus testamentarischen Geschenken von Freunden der Weisheit erwachsen und im erblichen Besitze der verschiedenen Schulen Jahrhunderte hindurch verharrend. Nahe bei der Stadt, zwischen den Bächen Kephissus und Ilissus, dehnten sich die vorzüglichsten derselben aus. In der Mitte hausten die Epikuräer, nördlich von ihnen die Platoniker, südlich die Schüler des Aristoteles. Lehrer und Schüler lebten wie eigene Gemeinwesen in wohlgeordneter Verfassung beisammen, aber auch den Fremden war der Zutritt erlaubt. Zweitausend Schüler hörten die Vorlesungen Theophrast's, und die Schulen der Beredtsamkeit waren noch zahlreicher besucht als die der Philosophen. Die Genügsamkeit der Lehrer verlangte nur eine geringe Bezahlung, ihre Frugalität diente den Schülern zum Vorbilde; sie lebte nur für die Weisheit. Die Eroberungen Alexander's und selbst die Herrschaft der Römer vermehrten noch den Glanz dieser Schulen. Aus allen Ländern der weitverbreiteten griechischen Zunge, sowie aus dem fernsten Abendlande strömten wißbegierige Jünglinge dahin, und wiewol in der politischen Sphäre die Freiheit zu Grunde gegangen, so dauerte sie doch in den Schulen der Philosophen fort. Auch in andern Städten, vornehmlich in Rhodus und Alexandrien, waren berühmte griechische Schulen, doch erreichten sie den Glanz der athenischen nicht. Die allmälig aufkommenden Schulen der Römer erschienen gegen die griechischen in einer ärmlichen Gestalt.

Das Bagno zu Brest.

Frankreich besitzt drei Bagnos, von denen das in Brest das bedeutendste ist und für das am besten organisirte gilt. Dieses soll daher hier vorzugsweise betrachtet werden. Es ist bekannt genug, was sonst die Galeeren-

strafe besagen wollte; die Galeerensklaven waren an den Ruderbänken angeschmiedet und leisteten auf der königlichen Marine sehr nützliche Dienste. In den Häfen mußten Aufbewahrungsorte für sie sein, und nach der Abschaffung der Galeeren wurden sie ausschließlich hier untergebracht. Es kam jetzt nur noch darauf an, den Sträflingen eine nützliche Beschäftigung anzuweisen, und die Zwangsarbeiten folgten auf die Galeerenstrafe. Anfangs wurden die Sträflinge nur zu den härtesten, ekelhaftesten Arbeiten im Arsenale verwendet, aber allmälig wurde der Kreis ihrer Beschäftigungen weiter ausgedehnt; sie wurden ganz zur Verfügung der Hafen- und Marinebeamten gestellt und überschritten nun den Umkreis des Arsenals. Man glaubte große Ersparnisse zu machen, wenn man Menschen, die fast umsonst arbeiteten, so schien es wenigstens, zu Beschäftigungen verwendete, die man früher hatte bezahlen müssen. Die Sträflinge drangen nun in die Stadt, in den Straßen hörte man Kettengerassel und wurde überall durch das empörendste Schauspiel beleidigt. Dabei blieb man nicht einmal stehen, und es kam sogar vor, daß Sträflingen von höherer Bildung der Unterricht der Jugend übertragen wurde. Diese Misbräuche haben wol so ziemlich aufgehört, und die Gefangenen sind mit wenigen Ausnahmen jetzt auf das Bereich des Arsenals beschränkt.

Das Bagno in Brest wurde vom Ingenieur Choquet-Lindu erbaut und im Jahre 1752 beendet. Das ungeheure Gebäude entspricht seiner Bestimmung vollkommen und genügt allen Anfoderungen der Gesundheit und Reinlichkeit. Die Länge desselben beträgt 420 Fuß, und der äußere Anblick macht trotz der Schmucklosigkeit einen gefälligen Eindruck. Der ganze innere Raum ist in sechs Säle abgetheilt, von denen sich in drei verschiedenen Stockwerken in jedem zwei befinden. Dieselben werden sämmtlich von dem in der Mitte befindlichen Pavillon beherrscht. Von diesem aus wird durch ein großes eisernes Gitter, welches die Gänge zu den einzelnen Sälen schließt, die Aufsicht über diese geführt. Wenn Unruhen ausbrechen sollten, so können sämmtliche Säle in ihrer ganzen Ausdehnung von Gewehr- oder Kanonenfeuer bestrichen werden, welches von hier zu diesem Zwecke angebrachten Schießscharten ausgehen würde. Die Säle sind in ihrer ganzen Ausdehnung von einer Scheidemauer durchzogen, welche in Zwischenräumen von je 14 Fuß durchbrochen ist, sodaß die dadurch entstehende Öffnung einem Fenster gegenüber liegt und die freie Circulation der Luft gestattet. In der Dicke dieser Mauer sind Küchen, Brunnen, Schenktische u. s. w., die alle von Gittern umschlossen werden, angebracht. Die Feldbettstellen sind an jeder Seite an die Scheidewand angelehnt, sodaß zwischen dieser und der äußern Mauer ein Gang für die Wächter und die Gefangenen übrig bleibt. Die Säle werden des Nachts erleuchtet; jeder Saal faßt 700 Menschen. Die Gefangenen werden des Abends an der großen Kette befestigt, welche durch den ganzen Saal läuft. Morgens, wenn die Zeit, zur Arbeit aufzubrechen, gekommen ist, werden sie losgemacht und bleiben nur noch paarweise aneinander gefesselt. Hierbei nimmt man gewöhnlich darauf Bedacht, die verschiedensten Charaktere mit einander in Verbindung zu bringen, um alle Versuche zur Flucht zu verhindern. Diese Maßregel mag vom policeilichen Standpunkte aus vortrefflich sein, aber sie ist höchst grausam und bringt oft einen Unglücklichen mit einem verderbten und unverbesserlichen Verbrecher in eine unzertrennliche Verbindung. Der Eine muß die Flüche, Gotteslästerungen und schmu-

---

*) Die Akademie hat ihren Namen von dem Athener Akademos oder Hekademos, der dieses Grundstück zum Behuf der Errichtung eines Gymnasiums dem Staate schenkte, das Lyceum oder Lykeion von dem in der Nähe stehenden Tempel des Apollo Lykeios, d. h. Wolftödter.

zigen Reden des Andern hören, muß mit ihm essen, schlafen und natürlich am Ende in dieselbe Versunkenheit verfallen.

Nur während der Nacht, während der Mahlzeiten und an den Sonntagen sind die Gefangenen in den Sälen versammelt, wenn nicht anders dringende Arbeiten ihre Anwesenheit im Arsenale nothwendig machen. Am Tage bleiben sie nur zur Strafe und in Krankheitsfällen zurück. Der Anblick der Säle, wenn alle Bewohner versammelt sind, ist ein gräßliches Schauspiel. Während die Einen mit kleinen Arbeiten beschäftigt sind, kauern die Andern in ihren Betten oder schlafen; die Einen schwatzen, lachen, spielen, während Andere finster und in sich versunken dasitzen. Diese Zeiten muß der Neugierige zu seinem Besuche wählen. Das Gitter öffnet sich und es entsteht ein Gemurmel in den ungeheuern Sälen. Diejenigen, die eine kleine Auswahl von Waaren haben, treten aus den Reihen, um ihre Stroharbeiten, Ringe, Schnitzwerke von Kokosnüssen, Haarketten zum Verkauf anzutragen. Die Verkäufer folgen den Besuchenden bis zu einem gewissen Punkte, dann sie dürfen die ihnen von der Polizei gesteckten Grenzen nicht überschreiten; im Allgemeinen sind sie höflich und entblößen das Haupt, wenn man bei ihnen vorübergeht. Das Mitleid befiehlt und die Klugheit räth, einige Kleinigkeiten zu kaufen. Auf seine Uhr, sein Schnupftuch mag man jedoch immer ein wachsames Auge haben.

Die Fremden drängen sich gewöhnlich sehr zu diesen Besuchen, zum großen Verdrusse der Bewohner von Brest, welche ihnen als Führer dienen müssen. Besonders legen die Damen hierbei eine ungewöhnliche Neugierde an den Tag. Sie stehen bei jedem Schritte still, um zu beschauen, zu befühlen, zu fragen; sie lassen sich mit den Sträflingen in lange Gespräche ein und handeln und feilschen wie in den Modemagazinen mit einer Langsamkeit und Unentschlossenheit, welche die Begleitenden oft für sie zittern macht.

Eine Folge der gegenwärtigen Verhältnisse ist es, daß der Verurtheilte verderbter in das Bagno kommt, als er es vor dem Assisengericht war, und wenn er das Bagno verläßt, den höchsten Grad der moralischen Verderbniß erreicht hat. Durch die Verordnung vom 9. December 1830 ist indeß in der Transportweise der Gefangenen schon eine wesentliche Verbesserung bewirkt worden; dieselben werden jetzt auf großen zellenförmigen Wagen mit Postpferden weggeschafft.[*] Dadurch ist wenigstens den Neugierigen in Bicêtre, welche, wenn sonst die Galeerensträflinge abgingen, begierig zusammenströmten, ein erniedrigendes Schauspiel entzogen worden. Diese Unglücklichen, welche fast unter der Last ihrer Eisenbande erlagen und von den Karren, an welche sie angeschmiedet waren, aufs jämmerlichste zusammengerüttelt wurden, mußten dem Tage ihrer Ankunft im Bagno sehnsüchtig entgegenharren. Auch schien sich ihrer, mit Ausnahme einiger ganz Verhärteten, bei ihrer Ankunft eine gewisse Freude zu bemächtigen. Vor ihrem Einzuge in die Stadt verstrich indeß noch eine Frist; die zerstreuten Karren mußten sich erst sammeln und den Blicken des neugierigen Pöbels ausgesetzt bleiben. Währenddessen erhoben sich die Notabilitäten des Zuges von ihren Bänken, gesticulirten, haranguirten das Volk und führten die schamlosesten Reden. Sie wußten, daß ihre Kleider im Bagno verbrannt werden würden; deshalb rissen sie sich dieselben vom Leibe und warfen die Stücke unter das Volk. Die halbnackten Gestalten mit dem

eisernen Halsbande boten einen unheimlichen, grauenhaften Anblick dar. Unterdeß gingen die berüchtigsten Namen in der umstehenden Menge von Mund zu Mund, und man suchte Diejenigen, die in den Zeitungen erwähnt waren, herauszufinden. Dann und wann erhob sich mit stolzer und selbstzufriedener Miene ein Verurtheilter, und das Volk schrie: „Das ist er! Laßt mich ihn sehen!"

Jetzt hat dieser Skandal gänzlich aufgehört. Die Transportirung in den verschlossenen Wagen hat etwas Geheimnißvolles und Ernstes, was dem Wesen der Justiz vollkommen angemessen ist. Die Strafe folgt dem Urtheile auf dem Fuße, und die Schnelligkeit, mit welcher der Verurtheilte binnen weniger Stunden vom Assisengericht ins Bagno versetzt wird, verfehlt ihren Eindruck auf die Einbildungskraft nicht. Das Fortführen an der Kette ließ noch Widersetzlichkeit zu, ja die große Zahl der Gefangenen mochte sogar Furcht einflößen. Jetzt sieht man nur noch den Wagen, der im Vorüberschwinden die Ohnmacht des Verbrechens gegen das Gesetz offenbart. Die zellenförmig abgetheilten Wagen machen ein Entweichen während des Transports fast unmöglich.

Sobald die Gefangenen an ihrem Bestimmungsorte anlangen, überzeugt man sich von ihrer Identität. Man nimmt ihnen ihre Kleider, badet sie, rasirt sie und legt ihnen die Livrée des Orts an, den Kittel und die Mütze. Sonst war dies auch ein öffentliches Schauspiel. Während einiger Tage erhalten die Sträflinge noch eine besondere Nahrung. Wenn endlich alle diese Präliminarien beendet sind, so paart man sie, vertheilt sie in den Sälen und verwendet sie zu den Arbeiten im Arsenale. Diese Arbeiten sind verschiedener Art, aber alle an und für sich nicht besonders beschwerlich. Die Sträflinge werden je nach ihren Fähigkeiten, ihren Kräften und ihrem Betragen verwendet. Die Verwaltung entwirft jedes Jahr einen Tarif der Arbeitspreise.

Die Sträflinge sind paarweise zusammengeschmiedet. Die Ketten haben eine verschiedene Länge und bestehen je nach der Beschaffenheit der Arbeiten aus 18, 36 oder 72 Ringen. Die Kette ist am Handgelenke oder mit einem eisernen Ringe am Fuße befestigt. Die Paarung der Sträflinge ist nicht unumgänglich nothwendig, und diejenigen, welche sich gut aufführen und schon fünf Jahre ihre Strafe abgebüßt haben, werden dieses Zwanges enthoben. Diese tragen die sogenannte gebrochene Kette, welche nur drei Ringe hat und 18 Zoll lang ist. Dieselbe wird über dem Knie befestigt und hindert weit weniger beim Gehen und bei der Arbeit. Sie ist das einzige Mittel, die weniger Verderbten einer gefährlichen Berührung zu entziehen.

Den Reglements zufolge sollen die Sträflinge so viel wie möglich von den andern Arbeitern getrennt werden; aber in der Wirklichkeit gestaltet sich die Sache ganz anders, und in den meisten Fällen ist es unmöglich, eine so gefährliche Berührung zu verhüten, so lange man die Sträflinge zu den Arbeiten im Arsenale verwendet. Wenn ein Schiff ausgerüstet werden soll, so wird augenblicklich eine Schar Sträflinge an Bord desselben geschickt, und diese drängen sich unter die Seeleute, ohne daß die Wachsamkeit der Aufseher dies verhüten könnte oder vielleicht auch nur wollte; man begnügt sich, ihre Entweichung zu verhindern. Ein Sträfling sagte einst zu einem Matrosen: „Mein Sklavendienst dauert noch drei Jahre, der deinige hört nie auf."

Überall im Hafen sieht man Galeerensklaven; zur Behauung der Steine, zur Reinigung des Hafens, zur Transportirung der Baumaterialien, zum Sägen des

---

[*] Vergl. Pfennig-Magazin Nr. 270.

Holzes ist eine große Menge derselben erforderlich. Andere sind in den Werkstätten beschäftigt, denn man findet unter ihnen natürlich geschickte Arbeiter jeder Art, die dann auch verhältnißmäßig bezahlt werden. Zuweilen kommt es sogar vor, daß hier nicht unwichtige industrielle und mechanische Erfindungen gemacht werden, und ganz kürzlich noch haben zwei Galeerensklaven Herrn Arago eine Maschine übersendet, welche bestimmt ist, die Explosion der Dampfkessel zu verhindern; die Akademie hat sich zu Gunsten dieser Erfindung ausgesprochen. Die Sträflinge werden auch in den Schmieden gebraucht, und man kann in der vollen Bedeutung des Worts von ihnen sagen, daß sie ihre Ketten selbst schmieden. Noch auffallender ist es vielleicht, daß die Krankenwärter des Marinehospitals, die Köche, die Gärtner u. s. w. aus ihrer Mitte genommen werden. Die Menschlichkeit kann gegen eine Erleichterung der Strafe nichts einwenden, aber ein gewisses Maß müßte doch hierbei gehalten werden. Als Krankenwärter sind sie allerdings brauchbar, und in der Zeit der Cholera haben sie beweise des höchsten Muthes und der größten Aufopferung abgelegt, aber dennoch ist es gefährlich, diesen Menschen einen so weiten Spielraum zu lassen.

Die Sträflinge werden im Allgemeinen nur als Instrumente, als Tagelöhner im Dienste der Marinebeamten betrachtet. Man nutzt ihre Fähigkeit so gut wie möglich, aber der moralische Gesichtspunkt bleibt ganz außer dem Spiele. Wenn ihr Betragen zufriedenstellend ist, so werden sie wol belohnt, aber das hängt größtentheils von den Launen des Zufalls ab. Für die moralische Besserung der Übrigen sorgt man nicht, sie vegetiren wie es eben geht und mögen sich nach Belieben bessern oder noch tiefer sinken; man ist nur auf der Hut vor ihnen und schmiedet sie wie die wilden Thiere an. Im Jahre 1828 kam man auf den glücklichen Einfall, sie in verschiedene Classen abzutheilen. Damals gab es einen Prüfungssaal, in welchem Diejenigen untergebracht wurden, die sich durch ihr gutes Betragen auszeichneten; das wurde indeß bald wieder zu umständlich befunden. Jetzt sind Alle ohne Unterschied untereinander gemischt. Nur der Saal der Invaliden, in welchem die Alten und Gebrechlichen hausen, macht eine Ausnahme. Dieser Saal macht unzweifelhaft den schmerzlichsten und peinlichsten Eindruck. Da ist ein wirres Durcheinander von gebrechlichen Greisen, Verstümmelten, Amputirten, welche die Verzweiflung und Gewissensbisse in einen Zustand thierischer Verdumpfung versetzt haben. Der Eine kommt lachend und singend den Eintretenden entgegen, das ist ein Vatermörder. Ein Anderer, der traurig und niedergedrückt dasitzt, hat seinen jetzigen Aufenthalt der Freiheit vorgezogen, denn er hat keine Familie mehr und ist unfähig zu jeder Arbeit. Ein Dritter, den der Wahnsinn noch nicht ergriffen hat, ist eine Beute der wüthendsten Verzweiflung. Lange Zeit waren diese Unglücklichen ganz unbeschäftigt, jetzt läßt man sie spinnen, Wolle kratzen u. s. w.

Des Morgens verlassen alle Sträflinge die Säle, um je nach den Bedürfnissen des Arsenals verwendet zu werden; Art und Beschaffenheit der Arbeit sind nicht fest bestimmt, sondern hängen von den Anfoderungen des Augenblicks ab. Die Galeerensklaven sind in verschiedene Compagnien abgetheilt und marschiren immer zu zweien. Die Bekleidung ist häßlich, aber bequem; und sie besteht aus einer Mütze, einem Kittel, weiten Beinkleidern von Leinwand oder von grobem Tuche. Die Farbe ist häufigen Veränderungen unterworfen gewesen; jetzt ist sie roth, gelb und grün. Die Beinkleider sind

gelb, der Kittel roth und die Ärmel, Aufschläge oder Kragen gelb, um die zweimal Verurtheilten, die lebenslänglich Gefangenen und die Verdächtigen unterscheiden zu können. Die auf eine bestimmte Zeit Verurtheilten tragen eine rothe Mütze, die lebenslänglich Verurtheilten und die Verdächtigen eine grüne. Der Arbeitslohn steht im Verhältniß zur Beschaffenheit der Arbeit. Die Tagelöhner erhalten 5—35 Centimes, die Arbeiter den siebenten Theil des Lohnes der freien Arbeiter. Wie schrecklich nun auch der Zustand der Galeerensklaven ist, so muß man doch anerkennen, daß die Regierung Manches gethan hat, um eine Verbesserung ihrer Lage vorzubereiten; nur Schade, daß die Grundlage, auf der das ganze Gebäude ruht, so schadhaft ist und eine Ausbesserung im Einzelnen nicht viel helfen kann. Eine sehr zweckmäßige Einrichtung war die Anlegung einer Sparkasse für die auf eine bestimmte Zeit Verurtheilten, und es wäre nur zu wünschen, daß diese Wohlthat auch den auf Lebenszeit Verurtheilten zu Gute käme, denn auch sie dürfen eine Milderung ihrer Strafe hoffen. Die aus dem Bagno Entlassenen erhalten eine Summe von 20 Francs; der Überschuß ihrer Ersparnisse wird den Maires der Gemeinde überwiesen, in welcher sie ihren Aufenthalt nehmen.

(Der Beschluß folgt in Nr. 328.)

Der Pulque oder mexicanische Wein.[*]

Der Pulque, das Lieblingsgetränk der eingeborenen Mexicaner, ist der gegohrene Saft der Agave americana, von scharfem säuerlichen Geschmack und frisch von weißlicher Farbe. Man gewinnt ihn, indem man zur Zeit, wo die Pflanze im Begriff ist zu blühen, die innern Herzblätter derselben herausbricht und dadurch eine napfförmige Höhlung bildet, welche bedeckt wird und in der sich der Saft in großer Menge sammelt. Den Ausländern ist der Geschmack dieses kühlenden und an sich der Gesundheit zuträglichen Getränks anfangs unangenehm, doch gewöhnen sie sich leicht daran, nur trinken sie es in der Regel frisch, wenn es noch wenig gegohren ist; die Eingeborenen trinken es dagegen am liebsten, wenn es in die faulende Gährung überzugehen anfängt, in welchem Zustande es sehr berauschend ist. Ein anderes sehr angenehmes Getränk, Tepache genannt, erhält man, wenn man den Pulque mit der Hälfte seiner Menge Wasser und einer Quantität Rohzucker vermischt und in einem leicht bedeckten Gefäße einige Stunden stehen läßt. Er geräth dann in leichte Gährung und bildet ein dem besten Biere an Farbe, Geschmack und Stärke ähnliches Getränk, das sich aber nicht über zwei Tage hält. Steht die Mischung länger, so verwandelt sie sich in eine gute Art Essig, die in Mexico allgemein in Gebrauch ist. Bei dem ungeheuern Verbrauch von Pulque ist der Anbau der Agaven außerordentlich einträglich, wiewol der Preis des Pulque äußerst niedrig ist und jede Pflanze nur einmal Saft liefert.

Das Grab Aaron's.

Die Bibel erzählt uns, daß der israelitische Hohepriester Aaron gleich seinem jüngern Bruder Moses das gelobte Land nicht erreicht habe, sondern zur Strafe für seine Kleingläubigkeit und seinen Mangel an Vertrauen zu Gottes Allmacht, namentlich aber für die

[*] Vergl. Pfennig-Magazin Nr. 299.

schwere Versündigung, deren er sich durch Ausstellung eines goldenen Kalbes als Symbols Jehovah's schuldig machte, schon an der Grenze des Landes der Edomiter, im Südosten Palästinas, auf dem Berge Hor, den man für identisch mit dem Berge Dschebel nabi Harun oder Sidna Harun hält, gestorben sei. Noch ist sein Grab in der ganzen Gegend weit und breit sichtbar; erst in der neuern Zeit wurde es von Burckhardt wie=

der aufgefunden, nachdem es Jahrtausende lang Juden und Christen gleich unbekannt geblieben war. Die Ara= ber zeigen es in der Nähe von Petra, bei den Ruinen von Wady Musa, anderthalb Tagereisen südlich vom todten Meere; die Wüste, in der es liegt, führt den Namen El Tyh, d. h. die Wanderung, vermuthlich vom Zuge der Israeliten, welche durch dieselbe kamen.

Das Grab Aaron's.

Verantwortlicher Herausgeber: Friedrich Brockhaus. — Druck und Verlag von F. A. Brockhaus in Leipzig.

Das Pfennig-Magazin

für

Verbreitung gemeinnütziger Kenntnisse.

328.]   Erscheint jeden Sonnabend.   [Juli 13, **1839.**

Mahmud II.

In der Geschichte des türkischen Reichs muß der jetzt regierende Sultan unstreitig als Derjenige genannt werden, unter dessen Regierung jenes höchst wichtige und folgenschwere Veränderungen erlitten hat; ob sie heilsam und wohlthätig gewesen sind, ob sie den drohenden Sturz des Reichs aufhalten, eine Verjüngung der Nation herbeiführen und der europäischen Civilisation den Eingang in die Länder des Islams sichern gekonnt haben, darüber wird erst die Nachwelt entscheiden können. Sultan Mahmud, dieses Namens der Zweite, wurde am 20. Juli 1785 geboren und ist der zweite Sohn des Sultans Abdul Hamid, welcher 1789 starb. Auf diesen folgte in der Regierung seines ältern Bruders Mustapha III. Sohn, Selim III., der aber 1807 seiner Neuerungen wegen von den Janitscharen entthront wurde, welche darauf Mahmud's ältern Bruder, Mustapha IV., auf den Thron erhoben. Um sich den ruhigen Besitz der Herrschaft zu sichern, befahl dieser bei seinem Regie-

rungsantritte, seinen Bruder aus dem Wege zu räumen, allein Mahmud wurde durch den Armeezahlmeister Ramir-Effendi, welcher an der Spitze von 2000 Albanesen stand, gerettet. Schon ein Jahr darauf, am 28. Juli 1808, wurde Mustapha IV. durch den kühnen Pascha von Ruscsuk, Mustapha Bairaktar, abgesetzt, und an Jenes Stelle bestieg Mahmud den Thron. Er ernannte den Bairaktar zu seinem Großvezier; dieser führte die Neuerungen Selim's im Militairsysteme wieder ein, brachte aber dadurch die Janitscharen wider sich auf und sprengte, als er im Kampfe mit ihnen aufs Äußerste getrieben war, am 16. November 1808 sich nebst einer großen Zahl seiner Feinde in die Luft. Mahmud mußte sich nun, wiewol er sich schon damals sehr zu Reformen hinneigte, und namentlich die Armee auf europäischen Fuß einzurichten wünschte, den Foderungen der übermüthigen Janitscharen unbedingt unterwerfen, hielt es aber für die Befestigung seines Thrones für erfoderlich, den einzigen, erst drei Monate alten Sohn Mustapha's IV. erdrosseln zu lassen; Mustapha IV. selbst war bereits am 15. November 1808, sein Vorgänger Selim III. am 28. Juli desselben Jahres ermordet worden, sodaß Mahmud nun der einzige noch lebende Fürst aus dem Geschlechte Osman's war.

Seitdem ist Mahmud's Thron fast unausgesetzt von drohenden Gefahren umringt gewesen, denen er sich mit Muth und Energie entgegenstellte, die freilich bei den Türken fast immer mit Grausamkeit verbunden zu sein pflegt; aber selbst wenn man auf die Schwierigkeiten seiner Lage und die Verschiedenheit der türkischen Sitten und Ansichten gebührende Rücksicht nimmt, dürfte ich ihn von dem Vorwurfe großer Grausamkeit freizusprechen. Bald waren es innere Aufstände, bald äußere Feinde, welche das osmanische Reich und den Thron des Padischah zu stürzen drohten. Mit Rußland schloß Mahmud nach dreijährigem erschöpfenden Kriege am 28. Mai 1812 zu Bukarest, mit Persien 1823 Friede; den Aufstand des kühnen, verschlagenen und blutgierigen Ali Pascha von Janina, der sich zum Herrscher von Epirus aufgeworfen hatte, dämpfte er im Jahre 1822; die gefährlichsten Gegner des Thrones, die Janitscharen, welche den Sultan fortwährend in einer gewissen Abhängigkeit hielten und hartnäckige Gegner aller Neuerungen und der durch den fortschreitenden Zeitgeist auch in der Türkei gebotenen Verbesserungen waren, demüthigte er oder vernichtete sie vielmehr durch das Blutbad am 15. Juni 1826 und führte die Aufhebung des ganzen Corps mit eiserner Consequenz durch, wobei 15,000 Janitscharen umgebracht worden sein sollen. Minder glücklich war Mahmud in Bekämpfung seiner christlichen Unterthanen. Die Servier, welche sich schon im Jahre 1801 unter Georg Czerny erhoben, aber 1813 gänzlich unterworfen hatten, erlangten später, unter Anführung von Milosch, zwar keine völlige Unabhängigkeit, aber doch Befreiung von dem türkischen Joche und getrennte Verwaltung unter einem erblichen Fürsten. Die Griechen, welche Jahrhunderte lang in Sklaverei geschmachtet hatten, begannen 1821 den Krieg für die Freiheit, der mit unsäglichem Blutvergießen und großer Erbitterung geführt wurde und endlich die Pforte in einen abermaligen Krieg mit Rußland verwickelte, der, nachdem die Russen bis in die Nähe von Konstantinopel vorgedrungen waren, durch den Frieden zu Adrianopel am 14. September 1829 beendigt wurde. In diesem erkannte Mahmud die Freiheit der Griechen an, deren Sache vom Anfange an die lebhafteste Theilnahme der ganzen Christenheit erregt hatte; er mußte es geschehen lassen, daß Griechenland sich unter einem europäischen Prinzen zu einem selbständigen Königreiche constituirte. Kaum war der Friede wiederhergestellt, als ein empörter Vasall der Pforte, Mohammed-Ali, Pascha von Ägypten, das osmanische Reich dem Untergange nahe brachte. Längst schon war er fast nur noch zum Scheine von der Pforte abhängig, aber Ägypten und die Insel Kandia, die ihm 1830 als Statthalterschaft verliehen worden war, genügten ihm nicht mehr; sein Sohn Ibrahim nahm 1832 Syrien in Besitz, rückte darauf nach Kleinasien vor und erfocht am 21. Dec. bei Konieh über die Armee des Großherrn einen entscheidenden Sieg; unfehlbar wäre er in die Hauptstadt des türkischen Reichs selbst eingerückt, wenn nicht noch zur rechten Zeit Rußland dem bedrängten Sultan zu Hülfe gekommen wäre. Dem Pascha wurden alle Foderungen gewährt, nur die Unabhängigkeit nicht, nach der sein Streben noch immer gerichtet zu sein scheint, wiewol ein erneuter Ausbruch des Kriegs zwischen ihm und der

Pforte bis jetzt durch die europäischen Mächte verhindert worden ist; nach den neuesten Nachrichten scheint dies jedoch kaum noch länger möglich zu sein.

Seit der Aufhebung des Janitscharencorps hat Mahmud seine Armee mit Hülfe europäischer Offiziere völlig neu organisirt und auf europäischen Fuß zu bringen gesucht, namentlich nach europäischer Art uniformirt, wobei er selbst durch sein Beispiel voranging und den Turban mit dem Fes vertauschte. Auch im Übrigen hat er sich bemüht, europäische Einrichtungen und Sitten in seinem Reiche so viel als möglich einzuführen und sein Volk der Civilisation des Abendlandes näher zu bringen. Hierbei konnte es nicht fehlen, daß er bei den Anhängern des Alten mannichfachen Anstoß erregte, weil er sich nicht nur über zahlreiche Vorurtheile der Muselmänner hinaussetzte, sondern sogar durch mehre Maßregeln den Vorschriften der Religion zuwider handelte und daher die Rechtgläubigen gegen sich aufbrachte. Gleichwol führten seine Neuerungen seit der Unterdrückung der Janitscharen keinen Volksaufstand von Bedeutung herbei, so groß auch die Unzufriedenheit eines großen Theils der Nation mit dem neuerungssüchtigen Sultan sein mag. Ob übrigens seine Reformen von bleibendem und wohlthätigem Erfolg sein werden, ob Mahmud sich durch ihre Einführung ein wahres Verdienst um sein Volk erworben hat, möchte sehr zu bezweifeln sein; mit wenigen Ausnahmen ist nichts als die Form verändert. Die Armee ist zwar europäisch gekleidet und exercirt auf europäische Weise, ohne deshalb für eine auf europäischen Fuß organisirte und disciplinirte Armee gelten zu können; vieles Andere hat wol einen europäischen Anstrich erhalten, ist aber im Grunde durchaus türkisch geblieben. Für die Hauptsache, die Aufklärung des Volkes durch gehörigen Schulunterricht, hat Mahmud im Ganzen sehr wenig gethan und sich überhaupt begnügt, in seiner unmittelbaren Nähe, in der Hauptstadt, Neuerungen vorzunehmen, um die Provinzen aber sich wenig bekümmert; ganz neuerlich ist jedoch die Errichtung von sieben höhern Lehranstalten oder sogenannten Akademien in Konstantinopel, Adrianopel, Salonichi, Brussa, Smyrna, Trapezunt und Bagdad angeordnet worden. Bemerkenswerth ist noch eine Reise, die er vor einigen Jahren nach dem Nordwesten der europäischen Türkei unternahm, was eine unerhörte Abweichung von dem bisherigen Gebrauche war, nach welchem der Sultan seine Hauptstadt niemals zu verlassen pflegte.

Von Mahmud's vielen Kindern (ihre Zahl wird auf 27 angegeben) sind gegenwärtig nur noch vier Töchter und zwei Söhne am Leben. Der älteste von diesen, der muthmaßliche Thronfolger, Abdul-Medschid, ist am 20. April 1823 geboren und genießt mehr Freiheit, als je ein türkischer Thronfolger; in kurzem wird er, wie es heißt, einen Hofstaat und besondern Palast erhalten, während es bisher Regel war, daß der Thronfolger im Harem gefangen gehalten wurde. Bekanntlich hat der Sultan eine große Anzahl von Odalisken oder Concubinen, aus denen er sieben als eigentliche Frauen wählt; von diesen führt diejenige, welche den ersten Prinzen geboren hat, den Titel Favorit-Sultanin; die übrigen Mütter von Prinzen, sowie die Töchter des Sultans heißen ebenfalls Sultaninnen, die Mutter des Sultans heißt Sultana Validé. Die Töchter des Sultans werden an hohe Staatsbeamte vermählt, die aber zu einer sehr untergeordneten Rolle gegen ihre Gemahlinnen verurtheilt sind; alle von diesen geborenen männlichen Prinzen wurden früher gleich nach ihrer Geburt umgebracht, ein Gebrauch, von welchem Mahmud bei der Geburt des Sohnes einer seiner Töchter zu Gunsten der Menschlichkeit abgewichen ist.

Agrigent.

Das alte Sicilien war eines der blühendsten und glücklichsten Länder der Erde, wetteiferte an Macht mit Griechenland und Karthago und diente später als die Kornkammer Italiens. Wie wenig ist dieser schönen Insel jetzt von ihrem Reichthume übrig geblieben! Nacheinander von den Sarazenen, Normannen, Deutschen, Franzosen und Spaniern beherrscht, verwüstet und geplündert, ging sie aus den Händen aller dieser sich Jahrhunderte lang um ihren Besitz streitenden Herren verarmt und öde hervor und sieht, wie Italien und Griechenland, mit sehnsüchtiger Erwartung der Stunde ihrer wahrscheinlich noch fernen Wiedergeburt entgegen. Gegenwärtig sind es hauptsächlich die Ruinen der Vergangenheit, welche den Reisenden bestimmen können, die Meerenge von Messina zu überschreiten. Syrakus, die alte Residenz des Dionys und Gelon, liegt zwar schon lange im Staube, ist aber noch in ihren Trümmern von größerm Glanze umgeben, als die jetzigen Hauptstädte Palermo und Messina, welche in ihren Palästen und Hütten zusammen kaum 200,000 Einwohner bergen, während Syrakus allein ehemals über eine halbe Million enthalten haben soll. Außer Syrakus aber zählte Sicilien noch eine Menge blühender und mächtiger Städte: im Osten Leontini und Catana, im Süden Agrigent, im Norden Segesta, Panormus (das jetzige Palermo) und Lilybäum, vieler andern nicht zu gedenken.

Die Stadt Agrigent — von den Griechen Akragas genannt — wurde im Jahre 582 v. Chr. von den ursprünglich griechischen Bewohnern der nahen Stadt Gela gegründet, gerieth aber schon im Jahre 571 unter das Joch des blutdürstigen Tyrannen Phalaris, von dem sie erst nach sechzehnjähriger Herrschaft durch die Ermordung dieses Unmenschen befreit wurde. Von den Karthagern wurde sie zwar verwüstet, aber von Timoleon wiederhergestellt, auch später auf Befehl des römischen Senats durch eine neue Colonie verstärkt. Übrigens sind die Nachrichten der alten Schriftsteller über die Schicksale sowol als über die Lage der Stadt sehr mangelhaft. Sie war sehr fest, lag in geringer Entfernung von der Meeresküste auf vier Hügeln, von denen der bedeutendste, der Akragashügel genannt, den wichtigsten und blühendsten Theil der Stadt trug, und an zwei kleinen Flüssen, Hypsas (jetzt Naro) und Akragas (jetzt Drago); am Ausflusse des letztern befand sich der Hafen der Stadt. Die Einwohner trieben einen sehr ansehnlichen Handel und waren besonders ihrer trefflichen Pferdezucht wegen berühmt; sie sollen diese Thiere auf eine so ertravagante Weise geliebt haben, daß sie den ausgezeichnetsten nach ihrem Tode Grabmäler und Pyramiden errichteten, deren noch viele zur Zeit des römischen Schriftstellers Solinus vorhanden gewesen sein sollen.

In ihrer blühendsten Periode, etwa 400 Jahre v. Chr., soll diese Stadt über 20,000 stimmfähige Bürger, an 200,000 fremde Schutzverwandte, im Ganzen aber, mit Sklaven, Weibern und Kindern, an 800,000 Einwohner, mithin mehr als Syrakus selbst, gehabt haben. Diodor gibt zwar nur 200,000 an, scheint aber dabei die Sklaven und Fremden nicht mit zu rechnen. Wir würden diese Angabe, sowie die Erzählungen von dem Überflusse an allen Bequemlichkeiten des Lebens, der hier herrschte, für übertrieben halten, wenn nicht die ungeheure Größe der wenigen Trümmer, die über 2000 Jahre lang den gewaltsamsten Zerstörungen Widerstand geleistet haben, und die außerordentliche Ergiebigkeit und Milde der Natur uns

die Berichte der Alten glaubhaft erscheinen ließen. Diese mächtige, kolossale Stadt ist jetzt, um uns des Ausdrucks eines neuern Reisenden zu bedienen, zu einem jämmerlichen Neste zusammengeschrumpft, das noch immer den alten Namen (in Girgenti verändert) führt, aber nur aus Hütten besteht, in denen Armuth und Elend wohnen. Die Zahl der Einwohner beträgt 15—18,000, die, wie uns derselbe Reisende versichert, „den Bischof ausgenommen, welcher einer der reichsten Großen in Sicilien ist, alle ziemlich arm und zigeunermäßig sind, denen hungrige Augen und spitzbübische Mienen alle Augenblicke bereit zu sein scheinen, jedem Wohlhabenden, der sich des Nachts in den engen Straßen sehen ließe, den Krieg zu erklären". Einer der neuesten Reisenden, der Freiherr von Gaudy, welcher Sicilien im Herbste 1838 besuchte, sagt über Girgenti: „Girgenti ist trotz seiner Größe weder von außen noch von innen schön zu nennen. Vermöge seines Umfangs verliert es das originelle castellähnliche Ansehen, welches die meisten der auf Berggipfel gebauten Städte haben; die natürliche Sandsteinfarbe der Häuser sondert sich nicht von der des unterliegenden Felsens; außer den Cactushecken, welche die Mauern umdrängen, trägt der Berg fast nur Ölbäume, deren mattes Grün auf der hellgelben Folie des Bodens vollends verblaßt. Gleich allen Bergstädten hat Girgenti nur enge, winklige, düstere Gassen. Die größern Gebäude gleichen den palermitanischen sowol in Schwerfälligkeit als in ausschweifendem Geschmack ihrer Verzierungen. Die auf der höchsten Spitze liegende Kathedrale hat unter spätern Restaurationen ihre Eigenthümlichkeit eingebüßt, und nur der bemalte Dachstuhl ist von einigem Interesse. Der ohne Grund als Grab des Phalaris bezeichnete Sarkophag, welcher jetzt als Battisterio dient und dessen Basreliefs die Fabel des Hippolyt darstellen, ist von späterer römischer Arbeit. Das Chor ist geschmacklos überladen; eine schöne Osterkerze in demselben konnte ich der Horen halber nicht sehen. Die im schönsten normännischen Style gehaltene Façade des Hospitals am östlichen Stadtthore ist der Beachtung wol werth, und so mögen sich wol auch noch andere nicht üble Sachen in dem Häuserchaos versteckt halten; was wollen aber alle jene gothischen Initialbuchstaben im Vergleich mit jenen einfachen, wunderbar schönen Lettern bedeuten, mit welchen das Alterthum seine Größe unauslöschlich verewigte?"

Am Fuße des Berges, auf welchem Girgenti liegt, findet man die bedeutendsten Ruinen der alten Stadt, in den Trümmern von vier Tempeln bestehend, die genau in einer Linie von Osten nach Westen an der südlichen Stadtmauer des alten Agrigents standen und alle in demselben Style erbaut sind, nämlich dorisch und mit cannelirten Säulen. Der erste Tempel in der östlichen Ecke, gewöhnlich nach der Juno Lucina, von Andern nach der Ceres und Proserpina benannt, ist 52 Schritte lang, 23 Schritte breit und nach Kephalides eine der herrlichsten Ruinen in ganz Europa. Von ihm wie von dem folgenden Tempel sagt der erwähnte Freiherr von Gaudy Folgendes:

„Dreizehn Säulen tragen das Gebälk in der Länge, vier in der Breite; die Mehrzahl derselben ist noch schön erhalten, und namentlich nach der Stadt zu, wo noch Triglyph und Architrav auf ihnen ruht. Von dem Unterbau führen vier Stufen nach der Säulenreihe. Vor dem Eingange ist das Atrium noch vollkommen kenntlich, im Innern die Lage der Cella. Der Fußboden vor derselben senkt sich der Mitte zu, wahrscheinlich um das Regenwasser abzuführen. Die Steine greifen mittels länglicher, abgerundeter Falze ineinander,

*

Tempel der Eintracht zu Agrigent.

ohne daß ein sonstiger Kitt bemerkbar wäre. Über dem Cerestempel liegt ein antiker, trichterförmiger Brunnen, auch jetzt noch, trotz der vielfach hineingeworfenen Steine, von ziemlicher Tiefe. Von hier beginnt die Gräberstraße, anfänglich zwischen zwei Mauern eingeengt, von denen jedoch die zweite nach einigen hundert Schritten wieder verschwindet. Nur die in den natürlichen Felsen gehauene Stadtmauer zieht sich über das Thor hinaus. Oft ist der Stein kaum einen halben Fuß breit, dann wiederum gespalten, und die Spuren der künstlichen Ergänzungen sind noch zu sehen. Je breiter aber der Felsen wird, um so viel mehr Gräbernischen enthält er auch, theils in Columbarienform, theils in horizontal-länglicher, nur wenige sind senkrecht. Ein großer, des Alterthums würdiger Gedanke ist es, die Asche der Vorfahren in der Mauer der Stadt niederzulegen, ihren Manen den Schutz der Penaten anzuvertrauen und ihre Nachkommen im Kampfe für das Heiligste ihr Blut auf den Gräbern der Väter vergießen zu lassen. Der nachfolgende Tempel der Concordia trägt allzu deutlich die Kennzeichen der Restauration, und eben nicht allzu geschickter, als daß seine Schönheit nicht darunter leiden sollte, und so macht sich denn auch hier dieselbe ruhmredige Inschrift, welche schon den Tempel von Segesta verunziert, über dem Eingang breit. Die Zahl der Stufen wie die der Säulen ist der des Cerestempels gleich. Dagegen sind beide Giebel und der Sims vollkommen erhalten, ebenso die auf zwei Säulen ruhende Vorhalle, aus der man in die Cella tritt, die wiederum im Widerstreit mit der sonst gebräuchlichen Construction nicht von Mauern, sondern von viereckigen, sechs abgerundete Bogen bildenden Pfeilern getragen wird. Zinnenförmige Einschnitte auf dem Simse bezeichnen die Stellen, in welche das Gebälk eingefügt war. Die Eingangspfeiler enthalten Treppen, auf denen man den Giebel ersteigen kann. Der ganze Tempel war mit Stuck bekleidet.“ Seine gute Erhaltung hat übrigens dieser zweite Tempel namentlich dem Umstande zu danken, daß er in frühern Zeiten in eine Kirche des heiligen Gregor verwandelt worden war.

Der dritte, dem Hercules gewidmete Tempel ist ein wüster Haufe kolossaler Ruinen, die von wild verwachsenem Gesträuch umgeben sind. Besser erhalten sind die Trümmer des Jupitertempels, welcher nach Diodor's Angabe der größte war, den das Alterthum hatte, übrigens nie vollendet, sondern, gerade als das Dach aufgesetzt werden sollte, von den Karthagern zerstört wurde. Der Tempel ist 150 Schritte lang, 60 Schritte breit und bestand aus drei Schiffen, jedes von 20 Schritten Breite; die Säulen waren, wie die Säule des Trajan in Rom, 120 Fuß hoch, konnten aber keine ihrer Größe angemessene Wirkung hervorbringen, weil sie nicht frei standen, sondern durch Zwischenmauern verbunden waren. Von einer kolossalen am Boden liegenden Karyatide, welche über 30 Fuß mißt, und andern ähnlichen Trümmern nannte das Volk den Tempel gewöhnlich den Gigantentempel. Vermuthlich standen auf den Säulen Giganten als Karyatiden, doch können die Gigantentrümmer zum Theil auch Überreste der an der östlichen Seite des Tempels in Hautrelief dargestellten Gigantomachie sein.

Für eine Naturmerkwürdigkeit von Girgenti werden die schon von Plinius erwähnten Erdölquellen gehalten, welche auf dem rechten Ufer des Akragas im Thale entspringen, zwei kleine Wasserbecken bilden und sich in jenen Fluß ergießen. Die alten Agrigentiner brauchten die ölige Substanz zum Brennen in den Lampen; die Saracenen, welche bis 1086 im Besitze der Stadt waren, haben in der Hoffnung, eine ergiebige Ölmine zu finden, an der einen Quelle einen Stollen in dem Felsen anlegen lassen.

Das Bagno zu Brest.
(Beschluß aus Nr. 327.)

Die Bewachung der Gefangenen ist besondern Beamten anvertraut, welche gardes-chiourmes heißen. Sie haben eine militairische Organisation und werden gut besoldet. Ihre Anzahl hängt von der der Sträflinge ab; auf zehn der Letztern kommt immer ein Aufseher. Dieselben sollten eine große sittliche Kraft haben und von energischem Charakter sein, aber gewöhnlich wirkt der beständige Umgang mit den Sträflingen ungünstig auf sie ein, und sie sind nur zu häufig die Mitschuldigen derselben, sehen ihnen ihre schlechten

Streiche nach oder befördern wol gar ihre Entweichung. Ihre Aufgabe ist übrigens eine sehr schwierige, denn sie müssen immer unter den Sträflingen sein oder gar sie an abgelegene Örter geleiten und beständig vor den rachsüchtigen Plänen abgehärteter Verbrecher auf ihrer Hut sein. Viele Wächter gehorchen daher auch mehr dem Triebe der Selbsterhaltung als der Pflicht. Noch kürzlich wurde ein Wächter wegen eines groben Vergehens bestraft; da er Zutritt in ein Bureau hatte, so war es ihm gelungen, eine Menge Pässe zu entwenden, die er den Sträflingen das Stück zu 50 Francs verkaufte. Diese Veruntreuungen konnten zahlreiche Entweichungen zur Folge haben, denn die Sträflinge werden weniger durch die materiellen Schwierigkeiten als durch die Unmöglichkeit, sich den Nachforschungen der Policei zu entziehen, zurückgehalten. Da die Sträflinge sich beständig im Arsenal aufhalten, so kennen sie auch alle Schlupfwinkel und Auswege; sie haben tausend Gelegenheiten, sich mit ihren Helfershelfern zu verabreden und die Matrosen und Arbeiter zu verführen. Von ihrer List ist es schwer, sich eine Vorstellung zu machen. Sie selbst behaupten, daß ein Jeder von ihnen jährlich seinen Entweichungstag hat, und daß seine Gefährten ihn dabei unterstützen müssen. Jemand erzählte mir, daß er einst aus dem Fenster den Sträflingen zusah, die im Bassin des Hafens beschäftigt waren. Plötzlich bemerkte er unter ihnen einen vollständig ausgerüsteten Soldaten. Die Sträflinge setzten ruhig ihre Arbeiten fort und der Soldat aus dem Stegreife war eben im Begriff, das Arsenal zu verlassen, als ihn ein Wächter erkannte. Die Umwandlung war so schnell vor sich gegangen, daß Derjenige, welcher die Gruppe unausgesetzt betrachtete, sie gar nicht wahrgenommen hatte.

Die Entweichungen sind seltener geworden, seitdem die gute Aufführung belohnt wird und Anspruch auf Milderung und Erlassung der Strafe gibt. Wenn ein Sträfling entflieht, werden drei Kanonenschüsse gelöst; die Einwohner kennen dies Signal, aber es setzt nur Diejenigen in Bewegung, welche sich eine Belohnung verdienen wollen. Dieselbe beträgt 100, 50 oder 25 Francs, je nachdem der Flüchtling außerhalb der Stadt, in der Stadt oder im Arsenale eingefangen wird. Von 350 Sträflingen, die innerhalb sieben Jahren den Versuch zur Flucht wagten, sind nur 14 entkommen. Hierbei sollen oft wunderliche Geschichten vorkommen und manche Damen entflohene Sträflinge in ihrem Kleiderschranke gefunden haben.

Manche Bewohner des Bagno haben ein wahres Entweichungsgenie. Der berüchtigte David bleibt nie länger, als er gerade nöthig hat, um einen Plan zur Flucht zu entwerfen. Eines Morgens erschien er am Gitter in ganz schwarzem Anzuge, ein Buch unter dem Arme haltend. „Wer sind Sie?" fragte der Wächter. „Wer ich bin? Ein Chirurgus, der die Nacht bei den Kranken zugebracht hat. Beeile dich, oder ich werde dir die Augen öffnen." Das Gitter öffnete sich. In Brest fingirte er eine Krankheit und ließ sich ins Hospital bringen. Man wollte ihm Senfpflaster am Fuße anlegen, aber er lehnte es ab; zur Vorsorge ward er an das Bett geschmiedet, aber am andern Morgen fand man den Vogel ausgeflogen.

Daß im Bagno viele Verbrechen vorkommen, und daß dieselben streng bestraft werden müssen, versteht sich von selbst. Ehemals waren die Züchtigungen sehr grausam, und es kamen sogar Verstümmelungen vor. Man schnitt Nasen und Ohren ab, man durchbohrte die Zunge der Gotteslästerer mit glühendem Eisen. Die jetzt gebräuchlichen Strafen sind Entziehung des Weins für eine gewisse Zeit, Verlust der gebrochenen Kette, paarweise Zusammenschließung, Aufenthalt im Policeisaale, Gefängniß und Schläge. Die Verbrecher werden von einem besondern Gerichte untersucht, das ohne Appellation entscheidet und dessen Urtheilssprüche innerhalb 24 Stunden vollstreckt werden. Wenn ein Sträfling zum Tode verurtheilt worden ist, so wird das Urtheil auf dem Hofe des Bagno vollstreckt. Die Hinrichtung eines Galeerensklaven macht keinen Lärm; es wird wenig davon gesprochen und Alles bei verschlossenen Thüren abgemacht. Nichtsdestoweniger sind die Fenster und Dächer mit zahlreichen Zuschauern besetzt. Der Vorplatz des Bagno hat die Gestalt eines Oblongums. Hier wird dem Eingange gegenüber das Schaffot aufgerichtet; an einer Seite sind zwei mit Kartätschen geladene Kanonen aufgefahren. Wenn alle Vorbereitungen getroffen sind, so werden alle Galeerensklaven doppelt gefesselt herbeigeführt und man hört die Ketten auf dem Boden klirren. Paarweise nebeneinander gehend, ziehen sie vor dem Schaffot vorüber. Alles ist still und die Sträflinge knieen mit entblößtem Haupte vor dem Schaffot nieder; dieses ist im Bagno der einzige Altar und der Tod der einzige Gott. Jetzt ertönt die Glocke, die Trommeln wirbeln, die Kanoniere halten die brennenden Lunten in der Hand und der Offizier commandirt: Angelegt! Da erscheint auch schon der Delinquent; er steigt die Treppe herab und geht in Begleitung des Priesters und Henkers gerade auf das Schaffot los. Kaum ist der Kopf gefallen, so werden die blutenden Überreste zusammengerafft und nach dem anatomischen Theater des Hospitals gebracht, wo man häufig mit den noch zuckenden Gliedern experimentirt.

Diese Unglücklichen halten es für einen Ehrenpunkt, nach ihrem Ausdrucke, gut zu sterben. Viele begehen, wenn man ihnen glauben darf, ein Verbrechen nur, um auf diese Weise zu sterben. Im Jahre 1833 erschlug ein Galeerensklave einen Wächter. In der Untersuchung erklärte er, daß er habe guillotinirt werden wollen; auch ging er fest und ruhig dem Tode entgegen. Als er an dem Aufgange anlangte, hielt er einige Secunden an und betrachtete das Schaffot, gleichsam als wenn er die fühllose Maschine hätte herausfodern wollen. Als er auf die Estrade gestiegen war, wendete er sich zu seinen knieenden Schicksalsgenossen und sagte: „Ahmt mir nicht nach; ich bin ein Verbrecher und habe den Tod verdient; indeß schäme ich mich nicht, das Schaffot zu besteigen, denn es ist schon mit königlichem Blute benetzt worden." Hierauf umarmte er den Priester, ohne ihn anzuhören, und legte selbst sein Haupt unter das Beil.

Gegenwärtig enthält das Bagno von Brest 3100 Sträflinge, die unablässig bewacht werden müssen, und es gehört gewiß ein seltener Scharfblick dazu, unter diesem Haufen Diejenigen herauszuerkennen, welche sich durch Geduld und Gelehrigkeit auszeichnen, und sich nicht durch Verstellung täuschen zu lassen. Hier ist die Aufgabe gestellt, die Ausdehnung der Strafe zu bestimmen, einen etwaigen Irrthum auf eine einsichtsvolle Weise gut zu machen, Belohnungen unparteiisch zu vertheilen, eine nothwendige und heilsame Strenge zur rechten Zeit zu mildern, eine geheime Policei und ein moralisches Spürwesen zu unterhalten, überhaupt jeden Fehler zu vermeiden, denn hier hat ein jeder Fehler die gewichtigsten Folgen.

Die Säle der Sträflinge müssen zu drei verschiedenen Zeiten in Augenschein genommen werden, am

Tage, des Abends und des Nachts. Wenn man seinen Standpunkt im mittlern Pavillon wählt, so kann das Auge ungehindert rechts und links in den Sälen umherschweifen. Am Tage ist hier ein unaufhörliches Gerassel, ein dumpfer Lärm; Gesänge und Lachen wechseln mit Flüchen und Verwünschungen, und die Augen, die Ohren und das Gefühl werden in gleicher Weise empört. Alles deutet auf das Verbrechen, nichts auf die Reue hin. Am Abend, wenn die Bewohner der Säle sich auf mannichfaltige Weise mit Arbeiten beschäftigen, herrscht eine vollkommene Stille oder man hört höchstens ein leises Geflüster. Aus dem Zusammenstrahlen der vielen kleinen Lichter entsteht eine malerische Beleuchtung. Will man aber ein schreckliches, ekelhaftes Schauspiel genießen, das ebenso sehr die Fühllosigkeit der Gesellschaft kund thut, wie die Ausgestoßenen selbst schändet, so möge man des Nachts sich hier umschauen. Dann leuchtet nur das matte Licht einiger an den Decken hängenden Laternen. Da liegen in jedem Saale 700 menschliche Wesen wild durcheinander geworfen, 24 auf jedem Feldbette. Sie sind nicht nur hinter Mauern und Riegeln verwahrt, sondern auch zwei und zwei aneinander geschlossen und überdies insgesammt durch eine große Kette zusammengehalten.

Die Verbrecher im Bagno haben sich freiwillig einer besondern, sehr strengen Disciplin unterworfen; es existirt hier ein geheimes Tribunal, gegen dessen Aussprüche keine Appellation stattfindet und das kein Erbarmen kennt. Wenn ein Gefangener seine Pflichten verletzt, wenn er dessen überführt wird oder nur einen starken Verdacht gegen sich hat, so wird er unausbleiblich gestraft, ohne daß man erfährt, weshalb oder von wem die Züchtigung ausgeht. Man hat Galeerensklaven, denen man diesem Gerichte der Stab gebrochen war, todt niederstürzen sehen, ohne daß man eine Wunde oder Spur von Vergiftung wahrgenommen hätte. Dieser geheimnißvollen Gerichtsbarkeit sind nicht nur die Verbrecher selbst unterworfen, sondern sie erstreckt sich auch auf die Wächter und Verwaltungsbeamten. Wenn ein Wächter sich irgendwie verhaßt gemacht hat, wenn er sich zu Gewaltthätigkeiten oder zu besonderer Strenge hat hinreißen lassen, so wird das Todesurtheil über ihn ausgesprochen. Wehe ihm dann, wenn er nicht bei Zeiten gewarnt wird; alle seine Vorsicht würde ihm zu nichts helfen, denn der Mörder lauert auf ihn und wartet lange auf einen unbewachten Augenblick. Die Gerichtsbarkeit dieses schrecklichen Tribunals beschränkt sich sogar nicht einmal auf ein Bagno, sondern sie umfaßt alle insgesammt. So wäre vor einigen Wochen ein Sträfling in Brest beinahe von seinen Genossen erstickt worden, weil er in Toulon die Vollstreckung eines geheimen Urtheilsspruches gehindert hatte. Trotz aller Wachsamkeit ist die Policei nicht im Stande, alle Verbrechen zu hindern, indeß will man doch seit einigen Jahren eine Abnahme derselben innerhalb des Bagno bemerkt haben.

Wir haben uns bis jetzt bemüht, das Innere eines Bagno zu schildern, und mögen darin vielleicht noch Stoff zu einigen allgemeinern Betrachtungen finden. In einem guten Straffysteme sollen die Strafen eine doppelte Wirkung hervorbringen, sie sollen einen physischen und einen moralischen Eindruck machen. Die physischen Eindrücke sind die weniger wirksamen, aber müssen jedenfalls in einem richtigen Verhältniß zum Verbrechen stehen. Das französische Gesetz stellt die Todesstrafe obenan. Dann kommen die Zwangsarbeiten auf Lebenszeit, die Deportation und die zeitweiligen Zwangsarbeiten. Der Grundfehler der französischen Bagnos

ist der, daß zwischen beiden Arten von Zwangsarbeitern kein Unterschied besteht, und daß beide derselben Infamie unterliegen, beide derselben Behandlungsart unterworfen sind. Das Gesetz macht einen Unterschied, aber in der Wirklichkeit findet er nicht statt. Die Verwaltung sucht sich dadurch zu rechtfertigen, daß sie sagt, die auf bestimmte Zeit Verurtheilten seien oft verderbter als die auf Lebenszeit Verurtheilten. Die ganze Behandlungsart der Gefangenen ist leider mehr geeignet, Verstellung und Heuchelei als aufrichtige Reue zu wecken.

In materieller Beziehung sind die Bagnos gewiß jedem Gefängnisse vorzuziehen. Die Sträflinge rücken Morgens aus, genießen den ganzen Tag hindurch reine Luft und die Sonne, welche die Gefangenen so schmerzlich entbehren. Die Nahrung ist gesund und zureichend. Ihre Ersparnisse erlauben ihnen, sich manche Erleichterungen und Genüsse zu verschaffen. Die Arbeiten selbst sind weder ekelhaft noch anstrengend. Ihre Bewachung ist nicht allzustreng und man läßt ihnen manche Freiheit oder der Wächter drückt ein Auge zu, wenn es sein muß.

Es ist schon bemerkt worden, daß die Bagnos Schulen der Laster und Verbrechen sind. Das Bagno ist ein Abgrund, der Alles verschlingt und nichts wieder entläßt. Grob und roh zieht das Verbrechen ein, aber fein und raffinirt verläßt es die Bagnos. Denn hier scheint Alles nur auf die Ausbildung der Laster und des Verbrechens, nichts auf eine sittliche Besserung hinzuwirken, und die Religion tritt dem Verbrechen nur am Fuße des Schaffots in Gestalt eines Priesters nahe. Das Schlimmste aber ist, daß die Zwangsarbeit einen unvertilgbaren Stempel der Schmach auf die Stirn des Verbrechers drückt, daß sie jeden Weg zur Besserung abschneidet. Der Sträfling ist für ewig gezeichnet und ohne Gnade aus der Gesellschaft ausgestoßen. Wenn er entlassen wird, öffnet sich ihm nirgend ein Zufluchtsort. Da er unter policeilicher Aufsicht steht, so erfährt man bald das Geheimniß seiner Vergangenheit und flieht ihn wie einen Aussätzigen, flieht aber weniger den Verbrecher als den ehemaligen Bewohner des Bagno. Die Familie, welche ihn aufnimmt, wird von derselben Ehrlosigkeit getroffen. Der befreite Sträfling ist gezwungen, wieder ein verbrecherisches Leben zu ergreifen. Der Sohn des Guillotinirten kann ruhig auf seinem Besitzthum leben, man beklagt ihn, man sieht nur sein Unglück und vergißt das Verbrechen seines Vaters. Der Sohn eines Galeerensklaven ist nicht minder wie der Vater von der Gesellschaft ausgestoßen und man weist mit Fingern auf ihn. Der Aufenthalt im Bagno drückt einen unauslöschbaren Brandfleck auf, der vom Vater auf die Söhne forterbt. Das Bagno bewirkt nichts Anderes, als daß es den Verbrecher noch mehr verdirbt, daß es einen gewissen Heroismus des Verbrechens unterhält und die Schmach des Vaters auf die Familie forterbt.

Glasfabrikation in England und Frankreich.

Die Glasfabrikation beschäftigt in Großbritannien und Irland, wo sie bekanntlich die höchste Stufe der Vollkommenheit erreicht hat, gegenwärtig ungefähr 8740 Personen, welche jährlich 450,000 Pf. St. verdienen, sodaß auf den Kopf etwas mehr als 50 Pf. St. kommt. Von dieser Zahl kommen 3490 auf die Flintglas-, 1840 auf die Flaschenglas-, 1800 auf die Kronglas-, 1500 auf die Tafelglasfabriken u. s. w. Weiber werden nur zum Poliren des Tafelglases verwandt. Der in sämmtlichen Glasfabriken producirte Werth betrug im Jahre 1837 1,138,832 Pf. St. (wovon 541,914 auf das Flintglas, 299,226 auf das Kronglas kommen), wofür aber die Consumenten mit Berücksichtigung der Zölle und des Gewinns der kleinen Verkäufer 1,923,847 Pf. St. zahlen mußten. Der Werth der bei der Glasfabrikation verwandten Materialien kann auf 200,000 Pf. St. veranschlagt werden, wovon 82,000 auf das Flintglas kommen.

In Frankreich waren im Jahre 1836 mit der Glasfabrikation 10,497 Personen beschäftigt und der producirte Werth betrug 47½ Mill. Francs (1,900,000 Pf. St.).

Der Firniß- oder Talgbaum. *)

Dieser in Europa noch wenig bekannte Baum, dessen botanischer Name Valeria indica ist, kommt in Ostindien auf der Küste von Malabar und Canara vor, wo er in einigen Districten sehr häufig sein soll und unter dem Namen Spargelbaum bekannt ist, und erreicht eine bedeutende Größe. Sein Firniß wird an der Küste im flüssigen Zustande gebraucht; trocken kommt er im Handel unter den Namen Copal und Anima vor. **) Der Talg wird gewonnen, wenn man den Samen im Wasser kocht, wo die fettige Materie auf der Oberfläche schwimmt und eine feste, geruchlose Substanz bildet. Nach den in England damit angestellten Versuchen ist er ein Mittelding zwischen Wachs und (animalischem) Talg und sehr geeignet, sowol bei der Lichtfabrikation als bei andern Gelegenheiten, wo der animalische Talg gebraucht wird, die Stelle des letztern zu vertreten, vor welchem er außerdem den großen Vorzug hat, daß er weder beim Brennen noch beim Aufbewahren einen unangenehmen Geruch verbreitet. Er dürfte daher dem animalischen Talge bald vorgezogen werden, sobald er hinsichtlich des Preises mit ihm concurriren kann. Am Orte der Production kommt der Centner 44½ Schilling (15 Thaler) zu stehen, was ziemlich der Preis des guten russischen Talgs ist. Ein hinsichtlich seiner Producte ähnlicher Baum ist der giftige in Carolina, Virginien und Pennsylvanien wild wachsende, in Japan angebaute Firniß-Sumach, Rhus vernix, aus welchem die Japanesen sehr schöne Firniß bereiten, sowie sie auch aus dem Samen ein Öl schlagen, das sie zum Lichterziehen brauchen.

Der Neubau des Winterpalastes in Petersburg.

Da wir in Nr. 317 eine Schilderung des im Jahre 1837 abgebrannten Winterpalastes in Petersburg gegeben haben, so wird es unsern Lesern gewiß interessant sein, durch folgenden Bericht, den wir einer in Rußland erscheinenden Zeitung entlehnen, über den mit bewundernswürdiger Schnelligkeit betriebenen Wiederaufbau dieses Prachtgebäudes etwas Näheres zu erfahren. „Im December 1837 blieben von einem kolossalen, majestätischen Gebäude, dem sogenannten Winterpalaste, welcher im Laufe von sechs Regierungen eine Zierde der Residenz war, nur nackte, vom Feuer geschwärzte Mauern übrig. Auf kaiserlichen Befehl ward eine Bau-

commission ernannt und die unmittelbare Leitung derselben dem Grafen Kleinmichel übertragen. Am ersten Osterfeiertage dieses Jahres war der Kaisersitz wieder erleuchtet und innerhalb der erneuerten Mauern der Hofkirche erschallte der Gesang zum Lobe des Erlösers der Welt. Schon der erste Schritt in das Innere des Schlosses durch den Haupteingang am Newaufer gibt dem Eintretenden beim Anblick der Paradetreppe von carrarischem Marmor einen Begriff von dem erhabenen Charakter dieses Gebäudes; die Wände sind im Style der Renaissance; den Porticus des zweiten Stockes schmückt eine Reihe von Säulen aus schönem serdobolskischen Granit; Capitäler, Unterlagen und architektonische Verzierungen sind theils von Bronze, theils vergoldet. Längs der ganzen Linie dieses Theils des Palastes zieht sich eine schöne helle Galerie in altrömischem Geschmacke mit hetrurischer Malerei. Der Feldmarschallssaal ist großartig erneuert und wie früher mit den lebensgroßen Bildnissen von sechs Marschällen verziert. Die Wände des prächtigen Petersaals sind mit karmoisinfarbigem, mit goldenen doppelten Adlern besäetem Sammet beschlagen; ein allegorisches Gemälde stellt Peter den Großen vor, geleitet vom Ruhm; auf einer Erhöhung steht der kaiserliche Thron; große Kronleuchter, Candelaber, Wandleuchter, ja sogar die Tische sind von Silber, in den schönsten Formen gearbeitet. Der große Empfangssaal, gewöhnlich der weiße Saal genannt, ist vergrößert und mit den Wappen aller dem russischen Scepter unterworfenen Provinzen verziert. Auch die Militairgalerie hat man verändert; sie ist jetzt hell und freundlich. Alle Bildnisse wurden während der Feuersbrunst gerettet und haben jetzt ihre frühern Stellen wieder eingenommen. Ein neu erbauter Saal erhielt den Namen Grenadiersaal; seine Verzierungen bilden Waffen in Basreliefs aus Gyps. Dieses sind die Empfangszimmer des ersten Stockwerks. An die innern Gemächer Ihrer Majestät der Kaiserin stoßen ein Concert- und ein Speisesaal; dann tritt man in das sogenannte Malachitzimmer; die Wände sind von weißem Stuck; der Plafond, die Thüren, die Karniese strahlen von Vergoldungen in den seltsamsten Formen; Säulen, Pilaster, der Kamin und viele Vasen sind von kostbarem Malachit, die Möbeln reich vergoldet. Neben diesem Zimmer befindet sich ein kleineres, das Pompejizimmer genannt; auf den Wänden von Stuck sieht man incrustirte Formen hetrurischer Malerei. Ein anderer Ausgang aus dem Malachitzimmer führt durch geschmackvoll verzierte Gemächer zu einem Cabinete, von welchem man die Aussicht auf die Newa und die Admiralität hat, und zu einem Schlafgemach nebst Toilettezimmer, aus welchem man durch Arcaden von durchsichtiger Bildhauerarbeit in gothischem Geschmack auf marmornen Stiegen in ein Blumenhaus gelangt, in dessen Mitte eine Fontaine springt; man glaubt, eine Scene aus „Tausend und eine Nacht" vor sich zu sehen. Neben diesem wahren Zaubergarten befindet sich das prächtige Badegemach. Die Wohnung Sr. Majestät des Kaisers ist in der frühern Einfachheit wiederhergestellt und mit kostbaren Gemälden verziert. Über dem kaiserlichen Cabinet befindet sich ein Zimmer für bei dem Telegraphen angestellte Militairbeamte und Zimmer zu telegraphischen Arbeiten. Die telegraphische Linie geht aus dem Palaste einerseits nach Kronstadt und andererseits nach Warschau. Da es zu weit führen würde, in nähere Details über diesen Bau einzugehen, so genüge die allgemeine Bemerkung, daß in Zeit eines Jahres, vom Frühjahre 1838 bis zum Frühjahre 1839, in drei Stockwerken die Wohnungen der ganzen kaiserlichen

---

*) Siehe Pfennig-Magazin Nr. 222.

**) Das eigentliche Copal kommt von dem Copal-Sumach, Rhus copallinum, das eigentliche Gummi anima, eine jetzt fast außer Gebrauch gekommene Art Harz, von dem Locust- oder Heuschreckenbaum, hymenaea Courbaril.

Familie und die Paradegemächer wieder erbaut wurden, im Ganzen hundert Zimmer, worunter neun große Säle und drei Galerien; bis zu Ende des Monats Juni sollen auch alle übrigen Theile des Schlosses wiederhergestellt sein.''

Ein Fisch mit vier Augen.

Unweit Paramaribo im holländischen Guiana bemerkt man jährlich am Ufer des Meeres eine eigenthümliche Art von Fischen. Sie sind drei Zoll lang, auf dem Rücken von grünbrauner, am Unterleibe von glänzend orangegelber Farbe; ihr Mund ist mit kurzen sechseckigen Zähnen besetzt; das Merkwürdigste aber ist, daß sie vier Augen haben. Das vordere Paar steht, wie bei andern Fischen, nahe an den Nasenlöchern, das hintere Paar steht weit zurück hinter einer hornartigen Protuberanz oben auf dem Kopfe, welche die vordern Augen rückwärts und die hintern vorwärts zu sehen hindert. Dieser vieräugige Fisch steht unter allen Wirbelthieren als einziges Beispiel dieser Art da, seine Augen unterscheiden sich aber von den Augen der übrigen Fische auch noch dadurch, daß sie sich schließen können; ein Capitain der holländischen Marine will sogar bemerkt haben, daß die vordern Augen sich regelmäßig schlossen, wenn die hintern sich öffneten, und umgekehrt.

Das Bodenrelief der Portlandvase.*)

Zu den merkwürdigsten Überresten der alten Kunst gehört die berühmte Portlandvase im Britischen Museum, die in einem angeblich für den römischen Kaiser Alexander Severus, welcher ums Jahr 235 n. Chr. bei Sicklingen, unweit Mainz, ermordet wurde, und dessen Mutter Julia Mammäa bestimmten Sarkophage gefunden und in diesen Blättern bereits früher abgebildet und beschrieben worden ist. Sie besteht aus dunkelblauem Glase mit erhabenen Figuren aus sehr schönem weißen Email und legt für den Grad von Kunstfertigkeit, den die Römer damals erreicht hatten, ein rühmliches Zeugniß ab. Ihrer außerordentlichen Schönheit wegen ist die Masse lange Zeit für Sardonyx gehalten und dafür beschrieben worden. Die obige Abbildung stellt die Figuren dar, die sich auf der Außenseite des Bodens befinden und daher in der gewöhnlichen Stellung der Vase nicht sichtbar sind. Dieselben bestehen zwar aus demselben Material als die übrigen, welche die Vase bedecken, müssen aber durch einen Kitt auf dem Glase, nachdem es schon erkaltet war, befestigt worden sein, während die andern Theile augenscheinlich aufgetragen wurden, als sich das Glas noch in flüssigem Zustande befand. Bartoli, welcher 1699 eine Beschreibung der Vase lieferte, die sich damals im Besitze der italienischen Familie Barberini befand, meint, der Kopf stelle einen alten Philosophen in phrygischer Mütze vor, der durch die Stellung seiner Hand andeutete, er sei nicht im Stande, die Tugenden des Kaisers Alexander Severus, der zu den besten römischen Kaisern gehört, würdig zu preisen; Andere meinen, der Kopf stelle den Harpokrates, den Gott des Schweigens, vor, der mit dem Finger am Munde abgebildet zu werden pflegt.

*) Vergl. Pfennig-Magazin Nr. 104.

Verantwortlicher Herausgeber Friedrich Brockhaus. — Druck und Verlag von F. A. Brockhaus in Leipzig.

Das Pfennig-Magazin

für
Verbreitung gemeinnütziger Kenntnisse.

329.]   Erscheint jeden Sonnabend.   [Juli 20, 1839.

Laborde.

Alexander de Laborde in Konstantinopel.

Alexander de Laborde, Sohn des reichen französischen Hofbanquiers Johann Joseph von Laborde, der 1794 unter dem Beile der Guillotine fiel, wurde am 15. September 1774 in Paris geboren. Von seinem Vater war er anfänglich für die Marine bestimmt, in welcher seine drei ältern Brüder dienten, von denen zwei den unglücklichen Lapeyrouse auf seiner Reise um die Welt begleiteten und auf derselben ihren Tod fanden; aber bei Annäherung der französischen Revolution wurde er von ihm nach Östreich geschickt, wo er gut

VII.

aufgenommen und als Unterlieutenant und Adjutant des Generals Colloredo angestellt wurde. In kurzer Zeit avancirte er zum Hauptmann im Dragonerregimente Kinsky und wohnte als solcher den Feldzügen gegen die französische Republik bei, in denen er zweimal verwundet wurde. Nachdem er neun Jahre in Östreich gewesen war und die Stürme der französischen Revolution ausgetobt hatten, kehrte er 1797 nach dem Frieden von Campo-Formio in sein Vaterland zurück, wo er mit der Familie Bonaparte bekannt wurde, aber nicht lange verweilte. Von unbezwinglicher Reiselust getrieben, bereiste er England, Holland, Italien und Spanien und hielt sich namentlich in dem letztern Lande lange auf, um alle Merkwürdigkeiten desselben kennen zu lernen. Das Ergebniß seiner Forschungen theilte er nach seiner Rückkehr nach Frankreich in zwei ausführlichen und kostbaren Werken, der „Malerischen und historischen Reise in Spanien" (4 Bde., Fol.) und der schnell darauf folgenden „Beschreibung Spaniens" (5 Bde.), der Welt mit, denen bald darauf mehre sehr schätzbare Werke über Kunstgegenstände folgten. Die Anerkennung der Gelehrten entging seinen Leistungen, die von einem ungewöhnlichen Talente, einer scharfen Auffassungsgabe und einem geläuterten Kunstgeschmacke zeugten, nicht, und die französische Akademie nahm ihn als Mitglied auf. Den Kaiser Napoleon, der ihn sehr auszeichnete, begleitete er 1809 nach Spanien und später auf dem Feldzuge nach Östreich; nachher wurde er von ihm im kaiserlichen Staatsrathe angestellt und erhielt 1811 die Aufsicht über die öffentlichen Arbeiten im Umkreise von Paris. Nach der Wiedereinsetzung der Bourbons verlor er seinen Einfluß auf die Staatsgeschäfte, wirkte aber fortwährend für das allgemeine Beste mit regem Eifer. 1814 besuchte er England zum zweiten Male, um die dortigen Erziehungsanstalten kennen zu lernen, und war nach seiner Rückkehr nicht ohne Erfolg bemüht, die Bell- und Lancaster'sche Methode des gegenseitigen Unterrichts in Frankreich einzuführen. 1819 wurde er abermals in den Staatsrath berufen, aber seiner politischen Gesinnungen wegen bald wieder daraus entfernt, dafür aber 1822 von der Stadt Paris in die Deputirtenkammer gewählt, deren thätiges Mitglied er seitdem fast unausgesetzt gewesen ist. Unter der Regierung des Königs Ludwig Philipp war er eine Zeit lang Präfect des Seinedepartements und Adjutant des Königs.

Sein Sohn, Léon de Laborde, hat seines Vaters Talente, Kunstliebe und Reiselust geerbt und in frühem Alter Gelegenheit gefunden, die letztere zu befriedigen. Nachdem er mehre Länder von Europa bereist, wandte er seine Schritte nach Osten und besuchte in Begleitung seines Vaters die türkischen Besitzungen in den drei Theilen der alten Welt. Beide trugen die Kleidung vornehmer Eingeborenen; Kleinasien und Syrien bereisten sie mit zahlreichem Gefolge, der Vater in einer von Maulthieren getragenen Sänfte, der Sohn auf einem trefflichen arabischen Renner reitend, und wurden von den Eingeborenen mit der größten Achtung und Aufmerksamkeit behandelt. Diese Art zu reisen setzte sie in den Stand, über alle Merkwürdigkeiten des Landes genauere Auskunft zu erhalten, als außerdem möglich gewesen wäre. Von Kleinasien begaben sie sich nach Kairo, wo der Vater, auf dessen Gesundheit das südliche Klima einen nachtheiligen Einfluß übte, sich zur Rückkehr nach Paris genöthigt sah. Der Sohn blieb ein ganzes Jahr in Kairo, wo er die arabische Sprache erlernte, worauf er in Begleitung eines Herrn Linant das steinige Arabien bereiste. 1830

gab er eine genaue Beschreibung dieser Reise heraus. Jetzt ist er mit Ausarbeitung eines ausführlichen Reisewerks über den Orient beschäftigt, das seine auf der Reise durch Kleinasien und Syrien eingesammelten Erfahrungen umfassen wird.

Wie kalt ist es am Nordpol.

Bekanntlich nimmt die Wärme der Länder im Allgemeinen desto mehr ab, je weiter sie vom Äquator entfernt oder je näher sie den Polen liegen, je größer also ihre geographische Breite ist: — eine Regel, die ihre Ausnahmen hat, wie jede Regel, weil sehr mannichfache Ursachen auf das Klima der Länder Einfluß haben, sodaß nicht selten von zwei Ländern dasjenige, welches dem Äquator näher ist, dennoch eine geringere Wärme als das andere hat, und zwei Gegenden, deren Entfernung vom Äquator gleich ist, sich hinsichtlich ihres Klimas sehr verschieden verhalten. Wir besitzen eine große Menge von Beobachtungen, die uns über die Wärme der verschiedenen bewohnten und nicht bewohnten Gegenden der Erde Aufschluß geben, sich aber nur sehr schwer in gewisse allgemeine Gesetze bringen lassen; von einem beträchtlichen Theile der Erde, ja eigentlich von dem größten, sind freilich entweder gar keine oder doch keine hinreichenden Beobachtungen vorhanden. Vorzüglich interessant wäre es natürlich, zu erfahren, wie kalt es an den beiden Polen, den Mittelpunkten der beiden kalten Zonen, ist. Man ist in der Regel geneigt, diese Punkte für die kältesten der Erde zu halten, und sehr kalt muß es dort auf jeden Fall sein, namentlich im Winter, wo bekanntlich die Sonne dort ein halbes Jahr lang gar nicht aufgeht. Leider ist aber seit Menschengedenken noch kein Mensch bis zu einem der Pole gedrungen; wie es dort aussieht, ist also völlig unbekannt. Zwar hat es, namentlich in der neuesten Zeit, nicht an Versuchen vieler unerschrockenen Seefahrer gefehlt, welche mit größter Lebensgefahr alles nur Mögliche thaten, um wenigstens bis zum Nordpol zu kommen, den zu erreichen noch am leichtesten schien; aber keinem gelang es, über 82 Grad nördl. Breite hinaus zu kommen und sich mithin dem Nordpole auf mehr als 120 geographische Meilen zu nähern, weil das immerwährend gefrorene Meer allen Fortschritten der Schiffe unübersteigliche Hindernisse in den Weg legte und keines der bekannten Länder sich näher nach dem Nordpol zu erstrecken schien. Dem Südpol konnte man noch nicht einmal so nahe kommen, und auch die neuerlich unternommene Expedition des zuversichtlichen französischen Capitains Dumont d'Urville, welcher sich bei seiner Abfahrt anheischig machte, den Südpol zu erreichen, und seiner Sache völlig gewiß zu sein glaubte, hat, wie zu erwarten stand, nicht mehr Erfolg als alle frühern Expeditionen dieser Art gehabt. Da man also über die Temperatur der Pole keine directen Beobachtungen hat, so müssen wir uns mit Vermuthungen begnügen, die aber auch nur für den Nordpol mit einiger Wahrscheinlichkeit aufgestellt werden können.

Vor allen Dingen kommt es darauf an, zu wissen, ob der Nordpol mit Land umgeben ist oder mitten im Meere liegt. Man hat nämlich gefunden, daß das Meer in nördlichen Breiten weit wärmer ist als das feste Land, weshalb auch auf Inseln und an der Meeresküste eine weit geringere Kälte, ein weit milderes Klima gefunden wird, als auf dem festen Lande in größerer Entfernung von dem Meere, sowie umgekehrt in der heißen Zone auf dem Meere und in der Nähe desselben eine viel geringere Hitze gefunden wird als auf dem festen Lande. Nimmt man nun an, daß sich das feste Land von Nordamerika bis zum Pole hin erstreckt, wiewol dies mit den Erfahrungen der Reisenden nicht übereinzustimmen scheint, so läßt sich die Temperatur des Nordpols aus denjenigen Beobachtungen, die in den nördlichen Theilen von Nordamerika gemacht worden sind, berechnen, vorausgesetzt, daß die Kälte bis zum Nordpol nach demselben Gesetze wächst, wie in den Gegenden, wo man längere Zeit Beobachtungen angestellt hat (bis 75 Grad nördl. Breite). Auf diese Weise hat man berechnet, daß die mittlere jährliche Temperatur des Nordpols unter der angegebenen Voraussetzung — 25½ Grad Réaumur*) betragen müsse. Nimmt man hingegen an, daß der Nordpol ringsum vom Meere umgeben sei, so muß man diejenigen Beobachtungen benutzen, die auf offenem Meere in der kalten Zone, namentlich im Norden von Europa, angestellt worden sind; aus diesen würde sich ergeben, daß die mittlere Temperatur des Nordpols nur — 14½ Grad R. betragen müßte. Da wir nun nicht wissen, ob die eine oder die andere Annahme die richtige ist, so thun wir am besten, wenn wir aus den beiden erhaltenen Bestimmungen, die voneinander bedeutend verschieden sind, das arithmetische Mittel nehmen und die mittlere jährliche Temperatur des Nordpols zu — 20 Grad R. annehmen.

Die in dem „Lehrbuch der Meteorologie" des verdienstvollen Professors Kämtz in Halle aufgestellte Ansicht weicht von der vorhin gegebenen, von dem französischen Physiker Arago herrührenden Bestimmung bedeutend ab. Nach Jenem ist es sehr wahrscheinlich, daß wir am Pole kein Land, sondern Wasser oder vielmehr Eis finden; wenn man nun die Beobachtungen von Island, der Westküste von Amerika und der Ostküste von Asien zum Grunde legt, so kommt man zu dem Resultate, daß die mittlere Wärme des Pols etwas unter — 6½ Grad R. beträgt. Die vor langer Zeit von dem berühmten Astronomen Tobias Mayer aufgestellte Behauptung, daß die mittlere Temperatur des Nordpols der Temperatur des Eispunktes gleich komme, stützt sich auf gar keine Beobachtungen und kann daher gar nicht berücksichtigt werden. Übrigens machen mehre Umstände es sehr wahrscheinlich, daß die Pole nicht die kältesten Punkte der Erde sind, daß es auf der nördlichen Halbkugel zwei kälteste Punkte oder Kältepole gibt, die unter 80 Grad Breite liegen, der eine nördlich von Amerika, und zwar etwa 5 Grad nördlich von Graham=Moores=Bai im Polarmeere, der andere über Asien, nördlich von der Taimurabai, nahe am Nordostcap; die mittlere Temperatur beträgt nach dem englischen Physiker Brewster bei jenem — 16, bei diesem — 14 Grad R. Die südliche Halbkugel ist im Allgemeinen kälter als die nördliche, ohne daß sich diese Erscheinung hinreichend erklären läßt. Wenn man auf die im atlantischen Meere, dem indischen Meere und dem großen Ocean angestellten Beobachtungen eine Rechnung gründet, so findet man für die Temperatur des Südpols — 9 Grad R., was jedoch im höchsten Grade unsicher ist, weil die südlichste Gegend, in welcher längere Zeit meteorologische Beobachtungen angestellt worden sind, unter 51½ Grad südl. Breite liegt, also von dem Südpole noch ebenso weit entfernt ist als Leipzig von Nordpole.

Unsere Leser werden bemerkt haben, daß in dem Vorigen nur von der mittlern Temperatur die Rede war, und viele von ihnen werden vermuthlich die Frage aufwerfen, wie dieser Ausdruck zu verstehen sei? Es verhält sich hiermit ebenso, wie mit jeder Mittel= oder Durchschnittszahl aus mehren Zahlen, die gefunden wird, wenn man sämmtliche Zahlen zusammenzählt und die gefundene Summe durch die Anzahl oder Menge der Zahlen dividirt, wodurch man z. B. findet, wie viel Jemand während eines Monats im Durchschnitt täglich ausgegeben oder eingenommen hat. Man findet ebenso die mittlere Temperatur eines Monats, wenn man die Temperaturen oder beobachteten Thermometerstände sämmtlicher Tage des Monats addirt und in die Summe, je nachdem der Monat 30 oder 31 Tage hat, mit 30 oder 31 dividirt; man findet ferner die mittlere Temperatur eines Jahres, wenn man die Temperaturen der einzelnen Monate des Jahres addirt und in die Summe mit 12 dividirt. Nimmt man dies an einem und demselben Orte in verschiedenen Jahren vor, so wird man verschiedene Resultate finden; um daher eine allgemeine Angabe für die mittlere jährliche Temperatur eines gewissen Ortes zu erhalten, muß man wieder die in mehren Jahren (je mehr desto besser) gefundenen mittlern Temperaturen addiren und daraus das Mittel nehmen. Freilich entsteht hier wieder die Frage: wie man die Temperatur eines Tages finden kann, da die Angaben des Thermometers zu verschiedenen Stunden eines Tages sehr verschieden sind; zu welcher Stunde soll nun das Thermometer beobachtet werden? Natürlich kann auch hier nur von einer mittlern Temperatur die Rede sein, um diese aber zu finden, muß man das Thermometer mehrmals täglich beobachten, und zwar so, daß der Zeitraum, welcher von einer Beobachtung bis zur folgenden vergeht, immer gleich ist. Am besten wäre es, wenn man das Thermometer von Stunde zu Stunde beobachten und aus den erhaltenen 24 Beobachtungen das Mittel nehmen könnte; dies ist aber der beschwerlichen Nachtwachen wegen wol nur in sehr seltenen Fällen möglich, man muß sich daher auf eine geringere Anzahl täglicher Beobachtungen beschränken. Nicht alle Stunden sind aber zur Auffindung der mittlern Temperatur gleich geeignet; der vorhin erwähnte Meteorolog Kämtz in Halle empfiehlt dazu die Stunden 4 und 10 Uhr Morgens und 4 und 10 Uhr Abends, sodaß das Thermometer viermal täglich beobachtet wird; wenn man auch dies zu unbequem findet, so kann man sich darauf beschränken, um 4 Uhr Morgens und Nachmittags oder um 10 Uhr früh und Abends oder überhaupt zu zwei gleichnamigen Stunden des Tages Beobachtungen anzustellen, wiewol man dann freilich ein weniger genaues Resultat erhält.

Neue Maschine zum Seildrehen.

Dem bereits durch seine geographisch=plastischen Arbeiten bekannten Techniker Rath zu Heilbronn ist es nach mehrfachen Versuchen gelungen, alle Manipulationen des Seilerhandwerks an einer einzigen Maschine zu vereinigen, die bei einer Höhe von 5 Fuß etwa 24 Quadratfuß einnimmt. Die Maschine wird wie eine Drehbank von dem daran spinnenden Arbeiter durch ein Tretrad in Bewegung gesetzt und liefert durch Manipulationen, die sehr viele Ähnlichkeit mit denjenigen haben, welche die Seiler bisher befolgten, alle Arten von Bindfaden, Schnüren und dicken Leinseilen, und zwar in einer Länge von 800 — 1000 Fuß, welche Länge überdies durch einfache, sogleich bei dem ersten Anblicke

---

*) Wol den meisten unserer Leser dürfte bekannt sein, daß man durch das Zeichen + die Grade über dem Eispunkte, durch das Zeichen — die Grade unter dem Eispunkte bezeichnet; unter — 25½ Grad sind also 25½ Grad Kälte oder unter dem Eispunkte zu verstehen.

verständliche Kunstgriffe zu jeder beliebigen Größe fort= gesetzt werden kann. In Gegenwart sachverständiger Männer sind nun mit der Rath'schen Maschine Ver= suche angestellt worden, deren Leistungen die eines flei= ßigen Arbeiters um mehr als das Doppelte übertreffen und bei einer größern Übung noch höher gesteigert wer= den können. Es zeigte sich auch noch, daß diese Ma= schine zum Spinnen des schlechtesten Wergs und Ab= wergs und zum nachherigen Überspinnen mit gutem Zeuche leicht und vortheilhaft zu gebrauchen sei. Die besonders hervorzuhebenden Vortheile dieser Maschine sind nun folgende: Die Maschine nimmt wenig Raum ein, verwandelt die Verrichtungen des Seilers in ein von Witterung und Jahreszeit unabhängiges Geschäft und gewährt dadurch dem Meister auch eine leichtere Aufsicht über seine Gehülfen; die nöthigen Kunstgriffe können von jedem Seiler leicht erlernt werden; die Maschine eignet sich bei gehöriger Vergrößerung der Di= mensionen der einzelnen Theile und entsprechender Ver= mehrung der Triebkraft durch Schwungräder zur Ver= fertigung der längsten und der dicksten Taue in ver= hältnißmäßig kleinen Localen; es kann leicht die Ein= richtung wenigstens für zwei Spinner getroffen werden, welche bei gleichzeitiger, doppelter Arbeit sich im Treten unterstützen oder ablösen u. s. w.

Notizen über die Glasmalerei.*)

Um jene herrlichen Denkmäler der gothischen Bau= kunst zu schaffen, welche den Stolz und den Ruhm des Mittelalters ausmachen, verbanden sich eine Menge von Künsten, welche vereint mit der Baukunst auf das große Ziel der Hervorbringung eines in jeder Hinsicht vollkommenen Gebäudes hinarbeiteten. Holzschnitzkunst, erhabene Arbeit in Metall, Bildhauerkunst, Malerei, Glasmalerei, Orgelbau, alle diese Künste gehörten zu den Mitteln, welche angewandt wurden, um die Pracht der Kir= chen und die Feierlichkeit des darin gefeierten Gottesdienstes zu erhöhen. Es ist nicht zu verkennen, daß seit der Re= formation die gothische Baukunst sowol als mehre der oben gedachten Künste in Verfall gerathen sind; na= mentlich gilt dies von der Glasmalerei, die so außer Gebrauch kam, daß sie lange Zeit für eine verlorene Kunst galt, und erst in neuern Zeiten wieder mit neuem Eifer in Ausübung gebracht worden ist.

Verfolgen wir die Spuren der Glasmalerei und Glasfabrikation in ältern Zeiten, so finden wir, daß sich schon die Römer in der Kunst auszeichneten, künst= liche Edelsteine oder bunte Glasflüsse zu verfertigen, deren Durchsichtigkeit und schöne Farbe sehr hoch ge= schätzt wurde. Die Hervorbringung völlig farblosen Gla= ses scheint ihnen noch Mühe gemacht zu haben; wir finden daher, daß Kaiser Nero 6000 Sestertien (etwa 300,000 Thaler nach unserm Gelde) für zwei kleine Trinkgläser mit Handgriffen bezahlt haben soll, deren Hauptvorzug nur darin bestand, daß sie ganz farblos waren. Das gewöhnliche Glas war meistens dick und von schmutzig= weißer oder bläulicher Farbe. Unter der Regierung Tiber's ließ sich eine Gesellschaft von Glasfabrikanten in Rom nieder, scheint aber nur wenige Artikel, und zwar von un= tergeordneter Qualität, geliefert zu haben. Noch wird aber aus Tiber's Zeit von einer merkwürdigen Erfin= dung berichtet, die ein vom Kaiser aus Rom verbann= ter Baumeister gemacht haben soll; derselbe habe näm= lich ein biegsames Glas erfunden und durch die Dar=

legung seiner Geschicklichkeit die Gunst des Kaisers wie= derzuerlangen gehofft. Er habe sich deshalb mit einem solchen gläsernen Gefäße zum Kaiser begeben und habe dasselbe sehr heftig zu Boden geworfen, wodurch es nicht zerbrochen, sondern nur verbogen worden sei, was der Künstler durch Hämmern bald wieder verbessert habe. Auch unter König Ludwig XIII. von Frankreich soll ein Handwerker dem Cardinal Richelieu eine Büste von biegsamem Glase überreicht, der Cardinal soll aber die Bekanntmachung des Verfahrens aus Furcht, daß dessen allgemeine Anwendung den Glasfabrikanten in Frankreich Nachtheil bringen könne, verboten haben.

Schon die alten Ägypter waren mit der Kunst der Glasverfertigung wohl bekannt; Glasperlen und andere nett gearbeitete und schön gefärbte Glaszierathen finden sich an vielen Mumien, die erwiesenermaßen über drei Jahrtausende alt sind. Aus Ägypten scheint die Kunst nach Eroberung dieses Landes durch die Römer nach Italien gekommen zu sein; die Ägypter selbst hat= ten sie von den Phöniziern gelernt, denen die Erfin= dung des Glases zugeschrieben wird, und die wegen der Vortrefflichkeit ihres Glases, das in Rom mit hohen Preisen bezahlt wurde, bekannt waren. Viele bei Aus= grabungen in Gräbern gefundene uralte Urnen und Glasgefäße, welche in Sammlungen von Alterthümern aufbewahrt werden, zeugen von einer großen Geschick= lichkeit in der Glasfabrikation, welche von der neuern Kunst kaum erreicht worden ist; in dieser Beziehung ist vor Allem die berühmte Portlandvase im Britischen Mu= seum von dunkelblauem Glase mit erhabenen Figuren von weißem Glase zu erwähnen.*)

Unter den zahlreichen druidischen Alterthümern in England findet man Glasperlen und Amulete von vor= trefflicher Arbeit und Färbung, sodaß sie große Ähnlich= keit mit Edelsteinen haben. Indessen ist es nicht wahr= scheinlich, daß die Kunst der Glasfabrikation in Eng= land schon vor dem Einfalle der Römer bekannt war. Wahrscheinlich erhielten die alten Britannier jene Ge= genstände von den Phöniziern, welche die Insel des Handels wegen besuchten. So viel ist gewiß, daß die Britannier jene Glaszierathen lange vor dem Einfalle der Römer in großer Menge besaßen und bei ihren re= ligiösen Gebräuchen anwandten, da man sie in den äl= testen Grabhügeln findet.

Die Glasmalerei verdankt ihren Ursprung zu= nächst den Vorbildern der Musivarbeit im 3. Jahrh. n. Chr., wurde aber erst seit dem 4. Jahrh. all= gemeiner, als man anfing, die Kirchen mit gemalten Glasfenstern zu versehen. Die ersten Versuche, aus ge= färbtem und durchsichtigem Glase Bilder zusammenzu= setzen, waren natürlich sehr unvollkommen; man brauchte dabei Glasstücke von verschiedener Farbe, die auf der Rückseite durch Bleistreifen verbunden wurden. Der Gebrauch und die Verfertigung des gefärbten Glases kam aus Frankreich nach England, von da im 8. Jahrh. durch Missionare nach Deutschland und den Niederlanden. Die Gewohnheit, Kirchenfenster aus far= bigem Glase zu verfertigen, dauerte nur bis zum 11. Jahrh., wo man anfing, auf Glas zu malen; den wichtigsten Fortschritt machte aber die Kunst am Ende des 14. Jahrh. durch die Erfindung der Schmelzmalerei mit Metallfarben, die zu Glas werden, als deren Erfinder ein Maler aus Marseille genannt wird. Am meisten blühte die Glasmalerei im 15. und 16. Jahrh., und zwar namentlich in Frankreich, England und den Niederlanden, wiewol sich auch deut=

*) Vergl. Pfennig=Magazin Nr. 264.

*) Vgl. Pfennig=Magazin Nr. 328.

sche Künstler, vorzüglich Albrecht Dürer, darin auszeichneten; im 17. Jahrh. fing sie in Verfall zu
gerathen an und hörte im 18. fast ganz auf; nur in
England wurde sie von mehren trefflichen Künstlern,
namentlich Eginton, Godfroy, Jarvis und Andern fortgetrieben, und eine Malerschule, welche dort vor 200
Jahren von dem niederländischen Glasmaler Bernhard
von Linge gestiftet wurde, besteht noch gegenwärtig.
Über das Wiedererwachen der Kunst in Deutschland im
19. Jahrhunderte haben wir bereits früher (Nr. 264)
genauere Nachrichten mitgetheilt.

Viele vortreffliche Meisterwerke der Malerei finden
sich in Frankreich. Unsere Abbildung stellt einen
Theil eines großen Fensters in der Gotthardskirche in
Rouen vor, dessen meisterhafte Malerei aus dem 16.
Jahrh. hinsichtlich der Zeichnung und der technischen Vollkommenheit gleich bewundernswürdig ist. Sie
stellt eine Legende aus dem Leben des heiligen Roma-
nus dar, welcher Bischof von Rouen war und von wel-

chem viele wunderbare Geschichten erzählt werden. Jener Legende zufolge verwüstete damals ein furchtbarer
Drache die Umgegend von Rouen; der heilige Roma-
nus nahm sich vor, die Gegend von dieser Geißel zu
befreien, und nachdem Schlingen und andere Mittel
vergeblich versucht worden waren, beschloß er, sich in
Person zu der Höhle des Ungeheuers zu begeben. Er
nahm zwei Verbrecher, von denen der eine zum Tode
verurtheilt worden war, mit sich, als die Einzigen,
welche den Muth hatten, ihn zu begleiten und ihre
ihre Hülfe zu versprechen. Als sie im Walde angekommen waren und des Drachens ansichtig wurden, nahm
der verurtheilte Verbrecher die Flucht, der andere aber
näherte sich jenem beherzt, indem er den Gürtel des
heiligen Mannes in die Hand nahm. Beim Anblicke
desselben wurde das Unthier sanft wie ein Lamm, und
ließ sich damit binden und zum Prälaten führen, der
es auf dem Marktplatze von Rouen öffentlich verbrennen und die Asche davon in die Seine werfen ließ.

Ein Theil der Darstellungen auf einem Kirchenfenster in Rouen.

Die Dattelpalme.[*]

Die Dattelpalme scheint in Nordafrika einheimisch zu
sein und findet sich besonders zwischen dem 26. und
29. Grade nördl. Breite, weshalb der in dieser Breite
zwischen den Barbareskenstaaten und der Wüste Sahara liegende Theil von Afrika von den Eingebore-

nen Biledulgerid oder das Dattelland genannt wird,
kommt aber auch in Nubien, Südpersien, Palästina
und den Tropenländern überhaupt vor. Sie gedeiht in
der Nähe von süßen und wenig gesalzenen Gewässern,
kann aber das Seewasser selbst nicht vertragen; finden
sich daher Dattelbäume am Ufer des Meeres, so können sie nur mit Hülfe des durch den Sand sickernden

[*] Vergl. Pfennig-Magazin Nr. 11.

süßen Wassers oder durch künstliche Bewässerung fortkommen. In Ägypten, den Oasen und mehren Theilen Nubiens werden sie cultivirt und machen oft den ganzen Reichthum der Bewohner aus; meistens findet man sie nach Art unserer Obstgärten um Städte, Dörfer und Gehöfte angepflanzt, an manchen Orten bilden sie aber auch ganze Wälder.

Die Dattelpalme erreicht gewöhnlich eine Höhe von 30—40, zuweilen aber von 60—70 Fuß; der Stamm hat höchstens 10—18 Zoll im Durchmesser. Letzterer ist mit spiralförmigen Schuppen bedeckt, die durch die abgeschnittenen oder von selbst abgebrochenen Blätter gebildet werden. Das obere Ende des Baums bildet statt der Zweige ein einziger Büschel Blätter, die 8—12 Fuß lang sind und deren Zahl zwischen 30 und 40 wechselt; der cultivirten Dattelpalme pflegt man nach der Befruchtung einige Zweige abzuschneiden, um das Reifen der Früchte zu befördern. Die männlichen und weiblichen Blüten der Dattelpalme befinden sich auf verschiedenen Stämmen und wachsen in traubenartigen Büscheln aus scheidenartigen Kelchen; man scheint bei diesem Baume zuerst auf den Unterschied des Geschlechts der Pflanzen aufmerksam geworden zu sein, indem man bemerkte, daß nur solche weibliche Stämme Früchte trugen, welche in der Nähe von männlichen standen. Sehr gewöhnlich ist es, die weiblichen Dattelbäume künstlich zu befruchten, indem man den männlichen Blütenstaub auf die weiblichen Büschel streut; dies geschieht im Februar und März, erfodert jedoch große Geschicklichkeit, um die glatten Stämme zu ersteigen, wobei sich die Araber eines Strickes von Dattelbast bedienen, den sie um Rücken und Baum werfen und über die spiralförmigen Reifen des Stammes emporziehen. Die wildwachsenden weiblichen Dattelbäume geben nur dann gute Früchte, wenn sie künstlich befruchtet worden sind. In Ägypten werden fast überall vortreffliche Datteln producirt, die besten kommen aber aus Sukkot in Nubien, wo sie eine Länge von drei Zoll erreichen. Man pflückt die Datteln oft, wenn sie noch hart und herb sind, und bringt sie dann dadurch zum Reifen, daß man sie aufeinander gehäuft in eine Art Gährung versetzt, wodurch sie erweicht werden.

Aus den Früchten bereitet man eine Art Essig, indem man die Datteln so lange in Wasser einweicht, bis sie ziemlich aufgelöst sind, hierauf acht bis zehn Stunden der Sonne aussetzt und dann mittels einer Schraubenpresse vollends ausdrückt; den gewonnenen Saft verdünnt man noch mit Wasser, seiht ihn durch ein Sieb, vermischt ihn mit einem Fünftheile oder Viertheile Honig und läßt ihn noch acht Tage lang stehen, worauf man den Essig durchseiht, von neuem der Sonne aussetzt, nochmals abklärt und dann in irdenen Gefäßen verwahrt. Aus dem Safte der Dattelbäume, den man wie unsern Birkensaft durch Einschnitte gewinnt, bereitet man eine Art Wein, Lakby genannt; noch häufiger benutzt man aber sowol jenen Saft als die eine große Menge von Zuckerstoff enthaltenden Datteln selbst, aus deren Saft schon die Alten nach Herodot's Erzählung ein gegohrenes Getränk zu bereiten verstanden, zur Verfertigung eines trefflichen Branntweins, der gewöhnlich mit Anis versetzt wird, unvermischt aber weiß aussieht und etwas herbe schmeckt. Das Herz oder Mark von der Krone des Dattelbaums, welches bereits von den alten Griechen genossen wurde, ist körnig und schmeckt wie Mandeln oder Nüsse, kann aber nicht gewonnen werden, ohne den Baum zu vernichten. Aus den Fruchtbüscheln, deren Fibern man mit Blättern vermischt, verfertigt man Stricke, die sehr glatt werden

und namentlich bei den Nilschiffern in Gebrauch sind. Auch aus den Scheiden der Blätter werden Stricke verfertigt, deren man sich zum Reiben der Glieder in den Bädern bedient, wobei die Fasern in die Poren der Haut eindringen. Außerdem werden die Blätter zu mancherlei Flechtwerk, besonders zu Fliegenwedeln, die Rippen der Blätter aber zu Körben für Lebensmittel verarbeitet, eine Benutzung, die gleichfalls schon den Alten bekannt war. Endlich wird das Holz des Dattelbaums als Bauholz verwandt, namentlich in halben Stämmen zur Dielung der Terrassen, die außerdem noch mit Steinen oder Erde bedeckt werden; zur Verfertigung von Bretern ist es aber nicht geeignet. Wie man sieht, wird von dem Dattelbaume Alles benutzt, und unstreitig ist derselbe unter die nützlichsten Bäume zu rechnen.

Man zieht die Dattelbäume entweder aus Samen, was kräftigere Bäume, aber schlechtere Früchte gibt, oder aus Schößlingen, die sieben bis zehn Jahre alt sind; man gräbt dieselben 2—2½ Fuß tief in die Erde ein und umhüllt sie mit langem Stroh, um sie gegen die Sonnenhitze zu schützen und zum geraden Wuchse zu nöthigen. Auch die Krone eines altgewordenen Dattelbaums soll sich verpflanzen lassen, was schon von Plinius und Theophrast erwähnt wird. Ein merkwürdiger Umstand ist noch, daß dieser Baum bei gehöriger Behandlung auf der ganzen Oberfläche des Stammes Wurzeln und Schößlinge treibt. Im Ganzen werden weit mehr weibliche als männliche Bäume gepflanzt, weil nur die erstern Früchte tragen. Sie thun dies schon vom vierten Jahre an bis zu ihrem Absterben, geben aber in der Regel erst gegen das zehnte Jahr einen vollen Ertrag, der sich auf einen bis drei Centner beläuft; da indeß derselbe Baum nicht alle Jahre und nicht immer gleich viel trägt, so kann man den durchschnittlichen Jahresertrag eines Baumes nur zu einem Centner anschlagen. Das Alter des Baumes soll 100—200 Jahre erreichen, wenn er aber angezapft wird, um Saft zu gewinnen, so stirbt er viel eher ab.

Hat der Mond auf das Wetter Einfluß?

Von den ältesten Zeiten her ist der Glaube sehr allgemein verbreitet gewesen, daß der Mond auf die Witterung einen sehr bedeutenden Einfluß übe; namentlich hat man immer gemeint, daß bei einem Mondwechsel in der Regel oder doch besonders häufig eine erhebliche Änderung des Wetters, ein Übergang von schlechter zu schöner Witterung und umgekehrt, stattfinde. Schon Virgil spricht sich in seinem Gedichte über den Landbau mit vieler Bestimmtheit über diesen Zusammenhang zwischen Mond und Wetter aus. Man ging in ältern Zeiten sogar noch weiter und meinte, daß der Mond auf das Gedeihen der Pflanzen und den Gesundheitszustand der Menschen und Thiere einwirke; man wähnte, daß die Pflanzen bei zunehmendem Monde besser gediehen als bei abnehmendem, und mehre Krankheiten sich mit dem Mondwechsel veränderten, wiewol man in letzterer Beziehung sehr widersprechende Behauptungen aufgestellt findet, und noch in neuern Zeiten ist mehrfach behauptet worden, daß in Ostindien durch den Mondschein, namentlich bei Personen, die in demselben schliefen, gewisse Krankheiten erzeugt würden. Allgemein herrscht noch jetzt in vielen Gegenden der Glaube, daß Haare, Nägel, Hühneraugen u. s. w. stärker wieder wachsen, wenn sie bei zunehmendem, als wenn sie bei abnehmendem Monde geschnitten werden. Was ist nun wol von alle Dem bei dem jetzigen hohen Stande der Naturwissenschaft für ausgemacht zu halten, und was als grundlos zu verwerfen?

Es konnte nicht fehlen, daß man in neuern Zeiten bei der fortschreitenden Einsicht in die Naturgesetze gegen den angeblichen Einfluß des Mondes bedeutende Zweifel erhob. Daß der Mond eine chemische Wirkung auf die Erde, etwa durch seine Ausdünstung, hervorbringe, kann man bei der so großen Entfernung dieses Trabanten — die in runder Zahl 50,000 Meilen beträgt, während die Erdatmosphäre noch nicht 10 Meilen hoch sein kann — unmöglich annehmen. Eine physikalische Wirkung des Mondlichts findet ebenso wenig statt; sie könnte nur in einer Erwärmung bestehen, da das Mondlicht nichts Anderes als reflectirtes oder erborgtes Sonnenlicht ist, aber selbst die feinsten Thermometer zeigen keine Spur von einer Erwärmung durch Mondstrahlen; ganz unstatthaft ist es aber, mit einigen Meteorologen eine erkältende Eigenschaft des Mondlichts anzunehmen, die mit der Natur des Lichts völlig im Widerspruche stehen würde. Demnach könnte der Mond einzig und allein durch seine Anziehung eine Wirkung auf die Witterung ausüben, was um so eher denkbar ist, als die Erscheinung der Ebbe und Flut bekanntlich eine Folge der Anziehung des Mondes auf die Erde ist. Ein directer Einfluß auf Pflanzen und belebte Wesen würde sich aber durch jene Ursache nicht rechtfertigen lassen, auch haben sich ausgezeichnete Ärzte entschieden dagegen erklärt, und namentlich ist die Erklärung des berühmten Olbers, der zugleich Astronom und Arzt ist, von Gewicht, welcher versichert, daß er in seiner langen ärztlichen Praxis nie einen Einfluß des Mondes auf Epilepsie, Nervenzufälle und andere Übel, bei denen jener besonders merklich sein sollte, wahrgenommen habe.

Mit einer Untersuchung der Frage, ob und inwiefern der Mond auf die Witterung einwirkt, haben sich bereits zahlreiche Physiker beschäftigt. Die obenerwähnte, bei Ungebildeten noch jetzt sehr häufig anzutreffende Meinung, daß mit dem Mondwechsel, wenn nicht immer, doch vorzugsweise eine Wetterveränderung eintrete, konnte bei genauerer Aufmerksamkeit auf das Resultat der Erfahrung und mit unparteiischer Prüfung angestellter Beobachtungen nicht Stich halten und zeigte sich bald als ein bloßes, durch nichts begründetes Vorurtheil. Schlagend ergibt sich dies unter Anderm aus dem Ergebnisse, das der deutsche Physiker Gronau aus hundertjährigen Beobachtungen, von 1701—1800, abgeleitet hat; dieser fand nämlich, daß mit dem Mondwechsel in 1743 Fällen eine Veränderung des Wetters stattgefunden habe, in 3189 Fällen aber nicht. In hohem Grade sonderbar ist es freilich, daß sich gewisse Meinungen, von deren Grundlosigkeit man sich bei geringer Aufmerksamkeit auf die Naturerscheinungen so leicht überzeugen kann, Jahrhunderte, ja Jahrtausende lang erhalten und von einem Geschlechte auf das andere fortpflanzen können. Abgesehen von jener Meinung aber hielten viele Physiker die Lehre von einem Einflusse des Mondes fest, behaupteten, daß die Witterung vom Stande des Mondes gegen die Sonne abhänge, und nahmen demgemäß eine neunzehnjährige Periode an, nach deren Verlauf genau dieselben Witterungszustände wieder eintreten sollten. Diese Periode ist der sogenannte Mondscirkel, der von dem Athener Meton 432 v. Chr. aufgefunden wurde; 235 synodische Monate (so nennt man die Zeit, welche von einem Neumonde bis zum andern oder auch von einem Voll-

monde bis zum andern vergeht und ziemlich genau 29 Tage 12¾ Stunden beträgt) machen nämlich genau 19 Jahre aus, daher kommt es, daß nach Verlauf von dieser Zeit die Mondwechsel wieder auf dieselben Monatstage fallen. Obgleich aber mehre namhafte Physiker, namentlich in frühern Zeiten, eine solche Periode annahmen, so wird doch diese Annahme durch die Erfahrung keineswegs bestätigt; eine Wiederkehr der Witterungszustände nach 19 Jahren findet durchaus nicht statt (so wenig als nach 25 oder 100 Jahren, wie Andere behauptet haben), so vortheilhaft es auch in vielfacher Hinsicht für uns sein würde, wenn wir die Witterung jedes Tages im Jahre im voraus bestimmen könnten. Überhaupt ergab sich bei sorgfältiger Untersuchung der ausgezeichnetsten Gelehrten der neuern Zeit, daß die Mondphasen mit der Witterung in keinem wahrnehmbaren Zusammenhange stehen und es für dieselbe gleichgültig ist, ob wir den Mond ganz voll, oder nur im Viertel (halb beleuchtet), oder gar nicht sehen. Immer blieb aber die Wirkung möglich, daß der Mond durch seine Anziehung Schwankungen der Atmosphäre hervorbrächte, die den unter dem Namen der Ebbe und Flut bekannten Schwankungen des Meeres ähnlich wären, und der Untersuchung, ob solche Schwankungen wirklich stattfänden, haben sich die trefflichsten Physiker unserer Zeit beschäftigt.

Durch eine sehr gründliche theoretische Untersuchung fand der berühmte französische Mathematiker Laplace, daß die durch den Mond bewirkte Flut der Atmosphäre am Barometer gemessen nicht mehr als ¼ Linie betragen könne, d. h. daß in Folge der Anziehung des Mondes das Quecksilber im Barometer, wenn sonst keine Ursachen dasselbe zum Steigen und zum Fallen veranlaßten, bei seinem höchsten Stande an einem und demselben Orte nur ¼ Linie höher als bei seinem tiefsten Stande stehen könne. So geringfügig aber auch dieser Einfluß des Mondes an sich gewesen wäre, so stimmte er doch mit den in Paris angestellten Beobachtungen nicht überein, wenigstens fand Bouvard durch Berechnung der von 1815—26 daselbst angestellten Beobachtungen, daß der Mond auf den Stand des Barometers zu Paris keinen meßbaren Einfluß ausübe. Andere Physiker, namentlich Flaugergues, Arago und Schübler, kamen dagegen zu dem Resultate, daß die Mondphasen allerdings auf den Barometerstand nicht nur, sondern auch auf die Regenmenge einen zwar nicht sehr großen, aber doch merklichen Einfluß übten. Neuerdings ist die Frage von dem verdienten Physiker Muncke in Heidelberg einer gründlichen Prüfung unterworfen worden, wobei er mit so großer Genauigkeit und Umsicht zu Werke ging, daß das von ihm gefundene Ergebniß als vollkommen zuverlässig und entscheidend angesehen werden kann. Er legte dabei Beobachtungen zum Grunde, die in Strasburg angestellt worden sind und einen Zeitraum von 27 Jahren umfassen, und fand, daß während eines synodischen Monats oder Mondumlaufs das Barometer zweimal steigt und zweimal fällt, wobei aber der jedesmalige höchste und tiefste Stand in den verschiedenen Jahreszeiten auf verschiedene Mondphasen fällt. Im Ganzen sinkt das Barometer gegen die Zeit des Vollmonds regelmäßig und steigt gegen die Zeit des Neumonds, aber zugleich tritt um die Zeit des Neumonds oder bald nachher wieder ein geringes Sinken und abermaliges, aber geringeres Steigen ein. Indeß ist zu bemerken, daß dieses Steigen und Fallen, insofern es nur dem Monde zuzuschreiben ist, sehr unbeträchtlich ist, da nach den in Strasburg angestellten Beobachtungen der größte Unterschied zwischen dem höchsten und tiefsten Stande noch keine ganze Linie, der kleinste gar nur den **14.** Theil einer Linie beträgt. Der Einfluß des Mondes auf die Menge des herabfallenden Regens ist weniger bestimmt wahrzunehmen; die größte Regenmenge zeigte sich nach den strasburger Beobachtungen im Sommer und Herbst um die Zeit des Vollmondes, während des Winters nach dem Neumonde, während des Frühlings um die Zeit des letzten Viertels; die kleinste Regenmenge fand in allen Jahreszeiten zwischen dem letzten Viertel und dem Neumonde statt.

Als ausgemacht muß demnach angesehen werden, daß der Mond zwar in seinen verschiedenen Phasen oder Lichtgestalten einen Einfluß auf die Atmosphäre hat, der sich durch Steigen oder Fallen des Barometers zu erkennen gibt, daß aber dieser Einfluß ausnehmend gering ist und daß daher in dem gewöhnlichen Sinne von einer wahrnehmbaren und entschiedenen Einwirkung

des Mondes auf das Wetter gar nicht die Rede sein kann. Auch die von vielen Menschen gehegte Meinung, daß der am Himmel stehende Mond auf die heraufziehenden Gewitter einwirke und gewissermaßen einen Kampf mit ihnen beginne, weshalb die beim Mondschein ausbrechenden Gewitter als besonders hartnäckig und gefährlich anzusehen seien, wiewol der Mond sie in der Regel vertreibt, ist für völlig grundlos zu halten. Übrigens ist jener Einfluß des Mondes auf die Atmosphäre bei aller Geringfügigkeit in hohem Grade räthselhaft, da man nach den Untersuchungen von Laplace ein geringes tägliches Steigen und Fallen des Quecksilbers im Barometer in Folge der Mondanziehung wol erklären könnte, wie die Ebbe und Flut des Meeres täglich zweimal wiederkehrt, keineswegs aber ein Steigen und Fallen, das mit dem Umlaufe des Mondes periodisch wiederkehrt.

Léon de Laborde in Karamanien.

Verantwortlicher Herausgeber: Friedrich Brockhaus. — Druck und Verlag von F. A. Brockhaus in Leipzig.

Das Pfennig-Magazin

für

Verbreitung gemeinnütziger Kenntnisse.

330. | Erscheint jeden Sonnabend. | [Juli 27, **1839.**

Die Tuilerien.

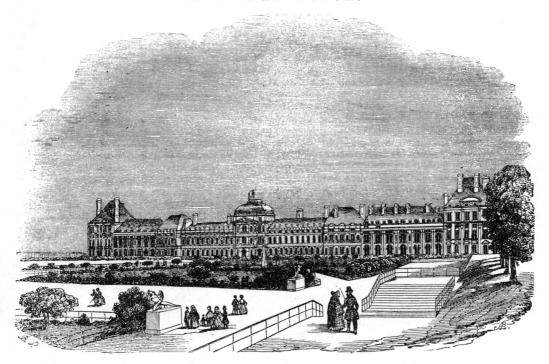

Der Palast der Tuilerien, das Residenzschloß der Beherrscher Frankreichs, von welchem die französische Regierung häufig das Cabinet der Tuilerien genannt wird, liegt auf dem rechten Ufer der Seine im pariser Stadtviertel Saint-Honoré, am Carrouselplatze, und hat selbst seinen Namen von mehren Ziegelbrennereien, an deren Stelle es steht und die Paris mehre Jahrhunderte lang mit Ziegeln (tuiles) versehen. Die Königin Katharina von Medici, Witwe Heinrich's II., ließ den Bau im Jahre 1564 nach den Plänen der Baumeister Philibert Delorme und Jean Bullant anfangen, aber bereits wieder einstellen, als erst der mittlere Pavillon und ein Theil der beiden Seitenflügel fertig war. Heinrich IV. ließ die Arbeiten unter der Leitung der Architekten Ducerceau und Dugérac wieder fortsetzen; unter seiner Regierung wurden die Seitenflügel bis zu den beiden Eckpavillons de Flore und Marsan fortgeführt, auch 1600 die Galerie angefangen, welche die Tuilerien mit dem Louvre verbindet. Die letztere wurde erst unter dem Enkel Heinrich's IV., Ludwig XIV., im J. 1654 vollendet. Eine zweite, der ersten entsprechende und mit ihr parallel laufende Verbindungsgalerie zwischen den Tuilerien und dem Louvre wurde von Napoleon im Jahre 1808 vom Pavillon Marsan aus angefangen, ist aber nur bis zur Rue Rohan fortgeführt worden. Als Residenzschloß wurden die Tuilerien zuerst von Ludwig XIII. benutzt, während die frühern Könige den Louvre bewohnt hatten; Ludwig XIV. wohnte nur kurze Zeit hier und verlegte die Residenz in das von ihm erbaute Schloß von Versailles; Ludwig XV. wohnte nur sieben Jahre, 1715—22, während seiner Minderjährigkeit hier und zog dann ebenfalls den Aufenthalt in Versailles vor; hierauf standen die Tuilerien 67 Jahre leer, bis Ludwig XVI. im J. 1789 seine Residenz von Versailles hierher zu verlegen genöthigt wurde. Seitdem ist der Palast sowol während der Republik als während des Kaiserthums und nach der Restauration Sitz der Regierung geblieben, und auch Ludwig Philipp hat nicht gezögert, seine frühere Wohnung im Palais Royal mit dem königlichen Schlosse zu vertauschen.

Dem Äußern des Palastes, dessen Erbauung in so verschiedene Zeiten fällt, fehlt es an Harmonie, wiewol Ludwig XIV. durch seine Baumeister Leveau und d'Orby auf Herstellung derselben hinarbeiten ließ; namentlich fällt der Wechsel der Säulenordnungen — der ionischen und der korinthischen — bei genauerer Betrachtung unangenehm auf. Die Hauptfronte ist 1071 pariser Fuß lang, 108 Fuß tief, bei einer verhältnißmäßig etwas zu geringen Höhe, und besteht aus fünf Pavillons und vier Verbindungsgebäuden; die Façade der zwei ersten von diesen ist auf jeder Seite mit 22

Marmorbüsten verziert. Über dem Haupteingange befindet sich zu beiden Seiten des Palastes, nach dem Hofe und nach dem Garten zu, ein Balcon, auf welchem sich die königliche Familie bei feierlichen Gelegenheiten dem Volke zeigt. Antike Bildsäulen zieren den Eingang sowol auf der Hofseite als auf der Gartenseite; auf jener die des Apollo und eines Faun, auf dieser die des Mars und der Minerva; außerdem stehen auf der Gartenseite in offenen Galerien 18 antike Marmorstatuen. Die Galerie, welche die Tuilerien mit dem Louvre verbindet, läuft am Ufer der Seine hin und ist 1332 Fuß lang, aber nur 42 Fuß breit und von geringer Höhe; auch sie zeigt verschiedene Style der Architektur. Der Hof ist durch ein prächtiges Eisengitter verschlossen, das ihn vom Carrouselplatze trennt, und bildet ein längliches Parallelogramm, das mit jenem Platze ungefähr gleiche Größe hat. Zwei Reihen granitener, durch Ketten verbundener Marksteine theilen den Hof in drei Theile. Der Flächenraum, den das Schloß bedeckt, beträgt 64,548 Quadratfuß, der des Hofes 487,800 Quadratfuß; die Verbindungsgalerie nimmt einen Raum von 55,904 Quadratfuß ein.

Das Innere der Tuilerien ist in der Hauptsache so geblieben, wie Ludwig XIV. es eingerichtet hatte, doch sind von dem jetzigen Könige wesentliche Verschönerungen angebracht worden; die von Napoleon herrührenden Gemälde und Decorationen sind größtentheils wieder verschwunden. Die schönsten und merkwürdigsten Säle sind folgende: Zuerst der Marschallssaal, welcher die Bildnisse von 12 französischen Marschällen in Lebensgröße, außerdem eine große Zahl von Büsten der ausgezeichnetsten französischen Feldherren enthält, mit Fahnen decorirt ist und den ganzen Mittelpavillon (pavillon de l'horloge genannt) einnimmt. An ihn stößt an der einen Seite der Salon der Edelleute oder der ehemalige Gardesaal, an der andern der Salon des Friedens, so genannt von der darin aufgestellten kolossalen Statue des Friedens von Chaudet. Der Thronsaal ist mit den berühmten Gobelintapeten aus lyoner Goldstoff noch ganz alterthümlich decorirt; den Thron, der auf drei Stufen unter einem Thronhimmel steht, umgeben zwei alte Trophäen, deren Wappenschilder die Namen der Könige Robert's I. und Heinrich's IV. nebst den Jahreszahlen 1030 und 1580 enthalten. Durch den blauen Salon, welchen Gemälde von Gérard und Vernet schmücken, gelangt man in den Berathungssaal, wo der König bei den Berathungen seiner Minister den Vorsitz zu führen pflegt; er ist mit neuern Gemälden, welche der König bei den Ausstellungen im Louvre gekauft hat, außerdem mit herrlichen Tapeten, zwei prächtigen Porzelanvasen u. s. w. verziert. Am Ende der großen Säle befindet sich die Galerie der Diana, welche der königlichen Familie gegenwärtig als Speisesaal dient; der Plafond enthält Copien der schönsten Gemälde der Farnese'schen Galerie; die Wandtapete stellt das Leben Ludwig's XIV. dar; außerdem sind hier noch zwei Vasen aus köstlichem ägyptischen Marmor von acht Fuß Höhe bemerkenswerth. Die prachtvolle Galerie Ludwig Philipp's ist am einen Ende mit Marmorstatuen von Daguesseau und l'Hopital, am andern Ende mit der silbernen Statue des Friedens verziert, welche Napoleon von der Stadt Paris zum Geschenk erhielt. Kleinere Säle sind: der Concertsaal; der Salon Ludwig's XIV.; der Salon des Apollo mit einem Gemälde, welches den Triumph dieses Gottes darstellt; der weiße Salon; der Salon der drei Grazien mit einem Gemälde dieser Huldgöttinnen; der Salon der Säule mit einer Bronzecopie derjenigen Säule, die die große Armee errichtet

wurde, u. s. w. Noch ist zu bemerken das Schloßtheater, in welchem ehemals der Nationalconvent seine Sitzungen hielt; das durch eine Erhöhung des Parterres in einen Ballsaal verwandelt werden kann; die Privatbibliothek des Königs mit Deckengemälden von Mignard und die Schloßkapelle, deren Deckengemälde den Einzug Heinrich's IV. in Paris darstellt. Die Verbindungsgalerie zwischen den Tuilerien und dem Louvre enthält im Erdgeschoß eine Orangerie, ein Wachhaus und Wohnungen der Hofdienerschaft, im ersten Stockwerke die berühmte Gemäldegalerie.

Seinen größten Reiz verdankt aber der Tuilerienpalast seinem herrlichen Garten, der sich zwischen der Seine und der Rue de Rivoli bis zu dem Platze der Eintracht erstreckt und einer der Hauptspaziergänge der Pariser ist. Er wurde unter Ludwig XIV. von dem um Vervollkommnung der Gartenkunst so verdienten Andreas Lenôtre angelegt und bildet ein Parallelogramm, das 2256 Fuß lang und 408 Fuß breit ist. Schon früher hatte zu den Tuilerien ein Garten gehört, der aber von dem Schlosse durch eine breite Straße getrennt war. Der Garten zerfällt in zwei wesentlich verschiedene Theile; der kleinere, nach dem Schlosse zu, 492 Fuß lang, besteht aus Gartenanlagen, der andere aus einem Gehölz oder Park; Terrassen umgeben auf drei Seiten das Ganze. Von dem Mittelpavillon geht die große Allee aus, die nach dem Triumphbogen de l'Etoile hinzulaufen scheint und als deren Fortsetzung die gleich breite Allee der elysäischen Felder angesehen werden kann. Sie wird durch ein großes, von Statuen umgebenes Wasserbassin unterbrochen; am Ende des Gehölzes, nach dem Gitter des Platzes der Eintracht zu, befindet sich ein zweites großes Bassin von achtseitiger Form mit einem Springbrunnen. Dieser Garten, in welchem Blumenbeete, Rasenstücke, Baumgruppen, Wasserkünste, Bildsäulen und Vasen auf angenehme Weise miteinander abwechseln, ist im Wesentlichen so geblieben, wie ihn Lenôtre angelegt hatte; nur hat Napoleon die beiden sich hufeisenförmig umbiegenden Terrassen auf der Nord- und Südseite hinzugefügt und Ludwig Philipp hat vor einigen Jahren, zum großen Verdrusse der Pariser, einen Theil des Gartens unmittelbar vor dem Palaste absondern und zu einem für ihn und seine Familie bestimmten, dem Publicum nicht zugänglichen Blumengarten umgestalten lassen. Diesen Theil ausgenommen, ist der Garten, in welchem unter Ludwig XIII. und Ludwig XIV. das Volk nur am Ludwigstage Einlaß hatte, gegenwärtig jedem anständig Gekleideten zu jeder Zeit des Tages geöffnet und daher immer sehr zahlreich besucht, zumal da es an Gelegenheit, sich auf Strohstühlen niederzulassen, Erfrischungen zu erhalten und Journale zu lesen, nicht fehlt und an schönen Sommerabenden die Musikchöre einiger Regimenter dem Publicum eine unentgeltliche Unterhaltung gewähren, eine von dem jetzigen Könige herrührende Einrichtung, durch welche er, wie es scheint, die Pariser mit der Schmälerung des Gartens auszusöhnen suchte.

Die Schleichhändler von Saragossa. *)

Spanien ist recht eigentlich das Land der Schleichhändler. Das Bedürfniß der Waaren des Auslandes einerseits und die Höhe der Zölle andererseits muntern hier zum Schleichhandel auf, der außerdem durch die

*) Nach den Mittheilungen eines französischen Reisenden.

zahlreichen Bergketten, welche die Halbinsel in allen Richtungen durchziehen, durch die gefährlichen Schluchten, die dem Schleichhändler fast unzugängliche Zufluchtsörter gewähren, endlich durch den entschlossenen, verwegenen Charakter der Spanier und die Vorliebe, die sie von jeher für ein herumziehendes, abenteuerliches Leben gehabt haben, vielfach unterstützt und begünstigt wird. Die factische Unabhängigkeit des Schleichhändlers von den Gesetzen, seine Kämpfe gegen die Zollwächter und die verwegene Offenheit seines ungesetzlichen Treibens haben seinen Kopf mit einer Art von volksthümlicher Glorie umgeben, deren Rückwirkung wieder dem Charakter und den Gewohnheiten des Schleichhändlers etwas Ritterliches und Uneigennütziges mitgetheilt hat. Ein Mann, welcher der Schrecken der Zollwächter ist und durch den Schleichhandel mit den angesehensten Handelsleuten des Landes in Geschäftsverbindung steht, welcher immer die feinsten Havannacigarren und das schönste Mädchen im ganzen Districte hat, hält sich für ebenso adelig als irgend Jemand. Einer meiner Freunde, der in Gesellschaft einer Schleichhändlerbande von der portugiesischen Grenze nach Madrid gekommen war, sagte mir, es wären die angenehmsten Menschen und besten Gesellschafter gewesen, die er in seinem Leben getroffen hätte; er konnte nicht müde werden, mir von ihrer guten Laune, ihrer Wachsamkeit und ihrer Verschlagenheit zu erzählen. Unsere großstädtischen Taschendiebe und Spitzbuben sind die Hefe der menschlichen Gesellschaft; aber der spanische Schleichhändler, der mit bewaffneter Hand am hellen Tage sein Handwerk treibt, ist eine Art Eroberer im Kleinen, der für einen vierzehntägigen Wohlstand sein Leben heitern Muthes aufs Spiel setzt, ein naher Verwandter des Arabers in der Wüste, mit dem er die Gastfreundschaft und den verwegenen Muth gemein hat.

Der Typus des Schleichhändlers ändert sich von einer Provinz zur andern. Der poetischste, zierlichste und galanteste von allen ist der andalusische Schleichhändler. Dieser geht nie anders ans Werk, als von seiner getreuen Guitarre begleitet; bei der Rückkehr findet er die immer offenen Arme seiner schönen Maja, um ihn für seine Thaten zu belohnen. Im Norden nimmt der Schleichhandel einen rauhern, mercantilischen und zugleich militärischen Charakter an, wobei die Treue gegen eingegangene Verbindlichkeiten aufs äußerste getrieben wird.

Saragossa ist ohne Zweifel eine derjenigen Städte im nördlichen Spanien, wo der Schleichhandel am lebhaftesten betrieben wird; besonders seitdem der Bürgerkrieg die baskischen Provinzen verheert, ist Saragossa der Stapelplatz für den gesammten Schleichhandel zwischen Frankreich und Madrid geworden, da derselbe nicht mehr über Bayonne, sondern über Oleron geht. Die natürliche Lage von Saragossa stellt an und für sich dem Schleichhandel ein Hinderniß in den Weg, das sich nur durch einen hohen Grad von Verwegenheit überwältigen läßt. In den Bergen findet der Schmuggler tausend Verbündete: bald einen Graben, in dem er sich versteckt; bald einen Hügel, der ihn verbirgt, bald ein Gehölz, in dessen Schatten er sich zurückzieht, um die Nacht und die gelegene Stunde abzuwarten. Gibt es aber irgend eine Stadt in der Welt, der man sich nur schwer ungesehen nähern kann, so ist es Saragossa, an den Ufern des die Stadt durchschneidenden Ebro in einer unabsehbaren dürren und baumlosen Ebene gelegen. Wer von den Pyrenäen nach Saragossa reist, ist genöthigt, von Ayerbe an einen ganzen Tag durch ein flaches, steiniges Land zu

reisen, wo er kein anderes Grün findet, als im Sommer einige dürftige und verbrannte Rosmarinsträucher. Südlich von Saragossa erhebt sich zwar ein Hügel, genannt Torero, auf welchem ausnahmsweise ein paar Ölbäume und Platanen wachsen, aber theils ist die Stadt auf dieser Seite, wie auf allen andern, durch eine Ringmauer von 18—20 Fuß Höhe geschlossen, theils ist gerade die nach dem Berge Torero zu gelegene Seite der Stadt, als die leichter zugängliche, strenger bewacht. Auf allen andern Seiten würde Jeder, der sich der Stadt verstohlen nähern wollte, auf eine Entfernung von drei Meilen entdeckt werden, ohne von den Bergketten, deren blaue Linien am Horizonte sichtbar sind, irgend einen Nutzen ziehen zu können. Diesen Localschwierigkeiten begegnen die Schleichhändler von Saragossa auf folgende Weise.

Etwa 30 Männer haben sich verbunden, alle aus den stärksten und muthigsten der gigantischen aragonesischen Bevölkerung gewählt und dem Gewerbe der Fleischer, der Speckhändler, der Schuhmacher oder einem andern mit schneidenden Werkzeugen hanthierenden angehörig; diese entschlossene Schar, welche mit größter Geschicklichkeit die Pistole und das Messer handhabt, führt in der Stadt, deren Schrecken sie ist, den Namen der Matonen oder Todtschläger. Wenn es eine Expedition vorzunehmen, einige Ballen Seide oder Leinwand einzuschmuggeln gibt, so zeigt man es den Matonen an, welche dann nach Befinden 5, 10 oder 20 Mann stark ausrücken und auf folgende Weise zu Werke gehen. Sie bringen die Waare auf Mauleseln bis in eine Entfernung von zwei bis drei Stunden von der Stadt; hier machen sie Halt, ruhen aus und erwarten die Nacht. Nach Sonnenuntergang machen sie sich wieder auf den Weg und kommen in tiefster Stille bis an den Fuß der Ringmauer. Ist ihre Ladung ansehnlich und geeignet, die Zollwächter nach ihrem Fange begierig zu machen, so wissen sie dieselben durch einen falschen Angriff zu täuschen und auf eine falsche Spur zu bringen. Sobald sie vor Störungen sicher zu sein glauben, stellen sie zwei oder drei Mann als Schildwachen aus, dann lehnt sich einer der stärksten von der Schar an die Mauer, ein Zweiter steigt ihm auf die Schultern, ein Dritter auf die Schultern des Zweiten; die Ballen gehen aus einer Hand in die andere und gelangen so zum Dritten, der sie, auf der Mauer reitend, in Empfang nimmt und auf die andere Seite der Mauer wirft. Wenn alle hinüber sind, so benutzt der Rest der Bande die Menschenleiter und nimmt denselben Weg als die Ballen, worauf jeder einen Ballen auf die Schulter nimmt und sich auf den Weg nach dem Bestimmungsorte macht. Treffen sie unterwegs eine Patrouille, die ihnen „Wer da?" zuruft, so antworten sie dreist: „Die Bande"; worauf die Patrouille in größter Eile die nächste Seitenstraße einschlägt.

Die Abgeneigtheit der Patrouillen, sich mit den Matonen zu messen, ist nicht, wie man glauben könnte, einer gemeinen Feigheit beizumessen, sondern dem unwandelbaren und wohlbekannten Entschlusse der Matonen, ihre Waaren niemals zu verlassen. Darin suchen sie Alle ihren Ehrenpunkt und ihre Rechtschaffenheit; haben sie mit einem Kaufmanne einen Handel abgeschlossen und sein Geld unter der Bedingung empfangen, ihm die Waare ins Haus zu liefern, so halten sie nun ihr Wort oder lassen sich todtschlagen, wenn sie es nicht können. Die Nationalgardisten sowol als die Truppen haben nicht Lust, sich in einen Kampf auf Leben und Tod mit diesen entschlossenen, gewandten und wohlbewaffneten Menschen einzulassen, welche fast

*

Alle mit herculischer Kraft begabt sind. Übrigens betrachten die Matonen den Schleichhandel als ihr Monopol und dulden keine Concurrenz; Allen, die es versuchen, auf eigene Faust dies Handwerk zu treiben, confisciren sie die Contrebande mit unerbittlicher Strenge.

Im Winter 1836—37 fand zwischen den Matonen und Zollwächtern ein blutiges Treffen statt. Die Matonen hatten sich in großer Zahl versammelt, um eine starke Ladung Contrebande einzubringen. Als sie am Fuße der Ringmauer angekommen waren, nahmen es Einige über sich, die Ballen auf die angegebene Weise hinüberzuschaffen; die Übrigen, die durch einen Eilmarsch ermüdet waren, ruhten aus und sammelten Kräfte, um die Angelegenheit glücklich zu Ende zu bringen. Zwei von ihnen waren als Schildwachen in ein altes Schilderhaus postirt worden, hatten aber zum Unglück, statt zu thun, was ihnen aufgetragen war, sich mit Kartenspiel die Zeit verkürzt und der Branntweinflasche zugesprochen, bis sie vor Müdigkeit und Trunkenheit eingeschlafen waren. Unterdessen hatte eine starke Abtheilung von Zollwächtern die Matonen überfallen; mehre derselben blieben auf dem Platze, nachdem sie verzweifelten Widerstand geleistet hatten, Andere wurden gefangen, entwaffnet und ins Gefängniß geführt. Da sie mit den Waffen in der Hand gefangen worden waren, nachdem sie mehre Zollwächter getödtet, so sollte man erwarten, daß sie zum Tode verurtheilt worden wären; dies geschah aber keineswegs. Während ihrer

Gefangenschaft blieben ihre Freunde nicht müßig; die bei der Angelegenheit betheiligten Kaufleute thaten Schritte zu ihren Gunsten, das Volk wurde unruhig und die auf freien Fuß befindlichen Matonen drohten, das Gefängniß, das Haus des Generalcapitains, ja die ganze Stadt anzuzünden, wenn man ihre Kameraden nicht in Freiheit setzte. Dies Alles hatte den Erfolg, daß den Gefangenen nach einigen Tagen die Thore des Gefängnisses geöffnet wurden, worauf sie mit größter Sorglosigkeit zu ihrem früheren Gewerbe zurückkehrten. Einige Tage darauf ordnete die Behörde, entmuthigt durch den schlechten Erfolg der offenen Unterdrückung des Schleichhandels, Haussuchungen bei denjenigen Kaufleuten an, von denen man wußte, daß sie mit den Matonen in Verbindung ständen, und verfügte die Wegnahme aller bei ihnen gefundenen eingeschmuggelten Waaren. Die bedrohten Kaufleute verstanden sich hierauf mit den Matonen; man beschloß, daß der erste Zollwächter, der es wagen würde, den Fuß in das Haus eines Kaufmanns zu setzen, in demselben sein Grab finden sollte. Die Nachricht von diesem Beschlusse verbreitete sich in der Stadt mit Blitzesschnelle und hatte zur Folge, daß die gedachte Verordnung unter dem Vorwande, daß sie ungesetzlich gewesen sei, zurückgenommen wurde, weil die Zollwächter keine Lust hatten, sich mit Gegnern, die, wie sie wußten, zu Allem fähig waren, in einen Kampf einzulassen.

Weihnachtsgebräuche der Vorzeit.

Vor mehr als 200 Jahren, unter der Regierung der Königin Elisabeth und ihrer Vorgänger, wurde in England das Weihnachtsfest mit einer Ausgelassenheit und einem Jubel gefeiert, von dem jetzt keine Spur mehr übrig ist, wie sich überhaupt jene Zeit durch ihre allgemeine Vorliebe für Feste und Lustbarkeiten auszeichnete. Einige dieser Weihnachtsgebräuche lassen sich auf heidnische Ceremonien zurückführen, mit denen die Druiden zur Zeit des Wintersolstitiums das Fest ihrer

obersten Gottheit feierten; dahin gehört die Sitte, das Haus mit Misteln zu schmücken, die wol nicht mit Unrecht von dem Gebrauche dieser Pflanze bei den druidischen Ceremonien hergeleitet wird. Unter den zahlreichen Gebräuchen, welche zur Zeit der Königin Elisabeth zu Weihnachten geübt wurden, ist die Ernennung einer Person bemerkenswerth, welche von den angesehensten Einwohnern eines Dorfes oder Kirchspiels gewählt wurde und die Verpflichtung sowol als das Recht hatte, eine Schar lustiger Brüder zu versammeln und ihnen allerhand Scherze und tolle Streiche beizubringen, um das Volk, vornehmlich auf dem Lande, dadurch zu belustigen. Diese scherzhafte Person wurde der Meister der Unordnung oder der Abt der Thorheit genannt; die kirchlichen und weltlichen Behörden drückten bei seinem Treiben ein Auge zu und waren ihm nicht hinderlich, wenn er mit der Schar, die seinem Banner folgte, auf Kurzweil und Abenteuer auszog. Selbst bei Hofe und in den Häusern des hohen Adels wurde ein solcher Beamter ernannt, um die Weihnachtslustbarkeiten zu leiten; seine Amtsführung begann im Anfang des December und endigte erst am Tage Mariä Reinigung (2. Februar).

Ein anderer uralter Gebrauch, auf dessen Beobachtung mit großer Strenge gehalten wurde, ist die auf unserer ersten Abbildung dargestellte feierliche Aufsetzung eines wilden Schweinskopfs auf die Tafel der großen Halle, d. h. des Speisesaals der wohlhabenden Grundbesitzer, wo eine zahlreiche Gesellschaft von Verwandten und Freunden zum Weihnachtsschmaus versammelt war. Von der Zeit der alten Sachsen her, deren Reichthum hauptsächlich in großen Schweineheerden bestand, ist das wilde Schwein von den Engländern immer in Ehren gehalten worden; am ersten Weihnachtsfeiertage gab es regelmäßig das erste Gericht ab, das aufgetragen wurde. Der gewaltige Kopf wurde in einer geräumigen Schüssel, geschmückt mit Rosmarin und Lorberzweigen, von dem Vorschneider hereingetragen, unter dem Vortritte von Trompetern, Pfeifern und Trommlern, während die Anwesenden ein lautes Hurrahgeschrei erhoben, von welchem die Halle widertönte; hierauf sang eine eigens dazu bestimmte Person Lieder zum Preis des Lieblingsgerichts, wobei sie von den Gästen unterstützt wurde, die den Chorus machten und aus Leibeskräften schrieen, bis sie vor Erschöpfung genöthigt waren, sich im Alekrug frische Kräfte zu holen.

Ein dritter Gebrauch war die auf der zweiten Abbildung vorgestellte Einbringung des großen Weihnachtsklotzes, welcher auf einen der massiven senkrechten Pfeiler zu beiden Seiten des Herds gestellt wurde und zur Erwärmung, zugleich aber auch zur Erleuchtung der großen Halle bestimmt war. Er wurde von einem der größten Bäume im Park des Grundbesitzers, für dessen Haus er bestimmt war, genommen und am Vorabend des Festes in Begleitung einer Anzahl von Dienern und Hörigen, welche große Kerzen trugen, sowie beim Schalle der Musik mit großem Pomp und Jubel in die von ihm zu erwärmende Halle gezogen.

Das Bauchreden.

Die neulich (in Nr. 326) von uns mitgetheilte Anekdote von einem Bauchredner mag wol in manchem unserer Leser den Wunsch rege gemacht haben, von der eigenthümlichen Kunst des Bauchredens etwas Näheres zu erfahren. Daß die Kunst darin besteht, daß ein einziger Mensch mit mehren Stimmen und so sprechen kann, daß die Hörenden ihn gar nicht für den Sprechenden halten, sondern die Person, von welcher die Stimme ausgeht, an einem ganz andern Orte suchen, und zwar gerade da, wo der Bauchredner es haben will, ist wol allgemein bekannt, wiewol dergleichen Künstler jetzt seltener als früher angetroffen werden. Aber worin liegt nun eigentlich das Geheimniß dieser Kunst, welche Denen, die sie besitzen, das Ansehen von Zauberern und eine übernatürliche Gewalt verleiht? Wie muß man es anfangen, um zu dieser Fertigkeit zu ge-

langen, durch welche man, abgesehen von andern Vortheilen, mit einem Male in den Stand gesetzt würde, eine Gesellschaft angenehm zu unterhalten und Aufsehen zu erregen, wenn man auch vorher arm an allen gesellschaftlichen Talenten gewesen wäre? Leider sind wir nicht im Stande, unsern Lesern eine auch nur einigermaßen genaue Anweisung hierzu zu ertheilen; wol bei wenigen Künsten ist es so ganz unmöglich, sie aus Büchern zu erlernen, als bei dieser, und die Auskunft, welche die sie ausübenden Personen über ihr Verfahren zu ertheilen vermögen, ist gerade am allerwenigsten befriedigend. Nach den Untersuchungen bewährter Gelehrten aber, welche mit der Akustik oder der Lehre vom Schalle und von der Hervorbringung von Tönen überhaupt vertraut waren, beruht die Kunst in der Hauptsache darin, daß die erkünstelte Stimme mittels der im

Innern des Körpers eingeschlossenen Luft, welche zwischen den Bändern der Stimmritze hin und her schwingt, durch Anstrengung der Lungen, sowie der Muskeln der Brust und des Bauches hervorgebracht wird und einen ganz eigenthümlichen Klang durch das Mittönen oder die Resonanz des Gaumsegels und der Bauch= und Brusthöhlungen erhält. Hieraus erhellt, daß die künstliche Stimme nothwendig ganz anders als die natürliche klingen muß, welche noch durch andere in Resonanz versetzte Körpertheile, namentlich Mund und Kopf, modificirt wird. Unstreitig wird zum Bauchreden eine Zusammenziehung und ungewöhnliche Anstrengung der Brust erfodert; nach der Angabe eines geübten Bauchredners pflegte dieser sich anfangs Brust und Bauch durch eine Binde zusammenzuschnüren, als er aber eine größere Fertigkeit erlangt hatte, erleichterte er nur noch zuweilen die Anstrengung der Bauchmuskeln durch einen Druck der Hand. Ein Hauptumstand ist aber hierbei, daß der Bauchredner die zur Bildung der Stimme nöthige Luft nicht ausathmet oder aus den Lungen forttreibt, wie bei dem gewöhnlichen Sprechen zu geschehen pflegt. Dieses Fortstoßen der Luft setzt in der Regel die Hörenden vorzugsweise in den Stand, auf den Ort des Redenden, wenn sie ihn auch nicht sehen, zu schließen; sind sie also dieses Mittels beraubt und sehen zugleich beim Redenden keine Bewegung der äußern Sprachorgane, die der Bauchredner nicht nöthig hat (wiewol die Meinung Derer irrig ist, welche meinen, daß das ganze Geheimniß in jener Nichtbewegung liege), so bleiben sie über den Ort, von dem die Stimme ausgeht, in Ungewißheit und können darüber leicht getäuscht werden.

Aber offenbar sind die angegebenen Mittel allein noch nicht hinreichend, um die Zuhörer zu veranlassen, die Stimme an einem bestimmten Orte außerhalb des Sprechenden zu suchen. Dies bewirkt der Bauchredner in der Regel dadurch, daß er die erkünstelte Stimme abwechselnd mit seiner natürlichen, völlig von jener verschiedenen hören läßt und sich stellt, als unterhielte er sich mit Jemand; wer aber ein von zwei verschiedenen Stimmen lebhaft geführtes Gespräch vernimmt, kann sich nicht leicht der Täuschung erwehren, daß es von zwei getrennten Personen ausgehe, namentlich wenn gar Abwechselung des Dialekts und der Ausdrucksweise hinzukommt. Nicht wenig trägt auch der Umstand zur Erhöhung der Täuschung bei, daß der Bauchredner aufmerksam nach dem Orte hinsieht, an dem sich die Person, mit der er sich zu unterhalten scheint, befinden soll, dadurch aber auch die Aufmerksamkeit der Zuhörer nach diesem Orte hinlenkt, überhaupt sein Geberdenspiel und seine Bewegungen durchaus so einrichtet, als sei die fingirte Person wirklich vorhanden und befinde sich da, wo die Zuhörer sie suchen sollen. Wie man sieht, muß also ein Bauchredner, wenn seine Kunst vollständig sein soll, außer der rein mechanischen Fertigkeit des Bauchredens auch die Talente eines gewandten Schauspielers besitzen. Eine besonders große Fertigkeit besitzen manche Bauchredner auch darin, daß sie die künstliche Stimme allmälig schwächer oder stärker werden lassen, sodaß es den Anschein hat, als wenn die redende Person sich entferne oder nähere; so besteht ein gewöhnliches Kunststück darin, daß sie mittels ihrer künstlichen Stimme eine Person darstellen, welche in einen Ofen kriecht und dann durch das Ofenrohr und den Schornstein sich immer weiter entfernt, bis ihre Stimme gar nicht mehr vernommen werden kann. Nur wenige Bauchredner haben es dahin gebracht, mit ihrer künstlichen Stimme singen zu können, was demnach jeden-

falls zu den schwersten Leistungen in dieser Kunst gehören muß.

Bauchredner scheint es schon im grauen Alterthume gegeben zu haben, wie sich unter Andern aus mehren Stellen der griechischen Übersetzung des Alten Testaments ergibt, wo ausdrücklich Bauchredner genannt werden, wiewol das im hebräischen Urtext gebrauchte, von Luther mit „Wahrsager" übersetzte Wort diese bestimmte Bedeutung nicht hat. Sehr wahrscheinlich ist es, daß auch bei dem Orakel des Apollo zu Delphi in Griechenland Bauchrednerkünste getrieben wurden, und eine Stelle des griechischen Arztes Galenus läßt keinen Zweifel darüber übrig, daß diese Kunst in Griechenland bekannt war und ausgeübt wurde. In neuern Zeiten haben sich namentlich Franzosen in dieser Kunst hervorgethan: so Charles, der vier verschiedene Tenorstimmen hervorbringen konnte, Comte und zuletzt Alexander. Comte trieb an mehren Orten die Täuschung ins Große. So ließ er in Tours aus einer Bude die Stimme eines vor Hunger Sterbenden ertönen, der flehentlich bat, daß man sich seiner erbarmen möchte, was zur Folge hatte, daß man jene Bude erbrach, um dem vermeintlichen Unglücklichen zu helfen; in Rheims ließ er die Stimmen der Todten aus den Gräbern ertönen und setzte dadurch nicht wenige furchtsame Seelen in den größten Schrecken; mehrmals soll er Wahnsinnige durch fingirtes Austreiben der bösen Geister, von denen sie besessen zu sein glaubten, wieder zu Verstande gebracht haben; aus einer Kirche vertrieb er während der Revolution eine Schar von Bilderstürmern dadurch, daß er die Statuen reden und gegen ihre Zerstörung protestiren ließ. Einmal wäre ihm aber seine Kunst beinahe theuer zu stehen gekommen, nämlich im Canton Freiburg in der Schweiz, wo ihn Bauern als einen Schwarzkünstler verbrennen wollten; er rettete sich aber dadurch, daß er aus dem Ofen, in den sie ihn werfen wollten, eine fürchterliche Stimme erschallen ließ, welche die Bauern sammt und sonders in die Flucht jagte. Alexander aus Paris (geboren 1797), durch sein dramatisches Talent besonders ausgezeichnet, führte unter Anderm 1833 in Leipzig und an vielen andern Orten ein Lustspiel auf, in welchem er sieben verschiedene Rollen männlicher und weiblicher Personen darstellte.

Entfernungstabelle.

Man kommt so oft in den Fall, nach der Entfernung zweier Städte zu fragen, daß die nachstehende Tabelle gewiß vielen Lesern willkommen sein wird. Dieselbe enthält in alphabetischer Ordnung die Hauptstädte sämmtlicher selbständiger Königreiche und Kaiserthümer in Europa, außerdem noch Hamburg, Mailand, Rom und Zürich. Die Entfernungen sind in geographischen Meilen, 15 auf einen Grad des Äquators, ausgedrückt. Die Einrichtung und der Gebrauch der Tabelle ist für sich klar; um zu finden, wie weit eine Stadt von der andern, z. B. London von Paris, entfernt ist, nimmt man aus derjenigen Zeile, welche links mit dem Namen der dem Alphabete nach eher kommenden Stadt bezeichnet ist, diejenige Zahl, welche vertical unter dem Namen der andern Stadt steht; demnach ist London von Paris 48½ Meilen entfernt. Übrigens muß noch bemerkt werden, daß diese Entfernungen nicht die Länge des Wegs angeben, den man zurücklegen muß, um auf der Landstraße von einer Stadt zur andern zu kommen, sondern den eigentlichen Abstand der Städte oder die Länge, die man zurückzulegen hätte, wenn man von einer zur andern in völlig gerader Linie reisen wollte; da dies nun eigentlich niemals möglich ist und sämmtliche Landstraßen Krümmungen enthalten, die oft sehr bedeutend sind, so ist die Länge der selbst auf dem kürzesten vorhandenen Wege von einem Orte zum andern zurückzulegenden Entfernung oft beträchtlich größer als die angegebene. Die Entfernungen dieser Tabelle sind aus der geographischen Länge und Breite der Städte unter der Voraussetzung, daß die Erde eine vollkommene Kugel ist, berechnet; je kleiner sie sind, desto genauer stimmen sie mit den Entfernungen überein, die man auf einer guten Landkarte durch Ausmessen mit Hülfe eines Cirkels und des auf der Karte befindlichen Maßstabs findet.

	Athen	Berlin	Brüssel	Dresden	Haag	Hamburg	Hanover	Konstantinopel	Kopenhagen	Lissabon	London	Madrid	Mailand	München	Neapel	Paris	Petersburg	Rom	Stockholm	Stuttgart	Turin	Wien
Berlin	243																					
Brüssel	282	88																				
Dresden	223	22	89																			
Haag	294	83	18	89																		
Hamburg	274	35	65	51	56																	
Hanover	261	33	55	42	50	18																
Konstantinopel	75	234	294	217	301	268	259															
Kopenhagen	289	48	103	70	91	40	56	272														
Lissabon	385	312	231	304	244	296	284	436	335													
London	323	125	43	130	41	96	92	336	129	214												
Madrid	320	252	178	241	193	240	226	373	280	68	185											
Mailand	198	114	94	96	110	122	104	225	157	227	129	160										
München	202	68	81	49	91	83	66	213	113½	265	123½	200	47									
Neapel	283	175	182	153	197	196	179	186	223	270½	218	204	89	113								
Paris	335	118	35	115	52	100	88	304	139	196	48½	142	86	92	174							
Petersburg	143	179	257	193	246	192	205	284	155	488	283	430	287	240	331	292						
Rom	325	159	158	138	173	177	159½	185	207	251	193	184	65	96	25	159	317					
Stockholm	226	109	173	130	159	110	126	293	70	404	193	350	220	177	280	209	93	267				
Stuttgart	209	125	69	56	68	72	54	234	108	248	98	186	50	26	130½	67½	248	109	176			
Turin	173	209	93	108	110	129	111	240	166	210	143		17½	61	96	79	301	71	234	58		
Wien	219	125	71	123	49	130	101	130	117	310	166	244	85	48	113	140	214	103½	168	72	58	
Zürich			90	66	75	94	81	76	238	130	232	104½	168	29	33	66	268	92	198	22	35	80½

Freilich wird vielen Lesern, die in keiner der Städte wohnen, welche die Tabelle enthält, dieselbe nicht vollständig genug sein; aber die Rücksicht auf den Raum machte eine Beschränkung auf die Hauptstädte nothwendig. Weil indessen für einen nicht unbeträchtlichen Theil der Leser die Entfernung Leipzigs von andern Städten ein besonderes Interesse haben dürfte und es jedenfalls in der Ordnung ist, daß diejenige Stadt, von welcher diese Blätter ausgehen, hier vorzugsweise berücksichtigt wird, so mag noch eine zweite Tabelle beigefügt werden, welche sich nur auf Leipzig bezieht und außer den schon in der vorigen Tabelle vorkommenden Städten auch die übrigen Hauptstädte der sämmtlichen deutschen Bundesstaaten, nebst einigen andern bedeutenden Städten in und außer Europa enthält.

Entfernungen zwischen Leipzig und nachbenannten Städten und Orten (in geogr. Meilen).

a) In Europa:

Altenburg	5	Lichtenstein	69
Arolsen	32	Lissabon	294
Athen	234	London	117
Bernburg	9	Lübeck	41
Berlin	20	Luxemburg	65
Braunschweig	22	Madrid	234
Bremen	42	Mailand	93½
Breslau	44	Meiningen	22
Brüssel	76	Moskau	232
Bückeburg	34	München	49
Darmstadt	45½	Neapel	159
Dessau	7	Neustrelitz	31
Detmold	34	Oldenburg	47
Dresden	14	Palermo	199
Florenz	114	Paris	104
Frankfurt a. M.	40	Petersburg	198
Gotha	16½	Reikiavik	326
Greiz	10½	Prag	27
Haag	76	Rom	142
Hamburg	40	Rudolstadt	13½
Hanover	29	Schleiz	13
Hechingen	56	Sondershausen	14
Homburg	39	Schwerin	36
Karlsruhe	51½	Sigmaringen	58
Kassel	27	Stockholm	129
Kiel	49	Stuttgart	49
Koburg	21	Turin	105
Köln	51½	Warschau	81
Königsberg	89	Weimar	11
Köthen	7½	Wien	61
Konstantinopel	230	Wiesbaden	44
Kopenhagen	65	Zürich	70

b) Außer Europa.

Algier	238	Neuyork	864
Batavia	1465	Peking	1011
Bombay	853	Peter-Paulshafen	1078
Buenos Ayres	1589	Quito	1355
Capstadt	1282	Rio Janeiro	1332
Helena (St.=)	1037	Sidney	2077
Jeddo	1222	Smyrna	248
Kairo	383	Quebec	778
Kalkutta	960	Teheran	475
Lima	1483	Tobolsk	480
Mexico	1313	Valparaiso	1676
Neuorleans	1111		

Wiesenleder und Meteorpapier.

Im Sommer 1838 erzeugte sich auf dem stehenden Wasser einer Wiese bei Schwarzenberg im sächsischen Erzgebirge eine schleimige grüne Substanz, die sich, nachdem das Wasser langsam abgelassen worden war, auf dem Grase absetzte, daselbst austrocknete, sich völlig entfärbte und in großen Stücken abgezogen werden konnte. Dieses Naturproduct hat auf seiner äußern Fläche eine täuschende Ähnlichkeit mit weißem geglätteten Handschuhleder oder geschmeidigem feinen Papier, ist glänzend, sanft anzufühlen und so fest wie gewöhnliches weißes Druckpapier. Auf seiner untern Fläche, mit welcher es auf dem Wasser lag, hat es eine lebhaft grüne Farbe und läßt hier deutlich ein Aggregat grüner Blätter wahrnehmen. Bei einer mikroskopischen Untersuchung ergab sich, daß jene Substanz aus drei Conferven oder Moosarten besteht, die zusammen einen dichten, oben von der Sonne ausgebleichten Filz bilden, der einige abgefallene Blätter und Grashalme, aus denen das Blattgrün, der Extractivstoff und die übrigen organischen Substanzen völlig verschwunden sind, in sich schließt. Zwischen diesen Conferven entdeckte Ehrenberg in Berlin nicht weniger als 16 verschiedene Arten von Kieselinfusorien und außerdem 4 Arten anderer Infusorien.

Ähnliche Substanzen hat man auch anderwärts bisweilen gefunden; besonders merkwürdig ist aber eine papierähnliche schwarze Substanz, die in großer Masse am 31. Januar 1686 beim Dorfe Rauden in Kurland unter heftigem Schneegestöber aus der Luft fiel und von mehren Gelehrten für eine Meteormasse gehalten wurde. Eine kleine Quantität dieser Substanz, welche sich im königlichen Mineraliencabinet in Berlin befindet, wurde von Ehrenberg mikroskopisch untersucht. Hierbei ergab sich, daß sie aus einer dicht verfilzten Moos- oder Confervenart und 29 Arten von Infusionsthierchen, die sich anderthalbhundert Jahre lang vollkommen gut erhalten haben, besteht. Die Masse mag durch Sturm aus einer kurländischen Niederung emporgehoben und weggeführt worden, kann aber auch, was jedoch weniger wahrscheinlich ist, aus einer sehr fernen Gegend gekommen sein. Eine dem chinesischen Seidenpapier ähnliche gelbliche Substanz, die sich in Schweden am Ufer eines Sees gebildet hatte, enthält ebenfalls eine Conferve des süßen Wassers, zwischen der sehr vieler Blütenstaub von Fichten und auch Infusionsthierchen liegen.

Berlinerblau aus Regenwürmern.

Der Chemiker Vogel bediente sich des folgenden Verfahrens, um aus Regenwürmern, die man in warmen und feuchten Nächten mit Leichtigkeit in großer Menge fangen kann, Berlinerblau darzustellen. Er tödtete die Würmer durch stark verdünnte Schwefelsäure, trocknete sie an der Luft und zuletzt im Ofen aus, pulverte sie, glühte 8 Theile davon mit drei Theilen Kali in einem Tiegel, kochte die Kohle mit Wasser aus, füllte die filtrirte Lösung durch 5¼ Theile reinen Eisenvitriols und 6¾ Theile Alaun und trocknete dann das darin enthaltene Berlinerblau, das 2⅛ Theile betrug.

Verantwortlicher Herausgeber: Friedrich Brockhaus. — Druck und Verlag von F. A. Brockhaus in Leipzig.

Das Pfennig-Magazin

für

Verbreitung gemeinnütziger Kenntnisse.

331.] Erscheint jeden Sonnabend. [August 3, **1839.**

Leyden.

Leyden, eine in der Geschichte der Wissenschaften gefeierte Stadt, liegt in Südholland, zu beiden Seiten des Rheins, in welchen sich hier die kleinen Flüsse Does, Vliet, Mare und Zyl ergießen, in einer freundlichen Gegend, und zählt etwa 35,000 Einwohner. Die Stadt ist im Allgemeinen gut gebaut; von den meist breiten, geraden und von Kanälen durchschnittenen Straßen ist die fast die ganze Stadt durchlaufende breite Straße die schönste. Unter den Gebäuden sind namentlich das Rathhaus, in welchem ein berühmtes, das jüngste Gericht vorstellendes Gemälde von Lukas van Leyden zu sehen ist, die Peterskirche, welche das Grabmal des berühmten Arztes Boerhaave enthält, die neue katholische Kirche, die alte Burg, welche wegen ihrer hohen Lage eine schöne Aussicht gewährt, und das Schützenhaus, das die Portraits der alten Grafen von Holland schmücken, merkwürdig. Ihre Berühmtheit verdankt die Stadt der 1575 gestifteten Universität, auf welcher eine große Zahl der ausgezeichnetsten Gelehrten Europas gebildet worden ist; zu derselben gehört eine, namentlich an seltenen und werthvollen Handschriften reiche Bibliothek und ein vortrefflich eingerichteter botanischer Garten. Außerdem ist Leyden der Hauptplatz des holländischen Wollhandels und ein Hauptsitz der holländischen Tuchfabrikation, die freilich in neuern Zeiten sehr abgenommen hat. Aus der Geschichte der Stadt ist die lange Belagerung derselben im J. 1573 und die Pulverexplosion im J. 1807, welche einen ansehnlichen Theil der Stadt zerstörte, zu bemerken; auch mag erwähnt werden, daß Leyden der Geburtsort zweier ausgezeichneter niederländischer Maler, Lukas Hugensen, genannt Lukas van Leyden (geb. 1494, gest. 1533), und Paul Rembrandt (geb. 1606, gest. 1674), sowie des rühmlichst bekannten Physikers Musschenbroek (geb. 1697, gest. 1761) ist.

Die Bajaderen.

Bekanntlich machten im vorigen Sommer fünf Bajaderen, die nach Frankreich gekommen waren, um dort ihre Künste zu zeigen, in diesem Lande großes Aufsehen und haben später auch England und Deutschland besucht. Da es das erste Mal ist, daß sich Bajaderen in Europa sehen lassen, so dürfte es manchem unserer Leser erwünscht sein, etwas Näheres über dieselben zu erfahren.

Daß unter Bajaderen ostindische Tänzerinnen verstanden werden, ist allgemein bekannt. Der Name ist ursprünglich portugiesisch und entstanden durch Verstümmelung des portugiesischen Wortes bailadeira, welches eine Tänzerin bedeutet. Man hat jedoch zwei große Classen ostindischer Tänzerinnen zu unterscheiden. Zu der ersten Classe gehören die dem Dienste der Tempel und Götter geweihten, zu der zweiten die frei im Lande umherziehenden Tänzerinnen. Die erstern, die man Devadasi, d. h. Götterſklavinnen, nennt, unterscheiden sich nach dem Range der Familie, aus der sie stammen, nach der Würde der Gottheit, der sie sich weihen, und nach dem Ansehen und Reichthume des Tempels, dem sie angehören, wieder in zwei Rangclassen. Die des ersten Ranges werden aus den angesehensten Familien der Waischikaste, wozu die reichen Landeigenthümer, Grundbesitzer und Kaufleute gehören, gewählt, die des zweiten Ranges hingegen werden aus den vornehmsten Sudrafamilien, die unsern Handwerkern entsprechen, genommen. Der Unterschied zwischen beiden Rangstufen ist im Ganzen unbedeutend, nur genießen die letztern mehr Freiheit. Ein Mädchen, das eine Devadasi werden soll, muß verschiedene Eigenschaften besitzen; sie muß schön von Gesicht, gerade und gut gewachsen, überhaupt wohlgebaut sein; sie darf kein körperliches Gebrechen an sich haben, an keiner unheilbaren Krankheit leiden, noch von den Kinderpocken narbig sein, auch muß sie noch in den Jahren der Kindheit stehen. Wenn nun Ältern eine Tochter diesem oder jenem Tempel weihen wollen, so lassen sie es den Oberpriester wissen, der alsbald herbeikommt, um das Mädchen in Augenschein zu nehmen. Findet er dasselbe tauglich zu diesem Stande, so wird sogleich ein Vertrag aufgesetzt, vermöge dessen die Ältern auf alle Rechte an ihr Kind Verzicht leisten. Das Mädchen wird sodann feierlich aufgeputzt und im Triumphe nach dem Tempel geführt, wozu man aber in dem Kalender einen glücklichen Tag auswählt. Im Tempel wird das Kind von den übrigen Devadasis aus den Händen der Ältern in Empfang genommen, und nachdem sie es in dem zum Tempel gehörigen Teiche gebadet haben, ziehen sie ihm ganz neue Kleider an und schmücken es mit den Tempeljuwelen. So geputzt stellt der Oberpriester das Mädchen dem Gotte vor, und läßt es das Gelübde nachsprechen, sich hier für das ganze Leben dem Dienste dieser Gottheit zu weihen. Zur Bestätigung des Gelübdes wird ihr ein Blumenkranz, mit welchem das Idol geschmückt war, um den Hals gelegt, und von der Milch, womit es gewaschen worden, zu trinken gegeben. Hierauf nimmt der Oberpriester einen Pfriem, durchbohrt ihr damit ein Ohrläppchen, und das Mädchen ist nun auf immer zum Dienste der Gottheit verbunden. Von dieser Stunde an wird die Neuaufgenommene in Allem, was ihr zu wissen nöthig ist, unterrichtet; sie lernt lesen, schreiben, singen, tanzen, Musik, die Geschichte der Götter, besonders derjenigen Gottheit, deren Dienste sie geweiht ist, ferner die Lobgesänge und dergleichen mehr. Auch studirt sie verschiedene Bücher, mit Ausnahme der heiligen Schriften. Ist sie in ihrer Kunst nun weit genug ausgebildet, so muß sie bei den Festen und feierlichen Umzügen ihres Gottes das Lob desselben singen, seine Thaten und Siege preisen und vor demselben tanzen. Ferner liegt ihr ob, die Blumenkränze zu flechten, mit welchen die Götterbilder verziert werden, und die Blumensträuße zu binden, deren man sich bei Opfern und zur Ausschmückung der Altäre bedient; sie muß den Tempel und die Zellen der Priester im innern Hofe rein halten und überhaupt alle weiblichen Arbeiten für dieselben verrichten, die Wolle reinigen, aus welcher die Kleider für die Götterbilder gewebt werden, die Farbe zubereiten, mit welcher deren Stirn bezeichnet wird, die Lampen im Tempel putzen, mit Öl und mit Dochten versehen, die Reste dieses Öls aufbewahren, mit welchem die Brandopfer angezündet werden, und dergleichen mehr. Bei den eigentlich heiligen Religionsceremonien, als Todtenopfer, Brandopfer u. s. w., können die Devadasis nie Dienste leisten, sondern blos bei den öffentlichen Feierlichkeiten oder Processionen, die nur dazu bestimmt sind, sich der Freude zu überlassen und die Gottheit mit Lobgesängen zu ihrem Ruhme zu verherrlichen, dürfen sie fungiren. Sie dürfen sich dem Götterbilde nicht eher nahen, als bis sie sich gebadet haben und überhaupt rein sind, wozu unter Anderm auch gehört, daß sie nur solche Speisen zu sich genommen haben, die die heiligen Bücher ihnen zu genießen erlauben; sie würden sich eine harte Strafe zuziehen, wenn sie, ohne diese Vorschriften zu befolgen, das Innerste des Tempels betreten wollten. Die Devadasis des ersten Ranges wohnen innerhalb der Ringmauern des Tempels und dürfen diesen ohne besondere Erlaubniß des Oberpriesters nicht verlassen. Es steht ihnen frei, sich einen Liebhaber innerhalb oder außerhalb des Tempels zu wählen, wenn es anders nur Männer aus den obern Kasten sind, denn ein Liebesverhältniß mit einem Manne niedern Standes wird mit großer Härte bestraft, oder auch ihr ganzes Leben hindurch im jungfräulichen Zustande zu bleiben. Übrigens lobt man allgemein ihr höchst sittsames äußeres Betragen; sie behandeln ihre Liebhaber mit so viel zärtlicher Aufmerksamkeit und wissen sich so sehr einzuschmeicheln, daß es ungemein schwer ist, sich aus ihren Netzen loszuwickeln; man rühmt dabei ihre Uneigennützigkeit und ausdauernde Treue, und es mangelt nicht an Beispielen, daß Bajaderen sich mit ihren verstorbenen Liebhabern freiwillig verbrannten; erhalten sie Kinder, so werden die Mädchen in dem Gewerbe der Mutter erzogen, die Knaben aber zu Musikern gebildet. Die Devadasis vom zweiten Range werden zwar auf dieselbe Weise zum Dienste der Tempel eingeweiht und erhalten denselben Unterricht wie die vom ersten Range, aber sie sind nicht so sehr gebunden, da sie außerhalb der Tempel wohnen; nur muß täglich eine bestimmte Zahl derselben der Reihe nach den Dienst im Tempel versehen, bei öffentlichen Processionen aber müssen sie alle erscheinen. Sie tanzen und singen nicht allein vor den Götterbildern, wofür sie ein bestimmtes Einkommen an Reis und Geld erhalten, sondern werden auch zu diesem Ende zu allen Feierlichkeiten berufen, zu Hochzeiten, Gastereien, um vornehme Personen bei ihrer Ankunft zu empfangen, Geschenke zu überbringen u. s. w. Auf diese Art haben sie ein reichliches Einkommen und dabei mehr Vergnügen und Freiheit als die vom ersten Range. Außer dem Gehalte, den sie vom Tempeln ziehen, und Dem, was sie von ihren Liebhabern erhalten, werden sie auch bei allen Gelegenheiten, wo man sie rufen läßt, mit Geld, Kleidern, Shawls, oft auch mit Juwelen reichlich beschenkt. Auch sind ihre Liebhaber, meistens vom Kaufmannsstande, reicher und freigebiger als die Brahminen. Solche Bajaderen gewinnen daher oft viel Geld, und manche derselben tragen für 8 — 10,000 Rupien Gold und Juwelen an ihrem Schmucke. Von Dem, was sie bei Hochzeiten und dergleichen Festlichkeiten verdienen, erhalten die Musikanten auch ihren Antheil. Alle Devadasis verehren als ihre besondere Schutzpatronin die Göttin Rambha, eine der schönsten Tänzerinnen, deren viele Tausende das Paradies des Indra zu dem seligen Aufenthalte der niedern Gottheiten machen; ihr und dem Gotte der Liebe werden jährlich im Frühjahre Opfer gebracht. Wesentlich verschieden von diesen sind die Tänzerinnen, die, frei im Lande umherziehend, nur bei Privatfestlichkeiten herbeigerufen, in den Tschultris oder öffentlichen Herbergen die Fremden unterhaltend, unter verschiedenen Namen bekannt sind; sie heißen bald Nati, woher die verderbte Form Natsch, bald Kuttani, bald Sulradhâri, je nach der verschiedenen Kunst, in der sie sich gerade auszeichnen. Einige derselben leben unabhängig beisammen in Truppen von zehn bis zwölf Köpfen, ziehen im Lande herum und theilen ihren Gewinn mit den Musikanten, die sie begleiten. Andere stehen unter der Aufsicht von Dayas oder alten vormaligen Tänzerinnen, die allein allen Gewinn ziehen und diesen Mädchen dafür Kost und Kleidung geben. Noch andere sind wirkliche Sklavinnen von solchen alten Weibern, welche sie in ihren jüngern Jahren durch Kauf oder Annahme an Kindesstatt an sich gebracht und in ihrer Kunst unterrichtet haben. Außer diesen gibt es noch mancherlei Arten von Tänzerinnen, Tänzern und Sängern, welche meist alle umherwandernde Truppen bilden; dahin gehören die Bikar, welche die Kriege der Götter besingen; andere, welche den Armeen folgen und die Thaten der in der Schlacht gefallenen Helden preisen oder die Truppen zum Kampf aufmuntern; andere, die bei Hochzeiten und Geburtsfesten Lobgesänge singen; andere, die als Improvisatoren ihre eigenen Gedichte mit der Laute begleiten, während ihre Weiber in rhythmischen Bewegungen den Gesang pantomimisch begleiten, und viele andere.

Die oben gedachten fünf gegenwärtig in Europa befindlichen Bajaderen kommen aus Tiruvendi im englischen Ostindien, sechs Stunden von Pondichery, an der Küste Koromandel gelegen, gehören zu der ersten Classe von Bajaderen, den Devadasis, wiewol ohne Zweifel zu denen vom zweiten Range, da die vom ersten Range ihre Pagode niemals verlassen dürfen, und sind Dienerinnen der Pagode von Tindivina-Purum; sie sind durch einen Franzosen, Tardivel aus Pondichery, welcher mit der ältesten von ihnen, Tillé, unter deren Leitung die übrigen stehen, einen Contract abgeschlossen hat, nach Europa gebracht worden. Tillé ist zwar nur einige dreißig Jahre alt, gilt aber in jenem heißen Lande, wo die weibliche Schönheit sehr frühzeitig zur Reife kommt, dafür aber auch zeitig wieder verblüht, für eine verwelkte Matrone; ihre Tochter Sundiroun und ihre Nichte Rangoun sind Beide 14 Jahre alt; die beiden andern sind Amany, 17 Jahre, und Beydoun, 7 Jahre alt. Begleitet werden diese Tänzerinnen, die der Kaste Modeli angehören, von drei einer niedrigern Kaste, Belaja, angehörigen Musikern, Ramalingam, Deivannaygon und Savaranin, von denen der Erstere schon hochbejahrt ist und sich durch seinen weißen Bart unterscheidet. Die Hautfarbe dieser acht Kinder Indiens (die vielleicht keine Hindus, sondern Malaien sind) ist ein ziemlich dunkles Kaffeebraun; die Männer sind von mittlerer Statur, die Frauen etwas kleiner und sehr mager. Das Gesicht der Bajaderen — von denen, nach unsern Begriffen, auch abgesehen von der uns anstößigen Hautfarbe, keine hübsch genannt werden kann, wiewol sie sich durch schöngeformte Arme und Füße auszeichnen — wird durch ziemlich große, seltsam verzierte Nasenringe entstellt; den Kopf bedeckt eine platt aufliegende dunkelfarbige, mit Gold verzierte Mütze, worauf eine Schlange mit sieben Köpfen gravirt ist, ein symbolischer Schmuck, der den Namen Schadegpilé führt. Die schwarzen Haare werden auf der Stirn durch Goldreifen festgehalten und vorn durch die Mütze verborgen, fallen aber in zwei sich zu einem Zopfe vereinigenden Flechten auf die Schultern herab. Die Haupttheile des Costumes, welches die Gestalt mit großer Sorgfalt verhüllt, sind eine anliegende kurze Jacke von feuerrother Seide, deren Ärmel bis zur Mitte des Oberarms reichen, sodaß der übrige Theil der mit Armbändern und blauer Tätowirung geschmückten Arme frei bleibt; ein von der Linken zur Rechten herabgehender weißer Musselinshawl, der die Brust vollständig ver-

hüllt und mit einer schürzenartigen Draperie endigt, aber zwischen der rothen Jacke und dem goldenen Gürtel einen kleinen Theil des Oberkörpers auf der linken Seite unbedeckt läßt; eine Schärpe von goldgestickter Seide und Pantalons von rosenrother Seide mit goldgestickten Streifen, die bis zu den Knöcheln reichen. Am Halse tragen die Bajaderen einen herzförmigen Schmuck, der als Zeichen der Ehe gilt: sie sind nämlich ihrem Gotte vermählt. Über die Fußbekleidung läßt sich darum nichts mittheilen, weil keine vorhanden ist, wenn man nicht die Ringe an den Zehen und die Schellen hierher rechnen will; übrigens sind die Füße klein und niedlich. Einfacher und schmuckloser ist die Tracht der Männer, welche in einer Art Jacke von weißem Musselin und weißen oder rothgestreiften Beinkleidern besteht; der Alte, welcher auf der Stirn und den Armen drei weiße Linien hat, trägt eine Art Turban von weiß- und rothgestreiftem Zeuche, die beiden Andern kleine Mützen; Alle tragen kleine Pantoffeln an den Füßen und große Ohrringe, aber keine Nasenringe. Die musikalischen Instrumente gehören einer überaus niedrigen Bildungsstufe an; der Alte handhabt eine Art Castagnetten, deren Ton dem Schalle zweier Steine, die gegeneinander geschlagen werden, überaus nahe kommt; der Zweite hat eine lange cylindrische Trommel, die aber durchaus nicht so geräuschvoll ist als ihre europäischen Schwestern, sondern nur dann und wann einen schwachen dumpfen Ton vernehmen läßt, der dem Volumen des umfangreichen Instruments gar nicht entspricht; der Dritte hat eine Art Schalmei von Bambus, deren knarrender Ton, wenn das Wort Ton hier an seinem Orte ist, dem der Dudelsackspfeife ähnlich ist — wiewol sich schwerlich eine Dudelsackspfeife durch diese Vergleichung sehr geschmeichelt finden würde — und vom Anfange bis zum Ende unwandelbar und ohne Unterbrechung derselbe bleibt. Zu dieser etwas unvollkommenen Instrumentalmusik, in welcher es schwer sein dürfte, von Harmonie und Melodie nur die mindeste Spur zu entdecken, und auf welche der Name Katzenmusik vortrefflich paßt, gesellt sich auch noch eine Art Vocalmusik, die aber wo möglich noch monotoner und noch kläglicherer Beschaffenheit ist; der Alte begleitet nämlich sein Geklapper mit einem heisern Gekrächze, denn einen Gesang kann man es unmöglich nennen, ohne der Bedeutung dieses Worts zu große Gewalt anzuthun. Die Abwechselung hierbei ist sehr gering; man hört nichts als die Sylbe Däh, welche eine geraume Zeit, etwa fünf Minuten, ohne allen Rhythmus in einem und demselben Tone, dann ebenso lange in einem andern Tone wiederholt wird. Daß dieses Concert für europäische Ohren etwas Angenehmes hätte, kann wol Niemanden im Ernste zu behaupten einfallen; selbst der Ernsteste kann es unmöglich ohne Lachen anhören, und die unerschütterliche Gravität der braunen Musiker trägt zum lächerlichen Eindrucke des Ganzen das Ihrige bei.

So unharmonisch aber auch diese Musik ist, so erfüllt sie doch ihren Zweck, die Tänze der Bajaderen zu regeln und diese zu befeuern, auf das vollkommenste. Die Bajaderen beginnen mit einer höchst eigenthümlichen Begrüßung der Zuschauer, indem sie sich mit dem ganzen Oberleibe tief verbeugen, wobei sie die Arme vor sich herabhängen lassen, sodaß die verbundenen Hände den Boden berühren, dann mit beiden Händen der Stirne und endlich den Gürtel berühren. Die Tänze selbst, welche das beständige Gerassel der Fußschellen begleitet, sind pantomimisch und haben mit unserm Balletttanze durchaus keine Ähnlichkeit; die Arme und der ganze Körper sind dabei ebenso beschäftigt als die Füße, die zwar viel und schnell bewegt, aber wenig gehoben werden; die Tanzende dreht und wendet sich vielfach, bleibt aber dabei immer an derselben Stelle. Anmuth und Grazie darf man von diesem Tanze nicht erwarten, wie denn überhaupt Derjenige, welcher sich unter Bajaderen reizende und liebliche Wesen vorstellt, die, ungeachtet der dunkeln Hautfarbe durch die Schönheit der Formen und Grazie der Bewegungen bezaubern, sich beim Anblicke dieser Tänzerinnen bitter getäuscht finden muß. Die Billigkeit erheischt freilich, gebührende Rücksicht darauf zu nehmen, daß diese Töchter Hindostans in Europa unter einem rauhen Himmel, unter Menschen von fremder Bildung, Sitte, Religion und Sprache, durch Tausend von Meilen von ihrer Heimat getrennt, sich nicht in Verhältnissen befinden, die ihre Persönlichkeit in günstigem Lichte erscheinen lassen können; ihre sichtliche Niedergeschlagenheit muß unfehlbar auch auf ihr Äußeres nachtheilig einwirken, dazu kommt der Einfluß unsers Klimas und die veränderte Lebensweise; auch sollen sie seit ihrer Ankunft in Europa schon sehr merklich abgemagert sein. Die einzelnen Tänze oder Darstellungen der Bajaderen — die Toilette des Wischnu, der Gruß des Rajah, die vier Dolche u. s. w. — haben wenig Unterscheidendes; die überraschendste Leistung, die auf den Namen eines Kunststücks gerechten Anspruch hat, ist aber ohne Zweifel der sogenannte Taubentanz, von einer Bajadere allein oder von zweien zugleich ausgeführt, welcher darin besteht, daß sich die Tänzerin etwa 10 Minuten lang mit großer, immer wachsender Schnelligkeit um sich selbst dreht, freilich nicht auf einem Fuße stehend, sondern mit abwechselndem Aufsetzen der Füße und während dessen aus einem 35 Fuß langen Stücke Musselin mit emporgehaltenen Armen sehr künstlich eine Taube bildet, die auf einem Palmbaume sitzt.

Die Lebensweise dieser Bajaderen in Europa ist höchst eigenthümlich. Des Morgens stehen sie mit der Sonne auf, verrichten mit großer Sorgfalt ihre Waschungen und gehen den ganzen Tag nicht aus, außer wenn es gilt, ihre Tänze zu produciren. Für Das, was sie in Europa sehen, zeigen sie nicht das geringste Interesse, obgleich ihren Augen so unendlich viele Erscheinungen begegnen, die von denen ihrer Heimat himmelweit verschieden sind. Selbst mitten in der Weltstadt Paris blieben sie in der Abgeschiedenheit ihrer Wohnung und kümmerten sich um alle Sehenswürdigkeiten jener Residenz nicht das mindeste. Da sie keinerlei Handarbeit verstehen, so kann es nicht fehlen, daß sie während ihres Aufenthalts in Europa von der tödtlichsten Langeweile gepeinigt werden, die ihre Sehnsucht nach den Palmenwäldern Hindostans noch vergrößern muß. Ihre Bedürfnisse sind überaus gering; ihre Nahrung besteht in Reis und Gemüsen, die in Wasser gekocht sind; sie bereiten sie selbst und enthalten sich aller von Fremden bereiteten Speisen. Aller Wahrscheinlichkeit nach werden sie nach Indien zurückkehren, ohne in Europa etwas gelernt oder vergessen zu haben, völlig unverdorben und ihrer Religion, ihren Sitten und Gebräuchen treu geblieben.

Notizen über Straßenpolicei und Straßenbeleuchtung in London.

Für große Städte sind zweierlei Einrichtungen unumgänglich nothwendig: eine wirksame Straßenpolicei und eine zweckmäßige Straßenbeleuchtung zur Nachtzeit, die einer Stadt nicht nur zur Zierde und ihren Bewohnern

zur Bequemlichkeit gereicht, sondern auch zu ihrer Sicherheit dient und vielleicht wirksamer zur Verhinderung von Verbrechen ist, als die Einrichtung einer nächtlichen Wache, welche zur Verhütung von Feuersgefahr, Diebstählen u. s. w. bestimmt ist. Das letztere Institut gehört der neuern Zeit an, da die in frühern Zeiten vorkommenden Stadtwachen mehr einen militairischen Charakter und Zweck hatten; der Gebrauch des Stundenrufens, das unsere Nachtwächter heutzutage charakterisirt und großentheils ihre Hauptbeschäftigung ausmacht, kam zuerst in Deutschland im 16. Jahrhunderte auf und verbreitete sich von da aus nach England und in andere Länder. Im Jahre 1263 wurde die erste stehende Wache für die Stadt London eingerichtet, sie kann aber nach den Klagen, welche damals laut wurden, zu schließen, nicht eben sehr wirksam gewesen sein. Später kam der Gebrauch auf, daß der Lordmayor am Vorabend des Johannistages in großer Procession durch die Straßen zog, um die Stadtwache feierlich zu installiren. Wir besitzen die Beschreibung einer solchen Procession, welche unter Heinrich VIII. im Jahre 1510 stattfand. Um dem Zuge zu leuchten, dienten 490 tragbare Feuer und große Laternen, die an großen Stangen befestigt waren, welche die Wächter über den Schultern trugen. Diese jährliche Procession wurde im J. 1569 ganz abgeschafft. Auch noch in jener Zeit muß die Policei der Stadt sehr ungenügend gewesen sein, da die gleichzeitigen Schriftsteller über die schlechte Ordnung in der Stadt häufige Klage führen. Die traurigen Folgen des großen Feuers im J. 1666 riefen mehre neue hierauf bezügliche Verordnungen hervor, die aber ebenfalls ungenügend erschienen und nicht streng genug befolgt wurden. Die immer zunehmende Ausdehnung der Stadt machte wirksamere Maßregeln nothwendig, und 1705 erschien eine neue Verordnung über die Bewachung der Stadt, welche alle frühern aufhob und festsetzte, daß jedes Stadtviertel eine gewisse Mannschaft stellen sollte, um die Stadt während der Nachtzeit zu bewachen; die Gesammtzahl der Wächter betrug 583. Die Wache bildete jedoch kein regelmäßiges, stehendes und besoldetes Corps, sondern bestand aus Bürgern, welche verpflichtet waren, wenn die Reihe sie traf, in Person Wachdienste zu thun oder einen Stellvertreter zu schicken; sie trugen Laternen und waren mit Hellebarden bewaffnet. Die zahlreichen Veränderungen, welche die Straßenpolicei in London in spätern Zeiten erlitt, übergehend, bemerken wir nur, daß die neueste Organisation derselben, welche im Jahre 1829 stattfunden hat, sich vollständig bewährt hat und ohne Zweifel alle frühern an Zweckmäßigkeit übertrifft, freilich aber auch ein sehr zahlreiches, beiläufig ein paar tausend Mann starkes Policeicorps erheischt.

Auch die Straßenbeleuchtung durch Laternen ist erst in neuern Zeiten in größerer Ausdehnung in Gebrauch gekommen, wiewol sich Andeutungen davon schon in römischen Schriftstellern finden. In Paris erließen die städtischen Behörden zuerst Verordnungen wegen Beleuchtung der Straßen. Im Anfange des 16. Jahrhunderts hatte die Stadt durch Räuber und Mordbrenner viel zu leiden, daher wurde den Einwohnern im J. 1524 befohlen, täglich von 9 Uhr Abends an brennende Lichter an die auf die Straßen gehenden Fenster zu stellen, ein Befehl, der 1526 und 1553 erneuert wurde. Im October 1558 wurden an den Straßenecken Laternen aufgehangen; Straßen von bedeutender Länge erhielten deren drei. Im Jahre 1667 wurden diese Laternen wesentlich verbessert und vermehrt, aber die Straßen wurden damals nur in den Wintermona-

Die londoner Scharwache im Jahre 1510.

ten, und zwar blos wenn kein Mondschein war, beleuchtet, eine Beschränkung, die später auch aufgehoben wurde. Dem Beispiele von Paris folgte London, aber vor 1716 scheint daselbst kein eigentliches System der Straßenbeleuchtung eingeführt worden zu sein. In diesem Jahre erschien in London eine Verordnung, nach welcher alle Hauseigenthümer, deren Häuser an einer Straße oder an einem öffentlichen Platze der Stadt standen, gehalten waren, in jeder dunkeln Nacht ein oder mehre Lichter herauszuhängen oder zu stellen, die von 6—11 Uhr Abends brennend erhalten werden sollten, was, wie man sieht, eine ungemein mangelhafte Einrichtung war. Im Jahre 1735 erhielt der Gemeinderath von London durch eine Parlamentsacte die Ermächtigung, von den Einwohnern eine Steuer von 10—20 Shill. jährlich behufs der Anschaffung und Unterhaltung von Glaslaternen, die von Sonnenunter-

gang bis Sonnenaufgang brennen sollten, zu erheben; die Zahl der demgemäß eingerichteten Laternen betrug im Jahre 1736 in der eigentlichen Stadt fast 5000 und mit Zurechnung der Vorstädte wahrscheinlich gegen 15,000. Im Anfange des 19. Jahrhunderts wurden endlich die Öllaternen durch Gaslaternen verdrängt, und gegenwärtig sind alle größern Städte Englands mit Gas beleuchtet, indessen dauerte es einige Zeit, bevor die Vorzüge dieser Beleuchtungsart allgemein erkannt wurden, zumal da die früher gewöhnliche Methode der Gasbereitung sehr mangelhaft war und ein Product lieferte, das dem jetzt üblichen Gas ungemein nachstand. Im Jahre 1819 brannten in London jeden Abend über 51,000 Gasflammen, wovon viele in Privathäusern; im Jahre 1823 betrug die Länge der in London erleuchteten Straßen 215,000 Fuß, etwa 10 geographische Meilen, und die Zahl der öffentlichen Lampen 39,504.

Montyon.

Unter diejenigen Männer, welche sich um Frankreich wahrhaft verdient gemacht haben, können wol wenige mit größerm Rechte gezählt werden, als der bei seinem Leben vielfach verkannte Montyon, der es werth ist, als Wohlthäter der Menschheit im Andenken der Nachwelt bis in die spätesten Zeiten fortzuleben. Anton Johann Baptist Robert Auget de Montyon wurde zu Paris am 23. December 1733 geboren und starb ebendaselbst am 29. December 1820. Sein langes Leben war eine Kette wohlthätiger Handlungen, die er bald gegen Städte und Provinzen, bald gegen Einzelne mit weiser Umsicht übte, fast immer unerkannt und ungenannt, da er seine edeln Handlungen mit größerer Sorgfalt zu verbergen

beflissen war, als Andere ihre Vergehen. Im Jahre 1768 wurde er zum Intendanten der Auvergne ernannt und erwarb sich auf diesem Posten die Dankbarkeit, Achtung und Liebe aller Einwohner der Provinz, insbesondere der Armen; er rettete die Auvergne von den Leiden einer schrecklichen Hungersnoth, verschaffte der arbeitenden Classe Arbeit und Unterhalt und verschönerte, um sie zu beschäftigen, die beiden Städte Aurillac und Mauriac mit Spaziergängen, die seinen Namen erhielten, wofür ihm die Municipalität dieser Städte ein Denkmal errichten ließ. Indessen beliebte es einem Minister, eine seiner Creaturen an die Stelle Montyon's zu setzen; dieser wurde, zum großen Bedauern und ungeachtet der Protestationen der ganzen Provinz, abberufen, indem der Minister vorgab, die Intendanz der Auvergne wäre der Talente eines Mannes wie Montyon nicht würdig, der auf einen größern Schauplatz gehörte. Zwar wandte Montyon ein, er kenne die Provinz einmal und müsse fürchten, in einer andern weniger als hier nützen zu können, aber man hörte ihn nicht und versetzte ihn, seines Widerspruchs ungeachtet, von einer Intendanz zur andern, erst nach Marseille, dann nach Rochelle. Über diese ungerechte Behandlung aufgebracht, ließ Montyon dem Könige durch Hrn. von Malesherbes im Jahre 1774 eine Denkschrift überreichen, in der es heißt: „Seit ich die Ehre habe, mit dem Titel eines Provinzialintendanten bekleidet zu sein, bin ich dreimal von meiner Stelle vertrieben worden, was vor meiner Zeit etwas Unerhörtes war." Nach einer Rechtfertigung seines Verfahrens in den ihm untergebenen Provinzen sagte er zum Schlusse: „Ich glaube dieser Darlegung keine Betrachtung, keine Bitte, keine Klage beifügen zu müssen. Wenn sich übrigens in den drei Departements, in denen ich angestellt gewesen bin, auch nur ein Mensch findet, der mich der geringsten Ungerechtigkeit zeihen kann, wenn in dieser Denkschrift die einzige wahrheitswidrige Angabe vorkommt, so bin ich bereit, auf mein Leben, mein Vermögen und meine Ehre zu verzichten." Diese Denkschrift machte auf den König großen Eindruck; er befahl, an Montyon zu schreiben und ihn seiner königlichen Zufriedenheit zu versichern; dies geschah auch, aber ohne daß Montyon abermals als Intendant angestellt wurde, ohne Zweifel, weil er bewiesen hatte, daß er diesem schwierigen Posten mehr als jeder Andere gewachsen war.

Schon vor der Revolution von 1789 hatte er einen Tugendpreis und einen Preis für dasjenige Werk, das auf die Sitten den besten Einfluß hätte, gestiftet und der französischen Akademie die Vertheilung dieser Preise übertragen; aber die Revolution zog die Aufhebung der Akademie und ihrer Stiftungen nach sich. Herr von Montyon sah sich zur Auswanderung genöthigt, da sein großes Vermögen und die von ihm bekleideten Ämter ihn in der Schreckenszeit der Gefahr eines fast gewissen Todes ausgesetzt hätten; er floh zuerst nach Genf, dann nach London und hörte in der Hauptstadt des britischen Reichs nicht auf, sein Vermögen mit seinen als Gefangene oder Flüchtlinge in England befindlichen Landsleuten zu theilen. Als er nach Frankreich zurückgekehrt war, beschäftigte er sich damit, die früher von ihm ausgegangenen Stiftungen von Preisen zu erneuern und durch neue zu vermehren. In den letzten Jahren seines Lebens verwandte er 15,000 Francs jährlich einzig dazu, um die im Leihhause gegen Vorschüsse von weniger als fünf Francs versetzten Gegenstände einzulösen, wobei er von der ohne Zweifel richtigen Ansicht ausging, daß Dinge von so geringem Werthe nur von Personen, die sich im drückendsten Elende befänden, versetzt worden sein könnten. Durch einen der Maires von Paris ließ er eine Auffoderung zur Bildung eines wohlthätigen Vereins ergehen, der die Bestimmung hatte, Handwerkern ohne Zinsen Geldvorschüsse zu machen, worauf er eine Prämie von 5000 Francs setzte; leider ist aber dieser Verein nicht zu Stande gekommen. Sein Testament bildete einen würdigen Schluß dieser ununterbrochenen Reihe guter Handlungen; dasselbe beginnt mit folgendem bemerkenswerthen Satze: „Ich bitte Gott um Verzeihung, daß ich meine religiösen Pflichten nicht pünktlich genug erfüllt habe; die Menschen aber bitte ich um Verzeihung, daß

ich ihnen nicht so viel Gutes erwiesen habe, als ich gekonnt und folglich gesollt hätte." Möchten sich die Reichen und Mächtigen der Erde diese Stelle zu Herzen nehmen und bedenken, daß sie strafbar sind, wenn sie den Menschen weniger Gutes erweisen, als sie ihnen thun können und folglich thun sollen; aber den meisten von ihnen lassen ihre sich jagenden Vergnügungen, ihre ehrgeizigen oder auf Vermehrung ihres Reichthums und Befriedigung ihrer Gelüste gerichteten Pläne keinen Augenblick übrig, um an ihre leidenden Brüder zu denken.

Montyon dachte an sie; er suchte mit Sorgfalt die Mittel zur Unterstützung und Besserung der arbeitenden Classe auf, und die von ihm gestifteten Preise sind sprechende Beweise seines unaufhörlichen Verlangens, der Menschheit wohlzuthun. Die Zahl dieser Preise, welche jährlich vertheilt werden, ist fünf; der erste ist bestimmt für einen armen Franzosen, der im Laufe eines Jahres die tugendhafteste Handlung verrichtet hat; der zweite für denjenigen Franzosen, der das den Sitten nützlichste Buch geschrieben und herausgegeben hat; diese beiden Preise hat die französische Akademie zu vertheilen, während die drei übrigen — für ein statistisches Werk, für Denjenigen, welcher Mittel entdeckt, um eine mechanische Kunst weniger ungesund zu machen, und für Denjenigen, welcher eine Vervollkommnung der Heilkunde oder der Chirurgie erfunden hat — von der pariser Akademie der Wissenschaften vertheilt werden. Außerdem hat Montyon jedem der Hospitäler der 12 Bezirke von Paris ein Capital vermacht, wovon die Zinsen unter Arme, die aus jenen Hospitälern entlassen werden, vertheilt werden sollen.

Die beiden genannten Akademien haben hiermit von dem Stifter einen sehr ehrenvollen Auftrag erhalten, dessen Ausführung aber sehr schwierig ist, namentlich hinsichtlich der beiden ersten von der französischen Akademie zu vertheilenden Preise. Jährlich erhält dieselbe von allen Punkten Frankreichs Berichte von verschiedenen tugendhaften Handlungen, welche ihr als solche dargestellt werden, die würdig seien, an den verheißenen Auszeichnungen und Belohnungen Theil zu nehmen, und von den Ortsbehörden, sowie von namhaften Personen, welche Zeugen derselben gewesen sind, attestirt sind; aber die Freigebigkeit des Herrn von Montyon ist nicht unbegrenzt, daher muß unter hundert Bewerbern eine Wahl getroffen werden; es gilt, die Handlungen und ihre Beweggründe gewissenhaft zu prüfen; gewiß eine sehr schwierige Aufgabe. Gott ist der einzige unfehlbare Richter der Tugend, denn er allein liest in den Seelen der Menschen, sowie er es ist, welcher der Tugend ihren schönsten Lohn verleiht. In der jährlichen öffentlichen Sitzung der Akademie nennt der Präsident derselben die Namen Derjenigen, welche Preise oder Medaillen verdient haben, und erzählt in seiner Rede die tugendhaften Handlungen, welche obenan gestellt worden sind; zugleich gibt die Akademie jährlich eine Schrift heraus, welche die Erzählung aller tugendhaften Handlungen enthält, denen Auszeichnungen und Belohnungen zuerkannt worden sind; diese Schrift wird allen Präfecten zugeschickt, mit dem Ersuchen, sie in ihren Departements möglichst zu verbreiten, damit die guten Beispiele neue tugendhafte Handlungen hervorbringen. Diese Vertheilungen haben seit 1820 regelmäßig stattgefunden, und vielleicht darf man hoffen, daß sie zur sittlichen Vervollkommnung der untern Classen der Gesellschaft etwas beigetragen haben, wenn es auch nicht in ihrer Macht stand, dem in Frankreich überhand nehmenden Sittenverderbniß im Allgemeinen zu wehren. Übrigens befolgt die Akademie wol mit Recht den Grundſatz, daß ein fortgeſetztes tugendhaftes Betragen eine Belohnung mehr verdient, als eine einzige tugendhafte Handlung, beſonders wenn dieſe von einer Perſon ausgeht, deren Sitten ſonſt nicht durchaus beifallswürdig ſind. In der letzten feierlichen Jahresſitzung der franzöſiſchen Akademie am 30. Mai 1839 erhielten folgende Perſonen Tugendpreiſe: Francisca Olivier aus dem Departement Tarn 3000 Francs als Belohnung der menſchenfreundlichen Aufopferung, mit welcher ſie arme Kranke pflegt; Franz Poyer, Lohnkutſcher in Paris, 3000 Francs; von drei Frauen jede 2000 Francs, von drei Frauen jede eine Medaille von 1500 Francs, von ſieben Perſonen beiderlei Geſchlechts jede eine Medaille von 500 Francs. Das edle Benehmen des armen Lohnkutſchers Poyer, welcher ein ihm von einer fremden Dame übergebenes Kind ohne Koſtgeld außer ſeinen vier eigenen Kindern zwei Jahre lang erzogen, dann, als es die Mutter wieder an ſich genommen, aber bald darauf ausgeſetzt hatte, nach vielen Bemühungen im Findelhauſe ausfindig gemacht, aus demſelben genommen und förmlich adoptirt hatte, erregte vorzügliche Theilnahme und rührte einen großen Theil der zahlreichen Verſammlung bis zu Thränen. Faſt noch ſchwieriger iſt die Vollziehung des zweiten der franzöſiſchen Akademie ertheilten Auftrags, welcher darin beſteht, daß ſie jedes Jahr einen Preis an denjenigen Franzoſen auszahlen ſoll, welcher das den Sitten nützlichſte Buch geſchrieben hat. Man würde nur dann von einem Buche ſagen können, daß es für die Sitten nützlich wäre, wenn es eine ganze Generation oder wenigſtens eine große Zahl von Individuen beſſerte, wenn es den Sinn für das Gute und Schöne verbreitete und ſeine Leſer zu beſſern Menſchen machte. Gewiß iſt es ungemein ſchwierig, die Gewißheit zu erlangen, daß ein Buch ſo heilſame Wirkungen hervorgebracht hat, die Schwierigkeit wird aber dadurch noch bedeutend erhöht, daß der Preis jährlich vertheilt werden ſoll, denn kaum läßt ſich erwarten, daß in einem einzelnen Lande in jedem Jahre ein Werk erſcheint, das als ein den Sitten wahrhaft Nutzen bringendes belohnt zu werden verdient. Die Akademie erkennt zwei Gattungen von Werken den Preis zu: ſolchen, die ihrem Charakter nach wiſſenſchaftlich, aber geeignet ſind, unter allen Ständen Aufklärung zu verbreiten und Verbeſſerungen, die der ganzen Geſellſchaft zu Gute kommen, hervorzurufen, und ſolchen, die einzelne Gegenſtände behandeln und neue und nützliche Anſichten über irgend einen in moraliſcher Hinſicht wichtigen Gegenſtand enthalten. Der Betrag eines Preiſes iſt nach dem Ermeſſen der Akademie 6—10,000 Francs, auch wol darüber.

Indigo aus Färbeknöterig.

Aus einer der vielen Knöterigarten, dem Färbeknöterig (Polygonum tinctorium), kann eine blaue Farbe, die dem in mehren Pflanzen, namentlich in der Indigopflanze und dem Waid enthaltenen Indig nahe kommt, bereitet werden, wie auch in China ſchon ſeit langer Zeit geſchieht. Neuerlich hierüber angeſtellte Verſuche haben Folgendes ergeben. 100 Pfund der ganzen Pflanze liefern etwa 33 Pfund grüne Blätter, die wiederum nur etwa 1⅓ Loth oder ⅛ Procent ihres Gewichts Indig liefern. Dieſer iſt im Vergleich mit dem im Handel vorkommenden ſeinem äußern Anſehen nach mehr kupferfarbig und dunkler als jener, liefert jedoch beim Gebrauch eine nur halb ſo dunkle Farbe

als der käufliche, übrigens von ebenſo lebhaftem Blau. So wenig günſtig auch dieſe Reſultate zu ſein ſcheinen, ſo läßt ſich gleichwol hoffen, daß man durch abgeänderte Methoden der Behandlung jener Pflanze von ihrer färbenden Eigenſchaft vortheilhaftern Gebrauch zu machen lernen wird.

Zwei neue Mineralien.

Die Zahl der einfachen Körper oder Elemente der Chemie, welche bis jetzt 55 betrug, iſt vor kurzem durch ein 56. vermehrt worden, nämlich durch ein neues Metall, welches Profeſſor Moſander in Stockholm im ſchwediſchen Cerit entdeckt hat, in demſelben Mineral, in welchem vor 36 Jahren gleichzeitig von Klaproth einerſeits, von Hiſinger und Berzelius andererſeits das Cerium, ein äußerſt ſeltenes Metall, entdeckt wurde. Das aus dem Cerit dargeſtellte Oryd des Ceriums, d. h. die Verbindung deſſelben mit Sauerſtoff, enthält faſt zwei Fünftel ſeines Gewichts an Oryd des neuen Metalls, das in ſeinen Eigenſchaften vom Cerium nur wenig verſchieden iſt. Weil es ſich in Cerium gleichſam verſteckt hält, hat ihm Moſander den Namen Lantan (eigentlich Lanthan, von einem griechiſchen Worte, welches „verbergen“ bedeutet) beigelegt. Es hat eine lichtgraue Farbe und ſcheint weich und geſchmeidig zu ſein. Kerſten in Freiberg hat es noch in einem andern Mineral, dem Gadolinit aus Schweden, entdeckt. Bei dieſer Gelegenheit mag erwähnt werden, daß die Zahl der nunmehr überhaupt bekannten Metalle 43 beträgt, wovon 30 mit dem Namen der ſchweren Metalle bezeichnet werden, weil ſie ſämmtlich bedeutend ſchwerer ſind als Waſſer, die übrigen 13 aber, welche zum Theil leichter als Waſſer ſind, leichte Metalle heißen. In frühern Zeiten kannte man nur 14 Metalle und unterſchied eigentliche Metalle, welche mehr oder weniger dehnbar ſind, von den Halbmetallen; zu jenen zählte man alle dehnbaren, Gold, Silber, Kupfer, Zinn, Blei, Eiſen, Platina, zu dieſen Queckſilber, Spießglanz, Wismuth, Zink, Nickel, Kobalt, Arſenik. In neuern Zeiten kamen zu dieſen noch folgende ſchwere Metalle: Mangan, Molybdän, Wolfram oder Scheel, Uran, Titan, Tellur, Chrom, Tantal, Iridium, Osmium, Palladium, Rhodium, Cerium, Cadmium, Vanadin und 1839 das Lantan. Die leichten Metalle oder Metalle der Alkalien und Erden ſind: Kalium, Natrium, Baryum, Strontium, Calcium, Magnium, Aluminium, Thorium, Silicium, Zirconium, Yttrium, Glycium und Ammonium; ſie wurden 1807 und in den folgenden Jahren von Davy entdeckt, ſind aber bisher nur zum kleinſten Theile im reinen Zuſtande dargeſtellt worden.

Ein anderes neues Mineral wurde vor kurzem von dem nordamerikaniſchen Gelehrten Dutton im Staate Connecticut in einem Geſchiebe von Granit entdeckt und wegen ſeines vereinzelten Vorkommens mit dem Namen Eremit belegt. Daſſelbe iſt hell, durchſichtig, ſpröde, von hellbrauner Farbe; das ſpecifiſche Gewicht iſt 3⁷⁄₁₀ Mal größer als das des Waſſers.

Die öffentlichen Klageweiber im Morgenlande.

Wenige morgenländiſche Gebräuche kommen Europäern ſo ſeltſam vor, als die Gebräuche und Ceremonien, welche bei dem Tode eines Mohammedaners ſtattfinden. Proteſtanten namentlich, die eine einfache Leichenfeier gewohnt ſind, erblicken mit Erſtaunen den Prunk orien=

talischer Leichenbegängnisse und die wilde, unnatürliche und anstößige Art, auf welche die Verwandten und Bekannten Verstorbener ihren Schmerz zur Schau tragen. Alle Frauen der Familie eines Verstorbenen brechen sogleich nach seinem Verscheiden in das heftigste und lauteste Klagegeschrei aus, bei dem sich ihnen oft die Weiber der Nachbarschaft anschließen, welche in das Trauerhaus kommen und in die Wehklagen der Hausbewohner einstimmen. Um aber den Schmerz so übertrieben als möglich auszudrücken, miethet man gewisse Weiber, die ganz eigentlich ein Gewerbe daraus machen, für Todte zu weinen und zu wehklagen, und sich in allen mohammedanischen Städten finden. Wenn sie bei einem Todesfalle gedungen werden, um den Hinterbliebenen wehklagen zu helfen, so gerberden sie sich auf das gewaltsamste, schreien laut, zerreißen ihre Kleider und heucheln durch Zeichen aller Art einen Schmerz, von dem sie nicht das mindeste empfinden.

Der Gebrauch, Klageweiber zu dingen, ist uralt und kommt in vielen Stellen der Bibel vor; bei den Juden war er so allgemein, daß sich der ärmste Mann zum Tode seiner Frau wenigstens ein Klageweib miethete. Wenn Jemand in einer Familie starb, so war es gewöhnlich, daß sich seine weiblichen Angehörigen in einem besondern Zimmer auf die Erde setzten, einen Kreis bildeten, dessen Mitte die Gattin, Tochter oder sonstige nächste Verwandte einnahm, und nun unter Mitwirkung der Klageweiber ihre lauten und durchdringenden Wehklagen begannen. Von Zeit zu Zeit übernahmen

die Klageweiber auf ein Zeichen der Hauptleidtragenden die Hauptrolle, die wirklichen Leidtragenden schwiegen dann und bezeugten ihren Schmerz dadurch, daß sie schluchzten, sich ins Gesicht schlugen, ihr Haar zerrissen, sich wol auch mit ihren Nägeln verletzten. Auch bei den Griechen und Römern finden wir denselben, ohne Zweifel von ihnen aus dem Morgenlande entlehnten Gebrauch, und mehre der römischen Ceremonien können zur Erläuterung von Bibelstellen dienen. Nach dem Tode einer Person, welche die Hinterbliebenen durch alle äußern Zeichen des Schmerzes zu ehren wünschten, wurden Klageweiber gemiethet, welche sich an die Thüre stellten und Loblieder zum Preise des Verstorbenen sangen, mit dessen wichtigsten Lebensumständen man sie vorher bekannt gemacht hatte. War die Zeit gekommen, wo der Körper beerdigt oder auf den Scheiterhaufen gebracht werden sollte, so begleitete ihn ein Chor von Klageweibern, die durch Trauergesänge, durch häufiges Schlagen an ihre entblößte Brust und durch ihre aufgelösten Haare die Theilnahme der Zuschauer rege zu machen suchten. Diese Weiber standen unter der Leitung einer Anführerin, welche Präfica hieß, und trugen schwarze Kleider.

In der Abbildung sind zwei Klageweiber auf einem türkischen Begräbnißplatze dargestellt, welche auf einem Grabe die Stelle der nächsten weiblichen Verwandten eines Verstorbenen vertreten, die dasselbe nach der Beerdigung eine Zeit lang in der Regel täglich besuchen oder, falls sie selbst nicht kommen können oder wollen, an ihrer Statt jene gemietheten Weiber schicken.

Türkische Klageweiber auf einem Begräbnißplatze.

Verantwortlicher Herausgeber Friedrich Brockhaus. — Druck und Verlag von F. A. Brockhaus in Leipzig.

Das Pfennig-Magazin

für

Verbreitung gemeinnütziger Kenntnisse.

332. | Erscheint jeden Sonnabend. | [August 10, 1839.

Die Luftspiegelung.

Luftspiegelung in den Ebenen von Merico.

Die Erscheinungen, welche der Brechung der Lichtstrahlen bei dem Übergange aus einem dünnern Stoffe in einen dichtern und umgekehrt, namentlich aber aus dünnern Luftschichten in dichtere oder aus dichtern in dünnere, ihren Ursprung verdanken, sind sehr verschiedener Art und haben längst die Aufmerksamkeit der Naturforscher in hohem Grade in Anspruch genommen. Im Allgemeinen unterscheidet man eine astronomische und eine terrestrische oder irdische Strahlenbrechung, je nachdem die Lichtstrahlen von himmlischen oder irdischen Gegenständen ausgehen. Wenn ein Lichtstrahl von einem Himmelskörper auf die Erde gelangt, so wird er bei dem Übergange aus dem leeren Raume in die Atmosphäre von seinem anfänglichen geradlinigen Laufe abgelenkt und nach der Erde zu gebrochen; diese Ablenkung wiederholt sich aber fast in jedem Augenblicke, weil der Strahl aus den dünnen Luftschichten allmälig in dichtere übergeht, da die Dichtigkeit der Luft in der Nähe der Erde am größten ist, und dadurch wird der Weg des Lichtstrahls in eine krumme, nach der Erde zu hohle Linie verwandelt. Dies hat zur Folge, daß wir die Himmelskörper nicht an den Stellen erblicken, wo sie eigentlich stehen, sondern etwas höher; diese Verrückung ist desto beträchtlicher, je näher sie dem Horizonte stehen, und hört im Zenith oder Scheitelpunkte, dem höchsten Punkte des Himmels über unserm Scheitel, völlig auf. Sonne und Mond sehen wir aus diesem Grunde schon einige Zeit vor ihrem Aufgange und noch einige Zeit nach ihrem Untergange über dem Horizonte, und häufig in der Nähe desselben nicht genau kreisförmig, sondern etwas zusammengedrückt, weil der untere Rand dieser Himmelskörper durch die Strahlenbrechung stärker gehoben wird als der obere, wodurch der verticale Durchmesser verkleinert wird, während der horizontale unverändert bleibt.

Etwas anders verhält es sich bei Lichtstrahlen, die von einem irdischen Gegenstande aus zu einem andern gehen, schon darum, weil sie ihren ganzen Weg in der

Atmosphäre zurücklegen, aber nicht wie die von himm=
lischen Gegenständen ausgehenden Strahlen die Atmo=
sphäre in ihrer gesammten Höhe, sondern immer nur
einen verhältnißmäßig kleinen Theil derselben durchschnei=
den. Indessen besteht auch hier die gewöhnliche Wir=
kung darin, daß hohe und entfernte Gegenstände uns
etwas höher hinaufgerückt zu sein scheinen, was wir
aber in der Regel ohne besonders eingerichtete Beobach=
tungen nicht wahrnehmen können. Auffallend sind da=
gegen die Erscheinungen, die sich bei einer außergewöhn=
lichen, nur unter gewissen Umständen stattfindenden
Strahlenbrechung zeigen und im Allgemeinen von dreier=
lei Art sind.

Die erste Classe besteht darin, daß man zuweilen
an einem Orte auf kurze Zeit entfernte Gegenstände
erblickt, die man in der Regel ihrer zu großen Entfer=
nung halber nicht sehen kann, weil sie durch die Krüm=
mung der Erde unsern Augen verborgen werden. So
sieht man auf der Insel Neuwerk am Ausflusse der
Elbe gewöhnlich nur die eine Meile nach Süden davon
entfernte Küste auf dem linken Elbufer, das Gebiet
von Cuxhaven und die hanoversche Landschaft Wursten,
sonst nach allen Seiten nur die Meeresfläche; zuweilen
aber, wenn die Strahlenbrechung sehr stark ist, sieht
man die nördlich in einer Entfernung von sieben
Meilen liegende Insel Helgoland sehr deutlich, außer=
dem im Süden die ganze Küste der Nordsee bis zur
Insel Wangeroge. Eine sehr auffallende Erscheinung
beobachtete Brandes (nachmals Professor der Physik in
Leipzig) zu Eckwarden im Oldenburgischen, wo er bis=
weilen über einen 20 Fuß hohen Damm hinweg das
weit niedrigere Ufer des Meeres erblickte, während er
auf der andern Seite des Dammes und eine Viertel=
stunde von demselben entfernt so stand, daß das Auge sich
zehn Fuß tiefer als der Gipfel des Dammes befand. Der
Engländer Latham erzählt, daß er einmal von Hastings
an der englischen Küste aus nebst vielen andern Perso=
nen die etwa zehn deutsche Meilen entfernte französische
Küste mit bloßen Augen deutlich und scheinbar nahe
gesehen habe, ja von einem Hügel aus konnte er sie
genau von Calais bis St.=Valery übersehen, und das
3½ Meilen entfernte Vorgebirge Dungeneß in Eng=
land erschien ebenfalls überraschend nahe. Noch häufi=
ger wird diese Erscheinung von Seefahrern in nördli=
chen Gegenden beobachtet, und meistens erscheinen in
solchen Fällen die über den Horizont hervorkommenden
Gegenstände ungleich größer, als ihrer Entfernung ge=
mäß ist.

Die zweite Classe der von einer ungewöhnlichen
Strahlenbrechung herrührenden Erscheinungen wird mit
dem Namen Luftspiegelung oder Seespiegelung bezeich=
net, von den Schiffern aber die Kimmung genannt,
und namentlich an heißen Tagen, wo die Erde sehr er=
hitzt ist, beobachtet, wenn man über eine anhaltend von
der Sonne beschienene weite Ebene hinsieht, auf welcher
eine sehr erwärmte Luftschicht ruht. Man sieht dann
die entfernten Gegenstände höher als sonst, gleichsam
in der Luft schwebend, unter ihnen sieht man aber ei=
nen hellen Streifen, der sie von dem festen Boden
trennt und auf welchem unter jedem Gegenstande das
umgekehrte Bild desselben erscheint, das man in allen
Fällen mit dem Fernrohre, sehr oft aber auch mit bloßen
Augen deutlich wahrnimmt. Dies bringt die Täuschung
hervor, daß vor den so erscheinenden Gegenständen sich
eine Wasserfläche befände, in welcher jene sich spiegelten,
und die wellenartige Bewegung, die man dabei bemerkt,
verstärkt noch die Täuschung, die so lange dauert, bis
man in die Nähe jener Gegenstände gelangt und sich

nun überzeugt, daß die vermeintliche Wasserfläche gar
nicht vorhanden ist. Diese Erscheinung war schon den
Alten nicht unbekannt, wie man aus einigen Angaben
schließen kann, ist jedoch erst in der neuesten Zeit wie=
der bemerkt oder wenigstens beobachtet worden, in Deutsch=
land zuerst 1779 unweit Bremen durch Büsch. Aber
erst seit der Expedition der Franzosen nach Ägypten im
Jahre 1798 wurde die allgemeine Aufmerksamkeit auf
dieses Phänomen hingelenkt, welches in Ägypten sehr
häufig ist und die französische Armee, bevor sie sich mehr
daran gewöhnte, vielfach täuschte. Die Einförmigkeit
der ausgedehnten Sandebenen von Unterägypten wird
nur durch kleine Hügel unterbrochen, auf welchen die
Dörfer angelegt sind, um gegen die Überschwemmungen
des Nils sicher gestellt zu sein. Morgens und Abends
erscheinen die Gegenstände in ihrer natürlichen Gestalt
und Lage, aber wenn die Oberfläche des Sandbodens
vor oder nach Mittag durch die Sonne erhitzt ist,
scheint das Land in gewisser Entfernung mit einer aus=
gedehnten Wasserfläche zu endigen, aus der sich die
Dörfer gleich Inseln, die inmitten eines großen Sees
liegen, erheben. Anfangs freuten sich die Soldaten der
Aussicht auf Wasser, nach dem sie bei der großen Hitze
lechzten, wenn sie aber einem Dorfe näher kamen,
wurde die Wasserfläche, die dasselbe umgab, immer klei=
ner und verschwand endlich ganz, worauf sich bei den
weiter entfernten Dörfern vor= und rückwärts dasselbe
Phänomen zeigte. Später ist die Erscheinung auch in
andern Gegenden vielfach beobachtet worden, z. B. von
Alexander von Humboldt in Südamerika, besonders in
den Steppen von Caracas und den sandigen Ebenen
am Orinoco. Kleine Hügel schienen in der Luft zu
schweben, einzelne Palmbäume in den Llanos schienen
vom Boden abgeschnitten und von demselben durch eine
Luftschicht getrennt zu sein, und dürre Ebenen hatten
das Ansehen von Wasserflächen. Unsere Abbildung stellt
eine Erscheinung dieser Art dar, wie sie in den mexica=
nischen Ebenen wahrgenommen wurde.

Überall, wo eine Gegend ein paar Stunden weit
völlig eben ist, kann man darauf rechnen, im Sommer
bei starker Erhitzung der Luft eine solche Luftspiegelung
wahrzunehmen, und immer wird man bemerken, daß
das umgekehrte Bild etwas kleiner erscheint als das
aufrechte. Man kann jedoch in solchen Fällen die Täu=
schung schnell aufheben, sobald man sich auf einen hö=
hern Standpunkt stellt, z. B. auf einen Wagen steigt.
Auch über Wasserflächen wird die Erscheinung häufig
beobachtet, und zwar da entweder in den ersten kalten
Tagen, die auf Gewitter folgen, oder auch zuweilen im
Winter, wenn die Luft sehr kalt und kälter als das
Wasser ist, welches, so lange es mit Eisschollen erfüllt,
aber nicht ganz gefroren ist, nur die Gefrierkälte an=
nimmt. Oft kann man, wenn man eine weite Aus=
sicht über das Wasser hat, auch die aufgehende Sonne
so gespiegelt sehen; man erblickt nämlich gleich beim
Aufgange den Sonnenrand in einiger Höhe über dem
Wasser, von demselben durch einen hellen Streif ge=
trennt, auf welchem ein verkehrtes Spiegelbild von je=
nem erscheint, das nach und nach mit der Sonne grö=
ßer wird, endlich aber unter dem Wasser verschwindet.
Hierher gehört auch der merkwürdige Fall, welchen der
Engländer Dangos berichtet. Auf der Insel Malta
verbreitete sich nämlich einmal die Nachricht, daß we=
nige Meilen davon eine neue Insel entstanden sei, welche
Dangos selbst mit dem Fernrohr erblickte; sogleich fuh=
ren mehre Schiffer ab, um die Insel aufzusuchen und
Besitz davon zu ergreifen, aber bald ergab es sich, daß
die vermeintliche Insel nichts Anderes als der Ätna ge=

wesen sei, welcher sich rings vom Meere umgeben ge=
zeigt hatte, aber auch den Bewohnern der benachbarten
Inseln wie eine Insel erschienen war.

Von dieser Art der Luftspiegelung, wo unter dem
Gegenstande ein verkehrtes Bild desselben erscheint, ist
diejenige verschieden, wo das verkehrte Bild sich über
demselben zeigt, weshalb man die Spiegelung unterwärts
und die Spiegelung aufwärts zu unterscheiden hat.
Die letztere kommt weit seltener als die erstere vor, und
zwar bei einem ganz entgegengesetzten Zustande der At=
mosphäre, wie er an warmen Tagen nach Sonnenun=
tergang stattfindet, wenn die Luft nahe an der Erde
sehr abgekühlt ist, aber in größerer Höhe noch die frü=
here Wärme behält, was namentlich bei Gewittern oft
sehr auffallend ist. Diese Erscheinung ist wol noch nie=
mals mitten im Lande beobachtet worden, sondern im=
mer nur an Gegenständen, die jenseit eines ziemlich
ausgedehnten Wasserspiegels liegen. Die Gegenstände
selbst erscheinen dann in ihrer natürlichen Stellung,
aber im Vergleich zu ihrer Breite viel niedriger als ih=
ren wahren Verhältnissen gemäß ist, gleichsam zusam=
mengedrückt, weil durch die ungewöhnlich starke Strah=
lenbrechung die untern Theile mehr als die obern em=
porgehoben erscheinen (eine Erscheinung, die man übri=
gens oft wahrnehmen kann, aber nur selten von einer
Spiegelung begleitet); über ihnen, namentlich über
den höhern, erhebt sich eine hohe Säule, die an ihrem
obern Ende das verkehrte Bild des untern Gegenstan=
des zeigt; wenn das Phänomen vollständig ist, so sieht
man über dem verkehrten noch ein aufrechtes Bild, das
aber oft so klein und undeutlich ist, daß man es nicht
erkennen kann. Meistens erscheinen zugleich alle Ge=
genstände in einer zitternden Bewegung, die ein deutli=
ches Erkennen der kleinern Theile der Gegenstände ver=
hindert, auch ist das Phänomen nicht in allen Punk=
ten des Horizonts gleich. Merkwürdige Beobachtung=
en über diese Art von Luftspiegelung stellte der Engländer
Vince im Jahre 1799 zu Ramsgate an der englischen
Küste des Kanals an. An einem schwülen Abende
nach einem sehr heißen Tage sah er mit Hülfe eines
stark vergrößernden Fernrohrs unter Anderm ein Schiff,
das noch so entfernt war, daß man nichts als den
obersten Theil des Mastes erblickte; über diesem schwebte
in einigem Abstande das verkehrte Bild des ganzen
Schiffes und darüber ein gerades Bild desselben, beide
durch einen Streif der See getrennt, welcher deutlich
als Wasser zu erkennen war. Als das Schiff sich nä=
herte, verschwand das gerade Bild allmälig und das
verkehrte senkte sich tiefer herab. Nach des Seefahrers
Scoresby Erzählung zeigt sich die Erscheinung in den
Polarmeeren sehr oft; am schönsten und überraschend=
sten sah er sie am 18. Juli 1822, wo mehre Schiffe,
deren Körper noch ganz hinter dem Seehorizonte ver=
borgen waren, doppelte und sogar dreifache Bilder in
umgekehrter Stellung übereinander und hoch über den
unsichtbaren Gegenständen zeigten, aber nur an den
Stellen, wo Eis vorhanden war. Auch das Land bot
ein seltsames Schauspiel dar; mit dem Fernrohre be=
trachtet, glich es im Allgemeinen einer ausgedehnten, in
Trümmern liegenden Stadt, worin eine Menge von
Schlössern, Obelisken, Kirchen und andern großen Ge=
bäuden zu sehen waren, und zeigte einen unaufhörli=
chen Wechsel feenhafter Erscheinungen. Dies hat mit
der in Calabrien an der Meerenge von Messina, na=
mentlich zu Reggio, beobachteten und schon seit alten
Zeiten berühmten Fata Morgana große Ähnlichkeit, wo
man ebenfalls in Zeitpunkten ungewöhnlicher Strahlen=
brechung große Tempel mit Säulen, hohe Thürme, Pa=

läste u. s. w. zu sehen glaubt. *) Aller Wahrscheinlich=
keit nach ist auch diese Erscheinung, die aber von neuern
Reisenden beiweitem nicht so auffallend gefunden wor=
den ist, als sie der Dominikanermönch Antonio Minasi
im Jahre 1773 beschrieben hat, früherer, noch aben=
teuerlicher klingender Berichte nicht zu gedenken, nichts
Anderes als eine Luftspiegelung aufwärts, durch welche
die von Reggio nur zwei Meilen entfernte Stadt Mes=
sina nebst ihrer Umgegend eine Zeit lang sichtbar wird.
Ähnliche Erscheinungen kennt man auch in Venedig in
dem Raume der Lagunen, der zwischen Treporti, Vene=
dig und Murano eingeschlossen ist, und in Mittelindien,
wo sie nur in kalten Jahreszeiten vorkommen.

Alle diese Erscheinungen haben, wie bereits er=
wähnt, in einer ungewöhnlichen Strahlenbrechung ihren
Grund, ohne daß hierbei an ein eigentliches Spiegeln
der Gegenstände zu denken wäre. Bei dem normalen,
regelmäßigen Zustande der Luft ist die Dichtigkeit der
Luft in der Nähe der Erde am größten und nimmt
nach oben zu allmälig ab; dieser Zustand erleidet aber
durch den Einfluß der Wärme, welche die Luft aus=
dehnt und daher dünner macht, nicht selten erhebliche
Abänderungen. Wenn die untern Luftschichten merk=
lich wärmer als die obern sind, wie dies namentlich
über ausgedehnten Sandwüsten der Fall ist, dehnt sich
die erwärmte Luft der untern Schichten stärker aus,
obgleich die obern Schichten auf ihr lasten, und wird
dadurch dünner als die zunächst höhern Luftschichten.
Dies bewirkt nun eine Abänderung der Strahlenbre=
chung, indem die nahe an der Erde hingehenden Licht=
strahlen nach den Gesetzen der Brechung des Lichts
so gebrochen werden, daß sie wieder in die Höhe
gehen und eine nach oben zu hohle krumme Linie
bilden, statt, wie gewöhnlich, eine nach der Erde
zu hohle; dagegen werden die weniger nahe an
der Erde hinlaufenden Lichtstrahlen ziemlich auf ge=
wöhnliche Weise gebrochen. Durch die letztern erblickt
man die Gegenstände in ihrer natürlichen aufrechten
Stellung, durch die erstern ein unter ihnen liegendes
verkehrtes und etwas kleineres Bild, sodaß sich auf diese
Weise die Spiegelung unterwärts vollständig erklären
läßt. Dasselbe ist nun auch mit der Spiegelung auf=
wärts der Fall, welche dann beobachtet wird, wenn die
Luft nahe an der Erde kalt, in höhern Schichten aber
wärmer ist; dadurch wird bewirkt, daß die Dichtigkeit
der Luft nach oben zu viel schneller abnimmt als bei
einer gleichförmigen Wärme; weil aber die größere Wärme
der obern Luftschichten sich immer nur auf eine bestimmte
Höhe erstreckt, so kann es geschehen, daß die Dichtigkeit
der Luft in einer gewissen Höhe wieder zunimmt, be=
vor die regelmäßige Abnahme eintritt, welche bis an
die äußersten Grenzen der Atmosphäre fortdauert. Aus
einem solchen Zustande der Atmosphäre lassen sich aber
die Erscheinungen der Spiegelung aufwärts hinreichend
erklären, wiewol es uns zu weit führen würde, wenn
wir uns hier auf die Einzelnheiten dieser Erklärung
einlassen wollten. Nur mag noch die eigenthümliche
Art erwähnt werden, wie der englische Physiker Wolla=
ston den Vorgang jener Erscheinungen versinnlichte, in=
dem er in geeigneten Gläsern Flüssigkeiten von verschie=
dener Dichtigkeit übereinander goß, z. B. unten Schwe=
felsäure, darüber Wasser, das weniger dicht als jene
ist; indem nun die Säure allmälig in das Wasser ein=
drang, entstanden Schichten von abnehmender Dichtig=
keit, und indem Wollaston gewisse Gegenstände durch
die Flüssigkeit betrachtete, beobachtete er Erscheinungen,

---

*) Vergl. Pfennig-Magazin Nr. 67.

die der Spiegelung aufwärts völlig ähnlich waren. Einen andern Versuch stellte Brewster an, indem er über eine Wasserfläche in einem Glasgefäße eine glühende Eisenstange hielt, wodurch die obersten Wasserschichten erwärmt und dadurch in dem Wasser Schichten von einer nach oben zu abnehmenden Dichtigkeit gebildet wurden.

Saint = Germain.

Die kleine Stadt Saint=Germain=en=Laye, drei Meilen westlich von Paris, an der Seine gelegen, erfreut sich seit Vollendung der von der Residenz dahin führenden Eisenbahn einer wahrhaft ungeheuern Frequenz, die mit der Verödung, in die es versunken war, einen grellen Contrast bildet. In der That verdient sie aber auch diesen zahlreichen Besuch, nicht prachtvoller Gebäude und Gartenanlagen wegen, wie man sie in Versailles findet, denn in dieser Hinsicht steht Saint=Germain gegenwärtig sehr zurück, sondern einzig wegen seiner reizenden Lage, die schöner ist als jede andere, welche die Umgebungen von Paris darbieten, und seiner herrlichen Terrasse, eines künstlichen Hügels, von dessen Gipfel man einer entzückenden Aussicht genießt. Wenige Landschaften — die ausgenommen, wo das Meer oder die Alpen den Horizont begrenzen — können sich mit der üppigen und fruchtbaren Ebene messen, die sich bogenförmig von den bebuschten Anhöhen von Marly bis zu denen von Montmorency erstreckt, während das breite Silberband der mit reizenden kleinen Eilanden und mit leichten Nachen bedeckten Seine sich zu den Füßen des Beschauers hinzieht und der Wald hinter ihm den Kreis schließt. Die Wasserleitung von Marly, welche, einer majestätischen römischen Ruine gleichend, aus dem Gehölz hervorragt, der Triumphbogen de l'Etoile, Paris, das zwischen dem Montmartre und dem Mont=Valerien im Thale liegt, die fernen Thürme von Saint=Denis, Denkmäler, Wälder, Hügel drängen sich den Blicken auf; Augen und Gedanken versinken in diesem Meere von Gegenständen und Eindrücken. Dies ist die herrliche Gegend, welche Ludwig XIV. mit dem melancholischen Versailles vertauschte, sei es, weil ihm die Thürme der Grabstätte zu St.=Denis Schrecken einflößten und am Horizonte als überlästige Mahner an Tod und Vergänglichkeit emporsteigend, ihm den Genuß jenes großartigen Gemäldes verbitterten, sei es aus Monarchenlaune, die überall schaffen und Hindernisse, ja die Natur selbst überwältigen will.

In ältern Zeiten bot diese Gegend einen ganz andern Anblick dar; statt jener üppigen Mannichfaltigkeit sah man vom Gipfel des damals öden Hügels einen unbegrenzten Wald in seiner traurigen und einförmigen Majestät emporsteigen, hier und da überragt von einem Hügel, der einen heidnischen Tempel trug, oder von einem kolossalen Druidenaltar; am äußersten Ende der schwarzen Ebene erhob sich Paris aus der kleinen Insel, welche für die Anfänge der Riesenstadt Raum genug hatte, seine viereckigen Thürme. Diese wilde Gegend wurde allmälig gelichtet, urbar gemacht und mit menschlichen Wohnungen bedeckt, als der gute und unglückliche Sohn Hugo Capet's, König Robert I., der Fromme genannt (regierte 997—1031), auf dem Berge ein dem heiligen Germain, Bischof von Auxerre, geweihtes Kloster erbaute. Die dem Kloster verliehenen Ländereien und Privilegien zogen bald eine Menge von Dienstleuten und armen Bauern hierher, welche den interessir-

ten, aber wirksamen Schutz der Mönche der launenhaften Tyrannei der Barone vorzogen. So entstand das Dorf, dann der Flecken, endlich die Stadt Saint=Germain=en=Laye, die den Beinamen en Laye von dem Walde la Laye, der nördlichen Fortsetzung des ungeheuern Druidenwaldes Iveline, erhielt.

Zu dem königlichen Schlosse legte nach Einigen Ludwig VI., nach Andern Karl V. den Grund. Ludwig XI. schenkte es seinem berühmten Arzte Coitier, der nach dem Tode seines Herrn der Wohlthaten desselben beraubt wurde und hierin das Schicksal aller übrigen plebejischen Günstlinge des Königs theilte. Seitdem ist das Schloß immer Krondomaine geblieben. Im 16. und 17. Jahrhunderte wurde es vom Hofe häufig bewohnt, aber nie war es glänzender und belebter als unter der blutigen Regierung Karl's IX., der sich hier an Balletten und Maskenspielen ergötzte und 1574 als 24jähriger Jüngling hier starb. Nach der Erbauung des Schlosses von Versailles wurde das Schloß vom Hofe auf immer verlassen. Der Kaiser Napoleon machte eine Caserne für seine Garde daraus; die Restauration quartierte hier eine Compagnie der Leibwache ein und ließ die Kapelle wiederherstellen. Gegenwärtig werden die verödeten Räume des Schlosses nur von einem Castellan und seiner Familie bewohnt.

Die ursprünglichen Gebäude sind seit mehr als drei Jahrhunderten verschwunden, und das sogenannte alte Schloß, das einzige, das noch erhalten ist, ist von dem Großvater Karl's IX., König Franz I., erbaut worden, dessen gigantischer Salamander den Mantel der Kamine in den jedes andern Schmuckes entkleideten, leeren und öden Sälen ziert. Der Styl dieses wunderlichen, ein unregelmäßiges Sechseck bildenden Schlosses würde rein arabisch sein, wenn die Fenster kleiner und mit mehr Sparsamkeit angebracht wären.

Die Terrasse ist das Werk Heinrich's IV., der zugleich das neue Schloß bauen ließ, das wohl geräumiger als das alte war, aber nicht mehr vorhanden ist. Es stand auf der Seite des Berges, die dem Flusse am nächsten ist; vom Schlosse bis zum Flusse erstreckten sich terrassenförmig abgestufte prachtvolle Gärten, und jede Stufe dieser wundervollen Treppe verbarg in den in den Berg gehauenen Höhlen alle nur erfinnlichen Kostbarkeiten und Kunstwerke: trockene, mit Muscheln und bunten Steinen ausgelegte Grotten, geschmückt mit Marmor, Porphyr, Bildsäulen, antiken Vasen und dem herrlichen Email des 16. Jahrh., und feuchte Grotten, wo die Hydraulik sich angestrengt hatte, um die malerischen Scenen der Götterlehre darzustellen. Jetzt ist in Folge der seit Ludwig XIV. eingetretenen Vernachlässigung von allen diesen zauberischen Grotten, den prachtvollen Gärten und den murmelnden Springbrunnen, deren Wasserstrahlen die Sonne mit Regenbogenfarben färbte, nichts mehr zu sehen; Alles, die Steinwände des Schlosses selbst nicht ausgenommen, ist verschwunden. Nur ein niedriger Pavillon mit einem einzigen Fenster erhebt sich am Ende des Platzes, wo ein Flügel des Schlosses stand; hier war das Zimmer der Gemahlin Ludwig's XIII., Anna von Östreich, in welchem Ludwig XIV. geboren wurde; außerdem erinnern nur noch einige halb verfallene Steintreppen an dieses Schloß, in welchem Ludwig XIII. starb, während das ältere, von Franz I. erbaute, den Verwüstungen der Zeit Trotz geboten hat.

Die persischen Musiker. *)

Von Musik kann in Persien wenigstens heutzutage nur dann die Rede sein, wenn man Töne, welche mit den Naturlauten wilder Thiere größere Verwandtschaft haben als mit Dem, was wir unter Musik und Harmonie verstehen, mit diesem Namen bezeichnen will; in dieser Hinsicht stehen ohne Zweifel die Perser den Türken, welche bereits an unserer europäischen Musik Geschmack zu finden angefangen haben, seitdem der Sultan bei seinen europäisch organisirten Truppen europäische Militairmusik eingeführt hat, sehr bedeutend nach. Die persischen Instrumente sind nicht sehr zahlreich und so einfach, daß man glauben möchte, sie hätten seit den Zeiten des Königs Cyrus, d. h. seit fast drittehalbtausend Jahren, nicht die mindeste Veränderung erlitten. Indessen unterscheiden die Perser militairische Instrumente und solche, die bei geselligen Zusammenkünften u. s. w. gebraucht werden; der erstern sind dreierlei, die am besten mit den Namen Clarinetten, Trompeten und Trommeln bezeichnet werden können. Die Clarinetten haben einen sehr gellenden Ton und kommen denjenigen nahe, mit denen die calabresischen Hirten um die Weihnachtszeit nach Neapel kommen und die Ohren der Neapolitaner heimsuchen. Die Trompeten bestehen aus mehren Stücken, die sich ineinander schieben lassen, und sind 9—10 Fuß lang, die untern Öffnungen aber haben fast 3 Fuß im Durchmesser; ihr Ton hat mit dem Geschrei wüthender Kameele große Ähnlichkeit. Die Trommeln sind unsern Pauken ähnlich, nur kleiner, und werden lediglich mit den Händen geschlagen; der Ton dieser sogenannten Musik ist von der Art, daß Jedem, dem seine Ohren lieb sind, zu rathen ist, sich wenigstens 200 Schritte davon entfernt zu halten. Jede

*) Zur Vervollständigung des in Nr 199 und 200 enthaltenen Aufsatzes über Sitten und Gebräuche der Perser.

Stadt, in der sich Militair befindet, hat ein mit diesen Instrumenten ausgestattetes Musikcorps, welches früh und Abends eine halbe Stunde vor dem Aufgange und nach dem Untergange der Sonne vor dem Bazar spielen muß; dies dient als Signal sowol zum Gebet als zur Öffnung der Kaufläden. Das Musikcorps eines königlichen Prinzen ist sehr zahlreich und begleitet ihn jedesmal, so oft er seine Wohnung verläßt; jeder Musiker sitzt dann auf einem Kameele, welches auf dem Vordertheile des Sattels ein kleines Zelt trägt. Diese berittene Musikbande reitet dem Prinzen etwa 200 Schritte voraus und spielt, wenn ihr nicht Schweigen auferlegt wird, so lange als der Marsch dauert. Alle Abende setzt oder kauert sie sich im Halbkreise zusammen, ein paar hundert Schritte vom königlichen Zelte, und spielt bis tief in die Nacht hinein. Die Perser, welche diese lärmende Musik sehr lieben, laufen von allen Seiten herbei und erfreuen die Musiker durch unaufhörliche Zeichen des Beifalls. Die Musik des Königs besteht aus 500 Mann, von denen 30 Trompeten der beschriebenen Art haben; bei ruhigem Wetter hört man ihr Blasen wol eine Stunde weit.

Diejenige Gattung von Musik, welche bei geselligen Unterhaltungen gebraucht wird, besteht vor allen Dingen aus Sängern, die jedoch mehr heulen und brüllen als singen; wer am stärksten schreit, daß er im Gesichte ganz blau wird, gilt für den geschicktesten; um die häßlichen Grimassen, welche dieses Geschrei erfodert, zu verbergen, bedecken sie ihr Gesicht mit einem Blatt Papier, das sie in der Hand halten. Man begleitet sie mit einer Art von Violinen in Form von runden Töpfen, an welche ein Stiel und Saiten befestigt sind, mit Guitarren, die mit italienischen Mandolinen Ähnlichkeit haben, und mit Tambourins, die mit breiten, sehr hell klingenden Kupferplatten versehen sind und den Tambourins der Basken ziemlich nahe kommen.

Die Edelsteine.

Der ziemlich unbestimmte und durchaus nicht wissenschaftliche Name Edelsteine bezeichnet bekanntlich solche seltenere Mineralien, die sich durch Farblosigkeit oder an-

genehme Färbung, Glanz, Durchsichtigkeit und Härte vorzüglich auszeichnen, einen hohen Grad von Politur annehmen und sich zur Anwendung als Schmuck in verschiedenen Formen eignen. Man theilt die echten Edelsteine in eigentliche Edelsteine und Halbedelsteine, wiewol diese Eintheilung in hohem Grade willkürlich ist. Zu jenen rechnet man im Handel gewöhnlich folgende: Diamant, Saphir, Smaragd, Beryll, Spinell, Chrysoberyll, Topas, Opal, Granat, Zirkon, Turmalin, Kordierit und Chrysolith. Von den echten Edelsteinen sind noch die unechten zu unterscheiden, die nichts Anderes sind als Glasflüsse, denen man die Farbe und das Ansehen von Edelsteinen auf eine oft täuschende Weise zu geben sucht.

Um die echten Edelsteine gehörig voneinander und von den unechten zu unterscheiden, muß man eine genaue Kenntniß der ihnen eigenthümlichen, als Merkmale oder Kennzeichen dienenden Eigenschaften besitzen, die freilich sehr schwer zu erlangen ist. Zu diesen Kennzeichen gehören besonders die Gestalt, die Härte, das specifische Gewicht, die Farbe, der Strich, der Glanz und die Durchsichtigkeit. Die Gestalt kann nur dann als Kennzeichen eines Edelsteins dienen, wenn er sich im rohen, unbearbeiteten Zustande und daher noch in seiner natürlichen, krystallinischen Form befindet. Die Härte ist bei den Mineralien sehr verschieden und wird gewöhnlich nach einer aus zehn verschiedenen Graden bestehenden Scala angegeben und mit den Zahlen 1—10 bezeichnet. Diese Grade werden durch folgende zehn Mineralien bestimmt, von denen jedes härter ist als das vorhergehende: venetianischer Talk, Gyps (oder Steinsalz), Kalkspath, Flußspath, Spargelstein oder Apatit, Feldspath, Quarz, Topas, Korund und Diamant. Um den Härtegrad eines Steins ungefähr zu bestimmen, versucht man mit einer Ecke desselben die gedachten zehn Mineralien nach der Reihe vom härtesten an zu ritzen, bis man dasjenige Glied der Scala findet, welches sich zuerst ritzen läßt. Das specifische Gewicht oder die Dichtigkeit ist bei den verschiedenen Mineralien sehr verschieden und daher eines der sichersten Merkmale. Die Farben, welche bei den Edelsteinen vorzüglich beobachtet werden, sind: roth, blau, grün, gelb, violett, braun. Manche Edelsteine sind bekanntlich ganz farblos; diese Eigenschaft nennt man ihr Wasser. Die verschiedenen Abstufungen der Farben bezeichnet man mit den Ausdrücken dunkel, hoch, licht und blaß. Einige Mineralien zeigen auch mehre andere hierher gehörige Erscheinungen, die man mit den Ausdrücken Farbenspiel, Farbenwandlung, Farbenzeichnung, Opalisiren und Irisiren bezeichnet. Der Strich ist die Erscheinung, welche ein Mineral zeigt, wenn es mit einem spitzigen Instrumente geritzt oder auf einer Feile gestrichen wird; entweder nimmt dann die gestrichene Stelle einen höhern Glanz an oder es entsteht ein Pulver, das in der Regel ungefärbt, zuweilen gefärbt ist. Der Glanz der Mineralien ist sowol der Art als der Stärke nach verschieden; der Art nach unterscheidet man Metallglanz, Demantglanz, Fettglanz, Glasglanz und Perlmutterglanz, der Stärke oder, wie man bei Edelsteinen sagt, dem Feuer nach stark glänzende, glänzende, wenig glänzende, schimmernde und matte oder glanzlose Mineralien. Hinsichtlich der Durchsichtigkeit unterscheidet man fünf Grade: durchsichtige, halbdurchsichtige, durchscheinende, an den Rändern durchscheinende und undurchsichtige Mineralien. Auch die Elektricität kann zu den Kennzeichen der Mineralien gerechnet werden, da viele von ihnen, und die Edelsteine fast sämmtlich, durch Reiben elektrisch werden, d. h. die Eigenschaft erhalten, leichte und bewegliche Körper anzuziehen und wieder abzustoßen.

Im Handel kommen die Edelsteine meistens bearbeitet und in der zu Schmuckgegenständen geeigneten Form vor. Die Bearbeitung der Edelsteine besteht in folgenden Operationen: 1) im Theilen oder Schneiden; 2) in Schleifen und Poliren; 3) im Schneiden erhabener oder vertiefter Figuren; 4) im Bohren; 5) im Bearbeiten auf der Drehbank; 6) im Brennen. Von diesen sind die beiden ersten die wichtigsten und allgemeinsten, während die folgenden nur in einzelnen Fällen und zum Theil nur bei Halbedelsteinen Anwendung finden. Das Theilen geschieht durch Spalten oder Zersägen und arbeitet dem Schleifen vor; durch dieses erhalten die Steine gefällige Formen und ebene Seitenflächen (Facetten). Die verschiedenen Formen, welche die Edelsteine erhalten, unterscheidet man durch folgende Benennungen: Spitzstein, Brillant, Halbbrillant, Rosette, Tafelstein, Dickstein, Portraitstein, Bastardform, Kappgut, Treppenschnitt, gemischter Schnitt, muscheliger Schnitt und Schnitt mit doppelten Facetten. Von diesen Schnittformen ist bei vielen Edelsteinen der Brillant die günstigste, da sie das Farbenspiel und den Glanz oder das Feuer des Steins am meisten hervorhebt; er besteht im Wesentlichen aus zwei abgestumpften, an der Grundfläche verbundenen Pyramiden, deren Seitenflächen aus einer Menge von Facetten bestehen; die oberste Facette des Obertheils heißt die Tafel, die ihr parallel gegenüberliegende unterste des Untertheils die Kalette; beide sind von dreieckigen und rhombusförmigen Facetten umgeben; der Untertheil ist doppelt so hoch als der Obertheil. Nächst dem Brillant ist die Rosette am meisten beliebt, deren allgemeine Form die einer einfachen Pyramide mit 12—36 Facetten ist.

Mehre Halbedelsteine, die an sich nicht sehr gesucht sind, werden wegen ihrer Feinheit und Dauerhaftigkeit zu den feinsten und zierlichsten Sculpturarbeiten gebraucht, indem man auf ihnen erhabene oder vertiefte Figuren schneidet; so bearbeitete Steine heißen im Allgemeinen Gemmen. Die Alten haben uns treffliche Werke dieser Art hinterlassen, doch sind die neuern Künstler nicht hinter ihnen zurückgeblieben. Am bekanntesten sind die Cameen, Steine mit Schichten oder Streifen von verschiedener Farbe, auf denen Figuren erhaben geschnitten sind; hierzu benutzt man am häufigsten den Chalcedon, und vorzugsweise diejenige Art, wo weiße Streifen mit braunen oder grauen abwechseln, den sogenannten Chalcedononyx; außerdem aber auch einfarbige Steine, Jaspis u. s. w. Selten sind gravirte Figuren auf eigentlichen Edelsteinen, Smaragden oder Topasen u. s. w.

Auf der Drehbank lassen sich nur einige weichere Halbedelsteine bearbeiten und zu Gefäßen, Kugeln u. s. w. verwenden. Gebrannt, d. h. einer großen Hitze ausgesetzt werden manche Edelsteine deshalb, weil dadurch ihre Farbe eine vortheilhafte Veränderung erleidet und dunkle Flecken vertrieben werden. So sollen z. B. die orientalischen Karneole ihre schöne Farbe lediglich dem Brennen verdanken.

Nach beendigter Bearbeitung werden die Edelsteine gewöhnlich gefaßt, d. h. an ihrem breitesten Theile oder Rande, der sogenannten Rundiste, welche den Obertheil vom Untertheile trennt, an Schmuckgegenstände befestigt. Dies geschieht entweder in einem dazu bestimmten Kasten oder in einem Reifen von Metall, in der Regel von Gold. Die letztere Fassung wird à jour genannt und ist bei durchsichtigen Edelsteinen, welche völlig fehlerfrei sind, darum vorzuziehen, weil sie den Stein in seiner ganzen Schönheit erscheinen läßt. Die Fassung im Kasten ist dagegen darum vortheilhaft, weil man Glanz und Farbe der Steine erhöhen und ihre Fehler verstecken kann, indem man ihnen geeignete Unterlagen gibt, was man die Aufbringung nennt. Die gewöhnlichste Art der Aufbringung besteht in dem Unterlegen einer sogenannten Folie, d. h. eines dünnen Blättchens von Silber, Kupfer oder Zinn, die besonders bei Rosetten eine gute Wirkung hervorbringt. Die weiße Folie wird bisweilen mit Karmin, Saflor, Lackmus oder andern Farben gefärbt; auch werden durchsichtige Edelsteine selbst an ihrem Untertheile bisweilen mit diesen Farben angestrichen, was namentlich orientalische Juweliere gut verstehen. Bei größern Rosetten wird gewöhnlich ein kleinerer Edelstein derselben Art und Schnittform untergelegt. Die älteste Aufbringung, die noch bei Edelsteinen mit dunklern Flecken angewandt wird, ist das Fassen auf Moor, d. h. in einem Kasten, der mit einer schwarzen Farbe angestrichen ist, die aus gebranntem Elfenbein und Mastix präparirt wird. Nach dem Fassen werden die Edelsteine mit pulverigen Substanzen, die gewöhnlich aus Schwefel und Trippel oder aus gebrannten thierischen Knochen bestehen, gerieben und dadurch von allen Unreinigkeiten der Oberfläche befreit.

Der Preis der Edelsteine hängt natürlich von ihren Eigenschaften, sowol den natürlichen als den durch die Bearbeitung ihnen ertheilten ab, und wächst mit der Größe oder dem Gewichte in sehr schnellem Verhältnisse, zumal bei den eigentlichen Edelsteinen, welche meistens in kleinen Körnern gefunden werden, die sich nicht auf künstlichem Wege zusammenfügen oder zusammenschmelzen lassen.

Unter allen Edelsteinen steht der Diamant, der kostbarste und überhaupt einer der merkwürdigsten Körper, oben an; wegen seiner Härte und seines Glanzes war er von jeher sehr gesucht und der Geschmack ist in dieser Hinsicht völlig unverändert geblieben. Übrigens unterscheidet er sich von allen andern Edelsteinen sehr wesentlich dadurch, daß er nicht wie die andern ein kieselartiger Stein, sondern eigentlich nichts Anderes als vollkommen reiner Kohlenstoff und ein verbrennlicher Körper ist, was die Akademie zu Florenz im Jahre 1694 mittels des Brennspiegels entdeckte und schon vorher Newton aus der starken lichtbrechenden Kraft des Diamants vermuthet hatte. Der berühmte französische Chemiker Lavoisier fand, daß durch die Verbrennung des Diamants, bei welcher sich dieser mit Sauerstoff verbindet, Kohlensäure erhalten wird, woraus sich eben ergab, daß der Diamant Kohlenstoff sein müsse. Obgleich aber der Diamant mit der gemeinen Kohle, deren Hauptbestandtheil ebenfalls Kohlenstoff ausmacht, so nahe verwandt ist, so hat es doch nie gelingen wollen, künstliche Diamanten aus Kohle oder durch Verdichtung des gemeinen Kohlenstoffes zu bilden, wiewol es an Versuchen dazu, wie sich leicht denken läßt, nicht gefehlt hat. Indessen ist es wahrscheinlicher, daß die Kunst, Diamanten zu verfertigen, als daß die Kunst, Gold zu machen, künftig noch entdeckt werden wird. Alle andern Edelsteine bestehen aus Kieselerde, Thonerde, Beryllerde, Zirkonerde, Bittererde und Kalkerde. Von allen bekannten Körpern ist der Diamant der härteste, der von keiner Feile angegriffen wird, alle andern Edelsteine ritzt und nur mit seinem eigenen Staube geschliffen werden kann.

Am meisten geschätzt werden die vollkommen farblosen oder wasserhellen Diamanten; wenn sie eine gelbliche Färbung haben, wie es häufig vorkommt, verlieren sie sehr an Werth, der erst bei entschiedener und lebhafter Färbung wieder steigt; auf die farblosen folgen im Preise die rothen, gelben, grünen und blauen, aber die dunkel gefärbten werden wieder wenig geschätzt. Man unterscheidet Diamanten vom ersten, zweiten und

dritten Wasser; die erstern sind die wasserhellen und ganz fehlerfreien.

Bis an das Ende des 15. Jahrhunderts wandte man nur rohe Diamanten an; damals waren diejenigen am meisten gesucht, welche von Natur pyramidenförmig waren; man faßte sie so, daß diese Spitze nach oben zu gekehrt war. Dies ist um so auffallender, da schon die Ägypter, Griechen und Römer alle übrigen Edelsteine zu schneiden und zu schleifen verstanden. Erst im Jahre 1576 entdeckte Ludwig van Berquem aus Brügge in Flandern die Kunst, den Diamant zu schneiden und mit seinem eigenen Staube zu schleifen; erst dann wurde man die ganze Schönheit dieses Steins recht gewahr. Von den verschiedenen Schnittformen des Diamants sind jetzt nur noch zwei in Gebrauch, der Brillant und die Rosette. Der Brillant ist der theuerste Schnitt; die Rosette wird nur bei Steinen von geringer Dicke angewandt.

Der Preis des Diamants ist zu jeder Zeit sehr hoch gewesen. Der rohe Diamant, welcher entweder seiner Farbe oder seiner Flecken wegen nicht geschnitten werden kann, kostet 10 — 12 Thaler der Karat *); man macht daraus, indem man ihn verkleinert, Diamantenpulver, welches zum Schneiden, Poliren und Graviren der Diamanten und anderer Steine dient. Von ausgewählten Diamanten hingegen, welche sich zur Bearbeitung eignen, kostet der Karat 12—16 Thaler und darüber. Die geschnittenen Diamanten stehen nicht blos der darauf verwandten Arbeit wegen, sondern auch darum höher im Preise, weil durch das Schleifen an vielen Steinen Fehler zum Vorschein kommen, die früher nicht sichtbar waren. Zu den Fehlern der Edelsteine gehören namentlich Federn, d. h. Risse oder kleine Sprünge im Innern; Wolken, d. h. verschieden gefärbte wolkenähnliche Flecken im Innern; Sand und Staub, d. h. kleine Körnchen von weißer oder dunkler Farbe, die mehr oder weniger fein zertheilt sind. Den Preis eines geschliffenen Diamants, dessen Gewicht mehr als ein Karat beträgt, findet man ungefähr, wenn man das Gewicht des Steins in Karaten sucht, die Anzahl der Karate mit sich selbst und die herauskommende Zahl mit dem Preise eines Karats multiplicirt. Demnach gilt ein Diamant von fünf Karat 25 Mal so viel, als ein Diamant von einem Karat bei übrigens gleicher Güte, also, wenn man hierbei den Preis eines Karats nur zu 50 Thaler annimmt, 1250 Thaler. Von sehr kleinen, rosettenförmig geschnittenen Diamanten, deren 40 und mehr auf den Karat gehen, kostet der Karat 20—30 Thaler; ein Brillant von 1 Karat kostet 80—100 Thaler. Diamanten über 12 Karat kommen im Handel nur selten vor. Einen Diamant von 49 Karat hat der Pascha von Ägypten mit 760,000 Francs (260,000 Thaler) bezahlt.

Diamanten von vorzüglicher Größe und Schönheit heißen Nonpareils oder Paragons. Nur wenige sind bekannt, deren Gewicht über 100 Karat beträgt; der größte bekannte ist der des Rajah von Mattan auf der Insel Borneo, welcher über 300 Karat oder 4 Loth wiegt; **) der Werth desselben würde nach der oben angegebenen Berechnungsart, wenn sein Gewicht nur zu 300 Karat (nach einigen Angaben beträgt es aber 367 Karat) und ein Karat nur zu 50 Thaler angenommen würde, 4½ Millioen Thaler betragen. Der Großmogul besaß

*) Das bei Juwelen übliche Gewicht ist der Karat, welcher in 4 Gran getheilt wird; 160 Karat betragen 9 preußische Quentchen, also etwa 71 Karat ein preuß. Loth.
**) Ein noch weit größerer Diamant soll sich nach einigen Angaben im portugiesischen Schatze befinden. Vgl. Nr. 303.

einen Diamant von 279 Karat, der roh 900 Karat gewo=
gen hatte, nach Tavernier's Schätzung 11,723,000 Francs
oder 3 Mill. Thaler an Werth; der im ruſſiſchen Schatze
befindliche Diamant wiegt 193 Karat und iſt von der Größe
eines Taubeneis; der Kaiſer von Öſtreich beſitzt einen
gelblichen und roſettförmigen Diamant von 139 Karat,
der 700,000 Thaler geſchätzt wird. Für den ſchönſten
Diamant in Europa hält man den im franzöſiſchen
Schatze befindlichen, genannt Régent oder Pitt; er wog,
bevor er geſchnitten wurde, 410 Karat, jetzt wiegt er
136¾ Karat oder beinahe 2 Loth. Alle dieſe ſchönen
Diamanten kommen aus Oſtindien und zwar aus Gol=
konda. Auch Braſilien iſt reich an Diamanten, aber
der größte daſelbſt gefundene, den die Königin von Por=
tugal beſitzt, beträgt nicht über 120 Karat, ja nach ei=
nigen Angaben ſogar nur 95¾ Karat; er iſt nicht ge=
ſchnitten, ſondern in ſeiner natürlichen kryſtalliniſchen
Form geblieben. Nach andern Angaben befindet ſich
im Schatze zu Rio de Janeiro ein Diamant von 138½
Karat. Gegenwärtig iſt Braſilien faſt das einzige Land,
welches den europäiſchen Markt mit Diamanten ver=
ſieht; jährlich kommen 25—30,000 Karat, d. i. 11—
13 Pfund, ungeſchliffener Diamanten nach Europa, die
aber durch das Schleifen auf 8—900 Karat reducirt
werden. Vor Kurzem hat man auch Diamanten in
Rußland am Uralgebirge gefunden.

Die geſchätzteſten Edelſteine nach dem Diamant
ſind der orientaliſche Rubin, der orientaliſche Smaragd,
der Saphir und der orientaliſche Topas, welche von
den Mineralogen unter dem gemeinſchaftlichen Namen
rhomboedriſcher Corund zuſammengefaßt werden und
zum Thongeſchlechte gehören; auch dieſe Steine haben
eine ſehr bedeutende Härte, lebhaften Glanz und ſehr
reine Farben. Die Farbe des Rubins iſt ein ſchönes
dunkles Roth, die des orientaliſchen Smaragds ein
mehr oder minder dunkles Grün, die des orientaliſchen
Topas ein ſchönes Citronengelb; der Saphir kommt
blau, grün, gelb und roth vor, zuweilen ſogar grau
und ſchwarz, außerdem gibt es auch einen weißen Sa=
phir. Alle dieſe Steine müſſen eine gleichmäßige Fär=
bung haben, was man ſehr ſelten findet; ſobald ſie
mehre Farbennuancen darbieten, verlieren ſie ſehr an
Werth; auch müſſen ſie von erheblicher Größe ſein, da
ſie, wenn ſie ſehr klein ſind, mit Ausnahme des zu
Einfaſſungen dienenden Rubins, faſt gar nicht geſucht
werden. Der feuerfarbene oder cochenillrothe Rubin hat
unter allen Varietäten des Korunds beiweitem den höch=
ſten Werth, und ganz fehlerfreie Exemplare, die aber
ſelten ſind, werden bisweilen höher geſchätzt als Dia=
manten von gleichem Gewichte; von den Saphirarten
ſind nur die blauen geſucht. Der weiße Saphir wird
zuweilen als Stellvertreter des Diamants gebraucht,
hat aber beiweitem nicht das Feuer deſſelben. Die ge=
dachten Korundarten, denen noch der violette orientaliſche
Amethyſt, auch Violettrubin genannt, beigefügt werden
kann, welcher den gewöhnlichen Amethyſt an Glanz weit
übertrifft und außerordentlich ſelten iſt, kommen aus
Oſtindien, beſonders dem birmaniſchen Reiche. Auf=
fallend iſt es, daß ſie, namentlich der Saphir, faſt aus
bloßem Thone beſtehen und doch eine ſo bedeutende
Härte beſitzen. Im Handel werden nur diejenigen Va=
rietäten, die keine reine, ſondern eine mehr ſchmuzige,
ins Graue fallende grüne, blaue oder rothe Farbe ha=
ben, mit dem Namen Korund bezeichnet; ſie finden
ſich auch in Europa an mehren Orten.

(Der Beſchluß folgt in Nr. 333.)

Verfahren bei Bearbeitung der Edelſteine.

Verantwortlicher Herausgeber: Friedrich Brockhaus. — Druck und Verlag von F. A. Brockhaus in Leipzig.

Das Pfennig-Magazin

für

Verbreitung gemeinnütziger Kenntnisse.

333.]   Erscheint jeden Sonnabend.   [August 17, 1839.

Die Landung Cäsar's in England.

Es war im Jahre 55 v. Chr., als die ersten Römer nach Britannien kamen und den Grund zu ihrer Herrschaft über diese Insel legten, welche weder ihre vortheilhafte Lage noch die Tapferkeit ihrer Einwohner vor Knechtschaft bewahren konnte. Als Julius Cäsar Gallien unter die römische Botmäßigkeit gebracht hatte und der Ocean seinen Eroberungen Grenzen setzte, erfuhr er, daß jenseit des Meeres im Norden von Gallien ausgedehnte Inseln lägen, die keiner der berühmten Eroberer vor ihm besucht hatte; er faßte daher den Entschluß, sie zu erobern und dadurch seinen Kriegsruhm zu erhöhen. Als Vorwand diente ihm hierbei der Beistand, den einige britische Völker den Galliern gegen die Römer geleistet haben sollten. Britannien war den Römern damals so wenig bekannt, daß sie nicht genau wußten, ob es zum festen Lande gehöre oder eine Insel sei, und selbst in Gallien konnte Cäsar so wenig Zuverlässiges über die benachbarte Insel erfahren, daß er den Volusenus abschickte, um das Land so viel als möglich zu untersuchen. Als die Britannier von der beabsichtigten Expedition des Cäsar hörten, schickten sie, um sie abzuwenden, Gesandte zu ihm, welche ihre Unterwerfung anboten; bei ihrer Rückkehr sandte Cäsar mit ihnen den belgischen König Comius nach England,

welcher auch diejenigen Völkerschaften, die keine Gesandten geschickt, zur Unterwerfung auffodern und ankündigen sollte, daß er selbst bald nachfolgen würde. Hierauf schiffte er selbst sich im Portus Iccius (wahrscheinlich dem jetzigen Witsand, unweit Calais) ein und kam mit zwei Legionen, die sich in 80 Transportschiffen befanden, in einem Tage an der Küste von Kent an (nach der Berechnung Halley's am 26. August im Jahre 55 v. Chr.). Allein die Britannier waren nicht eben gesonnen, die Römer als Freunde zu empfangen; als die letztern von ihren Schiffen nach den weißen steilen Klippen über ihnen blickten, sahen sie dieselben mit bewaffneten Scharen besetzt. Cäsar sah wohl, daß dieser Ort zur Landung nicht geeignet wäre, blieb aber einige Stunden hier vor Anker liegen, um auf die Ankunft der übrigen Schiffe, welche die Reiterei enthielten, zu warten, und segelte dann, als diese noch immer nicht kamen, einige Meilen an der Küste hin, bis er an der Küste von Kent, zwischen Walmer Castle und Sandwich, einen passenden Landungsplatz gefunden hatte. Die Britannier waren seinen Bewegungen gefolgt und hatten ihre Reiterei und die ihnen eigenthümlichen Kriegswagen voraus gesandt, um sich der Landung der Römer überall zu widersetzen. Groß waren die Schwie-

rigkeiten, mit denen diese zu kämpfen hatten, und hartnäckig der Widerstand der Britannier, wie Cäsar selbst
bekennt; da die Küste für die römischen Schiffe zu
flach war, mußten die römischen Soldaten ins Wasser
springen und mitten im Wasser den Kampf beginnen;
aber die Kriegskunst und Tapferkeit der Römer trug
den Sieg davon, woran der Gebrauch von Wurfma-
schinen, die den Britanniern völlig unbekannt waren,
keinen geringen Antheil hatte. Cäsar hebt den Heldenmuth eines Fahnenträgers der zehnten Legion hervor,
der, als die römischen Soldaten zögerten, ins Wasser
zu springen, nach Anflehung der göttlichen Hülfe laut
ausrief: „Folgt mir, Soldaten, wenn ihr nicht den
Adler euern Feinden preisgeben wollt. Ich wenigstens
will gegen die Republik und den Feldherrn meine Pflicht
thun!" dann ins Wasser sprang und sich mit seinem Adler unter die feindlichen Scharen stürzte; sein
Beispiel fand allgemeine Nachahmung. Nachdem der
Kampf einige Zeit gedauert, zogen sich die Britannier
in Unordnung von der Küste zurück, aber die Römer
konnten sie, da ihre Reiterei ausgeblieben war, nicht
verfolgen und weiter im Lande vordringen.

Die geschlagenen Küstenbewohner sandten nun, um
Frieden zu schließen, Gesandte an Cäsar und boten ihm
Stellung von Geiseln und gänzliche Unterwerfung an.
Cäsar's Abgesandten, Comius, den sie aus Unwillen
über seinen Antrag gefangen gesetzt hatten, ließen sie
frei und baten Cäsar, die harte Behandlung desselben
mit der Roheit und Unwissenheit des gemeinen Volkes
zu entschuldigen. Cäsar hielt ihnen ihr inconsequentes
Benehmen vor, verzieh ihnen aber und legte ihnen die
Stellung einer Anzahl von Geiseln auf, welche für ihr
ferneres gutes Betragen haften sollten. Ein Theil der
Geiseln wurde ihm auch alsbald übersandt, mehre
Häuptlinge fanden sich im römischen Lager ein, um
dem Cäsar ihr Bündniß anzubieten, und dem Anscheine
nach standen Römer und Britannier miteinander im
besten Vernehmen.

An dem Tage, wo jener Friede abgeschlossen wurde,
vier Tage nach der Landung, hatten die 18 Transport-
schiffe, welche die römische Reiterei enthielten, erst aus
dem Hafen an der gallischen Küste auslaufen können.
Als sie sich aber der britischen Küste näherten und schon
im Angesichte des römischen Lagers waren, wurden sie
durch einen Sturm zerstreut und zur Rückkehr nach
Gallien genöthigt. In derselben Nacht erreichte, da
eben Vollmond war, die Flut ihre größte Höhe, worauf die Römer gar nicht vorbereitet waren, da sie bisher im mittelländischen Meere nur eine schwache Flut
hatten beobachten können. Das Wasser drang in die
theils vor Anker liegenden, theils ans Land gezogenen
Schiffe, beraubte sie ihrer Anker, der Takelage u. s. w.
und machte sie völlig unbrauchbar, wodurch die Römer,
denen es an den zur Ausbesserung der Schiffe nöthigen Gegenständen fehlte, in eine sehr üble Lage versetzt
wurden und deshalb in große Bestürzung geriethen.
Nach Sueton gehörte dieses Ereigniß zu den drei einzigen Unfällen, die Cäsar während seines neunjährigen
glorreichen Commandos in Gallien erlitt.

Die Britannier ermangelten nicht, aus dieser bedrängten Lage der Römer Vortheil zu ziehen. Die
Häuptlinge, die sich nach Abschließung des Friedens versammelt hatten, um die Clauseln desselben in Vollzug
zu setzen, und sich durch den Augenschein von der Geringfügigkeit der römischen Streitkräfte überzeugt hatten, hielten geheime Besprechungen und kamen zu dem
Entschlusse, einen neuen Aufstand gegen die Römer zu
veranlassen und diesen alle Zufuhr abzuschneiden, da sie

hofften, allen künftigen Invasionen vorzubeugen, wenn
die erste mit der Niederlage oder dem Abzuge der Römer geendigt hätte. Sie verließen allmälig das römische Lager und zogen ihre Mannschaft, die sie hatten
auseinander gehen lassen, wieder zusammen. Cäsar
konnte ihre Absichten errathen und traf seine Maßregeln, um nicht unvorbereitet zu sein. Er versorgte sich
mit Lebensmitteln und ließ die weniger beschädigten
Schiffe mit den Materialien der am meisten beschädigten ausbessern, wozu er die nöthigen Werkzeuge aus
Gallien kommen ließ; hierdurch gelang es, alle Schiffe,
außer 12, die zu sehr gelitten hatten, wieder in segel-
fertigen Stand zu setzen. Bald darauf überfielen die
in den Wäldern versteckten Britannier eine der beiden
die Expedition bildenden Legionen, als sie eben mit
Fouragieren beschäftigt war. Schon hatte sie bedeutende Verluste erlitten, als ihr Cäsar zu Hülfe eilte
und sich mit ihr in sein verschanztes Lager zurückzog,
ohne den Feinden ein förmliches Treffen zu liefern.
Die stürmische Witterung der folgenden Tage hinderte
sowol die Römer, ihr Lager zu verlassen, als die Britannier, einen neuen Angriff zu wagen; indessen hatten
letztere nach allen Richtungen Boten ausgeschickt, um
Verstärkungen zu erlangen, und dadurch eine ansehnliche Macht von Fußvolk und Reiterei zusammengebracht.
Mit dieser rückten sie gegen das römische Lager und
griffen die daselbst in Schlachtordnung aufgestellten Legionen an, welche durch 30 Reiter, die den belgischen Fürsten Comius begleitet hatten, verstärkt waren,
aber der Sieg blieb den Römern, und bald darauf erschienen bei Cäsar abermals britannische Abgeordnete,
welche neue Friedensunterhandlungen anknüpften. Cäsar
gab ihnen auf, doppelt so viele Geiseln zu stellen, als
in dem frühern Vertrage festgesetzt worden war, und
befahl, dieselben nach Gallien nachzusenden, denn länger in Britannien zu verweilen, schien ihm, in Betracht der schlechten Beschaffenheit seiner Schiffe und
der Nähe der Äquinoctialstürme, nicht gerathen; nach
einem Aufenthalte von nur drei Wochen schiffte er sich
in Eile wieder nach Gallien ein, wo er mit beiden Legionen glücklich anlangte. Nachmals sandten nur zwei
britannische Städte die versprochenen Geiseln, was
ihm Anlaß zu einem zweiten Einfalle in Britannien
gab, den er im folgenden Jahre mit weit größern
Streitkräften und, wenigstens nach seiner eigenen Angabe, mit 800 Schiffen unternahm. Er blieb diesmal
weit länger, drang weiter (bis an die Themse) vor und
trug in allen Gefechten den Sieg davon, verließ aber
endlich doch nach einem Aufenthalte von etwas über
vier Monaten mit seiner ganzen Macht das Land, ohne
irgendwo Besatzungen oder andere Zeichen seiner Macht
zurückzulassen, sodaß er nicht füglich als Eroberer Bri-
tanniens angesehen werden kann. Mit seiner Abreise
endete die römische Herrschaft in Britannien, und fast
100 Jahre lang dachten die Römer nicht daran, die
Briten als ihre Unterthanen anzusehen, bis unter dem
Kaiser Claudius vom Jahre 43 n. Chr. an die Insel der
römischen Botmäßigkeit unterworfen wurde, unter welcher sie bis etwa zum Jahre 427 blieb.

Die Morgue in Paris.

Seit etwa 30 Jahren gibt es in Paris ein Gebäude,
in welchem alle unbekannten Leichname ausgestellt werden; man nennt es die Morgue, ein Name, dessen
Ursprung nicht bekannt ist. Früher wurden die Leichname solcher Personen, die außerhalb ihrer Wohnungen

eines gewaltsamen Todes gestorben waren, in einem halb verfallenen Keller auf dem Platze, welcher das kleine Châtelet heißt, niedergelegt, wodurch aber die Umgegend dergestalt verpestet wurde, daß sich die Policei endlich zum Einschreiten bewogen fand. Die Morgue befindet sich in der Altstadt oder Cité, auf dem linken Ufer der Seine, zwischen dem Quai der Goldschmiede, dem Quai de la cité, der St.-Michaelsbrücke und der kleinen Brücke versteckt, also in der Mitte von Paris und ganz entlegen von der Stelle, wo die Ertrunkenen gewöhnlich aus dem Wasser gezogen werden, sodaß die auf den Brücken promenirenden Pariser nur zu oft das traurige Schauspiel von Todten haben, die in einem Kahne ausgestreckt liegen und an ihren Bestimmungsort geschafft werden. Die Morgue vertritt für die Bewohner der Cité die Stelle der Place royale (im Marais) und des Tuileriengartens (im Quartier St.-Honoré). Man kommt hierher, um die Ertrunkenen zu sehen, wie man andere Orte besucht, um neue Moden, blühende Orangeriebäume und fröhliche Menschen zu sehen, ja es ist wol möglich, daß manchen Hauseigenthümern die Lage ihrer Wohnungen in der Nähe der Morgue zum Vortheil gereicht, sowie bekanntlich vier Fenster auf dem Gréveplatze, wo die Hinrichtungen stattfinden, in guten Jahren im Verhältniß zehnmal mehr einbringen als ein ganzes Haus im Marais und in andern Stadttheilen. Der ganzen Nachbarschaft dient die Morgue als Mittelpunkt und Sammelplatz; man kommt dahin wie zur Zeitungslecture und kann hier allerdings Vieles lernen, was mit der Politik im Zusammenhange steht, denn man sieht hier ganz genau, welche Opfer ein königliches Fest, ein Act des Volksheroismus oder eine vom Moniteur gepriesene Verwaltung kostet.

Die Morgue ist ein nach allen Seiten zu offenes Gebäude von 24 Fuß Tiefe, wovon 8 Fuß für das Publicum, 4 Fuß für die Todten, 12 Fuß für das Erdgeschoß der lebenden Bewohner. Der für die Todten bestimmte Raum ist durch einen hölzernen Verschlag von dem Local des bei der Morgue angestellten Beamten oder Registrators getrennt und auf der andern Seite durch eine aus 18 großen Scheiben bestehende gläserne Wand begrenzt; rechts von dem Corridor befindet sich die Wohnung des Morgueurs oder des Wächters der Morgue. Als ich diesen bei meinem ersten Besuche der Morgue ersuchte, mir die Einrichtung des seiner Obhut anvertrauten Gebäudes zu zeigen, schlug er mir es ab, weil der Registrator, sein Vorgesetzter, nicht anwesend sei, und bestellte mich auf den folgenden Morgen wieder. Ich fand mich pünktlich um zehn Uhr Morgens bei ihm ein. „Gut, daß Sie kommen‟, rief er mir entgegen; „Sie haben es heute gut getroffen. Sie finden eine Frau, die sich mit ihrem Strumpfband erhängt hat, einen Mann, der schon vier Tage im Wasser gelegen, und ein Kind, ein allerliebstes kleines Mädchen, das diese Nacht in einem Postwagen erdrückt worden ist. Die Amme, die es in ihrer Schürze brachte, weinte, als wäre es das ihrige gewesen.‟ Auf meinen Wunsch, die nähern Umstände dieser traurigen Geschichte zu erfahren, erzählte er weiter: „Die Amme sagte mir, sie wäre bei der Normandie zurückgekommen; der Postwagen sei so voll gewesen, daß sie das Kind auf dem Schooße habe behalten müssen. Da sie zwei Tage lang nicht geschlafen hatte, schlief sie ein, als die Nacht kam; das Kind glitt ihr vom Schooße und am Morgen fand sie die kleine Leiche. Natürlich wagte sie nicht, zu der Mutter, die in Paris lebt, zurückzukehren, und brachte das Kind hierher, um es begraben zu lassen. Sie

konnte sich lange nicht von dem armen Kinde trennen, küßte ihm Hände und Füße, fragte mich immer, ob es auch wirklich todt sei, und konnte sich gar nicht beruhigen; dazu peinigte sie die Furcht vor der Zukunft und vor der Rache der Mutter des Kindes. Beim Weggehen küßte sie das Kind noch einmal auf die kalten Wangen, während ich es auskleidete, und bat mich um die Erlaubniß, die Haube und das Halstuch des Kindes mitzunehmen; ich konnte es ihr unmöglich abschlagen. Darauf bedeckte sie sich das Gesicht mit der Schürze und eilte fort.‟

Währenddem trat der Registrator, Hr. Perrin, ein; ich machte ihn mit dem Zwecke meiner Anwesenheit bekannt und er erbot sich sehr zuvorkommend, mir alle Einzelheiten seiner Verwaltung zu zeigen, nur bedauerte er, daß sie so wenig Abwechselung darböten. Während wir eine enge Treppe hinaufstiegen, strich ein Schwarm junger, munterer, hübscher und geputzter Mädchen an uns vorüber. „Das sind‟, sagte Hr. Perrin, „meine vier noch übrigen Töchter; im Ganzen habe ich acht Kinder gehabt. Franz, der Wächter, hat vier; er hat das Glück gehabt, sie Alle zu verheirathen.‟ Also hatten in diesem Hause des Schreckens nicht weniger als zwölf Kinder das Licht der Welt erblickt! Hr. Perrin führte mich durch das Zimmer des Wächters, das mit Blumen und Bildern verziert war, in sein eigenes Geschäftszimmer, wo ich das Register, in welchem alle hierher gebrachten Todten eingetragen werden, durchblätterte. Interessant war mir die Vergleichung zwischen der Zahl der Männer und der Frauen und zwischen den einzelnen Jahren. So waren im Jahre 1816 218 Männer und 66 Frauen, 1818 191 Männer und 55 Frauen, 1819 186 Männer und 40 Frauen, 1820 196 Männer und 50 Frauen, 1821 234 Männer und 35 Frauen, 1822 209 Männer und 48 Frauen hierher gebracht worden; ganz unverhältnißmäßig groß war aber die Zahl der Selbstmörder und Ermordeten im Jahre 1815: 333 männlichen, 99 weiblichen Geschlechts.

Wir stiegen in das Erdgeschoß herab und Franz öffnete uns das erste Zimmer, in dem sich die Kleider befanden. Nicht leicht kann eine andere Garderobe einen so traurigen Eindruck als diese machen. Hier hingen in friedlichem Verein Kleider von allen Formen und Größen: Oberröcke, Jacken von Arbeitern, Kittel von Fuhrleuten, Frauenkleider flatterten im Winde, der durch das offene Fenster strich. Mich befiel ein Schauder bei diesem Anblicke; Franz, der meinen Blicken gefolgt war, stieß einen tiefen Seufzer aus. Auf meine Frage, ob er sich auf seinem Posten unglücklich fühle, antwortete er, dies sei nicht der Fall; aber früher wären die Kleider der unerkannten Todten nach sechsmonatlicher Ausstellung ihm zugefallen und der Verkauf derselben hätte ihm eine ansehnliche Summe eingebracht; jetzt sei davon die Rede, ihm die Kleider zu nehmen. Es gereichte ihm zu keinem geringen Troste, von mir zu hören, daß dieses Gerücht mir noch nicht zu Ohren gekommen sei.

Das zweite Zimmer, welches an den Ausstellungssaal stößt, ist zur Section derjenigen Todten bestimmt, deren Todesart der Policei verdächtig vorkommt. Das Meublement desselben besteht in marmornen Secirtisch und einem Schrank, der einige Flaschen Chlorkalk enthält. Endlich dasjenige Local, in welchem die Todten ausgestellt werden, ist sehr eng; Niemand als ein Todtengräber kann hier den Platz für die Todten ausgemessen haben. Die letztern werden, beinahe völlig nackt, auf zwölf schwarze, schräg liegende Steine ausgestreckt, aber mit Ausnahme ungewöhnlicher Zeiten, wo eine Revolution oder mindestens ein Aufstand, eine Emeute die Morgue bevölkert, sind selten alle Plätze besetzt.

Dies ist im Wesentlichen Alles, was ich in dieser Anstalt sah und über dieselbe in Erfahrung bringen konnte; schon öffnete ich die Glasthüre, um mich zu entfernen und wieder die reinere Luft der Lebenden zu athmen, als ein andringender Volkshaufe mir den Ausgang versperrte; er folgte einer Trage, die einen leblosen Körper enthielt und eine lange Wasserspur auf dem Pflaster zurückließ. Man nahm die Decke ab, welche den Körper verbarg; es war ein weiblicher und man sah deutlich, daß er soeben erst zu leben aufgehört hatte. Als der Wächter das Gesicht erblickte, rief er aus: „Das ist ja die Amme aus der Normandie! Sie soll neben ihrem Ziehkinde begraben werden." Herr Perrin setzte seine Brille auf, öffnete sein Register und trug kaltblütig die Neuangekommene ein, mit dem gewöhnlichen Zusatze: Unbekannt.

Mariazell.

Die Wallfahrt nach Mariazell.

Mariazell ist ein kleines Städtchen in der östreichischen Provinz Steiermark, und zwar in dem zu Obersteiermark gehörigen brucker Kreise, hoch im Gebirge an dem Flusse Salza, unweit der nördlichen Grenze des gedachten Herzogthums, also zugleich der südlichen des Erzherzogthums Östreich gelegen. Es zählt etwa 900 Einwohner und enthält eine sehr wichtige Eisengießerei, die 500 Menschen beschäftigt, indessen ist es nicht durch diese, sondern als Wallfahrtsort bekannt geworden. Ein hier befindliches altes und angeblich wunderthätiges Bild der Jungfrau Maria hat nämlich seit der Auffindung desselben im 8. oder 9. Jahrhunderte bis jetzt jährlich Tausende von Pilgern hierher gezogen, die nicht nur aus allen Theilen von Unter- und Obersteiermark, sondern auch aus Kärnten, Mähren und Schlesien, Tirol, Böhmen, der Hauptstadt Wien und vielen andern zum Theil sehr entlegenen Gegenden der östreichischen Monarchie kommen, und zwar zu allen Zeiten des Jahres, ausgenommen dann, wenn der hohe Schnee die Gebirgswege ungangbar macht.

Die Wallfahrt von Wien aus findet im Juli oder August statt; eine Bekanntmachung, welche den Tag derselben festsetzt und die Pilger auffodert, vor dem Bilde der Maria für das Heil des Kaiserhauses zu beten, wird durch Anschlag an der großen Thüre der Stephanskirche zur allgemeinen Kenntniß gebracht. An dem darin bestimmten Tage versammeln sich die andächtigen Theilnehmer mit der ersten Morgendämmerung in der Stephanskirche und mit Sonnenaufgang tritt die Menge, aus Personen beiderlei Geschlechts und jedes Alters bestehend und durch Fahnen und Crucifire in einzelne Abtheilungen gesondert, unter dem Gesange von geistlichen Liedern und dem Schalle von Trompeten und Kesselpauken ihren beschwerlichen Zug nach den steilen Gebirgen von Steiermark an. Zuweilen zählt die Procession gegen 3000 Theilnehmer, die sämmtlich den untern Classen und größtentheils dem weiblichen Geschlechte angehören, meist barfuß gehen und lange, mit Blumen umwundene Stäbe tragen. Sobald der Zug den Gipfel des Berges erreicht hat und die alte Kirche ansichtig wird, in der sich das Marienbild befindet, fallen alle Pilger auf ihre Knie nieder und brechen in ein lautes Jubelgeschrei aus, worauf sie sich bekreuzen und unter Gesang langsam und ehrfurchtsvoll nach der Kirche ziehen, in deren Mitte eine kleine und finstere, durch eine Lampe nur schwach erleuchtete Kapelle steht, wo eine Menge Kostbarkeiten, von der Andacht vieler Generationen hierher gestiftet, ihren Schimmer zurückstrahlen. Den Zugang zum Altar wehrt ein massives silbernes Gitter, vor welchem die Pilger dichtgedrängt niederknien. Das ihnen kaum sichtbare Marienbild von Stein und ruht auf einem abgesonderten, im Hintergrunde der Kapelle stehenden Steinpfeiler.

Wiewol die Stadt Mariazell, die ihr Dasein dem Marienbilde verdankt, unter ihren 120 Häusern nicht weniger als 44 Wirthshäuser enthält, sodaß also jedes dritte Haus ein Wirthshaus ist, so sind dieselben doch nicht selten, namentlich während der Anwesenheit der gedachten großen Procession, außer Stande, die Menge der Pilger zu fassen. In warmen Sommernächten übernachten daher Hunderte, wol Tausende derselben im Freien, meist im Walde, und bringen den größten Theil der Nacht mit Gesang zu.

Der reformliebende Kaiser Joseph II. hatte die große Wallfahrt von Wien aus ganz aufgehoben, auch nicht nur den größten Theil der in Mariazell befindlichen Kostbarkeiten in Beschlag genommen, sondern sogar die silbernen Bilder seiner Mutter, der Kaiserin Maria Theresia, und seiner Brüder, welche durch jene als Weihgeschenke vor dem Altar aufgehängt worden waren, einschmelzen lassen. Der verstorbene Kaiser Franz I. stellte die Wallfahrt wieder her und begünstigte sie auf alle Weise.

Die Edelsteine.

(Beschluß aus Nr. 332.)

Der eigentliche Smaragd, zum Glycingeschlechte gehörig, ist von einer hellen grasgrünen Farbe, die von ihm selbst den Namen Smaragdgrün erhalten hat; durch längern Gebrauch wird die Farbe allmälig blasser. Die besten Smaragde kommen aus Peru und stehen sehr hoch im Preise; weniger schöne, meist von etwas schmuziger Farbe, kommen aus dem Salzburgischen (Pinzgau) und aus Ägypten. Eine Varietät des Smaragds ist der Beryll oder Aquamarin, der sich nur durch verschiedene Färbung von den eigentlichen Smaragden unterscheidet; er kommt von berggrüner Farbe in mancherlei Schattirungen, ferner von blauer und gelber Farbe vor; die dunkelhimmelblauen Arten sind am meisten gesucht. Die Berylle kommen meistens aus Sibirien, zum Theil auch aus Peru, finden sich aber auch an vielen andern Orten, z. B. in Deutschland und Frankreich.

Der Spinell oder dodekaedrische Korund ist von rother Farbe, in mancherlei Abstufungen, nach denen er im Handel verschiedene Namen erhält; der ponceaurothe heißt Rubinspinell oder nur Rubin, der rosenrothe Rubin=Balais, der hyacinthrothe oder gelblichrothe Rubicell, der bläuliche Almadin. Das Vaterland des Spinells ist Indien, besonders Ceylon. Eine Varietät dieses Steins ist der Ceylonit, der sich von dem eigentlichen Spinell nur durch dunklere Farbe unterscheidet und

von seinem Fundorte Ceylon den Namen hat, wiewol er auch in Italien und Nordamerika vorkommt.

Der Chrysoberyll oder prismatische Korund ist von spargelgrüner Farbe, die zuweilen ins Helle fällt oder ins Blaue spielt; wenn er von schöner gelbgrüner Farbe und recht durchsichtig ist, wird er wegen seines Glanzes, der mit dem des Diamants wetteifert, sehr geschätzt, namentlich in England und seinem Vaterlande Brasilien. Er kommt auch in Sibirien, auf der Insel Ceylon und in Nordamerika vor. Im Schatze zu Rio de Janeiro befindet sich das größte bekannte Exemplar, das 16 Pfund wiegen soll.

Der Topas, welcher häufiger als die meisten genannten Steine ist und zum Thongeschlechte gehört, kommt meist von gelber Farbe vor, die sich in mancherlei Abstufungen zuweilen ins Rosenrothe, Meergrüne und Bläuliche verläuft; auch weiße kommen vor. Öfters gibt man dem Topas durch künstliche Behandlung (Brennen) andere Farben, besonders Rosenroth, da diese Farbe am Topas am meisten geschätzt wird. Der rosenrothe Topas wird auch brasilischer Rubin genannt, der lichtblaue brasilischer Saphir. Vorzüglich häufig sind die Topase in Brasilien, doch finden sie sich auch an vielen Orten der alten Welt, namentlich in Sachsen (am Schneckenstein im Voigtlande, daher der Name Schneckentopas), Böhmen, England, Sibirien und Kleinasien.

Der Opal, eine Varietät des untheilbaren Quarzes, gehört zum Kieselgeschlechte und zerfällt in verschiedene Abarten. Der edle Opal, auch orientalischer Opal, Elementstein oder Firmamentstein genannt, ist meist wasserhell oder von gelber Farbe, erscheint aber bei auffallendem Lichte milchblau und irisirt, d. h. er spielt Regenbogenfarben; er wird, wenn er ziemlich groß, völlig rein und von lebhaftem Farbenspiele ist, sehr geschätzt, besonders im Morgenlande, und kommt in Europa vorzüglich in Ungarn, außerdem aber auch in Merico vor. Eine noch wenig bekannte Varietät ist der Feueropal, von hyacinthrother Farbe; andere heißen Flammenopal und Flimmeropal. Der gemeine Opal, dem jenes Farbenspiel des edeln fehlt, kommt im sächsischen Erzgebirge, in Schlesien, auf den Färöerinseln u. s. w. vor und wird nicht zu den Edelsteinen gerechnet. Eine Abart desselben, welche kleine Flecken von allen Farben, namentlich grüne, rothe und blaue, hat, heißt der Harlekinopal. Der Hydrophan oder veränderliche Opal, auch Weltauge genannt, ist weiß, gelblich oder röthlich und besitzt die Eigenschaft, durch Eintauchen in Wasser oder andere Flüssigkeiten, auch in zerlassenes Wachs oder Wallrath, einen größern Grad von Durchsichtigkeit und zuweilen das Farbenspiel des edeln Opals zu erlangen, doch hören diese Veränderungen mit dem Trockenwerden auf. Der Halbopal (Pechopal, Wachsopal) kommt weiß, gelb, grau, olivengrün, roth und braun mit verschiedenen Nuancen vor; zuweilen wechseln die Farben in bandartigen Streifen oder bilden eine baumartige Zeichnung. Opal, der versteinertes Holz enthält und daher holzartig aussieht, heißt Holzopal.

Der Granat kommt blut=, kirsch= und bräunlichroth, braun, schwarz, olivengrün und weiß vor. Nach den Hauptfarben unterscheidet man drei Arten des Granats: rother Granat oder orientalischer Granat, der sich vorzüglich in Pegu in Südostien findet; brauner Granat oder Eisengranat, der sehr schön in der Schweiz am St.=Gotthard vorkommt, und grüner Granat, auch grüner Eisenstein genannt; von diesen nennt man die erste Art edeln, die beiden andern gemeinen Granat. Unter den Abarten des edeln Granats steht der violette syrische Granat, der zuweilen Karfunkel genannt wird, am höchsten im Preise. Von weit geringerm Werthe als der edle Granat ist der blutrothe böhmische Granat oder Pyrop, der vorzüglich in Böhmen und Sachsen gefunden wird. Diejenigen Steine, welche unter den Namen Hyacinth, Hessonit oder Kaneelstein im Handel vorkommen und eine ponceaurothe, zimmtbraune oder pomeranzengelbe Farbe haben, sind oft ebenfalls Granaten und kommen aus Ceylon; wenn sie völlig fehlerfrei sind, sind sie sehr geschätzt; beim Durchsehen erscheinen sie roth oder gelb, je nachdem man sie ferner vom Auge oder nahe an demselben betrachtet.

Der Zirkon, auch Cerkonier, Sargon und Hyacinth genannt, der ein eigenthümliches Fossiliengeschlecht, das Zirkongeschlecht, bildet, ist von hyacinthrother oder gelblichbrauner, zuweilen auch von grauer oder grünlicher Farbe, selten wasserhell. Durch Glühen in einem mit Kalk gefüllten Tiegel verliert er seine Farbe und erhält das Ansehen eines gelblichen Diamants, dem er bisweilen untergeschoben wird. Er findet sich auf der Insel Ceylon und in Norwegen.

Vom Turmalin oder Schörl, der zum Thongeschlechte gehört und wasserhell oder von schwarzbrauner, rother, blauer, grüner, gelber Farbe vorkommt, können nur wenige Varietäten vortheilhaft gebraucht werden. Die schönste ist der rothe sibirische Turmalin, auch Rubelit oder Siberit genannt, der mit dem Rubin in der Farbe Ähnlichkeit hat, daher oft unter dem Namen Rubin verkauft wird, sehr gesucht ist und bei völliger Fehlerlosigkeit, die aber selten angetroffen wird, hoch im Preise steht; die grüne Art, welche auch unter dem Namen Peridot oder brasilianischer Smaragd verkauft wird, kommt in Brasilien häufig vor; die blaue Art wird bisweilen brasilischer Saphir oder Indikolith genannt. Der Turmalin ist in hohem Grade merkwürdig wegen seiner sonderbaren thermoelektrischen Eigenschaft, die darin besteht, daß er durch Erhitzung stark elektrisch wird und leichte Körper anzieht, weshalb er früher auch Aschenzieher genannt wurde; der braune Turmalin aus der Insel Ceylon zeigt diese Eigenschaft am stärksten.

Der Cordierit, auch Wassersaphir, Dichroit oder Jolith genannt, eine Art prismatischer Quarz, ist von veilchenblauer Farbe und erscheint beim Durchsehen, je nachdem man ihn in verschiedenen Richtungen betrachtet, blau oder gelblichbraun. Im Handel kommt dieser Stein, der bisweilen zu Ringen und Nadeln angewandt wird, selten vor.

Der Chrysolith oder Peridot hat eine gefällige pistaciengrüne Farbe, ist aber nur wenig geschätzt, weil er wenig Glanz besitzt und seine Politur leicht verliert. Dunkle Chrysolithe erhalten durch Ausglühen hellere Farben. Wo dieser Stein gefunden wird, ist nicht genau bekannt; wahrscheinlich im Orient.

Zu den Halbedelsteinen rechnet man insgemein hauptsächlich folgende Steine:

Der Türkis ist, ungeachtet seiner geringen Härte, wegen seiner angenehmen himmelblauen oder grünlichblauen Farbe ein sehr gesuchter Stein. Merkwürdig ist, daß er in vielen Fällen ein halbanimalisches Product ist, weshalb man mineralischen (echten oder orientalischen Türkis, Türkis vom alten Stein oder Felsen) und animalischen Türkis (Türkis vom neuen Stein oder Felsen, Zahntürkis) zu unterscheiden hat. Der letztere, welcher meistens von blaugrüner Farbe ist und besonders in Persien gefunden wird, besteht aus versteinerten thierischen Knochen oder Zähnen (vermuthlich von Fischen), die durch kohlensaures Kupferoryd und phosphorsaures Eisenoryd ihre Farbe erhalten haben. Türkise der letztern Art werden weniger geschätzt, weil sie keine so glänzende Politur annehmen als der mineralische Türkis, auch ihre Farbe am Lichte verblaßt.

Der Quarz enthält mehre Arten, die zu den Halbedelsteinen gerechnet werden; dahin gehört der Bergkrystall, der Amethyst, der Rauchtopas, der Rosenquarz und der Prasem. Der Bergkrystall oder edle Quarz ist farbenlos und wasserhell, hält aber nicht selten fremdartige Fossilien eingeschlossen, z. B. Asbest, Glimmer, zuweilen sogar Wassertropfen. Dieser Stein, welcher auch unter den Namen böhmischer Stein, böhmischer oder occidentaler Diamant vorkommt, ist einer der gewöhnlichsten Schmucksteine, der nach vorgängiger Zurichtung mehren eigentlichen Edelsteinen untergeschoben wird. Zu den farbigen Abarten des edeln Quarzes gehört vorzüglich der Amethyst, die einzige, welche einigen Werth hat; die Farbe dieses Steins, der als Schmuckstein sehr häufig gebraucht wird, ist meistens violett in mancherlei Abstufungen; große Exemplare von gleichförmiger Färbung werden sehr geschätzt. Amethysten von dunkler Farbe sind sehr selten und werden immer einzeln gefaßt; zu Schmuckgegenständen zieht man die minder theuern hellen Amethysten vor, die sehr gut zu dem Golde passen. Die schönsten Amethysten kommen aus Ostindien und Persien. Die übrigen Abarten des edeln Quarzes, von denen einige von gelber oder brauner Farbe (namentlich der Citrin und der Rauchkrystall oder sogenannte Rauchtopas) den Topas, der sie aber an Glanz übertrifft, andere den Chrysoberyll, Aquamarin, Hyacinth u. s. w. nachahmen, werden ebenfalls sehr häufig gebraucht, namentlich zu Diademen, Petschaften, Siegelringen u. s. w. Sie kommen meistens aus Brasilien. Von den Abarten des gemeinen Quarzes sind besonders zwei merkwürdig: der Rosenquarz, bisweilen böhmischer Rubin genannt, der von seiner von dem beigemengten Braunstein herrührenden rosenrothen, oft ins Graue und Milchweiße fallenden Farbe den Namen hat, und der Prasem, der von dem Strahlsteine, mit dem er innig vereinigt ist, eine lauchgrüne Farbe hat und auch unter dem Namen Smaragdmutter vorkommt. Jener wird besonders in Baiern und am Altaigebirge in Asien, dieser im sächsischen Erzgebirge gefunden.

Das Katzenauge, welches viele Mineralogen zu den Quarzarten rechnen und Schillerquarz nennen, hat eine graue, meist ins Gelbe und Grüne, zuweilen auch ins Braune und Rothe fallende Farbe und ist ein sehr seltener Stein, der von der Insel Ceylon und der Küste Malabar kommt und bei einiger Größe hoch im Preise steht. Eigenthümlich ist ihm die Eigenschaft des Opalisirens, ein besonderer Lichtschein oder Widerschein, den man besonders dann, wenn er convex geschliffen ist, an ihm bemerkt und von dem er seinen Namen hat.

Der Jaspis kommt von allen Farben vor, weiß, roth, grün, gelb, blau, braun und schwarz; öfters bilden die Farben Streifen oder ringförmige Zeichnungen, von denen der Stein besondere Namen erhält, Bandjaspis u. s. w. Eine besonders merkwürdige Abart ist der ägyptische Jaspis von brauner, rother und grauer Farbe, auch Kugeljaspis genannt.

Der Heliotrop ist von dunkellauchgrüner Farbe mit rothen und gelben Punkten und Flecken, und wird vorzüglich in Ägypten gefunden; unter den antiken geschnittenen Steinen kommt er häufig vor. Je mehr durchscheinend er ist und je mehr rothe, gleichmäßig vertheilte Punkte er hat, desto höher wird er geschätzt.

Der Chrysopras hat eine schöne apfelgrüne Farbe,

die jedoch oft unreine Stellen von andern Farben enthält und von der Wärme und dem Sonnenlichte gelblich wird, weshalb eine Schmuckwaare von diesem Steine ihr gefälliges Ansehen mit der Zeit verliert; doch kann man durch salpetersaures Nickeloryd die frühere Farbe wiederherstellen.

Der Chalcedon umfaßt außer dem eigentlichen oder gemeinen Chalcedon auch den Onyx und den Karneol. Der gemeine Chalcedon ist meistens milchblau, kommt aber auch weiß, grau, gelb, grün und blau vor, welche Farben oft in Streifen wechseln; nicht selten ist er mit baumförmigen oder andern Zeichnungen versehen, die manchmal durch Kunst mittels salpetersauren Silberoryds nachgeahmt werden. Viele Chalcedone phosphoresciren oder leuchten im Dunkeln, wenn sie aneinander gerieben werden. Der Onyx ist von rauchbrauner oder schwarzblauer Farbe und enthält oft abwechselnde Schichten von gemeinem blauen Chalcedon; bei den alten Römern wurde er sehr häufig zu Siegelsteinen gebraucht. Der Karneol ist von blutrother Farbe, die oft ins Gelbe, Braune und Weiße spielt; zuweilen wechseln die Farben in Streifen. Durch Brennen wird die Farbe noch dunkler, auch kann man durch eine Beize aus Bleiweiß und Eisen- oder Kupfervitriol und nachheriges Brennen verschiedene Zeichnungen auf demselben hervorbringen. Sehr schön ist der dunkelrothe antike Karneol, der mit auffallendem Lichte schwarzroth, bei durchgehendem blutroth erscheint und dasjenige Material ist, aus welchem die kostbarsten alten griechischen und etruischen geschnittenen Steine bestehen; wo dieser Stein gefunden wird, ist unbekannt. Die schönsten antiken Cameen hingegen bestehen aus dem sogenannten indischen Sardonyx, welcher ein hornbrauner Karneol mit Chalcedonschichten ist.

Der Achat ist eine Zusammensetzung mehrer der genannten Steinarten, des Quarzes, besonders des Amethysts, des Heliotrops, Jaspis, Chalcedons, Karneols u. s. w.; die Mannichfaltigkeit seiner Zusammensetzung, sowie seiner Farben und Zeichnungen ist außerordentlich groß, daher es auch eine Menge von Namen für die einzelnen Abarten gibt, die theils von ihrem Aussehen und ihren Eigenschaften, theils von ihren dieselben bedingenden Bestandtheilen hergenommen sind; z. B. Achatonyx, Jaspachat, Augenachat, Bandachat, Bildachat, Kreisachat, Punktachat, Landschaftsachat, Festungsachat, Ruinenachat, Regenbogenachat u. s. w. Der Achat kommt in Kugeln vor, die häufig hohl sind, und wird in Deutschland in sehr großer Menge und Mannichfaltigkeit gefunden.

Auch zwei Feldspatharten dienen als Schmucksteine: der Adular und der Labradorstein. Der Adular, auch Mondstein, Fischauge, Wolfsauge, Wasseropal, Girasol genannt, ist meist wasserhell, spielt aber ins Blaue, Grüne oder Graue und opalisirt; nur Stücke, die diese Eigenschaft in hohem Grade besitzen, dienen als Schmucksteine. Man findet diesen Stein auf der Adula am St.-Gotthard (daher sein Name), aber den eigentlichen Mondstein, der den Adular am St.-Gotthard an Schönheit weit übertrifft und bei vollkommener Beschaffenheit sehr hoch im Preise steht, auf der Insel Ceylon, wo er aber selten ist. Ähnlich ist der seltene Avanturinspath von brauner oder fleischrother Farbe, der mit goldglänzenden Glimmerblättchen durchsäet ist und mit blauem Scheine opalisirt; er findet sich am weißen Meere. Der Labradorstein ist von grauer Farbe, schillert aber blau, gelb, grün oder roth und ist als Schmuckstein gesucht, wenn diese Eigenschaft des Schillerns in hohem Grade vorhanden ist; gefunden wird

der Stein in der gleichnamigen englischen Provinz in Nordamerika, außerdem in Ingermanland. Auch vom gemeinen Feldspath werden grüne und opalisirende Stücke unter dem Namen Amazonenstein zu Schmuckgegenständen verwandt.

Der Cyanit oder Disthen ist von berliner- oder himmelblauer Farbe; schöne Stücke davon werden bisweilen als Saphire verkauft.

Der Lasurstein oder **Lapis Lazuli**, auch armenischer Stein genannt, hat seinen Namen aus dem Persischen von seiner herrlichen blauen Farbe, doch kommt er auch weiß, grau, grün und schwarz vor, welche Farben zuweilen abwechseln. Man braucht ihn zur Verfertigung des kostbaren Ultramarinblaus. In ausnehmender Schönheit und großer Menge findet man ihn am Baikalsee in Sibirien.

Noch werden viele andere Steine zu Schmuckgegenständen verarbeitet, aber gewöhnlich nicht zu den Edelsteinen gerechnet; dahin gehören Alabaster, Arinit, Bernstein, Bildstein, Bronzit, Eisenkies, Fasergyps, Faserkalk, Flußspath, Hornstein, Lava, Lepidolith, Malachit, Muschelmarmor, Natrolith, Nephrit, Obsidian, Schillerstein, Serpentinstein, Spargelstein, Speckstein und andere.

Maschine zum Formen von Ziegelsteinen.

Der Marquis von Tweeddale in England hat eine Maschine erfunden, welche in der Minute 24 Ziegelsteine, also in der Stunde 1440, in zehnstündiger Arbeitszeit täglich 14400 liefert. Die von der Maschine gefertigten brauchen, um zu trocknen, wegen der erlittenen Zusammendrückung noch nicht den dritten Theil der Zeit, welche die mit der Hand gefertigten brauchen. Als man einen von der Maschine und einen mit der Hand geformten sechs Stunden lang in Wasser legte, hatte jener nur 4 Unzen Wasser eingesogen, dieser aber 28 Unzen oder das Siebenfache. Der Maschinenziegel wiegt gebrannt 8 Pfund, der gleich große mit der Hand geformte Ziegel etwa 5 Pfund.

Assa Foetida.

Das unter dem Namen Assa foetida oder Teufelsdreck bekannte Gummiharz kommt aus der Wurzel einer in Persien wildwachsenden, aber noch wenig bekannten Pflanze, der Asand-Stabdolde (ferula assa foetida). Die Wurzel ist perennirend, sehr fest und schwer und erreicht die Dicke eines Mannsschenkels; sie ist mit einer schwärzlichen Rinde bedeckt, aber ihre innere Substanz ist weiß und fleischartig und enthält einen dicken, milchigen Saft von einem ausnehmend starken und unangenehmen, knoblauchartigen Geruche und scharfbitterlichem Geschmack. Der Stengel der Pflanze ist rund und glatt; er hat an der Basis etwa 6 — 7 Zoll im Umfange und erreicht die Höhe von 10 — 12 Fuß. Nach der verschiedenen Beschaffenheit des Bodens, in welchem die Pflanze wächst, soll sie sehr abändern, nicht nur in der Gestalt der Blätter, sondern auch in der eigenthümlichen widrigen Natur des Saftes, sodaß zuweilen die Wurzeln von den Ziegen begierig gefressen werden.

Beim Einsammeln des Gummiharzes wird in einigen Theilen Persiens folgendes Verfahren befolgt. In der Jahreszeit, wo die Blätter zu welken und zu fallen beginnen, werden die ältesten Pflanzen ausgesucht. Die Erde, welche die Wurzeln derselben bedeckt, wird theilweise entfernt, sodaß der obere Theil frei wird; dann werden die Blätter und der Stiel abgelöst und nebst andern Pflanzen dazu verwandt, um die entblößte Wurzel zu bedecken und gegen die Sonne zu schützen; auf diese Bedeckung wird ein Stein gelegt, damit der Wind sie nicht hinwegbläst. In diesem Zustande läßt man die Wurzel 40 Tage lang, worauf die Bedeckung weggenommen und der obere Theil der Wurzel quer abgeschnitten wird; sie wird sodann wieder 48 Stunden lang gegen die Sonne geschützt, ein Zeitraum, der für das Ausschwitzen des Saftes aus der verletzten Stelle der Wurzel hinreicht; dann wird der ausgeschwitzte Saft mit einem geeigneten Instrumente abgekratzt und der Sonne ausgesetzt, um zu erhärten; darauf macht man einen zweiten Querschnitt, aber nicht tiefer, als nöthig ist, um den Überrest des hartgewordenen Saftes zu entfernen und die Poren von neuem zu öffnen; dann wird die Wurzel wieder 48 Stunden lang bedeckt und der Saft zum zweiten Male auf dieselbe Weise gewonnen. Diese Operation wird bisweilen an einer Wurzel mehr als Mal wiederholt, aber nach jedem dritten Schnitte läßt man die Wurzel acht bis zehn Tage unberührt, damit sich eine hinlängliche Menge Saft sammeln kann. Um also allen in einer Wurzel enthaltenen Saft zu gewinnen, wird ein Zeitraum von fast sechs Wochen erfodert, worauf die Wurzel verlassen wird und schnell abstirbt. Das ganze Geschäft wird von den Bauern vorgenommen, welche in der Nähe der Berge wohnen, wo die Pflanze wächst; sie sammeln den Saft von vielen Wurzeln auf einmal und lassen ihn auf einem gemeinschaftlichen Platze erhärten, wo er durch die Sonne das Aussehen und denjenigen Grad von Consistenz erhält, , in welchem er im Handel vorkommt.

Von der Stärke des Geruchs dieses Harzes hängt seine Güte ab; der Geruch des frischen flüssigen Saftes ist ohne Vergleich widriger als der Geruch der trockenen, im Handel vorkommenden Assafötida, und ein Quentchen von jenem soll ebenso stark riechen als ein halber Centner von dieser. In der Zeit, wo das Harz gesammelt wird, ist der ganze District, wo es gefunden wird, von diesem Geruche durchdrungen. In der Regel wird ein einziges Schiff ausschließlich dazu gebraucht, um den größten Theil der Ernte zu den Häfen am persischen Meerbusen zu schaffen; werden kleinere Quantitäten von andern Schiffen transportirt, so werden die damit gefüllten Säcke an den obersten Theil des Mastes gebunden, weil sonst die andern Waaren von dem Geruche durchdrungen und verdorben werden.

Die Assa foetida ist ein sehr wichtiges und in vielen Krankheiten unersetzliches Arzneimittel, das namentlich gegen Krampf, Keichhusten und bei Kindern gegen Würmer angewandt wird, niemals aber nachtheilige Wirkungen hervorbringt; der Widerwille, mit dem sie anfänglich genommen wird, pflegt bald zu verschwinden. Den besten Beweis, daß Gewohnheit die Geschmacksnerven mit den ekelhaftesten Gegenständen aussöhnen kann, liefert eine gewisse Kaste der Hindus, welche die Assa foetida nicht nur bei Bereitung der Speisen braucht, sondern auch vor dem Essen den Mund damit reibt, um den Appetit zu reizen. Auch bei uns gilt indeß Assa foetida, in sehr geringer Menge angewandt, Feinschmeckern als ein treffliches Gewürz.

Einsammlung der Assa foetida in Persien.

Verantwortlicher Herausgeber: Friedrich Brockhaus. — Druck und Verlag von F. A. Brockhaus in Leipzig.

Das Pfennig-Magazin

für
Verbreitung gemeinnütziger Kenntnisse.

334.]   Erscheint jeden Sonnabend.   **[August 24, 1839.**

Marseille.

Der Hafen von Marseille.

Jeder der großen Flüsse Frankreichs, welche diesem Lande ganz angehören und dasselbe in vier Flußgebiete theilen, hat an seiner Mündung einen bedeutenden Hafen. Havre de Grace dient als Stapelplatz für Paris und die innerhalb des Flußgebiets der Seine liegenden 17 Departements; das von der Loire und ihren Nebenflüssen beherrschte ausgedehnte Land, das 26 Departements einnimmt, macht Nantes zu einem wichtigen Hafen; Bordeaux, nahe am Ausflusse der meerbusenartig erweiterten Gironde, versorgt mittels der Garonne viele der südlichen Departements mit ihrem Bedarf und ist zugleich der Hauptplatz für den Handel mit Wein und Branntwein, welche zu den bedeutendsten Ausfuhrartikeln Frankreichs gehören; Marseille ist für den Handel mit Spanien, Italien, der Levante, Ägypten, Tunis und Algier höchst vortheilhaft gelegen und verdankt diesem Umstande größere Vortheile als seiner Lage unweit der Mündung der Rhone, die es außer mehren Kanälen mit den binnenländischen Departements verbindet. Im Jahre 1837 wurden nach Ausweis der Douanenregister in den verschiedenen französischen Seehäfen 584,800 Tonnen Waaren zum Belaufe von 128 Mill. Thaler eingeführt, davon kommen auf Marseille 236,000, auf Havre 126,000, auf Bordeaux 48,000, auf Nantes 87,000, auf die sämmtlichen übrigen Häfen 87,800 Tonnen, sodaß die beiden erstgenannten Häfen über zwei Drittel aller in sämmtlichen Häfen verzollten Waaren empfingen.

Marseille, der bedeutendste französische Hafen am mittelländischen Meere und die dritte Stadt des Königreichs, ist eine der ältesten Städte in Frankreich und in Europa überhaupt; schon um 550 v. Chr. wurde sie von den vor Cyrus fliehenden Bewohnern der griechischen Colonie Phocäa in Kleinasien gegründet, gelangte bald durch ihren Seehandel zu hohem Wohlstande, sandte selbst Colonien nach den Küsten von Gallien, Spanien und Italien und bildete bis zur Eroberung Galliens durch die Römer unter Cäsar eine Handelsrepublik. Übrigens zeichnete sie sich im Alterthume vor den übrigen Städten des Landes zugleich durch seine Lebensart und Cultur der Wissenschaften aus, was die Folge ihres griechischen Ursprungs war und viele Römer veranlaßte, ihre Söhne behufs ihrer Ausbildung hierher zu schicken. Der geräumige und sichere, durch einen Steindamm auf beiden Seiten eingefaßte und gegen alle Winde geschützte Hafen, der seit 1815 zu einem Freihafen erklärt ist, befindet sich im Herzen der Stadt, in welche er eine Viertelstunde weit hineindringt; er kann 1200 Kauffahrteischiffe fassen, hat aber nur 16—22 Fuß Tiefe, was für Kriegsschiffe nicht hinreicht, eine beschwerliche Einfahrt. An beiden Seiten des Eingangs liegen einander gegenüber zwei starke Forts, St.=Jean und St.=Louis, das letztere auf hohem Felsen; außerdem läuft an beiden Seiten des Hafens eine Felsenkette ans Meer, die ebenfalls befestigt ist. Mehr als 7000 Schiffe laufen jährlich hier ein, aber die bedeutende Menge von Unrath, der durch die unmerkliche Flut des mittelländischen Meeres nicht hinweggeschafft wird, ist ein Übelstand, der oft sehr fühlbar wird. Das große Lazareth mit den musterhaften, auf den nahen Inseln Ratoneau und Pomegues angelegten Quarantaineanstalten für die aus der Levante kommenden Reisenden und Waaren gilt für die am besten eingerichtete Anstalt dieser Art, nimmt einen Raum von 2½ Millionen Quadratfuß ein und hat 1½ Stunden im Umfange. Der Handel hat seit der Einnahme von Algier durch die Franzosen noch sehr an Lebhaftigkeit zugenommen, da sich fast der ganze Handel mit diesem Theile von Nordafrika nach Marseille gewandt hat. Die wichtigsten Ausfuhrartikel sind Colonialwaaren, Wein, Liqueur, Syrup, getrocknete Früchte, Kapern, Olivenöl, Seife, Parfumerien, Krapp, wollene und seidene Zeuche, Shawls, Bänder, Handschuhe, Eisenwaaren u. s. w.; die hauptsächlichsten Einfuhrartikel Zucker, Kaffee, Baumwolle, Indigo, Pfeffer, Eisen, Färbeholz, Felle, Weizen aus dem schwarzen Meere, Sicilien, Italien und Afrika. Von den erstern besteht ein nicht unbedeutender Theil in Erzeugnissen des hiesigen blühenden Kunst= und Gewerbfleißes; unter den mannichfachen Fabriken sind die Seifen=, Korallen=, Stärke=, Puder=, Kattun=, Segeltuch=, Tabacks= und chemischen Fabriken, die Fabriken von tunesischen Mützen und türkischem Rothgarn, eine phelloplastische Fabrik, d. h. eine solche, wo Modelle von Gebäuden u. s. w. aus Kork gefertigt werden, die Färbereien, Gerbereien, Zuckerraffinerien und die Manufacturen von Flechtarbeiten und Stricken aus Espartograß hervorzuheben.

Die Einwohnerzahl betrug bei der letzten Zählung im Jahre 1837 146,239. Die den Hafen hufeisenförmig umgebende Stadt liegt in einer schönen, gegen Norden von Bergen eingeschlossenen Ebene und besteht aus zwei Haupttheilen, der Altstadt und der Neustadt, welche durch die fast eine Stunde lange, mit doppelten Alleen besetzte Straße le Cours (Corso) verbunden sind. Die Altstadt liegt im Norden, ist eng und häßlich gebaut, mit steilen und winkeligen Straßen; die Neustadt, das schöne Viertel genannt, im Süden und Osten ist kleiner und weniger volkreich als jene, aber regelmäßig gebaut, enthält breite, nach der Schnur gezogene, sehr reinlich gehaltene Straßen und massive, größtentheils schöne Gebäude. Zu den bedeutendsten und schönsten der letztern gehören das Rathhaus, die Börse, der

Dom, welcher auf den Ruinen eines Tempels der Diana erbaut und die älteste Kirche in Frankreich ist, auch einige uralte Säulen enthält, das neue Schauspielhaus, das alte und neue Zeughaus. Die hiesige griechische Kirche ist die einzige in Frankreich. Von den 37 öffentlichen Plätzen der Stadt sind der neue Platz, der mit einer Springbrunnen geziert ist, und der Michaelsplatz die schönsten. Von wissenschaftlichen und Kunstanstalten sind unter andern eine Akademie der Wissenschaften und Künste, ein Museum, eine Sternwarte, eine Bibliothek und ein botanischer Garten zu erwähnen. Die Umgegend der Stadt ist reich an schönen Punkten. An den die Stadt umgebenden Anhöhen liegen über 5000 weiße Landhäuser, die sogenannten Bastiden, unter Öl=, Mandel=, Granat= und Orangenbaumpflanzungen versteckt.

Das Elend der Irländer. *)

In immer steigendem Grade zieht Irland die Aufmerksamkeit von Europa auf sich, was nicht befremden kann, da der relative Zustand von England und Irland höchst auffallend und einzig in seiner Art ist. Unter derselben Regierung sind zwei Völker vereinigt, von denen eines das reichste, das andere dagegen vielleicht das elendeste auf der ganzen Erde ist; dort sieht man einen Glanz, der Bewunderung erregt, hier ein Elend, das sich kaum begreifen läßt; in beiden Ländern findet man übrigens dieselben Gesetze und dieselben Formen der Verwaltung. Diese Erscheinung enthält ein Räthsel, das der Verstand vergebens zu lösen sucht. Wo liegt die tiefe Unähnlichkeit, welche, unter dieser äußern Ähnlichkeit verborgen, die angeführte ungeheure Verschiedenheit in dem Schicksale der beiden Völker erklärlich macht? Noch Niemand hat diese Frage vollständig beantworten können; das Übel kennt man genau, aber lange nicht so genügend die Ursache desselben.

Aber auch Irland selbst bietet einen ewigen Contrast von Reichthum und Dürftigkeit dar, von dem es überaus schwer ist, sich eine richtige Vorstellung zu machen. Wenn man in der Nähe des Sees von Killarney unweit der Abtei von Mucruß verweilt, so bietet sich dem Auge ein doppeltes Schauspiel dar. Auf einer Seite erblickt man unbebaute Ebenen, unfruchtbare Moräste, eintönige Haiden, auf denen magere Genisten und verkümmerte Fichten dürftig fortkommen, ausgedehnte Flächen mit Haidekraut bewachsen, auf denen nur hier und da Felsen von mittlerer Höhe erscheinen, deren einförmiger, aller wilden Schönheit ermangelnder Anblick nur die Armuth der Natur bezeugt; man kann sich kein dürftigeres und öderes Land vorstellen. Auf der entgegengesetzten Seite kommt eine ganz verschiedene Scene zum Vorschein. Am Fuße einer Kette wellenförmiger Berge, die durch eine Reihe reizender Seen getrennt sind, dehnen sich reiche und fruchtbare Felder, lachende grüne Wiesen und üppige Wälder aus; hier findet man kühlen Schatten, einsame Grotten, geheimnißvolle Zufluchtsörter; dort offene Räume, kühn emporsteigende Berggipfel, einen unbegrenzten Horizont, neben dem rieselnden Bache ein wallendes Kornfeld, überall Überfluß, Reichthum, Schönheit und eine zu gleicher Zeit anmuthige und fruchtbare Natur. So bie-

*) Nach einem Werke des ausgezeichneten französischen Schriftstellers Gustav de Beaumont, betitelt: „Das gesellschaftliche, politische und religiöse Irland.“

ten sich dem Auge auf derselben Stelle zwei ganz entgegengesetzte Schauspiele dar, hier der größte Reichthum und dort das äußerste Elend; dies ist das Bild Irlands.

Man sieht in Irland nur prachtvolle Schlösser oder elende Hütten, kein Gebäude, das zwischen dem Palaste der Großen und der Strohhütte des Armen die Mitte hält; es gibt nur Reiche und Arme. Für den irländischen Katholiken, den Mann der untern Volksclasse, gibt es nur ein Gewerbe, das ihm offen steht, den Landbau, und wenn er nicht das nöthige Capital hat, um ein Grundstück zu pachten, so bearbeitet er den Boden als Tagelöhner. In England treiben zwei Drittel der Bevölkerung Handel oder Gewerbe, nur ein Drittel beschäftigt sich mit dem Landbau, während in Irland noch nicht ein Viertel zum Handelsstande gehört und über zwei Drittel einzig mit dem Landbau beschäftigt sind. Hieraus kann man schon schließen, daß die unglaubliche Mannichfaltigkeit der Stände und Classen, welche in England die gesellschaftliche Stufenleiter ins Unendliche zerspaltet, in Irland nicht vorhanden sein kann, wo die Aristokratie von dem gemeinen Manne nur durch eine schmale Grenzlinie geschieden wird, auf welcher kein Zwischendasein Platz hat. Der Protestant, welcher in Irland das Vorrecht des Rangs, der politischen Macht und des Reichthums hat, hat auch das Monopol der Erziehung. Bis in die neueste Zeit gab es nur für die Protestanten Volksschulen; noch jetzt werden den Katholiken in den höhern Lehranstalten nicht dieselben Vortheile zu Theil als den Protestanten. Während daher Alles darauf berechnet ist, die geistigen Fähigkeiten der Reichen zu entwickeln, ist der Arme sich selbst überlassen. Man begreift ohne Mühe, wie diese beiden entgegengesetzten, auf einer unverrückbaren Grundlage ruhenden Classen sich entwickeln und ausbreiten mußten, die eine in der Sphäre ihrer Macht, die andere in dem Kreise ihres Elends und ihrer Knechtschaft.

Die Einkünfte der Reichen belaufen sich in Irland bisweilen auf Summen, deren ungeheure Größe uns fast unglaublich erscheint. Der Reiche hat sich auf diesem Lande des Elends ein glänzendes Dasein geschaffen; er hat herrliche Schlösser, unermeßliche Besitzungen, Berge, Wiesen, Wälder, Seen. Während Millionen unglücklicher Wesen täglich fragen, womit sie ihr dringendstes Bedürfniß stillen werden, sinnt der Reiche darüber nach, durch welche Kunst er wol eine Leidenschaft in seiner erstarrten Seele, ein Gelüste in seinem halberstorbenen Körper wecken kann. Soll er seine ihrer selbst überdrüssige Person von einem Orte auf einen andern verpflanzen? Die schönsten Straßen bieten sich ihm dazu dar, welche mit denen Englands wetteifern können, auf ihnen tragen Luxus und Reichthum behaglich ihren Prunk und ihr Wohlleben mitten durch die Noth und das Elend des Landes. Um den glücklichen Theil von Irland zu sehen, muß man seinen Standpunkt mit Sorgfalt aussuchen, hier und da einen engen, vereinzelten Raum wählen und seine Augen allen umgebenden Gegenständen verschließen. Das arme Irland hingegen drängt sich auf allen Seiten der Betrachtung auf. Die nackte, hungrige Armuth, welche herumstreift, nichts thut und bettelt, bedeckt das ganze Land; sie zeigt sich überall, unter allen Gestalten und zu allen Zeiten des Tages; sie sieht man zuerst, wenn man an der irländischen Küste landet, und von diesem Augenblicke an hat man sie unaufhörlich vor Augen, bald in der Gestalt des Kranken, welcher seine Beulen zur Schau trägt, bald in der des Bettlers, der in seine Lumpen gehüllt ist. Diese Armuth folgt euch überall

und belagert euch unablässig; ihr hört sie von fern seufzen und weinen; wenn ihre Stimme euch kein tiefes Mitleid einflößt, so fällt sie euch zur Last und flößt euch Furcht ein. Dieses Elend scheint an dem Boden zu haften; ähnlich jenen epidemischen Krankheiten, welche die Luft verpesten, vergiftet es Alles, was sich ihm nähert, und trifft selbst den Reichen, der sich mitten in seinen Freuden von der Noth des Armen nicht trennen kann und vergebliche Anstrengungen macht, um diese Plage, welche er selbst geschaffen hat, abzuschütteln.

Nicht weniger düstere Eindrücke gewährt der materielle Anblick des Landes. Während das Schloß des Edelmanns nach sieben Jahrhunderten reicher und glänzender erscheint als bei seiner Entstehung, sieht man überall elende Wohnungen zusammenstürzen, um sich nie wieder zu erheben. Wenn man Irland durchstreift, so erstaunt man über die Menge von Ruinen, die man dort antrifft. Ich meine damit nicht jene malerischen Ruinen, welche die Zeit hervorbringt und deren Alter das Land ziert; diese Ruinen gehören noch zum reichen Irland, welches sie sorgfältig bewahrt als stolze Erinnerungen und Denkmäler des Alterthums; ich meine jene frühzeitigen Ruinen, welche die Noth hervorbringt, jene armseligen Wohnungen, welche ihr unglücklicher Besitzer verläßt, und welche nur wenig Aufmerksamkeit und Interesse erregen.

Gleichwol ist es zweifelhaft, welches von beiden einen traurigern Anblick gewährt: eine verlassene Wohnung oder diejenige, welche der arme Irländer noch inne hat. Man denke sich vier Mauern von getrocknetem Schlamme, den der Regen ohne Mühe in seinen ursprünglichen Zustand zurückversetzt; als Dach ein wenig Stroh oder Gras; als Kamin ein Loch im Dache, wiewol oft nur die Thüre dem Rauche einen Ausgang verstattet; von Meubeln ist nichts weiter zu sehen, als ein einziges, gewöhnlich aus Stroh und Gras gebildetes Lager, das zum Gebrauch der ganzen Familie, oft aus drei Generationen bestehend, dient. Am Herde kauern fünf bis sechs halbnackte Kinder um ein dürftiges Feuer, in dessen Asche einige Kartoffeln, die als die Mahlzeit der ganzen Familie zu dienen bestimmt sind, liegen; in der Mitte liegt ein schmuziges Schwein, der einzige Bewohner dieses Orts, der sich wohl befindet, weil es im Unrath zu leben gewohnt ist. Indessen ist die Anwesenheit eines Schweins in der Wohnung nicht etwa, wie es anfangs scheint, ein Zeichen der Armuth, sondern vielmehr ein Zeichen eines gewissen Wohlstandes; in den Hütten, wo kein Schwein zu finden ist, herrscht gerade die bitterste Armuth. Nicht weit von der Hütte befindet sich ein kleines Feld von einem oder einem halben Acker, mit Kartoffeln bepflanzt und mit Steinen eingeschlossen. Diese armselige Wohnung ist aber nicht einmal die Wohnung des eigentlichen Armen, sondern des irländischen Pachters oder Feldarbeiters.

Als Nahrung dient dem gemeinen Irländer die wohlfeilste, die es im Lande gibt, die Kartoffeln; der Unterschied zwischen den mehr oder weniger Dürftigen besteht nur in der größern oder geringern Quantität von Kartoffeln, die sie verzehren. Die am meisten Begünstigten halten davon täglich drei Mahlzeiten, andere weniger Glückliche nur zwei und die eigentlichen Armen nur eine, ja Manche müssen zuweilen einen Tag, wol gar zwei Tage hingehen lassen, ohne einen Bissen zu sich nehmen zu können. Wer eine Mahlzeit mehr hält, als er kann, und einmal weniger fastet als er soll, kann sicher sein, daß es ihm an der nöthigen Kleidung mangelt, ein Fall, der aller Entbehrungen ungeachtet oft genug eintritt. Trotz der Resignation, mit welcher der

*

arme Pachter oder Bauer den Hunger erduldet, um andere Bedürfnisse zu befriedigen, ist er gewöhnlich halb nackt oder in Lumpen gehüllt, die in der Familie fort= erben. In vielen armen Häusern gibt es nur eine vollständige Kleidung für zwei Personen, was den Prie= ster nöthigt, des Sonntags mehre Messen zu lesen. Wenn der Eine die erste Messe gehört hat, geht er nach Hause, legt seine Kleider ab und gibt sie dem Andern, der nun der zweiten Messe beiwohnt.

Ich habe den Indianer in seinen Wäldern und den Neger in seinen Ketten gesehen und beim Anblicke ihres mitleidswürdigen Zustandes geglaubt, daß ich den Gipfel des menschlichen Elends vor Augen hätte; damals kannte ich freilich das Loos des armen Irländers noch nicht. Gleich dem Indianer ist der Irländer arm und nackt; er lebt aber in der Mitte einer Gesellschaft, die nach Luxus strebt und den Reichthum ehrt. Gleich dem Indianer entbehrt er das materielle Wohlsein, wel= ches die Industrie und der Handel dem Menschen ver= schaffen, er sieht aber einen Theil seiner Mitmenschen im Genusse dieses Wohlseins, nach welchem er nicht streben kann. Mitten im größten Elende bewahrt der Indianer eine gewisse Unabhängigkeit, die ihre Würde und ihre Reize hat; wiewol arm, ist er doch frei in seinen Einöden, und das Gefühl dieser Freiheit versüßt ihm vieles Ungemach; der Irländer dagegen lebt in glei= cher Dürftigkeit, ohne dieselbe Freiheit zu haben; er ist Regeln und Beschränkungen aller Art unterworfen; er stirbt vor Hunger, hat aber seine Gesetze. Ohne Zwei= fel wird für Irland eine bessere Zukunft erscheinen, darum ist der Irländer im Grunde doch weniger be= klagenswerth als der Indianer und der schwarze Sklave; aber gegenwärtig hat er weder die Freiheit des Wilden noch das Brot der Knechtschaft.

Die irländische Armuth hat einen eigenthümlichen Charakter und bildet einen besondern Typus, von dem man nirgend ein Muster, nirgend eine Nachahmung erblickt. Bei allen Nationen findet man mehr oder weniger Arme, aber ein ganzes Volk von Armen ist nur in Irland zu sehen. Um das irländische Elend zu begreifen, muß man alle Begriffe aufgeben, welche in andern Ländern dazu dienen, Wohlstand und Ar= muth zu unterscheiden. Gewöhnlich nennt man nur Denjenigen arm, welcher keine Arbeit hat und bettelt; in Irland sind gerade Diejenigen, welche nicht betteln, die ärmsten, und es gibt keinen einzigen Landbewohner, der nicht des Bettelns bedürftig wäre, wenn er sich auch dessen enthält. Man kann daher den irländischen Armen unmöglich mit dem Armen irgend eines Landes vergleichen, ja man kann einmal den freien Bauer in Irland mit dem englischen Armen auf eine Linie stellen, denn der elendeste aller englischen Armen ist besser genährt und gekleidet als der wohlhabendste Bauer in Irland.

Der Chinarindenbaum.

Der wahre Chinarindenbaum (cinchona condaminea), welcher die beste braune Chinarinde liefert, wächst nur im südlichen Amerika unter dem vierten Breitengrade, auf den Bergabhängen der Provinz Lora in der Re= publik Ecuador; die übrigen Arten des Baumgeschlechts Cinchona, welche die gelbe, rothe und Königschinarinde liefern, sind noch nicht genau bekannt und wachsen von 20 Grad südl. bis **11 Grad nördl.** Breite, besonders auf den Gebirgen von Peru und Neugranada in 4—9000 Fuß Höhe. Die Chinarinde, auch peruani=

sche oder Fieberrinde genannt, ist bekanntlich ein sehr wirksames Mittel gegen Fieber und wird deshalb, sowie wegen ihrer stärkenden und zusammenziehenden Eigen= schaft in sehr vielen Krankheiten angewandt, zu welchen namentlich periodische Krankheiten, besonders Wechsel= fieber, Schleim= und Blutflüsse, der Brand und Schwä= chezustände, die in Folge von langwierigen und schwe= ren Krankheiten zurückgeblieben sind, gehören. Da sie aber schwer zu verdauen ist, leicht Verstopfung macht und die Blutgefäße sehr reizt, so ist sie nur mit Vor= sicht anzuwenden. Ihr Geschmack ist sehr bitter, etwas gewürzhaft und zusammenziehend. Ihre medicinische Wirksamkeit hängt hauptsächlich von zwei Stoffen ab, die zu den sogenannten Alkaloiden gehören, dem Chi= nin und dem Cinchonin, von denen jenes das wirk= samste zu sein scheint; außerdem enthält sie einen ei= genthümlichen Färbestoff, das Chinaroth, und eine ei= genthümliche Säure, die Chinasäure, sowie viel Gummi, welche Substanzen ohne Zweifel ebenfalls von Einfluß sind. Am wirksamsten ist die China als Pulver, wozu man, um die Verdauung zu befördern, etwas Pome= ranzenschalen oder Zimmtrinde setzt. Häufig hat man sie als Zusatz zu Pommaden, welche den Haarwuchs be= fördern sollen, genommen, doch ist ihr Nutzen in dieser Hinsicht noch sehr zweifelhaft.

Über die Geschichte der Chinarinde ist zu bemer= ken, daß sie um 1639 in Spanien eingeführt worden zu sein scheint, nachdem im vorhergehenden Jahre die Gemahlin des Vicekönigs von Peru, Grafen del Cinchon, von dem der Baum seinen Namen erhalten hat, dadurch von einem hartnäckigen Wechselfieber befreit worden war, weshalb man das Chinapulver auch Gräfinnenpulver (pulvis comitissae) nannte. Nach Rom wurde die China 1643 durch einen Cardinal und mehre Jesuiten gebracht, weshalb man sie dort Cardinal- oder Jesuitenpulver nannte. In England wurde sie 1671 von einem gewissen Talbot eingeführt, dem sie Ludwig XIV. als Geheimmittel abgekauft haben soll. Damals war die Chinarinde noch so ungemein selten, daß das Pfund 100 Louisdor kostete. Schwerlich haben die Eingeborenen von dem Nutzen dieser Rinde, die sie Quinaquina oder Quinquina nennen, etwas gewußt; gewiß ist, daß sie gegenwärtig von derselben keinen Gebrauch machen, wiewol Wechselfieber in jenem Lande so häufig sind. Um die Rinde zu gewinnen, werden die Bäume in der trockenen Jahreszeit (April bis October) gefällt, worauf die Rinde in Streifen abgezogen, in der Sonne getrocknet und zur Versendung in wollenes Zeuch gepackt wird.

Von der echten China sind mehre falsche Sorten zu unterscheiden, welche von verschiedenen Bäumen kommen, namentlich von der Gattung Exostemma oder Fadenchina (caraibische, vielblütige u. s. w.) und einer Art Strychnos oder Brechnuß, welche den Namen Chinabrechnuß führt. Alle diese Surrogate sind jedoch völlig ungeeignet, die so unschätzbare echte Chinarinde zu ersetzen.

Die Aufbewahrung der Todten bei den alten Ägyptern. *)

Die Ägypter haben die Achtung für die Todten weiter getrieben als irgend ein anderes uns bekanntes Volk; ihnen war es nicht genug, die Todten mit angemessenen Ehrenbezeigungen und Feierlichkeiten zur Erde zu bestatten, sondern sie trachteten auch darnach, die vergänglichen Körper der Verwesung zu entziehen und wo möglich unvergänglich zu machen. Daß ihnen dies auf das vollständigste gelungen ist, daß die einbalsamirten Leichname oder Mumien der alten Ägypter Jahrtausende lang der Vernichtung, die das Loos alles Irdischen ist, Trotz geboten haben und noch jetzt ziemlich dieselbe Gestalt zeigen, wie vor 3000 Jahren — denn so alt und wol noch älter sind viele von ihnen — ist allgemein bekannt. Zwar haben auch andere Völker — die Perser, Assyrer, Äthiopier, Peruaner, Mericaner u. s. w. — die Kunst des Einbalsamirens verstanden, aber keines von ihnen hat es darin so weit gebracht als die Ägypter. Bei diesen hing aber der Gebrauch des Einbalsamirens mit ihren religiösen Meinungen, mit ihrem Glauben an die Seelenwanderung zusammen; sie glaubten nämlich, daß die Seelen der Verstorbenen nach dem Tode alle Gattungen von Thierkörpern durchwandern müßten, aber nach Verlauf von 3000 Jahren wieder in den von ihnen zuerst bewohnten menschlichen Körper zurückkehrten und dann in den Wohnungen der Seligen anlangten. Für uns hat jener Gebrauch den Nutzen, daß wir ihm eine genauere Kenntniß der Sitten der Ägypter verdanken, als wir außerdem besitzen würden, da uns die bildlichen Darstellungen in den Grabmälern und auf den Mumiensärgen, nebst den darin gefundenen Gegenständen mit dem bürgerlichen und häuslichen Leben, sowie namentlich mit den Religionsgebräuchen dieses merkwürdigen Volkes bekannt machen.

Die Leichname der ärmsten Ägypter wurden ebenso wol gegen die Vernichtung geschützt wie die der reichsten, wiewol die Art der Einbalsamirung sowol, als des Begräbnisses selbst natürlich nach Verhältniß der Vermögensumstände und des Standes der Verstorbenen mehr oder weniger kostbar war. Über die gesammte Behandlung der Leichname gibt Herodot folgende Nachricht: „Das Einbalsamiren wird von bestimmten Personen betrieben. *) Wenn diesen ein Todter gebracht wird, so zeigen sie den Überbringern hölzerne Modelle vor, von denen sie die eine Art für die köstlichste erklären, deren Namen zu nennen ich nicht für erlaubt halte (wahrscheinlich stellte dieses Modell den Gott Osiris vor); dann zeigen sie eine geringere und wohlfeilere Art und außerdem eine dritte, welche die wohlfeilste ist. Sie lassen sich nun sagen, nach welcher von diesen Arten der Todte zubereitet werden soll, kommen sodann über den Preis überein und gehen hierauf ans Werk. Die beste Art des Einbalsamirens geht folgendermaßen vor sich. Zuerst entfernen sie das Gehirn, indem sie es theils mit einem krummen Eisen durch die Nasenlöcher herausziehen, theils durch die Spezereien, welche sie in den Kopf leiten, verdrängen; dann machen sie in der Seite (und zwar, wie die vorhandenen Mumien zeigen, meistens in der linken Seite) mit einem scharfen äthiopischen Stein einen Einschnitt und nehmen die sämmtlichen Eingeweide heraus, reinigen sie, waschen sie mit Palmwein und mischen zerstoßene Spezereien darunter. (Wahrscheinlich wurden die Eingeweide einzeln in Leinwand, die mit Harz und Aromen getränkt war, eingewickelt und in besondern Kasten beigesetzt.) Sodann füllen sie den Bauch mit gestoßener reiner Myrrhe, Cassia und andern aromatischen Stoffen, Weihrauch ausgenommen, und nähen ihn wieder zu. Ist dies geschehen, so legen sie den Körper in Natron und verwahren ihn 70 Tage, denn länger darf das Verfahren nicht dauern. Nach Verlauf von 70 Tagen waschen sie den Todten und umwickeln den ganzen Körper mit Binden von Byssus, die mit einer Art Harz überstrichen sind, welche die Ägypter gewöhnlich statt des Leims brauchen. Dann nehmen ihn die Angehörigen in Empfang, lassen sich ein hölzernes Abbild eines Menschen machen, verschließen den Leichnam in dasselbe und bewahren ihn, aufrecht an die Wand gestellt, in einem Grabgemach. Die mittlere, weniger kostspielige Art der Einbalsamirung ist folgende: Man füllt Klystierspritzen mit dem Öle, das die Cedern geben (wahrscheinlich ist darunter Terpenthinöl zu verstehen), und spritzt dasselbe durch den After in den Bauch, ohne einen Einschnitt zu machen und die Eingeweide herauszunehmen; hierauf verstopft man die Öffnung, damit die Flüssigkeit nicht wieder herausfließen kann, und behandelt den Körper auf die oben angegebene Weise. Am letzten Tage läßt man das eingespritzte Öl wieder herausfließen; dasselbe hat so viel Kraft, daß es die Eingeweide aufgelöst mit sich wegführt; das Fleisch wird vom Natrum aufgelöst, sodaß vom Todten nur Haut und Knochen übrig bleiben. Die dritte Einbalsamirung dient für die Unbemittelten. Sie besteht darin, daß in den Körper Syrmia (eine unbekannte Flüssigkeit, nach der Vermuthung Einiger Aloesaft oder eine Auflösung der Aloe in Wasser) gespritzt und derselbe

---

*) Nach dem Freiherrn von Minutoli.

**) Nach Diodor hatten die Einbalsamirer (Taricheuten) priesterlichen Rang und gehörten zum Tempelpersonale.

dann 70 Tage in Natrum gelegt wird." *) Während demnach Herodot nur drei Einbalsamirungsarten der alten Ägypter aufzählt, hat man neuerlich noch zwei andere in Ägypten selbst beobachtet, indem man Leichname fand, die mit Salz, und solche, die mit bloßer Asche angefüllt waren, wodurch sie aber nur unvollkommen gegen die Verwesung geschützt wurden.

Nach dem Einbalsamiren wurden die Leichname in Binden gewickelt, die mehr oder weniger fein waren und bald aus Leinwand, bald aus Byssus (Baumwollenzeuch) bestanden. Die Menge des hierzu verwandten Stoffes, der bis zwei Ellen breit vorkommt, geht oft ins Außerordentliche, und bei den Mumien der Reichern ist er so fein, daß er den feinsten Musselin nicht nachsteht. Der Byssus selbst kommt von verschiedener Farbe vor, gelb, fleischfarben, braun u. s. w.; zuweilen findet man aber auch die Mumien in Zeuche gehüllt, die mit blauen oder andern farbigen Borden und Fransen verziert sind; zuweilen besteht die Umhüllung aus zweifarbigen, kreuzweise geflochtenen Stoffen, wie denn nach Belzoni sämmtliche Priestermumien mit abwechselnden weißen und röthlichen Streifen umwickelt sind; andere Mumien sind noch außerdem mit Netzen von farbigem Glasschmelz bedeckt. Die genauere Untersuchung hat ergeben, daß jede Hand, ja jeder Finger einzeln umwickelt wurde. Manche Mumien sind mit Streifen von Zeuch umwickelt, auf denen man Hieroglyphen und Schriftzüge angebracht sieht, während man auf andern kleine Papyrusstreifen **) mit Harz angeklebt oder kleine Papyrusrollen an Schnüren von Bast um den Hals befestigt, zwischen den Beinen, unter den Armen oder auf der Brust unter den sie umgebenden Hüllen versteckt, auch neben dem Leichname im Sarkophage oder auf demselben liegend findet. Das Haupthaar trifft man bei den Mumien bald abgeschnitten, bald geringelt, geflochten oder aufgesteckt, zuweilen findet man auch Mumien mit einer Art von Perücken; es ist indeß möglich, daß die Mumien mit Haaren einer spätern Zeit angehören, vielleicht alle der griechisch-ägyptischen Zeit, wie denn das Haupthaar der Mumien mit der Art des Kopfputzes, die wir auf griechischen Münzen und Bildsäulen finden, größtentheils übereinstimmt. Die Nägel der Hände und Füße findet man zuweilen orangegelb gefärbt, was wahrscheinlich schon während des Lebens geschehen war, wie noch jetzt die ägyptischen Frauen die Nägel mit Henné ***) gelb färben; zuweilen wurden aber nach dem Tode die Nägel an Händen und Füßen, die Lippen, das Gesicht und selbst der ganze Körper vergoldet. Das Gesicht wurde in der Regel noch mit einer Maske von einer feinern oder gröbern, unserer Pappe ähnlichen Masse bedeckt, die oft vergoldet ist; viele Mumien aus den Zeiten der Ptolemäer haben statt jener Masken einen Überzug von Zeuch, der portaitartig bemalt ist. Au-

*) Von diesen drei Einbalsamirungsarten soll die erste ein silbernes Talent oder 1400 Thaler, die zweite 20 Minen oder gegen 500 Thaler gekostet haben.

**) Papyrus heißt das Papier der alten Ägypter, das aus den gröbern Fibern der Papyruspflanze oder des Papiergrases verfertigt wurde und bis ins 5., bei Andern bis ins 9. Jahrhundert n. Chr. im Gebrauch gewesen ist. Jetzt ist diese Pflanze, aus deren Namen der Name des Papiers in fast allen neuern Sprachen entstanden ist, in Ägypten selten geworden.

***) Der Hennébaum ist ein Strauch, der eigentlich in Ostindien einheimisch ist und in Ägypten, vorzüglich in der Gegend von Kairo, gebaut wird; die Blätter enthalten einen eigenthümlichen, nach Umständen gelb oder roth erscheinenden Färbestoff.

ßerdem wurden die Mumien noch auf mannichfaltige Art verziert. Auf einigen derselben findet man Plättchen vom feinsten Golde, und zwar dreieckige auf der Stirn, kreisrunde auf der Zunge, ovalrunde auf den Augen, Ohren- und Nasenöffnungen angebracht, die wahrscheinlich eine symbolische Bedeutung hatten. Hals und Ohren findet man zuweilen mit Halsketten und Ohrgehängen von edeln Metallen, mitunter auch mit Glasschmelz, harten und edeln Steinen u. s. w. verziert. Am Halse sind zuweilen Skarabäen *) oder andere Amulets befestigt; Arme, Beine und Finger einiger Mumien sind mit Spangen und Ringen geschmückt, die entweder aus gravirten Skarabäen oder aus Steinen, welche in Holz, Bronze, selten aber in Eisen gefaßt sind, bestehen; die Skarabäen sollen vorzugsweise ein Attribut der Kriegerkaste gewesen sein. Bei den Priestermumien, auf deren Bereitung besondere Sorgfalt verwandt worden zu sein scheint, findet man an den Füßen bemalte Sandalen; bei dieser Kaste sind die Arme kreuzweise auf der Brust zusammengelegt, während sie bei den gewöhnlichen Mumien beider Geschlechter meistens dicht am Leibe liegen. Zuweilen findet man Mumien mit Kronen von Metall und mit Kränzen aus Lotusblumen oder aus Blüten des arabischen Gummibaumes, die sich lange erhalten, verziert, während andere Palmsträucher in der Hand gegen die Brust halten.

Die Art, wie die Mumien eingeschlossen und beigesetzt wurden, war ebenso verschieden, wie ihre Einbalsamirung und Umhüllung, und richtete sich nach der Kaste und den Vermögensumständen des Verstorbenen. Die Leichname der Ärmern und Geringern wurden oft ohne Hülle oder wenigstens nur dürftig eingewickelt vertical oder horizontal in weitläufigen Katakomben zu Hunderten oder Tausenden über- und nebeneinander geschichtet, die der Reichern hingegen wurden nicht nur in schöne Binden eingewickelt, sondern oft (wie schon Herodot angibt) mit einem pappenartigen, holzharten Überzuge bedeckt, welcher Gesichts- und Körperform, selbst durch Bart oder Busen das Geschlecht andeutete. Dieser Überzug ist zuweilen mit zierlichen, oft vergoldeten Reliefs und Arabesken versehen, in andern Fällen aber nur bemalt und überfirnißt, man findet daran darauf farbige Abbildungen, die auf das Todtengericht und die Lehre vom künftigen Leben, religiöse Ceremonien, Leichenfeierlichkeiten, vielleicht auch auf den Stand und das Leben des Todten Bezug haben, außerdem symbolische Figuren, Blumen u. s. w. Die meisten der noch vorhandenen Mumien befinden sich in einfachen Kisten von einfarbigem oder bemaltem Holze von Sykomorus- oder Maulbeerfeigenbaum, **) auf welchem mitunter hieroglyphische Figuren und andere Abbildungen angebracht sind. Zuweilen legte man die Mumien in zwei-, drei- und mehrfache hölzerne Kisten, die ineinander eingeschlossen wurden; auch findet man Mumien, die in Sarkophagen von Granit, Porphyr, Marmor, Alabaster, Kalk, Sandstein oder sehr dickem und stark gebranntem Thon von den verschiedensten Formen eingeschlossen sind. Alle diese Mumienkasten und Särge findet man horizontal und, wenn mehre beisammen sind, in einer Linie oder mehren Linien hin-

*) Der Käfer (scarabaeus) ist von den Ägyptern unendlich oft dargestellt worden; er diente ihnen als Symbol der Schöpfungskraft oder des Urfeuers Phtha.

**) Dieser Baum ist der größte, schattenreichste und schönste in Ägypten. Sein Holz ist sehr dauerhaft und widersteht dem Wurmfraß, wovon man daher an Mumiensärgen nur selten Spuren findet.

tereinander, meist einige Zoll tief in eine Art Kitt eingelassen; verticale sind nicht aufgefunden worden, wiewol nach Herodot's Angabe die Mumien, wenigstens die der Reichern, aufrecht an die Wand gestellt worden sein sollen. In manchen Gegenden, namentlich im Delta, findet man Mumien, die nicht in Kasten, sondern in zwei großen übereinander gestürzten, an den Rändern zusammengekitteten Vasen von rother gebrannter Erde eingeschlossen sind, eine der wohlfeilsten Arten, um die Mumien gegen die Einwirkungen der Witterung und des Wassers zu bewahren. Auf allen Mumiensärgen und außerdem unzählig oft findet man vier Gestalten abgebildet, mit einem Menschen-, Sperber-, Fuchs- und Hundskopfe. Diese vier Figuren stellen die vier sogenannten Todtenhorte oder Hüter der Todten dar: Osiris, Sonne, Mond und Anubis. Osiris war der Sohn der Sonne, der Herr der Unterwelt und König der Sonne; Helios, der Sonnengott, wird stets mit dem Sperber- oder Falkenhaupte abgebildet; Isis war die Göttin des Mondes und Gemahlin des Osiris; Anubis, der Sohn des Osiris und Hüter des Todtenreiches, wird immer mit dem Kopfe des wilden Hundes dargestellt. Auch das Zeichen des Osirisgrabes, eine Säule mit vier Querstäben, fehlt an keinem Mumiensarge.

Die Grabgewölbe oder Katakomben sind mit Malereien und Hieroglyphen vielfach verziert; die der Vornehmern zeichnen sich durch Kostbarkeit und sorgfältige Ausführung der Verzierungen aus, die der Geringern sind wegen der Abbildungen der Gewerbe und Verhältnisse des bürgerlichen Lebens fast noch interessanter und belehrender. Mehre Katakomben theilen sich labyrinthähnlich in zahllose Gänge; einige waren mit steinernen Thüren, andere mit Steinblöcken, noch andere mit Ziegeln von ungebranntem Thon verschlossen. Vor den Eingängen befinden sich oft in Felsen ausgehauene Vorzimmer. In den ersten Jahrhunderten unserer Zeitrechnung wurden viele Katakomben von den zahllosen Mönchen und Einsiedlern der Thebaide bewohnt, die viele Bildwerke vernichteten oder in christliche Heilige umformten; noch jetzt sind die Katakomben zum Theil bewohnt oder in Ställe verwandelt. Nur sehr wenige sind noch gut erhalten; in den meisten findet man schreckliche Spuren der Verwüstung, an welcher theils die Reisenden, welche meistens ohne alle Schonung loshauen und mitnehmen, was ihnen gefällt, theils die Araber, welche die Katakomben des Gewinns wegen zerstören und plündern, um das Gefundene an die Fremden zu verhandeln, Schuld sind. Mehre der schönsten Katakomben sind bereits völlig vernichtet. Nur aus neu eröffneten und unter gehörige Aufsicht gestellten kann man unbeschädigte Mumien erhalten; alle den Arabern in die Hände fallenden Mumien aber werden wenigstens ihres äußern Gewandes beraubt, um sich der darin etwa enthaltenen Kostbarkeiten zu bemächtigen, da die Araber nicht von der Meinung abzubringen sind, daß lediglich der Metallwerth der gefundenen Gegenstände, Spangen, Ringe u. s. w. die Europäer nach dem Besitz derselben lüstern macht; die zerbrochenen Mumienkasten verbrauchen sie zu ganzen Kameelladungen als Brennholz.

Theils in den Mumiensärgen, theils in den Katakomben oder Grabgewölben findet man eine Menge Gegenstände, die uns mit den Sitten und Gebräuchen der alten Ägypter bekannt machen: Gegenstände aus edeln und unedeln Metallen, Porphyr, Granit, Marmor, Alabaster und andern Steinarten, gebrannter Erde, Glas, gemaltem oder vergoldetem Holze u. s. w. Dahin gehören z. B. Priesterfiguren, Vasen, Opfergefäße, Schalen u. s. w. von allen möglichen Steinarten und Formen, Denksteine, auf welche religiöse Ceremonien oder Hieroglyphen gemalt, gravirt oder erhaben gearbeitet sind, musikalische und andere Instrumente. Ferner findet man zierlich geflochtene Körbe und andere Flechtwerke von Dattelblättern, Bast und Binsen, Toilettengegenstände, Büchsen, in denen sich das noch jetzt übliche schwarzfärbende Pulver für die Augenwimpern befindet, Gefäße mit Getreide, Eiern, Datteln, zahlreichen andern Vegetabilien, die als Lebensmittel dienten, Metallspiegel, Farbenkasten, Seife und zahllose andere Merkwürdigkeiten, wie man alle diese, wenn auch an sich noch so unbedeutenden Dinge als Überbleibsel einer längst vergangenen uralten Zeit gewiß nennen muß. Waffen hat man leider nur selten in den Katakomben gefunden; selbst Belzoni, der eine große Menge von Gräbern zuerst geöffnet hat, fand nichts dahin Einschlagendes als einen Bogen. Hieraus muß man also schließen, daß die alten Ägypter den Kriegern ihre Waffen nicht mit ins Grab gaben, wie bei vielen Völkerschaften des Heidenthums noch jetzt üblich ist.

Bekanntlich waren den Ägyptern gewisse Gattungen von Thieren heilig, von denen einzelne Exemplare als Repräsentanten ihrer Gattung theils im Innern der Tempel, theils in kostbaren Ställen, Höfen u. s. w. wohnten und auf das sorgfältigste gepflegt und geputzt wurden. Diese wurden nach dem Tode ebenso sorgfältig als die menschlichen Leichname einbalsamirt, eingehüllt und beigesetzt, wie schon Herodot erwähnt. Zuweilen findet man Thiermumien und menschliche Mumien beisammen, meistens aber die erstern in besondern für sie bestimmten Grabgewölben, nach den Gattungen gesondert. Von Säugthieren findet man folgende mumisirt: *Kühe, Schafe, Affen, Füchse, Steinböcke, Gazellen, Wölfe, Hunde, Katzen, Schakals, Ichneumons, Mäuse* u. s. w.; von Vögeln *Ibisse, Sperber, Eulen,* mehre andere Raubvögel, *Schwalben;* von Amphibien *Krokodile, Schlangen, Kröten;* ferner mehre *Fischarten* und von Insekten *Skarabäen* und sogar *Fliegen.* In einigen Katakomben findet man nur eine und dieselbe Art von Thieren, die gerade in der Gegend für heilig galt, da viele Thiere nur in gewissen Gegenden des Landes verehrt wurden; hiermit stimmt Herodot's Angabe überein, nach welcher die Katzen in der Stadt Bubastis begraben, die Spitzmäuse und Sperber dagegen nach der Stadt Butos, die Ibisse nach Hermopolis geschafft worden sein sollen. In den Grotten von Lykopolis (Siout) trifft man viele Schakals, bei Eleithya (Eleids) Krokodile, bei Hermopolis Magna (Aschmounin) Schnauzenaffen und viele Ibisse; bei Sakkarah Vögel von verschiedenen Geschlechtern, namentlich Ibisse zu vielen Hunderttausenden in besondern Katakomben; in einer großen Katakombe in Theben, die während Minutoli's Anwesenheit eröffnet wurde, fand man nur Katzenmumien, sehr sorgfältig in kreuzweise übereinander gelegte rothe und weiße Binden eingehüllt, wobei die Augen und Ohren durch farbiges Zeug angedeutet waren. Von den größern Säugthieren, z. B. Stieren, wurden meistens nur die Köpfe mumisirt und hinter denselben ein den Körper vorstellendes kleines Holzgestelle angebracht. Auch diese Thiermumien finden sich in besondern Kasten oder Sarkophagen, Vögel, besonders Ibisse, auch häufig in konisch gestalteten abgestumpften Töpfen.

Ein Orangenhain in Sardinien.

Aus der vor kurzem erschienenen Beschreibung der Reise eines Franzosen (Valery) nach den Inseln Corsica, Sardinien und Elba entnehmen wir folgende Stelle: „Am 1. Mai besuchte ich beim herrlichsten Wetter die Gärten oder vielmehr den Orangenhain von Milis, die Zierde Sardiniens, wo 500,000 Bäume gezählt werden, deren Nähe mir durch ein mit Wohlgerüchen geschwängertes Lüftchen verkündigt wurde. Dieser von schützenden Hügeln umgebene Hain, dessen dichte, schattige Laubgänge ich mehre Stunden lang durchwanderte, war von dem Gesange zahlloser Vögel und dem Gemurmel einer Menge kleiner Bäche belebt, die den Fuß jener immer durstenden Bäume benetzen. Auf dem Boden lag ein dichter Teppich von Orangenblüten, einem duftenden Schnee vergleichbar, über den ich hinglitt; bog ich die Zweige zurück, um mir durch das Dickicht Bahn zu machen, so flogen von allen Seiten Blüten empor und bedeckten mir das Gesicht. Diese köstlichen Blüten, die in den Orangerien unserer Schlösser zugezählt und verkauft werden, duften hier unbeachtete Wohlgerüche aus, fallen zu Boden und bilden einen dichten und weichen Teppich. Hohe aromatische Sträucher vermischten ihren angenehmen und starken Geruch mit dem feinern Duft der Orangenbäume. Der Reichthum von Früchten in dieser Gegend ist außerordentlich; oft sind Stützen von starkem Holze nöthig, damit die Zweige unter der Last von Orangen und Citronen nicht brechen, deren Zahl durchschnittlich 10 Millionen jährlich beträgt; man ist wie geblendet von allen jenen rothen und goldgelben Kugeln dieser üppigen Vegetation. Wie schrumpft dagegen die Orangerie von Versailles mit ihren Marmorbassins, ihren 103 Stufen und ihren Prachtgebäuden zusammen, wie kleinlich erscheint ihre königliche Pracht neben den natürlichen Reizen des einsamen Thales von Milis.' (Milis liegt unweit der Westküste von Sardinien, im südlichen Theile der Insel, fast genau unter 40 Grad Breite, nördlich von der Stadt Oristano.)

Heriot's Hospital in Edinburg.

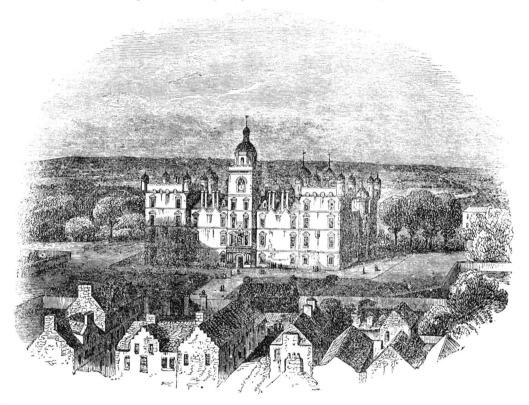

Es mag wenig Waisenhäuser geben, die es an Eleganz der Bauart und Schönheit der Lage mit Heriot's Hospital in Edinburg aufzunehmen vermögen. Dasselbe hat seinen Namen von seinem Gründer, dem reichen Goldschmied Georg Heriot, der im Jahre 1624 starb und in seinem Testamente 23,625 Pf. St. zur Errichtung dieser wohlthätigen Anstalt aussetzte. Das Gebäude wurde 1628 begonnen, aber erst 1650 beendigt. Es steht auf einem anmuthigen Hügel in der Nähe des Schlosses von Edinburg, ist im gemischten italienischen Style gebaut und besteht aus einem Viereck, das einen geräumigen Hof einschließt und wegen der Menge von Thürmchen, mit denen es geziert ist, einen gefälligen und höchst eigenthümlichen Anblick gewährt. Erziehung von Waisenknaben ist der einzige Zweck der Anstalt, die gegen 200 Zöglinge zählt.

Verantwortlicher Herausgeber: Friedrich Brockhaus. — Druck und Verlag von F. A. Brockhaus in Leipzig.

Das Pfennig-Magazin

für
Verbreitung gemeinnütziger Kenntnisse.

335.]   Erscheint jeden Sonnabend.   [August 31, **1839.**

Der Friedhof des Paters Lachaise in Paris.

Der Friedhof des Paters Lachaise in Paris.

Paris, jene Weltstadt, wo der Quell des Lebens rascher und fröhlicher als anderswo sprudelt, wo aber gleichwol das Leben von so Vielen als ein Gut ohne Werth leichtsinnig und kaltblütig weggeworfen wird, hat drei große Friedhöfe für Diejenigen, denen jener Quell für das irdische Dasein versiegt ist: im Süden auf dem Mont Parnasse, im Norden auf dem ehemaligen Marshügel, im Osten auf den Hügeln von Menil-Montant. Der letztere, beiweitem der größte und schönste, führt den Namen Friedhof des Paters Lachaise, so genannt von dem Beichtvater Ludwig's XIV., dem Jesuiten François d'Aix de Lachaise, geboren 1624, gestorben 1709, dessen weitläufiger Garten, zu ihm vom Könige am Ende des jetzigen Boulevards erbauten Landhause Mont-Louis gehörig, sich ehemals an der Stelle dieses Friedhofs befand. Man gelangt zu demselben durch die Barrière von Aulnay, die von dem Eingange des Friedhofs durch die Breite der Chaussée und der Alleen der Boulevards getrennt ist. Eine ganze Straße, welche zur Barrière führt, ist auf beiden Seiten mit den Magazinen der Metall- und Steinarbeiter, welche Grabmonumente fertigen, eingefaßt; Leichensteine, Gitter, Kreuze von allen Gattungen und Preisen sind hier in eleganter Anordnung aufgestellt und Reihen von Urnen in allen Größen schmücken die Wände. Nichts ist hier versäumt worden, um Käufer anzulocken; die Speculation erstreckt sich selbst auf die Firmen; hier finden wir ein Magazin zum Grabe Abälard's und Heloisens, dort eins zum Grabe des Generals Foy u. s. w. Durch einen grandiosen, halbmondförmig zurückspringenden Eingang, an welchem wir einen Anschlag in Betreff der beiden privilegirten Fremdenführer lesen, treten wir in den Friedhof.

Fast ohne Unterbrechung werden diesem kolossalen Todtenacker neue Bewohner jedes Standes und Alters zugeführt; sterben doch in Paris täglich im Durchschnitt über 70 Menschen, von denen die größere Hälfte hier ihre Ruhestätte findet; besonders am Morgen folgen die Leichenzüge in der Regel sehr schnell aufeinander. Wer von Sonnenaufgang bis Sonnenuntergang hier verweilt, kann an der Verschiedenheit der Leichenbegängnisse die Extreme und Contraste, die in Paris vereinigt sind, gründlicher als anderwärts kennen lernen. Unaufhörlich herrscht hier das regste Leben; Architekten, Zimmerleute, Schlosser, Maurer und andere Handwerker eilen geschäftig durch die Alleen, als wenn es eine neue Stadt zu bauen gäbe, und überall sieht man Gerüste und Materialien zum Baue von Denkmälern, mit denen von Jahr zu Jahr ein größerer Luxus getrieben wird. Statt einfacher Steine und Kreuze sieht man jetzt hohe Pyramiden und Kapellen, und die meisten an die Hügel gelehnten Denkmäler bestehen aus zwei Stockwerken, von denen das Erdgeschoß auf den untern Weg, das obere Stockwerk auf den obern führt. Im Jahre 1830 zählte man bereits 31,000 Denkmäler, deren Zahl sich seit 1804 in zunehmender Progression vermehrt hat. Die wohlhabendern Bewohner von Paris haben hier Erbbegräbnisse, die mit ihren Namen bezeichnet sind, wie in frühern Zeiten die Hotels der großen Familien. Bei einem Erbbegräbnisse, das auf ewige Zeiten verliehen wird, kostet der Quadratmètre (9½ Quadratfuß) 125 Francs, bei einem Begräbnisse, das auf Zeit (sechs Jahre) verliehen wird, 50 Francs. Es ist auffallend, daß der reiche Pariser, ungeachtet des Leichtsinns und der Lebenslust, welche die Bewohner dieser Stadt sonst im Allgemeinen cha-

rakterisiren, sich die künstlerische Ausschmückung seines Erbbegräbnisses, auch ohne daß es theure Angehörige enthält, selbst bevor er irgend einen der Seinen aufgenommen hat, sehr ernstlich angelegen sein läßt und sich viel damit beschäftigt, mehr vielleicht als die Reichen in Deutschland und andern Ländern, sodaß man auch hier bestätigt findet, daß die Extreme sich häufig berühren.

Der glänzendste Theil des Friedhofes ist der, wo die Großen aus der Zeit Napoleon's schlafen; man könnte ihn das Quartier der Marschälle nennen. Hier findet man auf demselben Hügel die Mausoleen der meisten Würdenträger des Kaiserreichs vereinigt, und die Pracht derselben bestätigt die Richtigkeit der Äußerung Napoleon's: „Ich habe meine Marschälle zu sehr bereichert." Zur Linken, am Rande des großen, emporsteigenden Allee, welche den östlichen Theil des Friedhofs umgibt, sieht man auf dem Boden und schon ziemlich verfallen die Grabmäler des Marschalls Kellermann, des Siegers und Herzogs von Valmy, und seiner Gemahlin, beide von schwarzem Marmor. Weiter hinaufsteigend bewundert man das Grab der Familie Davoust's, des Fürsten von Eckmühl, dann das der Familie Macdonald's, Herzogs von Tarent, und das Denkmal des unerschrockenen Herzogs Decrès, dessen Schicksal einzig in seiner Art war; er überlebte nämlich die Explosion seines Schiffs Wilhelm Tell, mit welchem er in die Luft geflogen war, und wurde das Opfer einer Explosion in seinem Bette, in welches ein Elender eine Art Höllenmaschine geleitet hatte. Weiterhin stand früher der Leichenstein des Marschalls Ney, zugleich mit mehr als 130 seiner Richter, die ihn zum Tode verdammt hatten, den letzten Schlaf schlief; seine Familie hat aber später für gut gefunden, den Überresten des Helden auf seinen eigenen Ländereien einen Ruheplatz anzuweisen. In gleicher Entfernung von dem Grabe des Seniors der Marschälle, des tapfern Serrurier, erheben sich die beiden majestätischen Pyramiden von weißem Marmor, welche die Reste seiner Waffengefährten Suchet und Masséna bedecken. Sie gehören zu den prachtvollsten Denkmälern des Friedhofs; die erste ist mit schönen Sculpturarbeiten geschmückt und nennt alle Schlachten, an denen Suchet Theil genommen; die zweite nennt ganz einfach nur die vier Städte Rivoli, Zürich, Genua und Eßlingen, zur Bezeichnung der glänzendsten Waffenthaten des kriegerischen Herzogs von Rivoli. Neben Masséna ruht Marschall Lefebvre, dessen Grab ein prächtiger Katafalk bedeckt; zwei geflügelte Siegesgöttinnen halten einen Lorberkranz über der Büste des Marschalls, eine Schlange, das Symbol der Unsterblichkeit, windet sich um sein Schwert; auf der Vorderseite erblickt man den Namen Lefebvre, auf der Hinterseite Trophäen und die Worte: Soldat, Marschall, Herzog von Danzig, Pair von Frankreich; Fleurus, Übergang über den Rhein, Altenkirchen, Danzig, Montmirail. Ein imposantes Grabmal in Form einer Kapelle enthält die Asche des zweiten Consuls der Republik, Cambacérès, ein prachtvoller, mit Basreliefs geschmückter und mit Säulen umgebener Sarkophag die Überreste seines Collegen, des dritten Consuls Lebrun; die Asche des ersten Consuls hat man bekanntlich weder hier noch in St.-Denis zu suchen. Die neueste Zeit hat den Friedhof mehr mit glänzenden Monumenten als mit berühmten Namen bevölkert. Von den Grabmälern der neuern Zeit ziehen die der drei großen Redner Foy, Manuel und Benjamin Constant noch immer die zahlreichsten Besucher herbei; auf einem großen Piedestale steht die Bildsäule Foy's, die Überreſte der beiden Andern decken einfache Steine. Dichte Gebüſche beſchatten das Grab des liebenswürdigen Dichters Delille; ihn umgeben Grétry, Méhul, Nicolo, Chenier, Talma, Bernardin de St.-Pierre, Mercier und eine Menge anderer trefflicher Schriftſteller und Künſtler, die gewiß nicht der Zufall allein im Tode hier vereinigt hat.

Mit dem glänzenden Theile des Friedhofs contraſtirt derjenige, welcher die Überreſte der Ärmern aufnimmt und die auf Zeit verliehenen Gräber enthält; hier iſt der Boden feucht, die Vegetation wilder und dichter; die Grabſteine ſind großentheils verfallen, die Urnen herabgeworfen, die Kreuze zerbrochen, die meiſten Grabſchriften decken Moos und Sand. Die Leichen der ärmſten Claſſe werden in einer Aushöhlung beigeſetzt, zu welcher man auf vielen Stufen herabſteigt; hier werden die Särge ohne Unterſchied des Alters und Geſchlechts nebeneinander geſtellt, kaum durch einen fußbreiten Abſtand voneinander getrennt. Dieſes gemeinſchaftliche Grab, das der Tod nur in einem langen Zeitraume füllen kann, iſt immer offen; nicht ohne geheimes Grauen kann man es betrachten.

Auf dem höchſten Hügel iſt vor einigen Jahren eine Grabkapelle erbaut worden, mit welcher ſich an Schönheit der Lage vielleicht keine andere Grabkapelle in der Welt vergleichen kann. Von hier aus hat man eine herrliche Ausſicht auf einen großen Theil von Paris und deſſen Umgebungen, die auch, abgeſehen von den vielen ſehenswerthen Denkmälern, den Friedhof des Paters Lachaiſe eines Beſuchs der Fremden in hohem Grade würdig macht. Zu keiner Zeit bietet er übrigens einen intereſſantern Anblick dar, als am Tage aller Seelen, wo die ganze Bevölkerung von Paris ſich hier verſammelt, um die Gräber ihrer Freunde und Angehörigen zu beſuchen, mit Blumen zu ſchmücken und mit Thränen zu benetzen. Über den ganzen weiten Raum ſind dann Schmerz und Rührung gelagert, die ſich im Verlaufe des ganzen Jahres für dieſen feierlichen Tag angeſammelt zu haben ſcheinen, und der entfernteſte Winkel des Friedhofs hallt wieder von Schluchzen und halblauten Äußerungen des Schmerzes.

Aus der Geſchichte des Kirchhofs iſt noch zu erwähnen, daß er bei der Einnahme von Paris durch die Verbündeten im Jahre 1814 ſehr bedeutend gelitten hat. Als ein zur Vertheidigung geeigneter Ort wurde er damals von den Zöglingen der polytechniſchen und der Veterinairſchule beſetzt und befeſtigt und von den Ruſſen erſtürmt, worauf Truppenabtheilungen der Alliirten hier bivouaquirten; doch ſind von den Verwüſtungen, denen der Friedhof damals ausgeſetzt war, keine Spuren mehr zurückgeblieben.

Die neuern Ägypter.*)

Wiewol ſich Ägypten in der neueſten Zeit unter der Herrſchaft ſeines jetzigen thätigen und aufgeklärten, freilich auch tyranniſchen Paſchas wieder zu einer im Vergleich zu den Nachbarländern hohen Civiliſationsſtufe emporgeſchwungen hat, ſo können ſich doch die heutigen Bewohner des Landes im Allgemeinen mit den alten in keiner Hinſicht meſſen und ſtehen ihnen auch an Zahl bedeutend nach. Während Ägypten zu den Zeiten der Pharaonen ſechs bis ſieben Millionen Einwohner

gezählt haben mag, kann man ihre Zahl gegenwärtig auf nicht ganz zwei Millionen anſchlagen, obgleich es ſehr ſchwer hält, ſie mit einigem Grade von Genauigkeit zu beſtimmen. Nur die Zahl der Häuſer gibt ein Anhalten, und darnach hat man die Zahl der Einwohner früher auf 2½ Mill. berechnet, was aber jetzt aller Wahrſcheinlichkeit nach viel zu viel iſt; etwa ein Sechſtel dieſer Zahl, alſo 400,000, waren zum Kriegsdienſte tauglich, und von dieſer Zahl hat der Paſcha von Ägypten wenigſtens 200,000 für ſeine Armee und Flotte verwandt, während der durch Entfernung ſo vieler Männer von ihren Weibern und Verhinderung der Heirathen entſtandene Verluſt auf 300,000 geſchätzt werden kann. Die Hauptbeſtandtheile der übrig bleibenden Bevölkerung von zwei Millionen ſind folgende: 1,750,000 mohammedaniſche Ägypter, 150,000 ägyptiſche Chriſten oder Kopten, 10,000 Türken, 5000 Syrer, 5000 Griechen, 5000 Juden, 2000 Armenier; die übrigen 70,000 ſind Araber, Nubier, Negerſklaven, weiße Sklaven und Franken.

Die Hauptſtadt des Landes, welche von den Europäern Kairo (von ihrem frühern Namen El Kahireh), von den Eingeborenen Muſr genannt wird, wurde gegen das Ende des 10. Jahrhunderts erbaut und liegt am Eingange des Thales von Unterägypten in der Mitte zwiſchen dem Nil und dem öſtlichen Gebirgszuge Mokattam. Schon ſeit Sultan Saladin's Zeiten iſt ſie mit einer Mauer umgeben, deren Thore bei Nacht geſchloſſen werden, und wird von einer großen Citadelle beherrſcht, die an einer Ecke der Stadt nach dem Gebirge zu ſteht. Die Straßen ſind ungepflaſtert und zum größten Theile ſo eng und unregelmäßig, daß ſie mehr den Namen Gäßchen verdienen, und da die obern Stockwerke der Häuſer in der Regel überhängen, ſo können ſich die Bewohner gegenüberſtehender Häuſer beinahe über die Straße die Hände reichen. Ein Fremder, der nur durch die Straßen ginge, würde Kairo für eine ſehr dicht zuſammengedrängte Stadt halten, daß dies aber nicht iſt, erkennt man, wenn man ſie von einem hohen Hauſe oder dem Minaret einer Moſchee überſieht. Die Hauptſtraßen haben auf jeder Seite eine Reihe von Kaufläden, über denen ſich Wohnzimmer befinden, die mit ihnen in keiner Verbindung ſtehen. Die Häuſer haben kleine hölzerne Gitterfenſter, die hoch genug ſind, um es einer Perſon, welche vorbeigeht oder wol auch vorbereitet, unmöglich zu machen, hindurchzuſehen, während die Bewohner, namentlich die Frauen, innerhalb der Häuſer durch die Fenſter Alles beobachten, was auf der Straße vorgeht. In der Bauart der Moſcheen, Brunnen und Privathäuſer iſt nichts Bemerkenswerthes; die Wohnhäuſer der höhern Stände ſind geräumig und enthalten einen Harem und ein Bad. Übrigens iſt die Baukunſt noch diejenige Kunſt, in welcher ſich die Ägypter am meiſten auszeichnen, wiewol ſie auch in den letzten Jahren ſehr in Verfall zu gerathen angefangen hat. Das Äußere der Stadt wird nicht wenig durch die hohen Schutthaufen entſtellt, die ſie rings umgeben; ſie ſind ſo hoch, daß die Franzoſen während ihres Feldzugs in Ägypten ſich ihrer bedienten, um Feſtungswerke zur Einſchüchterung der Einwohner anzulegen. Ihre gänzliche, von Mohammed Ali erſt begonnene Beſeitigung würde für Kairo eine ganz unſchätzbare Wohlthat ſein.

Die ſchönſten Denkmäler der arabiſchen Baukunſt in Kairo liegen völlig in Trümmern, und nur wenige der noch übrigen Moſcheen ziehen die Aufmerkſamkeit auf ſich. Von den 300 Minarets ſind allerdings viele leicht und elegant, aber faſt alle ſind außer dem Lothe. Die anſehnlichſten Gebäude ſowol hier als in andern

*) Nach dem verdienſtvollen Werke des Engländers Lane.

Straße in Kairo.

ägyptischen Städten datiren von der Ankunft der Fatemiten; das älteste soll die Moschee des Sultans el Hakem sein. Wenngleich die Architektur dieser Moschee weniger in die Augen fällt als die mehrer spätern, so ist sie doch darum höchst interessant, weil sie zeigt, daß der Spitzbogen damals bei den Arabern allgemein gebräuchlich war. Das interessanteste Bauwerk in Kairo ist die Moschee auf dem Felsen Kalat=el=Kebsch, die außerhalb der alten Stadtmauern, aber innerhalb der Mauer Saladin's liegt, ebenfalls Spitzbogen hat und im Jahre 879 nach Chr. Geb. erbaut ist. Gleich der Kaaba in Mekka und den ältesten Moscheen ist sie viereckig, mit einem großen offenen Hofe, der auf jeder Seite von einem Säulengange umgeben ist. Die Gräber der mamlukischen Könige befinden sich außerhalb der Mauern von Kairo und sind schöne Bauwerke, welche von Seiten der Regierung die zu ihrer Erhaltung nöthige Sorgfalt wol verdienten; gleichwol läßt man sie verfallen und in 50 Jahren wird von diesen glänzenden Denkmälern wahrscheinlich wenig übrig sein.

Kairo mag gegenwärtig an 250,000 Einwohner enthalten, worunter 190,000 mohammedanische Ägypter oder Araber, 10,000 Kopten, 3 — 4000 Juden, die übrigen sind Fremde aus verschiedenen Ländern. Wollte man die Bevölkerung nach dem Gedränge in den Hauptstraßen und auf den großen Plätzen abschätzen, so würde man sich sehr irren; auch aus der Ausdehnung der Stadt und der Vorstädte kann man keinen Schluß ziehen, da innerhalb der Mauern viele leere Plätze enthalten sind, von denen einige zur Zeit der Überschwemmung in Seen verwandelt werden; ferner nehmen die Gärten, mehre

Begräbnißplätze, die Höfe der Häuser und die Moscheen einen bedeutenden Raum ein.

In Kairo wird fast mit allen nur denkbaren Gegenständen Handel getrieben; nach dem Gebrauche aller orientalischen Städte enthält eine ganze Straße oder ein beträchtlicher Theil derselben nur Kaufläden für einen einzelnen Handelszweig. Von den Gewerben ist namentlich die Bereitung des marokkanischen Leders zu nennen, in welcher die Ägypter sehr geschickt sind. Ihr einst so hochgeschätztes Glas ist jetzt von sehr geringer Qualität, ebenso ihre Töpferarbeiten. Auch die leinenen und baumwollenen Stoffe, welche von den alten Ägyptern in so großer Vollkommenheit verfertigt wurden, sowie Wollen= und Seidenzeuche werden jetzt nur von sehr geringer Qualität geliefert. Eine Menge Gewerbe setzt der Dattelpalmbaum in Thätigkeit; aus den Zweigen macht man Stühle, Fässer, Kisten, Bettstellen, aus den Blättern Körbe, Matten, Fliegenwedel und viele andere nützliche Gegenstände, aus dem Baste die meisten der im Lande verwandten Stricke. Läden, wo Kaffee, Taback, Hanf, Opium und andere Reizmittel verkauft werden, sind in Kairo häufig; Wein ist zwar verboten, aber desto mehr gesucht.

Öffentliche Bäder gibt es in Kairo zwischen 60 und 70, einige nur für Männer, andere nur für Weiber und Kinder, andere für beide Geschlechter; die letztern werden des Vormittags von Männern, des Nachmittags von Weibern benutzt. Die Weiber kennen kein größeres Vergnügen, als den Besuch der Bäder; hier haben sie häufig ihre geselligen Unterhaltungen und sind in ihrer Fröhlichkeit oft ausnehmend ungezwungen und geräuschvoll. Sie benutzen diese Gelegenheit, um ihre Juwelen und schönsten Kleider sehen zu lassen. Dorfbewohner und Personen, welche wenig daran zu wenden haben, baden sich oft im Nil, wo man bei warmem Wetter nicht selten Mädchen und junge Weiber, in der Regel völlig unbekleidet, baden sieht.

Die Mohammedaner arabischer Abkunft haben schon seit vielen Jahrhunderten hauptsächlich die Bevölkerung von Ägypten gebildet; sie haben Sprache, Gesetze und Sitten des Landes geändert, und die Hauptstadt desselben ist der Hauptsitz arabischer Wissenschaft und Kunst geworden, denn in jeder Beziehung muß Kairo gegenwärtig als die bedeutendste arabische Stadt betrachtet werden; die Sitten und Gebräuche seiner Bewohner sind vorzüglich interessant, weil sie eine Verbindung derjenigen sind, die in den Städten Arabiens, Syriens, des ganzen Nordafrikas und eines großen Theils der Türkei herrschen. An keinem andern Orte in der Welt können wir eine so vollständige Kenntniß der gebildetern Classen der Araber erlangen.

Die mohammedanischen Ägypter stammen von verschiedenen arabischen Stämmen und Familien ab, die sich zu verschiedenen Zeiten in Ägypten angesiedelt haben; durch Heirathen mit den Kopten und andern Proselyten des Islams und den Übergang von einem herumziehenden Leben zu dem Stande von Bürgern oder Ackerbauern wurde ihre ursprüngliche Nationalität allmälig so verändert, daß zwischen ihnen und den eingeborenen Arabern ein sehr bestimmter Unterschied besteht. Sie müssen aber gleichwol ebenso gut für echte Araber gelten als die Städtebewohner von Arabien selbst, unter denen seit langer Zeit der Gebrauch herrscht, statt arabischer Weiber oder noch außer denselben abyssinische Sklavinnen zu halten, sodaß sie mit den Abyssiniern fast ebenso große Ähnlichkeit haben als mit den Beduinen oder Arabern der Wüste.

Im Allgemeinen erreichen die Ägypter eine Höhe von fünf bis sechs Fuß. Die meisten Kinder unter neun bis zehn Jahren werden durch magere Glieder und einen dicken Bauch entstellt, sowie sie aber älter werden, wird die Bildung ihrer Formen vortheilhafter, und im reifen Alter sind die meisten Ägypter ungemein wohl proportionirt, die Männer muskulös und kräftig, die Weiber sehr schön gebildet und wohlgenährt, aber keins von beiden Geschlechtern ist zu corpulent. In Kairo und den nördlichen Provinzen überhaupt haben alle Diejenigen, welche der Sonne nicht sehr ausgesetzt gewesen sind, eine gelbliche, aber sehr helle Gesichtsfarbe und feine Haut; die Übrigen haben eine weit dunkler gefärbte und gröbere. Die Bewohner von Mittelägypten sind von einer mehr schwarzgelben, die der südlichern Provinzen von dunkelbrauner oder Bronzefarbe, am dunkelsten in der Nähe Nubiens, wo das Klima am heißesten ist. Bei den Männern hat das Gesicht in der Regel eine schöne Ovalform; die Stirn ist von mäßiger Größe, selten hoch, aber vorragend; die tiefliegenden Augen sind schwarz und glänzend; die Nase ist gerade, aber ziemlich dick, der Mund wohlgebildet, die Lippen ungewöhnlich dick, die Zähne vorzüglich schön; der Bart ist gewöhnlich schwarz und kraus, aber dürftig. Die Fellahs — die Landbauer des Deltas, ein starkes und abgehärtetes Bauerngeschlecht, dessen Zahl unter der gegenwärtigen despotischen Herrschaft und in Folge der beständigen Truppenaushebungen schnell abnimmt — haben, weil sie immer ganz ausgesetzt sind, die auch den Beduinen charakteristische Gewohnheit angenommen, die Augen halb zu schließen. Viele Ägypter sind auf einem Auge oder beiden Augen blind, ein Fehler, der in der Regel nicht angeboren, sondern die Folge von Augenkrankheiten ist. In Unterägypten sind dieselben häufiger als in südlichern Gegenden; sie entstehen von geheimnter Ausdünstung, werden aber durch Staub und andere Ursachen verschlimmert, und da viele Ägypter die dagegen anzuwendenden einfachen Mittel nicht kennen oder sich aus Fatalismus mit Resignation in ihr Schicksal fügen, so verlieren sie die Sehkraft auf einem Auge oder beiden.

Die Tracht der Männer aus den niedern Ständen ist sehr einfach. Sie tragen, sofern sie nicht der ärmsten Classe angehören, ein Paar Beinkleider und ein langes und weites Hemde oder Gewand von blauem Leinen- oder Baumwollenzeuch, oder von braunem Wollenstoffe, das vom Hals bis zur Mitte des Leibes offen ist und weite Ärmel hat; darüber tragen Manche einen weißen oder rothen wollenen Gürtel. Ihr Turban besteht aus einem weißen, rothen oder gelben wollenen Shawl, der um eine weiße oder braune Filzmütze gewunden ist. Viele sind freilich so arm, daß die letztere ihre einzige Kopfbedeckung bildet; sie haben weder Turban, noch Beinkleider, noch Schuhe, sondern nur den blauen oder braunen Überwurf oder auch blos ein paar Lumpen; andere Wohlhabendere hingegen tragen unter dem blauen Hemde noch ein weißes, und Manche, namentlich Diener in großen Häusern, tragen ein weißes Hemd, darüber einen Kaftan und über Alles das blaue Gewand. Die weiten Ärmel desselben sind bisweilen durch Stricke oder Schnüre, die um die Schultern gehen, sich auf dem Rücken kreuzen und daselbst einen Knoten bilden, emporgezogen; Diener großer Herren haben Schnüre von carmoisinrother oder dunkelblauer Seide. Auch eine andere Art Mantel, der noch weiter ist, von schwarzem oder dunkelblauem Wollenzeuch, wird häufig getragen. Die Schuhe sind von rothem oder gelbem Marokkan- oder Schafleder.

Die Weiber sind vom 14. bis 18. oder 20. Jahre wahre Muster von Schönheit an Gesichts- und Körperbildung, aber bald nachdem sie ihre vollkommene Ausbildung erlangt haben, verblühen sie schnell, doch behält wenigstens das Gesicht noch länger seine vollen Reize, aber in einem Alter von 40 Jahren sind viele entschieden häßlich, die in frühern Jahren für reizende Wesen gelten mußten. Das Gesicht ist, wie bei den Männern, oval, aber zuweilen ziemlich breit; die Augen sind mit wenigen Ausnahmen schwarz, groß und länglich, mit langen Augenwimpern und von überaus sanftem, bezauberndem Ausdrucke; es ist fast unmöglich, sich schönere Augen zu denken. Die Verhüllung der übrigen Gesichtstheile macht sie noch reizender, sowie der bei den Frauen der höhern und mittlern Classen ganz allgemeine, aber auch bei denen der untern Classen häufige Gebrauch, den Rand der Augenlider sowol über als unter dem Auge mit einem schwarzen Pulver zu färben. Ihre schöngebildeten Hände und Füße werden durch die Färbung mit Henné entstellt. Viele Frauen der untern Classen, fast alle in den Dörfern, tätowiren Füße, Arme, Stirn und Kinn. Des Schleiers bedienen sich die Frauen fast allgemein und bedecken damit das ganze Gesicht von der Nasenwurzel abwärts, sodaß nur die Augen frei bleiben; indessen halten es die Frauen, wie es scheint, für dringender, den obern und hintern Theil des Kopfes zu bedecken, als das Gesicht, und dieses zu verbergen wieder für nothwendiger, als die meisten andern Theile des Körpers. Auf der Straße reiten die vornehmern Frauen gewöhnlich auf Eseln, wiewol auch viele zu Fuß gehen. Nicht selten sieht man eine äußerst geputzte Dame, die im Vorübergehen die ganze Straße mit Moschusdüften erfüllt, und neben ihr ihr Kind mit einem beschmuzten Gesichte und Kleidern, die seit Monaten nicht gewaschen worden zu sein scheinen.

Das Leben der auf den Harem beschränkten Frauen ist übrigens lange nicht so beklagenswerth, als die Europäerinnen es sich in der Regel vorstellen; jene fühlen nichts von der Beschränktheit ihrer Lage und führen auch keineswegs ein so träges und einsames Leben, als man meint. In Abwesenheit des Mannes gewährt es ihnen hinreichende Unterhaltung, gegen ihn ein Complott anzuspinnen, oder ihre Freundinnen zu besuchen, oder sich in die öffentlichen Bäder zu begeben. Ein Besuch, den ein Harem dem andern abstattet, dauert ziemlich einen ganzen Tag; die Gesellschaft unterhält sich mit Essen, Rauchen, Trinken von Kaffee und Sorbet, Geplauder und Besichtigung des Putzes. Viele der Zierathen, welche die ägyptischen Frauen tragen, sind denen der alten Bewohner des Landes völlig ähnlich, z. B. Armbänder, Knöchelringe, Ohrringe und die mancherlei Bestandtheile eines Halsbandes. Den Schmuck lieben überhaupt die Ägypter sehr; Männer vom niedrigsten Stande tragen einen oder mehre Ringe, selbst Talismane werden in mannichfach verzierte silberne Röhren eingeschlossen. In diesen wie in vielen andern Stücken gleichen sie ihren Vorfahren, welche eine Menge von goldenen und silbernen Zierathen, breite Halsbänder von edeln Metallen und echten oder unechten Edelsteinen u. s. w. trugen.

Wiewol die Ägypter eine große Liebe zur Musik haben sollen, so wird diese doch nur von sehr Wenigen ausgeübt. Der Koran wird von allen Ständen gesungen, Musik und Tanz aber denjenigen Personen beider Geschlechter überlassen, die daraus ein Gewerbe machen und zur Unterhaltung der höhern Stände, sowie zur Verherrlichung großer öffentlicher Feste gemiethet werden.

An unserer europäischen Musik finden die gemeinen Ägypter nicht den mindesten Geschmack und können nicht begreifen, wie uns eine so unharmonische Verwirrung von Tönen, denn dafür erklären sie jene, gefallen kann. Die Musikbanden der neuen ägyptischen Truppen spielen jedoch die Musik Rossini's und anderer italienischer Componisten ebenso fertig und präcis als die Musikcorps europäischer Regimenter, und die Verwunderung des Volkes, welches die Musiker Noten lesen und darnach spielen sieht, spricht sich in seinen Blicken und Ausrufungen aus. In Kairo findet man viele öffentliche Sängerinnen, die bisweilen von einzelnen Familien gemiethet werden, gewöhnlich aber ihre Kunst auf den besuchtesten öffentlichen Plätzen und in den Straßen üben. Auch öffentliche Tänzerinnen gibt es, und diese scheinen einem besondern Stamme anzugehören. Sie beginnen ihre Tänze ziemlich anständig, bald aber werfen sie lebhaftere Blicke um sich, schlagen ihre messingenen Castagnetten schnell aneinander, zeigen in allen Bewegungen die größte Heftigkeit und gehen endlich zu völliger Ausgelassenheit über. Diese Tänzerinnen, welche zugleich das Gewerbe von Buhlerinnen treiben, sind meistens reich gekleidet und größtentheils sehr schön; Männer und Weiber finden viel Vergnügen daran, ihren Vorstellungen zuzusehen.

Schulen sind in Ägypten sehr zahlreich, nicht nur in der Hauptstadt, sondern in jeder großen Stadt; selbst in jedem größern Dorfe gibt es wenigstens eine. Fast mit jeder Moschee in der Hauptstadt ist eine Schule verbunden, in welcher Kinder für ein sehr billiges Schulgeld unterrichtet werden; der Schulmeister erhält von den Ältern jedes Kindes in der Regel wöchentlich einen halben Piaster (noch nicht ein Groschen nach unserm Gelde), bisweilen auch weniger. Außerdem empfängt der Vorsteher jeder zu einer Moschee oder einem andern öffentlichen Gebäude gehörigen Schule in Kairo aus dem Schulvermögen jährlich einen Turbusch, d. h. ein Stück weißen Musselin zu einem Turban, ein Stück Leinewand und ein paar Schuhe, jeder Schulknabe aber eine leinene Mütze von der Form einer Nachtmütze, einige Ellen baumwollenes und leinenes Zeuch und ein Paar Schuhe, bisweilen auch noch ein kleines Geldgeschenk. Die Schüler bedienen sich meist angestrichener hölzerner Tafeln, auf welche ihre Lectionen vom Lehrer geschrieben werden und von denen, wie bei unsern Schiefertafeln, das Geschriebene wieder weggewischt werden kann. Lehrer und Schüler sitzen auf dem Boden; Jeder der letztern hat seine Tafel oder eine Abschrift des Korans, oder einen seiner 30 Abschnitte in der Hand. Bei den Leseübungen lesen sie Alle zu gleicher Zeit laut, indem sie ihre Köpfe und Körper unaufhörlich vor- und rückwärts bewegen, was übrigens auch die Erwachsenen beim Lesen des Korans thun, weil sie dadurch dem Gedächtnisse zu Hülfe zu

Ein ägyptischer Schulknabe

kommen glauben. Die Gegenstände des Unterrichts sind sehr beschränkt; die Schüler lernen erst lesen, dann lernen sie den Koran auswendig, wobei sie mit dem letzten Capitel anfangen und dann die folgenden vom letzten an in umgekehrter Ordnung lernen, da sie vom zweiten an an Länge abnehmen. Selten gibt ein Schullehrer auch Schreibunterricht; solche Knaben, die zu ihrer künftigen Bestimmung das Schreiben nöthig haben, lernen dieses und das Rechnen von einem besondern Lehrer. Die Mädchen lernen auch das Lesen nur selten, dafür aber Sticken und andere weibliche Arbeiten. Die ägyptischen Schullehrer sind in der Regel Personen von sehr geringer Bildung, nur Wenige von ihnen kennen ein anderes Buch als den Koran und ein Gebetbuch, dessen Inhalt sie, wie den des Korans, bei gewissen Gelegenheiten hersagen müssen. Der Engländer Lane erzählt von einem während seiner Anwesenheit im Lande angestellten Schullehrer, der zwar den Koran auswendig, aber weder lesen noch schreiben konnte; zum Aufschreiben der Lectionen bediente er sich des ersten Schülers, indem er die Schwäche seiner Augen vorschützte. Wenige Tage nach seinem Amtsantritte brachte ihm eine arme Frau einen Brief von ihrem Sohne, der sich auf der Pilgerschaft befand, um ihn vorzulesen. Der Schulmeister that, als lese er ihn, sagte aber kein Wort über den Inhalt; die arme Frau schloß daher aus seinem Stillschweigen, daß er üble Nachrichten enthalte, und fragte, ob sie wehklagen, dann, ob sie ihre Kleider zerreißen sollte, welche beide Fragen der Schulmeister bejahte. Hierauf ging die arme Frau nach Hause und nahm mit ihren versammelten Freunden die beim Tode eines Verwandten üblichen Ceremonien vor. Wenige Tage nachher kam zu ihrer großen Überraschung ihr Sohn zurück, von dem sie den wahren Inhalt des Briefs erfuhr. Als sie darauf den Schulmeister zur Rede setzte, wie er sie habe auffodern können, zu wehklagen und ihre Kleider zu zerreißen, da der Brief gemeldet hätte, daß ihr Sohn, der eben zurückgekehrt sei, sich wohl befinde, antwortete er, ohne im mindesten in Verlegenheit zu gerathen: „Allah kennt die Zukunft. Wie konnte ich wissen, daß Euer Sohn glücklich anlangen würde? Es war besser, daß Ihr ihn für todt hieltet, als wenn Ihr ihn wiederzusehen erwartet und getäuscht worden wäret." Einige Personen, die diese Antwort hörten, riefen aus: „In der That, unser neuer Schulmeister ist ein Mann von ungewöhnlicher Weisheit."

Wo hat Hermann den Varus geschlagen?

Über die Wahlstatt der Hermannsschlacht ist man lange im Dunkeln geblieben, obgleich schon in früherer Zeit so manche Schrift darüber Aufschluß zu geben verhieß und viele Gelehrte und Ungelehrte es sich angelegen sein ließen, den Schleier, welcher sich darüber gezogen hatte, zu lüften. Jetzt, da die dankbare Nachwelt durch Errichtung eines Denkmals das Gedächtniß Hermann's zu ehren beabsichtigt, dürften wol einige Andeutungen über den berührten Gegenstand in diesem Blatte gern gelesen werden, besonders deshalb, weil sie von einem Manne herrühren, dessen Stimme in dieser Beziehung Gewicht hat und dessen Streben nach Wahrheit keinem Zweifel unterliegt.

Clostermeier — dies ist der Name unsers Gewährsmanns — sagt darüber Folgendes: Drusus ging auf seinem zweiten, im Jahre 9 n. Chr. unternommenen Feldzuge nach Deutschland, bei der jetzigen Stadt

Xanten, wo die Römer ein stehendes Lager hatten, über den Rhein, schlug bei Wesel eine Brücke über die Lippe, kam am linken Ufer derselben herauf bis in die Gegend von Lippstadt, wandte sich hier nördlich gegen das Gebirge, das ihm schon in weiter Entfernung den offenen Paß, die Döhrenschlucht genannt, zeigte, durch welchen er tiefer in das Land eindringen konnte. Nun stand Drusus im heutigen Lippischen. Seine Absicht war, an die Weser zu ziehen, deren Ausfluß in die Nordsee er wahrscheinlich schon das Jahr vorher aus der Ferne beobachtet hatte, als er mit einer auf dem Rhein erbauten Flotte in den Ocean ausgelaufen, um das Land der Friesen herumgesegelt und bis zu den Ufern der Chaucen vorgedrungen war, an welchen seine Schiffe auf den Sand geriethen. Als er die Döhrenschlucht im Rücken hatte, befand er sich am linken Ufer des Werreflusses, an welchem er bis zur Weser entlang zog, welche jenen Fluß bei Rehme aufnimmt. Auf demselben Wege, auf welchem Drusus durch die Gegend, in welcher heutzutage die Meierei Heerse, das Dorf Schöttmar, die Städte Salzuffeln und Herford liegen, bis zur Weser kam, kehrte er auch wieder zurück.

In einem engen Passe der lippischen Berge aber erwarteten ihn schon die Germanen, und gewiß würde er seinen Untergang hier gefunden haben, hätten jene mit weniger Tollkühnheit und in besserer Ordnung ihre Angriffe begonnen. Drusus entging glücklich der Gefahr, und um den Germanen zu zeigen, wie wenig er sich vor ihnen fürchte, erbaute er jenseit des Gebirges, in dem heutigen Paderbornschen, in der Gegend, wo jetzt die Alme sich in die Lippe ergießt, ein Castell, welches die Römer Aliso nannten. Damit hatten dieselben in der weiten Ebene, welche jetzt die Senne heißt, den ersten festen Waffenplatz zwischen dem Rheine und der Weser erlangt, welcher von nun an der Stützpunkt aller Unternehmungen der Römer zwischen den beiden Flüssen in Deutschland wurde. Die Römer dehnten von der rechten Seite ihre Befestigungswerke bis zum Ursprunge der Lippe aus und legten von der andern Seite an der Lippe bis zu ihrem Einflusse in den Rhein Dämme und Verschanzungen an, um sich dadurch den Besitz der Straße an der Lippe herab bis zum Rhein zu sichern. Auch die Straße von Aliso durch die lippischen Berge an der Werre über Herford nach der Weser versahen die Römer mit Brücken und Dämmen und erhielten sie dadurch in gangbarem Stande.

Im Jahre 9 n. Chr. befand sich Varus in einem Sommerlager an der Weser, wahrscheinlich noch unterhalb der heutigen Stadt Preußisch=Minden. Die Katten — dies wurde dem Varus angezeigt — waren gegen die Römer aufgestanden. Er brach also aus seinem Lager auf, ohne Zweifel in der Absicht, zu Aliso, wo er Waffen= und Mundvorrath fand, sich zu einem Feldzuge gegen dieselben zu rüsten. Den ersten unerwarteten Angriff der Germanen erfuhr er in den Gebirgen zwischen der Weser und der Gegend der Städte Herford und Salzuffeln. Am folgenden Tage bewegte sich das römische Heer auf der offenen und waldleeren Ebene an der Werre zwar in besserer Ordnung, jedoch nicht ohne Verlust fort. Bei Detmold stieß es wieder auf Berge und Wälder und gelangte dann in das enge, waldige und sumpfige Thal unter der Teutoburg; hier übernachtete es nach einem höchst beschwerlichen, unter beständigen Gefechten mit den Feinden fortgesetzten Marsche. Den dritten Tag kam der Rest der römischen Truppen am Ausgange aus dem Gebirge in die Senne und wurde von den Deutschen, deren Zahl sich fortwährend vermehrt hatte, in der Gegend zwischen den jetzigen Ortschaften Osterholz, Schlangen und Haustenbeck gänzlich aufgerieben. Nur Wenige erreichten Aliso oder retteten sich durch die Flucht nach dem Rheine; Varus aber stürzte sich aus Verzweiflung in sein eigenes Schwert.

Die tiefsten Bergwerke.

Wir haben in Nr. 123 und 276 dieser Blätter über den tiefsten Steinkohlenschacht in England berichtet, welcher eine Tiefe von ungefähr 1500 pariser Fuß unter dem Meeresspiegel erreicht, was, so viel bekannt, die größte bisher von Menschen erreichte absolute Tiefe ist. Nachstehend geben wir eine Zusammenstellung der größten Tiefen, welche in Bergwerken, so weit unsere Nachrichten gehen, erreicht worden sind, wobei aber nicht die Tiefe unter der Meeresfläche, sondern nur die senkrechte Tiefe oder sogenannte Saigerteufe unter Tage, d. h. unter der Erdoberfläche angegeben ist.

1) Der Eselschacht zu Kuttenberg in Böhmen 576 sächsische Lachter oder 3548 pariser Fuß.

2) Erzgang bei St.=Daniel und beim Geist am Rörerbühel in Tirol 474 sächs. Lacht. oder 2920 par. F.

3) Gruben von Pestarena di Macugnana im Thale Anzasca in Piemont 351 sächs. Lacht. oder 2161 par. F.

4) Fuggerbau am Rörerbühel in Tirol 348 sächs. Lacht. oder 2143 par. F.

5) Grube am Rathhausberge in Tirol 340 sächs. Lacht. oder 2093 par. F.

6) Grube Samson zu Andreasberg am Harz 335 sächs. Lacht. oder 2063 par. F.

7) Verkreuzung des Junghäuerzecher und Andreasganges zu Joachimsthal in Böhmen 326 sächs. Lacht. oder 2007 par. F.

8) Grube Herzog Wilhelm zu Klausthal am Harz 300 sächs. Lacht. oder 1847 par. F.

9) Thurmhofer Zug bei Freiberg in Sachsen 299 sächs. Lacht. oder 1841 par. F.

10) Hohebirkner Zug bei Freiberg in Sachsen 281 sächs. Lacht. oder 1730 par. F.

11) Grube Valenciana in Mexico 250 sächs. Lacht. oder 1539 par. F.

12) Einige Gruben in Skandinavien 250 sächs. Lacht. oder 1539 par. F.

13) Erbstolln Alte Hoffnung Gottes im sächsischen Erzgebirge 211 sächs. Lacht. oder 1299 par. F.

14) Kühschachter Zug im sächsischen Erzgebirge 202 sächs. Lacht. oder 1244 par. Fuß.

Die Tiefe unter dem Meere können wir nur bei den zum sächsischen Erzgebirge gehörigen Schachten genau angeben; sie beträgt am meisten bei Nr. 9, nämlich 96 Lachter (591 pariser Fuß), dagegen bei Nr. 10 nur 36 Lachter (222 Fuß), bei Nr. 13 55 Lachter (339 F.) und bei Nr. 14 4 Lachter (25 F.). Die unter Nr. 9, 10 und 14 namhaft gemachten sind auflässig, d. h. zur Zeit nicht mehr im Betriebe. Zu den tiefsten der im Betriebe stehenden Gruben des sächsischen Erzgebirges gehören die Fundgruben Beschert Glück und Himmelsfürst, von denen jene eine Tiefe von 197 Lachter (1213 F.), diese von 176 Lachter (1084 F.) unter Tage erreicht, aber keine von beiden erreicht das Niveau der Meeresfläche, vielmehr hat das Tiefste bei jener eine Höhe von 43 Lachter (265 F.), bei dieser sogar von 58 Lachter (357 F.) über dem Meere.

Eine interessante Frage, die sich hieran knüpft, ist, bis in welche Tiefe der Erzgehalt der Gruben geht und ob es vielleicht bestimmte Grenzen der Tiefe gibt, außerhalb welcher man nicht hoffen darf, Erz anzutreffen?

Hierüber läßt sich aber keine allgemeine Bestimmung aufstellen, da unsere bisherigen Erfahrungen dazu nicht hinlänglich sind. Mit Gewißheit läßt sich nur so viel sagen, daß eher in einer beträchtlichern als in einer geringern Tiefe Erz zu suchen sei. Nur wenige Gänge findet man schon in einer Tiefe von wenigen Lachtern mit Erz angefüllt, indeß hat man in einigen Fällen Erz, sogar gediegenes Silber gleich unter die oberste Erdschicht bildenden Dammerde angetroffen. Ein haltbarer Grund, warum die Natur in einer gewissen Tiefe kein Erz weiter zu erzeugen im Stande sein sollte, läßt sich a priori nicht angeben. Von den oben aufgezählten tiefsten Gruben sind alle, mit Ausnahme von Nr. 9, 10 und 14, bis zu der angegebenen Tiefe niedergebracht und bebaut worden, ohne daß eine Abnahme derselben eingetreten wäre. In denjenigen Fällen, wo man bei Bearbeitung von Bergwerken, die früher eine gute Ausbeute gaben, eingestellt hat, ist dies nur aus Mangel an den zur weitern Bearbeitung erforderlichen Mitteln oder darum geschehen, weil die Bearbeitung mit zunehmender Tiefe immer schwieriger wird und die vorhandenen Maschinenkräfte nicht mehr hinreichten. Daß aber bei irgend einer Grube die Erzhaltigkeit in der Tiefe ganz aufgehört habe, dürfte schwer nachzuweisen sein; andererseits lassen sich viele Beispiele von Gruben anführen, die in einer gewissen Tiefe erzarm oder ziemlich taub und daher unbauwürdig, in größerer Tiefe aber wieder erzführend, reich und bauwürdig wurden. Auch die vorhandenen Theorien über die Entstehung der Gänge stimmen mit diesem Resultate der Erfahrung überein. Die Congenerations= und die Lateralsecretionstheorie lassen die Erzgänge entweder gleichzeitig mit dem Nebengestein oder doch aus demselben durch spätere Gerinnung, Ausscheidung, Gährung und Umwandlung entstehen, wornach die mehr oder minder tiefe Existenz der Gänge von der größern oder geringern Tiefe des Nebengesteins abhängt. Nach der Descensionstheorie sind die Erzgänge offene Spalten gewesen, die später durch Niederschläge von oben ausgefüllt wurden; hierbei wird angenommen, daß die Tiefe derselben einen aliquoten Theil (nach mehren ausgezeichneten Geognosten die Hälfte) ihrer Längenausdehnung betrage. Hiernach ergibt sich z. B. bei dem freiberger Bergrevier in Sachsen eine durchschnittliche Tiefe von 1246 Lachtern oder 7671 pariser Fuß, bis zu welcher sich die Erzgänge erstreckten. Endlich nach der Ascensions= oder plutonischen Theorie, welche von den meisten und trefflichsten Geognosten der neuern Zeit angenommen worden ist, sind die Gangspalten von unten durch emporgestiegene wässerige, schlammige oder feurigflüssige Massen, oder durch Mineralwasser angefüllt worden, und die Gänge reichen bis in eine Tiefe, welche der Sitz der vulkanischen Thätigkeit und jedenfalls aller menschlichen Kunst unzugänglich sein wird. Somit vereinigen sich Theorie und Erfahrung in dem Ergebnisse, daß sich die Erzgänge, wenn auch nicht in eine sogenannte ewige, d. h. unbegrenzte Tiefe, doch in eine solche Tiefe erstrecken, welche die jetzige bergmännische Kunst weit übersteigt und aller Wahrscheinlichkeit nach niemals erreicht werden kann.

Die Chinchilla.

Das schöne Fell der südamerikanischen Chinchilla, das an Wärme und Weichheit alles andere Pelzwerk übertrifft, war längst bekannt und als kostbarer Putzartikel für Frauen geschätzt, bevor man über das Thier, wel-

Die Chinchilla.

ches es lieferte, Aufschluß erhielt. Capitain Beechey brachte von seiner Expedition nach der Nordwestküste von Amerika das erste lebende Exemplar nach Europa, wodurch es den Naturforschern möglich wurde, den Bau und die Gewohnheiten dieses Thieres genauer zu untersuchen. Es ergab sich hierbei, daß es zu den Nagethieren gehört, während aber Einige es für eine Art Eichhörnchen ansahen, Andere ihm seinen Platz neben den Hasen, unter den blos von Pflanzenstoffen lebenden Nagethieren anwiesen, zählten es Andere zur Familie der Mäuse. Dies that unter Andern der italienische Naturforscher Molina, welcher folgende Beschreibung des Thieres lieferte: „Die Chinchilla ist eine der Feldmaus verwandte Species, welche wegen der außerordentlichen Feinheit ihrer Wolle sehr geschätzt wird, wenn man anders das Fell des Thieres, das so fein wie das Gewebe von Gartenspinnen, von aschgrauer Farbe und lang genug ist, um gesponnen zu werden, mit diesem Namen bezeichnen kann. Das kleine Thier ist bis zur Wurzel des Schwanzes sechs Zoll lang, hat kleine spitze Ohren, eine kurze Schnauze, Zähne wie die Hausmaus und einen mit feinem Felle bedeckten Schwanz von mäßiger Länge. Es lebt in unterirdischen Höhlen in den nördlichen Provinzen von Chile, ist sehr gesellig und wirft zweimal im Jahre fünf bis sechs Junge. Sein Futter besteht in den Wurzeln verschiedener Zwiebelpflanzen, die in jenen Gegenden häufig sind. Sein Naturell ist so gutartig und sanft, daß es sich in die Hand nehmen läßt, ohne zu beißen oder einen Versuch zur Flucht zu machen, und vielmehr an Liebkosungen Vergnügen zu finden scheint. Da es außerordentlich reinlich und ganz frei von dem übeln Geruche ist, der die übrigen Gattungen von Mäusen charakterisirt, so hat man bei der Liebkosung desselben keine Beschmuzung der Kleider oder Mittheilung eines unangenehmen Geruchs zu fürchten. Die alten Peruaner verfertigten aus der Wolle dieses Thieres Bettdecken und mehre werthvolle Stoffe.‟

Der Straßenstaub.

Der Straßenstaub hat aufgehört, ein unbrauchbarer Gegenstand zu sein. In England hat man ihn neuerdings theils zu Anstrichfarben für Häuser, theils zu einem Ölmörtel für architektonische Zwecke empfohlen, wozu namentlich der basaltische Staub brauchbar ist. Man mischt 100 Theile Staub mit 10 Theilen Mennige und Bleiglätte und dem nöthigen Leinöl zu einer Masse von der Consistenz des Glaserkitts, die an der Luft erhärtet.

Verantwortlicher Herausgeber: Friedrich Brockhaus. — Druck und Verlag von F. A. Brockhaus in Leipzig.

Das Pfennig-Magazin

für

Verbreitung gemeinnütziger Kenntnisse.

336.] Erscheint jeden Sonnabend. [September 7, **1839.**

Woolwich.

Die Militairakademie in Woolwich.

Die bedeutendsten Marine- und Militairdepots Großbritanniens finden sich in der Stadt Woolwich an dem südlichen Ufer der Themse vereinigt, welche etwa drei Stunden in südlicher Richtung von London entfernt ist und über 18,000 Einwohner zählt, worunter sich nicht weniger als 3000 Beamte und Arbeiter des Arsenals, der Magazine und der übrigen später zu beschreibenden Anstalten befinden. Die günstige Lage der Stadt in so geringer Entfernung von London und namentlich die große Tiefe der Themse haben zu der steigenden Wichtigkeit dieses Orts, der ursprünglich ein unbedeutendes Fischerdorf war, wesentlich beigetragen. Die allgemeine Ansicht der Stadt selbst ist wenig einladend, namentlich vom Flusse aus, aber die sie umgebenden öffentlichen Gebäude sind gut gebaut und imponiren durch ihre kolossale Größe.

Zu den interessantesten Anstalten gehört die königliche Militairakademie, wo 120—150 Cadetten in allen zu der Artillerie- und Ingenieurwissenschaft gehörigen Kenntnissen unterrichtet werden. Die Anstalt wurde schon 1719 errichtet, aber erst 1805 aus dem Arsenale in das gegenwärtige, eigens für sie erbaute, geräumige Gebäude verlegt, das sich vorzüglich durch einen großen Thurm in der Mitte, der von vier kleinen Thürmen mit achtseitigen Kuppeln umgeben ist, auszeichnet.

Die eleganteste Häuserreihe in Woolwich bilden die Casernen der Artillerie, welche im Norden der Stadt stehen. Die Hauptfronte, die eine Ausdehnung von mehr als 1200 Fuß hat, besteht aus fünf einzelnen Hauptgebäuden, die durch vier etwas zurücktretende kleinere, mit dorischen Säulengängen und Altanen gezierte Gebäude verbunden sind. Man findet hier unter Anderm eine geräumige Kapelle, eine Bibliothek nebst Lesezimmer, einen Speisesaal und Gesellschaftszimmer, eine Reitbahn u. s. w. Die ganze Anstalt ist für 3—4000 Mann berechnet. Geht man durch die Casernen nach Nordosten, so gelangt man zum Arsenal, das aus einer Anzahl unansehnlicher, aber ihrem Inhalte nach desto interessanterer Gebäude besteht und ziemlich einen Raum von 100 Acker Land einnimmt, wobei ein dazu gehöriger Kanal nicht gerechnet ist. Dem Eingange zunächst befindet sich die königliche Kanonengießerei mit den nöthigen Anstalten zum Bohren und Drehen der Kanonen, zur Verfertigung von Laeften, Pulverwagen, Militairfuhrwerk aller Art u. s. w. Unter Georg I. wurde sie in Folge einer schrecklichen Explosion, wobei viele Menschen ums Leben kamen, aus Moorfields hierher verlegt; sie hat vier Schmelzöfen, die gegenwärtig größtentheils außer Thätigkeit sind, von denen aber der größte 325 Centner Metall auf einmal zu schmelzen vermag. Im Jahre 1809 wurden hier 385 Kanonen gegossen, das Jahr darauf 343.

In der Nähe der Gießerei ist die Modellkammer, ein Gebäude, welches Modelle von allen im Artilleriedienst zur Anwendung kommenden Gegenständen enthält. Dem Eingange zunächst erblickt man das Modell einer Maschinerie, die dazu dient, das Schießpulver in dem Maße, wie es der Zweck erheischt, für den es bestimmt ist, zu verkleinern. Das Pulver wird in Kuchen, die etwa vier Quadratzoll groß sind, in diese Maschine gethan und in derselben in kleine Körner zerrieben, deren Größe nach dem Kaliber des Geschützes, für welches das Pulver bestimmt ist, verschieden ist; für Kanonen ist bekanntlich grobkörniges passender, als das bei Flinten übliche feinere, weil dieses bei der großen Menge, die erfoderlich ist, in einer Kanone wegen der Abhaltung der Luft von dem in der Mitte befindlichen weit mehr Zeit zur Entzündung brauchen würde, als dasjenige, welches aus gröbern Körnern besteht, die zwischen sich der Luft den Durchgang gestatten. Daneben steht eine Maschine, welche die Bestimmung hat, die Stärke des Schießpulvers durch das Zurückprallen eines damit geladenen Geschützes zu messen. Hierbei wird nämlich mit einer gewissen Quantität Pulver eine kleine Kanone geladen, die an einem Bogen hängt, an welchem außerdem ein Zeiger angebracht ist. Dieser mißt die Entfernung, bis zu welcher die Kanone beim Abfeuern zurückprallt, und bleibt auf der erreichten Stelle stehen, sodaß sich hiernach die Wirkung des Pulvers beobachten und messen läßt. Der Saal daneben enthält Proben von Congreve'schen Raketen von allen Größen, von 12—14 Zoll Länge bis zur größten von 6 Fuß Länge. Diese furchtbaren Wurfgeschosse, welche zuerst bei dem Angriffe auf Boulogne im Jahre 1806 und später im Felde sowol als bei Belagerungen häufig gebraucht wurden, namentlich bei dem Bombardement von Kopenhagen, werden mittels eines langen eisernen Cylinders, der fast horizontal liegt, abgefeuert und durchfliegen je nach ihrem Gewichte und ihrer Größe einen Raum von 6—12,000 Fuß. Derselbe Saal enthält verschiedene Arten von Kugeln und Schwertern, Handgranaten, das Modell eines Branders und Modelle von Feuerwerken, die bei öffentlichen Feierlichkeiten abgebrannt wurden. Mit der Modellkammer steht das Laboratorium in Verbindung, wo die Geschützpatronen, Raketen, Kunstfeuer u. s. w. verfertigt werden.

Man betritt hierauf die weitläufigen Magazine der Artillerie, in denen unter Anderm vollständige Ausrüstung für 10,000 Mann Reiterei, die Sattel, Hufeisen u. s. w. der Pferde mit eingerechnet, enthalten ist. Theils im Freien, theils unter Breterdächern stehen in einer Längenausdehnung von mehren hundert Ellen die unabsehbaren Reihen von Geschützen von 202 verschiedenen Größen; ihre Zahl beläuft sich auf nicht weniger als 24,000, worunter 3000 von Kanonenmetall, die andern von Eisen. Andere Theile des Arsenals enthalten nahe an drei Millionen Kanonenkugeln und Bomben, die in pyramidenförmigen Haufen aufgeschichtet sind. Am Ufer des Kanals, welcher 35 Fuß breit ist,

steht eine Reihe hölzerner Häuser, in denen Congreve'sche Raketen verfertigt werden.

Wenige Schritte führen uns vom Arsenal an die Thore der Schiffswerft, derjenigen Anstalt, welcher Woolwich seine gegenwärtige Wichtigkeit hauptsächlich verdankt. Schon frühzeitig wurde man inne, wie vortrefflich sich dieser Platz für den Bau von Schiffen eignet, da die Themse hier fast eine englische Meile breit und tief genug ist, um in sehr geringer Entfernung vom Ufer die schwersten Schiffe zu tragen. Die Schiffswerft wurde unter Heinrich VIII. angelegt, gelangte aber erst unter der Regierung Elisabeth's zu einiger Wichtigkeit. Diese weise Fürstin erkannte den hohen Werth einer wohleingerichteten Seemacht und beschloß daher, ihre eigene emporzubringen, und da der Erfolg von Seekriegen nicht nur von den Talenten, den Kenntnissen und der Tapferkeit der Commandirenden, sondern zum großen Theile von dem Baue und der Ausrüstung der Schiffe abhängt, so wurde Alles, was die Erfahrung des Seemanns und die Theorie des Mathematikers zur Verbesserung des Schiffbaus an die Hand geben konnten, auf der Werft zu Woolwich in Anwendung gebracht. Dieselbe erlangte durch den trefflichen Bau der hier construirten Schiffe bald großen Ruf, und die meisten der Schiffe, welche sich bei den Seesiegen Drake's und der übrigen englischen Seehelden jener Zeit ausgezeichnet haben, wurden hier vom Stapel gelassen. Unter den folgenden Regierungen nahm die Werft fortwährend an Wichtigkeit wie an Ausdehnung zu. Sie beginnt jetzt in Westen bei dem Dorfe Newcharlton und erstreckt sich längs dem Flußufer in der Ausdehnung einer englischen Meile nach Osten bis zum Arsenal; sie enthält zwei große Docks zur Ausbesserung von Schiffen und ein ungeheures Bassin von 400 Fuß Länge und 300 Fuß Breite, welches die größten Schiffe fassen kann. Außerdem findet man hier weitläufige Schuppen, Magazine u. s. w. und eine Schmiede mit zwei Dampfmaschinen, von denen die größte von 20 Pferdekräften zwei ungeheure Hämmer in Bewegung setzt, jeder fast 60 Centner schwer, die in jeder Minute 30—50 Mal 9 Zoll hoch gehoben und besonders zum Schmieden der großen Anker gebraucht werden.

Südlich von der Stadt zieht ein seltsam gestaltetes Gebäude unsere Aufmerksamkeit auf sich; dies ist die auf Seite 288 vorgestellte Rotunde. Die Umgebungen derselben dienen zu den Übungsmanoeuvres des Artilleriecorps; man findet daher hier Dämme und Schanzen, die mit verschiedenen Arten von Geschützen besetzt sind, welche bei der Vertheidigung fester Plätze gebraucht werden. Georg IV. ließ die Rotunde im Jahre 1814, als er noch Prinz-Regent war, im Carltongarten zum Empfang der fremden Monarchen, welche damals England besuchten, erbauen und schenkte sie später der Garnison von Woolwich; seitdem dient sie als Aufbewahrungsort für Modelle aus dem Bereich der Militair- und Schiffsbaukunst. Sie bildet ein regelmäßiges Polygon von 24 Seiten und hat 120 Fuß im Durchmesser; das Zeltdach besteht aus Segeltuch, das mit den Pfeilern der Umfassungsmauern durch vergoldete Seile verbunden ist; es erhebt sich kegelförmig bis zu einer Höhe von mehr als 50 Fuß und wird von einer starken dorischen Säule von Sandstein getragen, die bis zu ihrer Mitte mit Waffen bedeckt ist. Im Innern sind Angriffs- und Vertheidigungswaffen von allen Arten aufgehäuft. In der Mitte sieht man um die Säule herum altenglische Waffen, große Schwerter, Schilder, Streitärte, Hellebarden, Helme, Panzer alte Schießgewehre mit Lunten- und Räderschlössern und Kanonen; ferner viele, fremden Völkern abgenommene Trophäen und eine schöne Rüstung, die angeblich dem tapfern Bayard, dem Ritter ohne Furcht und ohne Tadel, gehört hat. An den Wänden findet man die Waffen und Kleidungstücke von nordamerikanischen Indianern, Südseeinsulanern u. s. w.; Raketen von allen Arten, Bomben, größere Kanonen, Haubitzen und Mörser, Modelle ausländischer Geschütze, eine Luntenbüchse, die dem Tippo Saib bei Seringapatam abgenommen wurde, Modelle von Höllenmaschinen und mehre Erfindungen von Sir William Congreve, dem Erfinder der nach ihm benannten Raketen. Endlich in der Mitte des Saals stehen Modelle von britischen und andern Städten, Festungen und Werften, z. B. von Gibraltar, den Werften von Chatham und Portsmouth, der Citadellen von Messina, Quebec u. s. w. Unmöglich können hier alle merkwürdige Gegenstände dieses Museums namhaft gemacht werden, sie geben aber reichen Stoff zu einer mehrstündigen Besichtigung, und selbst Derjenige, welcher schon viele Zeughäuser und Rüstkammern des Festlandes in Augenschein genommen hat, wird sich hier durch viele neue und interessante Gegenstände angezogen finden.

Die Reise über die Pyrenäen.

Die berühmt gewordenen Worte Ludwig's XIV., die er gegen seinen Enkel Philipp V. nach dessen Ernennung zum Könige von Spanien aussprach: „Es gibt keine Pyrenäen mehr", würden für sich allein hinreichen, zu beweisen, daß jener König weder Spanien je gesehen, noch die Pyrenäen überschritten hat. Niemals hat die Natur zwei Länder entschiedener getrennt und dem Boden selbst in deutlichen Zügen die Zeichen und Gründe ihrer Trennung eingegraben. Die Pyrenäen, diese ungeheure Mauer von 15 Meilen Dicke, bieten auf den beiden entgegengesetzten Abdachungen und in geringen Entfernungen die grellsten Contraste dar. Ersteigt man sie von der französischen Seite und erhebt sich von Stufe zu Stufe bis zu dem Gipfel dieser imposanten Gebirgskette, so ist man von immerwährenden Reizen umgeben. Die Straße von Oleron, die einzige, welche die Karlisten frei gelassen haben, führt durch eine von dem Flusse Gave gebildete Schlucht, in welcher alle Reichthümer der wilden Natur im Überflusse entfaltet sind. Der enge Pfad folgt dem Laufe des Bergstroms; über seinem Kopfe sieht der Reisende die schneebedeckten Gipfel emporsteigen; der Rücken der Berge ist mit einer üppigen Vegetation besetzt, bestehend theils aus Bäumen mit hängendem Laube, theils aus Büschen, die ihn wie eine kurze und dichte Wolle überziehen; von den schneeigen Gipfeln fallen schäumende Cascaden mit lautem Gebrause herab; Hütten an den Bergabhängen von angebautem Lande umgeben, bezeugen die Gegenwart und den Fleiß des Menschen inmitten dieser wilden Schönheiten. Schwerlich kann es irgendwo etwas Großartigeres, Reizenderes und Mannichfaltigeres geben. Kaum hat man aber den Gipfel der Gebirge erreicht und steigt auf der spanischen Seite herab, so ändert sich das Schauspiel; überall zeigt sich eine wilde, dürre und öde Natur; in einem Abstande von 20 Schritten erblickt man das Leben und den Tod, die Wüste und die Oase. Zwei Ströme bahnen den Weg: auf der französischen Seite der Gave, auf der spanischen der Gallego; die Straße folgt ihren tausendfachen Win-

dungen zwischen tiefen Abgründen. Einige Lieues diesseit der Grenze vertauscht man den Wagen mit Maulthieren, die für diese Bergpässe wie geschaffen sind. Diese Art zu reisen hat für Die, denen sie noch neu ist, etwas sehr Interessantes. Auf der Stelle, wo man herabzusteigen anfängt, ist ein enger Pfad durch ungeheure Granitblöcke gearbeitet und zur Linken von einem 3—400 Fuß tiefen Abgrunde begrenzt, von dem man durch nichts getrennt wird; man hat dann weiter nichts zu thun nöthig, als den Zügel fallen zu lassen und sich der Klugheit seines Maulthiers anzuvertrauen; die Sicherheit und Geschicklichkeit dieser unschätzbaren Thiere ist wahrhaft bewundernswürdig. Wie steil auch der Weg und wie uneben der Boden sein mag, immer setzen sie ihre Hinterfüße genau auf die Stelle, welche die Vorderfüße verlassen haben, und wenn sie fühlen, daß sie in Gefahr zu fallen sind, so ziehen sie ihre Füße unter dem Bauche zusammen und machen Halt, bis sie das Gleichgewicht wieder erlangt haben. So reist man den ersten Tag von Urdax bis Canfran, den zweiten von Canfran bis Ayerbe. Seit die Straßen nach den baskischen Provinzen und nach Catalonien gesperrt sind, gibt es keinen andern Eingang in Spanien.

Das einzige Interessante, was man auf der spanischen Seite zu sehen bekommt, ist das Geschlecht der Maulthiertreiber, welche durchgängig groß, kräftig, behend und ebenso unermüdliche Fußgänger als kühne Reiter sind, die ihre Maulthiere auf steinigen Wegen und am Rande der Abgründe in scharfem Trab gehen lassen; ihre schönen Verhältnisse, ihre muskulösen Glieder, ihre mit Hanfsandalen bekleideten bloßen Füße kündigen schon das kräftige Geschlecht der Aragonesen an, von denen sie sich nur durch größere Thätigkeit und Gefälligkeit unterscheiden.

Je tiefer man in Aragonien eindringt, desto mehr entfaltet sich das spanische Elend in seiner eigenthümlichen Häßlichkeit. In Jaca, einem befestigten Platze, der die Bergschluchten beherrscht, sowie in Gurrea, einem schlechten Neste, wo man frühstückt, wird man von ganzen Scharen von Bettlern überfallen; auf den Straßen und Plätzen sieht man ganz nackte Kinder, die sich im Staube wälzen und einander das Ungeziefer ablesen. Die unreinlichen Wirthshäuser dieses Landes haben noch ganz denselben Charakter wie zu den Zeiten des Don Quixote; man findet darin große von Pfeilern getragene Säle, in denen statt der Stühle eine kreisrunde steinerne Bank an der Wand hinläuft; in der Mitte des Raumes befindet sich der Herd; die trichterförmige Decke nimmt den Rauch auf. Die Leckerbissen, die man hier vorgesetzt erhält, mit ranzigem Öle bereitet und begleitet von Wein, der in bockledernen Schläuchen aufbewahrt worden ist, sind von der ausgesuchtesten Art. Man ist von Frankreich erst wenige Meilen entfernt und fühlt sich in eine unermeßliche Entfernung versetzt.

Was dem Reisenden bei seinem Eintritte in Spanien ebenfalls stark auffällt, ist die Bestechlichkeit, um nicht zu sagen die Bettelhaftigkeit der Zollbeamten. Die Zollordnung ist ebenso streng als in Frankreich, die Pässe und das Gepäck geben zu zahlreichen Schereteien Anlaß, aber man weiß schon im voraus, was erforderlich ist, um den Eifer der Zollbeamten zu beschwichtigen, und man kann mit ihnen ein Abkommen treffen, vermöge dessen man in Spanien einführen kann, was man Lust hat; man braucht ihnen nämlich nur eine Peseta (etwa sieben Groschen) in die Hand zu drücken, und wenn man es etwa vergißt, so wird man von ihnen daran erinnert; man kann ihnen diese Gabe in Gegenwart

*

von 20 Personen reichen, ohne das Ehrgefühl dieser ehrlichen Beamten zu verletzen.

Die Schönheit des spanischen Bodens ist von jeher gepriesen worden; die Romanzen und Balladen hallen davon wider und können nicht müde werden, die Citronenhaine und die Fruchtbarkeit dieses vom Himmel begünstigten Landes zu schildern; selbst ernsthafte Geschichtschreiber unterhalten uns von den fruchtbaren Gefilden an den Ufern des Ebro, von den Olivenwäldern und dem frischen Grün, mit dem sie prangen sollen. Diese Beschreibungen mögen in frühern Zeiten ihre Richtigkeit gehabt haben; gegenwärtig würde man in ganz Frankreich vergeblich einen so kahlen, dürren und menschenleeren Landstrich suchen, als das Thal des Gallego, welches nach Saragossa führt. In einer Ausdehnung von mehr als 15 geogr. Meilen wächst buchstäblich kein Baum; von Ayerbe bis Saragossa trifft man überall einen sandigen Boden, auf welchem nur einige dünngesäete Rosmarinsträucher wachsen, und sieht kein einziges Dorf, sondern nur ein paar elende Städte, wie Gurrea und Zuera; das Auge übersieht einen Umkreis von 1½ – 2 Meilen, ohne eine einzige Wohnung, einen einzigen Olivenbaum zu erblicken; der Boden ist mit Geschieben bedeckt und die schwüle, von keinem Lüftchen bewegte Atmosphäre mit dichtem Staube angefüllt. Dieser anscheinend so fruchtbare Boden ist gleichwol nützlicher Anpflanzungen fähig; viele Bäume, z. B. der Tannenbaum, die Eiche, der Castanienbaum, würden auf ihm trefflich fortkommen und zugleich eine Feuchtigkeit herbeiziehen, deren der Boden dringend bedarf. Es geht aber damit ebenso, wie mit vielen andern Dingen in Spanien: man könnte wol, aber man will nicht; der Mensch hat den Reichthum zu seinen Füßen, nimmt sich aber nicht die Mühe, ihn aufzuheben.

Nach einer Reise von 24 geographischen Meilen durch öde und melancholische Gegenden entdeckt man endlich das altberühmte Saragossa, dem seine zahllosen Thürme und Kuppeln von ferne das Ansehen einer morgenländischen Stadt geben. Es zählt etwa 50,000 Seelen und hat 48 Kirchen und Klöster, welche letztere seit der neuerlichen Vertreibung der Mönche leer stehen. Die berühmte Kathedrale, unserer lieben Frau zum Pfeiler (del Pilar) gewidmet, zeichnet sich besonders durch mehre kleine Kuppeln aus, die mit einer gelben Mosaik bedeckt sind, welche von fern wie Kupfer oder Gold aussieht. Die Stadt ist nicht schön, die Straßen sind eng und schlecht gepflastert, die schlecht gebauten Häuser haben eine graue Farbe, die an den sandigen Boden des Landes erinnert. Bei alledem übt die Stadt einen gewissen Zauber, der nicht allein von den Erinnerungen, die sie weckt, herrührt und ihr das Gepräge einer eigenthümlichen Originalität gibt; was nämlich in ihr schön und herrlich ist, schöner als ihre Gebäude und ihre Erinnerungen, das ist ihre Bevölkerung. Sieht man diese Menschen mit athletischen Verhältnissen, afrikanisch=feurigen Augen, dichtem Barte und gravitätischem Gange, so glaubt man sich in den Orient versetzt und erklärt sich, wie Saragossa, in einer Ebene liegend, ohne Mauern und Gräben, von dem Hügel Torrero beherrscht, der in der Gewalt der Franzosen war, zwei Belagerungen der französischen Armeen aushalten konnte, von denen die zweite 62 Tage dauerte. Die Leidenschaften der Aragonesen entzünden sich schnell und erlöschen langsam; ihre Halsstarrigkeit ist sprüchwörtlich, wie die der Biscayer. Um diese sinnbildlich zu bezeichnen, sagt man, der Biscayer stoße mit seinem Kopfe einen Nagel in eine Mauer, aber der Aragonese sei im Stande, den Kopf des Nagels in die Mauer zu trei-

ben, indem er mit der Stirne gegen die Nagelspitze schlage. Von den Franzosen eingeschlossen, durch ihr Bombardement in die Enge getrieben und aus dem Besitz des Torrero verdrängt, fand Saragossa, das nur durch eine 18 Zoll dicke Ringmauer vertheidigt wird, in der unüberwindlichen Hartnäckigkeit seiner Bewohner unerwartete Hülfsquellen. Die barrikadirten Straßen waren unzugänglich geworden; jedes Haus mußte regelmäßig belagert werden. Man hatte in den Häusern durch die Zwischenmauern innere Communicationen eingerichtet, und die geschützten Einwohner streckten die französischen Truppen nieder, sobald diese die Kühnheit hatten, vorzurücken. Der Eifer ersetzte den Mangel der Erfahrung; die Bürger waren Artilleristen geworden, die Frauen trugen den Kämpfenden Munition zu, die Mönche fertigten Patronen. Gegen das Ende der Belagerung war die Garnison von 28,000 auf 4000 Mann geschmolzen; die Hungersnoth war so groß, daß eine Henne acht bis neun Thaler kostete, und die Nothwendigkeit, sich in den Kellern zusammenzudrängen, um den schrecklichen Wirkungen des Bombardements zu entrinnen, hatte eine epidemische Krankheit erzeugt, welche die Bevölkerung noch schneller als das Feuer der Franzosen dahinraffte; trotz dieser verzweifelten Lage zeigte sie sich schwierig über die Bedingungen einer Capitulation, welche der Sieger nach vollzogener Übergabe nur zu schlecht beobachtete. Die glorreichen Erinnerungen von 1808 haben nicht wenig dazu beigetragen, den natürlichen Stolz und Unabhängigkeitssinn der Aragonesen zu erhöhen. Die Geschichte meldet uns, in welchen Ausdrücken ehemals der Oberrichter von Aragonien dem Könige am Tage seiner Thronbesteigung Huldigung leistete. „Wir, die wir einzeln genommen so viel sind als du und vereinigt mehr vermögen als du, machen dich zu unserm Könige, unter der Bedingung, daß du unsere Rechte heilig hältst." Wiewol die alten, von Philipp II. beschränkten und von Philipp V. nach dem spanischen Erbfolgekriege gänzlich aufgehobenen Vorrechte dieser Provinz heutzutage nur noch eine historische Erinnerung sind, so lebt doch der Geist der Unabhängigkeit, den sie hervorgerufen, noch immer in den Herzen der Aragonesen, wie die neuesten Ereignisse wiederholt zur Genüge dargethan haben.

Unter den zahlreichen Kirchen von Saragossa sind besonders zwei interessant, die Kirche de la Seo und die schon vorhin genannte unserer lieben Frau zum Pfeiler. Jene ist reicher und in einem bessern architektonischen Styl erbaut; diese ist durch das Wunder berühmt, welches der heilige Jakob gewirkt haben soll, als er sich nach Galicien begab. Durch sein frommes Gebet gerührt, stieg nämlich die Jungfrau Maria vom Himmel herab und stellte sich auf einen Pfeiler, welcher der Kirche seinen Namen gegeben hat und mit einer wunderthätigen Kraft begabt geblieben ist. Eine sehr kleine, aber prächtig gekleidete Bildsäule, welche die Mutter Jesu vorstellt, ruht auf dem heiligen Pfeiler, welcher selbst wieder in einen der ungeheuern Pfeiler eingeschlossen ist, die das Gewölbe der Kirche tragen; aber eine im Stein angebrachte Öffnung gestattet den Gläubigen, den innern Pfeiler zu küssen und der Gnade theilhaftig zu werden, die mit dieser Andachtsbezeigung des Volkes verbunden sein soll. Jeden Sonntag werden von 6 Uhr Morgens bis 1 Uhr Nachmittags in der Kapelle der heiligen Jungfrau ohne Unterbrechung Messen gelesen, bei denen sich die untern Volksclassen sehr zahlreich einfinden.

Die Schönheit der Aragonesinnen ist zwar nicht sprüchwörtlich wie die der Andalusierinnen und der Valencianerinnen, gehört aber einer eigenthümlichen Gattung an, der man seine Bewunderung unmöglich versagen kann, und welche für den Bewohner nördlicher Gegenden etwas Fremdartiges hat. Ihr üppiger Bau, ihr reiner Teint und das Feuer ihrer Augen, die unter ihren schwarzen Mantillen funkeln, fällt vorzüglich in die Augen; eine bemerkenswerthe Seltsamkeit ist es nämlich, daß in diesem heißen Himmelsstriche die schwarze Farbe die einzige ist, welche diejenigen Frauen tragen, deren Tracht die Ansteckung der französischen Moden noch nicht entstellt hat. Der schwarze Schleier, der auf dem bloßen Kopfe liegt und über die Arme und Schultern herabfällt, hat etwas Klösterliches und gibt den jungen Frauen das Ansehen von Nonnen, die von weltlichen Leidenschaften bewegt werden, den alten aber das Ansehen von Sibyllen und Wahrsagerinnen.

Die Saatkrähe.

Die Saatkrähe (Corvus frugilegus) kommt in Deutschland nur an einigen Orten als Zugvogel, desto häufiger aber in England und andern nördlichern Ländern Europas, auch in Sibirien vor. Sie ist von glänzend schwarzer Farbe mit einer blauen Schattirung zu beiden Seiten des Halses und schlanker als die gemeine Krähe, übrigens mit derselben ziemlich von gleicher Größe, etwa 19 Zoll lang und mit ausgespannten Flügeln 38 Zoll breit. Von Natur gesellig wie alle Krähen, halten sie sich auch zur Paarungszeit zusammen und bauen ihre Nester auf Bäumen; sie wissen dieselben nicht sehr dicht zu verkleben, aber dafür sitzt das Weibchen beständig im Neste, um die Jungen gegen Kälte zu schützen. Man findet nicht selten auf einem Zweige mehre Nester von Saatkrähen; auch Dohlen, Staare und Sperlinge lassen sie oft in ihrer unmittelbaren Nähe Nester bauen. Wiewol sie bisweilen den Kornfeldern, namentlich der jungen Weizensaat, Schaden thun, worauf schon ihr Name deutet, oder Kirsch=, Birn= und Nußbäume in Contribution setzen, so überwiegt doch im Allgemeinen der Nutzen, den sie durch Vertilgung von Insekten, namentlich von Raupen, stiften, jenen Nachtheil beiweitem, wie sich an mehren Orten erst nach ihrer Ausrottung oder Vertreibung recht deutlich gezeigt hat.

Über die naturhistorische Stellung der Saatkrähe mag noch bemerkt werden, daß sie zu dem Rabengeschlechte, dieses aber zu der Familie der Coraces oder Azeln gehört. Man kann nämlich sämmtliche Landvögel in drei Hauptfamilien, Raubvögel, Waldvögel und hühnerartige Vögel, eintheilen, von denen die zweite wieder in die drei untergeordneten Familien der Singvögel, Spechte und Azeln zerfällt. Das Geschlecht Rabe, Corvus, begreift außer dem eigentlichen Raben oder Kolkraben etwa 60 Arten, unter denen außer der Saatkrähe die gemeine Krähe oder Rabenkrähe, die Nebelkrähe, die Alpenkrähe, die Steinkrähe, die Dohle, die Elster, der Holzheher und der Nußheher vorzüglich bemerkenswerth sind.

Das Neueste aus der Natur- und Gewerbswissenschaft. *)

Die vortreffliche Daguerre'sche Entdeckung des Firirens der Lichtbilder in der Camera obscura ist in unsern Blättern in einem eigenen Aufsatze (Nr. 306) mit derjenigen Ausführlichkeit besprochen worden, welche sie verdient. Bei dem außerordentlichen Aufsehen aber, welches diese Sache erregt, und bei den von allen Seiten aufgebotenen Bemühungen, dem Geheimnisse des französischen Künstlers auf die Spur zu kommen, müssen wir unsere Leser gleich im Eingange unsers diesmaligen Berichts nochmals damit beschäftigen.

Unter jenen Concurrenten zeichnet sich zunächst ein englischer Optiker, F. H. Talbot zu London, aus. Man hat für ihn sogar die Priorität der Entdeckung oder vielmehr des Gedankens in Anspruch nehmen wollen; nachdem diese aber auf eine ganz unzweifelhafte Weise Daguerre gesichert worden, haben wir nur noch über die Ausführungsweise zu berichten. Talbot's Verfahren **), aus welchem er übrigens gar kein Geheimniß macht, wogegen Daguerre das seinige sorgfältig verbirgt, unterscheidet sich von dem letztern wesentlich, und da seine Bemühungen schon zu bedeutenden Ergebnissen geführt haben, so verdienen sie, eben dieser Verschiedenheit und Selbständigkeit wegen, die größte Anerkennung, und behalten vielleicht noch neben Daguerre's vortrefflichen Darstellungen einen eigenen Platz im Gebiete der Technik. ***)

Beide Entdeckungen sind von dem nämlichen Principe: der Färbung der Silbersalze durch Einwirkung des Lichts darauf, ausgegangen. Während aber Daguerre seine ganze Aufmerksamkeit auf das Färbungsmittel wendete und einen (von ihm als geheim gehaltenen) Stoff auffand, der im Lichte bleicht, und dessen nachherige fernere Veränderungsfähigkeit durch das Licht mittels eines ebenfalls geheim gehaltenen Verfahrens aufgehoben werden kann, verfolgte Talbot den Umstand, daß die Silbersalze im Sonnenlichte dunkel werden, und suchte nun nur noch nach einem ähnlichen Schutzmittel wie Daguerre, um solchergestalt erhaltenen dunkeln Bilder auch vor nachherigen weitern Veränderungen im Lichte zu schützen. Es gelang ihm durch verschiedenartige chemische Zubereitung seiner Silbersalze, Bilder in gelber, rosenrother, grüner, brauner und himmelblauer Zeichnung zu erhalten, unter denen sich besonders die letztern, welche an die bekannten Wedgwoodgefäße erinnern, sehr gut ausnehmen sollen. Sein Verfahren hat den Vorzug vor dem Daguerre's, daß dabei nur Papier, welches mit der Salzauflösung (salzsaurem Silber) getränkt wird, erfoderlich ist, wogegen Daguerre bekannt-

*) Vergl. Pfennig-Magazin Nr. 306.
**) Vergl. über dasselbe Nr. 321.
***) Wie sehr übrigens die Leistungen Talbot's von denen Daguerre's übertroffen werden, ist erst ganz kürzlich wieder von dem berühmten Herschel anerkannt worden, welcher in Begleitung mehrer anderer englischen Gelehrten Daguerre besuchte und unumwunden erklärte, daß Alles, was er bisher gesehen, gegen die Leistungen Daguerre's nur Kinderspiele wären, worin seine Begleiter ihm sämmtlich beistimmten. Uebrigens ist nun gegründete Aussicht vorhanden, daß Daguerre's Geheimniß nöchstens zur allgemeinen Kenntniß kommen wird. Die französische Regierung hat nämlich vor kurzem bei den Kammern darauf angetragen, dem Erfinder (der schon vorläufig durch die Ernennung zum Offizier der Ehrenlegion belohnt worden ist) sein Geheimniß durch eine jährliche Pension von 6000 Francs abzukaufen, wovon eine andere Pension von 4000 Francs soll Niepce erhalten, dessen verstorbener Vater Daguerre's Mitarbeiter gewesen war. Diesen Vorschlag der Regierung hat die Deputirtenkammer bereits am 9. Juli dieses Jahres genehmigt.

lich einer Metallplatte bedarf; Talbot nennt solches Papier „empfindliches‟, und das nachher darauf anzuwendende Verfahren, um weitere Veränderung durch Lichteinfluß zu verhindern, das „Schutzverfahren‟. Längere Versuche — und dieser Umstand ist sehr wichtig — haben bewiesen, daß sich letzteres Verfahren gegen intensives Sonnenlicht und selbst gegen die Zeit bewährt. Die ersten Gegenstände, an welchen Talbot seine Kunst geübt hat, sind Blumen und Pflanzen überhaupt gewesen; er spricht in seinen mehrfachen Veröffentlichungen über die allmälig gemachten Fortschritte mit Enthusiasmus von einer Agrostis (einem Grase), wo die Blüten der Rispen in dem Lichtbilde mit Einzelnheiten erscheinen, wie ein Maler nie Geduld genug haben würde, sie zu zeichnen. Bei bedeutenden Vergrößerungen (besonders einer 289maligen in der Fläche), welche der Künstler durch Anwendung eines Sonnenmikroskops erzielt, werden die zartesten Gegenstände mit bewundernswürdiger Nettigkeit wiedergegeben; mikroskopische Krystalle namentlich stellen sich in beispielloser Schärfe dar. Dagegen gewinnt er mittels der Linsen von kurzer Brennweite Miniaturen, welche, wie er sich ausdrückt, den Werken eines Liliputkünstlers gleichen. „Es bedarf‟, fügt er hinzu, „einer Loupe, um Alles zu sehen‟ (also gerade wie bei Daguerre). Auch auf das Copiren von Kupferstichen wendet Talbot seine Methode mit Erfolg an. Der Kupferstich wird zu dem Ende mit der Druckseite auf das empfindliche Papier gelegt und fest angedrückt, wonächst man das Sonnenlicht darauf wirken läßt, welches nur durch die lichten Stellen hindurch färbend wirkt, sodaß man also ein weißes Bild auf farbigem Grunde mit umgekehrten Seiten erhält. Dieses Bild muß demnächst dem Schutzverfahren unterworfen und dann auf ein zweites Papier gebracht werden, und gibt nun erst Lichter, Schatten und Zeichnung in der ursprünglichen Art wieder. (Wie viel Vorzüge bietet hier freilich Daguerre's Reagens, bei dem man bekanntlich Licht und Schatten sogleich erhält!) Letztere, dem Talbot'schen Verfahren anhängende Mangelhaftigkeit gab dem bekannten deutschen Optiker Enslen, dem Vater, Veranlassung zu eigenen Versuchen. „Ich nehme mir die Freiheit‟, sagt er über den Erfolg, in einem nachher veröffentlichten Schreiben an einen Freund, „Ihnen hierbei einige Lichtbilder aus meiner Fabrik zu übersenden, zu deren Anfertigung die Daguerre'sche und Talbot'sche Erfindung, welche mich als alten Physiker und Optiker gar sehr beschäftigte, Veranlassung gegeben hat. Da Daguerre's vortreffliches Verfahren noch ein Geheimniß ist, bei Talbot aber (wie wir es eben dargestellt haben) Alles in Licht und Schatten verkehrt erscheint; so suchte ich mir dadurch zu helfen, daß ich auf Horn, Glas oder transparentes Papier Gegenstände in umgekehrtem Lichte und Schatten abbildete, welche zugleich durch die directe Einstrahlung des Sonnenlichts kräftigere und dauerndere Bilder liefern mußten, denen künstlerische Sorgfalt oder ein damit ausgedrückter Gedanke einen besondern Werth verleihen konnten. Die glückliche Ausführung hat mich darauf geführt, auch Abdrücke zu verfertigen, bei denen (statt des Sonnenlichts) das durch galvanische Elektricität erzeugte (ebenfalls sehr energische) Licht *) angewendet wird, und ich habe dergleichen Leistungen aufzuweisen, welche Eigenthümlichkeiten besitzen, die weder durch Kupferstich noch durch Lithographie zu erlan-

*) Wir erfahren eben, daß es unterdeß Herschel dahin gebracht hat, Lichtreizzeichnungen auch durch verstärktes Gaslicht hervorzubringen, genau wie wir es vorhergesagt hatten.

gen sind, und für deren weitere Ausbildung sich von der Zeit und Erfahrung noch viel erwarten läßt. Portraits, zarte botanische Gegenstände u. s. w. stellen sich auf das allergenaueste dar, sowie durch Firniß transparent gemachte Kupferstiche, bei denen aber die schwarzen Linien (aus den oben entwickelten Gründen) weiß erscheinen. Ein Lichtbild lege ich hier bei, welches in mehr als einem Sinne diese Benennung verdient und als Erinnerungszeichen in ein Andachtsbuch vortrefflich paßt, indem es eine himmlische, mit Sternen umgebene, von Strahlen gebildete Erscheinung Christi am Kreuze darstellt und dadurch recht eigentlich „Licht aus Licht" andeutet."

Als eine plastische Ausdehnung dieser Daguerre=Talbot'schen Erfindung stellt sich hiernächst ein kürzlich von Colas zu Paris erfundenes Verfahren dar: auf rein mechanischem Wege von jedem plastischen Kunstwerke eine vollkommen getreue Copie in beliebiger Dimension zu fertigen. Man hat die Bekanntmachungen darüber anfangs für eine Mystification und Parodie der Daguerrotypen genommen; dem ist aber nicht so, und wir erfahren vielmehr, daß der Bildhauer Chenerton zu London schon vor Jahren ein vielleicht verwandtes Verfahren angegeben und mittels desselben eine Büste des Kronprinzen von Preußen in Elfenbein und sehr verkleinertem Maßstabe ausgeführt hat, welcher ihr mechanischer Ursprung keineswegs anzusehen gewesen. Auch befindet sich jetzt ein Künstler mit Namen Boy zu Berlin, welcher ähnliche Arbeiten ausführt, und wir dürfen uns also wirklich damit schmeicheln, in der Sculptur bald ähnliche Wunder wie in der Lichtzeichnung zu erleben.

Vom Lichtgebiete treten wir auf das magnetische über, für dessen Erweiterung in diesem Augenblicke nicht weniger große Anstrengungen gemacht werden. Um aber meine Leser zunächst auf den Standpunkt genauer Beurtheilung des eigentlichen Zweckes einer jetzt zu unternehmenden großen magnetischen Expedition zu versetzen, erinnere ich sie daran, daß sowol die Abweichung (Declination) als die Neigung (Inclination) der Magnetnadel auf den verschiedenen Punkten der Erdoberfläche überaus verschieden, und außerdem, im Laufe der Jahrhunderte, des Jahres, des Tages, periodischen, beim Eintritte mancher außerordentlichen Umstände, z. B. der Nordlichter, aber auch ganz unregelmäßigen Veränderungen unterworfen sind, und daß endlich die Intensität, mit welcher die magnetische Kraft auf die Magnetnadel wirkt, indem sie sie hier in mehre, dort in wenigere Schwingungen versetzt, ähnlichen Anomalien unterworfen ist. Um das überaus verwickelte Gesetz aller dieser verschiedenen magnetischen Erscheinungen zu erforschen, ward es daher zunächst nothwendig, nur erst auf den verschiedensten, voneinander entferntesten Punkten der Erdoberfläche magnetische Observatorien oder Stationen zur Beobachtung der Declination, Inclination und Intensität an jedem solchen Orte zu besitzen, und dahin ist, wie sich die Leser aus meinen frühern diesfallsigen Vorträgen erinnern, schon seit längerer Zeit nicht ohne Erfolg gestrebt worden. Vor einer gewissen Zeit wandte sich indeß Alexander von Humboldt an den Herzog von Sussex, damaligen Präsidenten der königlichen Societät zu London, und machte Vorschläge zu einer weitern Ausdehnung solcher magnetischen Beobachtungen. Diese Vorschläge, welche sich namentlich auf Errichtung fixer magnetischer Stationen in den Tropenländern bezogen, wurden von der Societät wohlgefällig aufgenommen, und man ging die Regierung schon damals um Bewilli-

gung der erfoderlichen Geldmittel an. Die Rückkunft von Sir John Herschel vom Vorgebirge der guten Hoffnung, wo derselbe bekanntlich lange mit Beobachtung der südlichen Sternbilder beschäftigt gewesen ist, brachte die Sache neuerdings in Anregung, und es ist nun jetzt die oben angedeutete große magnetische Expedition wirklich beschlossen worden. Das Vorhaben des Baues magnetischer Häuser ist an eine magnetische Seeexpedition geknüpft worden, welche bis gegen den Südpol hin vordringen und die Punkte in jenen fernen Gegenden bestimmen soll, wo dieselbe Declination, oder Inclination, oder Intensität statt hat, indem sich diese Punkte, so weit man sie bis jetzt in andern Theilen der Erdoberfläche hat beobachten können, durch Curven von einem gewissen Gesetze verbinden lassen und es nun zur Entscheidung kommen muß, ob die zu ermittelnden neuen Punkte ebenfalls in das Gesetz dieser Curven fallen. Die zu errichtenden magnetischen Häuser oder Observatorien aber werden ihre fortgesetzten Beobachtungen mit denjenigen vergleichen können, welche auf den magnetischen Stationen gemacht werden, die durch frühere Bemühungen, namentlich auch durch die freigebige Mitwirkung der russischen Regierung, in der mittlern Breitenzone des alten Continents von Lissabon bis Peking bereits bestehen. In allen den neuern, jetzt zu errichtenden Stationen aber sollen ausschließlich die trefflichen und sichern Apparate, welche unser großer Geometer Gauß in Anwendung gebracht hat, gebraucht werden, nach denen man, um wenigstens die allgemeinste Idee anzudeuten, die Schwankungen der Nadel an einem sehr großen Maßstabe aus einiger Entfernung mit einem Fernrohre in einem Spiegel beobachtet, sodaß aller etwaiger Einfluß der Person auf die Nadel vermieden wird, gleichwie auch das magnetische Gemach mit Ausschluß alles Metalls gebaut ist. Zu dieser magnetischen Reise sind die beiden britischen Schiffe Terror und Erebus bestimmt, welche wahrscheinlich in diesem Augenblicke schon die Anker gelichtet haben; das Commando ist dem als Begleiter von Sir Edw. Parry bei allen seinen Polarexpeditionen rühmlich bekannten Capitain James Roß anvertraut. Beide Schiffe sollen in jeder Hinsicht so ausgestattet und bemannt werden, wie bei den Polarreisen, und es sind drei Jahre zur Ausführung bestimmt. Da die Engländer so mannichfache Erfahrungen über die Bedürfnisse einer Polarexpedition gesammelt haben und der Capitain Roß selbst die Beschwerden und Gefahren einer solchen genau kennt, so darf man schon annehmen, daß es an nichts fehlen und also ein glücklicher Erfolg wahrscheinlich auch nicht entstehen werde. Vorläufig sind St.=Helena, das Vorgebirge der guten Hoffnung und Vandiemensland zur Anlegung magnetischer Häuser ausersehen; einer jeden solchen magnetischen Station soll ein Ingenieuroffizier vorstehen. Um aber das Netz, wenn wir so sagen dürfen, zur endlichen Erhaschung des magnetischen Geheimnisses, so viel thunlich, über den ganzen Erdboden auszuspannen, wird gleichzeitig ein Observatorium in Canada errichtet werden, gleichwie die ostindische Compagnie drei andere dergleichen in Madras, Bombay und Simla in Thätigkeit setzt. Auch ist es dem Herrn von Humboldt gelungen, den neapolitanischen Minister des Innern, Cavaliere di Santangelo, für Errichtung gleicher Etablissements im Königreiche beider Sicilien zu gewinnen.

Bei der von den Naturforschern unserer Zeit nachgewiesenen engen Verwandtschaft des Magnetismus und der Elektricität müssen wir jedoch hinsichtlich der letztern an eine Betrachtung des erstern sogleich die Notiz anknüpfen, daß für die Eigenthümer des Kolosseums im

Regentspark zu London jetzt vom Mechaniker Clarke eine Rieseneltrisirmaschine angefertigt wird. Die Glasscheibe (denn es soll eine Scheibenmaschine werden, bei der bekanntlich eine kreisrunde Glasscheibe in verticaler Stellung mittels einer Kurbel gegen das Reibzeug gerieben wird) soll 7 Fuß im Durchmesser halten; die Axe wiegt ¾ Centner und das Mahagonigestell ½ Tonne. Der metallene Conductor, d. h. derjenige Theil der Maschine, welchem die durch die Reibung erzeugte Elektricität zunächst zugeführt und wo sie gesammelt wird, ist eine 5 Fuß im Durchmesser haltende Zinkkugel, die von drei gläsernen, 5 Fuß 8 Zoll hohen, 720 Pfund schweren Säulen getragen wird. Die Batterie besteht aus 18 überaus großen leydener Flaschen von grünem Glase, und wegen der Furchtbarkeit der von dieser Maschine zu erwartenden Wirkungen befindet sich der Gehülfe, welcher die Scheibe zu drehen hat, seiner Sicherheit halber in einem besondern Gemache.

Eine Hauptfrage aber, welche durch die mit dieser Maschine anzustellenden Versuche entschieden werden soll, bezieht sich auf die Geschwindigkeit, mit welcher die elektrische Materie einen Metalldraht durchläuft. Bekanntlich hat sich in Deutschland namentlich Gauß, in England aber Wheatstone mit Untersuchungen über diese Geschwindigkeit beschäftigt, und Letzterer hat dieselbe über 60,000 deutsche Meilen in der Secunde gefunden, also viel größer als selbst die Geschwindigkeit des Lichts, welches bekanntlich nur etwa 40,000 Meilen in einer Secunde zurücklegt. Auf diese ungeheure Geschwindigkeit des elektrischen Funkens, wenn er durch einen Metalldraht fortgepflanzt wird, gründet sich ja eben der Gedanke der elektrischen Telegraphie, von welcher wir unsere Leser in diesen Blättern so viel unterhalten haben. Um die Sache nun einer neuen Prüfung zu unterwerfen, hat man mit dem Conductor der hier beschriebenen Maschine einen über eine deutsche Meile langen Metalldraht in Verbindung gesetzt, welcher also den elektrischen Funken leiten soll. Man wird zwar fragen, wie es möglich sein werde, eine Geschwindigkeit, welche 60,000 Meilen in einer Secunde beträgt, an einem nur etwa eine Meile langen Drahte abzumessen? Allein es ist zur Beseitigung dieses Zweifels zu bemerken, daß Wheatstone einen Drehspiegel erdacht hat, welcher so viele Umläufe in einer Secunde macht, daß man auch die um außerordentlich kleine Zeittheile auseinander fallenden Lichterscheinungen dadurch unterscheiden und die zugehörige Zeitverschiedenheit berechnen kann. Diese der neuesten Zeit zuständigen Entdeckungen über die ungeheure Geschwindigkeit des elektrischen Funkens sind übrigens zu den glänzendsten des Jahrhunderts zu zählen und eröffnen, auch abgesehen von aller technischen Anwendung, überaus wichtige Aussichten.

(Fortsetzung folgt in Nr. 337.)

Knochenmehldüngung. *)

Die Knochenmehldüngung ist in Schottland sehr gewöhnlich geworden und unzählige Felder konnten nur durch dieses Mittel fruchtbar gemacht werden. Dieses Mehl wurde bisher hauptsächlich aus Rußland eingeführt, das aber jetzt einen hohen Ausfuhrzoll darauf gelegt hat. Allein in der Grafschaft Forfar wurden davon im Jahre 1837 460,000 Scheffel eingeführt.

*) Vergl. Pfennig-Magazin Nr. 254.

Die Rotunde in Woolwich.

Verantwortlicher Herausgeber Friedrich Brockhaus. — Druck und Verlag von F. A. Brockhaus in Leipzig.

Das Pfennig-Magazin

für

Verbreitung gemeinnütziger Kenntnisse.

337.]   Erscheint jeden Sonnabend.   [September 14, **1839.**

Oporto.

Oporto oder Porto, nach Lissabon die größte, volkreichste und wichtigste Stadt in Portugal, liegt in der Provinz Entre Douro e Minho, der nördlichsten Portugals, an beiden Seiten des Douro, ¼ Meile von dem Ausflusse desselben ins atlantische Meer und 38 Meilen von Lissabon entfernt, in einem engen, aber fruchtbaren Thale zwischen hohen, mit Fichtenwäldern bedeckten Bergen. Die Stadt ist ziemlich gut gebaut und hat den bei portugiesischen Städten seltenen Vorzug der Reinlichkeit; die Straßen sind ziemlich eng, aber sämmtlich gepflastert, was ebenfalls in Portugal nicht allgemein gefunden wird; an dem Flusse ziehen sich schöne Quais hin und die reizenden Umgebungen der Stadt werden durch geschmackvolle Landhäuser, sogenannte Quintas, verschönert. Sie hat 11 öffentliche Plätze, 20 öffentliche Springbrunnen, 90 Kirchen, 13 Hospitäler und gegen 60,000 Einwohner. Fast die sämmtliche Bevölkerung nährt sich durch Industrie und Handel; unter den Fabriken sind die in Seide, Kattun, Tuch, Leinwand und Leder besonders erwähnenswerth, und dem Handel dient der Portwein, der jährlich in ungeheurer Menge versandt wird, als wichtigster Ausfuhrartikel. Unter den hiesigen großen Handelshäusern befinden sich auch viele englische und deutsche. In den Hafen, der von einem Fort beschützt wird, laufen jährlich über 1000 Schiffe ein, doch ist die Einfahrt nicht ohne Gefahren, da die Mündung des Douro durch Klippen und bewegliche Sandbänke beengt wird. Seinen Ursprung verdankt Porto einem Orte Cale, auf der linken oder südlichen Seite des Stromes, dessen Bewohner sich schon im 5. Jahrhunderte oder noch früher auf der nördlichen oder rechten Seite des Douro niederließen und hier einen Hafen anlegten, der Porto Cale genannt wurde, wovon der jetzige Name des Landes, Portugal, herkommt. Ihre größte Bedeutung erlangte die Stadt im 18. Jahrhunderte, nachdem die kleinen Städte Villanova und Gaya damit vereinigt worden waren; noch vor hundert Jahren, im J. 1732, hatte sie erst 20,737 Einwohner. In der neuern Geschichte Portugals hat Oporto wiederholt eine bedeutende Rolle gespielt. Am 24. August 1820 brach hier die Revolution aus, welche Portugal schon damals auf kurze Zeit zu einem constitutionnellen Staate machte; 1828 war Oporto der Sitz des Blutgerichts, welches von

Dem Miguel zur Ächtung der Anhänger der Donna Maria niedergesetzt wurde, verlor damals über 10,000 seiner Bewohner durch Auswanderung und enthielt noch 1831 nach amtlichen Berichten 11,000 Personen, die als verdächtig in Haft gehalten wurden. Am 8. Juli 1832 nahm Dom Pedro Oporto ein, machte diese Stadt zum Sitze der Regierung seiner Tochter, ohne jedoch lange seine Herrschaft weiter ausdehnen zu können, behauptete sich aber über ein Jahr gegen die Angriffe der Miguelisten, bis diese am 24. Juli 1833 Lissabon und ein Jahr nachher ganz Portugal räumten.

Das Neueste aus der Natur= und Gewerbswissenschaft.

(Fortsetzung aus Nr. 336.)

In der Astronomie haben wir uns zunächst mit dem Trabantensystem Saturns zu beschäftigen. Man weiß nämlich, daß Saturn, dieser ferne Planet, dessen Abstand von der Sonne an 200 Millionen Meilen beträgt, außer seinem prachtvollen Ringe noch von sieben Monden umgeben ist. Die beiden innersten, dem Hauptplaneten nächsten dieser sieben Monde sind eine Entdeckung des ältern Herschel, welcher sie im J. 1789 mit seinem großen Spiegelteleskope auffand. Seit dieser Zeit, also ein halbes Jahrhundert lang, hatten sich diese beiden Monde den Beobachtungen aller Astronomen entzogen; kaum daß einige, noch dazu nicht ganz verläßliche Beobachtungen der sechsten gemacht worden waren; vom siebenten (dem Saturn nächsten) schrieb noch Herschel, der Sohn, vom Cap: „Dieser Saturnsmond spottet aller meiner Bemühungen." Jetzt endlich melden die Astronomen des Collegio Romano die sichere Wiederauffindung beider Trabanten, und was das Bewundernswürdigste und Ehrenvollste für die Kräfte der erhabenen Wissenschaft der Astronomie und für die Genauigkeit der beiderseitigen Beobachtungen, des ältern Herschel und der römischen Astronomen, ist, es folgen die Umlaufszeiten beider Monde um ihren Hauptplaneten, aus der einen Beobachtung wie aus der andern, 32 Stunden 53 Minuten für den siebenten und 22 Stunden 36 Minuten für den sechsten. Das Schauspiel der sieben Monde und die reißend schnelle Bewegung dieser eben erwähnten beiden innersten muß dem Nachthimmel Saturns einen ganz eigenen Anblick verleihen, und man sieht schon hieraus wieder, wie sehr die ganze dortige Gestaltung der Dinge von der irdischen verschieden sein wird.

Ferner dürfen wir in die astronomische Kategorie die Details über den vorjährigen Novembersternschnuppenfall ziehen, mit deren Bekanntmachung wir etwas gezögert haben, indem wir immer noch auf Nachrichten darüber aus den andern Welttheilen hofften, welche aber nicht eingegangen sind. Dagegen theilt der wiener Astronom Littrow, der Sohn, über diese Erscheinung, auf deren allgemeine Umstände wir die Aufmerksamkeit unserer Leser schon in unsern frühern Berichten gelenkt haben, sehr interessante Notizen mit. Nach seinen Beobachtungen wurden allein in der Nacht des 13. November über 1000 Sternschnuppen wahrgenommen, und er faßt die Resultate seiner Forschungen über den Vorgang etwa in Folgendem zusammen: Die Sternschnuppen gehören zu den häufigsten Erscheinungen, welche der gestirnte Himmel darbietet, sodaß selten eine Stunde ohne ein Phänomen dieser Art verstreicht. Die Zeiten um den 10. August und 12. November werden mit Recht als Perioden angesehen, zu welchen ein reicherer

Fall von Sternschnuppen zu erwarten steht, und die Sternschnuppenfälle dieser Zeiten sind von dem Phänomene, wie man es in andern heitern Nächten beobachtet, wesentlich verschieden, indem sich bei jenen eine gewisse Regelmäßigkeit des Himmelsorts offenbart, während die Sternschnuppen sonst regellos am ganzen Himmel umherirren. Die Sternschnuppen des August zeigen sich in einer Himmelsgegend, welche der der Novembersternschnuppen fast gerade gegenüber liegt; erstere bewegen sich auf einen Punkt des Weltalls zu, von welchem die Erde auf ihrer Jahresbahn um die Sonne eben kommt; letztere dagegen haben ihre Richtung nach einem Punkte hin, auf welchen die Erde selbst eben auch zugeht. Es scheint also, als wenn es im Weltenraume Gegenden gebe, wo sich besonders viele Sternschnuppen ereignen, und als wenn die Erde bei ihrem Umlaufe um die Sonne gerade in den betreffenden August= und Novemberzeiten solche Gegenden des Himmelsraums durchschnitte. Damit wollen wir nicht sagen, daß alle sogenannten Sternschnuppen nun auch nur dem Himmelsraume angehörten (blos kosmischen Ursprungs wären); wir nehmen vielmehr fortwährend an, daß auch die irdische Atmosphäre dergleichen Erzeugnisse hervorbringe, und daß der regellose Fall im ganzen Jahre durch diese letztern (die tellurisch=atmosphärischen) veranlaßt werde. Auf diese Weise lassen sich, scheint es uns, die beiden Hypothesen über Sternschnuppen, deren eine man die kosmische, die andere die tellurische nennt, am besten vereinigen.

In einem engen Zusammenhange mit den Sternschnuppen stehen aber sicher die Meteorsteine, welche gleich jenen vom Himmel fallen und ohne Zweifel ein bis auf einen gewissen Grad ähnlicher Niederschlag sind. Manche Leser zweifeln vielleicht noch am Factum selbst; indeß wird ihnen zu tausend frühern solcher Vorgänge folgendes Detail eines Meteorsteinfalles vom Vorgebirge der guten Hoffnung gemeldet: *) „Am 13. October 1838 um halb zehn Uhr Morgens durchschnitt ein Meteor von silberweißer Farbe die Atmosphäre in einer großen Ausdehnung und zersprang mit einem einer Artilleriesalve ähnlichen Getöse, welches viele Meilen weit gehört worden ist. Die Atmosphäre war ruhig, aber von erstickender Hitze. Im Augenblicke des Knalles stürzten große Steinstücke aus der Luft zur Erde und wurden weit umher zerstreut. Die Masse, woraus diese Stücke bestanden, war anfangs noch weich, sodaß sie mit einem Messer zerschnitten werden konnte, nahm aber schnell die Steinhärte an. Zusammen mögen die Stücke gegen fünf Cubikfuß betragen. Ein anwesender Chemiker hat diese Steinstücke, welche sich sanft anfühlten und ein poröses Ansehen hatten, physikalisch und chemisch untersucht; nach der Erhärtung hatten sie ein specifisches Gewicht von fast drei (d. h. waren dreimal schwerer als Wasser) und zeigten sich etwas magnetisch; ihre Bestandtheile aber waren die aller andern Meteorsteine, nämlich Kieselerde, Eisenoxyd, Talkerde, Thonerde, Kalk, Nickeloxyd, Chromoxyd, Schwefel, Wasser und Spuren von Natron."

Merkwürdig wird den Lesern hierbei nun aber erscheinen, daß die Meteorsteine, sie mögen fallen wo sie wollen, im nördlichsten Europa oder im südlichsten Afrika, kurz wo es sei und so weit man sie noch immer untersucht hat, immer die nämlichen Bestandtheile zeigen. Hierbei bemerken wir nun aber, daß der Re-

---

*) Wir entlehnen diese Details einem zur Öffentlichkeit gekommenen Schreiben des Landbesitzers Maclean im Cold Bakkevel auf dem Cap an den Astronomen Herschel zu London.

gen, Hagel u. s. w., er falle, wo er falle, auch immer die nämlichen Bestandtheile enthält, und daß nach dieser Analogie die Einerleiheit des Ursprungs der steinigen Meteore ebenso unzweifelhaft ist, als die der wässerigen. Aus welchen, wie es uns scheint, unwiderleglichen Gründen wir eine tellurisch=atmosphärische Entstehung dieser Meteorsteinmassen annehmen, darüber glauben wir uns in unsern frühern Mittheilungen hinreichend ausgesprochen zu haben.

Wir steigen nunmehr in den Mikrokosmos, in die Welt des Kleinen, hinab, indem wir uns einen Augenblick mit Ehrenberg's wunderbaren Entdeckungen über die Infusorien beschäftigen, welche gegenwärtig die Aufmerksamkeit jedes Gebildeten in Anspruch nehmen.

Gleichwie das Teleskop den blassen Streifen der Milchstraße in unzählbare Sternwelten auflöst, ebenso zeigt das Mikroskop dem erstaunten Auge den größten Theil der uns auf den ersten Blick unbelebt und unorganisch erscheinenden elementarischen Bestandtheile unsers Planeten erfüllt von einer unaussprechlich großen, ja alle Zahlen, welche bis jetzt als im Raume vorhanden gedacht wurden, weit übersteigenden Menge organischer, freier Lebensentwickelung fähiger Wesen, welche man Infusionsthierchen oder Infusorien genannt hat, weil man sie zuerst in den Aufgüssen von Flüssigkeiten auf animalische oder vegetabilische Körper entdeckte. Diese Infusorien nun, die letzte Classe der Würmer, den Schluß des ganzen Thierreichs, hat der berliner Naturforscher, Professor Ehrenberg, zum Gegenstande seiner langjährigen genauen Beobachtungen gemacht, und das Resultat derselben jetzt in einem eigenen Werke *) an das Licht treten lassen. In einem bloßen Tropfen stehenden Wassers erkannte er nach diesen bewundernswürdigen Forschungen, von denen wir hier freilich nur das Allgemeinste andeuten können, Milliarden munter bewegter Körper bis unter $\frac{1}{2000}$ Linie Größe, die oft so gedrängt beisammen leben, daß ihre Zwischenräume kaum so groß sind als ihre Durchmesser. Erwägt man nun hiernach die Summe des Lebens in einem größern stehenden Gewässer, bedenkt man, daß das ganze Strecken des Oceans bedeckende Meerleuchten aus einer ähnlichen Entwickelung mikroskopischer Organismen entspringt, und erweitert man diese Betrachtung auf die unzähligen andern ähnlichen Beispiele, so erhebt sich das fast unbemerkbare Leben der Infusorien auf der Erde zu einem der würdigsten Gegenstände des Nachdenkens. Diese Infusorien bilden durch ihre Kieselschalen Erden, Steine, ganze große Felsmassen und Gebirge **), und Ehrenberg weist diese Art von Entstehung sichtbarlich nach, indem er z. B. Feuersteine in sehr dünne Plättchen zersägt, worin das Mikroskop jene Bestandtheile auf das deutlichste erkennen läßt. In der That ist hier also die Welt im Kleinen gleichsam der polare Gegensatz der ähnlichen Unzählbarkeit der Firsternwelten, und gleich wie uns Herschel's Teleskop zu diesen erhoben hat, so versetzt uns Ehrenberg's Mikroskop in jene.

Hiermit verlassen wir das Gebiet naturwissenschaftlicher Forschung, um unsere Leser mit einigen der wichtigsten neuen technischen Anwendungen jener Forschung zur Erweiterung des Gewerbe zu unterhalten, und der würdigste Gegenstand, welcher uns hier entgegentritt, sind die Vervollkommnungen des Eisenbahnbetriebes, worüber uns zunächst ein ausführlicher Bericht des be-

kanntlich jetzt in Nordamerika anwesenden Ritters von Gerstner vorliegt, aus dem wir einzelnes besonders Interessante entnehmen.

Ein großer Theil der amerikanischen Eisenbahnen ist in den nördlichen Staaten angelegt, wo der Frost sehr lange dauert und der Schnee meistens hoch fällt. Da diese Eisenbahnen überdies häufig durch lange und tiefe Einschnitte gehen, so wird die Beförderung durch Schneewehen noch mehr erschwert. Man hat fünf bis sechs Jahre hindurch verschiedene Mittel ohne befriedigenden Erfolg versucht, bis in den letzten zwei Wintern endlich Schneeräumungsapparate angewendet worden sind, welche dem Zwecke vollkommen entsprechen. Diese Apparate räumen nicht nur allen Schnee von der Bahn weg, sondern zerschneiden und fegen auch das Eis, welches sich auf der Oberfläche der Schienen bildet. Ist der Schnee von geringer Höhe, so wird der Apparat gleich vor der Locomotive, mit welcher der ganze Zug abgeht, angebracht; ist aber die Schneehöhe beträchtlicher, so geht eine halbe Stunde vor dem Train eine eigene Locomotive mit dem Schneeapparate ab, um die Bahn zu reinigen. Auf der Eisenbahn von Shenectady (Neuyork) nach Utica wurden im letzten Winter ganze Strecken gegen vier Fuß hoch mit Schnee bedeckt; man sandte aber drei Maschinen ab und reinigte die Bahn vollständig. Auf solche Art ist man dahin gelangt, das Hinderniß des Schnees ganz zu beseitigen und die Zeit der Fahrten trotz desselben genau einzuhalten.

(Der Beschluß folgt in Nr. 338.)

Der Flug der Vögel.

Mit Ausnahme der Fledermaus hat bekanntlich kein Säugthier die Gabe des Fliegens, wiewol mehre, wohin namentlich die fliegenden Eichhörnchen und Makis gehören, vermöge einer zwischen den Vorder- und Hinterfüßen ausgespannten Haut im Stande sind, flugähnliche Sprünge zu machen und sogar während des Sprungs ihre Richtung zu ändern. Unter den Reptilien, Amphibien und Fischen gibt es ebenfalls keine Art, welche eigentlich fliegen könnte; nur einige wenige Arten, wie die geflügelten Leguane oder Drachen und die fliegenden Fische, sind flugähnlicher Bewegungen fähig, wozu eine Eidechsenart durch dreieckige Flügel, die durch sechs Rippen ausgespannt sind, dieses Fischgeschlecht durch ungemein lange Brustflossen, mittels deren sie sich einige Fuß hoch über das Meer erheben und oft sehr ansehnliche Strecken fortschwingen, in den Stand gesetzt wird. Thiere, welche sich beliebig lange in der Luft erhalten und ihre Richtung beliebig wählen können, liefert unter allen zu den Wirbelthieren gehörigen Thierclassen nur die Classe der Vögel; bei den Thieren, welche zu derselben gerechnet werden, ist die Gabe des Fliegens so allgemein, daß die wenigen Vögel, denen diese Fähigkeit versagt ist, z. B. der Pinguin, der Strauß und der Casuar, nur als auffallende Ausnahmen von der Regel erscheinen. Diese Gabe finden wir jedoch sehr ungleich vertheilt; einige fliegen hoch, andere erheben sich wenig von der Erde, einige sind im Fliegen ganz unermüdlich, andere ermatten bald. Der Charakter des Flugs der Vögel ist bei den einzelnen Vögeln so außerordentlich verschieden, daß fast jede Art im Fliegen ihre mehr oder minder stark ausgeprägten Eigenthümlichkeiten hat und von gewandten Naturforschern daran erkannt werden kann.

---

*) Die Infusionsthierchen als vollkommene Organismen. Ein Blick in das tiefere organische Leben der Natur. Nebst einem Atlas von 64 colorirten Kupfertafeln. Leipzig 1838.

**) Vergl. Pfennig=Magazin Nr. 262.

*

Die Flügel, diejenigen Organe, von denen die Fähigkeit des Fliegens unmittelbar abhängt, bestehen aus einer Verbindung von Knochen, die durch Muskeln in Bewegung gesetzt werden, deren Sehnen mit den einzelnen Knochen verbunden sind; auf diesem mit Haut überzogenen Knochengerüste liegen die Federn, welche ein wesentliches Erfoderniß zum Fliegen ausmachen. Von den Flügeln, welche für den Vogel die Stelle der Arme vertreten, besteht jeder, wie bei dem Menschen der Arm, aus dem Oberarme, dem Vorderarme und der Hand. Den Oberarm bildet ein cylindrischer und hohler Knochen, dessen oberes Ende in einer Höhlung oder Pfanne des Schulterblattes liegt, in dessen Gelenke der Oberarm ungleich freier als bei den Säugthieren beweglich ist; er ist in der Regel kürzer, jedoch bei den Hühnern, Tauben und andern Vögeln länger als der Vorderarm. Dieser besteht aus einer Elbogenröhre B und einer sehr dünnen Speiche C. Die Hand besteht aus drei Thei-

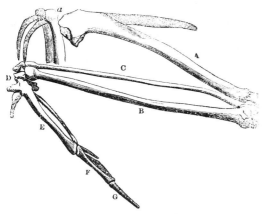

Die Knochen des Flügels.

len: der Handwurzel oder Oberhand, dem mittlern Theile (metacarpus) und den Gelenken. Die Handwurzel D wird von zwei kleinen Knochen gebildet; der mittlere Theil E besteht aus einem einzigen Knochen, an dessen vorderm Rande unten ein spitziger Knochen als Andeutung eines Daumens sitzt. Die Zahl der Finger G beträgt zwei, von denen der erste aus zwei Gliedern besteht, einem breiten untern und einem kleinen spitzigen am Ende; der zweite Finger besteht nur aus einem kleinen Gliede, das mit dem ersten Gliede des ersten Fingers in enger Berührung steht. Der dadurch gebildeten Hand fehlen alle Eigenschaften, die wir sonst von diesem Organe zu erwarten gewohnt sind; sie dient nur als unbiegsame Stütze einer Reihe steifer, elastischer Federn, welche die Fortsetzung der vom Vorderarme ausgehenden bilden, und die Muskeln der Elbogen- und Handgelenke, die bei dem Menschen so wichtige Dienste zu leisten haben, sind bei dem Vogel nur von geringer Bedeutung.

Vor allen andern Thieren zeichnen sich die Vögel durch die ihren Körper bekleidenden Federn aus, welche in der Haut befestigt sind und in ihrer innern Natur den Haaren der Säugthiere entsprechen. Die Spule der Feder ist hohl; die Fahne verzweigt sich nach beiden Seiten in größere und kleinere Theile. Die größten Federn sind die Schwungfedern und die Ruder- oder Steuerfedern, von denen jene wieder von Deckfedern bedeckt werden und in den Flügeln, diese im Schwanze vorkommen. Die Schwungfedern, zu deren Erläuterung die Abbildung des Flügels eines Bussards dienen mag, bilden bei ausgespannten Flügeln breite fächerartige Flächen, durch welche das Fliegen bewirkt wird, und fehlen nur bei wenigen Vögeln. Von ihnen sind zwei Reihen zu unterscheiden: die erste geht von der Hand aus und besteht aus den wichtigsten Federn, die durch ihre Länge und Gestalt, Steifheit oder Biegsamkeit die Natur des Fluges vorzugsweise bestimmen; ihre Zahl beträgt in der Regel zehn. Die zweite Federreihe geht von dem Elbogen aus; sie sind gewöhnlich kürzer, breiter und weniger steif als die ersten; ihre Zahl ist verschieden. Von dem kleinen Knochen, welcher als Andeutung des Daumens zu betrachten ist, gehen einige kurze steife Federn aus, die dicht auf den Spulen der ersten Federclasse liegen und den sogenannten falschen Flügel C bilden. Außer diesen gibt es noch eine andere Art von Federn, welche vom Schultergelenke des Vorderarms ausgehen und bei einigen Vögeln, z. B. den Brachvögeln, Kibitzen u. s. w., sehr lang, bei den meisten aber sehr kurz und von den größern Deckfedern, deren Fortsetzung sie bilden, nicht zu unterscheiden sind, weshalb sie nicht eigentlich zu den Schwungfedern gerechnet werden können. Dasselbe gilt von den Federn D, welche an den obern Theil des Schulterblattes befestigt sind; sie liegen zu beiden Seiten des Rückens und sind bei vielen Vögeln sehr lang. Die Lage dieser Federn sowol als der Deckfedern zeigt

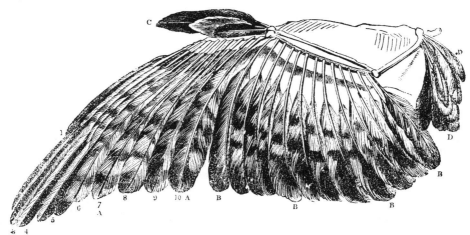

Flügel des gemeinen Bussards.

die nachfolgende Abbildung. In derselben ist A eine Reihe von Federn, welche die kleinen Deckfedern genannt werden und auf dem Vorderarme und Handgelenke liegen; sie bedecken die Spulen der Schwungfedern.

Flügel des Brachvogels.

Unter ihnen dehnt sich eine Reihe größerer Federn B aus, welche sich über einen großen Theil der ersten Classe der Schwungfedern erstrecken und die der zweiten Classe, sobald der Flügel geschlossen ist, gewöhnlich bedecken; diese heißen die großen Deckfedern. Die untere Fläche des Flügels ist mit weichern Federn besetzt, welche Unterdeckfedern heißen.

Wiewol wir fast täglich Gelegenheit haben, die Erscheinung des Fliegens zu beobachten, und alle dabei vorkommenden Umstände, so weit sie äußerlich wahrnehmbar sind, genau kennen, so sind wir doch über die vollständige Erklärung des Fliegens, welche zu den schwierigsten Aufgaben der theoretischen Mechanik gehört, noch keineswegs im Reinen. Der neapolitanische Professor Borelli, Verfasser eines überaus scharfsinnigen und reichhaltigen Werks über die Bewegung der Thiere, das im Jahre 1680 erschien, beschäftigte sich zuerst gründlicher als bisher geschehen war, mit dem Fluge der Vögel; er wies die Möglichkeit des Fliegens aus der Elasticität der durch den Flügelschlag zusammengedrückten und wie ein fester Boden widerstehenden Luft nach und erklärte den Flug für eine Bewegung, die aus schnell wiederholten Sätzen durch die Luft zusammengesetzt sei. Eine eigentliche Theorie des Fluges versuchten 100 Jahre später Silberschlag in Berlin, noch später der Akademiker Fuß in Petersburg und der Physiker Prechtl in Wien zu geben, und die Arbeiten der beiden Letztern zeichnen sich durch große Vollständigkeit und Gründlichkeit aus, ohne jedoch die Aufgabe ganz zu lösen. Daß durch den Flügelschlag ein verticales Aufsteigen des Vogels möglich gemacht wird, ist durch die aufgestellten Erklärungen allerdings außer allen Zweifel gestellt und mathematisch bewiesen worden, aber damit ist noch lange nicht Alles erklärt, namentlich ist noch von Niemand gezeigt worden, wie der Vogel durch das verticale Niederschlagen der Flügel mit so großer Schnelligkeit vorwärts geschoben werden kann, denn die Meinung, daß die horizontale Fortbewegung der Vögel mit der Fahrt eines Schiffes verglichen werden könne, das durch die Ruderschläge vorwärts getrieben wird, hat schon Borelli hinreichend widerlegt. Ein sonst sehr schätzbarer Gelehrter, der durch seine Reise um die Welt, die er in Begleitung des Capitains Cook machte, bekannt gewordene Reinhold Forster, zuletzt Professor der Naturgeschichte in Halle, stellte die Meinung auf, daß der Vogel eine Art Luftballon sei, welcher durch die Verdünnung der Luft in den Knochen und durch Füllung derselben mit einem leichten Gase, das durch den Athmungsproceß erzeugt werden sollte, emporsteige; wie völlig unhaltbar aber diese Meinung sei, hat Fuß gründlich nachgewiesen.

Außer dem Bau der Flügel ist bei dem Vogel noch der Bau vieler andern Körpertheile darum bemerkenswerth, weil er ebenfalls auf den Zweck des Fliegens berechnet ist. So betragen die Brustmuskeln, die beim

Menschen nur etwa den 60. Theil der übrigen Muskeln ausmachen, beim Vogel an Ausdehnung, Kraft und Gewicht mehr als alle übrigen Muskeln zusammengenommen, und das Brustbein ist die Lagerstätte der größten und stärksten Muskeln. Diejenigen Vögel, die am besten fliegen, haben in der Regel auch die höchste und fleischigste Brust; ganz im Gegentheile hat der Strauß, der gar nicht fliegen kann, eine niedrige Brust, dafür aber eine bedeutende Fleischmasse auf dem Rücken. Daß Menschen fliegen können, hält Borelli vorzüglich deshalb für unmöglich, weil es ihnen an den dazu nöthigen Brustmuskeln fehlt. Manche haben auch den Schwanz der Vögel für einen zum Fliegen unentbehrlichen Körpertheil gehalten, daß er dies aber nicht ist, zeigt sich schon daraus, daß Vögel, die des Schwanzes beraubt worden sind, dennoch gut fliegen können, sowie auch die Fledermäuse diesen Körpertheil ganz entbehren. Zum Wenden dient er ganz gewiß nicht, da er nicht in horizontaler Richtung bewegt werden kann und nicht, wie das Steuerruder eines Schiffes, vertical gestellt ist, wol aber zu allmäliger Hebung und Senkung im Fliegen; der Vogel breitet den Schwanz besonders dann aus, wenn er entweder im senkrechten Aufsteigen seinen Flug plötzlich aufhalten oder den Fall nach der Erde mäßigen will. Besonders merkwürdig sind noch die Luftbehälter oder Luftbälge im Unterleibe, die gleich den Höhlungen der Knochen mit den Lungen in Verbindung stehen, welche nicht, wie bei den Säugthieren, frei in der Brust hängen, sondern am Rücken angewachsen sind. Beim schnellen Fluge scheint der Proceß des Athmens dadurch ersetzt zu werden, daß sich der Körper von selbst mit Luft füllt; wenn aber die Vögel wie die Säugthiere durch Mund und Nase athmen müßten, so würden sie bei schnellem Fluge durch den entgegenkommenden Luftstrom bald ersticken müssen. Auch in verdünnter Luft fliegen die Vögel ohne Schwierigkeit, wie mehre bei Luftfahrten angestellte Versuche bewiesen haben.

Einige der größern Vögel besitzen die Fähigkeit, eine geraume Zeit mit ausgespannten Flügeln dahinzuschweben, ohne die Flügel sichtbar zu bewegen; hierbei kommt ihnen die beträchtliche Ausdehnung der Flügel zu statten, die gleichsam als Fallschirm dienen. Hierin zeichnen sich namentlich die großen Albatros aus, die dicht über der Meeresfläche dahinschweben, ohne eine andere Bewegung als ein langsames Wiegen des Körpers wahrnehmen zu lassen. Auf gleiche Weise bewegen sich der Moosweih und der Milan, wenn sie nach Beute umsehen, Stunden lang ohne Flügelschlag in großen Spirallinien oder Schraubengangen, durch welche sie allmälig der Erde zugeführt werden.

Die Höhe, in welcher die Vögel fliegen, ist sehr verschieden, oft aber sehr bedeutend. Silberschlag sah ein paar Adler über eine Wolke wegfliegen, deren Höhe er auf 3600 Fuß anschlägt; die Züge der Strichvögel, z. B. der Kraniche, gehen oft hoch über den 3600 pariser Fuß hohen Brocken hinweg. Die Schnelligkeit, mit welcher die meisten Vögel fliegen, ist außerordentlich. Eine Brieftaube legte einmal den Weg von Lyon nach Lüttich (75 geogr. Meilen) in 5 Stunden zurück, und ebenso soll der Adler in einer Stunde 15 Meilen zurücklegen, andere Raubvögel 6 Meilen; eine andere Brieftaube soll sogar in 2¼ Stunden 50 Meilen, also in der Stunde 22 Meilen, zurückgelegt haben, was aber kaum glaublich ist. König Heinrich II. von Frankreich soll einen Falken gehabt haben, der in Fontainebleau entwischte und nicht ganz 24 Stunden nachher in Malta gefunden wurde; dies gäbe in der Stunde über 11 Meilen. Die Schwalben sollen zu ihrem Fluge über das mittelländische Meer 8 Tage brauchen.

Reise im steinigen Arabien.

Nachdem wir unsern Lesern in Nr. 329 einen Abriß von dem Leben des Grafen Alexander de Laborde, sowie eine Nachricht über die von ihm sowol als seinem Sohne, Graf Léon de Laborde, unternommenen Reisen mitgetheilt haben, wird es vielen derselben interessant sein, über die Reise des jüngern Laborde durch das steinige Arabien etwas Näheres zu erfahren.

Nachdem Laborde eine Reise durch Ägypten beendigt hatte und nach Kairo zurückgekehrt war, beschloß er, auch das steinige Arabien zu besuchen, und verband sich deshalb mit einem Landsmanne, Herrn Linant. Mit mehren Arabern, einem Dolmetscher und neun Kameelen verließen sie am 25. Februar 1828 Kairo und erreichten Suez am Abend des 28. Noch in derselben Nacht passirten die Kameele das rothe Meer in der Nähe von Ayoun Musa, wahrscheinlich an derselben Stelle, wo die Israeliten einst durch das rothe Meer gingen, wiewol Laborde die von den Letztern benutzte Furth weiter südlich sucht, was aber aller Wahrscheinlichkeit zuwider läuft, da kein anderer Reisender einer solchen Furth Erwähnung thut und nach der von der ostindischen Compagnie veröffentlichten Karte des rothen Meeres südlich von Suez nirgend eine Furth vorhanden ist, vielmehr die Tiefe des Wassers in der Mitte des Meerbusens überall 20—40 Faden beträgt. Auf dem arabischen Ufer angekommen, schlugen sie den Weg nach Osten in die Berge ein und kamen zu den höchst merkwürdigen, bereits von Niebuhr entdeckten ägyptischen Gräbern und Denkmälern bei Sarbut el Cadem, über welche sich Laborde so äußert: „Der erste Anblick dieser Grabmäler setzte uns in Erstaunen; sie bestehen aus Steinen mit Sculpturarbeit in ägyptischem Style, umringt von Einsamkeit und Schweigen, außer aller Verbindung mit der benachbarten Wüste. Diese Überreste, welche ohne Zweifel dem grauen Alterthume angehören, nehmen einen Raum von 75 Schritten Länge und 35 Schritten Breite ein. Die Grabsteine, etwa 14 an der Zahl, sind 5—8 Fuß hoch, 18—20 Zoll breit, 14—16 Zoll dick und großentheils umgeworfen; auf der Vorderseite, die vom Wetter sehr gelitten hat, erkennt man noch die Spuren von Hieroglyphenschrift. Wir entdeckten hier auch eine Mauer, einen Theil eines kleinen Tempels, einige Grabkammern, die Fragmente verwitterter ägyptischer Säulen, viereckige Capitäler, die an jeder Seite den Isiskopf mit großen Augen und den Ohren einer Kuh zeigten, u. s. w." Laborde hält diese Trümmer für die Überreste einer ägyptischen Colonie, die sich hier niedergelassen hat, um Bergwerke zu bearbeiten, auf deren Dasein er aus Theilen von Eisenoryd und Spuren von Kupfer in den Felsen dieser Gegend schließen will. Diese Vermuthung ist aber darum wenig wahrscheinlich, weil diese räthselhaften Ruinen für einen Kirchhof von Bergleuten zu großartig und ausgedehnt zu sein scheinen.

Von dieser Stelle an folgten die Reisenden einem großen Thale, genannt Wady Scheik. Das Wort Wady ist gleichbedeutend und wahrscheinlich verwandt mit dem lateinischen vadum und bedeutet zunächst eine Furth in einem Flusse, dann ein Flußbette, ein Thal und jeden andern Weg oder Durchgang; die meisten dieser Wadys sind Betten von Waldströmen. Von diesem Thale

erzählt Laborde: „Je niedriger die Wände des Thales werden, desto mehr entfernen sie sich und lassen ein hohes Gebirge erblicken, über welches es keinen andern Paß gibt, als eine enge Öffnung zwischen zwei senkrechten Mauern von bedeutender Höhe. An einer Krümmung dieses gigantischen Engpasses, wo er gegen die Strahlen der Sonne geschützt ist und die Stimmen der Menschen und Kameele vom Echo zurückgeworfen werden, steht ein seltsamer einzelner Felsen von sieben Fuß Höhe. Hier stiegen unsere Araber schweigend von ihren Kameelen, näherten sich dem Felsen, strichen mit der rechten Hand über dessen Oberfläche und legten sie dann an die Stirn, indem sie ausriefen: El fatha! was ihr gewöhnlicher Ausruf auf Reisen und bei gefährlichen Unternehmungen ist. Da die Kameele stehen blieben, als wären sie an die Ceremonie der Araber gewöhnt, so folgten wir dem Beispiele der Letztern, denen unsere ernsthafte Haltung während dieser religiösen Handlung sehr gefiel. Die Tradition meldet, daß Moses, als er noch Hirte war, über seinen Plan zur Befreiung seiner Brüder und Eroberung des ganzen Landes nachsinnend, auf diesem Steine gesessen habe und durch eine umherstreifende Ziege in seinen Betrachtungen gestört worden sei. Einer andern Sage zufolge hätte dieser Stein dem Mohammed, als er noch Kameeltreiber war, auf der Reise nach Syrien zum Ruheplatz gedient. Wenn man aus diesem Engpasse heraustritt, erblickt man den Berg Sinai, dessen vorragende Spitze von dem in seiner Gestalt mehr abgerundeten St.-Katharinenberge überragt wird. Beide waren mit Schnee bedeckt und ihr dunkler Fuß ließ ihre weißen Gipfel auf dem blauen Hintergrunde des Himmels noch deutlicher hervortreten. Wir verließen Wady Scheik, passirten den scharfen Rücken eines Gebirges und stiegen dann in das Zackalthal hinab, das sich bis zum Meerbusen von Akaba erstreckt. Der Weg, den wir nun betraten, bot einen höchst seltsamen Anblick dar. Das Thal, etwa 50 Schritte breit und von Granitmassen eingeschlossen, die 1000—1200 Fuß hoch waren und oft gleich senkrechten Mauern in die Höhe stiegen, gewährte den Anblick einer cyklopischen Straße und die zu beiden Seiten in dasselbe mündenden Schluchten schienen ebenfalls Straßen zu sein, sämmtlich einer alten verlassenen Stadt angehörig. Die außerordentliche Gestalt und Größe der zur Rechten und Linken aufgethürmten Massen hatten etwas Gewaltiges und Grausiges, ein Eindruck, welcher durch die hin und wieder vorkommenden ungeheuern Spalten in den Felsen noch vermehrt wurde." Durch dieses Thal gelangten die Reisenden, den Berg Sinai zur Rechten lassend, nach Dahab am elanitischen Meerbusen oder nordöstlichen Arme des rothen Meeres, und setzten dann ihren Weg längs des uninteressanten Meeresufers nach Akaba fort, einer kleinen Stadt am Ende des Golfs, der jetzt gewöhnlich nach ihr benannt wird. Sie besteht aus wenigen Häusern, welche ein Fort beschützt, das vermuthlich von den Kreuzfahrern angelegt wurde; noch massivere Beweise von der Anwesenheit derselben erblickt man in einer ziemlich ausgedehnten Festung auf einer Insel bei Akaba, welche von Laborde Graia genannt wird. Am 24. März verließen die Reisenden Akaba und setzten ihre Reise in nördlicher Richtung durch ein großes Thal fort, das in jeder Beziehung dem Bette eines ausgetrockneten Flusses gleicht, der sich ehemals in den Golf von Akaba ergossen haben mag. Es heißt Wady Araba, das Thal des Rades oder Wagens, wahrscheinlich daher, weil es von jeher die einzige ebene Straße aus Palästina und Syrien nach Arabien bildete, und vielleicht hat es wieder dem ganzen Lande seinen Namen Arabien gegeben. Dieses merkwürdige Thal, durch welches nach Burckhardt's scharfsinniger Vermuthung wahrscheinlich ehemals der Jordan floß, der sich jetzt ins todte Meer ergießt, gibt wichtige Aufschlüsse über ein interessantes, vielfach bezweifeltes Ereigniß der heiligen Geschichte, das einer uralten Zeit angehört, nämlich die wunderbare Zerstörung von Sodom und Gomorra. „Dieses Thal", sagt Laborde, „welches lange unbekannt war und erst von Burckhardt wieder entdeckt wurde, ist noch von keinem europäischen Reisenden vollständig erforscht worden. Ich habe es etwa 15 geographische Meilen weit verfolgt, und meiner Meinung nach kann kein Zweifel übrig sein, daß der Jordan ehemals durch dasselbe zum Meere floß, eine Meinung, die mit der biblischen Erzählung über die Unterbrechung des Laufes dieses Flusses vollkommen harmonirt. Die in dem ersten Buche Mosis erwähnten Thon= oder Schlammgruben im Thale Sidim mögen die Anfänge des Vulkans gewesen sein, welcher die Städte Sodom und Gomorra und die dazwischende liegende Ebene zerstörte, und die vulkanische Eruption mag das große Becken des todten Meeres, in welches sich der Jordan gegenwärtig ergießt, gebildet und dem Ausflusse desselben ins rothe Meer ein Ende gemacht haben. Ein Überfließen des todten Meeres scheint durch unterirdische Kanäle und starke Verdunstung verhütet zu werden. Seit das Thal Wady Araba von dem Flusse verlassen worden ist, ist es an manchen Stellen durch Sandhaufen ausgefüllt, aber die es einschließenden Granit= und Porphyrgebirge lassen über die natürliche Richtung desselben keinen Zweifel."

Die Reisenden erreichten endlich denjenigen Theil des Thales, wo eine Reihe von Felsendefilés zu der Hauptstadt des Landes der Edomiter, Petra, führt. Sie erblickten hier den Berg Hor, wo Aaron begraben wurde, und sahen auf seinem Gipfel ein Gebäude, das von den Bewohnern der Gegend von jeher als sein Grab verehrt worden ist.*) Sich vom Thale in östlicher Richtung entfernend, durchzogen sie eine Felseneinöde, die Laborde einem Meere vergleicht, dessen Wellen plötzlich versteinert worden seien, und erreichten endlich die größte Merkwürdigkeit im ganzen steinigen Arabien, die Ruinen von Petra, der Hauptstadt der Edomiter oder Nabathäer. „Wir kamen von Süden und stiegen durch eine Schlucht hinab. Plötzlich erblickten wir die ganze mit Ruinen bedeckte Stadt und ihre prächtige Umgebung von Felsen, die durch zahllose Gräber unterminirt sind, welche eine Reihe wunderlich verzierter Denkmäler bilden."

Die Nachrichten der Alten über diese Stadt, die ihren Namen, welcher einen Stein oder Felsen bedeutet, mit der That führt,**) sind ziemlich dürftig. Kaiser Trajan eroberte sie und machte das steinige Arabien zu einer römischen Provinz, deren Hauptstadt Petra blieb. Es liegt oder lag in einem Kessel oder Thale, jetzt Wady Musa genannt, das mehre hundert Fuß tiefer liegt als die benachbarte Gegend; die Seiten dieses Kessels sind größtentheils ungeheure Mauern von nacktem Gestein, so steil, daß eine enge Schlucht, durch welche sich ein Bach seinen Weg gebahnt hat, den einzigen Eingang des Thales bildet. Diese großartige Gasse führt zu einer Fläche von unregelmäßiger Gestalt, etwa 4200 Fuß lang und 3000 Fuß breit;

auf dieser Fläche und in einigen Seitengründen breitete sich die alte Stadt aus, von welcher kolossale Ruinen umherliegen; aufrecht steht nichts mehr, als eine einzige Säule eines Tempels, Theile der Mauern eines andern und drei Pfeiler eines Triumphbogens; auch sind die in den Felsen gehauenen Sitze eines Theaters ziemlich erhalten. Die Eifersucht der Araber erlaubte Herrn Laborde nicht, die das Thal bedeckenden Ruinen genauer zu durchsuchen, aber die Fragmente selbst bezeugen den großartigen und prächtigen Charakter der ursprünglichen Gebäude.

Die erwähnten Überreste sind jedoch in Petra nur Gegenstände untergeordneter Art. Die Felsenabgründe, welche das Thal und seine Schluchten einschließen, bieten einen ungleich überraschendern Anblick dar; denn sie zeigen nicht nur selbst in unzugänglichen Höhen Aushöhlungen in den umgebenden Bergen, sondern in die Seite des Felsens selbst ist eine große Anzahl architektonischer Façaden, zum Theil von außerordentlicher Schönheit, gehauen, und hinter jeder Façade sind im Innern des Felsens Kammern von größerer oder geringerer Ausdehnung, aber von völlig glatten und schmucklosen Wänden, ausgearbeitet worden. Diese zahllosen Höhlen werden gewöhnlich für Gräber angesehen, wofür bei den meisten ihre Kleinheit und die Abwesenheit aller Zierathen spricht. Frühere Reisende haben daher das Thal eine ungeheure Nekropolis (Todtenstadt) genannt; aber ihre Untersuchung sowol als die Laborde's war nur eilig und oberflächlich. Indessen machen andererseits mehre Umstände — unter andern Stellen im Kirchenvater Hieronymus und im arabischen Geographen Edrisi — es wahrscheinlich, daß diese Grotten zum Theil bewohnt, vielleicht vorzugsweise als Sommerwohnungen benutzt wurden. Der wichtigste Gegenstand, den Petra aufzuweisen hat, ist ohne Zweifel ein Tempel, der den Namen der Schatzkammer Pharao's führt; er ist in diesen Blättern bereits früher (Nr. 191) abgebildet und beschrieben worden. Dieser prachtvolle Überrest des Alterthums, dessen Formen und Verhältnisse in demselben Thale noch zweimal nachgeahmt vorkommen, namentlich im größern Maßstabe in einer Façade, welche die Araber El Deir oder das Kloster nennen, gehört übrigens aller Wahrscheinlichkeit nach der Zeit des Kaisers Trajan oder noch spätern an, was mit einem großen Theile der übrigen Ruinen und Sculpturarbeiten gleichfalls der Fall zu sein scheint. Jedenfalls ist aber als gewiß anzunehmen, daß Petra selbst schon in sehr früher Zeit eine wohlhabende und mächtige Stadt gewesen ist; die Zeit ihrer Blüte ist uns jedoch so wenig bekannt als die Zeit, wo sie in ihren jetzigen öden Zustand versank. Im Mittelpunkte des Thales, an der Westseite der Stadt, steht ein hoher kegelförmiger Felsen, der sehr schwer zugänglich und mit Trümmern von Gebäuden bedeckt ist; hier stand wahrscheinlich die von Hieronymus und andern Schriftstellern erwähnte Burg, wo die Edomiter, nach dem Ausdrucke der Bibel, „in Felsenklüften wohnten".

Laborde verließ das Thal auf demselben Wege, auf dem er es betreten hatte, und zwar eilig und verstohlen, ohne die merkwürdigen Ruinen am östlichen Eingange und den Berg Hor nebst dem angeblichen Grabe Aaron's zu besuchen, weil er während seines Aufenthalts in dieser Gegend in beständiger Furcht vor den Fellahs, demjenigen Araberstamme, dem das Thal Wady Musa gehört, schwebte. Von dem gedachten Thale aus reiste er südwärts und erreichte bald das Thal von Sabra, welches ein Petra im Kleinen ist. „Wir waren kaum eine Stunde lang den steilen Ab-

---

*) Vergl. Pfennig=Magazin Nr. 327.

**) Wahrscheinlich hat das ganze steinige Arabien, Arabia petraea, von dieser Stadt seinen griechischen und lateinischen Namen erhalten, in welchem Falle die deutsche Übersetzung desselben unrichtig wäre.

hang von Wady Sabra hinabgestiegen, unsere Kameele hinter uns führend, als die Mauern und wohlerhaltenen Bänke eines Theaters unsere Aufmerksamkeit auf sich zogen. Die Ruinen dieses Thales sowol als die von Wady Pabuscheve deuten darauf hin, daß diese Örter nur Vorstädte der Hauptstadt waren. Hätten wir alle Thäler in der Nachbarschaft von Wady Musa durchforschen können, so würden wir ohne Zweifel ähnliche Niederlassungen gefunden haben, welche von der ungeheuern Bevölkerung von Petra angelegt worden waren. Unter den Ruinen von Sabra ist das Theater oder, wie ich es nennen will, die Naumachie diejenige, welche die meiste Kunst entfaltet. Nicht ohne Überraschung entdeckten wir in dem steinigen Arabien, mitten in der Wüste, eine Naumachie oder einen für Darstellungen von Schiffgefechten bestimmten Platz. Die Einwohner, jedes Jahr in der Regenzeit durch das Anschwellen der Gießbäche belästigt, welche ihre Anpflanzungen zerstörten, mußten darauf sinnen, ihrer Gewalt Schranken zu setzen; ansehnliche Überreste dieser Werke sind noch im Thale zu sehen. Da sie bemerkten, daß ein Theil der Gewässer sich durch eine anstoßende Schlucht ergoß, benutzten sie diesen Umstand, um ihre Rückkehr zu verhindern. Ein Wasserbehälter wurde im Felsen ausgehauen, ebenso Bänke, die mit großer Regelmäßigkeit gearbeitet sind; aus diesem Behälter wurde das Wasser durch Röhren in die Arena des Theaters geleitet, die zu einer senkrechten Tiefe von acht Fuß ausgehauen und mit einem noch erhaltenen Mörtel ausgefüttert war. Mitten in der dürren Wüste mußte das Schauspiel von Schiffsgefechten seiner Seltsamkeit wegen einen ganz besondern Reiz haben."

Von Sabra kehrte Laborde längs des Rückens der Hügel, welche die östliche Seite des Thales Wady Araba bilden, nach Akaba zurück und wurde hier und da mitten in der felsigen Einöde durch angebaute Stellen von außerordentlicher Fruchtbarkeit überrascht, wo er Weintrauben von wahrhaft ungeheurer Größe mit Beeren von $1\frac{1}{2}$ Zoll Länge und $\frac{7}{8}$ Zoll Dicke fand, sodaß die Erzählung der Bibel von den ungeheuern Weintrauben, welche die von Moses ausgesandten Boten zurückbrachten, nichts Wunderbares oder Unglaubliches mehr enthält. In der Nähe der Stadt Ameimé, etwa in der Mitte zwischen Petra und Akaba, erblickte er mit Erstaunen die alte Wasserleitung, welche das Wasser aus den Quellen von Gana und Guman nach der in der Ebene liegenden Stadt Ameimé führte. Sie hat eine Länge von mehr als zwei geographischen Meilen und folgt immer der Oberfläche des Bodens, über welchem sie sich nirgend erhebt. Laborde bemerkt, daß die Erbauer derselben nur durch sorgfältige Rücksicht auf die Unebenheiten des Bodens und überraschende Geschicklichkeit im Nivelliren einen regelmäßigen Fall des Wassers auf eine so bedeutende Länge erhalten konnten.

Auf dem übrigen Theile des Wegs bis Akaba und von da bis zum Sinai kam nichts von besonderm Interesse vor. Über das auf dem Sinai *) befindliche Kloster bemerkt Laborde: „Das Kloster auf dem Sinai bildet ein längliches Viereck und hat nur ein großes Thor nach Nordwesten, das aber, um Überfälle von Seiten der Araber zu verhüten, beständig verrammelt ist; wer das Kloster besuchen will, muß daher ein Seil in die Hand nehmen und sich zu einem in der nordöstlichen Mauer in 30 Fuß Höhe befindlichen Fenster emporziehen lassen. Wir machten von diesem eigenthümlichen Communicationsmittel Gebrauch. Als wir

das Kloster betraten, waren wir überrascht, das Innere nett eingerichtet, in der besten Ordnung und von einer großen Zahl heiterer und gesund aussehender Mönche bewohnt zu finden, nachdem wir in der Wüste nur rohe und uncivilisirte Menschen getroffen hatten. Wir stiegen zu den Zellen der Mönche hinauf und erblickten von hier jene prachtvolle Aussicht, deren natürliche Reize durch keinen künstlichen Zusatz erhöht oder verfälscht worden sind. Die Stille, welche das Kloster umgibt, ist indessen von Störungen nicht immer frei. Noch während meines dortigen Aufenthalts wurde ein Pilger in den Schenkel geschossen; ein Beduine hatte gezielt nach ihm gezielt, in der Meinung, einen Mönch zu treffen, gegen den er Groll hatte, und lange Zeit auf einem der Felsen, welche die Klostermauern beherrschen, auf seine Beute gelauert." Vom Kloster aus bestieg Laborde den Gipfel. „Keiner der Mönche war geneigt, mich zu begleiten, doch gaben sie mir einen ihrer arabischen Diener, die eine Art beduinischer Heloten bilden, mit, um mich zu führen und den nöthigen Mundvorrath zu tragen. Unser Weg nach dem Gipfel ging durch eine Schlucht, die sich in südwestlicher Richtung hinzieht. Die Mönche haben eine Reihe großer Steinplatten in ziemlich regelmäßiger Ordnung legen lassen; diese mögen früher eine bequeme Treppe bis zum Gipfel des Berges gebildet haben, aber die Regengüsse haben sie verrückt und Reparaturen haben in langen Zeiten nicht stattgefunden, sodaß die Treppe an vielen Stellen in Verfall ist. Am Fuße des Sinai erblickte der Reisende ein bogenförmiges Thor; weiterhin kamen wir noch vor einem zweiten ähnlichen Thore vorbei und erreichten dann eine kleine Plattform, von welcher wir den Gipfel des Berges und die beiden auf demselben stehenden Gebäude, eine Kapelle und eine Moschee, entdeckten. Nicht ohne große Schwierigkeit erklimmten wir den Gipfel, auf jedem der zahlreichen Vorsprünge des Berges ausruhend, an welche die Erfindungsgabe der Mönche zahlreiche Legenden geknüpft hat. Auf dem Gipfel selbst versuchte mein Auge lange vergeblich unter dem Chaos von Felsen, die um den Fuß des Berges zusammengedrängt waren und in der Entfernung in der Gestalt von empörten Wellen verschwanden, einen vorragenden Gegenstand zu erblicken; doch erkannte ich in der Ferne das rothe Meer, die afrikanischen Gebirge und einige Berggipfel, die an ihrer Gestalt zu erkennen sind, wie Schommar an seinen runden Massen, Serbal an seinen vorragenden Spitzen und Tih an seiner auffallenden Verlängerung."

Laborde trat nach seiner Besteigung des Sinai den Rückweg nach Kairo über Suez an; er umging den Berg Serbal und stieg zur Küste des rothen Meeres herab durch das berühmte Wady Mokatteb oder Thal der beschriebenen Berge. Hier entdeckte ein Prior der Franziskaner im Jahre 1722 eine Menge Inschriften, die zu beiden Seiten des Thales auf eine außerordentliche Länge, fast eine Stunde lang, den Felsen bedecken und dem Thale seinen Namen gegeben haben. Niemand weiß, in welcher Sprache diese hieroglyphenartigen Inschriften verfaßt sind, welche mehrmals von Pococke, Wortley Montague, Niebuhr und Andern copirt worden sind, und kein Versuch, sie zu entziffern, hat bisher zu einem befriedigenden Resultate geführt, wiewol sich, wenn es einst gelingen sollte, ihren Sinn zu enträthseln, wol schwerlich die Vermuthung des ehrlichen Priors bestätigen möchte, daß sie tiefe Geheimnisse enthalten, welche lange vor Christi Geburt in diese Felsen gegraben worden seien.

*) Vergl. die Beschreibung des Sinai in Nr. 249.

Verantwortlicher Herausgeber: Friedrich Brockhaus. — Druck und Verlag von F. A. Brockhaus in Leipzig.

Das Pfennig-Magazin

für

Verbreitung gemeinnütziger Kenntnisse.

338.]   Erscheint jeden Sonnabend.   [September 21, **1839.**

Strasburg.

Unter den zahlreichen, durch ausgezeichnete Bauwerke, Industrie ihrer Bewohner, geschichtliche Erinnerungen oder in andern Hinsichten merkwürdigen Städten, welche die Ufer des herrlichen Rheinstroms bedecken, nimmt Strasburg, dessen erhabener Münster eine europäische Berühmtheit erlangt hat, nicht den letzten Platz ein. Diese Stadt, seit zwei Jahrhunderten für Deutschland, wie es scheint, unwiederbringlich verloren, wiewol in Sitte und Sprache noch immer zum großen, wenn nicht zum größten Theile deutsch, ist jetzt gegenwärtig die Hauptstadt des französischen Departements Niederrhein, das mit dem französischen Departement Oberrhein verbunden den Elsaß, eine der reichsten, schönsten und fruchtbarsten Provinzen Frankreichs, bildet. In alten Zeiten war der Elsaß ein deutsches Herzogthum; der letzte Besitzer desselben, Konradin von Schwaben, der Letzte vom Stamme der Hohenstaufen, wurde 1268 zu Neapel hingerichtet, worauf seine Besitzungen Elsaß, Schwaben und Franken unter mehre deutsche Reichsstände getheilt wurden; der größte Theil des Elsasses kam an Östreich. Im westfälischen Frieden 1648 wurde Alles, was Östreich im Elsaß besaß, an Frankreich abgetreten; den

darin liegenden Besitzungen anderer deutscher Reichsstände aber, der Stadt Strasburg, welche eine Reichsstadt war, und zehn andern Theile des Elsasses besitzenden Reichsstädten wurde ausdrücklich ihre unmittelbare Reichsfreiheit und die Verbindung mit dem Reiche verbürgt. Aber schon 1681 kam auch Strasburg unter die Botmäßigkeit Frankreichs, indem der eroberungssüchtige König Ludwig XIV. die reiche und starke Stadt durch plötzlichen Überfall wegnahm, nachdem er kurz zuvor die Reichsritterschaft und die Reichsstädte im Elsaß sich unterworfen; im ryßwicker Frieden 1697 wurde ihm gelassen, was er usurpirt hatte. Aber noch immer behielten mehre deutsche Reichsstände, namentlich Würtemberg, Baden und Hessen-Darmstadt, beträchtliche Besitzungen und Gerechtsame im Elsaß. Diese sah die französische Nationalversammlung bald nach dem Ausbruche der Revolution als eine von der Natur selbst angewiesene Eroberung an und erklärte, daß unmöglich fremde Mächte auf französischem Gebiete Besitzungen haben könnten, was einen hauptsächlichen Grund oder vielmehr Vorwand des ersten Krieges zwischen Frankreich und den Alliirten abgab. Durch den zweiten pariser

Frieden vom 20. November 1815 kam wenigstens ein kleiner Theil des Elsasses mit der Festung Landau wieder zu Deutschland, wiewol es den Anschein hat, als wäre damals die günstigste Gelegenheit geboten gewesen, um die ganze schöne Provinz wieder mit ihren alten Stammgenossen zu vereinigen. Jetzt bietet Strasburg das Schauspiel einer Vermischung der deutschen und französischen Sprache und Sitte, eines Kampfes zwischen dem germanischen und dem gallischen Elemente dar, wie es keine andere Stadt Frankreichs zeigt. Noch hängen namentlich die untern Stände mit beharrlicher Treue an der angeerbten Sitte und Sprache; mit der Herrschaft Frankreichs mußte aber natürlich auch das Franzosenthum in allen Lebensverhältnissen festen Fuß fassen; die höhern Stände haben sich allmälig immer mehr französirt und jetzt, nach anderthalb Jahrhunderten, ist der französische Typus unverkennbar von seinem vollständigen Siege nicht mehr weit entfernt, wenn er ihn nicht bereits davongetragen hat.

Strasburg liegt in einer fruchtbaren Ebene, nicht unmittelbar am Rheine, sondern etwa eine halbe Stunde westlich von demselben oder auf dem linken Ufer, am Ausflusse zweier kleinen Nebenflüsse, Breusch und Ill, von denen letzterer durch die Stadt fließt, in den hier Frankreich von Deutschland scheidenden Strom. Die Stadt ist stark befestigt, nach dem Rheine zu mit einer besondern Citadelle versehen, die ein regelmäßiges Fünfeck bildet und 1684 von Vauban angelegt worden ist, und in Halbkreisform gebaut. Die Straßen, etwa 200 an der Zahl, sind fast sämmtlich sehr eng und unregelmäßig, die Häuser hoch und geschmacklos, meistens aus rothem Stein erbaut. In verschiedenen Richtungen durchkreuzen Kanäle die Stadt, über welche eine Menge Brücken führen. Unter den öffentlichen Plätzen ist der vierseitige, mit ansehnlichen Gebäuden umgebene Paradeplatz ausgezeichnet, welcher nebst der Ruprechtsau und mehren Theilen des Walles als Spaziergang benutzt wird. Unter den öffentlichen Gebäuden steht der berühmte Münster oben an; ihn eingerechnet hat Strasburg sechs katholische Kirchen, ferner sieben lutherische und eine reformirte. Außerdem sind zu erwähnen: der ehemalige bischöfliche Palast, das an den Münster angebaute vormalige Jesuitencollegium, die Münze, das Zeughaus, die Kanonengießerei, das Rathhaus, die Gebäude der königlichen Akademie, der Arzneischule und des Lyceums, die Bibliothek, welche 55,000 Bände enthält, der botanische Garten und das Theater. Die seit 1621 bestehende Universität, namentlich für die Bildung von Ärzten trefflich eingerichtet, wurde zur Zeit der Revolution aufgehoben, aber 1803 als protestantische Akademie mit einer philosophischen und einer juristischen Facultät wiederhergestellt; gleichzeitig wurde hier eine der fünf großen medicinischen Schulen Frankreichs angelegt. Die Einwohnerzahl betrug bei der letzten Zählung von 1837 57,885, von denen etwas über die Hälfte, etwa 30,000, Katholiken sind. Vor der Besitznahme Frankreichs war die Zahl der Protestanten beiweitem überwiegend; die Reformation hatte hier sehr zeitig Eingang gefunden und noch im Jahre 1687 waren kaum zwei katholische Familien hier vorhanden. Der blühende Handel nährt einen großen Theil der Einwohner; ausgeführt werden namentlich Galanteriewaaren, wollene Decken, Barchent, Stickereien, Spitzen, Tücher u. s. w., wozu noch viele Bodenerzeugnisse kommen; das wichtigste Fabrikat der Stadt ist aber der Taback (namentlich Schnupftaback), dessen Bereitung vor der Revolution über 100 Fabriken und 10,000 Menschen beschäftigte; die Zahl der erstern hat indessen sehr abgenommen und

betrug 1811 nur noch 45. Noch findet man hier bedeutende Gewehr-, Segeltuch-, Kutschen-, Nankinfabriken u. s. w.

Der Münster oder Dom, eines der erhabensten Denkmale der altdeutschen Baukunst, wurde 1015 durch die Grundlegung unter Bischof Werner von Habsburg begonnen, aber erst nach viertehalb Jahrhunderten, im Jahre 1365, vollendet. Von den beiden Thürmen, welche dem Plane nach den Bau krönen sollten, wurde nur einer vollendet, welcher 437 pariser Fuß hoch und der höchste Thurm in Europa ist (wenn er anders nicht von dem der Kathedrale zu Antwerpen übertroffen wird, dessen Höhe nach einigen Angaben 443, nach andern aber nur 369 pariser Fuß beträgt). Er wurde 1277 von dem gefeierten Meister Erwin von Steinbach begonnen, nach seinem Tode (1318) von seinem Sohne Johannes fortgesetzt, aber erst 1365, als auch dieser nicht mehr lebte, durch den Meister Hiltzen aus Köln vollendet. Dieser Thurm, zu dessen Krone 725 Stufen führen, ist der merkwürdigste Theil des Münsters und seiner schönen Verhältnisse und trefflichen Ausführung wegen noch mehr als wegen seiner Höhe zu bewundern. *)

Unter den protestantischen Kirchen ist besonders die Thomaskirche zu bemerken, in welcher vor Allem das Denkmal des Marschalls Moritz von Sachsen, welcher im Jahre 1750 starb, auf Kosten des Königs Ludwig XV. 1777 errichtet und das berühmteste Werk des Bildhauers Pigalle, in die Augen fällt. Den Hintergrund des Denkmals bildet eine große, an die Kirchenwand angebaute Pyramide von grauem Marmor, die sich unten in einige Stufen endigt, auf deren unterster ein Sarkophag steht. Der Marschall ist vorgestellt, wie er eben die Stufen hinab nach dem Sarge zu schreitet. Zur Rechten fliehen drei Thierfiguren, welche als Symbole von England, Holland und Östreich dienen sollen; zur Linken weht die siegreiche Fahne Frankreichs. Das Auge des Feldherrn ist mit dem Ausdrucke ruhiger Verachtung auf die Gestalt des Todes unter ihm gerichtet, der seinen grinsenden Kopf und seine Knochenarme unter einem Leichentuche vorstreckt und in der einen Hand dem Marschall eine Sanduhr entgegenhält, in welcher der Sand abgelaufen ist, mit der andern aber den Sarg öffnet, um ihn darin aufzunehmen. Eine weibliche Figur, welche Frankreich vorstellt, wirft sich zwischen sie und bemüht sich, den Marschall zurückzuhalten und dem Tod hinwegzustoßen. Auf der einen Seite weint ein Genius über einer umgekehrten Fackel; auf der andern steht Hercules, auf seine Keule gestützt. Alle diese Figuren sind von Marmor und in Lebensgröße ausgeführt.

Außer diesem Denkmale befinden sich in der Nähe von Strasburg noch zwei Obelisken, die dem Andenken der Generale Desaix und Kleber errichtet sind. Der erstere steht hinter der Citadelle auf einer dem badenschen Flecken Kehl (auf dem rechten Rheinufer) gegenüberliegenden Insel; man hat diesen Platz gewählt, weil sich Desaix, als er unter Moreau's Obercommando in der Rheinarmee diente, durch die Vertheidigung des Brückenkopfs von Kehl im November 1796 auszeichnete. Der dem Andenken des Generals Kleber errichtete Obelisk steht auf einem Platze, der gegenwärtig zu den Exercitien der Artillerie benutzt wird. Kleber war der Sohn eines Gartenarbeiters und wurde in Strasburg im Jahre 1753 geboren. Ursprünglich war er

---

*) Eine ausführlichere Beschreibung des Münsters enthält Nr. 49. des Pf.-Mag. Über die Uhr in demselben vergl. Nr. 259.

für die Baukunst bestimmt, der er jedoch keinen Geschmack abgewinnen konnte; desto mehr zog ihn der Soldatenstand an, und 1772 nahm er bei der östreichischen Armee Dienste, wo er, vom General Kaunitz zum Lieutenant seines Regiments ernannt, den Feldzug gegen die Türken mitmachte, aber 1783 wegen ausbleibender Beförderung seinen Abschied nahm, worauf er in seiner Heimat als Bauinspector Anstellung fand. Nach dem Ausbruche der Revolution trat er 1792 als gemeiner Grenadier in ein französisches Corps Freiwilliger und schwang sich durch seine Talente bald empor; nach der Einnahme von Mainz wurde er Brigadegeneral und that sich bei verschiedenen Gelegenheiten rühmlich hervor. Als Divisionsgeneral begleitete er 1798 den General Bonaparte nach Ägypten und erwarb sich in solchem Grade seinen Beifall, daß ihm, als Bonaparte nach Europa zurückkehrte, von diesem der Oberbefehl der französischen Occupationsarmee in Ägypten übertragen wurde. Auf diesem Posten hatte er mit zahllosen Schwierigkeiten zu kämpfen und wurde am 14. Juli 1800 zu Kairo von einem fanatischen Türken ermordet, an demselben Tage, an welchem sein Freund Desaix bei Marengo fiel. Kleber's Degen und der Dolch seines Mörders werden auf der hiesigen öffentlichen Bibliothek aufbewahrt. Ein anderer berühmter französischer Feldherr, der aus Strasburg gebürtig war, ist der Marschall Kellermann, Herzog von Valmy, geboren 1735, gestorben 1820.

Daß Johann Gutenberg hier im Jahre 1436 die Buchdruckerei erfunden habe, worauf sich die Strasburger nicht wenig zu Gute thun, ist nach neuern Forschungen nicht gegründet. Gewiß ist nur, daß Gutenberg sich lange Zeit (von 1420, nach Andern von 1424 an, bis 1443 oder 1444) in Strasburg aufhielt und hier 1436 mit Andreas Dryzehn und Andern einen Contract abschloß, durch den er sich verbindlich machte, gewisse geheime Künste zu lehren und sie zu ihrem gemeinschaftlichen Vortheile anzuwenden, um 1439 oder 1440 aber mit Holztafeln, jedoch nicht mit beweglichen Typen, zu drucken anfing. Der Druck mit beweglichen Lettern ist in Mainz, und zwar aller Wahrscheinlichkeit nach erst im Jahre 1450, erfunden worden. *)

Die Auster.

Die Naturgeschichte der Auster scheint zwar auf den ersten Blick nur sehr wenig Interesse darzubieten, da der Kreis, auf welchen das Leben dieses Thieres beschränkt ist, in so enge Grenzen eingeschlossen ist; aber auch hier ist vorzügliche Gelegenheit vorhanden, die Weisheit des Schöpfers, die sich im Kleinen nicht minder als im Großen offenbart, wegen der zweckmäßigen Einrichtung der Organe dieser kleinen, von den Feinschmeckern der alten und neuen Welt so geschätzten Thiere zu bewundern. Die gemeine Auster gehört zu den Muschelthieren oder sogenannten zweischaligen kopflosen Mollusken, indem die Mollusken oder blutlosen, aber mit einem Herzen versehenen Thiere in die drei Familien der Kopffüßler, welche einen mit mehren Armen umgebenen Kopf haben (Tintenfische u. s. w.), der Schnecken und der kopflosen Mollusken, die letztern aber wieder in drei Abtheilungen zerfallen: nackte (Salpen und Seescheiden), zweischalige, welche mit zwei am Rücken durch das sogenannte Schloß verbundenen Schalen versehen sind, und Arm- und Rankenfüßler. Die zahlreichste dieser

Abtheilungen ist die zweite, bei welcher man wieder Muschelthiere des süßen Wassers und des Meeres, sowie bewegliche und festsitzende oder Austern unterscheidet; die letztern sind sämmtlich Bewohner des Meeres.

Die Bewegungskraft der Austern ist namentlich bei einigen Arten nicht unerheblich; eine derselben kann sogar einen Sprung von ein paar Spannen machen, wiewol man nach ihrem äußern Ansehen meinen sollte, daß sie aller und jeder Bewegung unfähig wäre; andere Arten können in den sandigen Boden, auf welchem sie versteckt liegen, eine Furche graben. Zur willkürlichen Schließung und Öffnung der Schalen, von denen die eine gewölbt, die andere flach ist, dient bei den Austern nur ein einziger Muskel, während die meisten andern Muscheln, z. B. unsere Flußmuscheln, zwei solche Muskeln oder Muskularbündel am Kopfe und Schwanzende haben, die von der einen Schale zur andern herüberlaufen. Wenn die Auster stirbt, verliert der Muskel seine Kraft und die Schalen klaffen nun vermöge des sie verbindenden, hinter dem Schlosse liegenden elastischen Bandes auf. Ihre Sinne beschränken sich wahrscheinlich auf den Gefühls- und Geschmackssinn, wiewol ihnen manche Gelehrte nicht nur die Fähigkeit, zwischen Licht und Schatten zu unterscheiden, sondern auch den Gehörsinn haben beilegen wollen, was jedoch nur mit schwachen Gründen unterstützt werden kann. Jede Auster ist für sich allein fähig, ihres Gleichen hervorzubringen; ihre Geschlechtsorgane bestehen in einem Behälter mit Keimen, in welchem sich diese allmälig entwickeln. Auch die Schnecken des süßen Wassers und des festen Landes pflanzen sich ohne Begattung fort, indem sie Zwitter sind, d. h. beiderlei Geschlechtsorgane in sich vereinigen, während die meisten andern Schnecken und alle Kopffüßler getrennten Geschlechts sind. Die Fortpflanzungszeit der Austern fällt in die Monate Mai, Juni und Juli, wo sie, wie man sich ausdrückt, krank sind oder laichen. In dieser Zeit sind sie nicht zu genießen; in heißen Ländern sollen sie, wenn sie um diese Zeit genossen werden, fast eine giftige Wirkung ausüben. Bereits im März erkennt man mit dem Mikroskop in der in ihren Eierstöcken enthaltenen milchigen Flüssigkeit eine große Menge Eier von weißlicher Farbe; im Juni haben diese Eier ihre völlige Größe erreicht. Kurz vor ihrer Trennung entdeckt man eine vorher nicht sichtbare Röhre, welche zur Ableitung der Eier dient; sobald der Embryo oder Keim in diese Röhre tritt, hat er schon eine Schale. Gegen Ende des Juni fangen die Jungen an, die Eierstöcke zu verlassen und zu Ende des Juli sind keine mehr zu finden. Genießbar sind die Austern erst $1\frac{1}{2}$ Jahr nach ihrer Geburt, vollkommen ausgebildet aber erst in einem Alter von $2\frac{1}{2}$ – 3 Jahren, wo sie etwa $2\frac{1}{2}$ Zoll breit sind; ihr Alter erkennt man an gewissen Merkmalen auf den Schalen. Die Austern hängen sich mit der größern Schale an Stein, Holz oder andere Substanzen, an denen sie haften können, und finden sich in geringer Tiefe vorzüglich an Felsen und am steinigen und sandigen Meeresufer; an Orten, die viel Schlamm oder Seegewächse enthalten, scheinen sie im Allgemeinen nicht zu gedeihen. Immer finden sich die Austern in großer Menge beisammen auf sogenannten Austerbänken, bei denen man nach der Beschaffenheit des Bodens Berg-, Sand- und Thonausterbänke unterscheidet. Oft ist die Ausdehnung der Austerbänke sehr groß; so wurde 1809 eine an einer Insel Seelands entdeckt, die fast ein ganzes Jahr lang die Niederlande mit einem solchen Überflusse von Austern versorgte, daß der Preis derselben bedeutend fiel. Die

*) Vergl. Pfennig-Magazin Nr. 269.

Nahrung der Austern besteht aus Conferven und andern vegetabilischen Seeproducten; sie selbst dienen außer den Menschen noch verschiedenen Thieren zur Nahrung, namentlich den Krabben, Hummern und Seesternen, welche letztern die Schalen mit ihren Armen zu öffnen wissen. Die Austerschalen bestehen aus kohlensaurem Kalk mit etwas thierischer Gallert und phosphorsaurem Kalk; in Wasser gekocht, gereinigt und fein pulverisirt, werden sie als präparirte Austerschalen in den Apotheken verkauft und gegen Magensäure angewandt, was indessen jetzt weit weniger als früher gewöhnlich ist; der aus ihnen gebrannte Kalk kann gelöscht zum Weißen oder Tünchen verwandt werden, da er rein und weiß ist, wiewol es ihm an Haltbarkeit fehlt.

Zahlreich ist die Menge von Varietäten der gemeinen oder eßbaren Auster, die in verschiedenen Theilen der Erde gefunden werden und sich namentlich durch ihre Färbung und ihren Geschmack unterscheiden. Im Allgemeinen muß bemerkt werden, daß die Thon- oder Lehmaustern (von Thonausterbänken) die schlechtesten, die Felsaustern hingegen die besten sind, und Austern, welche einen kleinen schwarzen Ring haben, von vielen Feinschmeckern für die schmackhaftesten erklärt werden. Vorzüglich beliebt sind die Austern aus der Nordsee, und unter diesen wieder die grünen (deren Farbe von vegetabilischen Substanzen herrühren mag), weshalb den Austern nicht selten eine künstliche Färbung durch Grünspan ertheilt wird, vor welcher Verfälschung man sich natürlich wohl zu hüten hat. Unter den englischen Austern sind die kleinen Colchesteraustern, sowie die Austern, welche bei Milton in der Grafschaft Kent gefunden werden und nach allen Theilen Englands gehen, ausgezeichnet. Die besten französischen Austern werden auf den Felsenriffen bei der kleinen Stadt Cancale, unweit St.-Malo, sowie bei Dieppe gefunden. Deutschland wird vorzüglich mit den großen und wohlschmeckenden holsteiner Austern versehen. Unter den italienischen Austern sind die sogenannten Arsenalaustern aus Venedig am meisten geschätzt, wiewol sie im Schlamme der Lagunen leben; nächst ihnen die Pfahlaustern von Triest; die holländischen sind im Allgemeinen von einer vorzüglichen Qualität; die spanischen sind von röthlicher Farbe. Als Handelsgegenstand sind die Austern namentlich in England seit vielen Jahrhunderten von Wichtigkeit; schon die römischen Feinschmecker wußten die Güte der englischen Austern zu würdigen. Übrigens kommen die besten englischen Austern nicht aus natürlichen Austerbänken, sondern sind durch Anlegung künstlicher erzielt worden, indem man sich von verschiedenen Gegenden Austernbrut verschaffte und mit der gehörigen Vorsicht an geeignete Stellen der englischen Küste verpflanzte; noch jetzt begeben sich zuweilen Personen in dieser Absicht aus England nach den Sandbänken von Cancale. Eine Hauptursache der Güte der englischen Austern ist ferner in den Mitteln zu suchen, welche angewandt wurden, sie zu mästen, was schon die Römer verstanden, welche die Thiere in Teichen, die zu diesem Zwecke an der Küste gegraben waren, groß zogen; die meisten Austern, welche nach London kommen, sind hierdurch verbessert worden. Von Rochester, Colchester und andern Austerbänken in dieser Gegend der englischen Küste werden beträchtliche Quantitäten nach Holland, Deutschland und andern Theilen des Continents verschickt. In der Regel werden die Austern in den Schalen und lebendig verschickt, nur die schlechtern ohne Schalen und marinirt. Allein von der kleinen Insel Jersey werden jährlich 200,000 Bushel (72,600 Hectoliter) Austern ausgeführt, und 250 Boote,

1500 Männer, 1000 Weiber und Kinder sind dort mit dem Austernfange beschäftigt. Die dabei gebrauchten Boote sind etwa 15 Fuß lang und enthalten gewöhnlich einen Mann und einen Knaben, die mit zwei Austernetzen versehen sind; die letztern haben zum Losmachen der Austern einen eisernen Rahmen und sind etwa 18 Pfund schwer, müssen aber im Allgemeinen bei hartem Boden schwerer sein als bei weichem.

Der Austernfischer.

Beim Genusse der Austern ist ein guter weißer Wein, der ihre Verdauung befördert, unerläßliches Erforderniß; auch Käse soll, nachher genossen, die Austern verdaulicher machen. Indessen ist Jedem, der einen schwachen Magen hat, zu rathen, sich der Austern entweder ganz zu enthalten oder sie doch nur in geringen Quantitäten zu genießen, weil der übermäßige Genuß der Austern leicht Magendrücken, Erbrechen, Durchfall, Wechsel- und Magenfieber zur Folge hat. In der Regel werden die Austern nach Öffnung der Schale, die durch eine zwischen die Fuge gesteckte abgerundete Messerklinge leicht bewerkstelligt wird, frisch und ohne Zuthat oder mit etwas aufgeträufeltem Citronensaft, statt dessen Andere Essig oder Pomeranzensaft vorziehen, genossen, zuweilen aber auch in Butter eingemacht, gebacken, gebraten, gefüllt, geröstet, zu Torten und Pasteten verwandt u. s. w.

Das Neueste aus der Natur- und Gewerbswissenschaft.
(Beschluß aus Nr. 337.)

Eine weitere Vorsicht erfodern jedoch die Maschinen in diesen rauhen Klimaten, um das Zufrieren der Pumpen und der Saugröhren zu verhindern und den Maschinenführer gegen die Kälte zu schützen. Sobald diese stärker eintritt, wird die ganze Locomotive mit einem Dache und an den Seiten mit starker Leinwand eingeschlossen, wo von vorn nur der Rauchfang heraussieht und zwei große Fenster zur Observation der Bahn angebracht sind. Die Reisenden befinden sich in langen achträderigen Wagen, jeder mit 50 — 60 bequemen Sitzen, mit einem Ofen und einer besondern Localität, um alles Absteigen zu vermeiden, welche Einrichtung, zumal beim Reisen mit Kindern, so sehr nothwendig ist. Am Ende jedes solchen Wagens ist eine kleine Brücke angebracht, mittels welcher man während der Fahrt von einem Wagen in den andern gelangen kann, um seinen Bekannten Besuche abzustatten; in einigen Wagen findet man sogar elegante kleine Familienzimmer und ein Dienstmädchen, um die Damen zu bedienen, und in einem andern Wagen sind Büffets mit Erfrischungen, welche während des Fahrens selbst durch einen Aufwärter umhergetragen werden; ja neuerlich ist man so weit gegangen, 42 Betten in einem solchen Wagen anzubringen, welche bei Tage aufgeschlagen und in gewöhnliche Sitze verwandelt werden. Also gleicht ein solcher nordamerikanischer Eisenbahnwagen einem Dampfschiffe, an dessen Bord, wenn wir so sagen dürfen, alle Bequemlichkeiten des letztern, ohne Seekrankheit, vereinigt sind und in dem man die längste Reise mit den mindesten Entbehrungen zurücklegt.

In demselben Maße nimmt die Ausdehnung der Eisenbahnen in Nordamerika zu. Die bis jetzt längste Bahn in der ganzen Welt geht von Boston (Massachusetts) bis Greensboro (Georgien) und hat eine Ausdehnung von 1203 englischen Meilen. Diese Bahn wird aber gegenwärtig zu beiden Seiten noch bedeutend verlängert, und die Amerikaner eröffnen allein für das einzige laufende Jahr (1839) 240 deutsche Meilen Eisenbahn, wozu die Geldmittel baar eingezahlt oder doch gesichert sind. Dies ist etwa die Entfernung von Berlin nach Konstantinopel; was würde man aber in Europa sagen, wenn Jemand die Ausführung einer Eisenbahn zwischen diesen beiden Hauptstädten in einem Jahre beantragte?

Bei dieser ungeheuern Ausdehnung der Dampfanwendung ist Alles von größter Wichtigkeit, was sich auf die, freilich in demselben Verhältnisse zunehmenden Dampfkesselerplosionen und ihre Verhütung bezieht. Wir haben über diesen Gegenstand Bemerkungen aus einem von Seguier in einer neulichen Sitzung der pariser Akademie gehaltenen Vortrage vor uns, welche uns ihres echt praktischen Sinnes wegen große Beachtung zu verdienen scheinen. Nach Seguier, dessen Ansichten Arago vollkommen beistimmt, ist die Hauptursache der Explosionen das Fallen des Niveaus des Wassers im Innern des Kessels und die im Augenblicke, wo man eine zu große Quantität Dampf entweichen läßt, durch die plötzliche Verringerung des Drucks erzeugte stürmische Ebullition des Wassers. Seguier glaubt daher, daß man sich weit weniger auf vorbeugende Mittel verlassen dürfe als auf solche Apparate, welche fähig sind, die Wirkung der Explosion selbst zu neutralisiren. Dahin hätte man also seine Aufmerksamkeit zu wenden, um wenigstens den unmittelbarsten Folgen eines so fürchterlichen Unglücks zu entgehen. Wir können natürlich in den uns hier gesteckten engen Grenzen den dazu einzuschlagenden Weg technisch nicht näher bezeichnen; aber unsere Tendenz ist auch nur, dem Nachdenken die allgemeinsten Richtungen zu bezeichnen, welche dasselbe zur Erreichung beabsichtigter Zwecke einzuschlagen haben könnte.

Eine andere überaus wichtige Rücksicht bei der großen Schnelligkeit der Dampfschiffahrt ist das (vielleicht auch für die Eisenbahnfahrt nicht zu übersehende) Bedürfniß, bei Nacht den Weg von den Schiffen aus durch ein ungefährliches, hinreichend starkes Licht so zu erleuchten, daß jedem Anstoße früh genug vorgebeugt werden kann. Man hat schon mancherlei Mittel versucht, um diesem dringenden Mangel abzuhelfen; bis jetzt aber sind alle Bemühungen fruchtlos gewesen, und man ist noch immer gezwungen worden, zu den einfachen Laternen am Mastbaume zurückzukehren, welche dem Zwecke gleichwol nur sehr nothdürftig entsprechen. Auch findet sich die Lösung der Aufgabe wirklich dadurch erschwert, daß das Wasser, wie bekannt, die Lichtstrahlen mehr wie andere Körper verschluckt. Gegenwärtig endlich scheint man in Triest eine bessere Methode aufgefunden zu haben. Ein großer parabolischer Glasspiegel nämlich wurde auf einem Nachts in den Hafen steuernden Fahrzeuge angebracht und in den Brennpunkt dieses Spiegels eine Kerze von besonderer Zubereitung gestellt. Nach der Eigenschaft der Parabel werden aber alle aus dem Brennpunkte auf sie fallende Strahlen der großen Axe parallel zurückgeworfen. Die Wirkung war daher so außerordentlich, daß sich der ganze Hafen und der dahin offene Theil der Stadt stärker als vom stärksten Vollmondlichte beleuchtet fand, und daß man in einer Entfernung von 5 — 600 Schritten die kleinste Druckschrift lesen konnte.

Indem wir uns bei dieser technischen Übersicht nur von der Gemeinnützigkeit der gemachten Erfindungen leiten lassen, eilen wir sogleich zur Beschreibung einer neuen Löschmaschine (Wasserzubringers) von der Angabe des bairischen Bergraths Ritters von Baader, womit vor einiger Zeit in München sehr gelungene Versuche angestellt worden sind. Diese Maschine steht auf einem Wagengestelle mit vier hohen Rädern, bedarf zur Bespannung nur zweier Pferde und kann selbst in engen Straßen und auf schmalen Brücken angewendet werden. Sie hat nur einen Cylinder mit einem doppelt wirkenden Kolben, welcher letztere nicht auf die gewöhnliche, höchst ermüdende Weise des Aufziehens und Niederdrückens eines langen Hebels, sondern durch horizontalen Stangenschub bewegt wird. Dieser Wasserzubringer lieferte in jeder Minute 44 Cubikfuß Wasser und nährte solchergestalt vier in einiger Entfernung aufgestellte große Feuerspritzen, welche ununterbrochen im stärksten Spiele blieben. Wir erfahren, daß diese Maschine für die pommersche Provinzialzuckersiederei zu Stettin bestimmt ist; es wird also leicht sein, dort oder in München selbst ausführlichere Details über ihre Construction zu erfahren. Der Gedanke der Substitution eines horizontalen Schubes statt des höchst beschwerlichen verticalen Hebelzuges scheint wirklich ein sehr praktischer zu sein.

Unter den kürzlich in Wien privilegirten Erfindungen scheint, nach norddeutschen Blättern, nachstehende eine besondere Aufmerksamkeit zu verdienen. Der dortige Büchsenmacher Bilharz hat nämlich eine Maschine zur Fertigung von Kerzen, gleichviel ob aus Wachs, Spermaceti oder Unschlitt, ausgeführt, wodurch Kerzen mit unverbrennlichen Dochten hergestellt werden, die sparsamer brennen und doch ein weit helleres Licht verbreiten. Zwei Arbeiter reichen hin, um mittels dieser Maschine täglich 48 Centner Kerzen zu produciren, und sie bewirkt gleichzeitig das Bleichen des angewendeten Materials. Ein Reisender, welcher eben aus Wien zurückkehrt, will dergleichen Kerzen in den dortigen Hotels gesehen haben, und erwähnt ihrer mit großem Lobe. Bei der überaus niedrigen Stufe, auf welcher sich namentlich unsere Talglichtfabrikation noch befindet, wünschen wir die Aufmerksamkeit ganz besonders auf diesen Gegenstand zu richten.

Den Schluß unsers diesmaligen naturwissenschaftlichen Berichts machen wir mit einer meteorologischen

Bemerkung, zu welcher gewisse Witterungsanomalien des diesjährigen Frühlings eine sehr nahe liegende Veranlassung geben. Während man nämlich in Petersburg um die Mitte Mais über eine ganz ungewöhnliche Hitze klagte, welche in den Mittagsstunden zuweilen 24° R. überstieg, war es in ganz Großbritannien ebenso ganz ungewöhnlich kalt und rauh, ein Gegensatz gerade für diese beiden Punkte der Erdoberfläche, von dem wir in unsern meteorologischen Notizen durchaus kein zweites Beispiel entdecken. Man muß aber hierin neuerdings einen Grund finden, ja keine allgemeine Witterungsursache für den ganzen Erdkörper außerhalb desselben anzunehmen und z. B. namentlich dem Monde eine solche beizumessen; wirkte, abgesehen vom Sonnenstande, ein Weltkörper auf die Witterung eines andern ein, so müßte diese Einwirkung sich doch nothwendig allgemein aussprechen und wenigstens in gleichen Klimaten beiläufig gleiche Resultate geben. Nun sehen wir aber vielmehr — und das einleitende Beispiel macht die Sache nur wieder recht augenfällig — daß, wenn ein Winter etwa in Deutschland sehr streng gewesen ist, Rußland dagegen eine verhältnißmäßig geringe Kälte, Island, Nordamerika aber sogar gelinde Witterung gehabt haben u. s. w. Dies zeigt nun unwiderleglich, daß die Hauptursache dieser Erscheinungen eine lediglich locale, im Erdkörper selbst begründete sein müsse; es wird im Leben der Erde wol auf eine gewisse Temperaturausgleichung abgesehen sein, dergestalt, daß da, wo ein oder mehre Male eine strenge Kälte oder große Hitze vorgeherrscht hat, in andern Jahren vielmehr der Gegensatz eintritt. Ja ich fange fast an zu zweifeln, ob ein einziger Winter den Namen kalt oder gelind, oder ein einziger Sommer den Namen heiß oder kühl mit besonderm Rechte verdienen werde, wenn man die Mitteltemperaturen derselben für eine sehr große Menge von Punkten der Erdoberfläche in Betracht zieht. Verfolge ich denn z. B. den Regen, sehe ich, daß derselbe heute hier, morgen dort fällt, im Allgemeinen aber doch kein einziger Punkt der ganzen Gegend, über welche sich meine Beobachtungen erstrecken, dabei übergangen wird: es ist, als wenn die durstige Erde ihn selbst herabriefe, und wenn sie nun heute hier getränkt ist, will sie es morgen dort sein und muß es, sofern die Bewohnbarkeit bestehen soll. Ähnlich, wiewol für weit längere Perioden, wird es sich in denselben Polarkreisen wol mit Kälte und Wärme verhalten, bei deren Vertheilung das Leben nicht weniger interessirt ist. Eine gewisse Periodicität, wie schwer ihr eigentliches Gesetz auch aufzufinden sein möge, läßt sich der Natur dabei schon a priori zuschreiben, da, wie gesagt, die Harmonie des Lebens, wie sie sich für gleiche geographische Breiten doch ankündigt, darunter leiden müßte, wenn die niedrigen Temperaturen durchgängig nur gewisse Punkte derselben, und die höhern dagegen ebenso durchgängig nur gewisse andere Punkte träfen.

Man sieht aber, oder ahnet doch aus diesen Andeutungen, die wir vorzugsweise mit Bezug auf die nun folgenden Bemerkungen vorausgeschickt haben, was für eine überaus zusammengesetzte, schwierige, der theoretischen Erschöpfung vielleicht nie zugängliche Wissenschaft die Meteorologie ist. In der That, es ist niederschlagend für den gelehrten Meteorologen, aber darum nicht weniger gewiß, daß ihm Schäfer, Fischer, Schiffer, die sich nur an langjährige Erfahrungen halten, meistens sehr überlegen sind. Noch niederschlagender aber erscheint der Umstand, daß in diesem meteorologischen Bezuge der Instinct der Thiere so hoch über dem Verstande der Menschen steht. Noch in einer der jüng-

sten Versammlungen der Gesellschaft naturforschender Freunde zu Berlin theilte Professor Ehrenberg seine Beobachtungen eines ungewöhnlichen Zurücktretens und Versteckens sowol größerer als der kleinsten Wasserthiere selbst während der milden Thautage dieses Winters bei Berlin mit und erklärte dasselbe aus einem auch sonst bekannten, den Menschen gänzlich abgehenden Vorgefühle allgemeiner, die späte und dauernde Kälte des diesjährigen Nachwinters bedingender Naturkräfte. Was namentlich diesen Punkt betrifft, so scheint die Vorsehung dem Menschen die Gabe des Verstandes als Mittel, selbst auf Schutz zu denken, so hoch anzurechnen, daß sie an Fähigkeit des Witterungsvorgefühls das kleinste, schlechteste Thier besser ausgerüstet hat. Von den unzähligen solchen Vorzeichen bei Thieren erinnere ich nur an das begierige Fressen der Schafe und das Grasfressen der Hunde vor dem Regen, an das Benehmen der Zugvögel, an die auffallende Unruhe und das Quaken der Frösche, an das Stechen der Schnaken, die Geschäftigkeit der Ameisen u. s. w. Wir würden aber gewiß noch unendlich mehr dergleichen beobachten, wenn wir das ganze Verfahren der Thiere in der Wildniß, im Naturzustande, wo sich der von der Hand der Gottheit eingepflanzte Instinct kräftiger entwickelt, recht verfolgen könnten! Ganz besonders galten aber die Spinnen schon im Alterthume für Wetterpropheten, und sie kamen in den höchsten meteorologischen Credit, als der französische Naturforscher Quatremère d'Isjonval aus ihren Anzeichen bevorstehende Kälte prophezeite, welche auch wirklich eintrat und das darnach vorbereitete Eindringen der französischen Revolutionsarmee in Holland begünstigte. Auf diesem Felde bloßer Empirie wird sich die Meteorologie noch lange bewegen müssen; sie hat sich bis jetzt noch stets verirrt, wenn sie ein System suchte.

Das Nebelloch bei Zdiar.

In nordöstlicher Richtung von der Stadt Käsmark in Ungarn, bei dem im maguranischen Bezirk gelegenen Dorfe Zdiar, befindet sich am Fuße der Magura (einer Gebirgskette, nach welcher dieser Bezirk benannt worden ist) ein in das Innere dieses Berges führendes großes und tiefes Felsloch, welches vorzüglich durch die zu manchen Zeiten aus demselben emporsteigenden nebelähnlichen Dunstsäulen unsere Aufmerksamkeit in Anspruch nimmt. Den Eingang bildet eine weite, nach Nordost sich öffnende, etwa fünf Klafter hohe und drei Klafter breite Kluft. Sein Inneres, das bis jetzt nur theilweise erforscht worden, zeigt eine hohe, fast immerwährend mit einem rauchähnlichen Dunste oder Nebel angefüllte Felsenhalle, aus welcher in einer Entfernung von kaum 20 Schritten vom Eingange ungeheure Schlünde und Abgründe hervorgähnen, weshalb noch Niemand diese geheimnißvollen Räume zu untersuchen gewagt hat, zumal da auch der thonartige Boden sehr abschüssig, feucht und schlüpferig ist. Die Versuche, mit dem Senkblei die Tiefe eines solchen leichter zugänglichen Schlundes zu ermitteln, mußten an den vielen Krümmungen und hervorragenden Felsenstücken scheitern.

Wenn ein stark geladenes Schießgewehr in dieser Felsenhalle losgebrannt wird, so zeigt das vielfache, dumpf hinrollende, selbst noch einige Minuten aus weiter Ferne tönende Echo, daß sich die Klüfte tief in das Innere des Berges erstrecken, sowie daß nach verschiedenen Richtungen hinlaufende Gänge vorhanden sein müssen. Schmuzig dunkle Tropfsteinmassen von seltsamer Form hängen an mehren Stellen vom Gewölbe dieser Höhle herab, was man jedoch nur bei Fackelschein zu erkennen vermag, und zuweilen läßt sich auch ein Luftzug spüren. Übrigens herrscht hier die tiefste Stille, nur durch herabfallende Tropfen von Zeit zu Zeit unterbrochen; kein lebendes Wesen hält sich hier auf, selbst das Ungeziefer, was an andern solchen Orten gewöhnlich in Menge getroffen wird, findet man hier nicht.

Die nebelartigen Dünste, welche zu manchen Zeiten aus dieser Höhle emporsteigen, sind für die Bewohner der Umgegend stets das sicherste Merkmal eines nahenden Gewitters, das sich an dem nämlichen Tage, gewöhnlich schon nach einigen Stunden, zeigen muß, sobald sie über dem Schlunde früh nach Sonnenaufgang diesen Nebel bemerken. Diese Erscheinungen sind jedoch in jenen Gegenden, namentlich im Tatragebirge, mit welchem die Magura im Osten zusammenhängt, weder neu noch selten. Sehr oft steigen bei heiterer Witterung Nebelwolken wie Rauchsäulen in die Höhe und schweben nach einigen Stunden schon mit einem Ungewitter dahin. Eben dies bemerkt man auch auf dem Josberge des Tatra, der ungefähr 500 Schritte von Klein=Lomnitz entfernt liegt. Wie der Magura besteht auch dieser Berg aus verschiedenen großen und kleinen Höhlen. Selbst an den heitersten Sommertagen, wo der Horizont ganz wolkenleer ist, bemerkt man nicht selten, wie auf demselben hier und da Nebelsäulen in der Gestalt des Rauches bei einem großen Brande sich aufthürmen, wonach gewöhnlich binnen wenigen Stunden ein heftiges Donnerwetter erfolgt.

Zdiar ist ein weitläufiges Dorf, dessen Häuser sehr zerstreut liegen, und wurde in frühern Zeiten von Deutschen, jetzt aber meist von Slawaken bewohnt. Sein an die Magura stoßendes Gebiet ist größtentheils unfruchtbar, sodaß man bisweilen kaum die Aussaat wieder erhält. Erdäpfel und Hafer sind die einzigen Früchte, die mit einigem Erfolg gebaut werden, in manchen Jahren jedoch gar nicht zur Reife gelangen, weil sich der Winter gewöhnlich sehr früh einstellt. Bei weitem merkwürdiger ist diese Gegend in mineralogischer Hinsicht. Nahe bei der Kirche dieses Dorfes ist ein großer Granitfelsen, aus welchem häufig Markasitkörner hervorbrechen, die an Größe und Gestalt den Mandelkernen ähnlich sind und die herrlichste Politur annehmen. Außerdem findet man hier auch weiße und bläuliche Achate von ziemlicher Größe. Auf dem äußersten Gipfel des Muragagebirges, der Spadiberg genannt, gibt es Bernstein, der dem preußischen in keiner Beziehung nachsteht. Auf den Äckern finden sich hier und da schöne weiße Bergkrystalle, welche durch heftige Regengüsse aus ihrer Mutter (Hülse) ausgewaschen und von den Bergen in die Thäler und ebenen Felder herabgeschwemmt werden. Von den Mineralogen werden sie falsche Diamanten oder auch Ciconien genannt.

Eine neue Schlachtmethode.

Ein englischer Arzt hat kürzlich eine ganz neue Methode, Thiere zu schlachten, angegeben und sich darauf ein Patent ertheilen lassen. Sie besteht darin, daß durch einen in die beiden Brusthöhlen des Thieres eingeführten reichlichen und ununterbrochenen Luftstrom auf die äußere Oberfläche der Lungen und der übrigen in der Brusthöhle enthaltenen Eingeweide ein dem atmosphärischen Drucke wenigstens gleichkommender Druck

ausgeübt wird, wodurch ein Einsinken der Lungen bewirkt und dem Thiere das Athmen unmöglich gemacht, also durch Erstickung der Tod herbeigeführt wird. Die Einführung des gedachten Luftstroms geschieht auf folgende Weise: Eine am einen Ende spitzig zulaufende und ebenda mit mehren Löchern versehene Röhre wird am andern Ende mit einem luftdichten, mit Luft gefüllten Beutel verbunden, dessen Größe sich nach der Größe des Thieres richtet. Ein solches Instrument wird nun zu beiden Seiten der Brust zwischen der fünften und sechsten Rippe bis zu einem an der Röhre angebrachten Knopfe eingestoßen und sodann die in dem Beutel enthaltene Luft in die Brusthöhle gedrückt, worauf die Lungen sogleich zusammenfallen und das Thier in einer bis zwei Minuten stirbt, ohne mehr als höchstens ein paar Löffel Blut verloren zu haben. Hierbei muß das Thier so verwahrt werden, daß es keine starken Bewegungen machen und seine Stellung nicht verändern kann. Kälber, Schafe, Schweine bringt man deshalb in einen flachen länglichen Trog, der an den Ecken mit senkrechten Pfosten versehen ist, an welche die Beine des Thieres durch Schnallen befestigt werden. Für Kühe und Ochsen ist eine besondere, einem Nothstalle ähnliche Vorrichtung erfoderlich.

Die Vortheile dieser Methode sollen nach der Meinung des Erfinders derselben darin bestehen, daß die lymph= und milchartigen Flüssigkeiten und alle feinern Säfte des Körpers da bleiben, wo sie sich im Leben befanden, während sie bei den gewöhnlichen Schlachtmethoden in Masse ausströmen. Hieraus soll folgen, daß die Menge der eßbaren Theile wenigstens um den zehnten Theil größer ausfällt, daß das Fleisch saftiger, zarter und wohlschmeckender wird, auch bei allen Zubereitungen schneller gahr wird und sich mehre Tage länger frisch erhält als gewöhnliches Fleisch. Beim Kochen soll das Fleisch nicht einschrumpfen, sondern sich ausdehnen; das Fett soll genießbarer und schmackhafter werden; beim Einsalzen des Fleisches soll weniger Salz nöthig sein, um es haltbar zu machen u. s. w. Endlich soll sich die neue Schlachtmethode vor der gewöhnlichen auch durch größere Humanität empfehlen, was jedoch wol schwerlich zugestanden werden kann, da der Todeskampf nach der eigenen Angabe des Erfinders zwei Minuten, bei mangelhafter Beschaffenheit des Apparats aber gewiß weit länger dauern kann. Was die übrigen gepriesenen Vortheile betrifft, so dürften sie durch den Nachtheil, daß auch das Blut zum größern Theile im Fleische zurückgehalten wird, wenigstens in den Augen der Deutschen und wol der meisten andern Völker des Continents, die nur blutloses Fleisch zu verzehren gewohnt sind, völlig überwogen werden. Anders verhält es sich freilich in England, wo hinsichtlich des Fleisches ein völlig verschiedener Geschmack herrscht. Dort will man bei einem Gastmahle das Fleisch von Thieren, auf welche die neue Methode angewandt worden war, höchst schmackhaft und zart gefunden haben, und ein großer Theil der Fleischer von Liverpool soll im Begriff stehen, das neue Verfahren einzuführen, was in Deutschland schwerlich so bald geschehen dürfte.

Erdbeben in Syrien.

Das Erdbeben, welches zu Anfange des Jahres 1837 in Syrien stattfand, war, nach dem Bericht eines Augenzeugen, eines der furchtbarsten, indem es nicht nur schreckliche Zerstörungen anrichtete, sondern auch vielen tausend Menschen das Leben kostete. Am heftigsten waren die Ausbrüche desselben südöstlich von Beyrut in dem Distrikt von Safat und Tabarieh; jedoch ging es so unregelmäßig, daß von Dörfern, die nur einige hundert Schritte voneinander entfernt lagen, das eine gänzlich verheert wurde, während das andere unbeschädigt blieb. An der Nordseite von Tabarieh brachen während des Erdbebens mehre heiße Quellen aus dem Boden hervor, die auf kurze Zeit Ströme von Mineralwasser entsendeten, wodurch der See bis zu einer außergewöhnlichen Höhe anschwoll. Im Distrikt Baschan, jenseit des Jordans, stiegen ganze Feuerströme bis zu einer solchen Höhe aus dem Boden empor, daß man, wenn man sie niedersinken sah, hätte glauben sollen, sie kämen vom Himmel herab.

In den meisten Ortschaften war die Zerstörung gräßlich, das Elend allgemein. Das Dorf Gisch war gänzlich vernichtet, und von seinen 250 Einwohnern hatten blos 15 das Glück, nicht unter den Ruinen begraben worden zu sein. Funfzig in der Kirche zum Abendgebet versammelte Christen waren sämmtlich umgekommen; nur der Geistliche, den das Gewölbe des Altars schützte, an welchem er den Gottesdienst verrichtete, hatte sich retten können. Die Stadt Safat war in einen Schutthaufen umgewandelt. Der Anblick der Verstümmelten, von denen Viele noch einige Zeit lebten, um unter den fürchterlichsten Schmerzen später erst eine Beute des Todes zu werden, erregte Grausen und Entsetzen. Große Hunde schleppten die Leichen der Er-

schlagenen auf die Felder hinaus und würden selbst Lebende angefallen haben, wenn man es versucht hätte, sie davon zurückzuhalten. Sie wurden jedoch, als man dem Gouverneur davon Anzeige gemacht hatte, auf dessen Befehl erschossen.

Von den in Safat lebenden 5000 Juden kamen über 4000 um, von 50 Christen blieb kaum die Hälfte am Leben, und von den 6000 Mohammedanern wurden gegen 1000 vermißt. Die Häuser der Juden waren, weil zwei Stock hoch, am gefährlichsten und ein Entkommen daraus unmöglich; von einer bedeutenden Anzahl derselben, die sich zum Abendgebet in der Synagoge versammelt hatten, wurde auch nicht Einer gerettet. Ganze Familien lagen neun Tage lang unter den Ruinen begraben, und eine Person wurde sogar erst nach elf Tagen hervorgezogen. Sie schlug die Augen nur noch einmal auf, um die Greuel der Verwüstung zu schauen, und schloß sie dann für immer.

Schaudererregend sind die Schilderungen von Einzelnen, die, nachdem sie mehre Tage in einer solchen Lage hingebracht hatten, hervorgezogen und zum Theil gerettet wurden. Die allgemeine Bestürzung war Ursache, daß man nicht zeitig genug an das Aufräumen des Schuttes gedacht hatte, und so kam es, daß Mancher unter demselben sein Leben aushauchen mußte, dessen Rettung noch möglich gewesen wäre. Überhaupt war im ganzen umliegenden Lande bis Sidon die Furcht so groß und so allgemein, daß die Einwohner ihre Häuser verließen und in Felsenhöhlen lebten.

Ansicht von Straßburg.

Verantwortlicher Herausgeber: Friedrich Brockhaus. — Druck und Verlag von F. A. Brockhaus in Leipzig.

Das Pfennig-Magazin

für

Verbreitung gemeinnütziger Kenntnisse.

339. | Erscheint jeden Sonnabend. | [September 28, **1839.**

Plato.

Plato, der Schüler und Biograph des Sokrates, der älteste griechische Philosoph, dessen Schriften auf uns gekommen sind, war der Sohn athenischer Ältern, des Ariston und der Periktione, und wurde im Jahre 430, nach Andern 429 v. Chr., auf der Insel Ägina geboren. Von mütterlicher Seite stammte er von dem trefflichen athenischen Gesetzgeber Solon, von väterlicher von dem letzten athenischen Könige Kodrus ab. Nicht zufrieden mit dieser vornehmen Herkunft, ging in spätern Zeiten die Schmeichelei seiner Bewunderer so weit, ihn für den Sohn des Apollo auszugeben. Die Gabe der Beredtsamkeit soll bei dem Plato schon in der Wiege dadurch im voraus angezeigt worden sein, daß sich ein Bienenschwarm auf seine Lippen setzte, Sokrates aber soll in der Nacht, bevor er den Plato zum ersten Male sah, durch das Traumbild eines jungen Schwans, der auf seinen Knieen saß, aber plötzlich flügge wurde und mit einem melodischen Schrei davon flog, auf die seltenen Fähigkeiten seines künftigen Zöglings aufmerksam gemacht worden sein. Plato's ursprünglicher Name war Aristokles; derjenige, unter welchem er berühmt geworden ist, kommt von einem griechischen Worte her, welches „breit" bedeutet, und wurde ihm nach Einigen wegen seiner breiten Brust, nach Andern wegen seines breiten und vollen Gesichts beigelegt, noch anderer Erklärungsversuche nicht zu gedenken. Daß er körperlich kräftig war und die gymnastischen Übungen, welche die griechische Sitte der Jugend ohne Unterschied des Standes zur Pflicht machte, und auf welche er selbst in reiferm Alter so großen Werth legte, mit Erfolg getrieben hat, dafür spricht die Nachricht, daß er bei zweien der großen griechischen Nationalfeste, bei den pythischen und isthmischen Spielen, sich um den Preis im Ringen bewarb. Bis in sein 20. Jahr hatte er außer den in Athen lehrenden Sophisten den Grammatiker Dionysius, ferner die Philosophen Kratylus und Hermogenes zu Lehrern und widmete sich anfänglich mit großem Eifer der lyrischen, epischen und dramatischen Dichtkunst, wahrscheinlich auch nicht ohne Erfolg, da eines seiner Dramen auf die Bühne gebracht wurde, verbrannte aber den größten Theil seiner Gedichte und vertauschte die Poesie mit der Philosophie und Politik, die damals eng verbunden waren, als er in einem Alter von 20 Jahren mit Sokrates bekannt wurde, der sich seiner mit vorzüglicher Liebe annahm. Acht Jahre lang war er des trefflichen Weisen Schüler und beständiger Begleiter; während seines Processes trat er als sein Vertheidiger auf und erbot sich, für die Zahlung jeder Geldstrafe, die ihm auferlegt werden möchte, Bürgschaft zu leisten; bis zuletzt getreu, war er ein Zeuge des Todes jenes trefflichen Mannes, von welchem er am Schlusse seines von der Unsterblichkeit der menschlichen Seele handelnden Dialogs „Phädon" eine so schöne und ergreifende Schilderung gegeben hat. Nachdem sein Lehrer im Jahre 400 v. Chr. den Giftbecher getrunken hatte, verließ Plato Athen und schweifte eine Zeit lang umher, indem er überall, wohin er kam, die Schulen der ausgezeichnetsten Philosophen besuchte. Megara, wo der Sokratiker Euklid eine eigene Schule gründete, war sein erster Aufenthaltsort; hier hat er wahrscheinlich, da damals die traurigen Begebenheiten der letzten Zeit noch frisch in seinem Gedächtnisse waren, den „Phädon", sowie den „Kriton" und die „Vertheidigung des Sokrates" geschrieben. Von da ging er nach Großgriechenland oder Unteritalien, wo er mit den daselbst lebenden Pythagoräern, namentlich dem Archytas, genaue Verbindungen anknüpfte und längere Zeit damit zubrachte, die philosophischen Systeme des Pythagoras und Heraklitus zu studieren, welche beide er später unter gewissen Modificationen zu einem neuen Systeme verband, hierauf nach Cyrene in Afrika, endlich nach Ägypten. Nach einigen Schriftstellern wurde er hier von den Priestern in jene Geheimnisse eingeweiht, zu denen sie allein den Schlüssel hatten, und leitete aus ihnen die tiefsinnigsten Lehren seiner Philosophie ab; indeß melden die glaubwürdigsten Schriftsteller nichts davon, und Plato selbst spricht von der ägyptischen Wissenschaft jener Zeit mit Geringschätzung. Nach Cicero ging Plato nach Ägypten in der Absicht, sich in der Astronomie zu vervollkommnen, welche gleich andern Zweigen der mathematischen Wissenschaften in jenem Lande noch blühte. Die Vermuthung, daß Plato in Ägypten mit den heiligen Schriften der Hebräer (namentlich den Büchern Mosis) bekannt geworden sei, ist durch schwerlich hinreichend begründet sein und rührt wol nur daher, daß Plato mit mehr Bestimmtheit als frühere Philosophen von einem Dasein nach dem Tode spricht. An dem Besuche von Syrien und Persien wurde er durch einen ausbrechenden Krieg verhindert, ging aber dafür nach Syrakus, wo damals gerade der Tyrann Dionys I. herrschte. Der Schwager desselben, Dion, ein edler, für alles Gute entbrennender Jüngling, fühlte sich bald zu dem Philosophen hingezogen und führte ihn bei dem Tyrannen ein, in der Hoffnung, daß auf diesen der Umgang mit jenem edeln Manne vortheilhaft wirken möchte. Hierin aber täuschte er sich; dem Dionys konnte der freimüthige, ihm an

Geist unendlich überlegene Grieche nur Argwohn und Haß einflößen, und als Plato sich einschiffte, brachte Jener dessen Begleiter durch Bestechung dahin, daß sie versprachen, ihn unterwegs umzubringen oder als Sklaven zu verkaufen. Das Letztere thaten sie wirklich zu Ägina, doch wurde Plato von dem Philosophen Annikeris losgekauft.

Als Plato im Jahre 395 v. Chr. nach Athen zurückkehrte, trat er mit außerordentlichem Beifalle als Lehrer der Philosophie auf, da er die Absicht, als Staatsmann zu wirken, aufgegeben hatte; er wohnte und lehrte in einem öffentlichen Garten, den ein gewisser Akademus dem Volke vermacht hatte, weshalb er die Akademie genannt wurde, ein Name, der später zur Bezeichnung der von Plato gegründeten philosophischen Schule diente, welche zu den berühmtesten Philosophenschulen des Alterthums gehört und mehre Jahrhunderte hindurch blühte. Noch einmal aber vertauschte er diesen friedlichen Wirkungskreis eines Lehrers der Weisheit mit dem geräuschvollen Leben eines Hofes. Als nämlich der ältere Dionys im Jahre 368 gestorben war, lud dessen Sohn und Nachfolger, Dionys der Jüngere, auf Veranlassung seines Verwandten Dion den Plato ein, nach Syrakus zu kommen, wohin sich Plato, vielleicht um die Wirksamkeit seiner Philosophie an dem Tyrannen zu erproben, mit seinem Schüler und Neffen Speusipp im Jahre 366 begab und ehrenvoll empfangen wurde; bald aber fand er Ursache, seinen Schritt zu bereuen, da die Ränke des Hofes ihm den Aufenthalt sehr verleideten. Sein Freund Dion wurde verbannt, ihm selbst aber eine Wohnung im Schlosse angewiesen, wo er in einer Art von Gefangenschaft gehalten wurde; nur beim Ausbruche eines Krieges erhielt er die Erlaubniß, nach Athen zurückzukehren, mußte jedoch das Versprechen geben, nach erfolgtem Friedensschlusse wieder nach Syrakus zu kommen. Da es ihm aber nicht gelang, den Dion mit Dionys auszusöhnen, suchte er lange der Erfüllung seiner Zusage auszuweichen. So groß war indeß der Werth, den man auf Plato's Anwesenheit in Syrakus legte, daß, als wiederholte Einladungsbriefe nichts fruchteten, ein besonderes Schiff von Syrakus abgesandt wurde, um ihn zu holen. Abermals ließ er sich bestimmen zu kommen, foderte aber bald nachher seine Entlassung, weil es ihm durchaus nicht gelang, die Aussöhnung des Dionys mit Dion zu Stande zu bringen, und die deshalb von Jenem gemachten Versprechungen nicht gehalten wurden. Unverhohlen sprach Plato hierüber seinen Unwillen aus, sah deshalb durch die Rache des Tyrannen sein Leben bedroht und soll nur durch die Fürsprache des Archytas seine Entlassung und die Erlaubniß zur Rückkehr in sein Vaterland erlangt haben, das er nun nicht wieder verließ. Er genoß hier so großes Ansehen, daß die Megalopolitaner, Cyrenäer, Syrakusaner und Kretenser Gesandte an ihn abschickten und ihn baten, ihren Republiken Gesetze zu verleihen. Fast bis zum letzten Augenblicke beschäftigte ihn die Ausarbeitung und Ausfeilung seiner Schriften. Sein Tod war des heitern Weisen würdig; im Jahre 348 starb er an seinem 82. Geburtstage, den er rüstig und munter erlebt hatte, sanft entschlafend auf einem Hochzeitgelage und wurde im Keramikus begraben.

Die auf uns gekommenen Schriften Plato's, dem das Alterthum den Beinamen des Göttlichen gab, sind zahlreich und umfänglich, indessen sind mehre, die ihm zugeschrieben werden, in neuern Zeiten als unecht erkannt worden; sie sind philosophischen, physikalischen, politischen und moralischen Inhalts. Mit Ausnahme der Briefe, die man fast allgemein als unecht ansieht, sind alle Schriften Plato's in Form von Dialogen oder Gesprächen abgefaßt, in denen aber Plato selbst niemals vorkommt; die Personen, welche darin als redend eingeführt werden, sind Sokrates und seine Zeitgenossen, theils seine Freunde und Begleiter, theils die Sophisten oder Lehrer einer falschen Philosophie, welche Jener so gern widerlegte und lächerlich machte; immer aber ist Sokrates die Hauptperson, er mag nun seine eigenen Meinungen mit Würde und Beredtsamkeit vertheidigen oder seine selbstgefälligen Gegner unter dem Scheine, bei ihnen Belehrung zu suchen, in Widersprüche und Ungereimtheiten verwickeln. In einer Hinsicht ist es jedoch zu bedauern, daß Plato diese Form der Darstellung gewählt hat; man weiß nämlich nun nicht, wie viel man dem Lehrer und wie viel dem Schüler zuschreiben soll; indessen unterliegt es keinem Zweifel, daß Plato Vieles als Äußerungen des Sokrates anführt, was von diesem Philosophen niemals gelehrt worden ist. Die beste deutsche Übersetzung des Plato, die jedoch leider nicht vollendet worden ist, verdanken wir dem berühmten berliner Kanzelredner Schleiermacher, der in einem seltenen Grade von dem Platonischen Geiste durchdrungen war.

Als Gründer einer philosophischen Schule — der sogenannten Akademie — hat Plato einen großen und bleibenden Einfluß geübt. Man unterscheidet gewöhnlich eine alte, mittlere und neue Akademie, doch kann nach dem innern Unterschiede der Lehren eigentlich nur von einer alten und einer neuen Akademie die Rede sein. Auf dem Lehrstuhle der alten Akademie folgten dem Plato seine Schüler Speusippus und Xenokrates, dann Polemo, Krates und Krantor; die mittlere stiftete Arcesilaus, die neuere oder dritte Karneades; Manche nehmen noch eine vierte Akademie an, die von Philo ausging. Mit der Lehre Plato's stritt Jahrhunderte lang die seines scharfsinnigen Schülers Aristoteles, des Stifters der peripatetischen Schule, um die Herrschaft.

Karnak und Ibsambul.

Wiewol wir bereits in Nr. 231 eine kurze Beschreibung und zugleich eine Abbildung der merkwürdigen Tempelruinen von Karnak in Oberägypten (an der Stelle des alten Theben, unweit Luxor) geliefert haben, so dürfte es doch vielen unserer Leser von Interesse sein, zu vernehmen, wie sich ein geistreicher deutscher Prinz, der Herzog Maximilian von Baiern, der im vorigen Jahre eine Reise nach Ägypten, Nubien und Palästina unternommen hat, über diese Ruinen ausspricht. *) „In Mitte einer Reihe von Sphinxen durchreitend, von deren Köpfen leider selbst am Boden keine Spur mehr vorhanden war, gelangte ich zu dem ersten und kleinern der Tempel von Karnak, dessen hohe Pylonen mir schon von fern erschienen waren. Hatte schon die Besichtigung dieses imposanten und im Innern der Gemächer mit den schönsten Zeichnungen versehenen Gebäudes meine Bewunderung aufs höchste gesteigert, so versagt mir die Sprache ihre Dienste, wenn ich jetzt den unauslöschlichen Eindruck in Worte übertragen soll, den der mir ewig unvergeßliche Augenblick auf mich machte, da ich die riesige Säulenhalle des ungeheuern zweiten Tempels betrat, aus dessen Innerm mir ein

Wald der kolossalsten Steinmassen, wenn ich so sagen darf, vor das Auge trat. Ich zweifelte einen Augenblick, ob ich ein Werk göttlicher oder menschlicher Kraft vor mir sähe. Wie gesagt, ich würde umsonst nach Worten suchen, um dem Leser nur einen schwachen Begriff von Dem zu geben, was ich zu erblicken so glücklich war, ja ich fühlte in höherm Grade den Werth, Mensch zu sein, ein und demselben Geschlechte anzugehören, welches die große Idee, die fast übermenschliche Kraft und unbegreifliche Ausdauer gehabt hat, ein Werk zu beginnen und zu vollenden, das beinahe seine Kräfte überstiegen hat, ein Werk, das eigentlich nur ein Gott durch die Hände gewaltiger Riesen hätte aufführen sollen. Ich hielt früher Das, was ich darüber in Büchern gelesen, für überspannt, für beiweitem übertrieben; nun begreife ich, daß auch ihnen die Sprache den Dienst versagte, daß sie zu arm an Worten sei, solche Empfindungen mitzutheilen. Vom Tempel streifte ich über das weite Feld. Bei jedem Schritte boten sich mir ehrwürdige majestätische Überreste dar. Bald erhoben sich mächtige Säulenstämme, bald stieß ich auf halbzertrümmerte Obelisken, aus dem schönsten Granit geformt, bald stieg ich wieder in die Tiefe hinab, wo ich in die Gemächer kriechen mußte, die Schutt, Erde und der Sand der nahen Wüste in ihrem Schooße bargen, oder ich staunte ob der theils sitzenden, theils stehenden Kolosse, welche sich in Menge, mehre aus schwarzem Granit, mehre aus weißem Marmor, die meisten aber verstümmelt, mühsam aus der Erde erhoben. Überall herrliche Zeichnungen von Triumphzügen, von Figuren, denen man es ansieht, daß es Portraits sein müssen; ferner die beiden noch aufrecht stehenden Obelisken, an denen sich Hieroglyphe an Hieroglyphe reiht; ein Thor, ganz aus röthlichem Granit, Sphinxe mit Widderköpfen und so noch Unzähliges größerer wie kleinerer Gegenstände dieser weiten Ebene, auf deren Oberfläche mir der verstümmelte Leichnam eines entseelten Riesen dahin gestreckt zu liegen schien.“

Mit ähnlicher Begeisterung spricht der erlauchte Reisende von den Ruinen von Ibsambul (Andere schreiben Ebsambol) in Nubien, die er früher besuchte und deren Schilderung wir als eine fernere Probe aus der interessanten, nur leider zu kurz gefaßten Reisebeschreibung folgen lassen. „Niemals hat mich ein Anblick mehr überrascht als die beiden Felsentempel von Ibsambul, besonders der größere mit seinen davor sitzenden Riesengestalten. Lange verweilte ich in stummer Betrachtung dieses großartigen Denkmals menschlicher Thatkraft und fühlte mich in diesem heiligen Augenblicke zehnfach entschädigt für so manche lange Stunde dieser Reise. Die Façade des großen Tempels schmücken vier ungeheure Kolosse in sitzender Stellung, die sich einander ganz ähnlich sehen und alle vier Rhamses den Großen darstellen. Sie messen 61 Fuß in der Höhe. Tritt man in den ersten und geräumigsten der Säle, so erblickt man acht kolossale Karyatiden, welche die Decke stützen. Jede dieser Statuen hat 30 Fuß Höhe und stellt abermals Rhamses den Großen vor. Im Ganzen stößt man auf 16 Gemächer; eine Art von Sanctuarium (Allerheiligstes) macht den Schluß, worin sich vier sehr schöne sitzende Figuren über Lebensgröße vorfinden. Sie stellen Ammon-Rah, Phré, Phtha und Rhamses den Großen dar. Viele der einzelnen Figuren sowol als auch ganze Gruppirungen sind noch gut erhalten, sodaß an den meisten Stellen sich sogar die Farben und goldenen Verzierungen der Gewänder deutlich erkennen lassen. Der kleinere Tempel, ebenfalls im Felsen und nur wenige Schritte vom großen entfernt,

---

*) S. Wanderungen nach dem Orient im Jahre 1838. Unternommen und skizzirt von dem Herzoge Maximilian in Baiern (München 1839).

ist in seiner Art gleich sehenswerth. Das erste und umfangreichste Gemach wird von sechs nicht allzu hohen, aber breiten viereckigen Säulen getragen, nach außen mit zahlreichen Hieroglyphen, nach der innern Seite mit Figuren bedeckt. In der Tiefe, dem Eingange gegenüber, sind noch zwei kleinere Gemächer; das mittlere derselben hat zu beiden Seiten noch zwei kleinere Seitenkammern, in Allem fünf Gemächer. Beide Tempel nebst den Façaden und ihren riesenmäßigen Statuen sind aus dem nämlichen Bestandtheil wie der

Bergrücken, in welchen sie gehauen sind, nämlich aus Sandstein. Die etwas einförmige sandige Gegend mit ihren kahlen Bergen, die sich in kleiner Entfernung längs des Nils hinziehen, erhöht den ernsten und Ehrfurcht gebietenden Eindruck, von dem man sich bei dem ersten Anschauen dieses riesigen Denkmals einer an Entwürfen und in der Ausführung derselben unerreichbaren Vorzeit durchdrungen fühlt. Nie wird die heilige Erinnerung an Ibsambul meinem Geiste entschwinden.“

Abbildungen in alten Handschriften.

Christine von Pisa überreicht ihr Buch der Königin von Frankreich.

Schon in sehr frühen Zeiten bedienten sich die Abschreiber von Büchern bildlicher Darstellungen, um theils die Handschriften zu zieren, theils dem Leser das Verständniß ihres Inhalts zu erleichtern. Außer andern alten Schriftstellern thut Plinius solcher bildlichen Erläuterungen von Büchern Erwähnung. Wir erfahren unter Anderm, daß Pomponius Atticus, der sich eine Sammlung von merkwürdigen Aussprüchen der ausgezeichnetsten Männer Roms gemacht hatte, mehre Künstler anstellte, um sein Werk mit Portraits zu schmücken; noch früher sammelte Varro die Bildnisse von 700 großen Männern, um als Erläuterung ihrer Biographien zu dienen. Wir besitzen noch mehre mit Zeichnungen gezierte Handschriften, die man dem 3. oder 4. Jahrhunderte zuschreibt; dahin gehört ein Theil des Virgil's in der vaticanischen Bibliothek zu Rom, mit Miniaturzeichnungen geschmückt, die Manche, wiewol gewiß irrthümlich, als nicht gar lange nach Virgil entstanden anzusehen geneigt sind. Ferner besitzt dieselbe Bibliothek einen sehr alten Coder des Terenz, der Abbildungen verschiedener, in den Lustspielen vorkommender Scenen und außerdem ein Portrait des Verfassers

enthält. Die kaiserliche Bibliothek in Wien enthält einen handschriftlichen, mit Malereien verzierten römischen Kalender, dessen Entstehung Lambecius in das Jahr 354 n. Chr., also bald nach Konstantin dem Großen, setzt; er gehört zu den schönsten und merkwürdigsten Büchern jener Bibliothek. Im britischen Museum befindet sich ebenfalls ein sehr interessanter Codex dieser Art, der Cicero's Übersetzung von den astronomischen Gedichte des Aratus nebst Abbildungen der Sternbilder, die theils schwarz, theils colorirt sind, enthält und von einigen Gelehrten in das 2. oder 3. Jahrhundert gesetzt wird. Die bisher gedachten Abbildungen stehen mit dem Charakter und Inhalt der Schriften, denen sie als Zierde dienen sollen, im Zusammenhange; Farbengebung, Faltenwurf, Körperbildung, Alles ist darin natürlich und schön. Mit dem Verfall der Literatur scheint auch die Kunst, Handschriften durch Abbildungen zu verzieren, in Verfall gerathen zu sein; erst im 13. Jahrhunderte und dem Anfange des 14. begann die Kunst wieder neu aufzuleben. Wiewol aber die Productionen der Zeichnung und Malerei in der Periode vom 5. bis zum 12. Jahrhundert den Pro-

ductionen der frühern Zeit in Hinsicht auf die Ausfüh=
rung ohne allen Vergleich nachstehen, so sind sie doch
interessant, weil sie uns die Trachten, die verschiedenen
bürgerlichen und religiösen Ceremonien, die Sitten und
Gebräuche des Volkes in den verschiedenen Zeiten, in
denen sie entstanden sind, und die Portraits vieler aus=
gezeichneten Personen vor Augen führen.

Im Mittelalter waren es bis zum 15. Jahrhun=
derte hauptsächlich religiöse, historische oder heraldische
Werke, nebst einigen Übersetzungen alter Schriftsteller,
die man mit Abbildungen zierte; im 15. Jahrhundert
aber und kurz vorher fingen Erzählungen und Romane
an beliebt zu werden und lieferten den Künstlern den
mannichfachsten Stoff zu Abbildungen. Eine Unzahl
von Werken dieser Art verdankt dem 15. Jahrhundert
ihre Entstehung, und aus zweien derselben sind die hier
von uns mitgetheilten Abbildungen entlehnt. Die erste
findet sich in einer Sammlung der Gedichte der Chri=
stine von Pisa (geboren zu Bologna 1364, aber seit
ihrem fünften Jahre in Paris erzogen), welche das bri=
tische Museum besitzt. Dieses Werk gehört hinsichtlich
seiner bildlichen Ausschmückung zu den schönsten aus
dieser Zeit; es enthält eine außerordentliche Menge von
Miniaturzeichnungen, die mit ungemeiner Sorgfalt und
Sauberkeit gefertigt sind. Die oben mitgetheilte Abbil=
dung, welche wir leider nicht mit dem herrlichen Far=
benschmucke des Originals wiedergeben konnten, befindet
sich im Anfange des Werks und stellt dar, wie die
Verfasserin das Buch ihrer Gönnerin Isabella von
Baiern, der Gemahlin des Königs Karl VI., überreicht.
Die Königin trägt ein reiches carmoisinrothes, mit Her=
melin besetztes Kleid mit goldenen Blumen, das durch
einen grünen Gürtel zusammengehalten wird; ihre selt=
same, der Mode jener Zeit entsprechende Kopfbedeckung
ist mit Edelsteinen überhäuft; Gesicht und Hände sind
vorzüglich schön ausgeführt. Die beiden neben der Kö=
nigin sitzenden Damen, Prinzessinnen oder Ehrenfräu=
leins vorstellend, sind schwarz und überhaupt weit ein=
facher gekleidet; endlich die vier neben dem Bette sitzen=
den Frauenzimmer scheinen Dienerinnen niedern Ran=
ges zu sein. In der Mitte der Gruppe erblicken wir
die Verfasserin in einem einfachen blauen Gewande,
welche zu den Füßen der Königin kniet und derselben
ihr Werk überreicht. Unmittelbar unter dieser Abbil=
dung befindet sich die Dedication.

Die zweite auf S. 312 gegebene Abbildung ist aus
dem sogenannten „Roman von der Rose" entlehnt, einem
Manuscripte, das ein wahrer Juwel des britischen Mu=
seums genannt zu werden verdient. Dasselbe ist wahrschein=
lich um die Zeit Heinrich's IV. angefertigt worden und mit
einer Menge von Miniaturgemälden geziert, die auf eine
wirklich meisterhafte Weise ausgeführt sind. Das darin
enthaltene, einst so beliebte alte Gedicht selbst wurde im
13. Jahrhunderte durch Wilhelm de Lorris und Jo=
hann de Meun verfaßt und schildert einen Traum des
Verfassers, in welchem er seine Wohnstadt verläßt und
eine Entdeckungsreise in deren Nachbarschaft antritt.
Mit fröhlichem Muthe wandert er früh am Morgen
aus und gelangt zu einem schönen Garten, dessen Bäu=
me von zahlreichen, in den glänzendsten Farben pran=
genden und im lebhaftesten Gesange begriffenen Vögeln
bewohnt werden. Diesen Lustgarten umgibt eine hohe
Mauer, deren Außenseite allegorische Abbildungen des
Hasses, Geizes, Neides u. s. w. enthält. Während der
Abenteurer auf Mittel denkt, in das Innere dieses ge=
heimnißvollen Orts zu gelangen, naht ihm ein reizendes
junges Mädchen, das ihm auf Befragen mittheilt, ihr
Name sei Müßiggang; sie sei die Pförtnerin des Gar=

tens, der einem jungen Herrn, Namens Vergnügen, ge=
höre, und wolle ihn unbedenklich einlassen. Der Ver=
fasser wandert nun durch den herrlichen Garten, in
welchem Myriaden prächtiger Blumen die Luft mit
Wohlgerüchen erfüllen und die mit Früchten beladenen
Bäume die Hand zur Ernte einladen, und vernimmt
in der Ferne Musik. Er eilt zu dem Orte, von dem
die Töne ausgehen, und erblickt eine Anzahl von Per=
sonen, welche, auf dem Rasen sitzend, zur Begleitung
einer Laute, die eine von ihnen spielt, überaus anmu=
thig singen. Bei seiner Annäherung verstummen die
Gesänge und die Gesellschaft beginnt zu tanzen; eine
der anwesenden Damen, genannt Höflichkeit, geht auf
den fremden Ankömmling zu und ladet ihn zum Tanze
ein. Die Abbildung dieser Scene ist so gut, als es ohne
Farben möglich ist, auf S. 312 wiedergegeben. Der
Verfasser steht links in einem blauen Gewande mit
Schnabelschuhen, die erwähnte Dame schreitet auf ihn
zu; im Hintergrunde befinden sich die Musikanten, wäh=
rend die Tänzer sich mit abgemessenen Schritten im
Vordergrunde bewegen; die Figur mit Flügeln stellt die
Liebe dar.

Über das Ceremoniel bei Cardinalsernennungen.

Die Ernennung von vier neuen Cardinälen, Bianchi,
Filippo de Angelis, Ferretti und Pignatelli, welche in
dem geheimen Consistorium vom 8. Juli stattgefunden
hat, gibt uns Veranlassung, über das Ceremoniel, wel=
ches bei der Ernennung von Cardinälen beobachtet wird,
etwas Näheres mitzutheilen. Manchen, welche jene
Nachricht in den Zeitungen gelesen haben, dürfte es
aufgefallen sein, daß die drei ersten der neuen Cardinäle
als solche bezeichnet wurden, die sich der Papst schon
früher in petto behalten habe, weshalb zuerst von die=
sem Gebrauche die Rede sein soll.*) Bis zum Anfange
des 15. Jahrhunderts war es nicht üblich, daß die
Päpste Cardinäle in petto behielten. Die Päpste pfleg=
ten damals drei verschiedene Consistorialtage der Crei=
rung neuer Cardinäle zu widmen. An einer Mittwoch
der Quatember kam vorläufig die Frage zur Spra=
che, ob überhaupt neue Cardinäle zu ernennen seien;
am darauf folgenden Freitage berieth man über deren
Anzahl und endlich am Sonnabend nannte der Papst
die Namen Derer, welche er zu creiren wollte, und ließ
die Cardinäle darüber abstimmen. Martin V. ertheilte
zuerst von 14 neuen Cardinälen, welche er im gehei=
men Consistorium im Juni 1416 ankündigte, nur
10 wirklich die Cardinalswürde, während er die feier=
liche Publication der übrigen vier sich vorbehielt. Von
da an ward es herkömmlich, die Cardinäle bisweilen
nur zu designiren oder, wie es genannt wurde, in petto
zu reserviren, die Publication aber und die Ceremonien,
mit welchen der Titel und die Insignien der Würde
ertheilt werden, spätern Belieben vorzubehalten. Mar=
tin V. selbst behielt 1420 wiederum zwei Cardinäle von
vier, welche er ernannte, in petto, starb aber, ehe
er diese beiden und jene vier im Jahre 1416 reservir=
ten bestätigen konnte. Einer von denselben, Domen.
Capranica, trug darauf an, dessenungeachtet zum Con=
clave zugelassen zu werden, konnte aber dieses Vor=
recht nicht erlangen, und fand sich noch bitterer ge=
täuscht, als darauf Eugen IV., die Bestätigung der re=
servirten Cardinäle publicirend, gerade ihn von ihrer
Zahl ausgeschlossen hatte. Die Beschwerde, welche er
deshalb beim damaligen baseler Concil führte, gab zu

*) Siehe Pfennig-Magazin Nr. 222.

der gesetzlichen Bestimmung Anlaß, daß die Reservation in petto oder die creatio secreta durchaus nicht zu dem Anspruch auf die wirkliche Erlangung der Cardinalswürde berechtigen, sondern daß diese erst durch die solenne Publication und Ertheilung des Ringes und rothen Hutes erfolgen sollte. Alexander VI. ist der Erste gewesen, welcher sogar der Förmlichkeit, die Namen der in petto reservirten Cardinäle dem Consistorium mitzutheilen, sich überhob, sodaß die Reservation nunmehr im eigentlichsten Sinne in petto geschah. Späterhin wurden die Namen manchmal wieder vorläufig ausgesprochen. Diese Abweichungen führten viele Mishelligkeiten herbei, und Urban VIII. fand sich dadurch bewogen, die Regeln der Cardinalsernennung entschieden festzustellen. Von nun an begann die Creation ordentlicherweise mit der erklärten Reservation in petto, und es blieb dem Papst überlassen, nach beliebiger Frist die förmliche Publication zu bestimmen. Die Anciennetät rechnete man damals vom Tage der Publication, später aber vom Tage der geheimen Ernennung an, ohne daß aus diesem letztern Gebrauch ein im Geheimen ernannter Cardinal Ansprüche auf die Ausübung der Rechte, z. B. Theilnahme am Conclave, hätte herleiten dürfen. Ausnahmen sind sehr selten vorgekommen. Federico Sanseverino erhielt z. B., da er von Innocenz VIII. in petto ernannt war, nach dessen Tode auf Verwenden des Ascanio Sforza vom heiligen Collegium Zulaß zum Conclave. Zwar hatte Eugen IV. durch eine Constitution vom 26. October 1431 ausdrücklich verordnet, daß zur Papstwahl kein Cardinal gelassen werden dürfte, bevor er nicht im öffentlichen Consistorium die Insignien und im geheimen Consistorium die Öffnung des Mundes erlangt hätte; doch war diese Bestimmung schon durch ein Decret Pius' V. vom 26. Januar 1571 wieder aufgehoben; sie findet sich auch nicht im Ceremoniale Gregor's XV.

Das Consistorium wird in demjenigen Palaste gehalten, in welchem der Papst gerade residirt, also im Winter im Vatican und im Sommer im Quirinal (so diesmal, da seit dem 1. Juli der Papst seine Sommerresidenz bezogen). Die Cardinäle sitzen zur Linken des Papstes, welcher mit dem Roccetto (Chorhemd) bekleidet ist und mit Mozzetta und Stola darüber, auf dem Kopfe aber weder das Triregnum noch die bischöfliche Mitra, sondern die päpstliche Mütze trägt, Camauro genannt. Die Cardinäle erscheinen im Roccetto und der Cappa, jenem seidenen, im Winter mit Hermelin verbrämten Mantel, dessen Farbe nach der Ordnung der kirchlichen Zeiten bald roth, bald blau, bald violett ist. Die Sitzung beginnt mit der Audienz, welche der Papst den Cardinälen ertheilt. Sie sprechen Einer nach dem Andern in der Reihenfolge nach ihrer Anciennetät. Die Geschäfte der Consistorien bestehen in den Verhandlungen über Errichtung neuer Kathedralen oder Metropolitankirchen, über Alienation geistlicher Güter oder Union von Kirchen; in der Zuerkennung eines Palliums, auf dessen Ertheilung an irgend einen Patriarchen oder Erzbischof ein Consistorialadvocat anträgt; in der Ernennung der Legaten und der Provinzialgouverneurs; ferner (und besonders am Montage) in der Vergebung von Pfründen (Collation der Patriarchal=, Metropolitan= und Kathedralkirchen) und in der Creirung und Ernennung neuer Cardinäle, sowie endlich in der Cardinaloption, d. h. der Einsetzung eines Cardinals in eins der sechs Episcopate außerhalb der Stadt (welche den Cardinalbischöfen gebühren), oder der 50 Titularkirchen (welche den Cardinalpriestern zukommen), oder der **14** Diakonien (welche für die Cardinaldiako=

nen bestimmt sind). Der Papst nennt im Consistorium Denjenigen, welchen er zur Besetzung einer erledigten Cardinalstelle bestimmt hat, und fragt darauf: Quid vobis videtur? (Was ist eure Meinung?) Die Cardinäle antworten mit einer Verneigung, indem sie sich von ihren Sitzen erheben und ihre Käppchen abnehmen. Hierauf vollzieht der Papst die Ernennung mittels einer feierlichen Formel im Namen des Vaters, des Sohnes und des heiligen Geistes. Sobald dem neuerwählten Cardinal vom Cardinalstaatssecretair (gegenwärtig Monsignore Lambruschini) die Anzeige von seiner Promotion gemacht ist, schickt derselbe sich an, die Gratulationsbesuche zu empfangen. Ein altes Herkommen schreibt vor, daß er mit der Sottana (dem Unterkleide) und blauem Gürtel angethan, die schwarze viereckige Mütze (berretto) in der Hand, die Glückwünsche an der Thüre seines Empfangzimmers schweigend und unbeweglich entgegennehme. Ein Ceremonienmeister überbringt die Einladung, Nachmittags im Palast aus den Händen Sr. Heiligkeit das Cardinalsbaret zu empfangen. In den Palast sendet der Cardinal eine halbe Stunde vor seiner Ankunft zwei Kaplane und zwei Kämmerer in einer Staatskutsche mit dem blauseidenen Schleier mit goldenen Fransen, dem violetten Gürtel mit Goldquasten, dem Chorhemde, der Mozzetta und dem rothen Hute. Diese Sachen werden von einem Ceremonienmeister in ein dazu bestimmtes Zimmer des Staatssecretairs gebracht, und die genannte Dienerschaft erwartet ihren Herrn im ersten Vorzimmer. Dieser fährt in einer reichen Staatskutsche mit zugezogenen Gardinen in Gesellschaft seines Maestro di Camera und Coppiere (Mundschenks) vor. Ein Lakei ohne Schirm (ombrella) geht voraus in Gallalivrée, der Unterdekan am rechten Schlage und hinten auf dem Wagen stehen die übrigen Lakeien. Der Cardinal, welcher mit dem schwarzen Hute, im vorgestoßenen Gürtel und ohne Roccetto erschienen ist, wird, nachdem ihn der Cardinal=Staatssecretair an der Saalthüre empfangen und in das bestimmte Gemach geführt hat, von dem Ceremonienmeister mit dem Roccetto, dem blauen Gürtel und der Mantelletta bekleidet und hierauf dem Papste vorgestellt, welcher ihm eigenhändig die vom Oberceremonienmeister überreichte Mozzetta anlegt und das Cardinalsbaret aufsetzt, welches der Monsignore Guardaroba bereit hält. Sobald der Cardinal aus dem Zimmer getreten ist, vertauscht er vor der Thüre das viereckige Baret (berretto) mit dem Käppchen (berrettino) und stattet dem Cardinal=Staatssecretair oder, wenn Nepoten des Papstes im Palaste wohnen, auch diesen seinen Besuch ab. Er empfängt bei dieser Gelegenheit vom Staatssecretair den gewöhnlichen Cardinalshut mit rother Troddel. Bei der Rückfahrt geht der Dekan am rechten Schlage, der Unterdekan am linken, ein Diener ohne Ombrella voran; die Kaplane und Kämmerer folgen in der zweiten Kutsche. Im Hause empfängt der neue Cardinal die Gratulationsbesuche, welche von nun an fortgesetzt werden und auch die beiden folgenden Tage ausfüllen, in der obenbemerkten Weise, jedoch diesmal bekleidet mit der Cardinalsmozzetta und den gewöhnlichen Cardinalshut in der Hand. Die Gratulationen werden nacheinander abgestattet von der Prälatur, den Beamten der verschiedenen Uffizien, von den Prälaten de' Fiocchetti, welche das Recht haben, ihren Pferden Quasten (fiocchetti) auf die Köpfe zu setzen, den Patriarchen, dem Senator und den Conservatoren, den Fürsten, Herzögen und dem gesammten Adel, sowie von dem diplomatischen Corps. Wenn der neuerwählte Cardinal sich auswärts befindet, als Nuntius apostolicus oder in irgend einer andern Stellung, die seine Abwesenheit von Rom nöthig macht, so wird ihm das Baret durch einen Legatus apostolicus zugesendet, nachdem das Ernennungsschreiben von Seiten des Staatssecretairs und die Gratulationsbriefe sämmtlicher in Rom anwesender Cardinäle vorangegangen. Der neue Porporato schickt zwei Gentiluomini in einem sechsspännigen Staatswagen dem Delegaten auf ein Miglien weit entgegen und empfängt das Baret in der Kirche seiner Residenz nach Anhörung des Breve und Eidesleistung vor dem Delegaten oder Landesherrn. Den Hut erhält er erst bei seiner persönlichen Anwesenheit in Rom.

Zur Ertheilung des Hutes wird im Saale der öffentlichen Consistorialsitzung der päpstliche Thron aufgeschlagen, an dessen beiden Seiten die flabelli (die Fächer von Pfauenfedern) angelehnt stehen. Ein Maestro di Camera empfängt die neuen Cardinäle unten an der Treppe, bekleidet sie mit der blauen Cappa, und ein Adjutante di Camera führt sie, mit erhobener Mazza (Stab mit silberner Keule) voranschreitend, in die Capella Paolina (im Vatican in die Sistina). Während der Eidesleistung daselbst gehen ihre Maestri di Camera zu dem Monsignore Maestro di Camera, um anzufragen, ob seine Heiligkeit die Danksagungsaudienz ertheilen wolle. Gewöhnlich wird davon dispensirt. Findet sie aber statt, so empfängt der Papst die neuen Cardinäle in rothem Pluviale und goldener Mitra. Die Cardinäle versammeln sich inzwischen und nehmen ihre Plätze ein. Der Monsignore Maestro di Ceremonie ruft, sobald die Ankunft der Neuernannten gemeldet wird, Accedant! worauf die Consistorialadvocaten sich erheben, ihre Kniebeugung machen und eine Gasse bis zum Throne bilden. Die neuen Cardinäle werden eingeführt, jeder zwischen zwei Cardinaldiakonen oder, wenn deren zu wenige wären, auch Cardinalpriestern. Sobald dieselben im Saale sich befinden, ruft der Ceremonienmeister: Recedant! und die Advocaten treten zurück. Die Neugewählten steigen nunmehr, Einer nach dem Andern, nach drei tiefen Reverenzen die Stufen des Thrones hinan, knieen nieder und küssen dem Papste den Fuß, welcher ihnen hierauf die Hand zum Kusse reicht und sie umarmt; sie verfügen sich sodann, jeder zwischen zwei Diakonen, zu allen Cardinälen der Reihe nach, von denen sie stehend erwartet werden, umarmen einen jeden und setzen sich endlich auf die ihnen bestimmten Plätze. Derjenige Consistorialadvocat, der die bei allen Consistorialsitzungen herkömmliche Oration, in welcher die Sache irgend eines selig zu sprechenden Verstorbenen geführt wird, zu halten begonnen, fährt jetzt in seiner Rede fort, wird aber vom Oberceremonienmeister nochmals unterbrochen, den Neugewählten aufgefordert, den Pontificat-Cardinalshut in Empfang zu nehmen. Sie knieen vor dem Throne nieder, nachdem ihnen die Kapuzen ihrer Cappa von Ceremonienmeistern über den Kopf gezogen worden, wobei die Formel also lautet: „Zum Lobe des allmächtigen Gottes und des heiligen apostolischen Stuhls empfange als Zierde den rothen Hut, das Zeichen der Cardinalswürde, durch welches dir angedeutet wird, daß du dich bis zum Tode und Blutvergießen für die Verherrlichung des heiligen Glaubens, den Frieden und die Ruhe des christlichen Volkes, die Vermehrung und Wohlfahrt der heiligen römischen Kirche unerschrocken beweisen mußt. Im Namen u. s. w." Der Papst begibt sich nach dieser Feierlichkeit mit den Cardinälen in ein besonderes Zimmer, legt das Pluviale ab und beantwortet die vom Ersten der Neuernannten an ihn gerichtete lateinische

Dankrede mit kurzen Worten. In Procession wird in den Consistorialsaal zurückgekehrt, voran die Sänger, welche das Tedeum anstimmen, und die Cardinäle paarweise. Der Zug begibt sich aus dem Saal in die Kapelle und kehrt nach abgehaltenem Gebet in den Saal zurück, wo abermalige Glückwünsche und Umarmungen erfolgen. Die neuen Cardinäle fahren nach Hause mit aufgezogenen Gardinen, die Pferde mit Fiocchetten geziert, und zwei bis drei Lakeien hinten auf, während andere Lakeien das Ombrellino vortragen. Die Cardinalshüte behält der Oberceremonienmeister zurück, um sie ihnen Abends durch den Monsignore Guardaroba zuzuschicken, der in Begleitung des Monsignore Sotto-Guardaroba und des Bussolante extra omnes vom geheimen Consistorium in einer Staatskarosse, bedient von vier Reitknechten, vorfährt. Vom Wagen bis zur Thüre des Palastes trägt ein Reitknecht den Hut auf silberner Schüssel, mit einem rothen Tuche bedeckt, zwischen zwei Kerzenträgern. Der Cardinal empfängt die Überbringer des Hutes im Saale, zwei bis drei Schritte ihnen entgegentretend, und führt sie in das Audienzzimmer, wo er stehend unter dem Baldachin das Compliment des Monsignore Guardaroba entgegennimmt und beantwortet. Der Bussolante legt den Hut auf einen Tisch. Der Monsignore Guardaroba nöthigt den Cardinal, auf einen Sessel, dem Baldachin gegenüber, sich niederzulassen, und läßt ihn nach beendigter Unterhaltung durch die Gentiluomini und Cappellani zur Kutsche begleiten. Der Empfang dieser Herren geschah mit sechs Kerzen, das Geleit ihnen nur mit zweien gegeben. Gegen den Schluß des nächsten geheimen Consistoriums, an welchem die neuen Cardinäle Theil nehmen, schließt ihnen der Papst, bevor die Besetzung der erledigten Kirchen vorgenommen wird, den Mund mit dieser Formel: „Wir schließen euch den Mund, damit ihr weder in Consistorien noch in Congregationen und andern Cardinalfunctionen eure Meinung zu sagen vermögt." Nach beendigtem Consistorium, ehe der letzte Cardinaldiakon seine Glocke erklingen läßt, eröffnet ihnen der Papst den Mund wieder mit der Formel: „Wir öffnen euch den Mund, damit ihr in Consistorien u. s. w. eure Meinung zu sagen vermögt. Im Namen u. s. w." Nach geöffnetem Munde empfängt jeder der neuen Cardinäle den Cardinalsring, einen Sapphir, welchen der Papst eigenhändig ihm an den Finger steckt. Dafür werden 545 Goldscudi (899 Sc. 25 B. oder circa 1300 Thaler) bezahlt. So lange der Ring nicht bezahlt ist, wird das Breve nicht ertheilt, durch welches sie die Privilegien erhalten, über ihre Kapellen zu verfügen, zu testiren und Pensionen zu übertragen.

An den Abenden des 8., 9. und 10. Juli füllten die herkömmlichen Festlichkeiten, Illuminationen der Paläste, welche von Cardinälen, Prälaten, Fürsten u. s. w. bewohnt sind, und Musik vor den Wohnungen der neuen Cardinäle die Straßen Roms mit schau- und hörlustigem Volke. Sehr eigenthümliche Wirkung bringt das Abbrennen von Fässern hervor, die man mit Reißholz angefüllt hat. In den engen Straßen geht diese Wirkung verloren und es gibt nur einen erstickenden Qualm und wüsten Feuerschein; aber auf den Plätzen, so besonders auf dem Platze Colonna, ist sie vollkommen. Wenn man in der Mitte des Platzes unter dem Volke sich befindet, sodaß man die Fässer selbst der umgebenden Menge wegen nicht sieht, glaubt man von Flammenwänden eingeschlossen zu sein, über deren Rändern Schleier von röthlichem Rauch, mit tausend Funken durchsäet, emporflattern. Vor den Palästen sind, wenn nicht diese Fässer, Reihen von Talgpfannen aufgestellt, und die Beleuchtung der Gebäude selbst geschieht durch hohe Kerzen auf den Balconen oder durch Papierlaternen längs der Gesimse und Fensterbänke. Diese Beleuchtung ist sehr wohlfeil, denn für einen Gulden kauft man hundert Stück solcher Papierlichter. Der venetianische Palast und die Fronte des Palastes Doria ihm gegenüber zeigten sich sehr vortheilhaft in der hellen Beleuchtung. Das starkbesetzte Orchester vor dem erstern, denn gegenüber wohnte Cardinal Ferretti, führte Opernmusik und Strauß'sche Walzer auf. Die Spannung in den Mienen des horchenden Volkes, dessen Züge beim Anhören von Musik lauter Leben werden, war sehr unterhaltend, die Versammlung vieler reizender Gesichter anmuthig genug, aber die Hitze unter der dichtgedrängten Menge unerträglich.

Optische Erscheinung am Montblanc.

Wenn die Sonne für Genf untergegangen ist, sieht man daselbst den Montblanc viel länger als die benachbarten Berge durch die directen Sonnenstrahlen erleuchtet, was natürlich von der größern Höhe des Montblanc herrührt. Eine ganz eigenthümliche Erscheinung wird aber bei ganz wolkenfreiem Himmel beobachtet, besonders dann, wenn die Atmosphäre sehr rein, mit Wasserdämpfen im unsichtbaren Zustande angefüllt und daher sehr durchsichtig ist. 10—15 Minuten nach dem Aufhören der gewöhnlichen Beleuchtung erscheint nämlich der Gipfel des Berges wieder erhellt, zwar weniger stark als das erste Mal, aber dennoch sehr merklich und oft sehr lebhaft. Durch genaue Beobachtung der Zwischenzeit beider Beleuchtungen und eine darauf gegründete Rechnung fand der bekannte Physiker de la Rive, welcher jene Erscheinung in der Versammlung britischer Naturforscher zu Liverpool zur Sprache brachte, daß dieselbe durch Sonnenstrahlen hervorgebracht wird, welche in einer Höhe, die kleiner als die des Montblanc, aber größer als die Hälfte derselben ist, die Atmosphäre durchdringen und in dünne Luftschichten gelangen, jedoch unter einem solchen Einfallswinkel, daß sie nicht gebrochen, sondern reflectirt werden, was durch die Feuchtigkeit desjenigen Theils der Atmosphäre, den die Strahlen vorher durchstrichen haben, erleichtert werden mag. Indem nun die reflectirten Strahlen auf den Schneegipfel des Montblanc fallen, bewirken sie diese zweite Beleuchtung.

Der Tanz im Garten des Vergnügens, aus dem „Roman von der Rose".

Verantwortlicher Herausgeber: Friedrich Brockhaus — Druck und Verlag von F. A. Brockhaus in Leipzig.

Das Pfennig-Magazin

für

Verbreitung gemeinnütziger Kenntnisse.

340.]   Erscheint jeden Sonnabend.   [October 5, **1839.**

Die Improvisatoren Italiens.

Der neapolitanische Improvisator, nach einem Gemälde von Robert.

In ganz Italien, namentlich aber in Toscana und Neapel, findet man eine Classe von Personen, Improvisatoren genannt, die aus dem Stegreife Gedichte machen und hersagen oder singen. Etwas Ähnliches findet sich zwar auch in einigen andern Gegenden. In Portugal hört man Bauern an Sommerabenden improvisirte Lieder zur Guitarre singen, doch stehen diese Gesänge auf einer sehr niedrigen Stufe; auch in Wales, sowie hier und da in Spanien findet sich ein ähnlicher Gebrauch, aber am nächsten kommen den italienischen Improvisatoren die türkischen Geschichtenerzähler, die in allen mohammedanischen Städten so zahlreich sind, daß sie eine Art von Zunft bilden. Nirgend jedoch hat die Kunst des Improvisirens eine so hohe Stufe erreicht als in Italien. In Toscana insbesondere ist der Gebrauch, Gedichte zu extemporiren, schon seit Jahrhunderten die gewöhnlichste und liebste Belustigung der Dorfbewohner. Bald gibt es einen poetischen Wettkampf zwischen zwei Landleuten; bald

richtet ein Liebender einen poetischen Herzenserguß an seine Geliebte, drückt seine Leidenschaft in den Bildern seiner unausgebildeten Phantasie aus und bestrebt sich, sie durch die lebhaftesten Einfälle zu unterhalten und zu gewinnen. Diese Poesien, welche an die Eklogen Theokrit's und Virgil's erinnern, werden auf eine Weise recitirt, die zwischen Sprechen und Singen die Mitte hält, und mit beständiger Bewegung einer Hand begleitet; die Einfachheit des ländlichen Dialekts verleiht ihnen einen besondern Reiz. An schönen Abenden sieht man in Florenz selbst überall Männer aus den niedern Ständen, die sich in solche Stegreifsänger umgewandelt haben und in ihrer Sonntagstracht zur Guitarre Stegreiflieder singen, statt, wie anderwärts geschieht, ihren Erwerb im Weinhause zu vertrinken.

Die ausgezeichnetsten italienischen Improvisatoren, welche sonderbarerweise fast alle in Toscana oder dem Venetianischen, namentlich aber in Siena und Verona geboren sind, gehen natürlich in der Regel aus den höhern und gebildetern Ständen hervor. Als die blühendste Periode dieser Kunst betrachtet man die Zeit der Regierung des Papstes Leo X., der die Improvisatoren nicht nur aufmunterte, sondern bisweilen Vergnügen daran fand, an ihren Übungen Theil zu nehmen, sowie auch die Höfe von Urbino, Ferrara, Mantua, Mailand und Neapel damals die improvisirte Poesie leidenschaftlich liebten. Damals suchten die Improvisatoren einen Ehrenpunkt darin, ihre Kunst in lateinischer Sprache zu üben, worin Andrea Marone alle seine Mitbewerber übertraf. Salvator Rosa, der treffliche Maler, war auch wegen seines Talents im Improvisiren hochgeschätzt. Einer der berühmtesten Improvisatoren war der Ritter Perfetti aus Rom, der auf dem Capitol die Lorberkrone empfing, eine Ehre, die bis dahin nur dem Petrarca, welcher gleichfalls diese Kunst ausgeübt zu haben scheint, und dem Tasso zu Theil geworden war. Auch der bekannte Dichter Metastasio besaß ein großes Talent zu improvisiren; nach ihm waren Zucco, Lorenzi, Bernardi, Gianni und Sestini in dieser Kunst ausgezeichnet. Die Heldin des bekannten Romans der Frau von Staël, Corinna, war ein Landmädchen aus Pistoja im Toscanischen, Magdalena Morelli Fernandez, die zu ihrer Zeit ohne Widerspruch als die erste Meisterin in dieser Kunst anerkannt und als solche auf dem Capitol im Jahre 1776 gekrönt, später von Kaiser Franz I. nach Wien berufen und dort sehr ausgezeichnet wurde; sie starb 1800. Vielleicht gab es nie einen Improvisator, der seiner Kunst in höherm Grade mächtig gewesen wäre, als der vor einigen Jahren verstorbene Sgricci, der nach der Eingebung des Augenblicks nicht nur werthvolle lyrische Gedichte recitirte, sondern sogar in Anwesenheit der versammelten Zuhörer nach einem gegebenen Thema ganze Dramen von fünf Acten ins Dasein rief, und zwar in nicht mehr Zeit, als zu ihrer Recitation erforderlich war. Außer ihm haben sich in der neuesten Zeit in Italien die Improvisatoren Cicconi, der 1829 in Rom ein ganzes Heldengedicht improvisirte, und Bindocci aus Siena, der auch Deutschland besuchte, sowie die Improvisatricen Terese Bandettini aus Lucca, Fantastici aus Florenz, Rosa Taddei aus Rom und Mazzei ausgezeichnet, von denen die letztgenannte alle andern weit übertrifft.

Gewöhnlich führt man drei Umstände an, um die anscheinend wunderbare Fertigkeit der Improvisatoren Italiens zu erklären: die außerordentliche Geschmeidigkeit und Biegsamkeit der italienischen Sprache, die gleichwol in ihren Reimen ungleich beschränkter ist als andere Sprachen und sich fast ausschließlich der weiblichen Reime bedient, ferner die relative Freiheit ihrer poetischen Regeln und den mechanischen Kunstgriff, zum voraus vorbereitete Gedanken, Gleichnisse und Bilder anzubringen. Die beiden ersten Umstände müssen unbezweifelt die Schwierigkeit der Stegreifpoesie sehr vermindern; ob der dritte mit gleichem Rechte angeführt werden kann, dürfte zu bezweifeln sein. Der Hauptumstand, welcher die angeführten an Bedeutung weit übertrifft, liegt jedenfalls in der geistigen Aufregung, die zur Hervorbringung eines Gedichts, das auf den Beifall der dasselbe hörenden oder lesenden Personen Anspruch macht, stets erforderlich ist, und zwar in um so höherm Grade, je länger das Gedicht werden soll. Alle Improvisatoren, welche dieses Namens würdig sind, müssen daher jedenfalls für Dichter von ungemein lebhafter, leicht erregbarer Einbildungskraft gehalten werden. Natürlich macht man an ein improvisirtes Gedicht nicht dieselben Ansprüche als an ein mit Muße sorgfältig ausgearbeitetes, und übersieht innere Mängel, wenn nur die Form befriedigt; gedruckt erheben sich die von Schnellschreibern nachgeschriebenen Dichtungen selbst der bewundertsten Improvisatoren nur selten über das Mittelmäßige. In Italien steht die Kunst der Improvisation gegenwärtig nicht mehr auf der hohen Stufe, die sie einst einnahm; in der neuern Zeit sind aber auch in einigen andern Ländern Improvisatoren mit größerm oder geringerm Erfolg aufgetreten, und namentlich müssen die Leistungen zweier deutschen Landsleute, Wolff und Langenschwarz, hier genannt werden. In Frankreich versuchte sich zuerst Eugène de Pradel seit 1824 als Improvisator, in Holland Willem de Clercq aus Amsterdam, der aber niemals öffentlich auftritt.

Der Escurial.[*]

Ein großes Denkmal gewährt immer ein schönes Schauspiel. Wer es auch gegründet haben mag, wie unnütz auch immer seine Bestimmung sein mag, wäre es auch nur, wie die Pyramiden, ein prachtvolles Grabmal und ein Monument der Tyrannei, man fühlt sich unwillkürlich zur Bewunderung gedrungen und denkt nicht daran, wie viele Anstrengungen, Leiden und Thränen der mühevolle Bau gekostet hat. Zudem scheinen jene regungslosen Zeugen der Vergangenheit und so vieler berühmten Revolutionen, jene Steine, welche Jahrhunderte überdauert und so viele Katastrophen geschaut haben, von der Zeit eine gewisse sühnende Weihe, einen geheimen Zauber erhalten zu haben, vor welchem alles Andere verschwindet. Aber der Eindruck, den die Denkmäler der einzelnen Länder machen, ist aus vielerlei Ursachen sehr verschieden. In Spanien stört uns die Öde und Dürftigkeit der Gegenwart wenig in den Erinnerungen dieses historischen Landes, in welchem die Karthager, Römer, Gothen und Araber nach der Reihe Spuren hinterlassen haben; die krankhafte Auflösung, welche jetzt vor sich geht, läßt die Vergangenheit, die so viele Großthaten und heroische Handlungen sah, im Vergleich mit der so armseligen, so leeren, so unbedeutenden Gegenwart in einem überaus glänzenden Lichte erscheinen. Die spanische Nation kann mit einem jener Flüsse verglichen werden, welche, nachdem sie sich einen berühmten Namen gemacht und ausgedehnte Länderstrecken bewässert haben, sich plötzlich verlieren und unter der Erde verschwinden, ohne daß man Spuren ihres unterirdischen Laufes oder Zeichen ihres baldigen Wiedererscheinens bemerken kann. Wenn man nun mitten unter den kläglichen Ereignissen, welche gegenwärtig die Geschichte des unglücklichen Spaniens bilden, etwas entdeckt, das den Charakter der Größe und Macht trägt, ein Denkmal, wie der Escurial, jene Granitmasse, die an einen natürlichen Berg angelehnt ist, dessen Nähe sie nicht erdrückt, so fühlt man sich durch den Anblick dieses ernsten Gebäudes wahrhaft gestärkt und erfreut. Muß man sich auch sagen, daß dieses von Königen bewohnte Kloster oder, wie man auch sagen könnte, dieser Mönche beherbergende Palast als Sitz der beiden finstern Gewalten diente, welche Spanien unglücklich gemacht haben, immerhin ist es etwas Ganzes und Großes, das man hier erblickt; ein energischer Wille war es, der diese Steine aus der Seite des Gebirges genommen und das Thal, das sich zu den Füßen des Klosters ausdehnt, gegraben hat, und alles Widerspruchs der Philanthropie ungeachtet, kann man diesem kolossalen Denk-

[*] Nach den Mittheilungen eines französischen Reisenden, der den Escurial im März 1837 besuchte. Vergl. Pfennig=Magazin Nr. 151.

male eines ebenso starren als mächtigen Willens seine Bewunderung nicht versagen.

Der Escurial liegt am Fuße des südlichen Abhanges des Guadarramagebirges, sechs Meilen von Madrid entfernt. Auf dem Wege dahin trifft man nichts als ein armseliges, auf der ersten wellenförmigen Erhebung des Gebirges liegendes Dorf, wo etwas Steingut verfertigt wird; dies ist fast die einzige Spur von Industrie, die man in den weiten Ebenen Castiliens findet, welche auf dieser Seite um nichts fruchtbarer sind als auf der aragonischen. Betritt man aber die Besitzungen des Klosters, die in der Entfernung einer Meile von demselben anfangen, so bemerkt man in der Cultur des Bodens eine auffallende Verbesserung; man erblickt viele Bäume, namentlich schöne Ulmen, Eschen und Weiden. Das alte Dorf Escurial, das schon vor der Gründung des Klosters vorhanden war, läßt man zur Rechten, und nachdem man ein wenig bergan gestiegen ist, findet man sich am Fuße des Klosters, dessen ungeheure Masse die Nachbarschaft des Gebirgs sehr gut verträgt. Neben dem Kloster haben die Nachfolger Philipp's II. zum Gebrauch ihres Gefolges eine Menge von Gebäuden errichten lassen, die sehr wenig benutzt worden sind. Man sieht leere Casernen, leere Infantenpaläste, leere Ministerien, kurz eine ganze, gleich einer Gräberstadt des Morgenlandes in Schweigen versunkene Stadt, welche die verschwenderische Prachtliebe der spanischen Herrscher in dieser Gegend erbaut hat. Nichts zeigt deutlicher den egoistischen und leichtsinnigen Charakter des spanischen Absolutismus, als diese gewaltigen Bauten ohne Zweck, die nur der königlichen Laune ihren Ursprung verdanken. Unermeßliche Summen sind am Fuße des Guadarramagebirges verschwendet, und kaum der zehnte Theil aller dieser Steinmassen ist sechs Wochen lang im Jahre wirklich benutzt worden.

Bekanntlich ist der Escurial von Philipp II. zu Ehren des heiligen Laurentius erbaut worden, dessen Schutz der abergläubische Monarch den Gewinn der Schlacht bei St.-Quentin (1557) zuschrieb. Der Baukünstler hat aus einer gewissen frommen Galanterie dem Gebäude die Form des Rostes gegeben, auf welchem der heilige Märtyrer verbrannt wurde. Von außen bildet das Gebäude ein regelmäßiges Viereck; vier in den Ecken stehende Thürme stellen die Füße des Rostes dar; die innere Hauptgalerie bildet den Handgriff und eine Menge von Quergalerien, die sich rechtwinkelig durchschneiden, stellen die Stäbe des Rostes dar. Das Bizarre dieses Plans thut der Wirkung keinen Eintrag; erst wenn man die Kuppel, die sich über der Kirche erhebt, besteigt, kann man den Bau in seiner Gesammtheit auffassen, aber von außen zeigen die vier in strengem Style erbauten, glatten und fast aller Ausschmückung entbehrenden Façaden des Gebäudes, auch abgesehen von ihren kolossalen Verhältnissen, eine Verbindung des guten Geschmacks mit der ernsten Bestimmung des Gebäudes. Es ist recht eigentlich ein Kloster, ein Ort der Einsamkeit und der Stille. Mag man sein Auge gegen die graue und kahle Gebirge richten oder die unermeßliche öde Ebene überschauen, an deren Ende Madrid nur als ein weißer Punkt erscheint, oder die Mauern des Klosters, die durchaus aus massivem Granit von weißer Farbe bestehen, nirgend unterbricht etwas die Gedanken ernster Sammlung und Selbstbeschauung. Ohne Widerrede ist dieses Kloster das schönste und größte in der Welt. Die nördliche Seite enthält die königlichen Gemächer; die übrigen Räume gehören Gott und den Mönchen. Die geräumige Kirche ist in Form eines griechischen Kreuzes und,

wie alles Übrige, in edelm Geschmacke und mit würdiger Einfachheit erbaut; vier ungeheure vierseitige Pfeiler von mehr als 20 Fuß Dicke tragen das doppelte Gewölbe, das in der Mitte von einer kühnen Kuppel überragt wird. Wir übergehen die in den einzelnen Zierrathen verschwendeten unermeßlichen Reichthümer, das hölzerne Schnitzwerk des Chors, die Frescomalerei an der Decke von Luca Giordano, die vergoldeten Kanzeln, die gewundenen Säulen von vergoldetem Kupfer, die sich hinter dem Hauptaltar erheben, und die von Benvenuto Cellini's kunstfertiger Hand gearbeitete Crucifixe; was aber nach der schönen Anordnung des Gebäudes am meisten die Aufmerksamkeit auf sich zieht, ist die imposante Masse dieser Granitmauern von 20—25 Fuß Dicke, in deren Innern Gänge und Treppen angebracht sind. Holz kommt im Gebäude nicht vor, Alles ist von Granit und von unzerstörbarer Festigkeit, Alles scheint für die Ewigkeit gebaut.

Die Bibliothek, gewissermaßen ein unbekanntes Land, deren gründliche Erforschung Jahre erfodern würde, enthält eine große Menge alter und kostbarer Handschriften, unter andern Bibeln aus dem 9. und 10. Jahrhundert, die mit einer Sauberkeit und Vollendung, welche die Buchdruckerkunst nicht übertroffen hat, geschrieben und mit vielen auf Pergament geklebten Abbildungen verziert sind. Besonders zahlreich sind hier die arabischen Manuscripte, die ganz unbenutzt stehen, da sich gegenwärtig kaum Jemand in Spanien mit der morgenländischen Literatur beschäftigt. Eine große Zahl dieser Handschriften, wol gegen 1500, wurden in der Zeit der französischen Invasion nach Madrid geschafft und gingen durch die Nachlässigkeit der Franzosen verloren. Als wir den Escurial durchwanderten, bemerkten die guten Väter, welche so gefällig waren, uns zu führen und uns die Schätze des Klosters zu zeigen, in jedem Augenblicke: Dies haben die Franzosen 1808 mitgenommen; Jenes mußten wir 1812 aus Furcht vor den Franzosen verstecken; in einem andern Jahre plünderten die Franzosen diese Kapelle, verdarben jenes Gemälde u. s. w. Nach solchen Erinnerungen sollte man meinen, der französische Name müsse bei den guten Mönchen ein Gegenstand der Verwünschung sein, aber keineswegs; die Franzosen, welche Spanien zehn Jahre lang besetzt gehalten und verwüstet haben, welche der Macht der Geistlichkeit einen so gewaltsamen Stoß beigebracht, die Kirchen Spaniens ihrer Gemälde, die Klöster ihrer Reichthümer beraubt und ihre Reliquien zerstreut haben, erfreuen sich seltsamerweise der Gunst der Hüter des Escurial in vorzüglichem Grade, eine Thatsache, deren Erklärung nicht leicht sein dürfte.

In einem kleinen an die Sacristei stoßenden Gemach zeigte man uns unter Anderm den angeblichen wohlerhaltenen Leichnam eines der unschuldigen, auf Herodes Befehl hingeschlachteten Kindlein, sowie ein Haar der Jungfrau Maria; von minder alten und besser beglaubigten Reliquien sahen wir eine Handschrift der heiligen Therese, sowie ihr Schreibzeug. Hierauf betraten wir die Sacristei, die für sich allein ein herrliches Museum bilden könnte. Außerordentlich ist aber der Reichthum von Meisterwerken, die im Capitelsaal und in der alten Kirche enthalten sind; unter 2—300 Gemälden der größten Meister sind viele von Rafael, Tizian, Guido Reni, Paul Veronese, Rubens, Murillo, Ribera u. s. w. Die Gemälde Rafael's, welche die Jungfrau mit der Perle, die Heimsuchung der heiligen Elisabeth und besonders die Jungfrau mit dem Fisch darstellen, sind aus zahlreichen Kupferstichen bekannt. Unter den vielen in der Sacristei befindlichen Bildern des

spanischen, unter dem Namen lo Spagnoletto bekann=
ten Malers Ribera, in der ihm eigenen kräftigen und
glänzenden Manier gemalt, sind besonders zwei bemer=
kenswerth: Jakob, der die Heerden Laban's hütet, und
Petrus, der im Gefängniß von einem Engel besucht
und befreit wird. Jakob entspricht zwar nicht eigent=
lich unserer Vorstellung von dem Patriarchen der Alten
Testaments, sondern gleicht mehr einem aragonesischen
Hirten, aber dennoch kann man die wilde Energie die=
ser Gestalt, den Bart und die herabfallenden Haare,
die kräftige Haltung, namentlich aber die mit melan=
cholischem Ausdrucke gen Himmel gerichteten Augen,
die sich über die lange Dienstzeit und die schweren Ar=
beiten zu beklagen scheinen, nicht genug bewundern.
Fast noch schöner ist der Apostel Petrus, der auf sei=
nem Strohlager liegt und aus seinem Schlaf erwachend
mit freudigem Erstaunen nach dem über ihm schweben=
den Engel blickt, welcher mit einer Hand seine Schul=
tern berührt, mit der andern nach der geöffneten Pforte
zeigt; des Apostels Haupt, das dem himmlischen Bo=
ten zugewandt ist, wird von dem seinen Befreier um=
strahlenden überirdischen Lichte erhellt. *) Neben diesen
beiden Gemälden hängt eine treffliche Jungfrau von
Murillo. Von Guido Reni bewundert man zwei herr=
liche Köpfe der Apostel Petrus und Paulus, jenen
mit einem unnachahmlichen Ausdrucke des einfachen
und zuversichtlichen Glaubens; was Paulus betrifft, so
erkennt man an dem träumerischen und doch kühnen
Charakter seiner Züge, an seiner begeisterten Haltung
den Herkules des Christenthums, den muthigen Apo=
stel der Heiden, den Mann, welcher weder den Tod
noch Martern, noch die Verfolgung, noch die entmu=
thigende Lauheit der neubekehrten Gläubigen scheute,
welcher, allein gegen Alle stehend, Allen Alles war
und durch seine Kühnheit und Ausdauer zum größten
und thätigsten Werkzeuge der Bekehrung der Welt wurde.
Noch mag schlüßlich zweier Meisterwerke von Ru=
bens gedacht werden, die ebenfalls heilige Gegenstände
darstellen: Christus, der auferstanden ist und mit sei=
nen Jüngern zu Emaus speist, und eine Empfäng=
niß Mariä. Im ersten dieser beiden Gemälde findet
man nicht nur jene dem Rubens eigenthümliche warme
und lebendige Farbengebung, jene kecken und doch na=
türlichen Stellungen, sondern zugleich den Ausdruck des
Göttlichen, der bei heiligen Gegenständen in seinen Fi=
guren bisweilen zu vermissen ist. Seine Jungfrau ist
über alle Beschreibung schön; das kühne Talent des
flamändischen Malers wußte bei diesem erhabenen Ge=
genstande die ihm eigenthümliche Manier mit den edeln
und ruhigen Zügen, welche dem Rafael eigen sind,
zu verschmelzen. Die Füße der Jungfrau ruhen auf
der Weltkugel, Cherubine schweben um sie her; ihre
aufgelösten goldenen Haare flattern auf ihren Schultern
und in ihren Zügen malt sich die Verzückung einer
himmlischen, über alles Gemeine erhabenen Lust.
Der Escurial, seiner Könige und des größten Theils
seiner Mönche beraubt, ist gegenwärtig nur noch ein
Museum, das leider in einer Einöde liegt, fern von den
Freunden der Kunst, deren es in Madrid ohnehin nicht
eben viele gibt; dazu kommt, daß der Weg von Ma=
drid nach Escurial oft genug von Räubern unsicher ge=
macht wird, welche vor den Thoren der Hauptstadt die
Neugierde der Reisenden brandschatzen. Bei einer gün=
stigern Lage oder auch nur in einem ruhigern Lande
könnten die gleichsam vergrabenen Schätze des Escurial

nützlich ausgebeutet werden; gegenwärtig scheint dieser
ungeheure Palast nur dazu bestimmt zu sein, einen Be=
griff von der Macht und dem Reichthum der alten
spanischen Monarchie zu geben und Zeugniß abzulegen,
daß man ehemals in Spanien wo nicht Nützliches, doch
wenigstens Großes und Schönes auszuführen verstand;
aber die Zeit, welche Alles zerstört, bedroht jetzt auch
dieses herrliche Gebäude, nicht in seinem Bau, denn
dieser ist unerschütterlich, sondern in seinen Mönchen,
die gleichsam den lebenden Theil des Escurials bilden.
Schon sind die armen Mönche, welche die wahren Kö=
nige des Escurials waren und ihre Tage damit zu=
brachten, daß sie die Gemälde der alten Meister copir=
ten, den Besuchenden erklärten, genöthigt worden,
ihre Tracht abzulegen, deren Ernst mit der Architektur
des Klosters so trefflich harmonirte, und man fürchtet
jeden Augenblick das Erscheinen eines Decrets des con=
stitutionellen Ministeriums, das diesen treuen, gewis=
senhaften Hütern die Obhut über das Kloster entzieht,
in welchem Niemand sie passend zu ersetzen im Stande
wäre. Der Escurial ohne Mönche hätte die Hälfte
seines Zaubers verloren, und wenn die Mönche einmal
ganz von dem spanischen Boden verschwinden sollten,
so müßte man für die Schöpfung Philipp's II. eine
Ausnahme fodern. Der Escurial gehört den Mön=
chen, sie allein haben ihn bis auf den heutigen Tag
gut verwaltet; wollte man im Escurial Intendanten,
Portiers und betreßte Diener anstellen, so würden die
Mauern vor Unwillen über den profanen Häuptern der=
selben zusammenstürzen.

Ostereier.

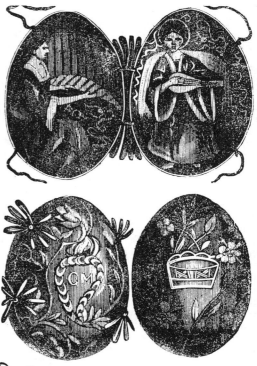

Der Gebrauch, einander bei besondern Gelegenheiten
Eier zum Geschenke zu machen, ist sehr alt und rührt
wahrscheinlich noch aus dem Heidenthume her. Beson=
ders in katholischen Ländern ist es gewöhnlich, sich zu

Ostern mit Eiern zu beschenken, welche Ostereier (in Niedersachsen Paskeier, von Pasken, d. i. Paschah, Ostern; in Siebenbürgen Mengelahr, d. i. Mengeleier, bunte Eier) heißen und auf mancherlei Weise verziert sind. Ursprünglich war darin eine Anspielung auf das Auferstehungsfest enthalten, eine Bedeutung, die mit der Zeit ganz verloren gegangen ist; nach der griechisch-orientalischen Symbolik war nämlich das Osterei das Symbol des mit der Auferstehung beginnenden neuen Lebens, das sich aus dem alten entwickelt, wie das Leben des Küchleins aus dem im Ei enthaltenen Keime. Die Eier, welche in Ostereier verwandelt werden sollen, werden mit einem feinen Instrumente zersägt, das Innere herausgenommen, die Schalen getrocknet, mit vergoldetem Papier überzogen, mit Figuren von Heiligen und andern Darstellungen geziert und durch Bänder verbunden. Mit Zubereitung solcher Eier geben sich die Nonnen mancher Klöster ab. In Rom werden die Ostereier am Ostertage von den Priestern geweiht und mit Weihwasser besprengt. In unserer Abbildung stellt Fig. 1 das Innere, Fig. 2 die Außenseite eines besonders reich verzierten, Fig. 3 das Äußere eines einfachen Ostereis dar. In Deutschland besteht noch jetzt auch in protestantischen Ländern der Gebrauch, um die Osterzeit, besonders am grünen Donnerstage, harte Eier zu essen, deren Schalen durch eine färbende Substanz gelb, roth oder blau, auch wol marmorirt gefärbt sind. Auch manche andere Gebräuche, die sich in verschiedenen Gegenden Deutschlands finden, gehören hierher; z. B. das Eierlesen am Ostermontage; das Eiersammeln, welches darin besteht, daß während des Tanzens die in künstlicher Ordnung auf den Boden gelegten Eier gesammelt werden, was natürlich eine besondere Geschicklichkeit erheischt, u. s. w. In manchen Dörfern ist es üblich, daß die Schüler unter Anführung des Schulmeisters an einem der Ostertage unter Absingen eines geistlichen Liedes von Haus zu Haus ziehen und Eier, die ihnen namentlich von ihren Pathen geschenkt werden, einsammeln.

Die Eisenbahn von Leipzig nach Dresden.

Der Schienenweg von Leipzig nach Dresden, jenes große Werk, auf welches die sächsische Nation stolz zu sein alle Ursache hat, und welches für sie ohne Zweifel eine Quelle zahlreicher Vortheile werden wird, ja zum Theil bereits geworden ist, ist jetzt in der Hauptsache vollendet, und ist sogar geraume Zeit früher vollendet worden, als wir bei Abfassung unsers letzten Berichts, „Chronik der Eisenbahnen im Jahre 1838" (Nr. 306), wo wir den Mai dieses Jahres als wahrscheinlichen Zeitpunkt der Eröffnung angaben, ahnen konnten; da die feierliche Eröffnung bereits am 7. April dieses Jahres stattgefunden hat, seit welchem Tage unser Vaterland sich rühmen kann, die erste für den Betrieb mit Locomotiven eingerichtete größere Eisenbahn nicht nur in Deutschland, sondern, mit alleiniger Ausnahme Belgiens, auf dem ganzen Festlande von Europa hergestellt zu haben. Unsern Blättern, die bereits über mehre Eisenbahnen des Auslandes und noch erst kürzlich über die Eisenbahn von London nach Birmingham (Nr. 300) ausführlichere Nachrichten mitgetheilt haben, würde es billig zum Vorwurfe gereichen müssen, wenn sie gerade über die in jeder Beziehung so großes Lob, ja in mehr als einer Hinsicht wahrhafte Bewunderung aller Unparteiischen verdienende große vaterländische Eisenbahn einen detaillirten Bericht zu erstatten unterlassen wollten.

Einer Beschreibung der Bahn mag ein kurzer Abriß der Geschichte ihrer Entstehung vorangehen. Die Anfänge des Unternehmens gehören dem Jahre 1833

an, in welchem der damalige nordamerikanische Consul in Leipzig, Herr Friedrich List — der bis zum Jahre 1818 Professor der Staatswissenschaften in Tübingen gewesen und 1825 nach Nordamerika ausgewandert war, wo er selbst den Bau einer Eisenbahn geleitet hatte — die Idee dazu in Anregung brachte und durch Wort und Schrift, vorzüglich durch die von ihm herausgegebene Broschüre „Über ein sächsisches Eisenbahnsystem und insbesondere über die Anlegung einer Eisenbahn von Leipzig nach Dresden", Interesse dafür zu erwecken wußte. *) Dieses wurde bald so allgemein, daß noch in demselben Jahre zwei mit 309 Unterschriften der angesehensten Einwohner Leipzigs versehene Petitionen, datirt vom 20. November 1833, nach Dresden an die Regierung und gleichzeitig an die Ständeversammlung abgingen, worin jene gebeten wurde, die zur Bildung eines Actienvereins erforderlichen Einleitungen zu veranstalten, diese aber gleichfalls um ihre Unterstützung hierbei angegangen wurde; ihnen folgten Petitionen des Stadtraths und der Stadtverordneten zu Leipzig. Sowol die Regierung als die Stände erkannten sofort die große Wichtigkeit des Unternehmens und die Geneigtheit, dasselbe zu befördern, auf unzweideutige Weise an den Tag. Der auf jene Gesuche ertheilte Bescheid wurde den Petenten in einer am 17. März 1834 zu Leipzig gehaltenen Versammlung von dem dasigen Stadtrathe mitgetheilt und in derselben zugleich über die Wahl eines Comité Beschluß gefaßt, welcher ermitteln sollte, ob eine Eisenbahnverbindung zwischen Leipzig und Dresden entschiedene Vortheile für die Unternehmer verspreche. Dieser Comité, ursprünglich aus 12 Personen bestehend, die von den Petenten und vielen andern sich außerdem für das Project interessirenden Bewohnern Leipzigs aus ihrer Mitte gewählt wurden, constituirte sich am 3. April 1834, wählte den Kaufmann Gustav Harkort, welcher noch gegenwärtig an der Spitze des ganzen Unternehmens steht, zum Vorsitzenden, den Kaufmann Olearius aber zu dessen Stellvertreter, und kam nach sorgfältiger und gewissenhafter Prüfung, deren Ergebnisse dem Publicum in sieben gedruckten Berichten mitgetheilt wurden, zu dem Endresultate, daß das beabsichtigte Unternehmen nicht nur möglich, sondern auch gewinnversprechend sei. Er ermittelte, daß der bisherige Verkehr zwischen Leipzig und Dresden vor erfolgtem Anschlusse an den preußischen Zollverein, welcher auf eine Belebung des Verkehrs sehr bedeutenden Einfluß geübt hat, jährlich auf 44,800 Personen, 306,000 Centner Waaren, 92,500 Centner Salz und 13,924 Klaftern Holz, wofür im Ganzen 295,751 Thaler Fuhrlohn und Fracht bezahlt würden, angeschlagen werden müßte; daß aber die Personenfrequenz nach erfolgter Vollendung der Eisenbahn wenigstens auf das Dreifache steigen würde, konnte nach den auf den Eisenbahnen des Auslandes gemachten Erfahrungen mit großer Wahrscheinlichkeit vorausgesetzt werden. Zwei Wege, auf denen die Bahn geführt werden konnte, über Meißen und über Strehla, der erstere ganz auf dem linken Elbufer nach Altstadt-Dresden, der letztere bis Strehla auf dem linken, von da an bis Neustadt-Dresden auf dem rechten Elbufer fortlaufend, wurden nivellirt und vermessen und die Anlagekosten einer einfachen Bahn mit doppeltem Unterbau, der die Legung eines doppelten Geleises gestattet, für den ersten Tract auf 1,956,000 Thaler, für den zweiten auf 1,809,000 Thaler veranschlagt. Demgemäß wurde die

---

*) Auch das Pfennig-Magazin enthält in Nr. 101 einen aus List's Feder geflossenen lesenswerthen Aufsatz „Über Eisenbahnen und das deutsche Eisenbahnsystem".

Höhe des erfoderlichen Capitals auf 1½ Mill. Thaler, in 15,000 Actien getheilt, festgesetzt, da die Regierung der zu bildenden Compagnie das Recht bewilligt hatte, noch außerdem für 500,000 Thaler unverzinsliche Kassenscheine auszugeben. Am 14. Mai 1835 wurde in Gemäßheit eines königlichen Decrets vom 6. Mai d. J., durch welches die definitive Genehmigung der Errichtung einer Eisenbahn ausgesprochen und die provisorischen Statuten bestätigt wurden, die Unterzeichnung auf dieses Capital eröffnet, aber am folgenden Morgen schon wieder für geschlossen erklärt, weil, aller Erwartung und allen bisher in Deutschland gemachten Erfahrungen entgegen, schon nach Verlauf weniger Stunden das ganze nöthige Capital unterzeichnet war. Dieser in der That ganz unerhörte und daher im höchsten Grade überraschende Erfolg der Subscription konnte nicht verfehlen, große Sensation zu machen, und hatte ein sehr schnelles, leider zu vielem Schwindel Anlaß gebendes Steigen des Actiencurses zur Folge. Hierauf wurde am 5. Juni dieses Jahres die erste Generalversammlung der Actionnairs gehalten, in der sich die Compagnie förmlich constituirte und ihren Ausschuß erwählte, welcher selbst 10. das Directorium der Compagnie ernannte, dessen Vorsitz dem bisherigen Vorsitzer des nun aufgelösten Comité, Kaufmann Gustav Harkort, übertragen wurde. Bald nachher, am 3. Juli 1835, erließ die Regierung das von dem ersten constitutionellen Landtage noch kurz vor seinem Schlusse berathene Gesetz über die Expropriation, d. h. über die gezwungene Abtretung des zur Eisenbahn erfoderlichen Grundes und Bodens gegen vollständige Entschädigung. Außer diesem Gesetze und der vorhin gedachten Berechtigung zur Ausgabe unverzinslicher Kassenscheine waren der Compagnie von Seiten der Regierung mit großer Liberalität noch folgende wichtige Rechte und Vortheile durch das obenerwähnte Decret bewilligt worden: 1) das ausschließliche Recht zur Anlegung einer directen Bahn zwischen Leipzig und Dresden, die der Compagnie als alleiniges und unwiderrufliches Eigenthum zustehen sollte; 2) das Recht, die Bahn nach Befinden auf beiden Seiten bis zur Landesgrenze fortzusetzen; 3) die Überlassung des Transports der Reisenden auf ewige Zeiten gegen eine mäßige Entschädigung der Postkasse, welche in den ersten drei Jahren nach Eröffnung der Bahn jährlich 10,000 Thaler beträgt, dann aber, im Fall der Reinertrag der Bahn, d. h. die Rente der Actien 4½ Procent beträgt, auf 12,000 Thaler jährlich, und wenn die Rente bis auf 5 Procent oder darüber steigt, auf 15,000 Thaler als Maximum erhöht werden soll; 4) das Recht, die Fahrtaxen nach eigenem Ermessen bis zur Höhe der bisherigen Fahrpreise und Frachtsätze zu bestimmen; 5) die vorläufige Übertragung des bedeutenden Salztransports (zunächst während der ersten drei Jahre der Benutzung der Bahn) von Leipzig, wohin es aus den nahegelegenen preußischen Salinen geliefert wird, nach Dresden und Meißen zu den bisherigen, d. h. zu den im J. 1834 bezahlten Frachtsätzen; 6) die Zusicherung des Transports aller auf der Route zwischen Dresden und Leipzig über Oschatz zu befördernden Fahrpostgegenstände, für welche die Postbehörde den von der Eisenbahncompagnie bestimmten Frachtpreis mit einem Rabatt von 25 Procent bezahlt; alle Gegenstände der Reitpost aber, also Briefe, Documente und Zeitungen, hat die Compagnie unentgeldlich zu transportiren, und das Vorrecht der Post, Briefe, sowie kleinere Packete und Geldsendungen bis mit 20 Pfund ausschließend zu befördern, bleibt nach wie vor in Wirksamkeit; 7) die Gestattung der eigenen Anordnung und Ausübung der Bahnpolicei. Schon hieraus ergibt sich

ganz unzweideutig die große Bereitwilligkeit der sächsischen Regierung, das große Nationalunternehmen auf jede Weise zu unterstützen, welche sich auch später keinen Augenblick verleugnet hat und der Regierung gewiß um so größere Ehre macht, als mehre andere Regierungen des In- und Auslandes ein hiervon ganz abweichendes Verfahren befolgt haben.

Nach diesen Vorbereitungen konnte nun zur Ausführung des Werks selbst geschritten werden. Am 1. November 1835 trat der Wasserbaudirector Hauptmann Kunz, welcher sich vorher durch eigene Anschauung mit den englischen und belgischen Eisenbahnen bekannt gemacht hatte, als Oberingenieur in die Dienste der Compagnie, nachdem schon kurz zuvor (im October) der zur Begutachtung der Vorarbeiten nach Leipzig berufene erfahrene englische Ingenieur James Walker die Bahn bereist und vermessen und sich im Wesentlichen für den von Kunz projectirten Tract über Strehla entschieden hatte, jedoch mit der Abänderung, daß die Bahn die Elbe nicht bei Strehla, sondern etwas weiter stromaufwärts bei Riesa überschreiten sollte. Am 16. November begann nun die Expropriation, im Januar 1836 wurde der erste Grund und Boden erworben und am 26. Februar 1836 konnte endlich der Bau selbst seinen Anfang nehmen; aber erst am 25. April 1836 ertheilte die Regierung dem gewählten Tracte ihre generelle Genehmigung. In der zweiten Generalversammlung, am 15. Juli 1836, wurden die Statuten der Gesellschaft revidirt und definitiv festgesetzt (worauf sie in ihrer neuen Fassung am 20. März 1837 die königliche Bestätigung erhielten) und der Bau von drei Zweigbahnen 1) von Leipzig nordwestlich an die preußische Grenze zur Verbindung mit der von Halle und Magdeburg kommenden Eisenbahn, 2) von Riesa nördlich an die preußische Grenze zur Verbindung mit der von Berlin nach Sachsen führenden Eisenbahn, 3) von Oberau nach Meißen beschlossen, dagegen aber auf Verlängerung der Eisenbahn von Dresden aus nach Böhmen und von Leipzig nach Baiern Verzicht geleistet. Im Frühjahre 1837 waren die Arbeiten bereits so weit gediehen, daß am 24. April dieses Jahres Dampfwagenfahrten von Leipzig nach der Restauration bei dem Dorfe Althen, eine Meile weit, beginnen konnten, bei welchen sich unausgesetzt eine ganz außerordentliche Theilnahme des Publicums zeigte, indem bis zum 5. November 1837, wo die Fahrten nach Althen eingestellt wurden, 132,901 Personen an 121 Fahrtagen, also durchschnittlich an jedem Fahrtage fast 1100 Personen transportirt wurden. Die Restauration, welche bisher den Zielpunkt der Fahrten gebildet hatte, wurde nun eine kurze Strecke (etwa eine Viertelstunde) weiter jenseit des Pardeflusses an den Fuß des hohen gerichshainer Dammes verlegt, wohin die Fahrten am 12. November 1837 begannen und ein halbes Jahr lang, bis zum 10. Mai 1838, fortgesetzt wurden.

Hier muß aber eines Ereignisses gedacht werden, welches den ganzen Standpunkt der Sache verrückte und die bisherigen überaus günstigen Erwartungen von der Einträglichkeit des Unternehmens ansehnlich herabstimmen mußte, ja es zweifelhaft erscheinen ließ, ob es nunmehr hinsichtlich seines Ertrags auch nur die allerbescheidensten Ansprüche würde befriedigen können. Was sich nämlich ziemlich bei allen Eisenbahnen gezeigt hat, trat auch hier ein: das für das Unternehmen dem anfänglichen Kostenanschlage gemäß bestimmte Capital erwies sich als völlig unzureichend; bei der Anfertigung eines detaillirtern Voranschlags, der sich freilich auf eine ungleich solidere und dauerhaftere Construction bezog als der vorläufige des Comité, wurden die Kosten einer einfachen Bahn mit doppeltem Unterbau auf 4,385,970 Thaler berechnet, was weit über das Doppelte der von dem ehemaligen Comité berechneten Baukosten war. Demgemäß beschloß die Compagnie am 15. Juni 1837, das ursprüngliche Actiencapital und zugleich die Zahl der Actien zu verdreifachen, sodaß jetzt mit Zurechnung von 500,000 Thalern in Kassenscheinen das Gesammtcapital der Compagnie 5 Mill. Thaler beträgt. Am 19. Januar 1839 war das ganze Actiencapital an 4½ Mill. Thaler vollständig eingezahlt; nur wenige Actieninhaber hatten die Einzahlungen versäumt und waren dadurch des Rechts auf ihre Actien verlustig gegangen.

(Fortsetzung folgt in Nr. 341.)

Das Gangesdelta oder die Sunderbunds bei Kalkutta.

Unter diesem Namen begreift man ein Irrgewinde von Bächen, Seen und Sümpfen, die der Hugly während der Regenzeit auf seinem Laufe nach dem Meerbusen von Bengalen bildet.

Die Sunderbunds sind mit Dschengeln oder Rohrwaldungen bedeckt, worin unzählige Tiger, Alligatoren, Riesenschlangen und dergl. mehr hausen. Aus diesen Dschengeln wird der ganze Holzbedarf Kalkuttas bezogen; das Geschäft des Holzfällens, welches die Hindus betreiben, ist jedoch, wie sich leicht denken läßt, sehr gefährlich und kostet vielen dieser armen Arbeiter das Leben. Unbeschreiblich schön ist der Anblick, den diese unabsehbaren Sumpfwaldungen gewähren; sie ziehen sich längs dem Meerbusen von Bengalen 40 geographische Meilen weit hin und enthalten eine Fülle der prächtigsten himmelhohen, uralten, oft mit einem ganzen Baldachin von Blumen, die selbst wieder einen kleinen Wald bilden, bedeckten Bäume.

Es führen zwei Wege hindurch, die nördliche oder eigentlich sogenannte Sunderbundpassage und die von Belliaghaut. Ersterer führt 13 geogr. Meilen unterhalb Kalkutta in den Hugly, der andere in einen auf der Ostseite dieser Hauptstadt gelegenen See. Die Schiffahrt auf diesen Kanälen erstreckt sich über 40 geograph. Meilen weit durch die oft undurchdringliche Sumpfwaldung, welche von Buchten durchschnitten wird, die nicht selten so schmal sind, daß sich an manchen Stellen die Äste der beiden Uferwaldsäume berühren, ja sogar ineinander verschlingen, während an andern Stellen der Strom wieder breit dahingleitet. Unzählige Alligatoren sieht man längs der Gestade schlafen, aber durch das Geräusch des herankommenden Fahrzeugs erschreckt auffahren und blitzschnell ins Wasser schießen. Die Tiger in den Sunderbunds sollen so verwegen sein, daß sie häufig auf die selbst in beträchtlicher Entfernung vom Ufer hinfahrenden kleinern Schiffe zuschwimmen und die Mannschaft angreifen. Dieser Gefahren ungeachtet errichten sich alljährlich viele Büßende ihre Hütten in den Sunderbunds, und obschon sie beinahe sämmtlich die Speise der Tiger und Alligatoren werden, so finden sich doch immer wieder Andere, die an ihre Stelle treten und denselben Tod erleiden. Der Major Skinner schildert in seinen „Streifereien in Indien" eine Fahrt durch diese Sumpfwaldungen, welche 13 Tage lang dauerte, ein Zeitraum, der zur Reise von England nach Gibraltar hinreicht.

Maschine zum Abdrücken des Gesichts und anderer Gegenstände.

Diese vor Kurzem erfundene Maschine besteht aus einer vertical stehenden Scheibe, deren Oberfläche von einer außerordentlich großen Menge von Stahlstiften gebildet wird, die einander so nahe stehen wie die Borsten einer Bürste; sie bewegen sich in zwei mit einer entsprechenden Zahl feiner Löcher versehenen Platten mit solcher Leichtigkeit, daß sie dem geringsten Drucke nachgeben. In diese Stiftfläche wird nun das abzubildende Gesicht behutsam gedrückt, dann werden die Stifte durch eine sinnreiche, aber höchst einfache Vorrichtung augenblicklich in ihrer Lage befestigt; ihre Oberfläche muß nun offenbar einen hohlen Abdruck des Gesichts bilden. In denselben wird hierauf Gyps gegossen, und da die Stifte ganz dicht beisammen stehen, so kann die Flüssigkeit nicht zwischen ihnen durchdringen; wenn sie erstarrt ist, so nimmt man von dieser ersten eine zweite Form, von welcher nun andere Abdrücke gemacht werden können. Der Bau dieser Vorrichtung ist so fein und die Wirkung derselben so vollkommen, daß z. B. der Abdruck des Gesichts eines schreienden Kindes deutlich alle Verzerrungen der Muskeln zeigt.

Der Herzog von Buckingham.

Derjenige Herzog von Buckingham, von welchem in dem gegenwärtigen Artikel die Rede sein soll, ist nicht zu verwechseln mit seinem weit bekanntern Nachkommen, Georg Villiers, Herzog von Buckingham, welcher als Günstling der englischen Könige Jakob I. und Karl I. lange Zeit eine sehr bedeutende Rolle spielte, aber das Vertrauen, das sie ihm bewiesen, auf unwürdige Weise zum Verderben der Nation misbrauchte und 1628 ermordet wurde. Jener ältere Buckingham, dessen Ende nicht minder tragisch war, spielte gleichfalls eine ansehnliche Rolle in den unruhigen Zeiten König Richard's III. (1483—85), dem Jener zum Throne verhalf. Eduard IV., aus dem Hause York, war im Jahre 1483 gestorben und hatte zwei minderjährige Söhne hinterlassen, Eduard V. und Richard, Jener 13 Dieser 7 Jahre alt. Ihr Oheim, der ehrgeizige Herzog Richard von Gloucester, übernahm die Regentschaft, ließ sich zum Protector ausrufen und bahnte sich durch Gewaltthaten aller Art den Weg zum Throne, indem er die Anhänger des rechtmäßigen Königs verfolgen, einkerkern und hinrichten ließ. Hierbei unterstützte ihn der Herzog von Buckingham, durch das Versprechen großer Belohnungen und glänzender Würden gewonnen, und suchte das Volk, namentlich die Bewohner Londons, von der Rechtmäßigkeit der Ansprüche Richard's zu überreden, welche sich vornehmlich auf die Behauptung gründeten, daß die gemeinschaftliche Mutter Eduard's IV. und des Herzogs von Gloucester eine Ehebrecherin und Jener ein Bastard gewesen, Letzterer aber der einzige echte Sprößling des Hauses York sei. Wirklich sprach die Municipalität von London auf Betrieb Buckingham's gegen Richard den Wunsch aus, daß er die Krone annehmen möchte, ein Gesuch, worauf dieser einzugehen nicht zögerte. Nach seiner Thronbesteigung ließ es Richard, dieses Namens der Dritte, seine erste Sorge sein, zur Befestigung seiner Gewalt die beiden jungen Prinzen, die sogleich nach ihres Vaters Tode im Tower gefangen gesetzt worden waren, insgeheim durch Mord aus dem Wege zu schaffen. Bald nachher trat zwischen dem Könige und dem Herzoge von Buckingham, vielleicht eben wegen dieser blutigen That oder weil Jener keine Anstalt machte, die dem Letztern ertheilten Versprechungen zu erfüllen, Spannung und Zerwürfniß ein; es kam so weit, daß der Herzog, Übles von dem Könige befürchtend, nach Wales auf seine Güter flüchtete, hier seine Vasallen versammelte und einen Aufstand gegen Richard anzustiften suchte. Mit der versammelten Macht marschirte er in Eilmärschen nach Gloucester, wo er über den Fluß Severn zu gehen beabsichtigte; aber zufällig war der Fluß so angeschwollen, daß die ganze Umgegend auf beiden Ufern unter Wasser stand und an kein Übersetzen zu denken war. Diese Überschwemmung (nachmals lange Zeit unter dem Namen der Buckinghamsflut bekannt) dauerte zehn Tage, und da Buckingham's Truppen an Nahrungsmitteln Mangel litten, so zerstreuten sie sich und kehrten in ihre Heimat zurück, ohne daß Buckingham sie halten konnte. Mittlerweile rückte der König mit einer großen Armee gegen Salisbury und war von dieser Stadt noch zwei Märsche entfernt, als er das Misgeschick des Herzogs erfuhr; sogleich erließ er eine Proclamation, in der auf die Gefangennehmung desselben ein Preis von 1000 Pf. St. gesetzt wurde. Der Herzog beschloß in der hülflosen Lage, in die ihn der Abfall seiner Vasallen versetzt hatte, bei Salisbury, in dem Hause eines ehemaligen Dieners, der von seiner Familie viele Wohl-

thaten erhalten hatte, Zuflucht zu suchen; aber dieser Mensch konnte der Versuchung der auf des Herzogs Kopf gesetzten Belohnung nicht widerstehen und verrieth ihn. Der Herzog wurde ergriffen, als er eben in der Verkleidung eines armen Landmanns den Spaten handhabte, nach Shrewsbury gebracht und verhört, dann in Richard's Lager nach Salisbury geführt. Wie man sagt, wünschte Buckingham selbst dringend vor den König geführt zu werden und hatte die Absicht, ihn mit einem verborgenen Messer zu erstechen, während er vor ihm kniete. Kaum war er aber in Salisbury angekommen, als er, ohne den König zu sehen, ohne alles gerichtliche Verfahren zum Tode verurtheilt und auf dem Markte zu Salisbury enthauptet wurde. Lange war man über den Ort, an welchem die Überreste des unglücklichen Herzogs beigesetzt worden waren, in Ungewißheit, bis man in einer Küche des Gasthofs zum blauen Bär in Salisbury bei Gelegenheit eines Baus nur wenige Zoll unter dem Boden ein Skelett in der Lage, wie die Abbildung zeigt, auffand. Viele Gründe sprechen für die Vermuthung, daß hier wirklich die Überreste des Herzogs von Buckingham gefunden worden seien, dessen Kopf und rechter Arm wahrscheinlich erst dem Könige überbracht und dann nach London gesandt worden waren, um dem damaligen Gebrauche gemäß öffentlich ausgestellt zu werden.

Das in Salisbury gefundene Skelett des Herzogs von Buckingham.

2

Verantwortlicher Herausgeber: Friedrich Brockhaus. — Druck und Verlag von F. A. Brockhaus in Leipzig.

Das Pfennig-Magazin

für
Verbreitung gemeinnütziger Kenntnisse.

341. | Erscheint jeden Sonnabend. | [October 12, 1839.

Moritz, Graf von Sachsen.

Denkmal des Marschalls von Sachsen in der Thomaskirche zu Strasburg.

Moritz, Graf von Sachsen, gewöhnlich der Marschall von Sachsen genannt, war der Sohn des Königs August II. von Polen und der Gräfin Aurora von Königsmark und wurde zu Goslar am 28. October 1696 geboren. Von seinem Vater, der ihm im Jahre 1705 als Reichsvicar den Titel eines Grafen von Sachsen ertheilte, hatte er einen feurigen, unruhigen Geist und ungewöhnliche Körperstärke geerbt, wodurch er sich für den Kriegerstand am besten eignete. Schon im Jahre 1709, also im 13. Jahre, trat er in den Kriegsdienst und focht in Flandern unter Prinz Eugen und Marl=

borough, wobei er die Augen dieser berühmten Feldherren auf sich zog und ihren Beifall erwarb. Als sein Vater 1711 Stralsund belagerte, durchschwamm er ohne Furcht vor den feindlichen Kugeln die Meerenge Gellen. Im J. 1717 kämpfte er in Ungarn unter Prinz Eugen gegen die Türken und ging nach dem Frieden 1720 nach Frankreich, wo er Mathematik, Mechanik und die Kriegswissenschaften studirte und 1722 ein Regiment erhielt, das er nach einer eigenthümlichen, von ihm erfundenen Methode einexercirte. Im Jahre 1726 wurde er von den Ständen des Herzogthums Kurland, gegen die Verfassung desselben, zum Herzoge dieses Landes gewählt, worauf er sich auch sogleich nach Mitau begab, um von seiner neuen Würde Besitz zu nehmen. Bald darauf schickte der russische Feldmarschall Mentschikoff, der nach dem Herzogthum lüstern war, 800 Mann nach Mitau, um den neuen Herzog zu vertreiben, dieser aber vertheidigte sich mit nur 60 Mann gegen die seinen Palast belagernden Russen so heldenmüthig, daß die Letztern unverrichteter Sache abziehen mußten. Da jedoch Polen und Rußland die auf ihn gefallene Wahl als ungesetzlich verwarfen, fand er gerathen, kurze Zeit nachher, ohne die Regierung eigentlich angetreten zu haben, das Herzogthum zu verlassen, dessen Besitz ihm rechtmäßigerweise nicht zukam, und nach Frankreich zurückzukehren, wo er seine mathematisch=militairischen Studien fortsetzte. Als ihm sein Halbbruder, Kurfürst Friedrich August II. von Sachsen, im J. 1733 den Oberbefehl der sächsischen Armee anbot, schlug er ihn aus und trat als Maréchal de camp (Generalmajor) in französische Dienste, ging in dieser Eigenschaft zu der unter Marschall Berwick am Rheine stehenden Armee, entschied den Sieg der Franzosen in der Schlacht bei Ettlingen und zeichnete sich 1734 bei der Belagerung von Philippsburg aus, worauf er zum Generallieutenant befördert wurde. Im österreichischen Successionskriege erstürmte er am 26. Nov. 1741 für den Kurfürsten von Baiern Prag, eroberte Eger, führte die Armee des Herzogs von Broglio an den Rhein und nahm die Linien von Lauterburg mit Sturm. Im J. 1744 wurde ihm der Marschallsstab ertheilt; in demselben Jahre erwarb er sich durch den meisterhaften Feldzug in Flandern, wo er den weit überlegenen Feind in Unthätigkeit zu erhalten wußte, großen Ruhm, noch größern aber im folgenden Jahre, wo er, noch nicht von einer schweren Krankheit genesen, den Oberbefehl der französischen Armee in den Niederlanden übernahm. In einem sehr leidenden Zustande, der für sein Leben besorgt machte, lieferte und gewann er am 11. Mai 1745 die mörderische Schlacht von Fontenay, nach welcher er fast sterbend die Knie des Königs Ludwig XV. umfaßte und ausrief: „Ich habe genug gelebt, denn ich habe Ew. Majestät siegreich gesehen." Der Schlacht folgte die Einnahme von ganz Belgien und endlich der Hauptstadt Brüssel selbst. Für so viele Heldenthaten wurde er von der französischen Regierung auf jede Weise ausgezeichnet, im April 1746 als Franzose naturalisirt, nach dem Siege von Raucour am 11. October 1746 von dem Könige mit sechs Kanonen beschenkt, 1747 zum Marschall aller französischen Armeen und später, nach dem von ihm erfochtenen Siege bei Lawfeld (2. Juli) und der Einnahme von Bergen=op=Zoom (17. September) zum Oberbefehlshaber der eroberten Niederlande ernannt. Im April 1748 belagerte er Mastricht, das schon am 30. fiel, und würde sich nach dieser Eroberung, die seine Triumphe krönte, in den Besitz von ganz Holland gesetzt haben, hätten die Holländer nicht den Frieden angeboten und sich beeilt, die Präliminarien zu unterzeichnen. Nach dem definitiven Abschlusse des Friedens (zu Aachen am 18. October 1748) zog sich Moritz auf das ihm vom Könige zur Benutzung überlassene Schloß Chambord zurück, machte von hier aus einen Besuch in Berlin, wo ihn Friedrich der Große mit besonderer Auszeichnung aufnahm, und lebte dann, von Gelehrten und Künstlern umgeben, zu Chambord, wo er an einem Blutsturze am 30. November 1750 starb. Sein Leichnam wurde mit großer Pracht in der protestantischen Thomaskirche zu Strasburg beigesetzt und ihm hier 1777 unter Ludwig XV. durch Pigalle das

oben abgebildete Denkmal errichtet. *) Moritz wurde in früher Jugend mit der liebenswürdigen Gräfin Löben verheirathet, lebte aber mit ihr nicht glücklich, da er viel zu ausschweifend und unbeständig war, um in der Ehe Glück zu finden. Unter seinen zahlreichen Geliebten befand sich auch die berühmte französische Schauspielerin Lecouvreur, die für ihn, als er sich in Kurland befand und sehr geldbedürftig war, durch Versetzen ihrer Kostbarkeiten 40,000 Livres zusammenbrachte.

Die Insel Taïti.

Seit der Mitte des vorigen Jahrhunderts ist die Bevölkerung dieser Insel bedeutend zusammengeschmolzen, indem sie nach der zuletzt im Jahre 1818 veranstalteten Schätzung sich nur noch auf 8000 Seelen beläuft. Cook schlug sie im Jahre 1769 auf 30,000 an, und Wilson hielt sie noch 1797 16,000 stark. Es ist jedoch Hoffnung vorhanden, daß sie sich wieder vermehren werde, da man in der neuern Zeit die Menschenopfer, sowie die barbarische Sitte des Kindermordes abgeschafft hat. Im Jahre 1802 fanden die Missionare nur 7000 Einwohner.

Die Insel Taïti zerfällt in eine bedeutende Anzahl Dorfschaften oder Bezirke und wird von einem Könige regiert. Die Hütten sind zum Theil mit Kalk geweißt. Das Innere derselben ist ganz einfach: auf dem Boden ausgebreitete Matten, Bänke, einige Schränke, mit einem Himmel versehene Betten bilden das Hausgeräthe. Luft erhalten die Hütten durch kleine Kreuzstöcke und durch die Thüre. Die Wohnungen der englischen Missionare, sowie die Kirche sind solid gebaut und nach europäischer Art meublirt.

Nach einem uralten Herkommen empfängt der Sohn des Königs gleich von seiner Geburt an die Krone, jedoch behält der Vater seine Gewalt und seine Rechte, obgleich er den Titel verliert. Der König besitzt nur dann wirkliche Gewalt, wenn er von den Bezirksstatthaltern unterstützt wird. Auf je 22 Dorfschaften kommt ein solcher Häuptling, und ihre Macht erstreckt sich so weit, daß sie den König selbst des Thrones entsetzen können. Stirbt ein Häuptling, so geht die Ausübung der Gewalt auf seine Frau über. In früherer Zeit waren der König und die Häuptlinge mit den höchsten priesterlichen Stellen bekleidet, auch konnte der Erstere frei über das Leben seiner Unterthanen verfügen. Dies ist jetzt nicht mehr der Fall, und Niemand kann ohne gerichtliches Verfahren verurtheilt werden. Der König hat das Recht, die Bezirksstatthalter ihrer Stellen zu entsetzen.

Im Mai des Jahres 1820 wurden die politischen und religiösen Gesetze schriftlich abgefaßt. Jährlich versammelt man sich zur Erörterung und Ausmittelung der Abgaben, welche von den Steuerpflichtigen aufgebracht werden müssen. Die Steuern für den König und die Missionare bestehen aus zwei Maß Cocosöl, zwei Cocosnüssen, zwei Schweinen und einer bestimmten Quantität Baumwolle, welche jeder Einzelne in den Familien liefern muß.

Der König hat eine aus 50 Mann bestehende Leibwache, mit Gewehren bewaffnet und vom Kopf bis auf den Fuß bekleidet; die übrigen Eingeborenen gewöhnen sich nur mit Mühe an das Tragen von Schuhen und Strümpfen. Jedoch ist wahrscheinlich die Zeit

---

*) Siehe Pfennig=Magazin Nr. 338.

nicht mehr fern, wo alle Taïtier auf europäische Weise gekleidet sein werden.

Im Jahre 1797 sandte die londoner Missionsgesellschaft mehre Geistliche ab, um auf den Gesellschaftsinseln das Christenthum zu predigen. Sie ließen sich auf Taïti und Eimeo nieder und erlangten von dieser Zeit an allmälig eine solche Gewalt, daß sie jetzt gewissermaßen die unumschränkten Herren von Taïti und den benachbarten Inseln sind. Die Erfolge des Unterrichts sind glänzend: die meisten Eingeborenen können lesen und schreiben. Katechismen, Evangelien, Hymnen und die Liturgie, ins Taïtische übersetzt und in Eimeo gedruckt, befinden sich in ihren Händen. In der ersten Zeit wanderten die Missionare auf der Insel umher und predigten überall, wo sich Bethäuser vorfanden; jetzt haben sie einen festen Wohnsitz. Sechs von ihnen ließen sich 1818 auf den Inseln Huahine und Ratatea nieder, wo sich die Folgen ihrer Thätigkeit ebenso herrlich wie auf Taïti bewähren.

Bruchkranke in Frankreich.

Ein junger Wundarzt, Dr. Malgaigne, hat kürzlich über die Brüche sehr umfassende Untersuchungen angestellt und die dabei erhaltenen Resultate in einer Schrift zusammengefaßt, aus deren statistischem Theile wir einige der interessantesten Angaben mittheilen: 1) Hinsichtlich der relativen Häufigkeit der Brüche bei beiden Geschlechtern ergab sich, daß dieses Übel bei dem männlichen ungleich häufiger ist; unter 5450 Personen, die sich in den Jahren 1836 uud 1837 wegen Erlangung von Bruchbändern an das Centralbureau (der pariser Hospitäler) wandten, befanden sich nur 1128 Frauen, wornach auf vier Männer nur eine Frau kommt. 2) Über die Häufigkeit der Brüche nach dem Lebensalter ergab sich Folgendes: Ungefähr der 52. Theil der neugeborenen Kinder ist von Geburt an mit Brüchen behaftet; in den folgenden Jahren nimmt die Zahl der mit Brüchen behafteten Kinder ab, sodaß man bei ihnen eine größere Sterblichkeit annehmen muß, als bei den andern Kindern; am wenigsten findet man in dem Alter von acht bis neun Jahren, welches gleichsam die Epoche ist, in der die Brüche der Kindheit verschwinden und die Brüche der Jugend sich zu entwickeln beginnen. Die Zahl wächst schnell bis zu 40 Jahren, bleibt dann unverändert bis zu 50 Jahren und nimmt hierauf sehr merklich in einem solchen Verhältnisse ab, daß man die Brüche auch bei dem Alter für eine energisch wirkende Ursache des Todes ansehen muß. 3) Was endlich das Verhältniß der Bruchkranken zu der ganzen Bevölkerung betrifft, so suchte der gedachte Arzt zuerst das Verhältniß für die männliche Bevölkerung von 20 —21 Jahren zu ermitteln und gründete seine Rechnungen erstens auf 28,000 Personen, die behufs der Recrutirung im Departement der Seine von 1803—10 untersucht worden waren, ferner auf 10,000 in demselben Departement von 1816—23 untersuchte Personen, endlich auf 750,000 Individuen, die wegen der Recrutirungen von 1831—37 in ganz Frankreich untersucht worden waren. Das übereinstimmende Ergebniß aller drei Reihen zeigte einen Bruchkranken auf 31 — 32 Individuen. Als allgemeines Verhältniß der Bruchkranken zur männlichen Bevölkerung findet Malgaigne $\frac{1}{13}$, bei der weiblichen Bevölkerung $\frac{1}{51}$; zur Masse der Bevölkerung aber verhält sich die Zahl der Bruchkranken wie 1 zu $20\frac{1}{2}$ oder 2 zu 41, was für ganz Frankreich 1,600,000 mit Brüchen behaftete In-

dividuen gibt. Für Kinder unter einem Jahre ist das Verhältniß 1 auf 21, für Kinder von 5—13 Jahren 1 auf 77, für das Alter von 20 Jahren 1 auf 32, für 30 Jahre 1 auf 20, für 50 Jahre 1 auf 8, für 60 Jahre 1 auf 4, für 70 Jahre 1 auf 3.

In großen Städten scheinen Brüche seltener zu sein als auf dem Lande, wenigstens sind sie in Paris seltener als in dem Weichbilde der Stadt; die Armuth disponirt dazu merklich. Faßt man die einzelnen Theile Frankreichs ins Auge, so findet man die Brüche häufiger in den Ebenen, seltener in den Gebirgsgegenden, selten in den Gegenden, wo der Ölbaum wächst und da, wo der Obstwein das gewöhnliche Getränk bildet, häufiger in den Departements, die ihn durch Bier ersetzen.

Noch etwas über Taucherapparate.

Bereits mehrmals ist in diesen Blättern von Tauchern und von der Taucherglocke die Rede gewesen *), auch ist schon in Nr. 1 eine Abbildung der von Spalding verbesserten Halley'schen Taucherglocke geliefert worden; gleichwol glauben wir unsern Lesern eine Abbildung der ursprünglichen Halley'schen Taucherglocke darum nicht vorenthalten zu dürfen, weil sie den Gebrauch derselben und ihre Befestigung am Schiffe deutlich zeigt, was bei jener nicht der Fall ist, und begleiten sie mit einigen nachträglichen Bemerkungen.

Von einem der Taucherglocke ähnlichen Apparate spricht schon Aristoteles, doch ist es ungewiß, ob er eine eigentliche Taucherglocke meint oder eine blos den Kopf umgebende Taucherkappe. Vielleicht blieb die Taucherglocke bei den Griechen immer bekannt; wenigstens erzählt Taisnier, der am Hofe Karl's V. angestellt war und denselben nach Afrika begleitete, daß er in Toledo zwei Griechen gesehen habe, die sich in Beisein des Kaisers und mehrer Tausend Zuschauer in einem großen umgekehrten Kessel in das Wasser hinabgelassen und ein mitgenommenes brennendes Licht wieder brennend und unbenetzt herausgebracht hätten, zum großen Erstaunen der Spanier, denen die Sache völlig neu war. In England wurde die Taucherglocke bald nachher zu technischen Zwecken angewandt und in den Werken des Kanzlers Baco von Verulam finden wir sie an mehren Stellen beschrieben. Als im Jahre 1588 die berühmte spanische Flotte, die sogenannte unüberwindliche Armada, an der englischen Küste zerstreut worden war und namentlich unweit der Insel Mull an der Westküste von Schottland mehre Schiffe gesunken waren, von denen man glaubte, daß sie große Reichthümer enthielten, machte man viele Versuche, in den Besitz dieser vermeintlichen Schätze zu gelangen, bis es endlich 1665 mit einer von Sinclair beschriebenen Taucherglocke gelang, einige Kanonen emporzubringen, deren Verkauf aber die aufgewandten Kosten nicht deckte. Im Jahre 1680 erbot sich der Amerikaner William Phipps gegen König Karl II. von England, ein an der Küste von Hispaniola gesunkenes reiches spanisches Schiff wieder in die Höhe zu bringen, erhielt auch zu diesem Ende von dem Könige ein Schiff und Alles, was zu dem Unternehmen sonst noch nöthig war, kam aber zu keinem Resultate und kehrte in größer Armuth, aber von der Ausführbarkeit seines Plans noch immer fest überzeugt, nach England zurück. König Jakob II. weigerte sich zwar, ihn wieder zu unterstützen, aber durch eine Subscription gelang es im J. 1687 die zu einer zwei-

*) Vergl. Pfennig=Magazin Nr. 1, 153, 180 und **309**.

*

Halley's Taucherglocke.

ten Expedition nöthigen Geldmittel zusammenzubringen, worauf Phipps wirklich im J. 1688 Schätze zum Betrag von 200,000 Pf. Sterl. heraufbrachte. Die Einrichtung der von ihm gebrauchten Taucherglocke ist nicht genau bekannt; ein alter Schriftsteller meldet, sie habe aus einem mit Eisen beschlagenen, mit Fenstern und einem Stuhl für den Taucher versehenen viereckigen Kasten bestanden.

Die wesentlichen Verbesserungen, welche die Taucherglocke durch Halley erhielt, fallen in das Jahr 1715; sie bestanden nicht blos darin, daß die Glocke mit frischer Luft versehen werden konnte, sondern auch darin, daß genug Luft in die Glocke gebracht werden konnte, um das Wasser völlig am Eindringen zu hindern, sodaß der ganze Raum der Glocke zum Arbeiten benutzt werden konnte. Die Halley'sche Taucherglocke bestand aus Holz, hatte die Gestalt eines abgestumpften Kegels und faßte ungefähr 60 Cubikfuß; sie war mit Blei überzogen und mit Gewichten beschwert, die so vertheilt waren, daß die Glocke immer horizontal und mit der Mündung nach unten herabsinken mußte; unter der Glocke befand sich der Festigkeit wegen noch ein an drei Stricken hängendes, mit Gewichten beschwertes Gerüst. Die Glocke hing am Mastbaume eines Schiffs mittels eines Balkens, der am obern Theile des Mastes befe=

stigt war und mit Tauen so regiert werden konnte, daß sich die Glocke nach Belieben außerhalb des Schiffs oder wieder in dasselbe bringen ließ.

Die beiden Fässer, welche dazu dienten, die Glocke mit frischer Luft zu versehen, waren mit Blei beschwert, sodaß sie untersinken mußten, wenn sie auch nur mit Luft gefüllt waren; im untern Theile jedes Fasses war ein Spundloch angebracht, um das Wasser herein zu lassen, wenn die eingeschlossene Luft während des Herabsinkens verdichtet wurde, und das Wasser wieder herauszulassen, wenn sie neu mit Luft gefüllt werden sollten; ein Schlauch im obern Theile jedes Fasses ließ Luft in die Glocke, indem der Druck des Wassers von unten die Luft aus den Fässern in die Glocke trieb. Beide Fässer waren mit einem Seile ohne Ende so verbunden, daß immer abwechselnd das eine Faß mit Luft gefüllt hinabstieg und das andere Wasser enthaltende emporstieg. Beim Herabsinken wurden die Fässer durch Seile geleitet, die am untern Rande der Glocke befestigt waren und durch Ringe zu beiden Seiten des ledernen Schlauchs in jedem Fasse gingen; an diesen Seilen niedergleitend kamen sie von selbst in die Hände eines Mannes, der auf dem Gerüste unter der Glocke stand, um sie in Empfang zu nehmen und die Enden des Schlauchs in die Glocke zu leiten. Sobald diese

Enden über die Oberfläche des Wassers emporkamen, wurde alle Luft mit großer Gewalt in die Glocke getrieben, während das Wasser durch das Spundloch eindrang; wenn ein Faß auf diese Weise die darin enthaltene Luft abgegeben hatte, wurde es auf ein gegebenes Zeichen in die Höhe gezogen und sogleich dafür ein anderes hinabgelassen. Halley selbst äußerte sich über Versuche mit dieser Glocke folgendermaßen: „Ich bin in einer Taucherglocke mit noch vier andern Personen in einer Tiefe von 9—10 Faden (54—60 Fuß) 1½ Stunden lang geblieben, ohne die mindesten üblen Folgen zu empfinden, und hätte bleiben können, so lange ich gewollt hätte. Die ganze Höhlung der Glocke wurde ganz frei von Wasser gehalten; ich bemerkte indeß, daß es nöthig ist, sich anfangs nur allmälig herabzulassen, etwa 12 Fuß auf einmal, dann anzuhalten und die Luft durch drei oder vier Fässer mit frischer Luft zu erneuern; an der vorausbestimmten Tiefe angekommen, ließ ich mittels des Hahns am Obertheile der Glocke so viel von der ausgeathmeten warmen Luft aus, als durch ein Faß auf einmal ersetzt werden konnte. Durch ein Glasfenster drang so viel Licht ein, daß ich bei ruhiger See und besonders bei Sonnenschein vollkommen gut lesen und schreiben, also natürlich auch am Boden des Meeres befindliche Gegenstände erkennen und aufheben konnte. War jedoch das Wasser trübe, so war es unten so finster wie bei Nacht; dann konnte ich aber in der Glocke ein Licht, so lange ich wollte, brennend erhalten. Mit den zurückkehrenden Luftfässern schickte ich oft Befehle in Betreff unserer Weiterbewegung hinauf, die auf kleine Bleiplatten geschrieben waren."

Halley begnügte sich aber mit dem erreichten Erfolge noch nicht, sondern suchte die Taucherglocke noch dahin zu vervollkommnen, daß die Taucher dieselbe verlassen und auf dem Meeresgrunde nach Belieben herumgehen konnten. Zu diesem Ende verfertigte er bleierne Kappen, die über dem Kopfe getragen wurden und mittels eines Schlauchs, den der Taucher um den Arm gewickelt trug, aus der Taucherglocke einen beständigen Zufluß frischer Luft empfingen; diese Schläuche waren bis 40 Fuß lang, damit aber der Taucher im Wasser herumgehen und allen Strömungen, denen er begegnen möchte, widerstehen könnte, war es nöthig, ihn mit Gewichten zu beschweren. Die Bleikappen wogen allein 50—60 Pfund; außerdem wurden Gewichte an den Gürtel gehängt und zwei Bleistücke an die Schuhe befestigt. Damit der Taucher sehen konnte, war die Kappe in der Gegend des Gesichts verlängert und den Augen gegenüber mit Gläsern versehen. Der Taucher selbst trug dicke wollene Kleider, um die Kälte des umgebenden Wassers abzuhalten. Daß jetzt die Halley'sche Taucherglocke nicht mehr ganz in ihrer ursprünglichen Einrichtung angewandt wird, und auf welche Weise sie später verbessert worden ist, ist in Nr. 309 angegeben worden.

Alle übrigen zum Gebrauche der Taucher vorgeschlagenen Apparate stehen der Taucherglocke beiweitem nach; eine der besten darunter ist aber die nebenstehend abgebildete Taucherrüstung, welche Klingert in England erfunden hat. Sie besteht aus zwei Theilen, die aus starkem Zinnblech gefertigt sind, dem Kopfstück oder Helm und den Leib; dazu kommt eine lederne Jacke mit kurzen Ärmeln und ein Paar lederne Beinkleider; beide sind wasserdicht an den metallenen Theil des Anzugs befestig. Um den Taucher mit Luft zu versehen, dienen zwei Schläuche, die aus dem Innern des Helms zur Oberfläche des Wassers führen; der eine dient zum

Ein Taucher in Klingert's Taucherrüstung.

Einathmen und endigt in ein elfenbeinernes Mundstück, welches der Taucher in den Mund nimmt; der zweite, welcher an derselben Stelle in den Helm mündet, dient zum Abführen der verdorbenen Luft, welche durch die Ausdehnung der Brust beim Einathmen vertrieben wird. An der Rüstung sind durch Haken Gewichte befestigt, um den Taucher unter Wasser zu halten. Signale gibt er durch ein an seinen Arm gebundenes Seil oder indem er durch den Luftschlauch spricht; will er emporsteigen, so macht er die Gewichte los und befestigt sie an ein zu diesem Zwecke herabgelassenes Seil. Der beschriebene Anzug ist bei Wasserbauten an Stellen, die der Taucherglocke unzugänglich sind, noch jetzt in England in Gebrauch.

Klingert ist auch der Erfinder eines Taucherkastens in Form eines hohlen Cylinders, der 58 Cubikfuß Luft fassen kann, welche Quantität dem Taucher nach seiner Meinung erlaubt, zwei Stunden lang unter Wasser zu bleiben. Dieses Gefäß wird in Verbindung mit der vorhin beschriebenen Rüstung gebraucht, hängt an einem Boote und kann mittels einer Pumpe, welche die eingeschlossene Luft verdichtet oder verdünnt, in eine höhere oder tiefere Stellung gebracht werden. Deshalb befindet sich am Boden des Gefäßes ein großer Cylinder, in welchem sich ein Kolben bewegt; wenn nun der Taucher eine Kurbel dreht, so steigt der Kolben in die Höhe, dadurch wird die Luft comprimirt, also specifisch schwerer, und die Maschine sinkt; wenn der Kolben herabgezogen wird, so steigt sie wieder. Außerdem sind von Andern noch verschiedene andere Arten von Kästen, in denen sich die Taucher aufhalten, und von Hüllen, mit denen sie sich umgeben sollen, um die erforderliche Luft zu schöpfen, angegeben worden, da aber alle diese Apparate von der Taucherglocke verdrängt worden sind, so wäre es überflüssig, länger dabei zu verweilen. Auch ein neuerer, von den Gebrüdern Möller aus Bardo in Jütland erfundener Taucherapparat, von welchem die Zeitungen vor einigen Jahren berichteten und mittels dessen, wie es hieß, der Taucher alle seine Glieder frei gebrauchen, sich beliebig lange auf dem Grunde des Meeres aufhalten und umhergehen konnte, wohin er wollte, scheint sich nicht bewährt zu haben, da desselben nirgend mehr erwähnt wird.

Die Eisenbahn von Leipzig nach Dresden.
(Fortsetzung aus Nr. 340.)

Mit den solchergestalt vermehrten, nunmehr wahrhaft kolossalen Geldmitteln konnte der Bau kräftig gefördert werden, worüber die seit Oct. 1837 ausgegebenen monatlichen Bauberichte die vollständigste Auskunft ertheilen. Die Zahl der Arbeiter stieg im Mai 1838 bis auf 7783, worunter 1680 Ausländer, nahm von da an allmälig wieder ab und betrug im December 1838 noch 1993. Bis zum März 1838 waren in Folge von Beschädigungen bei dem Bau 10 Todesfälle (worunter nur einer beim Tunnel) vorgekommen. Als Transportmittel wurden während des Baus 220 große vierräderige Erdtransportwagen mit eisernen Untergestellen auf Hülfsbahnen, 285 zweiräderige Wippkarren auf untergelegten Holzgleisen und 4150 Schubkarren gebraucht. Die sieben Bahnstrecken, welche im Jahre 1838 nach und nach zur Eröffnung kamen, sind bereits früher (Nr. 306) angegeben worden; der Vollständigkeit wegen wiederholen wir jedoch hier, daß die Fahrten von Leipzig aus seit dem 11. Mai bis Machern, seit 31. Juli bis Wurzen, seit 16. September bis Dahlen, seit 3. November bis Oschatz, seit 21. November bis Riesa an der Elbe ausgedehnt wurden, und daß von Dresden aus seit 19. Juli bis zum Gasthof zur Weintraube unweit Niederlößnitz und seit 16. September bis Oberau gefahren wurde, sodaß am Schlusse des Jahres 1838 von der ganzen 15½ geographische Meilen langen Bahn nur noch 3½ Meilen nicht befahren wurden. Am 7. April 1839 erfolgte endlich, wie bereits oben gemeldet, die feierliche Eröffnung der ganzen Bahn, wobei, wie sich denken läßt, der Zudrang und die Theilnahme des Publicums, das in seiner Mehrheit den lebhaftesten Enthusiasmus über die Vollendung des Riesenwerks an den Tag legte, ausnehmend groß war. Nachdem der Kreisdirector von Falkenstein und der Minister des Innern, Nostiz und Jänkendorf, im leipziger Bahnhofe Worte der Weihe gesprochen hatten und der Minister im Auftrage des Königs dem vorsitzenden Director der Compagnie, Kaufmann Harkort, und dem Oberingenieur der Bahn, Hauptmann Kunz, den von Beiden wohlverdienten sächsischen Civilverdienstorden überreicht hatte, fuhren um zwei Uhr Nachmittags ungefähr 1400 Personen in 46 Personenwagen, welche in drei Züge vertheilt waren, deren jeder von zwei Locomotiven gezogen wurde, nach Dresden ab und erreichten, nachdem sie überall von dichtgedrängten Zuschauermassen mit Jubel begrüßt worden waren, ¾7 Uhr gleichzeitig die schöne Residenz, deren Bewohner ihnen, der äußerst unfreundlichen Witterung und des heftigen Schneegestöbers ungeachtet, in Scharen bis in eine Entfernung von zwei Stunden und darüber entgegengekommen waren und sie mit tausendstimmigem enthusiastischem Zuruf willkommen hießen. Am folgenden Morgen erfolgte die Rückfahrt, an welcher der König mit seiner Gemahlin und der ganzen königlichen Familie Theil nahm und dadurch einerseits der Bahn erst die eigentliche Weihe ertheilte, andererseits den sprechendsten Beweis seiner lebhaften Theilnahme an dem Unternehmen gab. Daß an diesem Tage der Jubel, der durch das ganze Land hallte, noch größer als am vorigen war, wird Denjenigen er-

klärlich sein, die es wissen, mit welcher Treue das sächsische Volk an seinem angestammten Fürstenhause hängt und wie sehr Friedrich August die Liebe seines Volkes verdient; den zahlreichen Theilnehmern aber wurde die Fahrt wegen der vielen unterwegs veranstalteten Empfangsfeierlichkeiten zu einem wahren Triumphzuge. So war denn der Bau zwar nicht, wie das bei der Unterzeichnung ausgegebene Programm verheißen hatte, in zwei Jahren nach Angriff desselben beendigt worden, hatte aber doch nicht viel über drei Jahre gedauert, ein Zeitraum, der sehr kurz erscheinen muß, wenn man die außerordentlichen Schwierigkeiten, die zu überwinden waren, in Betracht zieht. Noch geht freilich der Vollständigkeit der Bahn eins ab, nämlich ein doppeltes Gleis, indessen ist alle Aussicht vorhanden, daß das schon jetzt unentbehrlich erscheinende zweite Gleis in kurzem gelegt werden wird, da die dazu noch erforderlichen Geldmittel durch eine Anleihe unter billigen Bedingungen herbeigeschafft werden dürften. Einstweilen ist wenigstens auf der Strecke von Oschatz bis Riesa ein zweites Gleis gelegt, sodaß die von Leipzig und Dresden kommenden Wagenzüge hier in den meisten Fällen aneinander vorbeifahren werden, ohne auf einer Station in der Mitte des Wegs aufeinander warten zu dürfen. An einer Verlängerung der Bahn nach der preußischen Grenze wird bereits sehr thätig gearbeitet, da es dem Directorium der leipzig=dresdner Eisenbahncompagnie gelungen ist, mit dem Directorium der leipzig=magdeburger einen sehr vortheilhaften Vertrag abzuschließen, nach welchem der letztern der Bau der 1½ Meilen langen Verbindungsbahn von Leipzig bis Modelwitz für ein Bauschquantum von 298,193 Thalern in Accord gegeben worden ist; die Gesammtkosten dieser Verbindungsbahn werden auf 340,000 Thaler berechnet. Erwähnung verdient hierbei noch, daß die leipzig=magdeburger Bahn und die Taunuseisenbahn wahrscheinlich die ersten in der Welt sein werden, welche die Grenze zweier verschiedener Staaten überschreiten. Der Bau der zweiten oben erwähnten Verbindungsbahn von Riesa nach Nieska an der preußischen Grenze ist unnöthig geworden, da die preußische Regierung ihre definitive Genehmigung zum Bau einer Eisenbahn von Berlin nach Riesa verweigert hat und an die Stelle derselben eine bereits im Bau befindliche Eisenbahn von Berlin über Dessau nach Köthen getreten ist, die sich dort an die leipzig=magdeburger Bahn anschließen wird.

Nach dieser historischen Skizze gehen wir zu einer Beschreibung der Bahn selbst über. Dieselbe hat eine Länge von 202,798 sächsischen Ellen oder 15½ geographischen Meilen (à 13,088 Ellen) und durchschneidet 3920 verschiedene Parcellen, über welche mit 1207 verschiedenen Eigenthümern unterhandelt werden mußte; die gesammte acquirirte Bodenfläche beträgt 700 sächs. Acker, wofür bis zum 31. December 1838 275,766 Thaler bezahlt worden waren. Von dieser Gesammtlänge kommen auf die Brücken und Viaducte 3173 Ellen oder ¼ Meile, auf Planie, welche mit dem anliegenden Terrain in gleicher Höhe liegt, 27,049 Ellen oder 2 Meilen, auf die Einschnitte, deren größte Tiefe 28 Ellen beträgt, 56,369 Ellen oder 4⅓ Meilen, endlich auf die Dämme, deren größte Höhe 19⅕ Ellen beträgt, 116,227 Ellen oder beinahe 9 Meilen. Bei Ausgrabung der Einschnitte und Aufschüttung der Dämme sind im Ganzen 21,133,139 Cubikellen Erde bewegt worden. Die Breite der Bahn (des Unterbaus) beträgt 12 Ellen, die Gleisweite (der Schienen) 4¾ englische Fuß. Nicht ganz ein Drittel der Bahn — 62,771 Ellen — läuft völlig horizontal, auf dem übrigen Theile wechseln Fall und Steigung ab, und zwar so, daß, wenn man von Leipzig aus fährt, die Bahn auf einer Strecke von zusammen 73,629 Ellen (über 5½ Meilen) steigt, und auf einer Strecke von zusammen 66,398 Ellen (über 5 Meilen) fällt; der Endpunkt der Bahn bei Leipzig liegt 25 Ellen, der Endpunkt bei Dresden etwa 35 Ellen über dem Nullpunkte des Elbmessers in Riesa, sodaß auf der ganzen Bahn von Leipzig nach Dresden die Steigungen den Fall etwa um 10 Ellen übertreffen; auf der kleinern Hälfte der Bahn, von Leipzig bis Oschatz, herrscht die Steigung, auf der größern, von Oschatz bis Dresden, der Fall vor. Die größte Höhe, welche die Bahn erreicht, beträgt 111 Ellen über dem gedachten Nullpunkte (86 Ellen über dem Endpunkte bei Leipzig), die kleinste Höhe 12 Ellen über jenem Nullpunkte (13 Ellen unter dem Endpunkte bei Leipzig), sodaß der Niveauunterschied zwischen dem höchsten und dem niedrigsten Punkte 99 Ellen beträgt. Übrigens sind die Gradienten so regulirt, daß die Bahn auf 200 Ellen Länge höchstens 1 Elle steigt oder fällt; dieses ungünstigste Steigungsverhältniß kommt von Leipzig nach Dresden auf einer Strecke von 30,779 Ellen als Steigung, auf 23,200 Ellen als Fall vor. An 32 Stellen macht die Bahn Bogen, welche (mit Ausnahme des Anfangs der Bahn bei Leipzig) Halbmesser von wenigstens 4000 Fuß und eine Gesammtlänge von etwa 50,000 Ellen oder beinahe 4 Meilen haben; der übrige Theil der Bahn besteht aus (30) geraden Linien, deren drei längste 14,100, 13,700 und 1200 Ellen lang sind. Auf 11 Punkten kreuzt sich die Bahn mit Staatschausseen, wovon eine über, vier auf und sechs unter der Bahn hinlaufen; ferner durchschneidet die Bahn 167 Communications-, Vicinal- und Feldwege, und zwar 95 im Niveau (sodaß die Wege in gleicher Höhe über die Eisenbahn gehen und zur Zeit, wo Dampfwagen vorbeipassiren, durch Barrieren gesperrt werden); von den übrigen Wegen laufen 20 auf Brücken über der Bahn, während diese durch Einschnitte läuft, und 52 in gemauerten Durchfahrten unter der Bahn hin, während diese über einen Damm geführt ist. Die von der Bahn überschrittenen Thäler, Ströme, Flüsse und Bäche haben 24 Brücken nothwendig gemacht, sodaß die Gesammtzahl der aufgeführten Brücken, Viaducte und Durchfahrten 192 beträgt, wozu noch 295 steinerne Schleusen zur Durchführung von Wasserabzügen und Gräben kommen.

Der Oberbau (d. h. die Schienen mit ihrer Unterlage) ist nach drei verschiedenen Systemen gelegt worden. Auf der ersten Section (von Leipzig bis Wurzen, 3¼ Meilen) ist ein Drittel des Oberbaus auf englische Art massiv gelegt; hier liegen gewalzte Kantenschienen, deren Gewicht 45 Pfund auf 3 englische Fuß beträgt, und die auf gußeisernen Stühlen ruhen, welche auf kiefernen Querschwellen befestigt sind. Auf dem weit größern Theile dieser Strecke ist aber der Oberbau auf amerikanische Art (sogenannte Holzbahn) gelegt; hier liegen weit schwächere, nur 1⅛ Zoll starke und 2½ Zoll breite, gewalzte Plattschienen, deren Gewicht nur 25 Pfund auf 3 englische Fuß beträgt, auf parallelen kiefernen Gleisbäumen oder Langschwellen von 9 Zoll Höhe und 6 Zoll Breite, die von 3 zu 3 Fuß durch eichene, 8 Zoll im Quadrat haltende Querschwellen unterstützt werden, welche wieder auf kleinen mit Kies und Steinknack ausgestampften Gräben ruhen. Weil sich indessen ergab, daß beide Arten des Oberbaus für längere Dauer und sehr lebhaften Verkehr zu schwach seien und schnell zerstört werden würden, wählte man für den übrigen Theil der Bahn, von Wurzen bis

Dresden (12¼ Meilen) einen stärkern, ungleich mehr Dauerhaftigkeit und Sicherheit versprechenden Oberbau, nämlich sogenannte amerikanische gewalzte Schienen, welche oben 2½, unten 4 Zoll breit und 2½ Zoll hoch sind, ein Gewicht von 50 Pfund auf 3 englische Fuß haben und nicht auf Langschwellen, sondern nur von 2½ zu 2½ Fuß auf kiefernen oder harthölzernen Querschwellen von 8 Zoll im Quadrat ruhen, die auf einem fortlaufenden Bette von Steinknack, Kies und Sand liegen. Das Gewicht sämmtlicher auf der Bahn verwandten Schienen beträgt ungefähr 120,000 Centner. Im Ganzen hat der Oberbau (d. h. Schienen, Schwellen, Verbindungsplatten, Stühle und Nägel) bis 31. Dec. 1838 1¼ Mill. Thaler gekostet, worunter, da sämmtliche Schienen aus England bezogen werden mußten, weil kein deutsches Eisenwerk die Lieferung derselben übernehmen konnte oder wollte, allein 130,000 Thaler für Eingangszoll; die bei Eröffnung der ganzen Bahn noch vorräthigen Schienen und Hölzer reichten für 5⅓ Meilen des zweiten Gleises aus.

Die ganze Bahn zerfällt in fünf Abtheilungen, die wir im Folgenden ihren Eigenthümlichkeiten nach kurz beschreiben werden.

I. **Leipzig bis Wurzen, 3¼ Meilen.** (Die Bahn steigt um 85 und fällt um 64 Ellen.) Der sehr geräumige leipziger Bahnhof, welcher den Anfangspunkt der Bahn bildet, befindet sich an der Stelle des ehemaligen Georgenvorwerks an der nordöstlichen Seite der Stadt, zwischen dem hallischen und grimmaischen Thore, und enthält außer einer eleganten, mit einer Uhr versehenen und mit einem Wimpel geschmückten Personenhalle von 95 Ellen Länge und 45 Ellen Breite, unter deren Schutze die Reisenden auf- und absteigen, eine Wagenbauanstalt, eine große Schmiedewerkstatt mit zehn Feuern, zwei Waarenspeicher für die ankommenden und abgehenden Güter, ein Maschinenhaus, in welchem die Locomotiven aufbewahrt und reparirt werden, weshalb mehre größere Hülfsmaschinen hier im Gange sind, die von einer Dampfmaschine von 10 Pferdekräften getrieben werden, u. s. w. Wir bitten nun den Leser, uns im Geiste auf einer Fahrt von Leipzig nach Dresden zu begleiten, wiewol man eigentlich die Bahn ihrer ganzen Länge nach begehen müßte, um sie gründlich und mit Muße in Augenschein zu nehmen und die Größe des Werks nach Verdienst zu würdigen. Gleich im Anfange macht die Bahn einen bedeutenden Bogen, indem sie aus der nördlichen in die östliche Richtung übergeht, überschreitet die leipzig-eilenburger und die leipzig-dresdner Chaussee, geht bei Borsdorf über den Pardefluß und gelangt bald auf den hohen gerichshainer Damm, der über 15 Ellen hoch ist, dann in den 5700 Ellen langen, an der tiefsten Stelle 20 Ellen tiefen Einschnitt bei Machern. Dieser bildete eins der schwierigsten und am meisten aufhaltenden Werke der ganzen Bahn, dessen Größe man schon daraus beurtheilen kann, daß die auszugrabenden, fortzuschaffenden und auf Dämmen zu verarbeitenden Erdmassen 2½ Mill. Cubikellen (à 7 Ctr. Gewicht) betrugen; hierzu kam noch, daß die Beschaffenheit des Bodens, der zwischen Thon, weißem und gelbem Sande, Lehm, Moor, Torf und Braunkohlen wechselte und in trockener Witterung sehr streng war, aber in nasser sich auflöste, sowie das Zusammenströmen unterirdischer Quellen und bei den an offenen Stellen sich sammelnden Tagewassers die Arbeiten unendlich erschwerte. Zu den gesammten Erdtransporten dieser Bahnstrecke wären mehr als eine Million zweispännige Fuhren nöthig gewesen, und wenn man auch täglich 1000 Pferde hätte gebrauchen wollen, würden doch etwa 420 Arbeitstage erfoderlich gewesen sein; man half sich aber durch An=legung einer Hülfseisenbahn, auf welcher ein Dampf=wagen, der täglich die Arbeit von 28 Paar Pferden verrichtete und 35 beladene Erdwagen von 2625 Ctr. Gewicht zog, die Erde aus dem Einschnitte nach dem gerichshainer Damme transportirte. Des hohen Prei=ses der Locomotiven ungeachtet hat man ihre Verwen=dung bei dem Baue von Eisenbahnen da, wo große Erdmassen auf eine bedeutende Entfernung transportirt werden müssen, auch in England sehr vortheilhaft ge=funden, da die mittels derselben verrichtete Arbeit zwar ziemlich ebenso viel kostet, als wenn man sie durch Pferde verrichten läßt, aber wegen der großen Geschwin=digkeit dieser Maschinen und der großen Lasten, die sie fortschaffen können, in viel kürzerer Zeit als mit Pfer=den verrichtet wird und insofern auch weit wohlfeiler ist. Das Riesenmäßige der hier ausgeführten Arbeiten wird von dem kleinsten Theile der Tausende gewürdigt, welche an schönen Sonntagen hierher fahren, um den reizen=den, wirklich sehr sehenswerthen, dem Publicum stets geöffneten Park bei dem Dorfe Machern zu besuchen, zu welchem man auf einer Apareille längs der steilen Böschung aus der Tiefe der Erde hinansteigt. Auf der Eisenbahn fahrend, sehen wir erst dann etwas von ihm, wenn wir aus dem langen Einschnitte, wo auf beiden Sei=ten nichts als einförmige hohe Erdwände zu erblicken ist, herauskommen; dann zeigt sich in geringer Ferne von Gebüsch umgeben die malerische, wenn auch künstliche Ruine einer Ritterburg, welche in dieser Richtung den Endpunkt des Parks bildet. Jenseit des Einschnitts läuft die Bahn bald wieder auf einem kolossalen Damme hin, der dem gerichshainer an Höhe und Länge (beide zusammen sind 13,500 Ellen lang) nichts nachgibt, überschreitet die Mulde auf einer 677 Ellen lan=gen Brücke, welche der Landbaumeister Königsdörfer für 125,000 Thaler gebaut hat, und erreicht bald dar=auf den Bahnhof bei Wurzen, wo Wasser und Koh=len eingenommen werden. Die Stadt Wurzen liegt zur Linken fast unmittelbar an der Bahn, in einer freundlichen Gegend, welcher mehre kleine Berge ange=nehme Abwechselung verleihen. Es verdient bemerkt zu werden, daß noch vor wenig Jahren, ungeachtet der großen Frequenz der durch Wurzen führenden leipzig=dresdner Chaussée, der Übergang über die oft anschwel=lende Mulde nur auf einer Fähre bewerkstelligt werden konnte; erst im J. 1830 wurde eine schöne und dauerhafte Brücke über den Fluß gebaut, der nun so schnell in sehr geringer Entfernung eine zweite, nicht minder statt=liche gefolgt ist. Wir erwähnen noch, daß Dienstags und Sonnabends, sowie bei den des Sonntags Nach=mittags stattfindenden Extrafahrten zwischen Leipzig und Wurzen noch bei Borsdorf, Posthausen und Machern ange=halten wird, um Passagiere abzusetzen und aufzunehmen.

II. Wurzen bis Oschatz, 3¾ Meilen. (Die Bahn steigt am 70 und fällt um 49½ Ellen.) Eine Stunde jenseit Wurzen ist die Bahn bei Kornhain auf einem 14 Ellen hohen Damme über die leipzig=dresd=ner Chaussée geführt, die mittels eines 20 Ellen weiten und 12 Ellen hohen Bogens überwölbt ist und hier wieder von der linken auf die rechte Seite der Eisen=bahn übergeht. Durch den hubertsburger Wald gelangen wir zu der Station Luppa=Dahlen, 2½ Meilen von Wurzen, ½ Stunde von der links liegenden kleinen Stadt Dahlen; hier findet ein kurzer Aufenthalt statt, um Passagiere abzusetzen und aufzunehmen, weil eine von der preußischen Stadt Torgau kommende Chaussée hierher führt. Zur Rechten liegt in geringer Entfer=

nung von der Bahn der schon lange vorher sichtbare bewaldete Kolmberg, der ansehnlichste in dieser Gegend, welcher sich indeß freilich nur 960 Fuß über die Mee=resfläche erhebt. Jenseit Dahlen überschreitet die Bahn auf einem 12 Ellen hohen Damme die in einem ge=mauerten Bogen unter ihr hinlaufende Chaussée von Dahlen nach Oschatz, erreicht hier ihre größte absolute Höhe und führt dann durch den zwar kurzen, aber 14½ Ellen tiefen merkwitzer Einschnitt, welcher an drei Stellen überbrückt ist und als Seitenstück des Ein=schnitts bei Machern nebst dem vorhergehenden Damme große Schwierigkeiten darbot, zu dem malerisch gelege=nen Bahnhofe bei der eine kleine Viertelstunde von der Bahn entfernten Stadt Oschatz. Hier warteten früher die regelmäßigen, von Leipzig und Dresden kommenden Wagenzüge aufeinander, um auf der einfachen Bahn ihre Fahrt, ohne eine Collision befürchten zu müssen, fortsetzen zu können; seit dem 20. Aug. wird aber das zwischen Oschatz und Riesa gelegte zweite Gleis benutzt, so=daß die von Leipzig kommenden Wagenzüge direct bis Riesa, die von Dresden kommenden direct bis Oschatz fahren und in der Regel zwischen Oschatz und Riesa aneinander vorbei=passiren, also nur dann, wenn dies nicht geschehen ist, in Riesa oder Oschatz aufeinander warten müssen.

III. Oschatz bis Riesa, 2 Meilen. (Die Bahn fällt um 47 Ellen; eine Steigung kommt hier nicht vor.) Unmittelbar nachdem wir den oschatzer Bahn=hof verlassen haben, fahren wir über einen aus 26 gemauerten Pfeilern bestehenden stattlichen Via=duct, welcher über das Thal des Döllnitzbaches bei Zschöllau führt; er ist 717 Ellen lang, 16—18 Ellen über der Thalsohle hoch und vom dem Zimmermeister Zschau in Wurzen für den Preis von 63,256 Thalern erbaut worden; eine bloße Dammführung wäre hier we=gen des Moorbodens nicht hinreichend gewesen. Bei dem Übergange über die Chaussee von Strehla nach Mügeln, welche wieder in einem gemauerten Bogen un=ter der Eisenbahn hinläuft, befinden wir uns genau in der Mitte der ganzen Bahnstrecke.

(Der Beschluß folgt in Nr. 342.)

Der große Hundemörder.

Ein Herr Blanvillain, der Schrecken aller Hundebe=sitzer in Paris, wurde kürzlich auf frischer That ertappt. Das lange, seidenartige, schöngezeichnete Fell eines Wach=telhundes reizte ihn; er lockte den Hund in eine be=nachbarte Allee, warf ihm die Schlinge um den Hals und erdrosselte ihn mit Hülfe seines gewöhnlichen Hel=fershelfers. Schnell ward die Leiche in einen Sack ge=steckt und rasch fortgeführt auf dem Wagen des Mör=ders. Doch der Mord war nicht ganz unbeachtet ge=blieben. Die Besitzer des Hundes, Mann und Frau, bestiegen eilig ein Cabriolet und jagten dem Mörder nach bis in die elysäischen Felder, wo ein wahres Wettrennen begann, bis endlich Blanvillain eingeholt wurde. Das Volk sammelte sich, und ohne die Dazwischenkunft ei=nes Policeicommissairs wäre es dem Hundemörder schlecht ergangen. Nun wurde sein Wagen durchsucht und nicht weniger als vier Hundeleichen gefunden, darunter auch die des schönen Wachtelhundes. Blanvillain ge=stand seine Schuld und erklärte, daß er seit dem Mo=nat Junius 1837, wo er seine Industrie betreibe, über 10,000 Hunde getödtet habe. Er ward unter starker Bedeckung auf die Policeipräfectur geführt und wird in kurzem, zwar nicht vor den Assisen, doch vor dem Tri=bunal der correctionnellen Policei erscheinen.

Verantwortlicher Herausgeber: Friedrich Brockhaus. — Druck und Verlag von F. A. Brockhaus in Leipzig.

Das Pfennig-Magazin

für

Verbreitung gemeinnütziger Kenntnisse.

342.] Erscheint jeden Sonnabend. [October 19, **1839.**

Alexander der Große.

Unter der großen Zahl berühmter Könige und Krieger haben nur wenige auf der Bühne der Welt eine so bedeutende Rolle gespielt als Alexander, der 19. macedonische König und der dritte dieses Namens, gewöhnlich der Große genannt. Ein anderer großer Eroberer des Alterthums, Cäsar, der dem Alexander an Talent wenigstens gleich kam und nicht mindern Ruhm erlangt hat, hatte doch auf die Geschicke der Welt weit geringern Einfluß, da der Ausgang des Kampfes um die Herrschaft Roms zwischen ihm und Pompejus, als den Repräsentanten der aristokratischen und demokratischen Partei, für die meisten Unterthanen des römischen Reichs nur von untergeordneter Wichtigkeit sein konnte; das Leben Alexander's dagegen bildet eine jener kritischen Epochen, welche die ganze politische Gestalt der Erde veränderten, da er die mächtigsten Reiche der Erde stürzte und neue Dynastien, neue Sitten und eine neue Sprache in den Besitz des reichsten Theils der damals bekannten Welt setzte. Als Wen-

depunkt der Geschichte hat daher Alexander ganz unabhängig von dem Zauber, der sich an seine glänzenden Eigenschaften und ruhmvollen Thaten knüpft, ein großes und dauerndes Interesse.

Die Macedonier, deren Herrschaft Alexander von seinen Vorfahren erbte, waren in den glänzendsten Zeiten Griechenlands als halbe Barbaren betrachtet worden, unwürdig, mit den feingebildeten Bürgern der griechischen Republiken in gleichen Rang gesetzt zu werden, wiewol die macedonischen Könige argivischen Ursprungs waren und ihre Abstammung von dem Geschlechte der Herakliden herleiteten. Philipp, Alexander's Vater, war der erste dieser Könige, welcher seine Macht seinen südlichen Nachbarn unbequem, ja furchtbar machte; er war ein tapferer, talentvoller und ehrgeiziger Fürst, der in Friedensunterhandlungen und im Kriege gleich glücklich war. Es war sein Lieblingsplan, sich zum anerkannten Oberhaupte der griechischen Nation zu erheben, und durch die Schlacht bei Chäronea, die er nach einem langen Laufe glücklicher Erfolge gegen die Thebaner, Athener und übrigen verbündeten Staaten im J. 338 v. Chr. gewann, brachte er ihn zur Ausführung. Dieser entscheidende Sieg machte jeden Widerspruch verstummen, und bald nachher wurde er auf einer zu Korinth gehaltenen Versammlung zum Oberfeldherrn Griechenlands ernannt. Als solcher beabsichtigte er, Persien mit der vereinten Macht der griechischen Nation anzugreifen, bevor er aber diesen Plan ausführen konnte, wurde er im Jahre 336 v. Chr. zu Edessa ermordet.

Alexander wurde im J. 356 v. Chr. zu Pella geboren. Wie er sich rühmen konnte, väterlicher Seits von Hercules abzustammen, so führte er durch seine Mutter Olympias, aus dem Königsgeschlechte von Epirus, seinen Ursprung auf den Homerischen Helden Achilles zurück; so glänzend aber auch diese Genealogie war, so zweifelhaft war seine Geburt, da die Treue der Olympias sowol von ihrem Gemahl als von mehren Schriftstellern verdächtigt worden ist. Als Alexander berühmt geworden war, gingen Schmeichler so weit, zu behaupten, daß Zeus, der höchste Gott der Griechen, dem künftigen Eroberer der Welt das Dasein gegeben habe, eine Sage, deren Verbreitung Alexander selbst aus Eitelkeit oder Politik beförderte. Später wurde es als ein bemerkenswerthes Zusammentreffen hervorgehoben, daß in der Nacht, wo Alexander geboren wurde, der prachtvolle Tempel der Diana zu Ephesus durch eine Feuersbrunst unterging. Seine Erziehung wurde von seinem Verwandten Leonidas mit Sorgfalt und Verstand geleitet. In der Führung der Waffen und allen gymnastischen Übungen erlangte er große Geschicklichkeit und suchte im Laufen und Reiten seines Gleichen. Eine seiner gefeiertsten Jugendhandlungen bestand in der Bändigung eines herrlichen thessalischen Pferdes, welches sein Vater, als es ihm zum Kauf angeboten wurde, zurückgewiesen hatte, weil es so wild war, daß es Niemand reiten konnte; dies war der berühmte Bucephalus, der den Alexander in seinen persischen Feldzügen trug, in der Schlacht gegen Porus an den Ufern des Hydaspes fiel und zu den wenigen Wesen seines Geschlechts gehört, deren Name und Ruhm auf die Nachwelt gekommen sind. Alexander's Geist wurde nicht minder sorgsam als sein Körper ausgebildet und gepflegt; in einem Alter von 15 Jahren wurde er unter die unmittelbare Aufsicht des berühmten Weltweisen Aristoteles gestellt, der bis zum Beginn des persischen Feldzugs um ihn war. Man vermuthet, daß dieser Philosoph viele seiner scharfsinnigen Werke zum Gebrauch seines königlichen Zöglings verfaßt hat; aber als er einige seiner Schriften herausgab, machte ihm Alexander Vorwürfe darüber, daß er diejenigen Zweige der Wissenschaft, die man bisher nicht anders als durch mündlichen Unterricht habe erlernen können, bekannt gemacht habe, weil ihm nun die Möglichkeit benommen sei, Andere darin zu übertreffen. Ähnlicher Äußerungen, die auf seine ungemäßigte Ruhmsucht deuten, werden mehre von ihm berichtet; als die Nachricht von einem Siege seines Vaters einging, so weinte er, weil ihm sein Vater gar nichts zu erobern übrig lassen werde. Wie große Fortschritte Alexander in den Wissenschaften gemacht habe, ist uns unbekannt, aber sicher ist so viel, daß er ausgezeichnete Talente besaß und sie sorgfältig ausbildete. In Staats- und Kriegsangelegenheiten entfaltete er gleiche Fähigkeit und besaß vor Allem jenes Herrschertalent, jene Überlegenheit über die Geister Anderer, die angeboren ist und sich durch allen Fleiß nicht erlernen läßt. Seine sittliche Ausbildung stand ohne Zweifel unter seiner intellectuellen; er war hitzig,

eigensinnig und selbstsüchtig, wie Ehrgeizige immer sind. Daß Aristoteles, der selbst ein so großer Weiser war, seinem Zöglinge die Kunst der Selbstbeherrschung nicht beigebracht hatte, geht aus zahlreichen Nachrichten über Alexander's Jugend und die Ausschweifungen seines spätern Alters hervor.

Die in seinem Charakter begründete, durch nationelle Gewohnheiten und Vorurtheile genährte, durch seine Stellung in der Welt beförderte Neigung zum Kriege wurde durch seine leidenschaftliche Bewunderung des Homer noch gesteigert. Da er sein Geschlecht von Achilles, dem Helden der Iliade, ableitete, so wurde es bei ihm zur Leidenschaft, den Thaten und dem Ruhme dieses seines Vorfahren nachzueifern, und als er zuerst in Asien auf der Küste von Troas landete, war es sein erstes Geschäft, den Schatten des Helden durch eine Todtenfeier zu ehren. Die Iliade und die Odyssee waren Alexander's beständige Begleiter; bei Nacht lagen sie mit seinem Schwerte unter seinem Kopfkissen, und als man ihn fragte, für welchen Zweck er einen unter den persischen Schätzen gefundenen Helm von außerordentlicher Schönheit und Pracht bestimme, befahl er, sein Exemplar des Homer darin aufzubewahren.

In einem Alter von 20 Jahren bestieg Alexander den Thron. Der plötzliche Tod Philipp's und die große Jugend seines Nachfolgers gaben allen Denen, welche die steigende Zunahme der macedonischen Macht nur mit geheimem Ingrimm gesehen oder ertragen hatten, eine, wie es schien, günstige Gelegenheit, das macedonische Joch abzuschütteln. Gefahren und Empörungen umringten den Alexander auf allen Seiten, aber schnell und entschlossen wußte er ihnen zu begegnen. Er marschirte sofort nach Thessalien, vereitelte hier durch seine unerwartete Gegenwart die Pläne der misvergnügten Partei und rückte dann nach Thermopylä, worauf ihn der Rath der Amphiktyonen an die Stelle seines Vaters als Oberfeldherrn Griechenlands anerkannte. In einer allgemeinen Versammlung zu Korinth wurde dieser Beschluß bestätigt und ihm Vollmacht ertheilt, seines Vaters Pläne auszuführen und an der Spitze der ganzen griechischen Nation den Krieg gegen Persien fortzusetzen. Nur die Lacedämonier stimmten nicht bei und erklärten, sie wären von jeher gewohnt gewesen, zu führen, nicht aber Andern zu folgen. Damals geschah es in Korinth, wie die Sage erzählt, daß Alexander, als er eben mit seinem Gefolge in die Staatsversammlung ging, an der Landstraße den bekannten cynischen Philosophen Diogenes in der Sonne gelagert fand, ihn anredete und zuletzt aufforderte, sich ein Geschenk oder eine Gnade auszubitten, worauf Diogenes erwidert haben soll, er verlange weiter nichts, als daß Alexander ihm aus der Sonne gehe. Über diese Genügsamkeit erstaunt, soll der König ausgerufen haben: „Wenn ich nicht Alexander wäre, so wünschte ich Diogenes zu sein."

Im Frühlinge 335 unternahm Alexander einen Kriegszug gegen die Barbaren im Norden, von denen er Gefahr während seines bevorstehenden Aufenthalts in Persien befürchtete. Er erzwang den Übergang über den Hämus und bahnte sich kämpfend einen Weg zu den Ufern der Donau; nachdem er hier den Schrecken des macedonischen Namens wiederhergestellt hatte, schloß er Frieden mit den Triballern und Geten und wandte sich dann westwärts gegen die Illyrier und Taulantier, kriegerische Nationen an der Küste des adriatischen Meeres. Unterdessen verbreitete sich in Griechenland das Gerücht von seinem Tode und ermuthigte die Thebaner, die Wiedererlangung ihrer Unabhängigkeit zu versuchen. Sobald Alexander dies erfuhr, rückte er in Eilmärschen nach Süden und kam vor Theben noch eher an, als dem Gerüchte von seinem Tode widersprochen worden war. Er wünschte gewaltsame Maßregeln zu vermeiden, aber seine Vergleichsvorschläge wurden mit Hohn zurückgewiesen, und die Folge davon war, daß die Stadt, mit Sturm genommen, den Zorn des Königs in vollem Maße zu erdulden hatte. Diejenigen, welche dem allgemeinen Gemetzel entgangen waren, wurden zur Sklaverei verdammt, und die Gebäude, das Schloß ausgenommen, der Erde gleich gemacht. Die Strenge dieser Maßregeln wurde nur durch wenige Ausnahmen gemildert, insbesondere wurde den Nachkommen des Dichters Pindar Leben und Eigenthum unangetastet gelassen und sein Haus blieb mitten in der allgemeinen Zerstörung aufrecht stehen; Theben aber hat sich von diesem gewaltigen Schlage nie wieder erholen können. Die Athener waren im Einverständniß mit den Thebanern gewesen, hatten daher ein ähnliches Schicksal zu befürchten, aber Alexander glaubte wahrscheinlich, daß ein Beispiel genüge, um Furcht einzuflößen, und verfolgte größere Zwecke. Er ließ daher die Entschuldigungen der Athener gelten, kehrte nach Macedonien zurück und brachte den Winter damit zu, sich auf seinen großen Plan der Eroberung Persiens vorzubereiten.

Im Frühjahre 334 begann er seinen persischen Feldzug. Die Kriegsmacht, mit der er es unternahm, das an Ausdehnung und Macht größte Reich der Erde zu stürzen, wird auf 30,000 Mann Fußvolk und 5000 Reiter berechnet; unter den erstern waren 12,000 Macedonier, 12,000 Griechen, die übrigen Leichtbewaffnete aus Thracien und andern nördlichen Ländern; die Reiterei bestand vorzüglich aus Macedoniern und Thessaliern. Die Armee ging bei Sestus über den Hellespont und bewerkstelligte die Landung in Asien, ohne Widerstand zu finden. Alexander marschirte zuerst nach Osten, um eine Armee, welche die persischen Satrapen oder Statthalter zusammengezogen hatten, eine Schlacht zu liefern. Am Granikus, einem der kleinen Flüsse, welche sich in die Propontis oder das Meer von Marmara ergießen, kam es zum Treffen. Die Perser, welche Memnon befehligte, standen in einem festen Lager, aber ohne dem Rathe seiner bedächtigen Feldherren Gehör zu geben, befahl Alexander einen sofortigen Angriff und focht unter der Reiterei, die ihn begann, mit dem Eifer eines gemeinen Soldaten. Mit eigener Hand erschlug er zwei der persischen Satrapen, und schon war das Schwert des dritten auf ihn gezückt, als der Arm, der es hielt, von Klitus, dem Sohne seiner Amme und Hauptmann seiner Leibwache, zerhauen wurde. Der Sieg der Macedonier war vollständig, statt aber seinen Marsch nach Osten in das Herz des persischen Reichs fortzusetzen, nahm Alexander seinen Weg am ägäischen Meere hin und empfing die Unterwerfungserklärungen der griechischen Städte an dieser reichen Küste. Am Ende des Sommers entließ er diejenigen seiner Soldaten, die erst vor kurzem geheirathet hatten, um nach Griechenland zurückzukehren und den Winter in der Heimat zuzubringen; er selbst setzte seinen Marsch nach Lydien und Pamphylien fort, wandte sich dann nördlich, ging über den Rücken des Taurusgebirges und marschirte durch Großphrygien nach Gordium, der frühern Hauptstadt dieses einst mächtigen Reichs. Hier befand sich ein alter Wagen, den König Gordius dem Jupiter geweiht hatte; das Joch desselben war mit der Deichsel durch einen verwickelten Knoten verbunden und alte Orakelsprüche verhießen Demjenigen, der diesen Knoten lösen würde, die Herrschaft der Welt. Die Prophezeiung hatte Jahrhunderte lang auf ihre Erfüllung gewartet, die sie endlich durch Alexander fand, der das sichere und schnelle Mittel wählte, den Knoten zu zerhauen. Seitdem braucht man den Ausdruck, „den gordischen Knoten zerhauen", wenn man die gewaltsame Beseitigung einer Schwierigkeit bezeichnen will, die sich durch friedliche Mittel gar nicht oder nur schwer und langsam hinwegräumen läßt. Gordium hatte Alexander für die Truppen, welche im Herbst nach Griechenland zurückgekehrt waren, als Sammelplatz bestimmt; von hier aus setzte er im Jahre 333 seinen Marsch in das Innere Asiens weiter fort, ging über den Taurus zurück und kam nach Tarsus in Cilicien, wo er sich durch die Unvorsichtigkeit, welche er beging, sich erhitzt in dem kalten Wasser des Kydnus zu baden, eine Krankheit zuzog, die fast tödtlich geworden wäre. Während er krank lag, erhielt er die Anzeige, daß sein Arzt Philipp von dem persischen Könige Darius bestochen worden sei, ihn zu vergiften; der Anklage mistrauend, gab er ihr keine Folge, sondern nahm bei Philipp's nächstem Besuche das Arzneimittel, welches ihm dieser reichte, ein und übergab zugleich dem Angeklagten den Brief, in welchem die Anklage enthalten war, deren Falschheit der Erfolg erwies. Das hochherzige Vertrauen, welches Alexander bei dieser Gelegenheit an den Tag legte, bot seinen Lobrednern reichlichen Stoff. Von Tarsus marschirte Alexander längs der cilicischen Küste in der Richtung nach Syrien, wo sich Darius selbst befand, bereit, seine Krone in Person zu vertheidigen. In der Ebene von Issus, zwischen dem Meere und den Gebirgen von Amanus, kam es zur Schlacht. Die Zahl der Perser war groß, vielleicht größer als je seit der Rüstung des Xerxes; nahe an 150,000 waren disciplinirte Truppen, worunter 30,000 Griechen. Die letztern standen im Centrum, kämpften tapfer und widerstanden erfolgreich dem furchtbaren Angriffe der Phalanx, wie die dichte und tiefe Schlachtordnung der macedonischen Infanterie, die mit langen Lanzen bewaffnet war, genannt wurde; aber der Vortheil der macedonischen Reiterei auf dem rechten Flügel, wo Alexander, dem Darius gegenüber, in Person commandirte, war entscheidend und die Macedonier erfochten abermals einen vollständigen Sieg. Darius räumte das Feld und die Flucht des Monarchen gab, wie gewöhnlich, das Signal zu allgemeiner Zerstreuung; das Zelt des Darius nebst seinem kostbaren Inhalte, sowie die Familie des flüchtigen Königs, sein Weib, Statira, die als außerordentlich schön gepriesen wird, seine Mutter und seine Kinder fielen dem Sieger in die Hände, der ihnen eine sehr gütige Behandlung zu Theil werden ließ, wie sie nach den alten Kriegsgebräuchen in solchen Fällen eben nicht sehr häufig war.

(Der Beschluß folgt in Nr. 343.)

Die borromeischen Inseln.

An der Nordseite Italiens, zwischen der Lombardei, dem Königreiche Sardinien und dem Canton Tessin oder der italienischen Schweiz, dehnt sich von Norden nach Süden der vielbeschiffte Lago maggiore oder lange See aus, ehemals Lacus Verbanus genannt, welcher 11 Meilen lang, fast überall 1, an der breitesten Stelle $1\frac{1}{2}$ Meile breit, in der Mitte 80 Ellen tief ist, 700 Fuß über dem Meere liegt und als eine Erweiterung des durch denselben von Norden nach Süden führenden Flusses Tessin oder Ticino betrachtet werden kann, der mittels dieses Sees außer mehren kleinen Flüssen und Bächen die Tosa aufnimmt, bei Sesto Calende den See verläßt und dann dem Po zueilt. Dieser See, dessen Ufer ein reizendes Hügelland mit zahlreichen Ortschaften, Landhäusern, Weinbergen, Gärten und Kastanienwäldchen bilden, gehört nebst dem weiter östlich liegenden Comersee unstreitig zu den schönsten Alpenseen und übertrifft an Anmuth den großartigern Genfersee, der in jeder andern Beziehung unter allen Seen der Schweiz den ersten Rang einnimmt. Er bildet ferner eine für den Handel wichtige Wasserstraße zwischen der Schweiz und Italien, welche die erstere westwärts mit Genua, ostwärts durch den Tessin, durch den großen Kanal und den Po mit dem adriatischen Meere in Verbindung setzt. Durch den Kanal Ticinello oder Naviglio grande, welchen König Franz I. hat graben lassen, ist er mit der Stadt Mailand verbunden. Seit 1826 wird er mit einem Dampfschiffe von 14 Pferdekraft befahren. Die bedeutendsten Ortschaften am Ufer des Sees sind im Canton Tessin am nördlichen Ufer: Locarno (deutsch Luggarus); in Piemont oder vielmehr im sardinischen Theile von Mailand, auf der Westseite des Sees: Canobbio, Intra, Pallanza, Fariolo, Baveno, Arona; in der Lombardei, auf der Ostseite des Sees: Macagno, Luvino, Laveno, Angera und Sesto Calende.

Einen ganz eigenthümlichen Reiz erhält der See durch die in einer Erweiterung des Sees auf der Westseite desselben, in der südlichen Hälfte seiner Längenausdehnung liegenden, zum sardinischen Gebiete gehörigen borromeischen Inseln, wegen der vielen dort befindlichen Kaninchen auch isole di conigli (Kanincheninseln) genannt. Den erst gedachten, gewöhnlichern Namen haben sie von der alten italienischen Grafenfamilie Borromeo, die seit Jahrhunderten die reichsten Ländereien in der Nähe des Sees besessen hat, und welcher die ihr ebenfalls gehörenden Inseln ihre jetzige Gestalt verdanken. Ursprünglich waren nämlich diese Inseln, deren Zahl fünf beträgt — Isola bella, Isola madre, Isola de' Pescatori, Isola di S.-Giovanni, San-Michele — nichts als nackte, schroffe, völlig unfruchtbare und schwer zugängliche Felsen, aber die Grafen Vitaliano und Renato Borromeo ließen auf den größten von ihnen

von 1671 an Gartenerde auffahren, Gärten und Lusthaine anpflanzen, Terrassen aufmauern und Villen und Paläste erbauen, sodaß sich die öden Klippen wie durch einen Zauberschlag in reizende Wohnsitze verwandelten. Wegen ihrer herrlichen Anlagen sind namentlich die beiden vorhin zuerst genannten Inseln ausgezeichnet und berühmt. Die erste, in unserer Abbildung rechts gelegene, Isola bella oder die schöne Insel genannt, für welche die Kunst das Meiste gethan hat, besteht aus 10 künstlichen, nach oben immer kleiner werdenden Terrassen, deren oberste 120 Fuß über dem See liegt; das Ganze hat das Ansehen einer abgestumpften Pyramide; auf der obersten Plattform, die 45—50 Schritte lang, mit Quadersteinen gepflastert und mit einer Lehne umgeben ist, und von welcher man eine entzückende Aussicht auf den See und dessen reizende Umgebungen hat, steht (außer andern sehr großen steinernen Bildsäulen auf den vier Seiten) die kolossale marmorne Statue eines geflügelten Einhorns, des Wappens der Familie Borromeo. Die auf den Terrassen in französischem Geschmack angelegten Gärten enthalten Pomeranzen-, Citronen- und Limonienbäume, hochstämmige Lorberbäume, die einen kleinen Hain bilden, Myrten-, Cypressen- und Granatbäume, deren Früchte hier zur Reife gelangen, sowie andere Gewächse Südtaliens, die hier fortkommen, da die den See umgebenden Berge die Inseln gegen die kalten Nordwinde schützen; doch müssen auf Isola bella die Orangeriebäume u. s. w. im Winter durch eine Bedeckung und bei stärkerer Kälte sogar durch Kohlenpfannen gegen die schädlichen Einflüsse der Kälte gesichert werden. Auf der Westseite der Insel steht der große, zwar in veraltetem Geschmack angelegte, aber prachtvolle, von Gartenanlagen, Tempeln, einem Theater, Bädern u. s. w. umgebene Palast der Familie Borromeo, den sie im Sommer einige Monate lang bewohnt; er enthält sehenswerthe Kunstsammlungen, in denen man sowol Gemälde der trefflichsten Meister als schöne Mosaik- und Sculpturarbeiten von Canova, Thorwaldsen und Andern findet. Durch eine Reihe von Grotten, sale terrene genannt,

Die borromeischen Inseln.

welche mit Muscheln und bunten Steinen ausgelegt und mit Springbrunnen versehen sind, steht das Schloß mit den auf den Terrassen angelegten Gärten in Verbindung. Die zweite Insel, Isola madre oder die Mutterinsel, liegt in der Mitte des Sees, eine halbe Stunde von Isola bella entfernt, und erscheint in unserer Abbildung links; sie hat nur sieben Terrassen, die außer einem gleichfalls mit Gemälden gezierten kleinen Gartenschlosse mit einem Nutzgarten viele Cypressen-, Kastanien- und Myrtenbäume enthalten, und ist durch viele Gold- und Silberfasane, sowie andere ausländische Vögel, belebt; das Klima ist hier noch milder als auf Isola bella, weshalb auch die Vegetation hier noch üppiger ist. Auf beiden Inseln ist kein anständiges Unterkommen zu finden, daher müssen die Reisenden in einer der am nächsten liegenden kleinen sardinischen Städte Intra, Palanza und Baveno übernachten. Die Insel de' pescatori oder Fischerinsel, welche ein Dorf mit einer Kirche enthält, hat ihren Namen von dem Hauptgewerbe ihrer Bewohner, welche mit Fischen nach Mailand und Piemont handeln, sich übrigens auch mit Schleichhandel befassen. Diese Insel, sowie die beiden andern sehr kleinen, S.-Giovanni und S.-Michele, welche Viele nicht mit zu den borromeischen Inseln zählen, unter denen häufig nur die beiden zuerst genannten Inseln verstanden werden, sind nur mit Baumgruppen bepflanzt.

Wir können uns nicht enthalten, noch das Urtheil herzusetzen, welches Heinrich Zschokke, der geist- und gemüthvolle Beschreiber der Schweiz, über die borromeischen Inseln fällt. „In der Nähe von Intra, nur eine Stunde von da, steigen aus dem Schoose des Sees die Gneis- und Glimmerfelsen der borromeischen Inseln empor, deren Gärten die Seegegend weit umher mit dem Wohlgeruche ihrer Blumen füllen. Wer kennt sie nicht aus den zahllosen Beschreibungen und Abbildungen? Und doch ist es mehr die Pracht und stille Hoheit der Gebirgsumgebung und die zwei Stunden weite Dehnung von der Breite des Wasserspiegels hier, welche auf das Gemüth des Wanderers zauberhaft einwirkt, als das steife Gartenwerk der Inseln selbst. Zwar ihre Paläste, ihre Umbüschungen und die sie umschwebenden Blütendüfte machen in einer gewissen Ferne einen wunderlieblichen Eindruck. Aber bald wird er in der Nähe der Isola bella durch ihre steife Terrassenpyramide gestört, welche dem geschmacklosen Kunstwerke eines Zuckerbäckers ähnelt, das er zu einem Tafelaufsatz bereitet hat. Zwar die Isola bella und madre mit ihrer mannichfaltigen und üppigen Vegetation, mit ihren Lauben von Citronen, Rosen und Myrten, mit ihren Cypressen und Lorberhainen und den zwischen Felsen und Gemäuern wuchernden Agaven-, Kapern- und Jasminsträuchern erregen eine Zeit lang Erstaunen und Bewunderung. Allein das erste Entzücken verfliegt nach wenigen Tagen, da man überall in dem Gedränge der Herrlichkeiten Überladung und Künstelei findet, bei der zuletzt nur das Interesse des Botanikers und Gärtners anhaltender beschäftigt werden kann."

Die Eisenbahn von Leipzig nach Dresden.
(Beschluß aus Nr. 341.)

IV. **Riesa bis Oberau, 3½ Meilen.** (Die Bahn steigt um 109, fällt um 40 Ellen.) Durch die Schönheit seiner Lage an der Elbe übertrifft der geräumige Bahnhof bei Riesa (dieses Städtchen bleibt eine Viertelstunde rechts liegen) alle andern Bahnhöfe; auch wird diese Station, eben ihrer Lage an der Elbe wegen, künftig ohne Zweifel hinsichtlich der Güterverladung

unter allen Zwischenstationen die bedeutendste Rolle spielen. Die Elbe wird auf einer 604 Ellen langen hölzernen Brücke überschritten, welche 267,000 Thaler gekostet hat und wie die Muldenbrücke vom Landbaumeister Königsdörfer erbaut worden ist; sie ruht auf 11 Sandsteinpfeilern, welche eine Höhe von 24—25 Ellen über dem Pfahlrost und von 12⅛ Ellen über dem höchsten Wasserstande haben. Diese schöne Brücke, welche stromauf- und stromabwärts reizende Aussichten darbietet, ist durch einen gegen 1000 Ellen langen, meist 13 Ellen hohen Damm mit dem kolossalen Viaduct bei Röderau verbunden, welcher 1150 Ellen lang ist, auf 64 gemauerten Pfeilern ruht und von dem Maurermeister Richter in Oschatz für die Accordsumme von 77,700 Thalern hergestellt worden ist. Diese Landbrücke, eine der staunenswürdigsten Kunstarbeiten der Bahn, war vorzüglich darum nothwendig, weil eine ununterbrochene Dammführung jenseit der Elbe den Anwohnern derselben zu Besorgnissen wegen entstehender Überschwemmungen Veranlassung gegeben haben würde. Sowol die Elbbrücke als der Viaduct und der beide verbindende Damm sind vier Ellen breiter als die übrige Bahn gemacht worden, um Raum für ein drittes Gleis zu gewinnen, das für die berlin-riesaer Eisenbahn bestimmt war, welche aber, wie bereits früher erwähnt wurde, unerwarteterweise gar nicht zu Stande gekommen ist. Unweit des Viaducts bei Röderau befindet man sich auf der tiefsten Stelle der Bahn, die bald nachher den die schwarze Elster mit der Elbe verbindenden größern Kanal oder elsterwerdaer Floßgraben überschreitet und unter beständiger Abwechslung ansehnlicher Dämme und tiefer Einschnitte zu der Station Pristewitz, 2½ Meilen von Riesa, führt, wo die Eisenbahn sich mit der von Großenhain nach Meißen (jenes ¾ Meile zur Linken, dieses über 1½ Meile zur Rechten entfernt) führenden Chaussée kreuzt. Kaum ist, seitdem wir diese Station verlassen, eine Viertelstunde vergangen, so gelangen wir durch einen tiefen Einschnitt in den unterirdischen Gang oder Tunnel bei Oberau, unstreitig das bedeutendste Bauwerk der Bahn, welches am meisten geeignet ist, die Aufmerksamkeit und Bewunderung der Reisenden in Anspruch zu nehmen. Entbehrt könnte dieser Tunnel nicht werden, da sonst 2,800,000 Cubikellen Felsen zu sprengen und wegzuschaffen gewesen wären; indessen hat man die Länge desselben, welche nach dem anfänglichen Projecte des englischen Ingenieurs Walker 1600 Ellen betragen sollte, theils der Kosten, theils der Zeitersparniß halber auf wenig mehr als die Hälfte herabgesetzt. Die Gesammtlänge desselben beträgt 904 Ellen, die größte Höhe im Lichten 10 Ellen 20 Zoll, die lichte Weite auf der Sohle, d. i. am Boden, 12 Ellen, wie die Breite der ganzen übrigen Bahn, aber 4 Ellen über der Sohle 13 Ellen 4 Zoll. Er ist wegen der Weichheit des Gesteins in seiner ganzen Länge mit Sandstein ausgemauert, und die Masse des Mauerwerks beträgt 49,000 Cubikellen, die Mauer- und Wölbungsflächen 28,800 Quadratellen. Der Bergrücken, durch welchen der Tunnel führt, hat eine Höhe von 34½ Ellen über der Bahn oder Tunnelsohle; über ihn führt die stark befahrene Chaussée von Radeburg nach Meißen. Der Bau des Tunnels, welcher bis Ende 1838 273,265 Thaler gekostet hatte, im Ganzen aber auf 300,000 Thaler veranschlagt ist, wurde rein bergmännisch von Bergleuten aus dem Erzgebirge, deren Anzahl, nebst den Zimmerleuten, Maurern, Schmieden u. s. w., über 700 betrug, betrieben. Zum Behuf desselben mußten 4 Schachte von 24 Fuß Länge und 8—11 Fuß Breite, in der Mitte 71 Fuß, auf den Seiten 56 Fuß tief, bis auf die Sohle des Tunnels niedergetrieben werden, von denen zwei wieder ganz ausgefüllt, die beiden mittelsten aber, welche künftig ausgemauert werden sollen, als Lichtschächte der Ventilirung wegen offen gelassen und nur am Ende einstweilen verstopft worden sind; das eindringende Wasser wurde durch eine Dampfmaschine von acht Pferdekraft entfernt. Der Aufschluß des Tunnels war übrigens in geognostischer Hinsicht sehr merkwürdig; das durchzuarbeitende Gestein bestand größtentheils aus Thonschiefer, welcher an der Luft schnell verwittert, sehr brüchig und klüftig ist, mancherlei Versteinerungen enthält und nur mit großer Gefahr zu bearbeiten war, weshalb der Tunnel in seiner ganzen Länge mit 2400 Baumstämmen ausgezimmert werden mußte; der Thonschiefer geht in Gneis über, durch welchen Granitpartien setzen. An jeder Seite des Tunnels schließt sich ein 400 Ellen langer offener Einschnitt an denselben an. Von beiden Einschnitten ist namentlich der westliche als ein bedeutendes Werk zu erwähnen; er ist 26—28 Ellen tief und die aus demselben zu entfernende Gesteinmasse betrug gegen 1½ Mill. Cubikellen. Bei der Durchfahrt durch den Tunnel, die eine bis zwei Minuten dauert, fällt vielleicht ungeachtet der Kürze dieser Zeit die Feuchtigkeit, welche theils von dem durch das Mauerwerk von Zeit zu Zeit durchsickernden, theils von dem aus dem Wasserdampfe, der dem Rauchfang der Maschine entströmt, niedergeschlagenen Wasser herrührt, sowie die Kühle und die nächtliche Dunkelheit dem nicht daran Gewöhnten unangenehm auf; nur bei den Eröffnungsfahrten war die letztere theils durch Tausende von aufgehängten Lampen, theils durch die Kerzen der an beiden Seiten in Galatracht aufgestellten Bergleute, die hier gearbeitet hatten, verscheucht worden, eine Beleuchtung, die einen prachtvollen, zauberischen Anblick gewährte. Nach bald überstandenem Ungemach der kurzen unterirdischen Fahrt, deren unangenehme Seite übrigens von ihrer interessanten wol für die meisten Reisenden weit überwogen wird, begrüßen wir freudig das Licht und die Wärme des Tags wieder und erblicken am nördlichen Abhange des östlichen Einschnitts die Restauration und mehre Häuser, die bei Gelegenheit des Baus entstanden sind, denn bald nach Beginn desselben erhielt die sonst ziemlich öde Gegend ein ganz verändertes eigenthümliches Ansehen, indem sie das Schauspiel eines Bergbaus darbot, wo man niemals seit Menschengedenken an Bergbau gedacht hatte.

V. Oberau bis Dresden, 3 Meilen. (Die Bahn steigt um 19 und fällt um 72½ Ellen.) Nachdem die Locomotive oder vielmehr der ihr angehängte Tender (Vorrathswagen) auf der Station Oberau zum letzten Male einen frischen Wasser- und Kohlenvorrath eingenommen hat, eilen wir ohne weitern Aufenthalt (dies gilt wenigstens von der Mehrzahl der Fahrten, denn Montags und Freitags, sowie bei den Sonntags und Mittwochs Nachmittags stattfindenden Extrafahrten wird auch bei den Kötschenbroda und bei der Weintraube angehalten) dem reizenden Ziele unserer Reise zu. Der herrlichen Aussicht wegen wird dieser Theil der Bahn unfehlbar Jedem den größten Genuß gewähren; zur Linken erblickt man zahllose Weinberge und Sommerwohnungen, zur Rechten in der Ferne das durch seinen hochgelegenen Dom und die Albrechtsburg kenntliche Meißen, das durch Verödung der durchführenden leipzig-dresdner Chaussee leider an Nahrung und Lebhaftigkeit sehr verloren hat, hoffentlich aber auf die Zweigbahn, die es mit der Hauptbahn verbinden soll, nicht zu lange zu warten haben wird; bald kommt auch das Silberband der schönen Elbe zum

Vorschein, der sich die Bahn freilich weniger, als man wünschen möchte, nähert. Auf der Strecke von Oberau bis Dresden läuft übrigens die Bahn fast durchgängig auf Dämmen, die zum Theil ziemlich hoch sind, und nachdem sie sich bei Koswig zum dritten Male mit der leipzig-dresdner Chaussee gekreuzt hat, an Kötschenbroda, der Lößnitz und der Weintraube vorbeigegangen ist, unweit Trachau zum vierten und letzten Male und zwar mittels eines gemauerten, unter ihr hindurchführenden Bogens in einer Höhe von 10½ Ellen die Chaussee überschritten und einen Wald, die sogenannte dresdner Haide, durchschnitten hat, mündet sie auf dem Bahnhofe bei Neustadt-Dresden, vor dem leipziger Thore. Lange vorher haben wir uns schon den Anblick der Thürme dieser schönen Residenz gefreut, die des Namens Elbflorenz so würdig ist. Hinsichtlich des dresdner Bahnhofs bemerken wir noch, daß wir hier eine mit einer Uhr versehene, mit den Wappen der Städte Leipzig und Dresden gezierte Personenhalle, zu beiden Seiten derselben und mit ihr verbunden ein Restaurations- und ein Expeditionsgebäude, ferner ein halbkreisförmiges Maschinenhaus, sämmtlich massiv von Sandstein erbaut, außerdem leichter construirte provisorische Waarenhäuser und Remisen finden.

Dieser gedrängten Beschreibung der Bahn, welche hoffentlich mehr als einen unserer Leser zu einer Bereisung derselben veranlassen wird, lassen wir noch einige allgemeine, die vorhandenen Transportmittel, die Fahrpreise u. s. w. betreffende Notizen folgen. Die Zahl der Locomotiven beträgt gegenwärtig 17, theils mit 4, theils mit 6 Rädern, jede à 200 und zum Theil noch mehr Centner schwer. Von diesen ist eine (Robert Stephenson) aus der Fabrik von Stephenson in Newcastle bezogen worden, ferner von Rothwell in Bolton sieben (Komet, Blitz, Windsbraut, Renner, Faust, Peter Rothwell und Salamander), von Kirtley in Warrington vier (Sturm, Elefant, Edmund Kirtley und Greif), von Bury in Liverpool vier (Drache, Adler, Pfeil und Edward Bury), endlich eine amerikanische von Gillingham und Wynans in Baltimore (Columbus). Die letztere ist nach einem ganz andern Systeme als die übrigen, nämlich nach demjenigen construirt, welches sich auf der amerikanischen Baltimore-Ohiobahn durch Überwindung ansehnlicher Steigungen als vorzüglich bewährt hat; schon ihre äußere Gestalt, namentlich der aufrechtstehende Kessel, welcher 342 Röhren enthält, deren die übrigen Locomotiven nur etwa 100 haben, unterscheidet sie von den andern Maschinen sehr, indeß hat sie sich hier nicht eben sehr brauchbar bewiesen und kommt wegen ihrer in Folge der niedrigen Räder geringen Schnelligkeit bei dem Personentransport nicht in Anwendung. Der Preis einer Locomotive ist durchschnittlich ungefähr 12,000 Thaler; die gedachten 17 kosten 212,881 Thaler, worunter 18,500 Thaler Zoll, und sind für das Bedürfniß noch nicht ausreichend. Eine nach dem Muster des Kometen in der Maschinenbauanstalt zu Übigau bei Dresden erbaute Locomotive, Saxonia, die erste aus einer deutschen Werkstätte hervorgegangene und bei angestellten Versuchen als tüchtig befundene, ist jetzt auf Probe angenommen und wird wahrscheinlich nächstens angekauft werden. Von den Personenwagen sind nur sieben aus dem Auslande bezogen worden (zwei aus England, drei aus Brüssel, zwei aus Nürnberg), deren jeder durchschnittlich 2126 Thaler kostet; die übrigen sind sämmtlich in der Wagenbauanstalt der Compagnie in Leipzig, die bis vor kurzem unter der Leitung eines erfahrenen englischen Wagenbauers der Liverpool-Manchester-Compagnie stand, eingerichtet und verfertigt worden.

In Gebrauch sind gegenwärtig 92 Personenwagen (11 erster, 29 zweiter, 52 dritter Classe), außerdem 57 Transportwagen für Waaren, Vieh und Equipagen; überdies sind 19 Personen- und 64 Transportwagen im Bau und bis auf die Räder fertig. Besondere Erwähnung verdient ein großer achträderiger Personenwagen dritter Classe, welcher über 100 Personen faßt, von denen 64 in vier Reihen sitzen, die übrigen an beiden Enden des Wagens stehen; das Untergestelle zu demselben ist aus Baltimore bezogen worden. Sämmtliche Wagen dritter Classe sind unbedeckt und die meisten derselben fassen 40 Personen, die in vier Längenreihen sitzen; die Wagen zweiter Classe sind gepolstert und bedeckt und fassen 24 Personen in drei Abtheilungen; die Wagen erster Classe sind mit Scheibenfenstern versehen, äußerst elegant und bequem eingerichtet und enthalten 18 numerirte Sitze in drei Abtheilungen. Die für den Gebrauch der Post bestimmten und ihren Bedürfnissen gemäß construirten Personenwagen haben zum Theil zwei Etagen, von denen die obere unbedeckte Sitzplätze enthält. Das Personengeld beträgt von Leipzig nach Dresden in Wagen erster Classe 3, in Wagen zweiter Classe 2, in Wagen dritter Classe 1¼ Thaler, wofür jeder Reisende 40 Pfund Gepäck frei hat. Wer sein Gepäck unter Garantie der Compagnie stellen will, kann es zu einem Thaler das Pfund oder noch höher versichern und zahlt dann eine entsprechende Prämie, deren geringster Satz von Leipzig bis Dresden acht Groschen beträgt. Die Frachttaxe beträgt für Waaren, je nachdem sie mit den schnellen Personenzügen oder mit den langsamer fahrenden Güterzügen befördert werden, 15½ oder 8 Groschen, bei Getreide, Brennholz, Steinen und Steinkohlen 4½ Groschen für 100 Pfund; bei Viehtransporten wird für ein Pferd 10 Thaler, für zwei Pferde 15 Thlr., für ein Stück Rindvieh 4½ Thlr., für ein Schwein 1 Thlr. 7 Gr., für ein Kalb 23 Gr., für ein Schaf 16 Gr. bezahlt; Hunde werden nicht in den Personenwagen, sondern in besondern Behältnissen zu 1 Gr. für die Meile mitgenommen. Für den Transport einer Equipage werden nach Verhältniß ihrer Größe 10⅓—15½ Thlr. bezahlt. Täglich gehen seit dem 9. April sowol von Leipzig als von Dresden zwei Dampfwagenzüge ab, früh um 6 Uhr und Nachmittags um 3 Uhr, welche den Weg mit Einrechnung des Aufenthalts in 3¼—4 Stunden, zuweilen auch in 3 Stunden zurücklegen, also früh zwischen 9 und 10, Abends zwischen 6 und 7 Uhr am Bestimmungsorte anlangen. Der Aufenthalt dauert für die von Leipzig kommenden Züge in Riesa, für die von Dresden kommenden in Oschatz vorschriftmäßig 10 Minuten, länger nur dann, wenn auf einen entgegenkommenden Zug zu warten ist; auf allen übrigen Stationen nur so lange, als das Einnehmen von Kohlen und Wasser, sowie das Aufnehmen und Absetzen von Passagieren erfodert, d. h. in der Regel nicht über 5 Minuten. Neuerdings sind mehrmals für Solche, die den ganzen Sonntag in Dresden zuzubringen wünschen, Nachtfahrten eingerichtet worden, welche Sonnabends 7½ Uhr Abends von Leipzig und Sonntags 8 Uhr Abends von Dresden abgingen, wobei während der Dunkelheit die Geschwindigkeit der Fahrt vermindert wurde. Vereinigt sich eine ganze Corporation oder Privatgesellschaft zu einer Fahrt von Leipzig nach Dresden, oder umgekehrt, so muß sie wenigstens sieben Wagen nehmen, und zahlt dafür 300 Thaler (hin und her), für jeden Wagen darüber aber 40 Thaler mehr, sodaß bei einer solchen Fahrt, wenn lauter Wagen dritter Classe genommen werden und die Zahl der Theil-

nehmer groß genug ist, jeder derselben für ungefähr einen Thaler hin- und zurückfahren kann, ein Vortheil, von dem bereits vielfach Gebrauch gemacht worden ist. Die Menge des Brennmaterials, die auf einer Fahrt zwischen Leipzig und Dresden consumirt wird, beträgt 30—40 Scheffel Coke. Der Extra- oder Promenadenfahrten ist bereits früher gedacht worden.

Noch ist es zu früh, über die Einträglichkeit des Unternehmens und die Wirkungen desselben auf den Verkehr, die Industrie und den Wohlstand des Landes ein sicheres Urtheil zu fällen. So viel ist aber ausgemacht, daß sowol die Frequenz als der Gütertransport auf der Bahn schon jetzt eine außerordentliche, alle frühern Berechnungen übersteigende Höhe erreicht haben. In dem ersten Vierteljahre seit Eröffnung der ganzen Bahn (7. April bis 6. Juli 1839) betrug die Personenfrequenz 133,598 Personen und die durch dieselbe erzielte Einnahme 102,745 Thaler, sodaß auf jede Woche im Durchschnitt 10,277 Personen und 7903½ Thlr. kamen; nachher hat sich die Frequenz noch beträchtlich gesteigert und betrug in der vierzehnten Woche 14,252 Personen, die Einnahme aber stieg in der sechzehnten Woche auf 10,415 Thlr.; an einem einzigen Tage, am 7. Juli, wurden 5603 Personen befördert und 3011 Thlr. eingenommen. Die hierbei gar nicht gerechnete Einnahme für Gütertransport beträgt wöchentlich 15—1600 Thlr.; bis zum 30. Juni, also in 85 Tagen, betrug sie 19,154 Thlr. Sonach ergibt sich, daß die Zahl der Reisenden zwischen Leipzig und Dresden gegenwärtig ohne allen Vergleich größer als sonst ist, wiewol das Verhältniß in den Wintermonaten natürlich minder günstig sein wird; nur sehr selten kommt noch der Fall vor, daß sich Jemand zur Reise zwischen Leipzig und Dresden einer andern Gelegenheit als der Eisenbahn bedient, weshalb die Lohnkutscherfuhren längst aufgehört haben und die directen Posten bis auf eine Nachts gehende Eilpost, die sich aber ebenfalls, des ermäßigten Preises ungeachtet, nur selten eines Passagiers erfreut, nach und nach eingezogen worden sind. Dafür sind aber von Wermsdorf, Torgau, Oschatz, Riesa, Strehla, Großenhain und Meißen aus Verbindungsposten nach der Eisenbahn angelegt worden. Seitdem übrigens die Eisenbahn auch von der Postanstalt für ihre Sendungen benutzt wird, ist das Porto für die Packereien und Gelder, welche mit den Postwagen auf der Eisenbahn versendet werden, sehr bedeutend ermäßigt worden, sodaß die ganze Entfernung zwischen Leipzig und Dresden (auf der Chaussee 12¾ Postmeilen) nur zu 4 Meilen berechnet wird. Über die zahlreichen Vortheile, welche die Eisenbahn für viele Verhältnisse des Lebens in engern und weitern Kreisen theils bereits gebracht hat, theils noch bringen wird, und welche die vorübergehenden unvermeidlichen Nachtheile, die aus der Schmälerung des Verdienstes einer Anzahl von Lohnkutschern, Gastwirthen u. s. w. hervorgehen, gewiß unendlich überwiegen, können wir hier um so weniger in Erörterungen eingehen, da dieser Aufsatz einem Theile der Leser vielleicht schon jetzt zu lang erscheinen mag; aber unmöglich können wir es enthalten, zum Schlusse wiederholt unsere innige Überzeugung auszusprechen, daß die leipzig-dresdner Eisenbahn für das ganze Land eine reiche Quelle des Segens werden und dem sächsischen Volke, insbesondere aber den trefflichen Männern, die sie mit Anstrengungen und Opfern aller Art ins Leben riefen, und den erleuchteten Fürsten und weisen Staatsmännern, die sie wohlwollend beförderten, bei Mit- und Nachwelt zu bleibendem Ruhme gereichen wird.

Der Leiterweg bei Albinen.

Wenn man von dem leuker Bade in Oberwallis zu dem südlich davon liegenden Dorfe Albinen und über dasselbe nach dem Dorfe Leuk gelangen will, ohne einen großen Umweg zu machen, so muß man den in der nachstehenden Abbildung vorgestellten sogenannten Lei=terweg passiren, der aus acht Leitern besteht, die von einem Felsen zum andern reichen, und die gewöhnliche Communication zwischen Albinen und den nördlich davon liegenden Thälern bildet. *)

*) Vergl. Pfennig=Magazin Nr. 290.

Der Leiterweg bei Albinen.

Verantwortlicher Herausgeber Friedrich Brockhaus. — Druck und Verlag von F. A. Brockhaus in Leipzig.

Das Pfennig-Magazin

für
Verbreitung gemeinnütziger Kenntnisse.

343.]   Erscheint jeden Sonnabend.   [October 26, **1839**.

Das Landeckthal in Tirol.

ANDR&W BEST LELOIR.

Im Oberinnthal in Tirol liegt am Inn der kleine Ort Landeck, Hauptsitz eines Gerichts, zu welchem auch das stanzer und das pazenauer Thal an den Flüssen Rosana und Trofana gehört. Das hier gelegene Schloß Schroffenstein gehört den Grafen von Trautson. An der Brücke, welche hier über den Inn führt, wurde 1703 ein aus Baiern und Franzosen bestehendes Truppencorps bis auf den letzten Mann niedergemacht; ein Jahrhundert nachher war dieselbe Gegend abermals der Schauplatz erbitterter Kämpfe der Tiroler gegen dieselben Gegner. — Weit bedeutender als der eben gedachte Ort ist die wegen ihrer warmen Bäder bekannte Stadt Landeck in der preußischen Provinz Schlesien.

Die große Wasserleitung in Lissabon.

Diese Wasserleitung, gewöhnlich As Agoas Livres genannt, ist unstreitig eines der größten Monumente der Baukunst neuerer Zeiten, welches sich mit allen ältern großen Wasserleitungen der Römer messen kann. Man muß sich freilich wundern, wie man im 18. Jahrhundert, wo man in allen andern Ländern Europas schon längst die Gesetze des Gleichgewichts der Flüssigkeiten kannte, noch so thöricht sein konnte, statt der Anwendung von Röhren zur Wasserleitung, zu diesem kostspieligen Mittel zu greifen und die höchsten Brücken über Thäler zu schlagen, um durch die Luft das Wasser von einer Anhöhe zur andern zu leiten und diese den großen und schnellen Zerstörungen von Blitz, Sturm und Erdbeben auszusetzen, wodurch mit einem Male ein so gigantischer Bau zerrüttet werden kann. Jedoch von der andern Seite betrachtet, muß man dieses allerdings von jener

Ignoranz, welche Portugal stets gegen andere Nationen um 100 Jahre zurücksetzte, Zeugniß gebende Werk mit dem vielen Gold entschuldigen, womit damals seine Schatzkammer angefüllt war; die Reichthümer Indiens und Brasiliens flossen in Portugal zusammen, man wußte nicht, was man mit ihnen anfangen sollte, und da kam der schaffende Geist des Königs Dom Joao V. auf allerlei ercentrische Ideen. Er baute das kolossale Kloster von Mafra nebst Kirche und Palast in einer Wüste, dieses zweite Escurial, dessen angehäufte Steinmassen viele Millionen kosteten. Nicht viel weniger kosteten noch andere Klöster und Kirchen, und zuletzt opferte er Millionen zur Vollendung des Baues der großen Wasserleitung, welcher im Jahre 1729 begonnen und 1748, zwei Jahre vor dem Tode des Königs, beendigt wurde. Es war dieses wenigstens eine nützliche, wenngleich verschwenderische Verwendung, ja man kann sagen, daß es das einzige nützliche Monument ist, was aus jenen Zeiten des Überflusses auf die Nachwelt gekommen ist; ein Monument, welches, wiewol aus Ignoranz hervorgegangen, dennoch von einem großen Unternehmungsgeiste zeigt und so großartig ausgeführt ist, daß man Portugal wirklich darum beneiden kann.

Schon der König Dom Sebastiao wollte Lissabon mittels einer Wasserleitung mit Wasser versehen und ließ im J. 1588 die Nivellirung mehrer Quellen aus höhern Gegenden vornehmen. Sein Tod in Afrika machte, daß diese Pläne nicht zur Ausführung und in Vergessenheit kamen. Allein die zunehmende Bevölkerung Lissabons und der Wassermangel waren der Grund, daß König Dom Joao V. die Idee einer Wasserleitung wieder aufnahm und nun dieses großartige Werk, das dem großen Erdbeben von 1755, mit Ausnahme einiger Ventilationsthürmchen, so kräftig Widerstand leistete, zu Stande kam. Der Riß und die Zeichnung dazu wurde von dem Brigadegeneral Manoel de Maia entworfen und das Ganze ward auch durch denselben angefangen und vollendet. Die entferntesten Gewässer, welche in diese Wasserleitung aufgenommen werden, sind aus dem kleinen Bache bei dem Orte Bellas, Agoas Livres genannt (drei Leguas von Lissabon), wovon der ganze Aquäduct nun seinen Namen erhalten; in weniger Entfernung davon nimmt er noch eine andere Quelle auf, Fonte Santa genannt, zieht sich von da nach der Brücke von Carenque, geht dann zwischen den Dörfern Porcalhota und Adamaia nach Calhariz und Bemfica bis zum Berge der Tres Cruzes, wo er den Bach und das Thal von Alcantara überschreitet und die Stadt erreicht.

In dieser ganzen Erstreckung von drei portugiesischen Meilen ist dieser Aquäduct zum Theil unter der Erde in geräumigen, schön ausgemauerten und mit Kalk beworfenen Stollen mit Luftlöchern, zum Theil über der Erde auf Arcaden mit Ventilationsthürmchen, und zwar völlig horizontal geführt, indem der Lauf des Wassers nur dadurch bewirkt wird, daß man in gewissen Distanzen ganz kleine, höchst unbedeutende, treppenförmige, tiefer gelegene Absätze angebracht hat, über welche das Wasser herabstürzt. Der Arcaden hat der ganze Aquäduct 127 von mehr und minderer Höhe, die ausgezeichnetsten jedoch sind die, welche über das Thal von Alcantara gespannt sind und den Namen Os Arcos das Agoas Livres führen. In einer Erstreckung von 2600 Fuß sieht man hier 33 hohe Bogen, die nach beiden Anhöhen zu natürlicherweise an Höhe allmälig abnehmen. Der höchste Spitzbogen, der nicht ganz in der Mitte des Thales ist, welches nach der Stadtseite zu steiler erscheint, hat eine Höhe von 226½ Fuß (eng-

lisch), und eine Spannung von ·108 Fuß. Die innere Form des Aquäducts in seiner ganzen Erstreckung bis zum großen Wasserbassin in der Stadt, Mai d'Agoa (Mutter des Wassers oder der Brunnen) genannt, bildet einen langen Corridor sowol über als unter der Erde von fünf Fuß Breite und neun Fuß Höhe, in dessen Mitte zwei Fuß Raum als Weg gelassen und mit Steinplatten gepflastert sind, zu dessen beiden Seiten die gemauerten Kanäle von einem Fuß Breite und zehn Zoll Höhe laufen, in denen das Wasser fließt.

Ein so bequemer und luxuriöser Wasserstollen von drei Leguas Länge findet wol nicht seines Gleichen mehr; glatte und weiß angestrichene trockne Wände, mit kühler und frischer Luft, machen ihn sogar zu einem angenehmen Sommerspaziergang bei drückender Hitze; ihn bergmännisch zu befahren ist eine wahre Lust. Auf den Arcaden über dem Thale von Alcantara läuft nun auch!, um dieses Werk noch großartiger zu machen, zu beiden Seiten ein Spaziergang von 5½ Fuß Breite mit einer 4 Fuß hohen Brustwehr, von wo aus man sowol auf der einen als auf der andern Seite die abwechselndsten Ansichten in das Thalgrund von Orangengärten, Weinberge, Ackerland, Felsenabhänge und Steinbrüche hat, mit den anmuthigst gelegenen freundlichsten Landhäusern. Tief unten durch den größten Bogen fließt über ein steinernes Bett der Bach von Alcantara, dessen Gewässer im Sommer nur spärlich fließen und sich in stehende Pfützen sammeln, an denen alsdann eine Menge Wäscherinnen den Sommer über ihr Wesen treiben und die kühlen Ufer des Baches mit der zu trocknenden Wäsche drapiren. Auf der Nordseite des Aquäducts sieht man zunächst das so luftig gelegene Campolide, das zum Theil in Folge der Belagerung Dom Miguel's noch immer in Trümmern liegt, weiterhin die Örter und Vorstädte Lissabons, Calhariz, Bemfica, Carangeiras und Palma, mit den allenthalben zerstreut liegenden Quintas, und so weiter über ein hügeliges, fruchtbares Land hinaus bis zu den hohen Basaltköpfen der Serra de Monchique, womit die Aussicht schließt. Auf der südlichen Seite ist die Ansicht grotesker Art: der Bach von Alcantara stürzt sich in einem engen Felsenthale hinab zwischen den Bergen Monsanto und Prazeres; rechts an den Anhöhen sind wüst aussehende Steinbrüche, aufgewühlte Erd= und Steinhaufen — denn hier wurde das ganze Material des neuen Stadtbaues nach dem Erdbeben gegraben — man erkennt den festen und unverwüstlichen Kalkstein der Jurabildung, mit seinen tausendfältigen versteinerten Hippuriten. Im tiefen Thale nur ist jedes Plätzchen zu armseligen Wohnungen und kleinen Gärtchen von Landleuten und Tagelöhnern benutzt. Links ziehen sich auch noch Steinbrüche hinab, jedoch erblickt man auf den Höhen auch Ackerfeld und weit anten schließen die beschränkte Aussicht die jenseit des Tejo quer vortretenden Anhöhen. Thüren führen aus den Ventilationsthürmchen auf den äußern Spaziergang der Wasserleitung, sodaß man hier nach Belieben aus= und eintreten kann, wenn man mit den stets in der Wasserleitung ambulirenden Aufsehern und Arbeitern deshalb Abrede nimmt, um die Thüren zu öffnen.

In dem großen Wasserbassin, der Mai d'Agoa, an dem Platze das Amoreiras, einem der höchsten Theile Lissabons, wurde nun das Wasser in ebenso kostspieligen Stollen nach allen niedern Theilen der Stadt vertheilt; allenthalben blickt die Großartigkeit dieses unterirdischen Labyrinths von Wasserleitungen hervor. Es ist wirklich sehenswerth, und jedem Fremden ist anzurathen, die kleine unterirdische Tour sich gefallen zu laſſen und ſich in den Eingang des Brunnens von Loretto, unter der Stadt durch bis zum Ausgang in das große Baſſin führen zu laſſen, und von da weiter über die Arcaden bis zum Übergange des Thales von Alcantara. Es iſt dieſes auch faſt das einzige Sehenswerthe, was Liſſabon aufzuweiſen hat und was, ſonderbar genug, von den wenigſten Portugieſen noch geſehen worden iſt oder beſichtigt wird.

Das große Baſſin war das einzige Unvollendete aus der Zeit der Erbauung; dem Dom Pedro war es vorbehalten, daſſelbe zu beendigen; ein großer Dom, deſſen Gewölbe auf vier Säulen ruhen, erhebt ſich über dem Baſſin, welches gegen 200,000 Cubikfuß Waſſer faſſen kann. Das Waſſer ſteigt aus dem Aquäduct 40 Fuß hoch über eine wohlconſtruirte Cascade in das Baſſin herab. Eine zweckmäßig angelegte ſteinerne Treppe führt innerhalb des Gebäudes bis zum Aquäduct hinauf und von da gelangt, wer Freude an einem großartigen Panorama von Liſſabon und einem friſchen Winde oder einer ſtechenden Sonne hat, auf die ſchöne Terraſſe des großen ſteinernen Würfels, von der man nicht allein den Anblick in das häusliche Leben mancher Familie genießen kann, freilich aus der Vogelperſpective, ſondern auch in das große Stadtleben, ins Treiben auf den Straßen, ins Leben und die Bewegung auf dem Spiegel des Tejo.

Betrachtet man nun dieſes große Rieſenwerk in ſich und wie es ſo fähig ſein würde, einen Strom von Waſſer herbeizuführen, der ganz Liſſabon überſchwemmen könnte, ſo muß man ſich um ſo mehr über den Unſinn der Menſchen und Hydrauliker jener Zeit wundern, einen ſolchen Giganten aufzuſtellen, um einen Zwerg zu bezwingen; denn alle die Quellen zuſammengenommen, welche durch dieſe Waſſerleitung geführt werden, geben noch nicht ſo viel Waſſer als ein einziger artesiſcher Brunnen zu liefern im Stande iſt, wovon viele Beiſpiele ſowol in Deutſchland als auch in Frankreich vorliegen, namentlich von einem in Perpignan, der in Zeit von 24 Stunden 6600 Pipen Waſſer liefert. Nach den Meſſungen, welche monatlich über die Menge des durch die Leitung ſtrömenden oder vielmehr ſanft dahin rieſelnden Waſſers angeſtellt wurden, hat man das Maximum deſſelben im Auguſt 1838 gefunden, und das Minimum im December 1837, wo das Waſſer ſich beinahe auf den dritten Theil vermindert hatte, ſodaß nicht nur dadurch großer Mangel in der Stadt eintrat, ſondern auch der Preis deſſelben auf das Doppelte ſtieg; die Waſſerträger, die ſpaniſchen Galicier, nahmen für jedes Fäßchen, was ungefähr einen Anker Waſſer enthielt, zwei Silbergroſchen oder zwei Vintem, ſtatt des gewöhnlichen Preiſes von einem. Im Spätherbſt und Anfang des Winters leidet die Leitung durch die Austrocknung des Bodens, während des ſtets regenloſen Sommers, immer den größten Waſſermangel, und es gehören mehre Wochen anhaltenden Regens im Octobermonat dazu, bevor man im November eine Zunahme des Waſſers bemerkt. Die Meſſung der Waſſermenge in dieſer Leitung geſchieht auf eine ſehr materielle und unſichere Weiſe, wobei der Druck des Waſſers gar nicht in Betracht kommt. Man hat nämlich in jedem Kanal einen kleinen Trog oder eine Kiſte angebracht, welche 13,3 Canadas Waſſer enthalten kann, welches durch Ringe (anneis), eigentlich Röhren, die auf dem Grunde der Kiſte angebracht ſind, abfließt, und da will man gefunden haben, daß jede Röhre oder jeder Ring in 24 Stunden 64 Pipen Waſſer gibt; hiernach wurde das Maximum der Waſſerproduction zu 65 Ringen, wie es im Auguſt 1838 der

Fall war, und das Minimum vom December 1837 zu 25 Ringen angenommen; eine mittlere Waſſerproduction von 45 Ringen gibt aber in 24 Stunden 2880 Pipen, was noch nicht die Hälfte des Waſſers beträgt, welches der arteſiſche Brunnen von Perpignan liefert. Nimmt man aber das Mittel von mehren Jahren, ſo ergibt ſich die Zahl von 58 Ringen oder 3712 Pipen als mittlere tägliche Waſſermenge, die bei einer Bevölkerung von 300,000 Seelen noch lange nicht hinreichend iſt zu jedem häuslichen Bedarf der Einwohner, wozu dann das Brunnenwaſſer, welches wegen ſeiner Salztheile nicht trinkbar iſt, aushelfen muß.

Eine Analyſe des Waſſers von Agoas Livres gibt folgende Reſultate:

Schwefelſaurer Kalk	0,36
Kohlenſaurer Kalk	3,23
Kohlenſaure Bittererde	1,16
Salzſaures Natron	1,00
Salzſaure Bittererde	0,95
Eiſenoxydul	0,21
Kohlenſäure	1,06
Organiſcher Stoff	0,21
Atmoſphäriſche Luft	0,53

Dieſes Reſultat gab alſo in einem Gewichte von 25 Kilogramm = 24 Kilogr. 985,12 Gran reines Waſſer und 7,43 fire trockene Materie. Dieſe letztern Theile ſind denn auch der Hauptgrund, daß dieſes Waſſer ſo außerordentlich vielen Sinter innen in den Kanälen der Leitung abſetzt, ſodaß das Waſſer immer nur in einem der Seitenkanäle fließen kann, während der andere gereinigt und von dem Sinter befreit werden muß. Eiſerne Röhren verſtopfen ſich mit der Zeit ganz durch dieſen Kalkſinter, der ſich ringförmig anſetzt, ſowie auch die Gefäße, worin das Waſſer gekocht wird, ſich ſtets mit dieſem Sinter überziehen.

Im Spätſommer und Herbſt iſt der Waſſermangel in Liſſabon oft ſo groß, daß man das Trinkwaſſer in großen Barken von der andern Seite des Fluſſes herbeiſchaffen muß, was denn auch vorzüglich Veranlaſſung gegeben hat, daß auf Vorſtellungen des Genieoberſt von Eſchwege an den König dieſer Befehl gab, Leute und Inſtrumente aus Deutſchland kommen zu laſſen, um in Liſſabon das erſte Beiſpiel von Bohrung arteſiſcher Brunnen zu geben. Dieſe Arbeiten haben ihren guten Fortgang, ſeit einiger Zeit hat das Bohren bereits begonnen und ſchon eine Tiefe von 132 caſtil. Fuß, in ſteter verſchiedentlich gefärbter zäher Lettenſchicht, mit foſſilen Auſternſchalen zuweilen untermengt, erreicht, ohne noch auf anderes als etwas ſalziges und ſchwefelhaltiges Waſſer zu ſtoßen. Bemerkenswerth iſt, daß man aus der Tiefe von 120 Fuß ein altes Stückchen krummgebogenes Eiſen hervorbrachte, welches ein Bruchſtück eines Nagels zu ſein ſcheint.

Glückt es mit dem arteſiſchen Brunnen in Liſſabon, ſo wird dieſer nicht allein eine ungemeine Wohlthat für die Stadt ſein, ſondern es werden auch dadurch ſehr große Koſten für die fortwährende Aufſuchung neuer Quellen für die Waſſerleitung erſpart, Koſten, die ſich jährlich auf 8 Contos (13,333 Thaler) belaufen; denn ohne auch noch die Gewißheit einer aufzufindenden Quelle zu haben, die übrigens alle nur ein ſehr ſpärliches Waſſer geben, treibt man die Stollen von Anfang an ſogleich mit dem ſchon oben angeführten Luxus, und der Tropfen Waſſer, welchen man hiermit der Hauptwaſſerleitung einverleibt, kommt theuer zu ſtehen. Schon an die 20 Jahre arbeitet man an einem ſolchen neuen Stollen, um eine Quelle herbeizuführen,

*

die nicht mehr als zwölf Ringe Waſſer gibt, und vielleicht können noch zehn Jahre damit zugebracht werden, bevor man ihn beendigt, und der ganze Stollen würde alsdann 400,000 Thaler gekoſtet haben, wofür man ganz Liſſabon wie ein Sieb mit arteſiſchen Brunnen durchlöchern könnte. Außer dieſen außerordentlichen Ausgaben für die Waſſerleitung beſtehen nun noch die fortlaufenden für 4 Steinmetzen, 4 Maurer, einen Zimmermann und 30 Tagelöhner, die Tag für Tag zur Erhaltung der Waſſerleitung in ihrer ganzen Ausdehnung beſchäftigt ſind und die, incluſive der Aufſeher, ohne das Material, was verbraucht wird, ſich auf 4 Contos (6600 Thaler) belaufen. Früher und bis zum Jahre 1835 betrugen die Ausgaben noch weit mehr, denn die ganze Adminiſtration ſtand unter einer eigenen Direction, einer Menge von Directoren und Angeſtellten, die zugleich auch die Adminiſtration der Seidenfabriken hatten und große Beſoldungen bekamen. Seitdem wurden aber die königlichen Seidenfabriken, bei deren Adminiſtration das Gouvernement immer zu kurz kam, ohne daß die Seidenfabrikation zugenommen oder ſich verbeſſert hätte, als Nationalgüter verkauft, und da gewiß ein ganzes Tribunal von Directoren höchſt überflüſſig war, um die Adminiſtration der Agoas Livres fortzuführen, ſo war man wenigſtens ſo klug, dieſe Direction, bei der übrigens auch ſelten ein Director, deren fünf waren, angeſtellt wurde, welcher irgend etwas von Seidenfabrikation oder von Arbeiten bei Waſſerleitungen verſtanden hätte, eingehen zu laſſen und der Municipalkammer dieſe Adminiſtration zu übertragen, für welche dieſelbe als Vorſteherin der Bürgerſchaft und Verſorgerin der Befriedigung ſtädtiſcher Beſorgniſſe auch ganz geeignet iſt.

Der größte Vortheil, den man in Liſſabon durch das Bohren arteſiſcher Brunnen erlangen wird, iſt der, daß, wenn man in allen niedern Theilen der Stadt ſolche Brunnen anlegt, das aus den Agoas Livres nach dieſen Gegenden geleitete Waſſer alsdann ganz und gar in den höhern Stadttheilen, wo es am meiſten an Waſſer fehlt, verwendet werden kann. Das Aufſuchen neuer Quellen, was jährlich acht Contos koſtet, wird dadurch ganz überflüſſig, und dieſe Summe kann ganz und gar erſpart werden. Der große Waſſermangel in Liſſabon iſt auch einer der Hauptgründe, weshalb man hier ſchon oft, ungeachtet der ſteinernen Gebäude von außen, deren Inneres aber mit Holz überladen iſt, große Feuersbrünſte erlebt hat, denn das Waſſer zum Löſchen wird von den Waſſerträgern nur ſpärlich in kleinen Fäßchen herbeigebracht, und bevor ſie damit ankommen, ſtehen die Spritzen zuweilen lange Zeit ohne einen Tropfen Waſſer. Waſſer aus dem Tejo in Kanälen oder Röhren herbeizuführen, ſowol zum Löſchen als auch zur Straßenreinigung, iſt noch Niemandem eingefallen.

Die Höhlen von Maſtricht.

Bekanntlich ſind viele Höhlen, und gerade ſolche, die zu den größten gerechnet werden müſſen, nicht natürlich, ſondern künſtlich, nämlich durch Ausgrabungen, meiſtens durch Steinbrüche entſtanden. Dahin gehört ſelbſt das ſchon ſeit uralten Zeiten bekannte, von den alten Schriftſtellern häufig erwähnte Labyrinth auf Kreta, in welchem ſich Theſeus der Sage nach nur mit Hülfe des Fadens der Ariadne zurechtfinden konnte; ferner die Steinbrüche bei Syrakus und die im Montmartre

bei Paris; vorzüglich merkwürdig ſind aber die Sandſteinbrüche bei Maſtricht im holländiſchen Limburg, in dem auf der Südſeite der Stadt gelegenen, eine Citadelle tragenden Petersberge. Dieſe Steinbrüche, welche ein wahres Labyrinth unterirdiſcher Gänge bilden, das dem auf der Inſel Kreta ſchwerlich viel nachgibt, und in welches man ſich nicht ohne einen kundigen Wegweiſer wagen darf, haben einen großen ſtollenartigen Eingang nach der Maas zu, durch welchen Wagen

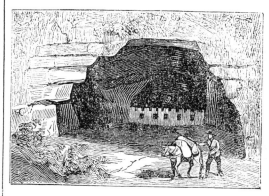

Der große Eingang.

hineinfahren und dann die Steine am Ufer des Fluſſes wieder ausladen können, und einen Hauptweg, welcher über eine Stunde lang zu einer andern Öffnung wieder herausführt; von dieſem aus gehen nach verſchiedenen Seiten große Nebenwege, die nach Tongern, Lüttich u. ſ. w. führen; die Geſammtzahl der Wege wird (vielleicht übertrieben) auf 20,000, ihre Geſammtlänge auf 12 Stunden angegeben. Die Gänge ſind durch zahlloſe viereckige Pfeiler unterſtützt und enthalten hin und wieder Luft- und Lichtlöcher und Ciſternen. Noch ſind dieſe Steinbrüche wegen der Verſteinerungen, die ſie enthalten, bemerkenswerth; unter andern hat man hier einen Krokodilskopf, ein vollſtändiges junges Krokodil, verſteinerte Seethiere, die man ſonſt nirgend antrifft, und Knochen anderer unbekannter Thiere gefunden, die in mehren in Maſtricht befindlichen Sammlungen vereinigt ſind. Einige Schichten beſtehen ganz aus Muſcheln, die zu Kalk gebrannt werden. Der eigentliche Sandſtein, welcher hier gefunden wird, iſt ſehr weich und zerreiblich, verhärtet zwar allmälig an der Luft, zerfällt aber bald, wenn er beim Bauen nicht dieſelbe Lage erhält, die er in der Erde hatte, weshalb die Oberfläche bezeichnet wird, bevor die Steine weggeſchafft werden. In Kriegszeiten dienen dieſe Steinbrüche nicht ſelten den Einwohnern als Zufluchtsort. Ein rühmlichſt bekannter franzöſiſcher Naturforſcher, Oberſt Bory de St.-Vincent, der ſich nach ſeiner Verbannung aus Frankreich im Jahre 1815 eine Zeit lang in dieſen Steinbrüchen verſteckt hielt, hat die Reſultate ſeiner Beobachtungen in einem trefflichen Werke niedergelegt, das unter dem Titel: „Unterirdiſche Reiſe im J. 1821‟ zu Paris erſchienen iſt; wir entnehmen ſeinen Mittheilungen folgenden Auszug:

„Wenn man ſich von Maſtricht aus durch das lütticher Thor nach den Höhlen begibt, ſo gelangt man zuerſt zu einer Hütte, in welcher der erfahrenſte Führer wohnt; ein Schild, welches die Kenntniß aller Merkwürdigkeiten des Berges verſpricht, bezeichnet ſeine beſcheidene Wohnung. Der Führer und ſein Sohn verſahen ſich mit mehren Fackeln, Schwamm, Feuerſtahl, Feuerſteinen u. ſ. w. und führten mich dann an der

Seite des Petersberges, der Maas parallel, zu dem sogenannten weißen Hause. Hier wandten wir uns rechts und drangen durch den sogenannten kleinen Eingang in

Der kleine Eingang.

das Innere des Berges ein. Auf der andern Seite des Bergrückens ist ein zweiter weit größerer Eingang, der zu den unter der Citadelle hinlaufenden Gängen führt und der Öffnung einer großen natürlichen Höhle gleicht; man sieht ihn von weitem, wenn man von Tongern her nach Mastricht kommt. Bevor wiederholter Einsturz die Communicationen unterbrochen hatte, hatte die Besatzung der Citadelle hier eine mit Schießscharten versehene Schanze angebracht, um während einer Belagerung zu verhindern, daß die Feinde sich hierher postirten und von unten Angriffe machten. Als ich diesen Eingang besuchte, war er die Wohnung eines Eseltreibers geworden, der den hier vorhandenen Sand ausbeutete und zahlreiche Ladungen davon an die Landleute der Umgegend verkaufte."

„Nachdem wir auf einem bequemen Wege etwa 300 Schritte westlich gegangen waren, schlugen wir eine andere Richtung ein und schritten zwischen glatten Mauern hin, an deren Decken der schwache Schimmer unserer Fackeln sich verlor, bis wir zu einem Fahrwege kamen, der ganz frische Räderspuren zeigte, wobei ich die ungeheure Menge von Querwegen, die wir rechts und links passirten, nicht genug bewundern konnte. Der Schimmer unserer Fackeln zeigte uns in großer Entfernung den Punkt, wo einige Arbeiter mit dem Sprengen des Steins beschäftigt waren; als sie unser Licht gewahr wurden, kamen sie auf uns zu und verlangten von dem Führer einen Theil der Belohnung, die er von mir erhalten würde, als eine ihnen gebührende Abgabe. Diese Steinbrecher bauen im Sommer das Feld und verlassen nur selten das Tageslicht, so lange der Pflug oder die Ernte ihre Arme in Anspruch nimmt; wenn aber die Feldarbeiten sie nicht mehr beschäftigen, steigen sie in ihre dunkeln Gänge hinab und benutzen den Winter, um Bausteine und Sandhaufen zu Tage zu fördern, was bis zum Frühjahre fortgesetzt wird. Durch die lange Gewohnheit lernen sie die kleinsten Windungen dieses Labyrinths, das sie immer mehr erweitern, genau kennen und finden sich darin zurecht mit Hülfe von Zeichen, die sie an die Wände machen; doch kommt es zuweilen vor, daß einige derselben sich verirren. Sie bilden aus dem Stein mittels der Säge Blöcke von zwei bis drei Quadratfußen, die durch Wagen, welche mit Pferden bespannt sind, an den Fluß transportirt und auf demselben nach ganz Holland verführt werden."

„Nachdem wir etwa eine Stunde fortgegangen waren, wandten wir uns südlich und ließen andere sehr breite Straßen zur Rechten. Der Hauptweg, dem wir

folgten, erhob sich an mehren Stellen über den Boden der Seitengänge und zuweilen sahen wir in dunkle Abgründe. Nach einer Viertelstunde kamen wir an eine Stelle, wo wir die Bildnisse der unglücklichen Mönche erblickten, von denen ich später sprechen werde; von hier wandten wir uns nördlich, um den Ort zu besuchen, den mein Führer die Quelle nannte. Hier senkte sich die Decke herab und auf einer Art Kreuzweg zeigte man mir einen sonderbar gestalteten, 20 — 24 Zoll über dem Boden erhabenen, in der Mitte in Form eines Kessels ausgehöhlten Stein, der dem schmucklosen Weihkessel einer Einsiedelei glich und mit einem klaren Wasser von acht Grad Wärme angefüllt war. Seit un-

Die Quelle

denklichen Zeiten ist dieses Wasser nie versiegt; große von der Decke langsam herabfallende Tropfen erneuert es unaufhörlich."

„In dieser Gegend der Steinbrüche haben die Landleute der Umgegend von Mastricht mehrmals in Kriegszeiten einen Zufluchtsort gesucht, um sich sowol als ihr Vieh, ihre Ernte und ihre ganze Habe der Habgier der Soldaten zu entziehen. Faujas de St. Fond, der diese Höhlen bald nach der Belagerung in den ersten Jahren der Revolution besuchte, fand hier Überreste von Backöfen, Ställen und andere Spuren eines ziemlich langen Aufenthalts. Einmal hätte, wie er erzählt, ein flüchtiges Schwein die kleine unterirdische Republik beinahe verrathen, indem sein Geschrei von dem an einem Eingange stehenden französischen Posten gehört wurde; man bediente sich hierauf des Schweins, um durch das Geschrei desselben andere Thiere gleicher Gattung, deren Dasein man vermuthen konnte, herbeizuziehen."

„Die Wege durchschneiden sich rechtwinkelig und dehnen sich zwischen Massen von meist würfelförmiger Gestalt, deren Dimensionen fast immer gleich sind, oft außerordentlich weit aus. Als ich diese Höhlen das erste Mal besuchte, erschienen mir diese langen schweigenden Straßen als eine höllische Einöde, deren Flammen verloschen wären, nachdem sie Alles vernichtet hätten. Ich hatte schon eine große Menge von Querstraßen gezählt, an deren Ende dichte Finsterniß herrschte, und Steine, die ich mit Heftigkeit nach allen Richtungen schleuderte, zeigten dadurch, daß sie im Fallen kein Geräusch hervorbrachten, deutlich an, daß sich diese Straßen in sehr große Entfernungen erstreckten. Wenn etwas das Grauen der nächtlichen Finsterniß erhöhen kann, so ist es das gänzliche Stillschweigen, das in diesen Tiefen herrscht; das Wort des Menschen reicht kaum hin, es zu stören; seine Laute, gleichsam erstickt durch die dichte Finsterniß, hallen an den Wänden ohne Elasticität, welche sie zu dämpfen oder zu verschlucken scheinen, nicht wieder, und das Echo, das dem verirrten

Reisenden in der Einsamkeit der Berge oder der Wälder auf sein Rufen Antwort gibt, ist in den Höhlen von Mastricht nicht zu finden."

„Denjenigen Personen, die das Unglück haben sollten, sich in diesen Höhlen zu verirren, ist anzuempfehlen, sogleich Halt zu machen, sobald sie die ihnen drohende Gefahr gewahr werden; sie können dann leichter hoffen, von den Personen, welche ihr Verschwinden bemerken und deshalb die Gänge durchsuchen, gefunden zu werden; setzen sie hingegen ihre Versuche, den richtigen Weg wiederzufinden, fort, so sind sie in Gefahr, in Wege ohne Ausgang oder auf abgelegene Wege zu gerathen, oder in ein Seitenloch zu stürzen. Faujas erzählt, daß er im Jahre 1793 in einer dieser verlassenen Straßen beim Schein der Fackeln ein bekleidetes Todtengerippe gefunden habe, der Tracht nach das eines Arbeiters, der sich verirrt hatte und vor Hunger gestorben war; allem Anscheine nach war der Unglückliche vor wenigstens 60 Jahren hier gestorben und seitdem Niemand in diesen Gang gekommen. Die Führer erzählen den Fremden die Geschichte mehrer französischer Kanoniere, welche sich während der letzten Belagerung von Mastricht in diese Steinbrüche wagten und nie aus ihnen zurückkehrten. Zur Zeit, wo die Strenge der Conscription auf dem Lande lastete, suchten junge Bauern, die entschlossen waren, sich dieser Art von Rekrutirung um jeden Preis zu entziehen, in den Steinbrüchen eine Zuflucht gegen Präfecten und Gendarmen. Die Glücklichsten fanden in der Tiefe der Erde jene Freiheit, die auf der Oberfläche nicht vorhanden war; Andere dagegen fanden in aller Stille und in nächtlicher Finsterniß den Tod, dem sie entgehen wollten und den ihnen der Krieg auf eine rühmlichere und weit weniger grausame Art gegeben hätte."

„Ich selbst stieß bei Durchwanderung der Gänge auf einige menschliche Gebeine, die traurigen Überreste von Unglücklichen, deren Seelenleiden, deren denen sie ihr Leben endeten, weit schrecklicher sein mußten als ihre physischen Qualen. An mehren Stellen der Wände zeigt man rohe, mit Kohle gemachte Zeichnungen, welche die Auffindung eines Leichnams oder die Bilder von Personen, welche in diesem Labyrinth ihr Grab fanden, mit der Geschichte ihres tragischen Endes darstellen. Hier erkennt man einen armen Steinbrecher, welcher herumgeirrt war, so lange seine Leuchte ihm die Gegenstände unterscheiden ließ, und nach dem Verlöschen derselben sich an der Wand eines abgelegenen Ganges hingesetzt hatte, wo der Tod seinem Leiden langsam ein Ende machte; anderwärts ist ein Anderer dargestellt, dessen Lampe umgestürzt war, und der sich nun vergeblich bemüht hatte, durch Tasten den Eingang, durch welchen er in das Labyrinth gekommen war, wiederzufinden."

„Die tragischste Geschichte von allen ist aber die der vier Barfüßermönche. Diese frommen Väter gehörten zu dem Kloster Selavande, das am Abhange des Petersberges nach der Maas zu, unweit des einen Haupteingangs der Steinbrüche gelegen ist; sie hatten den Plan entworfen, in diesen unterirdischen Räumen, in denen ein großer Theil der Bewohner der Umgegend mehre Wintermonate zubrachte, eine Kapelle aushauen zu lassen; in dieser frommen Absicht durchwanderten sie häufig die Höhlen, um die Stelle auszusuchen, welche am meisten geeignet wäre, in eine Kapelle zum Gebrauch der Steinbrecher verwandelt zu werden. Da sie die Gänge allmälig immer besser kennen lernten, verschmähten sie es, Führer mitzunehmen, und kamen eines Tags auf den Einfall, das Mittel der Ariadne anzuwenden, um in die entferntesten Gänge einzudrin-

gen, welche seit langer Zeit nicht mehr besucht, nicht einmal mehr bekannt waren. Sie versahen sich daher mit einem Zwirnknäuel und befestigten den Anfang an der Stelle, wo sie den Hauptweg verließen und sich in die alten Ausgrabungen vertieften. Nachdem sie in verschiedenen Richtungen gewandert waren, so lange ihr Knäuel es gestattete, kamen sie in eine damals unbekannte, nachher von ihnen benannte Grotte. Auf eine der glatten Wände dieses verhängnißvollen Ortes zeichnete der Eine von ihnen mit Kohle die noch vorhandene Ansicht von dem Abhange des Petersberges, von der Maas gesehen, auf welchem man das Kloster Selavande erblickt; unter diese deutliche und ziemlich gut ausgeführte Skizze setzte er das Datum der Entdeckung, die ihnen zu theuer zu stehen kommen sollte. Die Mönche traten hierauf den Rückweg an, bemerkten aber zu ihrem großen Schrecken wahrscheinlich bald, daß der Faden, der sie leiten sollte, beim Aufwickeln sehr bald zu Ende ging, also irgendwo zerrissen sein mußte. Was die unglücklichen Mönche bei dieser traurigen Entdeckung thaten, ist unbekannt. Da aber der Prior sie nicht zurückkehren sah und den Grund ihrer Wanderung in die Steinbrüche kannte, ließ er sie daselbst aufsuchen. Aber so ungeheuer ist die Ausdehnung der Steinbrüche und so abgelegen sind die alten Ausgrabungen, in welche die vier Unglücklichen gerathen waren, daß man erst nach sieben Tagen ihre Leichname nahe beieinander liegend fand, das Gesicht nach der Erde gekehrt, ihre Rosenkränze in den Händen haltend, als wären sie in betender Stellung umgefallen. Der Stelle gegenüber, wo Jeder derselben gefunden wurde, erblickt man ihn an der Wand mit Kohle abgebildet."

„Mit dem Begriffe der Finsterniß ist von jeher der Gedanke an den Teufel verbunden gewesen, und fast überall, wo man große Höhlen findet, hält sie der ungebildete Haufe für den Wohnsitz höllischer Geister. Auch in den Steinbrüchen von Mastricht spielt der Teufel eine Rolle und ist an mehren Stellen abgebildet. An einer Stelle, welche die Hölle genannt wird und in einer entfernten Höhle liegt, wo der Sage nach Satan seinen Hof hielt, sind besonders viel phantastische, zum Theil sehr originelle Figuren zu sehen. Nicht weit davon kann sich der Fremde in das sogenannte Paradies führen lassen, wo alle himmlischen Würdenträger und die Apostel um eine groteske Dreieinigkeit gruppirt sind. Mehre profane Gegenstände und Bambocciaden in mehren Farben beweisen, daß geschickte Künstler es nicht verschmäht haben, an den Wänden dieser finstern Gänge Proben ihres Talents und Spuren ihrer unterirdischen Wanderungen zu hinterlassen."

Alexander der Große.
(Beschluß aus Nr. 342.)

Die Eroberung Persiens verschiebend zog Alexander nun nach Süden an der phönizischen Küste hin, um sich Ägypten zu unterwerfen. Die Stadt Tyrus, stolz auf ihren Reichthum, weigerte sich, ihn einzulassen; um ihre Widerspenstigkeit zu bestrafen, wurde sie belagert, wiewol sie durch ihre inselartige Lage, ihre ausgedehnten Verschanzungen und die Seemacht sehr fest war. Der Kampf war langwierig und zweifelhaft und bildet eine der interessantesten Episoden des persischen Kriegs. Erst nach siebenmonatlicher Belagerung wurde Tyrus im Jahre 332 v. Chr. mit Sturm genommen, wobei 8000 Tyrier niedergemacht, 30,000 als Sklaven verkauft, außerdem 2000 am Meeresufer gekreuzigt worden sein sollen. Gaza in Palästina wurde zwei

Monate lang belagert und mit ähnlicher Härte behandelt, das übrige Palästina unterwarf sich ohne Widerstand. Der jüdische Schriftsteller Josephus gibt einen interessanten Bericht von dem Besuche Alexander's in Jerusalem, bei welchem der König die ihm entgegenziehende jüdische Priesterschaft mit großen Ehrenbezeigungen empfangen, den wahren Gott angebetet, im Tempel nach jüdischen Gebräuchen geopfert, den Juden viele Privilegien bewilligt und mit großem Vergnügen die Prophezeiung Daniel's gehört haben soll, daß ein Grieche das persische Reich stürzen würde. Die ganze Erzählung ist jedoch wenig wahrscheinlich, zumal da kein griechischer Schriftsteller der Anwesenheit Alexander's in Jerusalem Erwähnung thut.

Der schwierige Weg durch die gefährliche Wüste zwischen Gaza und Pelusium, dem Hafen am östlichen Arme des Nil, wurde in sieben Tagen zurückgelegt. Ägypten, das seinen persischen Herren niemals geneigt gewesen war, unterwarf sich der griechisch-macedonischen Macht fast ohne Widerstand. Bemerkenswerth ist aus dem Aufenthalte Alexander's nur die Gründung der nachmals so blühenden und durch ihre Pflege der Künste und Wissenschaften so ausgezeichneten Stadt Alexandrien auf einer Erdzunge zwischen dem mittelländischen Meere und dem mareotischen See, und die Expedition zu dem berühmten Tempel des Jupiter Ammon, welcher tief in dem unwirthbaren Sande Libyens auf einer der wenigen fruchtbaren Stellen, welche Oasen heißen, lag. Zweihundert Jahre früher war, eine ganze Armee, welche Kambyses, der persische Eroberer Ägyptens, abgeschickt hatte, bei ihrem Versuche, die Oase zu erreichen, in der Wüste umgekommen; Alexander unternahm den Zug unter einem günstigern Sterne, und die Sage von seiner göttlichen Abkunft wurde von dem Orakel des Jupiter Ammon bestätigt, welcher ihn als den Sohn dieser Gottheit begrüßte, weshalb er auf Münzen und sonst häufig mit den Hörnern eines Widders, welcher das Sinnbild des Jupiter Ammon ist, abgebildet erscheint. Durch die Wüste kehrte Alexander nach Memphis zurück und hätte gern Theben und die Wunder Oberägyptens besucht, aber die Kunde, daß Darius ein zweites Heer zusammengebracht habe, bestimmte ihn, nach Einsetzung einer Regierung in Ägypten, im Jahre 331 nach Tyrus zurückzukehren. Im Juli ging er bei Thapsakus ungehindert über den Euphrat, am 20. September über den Tigris, neun Tage darauf wurde bei Gaugamela die dritte große Schlacht dieses Krieges geliefert, welche gewöhnlich von dem bedeutendern Orte Arbela, der etwa acht Meilen vom Kampfplatze entfernt ist, benannt wird. Das Schlachtfeld bestand in einer weiten Ebene, im Osten und Westen durch die sich vereinigenden Ströme Lykus und Tigris, im Norden von den gordyäischen Gebirgen begrenzt; es war von Darius gewählt und behufs einer vortheilhaften Anwendung seiner Kriegswagen und seiner Reiterei sorgfältig geebnet worden. Seine ungeheure Streitmacht berechnen die griechischen Geschichtschreiber auf eine Million Fußvolk, 40,000 Mann Reiterei, 200 Streitwagen und 15 Elefanten, eine Macht, die der griechischen an Zahl unendlich überlegen war, sodaß selbst dann, wenn wir die genannten Zahlen auf die Hälfte herabsetzen, die Ehre der Sieger nur wenig gemindert wird. Die Elefanten und Streitwagen wurden ins Vordertreffen gestellt, brachten aber auf die disciplinirten Gegner nur geringe Wirkung hervor; das leichtbewaffnete Fußvolk stürzte sich gegen sie, hieb die Stränge der Wagen durch und machte die Wagenlenker nieder; die Wenigen, welche die Reihen der Griechen erreichten, fuhren mittels gebildeter Öffnungen

unschädlich durch dieselben. Der Beginn der eigentlichen Schlacht fiel auch diesmal der Reiterei zu; abermals war auf dem rechten Flügel, wo Alexander dem Darius gegenüberstand, der Sieg entscheidend, während auf dem linken der Veteran Parmenion von den Sacern und Parthern hart bedrängt wurde, als ihm aber der König zu Hülfe kam, war der Sieg vollständig; Darius floh bei Zeiten, ließ seinen Wagen und seine Rüstung in den Händen des Siegers und nahm seinen Weg nach Ekbatana in Medien, während Alexander nach Süden rückte, um in den reichen Städten Assyriens und Persiens die Früchte seiner Eroberung zu ernten.

Die Stadt Babylon, einst so glänzend und mächtig, aber seit dem Sturze des babylonischen Reichs und der Eroberung des Cyrus verfallen, nahm den Alexander mit Freuden auf; nach seiner gewöhnlichen Politik bemühte er sich, die Zuneigung ihrer Bürger durch Vertrauen zu erwerben, gab der Priesterschaft ihre ansehnlichen Einkünfte zurück und stellte die heiligen Gebäude wieder her, namentlich den prachtvollen Tempel des Belus, den er in seiner ganzen frühern Pracht wiederaufzubauen befahl, freilich ein Plan, der niemals ausgeführt wurde. Susa, ein Lieblingsaufenthalt und die Schatzkammer der persischen Könige, sandte seine Unterwerfung ein; hier sollen Schätze zum Belauf von 60—70 Millionen Thaler gefunden worden sein. Die Wintermonate wurden auf Unterwerfung des eigentlichen Persiens, des Stammlandes der Perser, verwandt, bei welcher ein tapferer Widerstand und große Hindernisse zu überwinden waren. Der Palast und die Burg von Persepolis, deren Reste noch jetzt die Bewunderung der Reisenden erregen, brannte Alexander nieder, nach Einigen im Rausche eines schwelgerischen Gelages auf Bitten der athenischen Buhlerin Thais, wobei er selbst die Brandfackel ins königliche Schloß warf, angeblich zur Vergeltung der von Xerxes verübten Greuel, der Verbrennung der griechischen Tempel und der Zerstörung von Athen. Hier und in Pasargada, der Residenz und dem Begräbnißplatze des Königs Cyrus, fielen wieder unermeßliche Schätze in die Hände des Eroberers. Erst im Frühjahre 330 ging Alexander an die Verfolgung des Darius selbst, der in die Nordprovinzen geflohen war und dort ein neues Heer gesammelt hatte. Während Alexander siegreich vordrang, empörte sich Bessus, der persische Statthalter von Baktrien, wider seinen König, schleppte ihn als Gefangenen mit sich und ließ ihn, da er Alexander hart bedrängt wurde, mit Wunden bedeckt an der Landstraße zurück, wo Alexander seine Leiche fand und mit Thränen benetzte.

In dieselbe Zeit fällt eine jener heftigen und willkürlichen Handlungen, welche die guten Eigenschaften Alexander's befleckt haben und die zunehmende Verderbniß seines Gemüths beurkunden. Philotas, Anführer der Leibwache und Sohn des tapfern, würdigen Parmenion, gerieth in den Verdacht einer Verschwörung gegen Alexander, wurde auf das durch die Folter erpreßte Geständniß zum Tode verurtheilt und hingerichtet. Auf die Treue Parmenion's, der den Oberbefehl der Armee und Mediens behalten hatte, ließ sich nichts bringen, doch war seine Rache zu fürchten; daher wurde, ohne Rücksicht auf seine langjährigen Dienste und ohne alles gerichtliche Verfahren, einigen seiner Unterbefehlshaber der Befehl zugesandt, ihn umzubringen, der auch pünktlich vollzogen wurde. Kurz darauf tödtete Alexander eigenhändig bei einem Gelage im Jähzorn seinen Milchbruder Klitus, der ihm am Granikus das Leben gerettet hatte. Später ließ er den würdigen Philosophen Kallisthenes umbringen, weil er sich weigerte, den Alexander als Gott zu verehren, und das milesische Geschlecht der Branchiden vertilgen, weil die Vorfahren desselben es mit Darius gehalten haben sollten.

Indessen wußte Alexander nicht blos zu erobern, sondern auch das Eroberte zu erhalten. Die Perser behandelte er mit so vieler Milde, bewies ihnen so großes Vertrauen und stellte sie in bürgerlicher Hinsicht so günstig, daß er sich bald ihre Liebe erwarb; aber Dasselbe, was ihn den Persern angenehm machte, machte ihn den Macedoniern verhaßt. Die Annahme der persischen Sitten, namentlich des Hofceremoniels und der Kleidung, besonders der Kopfbedeckung (Tiara) der Perser, die Gleichstellung mit Barbaren und die unaufhörlichen Kriegszüge waren nicht eben geeignet, die Macedonier günstig für Alexander zu stimmen; auch fehlte es nicht an wiederholten Empörungen und meuchelmörderischen Angriffen gegen das Leben des macedonischen Helden, denen dieser nur durch seinen Muth', seine Geistesgegenwart und seine Klugheit zu entgehen vermochte.

Nachdem ganz Mittelasien erobert und dem macedonischen Reiche einverleibt war, strebte der unersättliche Alexander noch nach dem Besitze Indiens, jenes räthselhaften Landes im fernen Osten, das der Sage nach so viele Schätze barg. Im Jahre 327 ging er über den Paropamisus nach Nordindien, über den Indus und später über den Hydaspes, an dessen Übergange ihn der mächtige König Porus, welchen Alexander besiegte, gefangen nahm und später durch seine edle Behandlung zum Freunde machte, vergeblich zu hindern suchte. Als Denkmale seiner Siege gründete er hier die Städte Nikäa und Bukephalia, die letztere von seinem in der Nähe gefallenen und begrabenen Pferde genannt, und drang bis zum Hyphasis vor. Weiter zu gehen, hinderte ihn der Widerspruch seines Heeres, das sich entschieden weigerte, ihn weiter zu begleiten, wodurch er wider Willen zur Rückkehr genöthigt wurde. Auf dem Rückwege gerieth er bei Erstürmung der Hauptstadt der Mallier, in welche er von der erkletterten Mauer zuerst sprang, in die größte Lebensgefahr. An der Mündung des Indus befahl er dem Nearch, die Flotte längs der Küste bis zum persischen Meerbusen und in die Mündung des Euphrat zu führen, und marschirte dann durch die gedrosische Sandwüste, wo ein großer Theil seines Heers den Beschwerden des Marsches erlag. Mit dem Überreste kam er glücklich wieder in Persien an, wo er fortwährend bemüht war, die Perser mit den Macedoniern möglichst zu verschmelzen, namentlich durch gegenseitige Heirathen, und sich selbst mit zwei persischen Königstöchtern, Statira und Parysatis, später aber mit Roxane, der Tochter eines baktrianischen Großen, vermählte. Endlich ging er, nachdem er in Ekbatana den Tod seines Lieblings Hephästion mit großem Gepränge betrauert hatte, nach Babylon und trug sich mit neuen großartigen Eroberungsplänen, als ihn im Jahre 323 v. Chr. in einem Alter von erst 33 Jahren der Tod abrief. Über die Ursache seines Todes sind die Geschichtschreiber nicht einig; nach Einigen starb er an den Folgen des Trunkes und der Ausschweifungen, nach Andern an Gift, das ihm Antipater, der von ihm zurückgelassene Statthalter Ägyptens, bereitet haben soll. Nach seinem Tode zerfiel das macedonische Reich, das aus zu vielen ungleichartigen Bestandtheilen zusammengesetzt war, schnell wieder in Trümmer, und noch ehe Alexander's Leiche zur Erde bestattet war, kam der Hader seiner Feldherren zum Ausbruche, woraus sich ein Krieg entspann, der weit länger als Alexander's Herrschaft dauerte.

Die Höhle der Barfüßermönche in den Steinbrüchen bei Maftricht.

Verantwortlicher Herausgeber: Friedrich Brockhaus. — Druck und Verlag von F. A. Brockhaus in Leipzig.

Das Pfennig-Magazin

für
Verbreitung gemeinnütziger Kenntnisse.

344.]   Erscheint jeden Sonnabend.   [November 2, **1839.**

Der Sperling.

Der Sperling.

Der Sperling, einer der gemeinsten und häufigsten europäischen Vögel, gehört zu der Gattung der Finken, die über 100 durch alle Welttheile verbreitete Arten enthält, von denen 15 in Europa und 13 in Deutschland einheimisch sind; die europäischen werden von Naumann in fünf Familien getheilt, die Kernbeißer, Sperlinge, Edelfinken, Hänflinge und Zeisige, wiewol Andere den Kernbeißer als eine besondere Gattung betrachten. Alle diese Vögel sind, wie sämmtliche Singvögel, nicht groß, die meisten haben die Größe unsers Sperlings, manche auch nur die des Zaunkönigs. Von den Sperlingen, die wir ihrer äußern Bildung nach unter die Singvögel gehören, da sie gar nicht singen, sondern nur zwitschern, kommen in Deutschland drei Arten vor: der Haussperling, der Feldsperling und der Steinsperling.

Der Haussperling oder Hausfink (Fringilla domestica), auch schlechthin Sperling, gemeiner Sperling, Spatz, im Plattdeutschen Lüning genannt, vieler andern Benennungen nicht zu gedenken, ist so allgemein bekannt, daß es keiner weitern Beschreibung desselben bedarf; er hat eine Länge von 6½ Zoll, eine Flügelbreite von 10½ Zoll, und ist bedeutend größer als der Feldsperling, aber nicht ganz so groß als die Feldlerche. Nicht selten findet man Spielarten, die gewöhnlich gelblichweiß, weißbunt oder gelb, zuweilen auch aschgrau oder schieferblau aussehen; am seltensten sind die ganz weißen Sperlinge mit blaßröthlichem Schnabel, eben solchen Füßen und rothen Augen, welche für Kakerlaken anzusehen sind *); die schwarze Farbe nehmen Sperlinge zuweilen im Zimmer an, im Freien wird man aber schwerlich schwarze Sperlinge finden. Die Verbreitung dieses Vogels ist außerordentlich; in Europa findet man ihn überall bis zum Nordpolarkreis, namentlich aber im mittlern, weniger im südlichen, ferner in Asien (Sibirien, Persien, Syrien, Java) und Afrika (Ägypten, am Senegal, am Vorgebirge der guten Hoffnung), kurz überall, wo Getreide und andere nützliche Sämereien gebaut werden; man kann ihn den unzertrennlichen Begleiter des Ackerbaus nennen. In Deutschland fehlt der Sperling nirgend, verläßt uns das ganze Jahr hindurch nicht, entfernt sich in der Regel nicht über eine Stunde weit von seinem Geburtsorte und ist daher ein wahrer Standvogel. Wälder, zumal Nadelholz, rauhe Gebirgsgegenden und sandige Ebenen sind den Sperlingen zuwider, daher findet man sie in solchen Gegenden seltener, und manche Walddörfer, die von Getreidefeldern zu weit entfernt liegen, sowie einzelne ganz im Walde liegende Wohnungen haben gar keine Sperlinge. Meistens leben sie in größern Gesellschaften zusammen. Die körperlichen Bewegungen des Haussperlings sind ziemlich ungeschickt, auch fliegt er nur mit vieler Anstrengung und selten sehr hoch und weit, aber seine Klugheit und Verschlagenheit ist wahrhaft bewundernswürdig und wird durch die Nähe des Menschen noch vergrößert; wenn er schon Nachstellungen erfahren hat, so ist er immerwährend auf seiner Hut. Als Stubenvogel ist er sehr dauerhaft, gewöhnt sich bald an den Verlust der Freiheit und hält sich mit abgeschnittenen Schwingfedern Jahre lang, wol bis acht Jahre, in den Stuben der Landleute. Die unangenehme Stimme des Sperlings beschränkt sich in der Regel auf die Töne Schilp und Dieb; jenes rufen sie meistens im Sitzen, dieses im Fliegen. Daß Haussperlinge, wenn sie jung aufgezogen und neben andere Singvögel gehängt werden, die

Gesänge dieser nachahmen lernen, ist eine grundlose Sage. Die Nahrung des Sperlings besteht in einer zahllosen Menge von Sämereien, von denen er die mehlhaltenden und die Getreidearten, besonders Weizen, am meisten liebt; außerdem frißt er auch junge Blätter, Beeren, Kirschen und andere weiche Baumfrüchte, ferner viele Insekten, doch bilden die Körner seine Hauptnahrung, die er selbst im Mist und in Thierexcrementen sucht. Er trinkt gern, badet sich auch gern, nicht nur in Wasser, sondern auch in trockenem Sande oder Staub, wie Lerchen oder Hühner. Ihre Nester bauen die Sperlinge einzeln, aber oft nahe beieinander, unter Dachrinnen, Dachsparren und Balken, in Mauerlöcher und Ritzen an der Außenseite der Gebäude, seltener in hohle Bäume, manchmal aber auch frei und große Bäume, fast immer so hoch vom Boden als möglich, daher gern in die Mauern alter Thürme, höchst selten aber auch in einem Brunnen. Sie vertreiben gern die Mehlschwalben aus ihrem Neste, desgleichen die Tauben aus den von Stroh geflochtenen Taubenhöhlen, und auch an der Seite von alten Storchnestern bringen sie gern ihre Nester an, sowie in Kästen, Körben und eigens dazu gefertigten irdenen Gefäßen, die an die Gebäude aufgehängt sind. Bekanntlich pflanzen sie sich in großer Menge fort und ihre Geilheit ist nicht mit Unrecht verrufen, da sie darin von keinem der bekannten Vögel übertroffen werden. Alte Pärchen hecken dreimal, jüngere nur zweimal im Jahre. Die Zahl der Eier in einem Neste beträgt in der Regel nicht über fünf bis sechs, nur sehr selten acht; die Eier sind kleiner als Feldlercheneier und von verschiedener Farbe, auf weißlichem Grunde braun und aschgrau gefleckt und punktirt, in ihrem Aussehen so voneinander abweichend wie nur bei wenig Vögeln; von beiden Gatten werden sie abwechselnd in 13—14 Tagen ausgebrütet. Vierzehn Tage nach dem Ausfliegen der Jungen hat das Weibchen schon wieder Junge. Durch ihre Gefräßigkeit thun die Sperlinge vielen Schaden, besonders an reifen Kirschen, Weintrauben, Sämereien, namentlich hin und wieder auf dem Felde am reifen und fast noch mehr am unreifen Getreide, weshalb sie auch zuweilen Diebe, Hausdiebe, Speicherdiebe, Felddiebe, Gerstendiebe genannt werden; meistens betrifft aber der Schaden nur einzelne Ackerstücke. Am besten verscheucht man sie auf dem Felde durch Schießen mit Schießgewehr oder Blasrohren und hält sie von Weingeländern und Bäumen durch Netze ab; Vogelscheuchen werden sie leicht gewohnt. Auf der andern Seite werden uns die Sperlinge sehr nützlich durch Vertilgung einer großen Menge von schädlichen Insekten, Raupen, Heuschrecken, Käfern, besonders Mai- und Rosenkäfern, unter denen sie sehr große Niederlagen anrichten, da sie viel mehr tödten als sie verzehren. Ihr Fleisch, namentlich das junger Sperlinge, ist nicht übel, aber weit weniger zart und wohlschmeckend als das Fleisch von vielen andern kleinen Vögeln; indessen werden sie durch Mästen mit Hirse und Semmel, die in Milch eingeweicht ist, fetter und wohlschmeckender. Der Verfolgung des Menschen wissen sich die Sperlinge mit vieler Verschlagenheit zu entziehen und sind leichter zu schießen als zu fangen; namentlich mit manchen Arten des Fangs, z. B. Leimruthen und Schlingen, ist ihnen gar nicht beizukommen; vor Netzen haben sie große Furcht. Junge Vögel lassen sich mit kleinen Tellereisen, in welche man sie mit einer Weizenähre lockt, oder mit besondern Sperlingskörben von Weidenruthen fangen; besonders bemerkenswerth ist aber der Fang mit einem Sperber. Dieser Vogel, von den Landleuten auch Sperlingsstößer

*) Siehe Pfennig-Magazin Nr. 285.

genannt, ist nämlich unter den Vögeln der Todfeind der Sperlinge; wenn man sich nun mit einem Sperber in einen Hof, wo viele Sperlinge ihr Wesen treiben, schleicht und ihn an einem langen Faden fliegen läßt, so stürzen sich die Sperlinge vor Schreck in die ersten besten Löcher und lassen sich dann leicht mit der Hand hervorziehen.

Der Feldsperling (Fringilla montana), auch Baum=, Holz=, Wald=, Weiden=, Berg=, Nuß= und wilder Sperling, Ringelsperling, Fricke, sehr häufig Rohrsperling genannt, kann mit dem Haussperling gar nicht verwechselt werden, da er viel kleiner, kaum größer als der Gartenhänfling und ganz anders gezeichnet ist. Er ist 6 Zoll lang, die Flügellänge beträgt 3 Zoll, die Flügelbreite 9½ Zoll; das Männchen ist stets größer als das Weibchen. Stirn, Scheitel und Nacken sind von braunrother Farbe, der Oberrücken und die Schultern sind braungelb mit schwarzen Flecken oder Streifen, der Unterrücken und die Schwanzdeckfedern mausefahl, der Unterleib bräunlichweiß. Von Spielarten kennt man eine rein weiße, die öfter nur gelblichweiß vorkommt, ferner eine weißbunte, eine gelbe, eine blasse und eine gefärbte mit struppigen Federn auf dem Hinterkopfe. Auch dieser Sperling bewohnt viele Theile der alten Welt, namentlich des Festlandes von Europa und Nordasiens; in Deutschland ist er sehr häufig, aber nicht so zahlreich als der Haussperling, und ist in manchen Gegenden von Norddeutschland ein Strichvogel, weil er sich im Spätherbst oft ganz aus einer Gegend wegzieht und erst später wiederkehrt, wiewol er dies nur thut, um sich bequemer nähren zu können. Er bewohnt den Wald, mit Ausnahme des reinen Nadelwaldes, aber auch einzelne Feldbäume, Hecken und Obstgärten; besonders liebt er Eichen und Weiden; in größere Städte kommt er nur sehr selten und bei starker Winterkälte. Die Felder durchstreift er zu allen Jahreszeiten, bald in großen Schaaren, bald paarweise, und ist im Winter ein unzertrennlicher Gefährte der Goldammer, macht sich aber mit dem Haussperling wenig gemein. Er ist sehr munter und keck, gewandter und hübscher als der Haussperling, aber lange nicht so klug und scheu als dieser, auf dem Felde und im Walde zutraulich und kirre. Er fliegt schnell und gerade, höher und anhaltender als jener; die Stimme ist der des Haussperlings ähnlich, aber sanfter und angenehmer. Seine Nahrung ist fast ganz dieselbe wie bei der gedachten Art. Er nistet in Bäumen, besonders in Astlöchern und hohlen Weiden, seltener in Felsenspalten und Mauerwerk, am seltensten in bewohnten Gehöften, aber dann gewöhnlich in alten Schwalbennestern. Die Eier sind weit kleiner als die des Haussperlings, aber ebenso abwechselnd von Farbe und Zeichnung; alte Weibchen legen sechs bis sieben, junge nur fünf Eier. Der Schaden, den die Feldsperlinge thun, ist im Ganzen beiweitem nicht so empfindlich als der der Haussperlinge, wiewol sie schaarenweise ins Getreide fallen und eine ganze Hirsenernte in wenig Tagen zerstören können; in Gärten thun sie fast niemals Schaden und vergreifen sich nie an Kirschen. Der Nutzen, den sie durch Vernichtung von Insekten stiften, überwiegt den Schaden, den sie thun, sicher beiweitem; auch ihr Fleisch ist weit schmackhafter und zarter als das des Haussperlings.

Der Steinsperling (Fringilla petronia) ist etwas größer als der Haussperling und hat mit dem Weibchen desselben große Ähnlichkeit, wie er auch in seinem Betragen von dieser Art wenig abweicht. Seine Farbe ist bräunlichgrau, grauschwarz und schmuzigweiß; mitten auf der Kehle hat er einen schön citronengelben Fleck. Er bewohnt nur das wärmere und gemäßigte Europa, in Deutschland nur einige Gegenden, besonders im Westen und Süden, z. B. am Rhein, in Mitteldeutschland nur das Saalthal. In nördlichern Gegenden ist er nur ein Strichvogel, überwintert aber meistens in Deutschland. Zum längern Aufenthalt wählt er nur gebirgige und einsamere Gegenden und scheint die Ebenen und die Nähe der Menschen zu vermeiden, übrigens ist er so gesellig wie die andern Sperlinge. Als Stubenvogel soll er schnell und in hohem Grade zahm werden und lange ausdauern, ist aber übrigens sehr scheu; sein Fleisch soll gut zu essen sein.

Vom Regen.*)

In Nr. 113 haben wir bereits die verschiedenen Formen der Wolken angegeben und durch eine Abbildung erläutert. Wir wiederholen daher hier nur in der Kürze, daß man nach dem Vorgange des Engländers Luke Howard drei wesentlich verschiedene Hauptformen von Wolken unterscheidet, denen sich noch vier Unterarten anschließen; die erstern sind 1) Cirrus oder die Federwolke; 2) Cumulus oder die Haufenwolke, und 3) Stratus oder die Schichtwolke; die letztern 1) Cirrocumulus, die federige Haufenwolke, 2) Cirrostratus, die federige Schichtwolke, 3) Cumulostratus, die gethürmte Haufenwolke, 4) Cirrocumulostratus oder Nimbus, die eigentliche Regenwolke, welche meistens aus der vorigen Art entsteht und als dunkle Wolkenmasse, mehr oder weniger horizontal ausgebreitet, mit einem faserigen Rande zeigt. Nicht selten verwandelt sich die Haufenwolke unmittelbar in eine Regenwolke, was bei Regenschauern der Fall ist, wenn die Richtung der obern und untern Winde sehr verschieden ist; dann bewegt sich oft eine Haufenwolke erst langsam, verliert dann plötzlich ihren scharfen Umriß, bewegt sich dann schneller und zeigt eine große Unruhe, worauf ein wirklicher Regen eintritt. Zuweilen kommt es auch vor, daß es ohne vorhergehende Wolkenbildung regnet.**) In den meisten Fällen fällt das Wasser aus den Wolken in tropfbarflüssiger Gestalt herab, indem sich die einzelnen Bläschen unter gewissen Umständen zu Tropfen vereinigen und nun nicht länger in der Atmosphäre schweben können. In den höhern Breiten kommt das herabfallende Wasser häufig als Schnee vor und fällt zuweilen auch mitten im Sommer im festen Zustande als Hagel herab. In den folgenden allgemeinen Betrachtungen sind diese besondern Formen der atmosphärischen Niederschläge in dem allgemeinen Ausdrucke Regen mit inbegriffen.

Gewöhnlich unterscheidet man Staubregen, Strichregen, Landregen, Schlag= oder Platzregen und Dunstregen. Der Name Staubregen bezeichnet den Übergang vom Nebel zum Regen; Strichregen sind solche Regen, die nur einzelne beschränkte Landstriche treffen und aus einzelnen abgesonderten Wolken entstehen; Landregen sind sehr anhaltende und über weite Strecken verbreitete Regen; Schlag= und Platzregen sind Regenschauer von großer Heftigkeit, aber geringer Dauer und umfassen auch die sogenannten Wolkenbrüche; Dunstregen kann man einzelne Tropfen nennen, die bei heiterm Himmel herabfallen.

Vergleicht man das Verhalten des Regens in ver-

*) Vergl. über die Entstehung des Regens Pfennig=Magazin Nr. 2.
**) Vergl. Pfennig=Magazin Nr. 300.

*

schiedenen Gegenden der Erde, so bemerkt man bald, daß in dieser Hinsicht eine sehr große, mit der Verschiedenheit des Klimas überhaupt zusammenhängende Verschiedenheit stattfindet. In dem einen Lande regnet es sehr viel, in dem andern wenig und fast gar nicht; in dem einen regnet es zu allen Zeiten des Jahres, in dem andern vorzugsweise in einer bestimmten Jahreszeit. Um aber die gedachte Vergleichung genauer anzustellen, ist es nicht hinreichend, die Zahl der an den einzelnen Orten vorkommenden Regentage zu kennen, sondern erfoderlich, zugleich die Menge des in einem gewissen Zeitraume, z. B. in einem Monate oder Jahre, fallenden Regens zu beobachten. Zu diesem Ende bestimmt man die Höhe, bis zu welcher das herabgefallene Wasser auf einer horizontalen Ebene während des gedachten Zeitraums steigen würde, wenn es nicht ver-

Die Regenwolke, nach einem Gemälde von Teniers.

dunstete, und bedient sich dazu eines Regenmaßes oder Regenmessers, welcher auf verschiedene Art eingerichtet sein kann. Meistens besteht er in einem viereckigen oder runden Gefäße, am besten von Messing oder Kupfer, das im Freien so aufgestellt wird, daß weder von Bäumen noch von andern Gegenständen Wasser hineingespritzt werden kann. In der Regel ist damit noch ein zweites Gefäß von kleinerm Querschnitt verbunden, eine Maßröhre, in welcher das aufgefangene Wasser gemessen wird, während das erste Gefäß nur zum Auffangen dient; diese Einrichtung ist darum zweckmäßig und nothwendig, weil die Höhe einer geringen Wassermenge in einem weiten Gefäße unmöglich sicher gemessen werden könnte. Eigentlich sollte die Höhe des Wassers sogleich nach jedem einzelnen Regen gemessen werden, bevor sie durch die stets vor sich gehende Verdunstung vermindert worden ist; weil dies aber oft nicht thunlich ist, so kann man statt dessen das Wasser durch eine Röhre in ein Gefäß laufen lassen, aus welchem kein Wasserdampf entweichen kann, was jedoch auch seine Übelstände hat. Ein anderer Umstand, der die Anwendung der Regenmesser einigermaßen unsicher macht, liegt darin, daß die Menge des aufgefangenen Wassers von der Höhe des Regenmessers über dem Boden abhängt und in der Tiefe merklich größer ist als in der Höhe; da es aber auf Bestimmung der Wassermenge ankommt, welche wirklich auf die Erdoberfläche fällt, so sollte das Instrument nie mehr als einige Fuß vom Boden entfernt sein.

Im Allgemeinen sind die Regentropfen bei niedriger Temperatur und unter höhern Breiten kleiner als bei größerer Wärme und unter niedrigern Breiten; die Winterregen geben die kleinsten, die nach anhaltender Wärme fallenden Sommerregen aber die größten Tropfen. Naßkalte Sommer geben zwar oft die größte Menge von Regenschauern, dennoch aber nicht selten die geringste Menge Regenwasser. Die größten Tropfen fallen einzeln vor einem Hagelwetter und entstehen höchst wahrscheinlich aus den ersten Hagelkörnern, die in den untern Regionen der Atmosphäre schmelzen; sie haben in der gemäßigten Zone die Größe von starken Erbsen oder von Haselnüssen, in der heißen Zone aber sollen die Regentropfen zuweilen einen Durchmesser von einem ganzen Zoll erreichen. Diese großen Regentropfen zeichnen sich zugleich durch die Heftigkeit ihres Aufschlagens aus, weshalb sie auf den nackten Körper ein höchst unangenehmes Gefühl verursachen, während im Allgemeinen wegen des Widerstandes der Luft die Fallgeschwindigkeit der Regentropfen nur gering ist, und zwar desto kleiner, je kleiner sie selbst sind. Auch in der größern oder geringern Nähe und der Schnelligkeit der Aufeinanderfolge der Regentropfen findet ein großer Unterschied statt; zuweilen fallen sie in langen Zwischenzeiten und mehre Zolle voneinander entfernt, andere Male scheinen sie zusammenhängende Wasserstrahlen zu bilden und fallen dicht neben= und hintereinander.

In Deutschland und wol überhaupt unter dem 48. Grade nördl. Breite und noch höhern Breiten gibt ein starker Regenschauer, der gegen eine Stunde dauert, selten einen halben Zoll Regenhöhe; auch wenn es einen ganzen Tag lang beträchtlich stark geregnet hat, beträgt die Regenhöhe selten mehr als einen (pariser) Zoll. Nur in dem regenreichen Herbst 1824, wo in einem großen Theile von Nordwesteuropa eine sehr große Regenmenge herabfiel und viele Überschwemmungen veranlaßte, fielen zu Freudenstadt auf dem Schwarzwalde in 36 Stunden 7 Zoll, zu Wangen am Neckar in derselben Zeit 5½ Zoll u. s. w. Weit bedeutender sind jedoch die Regenmengen zuweilen in andern Ländern. In Genf fielen am 20. Mai 1827 bei einem Gewitter in 3 Stunden 6 Zoll; in Joyeuse in Frankreich am 9. October 1807 in 24 Stunden 29¼ Zoll; am merkwürdigsten aber und ans Unglaubliche grenzend ist die Angabe von Augenzeugen, daß am 25. October 1822 über einen kleinen District bei Genua aus einer schweren Gewitterwolke nach genauer Schätzung 30 Zoll Regenwasser herabgefallen seien. An einigen Orten der heißen Zone fällt zuweilen eine unglaubliche Menge Regen, z. B. in Cayenne im J. 1820 in 24 Tagen 12½ Fuß, also durchschnittlich jeden Tag über 6 Zoll.

Wenn man die Regenverhältnisse verschiedener Länder vergleicht, so bemerkt man sehr bald, daß man unregelmäßige und periodische Regen zu unterscheiden hat. In nördlichern Gegenden oder höhern Breiten scheint der Regen an keine bestimmte Zeit und Regel gebunden zu sein; es regnet zu allen Zeiten des Jahres, aber bald mehr, bald weniger, zu Zeiten tritt auch wol ein lange anhaltendes Regenwetter oder eine lange Trockenheit ein, ohne daß sich darin ein bestimmtes Gesetz erkennen ließe, wiewol vorzugsweise zur Zeit der Nachtgleichen länger anhaltende Landregen, im Sommer aber kürzere und stärkere Gewitterregen vorzukommen pflegen. Ungleich größer ist die Regelmäßigkeit, welcher der Regen in der heißen Zone unterliegt, wo zum Theil nur sehr selten Ausnahmen von der herrschenden Regel vorkommen.

In einigen Gegenden regnet es gar nicht oder nur höchst selten, weil die stark erwärmte Luft nicht so viel Dämpfe enthält, daß selbst bei starker Erniedrigung der Temperatur ein Niederschlag stattfinden könnte. Dahin gehören die großen, fast aller Vegetation beraubten Ebenen, die sogenannten Wüsten, namentlich die Wüste Sahara, ferner Ägypten, Fezzan, die canarischen Inseln, wo es oft zwei Jahre lang gar nicht regnet, die brasilische Provinz Ceara und den Küstenstrich von Peru, namentlich Lima, wo der Regen eine fast unbekannte Erscheinung ist. Auf dem hohen Meere ist der Regen in den Gegenden sehr selten, wo der Passatwind mit großer Regelmäßigkeit und Stärke weht. In dem größten Theile der heißen Zone zerfällt das Jahr in zwei Jahreszeiten, die trockne und die nasse, die Zeit der gänzlichen Dürre und die Regenzeit oder, wie die Eingeborenen sagen, die Jahreszeit der Sonne und der Wolken. In der trocknen Jahreszeit sind selbst einzelne Wolken selten und erregen bei den Bewohnern das größte Aufsehen; in der nassen gehen den periodischen Regen leichte Wolken und Nebel voraus und der sonst beständige Wind ändert sich. Irrig ist aber die Meinung, daß die periodischen, gewöhnlich von Gewittern begleiteten Regengüsse, welche im Ganzen eine weit größere Regenmenge geben als die unter mittlern und höhern Breiten vorkommenden Regen, ohne Unterbrechung ganze Tage oder Wochen hin-

durch dauerten; nicht leicht vergeht ein Tag, wo nicht die Sonne hervorkommt, meistens geht sie sogar heiter auf und unter und die Regen finden nur bei Tage statt, indem sich die Wolken erst gegen Mittag bilden, also während der größten Tageswärme. In dieser Zeit erreicht die Hitze bei größter Feuchtigkeit der Luft einen unerträglichen Grad. In denjenigen Gegenden der heißen Zone, die dem Äquator näher sind, kehren die tropischen Regen zweimal im Jahre wieder, dagegen nach den Grenzen dieser Zone, also nach den Wendekreisen zu nur einmal. Als Regel ist anzunehmen, daß sie an irgend einem Orte dann stattfinden, wenn sich die Sonne in derselben Halbkugel befindet, in welcher der Ort liegt, und dann am stärksten sind, wenn die Sonne in den Parallelkreis dieses Orts tritt oder an demselben des Mittags im Zenith steht. Nur Hindostan macht von dieser Regel eine Ausnahme, indem die Regenzeit auf der Ostküste dieser Halbinsel zur Zeit des Nordost=Moussons (vom October bis zum April), auf der Westküste zur Zeit des Südwest=Moussons (vom April bis zum October) stattfindet. Wenn in Reiseberichten vom Anfange und vom Ende der Regenzeit die Rede ist, so wird darunter häufig der Anfang der ersten und das Ende der letzten beider Regenperioden verstanden. Wie weit sich die periodischen Regen vom Äquator nach Norden und Süden erstrecken, ist nicht genau bekannt; in der Sahara scheinen sie ihre nördliche Grenze in 16° Breite zu haben, also 7½° südlich vom Wendekreise; in Nubien in 19° nördl. Breite; in Bengalen fällt unter dem Wendekreise in der heißen Jahreszeit nur wenig Regen.

Ganz abweichend von der heißen Zone ist der Gang der Regen in den übrigen Theilen der Erde, wo die Regen scheinbar unregelmäßig fallen. Die Regenmenge nimmt im Allgemeinen vom Äquator nach den Polen zu ab, aber außer der geographischen Breite haben noch viele andere Umstände darauf Einfluß, von denen die wichtigsten folgende sind: 1) Die Nachbarschaft des Meeres, großer Seen und breiter Ströme, welche der Verdunstung immer neuen Stoff zuführen, dadurch die Luft in größerer Feuchtigkeit erhalten und eine Vermehrung der Regenmenge bewirken; aus dieser Ursache ist die letztere an der Meeresküste größer als im Binnenlande, und in England größer, als seiner nördlichen Lage eigentlich angemessen wäre. 2) Der gebirgige und waldige Charakter einer Gegend trägt zur Vermehrung der Regenmengen ebenfalls viel bei. Berge und Thäler zwischen Bergketten haben weit mehr Regen als niedere und Bergebenen; daher haben die Alpen mehr Regen als die sie nördlich und südlich begrenzenden Ebenen, wodurch die in ihnen entspringenden zahlreichen Ströme reichliche Nahrung erhalten. 3) Mittelbar wirken Berge auf die Regenmengen dadurch, daß sie auf die Richtung der die Regenwolken herbeiführenden Winde Einfluß haben, die Regenwolken aufhalten und ihre Entladung befördern.

Von dem größten Einflusse auf den Regen ist der Wind, da der Regen immer aus Wolken fällt, die durch den Wind herbeigeführt sind. Natürlich kommt es nun darauf an, ob der Wind aus Gegenden kommt, wo die Luft sehr feucht und mit Wasserdampf gesättigt ist, oder aus Gegenden, wo das Gegentheil stattfindet. Für Europa sind im Allgemeinen die vom atlantischen und mittelländischen Meere kommenden Luftmassen feucht, dagegen die aus Asien und den Polargegenden kommenden trocken, daher bringen die westlichen und südlichen Winde Regen, die östlichen und nördlichen Trockenheit und heiteres Wetter; beim Ostwind ist der Regen am seltensten. Aus den von Leopold von Buch in Berlin angestellten Beobachtungen und Untersuchungen folgt, daß von 100 in Berlin fallen Regen 4 bei Nord-, ebenso viel bei Nordost-, 5 bei Ost-, ebenso viel bei Südost-, 10 bei Süd-, 33 bei Südwest-, 25 bei West- und 14 bei Nordwestwind fallen. Diese Erscheinung rührt allerdings zum Theil auch daher, weil Süd- und Westwinde in Berlin und in Deutschland überhaupt weit häufiger als Ost- und Nordwinde sind; daß aber in der That die südlichen und westlichen Winde weit feuchter als die nördlichen und östlichen sind, zeigt sich, wenn man untersucht, wie viel Mal jeder Wind wehen muß, wenn es einmal bei ihm regnen soll. In Berlin bringt im Durchschnitt schon jeder dritte Südwest-, jeder vierte Süd- und Westwind Regen, während Nordwind sechsmal, Südostwind siebenmal, Nordostwind achtmal, Ostwind neunmal wehen muß, wenn es bei jedem dieser Winde einmal regnen soll. Dieses Verhältniß ist indessen nicht in allen Jahreszeiten gleich, im Winter und Frühling regnet (oder schneit) es bei nördlichen und östlichen Winden weit häufiger als im Sommer und Herbst. Die mehr oder minder bedeutenden Verschiedenheiten, welche einzelne Gegenden in dieser Hinsicht zeigen, rühren von örtlichen Ursachen her. So ist der Regen in Kopenhagen, Berlin, Manheim, Würzburg bei nordöstlichen, in München, Prag, Erfurt bei südöstlichen, in Moskau bei nordwestlichen Winden am seltensten, dagegen in Kopenhagen, Berlin, München, Erfurt, Moskau bei südwestlichen, in Manheim und Würzburg bei südlichen, in Prag bei nordwestlichen Winden am häufigsten.

Da nun die einzelnen Winde vorzugsweise in gewissen Jahreszeiten häufig vorkommen, so ergibt sich daraus von selbst, daß auch die Regenmengen mit den Jahreszeiten in einem gewissen Zusammenhange stehen müssen. Bleiben wir zunächst bei Europa stehen, so zerfällt dieser Welttheil in zwei große Abtheilungen, von denen die nordöstliche vorzugsweise Sommerregen, die südwestliche aber Herbstregen hat. Die letztere Abtheilung erstreckt sich bis zum Atlas, zu den Katarakten in Ägypten und nach Darfur in Abyssinien. Der Kanal bildet die Grenze zwischen den Herbst- und Sommerregen; in England, namentlich in den westlichen und südwestlichen Gegenden, herrschen die erstern vor, die Küsten Deutschlands gehören aber schon zu den letztern. In Paris verschwindet der Unterschied, aber im größten nördlichen Theile von Frankreich sind die Sommerregen und nur in einem kleinern südlichen die Herbstregen vorherrschend. In Deutschland sind fast überall die Sommerregen am stärksten, die Winterregen am kleinsten. Zieht man aus den vorhandenen Beobachtungen über viele Städte Deutschlands aus vielen Jahren das Mittel, so ergeben sich, wenn man die im ganzen Jahre fallende Regenmenge mit 100 bezeichnet, folgende Verhältnißzahlen: im Winter beträgt die Regenmenge 18¼, im Frühling 22½, im Sommer 37, im Herbst 23¼. Unter dem Winter werden hier die Monate December, Januar und Februar, unter dem Frühlinge März, April und Mai, unter Sommer Juni, Juli und August, unter Herbst September, October und November verstanden. Im südlichen Europa sind wie im nordwestlichen die Herbstregen vorherrschend; dieses scheint in allen denjenigen Gegenden der Fall zu sein, denen die vom Meere aufsteigenden Luftmassen ungehindert zugeführt werden. In einem großen Theile Portugals, z. B. in Lissabon und Mafra, finden wir im Sommer fast gar keine Regen, wahrscheinlich weil der aufsteigende heiße Luftstrom aus der Wüste Sahara den

Niederschlag in den obern Schichten der Atmosphäre verhindert.

Vergleicht man die Regenmengen verschiedener Jahre an einem und demselben Orte, so weichen diese oft sehr bedeutend voneinander ab, ungleich mehr, als dies mit der Quecksilberhöhe im Barometer und mit den Temperaturen der Fall ist. In Genf z. B. beträgt die mittlere jährliche Regenmenge nach 35jährigen Beobachtungen (1796 — 1830) 29 Zoll; die kleinste, welche während dieser Zeit vorkam, betrug nur 15 Zoll (im J. 1822), die größte 44¾ Zoll (im J. 1799). In Bombay betrug die jährliche Regenmenge im Mittel aus 14 Jahren 79 Zoll, wechselte aber in dieser Zeit zwischen 31¼ und 113½ Zoll u. s. w. Diese Unterschiede zwischen den einzelnen Jahren scheinen übrigens im Allgemeinen nicht von der Größe der Regenmenge selbst abzuhängen, sondern da am größten zu sein, wo eigenthümliche örtliche Bedingungen und Ursachen, die uns größtentheils unbekannt sind, den bedeutendsten Einfluß üben. An manchen Orten scheint aus den während eines gewissen Zeitraums angestellten Beobachtungen eine periodische Zunahme, an andern eine periodische Abnahme der Regenmenge zu folgen, bei länger fortgesetzten Messungen geht aber die Zunahme wieder in Abnahme über und umgekehrt. So fand in Paris von 1719 — 85 eine Zunahme der Regenmenge statt, die sich später wieder ausglich; in Marseille war 1772 —1820 eine beständige Abnahme zu bemerken, in Mailand von 1764—1828 eine Zunahme. Von den Gründen aller dieser Erscheinungen sind wir freilich nicht im Stande, eine Erklärung zu geben.

Fragt man nun, wie groß die mittlere jährliche Regenmenge an einem Orte sei, so läßt sich diese Frage nur für diejenigen Orte mit einiger Sicherheit beantworten, in welchen vieljährige Messungen der Regenmenge angestellt worden sind; die Antwort fällt aber sehr verschieden aus, je nachdem wir bei der Aufsuchung des Mittels einen kleinern oder größern Zeitraum in Betracht ziehen, weshalb die über diesen Gegenstand vorhandenen Angaben auf keine große Genauigkeit Anspruch machen können. Nur beispielsweise erwähnen wir, daß die jährliche Regenmenge von Paris auf 18 —21, von London auf 23½, von Petersburg auf 17, von Kopenhagen auf 18½, von Stockholm auf 17½, von Berlin auf 19½, von Stuttgart auf 23¾, von Wien auf 16, von Rom auf 29⅓, von Neapel auf 35 pariser Zoll angegeben wird; eine außerordentlich große Regenmenge zeigen in Europa namentlich Coimbra (111½ Zoll), Granada (105 Zoll), Bergen in Norwegen (80 Zoll), Mastricht in Holland und Tolmezzo in Friaul (70 Zoll). Dagegen ist es bei der Mangelhaftigkeit der vorhandenen Beobachtungen sehr mislich, die mittlere Regenmenge auf der ganzen Erde auch nur annähernd zu bestimmen. Bergmann nimmt für Europa 15 — 20 Zoll, für die ganze Erde 30 Zoll an, wonach die Gesammtheit des jährlich herabfallenden Regenwassers nicht weniger als 1016 geographische Cubikmeilen betragen würde. Der französische Geognost d'Aubuisson nimmt als Normalbestimmungen für die verschiedenen Breiten: für die Insel Domingo 113, für Kalkutta 111, für Rom 37, für Toulouse 25, für Paris 21, für London 17, für Petersburg 15 Zoll, woraus für die ganze Erde im Mittel 35 Zoll folgt. Aus dem Gesagten geht jedoch hervor, daß allen Bestimmungen dieser Art nur ein sehr untergeordneter Werth beigelegt werden kann.

Es bleibt noch übrig, von der Beschaffenheit des Regenwassers etwas zu sagen. Das Regenwasser eigentlich reines Wasser, enthält aber doch auch fremdartige Substanzen, deren Menge aber verhältnißmäßig stets gering ist; nur die nach anhaltender Dürre herabfallenden Regentropfen sind stärker verunreinigt, sonst kann im Allgemeinen das mit Vorsicht aufgefangene Regenwasser statt des destillirten Wassers gebraucht werden. Wiewol der größte Theil des in der Atmosphäre befindlichen Wassers vom Meere aufgestiegen ist, so zeigen sich doch nur an den Küsten und in einiger Entfernung von denselben im Regenwasser Spuren einer größern fortgerissenen Menge von Kochsalz; so fand Dalton in Manchester 1 Theil Salz in 10,000 Theilen Regenwasser, d. h. 1 Theil Seewasser in 400 Theilen Regenwasser. Lampadius hat gefunden, daß sich im Regen- und Schneewasser fast ohne Ausnahme etwas Salzsäure, meist mit Kalk verbunden, findet; andere Beobachter haben zuweilen Spuren von andern mineralischen Substanzen, z. B. Salpetersäure, im Regenwasser entdeckt, immer aber ist die Menge dieser beigemischten fremdartigen Stoffe so außerordentlich gering, daß sie nur durch die genaueste chemische Untersuchung nachgewiesen werden können.

Schließlich ist noch der uneigentlichen Bedeutung des Wortes Regen zu gedenken, welche auf das Herabfallen der verschiedensten Substanzen, wenn es in größerer Menge geschieht, übertragen wird. Dahin gehören Stein-, Blut-, Frosch-, Schwefel-, Staub- und Schlammregen u. s. w. Viele Ereignisse dieser Art, welche von den römischen Schriftstellern, namentlich Livius, häufig als Wunder und Zeichen erwähnt werden, beruhen auf Irrthümern, z. B. das Regnen der Frösche, welche nach einem Regen aus ihren Schlupfwinkeln in großer Menge hervorzukommen pflegen, u. s. w.; in vielen Fällen sind aber wirklich verschiedene Substanzen aus allen drei Naturreichen für sich oder mit Regen oder Schnee vermengt vom Himmel gefallen, worin aber gar nichts Wunderbares liegt, weil sie vorher durch heftige Luftströmungen von der Erde in die Höhe gehoben und eine Strecke in der Luft fortgeführt worden waren, bis sie beim Aufhören des Sturmes wieder zu Boden fallen mußten. Auf diese Weise sind z. B. die Fischregen zu erklären, welche zuweilen erwähnt werden; besonders wird das Herabfallen von Heringen (wol zu Tausenden) zugleich mit Salzwasser an der Meeresküste, z. B. in Schottland, nicht selten beobachtet, als 1796, 1817, 1821 u. s. w. In Petersburg regnete es 1822 ebenfalls kleine Fische, in Oldenburg 1806 eine große Menge Krabben, vieler ältern Berichte nicht zu gedenken. Am leichtesten werden Insekten und Raupen in einer oft ungeheuern Menge durch Sturmwinde fortgeführt. Merkwürdige Insektenregen dieser Art kamen im östreichischen Schlesien 1818, 1819 und 1820 vor, jedesmal im Winter; im letzten Jahre unterschied man vier Gattungen von Insekten, die in sehr großer Menge mit dem Schnee herabfielen. Gleich reichlich waren die Insektenregen bei Balorbe in Frankreich 1815 und zu Pokroff in Rußland 1827. Der Blutregen, der in den alten Schriftstellern öfter erwähnt wird, rührt von rothen Substanzen thierischen oder mineralischen Ursprungs her. Früchteregen sind ziemlich häufig beobachtet worden, meistens waren es Knollengewächse, die herabfielen, besonders Knollen der Pflanze ranunculus ficaria, die aber wol in den meisten Fällen nicht mit dem Regen herabgefallen, sondern nur durch ihn entblößt und vom Wasser fortgeschwemmt worden sein mögen. Fälle dieser Art kamen unter andern 1805 zu Landshut in Schlesien und 1823 zu Starkenbach in Böhmen, 1828 aber in der persischen Provinz Ramoe unweit des Ararat vor; in jedem dieser Fälle wurden die scheinbar oder wirklich vom Himmel gefallenen Früchte gegessen. Am häufigsten ist wol der sogenannte Schwefelregen beobachtet worden, bestehend in dem Herabfallen eines gelbröthlichen Pulvers, meistens während eines wirklichen Regens. Jenes Pulver ist wol in der Regel nichts Anderes als Blütenstaub verschiedener Bäume und Pflanzen, wie sich unter andern bei genauerer Untersuchung des im J. 1761 bei Bordeaux und des 1823 bei einem Gewitterregen bei Crailsheim herabgefallenen gelben Pulvers ergeben hat. Am 24. Mai 1804 wurden bedeutende Strecken in und bei Kopenhagen während eines Gewitters von Blütenstaub bedeckt, der durch einen Sturmwind von einer gegen acht Meilen entfernten Insel herbeigeführt worden war. Anlangend das Regnen mineralischer Stoffe können auch die Meteorsteinfälle mit hierher gezogen werden, bei denen die oben angegebene Erklärung aller dieser uneigentlich sogenannten Regen keine Anwendung findet. Außerdem werden aber auch andere Fälle erzählt, wo eigenthümliche mineralische Stoffe in Staubform mit Regen oder Schnee zu Boden fielen; so fiel am 14. März 1813 zu Catanzaro und zugleich zu Gerace und andern Orten Calabriens, sowie in den Abruzzen ein röthlicher Staub, an demselben Tage aber in Kärnthen und Friaul ein röthlicher Schnee; in diesem Falle scheint der Staub aus Afrika herbeigeführt worden zu sein. In Nordamerika kommt öfter das Herabfallen schwarzen Staubes vor, der vulkanischen Ursprungs zu sein scheint; hinsichtlich der schwarzen Masse aber, welche am 23. November 1818 zu Montreal den Regen schwarz wie Tinte färbte, ergab sich, daß sie nichts Anderes als Ruß war, den der Wind von einem brennenden Walde aus einer großen Entfernung herbeigeführt hatte.

Lithographische Abdrücke von Büchern und Kupferstichen.

Die Gebrüder Dupont in Paris haben ein Verfahren erfunden, um Bücher und Kupferstiche ohne alle Beihülfe von Lettern oder Kupferplatten ganz genau durch den Druck zu vervielfältigen. Zu diesem Ende werden die zu vervielfältigenden Blätter einer chemischen Zubereitung unterworfen und dann auf lithographischen Stein übergetragen. Mittels eines einfachen Drucks wird nun nach wenigen Secunden jede Druckseite, jeder Kupferstich mit der größten Genauigkeit auf ein anderes Papier übergetragen, von welchem man mit Leichtigkeit eine beträchtliche Anzahl von Exemplaren abziehen kann. Die zum Abdrucke benutzten Originalblätter erleiden bei diesem Verfahren nicht den mindesten Schaden und können nach gemachtem Gebrauche wieder in den Band eingeheftet werden, aus dem sie genommen wurden. Die chemische Operation geht so schnell von statten, daß ein Arbeiter in einem Tage 25—30 Druckbogen zum Abdrucke fertig machen kann; alles Übrige ist gewöhnliche Handarbeit und kann von jedem Steindrucker verrichtet werden.

Selligue's Gasbereitungsapparat.

Zur Ergänzung unserer frühern Nachrichten über das von Selligue in Paris erfundene Leuchtgas *) theilen wir eine Beschreibung des von ihm angegebenen Gasbereitungsapparats mit, der in Folgendem besteht:

---

*) Vergl. Pfennig-Magazin Nr. 309.

In einem Ofen sind drei miteinander in Verbindung stehende Retorten eingesetzt, die aber nicht wie in den gewöhnlichen Gasbereitungsanstalten horizontal liegen, sondern senkrecht stehen und an beiden Enden Öffnungen haben, die mit Deckeln verschlossen sind; wir wollen diese drei Retorten mit A B und C bezeichnen. Die Retorte A steht unten mittels einer doppelt geknieten horizontalen Röhre D mit der zweiten Retorte B und diese mittels einer oben angebrachten ähnlichen Röhre E mit der dritten Retorte C in Verbindung; von dem untern Ende der letztern läuft eine Röhre F aus, die das Gas erst in einen Kühlapparat, dann in einen Gasometer leitet. Zwei horizontale, in dem Mauerwerke des Ofens befindliche Röhren O O stehen mit der ersten Retorte in Verbindung und dienen zur Verdampfung des Wassers, das durch einen Trichter in dieselbe gegossen wird. Die Wirkungsart des Apparats ist nun folgende. Die beiden ersten Retorten A und B werden mit Holzkohlen gefüllt, in der dritten, welche leer bleibt, werden Ketten aufgehängt, die dazu bestimmt sind, die Oberfläche zu vergrößern; hierauf wird der Ofen geheizt. Sobald die Retorten zum Kirschrothglühen gelangt sind,

läßt man durch den vorhin erwähnten Trichter Wasser in die beiden Siederöhren O O und zugleich durch einen am obern Ende der dritten Retorte C befindlichen Hebertrichter Öl in die dritte Retorte fließen, aber nur in geringer Menge. Das in die Siederöhren fallende Wasser verdampft, da die Röhren ebenfalls glühend sind, augenblicklich und gelangt als Dampf in die beiden ersten Retorten A und B, wo es durch die glühenden Kohlen zersetzt wird und seinen Sauerstoff abgibt, sodaß in die dritte Retorte nur reiner Wasserstoff übergeht. Dieser verbindet sich mit dem gekohlten Wasserstoffgas, das aus dem in die dritte Retorte und auf die dort befindlichen Ketten fallenden Öle entwickelt wird, zu einem einzigen Gas, dem Leuchtgas, das durch den untern Theil der dritten Retorte entweicht und in Röhren weiter geleitet wird, während sich die nicht flüchtigen Bestandtheile in einem Wasserbehälter sammeln, in welchen die aus der dritten Retorte kommende Röhre getaucht ist, sodaß alles Gas durch Wasser geht, dadurch abgekühlt und von jenen unbrauchbaren Theilen gereinigt wird. Wie man sieht, ist das Verfahren weit einfacher als dasjenige, welches man bisher anzuwenden pflegte.

Das Micklegater Thor in York.

Die Stadt York in England, über welche Nr. 117 nähere Nachrichten ertheilt, ist von Mauern umgeben, die mit Thürmen versehen sind und aus der letzten Hälfte des 13 Jahrhunderts herrühren, um welche Zeit König Eduard I. die römischen Festungswerke schleifen und auf ihren Fundamenten neue Mauern errichten ließ. Durch diese führen fünf Thore, von denen das in unserer Abbildung vorgestellte das größte und ansehnlichste ist. Es liegt an der Westseite der Stadt, bildet den Eingang der langen, sich bis zur Brücke über den Ousefluß erstreckenden Straße, Namens Micklegate, von der es selbst seinen Namen erhalten hat, und ist mit Thürmen und Zinnen geziert; über der Thorwölbung befindet sich ein großes Schild mit den Wappen von England und Frankreich, auf jeder Seite ein kleineres mit dem Wappen der Stadt.

Verantwortlicher Herausgeber: Friedrich Brockhaus. — Druck und Verlag von F. A. Brockhaus in Leipzig.

Das Pfennig-Magazin

für

Verbreitung gemeinnütziger Kenntnisse.

345.]   Erscheint jeden Sonnabend.   [November 9, **1839.**

Marie Luise, Herzogin von Parma.

Marie Luise, Erzherzogin von Östreich, Herzogin von Parma, Piacenza und Guastalla, ist die älteste Tochter des verstorbenen Kaisers Franz I. von Östreich, aus seiner zweiten Ehe mit Maria Theresia, Tochter des Königs beider Sicilien, Ferdinand I., und wurde am 12. December 1791 geboren. Als der Kaiser Napoleon die Trennung der Ehe mit seiner ersten Gemahlin Josephine bewirkt hatte, bewarb er sich, zum Erstaunen der ganzen Welt, um die Hand der Erzherzogin, mit deren Vater er erst kurz zuvor Frieden geschlossen hatte. Um den Frieden des Continents zu befestigen, ward sie ihm gewährt, wiewol er noch vor kurzem der erbittertste Gegner des östreichischen Kaiserhauses gewesen war. Am 7. Februar 1810 wurde der Ehecontract geschlossen, und Marschall Berthier ging als kaiserlicher Botschafter zur feierlichen Werbung nach Wien, wo am 11. März die Vermählung des von ihm vertretenen Kaisers mit Marie Luise durch Procuration gefeiert wurde; vorher

hatte die Letztere ihre Verzichtleistung auf die Nachfolge in Östreich in lateinischer Sprache erklären müssen. Nach vollzogener Trauungsceremonie reiste die nunmehrige Kaiserin der Franzosen, von Berthier geleitet, nach Paris, 34 Jahre nachdem ihre Großtante, die unglückliche Königin Marie Antoinette, denselben Weg gezogen war. Am 2. April traute der Cardinal Fesch, des Kaisers Oheim, das kaiserliche Paar zu Paris und aller nur ersinnliche Pomp begleitete die Vermählungsfeier; hierauf bereiste Napoleon mit seiner Gemahlin die Provinzen seines Reichs. Am 20. März 1811 gebar sie ihm einen Sohn, den ersten Prinzen des Kaisers, dem dieser schon vor der Geburt den Titel eines Königs von Rom bestimmt hatte, und krönte dadurch die sehnlichsten Wünsche ihres Gemahls. Im J. 1812 reiste sie mit diesem nach Dresden, besuchte von hier aus ihre Heimat und kehrte dann nach Paris zurück, um während der Abwesenheit des Kaisers die ihr übertragenen Pflichten einer Regentin des Reichs zu erfüllen, was sie mit gewissenhafter Treue gethan hat. Als der Stern Napoleon's schon seinem Erlöschen nahe war, foderte sie den Senat in feierlicher Sitzung am 9. October 1813 auf, eine neue Truppenaushebung von 280,000 Mann zu decretiren, und erließ am 7. April 1814 zu Blois einen Aufruf an die Franzosen, nachdem sie auf Befehl ihres Gemahls am 29. März Paris verlassen hatte. Nach Napoleon's Abdankung ging sie nach Orleans, von da mit dem Fürsten Esterhazy nach Rambouillet. Im Mai begab sie sich mit ihrem Sohne durch die Schweiz nach Schönbrunn und gab nach der Rückkehr Napoleon's von der Insel Elba der Auffoderung desselben, nach Paris zu kommen, kein Gehör. Im ersten pariser Frieden vom 1. April 1814 war ihr außer dem Titel kaiserliche Majestät der Besitz der Herzogthümer Parma, Piacenza und Guastalla zugesichert worden, deren Regierung sie, nachdem sie am 14. September 1815 für sich und ihren Sohn allen Ansprüchen auf die Krone Frankreichs entsagt hatte, am 17. März 1816 übernahm. Am 20. April desselben Jahres hielt sie ihren Einzug in Parma und lebte seitdem größtentheils hier, von ihrem Sohne getrennt, der den Titel Herzog von Reichstadt führte und am 22. Juli 1832 zu Wien starb. Ihr Gemahl war demselben schon am 5. Mai 1821 im Tode vorangegangen.

Das Daguerreotyp.

Endlich ist das Dunkel, in welches das von Daguerre erfundene, auch in unsern Blättern vielfach besprochene Verfahren zur Hervorbringung und Firirung von Lichtbildern bisher gehüllt war, verschwunden; was bisher ein Geheimniß des Erfinders gewesen war, ist nun zur Kenntniß der ganzen Welt gebracht worden. Bereits in Nr. 336 haben wir erwähnt, daß die französische Regierung den Beschluß gefaßt habe, Hrn. Daguerre sein Geheimniß gegen eine lebenslängliche Pension abzukaufen, und einen hierauf bezüglichen Gesetzentwurf an die Kammern gebracht habe, welcher auch bereits von der Deputirtenkammer angenommen worden sei. Nachdem nun von Seiten der Pairskammer, wie vorauszusehen war, Dasselbe geschehen war und demgemäß der Gesetzentwurf gesetzliche Kraft erhalten hatte, hat die französische Regierung nicht länger angestanden, das von ihr erworbene Geheimniß zu veröffentlichen; dies that in ihrem Auftrage der berühmte Arago, dem Hr. Daguerre sein Geheimniß bereits früher anvertraut hatte, mittels eines Vortrags, den er am 19. August in der Akademie der Wissenschaften hielt. Nach demselben besteht das Verfahren Daguerre's in folgenden Operationen:

Eine plattirte, d. h. mit einem ganz dünnen Silberplättchen überzogene Kupferplatte (welche, beiläufig bemerkt, drei bis vier Francs kostet, aber wol hundertmal hintereinander benutzt werden kann) wird zuerst mit Hülfe einer Auflösung von Salpetersäure, die alle auf ihrer Oberfläche haftenden fremden Stoffe und die letzten daselbst noch vorhandenen Spuren Kupfer hinwegnimmt, mit einer bis ins Kleinste gehenden Sorgfalt durch Reiben nach verschiedenen Richtungen vollständig gereinigt; da das silberplattirte Kupfer besser als das reine Silber geeignet ist, so scheint eine galvanische Einwirkung hierbei im Spiele zu sein. Nach dieser ersten Operation wird die Platte in einem geschlossenen Gefäße unter Anwendung besonderer Vorsichtsmaßregeln Joddämpfen ausgesetzt; zu diesem Ende

wird auf den Boden des Gefäßes eine kleine Quantität Jod gebracht und von der Platte durch dünne Gaze getrennt, um die Dämpfe gleichsam durchzusieben und gleichförmig zu verbreiten; nöthig ist noch hierbei, die Metallplatte mit einem kleinen metallenen Rahmen zu umgeben, weil sich sonst der Joddampf nicht so gleichmäßig als nöthig ist, sondern in größerer Menge am Rande als in der Mitte der Platte niederschlagen würde. Die Platte muß dem Joddampf so lange ausgesetzt bleiben, bis sie eine gelbe Farbe angenommen hat. Die so zubereitete Kupferplatte wird nun mittels eines einfachen Mechanismus schnell in den Brennpunkt der camera obscura gebracht, dabei aber vor jeder Lichteinwirkung, für die sie ungemein empfindlich ist, sorgfältig bewahrt. Auf dem Grunde der camera obscura befindet sich nämlich ein mattgeschliffenes Glas, das verschoben werden kann, bis die Bilder der äußern Gegenstände vollkommen deutlich und bestimmt darauf erscheinen; dann wird die Platte an die Stelle des Glases gebracht und der Einwirkung des Lichts acht bis zehn Minuten lang ausgesetzt. Wenn dann die Platte herausgenommen wird, so ist auf derselben noch kein Bild zu bemerken; sie muß erst der Wirkung eines zweiten Dampfes, nämlich des Quecksilberdampfes, unterworfen werden, um sichtbar zu werden. Sie wird daher in ein drittes Gefäß eingeschlossen, auf dessen Boden sich eine kleine Schale befindet, die mit Quecksilber von etwa 60 Grad Réaumur angefüllt ist; soll aber das Bild bei verticaler Aufhängung auf das in gleicher Höhe gerade davor befindliche Auge den richtigen Eindruck machen, so muß die Metallplatte, während sie dem Quecksilberdampfe ausgesetzt ist, gegen den Boden des Gefäßes unter einem Winkel von 45 Grad geneigt sein. Um nun das Bild gegen weitere Einwirkungen des Lichts zu schützen, wird es in mit Wasser verdünnte unterschweflichtsaure Soda getaucht und zuletzt mit destillirtem Wasser abgewaschen. Das ganze Verfahren dauert mit der Aufstellung der camera obscura u. s. w. ½ — ¾ Stunde. Ein Übelstand ist die große Empfindlichkeit der Bilder, welche durch die geringste Reibung wie bei einem Pastellgemälde verwischt werden und daher sorgfältig unter Glas aufbewahrt werden müssen; aber bereits ist, wie es scheint, demselben abgeholfen, indem nach den neuesten Nachrichten der französische Chemiker Dumas ein Wasser entdeckt hat, in welchem die farbigen Bilder gewaschen und dadurch so fixirt werden, daß sie zwischen Papierblättern aufbewahrt und durchgezeichnet werden können. Dieses Wasser oder dieser Firniß besteht in einer Auflösung von Dertrin (einer aus Stärke gebildeten Substanz) in fünf bis sechs Theilen Wasser, welche heiß über die Platte gegossen wird; der nach dem Erkalten zurückbleibende dünne Firniß schwächt zwar das Lebendige des Tons etwas, doch ist der Unterschied nicht größer als zwischen einem Kupferstich vor und nach der Schrift. An eine Übertragung der Bilder auf den lithographischen Stein ist in keinem Falle zu denken.

Es kann nicht fehlen, daß sich ein großer Theil des Publicums, namentlich alle Diejenigen, denen chemische Operationen fremd sind, durch diese Lösung des Räthsels vielfach getäuscht finden werden. Allerdings bedarf man zur Hervorbringung von Bildern nicht der mindesten Übung im Zeichnen, dafür muß man aber mit mancherlei chemischen Operationen und Manipulationen, auf deren genaue Ausführung viel ankommt, desto vertrauter sein. Das Verfahren ist so complicirt, daß es vielleicht zwanzigmal mißlingt, ehe es einmal gelingt; vollkommen gelungene Bilder werden zu den seltenen Ausnahmen gehören. Da außerdem der nöthige Apparat ziemlich kostspielig ist *), so ist nicht zu erwarten, daß das Verfahren sobald allgemeine Anwendung finden werde, weshalb also Zeichner, Maler und Kupferstecher um so weniger in Sorgen zu sein brauchen, daß ihnen die Lichtzeichnungen Schaden bringen möchten; daß dadurch die Wichtigkeit und der Werth des Daguerre'schen Verfahrens weder aufgehoben noch auch nur wesentlich vermindert wird, darf wol kaum erst bemerkt werden.

Schließlich theilen wir noch die eben bekannt werdende Nachricht mit, daß Daguerre zwei seiner Lichtgemälde nach Wien geschickt und eins davon dem Kaiser, das andere dem Fürsten von Metternich zum Geschenk gemacht hat. **) Das letztere Bild stellt das Atelier eines Bildhauers dar, das erste den Quai de la Tournelle am Seineufer mit der Aussicht auf die Kirche von Notre-Dame, hinter welcher eine Menge von Dächern, Giebeln und Essen sichtbar ist. Dieses Bild ist zwar wegen seines reichen Details höchst interessant, aber die Abwesenheit aller beweglichen Körper ist dem Eindrucke des Ganzen nachtheilig; selbst Luft und Wasser erscheinen nur als unbestimmte weiße Räume, wodurch dem Bilde jede Spur von Leben genommen ist. Zwei andere Bilder hat Daguerre dem Könige von Baiern und noch zwei dem Könige der Belgier übersandt.

Feuersbrünste in London im Jahre 1838.

Im vorigen Jahre war in London 755 Mal Feuerlärm, aber 80 Mal war es falscher Lärm, in 107 Fällen nur durch brennende Schornsteine veranlaßt, daher stellt sich die Zahl der eigentlichen Feuersbrünste auf 568 (während in den fünf letzten Jahren im Durchschnitte nur 495 Brände jährlich vorkamen). Unter denselben waren 11 mit dem Untergange von (21) Menschenleben, 33 mit gänzlicher Zerstörung, 152 mit bedeutender, 383 mit leichter Beschädigung der brennenden Gebäude verbunden; die Gesammtzahl der beschädigten Gebäude betrug nahe an 800. Die Entstehungsursachen der Brände zerfallen in 35 verschiedene Kategorien; verhältnißmäßig die meisten, 61, entstanden durch Entzündung von Bettvorhängen, 58 durch fehlerhafte, verstopfte oder entzündete Rauchfänge, 39 durch Anwendung des Feuers in verschiedenen Gewerben, 38 durch Unfälle mit Kerzen, 34 durch Entweichen von Gas, 33 durch entzündete Fenstervorhänge, 32 durch Trocknen von Wäsche am Feuer, aus unbekannten Ursachen 45; durch Blitz nur 1, durch Lesen im Bette auch nur 1; angelegt waren (so viel zu ermitteln war) 6.

---

*) Der geschickte pariser Mechaniker Lerebours liefert Apparate, die dem Daguerre'schen vollkommen gleich sind, für 350 Francs (etwa 96 Thaler Preuß.) und kleinere, weniger elegante für 250 Francs (etwa 69 Thaler). Fertige Lichtbilder werden für 20 Francs und eine ausführliche Beschreibung des ganzen Verfahrens von Daguerre selbst für 2 Francs verkauft. Alle diese Gegenstände kann man durch die Buchhandlung von Brockhaus und Avenarius in Leipzig und Paris beziehen; ebendaselbst wird der von Arago in der Akademie der Wissenschaften gehaltene Vortrag verkauft.

**) Der Kaiser hat hierauf Hrn. Daguerre als Zeichen der Anerkennung seiner Verdienste die große goldene Medaille und eine kostbare Tabatiere verliehen.

Der Kukuk.

Der Kukuk, welcher von manchen Naturforschern zur Familie der Spechte gerechnet wird, ist ein in vieler Hinsicht überaus merkwürdiger Vogel, dessen Fortpflanzungsgeschichte namentlich sehr auffallende Erscheinungen darbietet. Man kennt von dieser Gattung einige 60 Arten, die von der Größe einer Taube bis zu der einer Lerche wechseln, mitunter mit schönen Farben geziert sind, vorzugsweise den wärmern Himmelsstrichen angehören und in den wärmern Theilen von Asien und Afrika, sowie in Amerika und Australien zahlreich sind. In Deutschland kommen nur zwei Arten vor: der gemeine Kukuk und der Heherkukuk.

Der gemeine Kukuk (Cuculus canorus), auch europäischer, singender, aschgrauer Kukuk, in manchen Gegenden Gucker, Gauch u. s. w. genannt, hat die Größe einer Schwarzdrossel oder Turteltaube, aber den Flug und die Farbe eines Sperbers und auf den ersten Blick viel Ähnlichkeit mit einem Raubvogel, von dem er sich aber durch den Schnabel und die Füße unterscheidet. Von dieser Ähnlichkeit rührt die Meinung her, die man hier und da bei den Landleuten findet, daß sich der Kukuk um Jakobi, wenn er zu rufen aufhört, in einen Sperber verwandle, weshalb dieser von ihnen oft Kukuk genannt wird. Die Länge des ausgewachsenen Vogels beträgt nicht unter 12¾, selten bis 15, die Flügellänge 10 Zoll; die ausgebreiteten Flügel messen etwa 25 Zoll. Die Farbe ist bei den Männchen auf dem Rücken dunkelaschgrau, mit weißem Bauch, schwarzen und weißgefleckten Schwanzfedern und gelben Füßen; hiervon weicht aber das ein- oder zweijährige Weibchen sehr ab, indem es nicht selten eine rothbraune Farbe hat. Viele haben daher den rothbraunen Kukuk für eine besondere Art gehalten, was nach genauern Beobachtungen irrig ist, da man viele Vögel erlegt hat, die das Übergangskleid vom rothen zum aschgrauen Kukuk oder umgekehrt trugen und sich eben mauserten; übrigens ist der rothbraune Kukuk in unserm Klima eine nicht sehr gewöhnliche Abweichung, die im südlichen Deutschland häufiger, in Südeuropa, besonders Italien, sehr häufig ist, dagegen im Norden gar nicht vorkommt, also augenscheinlich vom Klima abhängt. Der Kukuk mausert sich jährlich nur einmal, sehr langsam und zu verschiedenen Zeiten. Er ist weit verbreitet und bewohnt Europa und Asien von Syrien bis zum Nordpolarkreis, außerdem Ägypten und andere Theile von Afrika; in Deutschland fehlt er in keiner Gegend, ist aber nirgend zahlreich. In ganz Europa ist er nur ein Zugvogel, kommt spät zu uns — nach Norddeutschland nicht leicht vor der Mitte Aprils, wenn die Laubwälder grün geworden — zieht bald wieder fort (im August) und überwintert in den Ländern jenseit des Mittelmeeres. Daß er nicht wegziehe, sondern in einem hohlen Baume einen Winterschlaf halte, gehört zu den zahlreichen Fabeln, die von dem Kukuk in Umlauf gewesen sind und zum Theil noch sind. Am liebsten wohnt er in Waldungen, ohne Unterschied der Baumarten und der Örtlichkeit; jedes Paar hat sein eigenes Revier mit bestimmten Grenzen, die es nicht überschreiten darf und seine Nachbarn nicht ungestraft überschreiten läßt, und bezieht es jedes Jahr wieder, wobei das Männchen sich immer ein paar Tage eher als das Weibchen einstellt, sich durch sein Rufen kenntlich macht und damit sein Weibchen herbeilockt. Ein solches Revier dehnt sich nicht selten über Gehölze und Dörfer aus, die eine Stunde weit entfernt liegen; durch das Eindringen eines Usurpators werden aber zuweilen aus

*

einem Revier zwei gebildet. Auf seinen Streifereien besucht der Kukuk auch ziemlich baumarme Gegenden, fliegt aber bei einem weiten Zuge über freies Feld meist sehr hoch; am liebsten hält er sich in dichten Baumkronen und auf den höchsten Bäumen auf. Seinem Naturell nach ist er sehr wild, vorsichtig und scheu, daher auch sehr schwer zu schießen, ungesellig, selbst auf der Wanderung, hämisch und, wie es scheint, den meisten andern Vögeln verhaßt. Er fliegt vermöge seiner großen Flugwerkzeuge schön und schnell, wiewol lange nicht so schnell als die Taube, fast immer in Gesellschaft seines Weibchens, oft ganz niedrig, selten weite Strecken auf einmal; auf den Füßen ist er sehr ungeschickt. Die Stelle des Gesangs vertritt bei dem männlichen gemeinen Kukuk sein bekannter, seine Ankunft verkündender Frühlingsruf, von dem er seinen Namen hat; die erste Sylbe ist länger und eine große Terz höher als die zweite; die Höhe der Töne ist fast bei allen dieselbe. Dieser Ruf ist so laut, daß man bei stillem Wetter den Kukuk wol eine halbe Stunde weit hört. Von zu vielem Schreien wird der Kukuk oft auffallend heiser und seine Stimme klingt dann ganz sonderbar. Bei bevorstehendem Regenwetter ruft er viel, im Anfange der Begattungszeit den ganzen Tag; nach derselben, zu Anfange Julis, wird er stiller und verstummt um die Mitte des Monats ganz. Durch die genaue Nachahmung seines Rufs mit einer Flöte oder mit der hohlen Hand läßt sich das alte Männchen, das einen Nebenbuhler zu hören glaubt, leicht herbeilocken; übrigens ist es nicht leicht, den Kukuk beim Rufen zu beschleichen und zu beobachten. Nur das Männchen ruft Kukuk; das Weibchen hat seinen eigenen, einem hellen Gelächter ähnlichen Frühlingsruf. Als Stubenvogel ist der Kukuk sehr unangenehm; er bleibt immer wild und unbändig, ist unreinlich und unverträglich gegen andere Vögel und beißt nach Allem, was ihm zu nahe kommt. Die Nahrung des Kukuks besteht fast einzig in Insekten, namentlich Raupen aller Art, und Insektenlarven; die Jungen fressen auch Beeren, besonders vom Faulbaum. Er hat einen sehr großen Magen, verdaut sehr schnell und ist sehr gefräßig, daher auch immer sehr wohlbeleibt; die unverdaulichen Theile der Raupen und Käfer gibt er durch den Schnabel wieder von sich, aber viele der stacheligen Raupenhaare legen sich oft so fest an die innere Magenfläche an, daß diese behaart aussieht und lange Zeit dafür gehalten worden ist. Im gefangenen Zustande nimmt der alte Kukuk keine Nahrung zu sich und stirbt sehr bald. Durch die Vertilgung von Raupen, namentlich von rauhen, die andere Vögel unangerührt lassen, sowie von andern schädlichen Insekten wird uns der Kukuk sehr nützlich; der geringe Schaden, den er durch Zerstö=

Ein Kukuk in einem Grasmückenneste.

rung einiger Nester kleinerer Vögel anrichtet, kommt dagegen gar nicht in Betracht. Auch das Fleisch des Kukuks, besonders junger Vögel, ist sehr wohlschmeckend und wird in Italien häufig gegessen.

Die Fortpflanzung des Kukuks ist in vieler Hinsicht wunderbar und räthselhaft. Daß er selbst kein Nest baut, seine Eier in fremde Nester legt, ohne sich weiter um sie zu bekümmern, und das Ausbrüten derselben, sowie die Erziehung der Jungen andern weit kleinern Vögeln überläßt, ist allgemein bekannt und eine Regel, die keine Ausnahme leidet. Er wählt die Nester solcher Vögel, die Insekten fressen oder ihre Jungen damit füttern, besonders der Grasmücken, Zaunschlüpfer, Bachstelzen, Pieper, Rothkehlchen, Feldlerchen u. s. w. Mit großer Geschicklichkeit weiß das Kukuksweibchen auch die verstecktesten, zu seinem Zwecke geeigneten Nester zu erspähen, und legt in ein Nest jedesmal nur ein Ei, das nächste Ei wieder in ein anderes Nest, oft einer ganz andern Vogelart. Dabei wählt es meistens solche Nester, die noch nicht ihre volle Eierzahl enthalten, weil es in diese am leichtesten unbemerkt gelangen kann, da solche Eier noch nicht fortwährend besessen werden, und legt niemals in Gegenwart der Vögel, denen das Nest gehört. Beim Einschieben seines Eis wirft es nicht selten andere Eier heraus oder zerbricht sie, theils zufällig, theils absichtlich, woraus die in manchen Gegenden, namentlich in Westfalen, unter den Landleuten verbreitete Sage entstanden ist, daß der Kukuk andern Vögeln die Eier aussauge. Häufig wird die Kukukuei mit andern früher oder später gelegten Eiern zugleich, am seltensten ganz allein ausgebrütet, zuweilen aber auch herausgeworfen. Ein Kukuksweibchen legt in einem Frühlinge nur vier bis sechs Eier in großen Zwischenräumen vom Mai bis Juli; die langsame Entwickelung der Eier im Eierstocke scheint die Hauptursache zu sein, daß der Kukuk keinen Trieb zum Brüten hat, weil die ersten Eier vor dem Legen der letzten verderben würden. Die Eier sind für die Größe des Vogels außerordentlich klein, höchstens einen Zoll lang, selten größer als die Eier des Haussperlings, weshalb die kleinern Vögel, die sie ausbrüten müssen, den Betrug nur selten ahnen; in der Farbe und Zeichnung zeigen sie große Verschiedenheit und variiren nach den Jahrgängen. Der junge Kukuk ist sehr klein, aber durch den unförmlich dicken Kopf und die großen Augäpfel kenntlich und wächst sehr schnell; die Jungen, die etwa mit ihm zugleich ausgebrütet worden sind, werden nur sehr selten mit groß gefüttert, theils weil ihnen der gefräßige Kukuk alle Nahrung wegschnappt, theils weil sie meistens frühzeitig, in den ersten Tagen, aus dem Neste herausgeworfen werden, vielleicht von dem alten Kukuksweibchen, denn daß sie von dem jungen Kukuk aufgefressen werden sollten, ist eine abgeschmackte Fabel. Sehr wunderbar und auffallend ist es, daß die Pflegeältern des jungen Kukuks denselben mit so großer Liebe und Sorgfalt, oft sogar mit Aufopferung aufziehen, wovon viele rührende Beispiele erzählt werden; offenbar ahnen die meisten Vögel dabei keinen Betrug, wiewol manche den jungen Kukuk absichtlich verhungern zu lassen scheinen. Die geringe Vermehrung des Kukuks rührt daher, daß viele der gelegten Eier verunglücken und die Jungen sich durch ihr Schreien Menschen und Raubthieren häufig verrathen. Außer dem gemeinen Kukuk haben nur noch einige Arten die Eigenthümlichkeit, ihre Eier nicht selbst auszubrüten; andere bauen ihre Nester in Baumhöhlen.

Der Heherkukuk (Ouculus glandarius), auch andalusischer oder großer gefleckter Kukuk genannt, zeich-

net sich durch einen liegenden Federbusch auf dem Kopfe aus, ist viel schlanker als der gemeine Kukuk und hat einen viel längern Schwanz, Schnabel und Füße; die Länge beträgt 16, die Flügelbreite 25 Zoll. Der Oberleib ist braungrau mit weißen Flecken, der Unterleib weiß oder gelblich. Dieser Kukuk gehört den warmen Ländern an; er ist in Ägypten und dem wärmern Asien zu Hause, besucht auch die südlichen Länder von Europa, Spanien, Portugal, Unteritalien, Sicilien, und verirrt sich nur in seltenen Fällen nach Deutschland. Er bewohnt waldige Gegenden und ist, wie unser Kukuk, ein wilder, flüchtiger und scheuer Vogel, der die Nähe des Menschen flieht. Von den sonstigen Eigenthümlichkeiten dieser Art ist nichts bekannt.

Die Geschichte der Dampfmaschine.

Zwar ist in diesen Blättern von Dampfmaschinen und Dampfschiffen bereits vielfältig die Rede gewesen, was bei der großen Wichtigkeit der Rolle, welche der Dampf als bewegende Kraft in unsern Tagen spielt, auch gar nicht anders sein konnte; nirgend ist aber eine historische Übersicht über die einzelnen Fortschritte dieser für das Wohlsein des Menschengeschlechts so überaus wichtigen Erfindung gegeben worden, wiewol gerade die Geschichte der Dampfmaschine ein so großes Interesse darbietet, weil sie uns die allmälige Entwickelung einer Idee, die zu verwickelt ist, um mit einem Male ihre vollkommene Reife zu erlangen, vor Augen führt. Wir glauben die Ausfüllung dieser Lücke nicht länger aufschieben zu dürfen und geben daher in Folgendem eine gedrängte historische Skizze der Erfindung der Dampfmaschinen, wobei wir vorzugsweise den trefflichen Werken Tredgold's und Lardner's, sowie zwei Aufsätzen Arago's folgen werden.

Wenn eine wirksame mechanische Kraft durch die Erzeugung, wol auch zugleich durch die Verdichtung des Dampfes irgend einer Flüssigkeit hervorgebracht wird, so heißt die Verbindung der hierzu nöthigen Gefäße und Vorrichtungen eine Dampfmaschine. Geraume Zeit nach ihrer Erfindung nannte man diese Maschine noch eine Feuermaschine, ein Name, der nicht unpassend war, denn das bei derselben thätige Agens ist Hitze oder Feuer. Die zur Erzeugung von Dampf fast allgemein angewandte Flüssigkeit ist Wasser, man kann aber auch Weingeist, Äther und andere Flüssigkeiten anwenden; zum Glück ist das Wasser, das uns unter allen Flüssigkeiten bei weitem am leichtesten zur Hand ist, ebenso gut, wenn nicht besser als alle andern. Daß die Hitze das Wasser in Dampf verwandelt, und daß der so erzeugte Dampf aus einer kleinen Öffnung in dem zu seiner Erzeugung gebrauchten Gefäße mit vieler Gewalt herausdringt, muß schon in sehr frühen Zeiten bekannt gewesen sein. Die Äolipile *) und einige andere ähnliche Instrumente waren den Ägyptern, Griechen und Römern wohlbekannt. Heron der Ältere von Alexandrien, der 120 Jahre v. Chr. Geb. lebte, der Erfinder des nach ihm benannten Heronsballes oder Heronsbrunnens, erfand eine kleine Vorrichtung, die das erste Beispiel einer Anwendung des Dampfes als einer bewegenden Kraft darbietet und auf dem Princip der Reactionsmaschinen (z. B.

---

*) Äolipile, auf deutsch Dampfkugel oder Windkugel, heißt eine Kugel mit einer engen Röhre, welche zum Theil mit Wasser gefüllt, dann über dem Feuer erhitzt wird und den dadurch erzeugten Wasserdampf aus der Mündung der Röhre bläst. Man hat ihr den Namen Äolipile (von Äolus, dem Gott der Winde) oder Windkugel beigelegt, weil das Blasen des Dampfes mit dem Winde verglichen und sogar zur Erklärung desselben gebraucht wurde.

des Segner'schen Wasserrades oder der Barker'schen Mühle) beruht, demselben, durch welches bekanntlich das Zurückprallen von Schießgewehren bei dem Abfeuern erklärt wird. Eine hohle Metallkugel wird oben und unten durch zwei Zapfen A und B unterstützt, zwischen denen sie sich drehen kann; aus ihr treten ein oder mehre wagerechte, gleichfalls hohle Arme hervor, die am Ende geschlossen sind, aber an der Seite eine bei allen noch derselben Richtung gehende Öffnung haben. Wenn nun einer der beiden Zapfen hohl ist und am einen Ende mit dem Innern der Kugel, am andern mit einem Dampfkessel in Verbindung steht, so füllt der in diesem erzeugte elastische Dampf die Kugel und die von ihr ausgehenden wagerechten Arme, strömt durch die Öffnungen derselben aus und bewirkt dadurch, daß sich die Kugel in einer Richtung umdreht, die derjenigen, nach welcher der Dampf ausströmt, entgegengesetzt ist. Von dieser Art der Benutzung des Dampfes haben die Neuern keinen Gebrauch gemacht; Watt selbst, dem die Dampfmaschinen ihre größten Verbesserungen verdanken, war der Meinung, daß die Anwendung jenes Principe nicht vortheilhaft sei. Gewiß ist, daß der ausströmende Wasserdampf durch Reaction eine nur unbedeutende Gewalt ausübt und daher ohne einen unverhältnißmäßig großen Aufwand von Brennmaterial keine Maschine in Bewegung setzen kann.

Bei unsern Dampfmaschinen wirkt der Dampf lediglich durch seine Elasticität oder Spannung, d. h. diejenige Kraft, mit welcher er gleich der atmosphärischen Luft gegen alle Körper einen Druck ausübt, der mit der Hitze zunimmt und bei 80 Grad Réaumur dem Drucke der Luft gleich, bei 97 Grad aber schon doppelt so groß, bei 108 Grad dreimal, bei 117 Grad viermal, bei 124 Grad fünfmal, bei 148 Grad zehnmal so groß ist u. s. w. Schon den Römern und Griechen war die ungeheure mechanische Gewalt, welche der Wasserdampf ausüben kann, nicht unbekannt, indem sie erklärten aus der plötzlichen Verdampfung von Wasser die Erdbeben. Vielleicht mochten sie auf diese Theorie der Erdbeben durch die Beobachtung der gefährlichen Explosionen gekommen sein, die sich bei dem Gießen von Metall ereignen, wenn das flüssige Metall sich in die Formen von Thon oder Gyps ergießt und diese Formen nur einige Tropfen Flüssigkeit enthalten, die dann sogleich in Dampf verwandelt werden; denn es könnte nicht fehlen, daß im Alterthume bei dem Gießen so vieler Bildsäulen Unglücksfälle, wie sie noch gegenwärtig nicht immer vermieden werden, vorkamen, deren Ursachen man bald auf die Spur kommen mußte. Eine Anwendung der Elasticität des Dampfes zur Bewegung von Maschinen blieb aber erst der neuern Zeit vorbehalten.

Nach einer im Jahre 1826 bekannt gewordenen, auch in Nr. 221 dieser Blätter mitgetheilten Notiz könnte es scheinen, als wären die Dampfschiffe und somit überhaupt die Dampfmaschinen eine spanische Erfindung und als müßte der spanische Schiffscapitain Blasco de Garay, der im Jahre 1543 im Hafen von Barcelona gelungene Versuche mit einem durch Dampf bewegten Schiffe angestellt haben soll, als Urheber dieser hochwichtigen Erfindung betrachtet werden. Aber theils ist die Glaubwürdigkeit jener Nachricht mehr als zweifelhaft, theils geht aus derselben, da darin nur von der Anwendung eines Kessels mit kochendem Wasser die Rede ist, keineswegs hervor, daß Garay eine Dampfmaschine anwandte, und wenn dies der Fall war, so war es aller Wahrscheinlichkeit nach nur eine nach Heron's Angabe construirte Äolipile oder Reactionsmaschine.

Besser begründet scheinen die Ansprüche des Franzosen Salomon de Caus zu sein, welcher Ingenieur und Architekt des Kurfürsten von der Pfalz war; ein Werk desselben, welches den Titel führt: „Die Gründe der bewegenden Kräfte", und im Jahre 1615 zu Frankfurt erschienen ist, enthält den Lehrsatz: „Das Wasser wird mit Hülfe des Feuers über sein Niveau steigen." Zur Erläuterung desselben gibt der Verfasser an, man solle eine hohle kupferne Kugel nehmen, in welche mittels einer seitwärts befindlichen, durch einen Hahn verschließbaren Öffnung Wasser gefüllt werden könne, während von oben eine verticale Röhre in die Kugel geführt sei, deren Ende beinahe bis auf den Boden der Kugel reiche; wenn nun die Kugel durch die Seitenöffnung mit Wasser gefüllt, dann der Hahn derselben verschlossen und die Kugel über das Feuer gestellt werde, so bewirke die Hitze ein Emporsteigen des Wassers in der verticalen Röhre. Des Dampfes selbst geschieht übrigens hierbei keine Erwähnung.

Mit Unrecht hat man dem Italiener Branca, welcher 1629 in Rom ein Werk über Maschinenkunde herausgab, einen ehrenvollen Platz in der Geschichte der in Rede stehenden Erfindung eingeräumt, weil er in jenem Werke eine auf Kohlen liegende Äolipile beschreibt, welche zur Umdrehung eines kleinen horizontalen Rades dienen soll, indem der herausdringende Dampf gegen die Schaufeln des Rades stößt; dieselbe Wirkung könnte aber auch durch einen gewöhnlichen Blasebalg erzielt werden.

Edward Somerset, Marquis von Worcester, Verfasser eines 1663 in London unter dem Titel „Hundert Erfindungen" erschienenen Werks, ist Derjenige, welcher von den meisten Schriftstellern, namentlich den englischen, für den eigentlichen Erfinder der Dampfmaschine angesehen wird. Ohne das Werk des Franzosen Salomon de Caus zu kennen, soll er durch einen Zufall auf die elastische Kraft des Dampfes aufmerksam geworden sein, während er, in die Intriguen der letzten Jahre der Regierung der Stuart's in England verwickelt, im Tower zu London gefangen saß; er machte nämlich eines Tages die übrigens sehr alltägliche Bemerkung, daß der Deckel des Topfes, in welchem sein Mittagsessen kochte, plötzlich in die Höhe gehoben wurde. In dem gedachten Werke gibt er eine ziemlich verworrene Beschreibung eines Apparats, welcher dazu dienen soll, Wasser mit Hülfe des Feuers, aber nicht durch Saugen, in die Höhe zu heben; die von ihm angedeutete Einrichtung scheint folgende zu sein. Ein Dampfkessel A steht mit einem Gefäße B in Verbindung, das durch eine seitwärts befindliche Röhre mit kaltem Wasser gefüllt wird und durch eine zweite aufwärts gerichteten, in einen zweiten Behälter C mündenden Röhre D versehen ist. Läßt man nun aus dem Dampfkessel, welcher über dem Feuer steht, Dampf in das Gefäß B treten, so treibt der Druck desselben das darin befindliche Wasser in der Röhre D in die Höhe und in den Behälter C. Worcester gibt an, daß eine durch Feuer in Dampf verwandelte oder nach seinem Ausdrucke verdünnte Quantität Wasser das Vierzigfache dieser Quantität emporzuheben im Stande sei; aber wegen der beträchtlichen Condensation des Dampfes, der unmittelbar mit dem kalten Wasser in Berührung kommt, würde der Effect einer solchen Vorrichtung sehr gering und nur etwa der 200. Theil des Effects einer guten Dampfmaschine sein.

Der Ritter Sir Samuel Moreland hat nach einer im Britischen Museum befindlichen Handschrift dem Könige Ludwig XIV. im Jahre 1683 ein Mittel vorgeschlagen, um Wasser durch Dampf zu heben; indessen scheint sein Verfahren von dem des Marquis von Worcester, von welchem er das seinige entlehnt haben mag, in nichts verschieden zu sein. Merkwürdig ist nur hierbei, daß Moreland's Angabe über die Ausdehnung, welche das Wasser bei der Verwandlung in Dampf erleidet, der Wahrheit ziemlich nahe kommt; er gibt nämlich an, der Dampf nehme einen 2000 Mal größern Raum ein als das Wasser, woraus er entstanden, während das Wasser in Wahrheit in einen etwa 1728 Mal größern Raum ausgedehnt wird.

Der Franzose Denis Papin (Dionysius Papinus) aus Blois, gestorben als Professor der Mathematik zu Marburg 1710, da er in Folge der Aufhebung des Edicts von Nantes als Protestant aus seinem Vaterlande auszuwandern sich genöthigt gesehen hatte, auch als Erfinder des nach ihm benannten Papinischen Topfes oder Digestors *) bekannt, entdeckte im Jahre 1690 das Princip der Condensation und muß daher als Erfinder der atmosphärischen Dampfmaschine betrachtet werden, sowie er auch zuerst auf die Anwendung eines Cylinders mit einem Embolus oder Kolben kam und bei Gelegenheit seines Digestors 1682 das Sicherheitsventil erfand, ja die ganze Ehre der Erfindung der Dampfmaschinen muß wol zwischen ihm und dem nachher zu erwähnenden Engländer Savery getheilt werden. Um den Kolben im Cylinder mittels des Luftdrucks zu bewegen, schlug er zuerst vor, unter dem Kolben mittels der Luftpumpe, dann, durch entzündetes Schießpulver einen luftleeren Raum zu erzeugen, bis er endlich auf die Idee kam, diesen Raum durch etwas verdampftes und nachher niedergeschlagenes Wasser hervorzubringen. Der von ihm angegebene, aber nur im Kleinen ausgeführte Apparat besteht in einem verticalen Cylinder, der einen Kolben enthält und unten mit einer Metallplatte geschlossen ist, über welcher sich etwas Wasser befindet; wenn nun durch ein unter dem Boden brennendes Feuer das Wasser in Dampf verwandelt wird, so hebt dieses den Kolben in die Höhe, wird aber das Feuer entfernt, so wird der Boden des Cylinders abgekühlt, dadurch wird der Dampf verdichtet oder wieder in Wasser verwandelt und unter dem Kolben entsteht ein luftleerer Raum, weshalb jener durch den Druck der äußern atmosphärischen Luft bis auf den Boden herabgedrückt wird. Auch zur Verwandlung der hin- und hergehenden Bewegung des Kolbens in eine drehende gibt Papin bereits Methoden an und äußert sich mit Bestimmtheit über die allgemeine Anwendung des Dampfes als bewegender Kraft.

Weder Salomon de Caus noch der Marquis von Worcester haben die von ihnen vorgeschlagenen Maschinen wirklich ausgeführt; auch Papin hat von seiner Erfindung keinen eigentlichen praktischen Gebrauch gemacht, wiewol ihn der Graf von Sinzendorf in Böhmen aufforderte, mehre in seinem Besitze befindliche überschwemmte Bergwerke von Wasser zu befreien. Der Erste, der die Dampfmaschine, und zwar die atmosphärische, im Großen ausgeführt und zur Anwendung gebracht hat, ist der Engländer Capitain Thomas Savery, der im Jahre 1698 das erste Patent auf eine Dampfmaschine, die zur Hebung von Wasser dienen sollte, erhielt. Ein Zufall hatte ihn mit der Wirkung des Dampfes bekannt gemacht. Als er nämlich in einem Wirthshause eine Flasche Wein getrunken und dieselbe dann gegen das Feuer geworfen hatte, bemerkte er, daß aus der Öffnung der Flasche Dampf herausdrang, welcher von einer geringen zurückgebliebenen Quantität Wein, die ins Sieden gekommen

war, herrührte; Savery kam nun auf den Gedanken, die Flasche umzukehren und mit der Mündung in ein dastehendes Wasserbecken zu tauchen, worauf das Wasser sogleich in die Flasche drang und sie anfüllte. Ohne von den Versuchen Papin's Kenntniß zu haben, wandte Savery das Princip der Condensation an und verband es mit dem Princip des Saugens. Die Zusammensetzung seines Apparats war im Wesentlichen folgende. Ein Dampfkessel A, der sich über Feuer befindet, steht mit einem Wassergefäße B, dieses mit einer vertical in die Höhe gehenden Röhre C in Verbindung, in welche das Wasser aus dem Gefäße B durch den in A erzeugten Dampf getrieben wird; außerdem ist aber B noch mittels einer vertical heruntergehenden Röhre mit einem Brunnen oder sonstigen Wasserbehälter verbunden. Sobald das Gefäß B wasserleer und ganz mit Dampf erfüllt ist, wird dieser Dampf, wenigstens zum größten Theile, dadurch verdichtet, daß die Wände des Gefäßes mit kaltem Wasser besprizt werden; in den hierdurch erzeugten leeren Raum steigt nun das Wasser aus dem untern Wasserbehälter, wird also emporgesogen, jedoch nur dann, wenn sich die Oberfläche des Wassers nicht tiefer als 25—30 Fuß unter dem Gefäße B befindet; das emporgesogene Wasser wird durch ein Ventil verhindert zurückzufallen und durch neu eintretenden Dampf in der Röhre C emporgetrieben. Um die Unterbrechungen des Ausfließens zu verhindern, wandte Savery zwei Wassergefäße an, sodaß das eine sich mit Wasser füllte, während das andere sich entleerte. Indeß brachten auch die Maschinen Savery's, denen die beträchtliche Condensation des mit dem kalten Wasser unmittelbar in Berührung kommenden Dampfes ebenfalls im Wege stand, in den Bergwerken keine vortheilhafte Wirkung hervor und dienten nur zur Vertheilung des Wassers in Gärten und Gebäuden, wo das Wasser auf keine bedeutende Höhe zu heben war, denn um das Wasser nur auf 200 Fuß Höhe zu heben, wäre eine Elasticität des Dampfes von sechs Atmosphären erfoderlich gewesen, die wegen der großen hierzu nöthigen Hitze (130 Grad Réaumur) ohne Zweifel zahlreiche Beschädigungen der Maschine und gefährliche Explosionen verursacht hätte. Die größte Leistung, die sich mit einer solchen Maschine erreichen ließ, war die, Wasser 90 Fuß in senkrechter Höhe zu heben; um daher Wasser aus einem Bergwerke zu heben, mußte auf jede Tiefe von 90 Fuß eine solche aufgestellt werden.

(Fortsetzung folgt in Nr. 346.)

Mechanisches Kunstwerk.

Großes Aufsehen macht in Dorpat ein Kunstwerk des Mechanikers Martin Müller. Derselbe wurde 1804 in dem Kirchspiele Ägypten an der südöstlichen Spitze Kurlands geboren, wo sein Vater, der aus Preußen ins Land gekommen war, eine Mühle besaß. Er wollte Müller werden, entwich aber heimlich aus dem väterlichen Hause, begab sich zu einem Tischler in Wilna in die Lehre und erlernte förmlich das Tischlerhandwerk, in den Freistunden sich mit künstlichern mechanischen Arbeiten beschäftigend. Durch diese lenkte er die Aufmerksamkeit mehrer wohlwollender Einwohner Wilnas auf sich, die ihn, als er seine Lehrjahre beendigt hatte, so weit unterstützten, daß er im Jahre 1826 Meister werden und später eine bedeutende Möbelfabrik anlegen konnte. Nachdem er durch Unglücksfälle um den größten Theil seines Vermögens gebracht worden war, zog ihn der Graf Tyszkiewicz auf sein Gut Ossokna un-

*) Vgl. Pfennig-Magazin Nr. 300.

weit Dünaburg. Hr. Müller schuf aber durch sein ausgezeichnetes mechanisches Genie das im Eingange erwähnte, in seiner Art einzige Kunstwerk. An dem Plan dazu arbeitete er zwei Wochen, an der Ausführung mit sechs Menschen zwei Jahre. Er verfertigte nämlich ein stark gearbeitetes, ganz zu verschließendes Bureau oder vielmehr eine Kommode von vier Fuß vier Zoll Höhe, zwei Fuß drei Zoll Breite und zwei Fuß zehn Zoll Länge. In diesem unbedeutenden Raume befindet sich das Ameublement eines Saals, bestehend aus 113 brauchbaren, ebenso sauber als solid gearbeiteten Stücken, die beim Berühren mit einem Schlüssel wie mit einem Zauberstabe aus ihrer Verborgenheit hervorspringen. So kommen auf die unerwartetste Weise ein Gerichtstisch mit einem Spiegel, davor ein Thron und darüber das Bild des Kaisers, 6 Stühle, 3 Toiletten, 22 Tische von ganz verschiedener Bestimmung und Form, Leuchter, Lampen, Teller, Spucknäpfe, Blumentöpfe, Kästchen, Körbchen in Menge zum Vorschein, und doch ist noch, so unglaublich es klingt, Raum zu einem Sopha und Bette vorhanden. Einigermaßen wird das in der That Wunderbare dadurch erklärt, daß in dem Werke 800 Charniere und 500 Federn, letztere von Müllers eigener Arbeit, angebracht sind.

Havre.

Havre oder vollständig Le Havre de Grace (auf deutsch Hafen der Gnade) ist die Hauptstadt eines Bezirks im französischen Departement Niederseine und liegt an der Mündung der hier eine halbe Meile breiten Seine auf dem rechten Ufer derselben, in gerader Linie etwa 25 Meilen nordwestlich von Paris entfernt. Sie ist befestigt, wiewol von der ein Quadrat bildenden Citadelle nur ein Theil noch erhalten wird, der größte Theil aber 1783 geschleift worden ist, und hat etwa 1500 Häuser, unter denen nur wenige besondere Erwähnung verdienen, unregelmäßige enge Straßen und nach der Zählung von 1837 25,618 Einwohner. Wichtiger als die Tabacks=, Zucker=, Seife=, Stärke=, Spitzen=, Papier= und andern Fabriken ist der sehr ausgedehnte, durch die Lage hervorgerufene Handel, den die Stadt mit den entferntesten Ländern der Erde treibt; die meisten Geschäfte werden in Colonialwaaren gemacht. Der große Handels= und Kriegshafen, dessen Eingang zwei Thürme vertheidigen, und der mit einem Leuchtthurme versehen ist, hat zwar Platz für mehr als 400 Schiffe aller Art und kann seit seiner Erweiterung vom Jahre 1783 an und der Ausgrabung eines Bassins die größten Fregatten fassen, ist aber in manchen Hinsichten unbequem, am Eingange zu seicht und nicht sicher genug. Auf der hiesigen Schiffswerfte werden auch größere Kriegsschiffe, wie Corvetten und Fregatten, gebaut. Als Vorstadt von Havre kann das nahe gelegene schöne Dorf Ingouville mit prächtigen Landhäusern, das über 3500 Einwohner zählt, angesehen werden.

Die Stadt ist ziemlich neuen Ursprungs; 1509 legte Ludwig XII. den Grund zu derselben; Franz I. ließ sie mit Festungswerken versehen und gab ihr von seinem Namen den Namen Ville Française oder Ville de François, statt dessen sie zuweilen auch Franciscopolis genannt wurde, doch wurden diese Namen bald von dem jetzigen verdrängt. Im J. 1525 begrub ein furchtbarer Orkan die ganze damalige Stadt in den Wellen. Bei ihrem Wiederaufbau wurde sie zwar um sechs Fuß erhöht, hatte aber noch öfter an ähnlichen Unglücksfällen zu leiden, namentlich 1705, 1718, 1749 und 1765, und wurde außerdem 1759 von den Engländern bombardirt, wodurch indeß kein großer Schade angerichtet wurde.

Verantwortlicher Herausgeber Friedrich Brockhaus. — Druck und Verlag von F. A. Brockhaus in Leipzig.

Das Pfennig-Magazin

für

Verbreitung gemeinnütziger Kenntnisse.

346.]   Erscheint jeden Sonnabend.   [November 16, 1839.

Die Schiffer im Kampfe mit den Eisbären.

Die Schiffer im Kampfe mit den Eisbären.

Wir liefern hier unsern Lesern eine Nachbildung eines der neuesten und ausgezeichnetsten Werke Biard's *), der ohne Zweifel zu den talentvollsten französischen Malern der Gegenwart gerechnet werden muß, wiewol man an ihm tadeln möchte, daß er sich zu sehr in der Darstellung des Bizarren, Grassen und Grotesken gefällt. Auch die hier dargestellte Scene gehört mehr oder weniger in dieselbe Kategorie, ohne jedoch gerade die Grenze des Ästhetisch-Erlaubten zu überschreiten. Wir sehen ein Boot, das von den Schrecken des Eismeeres umstarrt, aber nicht blos auf allen Seiten von hohen Eisbergen umgeben ist, die auf keiner Ausweg offen zu lassen scheinen, sondern, um die Annehmlichkeiten einer Fahrt auf dem Eismeere zu erhöhen, von Eisbären angegriffen wird, die mit gierigem Heißhunger auf die drei Unglücklichen eindringen, welche die Bemannung des Boots bilden. Der eine derselben, ein schon bejahrter Mann, klammert sich krampfhaft an die Wände des Boots, seine Rechte hält einen Hammer, aber die Todesangst, die sich in seinen Zügen malt, scheint seine Glieder zu lähmen und ihm jede Gegenwehr unmöglich zu machen. Freilich ist er auch, wie es scheint, der Einzige, der in unmittelbare Berührung mit den Bestien gekommen ist, von denen die eine mit der Tatze seinen Schenkel gepackt hat. Weit beherzter ist der Knabe zu seiner Linken, der das Jenen angreifende Ungeheuer unschädlich macht, indem er ihm sein Messer mit solcher Kraft in den Rachen stößt, daß der besiegte Bär über Bord stürzt. Die ganze Gruppe überragt eine kräftige Mannsgestalt, die, ohne eine Spur von Furcht im Gesicht, die Pike gesenkt hält, um den Angriff eines dritten Eisbärs abzuwehren, der eben im Begriff ist, mit den Vordertatzen das Boot zu erklettern. Er steht so kaltblütig und sicher da, als wäre er seines Sieges völlig gewiß, wiewol dieser fast unmöglich scheint, da neue Scharen der furchtbaren Gegner auf das Boot zuschwimmen, es bald erreicht haben werden und den beklagenswerthen Schiffern jede Hoffnung der Rettung zu rauben scheinen.

Die Geschichte der Dampfmaschine.
(Fortsetzung aus Nr. 345.)

Ungefähr um dieselbe Zeit kam der auch sonst bekannte Franzose Amontons auf eine Art Dampfmaschine von sehr sinnreicher, aber complicirter Einrichtung, deren Beschreibung er 1699 der pariser Akademie vorlegte. Sie besteht im Allgemeinen aus einem Rade, welches durch Luft, die durch Hitze ausgedehnt wird, umgedreht werden soll; durch Berührung der heißen Luft mit kaltem Wasser wird die heiße Luft jedesmal wieder condensirt oder vielmehr zusammengezogen. Diese Maschine, welche freilich mehr eine Luft- oder Feuer- als eine Dampfmaschine genannt zu werden verdient, ist als erster Versuch einer sich drehenden oder Rotationsmaschine bemerkenswerth, aber wegen ihres künstlichen Baues und der großen Menge des nöthigen Brennmaterials nicht praktisch anwendbar.

Da die Maschine Savery's — deren Verbesserung Blakey im Jahre 1766 vergeblich versuchte — ihrem Zwecke nicht entsprach, mußte man auf andere Vorrichtungen sinnen und kam bald auf die bereits von Papin vorgeschlagene Anwendung des Kolbens, der sich in einem Cylinder auf und nieder bewegt, zurück. Der Engländer Newcomen, ein Schmied in Dartmouth in der Grafschaft Devonshire, nahm im Jahre 1705 in Verbindung mit dem dasigen Glaser Johann Cawley ein Patent auf eine solche sogenannte atmosphärische Maschine, an welchem aber auch Savery Theil hatte, da dieser auf das von Jenen ebenfalls angewandte Princip der Condensation bereits früher ein Patent erhalten hatte. Erst 1711 schlossen die Erfinder — welche den brieflichen Mittheilungen des berühmten Hooke viel verdanken mögen — wegen Erbauung einer zum Wasserheben bestimmten Maschine einen Contract ab. Ihre Maschine, die der Industrie zuerst wahrhafte Dienste geleistet hat und an vielen Orten, wo die Steinkohlen wohlfeil zu haben sind, noch jetzt in Gebrauch ist, stimmte mit der von Papin angegebenen in der Hauptsache überein, nur wurde der Dampf nicht im Cylinder selbst erzeugt, wie Papin vorgeschlagen hatte, sondern in einem besondern Kessel, wie bei Savery's erster Maschine, auch wurde die Condensation auf eine andere Weise als bei Papin bewerkstelligt, dadurch nämlich, daß der Cylinder in einem andern größern eingeschlossen war und in dem ringförmigen, zwischen den Wänden beider befindlichen Raum kaltes Wasser zugelassen wurde. Ein Zufall führte indeß später auf eine weit zweckmäßigere Methode der Condensation, nach welcher mittels einer Röhre in den untern Theil des Cylinders selbst kaltes Wasser eingespritzt wurde. Die Art, auf welche das Hin- und Hergehen des Kolbens im Cylinder zum Emporheben von Wasser aus bedeutender Tiefe, zu dem nächsten Zwecke, den man zu erreichen beabsichtigte, angewandt wird, ist folgende. Die Pumpenstange einer in der Grube aufgestellten Pumpe und die Stange des sich in dem Cylinder bewegenden Kolbens sind durch Ketten an die beiden bogenförmigen Enden eines zweiarmigen Hebels befestigt, welcher der Balancier genannt wird und von Newcomen zuerst angewandt wurde. Sobald nun unter dem Kolben der Druck eines Dampfes wirkt, welcher dem nach unten gerichteten Drucke der Atmosphäre das Gleichgewicht hält, und zugleich durch das Gewicht der Pumpenstange das etwas kleinere Gewicht des Kolbens und seiner Stange aufgehoben wird, so steigt der Kolben in die Höhe, während die Pumpenstange natürlich herabsinkt; wenn aber unter dem Kolben durch die Condensation des Dampfes ein luftleerer Raum erzeugt wird, so treibt der atmosphärische Druck den Kolben wieder nieder, wodurch nothwendig ein Emporsteigen der Pumpenstange bewirkt wird.

Als ein wichtiger Fortschritt muß die Erfindung eines Knaben, Humphrey Potter, bezeichnet werden, welcher die zur Zulassung und Absperrung des Dampfes, sowie zur Einspritzung des Wassers nöthigen Hähne zu reguliren hatte. Da dieser eines Tages das Geschäft zu mühselig und langweilig fand und es ihn verdroß, nicht mit seinen Altersgenossen ausgehen und spielen zu können, kam er auf die Idee, die Regulation mittels angebundener Schnüre durch den Balancier selbst verrichten zu lassen, und erfand somit das so wichtige Princip der Selbststeuerung, welche später (um das Jahr 1718) durch Heinrich Beighton aus Newcastle sehr wesentlich verbessert wurde, daß er am Balancier eine gerade Stange mit Zapfen anbrachte, welche die Hähne durch Ergreifen der daran befestigten Hebel öffneten und schlossen, wie es eben erforderlich war. Nach dieser Verbesserung war zur Aufsicht der Maschine nur noch ein Arbeiter nöthig, der den Kessel speiste und den Feuerherd besorgte. Die verbesserten atmosphärischen

---

*) Seit kurzem in Leipzig im Besitze eines Privatmanns befindlich.

Dampfmaschinen kamen nun, besonders seit Smeaton allen ihren Theilen eine bessere Proportion gegeben hatte, immer mehr in Aufnahme und wurden in großer Menge und zum Theil von ungeheurer Größe gebaut, nicht nur in England, sondern auch in Holland, Frankreich und seit 1760 im englischen Amerika.

Der verdienstvolle deutsche Mechaniker Leupold gab 1724 die erste eigentliche Hochdruckmaschine an, d. h. eine solche Dampfmaschine, bei welcher Dampf, dessen Druck oder Elasticität den atmosphärischen Druck beträchtlich übertrifft, zur Anwendung kommt (im Gegensatze einer Maschine mit niedrigem Druck, bei welcher nur solcher Dampf angewandt wird, der einen dem gewöhnlichen atmosphärischen gleichen oder doch wenig größern Druck ausübt). Bei solchen Maschinen bedarf es keiner Condensation des Dampfes, welche die Anwendung einer großen Menge kalten Wassers nöthig macht, über welche man in vielen Fällen nicht disponiren kann. Bei einer Hochdruckmaschine von neuerer Construction treibt der Dampf den Kolben nicht blos hinauf, sondern auch herunter, muß daher abwechselnd unter und über den Kolben geleitet werden, und entweicht jedesmal, sobald er die verlangte Wirkung gethan hat, nach Öffnung eines Hahns ins Freie, muß also den atmosphärischen Druck überwinden. Die von Leupold angegebene Einrichtung ist freilich einfacher und weniger vollkommen. Nach derselben sind zwei Stiefel oder Cylinder auf dem Gerüste über dem gemeinschaftlichen Kessel angebracht, aus welchem ein einziges Rohr beide füllt, und zwar mittels eines doppelt durchbohrten Hahns oder sogenannten Vierweghahns, der den Dampf bald unter den einen, bald unter den andern Kolben führt, während er zu gleicher Zeit durch die andere Öffnung oder Durchbohrung des Hahns in die freie Luft entweicht. Dieser Hahn ist nach Einigen gleichfalls von Leupold erfunden worden, war aber nach Andern schon dem Papin bekannt. Das Niedergehen der Kolben wird durch den Druck der äußern Luft in Verbindung mit dem Gewicht der Kolben bewirkt und jeder Dampfkolben setzt mittels seiner Stange einen besondern Balancier in Bewegung.

Jonathan Hulls erhielt im Jahre 1736 ein Patent auf die Bewegung von Schiffen durch Dampfmaschinen; nach seinem Vorschlage sollte eine atmosphärische Dampfmaschine von Newcomen's Construction durch Seile ohne Ende mehre Räder, durch diese aber zwei am Hintertheile des Schiffs angebrachte Schaufelräder umdrehen; von dem die Maschine enthaltenden Boote sollten andere Schiffe ins Schlepptau genommen werden. Hulls wird von den Engländern allgemein als Erfinder des Dampfschiffs angesehen, doch schon Papin hatte die Idee einer Anwendung des Dampfes auf Bewegung von Schiffen ausgesprochen und die Ausführbarkeit derselben nachgewiesen; der Gebrauch von Schaufelrädern statt der gewöhnlichen Räder ist aber noch älter. Zur wirklichen Ausführung kam die Sache auch durch Hulls nicht, da die englische Admiralität seine Vorschläge ungläubig zurückwies, namentlich darum, weil sie an der Zerbrechlichkeit der Räder Anstoß nahm und der Meinung war, daß diese unmöglich der Gewalt der Wellen widerstehen könnten.

Von ähnlicher Art war die von Keane Fitzgerald 1758 angegebene Methode, mit Hülfe der Dampfmaschine eine drehende Bewegung hervorzubringen, indem man durch ein am Balancier angebrachtes Räderwerk ein Getriebe und durch dieses ein Schwungrad in Bewegung setzen könne, um eine gleichförmige Bewegung hervorzubringen (was Hulls durch ein Gewicht erreichen wollte); er bemerkt, daß man durch dieses Mittel die Dampfmaschine auf Getreidemühlen, auf Emporheben von Kohlen u. s. w. anwenden könne; indeß wurde von dem Schwungrade, dessen man sich gegenwärtig allgemein bedient, damals noch keine wirkliche Anwendung gemacht.

So weit war man vor etwa 80 Jahren in der Construction der Dampfmaschinen gekommen, als der scharfsinnige Jakob Watt sich durch die von ihm angegebenen und ausgeführten zahlreichen und überaus wichtigen Verbesserungen dieser Maschinen ein unsterbliches Verdienst erwarb und dieselben erst zu wirklichen Dampfmaschinen im wahren Sinne des Worts machte. Er war zu Greenock in Schottland im Jahre 1736 geboren und trat in einem Alter von 16 Jahren bei einem Mechanikus in die Lehre; schon im Jahre 1757 wurde er von der Universität Glasgow zum Inspector ihres mathematischen und physikalischen Cabinets ernannt und stellte frühzeitig auf Anregung seines Freundes Robison Versuche über Anwendung der Dampfmaschinen auf Bewegung von Fuhrwerken an, die aber zu keinem Resultate führten. Im Jahre 1764 erhielt Watt den Auftrag, ein im Cabinete zu Glasgow befindliches kleines Modell einer Newcomen'schen Dampfmaschine in Stand zu setzen; während dieser Arbeit wurde er auf die mancherlei Mängel dieser Maschine aufmerksam, ersann Mittel, ihnen abzuhelfen und construirte 1768 eine verbesserte Maschine, erhielt aber erst 1769 ein Patent darauf. Von den durch dasselbe patentirten Verbesserungen war der bereits 1765 von Watt erfundene isolirte Condensator die bedeutendste. Bisher wurde der Dampf im Dampfcylinder selbst unter dem Kolben durch eingespritztes Wasser condensirt; dies hatte den großen Nachtheil, daß die Wände des Cylinders während der Condensation oder während der heruntergehenden Bewegung des Kolbens kalt waren und doch während der aufsteigenden Bewegung desselben wieder sehr heiß sein mußten, welches letztere Resultat nicht ohne große Verschwendung von Dampf, mithin auch von Brennmaterial, erreicht werden konnte. Watt bestimmte deshalb zur Condensation ein besonderes Gefäß, den sogenannten Condensator, der von dem Cylinder ganz getrennt und nur durch ein enges Rohr, durch welches der Dampf eintreten kann, mit ihm verbunden ist, sodaß nun die Condensation ohne die mindeste Abkühlung der Cylinderwände vor sich geht. Während der Condensation wird das dieselbe bewirkende Wasser durch die Dämpfe, welche ihre latente (verborgene) Wärme fahren lassen, indem sie sich niederschlagen, erhitzt, und aus demselben entwickelt sich Luft und Dampf; um nun beide, sowie das warme Wasser, das sämmtlich der fernern Condensation hinderlich sein würden, abzuführen, wandte Watt eine gewöhnliche Pumpe an, die sogenannte Luftpumpe, deren Kolbenstange am Balancier der Maschine befestigt ist und durch diesen bewegt wird. Ferner machte Watt den Kolben im Cylinder durch Fett luftdicht, was bisher durch aufgegossenes Wasser bewirkt worden war; dieses hätte aber jetzt beim Durchsickern wegen der Hitze des Cylinders in Dampf verwandelt werden und daher den luftleeren Raum stören müssen. Eine dritte Verbesserung bestand darin, daß Watt die bisherige atmosphärische Dampfmaschine in eine solche verwandelte, welche mit Recht eine Dampfmaschine zu heißen verdiente, weil der Dampf nicht nur mittelbar, wie bisher, sondern unmittelbar als bewegende Kraft benutzt wurde. Bei den bisherigen Maschinen wurde nur das Aufsteigen des Kolbens durch den Dampf bewirkt oder vielmehr (da der Dampf nur eben elastisch genug war,

*

um dem Drucke der äußern Luft auf den Kolben das Gleichgewicht zu halten), richtiger gesprochen, durch ein Gegengewicht, welches das Gewicht des Kolbens und zugleich die Reibung desselben im Cylinder überwog; der Dampf wurde eigentlich nur zur Erzeugung eines luftleeren Raumes gebraucht, damit der Druck der atmosphärischen Luft ein Niedersteigen des Kolbens bewirken konnte; während dessen drang aber kalte Luft in den obern Theil des Cylinders ein und kühlte die Wände desselben ab, was wieder die Condensation eines Theils des Dampfes während der folgenden aufsteigenden Bewegung des Kolbens veranlassen mußte. Alle diese Übelstände, die eine große Dampfverschwendung zur Folge hatten, traten zwar bei Maschinen, die nur zum Heben des Wassers aus tiefen Gruben gebraucht wurden, weniger hervor, mußten aber bei jeder andern Anwendung sehr fühlbar werden. Um ihnen abzuhelfen, schloß Watt den obern Theil des Cylinders durch einen luft- und dampfdichten Deckel, führte die Kolbenstange dampfdicht durch eine mit Hanf und Fett gefüllte Öffnung oder sogenannte Stopfbüchse in demselben und bewirkte das Niedergehen des Kolbens durch den Druck des Dampfes auf den obern Theil desselben, während zu gleicher Zeit der Dampf auf der untern Seite des Kolbens condensirt wurde; um das Aufsteigen des Kolbens zu bewirken, wurden die Abtheilungen des Cylinders über und unter dem Kolben in Verbindung gesetzt, sodaß der Druck über dem Kolben aufgehoben und derselbe durch sein Gegengewicht zum Steigen gebracht wurde, wie bei der atmosphärischen Maschine. Um endlich die Abkühlung der Wände des Cylinders durch die äußere Luft zu verhindern, schloß Watt denselben anfangs in einen hölzernen Mantel, später aber in einen zweiten größern Cylinder von Holz ein, wobei er den ringförmigen Zwischenraum zwischen beiden mit Dampf füllte. Durch alle diese Verbesserungen brachte er Watt dahin, daß er dieselbe Kraft, die früher mit einer gewissen Menge Brennstoff hervorgebracht worden war, jetzt mit dem dritten Theile derselben erzeugen konnte. Im Jahre 1773 verband sich Watt mit dem unternehmenden Boulton in Soho bei Birmingham und legte daselbst, nachdem er 1775 ein Patent auf 25 Jahre erhalten hatte, eine große Dampfmaschinenfabrik an. Von Denjenigen, die von den auf die angegebene Weise verbesserten Maschinen Gebrauch machten, ließen sich Beide als Vergütung den dritten Theil des Werths derjenigen Quantität Steinkohlen bezahlen, welche durch Anwendung jener gegen die bisher gebrauchten Maschinen erspart wurde; diese Ersparniß war aber so bedeutend, daß jene Bedingung für Watt sehr einträglich wurde, wie man schon daraus schließen kann, daß die Eigenthümer der Grube zu Chacewater in Cornwall, wo drei Maschinen aufgestellt waren, das Recht der Erfinder für eine jährliche Summe von 2400 Pf. St. (16,000 Thaler) abkauften, wornach die durch diese drei Maschinen erzielte Kohlenersparniß jährlich über 48,000 Thaler betragen mußte.

(Der Beschluß folgt in Nr. 347.)

Tod des Königs Gustav III. von Schweden.

Eins der merkwürdigsten Ereignisse in der Geschichte Europas während des letzten Jahrhunderts war die Ermordung des Königs Gustav III. von Schweden. Dieser König, der sein tragisches Schicksal so wenig verdient hatte, war der Sohn des Königs Adolf Friedrich und am 24. Januar 1746 geboren; am 12. Februar 1771 folgte er seinem Vater auf dem Throne. Zur Zeit seiner Thronbesteigung war in Folge von Mißbräuchen, die sich eingeschlichen hatten, fast die ganze Regierungsgewalt im Besitze des Reichsraths und des in vier Stände, Adel, Geistlichkeit, Bürger und Bauern, getheilten Reichstags; wiewol der König die Gesetze unterzeichnete und alle Verordnungen in seinem Namen erlassen wurden, hatte er doch kein Veto; wenn er sich weigerte, ein Gesetz zu unterzeichnen, so trat es auch ohne seine Genehmigung in Kraft. Der König war nur ein Werkzeug in den Händen der Parteien, die das Königreich beherrschten und vom Volke verabscheut wurden.

Unter diesen Umständen beschloß Gustav, die königliche Gewalt wieder auf eine angemessenere Stufe und eine Achtung gebietende Höhe zu erheben. Er fing damit an, sich des Beistandes der Truppen zu versichern und Subalternoffiziere von Verdienst zu befördern, während sein Bruder das Land durchreiste und die höhern Offiziere auf die Seite des Königs brachte. Da er auch die Zuneigung seiner Unterthanen besaß, sah er sich im Stande, eine große Veränderung im Regierungssysteme, eine eigentliche Staatsumwälzung in Werk zu setzen. Er schaffte nämlich die alte Verfassung ab und setzte an ihre Stelle eine andere, welche die Nation von der Herrschaft des Adels befreite, ohne im Wesentlichen die Privilegien des Volkes und der Stände zu beeinträchtigen. Am 19. August 1772 wurde die neue Constitution beschworen; nach derselben hatte der König das Recht des Vorschlags, der Bestätigung und der Verwerfung der Gesetze, außerdem die vollziehende Gewalt und das Recht der Ämterbesetzung. Durch diese neue Ordnung der Dinge erhielt seine Macht einen beträchtlichen Zuwachs, den er zum Besten des Volkes anwandte. Er sorgte dafür, daß die Gesetze ohne Unterschied der Armen und Reichen, Geringen und Vornehmen, die vor dem Gesetze Alle gleich sein sollten, vollzogen wurden, und übte unnachsichtliche Strenge gegen solche Richter, die der Bestechlichkeit überwiesen wurden. Er beförderte den Handel, war ein erleuchteter und freigebiger Beschützer der Wissenschaften und strebte mit Eifer darnach, in seinem Königreiche die in andern Ländern angenommenen Verbesserungen des Ackerbaus einzuführen. Durch tüchtige Gelehrte ließ er eine neue und gute Bibelübersetzung fertigen und forderte talentvolle Schriftsteller auf, Elementarwerke über allerhand Gegenstände abzufassen. Er selbst war mit den ausgezeichnetsten Talenten begabt, mit einem seltenen Grade natürlicher Beredtsamkeit verband er die gewinnendsten Manieren, und die Ausdehnung seiner Kenntnisse, sowie die Richtigkeit seines Urtheils erregten die Bewunderung Aller, die ihn näher zu beobachten Gelegenheit hatten. So mußte er fortwährend, nach solcher Änderung der Verfassung wie vor derselben, der Liebling des größten Theils der Nation sein; nur der Adel, dessen Macht er gelähmt hatte, hegte gegen ihn bittern Groll und ließ keinen Anlaß vorübergehen, denselben an den Tag zu legen. Die wiederholten Beweise der Feindseligkeit des Adels brachten endlich den König dahin, ein Verfahren einzuschlagen, das von Vielen, die sonst seinem Charakter Bewunderung zollten, getadelt worden ist. Im Februar 1789 wurde dem Reichstage eine Vereinigungs- und Sicherheitsacte vorgelegt, wonach der König abermals mit größerer Macht bekleidet werden, namentlich das Recht haben sollte, ohne Bewilligung der Stände Krieg anzufangen, Frieden und Bündnisse mit auswärtigen Mächten zu schließen u. s. w.; die Stände sollten über keine andern als die ihnen vom

Könige vorgelegten Gegenstände berathen können. Die drei untern Stände nahmen die Acte ohne Widerspruch an, nur der Adel weigerte sich aufs heftigste und protestirte gegen die Unterschrift seines Landmarschalls. Da ließ Gustav die Häupter des widersetzlichen Adels gefangen nehmen und setzte die vorgeschlagenen Acte mit Gewalt durch, womit abermals eine wichtige Staatsumwälzung zu Stande gebracht war.

Um diese Zeit wurde die Aufmerksamkeit Europas auf die in Frankreich vor sich gehenden Ereignisse gelenkt, welche die Vorläufer so vieler Greuel waren. Gustav verband sich mit denjenigen europäischen Mächten, welche den revolutionnairen Schritten Frankreichs den Krieg erklärten, und schloß mit der Kaiserin Katharina zu Drottningholm am 1. Oct. 1791 einen Freundschaftsvertrag. Die Nothwendigkeit, Truppen auszuheben und alle Kriegsvorräthe in Stand zu setzen, nöthigte ihn, seinen Unterthanen größere Lasten als bisher aufzulegen; die erbitterten Adeligen ergriffen diese Gelegenheit, das Volk dem Könige abwendig zu machen, und legten wiederholt ihren Haß gegen den Letztern unverhohlen und ungescheut an den Tag.

Während der Abwesenheit Gustav's in Deutschland im J. 1791 hatten sich die Grafen Horn und Ribbing, die Freiherren Bielke und Pechlin, der Oberstlieutenant Lilienhorn und mehre Andere verbunden, den König zu ermorden und die Macht der Aristokratie wiederherzustellen; Jakob von Ankarström, ein ungestümer, leidenschaftlicher Jüngling, der den König einer erlittenen Beleidigung wegen persönlich haßte, hatte sich den Verschworenen zum Werkzeug angeboten. Ankarström, geboren 1761, war erst Page, dann Fähnrich in der königlichen Garde gewesen, hatte aber in einem Alter von 22 Jahren mit dem Range eines Hauptmanns seinen Abschied erhalten und sich dann auf seine Besitzungen zurückgezogen. Ein heftiger Gegner aller Maßregeln des Königs wurde er im J. 1790 als Majestätsverbrecher angeklagt, weil er das Volk aufgewiegelt haben sollte; während der Untersuchung wurde er hart behandelt, endlich aber in Ermangelung ausreichender Beweise in Freiheit gesetzt. Noch in demselben Jahre ging er nach Stockholm und schloß sich im folgenden, nachdem er früher auf eigene Hand die Ermordung des Königs auszuführen beabsichtigt hatte, den obengenannten Verschworenen an. Die Rolle des Königsmörders, zu der Ankarström sich erbot, machten ihm Horn und Ribbing streitig. Die Entscheidung wurde dem Loose anheimgestellt, welches für Ankarström entschied. Ein Maskenball, der in der Nacht vom 15. zum 16. März 1792 stattfinden sollte, wurde zur Ausführung bestimmt. Am Tage zuvor erhielt der König einen anonymen Brief, worin er vor der in Folge eines Complotts seinem Leben drohenden Gefahr gewarnt und aufgefodert wurde, den in der nächsten Nacht stattfindenden Maskenball nicht zu besuchen. Der König verschmähte es, von diesem Rathe Notiz zu nehmen, und begab sich zu einer späten Stunde — gegen 11 Uhr — in einem Domino, von dem Grafen Essen begleitet, auf den Ball, wo er erst mit dem genannten Grafen in einer Loge Platz nahm und dann, als Alles ruhig blieb und nichts Verdächtiges zum Vorschein kam, in den Saal trat. Hier mischte er sich in das Maskengewühl und war eben im Begriff, sich mit dem preußischen Gesandten zu entfernen, als ihn eine Schar von Masken umringte und Graf Horn ihn mit den Worten anredete: „Gute Nacht, Maske!" Bei diesen Worten, welche das verabredete Signal waren, feuerte Ankarström eine Pistole auf den König ab und brachte ihm im Rücken eine

tödtliche Wunde bei. Hierauf folgte eine Scene der größten Verwirrung. Der König wurde sogleich in seine Gemächer gebracht und der herbeigerufene Wundarzt gab, nachdem er die Kugel und einige kleinere Bleistücke aus der Wunde gezogen, Aussicht auf Wiederherstellung. Nur zu bald erwies sich aber, daß er sich hierin getäuscht hatte; am 29. März starb der König mit großer Sammlung und bei vollem Bewußtsein, nachdem er vorher den Herzog von Südermanland, seinen Bruder, zum Reichsregenten für die Dauer der Minderjährigkeit seines Sohnes, Gustav IV., ernannt und den Wunsch ausgesprochen hatte, daß alle Theilnehmer des Attentats, mit Ausnahme des Mörders selbst, begnadigt werden möchten. Bei seiner Leichenöffnung fand man zwischen den Rippen noch ein viereckiges Stück Blei und zwei rostige Nägel. Die Verschworenen hatten in dem allgemeinen Tumulte Zeit gehabt, sich zu entfernen, aber einer von ihnen hatte in der Nähe des Königs seinen Dolch und seine Pistolen fallen lassen. Der Waffenschmied, dessen Name auf den Waffen stand, erklärte, daß er sie vor kurzem an Ankarström verkauft habe; auf diese Anzeige hin wurde Ankarström sogleich verhaftet. Außer ihm wurden noch viele andere verdächtige Personen gefangen gesetzt und in Untersuchung gezogen, von denen zwei sich selbst das Leben nahmen, die Grafen Horn und Ribbing aber nebst dem Oberstlieutenant Lilienhorn mit lebenslänglicher Verbannung bestraft wurden. Ein anderes Schicksal war dem Ankarström als dem eigentlichen Mörder beschieden. Er

Ankarström wird in Stockholm öffentlich ausgestellt.

gestand sein Verbrechen ein, leugnete aber, Mitschuldige zu haben. Am 29. April 1792 zum Tode verurtheilt, wurde er, den Bestimmungen des Urtheils gemäß, unter einem, wie sich denken läßt, ungeheuern Zulauf des Volkes, auf einem Karren aus dem Gefängnisse auf den Ritterholmplatz in Stockholm gebracht, auf einem Senatshause gegenüber errichteten Schaffott mit Ruthen gepeitscht, dann an einen Pfahl geschlossen und drei Tage lang täglich mehre Stunden ausgestellt; über seinem Kopfe waren die Waffen befestigt, die er auf dem Maskenball verloren hatte, und eine über denselben angebrachte Tafel bezeichnete ihn in schwedischer Sprache als den Mörder des Königs. Am vierten Tage wurde er, nachdem ihm die rechte Hand abgehauen worden war, enthauptet und sein Körper geviertheilt. Bis zum letzten Augenblicke hatte er die größte Unerschrockenheit und Ruhe gezeigt und nicht aufgehört, sich seiner That zu rühmen.

Es fehlte nicht an Personen, die Ankarström's Greuelthat als eine ruhmwürdige That priesen. Der größere und bessere Theil der Nation wandte sich aber mit Abscheu ab und beklagte den Tod des Königs tief, nicht nur, weil derselbe auf die Nation selbst mehr oder weniger ein ungünstiges Licht warf, sondern auch darum, weil er einsah, daß in Gustav III. ein Fürst gestorben war, der es mit dem Wohle seiner Unterthanen redlich gemeint hatte. Mag er sich auch in den Mitteln vergriffen haben und von seinem Ehrgeize sich fortgerissen worden sein, so waren doch im Allgemeinen die Maßregeln, welche er ergriff, um die Macht des Adels zu demüthigen, für das Land sehr wohlthätig, und die Mehrzahl der Geschichtschreiber steht nicht an, ihn zu den ausgezeichnetsten Regenten zu zählen, welche die schwedische Krone getragen haben.

Reise durch die Mancha.*)

Wenn man in Frankreich von Paris nach Lyon oder Bordeaux reisen will, so braucht man sich nur auf dem Bureau der Diligencen zu erkundigen, ob noch Plätze vorhanden sind, und, wenn dies der Fall ist, sich einschreiben zu lassen. Will man aber von Madrid nach Valencia reisen, so muß man vorher noch eine andere kleine Formalität erfüllen, nämlich sich erkundigen, ob Palillos noch immer in der Mancha ist, ob Cabrera und Serrador**) den Schauplatz ihrer Greuelthaten südlich oder nördlich von der Landstraße verlegt haben, zu welcher Zeit die letzte Diligence verbrannt worden ist, endlich ob der Weg für den Augenblick frei und ob Aussicht vorhanden ist, wohlbehalten am Bestimmungsorte anzulangen. Erhält man über diese Kleinigkeiten befriedigende Auskunft, so nimmt man einen Paß, läßt ihn von dem constitutionellen Alcaden visiren, wenn dieser anders in seiner Wohnung zu treffen ist, und findet sich um 4 Uhr Morgens im Bureau der königlichen Diligencen ein, denn in Spanien sind die Diligencen nicht nur dem Namen nach, sondern in Wahrheit königlich, das Königthum hat hier die Diligencen eingerichtet, wie es die Landstraßen gebaut hat. Sobald die Maulesel angespannt sind, werden die Reisenden verlesen; der Postillon besteigt den vordersten Maulesel, der Mayoral und der Zagal theilen sich brüderlich in den Kutscherbock, ein Peitschenknall gibt das Zeichen zur Abfahrt, die Reisenden machen das Zeichen des Kreuzes und wir

sind auf dem Wege nach Aranjuez. Da dieser Weg sehr einförmig ist und nach der alten castilischen Methode nicht einen einzigen Baum zeigt, so ist von ihm nichts zu berichten; statt dessen schildere ich das Fuhrwerk nebst Zubehör. Acht, zehn, bisweilen auch zwölf Maulthiere sind paarweise angespannt; auf einem der beiden vordersten sitzt ein kleiner Postillon, auf dem Kutschersitze der Mayoral oder Conducteur, der die beiden hintersten Maulthiere leitet; neben ihm sitzt der Zagal. Dieser ist der Pylades und Euryolus des Mayoral, sein Adjutant, seine rechte Hand; reißt ein Strang, gleich springt der Zagal vom Bock; schlägt eins der Maulthiere aus oder wird widerspenstig, müssen sie gepeitscht und in Galopp gebracht werden, gleich ist der Zagal unten, folgt den Maulthieren, ermahnt sie, harangurt sie, wie ehemals Automedon die Renner des Achilles; er nennt sie bei ihren Namen, faßt sie bei der Ehre oder schmäht sie, und wenn er sie in Galopp gebracht hat, so ergreift er einen Riemen und schwingt sich gewandt über den Mayoral, welcher majestätisch und unbeweglich ihm stillschweigend zugesehen hat. Der Zagal ist Spanien eigenthümlich und gedeiht nur auf seinem Boden; er ist gewöhnlich klein, kräftig und flink, und bringt sein Leben mit Auf= und Abspringen und Laufen zu; seit den olympischen Spielen, wo die Ringer sich mit Sand rieben, hat man wol schwerlich jemals Haare gesehen, die durch Staub und Schweiß so unentwirrbar fest verbunden gewesen wären als die des Zagal; aber bereits haben wir Aranjuez erreicht, wo wir Halt machen.

Aranjuez, die von Philipp V. gebaute königliche Residenz, ist im Anfange dieses Jahrhunderts Zeuge der ersten Unruhen Spaniens gewesen; hier begann für dieses unglückliche Land die Reihe der Revolutionen und der Bürgerkriege; hier fiel der Friedensfürst unter der Last der allgemeinen Verwünschung; hier legte der schwache und willenlose Karl IV. die Krone nieder, die er durch die Zügellosigkeit seiner Gemahlin und die Verschwendung seines Günstlings hatte beschimpfen lassen; hier begann endlich Ferdinand VII. noch jung jene Laufbahn der Intrigue und Falschheit, die ihm, unterstützt von tiefer Kenntniß des spanischen Charakters, bis zuletzt über den Haß und die Verachtung seiner Unterthanen triumphiren halfen. Die französischen Truppen drangen damals auf allen Seiten in die Halbinsel ein; Murat marschirte gegen Somo=Sierra, Duhesme besetzte Barcelona durch Überrumpelung. Der Vorwand eines Einfalls in Portugal genügte nicht mehr, so viele verdächtige Handlungen zu erklären; der Friedensfürst, der sich mit der Hoffnung eines Königthums in Algarbien schmeichelte, schlummerte während der Gefahr, und der Hof, der erst im letzten Augenblicke erwachte, dachte zu spät daran, sich nach Sevilla zurückzuziehen und im Nothfalle nach Amerika zu flüchten, als die Bevölkerung von Aranjuez und Madrid, wüthend darüber, daß man sie verließ, und wie es scheint, durch die Ränke Ferdinand's aufgewiegelt, sich empörte und den Günstling stürzte; der eingeschüchterte alte König dankte ab und gab durch den zweideutigen Charakter dieser wichtigen Acte einen plausibeln Vorwand zu dem treulosen Schiedsrichterspruche, dessen sich Napoleon bediente, um seine Pläne zu verschleiern. So interessant aber diese Erinnerung auch ist, so ist sie doch nicht Das, was den Fremden in Aranjuez am meisten anzieht. Für den Reisenden, der von Spanien noch nichts als Aragonien und Castilien gesehen hat, erblickt die Geschichte selbst vor dem merkwürdigen Schauspiele einer prachtvollen Vegetation, an der man sich von der monotonen Dürre der eben

---

*) Aus dem Tagebuche eines französischen Reisenden, der 1837 in Spanien war.

**) Namen berüchtigter Karlistenchefs.

durchreisten Ebenen erholt, welches diese Oasis dem Auge darbietet.

Der Tajo, der den Park von Aranjuez durchströmt, befruchtet diesen an nährenden Säften reichen, aber von der Sonne ausgedörrten Boden. Mit Verwunderung sieht man in der Mitte dieser öden Ebenen, die kaum einige staubige Rosmarinsträucher ernähren, Ulmen, Platanen, Pappeln und gigantische Cedern sich erheben. Die wohlthuende Feuchtigkeit leiht dem sonst so dürren Boden eine solche Kraft, daß man Ulmen findet, welche fast 15 Fuß im Umfange haben und den schönsten Wäldern unserer nördlichen Gegenden Ehre machen würden. Man muß sich wundern, daß Aranjuez in Europa keinen größern Ruf hat; Spanien wenigstens bietet nur in wenigen Gegenden eine gleich schöne und große Natur dar. Das Schloß enthält nicht viel Bemerkenswerthes; mehr ihres Reichthums als der geschmackvollen Anlage wegen ist die Casa del Labrador zu nennen, ein kleines Lusthaus, wo der alte Karl IV. Millionen verschwendet hat, um sich in seinem Unglücke zu zerstreuen. Gold, Marmor, kostbare Draperien und einige schöne Gemälde geben Zeugniß von diesen königlichen Erholungsstunden.

Wenn man Aranjuez verläßt, beginnt die Dürre wieder, aber mit einem neuen Charakter, der besonders dann hervortritt, wenn man über Ocaña hinauskommt und die Mancha betritt. Diese melancholische Provinz bildet eine Ebene ohne Wasser; der Boden zeigt keine einzige Abwechselung, fast kein einzigen Baum, nur die eigene Schwäche setzt dem Auge Grenzen; nach Süden erscheint in weiter Ferne, einem Nebel am Horizonte gleichend, die Sierra Morena, außerdem nichts als endlose Einöden, in denen man vier bis fünf Stunden reist, ohne eine menschliche Wohnung anzutreffen; die Geduld des Menschen scheint an diesem Lande, wo sich das Leben nicht einmal unter der Form eines Grases zeigt, verzweifelt zu haben. Trauriger kann nichts sein als diese Gegenden, wo die Sonne auf- und untergeht, ohne etwas Lebendes beschienen zu haben; sie bilden eine prosaisch-Wüste, der nur die Windstöße, die Sandhosen und die trügerische Luftspiegelung, also gerade die Abwechselung und die Poesie der afrikanischen Wüsten, abgehen. Nur in weiten Entfernungen trifft man unterwegs große Flecken, deren armselige, aneinandergelehnte Häuser einer Heerde von Schafen gleichen, wenn sie nichts mehr zu fressen finden, auf einem Stoppelfelde regungslos zusammengedrängt stehen, um sich gegenseitig gegen die Glut der Sonne zu schützen.

Die Manchegos oder Bewohner der Mancha haben die Wirkungen der Kargheit der Natur ebenfalls schwer empfinden müssen. Der Manchego ist ein Müßiggänger und Landstreicher, der von seiner Arbeit wenig zu hoffen hat; die Landstraße ist besetzt mit Bettlern und zerlumpten Kindern, die andere ganz nackte Kinder in den Armen tragen; Jung und Alt bettelt und die Überlieferungen des Müßiggangs bilden fast das einzige Erbtheil, welches diese tiefgesunkenen Generationen einander treu übermachen. Kein Wunder, daß der Manchego bei seinen Nachbarn in dem schlechtesten Rufe steht. Er lebt größtentheils vom Schleichhandel und Diebstahl; er versteckt sich gern in einem kleinen Tannengehölz, um die Diligencen anzufallen und zu plündern, wiewol diese, da seine löbliche Neigung bekannt ist, in der Regel nur mit zwei oder drei Soldaten, die mit einer tüchtigen Muskete und einer gefüllten Patrontasche versehen auf dem Dache oder der Imperiale des Wagens sitzen, durch die Mancha fahren. Die Rebellen, welche die Mancha unaufhörlich durchziehen, verdanken diesem

Naturell der Bewohner zahlreiche Recruten. Es ist daher buchstäblich wahr, daß die eine Hälfte der Mancha auf Kosten der andern lebt; in allen Wirthshäusern, in denen wir unterwegs einkehrten, erfuhren wir, daß die Rebellen zwei-, drei- oder viermal da gewesen seien, und das Küchengeschirr aus Furcht vor einer Ueberraschung den halben Tag über im Brunnen versteckt sei.

Ein einziger Ruhm bleibt der Mancha: Cervantes hat aus ihr das Vaterland und den Schauplatz der Großthaten seines Helden gemacht. Hier wurden geboren, lebten und starben der große Don Quixotte, der Ritter von der traurigen Gestalt, und sein unsterblicher Schildknappe und Freund Sancho Pansa, und die Sage zeigt noch einige ihrer ruhmvollsten Schlachtfelder. Rechts von der Straße, einige Leguas von Quintanar de la Orden, erblickt man Toboso, den Geburtsort der von Don Quixotte so zärtlich geliebten Dulcinea; unmittelbar an der Straße das Wirthshaus, wo der Held zum Ritter geschlagen wurde, und ein wenig weiter hin zur Linken jene hundertarmigen Riesen, welche ein neidischer Zauberer in Windmühlen verwandelte und welche seitdem nicht aufhören, sich in der durch den berühmten Lanzenstoß unsterblich gewordenen Form zu bewegen.

Wenn man durch die ansehnliche Stadt Albacete gekommen ist, welche in Spanien wegen ihrer Messerfabrikation bekannt ist, so läßt man Chinchilla zur Linken, eine alte graue Stadt, welche wie ein Vogelnest auf einem steilen Felsen liegt, und kommt bald darauf nach Almanza, wo der Herzog von Berwick am 25. April 1707 die berühmte Schlacht gewann, welche dem Könige Philipp V. die spanische Krone sicherte. Einen merkwürdigen Contrast gewährt die Energie jener Zeit, wo sich, wie jetzt, zwei Nebenbuhler um den Thron stritten, mit der Schwäche der Gegenwart. Damals handelte es sich darum, zu wissen, ob eine französische oder eine österreichische Dynastie in Spanien herrschen sollte, und ob der schwachsinnige Karl II. durch sein Testament dem einen der beiden Prätendenten vor dem andern einen wirklichen Vortheil gegeben habe. Jetzt handelt es sich aber darum, ob die Herrschaft alter hundertjähriger Misbräuche wiederhergestellt werden oder Spanien die Bahn der civilisirten Völker betreten soll. Die Frage scheint also jetzt ungleich wichtiger als der Streit zwischen Philipp V. und dem Erzherzoge zu sein, und doch welche Verschiedenheit in der Energie! Wer möchte die Entschlossenheit und Aufopferung, die im spanischen Successionskriege vielfach an den Tag gelegt wurden, mit der Lauheit und Schlaffheit vergleichen, mit denen Spanien jetzt täglich dahinstirbt? Philipp V., durch die Erscheinung der verbündeten Flotte gezwungen, die Belagerung von Barcelona aufzuheben, zieht sich nach Navarra zurück; sein Nebenbuhler kommt nach Madrid; Catalonien und Aragonien sind für den Erzherzog, Jeder hält Philipp für verloren, aber er, der Treue der Castilier vertrauend, legt die Krone in ihre Hände und schwört, sie nicht zu verlassen. Da macht dieses heldenmüthige Volk heroische Anstrengungen; die weniger Wohlhabenden verkauften oder versetzten ihre Güter; die Sache war national geworden. Ein armer Pfarrer in Altcastilien legt mit seinen Pfarrkindern 500 Realen zusammen, die er dem Könige schickt. „Sire", schrieb er ihm, „was wir anbieten können, ist wenig, aber wir bitten Sie, zu erwägen, daß im Dorfe noch 120 Personen vorhanden sind, welche Ew. Majestät in Ermangelung einer größern Summe ihre Arme und ihr Leben anbieten." Der Herzog von Berwick, der die kleine Armee, auf welcher Philipp's V. letzte Hoffnung ruhte, mit großer Klugheit zu schonen gewußt hatte, ergriff bei Almanza endlich wieder die Offensive, warf den Feind aus den Königreichen Murcia und Valencia und eroberte einen Theil von Catalonien wieder, während der Herzog von Orleans Lerida einnahm und ein abgesondertes Corps unter den Befehlen des Marquis de Bay die portugiesische Grenze deckte. Einige Monate hatten hingereicht, um das Glück wiederherzustellen, aber damals bestanden die alten monarchischen und religiösen Meinungen noch in ihrer vollen Kraft; gegenwärtig ist dieses mächtige Motiv mehr als zur Hälfte verschwunden, ohne durch ein gleich starkes ersetzt worden zu sein.

Mittel, das Brot gegen Schimmel zu hüten.

Daß das Brot, besonders im Sommer, wenn es über acht Tage alt ist, sehr schnell vom Schimmel ergriffen wird, ist ebenso bekannt als man fast allgemein darüber klagt. Besonders kommt dies auf dem Lande in kleinen Haushaltungen, die des geringen Verbrauchs wegen seltener backen, ziemlich oft vor, ein Übelstand, gegen welchen folgendes Mittel als erprobt empfohlen werden kann.

Wenn das Brot gut ausgebacken ist und aus dem Ofen genommen wird, hält man einen Mehlsack in Bereitschaft, der noch etwas Mehl an sich hängen hat oder nöthigenfalls damit versehen wird. In diesen Sack bringt man behutsam ein Brot, sowie es aus dem Ofen kommt, und zwar so, daß es auf die obere Rinde zu liegen kommt und so eingebunden wird. Dies Verfahren wird fortgesetzt, bis der Sack angefüllt ist, und jedes Brot wird auf die nämliche Weise eingebunden. Dann hängt man den zugebundenen Sack an einem luftigen Orte so auf, daß er von allen Seiten frei hängt. Will man nun das Brot herausnehmen und benutzen, so muß das Herausnehmen einen Tag vor dem Aufschneiden des Brotes geschehen. Man fährt mit einer in Wasser getauchten Bürste leicht über dasselbe hin und legt es dann in den Keller, damit die Rinde, welche indessen hart geworden, wieder mild und weich wird. Bei diesem Verfahren wird das Brot wieder ganz weich und frisch, sodaß es nur vor wenigen Tagen gebacken zu sein scheint.

Sherborne.

Das Schloß zu Sherborne im 14. Jahrhundert.

Die kleine Stadt Sherborne in der englischen Grafschaft Dorset, welche jetzt etwa 5000 Einwohner zählt, die sich größtentheils durch Seiden= und Wollfabrikation nähren, gehört zu den ältesten des Landes und war schon 705 ein Bischofssitz. Eine Viertelstunde von der Stadt, zunächst derjenigen Vorstadt, welche noch jetzt Castletown (Schloßstadt) heißt, stand ehemals auf einem Hügel ein Schloß, das wahrscheinlich schon zu den Zeiten der Sachsen gegründet und nachmals zu den bischöflichen Besitzungen gezogen wurde. Unter König Karl I. wurde es nach 16tägiger Belagerung von Cromwell und Fairfax erobert, wobei viele Gefangene von Auszeichnung gemacht wurden und große Kriegsvorräthe den Siegern in die Hände fielen. Bald darauf wurde es auf Befehl des Parlaments demolirt; jetzt sind nur noch wenige Trümmer davon übrig. Mit einem Theile der Materialien wurde an einer andern Stelle in einem ausgedehnten und schönen Parke das jetzige Schloß von Sherborne erbaut, welches dem Grafen von Digby als Wohnsitz dient.

Verantwortlicher Herausgeber: Friedrich Brockhaus. — Druck und Verlag von F. A. Brockhaus in Leipzig.

Das Pfennig-Magazin

für
Verbreitung gemeinnütziger Kenntnisse.

347.]   Erscheint jeden Sonnabend.   [November 23, **1839.**

Cervantes.

Miguel de Cervantes Saavedra, einer der größten Geister, welche Spanien je hervorgebracht, wurde am 9. October 1547 zu Alcala de Henares geboren. Frühzeitig widmete er sich der Dichtkunst, zu der ihn eine unwiderstehliche Neigung trieb, verließ aber, da sie ihm keinen Unterhalt in seinem Vaterlande gewährte, in seinem 22. Jahre die Heimat, um in der Fremde sein Unterkommen zu suchen. In Italien trat er als Kammerdiener in die Dienste des Cardinals Acquaviva in Rom; seit 1570 kämpfte er unter Colonna heldenmüthig gegen die Türken und Barbareskenstaaten und verlor in der Schlacht bei Lepanto den linken Arm; 1575 wollte er in sein Vaterland zurückkehren, als er von einem afrikanischen Corsaren gefangen und in Algier als Sklave verkauft wurde. Erst 1580 kauften ihn seine Verwandten und Freunde los, nachdem er fünf Jahre in Gefangenschaft geschmachtet hatte und alle seine kühnen Versuche, zu entfliehen, fruchtlos gewesen waren. In seinem Vaterlande lebte er nun in stiller Zurückgezogenheit den Musen und widmete sich lange Zeit fast ausschließlich der dramatischen Poesie, zum Theil wol darum, weil sie die einträglichste war; in einem Zeitraume von zehn Jahren lieferte er gegen 30 Dramen, wurde aber von Lope de Vega verdrängt und dadurch veranlaßt, der schriftstellerischen Thätigkeit auf lange Zeit zu entsagen. Zwischen 1594—99 lebte er in Sevilla von einem kleinen Amte. Nach zehnjähri-

ger Pause trat er wieder als Schriftsteller auf und schrieb dasjenige Werk, dem er seine Berühmtheit verdankt, den „Don Quixote", dessen erster Theil zu Madrid 1605 erschien und bald im In= und Auslande den allgemeinsten Beifall fand. Dieser komisch=satirische Roman, durch welchen Cervantes den in Spanien damals herrschenden Geschmack lächerlich machen, damit aber zugleich verbessern und der falschen Romantik ein Ende machen wollte, steht in jeder Hinsicht als vollendetes Muster da, war aber leider nicht im Stande, die äußere Lage des Dichters zu verbessern. Dieser blieb nach wie vor in Verborgenheit und Dürftigkeit, ohne sich durch die Undankbarkeit seiner Landsleute von der Fortsetzung seiner schriftstellerischen Arbeiten abhalten zu lassen; erst in seinen letzten Lebensjahren fand er an dem Grafen von Lemos einen Gönner. Der zweite Theil seines „Don Quixote", von ihm 1615 herausgegeben, war das letzte Werk, das bei seinen Lebzeiten von ihm erschien. Er starb zu Madrid in einem Alter von 68 Jahren und in dürftigen Umständen am 23. April 1616, merkwürdigerweise an einem Tage mit Shakspeare, den Ruf eines edelmüthigen und geradsinnigen Mannes hinterlassend. Seine Ruhestätte wurde durch keinen Leichenstein bezeichnet; erst 1833 wurde seine Büste auf Befehl des Königs Ferdinand VII. vom Bildhauer Agreda verfertigt und an der Vorderseite des von ihm bewohnten Hauses aufgestellt. Die erste deutsche Übersetzung des „Don Quixote" erschien 1669 zu

Frankfurt, ist aber unvollendet geblieben; in neuerer Zeit haben Bertuch, Tieck und Soltau empfehlenswerthe Übertragungen dieses Meisterwerks geliefert.

Die Geschichte der Dampfmaschine.
(Beschluß aus Nr. 346.)

Watt blieb indeß bei den erwähnten Verbesserungen noch nicht stehen. Seine verbesserte Maschine war noch immer eine einfach wirkende, in welcher der Dampf nur das Herabgehen des Kolbens bewirkte, was eine große Ungleichförmigkeit der Bewegung zur Folge hatte, die bei jeder andern Anwendung als zum Betrieb von Pumpen unzulässig gewesen wäre. Er kam daher bald auf die Idee, die einfach wirkende Maschine mit einer doppelt wirkenden zu vertauschen, in welcher der Dampf abwechselnd auf die obere und auf die untere Seite des Kolbens wirkt, während gleichzeitig der Dampf auf der andern Seite des Kolbens condensirt wird, sodaß sowol das Aufsteigen als das Niedersteigen des Kolbens lediglich durch den Druck des Dampfes bewirkt wird, ohne daß es eines Gegengewichts bedarf; solche doppelt wirkende Maschinen, welche jetzt allgemein in Gebrauch sind, leisten in gleicher Zeit doppelt so viel als die einfach wirkenden. Hiermit standen noch zwei andere Erfindungen in Verbindung. In den frühern Dampfmaschinen war der Balancier mit dem Ende der Kolbenstange durch eine Kette verbunden, die, auch ganz zweckmäßig war, da abwechselnd der Balancier die Kolbenstange herauf= und diese jenen herunterzog; bei den doppelt wirkenden Maschinen sollte aber die Kolbenstange den Balancier abwechselnd herunterziehen und hinaufstoßen, daher war eine nicht biegsame Verbindung zwischen beiden nothwendig; außerdem wurde verlangt, daß die Kolbenstange sich genau in gerader Linie auf= und niederbewegen sollte, obgleich das Ende des Balanciers sich offenbar in einem Kreisbogen bewegt. Beide Zwecke erreichte Watt durch einen äußerst sinnreichen Mechanismus, die sogenannte Parallelbewegung, eine Verbindung von Stangen, die ein Parallelogramm bilden, deren Erklärung wir leider hier übergehen müssen, wiewol gerade diese Erfindung vielleicht unter allen Erfindungen Watt's die scharfsinnigste ist. Um ferner die hin= und hergehende Bewegung des Balanciers in eine rotirende oder drehende zu verwandeln, wandte Watt eine Kurbel an, die mit dem einen Balancierarme, demjenigen, an welchem bei den zum Wasserheben bestimmten Maschinen die Pumpenstange hing, durch eine Metallstange verbunden war; leider kam ihm aber ein gewisser Washborough in Bristol 1778 bei der Bewerbung um ein Patent auf diese Vorrichtung zuvor, weshalb sich der eigentliche Erfinder bis zum Erlöschen jenes Patents zur Erreichung desselben Zwecks einer andern Vorrichtung bediente, die aus zwei gezähnten Rädern, genannt das Sonnen= und das Planetenrad, zusammengesetzt war, dann aber zur Kurbel zurückkehrte. Um aber die Umdrehung gleichförmig zu machen, da die auf dieselbe wirkende Kraft der Dampfmaschine in den verschiedenen Stellungen der Kurbel sehr ungleich ist, bediente sich Watt eines Schwungrades, nämlich eines großen metallenen Rades, das auf die Achse der Kurbel gestellt und mit derselben zugleich umgedreht wird und durch sein großes Beharrungsvermögen oder Streben, die einmal mitgetheilte Bewegung beizubehalten, die Bewegung gleichförmig macht. Endlich ist noch eine interessante Erfindung Watt's zu erwähnen, welche dazu dient, den Dampfzufluß aus dem Kessel zu re-

guliren, damit mehr Dampf bei geringerer und weniger Dampf bei größerer Geschwindigkeit der Bewegung in den Dampfcylinder gelangt und auch dadurch eine gleichförmige Geschwindigkeit erhalten wird. Diese Vorrichtung heißt der Regulator, auch das konische Ventil oder konische Pendel, beruht auf der Schwungkraft und besteht in der Hauptsache aus zwei schweren Metallkugeln, die sich um eine Achse drehen und von derselben mehr oder weniger entfernen, je nachdem das Schwungrad schneller oder langsamer umläuft, wodurch sie auf eine Weise, die sich ohne Zeichnungen nicht gut versinnlichen läßt, bewirken, daß eine Klappe in der den Dampf aus dem Kessel in den Dampfcylinder führenden Röhre auf= und niederbewegt wird, die Röhre mehr oder weniger verschließt und dadurch mehr oder weniger Dampf durchgehen läßt. Auf die verschiedenen im Vorhergehenden aufgezählten Verbesserungen, sowie auf andere minder wichtige erhielt Watt in den Jahren 1782, 1784 und 1785 Patente.

Noch sind die von Watt angegebenen Expansionsmaschinen zu erwähnen, in denen man den Dampf über oder unter den Kolben, nachdem man den weitern Zufluß desselben gesperrt hat, bevor der Kolben am Ende seines Laufs angekommen ist, noch ferner durch seine Expansion oder Ausdehnung wirken läßt, was bei Maschinen mit hohem Drucke am vortheilhaftesten angewandt werden kann. Watt kam auf diese Verbesserung schon 1769 und ließ sie sich schon damals patentiren, baute aber erst 1774 die erste große Maschine dieser Art; doch wurden die Expansionsmaschinen erst seit 1778 allgemeiner angewandt. Im J. 1781 erhielt Hornblower ein Patent auf eine abgeänderte Art von Expansionsmaschinen, welche zwei Cylinder hatte; der Dampf strömte zuerst aus dem Kessel in den kleinern Cylinder, dann aus diesem in einen zweiten größern, wo er sich expandirte, trieb auf diese Weise zwei Kolben und wurde erst dann condensirt. Maschinen dieser Art gewähren indeß keinen besondern Vortheil und werden daher gegenwärtig nicht mehr gebaut. In größerer Ausdehnung wandte Arthur Woolfe seit 1804 das Princip der Expansion des Dampfes an und erlangte Patente für die Anwendung eines Dampfes von hohem Drucke und Doppelcylindermaschinen.

Im J. 1797 erhielt der englische Geistliche Edmund Cartwright ein Patent auf einige Verbesserungen der Dampfmaschine, die sehr sinnreich und daher nicht mit Stillschweigen zu übergehen sind. Zuvörderst gab er dem Condensator eine eigenthümliche Einrichtung, bei welcher die Condensation nicht durch Einspritzung, sondern dadurch bewirkt wird, daß der Dampf mit einer ausgedehnten kalten Oberfläche in Berührung kommt. Er brauchte nämlich zwei Metallcylinder, die ineinander gesteckt waren; kaltes Wasser floß durch den innern und umgab den äußern, sodaß eigentlich der enge Zwischenraum zwischen beiden Cylindern den Condensator bildete. Eine fernere Eigenthümlichkeit seiner Maschine bestand darin, daß die im Kessel zur Dampferzeugung gebrauchte Flüssigkeit durch die Maschine circulirte, ohne merklich vermindert oder mit einer andern Flüssigkeit vermischt zu werden; dieser Umstand macht es möglich, statt des Wassers Weingeist anzuwenden, was darum vortheilhaft ist, weil man dabei die Hälfte des Brennmaterials ersparen kann, da Weingeist schon bei einer viel geringern Wärme als Wasser siedet, ja wenn die Maschine bei Destillirapparaten angebracht wird, so kann das ganze Brennmaterial oder wenigstens der größte Theil desselben erspart werden. Eine praktische Anwendung scheint jedoch von dieser Art Dampfmaschine, die sich noch durch mehre sehr sinnreiche Einrichtungen auszeichnet, niemals gemacht worden zu sein.

Eine neue Epoche beginnt in der Geschichte der Dampfmaschinen mit der allgemeinen Anwendung der Hochdruckmaschinen, welche, wiewol die Idee schon früher von Leupold und Watt geäußert worden war, seit 1802 zuerst von Trevithik und Vivian in England gebaut wurden. Ihre Maschine war in hohem Grade einfach; der Dampf wird in derselben abwechselnd über oder unter den Kolben geleitet und entweicht, wenn er seine Wirkung gethan hat, durch die Esse ins Freie. Um die Elasticität des Dampfes zu messen, dient eine Barometerröhre mit Quecksilber; um gegen die Gefahr eines Zerspringens des Kessels zu schützen, welcher man wegen des starken Drucks des Dampfes mehr ausgesetzt ist als bei Maschinen mit niedrigem Drucke, ist ein zweites Sicherheitsventil angebracht, das dem Maschinenwärter nicht zugänglich ist, und außerdem in den Kessel ein Stück eines leichtflüssigen Metalls eingesetzt, damit es bei einer zu großen, Gefahr drohenden Hitze schmilzt und dem Dampfe einen Ausweg öffnet. Abgeänderte Einrichtungen wurden später unter andern von den Amerikanern Oliver Evans in Philadelphia und Perkins, der sich auch durch die Erfindung der Dampfkanone bekannt machte, in Ausführung gebracht.

Ihre wichtigste Anwendung fanden die Hochdruckmaschinen bei der Fortbewegung von Wagen, ein Zweck, auf welchen die Bestrebungen der erwähnten Engländer Trevithik und Vivian vorzugsweise gerichtet waren. Im J. 1804 bauten sie den ersten Dampfwagen und machten damit gelungene Versuche auf der kleinen Eisenbahn bei den Kohlenminen zu Merthyr Tydvil in Südwales; indeß wurde die Sache damals nicht weiter verfolgt. Im J. 1811 baute Blenkinsop einen zweiten Dampfwagen für Eisenbahnen, dessen Räder gezähnt waren, um in die gleichfalls gezähnten Schienen einzugreifen und dadurch den Wagen fortzutreiben; diese Maschine ist zu Middleton bei Leeds noch jetzt in Gebrauch und dient zum Transport von Kohlen. Man gab sich damals viel unnöthige Mühe, um eine eingebildete Schwierigkeit zu überwinden; man meinte nämlich, daß ein Wagen, dessen Räder durch eine Dampfmaschine umgetrieben würden, sich auf einer glatten Eisenbahn nicht fortbewegen könnte, sondern daß sich wegen der geringen Reibung zwischen den Rädern und Schienen die Räder umdrehen würden, ohne den Wagen fortzutreiben. Noch im J. 1812 wurden ein Paar mechanische Beine erfunden, um Eisenbahnwagen fortzuschieben. Von großer Wichtigkeit war daher die Entdeckung, daß die vermeintliche Schwierigkeit gar nicht vorhanden ist, und daß die Räder eines Eisenbahnwagens, wenn sie durch eine Dampfmaschine umgedreht werden, den Wagen nebst einer angehängten großen Last wirklich fortbewegen. Indeß blieb die Kunst der Dampfwagenfabrikation in ihrer Kindheit, bis in Folge gelungener Versuche auf der Eisenbahn von Stockton nach Darlington die Unternehmer der Eisenbahn von Liverpool nach Manchester nach deren Vollendung den Beschluß faßten, auf derselben Dampfwagen in Anwendung zu bringen und einen Preis von 500 Pf. St. auf die Fertigung des besten Dampfwagens aussetzten, welcher im October 1829 einer von dem Ingenieur Stephenson in Newcastle gebauten Locomotivmaschine zuerkannt wurde. Sie unterschied sich von frühern Maschinen sehr wesentlich dadurch, daß der Kessel mit einer Menge Röhren versehen war, durch welche das Feuer strömte und welche zur Vergrößerung der erhitzten, Dampf erzeugenden Oberfläche dienten;

diese Einrichtung des Kessels ist von dem französischen Ingenieur Seguin erfunden worden, welcher 1828 ein Patent darauf erhielt, und ist jetzt wegen ihrer großen Zweckmäßigkeit allgemein in Gebrauch. In den seitdem verflossenen zehn Jahren sind die Dampfwagen durch Stephenson und Andere noch bedeutend verbessert worden.

Um die Einführung der Anwendung des Dampfes auf die Schiffahrt hat der Amerikaner Robert Fulton die größten Verdienste, wiewol er ebenso wenig der Erfinder des Dampfschiffes genannt werden kann, als Watt der Erfinder der Dampfmaschine überhaupt. Von ältern Versuchen, den Dampf zur Bewegung von Schiffen zu benutzen, ist schon früher die Rede gewesen. Das erste wirkliche Dampfschiff scheint dasjenige gewesen zu sein, welches Perrier 1775 erbaute und auf der Seine in Gang setzte; es hatte nur die Kraft eines einzigen Pferdes, fuhr daher sehr langsam und war nicht geeignet, die Zweckmäßigkeit der Sache ins Licht zu setzen. Indeß wurde in Frankreich sowol als in Amerika, wo Franklin dazu anregte, der Aufgabe weiter nachgedacht. Im J. 1782 baute der Marquis von Jouffroi zu Lyon ein großes, zwei Maschinen enthaltendes Dampfschiff von 140 Fuß Länge und 15 Fuß Breite, um damit die Saone zu befahren; es war 15 Monate im Gange, doch scheint die Revolution bald nachher die Versuche des Marquis, welcher emigrirte, gestört zu haben. Bald nachher erbauten Fitch und Rumsey in Amerika Dampfschiffe, die aber ihrem Zwecke wenig entsprachen; in Schottland machte Patrick Miller 1788 und 1789 sehr gelungene Versuche, gab aber nachher unerklärlicherweise die Sache wieder auf. Endlich gelang es den Bemühungen des Amerikaners Robert Livingston, die Sache zum Ziele zu führen, indem er sich, schon 1798 vom Staate Neuyork mit einem Privilegium versehen, nach mehren vergeblichen Versuchen im J. 1802 in Paris, wo er amerikanischer Gesandter war, mit Robert Fulton verband, der bereits längere Zeit sich mit demselben Gegenstande beschäftigt hatte. Fulton baute zuerst 1803 ein Dampfboot, mit welchem er die Seine herauffuhr, dann 1807 in Neuyork mit einer Dampfmaschine von Watt und Boulton ein großes Dampfschiff, Clermont genannt, welches von Neuyork nach Albany fuhr, seinem Zwecke auf das vollkommenste entsprach und alle Ansprüche befriedigte. Erst dadurch war eigentlich der Beweis geliefert worden, daß sich der Dampf mit Vortheil zur Bewegung von Schiffen anwenden lasse. Von dieser Zeit an wurden in Nordamerika eine Menge Dampfschiffe erbaut, doch vergingen noch mehre Jahre, bis die Erfindung in England Eingang fand, und erst 1812 wurde ein Dampfschiff erbaut, das zum Transport von Gütern und Personen diente. Noch 1820 gab es in England nur 34 Dampfschiffe, während ihre Zahl gegenwärtig, die Colonien mit gerechnet, 810 beträgt. Die Zahl der in Nordamerika von 1807 bis Mitte 1838 erbauten Dampfschiffe wird von Gerstner auf 1300 angegeben, wovon 240 durch den Gebrauch, 260 durch Unglücksfälle zu Grunde gingen, sodaß gegenwärtig noch 800 vorhanden sind; rechnet man dazu 1860 Dampfmaschinen, die in Fabriken, und 350, die auf Eisenbahnen gebraucht werden, so erhält man allein für Nordamerika die außerordentliche Zahl von 3010 Dampfmaschinen. In Frankreich waren am Ende des Jahres 1835 nur 1650 Dampfmaschinen im Gange.

Liepmann's Ölbilderdruck.

Bereits in Nr. 320 wurde im Vorbeigehen der über=
aus wichtigen Erfindung des Malers Jakob Liepmann
in Berlin gedacht, welche in der Vervielfältigung von
Ölgemälden auf mechanischem Wege besteht und der in
diesen Blättern schon so oft besprochenen Erfindung des
Franzosen Daguerre unbedenklich an die Seite gesetzt
werden kann. Da die Erfindung unsers deutschen
Landsmanns überall das größte Aufsehen erregt hat, so
dürfen wir es nicht länger anstehen lassen, einige nä=
here Angaben darüber mitzutheilen.

Bis jetzt hat Liepmann sein Verfahren erst auf ein
einziges Gemälde angewandt, indem er von dem auf
dem Museum in Berlin befindlichen Bildnisse Rem=
brandt's, von diesem Künstler selbst gemalt, 110 Ab=
drücke, die untereinander vollkommen gleich sind, gelie=
fert hat. Die Art, wie er dieselben erhalten hat, ist
im höchsten Grade mühsam, da der Erfinder sich selbst
die Sache weit schwerer machte als er nöthig gehabt
hätte. Statt sich nämlich aus einer Privatsammlung
ein Bild in seine Wohnung zu verschaffen oder das
gedachte Bild Rembrandt's, auf welches nun einmal
sein Augenmerk gerichtet war, vorerst auf gewöhnliche
Weise an Ort und Stelle zu copiren, da er das Ori=
ginal nicht zur Benutzung in seine Wohnung erhalten
konnte, vertiefte er sich durch langes und oft wiederhol=
tes Anschauen ganz in das Bild, prägte sich nament=
lich die Colorirung davon genau ein und reproducirte
zu Hause die einzelnen Theile desselben aus dem Ge=
dächtnisse, indem er zuerst eine schwarze Zeichnung ent=
warf und nach dieser den Kopf in den Farben des
Originals auf die von ihm erfundene Maschine übertrug.
Die mittels derselben gefertigten Abdrücke sind wirklich
mit Ölfarben gedruckt, scheinen selbst im Druck der Be=
handlung der Ölmalerei sich ziemlich anzuschließen und
gewähren nach dem einstimmigen Urtheile der Kunstken=
ner im Allgemeinen sowol in der Energie und dem
Reichthume der Farben als auch in der Verschmelzung
der Töne den Anblick eines Ölbildes, und zwar eines
auf Leinwand gemalten, wiewol sie selbst nur auf Pappe
gemacht sind. Hiermit stimmt auch das Urtheil der
berliner Akademie der Künste überein, welches dieselbe
auf den Wunsch des Erfinders abgegeben hat. Dasselbe
erklärt nämlich, „der von Liepmann dem akademischen
Senate vorgelegte Farbendruck zeichne sich vor allen
ähnlichen Versuchen dadurch aus, daß derselbe ein mit
dem Pinsel ausgeführtes wirkliches Ölbild zu sein scheine,
weshalb die Akademie wünschen müsse, daß Liep=
mann in den Stand gesetzt werden möge, diese bereits
mit so bedeutendem Erfolge begleiteten merkwürdigen
Versuche auf eine für ihn lohnende Art fortzuführen
und auszubilden". Das Verfahren, welches bis jetzt
noch ein Geheimniß des Erfinders ist, das demselben
von dem Staate abgekauft zu werden verdient, scheint dem
farbigen Steindrucke mit verschiedenen Thonplatten analog
zu sein, sowie dieser wieder im Princip mit dem Tapeten=
druck übereinkommt; nur werden hier (so spricht sich im
Berichterstatter in der Preußischen Staatszeitung aus) Über=
gänge und Verschmelzungen der Farben ineinander gegeben,
was der farbige Steindruck nicht vermag, der sich vielmehr
durch untergelegte durchscheinende Schraffirungen zu hel=
fen sucht. Nach des Erfinders Versicherung kann man,
wenn man die Maschine mit neuen Farben speist, so
viel Abdrücke machen, als man will, da keine Abnutzung
stattfindet. Zur Bewegung der Maschine und Besor=
gung der Abdrücke reicht ein kleines schwaches Mädchen
hin, die bis jetzt des Erfinders einzige Mitwisserin ist.

Bei der Unvollkommenheit ihrer jetzigen Construction
liefert die Maschine täglich nur vier Abdrücke, wird
aber bei größerer Vervollkommnung, deren sie gewiß fähig
ist, ohne Zweifel bequem 40—50 Abdrücke täglich lie=
fern können; dann wird es auch möglich sein, den
Preis eines Abdrucks, der jetzt vom Erfinder für einen
Friedrichsdor verkauft wird, auf höchstens zwei Thaler
herabzusetzen. Gegenwärtig ist Liepmann, nachdem er
alle von ihm gefertigten Exemplare verkauft, auch von
dem Könige eine namhafte Unterstützung erhalten hat,
in den Stand gesetzt, eine vollkommene Maschine bauen
zu lassen, die in Jahresfrist fertig sein soll. Dann will
er in Gegenwart der Akademie das unter dem Namen
„Tizian's Tochter" bekannte Gemälde von Tizian auf
dem berliner Museum auf mechanischem Wege copiren;
einstweilen aber stellt er mit der alten Maschine noch
so viele Exemplare des Rembrandt'schen Bildes her, als
wieder bei ihm bestellt sind.

Niemand kann darüber in Zweifel sein, daß diese
deutsche Erfindung von der höchsten Bedeutung ist.
Bisher war es nur wenigen, vorzugsweise mit Glücks=
gütern gesegneten Sterblichen, vergönnt, ihre Wohnun=
gen mit Gemälden von Werth zu schmücken und sich
am Anschauen derselben, so oft als sie Belieben trugen,
zu ergötzen; Diejenigen, denen es nicht so wohl gewor=
den war, mußten sich damit begnügen, dann und wann
auf Gemäldegalerien und Kunstausstellungen ihrem Ge=
schmack an der Malerei Nahrung zu geben oder auch
wol, wenn sie dazu an ihrem Aufenthaltsorte keine Ge=
legenheit hatten, auf die Beschauung von Meisterwerken
der Malerei, mithin auf Genüsse, die zu den edelsten und rein=
sten gehören, die es gibt, ganz verzichten. Andererseits fan=
den die Maler es oft sehr schwer, Käufer für ihre Ar=
beiten zu finden, die wegen des großen Zeitaufwandes,
den sie veranlaßten, nothwendigerweise mehr oder weni=
ger kostspielig sein mußten. Jetzt ist durch die Erfin=
dung Liepmann's die angenehme Aussicht eröffnet, daß
die Meisterwerke der Malerei in Zukunft gewissermaßen
ein Gemeingut Aller sein werden, weil unzählige Men=
schen, die bisher nicht im Stande waren, an den An=
kauf von guten Gemälden zu denken, künftig ihre Zim=
mer mit Liepmann'schen Abdrücken werthvoller und kost=
spieliger Originale schmücken werden. Diese Abdrücke,
welche als treue Copien sowol die Dimensionen als den
Farbenschmuck der Urbilder wiedergeben, haben eben da=
durch einen außerordentlichen Vorzug selbst vor den
besten Kupferstichen und Steindrücken, abgesehen davon,
daß diese, wenn sie gut sein sollen, auch theurer, nicht
selten im Vergleich theurer sind als farbige Abdrücke
nach Liepmann's Methode künftig sein dürften. Auch
für die Künstler wird daraus der Vortheil hervorgehen,
daß sie Abdrücke eines von ihnen gemalten Bildes selbst
in größerer Zahl leicht werden verkaufen und daraus
gewiß in vielen Fällen einen größern Erlös ziehen kön=
nen als aus dem Verkauf des Originals selbst, wobei
zu berücksichtigen ist, daß theure Originalbilder nach
wie vor ihre Käufer finden werden, weil sie vor den
Copien jedenfalls namhafte Vorzüge, besonders für ei=
gentliche Kunstkenner, voraus haben müssen, mithin
durch eine von jenen keineswegs vollgültig ersetzt wer=
den können. Der wahre, selbstschaffende Künstler kann also
durch die neue Erfindung nicht verlieren, sondern nur
gewinnen, wiewol freilich Diejenigen, deren Arbeit bisher
ganz oder größtentheils in Nachahmung und Repro=
duction fremder Kunstschöpfungen bestand, dadurch einiger=
maßen beeinträchtigt werden doch auf eine mehr selb=
ständige Thätigkeit hingewiesen werden dürften, was der
Kunst selbst gewiß nur zum Vortheile gereichen kann.

Demnach ist nur zu wünschen, daß Liepmann's Erfindung nicht lange auf ihre Vervollkommnung und Anwendung im Großen, der sinnreiche Erfinder aber nicht lange auf die ihm gebührende Belohnung zu warten haben möge.

Auch in München, einer der wenigen Städte außer Berlin, wohin bis jetzt Abdrücke von Liepmann gelangt sind *), ist man darüber einverstanden, daß das dort im Kunstverein ausgestellte Bild vollkommen den Ton und die Kraft der Farbe eines Ölgemäldes wiedergebe, meint jedoch, daß man aus demselben noch nicht abnehmen könne, ob durch dieselbe Methode ein Bild entstehen könne, das auf Vollendung, gediegene Zeichnung, Schmelz der Tinten in zartern Nuancen und überhaupt auf wirklichen Kunstwerth Anspruch habe.

Smyrna.

Smyrna, türkisch Ismir, seit mehren Jahrhunderten der wichtigste Handelsplatz in der Levante und mit Ausnahme Konstantinopels der bedeutendste Seehafen des türkischen Reichs, liegt an der Mündung des kleinen Flusses Meles in den tiefen, gegen zehn Meilen in das Land hineingehenden smyrnaischen Meerbusen an der westlichen Küste von Kleinasien oder Natolien im Sandschak Sighla des Ejalets Dschesair, an einen von Cypressen bedeckten Hügel angelehnt, von dessen Höhe Stadt und Meerbusen einen schönen Anblick gewähren, und bildet den allgemeinen Stapelplatz für alle Producte des Morgenlandes. Die Rhede ist sicher und geräumig, der Ankerplatz gut, und die größten Schiffe können nahe am Landungsplatze sowol befrachtet als ausgeladen werden. Fast jede europäische Macht hält einen Consul in Smyrna, der mit mehr als gewöhnlichem Ansehen bekleidet ist. Unter der Bevölkerung von 110—120,000 Seelen sind wahrscheinlich mehr über 70,000 Türken, außerdem 23,000 Griechen, 7000 Armenier, über 10,000 Juden und 3—4000 Franken oder Europäer; von den letztern bestehen die höhern Classen aus Kaufleuten, die niedern, aus Eingeborenen fast aller am mittelländischen Meere liegenden Länder gemischt, treiben Handwerke. Smyrna führt den Beinamen „das kleine Paris im Morgenlande", hat aber enge und winkelige Straßen und größtentheils hölzerne Häuser, wiewol sich die Stadt aus der Ferne gut ausnimmt; nur die am Meere liegende Frankenstraße, d. h. der von den Europäern bewohnte Stadttheil, zeichnet sich durch bessere Bauart aus. Übrigens ist die Stadt nebst ihrem Gebiet Eigenthum der Sultanin Walide, d. h. Sultanin-Mutter.

Man findet in Smyrna Handelshäuser von Engländern (etwa 20), Franzosen, Holländern, Italienern, namentlich Genuesern und Venetianern, Dalmatiern und Amerikanern. Die meisten Käufe und Verkäufe werden durch Vermittelung von Mäklern abgeschlossen, welche größtentheils Juden sind. Die größten Geschäfte machen die Armenier, die in der Regel ehrlich und pünktlich in Erfüllung ihrer Verbindlichkeiten sind; die griechischen Handelsleute sind sehr verschlagen und schlechte Bezahler; die Juden haben denselben Fehler, unterstützen sich aber gegenseitig und sagen sehr häufig für einander gut. Die Türken übertreffen beide an Ehrlichkeit, stehen ihnen aber in Wohlhabenheit und mercantilischer Gewandtheit nach.

Den bedeutendsten Einfuhrartikel bildet der Kaffee, das Lieblingsgetränk der Bewohner der Türkei und des westlichen Asiens; allein in Smyrna sollen täglich 400,000 Tassen Kaffee zum Betrage von mehr als 20,000 Piastern getrunken werden. Der größte Theil der gesamm-

*) Vor kurzem war ein solcher auch in Leipzig auf der Kunstausstellung zu sehen.

ten Kaffeeeinfuhr kommt aus Amerika, außerdem liefern die Engländer und Franzosen ansehnliche Quantitäten. Auf den Kaffee folgt in der Reihe der Einfuhrartikel der Zucker; Indigo und Zinn kommt in großer Menge aus England. Einen sehr ausgedehnten Zweig von Einfuhrartikeln bilden ferner die Manufacturwaaren, nach denen die Nachfrage fortwährend größer wird. Von den rohen Ausfuhrartikeln bildet den reichsten die Seide, welche in Brussa, 40 Meilen von Smyrna, producirt und durch Karavanen nach der letztern Stadt gebracht wird; unstreitig verspricht die Production von Rohseide der Türkei die wichtigsten Vortheile und ist auch für England von großer Wichtigkeit, dessen Seidenmanufacturen immer größerer Quantitäten bedürfen, während in den Ländern, aus denen sie das rohe Material zu beziehen pflegen, die Production desselben beschränkt ist. Unter den übrigen Ausfuhrartikeln sind die bemerkenswerthesten Schaf= und Ziegenwolle, Wachs, Olivenöl, Schwämme, Krapp, Feigen und Rosinen, mit denen sehr ansehnlicher Handel getrieben wird, Galläpfel, Drogueriewaaren, Harz und Opium, das besonders nach Amerika sowie von da nach China geht. In der neuesten Zeit hat der Handel von Smyrna mit jedem Jahre abgenommen; Ein= und Ausfuhr zusammen betrugen vor 50 Jahren 18 Mill. Thaler, 1835 nur 13½, 1836 13, 1837 nicht ganz 9½ Mill. Thlr. Die Einfuhr allein betrug im J. 1836 noch 3,750,000, 1837 nur 2,330,000 Thlr., die von Frankreich im J. 1786 über 1½ Mill., 1837 nur 250,000 Thlr. Die Verminderung der Einfuhr betrifft hauptsächlich Zeuche, Kaffee, Eisenwaaren und Zucker, die der Ausfuhr Baumwolle, Wolle, Opium, Schwämme und Seide. Die Einfuhr hat abgenommen, weil das Land immer mehr verarmt und die Consumtion theurer Artikel, wie Seide und Tuch, durch wohlfeilere, namentlich Baumwolle, verdrängt worden ist; ausgeführt aber wird darum weniger, weil Europa jetzt einen Theil der Waaren, mit denen es sich früher fast allein in Smyrna versah, aus andern Welttheilen kommen läßt. Aus Allem geht hervor, daß der Wohlstand und die Industrie des Landes tief angegriffen sind. Die Versuche, welche mehre europäische Häuser in Smyrna seit 1833 gemacht haben, um den Handel dieses Platzes wieder emporzubringen, sind natürlich außer Stande gewesen, die Ursachen seines Verfalls zu beseitigen.

Smyrna, wahrscheinlich eine Pflanzstadt der Epheser, gehört zu den ältesten Städten des Landes und war schon in uralten Zeiten berühmt, mächtig und sehr schön; sie befindet sich unter den sieben Städten (Smyrna, Rhodos, Kolophon, Salamis, Chios, Argos, Athen), welche auf die Ehre Anspruch machten, Homer's Vaterstadt zu sein. Ehemals wurde an den Ufern des Meles der Ort gezeigt, wo seine Mutter ihn geboren, unweit der Quelle dieses Flusses aber eine dunkle Höhle, wo er gedichtet haben sollte; die Münzen der Stadt trugen das Bildniß des Dichters und bei seinem Denkmale wurden die Volksversammlungen gehalten. Der ursprüngliche Name der Stadt war Naulochos; den Namen Smyrna erhielt sie nach ihrer Erweiterung durch die angebliche Amazone Smyrne. Nachdem sie abwechselnd im Besitze der Jonier und Lydier gewesen war, wurde sie von den Lydiern zerstört; noch 400 Jahre darauf, zu Alexander's des Großen Zeit, lag sie in Ruinen. Dieser König befahl, sie wieder aufzubauen, was aber erst später durch Antigonus und Lysimachus und an einer andern Stelle, 20 Stadien von der frühern entfernt, geschehen ist. Nachdem sie in den Bund der ionischen Städte aufgenommen worden war, wurde

sie bald der Mittelpunkt des kleinasiatischen Handels und zeichnete sich durch Meisterwerke der Baukunst dergestalt aus, daß der griechische Schriftsteller Philostratus von ihr rühmt, die Sonne könne auf der ganzen Erde nichts Schöneres als Smyrna erblicken. Später gerieth sie nach und nach in Verfall und lag im Anfange des 13. Jahrhunderts abermals in Ruinen, blühte aber von neuem auf, nachdem die Türken Herren des griechischen Reichs geworden waren.

Zinkguß in Berlin.

In der Zinkgießerei von Geiß in Berlin ist vor kurzem ein Abguß in Zink von der Kiß'schen Amazonengruppe aufgestellt worden, welche in Berlin vor einiger Zeit so großes Aufsehen erregt hat und deren Aufstellung auf einem öffentlichen Platze dieser Hauptstadt jetzt, nachdem die erfoderlichen Kosten zum größten Theil gedeckt sind, bereits zur Gewißheit geworden ist. Obwol dieses kleinere Kunstwerk nach dem ersten Entwurf des Künstlers gegossen worden, so sind demselben doch alle die feinern Ausbildungen zu statten gekommen, welche Herr Kiß bei der Ausführung im Großen vorzunehmen Gelegenheit hatte, denn jenes frühere Gypsmodell hat erst nach nochmaliger Überarbeitung von des Künstlers Hand zum Guß gedient. Was diesen Guß anlangt, so gibt er nicht nur das Modell in seiner größten Feinheit unmittelbar wieder, sondern leistet hierin sogar mehr als von der Bronze zu erwarten steht. Letzteres Material bedarf immer noch der Nachhülfe durch den Meißel, während die Zink die zusammenhängendste, zarteste und lebendigste Gußhaut darbietet, und die Löthfugen, welche hier nicht vermieden werden dürfen, sind so genau zusammenschließend, daß sie, wenn sie mit der Feile übergangen, dem suchenden Auge kaum sichtbar werden und an Haltbarkeit sogar die gewöhnliche Gußfläche noch übertreffen. Es ist dies auch nicht die erste Statue, welche aus der Werkstatt des Hrn. Geiß hervorgeht; derselbe machte den Versuch, statuarische Werke in Zink zu gießen, zuerst mit der Statue des Apollino, sodann mit dem sogenannten Adorante (einer auf dem berliner Museum befindlichen Bronze) ferner der Venus von Capua, dem Farnese'schen Hercules und der sogenannten Humboldt'schen Nymphe. Alle diese Werke haben an Feinheit und Reinheit der Oberfläche des Gusses die größten Ansprüche erfüllt, wo nicht übertroffen, denn das Metall zeigt sich so folgsam, als wir es nur irgend vom Gyps gewohnt sind, und die Zusammenfügung durch unscheinbare Löthfugen läßt jede Schwierigkeit verschwinden, welche stark hervortretende oder unterschnittene Theile darbieten könnten. Eine neue Probe hat der Zinkguß durch die gegenwärtige Gruppe bestanden, indem dieselbe ungleich complicirter als alles zuvor Gegossene war, und namentlich auch weit mehr hervorspringendes Detail enthielt. Durch wiederholten Anstrich mit Vitriol hat das Bildwerk einen beständigen Überflug von Kupfer erhalten, welcher zu der Vollkommenheit der wiedergegebenen Form auch noch eine ansprechendere Farbe hinzufügt, denn dieser Überzug von Kupfer kann nunmehr eine grüne Patina annehmen, welche sich vor der weißlichgrauen des Zinks allerdings sehr vortheilhaft auszeichnet.

Wir können nicht umhin, bei dieser Gelegenheit noch in größerer Allgemeinheit von den Leistungen der genannten Zinkgießerei zu sprechen. Sie hat einem Material, welches der preußische Staat bekanntlich in größerer Menge gewinnt als irgend ein anderer, zuerst durch die Verarbeitung im Guß einen ungleich größern Werth abgewonnen. Eine sehr ausgedehnte Anwendung hat der Zinkguß durch die von Geiß erfundene paten= tirte Construction der Dachplatten erhalten, deren große Vorzüge vor der aus gewalztem Blech, welches zu ei= nem Continuum zusammengelöthet wird, sich immer mehr bewähren und das Material wieder zu Ehren bringen, dem man die Fehler einer falschen Verwen= dung mit Unrecht aufbürdete. Als Continuum mußte die Zinkfläche bei der Ausdehnung und Zusammenzie= hung durch wechselnde Temperatur schon mechanischen Zerstörungen ausgesetzt sein, und wenn auch dieses Metall die glückliche Eigenschaft besitzt, daß nur die Oberfläche orydirt, und daß, sobald dieselbe sich mit Oryd über= zogen hat, dies sogar als Schutzmittel gegen weiteres Umsichgreifen dient, so mußte dieselbe doch aufhören bei gar zu großer Dünnheit der Platten, wo nämlich keine reine Metallschicht mehr übrig blieb, welche hätte ge= schützt werden können. Dazu kam noch, daß eindrin= gende Feuchtigkeit das unterliegende Holz ergriff und hier durch Gährung Holzessigsäure entwickelte, welche freilich die Orydation in hohem Grade befördern und die Zerstörung des Metalls herbeiführen mußte. Alle diese Übelstände sind bei der patentirten Construction der nach allen Seiten übereinander greifenden Dachplat= ten beseitigt. Die erste Anwendung im Großen geschah an der neuerbauten Nikolaikirche zu Potsdam, woselbst das über 15,000 Quadratfuß große Dach auf diese Weise gedeckt ist. Zugleich sind aber auch andere Architekturtheile von der größten Ausdehnung und mit reichen Verzierungen an eben dieser Kirche in Zink aus= geführt worden, weil jedes andere Material kostspieliger und weniger haltbar gewesen sein würde; so der 18 Zoll hohe Karnies in einer Länge von 400 Fuß, sowie 24 korinthische Capitäler im Innern. Ferner sind auf dieselbe Weise die Chorbrüstung, die Kanzel und die Orgel mit Ornamenten, Reliefs und Figuren geziert worden, sodaß bei diesem Bau allein ein Verbrauch von mehr als 15,000 Centnern stattfand. Es ergab sich, daß der Zink den Sandstein, ja sogar Stuck, Holz und ge= brannten Thon an Wohlfeilheit noch übertreffe, wäh= rend er durch diese große Bildsamkeit und leichte Be= handlung ungleich mehr für die Form leistet. Ein zur seine Verwendung zur Architektur sehr empfehlender Um= stand ist besonders noch das geringe Gewicht. Nur zu Theilen, welche tragen sollen, scheint er nicht geeignet, wol aber zu deren Verkleidung. Doch sieht man ihn in Berlin nicht selten zu zierlichen Tischfüßen angewandt.

In der neuesten Zeit ist der Zinkguß immer bedeu= tender für die Restauration von Gebäuden geworden. Der Sandstein hält in unserm Klima nicht aus und muß, namentlich in den freistehenden Ornamenttheilen, ersetzt werden. Das königliche Schloß in Berlin hat auf diese Weise die Statuen verlieren müssen, welche ehemals seine Balustrade schmückten; auf andern Ge= bäuden haben die nach dem Style des vorigen Jahr= hunderts gearbeiteten Vasen, Balustern, Trophäen und Statuen entweder sehr kostspielige Überarbeitungen er= fodert oder haben ganz erneuert werden müssen. Hier bot sich der Zinkguß als das bequemste und wohlfeilste Mittel dar, indem er die barocken Formen, welche man jetzt kaum mehr in Stein zu arbeiten vermöchte, voll= kommen wiedergibt mit allen Zufälligkeiten der Ober= fläche des Steins, welchen man nur abzuformen braucht.

Seit Anfang dieses Jahres ist der Zinkguß auch nach Wien verpflanzt worden, indem Geiß sich zu die=

sem Zweck mit dem als Redacteur der „Allgemeinen Bauzeitung" rühmlichst bekannten Architekten Förster daselbst zum gemeinschaftlichen Betriebe einer Fabrik verbunden hat. Bereits ist ein großer Theil von Mo= dellen, welche von den besten berliner Architekten, von Schinkel, Stüler, Persius, Schadow, Knoblauch, Strack u. A. erfunden sind, nach Wien übersandt, und es wird auf diesem Wege der Geschmack der Decoration, in welchem die berliner Architekten durch den an ihrer Spitze stehenden Meister ihren auswärtigen Genossen vielleicht in ganz Europa voraus sind, sich wahrscheinlich zunächst nach der süddeutschen Kaiserstadt hinübertragen.

Das Champagnerbier.

Dieses angenehme, vorzüglich für den Sommer geeig= nete, mehr wein= als bierartige Getränk wird auf fol= gende Weise bereitet. Man kocht etwa 20 Kannen Wasser, löst darin 1½ Pfund braunen Kandis= oder Meliszucker auf, setzt nach dem Erkalten eine Kaffeetasse voll guter Oberhefen zu, rührt die Mischung um und überläßt sie der Gährung, die nach 24—30 Stunden erfolgt. Sobald die aufschwimmenden Hefen sich mehr zusammenziehen und einen Überzug bilden, werden sie mit einem Löffel abgeschöpft; die Masse wird dann an einen kühlen Ort gesetzt, damit die Gährung unterbro= chen wird. Haben sich die Hefen gesetzt, so gießt man die Flüssigkeit behutsam in ein anderes Gefäß, wirft ein bis zwei Loth mit Citronenöl befeuchteten Melis= zucker, der klar gestoßen ist, hinein, rührt sie um und zieht sie auf feste Flaschen. Acht Tage nachher ist sie trinkbar und moussirt.

Die Insel Jura.

Die Inselgruppe im Westen von Schottland ist be= kannt unter dem Namen der westlichen Inseln oder Hebriden. Die Zahl derselben beträgt gegen 300, von denen aber nur etwa 200 bewohnt werden und unge= fähr 50—70,000 Einwohner haben, die schottischer Abkunft und meist Katholiken sind und wenig Acker= bau, dafür aber Viehzucht, Fischerei, zum Theil auch Bergbau treiben. Man theilt diese Felseninseln in die nördlichen, mittlern und südlichen; die größten sind Le= wis mit 37 ☐M. und 15,000 Einwohnern, Skye mit 37 ☐M. und 19,000 Einw., Mull mit 16 ☐M. und 11,000 Einw., Islay mit 4 ☐M. und 11,000 Einw.; außerdem sind die Inseln Harris, Uist, Rum, Lismone, Staffa, wegen der Fingalshöhle berühmt, und Jura bemerkenswerth. Die nördlichsten Hebriden sind Rona und Baba unter 59 Grad nördl. Breite; eine der süd= lichsten ist Islay. Auf der letztern residirten ehemals die Beherrscher dieser Inseln, die mächtigen M'Donards, schlechthin „die Herren der Inseln" genannt, welche Jahr= hunderte lang in der schottischen Geschichte die Rolle mächtiger Häuptlinge spielten; erst seit dem vorigen Jahrhunderte — seit dem Aufstande von 1745 — wur= den die Hebriden der regelmäßigen Jurisdiction der schottischen Herrschaft unterworfen.

Hier haben wir es vorzugsweise mit der Insel Jura zu thun, welche durch den Jura-Sund von dem Fest= lande von Schottland, durch den Islay-Sund von der Insel Islay getrennt ist. Sie ist von allen eine der felsigsten und unfruchtbarsten und besteht fast ausschließ=

lich aus kahlen Bergen, die keines Anbaus fähig sind; die Insel kann als ein ununterbrochener Bergrücken betrachtet werden, da sie eigentlich kein Thal besitzt und nirgend in eine Ebene ausläuft. Nur einige kleine Theile der Süd- und Westküste lassen eine Cultur zu; daraus läßt sich denn auch erklären, warum die Insel schlecht bevölkert ist und nicht über 1400 Einwohner beherbergt, wiewol sie etwa zehn deutsche Meilen lang und fast überall zwei bis drei Meilen breit ist. Einen nicht unansehnlichen Erwerbszweig der Einwohner gaben früher die zahlreichen Seepflanzen ab, aus deren Asche viel Soda bereitet wurde, welche in Seifen- und Glasfabriken verwandt wurde und zur Gewinnung von Natron diente; jetzt wird das Natron mit mehr Vortheil aus dem Kochsalze dargestellt und daher ist jene Nahrungsquelle für die Inselbewohner fast völlig versiegt.

Die Bewohner der Insel leben meistens in zerstreuten Hütten, da es nur ein Dorf auf der Insel gibt, welches wie die Insel den Namen Jura führt und von Fischern bewohnt wird, während die übrigen Insulaner Gerste, Kartoffeln und Flachs bauen und etwas Viehzucht treiben. Jene Hütten, welche in unserer Abbildung vorgestellt sind, sind theils länglich-viereckig, theils konisch, aber alle so niedrig, daß man durch die kleine, mit keiner Thüre verschlossene Öffnung nur kriechend in das Innere gelangen kann. Sie sind aus Baumzweigen erbaut und mit Rasen bedeckt. Etwa der 19. Theil der Insel ist jetzt angebaut, wiewol die in den meisten übrigen Hebriden eingeführten Verbesserungen der Landwirthschaft hier noch keinen Eingang gefunden haben; nur in guten Jahren reicht das erbaute Getreide für den Bedarf der Einwohner hin. Besonderer Fleiß wird auf den Anbau der Kartoffeln gewandt, welche ⁴/₅ der Nahrungsmittel der Einwohner bilden. Diese stehen gleich den Bewohnern der meisten übrigen Hebriden auf einer sehr niedrigen Bildungsstufe und sind sehr abergläubisch und vorurtheilsvoll.

Eine der merkwürdigsten Eigenthümlichkeiten der Insel bilden die seltsam gestalteten, auch in unserer Abbildung dargestellten Hügel, die ihrer konischen Gestalt wegen den Namen Paps (Brüste) führen. Sir Joseph Banks maß einen derselben und fand ihn 2395 Fuß hoch; andere mögen noch höher sein. Von einigen laufen enge Spalten aus, wie man sie im Norden von Schottland und Irland öfter findet. Dieselben sind wahrscheinlich vulkanischen Ursprungs und ehemalige Lavabetten; ihre Breite wechselt von 3—70 Fuß, ihre Tiefe ist unbekannt; sie erstrecken sich Meilen weit, laufen oft unter dem Meere hin und kommen am entgegengesetzten Ufer wieder zum Vorschein.

Nördlich von der Insel, in der Meerenge zwischen ihr und der Insel Scarba, befindet sich der berühmte Strudel von Corrybhreaccain, welcher seinen barbarischen Namen dem Bhreaccain verdankt, einem dänischen Königssohne, der darin umgekommen ist. Die Meerenge ist etwa eine englische Meile breit und der Strudel befindet sich an der Seite von Scarba. Sobald die Flut in die Meerenge eingetreten ist, erscheint die See in der Gegend des Strudels in großer Aufregung; sie braust und schäumt und beschreibt unaufhörliche Kreise. In der vierten Stunde der Flut erreicht die Aufregung den höchsten Grad. Die See wirft mit furchtbarem Getöse, das oft auf sechs bis sieben englische Meilen hörbar ist, allerhand Gegenstände vom Meeresgrunde in die Höhe. Zu dieser Zeit ist es gefährlich, sich dem Strudel zu nähern; aber von der Mitte der fünften Stunde der Flut bis zur sechsten und zur Zeit der Nippflut von der vierten bis zur sechsten nimmt die Aufregung allmälig ab und selbst das kleinste Boot kann dann die Stelle sicher passiren. Nach der Rückkehr der Ebbe wiederholen sich dieselben Erscheinungen und nehmen zu entsprechenden Zeiten ab und zu, bis die Aufregung bei Annäherung der tiefsten Ebbe wieder aufhört.

Die Hügel und Hirtenwohnungen auf der Insel Jura.

Verantwortlicher Herausgeber: Friedrich Brockhaus. — Druck und Verlag von F. A. Brockhaus in Leipzig.

Das Pfennig-Magazin

für

Verbreitung gemeinnütziger Kenntnisse.

348.]   Erscheint jeden Sonnabend.   [November 30, **1839.**

William Collins.

Darstellung eines Basreliefs auf dem Denkmale von Collins in der Kathedrale von Chichester.

Der verdienstvolle und unglückliche, aber im Auslande wenig bekannte englische Dichter William Collins wurde am 25. December 1720 in Chichester geboren, wo sein Vater Hutmacher war, und war schon auf der Schule der Poesie mit Leidenschaft ergeben. Im Jahre 1742 gab er Hirtengedichte, 1747 Oden heraus, die noch jetzt sehr geschätzt werden, ohne sich durch diese und andere schriftstellerische Arbeiten gegen drückende Nahrungssorgen schützen zu können. Das Publicum nahm die mit großem Fleiße ausgearbeiteten Oden, für welche Collins nur fünf Guineen erhalten haben soll, mit solcher Gleichgültigkeit auf, daß derselbe aus Verzweiflung die unverkauften Exemplare an sich brachte und zugleich mit andern literarischen Arbeiten verbrannte. Von die-

ser Zeit muß der Anfang der Gemüthskrankheit datirt werden, die sich allmälig seiner bemächtigte und ihn endlich aufrieb. Im J. 1748 schrieb er noch eine Ode auf Thomson und ging dann zu seinem bei der englischen Armee in Flandern stehenden Oheim, der bald nach seiner Ankunft starb und ihm und seinen Schwestern sein Vermögen hinterließ. Der auf ihn fallende Antheil war hinreichend, ihn gegen drückenden Mangel zu schützen, aber nichtsdestoweniger nahm seine Schwermuth, die von Zerrüttung der Gesundheit begleitet war, immer mehr überhand; vergebens suchte er in Bath Hülfe und war schon 1751 dem Tode nahe. Er erholte sich damals nur, um sein siches Dasein noch einige Jahre hinzuschleppen, verfiel 1754 in völligen Wahnfinn und starb 1756 zu Chichester im 36. Jahre seines Alters.

Das Denkmal, welches ihm in der Kathedrale von Chichester, wo er begraben liegt, errichtet wurde, ist von Flaxman angegeben und sehr schön gearbeitet. Der Dichter ist in sitzender Stellung, mit ruhigen und freundlichen Gesichtszügen, dargestellt, seine Blicke auf das vor ihm aufgeschlagene Neue Testament gerichtet, als suche er in den Trostsprüchen des Evangeliums Schutz gegen sein Misgeschick; seine Leier und eine seiner besten Dichtungen, „Die Leidenschaften" betitelt, liegen vergessen und vernachlässigt am Boden. Auf dem Piedestal sind zwei verschlungene weibliche Figuren en relief angebracht, welche die Liebe und die Frömmigkeit vorstellen und den in seinen Dichtungen herrschenden Geist bezeichnen sollen.

Capri.
(Von Franz Freiherrn Gaudy.)

Nur Wenige kehren von Neapel zurück, ohne einen Ausflug nach der bekannten Insel Capri unternommen zu haben; die Mehrzahl der Reisenden wird sich aber mit einem kürzern Aufenthalte und dem Besuche der erst seit 20 Jahren wiederum zugänglich gewordenen blauen Grotte begnügen, um dann wieder nach Neapel oder Sorrent zurückzurudern. Verdient jedoch eine Insel des Golfs eine genauere Aufmerksamkeit, einen längern Aufenthalt, so ist es gewiß Capri, und nicht allein für welchen die originellen Felsformen eine unerschöpfliche Fundgrube von Motiven sind, auch jeder Andere, welcher länger auf der Insel verweilt, wird späterhin jenen Zeitabschnitt zu seinen liebsten Reiseerinnerungen zählen. Eine durchaus eigenthümliche Natur, eine gesunde, gleichmäßige Temperatur, ein freundliches, gutmüthiges Völkchen, vor Allem aber eine nach dem Tumulte Neapels wohlthuende Stille und Ruhe machen Capri zum behaglichsten Rastort einer süditalienischen Reise.

Die Insel, geschichtlich berühmt durch den schwelgerischen Aufenthalt Tiber's und in neuern Zeiten durch die beispiellose Übergabe des kaiserlichen Kerkermeisters Hudson Lowe an die Franzosen und die Wiedereinnahme der Engländer, ist durch ihre Lage gegenüber der Punta della Campanella (Vorgebirge der Minerva) der Schlüssel zum Golf von Neapel, und demnach von hoher militairischer Bedeutsamkeit. Die von allen Seiten schroff in das Meer abfallenden, unersteiglichen Felsen sichern sie besser als die elf Batterien, welche rings um die Insel vertheilt sind und von denen die stärkste auf der Spitze Santa Maria del Soccorso liegt. Das Eiland selber, dessen Formation das Capo Circello bei Terracina im kleinen, der Monte Pellegrino bei Palermo im großen Maßstabe wiederholen, zerfällt in die zwei Hälften Capri und Anacapri; letztere ist die höhere, unfruchtbarere. Der einzige Verbindungsweg zwischen beiden ist ein schmaler, steiler, in den Felsen gehauener Fußpfad von 533 Stufen. Die einzigen Ortschaften der Insel sind Capri und Anacapri auf den gleichnamigen Felsenhälften, und die große Marina am Landungspunkt, ein armseliges Fischerdorf von einigen zwanzig Hütten, groß nur genannt im Gegensatze zu der kleinen Marina, einem einzelnen Hause auf der südlichen Küste. Früher war die Insel noch der Sitz eines Bischofs, dessen Sitz südwärts von dem Städtchen Capri nach dem Meere zu liegt, und welcher von seiner Hauptrevenue der Wachtelbischof genannt wurde.

In neuerer Zeit ist das Bisthum mit dem sorrentiner vereinigt und der verarmenden Einwohnerschaft auch diese Hülfsquelle entzogen worden.

Capri selber, mehr durch seine Lage als durch das dürftige Thor und die Zugbrücke befestigt, ist ein unbedeutender Ort, welcher außer der Kirche kein Gebäude von nur einiger Bedeutung hat. Die Einwohner leben vom Öl- und Weinbau. Wie eifrig sie der Cultur auch obliegen, jede Scholle Erde bepflanzen und die herabgeschwemmte wieder nach den kahlen Zacken hinauftragen, wie rühmlich bekannt der Ertrag auch sein möge, so versinken sie dennoch in Folge der verkehrten Maßregeln der Regierung von Jahr zu Jahr tiefer in Dürftigkeit. Der einzige Stapelplatz ihrer Waaren ist Neapel; Capri und Ischia werden jedoch wie zu einer andern Provinz gehörig betrachtet, und müssen demzufolge ihre Producte verzollen, und dies nach einem unerhört hohen Tarif. Ein Baril Wein (etwa 60 Maß) wird mit 20 Carlin bezahlt und mit 6 versteuert; ein 18 Carlin geltendes Baril Öl mit 4. Drückender noch für die Capritaner ist es, daß ihre Stadt zum neapolitanischen Sibirien erkoren worden ist, und jederzeit einige 30 Soldaten, Räuber, oft sogar Mörder, dort ihre Strafzeit, nicht etwa im Kerker, sondern als dienstthuendes Militair zubringen. Weder die eingeschüchterte Einwohnerschaft noch die der Brutalität ihrer Untergebenen bloßgestellten Offiziere vermögen den täglichen Freveln dieser uniformirten Räuberbande zu steuern, und die in Neapel angebrachten Klagen verhallen ungehört. Zur Bedienung der erwähnten 11 Batterien sind außerdem nach 76 Mann Nationalgarde bestimmt. Auf vier Kanonen kommt ein Artillerist. Sie, die sich selber kaum nothdürftig zu bekleiden vermögen, sind gehalten, sich auf eigene Kosten Montirung anzuschaffen, und unnachsichtlich wird zur Bestreitung der Unkosten im Unvermögensfalle ihr Hausgeräth verkauft. Nur wenn sie 24 Stunden im Dienste sind, erhalten sie ein Grani (etwa sechs Kreuzer) täglichen Sold. Es kann nicht fehlen, daß diese jämmerliche Miliz sich unter jedem Vorwande dem lästigen Dienst entzieht, und daher stets incomplet bleibt, wie denn auch bei der vorjährigen Besichtigung des Königs eine Bastion durch eine Frau bewacht wurde: ihr Mann war Ordonnanz beim Commandanten, die andern Milizen gestorben oder verdorben. Getreide wird auf der Insel gar nicht gebaut, das wenige Schlachtvieh von Neapel herübergeschafft. Hält der Scirocco Wochen lang an, wie dies im Winter öfters der Fall ist, so kann das sonst hin- und wiederfahrende Marktschiff nicht aus dem Hafen laufen, und die Einwohner laufen Gefahr, Hungers zu sterben. Sogar das bei dem salzgeschwängerten tyrrhenischen Meere so häufig in den Vertiefungen sich ansetzende Seesalz zu sammeln, ist bei Galeerenstrafe verboten.

Die Einwohner sind ein schöner, kräftiger Menschenschlag, und unter den Frauen sind wahrhaft reizende Gesichtsbildungen keine Seltenheit. Weniger ist dies auf Anacapri der Fall, wo man öfters entschieden afrikanischen Physiognomien mit aufgeworfenen Lippen und hervorstehenden Backenknochen begegnet. Ist gleich die weibliche Tracht nicht so charakteristisch wie die der Ischianerinnen und Procidanerinnen, so ist sie doch immer eine sehr gefällige. Wie alle Südländerinnen, lieben die Frauen einen ins Auge fallenden Putz, ungeheure goldene Ohrenringe, an denen das Hörnchen schaukelt, plumpe Fingerringe, vielfache Korallenschnüre. Befremdend ist es im Anfange, sich von einer so reich geschmückten Dirne angebettelt zu sehen. Dies ist jedoch in der Ordnung. Sobald die Frauen einen Fremden sehen, stecken sie die Köpfe zusammen und scheinen unter sich Kriegsrath zu halten. Der Ausgang ist jederzeit derselbe, den Forestiere um eine Gabe anzusprechen. Man lacht ihnen ins Gesicht, sie lachen gleichfalls und ziehen in bester Laune ihrer Wege. Hoch auf dem Felszacken stehend, ruft ein Mädchen dem im Thale gehenden Wanderer ihr banales Date mi qua' co'! (Gebt mir etwas!) zu. Man hätte eine Viertelstunde zu klimmen, wenn überhaupt der Felsen ersteiglich wäre, nur um die Grani ihr heraufzutragen. Es liegt in dieser Bettelei etwas so Naives, fast möchte ich sagen, Humoristisches, daß man ihr nicht grollen kann. Von der Sittlichkeit der Frauen läßt sich übrigens nur Rühmliches sagen; ihre Strenge rührt zum Theil aus Furcht vor den Priestern her, welche einen unbeschränkten Einfluß auf die Insulaner ausüben.

Die Wohnhäuser sind alle gleichförmig und einen Stock hoch. Das Erdgeschoß wird zur Aufbewahrung der Öl- und Weinpresse benutzt. An keinem fehlt das auf die graue Wand mit Kalk getünchte Kreuz, umgeben mit runden, großen Punkten, welche vielleicht Sterne vorstellen sollen. Die Dächer sind nicht flach wie die neapolitanischen, sondern kuppelartige, abgeplattete Wölbungen, deren jedes Zimmer eine besondere bildet. Einigermaßen ausgedehnte Häuser gewinnen dadurch ein moscheenartiges Aussehen. Auf diesen Dächern verbringen die Capritanerinnen einen großen Theil des Tages, Wäsche oder Früchte trocknend, am Rocken spinnend, singend. Der Feigenbaum rankt sich mit seinen wunderlich gekrümmten Zweigen darüber hinweg, hier und da wiegt auch eine Palme ihre schlanken Zweige im Winde, und so bietet jedes Haus die anmuthigsten Motive.

Eine Miglia von der großen Marina liegt die vielbesuchte blaue Grotte (grotta azzurra oder gewöhnlicher blua).*) Der Weg dahin führt an einem angeblichen Tiberpalast vorüber — auf Capri wird jedes alte Bauwerk diesem Kaiser zugeschrieben —, von welchem noch einige Mauern und eine gewölbte Cella stehen. Von hier an erheben die Felsen sich steilrecht aus dem Meere; ein Vorsprung ist nirgend zu sehen. Schlägt der Wind plötzlich um, was im Golf nichts Seltenes ist, und tritt Tramontana ein, so läuft die Barke, welche ihrer Leichtigkeit halber nicht gegen die Wellen ankämpfen kann, Gefahr, gegen die Felswand geschleudert zu werden, wo dann jede Rettung undenkbar wäre. Räthlich ist es deshalb, bei zweifelhaftem Winde die Fahrt in einem größern Kahne zu unternehmen, und den kleinern, mit welchem man allein in die Grotte kann, nachzuschleppen. Die Felswände sind von dem Wasser tief unterminirt, und so befinden sich auch auf derselben Seite mehre kleinere Höhlen, in welche das Wasser mit Getöse eindringt und herausprudelt. Der Eingang der Grotte selbst ist bei ruhiger See etwa vier Fuß über dem Spiegel. Der Reisende streckt sich auf den Boden des Nachens und der Schiffer benutzt den Moment, wo die Wellen zurückkehren, um den Kahn hineinzuzwingen. Bei einigermaßen bewegtem Meere schlagen die Wellen bis über den Bogen des Eingangs, und dann ist es nicht rathsam, den Eingang zu erzwingen, einestheils weil dann der ganze Zauber der Farbe verloren geht, besonders aber weil der Ausgang auf längere Zeit unmöglich werden kann. Im vergangenen Jahre mußten zwei Reisende auf diese Art einen vollen Tag in der von den Wellen geschlossenen Grotte zubringen. Die günstigste Stunde des Besuchs ist die elfte des Vormittags, wo die Sonne dicht vor der Grotte auf das Meer scheint

*) Siehe Pfennig-Magazin Nr. 99.

und jenen magischen Reflex hervorbringt. Die Höhle selbst ist über 100 Fuß lang und 50 Fuß breit. Eine Seitenhöhle, welche sich rechts abzweigt, bietet den günstigsten Standpunkt, um das wunderbare Farbenspiel zu betrachten. Die hintern Wände sind mit Tropfstein von nicht besonders ausgezeichneter Formation bekleidet. Der größte Reiz aber besteht in jener unbeschreiblich schönen, glänzenden Atlasbläue des Wassers, in seiner Durchsichtigkeit, in der öligen Schwere, mit der es sich an den schwimmenden Körper hängt und den Badenden von lichter blauer Farbe umflossen zeigt, besonders aber in dem Abglanz der Wasserfarbe an der Felswölbung. So oft die Grotte auch bisher von Malern nachgebildet worden ist, so darf sich doch keiner rühmen, die Pracht des Urbildes nur im entferntesten erreicht zu haben, und was der bildenden Kunst versagt ist, wird der Feder vollends unmöglich. Die Grotte läuft in einen in den Fels gehauenen aufwärts führenden Gang aus. Jetzt ist er verschüttet, und man kann ihn mit Mühe nur etwa 100 Stufen verfolgen. Die Sage des Volks, welche Tiber seine Mädchen in der Grotte bewachen läßt, bedarf wol keiner Widerlegung, um so weniger, da der Gang in der Richtung von Anacapri führt, und der ohnehin von der Gicht gelähmte Kaiser auf Capri hauste. Aus demselben Grunde läßt sich auch nicht annehmen, daß die Grotte von ihm zum Bade bestimmt worden sei, und vielleicht nur, daß die Treppe zu einem geheimen Ausgange bei plötzlichem Überfalle habe dienen sollen. Die Maler Kopisch und Fries, Ersterer aus Schlesien, der Zweite aus Heidelberg, fanden bei ihrem Aufenthalte in Capri unter den Büchern des Notars Pagani eine alte Chronik der Insel, in welcher der Grotte und ihres schönen Farbenglanzes gedacht wird, mit dem Bemerken, daß sie seit längerer Zeit nicht mehr besucht würde, indem sie beim Volke als der Aufenthalt feindseliger Geister verschrieen sei. Sie schwammen bei ruhiger See hinein, fanden die Angabe von der zauberischen Farbenpracht bestätigt und begründeten durch ihre Schilderungen den europäischen Ruf, welchen jetzt die Grotte genießt. Ihre Namen leben noch jetzt, wenngleich wunderlich genug verdreht, in dankbarer Erinnerung des Volkes, welches in ihnen die Entdecker jenes die Fremden herbeilockenden Magnets und somit seine Wohlthäter verehrt.

Auf dem östlichen Vorgebirge der Insel liegen die Trümmer des Tiberiuspalastes. Man gelangt zu ihnen von Capri aus auf schmalem, durch Weingärten- und Olivenwaldungen bergan führendem Pfade, welcher theils durch Mauern, theils durch lose aufeinander gehäufte Steine und höher hinauf durch Aloëhecken begrenzt wird. Die Weinberge selbst sind sorgfältig bebaut und der Ölbaum am Abhange mit Unterbauten von Steinen versehen, um dem Herabstürzen der Erde vorzubeugen. Quer durch die Weingärten und längs des Saumes der höchsten Felsen sind weite Netze zum Fang der Zugvögel und namentlich der Wachteln ausgespannt, welche zweimal jährlich in ungeheuern Schwärmen vorbeiziehen und Capri vorzugsweise zum Ruhepunkt wählen. An jenen Tagen ist Alles auf den Beinen, um auf die Flüchtlinge Jagd zu machen. Sie mit dem Gewehre zu erlegen, wäre zu umständlich. Die Todmüden lassen sich mit den Händen greifen oder flattern aufgescheucht in die Maschen. Der Syndicus von Capri versicherte mir, dergestalt an einem Tage allein 48 Schnepfen und mehr als 800 Wachteln gefangen zu haben. Nur die versprengten und zurückbleibenden werden geschossen; sie sind mit den in den Felsspalten wohnenden grauen Kaninchen das einzige Wild der Insel. Die

Ruinen des Tiberiuspalastes sind von geringem Kunst=
interesse. Zwei kolossale Pfeiler von Backsteinen schei=
nen Überreste des Eingangs. Hinter denselben fällt der
Felsen senkrecht ins Meer; es ist die Stelle, an welcher
Tiber die Opfer seiner Tyrannenlaune ins Meer stür=
zen ließ. Von dem Palaste selber stehen nur noch ei=
nige größere rohe Gewölbe und mehre kleinere Gemä=
cher, deren Fußböden mit schwarz und weißer Mosaik
verziert sind. Auf den Ruinen ist eine kleine Kapelle
erbaut, neben welcher ein Einsiedler wohnt; es ist einer
von den zünftigen Bettlern, wie deren fast auf allen
schönen Punkten in der Umgegend von Neapel horsten,
etwas Brot und schlechten Wein für die Fremden in
Bereitschaft halten und für dieses die einfache Bezah=
lung verschmähen, um den doppelten Preis als Almo=
sen zu erbetteln.

An dem Tage, an welchem ich den Felsen Tiber's
zum ersten Mal erstieg, hatte in Capri die Weinlese
begonnen. Die Einwohner waren in den Weinbergen ver=
streut, Trauben lesend, sie auf den Köpfen in mächti=
gen Körben bergab tragend und in die Kelter stürzend.
Allüberall war Lust und Leben und Gesang. Es war
schon Abend. In den Ruinen des Tiberiuspalastes
hatten sich fröhliche Bursche und Dirnen versammelt,
die letztern mit Weinranken um das Haupt Zu dem
Dröhnen und Schellengerassel des Tambourins, bei dem
Takte der klappernden Castagnetten tanzten sie auf dem
Mosaikboden des Kaiserpalastes die Tarantella. Ich
glaubte ein altes Basrelief aus dem Marmor ins Le=
ben treten zu sehen beim Anblicke der leichten graziösen
Bewegungen der Mädchen, ihres malerischen Costüms,
der kunstlosen Instrumente, des bacchantischen Jubels.
Die Tarantella hat viel Ähnlichkeit mit dem römischen
Saltarello, und zeichnet sich vor diesem noch durch An=
muth aus. Sie wird paarweise getanzt, indeß selten
nur machen die verschiedenen Paare gemeinschaftliche
Sache, indem sie sich kreuzen oder eine Runde bilden.
Die Tänzer berühren sich fast nie, aber nach der Gleich=
förmigkeit der Bewegungen zu urtheilen, scheinen sie
durch ein unsichtbares Band gefesselt zu sein, eine gei=
stige Einheit zu bilden. Gaukelnd hüpfen sie einander
gegenüber, den Oberleib leise wiegend, die Arme ab=
wechselnd erhebend. Der Mann gibt, Schnippchen
schlagend oder in die flache Hand klatschend, das Zei=
chen zum Wechseln der Tour. In einer derselben läßt
sich der Tänzer aufs Knie nieder, während die Schöne
im Kreise um ihn herumschwebt; begünstigt sie den
Knieenden, so gewährt sie ihm den durch diese Huldi=
gung erflehten Kuß. Ohne Verabredung tritt wol
ein Anderer für Tänzer und Tänzerin ein und löst die
Ermüdeten ab, und der kräftigen Natur der Insu=
laner ist es allein zuzuschreiben, wenn dieser Fall
nicht öfter eintritt, denn der Tanz ist anstrengend,
auf den Fliesen, welche den Boden aller Zimmer
bilden. Wunderlich genug wurde ich durch die
Musik an meine Heimat und Zopf= und Kama=
schendienst erinnert, denn der Takt der Tarantella ist
kein anderer als der des altpreußischen Zapfenstreichs.
Bei solchen Motiven läßt man sich aber wol die dü=
stern Anklänge an eine im militärischen Joche ver=
seufzte Jugend gefallen, und um auch den letzten Bo=
densatz von Bitterkeit wegzuschwemmen, genügt es an
einem Blick auf das Meer und die Insel, auf den
schroff aus den Wellen emporwachsenden Monte Salaro,
Anacapris höchste Spitze, auf die jetzt zum Pulverma=
gazin verwandte Feste Castiglione, auf das zu Füßen
liegende Capri und dessen heitere Veranden, auf den
zerfallenden bischöflichen Sitz und alle die weißen Häus=

chen, die so lustig aus dem Grün der Weinreben und
Ölzweige hervorlauschen.

Die Sonne neigte sich zum Untergange, färbte die
kahle, steinige Punta della Campanella mit dunkelm
Roth und tauchte die blitzenden Häuser von Massa in
Gold, gegen welches die duftigen Schatten der Capri=
tanerfelsen nur so mehr abstachen. Das feine
Rauchwölkchen des Vesuv verschwand allmälig dem
Blicke, Neapel und seine Städtereihe versank in Dun=
kel. Nur die Inseln Ischia, Vivaro und Procida und
das Vorgebirge von Misenum strahlten noch in hellem
Sonnenglanz. Kein Wölkchen schwebte am Himmel,
dessen Purpur sich in den klaren Wellen abspiegelte
und noch lange glänzte, als die Sonne schon hin=
ter Ischia ins Meer versunken war. Es ward Nacht,
Musik und Gesang verstummten, die Tänzer zogen
paarweise nach Hause, ich stand mit dem Einsiedler auf
den Trümmern des Tiberiuspalastes allein.

Ein anderer nicht minder romantischer Punkt ist die
Grotta del Matrimonio (Heirathsgrotte), eine geräumige,
regelmäßig gebildete Höhle auf der südöstlichen Küste. Wie
sie zu ihrem auffallenden Namen gekommen ist, habe ich
nicht ermitteln können. Früher hat sie zu einem Tempel
gedient. Zu dem erhöhten hintern Raume führen einige
in den Stein gehauene Stufen und längs der Wände
zieht sich ein bankähnlicher Vorsprung. Die Wölbung
des Eingangs rundet sich zum Rahmen für den herr=
lichsten Blick auf das Meer, auf das Promontorio di
Minerva mit seiner einsamen Warte, auf die aus den
Wellen schroff aufsteigenden Inseln der Sirenen (auch
Scagli de' Galli genannt) und die fernen zackigen Ge=
birge der calabreser Küste. Hier herum soll sich nach
der Sage des Volkes bei nächtlicher Weile ein riesiges
Gespensterschiff zeigen. Es wird nave di Papa Lu=
cerna genannt, soll noch aus alten Römerzeiten stam=
men, mit römischen Ruderknechten bemannt und groß
genug sein, um die ganze Meerenge zwischen Capri
und dem Capo di Minerva versperren zu können.

Ähnliche weitläufige Grotten, wie die eben erwähnte,
hegt die Insel noch mehre. Daß das Wasser sie aus=
spülte, ist augenscheinlich. Die größte nächst der ge=
nannten ist die Grotta dell Arco und liegt hoch am
Felsabsturz, unweit der kleinen Marina.

Anacapri wird seltener besucht. Es ist weniger reich
an malerischen Punkten als die andere Halbinsel und
gleich beschwerlich zu ersteigen und zu durchwandern.
Die genannten 533 Felsstufen sind noch die geringste
Mühseligkeit. Die über eine Schlucht geschlagene Zug=
brücke am Ende der Treppe kann Anacapri völlig ab=
sperren. Zur Linken erhebt ein vom Luftzuge kahlen,
Steinen übersäeten Felsen die Barbarossaburg, ein plum=
pes, in Trümmer zerfallendes Bauwerk, mit einer weit=
hin gedehnten, niedern Mauer, welche bis auf die höchste
Spitze des Monte Salaro führt und die Burg mit
dem dort angelegten, gleichfalls zertrümmerten Castell
verbindet. In dem letztern wohnt jetzt der Wärter des
Telegraphs, das talefico, nach neapolitanischer Wortcor=
ruption. Nur ein einziges Gebäude ist auf der un=
wirthbaren Höhe zu erblicken, die weiße, weitleuchtende
Kapelle auf dem südlichen Abhange, in welcher einmal
im Jahre Messe gelesen wird. Um so reicher entschä=
digt der Fernblick für die steinige Einöde des Felsgipfels.
Das ganze Eden Neapels, der rauchende Vesuv und
die Somma, der Monte Sant=Angelo, die Inseln alle,
das weite, sonnenbeglänzte Meer mit den fernen Se=
geln — es ist eine nicht zu gewältigende Fülle von
Schönheit. — Der Flecken Anacapri liegt lose und weit=
läufig zwischen Weingärten zerstreut. Die schönen Be=

randen, jene auf weißen Steinpfeilern ruhenden Weinlauben, welche sich an jedes Haus anschließen und das freundliche Motiv zu italienischem Stillleben abgeben, sind sein einziger Reiz. Die westlichen Abhänge der Insel tragen spärlich gesäete Olivenwaldungen und einige jener melancholischen, verwitternden Warten, wie deren sich viele längs den Küsten von Italien und Sicilien hinziehen. Nur vom Meere aus gesehen, machen sie einigen Effect, und Jedem, der Capri besucht, rathe ich, die Insel zu umschiffen und die großartigen Felsmassen, die phantastischen Klippen, die alten Festen vom Meere aus zu betrachten. In drei Stunden kann eine leichte Barke das ganze Eiland umschiffen.

Das Andesgebirge.

Die ungeheure Gebirgskette Südamerikas, welche den Namen der Cordilleren oder Anden führt (vollständig Cordilleras de los Andes), erstreckt sich von Norden nach Süden längs der Westküste in einer geringen, höchstens 20 Meilen betragenden Entfernung von derselben von der Landenge von Panama durch den ganzen Continent von Südamerika bis zur Magellansstraße, also durch etwa 60 Breitengrade, und bildet eigentlich ein langgestrecktes Hochland, dessen Breite gewöhnlich 20 Meilen, an einigen Stellen aber weit mehr beträgt. Im Norden besteht sie aus drei abgesonderten Ketten oder Gebirgskämmen, aber von Popayan an vereinigen sich dieselben in einen einzigen Kamm; im Staate Ecuador bilden die höchsten Gipfel wieder zwei Gruppen. Die Gesammtausdehnung der Anden beträgt nicht weniger als 900 deutsche Meilen; an verschiedenen Stellen erheben sie sich um mehr als ein Drittel über den Montblanc, den höchsten Gipfel von Europa. Ihre wolkenumhüllten Gipfel sind mit ewigem Schnee bedeckt, wiewol sie den glühenden Strahlen der tropischen Sonne ausgesetzt sind; tief unter ihnen wüthen die Stürme, und der sie besteigende Reisende sieht die Blitze und hört den Donner tief unter seinen Füßen. Die Grenzlinie, über welcher der Schnee niemals schmilzt, die sogenannte Schneegrenze, liegt in den Anden in der heißen Zone etwa 14,600 Fuß über der Meeresfläche, auf dem Cotopaxi aber, nach Humboldt's Messung, in 15,228 Fuß Höhe.

Der Chimborazo, einer der majestätischsten Berge der Anden, der lange Zeit für den höchsten der Erde galt, hat einen kreisförmigen Gipfel, dessen Höhe über dem Meere nach Humboldt 20,148 F. beträgt, von denen über 5000 beständig mit Schnee und Eis bedeckt sind, da die Schneegrenze auf ihm in einer Höhe von 14,826 F. liegt. Derjenige Theil desselben, welchen das Auge auf einmal übersehen kann, hat noch in der Gegend der Schneegrenze eine Breite von 23,000 Fuß. Die außerordentliche Dünnheit der Luft, durch welche die Gipfel der Anden gesehen werden, trägt zum Glanze des Schnees und zu der zauberischen Wirkung seines reflectirten Lichts nicht wenig bei. Unter den Wendekreisen erscheint das Himmelsgewölbe dunkel-indigoblau und die Umrisse der Berge, welche sich in der vollkommen durchsichtigen Atmosphäre völlig rein und scharf am Himmel abschneiden, bringen einen unaussprechlich schönen und erhabenen Eindruck hervor. Indessen bietet der um fast 6000 Fuß niedrigere Montblanc nach dem einstimmigen Urtheile der Reisenden einen weit imposantern Anblick dar als der Chimborazo. Dieser nämlich erhebt sich als freistehender Glockenberg erst über der Hochebene von Quito, welche selbst schon fast 9000 Fuß über dem Meere liegt; von da aus erblickt man also nur einen Berg von etwa 11,000 F. Höhe; den Montblanc aber sieht man als einen Riesen von 13,656 F. Höhe über den Spiegel des Genfersees hervorragen, und selbst von dem an seinem Fuße liegenden Chamounythale aus gesehen hat er noch eine Höhe von 11,574 Fuß. Ein weit großartigeres Schauspiel als der Chimborazo bietet in dieser Beziehung die bolivianische Andeskette dar, in welcher einige Gipfel sich unmittelbar wenigstens 16,800 Fuß über die benachbarten Thäler erheben, was die größte relative Höhe sein dürfte, die man bis jetzt beobachtet hat.

Die erste Besteigung des Chimborazo versuchte, so viel man weiß, Condamine im Jahre 1745 und gelangte bis zu 15,090 Fuß Höhe. Mit noch günstigerm Erfolge unternahmen am 23. Juni 1802 Humboldt, Bonpland und Montufar' eine Besteigung und erreichten eine Höhe von 18,330 Fuß, näherten sich also dem Gipfel bis auf 1800 Fuß, wobei sie durch vulkanische, von Schnee entblößte Felsen unterstützt wurden; wären sie nicht durch eine tiefe Schlucht, die sie nicht überschreiten konnten, gehindert worden, weiter vorzudringen, so hätten sie ohne Zweifel den höchsten Gipfel erreicht, dessen Erreichung Humboldt für möglich hält. Lange bevor sie die höchste Stelle erreichten, wo sie sich zur Umkehr genöthigt sahen, waren sie von ihren um ihr Leben sehr besorgten indianischen Führern verlassen worden. Allerdings gab es bei dieser Bergreise Unannehmlichkeiten und Beschwerden aller Art zu ertragen; das Blut drang den Reisenden aus Augen, Lippen und Zahnfleisch, was eine Folge der sehr verdünnten äußern Luft war, dabei fühlten sie Neigung zum Erbrechen und erstarrten fast vor Kälte, wiewol sie sich in der Nähe des Äquators, also mitten in der heißen Zone befanden, und ein lästiges physisches Übelbefinden blieb ihnen nach ihrer Rückkehr noch mehre Tage lang zurück. Als Humboldt den höchsten Punkt erreicht hatte, sah er über sich einen Condor, der senkrecht immer höher und höher stieg, bis er endlich unsichtbar wurde; man hat berechnet, daß sich dieser Vogel im Augenblicke seines Verschwindens in einer Höhe von wenigstens 48,000 Fuß befunden habe, was die größte Höhe wäre, zu welcher ein lebendes Wesen, so viel man weiß, emporgestiegen ist.

In der neuesten Zeit machten Boussingault und Oberst Hall am 16. December 1831 einen neuen Versuch einer Besteigung des Chimborazo und kamen bis zu einer Höhe von 18,483 Fuß, also noch 153 Fuß höher als ihre Vorgänger, was wol die größte Höhe ist, zu welcher sich Menschen in Gebirgen jemals erhoben haben. Die Luftverdünnung fiel ihnen nur während der Bewegung lästig; die Reisenden empfanden beim Steigen Schwierigkeit im Athmen und ungemeine Mattigkeit, befanden sich aber sitzend völlig wohl. Das Athmen war schwieriger auf Schnee als auf nackten Felsen; namentlich wenn der Schnee von der Sonne beschienen wurde, empfand Boussingault beim Steigen Beklemmungen.

Den Ruhm, der höchste Berg der Erde zu sein, hat der Chimborazo längst an den Dhawalagiri im Himalayagebirge abtreten müssen; ihm blieb dafür der Ruhm, der erhabenste Gipfel der neuen Welt zu sein, aber auch dieser ist ihm neuerdings entrissen worden. Der englische Naturforscher Pentland, welcher 1826 einen Theil der Andeskette bereiste, hat auf der östlichen Cordillere von Bolivia Bergspitzen gefunden, welche den Chimborazo um 2400—3600 Fuß überragen,

namentlich ist der Nevado von Illimani 22,518 und der Nevado von Sorata 23,688 Fuß hoch.

Unter den vulkanischen Gipfeln der Anden, welche noch in neuern Zeiten Feuer ausgeworfen haben, ist der Cotopaxi einer der berühmtesten; seine absolute Höhe über dem Meere beträgt 17,712 Fuß, er ist daher noch 2800 Fuß höher als der Vesuv sein würde, wenn er auf den Gipfel des Piks von Teneriffa gesetzt würde. Er ist der gefährlichste aller amerikanischen Vulkane und seine Eruptionen sind ebenso häufig als verderblich gewesen; die von ihm ausgeworfenen Steine und Felsmassen bedecken eine ausgedehnte Fläche und würden zusammengehäuft einen ansehnlichen Berg bilden. Im J. 1738 stiegen die Flammen des Cotopaxi 3000 Fuß über den Rand des Kraters; 1744 wurde das Getöse des Vulkans in einer Entfernung von fast 150 Meilen gehört; am 4. April 1768 war die Menge der von ihm ausgeworfenen Asche so groß, daß es in der 15 Meilen entlegenen Stadt Hambato um drei Uhr Nachmittags ganz finster war. Der Eruption, welche im J. 1803 stattfand, ging das plötzliche Schmelzen des den Berg bedeckenden Schnees voraus. Wiewol seit 20 Jahren kein bemerkbarer Rauch aus dem Krater gekommen war, wurde damals in einer einzigen Nacht das unterirdische Feuer so heftig, daß bei Sonnenaufgang die Außenwände des obersten Kegels frei von Schnee und in der dunkeln Farbe der Schlacken erschienen. Humboldt berichtet, daß er im Hafen von Guayaquil, 52 Seemeilen in gerader Linie vom Krater entfernt, Tag und Nacht das Getöse dieses Vulkans gleich fortgesetztem Feuer einer Batterie vernommen habe. Unter den zahlreichen kolossalen Gipfeln der hohen Anden hat der Cotopaxi die schönste und regelmäßigste Gestalt; er ist ein vollkommener Kegel, welcher vermöge seiner Schneedecke bei Sonnenuntergang einen blendenden Glanz verbreitet. Diese Schneedecke verbirgt dem Auge der Beobachter alle Ungleichheiten des Bodens; keine Felsenspitze, keine Steinmasse dringt durch dieses Eisgewand und unterbricht die Regelmäßigkeit der kegelförmigen Gestalt.

Noch höher als der Cotopaxi ist der Antisana, 17,958 F. über dem Meere, nur wenig niedriger der Pichincha, 17,646 Fuß hoch, dessen Krater eine Stunde im Umfange hat und in unermeßlicher Tiefe mehre Berge in sich enthält; noch 1831 war der letztere in vulkanischer Thätigkeit. Kein Theil der Andeskette enthält aber so viele Vulkane als die Cordilleren von Chile, wo Hr. von Hoff im J. 1824 zwischen 27 und 46 Grad nördl. Breite 20 Vulkane aufzählte, denen Hr. von Buch das Jahr darauf noch vier andere beifügte; freilich verdienen mehre darunter den Namen nicht, wie denn die Südamerikaner mit der Benennung Vulkan überhaupt sehr freigebig sind und fast jeden hervorragenden Kegelberg so nennen, auch wenn von einem Ausbruche desselben nichts bekannt ist.

Das höchste Plateau oder Tafelland in den Cordilleren, das zugleich die bedeutendste Ausdehnung hat, ist die Hochebene, in deren Mitte die älteste Cultur von Peru ihren Sitz hatte. Dieses Plateau erstreckt sich durch vier Breitengrade oder 60 Meilen Länge mit einer mittlern Breite von 60 Meilen, kann also als ein vollkommenes Quadrat angesehen werden, das 3600 Quadratmeilen Flächeninhalt hat. Davon kommen 250 auf das Becken des Titicacasees, der die größte Süßwasseranhäufung in Südamerika ist und in der ungeheuern Höhe von 12,000 Fuß liegt. Die Urbewohner dieses Theils von Südamerika zeigen nicht nur eine merkwürdige Tendenz, die höchsten Theile der Andes= kette zu bewohnen, sondern ihre Kräfte erlauben es auch sogar, in dieser Höhe Bergbau zu treiben; der Cerro de Potosi, 15,084 Fuß hoch, ist bis zu seinem Gipfel mit Schachten und Stollen ausgehöhlt. Die höchsten Wohnungen der Menschen erreichen fast 15,000 Fuß; die höchste Gruppe menschlicher Wohnungen ist das Dorf Tacora, das unter 17 Grad 51 Minuten südl. Breite 13,392 Fuß über dem Meere liegt. Die volk= reichsten Städte der Provinz Puno liegen in einer Höhe von 12,000 Fuß und noch darüber; der Markt von Potosi liegt 12,522 Fuß, eine Vorstadt von Potosi so= gar 12,852 Fuß hoch, eine Höhe, die derjenigen der Jungfrau in der Schweiz gleichkommt. Die Bewoh= ner dieser hochliegenden Ortschaften, welche an Lebhaf= tigkeit und Kraft denen anderer Gegenden nicht das Mindeste nachgeben, was bei den Stiergefechten und auf den Bällen, die dort stattfinden, deutlich zu bemer= ken ist, liefern den Beweis, daß sich der Mensch an das Einathmen der dünnen Luft in den höchsten Ge= birgen gewöhnen kann.

Howard's neue Methode der Dampferzeugung und Ericson's Treibapparat für Dampfschiffe.

In England ist kürzlich, namentlich bei Dampfschiffen, eine neue Methode der Dampferzeugung zur Anwen= dung gekommen, die von der bisher allgemein üblichen, bei welcher das Wasser in Kesseln in Dampf verwan= delt wird, wesentlich abweicht. Der Erfinder derselben, Howard, beschreibt selbst die Eigenthümlichkeit seiner Methode auf folgende Weise: „Bei meinem Dampfer= zeugungsproceß wird die Kraft der Maschine durch die Verdunstung der möglichst kleinsten Wassermenge auf einer kleinen Oberfläche, die in einer solchen Hitze (un= gefähr 400 Grad Fahrenheit oder 164 Grad Réaumur) erhalten wird, daß das Wasser mit der größten Schnel= ligkeit verdunsten kann, hervorgebracht; durch die Da= zwischenkunft von Quecksilber oder einem andern Mittel von gleicher Wirkung wird die dem Feuer ausgesetzte Fläche gegen den Nachtheil geschützt, der sonst aus einer zu großen Hitze entstehen könnte; der Niederschlag von Salzen oder andern Unreinigkeiten auf der dampfbilden= den Oberfläche wird durch den fortgesetzten Gebrauch desselben Wassers verhütet, übrigens können statt des Wassers auch andere Flüssigkeiten, z. B. Weingeist, ge= braucht werden. Die von mir angewandte Vorrichtung selbst besteht in Folgendem: Eine runde oder anders ge= staltete schmiedeiserne Platte wird horizontal über einem durch ein Gebläse angefachten Feuer von Coke, Anthra= citkohle oder einem andern ähnlichen Brennmaterial be= festigt. Über dieser Platte wird eine zweite befestigt, in welcher eine Anzahl kurzer und dünner schmiedeiser= ner Cylinder von etwa zwei Zoll Durchmesser ange= bracht sind, die unten geschlossen sind, bis in einen ge= ringen Abstand von der untern Platte reichen und da= zu dienen, die Fläche der obern Platte auf etwa das Vierfache von der der untern zu vergrößern. Am Um= fange sind beide Platten in einen starken, drei Zoll tie= fen Ring eingelassen, der sie in entsprechender Entfer= nung voneinander erhält. Der Zwischenraum der Platten unter und zwischen den kurzen Cylindern ist mit Queck= silber oder einem weichen Amalgam angefüllt; mit dem= selben steht eine kleine eiserne Büchse in Verbindung, um die Ausdehnung des erhitzten Quecksilbers zu ge= statten. Ein Thermometer zeigt die Temperatur des Quecksilbers an, welche nicht viel über 500 Gr. Fah=

renheit (208 Gr. R.) steigen und ebenso während der Thätigkeit der Maschine nicht unter 350 Gr. F. (141 Gr. R.) herabsinken darf. Über der obern Platte be= findet sich die Mündung einer Röhre, so construirt, daß sie das Wasser so gleichmäßig als möglich vertheilt, und mittels einer Pumpe wird in Zwischenräumen eine geringe Quantität Wasser aus dem Condensator oder der Warmwassercisterne gehoben und durch die gedachte Röhre auf die obere Platte geleitet, wo es augenblick= lich und vollständig in Dampf verwandelt wird. Vor dem Eintritt in die Röhre wird das Wasser in einem theilweise dem Feuer ausgesetzten Gefäße erhitzt, um die Elasticität des bereits gebildeten Dampfes nicht zu ver= mindern und leichter in Dampf verwandelt werden zu können. Die vom Quecksilber nicht aufgenommene Wärme des Brennstoffs wird um eine Dampfkammer herumgeführt, wodurch der Dampf nach seiner Bildung erhitzt und bedeutend ausgedehnt, dann aber von dem obern Theile der Kammer auf die gewöhnliche Weise zu den Cylindern geleitet wird. Die gedachte Construc= tion ist ausdrücklich für Expansivwirkung des Dampfes bestimmt und der Druck beträgt in der Regel etwa zehn Pfund auf den Quadratzoll über den atmosphäri= schen Druck. Alle übrigen Theile der Maschine sind von gewöhnlicher Construction."

Bei dieser Gelegenheit erwähnen wir zugleich vor= läufig eine andere hierher gehörige, vor kurzem in Eng= land gemachte Erfindung, die neue Triebkraft des Ca= pitain Ericson für Dampfschiffe, die auf Anwendung des Dampfes auf eine Schraube des Archimedes beruht, welche unter dem Bord in der Nähe des Hintertheils gegen das Wasser wirkt. Diese Erfindung ist, wie be= hauptet wird, darum von großer Wichtigkeit, weil man mittels derselben nicht nur der Schaufelräder überhoben wird, sondern die Dampfmaschinen viel stärker als die Maschinen der gewöhnlichen Dampfboote gebaut werden können, da die Kraft hier direct auf die in der Nähe des Bodens umlaufende Welle wirkt; hiermit soll zu= gleich eine große Kostenersparniß verbunden sein. Einige Probefahrten, welche das mit einem solchen Treibappa= rate von sechs Fuß vier Zoll Durchmesser und nicht ganz drei Fuß Länge ausgestattete eiserne Dampfschiff Robert Stocton vor seiner Abfahrt nach den Vereinig= ten Staaten in England anstellte, sind im Wesentlichen befriedigend ausgefallen. Am 29. Januar dieses Jah= res zog es das amerikanische Packetboot Toronto, wel= ches 650 Tonnen Ladung hatte und 16 Fuß 9 Zoll tief im Wasser ging, mit einer Geschwindigkeit von sechs englischen Meilen in der Zeitstunde gegen die Flut. Bei einem spätern Versuche, der am 16. März 1839 auf der Themse zwischen Blackwall und Woolwich an= gestellt wurde, zog jenes Dampfschiff drei an beiden Seiten und am Hintertheile befestigte große Kähne eine Strecke von 37,000 Fuß oder etwa 1½ deutsche Meile in 45 Minuten fort und zwar 24 Minuten gegen und 21 Minuten mit dem Strome. Die Maschine machte in der Minute 66 Umgänge und die Bewegung des Schiffs war überraschend regelmäßig. Auf Anlaß dieser günstigen Resultate ist eine Gesellschaft zusammengetre= ten, die ein Schiff von 1000 Tonnen Ladung bauen und mit dem neuen Treibapparate versehen lassen will, um damit zwischen England und den Vereinigten Staa= ten von Nordamerika zu fahren. Wir behalten uns vor, auf diesen Gegenstand, über den es uns zur Zeit an befriedigenden Nachrichten fehlt, in Zukunft wieder zurückzukommen.

Das Dextrin.

Dextrin ist ein Gemenge der innern, im Stärkmehl enthaltenen Substanz mit Gummi und Zucker. Das Stärkmehl von Getreide und Kartoffeln besteht nämlich aus kleinen rundlichen Körnchen, die selbst aus einer in Wasser nicht auflösbaren festen Hülle und einer darin eingeschlossenen, nur in warmem Wasser von wenigstens 52 Grad Réaumur Wärme auflöslichen Substanz bestehen. Nur die letztere trägt zur nährenden Eigenschaft etwas bei und ist, wenn sie von ihrer Hülle befreit wird, als Nahrungsmittel dem Stärkmehl selbst vorzuziehen; ganz rein kann man sie indeß nicht erhalten, sondern nur mit Gummi und Zucker gemischt. Diese Mischung, welche eben Dextrin genannt wird, ist leichter verdaulich als das Stärkmehl selbst, und von einem giftigen ätherischen Öle, das dem Kartoffelstärkmehl beigemischt ist, gänzlich frei. Man bereitet sie aus Gerstenmalz, getrockneter und dann gemahlener gekeimter Gerste, welche die Brauer zur Bereitung des Weißbiers anwenden; diese wird in eine sechs- bis siebenmal größere Menge heißes Wasser geschüttet, welches in einer Wärme von 52—60 Grad Réaumur erhalten und, nachdem die Flüssigkeit sich aufgehellt hat, bis gegen 80 Grad R. erhitzt, dann abgekühlt, klar abgezogen, filtrirt und rasch abgedampft wird. Man kann das Dextrin zur Bereitung von Gebäcken, bei medicinischen und andern Zwecken statt des arabischen Gummis, ferner zur Verdickung der Beizen, zum Gummiren der Farben, zur Verfertigung von Filzen u. s. w. anwenden, was namentlich in Frankreich geschieht.

Roveredo.

Die Stadt Roveredo oder Rovereith, unweit der Etsch und zu beiden Seiten des sich in geringer Entfernung in dieselbe ergießenden kleinen Flusses Teno in der Mitte des reizenden Lagarina- oder Lagerthales gelegen, ist die Hauptstadt des nach ihr benannten südlichsten Kreises der gefürsteten Grafschaft Tirol, welcher ehemals in Verbindung mit dem trienter Kreise den Namen die „welschen Confinien" führte, weil beide sowol hinsichtlich ihres Klimas und der Producte ihres Bodens als der Sitten und Sprache ihrer Bewohner den Übergang zu Italien machen. Sie hat über 7000 Einwohner, denen über 50 Seidenspinnereien, worunter die berühmte, über 500 Arbeiterinnen beschäftigende Filanda Bettini, sieben Seidenfärbereien, eine große Lederfabrik und der bedeutende Handel mit Seide, wovon jährlich gegen 200,000 Pfund ausgeführt werden, sowie mit Südfrüchten einträgliche Erwerbsquellen gewähren. Wiewol klein, enthält sie viele schöne, meist marmorne Gebäude, ein Gymnasium, eine Hauptschule, die sogenannte Akademie degli agiati (der Wohlhabenden), eine Bibliothek, ein Theater und mehre Klöster, worunter ein Stift der englischen Fräulein, ferner ein altes Castell, das auf steilem Felsen einem Adlerneste gleich erbaut ist. In der Nähe von Roveredo liegt das Steinmeer, worunter man eine sehr ausgedehnte, 6—700,000 Quadratruthen einnehmende Fläche versteht, die mit Steinblöcken bedeckt ist. In historischer Hinsicht ist Roveredo seit dem Feldzuge Bonaparte's nach Italien durch ein blutiges Gefecht zwischen dem französischen General Masséna und einem östreichischen Corps am 4. September 1796, in welchem die Östreicher geschlagen wurden und 5000 Mann nebst 25 Kanonen verloren, bekannt geworden.

Verantwortlicher Herausgeber: Friedrich Brockhaus. — Druck und Verlag von F. A. Brockhaus in Leipzig.

Das Pfennig-Magazin

für

Verbreitung gemeinnütziger Kenntnisse.

349.]　　　　Erscheint jeden Sonnabend.　　　　[December 7, **1839**.

Marburg.

Aarburg.

Der Canton Aargau, welcher auf 38 Quadratmeilen nach der Zählung von 1837 182,755 Einwohner zählt und im Osten, Süden und Westen an die Cantons Zürich, Zug, Luzern, Bern, Solothurn und Basel, im Norden an das Großherzogthum Baden grenzt, ist erst 1803 durch die Napoleonische Mediationsacte oder Vermittelungsurkunde zu dem Range eines selbständigen Cantons der schweizerischen Eidgenossenschaft erhoben worden, nachdem er bis dahin andern Cantonen, zum größten Theile aber dem Canton Bern, unterthänig gewesen war, und hat seinen Namen von dem Flusse Aar, der ihn in nordöstlicher Richtung durchströmt. Derselbe entspringt am Fuße des Finsteraarhorns im südlichsten Theile des Cantons Bern, unweit der Quellen des Rheins, der Rhone, der Reuß und des Tessin, und wird durch die Vereinigung mehrer von zwei ausgedehnten Gletschern kommenden Quellen gebildet. Die Hauptquelle kommt vom obern Gletscher und erhält nach ihrer Vereinigung mit der Finsteraar und Lauteraar den Namen des Flusses Aar. Dieser fließt durch das Haslithal, den Brienzer= und Thunersee, bei den Städten Thun und Bern vorbei, vereinigt sich mit der aus dem Canton Freiburg kommenden Sane, geht dann durch den Canton Solothurn, bei der gleichnamigen Hauptstadt desselben vorbei, bildet eine Zeit lang die Grenze desselben mit dem Canton Aargau, fließt bei der in der Abbildung vorgestellten Stadt Aarburg, später bei Aarau, der Hauptstadt des letztgenannten Cantons, vorbei, geht dann in den letztern selbst über, nimmt unweit Brugg die Reuß und bald nachher die Limmat auf und fällt bei Koblenz in den Rhein. Seine Breite ist sehr verschieden; bei Aarau ist er 500, bei Brugg, wo er durch ein enges Felsenbette fließt, nur 65 Fuß breit.

Die Stadt Aarburg am Einflusse der Wigger in die Aar ist ein kleiner Ort von einigen 50 Häusern und etwa 1200 reformirten Einwohnern, der einen Kupferhammer enthält; die Hauptnahrung der Einwohner besteht in Baumwollenfabrikation und Weinhandel. Das hier befindliche Bergschloß wurde 1415 von Bern erobert, 1660 neu befestigt und diente damals als Sitz des Commandanten und Landvogts des bernerischen Obervogtei Aarburg, zugleich aber als Staatsgefängniß des Cantons Bern; hier saß unter Andern im Jahre 1754 der genfer Mathematiker Joh. Barthol. Micheli du Crest gefangen und kürzte sich die Langeweile seiner Haft dadurch, daß er von seinem Fenster aus auf eine freilich ungenaue Weise die Höhe der nach Süden sichtbaren, eine sehr schöne Aussicht gewährenden Schneegebirge maß. Jetzt dient das Schloß als Zeughaus und Waffenplatz des Cantons. Über die Aar führt eine am 19. December 1837 dem Gebrauche eröffnete Drahtbrücke, welche von dem Ingenieur Jeanrenaud, demselben, der auch die berühmte Drahtbrücke bei Freiburg über die Sane, ferner in demselben Canton noch eine andere und sechs ähnliche Brücken in Frankreich hergestellt hat, erbaut worden ist; sie ist 170 Fuß lang, 16 Fuß breit und über dem Wasser 40 Fuß hoch. Aarburg gehörte nebst seinem Gebiete ehemals den Freiherren von Aarburg, wechselte später mehrmals seine Gebieter, wurde 1299 von den Grafen von Frohburg an die Herzöge von Östreich verkauft, von diesen 1310 an das edle Geschlecht Kriech verpfändet, bis es 1415 von Bern eingenommen und dieser Stadt von dem damaligen Besitzer gegen den Pfandschilling von 2800 Gulden abgetreten wurde. Übrigens ist Aarburg von dem Städtchen Aarberg, welches im Canton Bern unweit der Vereinigung der Sane mit der Aar liegt, wohl zu unterscheiden.

Neues über Locomotiven und Eisenbahnen.

Nicht zufrieden mit den kolossalen Wirkungen des Dampfes, geht man jetzt damit um, an die Stelle desselben die comprimirte (verdichtete) Luft als Bewegungsmittel zu setzen. Kürzlich zeigte ein Hr. Audrand der pariser Akademie an, daß er eine Methode erfunden habe, um Locomotiven durch comprimirte Luft in Bewegung zu setzen; unmittelbar darauf nahm ein Herr Tessier die Priorität für sich in Anspruch und erklärte, daß er bereits im Begriffe stehe, eine Maschine nach diesem Systeme zu bauen; endlich ergab sich, daß Beiden ein Hr. Pelletan zuvorgekommen war, welcher schon am 10. Juli 1838 ein Patent auf diese Anwendung der comprimirten Luft genommen hatte. Von den Resultaten dieser auf denselben Zweck gerichteten Bestrebungen ist aber noch nichts bekannt geworden, und es wäre leicht möglich, daß es bei der bloßen Idee sein Bewenden hätte. Eine andere neue Art von Locomotiven, welche mit den bisher üblichen in der Hauptsache übereinkommt, und über welche amerikanische und englische Blätter berichten, ist für Eisenbahnstrecken mit starkem Gefälle bestimmt. Die Maschine wiegt acht bis zehn Tonnen und hat Cylinder von der gewöhnlichen Einrichtung, ist aber mit einem innerhalb befindlichen Apparate zur Vermehrung der Adhäsion und mit kleinen Rädern versehen, die nur beim Befahren einer schiefen Fläche in Anwendung kommen; dann werden nämlich die großen Treibräder von dem gewöhnlichen Gleise aufgehoben und die Maschine läuft mit den kleinen Rädern auf einer besondern Schienenbahn, die zu beiden Seiten der Hauptbahn um zwei Fuß höher angebracht ist; die Größe der kleinen Räder richtet sich nach der Steilheit der schiefen Fläche. Das größte zulässige Gefälle wird hierbei auf 1 in 26 angenommen; bei bedeutender Verminderung der Geschwindigkeit und der Last soll sogar ein Gefälle von 1 in 13 noch zulässig sein.

Vor kurzem war in den Zeitungen viel von einer sogenannten pneumatischen Eisenbahn die Rede, bei welcher die Dampfkraft durch den Druck der Luft ersetzt werden sollte; angeblich war sie von einem gewissen Clay oder Clegg, dessen Vaterland nach einigen Angaben Frankreich, nach andern England ist, erfunden worden, sie ist aber im Grunde nur die Wiederholung eines phantastischen Plans, den der Engländer Henry Pinkus schon im J. 1834 angegeben hat. Die vorgeschlagene Einrichtung, die nur ihrer Sonderbarkeit wegen bemerkenswerth ist, ist im Wesentlichen folgende: Zwischen den Schienen und mit denselben parallel wird ein langer, hohler, eiserner Cylinder befestigt, in dem sich ein Kolben befindet, der, sobald die Luft auf einer Seite desselben im Innern der cylindrischen Röhre verdünnt wird, durch den Druck der äußern Luft genöthigt wird, sich längs jener Röhre zu bewegen und dadurch mittels eines an ihn befestigten senkrechten Arms die Eisenbahnwagen, die miteinander auf gewöhnliche Weise durch Ketten verbunden sind, in Bewegung zu setzen. Die gedachte senkrechte Stange hebt in ihrem Fortgange ein der ganzen Länge der Röhre nach laufendes Ventil auf, das aus Leder gearbeitet und mit Metallplatten besetzt sein soll, sodaß es sich in dem Maße, als die Stange vorwärts gelaufen ist, wieder auf die

Ränder der Röhre niederlegt. Das Ventil soll mit Talg bedeckt sein und zwei an den Wagen angebrachte Vorrichtungen sollen unmittelbar, nachdem die Stange vorübergegangen ist, den Talg eindrücken, sodaß die atmosphärische Luft nicht Zeit hat, in das Innere der Röhre einzudringen. Der luftleere Raum in der Röhre soll mittels einer stehenden Dampfmaschine von 15 Pferdekraft erzeugt werden, welche die Luft aus einem großen Recipienten auszieht, der durch Öffnung eines Hahns mit diesem oder jenem Theile der Röhre in Verbindung gesetzt wird. Jede einzelne cylindrische Röhre soll (bei einem Durchmesser von etwa einem Fuß) eine Länge von 6000 oder mehr Fuß erhalten. Als Vortheile dieses neuen und ohne Zweifel originellen Transportsystems zählt der Erfinder die größere Wohlfeilheit und die Beseitigung der zahlreichen Gefahren, welche bei Dampffahrten theils durch die Explosionen der Kessel, theils durch das Herabgleiten von den Schienen entstehen können, auf. Zwar gewähren die großen eisernen Cylinder und die zur Luftverdünnung nöthigen Dampfmaschinen eben keine Aussicht auf Wohlfeilheit, aber der Erfinder glaubt, daß es bei Einführung seines Systems nicht nöthig werde, so sehr als bisher auf eine möglichst horizontale Lage der Bahn zu sehen, daß demnach die so kostspieligen Dämme, Einschnitte, Überbrückungen und Tunnels fast ganz wegfallen würden und auch wahrscheinlich weit leichtere Schienen, als jetzt üblich sind, zu brauchen sein würden. Die Zeitungen berichteten vor einiger Zeit von einem Versuche, der in London in Beisein zweier Minister und vieler andern ausgezeichneten Personen mit diesem Transportsysteme gemacht worden sei; die dazu eingeladenen Personen hätten sich in einen außerdem noch mit 1500 Pfund Eisen beladenen Wagen gesetzt und dennoch einen Weg von 150 Fuß in acht bis zehn Secunden zurückgelegt, noch dazu auf einer geneigten Ebene, deren Steigung 1 in 30 betragen habe. Bei alledem ist mit Bestimmtheit vorauszusagen, daß diese pneumatische Eisenbahn die bisher üblichen Eisenbahnen und Locomotiven niemals und nirgend verdrängen werde.

Mit gleicher Bestimmtheit läßt sich dies auch von der schwebenden oder einschienigen Eisenbahn behaupten, die häufig auch von ihrem Erfinder, dem Engländer Palmer, die Palmer'sche Eisenbahn genannt wird (wiewol sie unser deutscher Landsmann Hr. von Baader bereits 1815 zuerst angegeben haben will) und neuerdings von einem Hrn. de Villethiry in Lüttich angelegentlich empfohlen worden ist. Diese Eisenbahn besteht aus einer einzigen Schienenreihe, die in einiger Höhe (etwa neun Fuß) über dem Boden auf einem Gerüste angebracht wird; auf ihr werden einräderige Wagen, deren Last in zwei auf beiden Seiten herabhängenden Kasten gleich vertheilt ist, von einem zur Seite gehenden Pferde mittels eines langen Seiles gezogen, wiewol auch eine Benutzung des Dampfes denkbar wäre. Offenbar übertrifft dieses Eisenbahnsystem alle andern an Wohlfeilheit; die Bahn selbst kann von Dorfzimmerleuten und Dorfschmieden leicht hergestellt werden; der Bau einer besondern Straße mit kostbaren Dämmen, Einschnitten, Überbrückungen u. s. w. wird dabei fast ganz erspart, da nur bei großen Niveaudifferenzen Erdarbeiten nöthig sind und die Bahn ohne wesentlichen Nachtheil sehr starke Krümmungen erhalten kann; das erforderliche Terrain ist ungleich geringer als bei andern Eisenbahnen, ja die Bahn wird in vielen Fällen ohne besondern Terrainankauf an der Seite schon fertiger Straßen angelegt werden können; die Bahn kann ferner nie durch Schnee verdorben oder unfahrbar werden, Ausweichungen und

Durchfahrten für andere Wagen sind sehr leicht anzubringen, alle Reparaturen sind wegen Zugänglichkeit aller Theile und der Einfachheit der Construction leichter vorzunehmen u. s. w. Dazu kommt noch, daß die Wagen wegen der tiefen Lage des Schwerpunkts nie umwerfen oder von dem Geleise kommen können und das Auf= und Abladen der Waaren viel leichter ist, weil die Ladung unten hängt. Ungeachtet dieser bedeutenden, in die Augen fallenden Vortheile ist dieses Bahnsystem für Personentransport schwerlich anwendbar; die Reisenden können zwar nicht umwerfen, sind aber dafür andern Gefahren ausgesetzt, da ein Wagen, dessen Gleichgewicht gestört ist, auf dem Boden aufstreifen muß; die senkrechte Schaukelbewegung, welche unvermeidlich sein möchte, müßte den Reisenden höchst unangenehm sein, und die ausgedehnten und starken Schwingungen müssen bei lebhaftem Verkehr zu einer schnellen Abnutzung der Räder und Schienen führen. Bisher sind von diesem Systeme nur sehr wenige praktische Anwendungen gemacht worden, in England nur auf zwei kleinen Strecken, wo keine Personen zu transportiren sind, außerdem unsers Wissens nur noch bei Posen, wo im J. 1834 eine kleine Eisenbahn dieser Art, 4440 preuß. Fuß oder noch nicht ⅕ deutsche Meile lang, unter Anleitung des Hauptmanns von Prittwitz angelegt worden und dazu bestimmt ist, von einer Festungsziegelei die Ziegeln bis ans Ufer des Warthaflusses und von da das Brennholz nach der Ziegelei zu fördern. Diese Bahn besteht aus hölzernen, 6—8 Zoll dicken Ständern oder Stützen, die in Entfernungen von 12 zu 12 Fuß stehen; auf denselben ruht eine 2 Zoll dicke eichene Bohle, auf welcher eine 1½ Zoll breite, ½ Zoll dicke Eisenschiene (die seit 1838 an die Stelle der 1834 angewandten, aber zu schwach befundenen ¼ Zoll dicken Schiene getreten) befestigt ist. Seitenbreter, die zu beiden Seiten der Ränder angenagelt sind, dienen, um die Schwankungen der Wagen zu verhindern; die Wagen haben nur ein Rad von 30 Zoll Durchmesser mit fester Axe, auf der ein viereckiger Rahmen ruht, der das eigentliche Wagengestell auseinander hält; jeder solcher Wagen pflegt mit 10 Centnern beladen zu werden, und ein Pferd zieht etwa 120 Centner. Übrigens hat diese Bahn, deren Anlagekosten nur etwa 3000 Thaler betrugen, und auf welcher bis Ende 1838 1,046,620 Centner transportirt, dabei aber gegen die frühern Transportkosten 4658 Thaler erspart worden sind, ihrem Zwecke bis jetzt vollkommen entsprochen. Ein bemittelter Gutsbesitzer der Provinz Posen soll sich lebhaft mit Plänen zur Realisirung eines Versuchs, dasselbe Transportsystem auch auf Personentransport anzuwenden, beschäftigen.

Die Cedern auf dem Libanon. *)

Schwerlich wird jemals ein Reisender den Libanon besuchen, ohne den berühmten Cedernwald in Augenschein zu nehmen, dessen schon die heilige Schrift Erwähnung thut. Am meisten ziehen die großen uralten Bäume, welche 60—100 Fuß hoch sind und 30—40 und mehr Fuß im Umfange haben, die Aufmerksamkeit der Reisenden auf sich. Die Zahl derselben nimmt aber, wie es scheint, fortwährend ab, wie denn überhaupt die Cedern ehemals in jener Gegend häufiger gewesen sein mögen als sie jetzt sind. Der Engländer Harris theilt in seiner „Naturgeschichte der Bibel" folgende Liste der

*) Vgl. Pfennig=Magazin Nr. 139.

Reifenden mit, welche den Cedernwald auf dem Libanon besuchten, nebst der von ihnen angegebenen Anzahl großer Cedern.

Jahreszahl.	Reifende.	Zahl der Cedern.
1550	Bellon	28
1556	Fichtner	25
1574	Rauwolf	26
1579	Jacobi	26
1583	Radziwill	24
1590	Villamont	24
1598	Hayant	24
1609	Litgow	24
1632	Roger	22
1650	Boullaye le Gouz	22
1657	Thévenot	22
1684	de la Roque	20
1699	Maundrel	16
1739	Pococke	15
1755	Schultz	20
1789	Villardière	7
1818	Richardson	7

Burckhardt, der ebenfalls hier gewesen, aber in dieser Liste nicht aufgenommen ist, sagt von den Cedern Folgendes: „Die Cedern sind vom Gipfel des Gebirges sichtbar und stehen eine halbe Stunde von der Straße nach Bschirrai entfernt, am Fuße der steilen Abhänge der höhern Abtheilung des Gebirges. Sie stehen auf unebenem Grunde und bilden einen kleinen Wald. Von den ältesten und ansehnlichsten Bäumen zählte ich 11 oder 12, außerdem 25 sehr große, etwa 150 mittlere und über 300 kleinere und junge. Die ältesten Bäume zeichnen sich dadurch aus, daß sie nur am Gipfel Laub und kleine Zweige haben und aus vier bis sieben Stämmen, die aus einer Wurzel emporsteigen, bestehen, während die Zweige der andern Bäume sich niedriger befinden. Die Stämme der alten Bäume sind mit Namen von Reisenden, die sie besucht haben, bedeckt; sie scheinen ganz abgestorben zu sein und ihr Holz ist von grauer Farbe.“

Der bekannte französische Dichter Lamartine, welcher 1832—33 Syrien und Palästina bereiste und am 13. April 1833 die Cedern besuchte, dem aber der hohe Schnee nicht erlaubte, bis zu den Bäumen selbst zu kommen, sodaß er sie nur aus einer Entfernung von 5—600 Schritten betrachten konnte, theilt über sie Folgendes mit: „Diese Bäume sind die berühmtesten natürlichen Denkmäler der Erde; die Religion, die Poesie und die Geschichte haben sie zugleich geheiligt. Die heilige Schrift feiert sie an mehren Stellen; sie sind eins der Bilder, welche die Propheten mit Vorliebe anwenden. Salomo wollte sie zur Ausschmückung des Tempels, den er zuerst dem einzigen Gotte erbaute, verwenden, ohne Zweifel wegen des Rufes von Pracht und Heiligkeit, den diese Wunder der Vegetation schon zu jener Zeit hatten. Die Araber aller Sekten haben für diese Bäume eine sich durch Überlieferung fortpflanzende Verehrung. Sie schreiben ihnen nicht nur eine Vegetationskraft zu, die ihnen ewige Dauer gibt, sondern auch eine Seele, vermöge welcher

Die Cedern auf dem Libanon.

sie Zeichen von Verstand und Voraussicht geben, die den Zeichen des Instincts bei den Thieren ähnlich sind. Sie kennen die Jahreszeiten im voraus, sie bewegen ihre ungeheuern Zweige wie Glieder, sie dehnen sie aus oder ziehen sie zusammen, sie erheben sie gen Himmel oder beugen sie zu Boden, je nachdem der Schnee im Begriff steht zu fallen oder zu schmelzen; es sind göttliche Wesen unter der Form von Bäumen. Sie wachsen an dieser einzigen Stelle des Libanon; sie wurzeln hoch über der Region, wo jede größere Vegetation aufhört; Alles dies wirkt auf die Einbildungskraft der Völker des Morgenlandes. In jedem Jahrhunderte nehmen diese Bäume an Zahl ab; jetzt gibt es nur noch sieben, die man ihrem Äußern nach für Zeitgenossen der biblischen Zeiten halten könnte. Um diese alten Zeugen verflossener Jahrhunderte herum, welche uns, wenn sie reden könnten, von so vielen verschwundenen Reichen, Religionen und Geschlechtern erzählen würden, steht noch ein kleiner Wald jüngerer Cedern, die, wie mir schien, eine Gruppe von 4—500 Bäumen bilden. Jedes Jahr steigen im Juni die Bevölkerungen von Bschirrai, Eden, Kanobin und allen Dörfern der benachbarten Thäler zu den Cedern hinauf und lassen unter denselben eine Messe lesen.‟

Die Huerta von Valencia. *)

Wenn man auf der Reise von Madrid nach Valencia zwei Tage in den verlassenen Ebenen der Mancha und den sandigen, nicht minder öden Gebirgen, welche die Grenze des Königreichs Murcia bilden, zugebracht hat, so kommt man über eine kleine Gebirgskette und befindet sich auf dem Gebiete von Valencia. Das Land beginnt schon seinen Anblick zu ändern, die Olivenbäume, Johannisbrotbäume und Maulbeerbäume fangen an sich zu zeigen. Einige Stunden später setzt man über den Xujar und nun erst ist die Verwandlung vollständig; man befindet sich mitten in der Huerta, jenem mit Recht so berühmten Garten von Valencia. So groß aber auch die Schönheit dieser Ebene sein mag, so hat sie doch einen ganz eigenthümlichen Charakter; es ist weder die üppige und grünende Fruchtbarkeit der Ebenen der Normandie, noch die bewegliche und abwechselnde Landschaft der Dauphiné, noch die reizende Mannichfaltigkeit der Touraine. Der gesunde Verstand des Volkes hat die Umgebungen von Valencia mit dem Namen Garten (Huerta) bezeichnet, und in der That kann kein anderer einen bessern Begriff von der Physiognomie dieser fruchtbaren Ebene und der ihr eigenthümlichen Gattung von Schönheit geben. Man findet hier freilich keine großen Linien, keine malerischen Contraste, keine kühnen und schroffen Erhebungen des Terrains, nichts Großes oder Ergreifendes, dafür aber eine Sorgfalt im Einzelnen, eine Nettigkeit der Cultur, eine Vollendung der Arbeit, welche in ihrer Anwendung auf einen Raum von drei bis vier Quadratleguas eine wahre Merkwürdigkeit ist; Alles scheint mit der Hacke und dem Gartenmesser bearbeitet zu sein. Das in unzählige Theile getheilte Land enthält gleichsam eine Menge von Beeten, auf denen sich Getreide, Luzerne, Hanf mit ganz besonderer Üppigkeit erheben. Hier und da, besonders nach dem Xujar hin, erblickt man unter Wasser gesetzte Felder, die gleichsam Lagunen bilden; dies sind Reisfelder, deren ungesunde Ausdünstungen hinsichtlich des Schadens, den sie anrichten, leider ihrem Nutzen das Gleichgewicht halten. Mitten aus den grü-

*) Nach den Mittheilungen eines französischen Reisenden.

nen Ähren erheben sich Maulbeer=, Feigen= und Johannisbrotbäume, selbst Palmen, verirrte Kinder Afrikas, welche, getäuscht durch die Milde des Klimas, ihre lange Säule und ihre zierlichen Blätter diesem schönen Himmel anvertrauen. Südlich von Valencia, zwischen Alcira und San=Felipe, trifft man ferner reizende Haine von Orangerie= und Citronenbäumen, welche untermischt mit prachtvollen blühenden Granatenbäumen der ganzen Vegetation ein poetisches und sehr anziehendes Ansehen geben. In diesem Lande stelle man sich nun eine mehr als zur Hälfte afrikanische Bevölkerung vor, Männer, die nur mit einem Hemde und weiten, bis zum Knie herabfallenden weißen Beinkleidern bekleidet sind, die Beine aber bloß tragen und in der Regel barfuß gehen, auf dem Kopfe eine rothwollene Mütze und um die Schultern einen Überwurf von gleichem Stoffe und gleicher Farbe, in welchen sie sich auf sehr malerische Weise einhüllen, so glaubt man sich eher in Afrika, in der Mitte eines Beduinenstammes, als in Europa, nur 60 Leguas von Madrid und seiner französirten Civilisation entfernt, zu befinden. Die eigentliche Huerta nimmt einen Raum von etwas über drei Quadratleguas ein und hat die Form eines Dreiecks, welches das Meer zur Basis hat. Obgleich man auch weiterhin, und namentlich im Süden, an den Ufern des Xujar trefflich angebaute Felder findet, so kann man doch in der Huerta sowol den Reichthum des Bodens als den rastlosen Fleiß des Menschen, welcher der Fruchtbarkeit der Erde niemals Ruhe gönnt, am besten bewundern. Gewöhnlich hält man in der Huerta jährlich 3—4 Ernten; sowie eine Ernte geendigt ist, so säet man von neuem, und die Milde des Klimas, das keinen Winter kennt, läßt den Samen das ganze Jahr reif werden. Indessen thut die Natur vielleicht weniger für Valencia als der Mensch und die Kunst; die mühseligste und beharrlichste Arbeit, die scharfsinnigste Thätigkeit erschöpfen jährlich ihre Hülfsquellen, um diese Fruchtbarkeit, die außerdem fast fabelhaft sein würde, zu unterhalten und zu erneuern. Die Araber, welche bis auf König Jakob von Aragonien sich im ruhigen Besitz des Landes befanden und selbst nach der Eroberung der Christen bis zu Philipp II. und III. in der Mehrzahl geblieben sind, hatten Valencia mit einem Bewässerungssystem beschenkt, welches, wie sie es gegründet haben, jetzt noch so besteht, wie die es gegründet haben; das Genie ihrer Nachkommen und ihrer Überwinder hat nichts hinzuzusetzen gewußt. Dieses System besteht in Folgendem: Die Gewässer des Turia, welcher sich etwas unterhalb Valencia ins Meer ergießt, sind etwa zwei Leguas von seiner Mündung durch einen Damm aufgehalten worden; sieben Haupteinschnitte, von denen drei auf einem Ufer und vier auf den andern, vertheilen jene Gewässer in die Ebene, wo sie sich fächerförmig ausbreiten und die ganze zwischen ihren beiden äußersten Armen eingeschlossene Huerta befruchten. Bei jeder dieser sieben Hauptadern ist dasselbe System im Kleinen wiederholt und eine zahllose Menge von Nebenadern führt das Wasser auch zu dem kleinsten, in der Mitte der Ebene versteckten Stücke Land. Dieses seiner Idee nach so einfache System zeigte sich dennoch in der Ausführung so verwickelt, daß die Schwierigkeiten desselben nur durch die scharfsinnigste Umsicht überwunden werden konnten. Eine dieser Schwierigkeiten lag in der Nothwendigkeit, überall eine solche Abstufung des Niveaus zu beobachten, daß alle Ländereien ohne Ausnahme der Wohlthat der Bewässerung theilhaftig werden konnten. Nun bot aber die Ebene ihrer Gleichförmigkeit ungeachtet doch nicht dieses vollkommene mathematisch genaue Niveau dar, weshalb man sich durch kleine Kanäle und Wasserleitungen geholfen hat. Wenn man sich in der Ebene ergeht, so erblickt man in jedem Augenblicke kleine Kanäle, welche über den großen hinweggehen, und eine Menge kleine übereinander gebaute Wasserleitungen. An andern Stellen sieht man mitten in einem ganz flachen Terrain den Weg sich plötzlich um 4 Fuß erheben, weil eine unterirdische Wasserleitung unter ihm hinläuft; von aller dieser Arbeit sieht man indeß das Wenigste, weil sie größtentheils unter der Erde verborgen ist. Eine andere Schwierigkeit bestand darin, das Wasser der Billigkeit gemäß zu vertheilen, sodaß Jeder nach der Reihe es benutzen konnte, denn um das Wasser eines Kanals zum Steigen zu bringen, muß man die übrigen beinahe trocken legen; nach der Arbeit des Ingenieurs kam also die des Administrators und Gesetzgebers; auch diese haben die Araber ausgeführt und sie besteht noch so, wie sie sie hinterlassen haben. Jedem der sieben Hauptkanäle entspricht ein Wochentag; an diesem entlehnt er das Wasser von seinen Nachbarn, um das seinige zu der nöthigen Höhe zu erheben; an demselben Tage sind auch alle die kleinen Wassergräben, die von dem Wasser des großen Kanals gespeist werden, geöffnet, da aber ihre Zahl ungemein groß ist und das Wasser sich nicht auf der nöthigen Höhe erhalten könnte, wenn alle auf einmal geöffnet wären, so hat jeder seine Stunde am Tage, wie der Hauptkanal seinen Tag in der Woche hat. Seit beinahe acht Jahrhunderten sind diese Einzelnheiten festgesetzt, jeder Wassergraben hat seine bestimmte Stunde und Minute; sobald diese Stunde kommt, öffnet der betheiligte Landbesitzer mit drei Hackenschlägen den Rasendamm, welcher seinen Graben verschließt, das Wasser steigt, und wie es allmälig vor jedem Stück Land vorbeikommt, eröffnet jeder Grundbesitzer, der es mit der Hacke in der Hand erwartet, ihm den Zutritt zu seiner Besitzung durch dasselbe Verfahren; das Land wird dann während einer bestimmten Zeit mit mehren Zollen Wasser bedeckt. Am folgenden Tage wiederholt sich dasselbe in einem andern Theile der Huerta, und am Ende der Woche ist die ganze Gegend von diesem wohlthätigen Wasser befruchtet worden.

Bisweilen ereignet es sich, daß ein ungeduldiger Grundeigenthümer die vorgeschriebene Stunde anticipirt und zum Nachtheil seines Nachbars einen Hackenschlag in seinen Damm thut, was dann Processe veranlaßt. Aber Dank sei es dem orientalischen Verstande der Gründer dieser Einrichtungen, die ganze Procedur kostet nicht einen einzigen Bogen Stempelpapier. Alle Donnerstage hält der Gerichtshof, der nur aus einem Alcaden besteht, vor der Thüre der Domkirche Sitzung; der Alcade, der dem Kadi der Araber entspricht, hört den Kläger und macht, da keine Advocaten dabei beschäftigt sind, den ganzen Proceß in derselben Sitzung ab. Der Kläger setzt seine Klage selbst auseinander, der Delinquent vertheidigt sich, der Richter spricht das Urtheil; Alles dies geht im valencianischen Dialekte, ohne Schreiberei, ohne Aufenthalt und ohne Kosten vor sich; Appellation von dem gefällten Spruche findet nicht statt.

In Folge der vereinigten Wirkung des Wassers und der Sonne bringt der periodisch befruchtete, ohne Aufhören von der Luft erwärmte und außerdem von selbst reiche Boden das ganze Jahr hindurch ohne Erschöpfung Gerste, Reis, Korn, Safran, Gemüse, Orangen, Citronen hervor, aber den besten Theil der Producte von Valencia bilden Öl, Seide und Cochenille. Die Seidencultur ist beträchtlich und ihre Producte sehr geschätzt; was die Cochenille anlangt, so ist diese ein erst neuerlich eingeführter Artikel, der binnen einigen Jahren die schönsten Resultate verspricht. Die außerordentliche Fruchtbarkeit des Bodens, welche in demselben Jahre drei oder vier Ernten gestattet, erklärt auf sehr natürliche Weise die ungemeine Dichte der Bevölkerung, welche nach den letzten Zählungen in der Huerta allein 21,364 Einwohner auf die Quadratmeile beträgt. Wäre die Bevölkerung von ganz Spanien gleich dicht, so hätte dieses Land gegen 200 Millionen Einwohner, die es aber wegen der Beschaffenheit des Bodens nicht zu ernähren vermöchte. Mitten in dieser fruchtbaren Huerta erheben sich überall zahlreiche hübsche Dörfer, alle sehr bevölkert und wegen ihrer ungemeinen Reinlichkeit, die in Spanien eine Seltenheit ist, bemerkenswerth.

Die Bevölkerung der Huerta ist arbeitsam und hat die auf die Bearbeitung des Bodens bezüglichen arabischen Überlieferungen gewissenhaft bewahrt. In dieser Hinsicht ist sie sehr interessant, in jeder andern von der Natur auffallend vernachlässigt, häßlich, elend und verwildert. Die Häßlichkeit ist besonders der männlichen Bevölkerung eigenthümlich und findet in der Ungesundheit des Klimas eine natürliche Erklärung. Dieses dem Auge durch sein üppiges Grün so schön, so reizend erscheinende Land wird durch die Reisfelder verpestet, deren Ausdünstungen, vermischt mit den Dünsten, welche die Sonne beständig aus diesem feuchten Boden zieht, furchtbare Fieber hervorbringen. Von 4910 Kranken, welche im J. 1830 in die Spitäler von Valencia aufgenommen wurden, litten drei Viertheile am Fieber und die Sterblichkeit unter den Fieberkranken betrug ein Fünftel. Der Landbewohner oder Labrador hat ein erdfahles Gesicht und mattes Auge; seine Physiognomie ist finster und ohne Ausdruck. In der Stadt sind die Frauen ausnehmend wohlgebildet, auch in den übrigen weniger feuchten Districten des Königreichs verdienen sie den Ruf der Schönheit, in dem sie stehen; in der Huerta leiden sie gleichfalls unter dem ungesunden Einflusse der Atmosphäre, wiewol weit weniger als die Männer.

Die sittliche Verderbniß der Huertabewohner ist außerordentlich. Valencia gilt für diejenige Landschaft Spaniens, in welcher die meisten Verbrechen begangen werden. Mord, Diebstahl, Schlägerei steigen in der Criminalstatistik von Valencia auf eine verhältnißmäßig enorme Zahl. In dem einzigen Jahre 1832 betrug bei ungefähr 700,000 Gerichtsunterthanen, die unter dem Gerichtshofe von Valencia stehen, die Anzahl der Mordthaten und Kindermorde 210, die der Verwundungen bei Schlägereien 541, die der Diebstähle 361, die der gesprochenen Todesurtheile 34; fügt man dazu die Verurtheilungen zu den Galeeren, welche hier nicht geradezu entehrend sind, und die nicht verfolgten Verbrecher, deren Zahl 1835 831 war, bei denen man den Schuldigen nicht auffand oder nicht auffinden wollte, so erhält man einen Begriff von der moralischen Verwilderung dieser schönen Gegenden. Übrigens herrscht in diesem Lande ein charakteristischer Gebrauch, der dem Reisenden eine sprechende und augenfällige Statistik darbietet. Wenn Jemand ermordet worden ist, so nagelt man an die nächste Mauer ein kleines Kreuz, mit einer Inschrift, die gewöhnlich so beginnt: „Hier starb durch einen Unglücksfall u. s. w." Von der Anzahl dieser kleinen Sühndenkmäler kann man sich einen Begriff aus dem Umstande machen, daß ich in einer der volkreichsten Straßen von Valencia, der St.-Vincentiusstraße, einmal elf Kreuze gezählt habe, welche das Andenken an elf Mordthaten zu erhalten bestimmt sind. Wenn also der Valencianer allgemein für feig und falsch gilt, wenn selbst der Andalusier, dessen eigener Muth nicht weit her ist, laut seine Verachtung für die valencianische Feigheit an den Tag legt, so muß man gestehen, daß dieser schlechte Ruf seinen guten Grund hat.

Die Landleute der Huerta waren ehemals der Schrecken der Stadt; sobald die geringste Unordnung innerhalb der Mauern derselben ausbrach, strömten sie in Menge herbei, um zu plündern, und ihre afrikanischen Gestalten sowol als ihre Sitten machten sie zum Schrecken des friedlichen Bürgers von Valencia; noch jetzt bewahren die meisten von ihnen einen Sack, der der Bestimmung hatte, die in Valencia gemachte Beute aufzunehmen, und an den sich eine ihrer liebsten Traditionen knüpft. Ein Ereigniß, das 1808 stattfand, hat dem Strom die entgegengesetzte Richtung gegeben. Als man in den Provinzen den blutigen Kampf der madrider Bevölkerung gegen die Truppen Murat's erfuhr, erhoben sich bekanntlich alle spanischen Provinzen, überall wurden Junten errichtet und Vertheidigungsmittel gegen die Franzosen organisirt, aber nirgend war diese Bewegung, die überall von zahlreichen Unordnungen begleitet war, so schrecklich als in Valencia. Der Pöbel, von dem Mönch Calvo aufgewiegelt und angeführt, machte alle in Valencia befindlichen Franzosen nieder, welche zum großen Theil daselbst geboren und verheiratet waren und Handelshäuser besaßen; bei diesem Blutbade thaten sich vor Allen die Bewohner der Huerta hervor. Aber schon nach einigen Tagen drehte sich der Wind; die Behörden erhielten wieder die Oberhand und die Reaction begann mit einer Grausamkeit, die der frühern Excesse, welche man bestrafen wollte, würdig war. Der Pater Calvo wurde in seinem Gefängnisse erdrosselt und eine ansehnliche Zahl von muthmaßlichen Mördern wurden fast ohne alle Untersuchung gehängt. Da die Landleute unter diesen die Mehrzahl bildeten, so hat ihre Bestrafung in der Huerta schreckliche Erinnerungen hinterlassen; wenn daher in Valencia Unruhen ausbrechen, so ist es mit seltenen Ausnahmen die erste Sorge der Landleute, die Stadt zu verlassen und schleunigst auf das Land zurückzukehren. Seit jener Zeit ist also die Stadt vor der Furcht befreit, welche die Huerta ihr einflößte; indeß muß man doch noch immer auf seiner Hut sein, und mit Recht wird man sehr gewarnt, sich nicht durch die Nacht außerhalb der Thore von Valencia überraschen zu lassen.

Das Bisamthier.

Das eigentliche Bisam- oder Moschusthier (Moschus moschiferus) gehört zu derjenigen kleinen Abtheilung der wiederkäuenden oder spalthufigen Thiere, welche keine Hörner hat und außer diesem Thiere noch das Kameel und das Lama begreift. Es lebt in den Hochgebirgen Mittelasiens, in Tibet, China, um den Baikalsee und in der Nähe des Flusses Jenisei in Sibirien, überhaupt zwischen dem 44. und 60. Grade nördl. Breite in Asien, und liebt besonders die mit Nadelholz bewachsenen Gegenden, sowie wilde Felsen und steile Klippen von der Schneegrenze bis herab zu den kalten Bergthälern und den Vorgebirgen der Gletscher. Schon sein Fell verräth durch seine Dicke und Textur, daß dieses Thier vorzugsweise kalte Gegenden bewohnt, denn das Haar ist nicht nur dicht und lang, sondern zugleich von jener

eigenthümlichen groben, brüchigen und unelastischen Textur, die wir an den Gemsen und dem Springbock der südafrikanischen Gebirge bemerken. Wiewol es in den angeführten Gegenden sehr häufig ist, scheint es den Alten nicht bekannt gewesen zu sein, ein Umstand, der ohne Zweifel der fast unzugänglichen Natur der von ihm bewohnten Gegenden zugeschrieben werden muß. Erst in den neuern Zeiten haben wir eine genauere Kenntniß dieses Thieres und seiner Gewohnheiten erlangt, während es früher von Einigen als eine Ziegenart, von Andern als dem Rehbock verwandt angesehen wurde. Mit diesem ist es ziemlich von gleicher Größe, nur etwas kleiner, in der Gegend der Schultern zwei Fuß hoch; das Weibchen ist kleiner als das Männchen. Der Vorderkopf ist gewölbt, die Augen groß, die Ohren ziemlich weit und sehr beweglich; die obere Kinnlade enthält beim Männchen auf jeder Seite einen etwa 1½, zuweilen aber wol über 3 Zoll langen, etwas rückwärts gebogenen, aus dem Munde bedeutend herausstehenden, spitzigen Eckzahn, der aber seiner Stellung nach nicht füglich als Angriffswaffe dienen kann. Der Schwanz ist nur einen Zoll lang, eigentlich nur ein Rudiment, und wird von den langen, steifen, fast stachlichen Haaren, welche das Thier überall bedecken, verborgen. Die Gestalt im Allgemeinen ist leicht, zierlich, gedrungen und zeugt von Behendigkeit und Stärke; die Glieder sind kräftig und zum Klettern und Springen auf den Felsen und Klippen sehr gut geeignet. Die Hufe sind stark und breit; die unvollkommenen hintern Hufe sind so entwickelt, daß sie mit ihren Spitzen die Oberfläche berühren, während das Thier läuft, und dadurch die Sicherheit seines Standes vermehren. Die allgemeine Farbe des Thieres ist dunkelbraun, vermischt mit grau und gelb; an den Seiten kommen oft dunkelgraue oder weißliche Flecken vor, besonders bei jungen Thieren; Schultern und Glieder sind von dunkler Farbe als der Rücken; der Bauch ist weiß.

Was dieses Thier vorzüglich merkwürdig macht, ist ein sich beim Männchen befindender, von Haaren bedeckter Beutel unter dem Bauche hinter dem Nabel, von der Größe eines Hühnereies, in welchem sich eine ungemein stark riechende fettige Flüssigkeit ansammelt, die als Parfum und Arzneimittel gebraucht wird und unter dem Namen Bisam oder Moschus allgemein bekannt ist, eine Absonderung, welche mit denen des Bibers (Bibergeil) und der Zibethkatze (Zibeth) ihrem Wesen nach verwandt ist. Der Moschusbeutel, welcher zwei kleine Öffnungen hat, wird dem Thiere, sobald es getödtet ist, abgeschnitten, zugenäht und getrocknet; er enthält ein bis drei Quentchen Moschus, der trocken rothbraun oder fast schwarz, wie geronnenes Blut, aussieht und eine körnige Beschaffenheit annimmt. In frühern Zeiten mehr als jetzt wurde diese Substanz in der Heilkunde geschätzt und als erregendes, krampfstillendes, schweißtreibendes und beruhigendes Mittel gebraucht. Seine Einführung in die Heilmittellehre rührt von den Arabern her, deren Schriftsteller das ihn liefernde Thier zuerst beschrieben haben; wenn aber dieser Artikel zuerst nach Europa gekommen ist, ist unbekannt, denn aus dem Schweigen des Aristoteles und Plinius müssen wir schließen, daß sie ihn so wenig als das Thier kannten. In China, der chinesischen Tatarei, Tonkin, Butan und andern Gegenden scheint er seit undenklichen Zeiten in Gebrauch gewesen zu sein und für die Bewohner derselben, die zugleich das Fleisch des Thieres schätzten, einen ansehnlichen Handelsartikel abgegeben zu haben.

Der beste Bisam soll aus Tibet, das jährlich zwischen 7000 und 8000 Beutel ausführt, Tonkin und China kommen; der sibirische ist schlechter; das Loth wird bei uns mit zwei Thalern und darüber bezahlt, doch kommt er zu uns selten unverfälscht. Echter und guter Bisam muß, wenn er auf einem heißen Bleche oder sonst verbrannt wird, verdampfen und sehr wenig Überrest zurücklassen. Frisch ist der Geruch dieses Stoffes, dem berühmten Reisenden Tavernier zufolge, so stark, daß er Nasenbluten verursacht, welches sogar nach Chardin zuweilen mit einem tödtlichen Blutsturze enden soll; deshalb müssen die Moschusthierjäger sich Mund und Nase zubinden. Der Geruch des bei uns im Handel vorkommenden Bisams ist zwar äußerst stark und durchdringend, aber nie in dem Grade, als von den gedachten Schriftstellern geschildert wird, was theils daher rühren mag, daß er schon während des Transports viel von seiner Stärke verloren hat, theils daher, daß wir ihn vielleicht nie oder doch nur sehr selten rein bekommen. Tavernier gibt ferner an, daß das Bisamthier unter dem 60. Breitengrade vorzüglich häufig ist und von da im Februar und März, wenn der Schnee die Erde bedeckt hat, vom Hunger getrieben in tiefer liegende und südlichere Gegenden bis zum 44. Grade kommt, wo es seine in Kräutern bestehende Nahrung aufsucht. Um diese Zeit lauern die Eingeborenen ihm auf und fangen es in Schlingen oder tödten es durch Pfeile und Keulen; oft soll es so schwach und abgemattet sein, daß es sich mit der Hand fangen läßt.

In seinen Gewohnheiten gleicht das Bisamthier ziemlich der Gemse, von der es sich nur dadurch unterscheidet, daß es einsam lebt; es ist ausnehmend behend, indem es gleich der Gemse sehr geschickt und behutsam von Felsen zu Felsen springt, dabei ist es außerordentlich wild und scheu, wachsam, gegen Überraschungen auf seiner Hut und flüchtet sich, wenn es verfolgt wird, auf die Klippen und in die Abgründe der von ihm bewohnten Gebirge. Zur Zeit der Brunst (im November und December) ist auch das Fleisch des Männchens von Bisam durchdrungen.

Außer der oben beschriebenen Art der Gattung Bisamthier sind noch vier Arten derselben bekannt, welche aber keinen Moschusbeutel haben. Dahin gehören das Zwerghirschchen (Moschus pygmaeus), das kleinste wiederkäuende Thier, kaum neun Zoll lang und sechs Zoll hoch, ein in Ostindien lebendes zartes und niedliches Thierchen, dessen Füße dünner als ein Menschenfinger sind; die Meminna, von der Größe eines Hasen, 17 Zoll lang, auf der Insel Ceylon lebend; das javanische Bisamthier, von der Größe eines Kaninchens, auf den Inseln Java und Sumatra vorkommend. Übrigens findet sich eine bisamartige, starkriechende Absonderung fast bei allen Wiederkäuern, und besonders in den Darmausleerungen derselben.

Das Bisamthier.

Verantwortlicher Herausgeber Friedrich Brockhaus. — Druck und Verlag von F. A. Brockhaus in Leipzig.

Das Pfennig-Magazin

für
Verbreitung gemeinnütziger Kenntnisse.

350.]   Erscheint jeden Sonnabend.   [December 14, **1839.**

James Watt.*)

James (Jakob) Watt, dem die Dampfmaschinen den hohen Grad von Vollkommenheit verdanken, den sie jetzt besitzen, wurde am 19. Januar 1736 zu Greenock in Schottland geboren, wo sein Vater, Mitglied des dasigen Stadtraths, die drei verschiedenen Beschäftigungen eines Mechanikers, Architekten und Kaufmanns verband und 1782 starb. Da er von sehr schwächlicher Leibesbeschaffenheit war, so war er bei häufigem Unwohlsein nicht im Stande, die Schule seiner Vaterstadt regelmäßig zu besuchen, sondern brachte einen großen Theil des Jahres einsam auf seinem Zimmer zu, wo er ohne fremde Hülfe studirte und seine unfreiwillige Muße auf das beste anwandte. Schon im sechsten Jahre beschäftigte ihn die Auflösung geometrischer Aufgaben; später verfertigte er eine kleine Elektrisirmaschine, deren Funken seine Mitschüler belustigten. Die Ufer des Loch Lomond weckten seinen Hang zur Botanik; Wanderungen in den schottischen Bergen brachten ihn zu der Einsicht, daß die todte Erdrinde seiner Aufmerksamkeit nicht minder würdig sei, und er wurde Mineralog. Wenn Unwohlsein ihn zu Hause hielt, war vorzüglich die Chemie der Gegenstand seiner Versuche; außerdem verschlang er, wie alle krankhaften Personen, mit Begierde alle medicinischen und chirurgischen Werke, die er sich verschaffen konnte. Indessen bestimmte er sich für keine der gedachten Wissenschaften, so gut er auch auf das Studium einer jeden vorbereitet gewesen wäre, sondern für die Beschäftigung des mathematischen Instrumentmachers. Nachdem er vier Jahre lang in einer sehr kleinen mechanischen Werkstätte gearbeitet hatte, kam er im J. 1755 zu dem Mechaniker Morgan in London, blieb aber nur ein Jahr bei ihm und kehrte dann wegen Kränklichkeit nach Glasgow zurück, um selbst eine mechanische Werkstätte zu eröffnen, stieß jedoch dabei auf Hindernisse, indem die Zünfte der Stadt ihm das Recht dazu verweigerten. Endlich schlug sich die Universität Glasgow ins Mittel und ernannte ihn 1757, als er kaum 21 Jahre alt war, zu ihrem Mechaniker und Inspector ihres physikalischen Cabinets, wobei besonders drei verdiente Gelehrte, Adam Smith, Black, bekannt durch seine Entdeckungen über die latente Wärme, und Robert Simson, Herausgeber der wichtigsten Schriften der alten Geometer, als seine Gönner auftraten. Diese Männer erkannten bald Watt's Werth und suchten seinen näheren Umgang; Watt's bescheidene Werkstätte wurde zu einer Akademie, wo sich die ausgezeichnetsten Männer von Glasgow über die schwierigsten Fragen der Wissenschaft,

---

*) Größtentheils nach der von Arago in der Akademie der Wissenschaften am 8. Dec. 1834 vorgelesenen historischen Lobrede Watt's.

Kunst und Literatur beriethen. Über den praktischen Arbeiten vergaß Watt die Studien nicht; jene führte er am Tage aus, die Nacht war den theoretischen Studien gewidmet. Vertrauend auf seinen Scharfsinn, gefiel er sich in den schwierigsten, fremdartigsten Unternehmungen und übernahm sogar den Bau einer Orgel, wiewol er für die Schönheiten der Musik ganz unempfindlich war und keine Note kannte; dennoch führte er seine Arbeit nicht nur glücklich aus, sondern das neue Instrument enthielt in seinem mechanischen Theile wesentliche Verbesserungen, und selbst seine harmonischen Vorzüge waren nicht minder bemerkenswerth.

Die ruhmvollste Periode von Watt's Wirksamkeit begann aber erst dann, als er sich mit der Dampfmaschine zu beschäftigen anfing. In dem physikalischen Cabinete der Universität Glasgow befand sich ein kleines Modell der Newcomen'schen Dampfmaschine, welches niemals die gehörigen Dienste hatte thun wollen. Watt wurde um das Jahr 1763 von dem Professor der Physik, Anderson, mit der Reparatur desselben beauftragt, und befreite es bald von seinen Mängeln; aber weit entfernt, sich damit zu begnügen, nahm er davon Anlaß zu den sorgfältigsten Untersuchungen über Alles, was die Theorie der Dampfmaschine betraf; hieran hatte sein Umgang mit dem damals in Glasgow studirenden, nachmals berühmten Robison nicht geringen Antheil, der ihm seine Idee mittheilte, die Dampfmaschinen zur Bewegung von Fuhrwerken anzuwenden, und ihn aufforderte, an ihrer Verbesserung zu arbeiten. Watt bestimmte die Größe der Ausdehnung des Wassers, wenn es vom flüssigen Zustande in den dampfförmigen übergeht; die Quantität Wasser, welche eine gegebene Kohlenmenge in Dampf verwandeln kann; die Menge Dampf, welche eine Newcomen'sche Dampfmaschine von bekannten Dimensionen bei jedem Kolbenspiele verbraucht; die Menge kaltes Wasser, die man in den Cylinder spritzen muß, um der niedergehenden Bewegung des Kolbens eine gewisse Kraft zu geben; endlich die Elasticität des Dampfes in verschiedenen Temperaturen. Die große Verschwendung von Brennmaterial, welche mit der bisherigen Einrichtung der Dampfmaschinen verbunden war, bei welcher der Dampf im Cylinder selbst verdichtet wurde, konnte ihm nicht entgehen, und er sann auf Mittel, diesem Mangel abzuhelfen. Im J. 1765 machte er seine wichtigste Erfindung, er erfand nämlich den Condensator, ein abgesondertes Gefäß, welches zur Verdichtung des Dampfes dient und mit dem Cylinder nur durch eine enge Röhre in Verbindung steht. Von großer Wichtigkeit waren ferner mehre andere Abänderungen, die er an den bisher üblichen Dampfmaschinen anbrachte; seine verbesserten Maschinen waren Dampfmaschinen in eigentlicher Sinne, bei denen der bisher bei der niedergehenden Bewegung des Kolbens angewandte Druck der atmosphärischen Luft völlig wegfiel. So einleuchtend aber auch die gedachten Verbesserungen waren, so verging doch längere Zeit bis zu ihrer wirklichen Einführung. Erst drei Jahre nach der Erfindung des Condensators, im Jahre 1768, führte er ihn im Großen aus; durch Vermittelung seiner Freunde verband er sich nämlich mit dem Doctor Roebuck, dem Gründer der ausgedehnten Eisenwerke am Carron, der größten in Schottland, und baute eine Dampfmaschine nach den von ihm aufgestellten Principien, die in Kinneil in Schottland in einem dem Herzoge von Hamilton gehörigen Kohlenwerke aufgestellt wurde und allen von ihr gehegten Erwartungen vollkommen entsprach. Im J. 1769 erhielt Watt sein erstes Patent auf die von ihm gemachten Erfindungen.

Mittlerweile kamen aber Roebuck's Vermögensumstände in Zerrüttung, und wiewol Watt's Erfindung im Stande gewesen wäre, ihnen wieder aufzuhelfen, so zog Watt es vor, seine Erfindung einstweilen ganz zu verlassen und andere Beschäftigungen zu wählen. Schon im J. 1767 hatte er sich nachdem er 1764 seine kleine Universitätsanstellung aufgegeben hatte, mit geodätischen Arbeiten in Schottland beschäftigt; später leitete er die Ausführung eines Kanals aus den Steinkohlengruben von Monkland nach Glasgow u. s. w. Mehre Projecte derselben Art, die Verbesserung mehrer Häfen, der Bau zweier Brücken und die Entwerfung eines Plans für den berühmten caledonischen Kanal beschäftigten ihn bis an das Ende des Jahres 1773.

Erst im J. 1774 wandte er seine Kräfte und Talente aufs neue der Vervollkommnung der Dampfmaschinen zu. Im Beginne desselben trat er mit Mathew Boulton in Soho bei Birmingham, einem umsichtigen, vermögenden, unternehmenden und thätigen Manne, in Verbindung und suchte vereint mit ihm eine Verlängerung seines Patents von 1769 nach, das seinem Erlöschen nahe war. Nachdem vom Parlamente nicht ohne lebhaften Widerspruch und großen Kostenaufwand eine Verlängerung des Patents um weitere 25 Jahre bewilligt worden war, gründeten Watt und Boulton in Soho jene Maschinenbauanstalt, die bald für ganz England die nützlichste Schule der praktischen Mechanik wurde. Der unfruchtbare Hügel von Soho, wo das Auge des Reisenden bisher nur ein anspruchsloses Försterhaus erblickte, bedeckte sich mit schönen Gärten, prachtvollen Gebäuden und Werkstätten, die sowol hinsichtlich ihrer Ausdehnung als hinsichtlich der Wichtigkeit und Vortrefflichkeit der Arbeiten, die hier geliefert wurden, in kurzer Zeit die ersten in Europa wurden.[*] Dampfmaschinen für Schöpfpumpen wurden von jetzt an in sehr großen Dimensionen ausgeführt, und wiederholte Versuche zeigten, daß sie bei gleicher Wirkung nur den vierten Theil des Brennstoffs brauchten, den die Newcomen'schen Maschinen bisher verbraucht hatten. Sofort verbreiteten sich die neuen Pumpen in allen Grubendistricten, besonders aber in Cornwallis. Als Vergütung erhielten Watt und Boulton den Preis des dritten Theils der Quantität Kohlen, welche durch jede ihrer Maschinen erspart wurde, und die außerordentliche ökonomische Wichtigkeit der Erfindung ergibt sich daraus, daß in der einzigen Grube von Chace-Water, wo drei Pumpen in Thätigkeit waren, die Eigenthümer es ihrem Vortheile angemessen fanden, das Recht der Erfinder für eine jährliche Summe von 2400 Pf. Sterl. (16,000 Thlr.) abzukaufen, sodaß die Einführung des Condensators eine jährliche Ersparniß an Brennmaterial von mehr als 48,000 Thalern bewirkt haben mußte.

In der Folge zahlten die Grubenbesitzer in Cornwallis die Rente nur mit steigendem Widerstreben und suchten sich ihrer Verbindlichkeit auf jede Weise zu entziehen, weshalb Watt und Boulton viele, lange und kostspielige Processe führen mußten. Ohne sich dadurch und durch die Unverschämtheit der Plagiatoren abschrecken zu lassen, fuhr Watt in seinen Bestrebungen fort und that in der Verbesserung der Dampfmaschinen wieder einen wichtigen Schritt vorwärts, indem er an die Stelle seiner verbesserten Newcomen'schen Maschine die doppeltwirkende Maschine setzte, in der der Druck des Dampfes nicht nur die aufsteigende, sondern auch die

---

[*] Nähere Nachrichten über Soho nebst einer Abbildung findet man in Nr. 183

niedersteigende Bewegung des Kolbens bewirkt. Hiermit waren die Erfindungen der Parallelbewegung und des konischen Pendels oder Regulators, welche sich Watt im Jahre 1784 patentiren ließ, verbunden; in dem letztern und der Anwendung der Schwungräder liegt das Geheimniß der staunenswerthen Vollkommenheit der Industrieerzeugnisse unserer Zeit, denn vermöge dieser Mittel erhält die Maschine einen völlig gleichmäßigen Gang und kann mit gleichem Erfolge Musselin weben und Anker schmieden. Erst von jetzt an erhielt die Dampfmaschine eine allgemeine Anwendung, da sie bisher nur zu einem sehr beschränkten, wiewol wichtigen Zwecke gedient hatte, nämlich zur Hebung des Wassers.

Außer diesen überaus wichtigen Verbesserungen der Dampfmaschine verdanken wir Watt noch mehre andere nützliche Erfindungen. Im J. 1780 erhielt er ein Patent auf eine Copirmaschine, die in derselben Form in allen englischen Comptoirs eingeführt ist. Die Methode des Copirens besteht darin, daß man auf das zu copirende, frisch geschriebene Blatt ein vorher angefeuchtetes gleich großes Blatt von durchscheinendem ungeleimten Papier legt und unten und oben mit glattem Papier bedeckt, dann Alles in ein eigens dazu bestimmtes Futteral legt und dieses einmal oder mehre Male durch eine Walzenpresse zieht, worauf das ungeleimte Papier einen Abdruck der Urschrift erhält. Im Jahre 1783 führte er bei sich die Dampfheizung ein, welche zwar 1745 schon von Cooke vorgeschlagen, aber vor Watt von Niemand in Anwendung gebracht worden war. In demselben Jahre 1783 kam Watt auf eine der größten Entdeckungen in der Chemie, auf die Zusammensetzung des Wassers, das man vorher zu den Elementen oder einfachen Stoffen gezählt hatte, aus Wasserstoff und Sauerstoff. Bisher wurde bald der Engländer Cavendish, bald der Franzose Lavoisier für den Urheber dieser wichtigen Entdeckung gehalten; aber der französische Physiker Arago hat nachgewiesen, daß die Ehre derselben Niemand anders als dem unsterblichen Watt gebührt. Im J. 1786 führte Watt nach einer Reise, die er nach Frankreich machte, eine wichtige Erfindung Berthollet's, das Bleichen von Pflanzenstoffen durch Chlor, in England ein, construirte die dazu nöthigen Apparate und leitete ihre Aufstellung und erste Anwendung. In den Jahren 1794—96 war er ein thätiges Mitglied der von Beddoes in Clifton bei Bristol gestifteten, eine Zeit lang von dem berühmten Davy geleiteten pneumatischen Anstalt, deren Zweck in der medicinischen Anwendung der neuentdeckten Gasarten bestand; er ersann und verfertigte in Soho die zur Erzeugung und Benutzung derselben dienenden Apparate, von denen er namentlich vielen Nutzen bei der Heilung von Brustkrankheiten erwartete, die ihm eben damals mehre seiner nächsten Verwandten und Freunde in frühem Alter entrissen hatten.

Nach dem Erlöschen des ihm vom Parlament verliehenen Patents, im Anfange des Jahres 1800, zog sich Watt gänzlich von den Geschäften zurück und seine beiden Söhne traten an seine Stelle; unter ihrer und des jungen Boulton Leitung fuhr die Fabrik zu Soho zu gedeihen fort und nimmt noch gegenwärtig unter den zum Bau großer Maschinen bestimmten Anstalten in England den ersten Rang ein. Sein zweiter Sohn, Gregor, starb im J. 1804, 27 Jahre alt, ein Ereigniß, über welches sich Watt lange nicht zu trösten vermochte. Er selbst, der in seiner Jugend so schwächlich gewesen war, wurde fast mit jedem Jahre kräftiger und rüstiger und seine geistigen Fähigkeiten behielten bis zuletzt ihre ganze Kraft. Als er einmal, da

er schon über 70 Jahre alt war, eine Abnahme derselben zu bemerken glaubte, beschloß er, sich genau zu prüfen, und begann deshalb die schwierige angelsächsische Sprache zu erlernen; aber die Leichtigkeit, mit der er sie sich aneignete, zeigte ihm bald die Grundlosigkeit seiner Besorgnisse. Die letzte Zeit seines Lebens widmete er der Anfertigung einer Maschine, welche dazu dienen sollte, Sculpturgegenstände von allen Dimensionen schnell und mit mathematischer Genauigkeit zu copiren. In mehren englischen und schottischen Kunstcabineten trifft man sehr befriedigende Producte dieser Maschine; Watt hatte sie den Eigenthümern scherzhaft als die ersten Versuche eines jungen Künstlers, der eben erst sein 83. Jahr angetreten habe, zum Geschenk gemacht. Das Ende dieses Jahres sollte aber Watt nicht erleben; er starb nach einer kurzen Krankheit am 25. August 1819 auf seinem Landgute Heathfield bei Birmingham, das ihm gewöhnlich zum Aufenthalt diente. Sein noch lebender Sohn, der ebenfalls James heißt, hat ihm ein prachtvolles gothisches Denkmal errichten lassen, welches die Kirche zu Handsworth ziert; in der Mitte erhebt sich eine treffliche Marmorstatue von Chantrey. Eine zweite Marmorstatue, aus der Werkstätte desselben Künstlers hervorgegangen, ist gleichfalls durch die kindliche Liebe in einem Saale der Universität Glasgow, wo Watt in seiner Jugend wirkte, aufgestellt worden. Die Bewohner der Stadt Greenock in Schottland, wo Watt geboren war, ließen ihrem berühmten Landsmann eine dritte Marmorstatue errichten, die in der neu erbauten Stadtbibliothek aufgestellt worden ist. Eine kolossale Bronzestatue, die auf einem schönen Granitgestell in einer Ecke des Georgsplatzes in Glasgow steht, zeigt deutlich, wie stolz diese Hauptstadt der schottischen Industrie auf die Ehre ist, die Wiege der Entdeckungen Watt's gewesen zu sein. Endlich haben sich dem großen Mechaniker auch die Pforten der Westminsterabtei geöffnet; eine kolossale Statue Watt's von carrarischem Marmor, ein Meisterwerk Chantrey's, dessen Kosten durch eine Subscription zusammengebracht worden sind, ist seit einigen Jahren eine der Hauptzierden des englischen Pantheons geworden. *) Das Piedestal trägt folgende Inschrift, welche Lord Brougham zum Verfasser hat: „Nicht um einen Namen zu verewigen, der dauern wird, so lange die Künste des Friedens blühen werden, sondern um zu zeigen, daß die Menschen Diejenigen zu ehren wissen, welche ihrer Dankbarkeit würdig sind, haben der König, die Minister, viele Edelleute und andere Bürger des Königreichs dieses Denkmal dem James Watt errichtet, welcher, indem er die Kraft eines originellen, in wissenschaftlichen Untersuchungen frühzeitig geübten Geistes auf die Vervollkommnung der Dampfmaschine anwandte, die Hülfsquellen seines Vaterlandes vermehrte, die Macht des Menschen vergrößerte und sich auf eine ausgezeichnete Stelle unter den berühmtesten Gelehrten und den wahrhaften Wohlthätern der Welt erhob." Wie wenigen Menschen ist die Ehre widerfahren, daß ihnen nach ihrem Tode fünf verschiedene Denkmäler errichtet worden sind. Desto unbedeutender im Verhältniß zu seinen Verdiensten waren die Auszeichnungen und Würden, die ihm bei seinem Leben zu Theil wurden; in den Jahren 1784—87 wurde er Mitglied der königlichen Gesellschaften zu Edinburg und London und der batavischen Gesellschaft der Wissenschaften, 1808 Correspondent und 1814 auswärtiges Mitglied der pariser Akademie der Wissenschaften; 1806 ertheilte ihm die

---

*) Vergl. die Abbildung derselben Pfennig-Magazin Nr. 13.

Universität Glasgow das Ehrendiplom eines Doctors der Rechte.

Alle Diejenigen, welche Watt persönlich gekannt haben, stimmen darin überein, daß bei ihm die Eigenschaften des Herzens die Verdienste des Gelehrten wo möglich noch übertrafen. Er besaß eine kindliche Aufrichtigkeit, die größte Einfachheit der Sitten, eine Gewissenhaftigkeit und Gerechtigkeitsliebe, die er aufs äußerste trieb, und ein unerschöpfliches Wohlwollen. Von Natur sanft und ruhig, wurde er heftig, wenn irgend eine Erfindung in seiner Gegenwart nicht ihrem wirklichen Urheber beigelegt wurde, und besonders wenn ein Schmeichler ihn selbst auf Kosten Anderer bereichern wollte; wissenschaftliche Entdeckungen stellte er über alle andern Güter. Sein Gedächtniß war bewundernswürdig, doch war die Ausdehnung das geringste Verdienst desselben; er eignete sich nämlich nur Das an, was einigen Werth hatte, und verwarf alles Überflüssige. Ohne Zweifel hätte Watt, wenn er gewollt hätte, sich auch als Romandichter einen Namen machen können. Im Kreise vertrauter Freunde pflegte er gern Geschichten zu erzählen; die speciellen Umstände seiner Erzählungen, die Eigennamen, die er darin angab, die genauen Beschreibungen der Schlösser, Landhäuser, Wälder und Höhlen, in welche er nach und nach den Schauplatz versetzte, gaben seinen Stegreifdichtungen so sehr den Schein der Wahrheit, daß man sich nur schwer enthalten könnte, ihnen Glauben beizumessen.

Zum Schlusse führen wir an, was Sir Walter Scott in der Vorrede zu demjenigen seiner Romane, welcher „Das Kloster‟ betitelt ist, von seinem Landsmanne sagt: „Nur einmal hatte ich das Glück, mit dem berühmten Watt zusammenzukommen. Unter einer kleinen Gesellschaft von Gelehrten stand Watt, der Mann, dessen Genie die Mittel entdeckte, unsere Nationalhülfsquellen in einem Grade zu vervielfachen, der wahrscheinlich sein eigenes außerordentliches Berechnungs- und Combinationstalent noch weit übertraf, indem er die Schätze des Abgrunds auf die Oberfläche der Erde brachte, dem schwachen Arm des Menschen die Kraft eines Riesen verlieh, Fabriken entstehen hieß, wie der Stab des Propheten in der Wüste Wasser hervorbrachte, und den Menschen in den Stand setzte, sich von Zeit und Flut, die auf Niemand warten, zu befreien und ohne jenen Wind zu segeln, den Geboten und Drohungen des Xerxes selbst Trotz bot. Dieser mächtige Beherrscher der Elemente, dieser Abkürzer der Zeit und des Raums, dieser Zauberer, dessen Maschinerie eine Änderung in der Welt hervorgebracht hat, deren Wirkungen, so außerordentlich sie auch sind, vielleicht jetzt erst anfangen, empfunden zu werden, war nicht nur der tiefste Gelehrte, der glücklichste Zusammensetzer von Kräften und Berechner von Zahlen, wie sie für praktische Zwecke am meisten geeignet sind, war nicht nur überhaupt einer der am besten unterrichteten, sondern zugleich einer der besten und liebevollsten Menschen. Im 85. Jahre seines Alters (W. Scott gibt hier Watt's Alter zu hoch an) nahm der muntere, liebenswürdige, wohlwollende Greis an allen Fragen lebhaftes Interesse; seine Belehrung stand Jedem, der sie in Anspruch nahm, zu Gebote. Er verbreitete die Schätze seiner Talente und seiner Einbildungskraft über alle Gegenstände. Unter den Anwesenden befand sich ein gelehrter Philolog; Watt sprach mit ihm über den Ursprung des Alphabets, als wenn er der Zeitgenosse des Kadmus gewesen wäre; ein berühmter Kritiker trat hinzu, und man hätte meinen sollen, daß der Greis sein ganzes Leben dem Studium der schönen Wissenschaften und der Staatswissenschaft gewidmet hätte. Wenn er aber mit unserm Landsmanne Jedediah Cleishbotham sprach, so hätte man geschworen, daß er der Zeitgenosse der Verfolger und der Verfolgten (in den schottischen Religionskriegen) gewesen wäre und genau alle Flintenschüsse herzählen könnte, welche die Dragoner auf die flüchtigen Anhänger des Covenants abfeuerten. Wir entdeckten endlich, daß ihm kein Roman von einigem Rufe entgangen war, und daß die Neigung des berühmten Gelehrten zu dieser Gattung von Werken ebenso lebhaft war als diejenige ist, welche sie jungen Leuten von 18 Jahren einflößen.‟

Alexandria.

Reisende, die aus Europa nach Ägypten kommen, landen gewöhnlich in Alexandria, der Stadt, welche Alexander dem Großen ihre Entstehung und ihren Namen verdankt und daher in jedem andern Lande der Welt eine uralte Stadt heißen würde. Unter der Herrschaft Alexander's des Großen und seiner Nachfolger war sie die Hauptstadt des Landes, der Sitz der Kunst und Wissenschaft, ausgezeichnet durch Pracht und Größe; damals enthielt sie nach Diodor 300,000 freie Leute. Unter der Herrschaft der Römer war sie die dritte Stadt ihres Reichs und mußte für den wichtigsten Handelsplatz der ganzen Welt gelten. Wie wenig ist ihr von dieser frühern Größe noch übrig geblieben! Selbst aus den Trümmern ist sie kaum zu erkennen und die Zahl der Einwohner mag jetzt wol kaum noch 15,000 betragen. Das jetzige Alexandrien, türkisch Skanderun genannt, liegt auf einer Erdzunge zwischen dem See Mariut (Mareotis) und dem Meere; es ist von einer etwa eine halbe Meile langen Mauer mit Thürmen umgeben und steht durch einen 3000 Fuß langen Damm oder Molo in Verbindung mit der kleinen Insel Farillon, dem alten, durch seinen Leuchtthurm berühmten Pharos, die ehemals durch eine Brücke mit dem festen Lande verbunden war. Man findet hier außer den Überresten eines Amphitheaters im Südosten der Stadt eine Menge von Überresten prachtvoller Gebäude, hinsichtlich deren keine einigermaßen glaubwürdige Überlieferung unter den Einwohnern mehr vorhanden ist. Namentlich auf beiden Seiten der ehemaligen Hauptstraßen in der Nähe des nach Rosette führenden Thores sieht man noch Reihen stattlicher Marmorsäulen, wahrscheinlich die Reste eines prachtvollen Säulenganges, der sich zwischen den Thoren der Sonne und des Mondes erstreckte und für eine der herrlichsten Zierden der Stadt galt, aber in den Händen der Türken, wie so vieles Andere, in Verfall gerathen ist. Überall, wo Ausgrabungen vorgenommen werden, zeigen Pfeiler, Gewölbe, reiche Karniese an, daß einst ein glänzendes Gebäude die Stelle einnahm, ohne über seinen Zweck, sein Alter, seinen Namen oder seinen Erbauer Auskunft zu geben. Stunden weit sind die Vorstädte mit den Ruinen der alten Stadt bedeckt. Haufen von Ziegelsteinen und Mörtel, vermengt mit zerbrochenen Säulenschaften und verstümmelten Capitälern, bedecken ungeheure Gewölbe, welche als Wasserbehälter dienen und bei jeder Überschwemmung des Nil angefüllt werden. Vielleicht ist ein großer Theil dieser Verwüstung den Wirkungen eines verheerenden Erdbebens zuzuschreiben, welches Tausende der Einwohner verschlang und ihre höchsten Gebäude zu Boden warf; aber alle Nachforschung über dergleichen Gegenstände ist vergeblich, denn der Reisende findet, daß die entarteten Geschöpfe, welche jetzt die

Trümmer dieser einst prächtigen Hauptstadt bewohnen, gegen alle Ereignisse der Vergangenheit ebenso gleichgültig als über dieselben übel unterrichtet sind.

Die ausgedehnten Katakomben von Alexandrien, westlich von der Stadt eine halbe Stunde von derselben entfernt gelegen, bieten nichts besonders Merkwürdiges dar und befinden sich in einem fast ebenso verfallenen Zustande als die Stadt, deren Todte aufzunehmen sie bestimmt waren. Der eigentliche Eingang dieser unterirdischen Wohnungen ist unbekannt, der jetzige Eingang liegt nach dem Meere zu und gleicht der Öffnung einer Höhle. Auf allen Vieren kriechend, denn dazu ist der Eingang eben groß genug, gelangt man in ein fast ganz mit Schutt und Erde angefülltes viereckiges Gemach; zur Linken und Rechten sind kleinere in den Felsen gehauen, welche Nischen zur Aufnahme von Mumien enthalten. Die zweite Kammer ist größer und enthält an den Seiten Gräber. Westlich von derselben führt eine andere Öffnung in ein viereckiges Gemach ohne Behältnisse für Todte, dann kriecht man über Sandhaufen von einer Kammer in die andere, die Menge der dieselben verbindenden Gänge ist aber so groß, daß man ohne ein Zwirnknäuel nur schwer den Eingang, durch den man gekommen, wiederfinden könnte. Durch viele Windungen gelangt man in das in unserer Abbildung vorgestellte geräumige Vorgemach

Innere Ansicht der Katakomben bei Alexandrien.

des ansehnlichsten Grabes, das wahrscheinlich zu einem Königsgrabe bestimmt war. Es ist von kreisrunder Form und hat eine schöne kuppelartig gewölbte Decke, die mit großer Sorgfalt in den Felsen gehauen ist; übrigens ist es sehr einfach und hat nur wenige in den Felsen gehauene Zierathen. Die meisten andern Grabkammern sind so sehr durch Sand verstopft, daß es sehr schwer hält, selbst auf den Knieen und Händen hineinzukriechen. Ihre Form, sowie die Thüren, die aus dem Felsen gehauenen dorischen Pfeiler und die Särge zeigen, daß sie das Werk griechischer Arbeiter sind; sie sind zwar an Größe den eigentlich ägyptischen Katakomben gleich, aber hinsichtlich ihrer Ausschmückung nicht entfernt mit ihnen zu vergleichen. Längs dem Ufer des westlichen Hafens findet man zahlreiche Gräber von geringer Bedeutung; viele von ihnen sind nur in den Felsen gehauen und nach der Seite oder nach oben offen; nicht wenige liegen unter der Meeresfläche. Auch mehre Bäder oder vielmehr in den Felsen gehauene Bassins werden in dieser Gegend gezeigt und gewöhnlich als die Bäder der

Kleopatra bezeichnet; aber wie sie jetzt sind, sind sie nicht im Stande, die schon ihrer Lage wegen sehr unwahrscheinliche Vermuthung zu unterstützen, daß sie jemals von dieser Königin, deren Reize die Helden Roms überwältigten, gebraucht worden seien.

Die Säule, welche die Stadt überragt, ist unter dem Namen der Pompejussäule längst bekannt;[*] aber eine auf ihr befindliche, in neuern Zeiten entzifferte Inschrift beweist, daß sie zuletzt von einem Präfecten, der mit dem bekannten Nebenbuhler Julius Cäsar's zufälligerweise gleichen Namen hatte, dem Kaiser Diocletian gewidmet worden ist. Es war von jeher in Ägypten gebräuchlich, die Namen von Fürsten auf Paläste, Tempel und Obelisken zu graben, welche schon Jahrhunderte vor der Zeit jener Fürsten gestanden hatten; daher kann nichts trüglicher sein als die Bestimmung des Alters von ägyptischen Gebäuden aus den in ihren Inschriften vorkommenden Namen. Die gedachte Säule steht auf einem 12 Fuß hohen Fußgestelle, das offenbar aus Steinen ver-

*) Vergl. über dieselbe Pfennig-Magazin Nr. 98.

fertigt ist, die früher zu andern Zwecken dienten. Der Säulenschaft ist rund, ungefähr 64 englische Fuß lang, hat 8⅓ Fuß im Durchmesser und trägt ein korinthisches Capitäl, das die Höhe der Säule noch um 10 Fuß vermehrt. Die Säule ist ein einziger rother Granitblock und neigt sich ein wenig nach Südwesten; von den Wirkungen der Zeit hat sie nur wenig gelitten, am meisten nach Nordwesten, wo sie den den größten Theil des Jahres wehenden Winden ausgesetzt war. Auf den ersten Blick bemerkt man, daß der Schaft mit dem Capitäl, dem Fuß und dem Piedestal, welche an Ausführung und Idee sehr armselig und nicht einmal ganz vollendet sind, nicht harmonirt. Es ist sehr zu bedauern, daß die architektonischen Schönheiten dieses berühmten Denkmals durch die unziemlichen Freiheiten, welche sich gewisse europäische Besucher genommen haben, indem sie dasselbe mit ihren Namen beschmierten, nicht wenig entstellt worden sind; die neuern Inschriften machen es jetzt fast unmöglich, die alte noch zu erkennen. Im März 1827 machten mehre Offiziere des englischen Kriegsschiffs Glasgow zuerst den Versuch, mittels eines fliegenden Drachen um die Spitze der Säule eine Schnur zu schlingen, anwelche sie ein Seil und an dieses eine Strickleiter befestigten (vergl. die Abbildung auf S. 400); ihr Beispiel ist seitdem von der Besatzung fast jedes im Hafen von Alexandrien stationirten englischen Kriegsschiffs nachgeahmt worden. Man hat auf der Säule gefrühstückt und Briefe geschrieben, selbst eine Dame hat den Muth gehabt, hinaufzuklettern. Als aber die Gesellschaft die englische Flagge auf der Säule aufpflanzte, nahm der Gouverneur dies so übel, daß er für die Zukunft alle ähnlichen Versuche streng untersagte.

In einem abgelegenen Theile der Stadt steht der eine der Obelisken, welche unter dem Namen der Nadeln der Kleopatra bekannt sind, der andere liegt auf dem Boden; sie sind von rothem Granit, 66 Fuß lang und mit Hieroglyphen bedeckt. Beide mögen ehemals aus Heliopolis oder Theben hierher gebracht worden sein, um den Eingang des Palastes der Ptolemäer zu schmücken; den einen derselben, welcher jetzt liegt, schenkte der Vicekönig von Ägypten im J. 1820 dem Könige von England, aber seines ungeheuern Gewichts wegen haben die Engländer unterlassen, das umfangreiche Geschenk nach England zu schaffen.

Das heutige Alexandrien, noch immer durch den europäischen Handel wichtig, indem jährlich 12—1300 Schiffe hier einlaufen, nimmt wahrscheinlich kaum den achten Theil von dem Raume der alten Stadt ein. Diese wurde im J. 332 v. Chr. auf Befehl Alexander's des Großen durch den geschickten Architekten Dinochares erbaut; ihr Umfang betrug an 100 Stadien, nach Plinius aber 15 römische oder 3 deutsche Meilen. Von den Nachfolgern Alexander's haben namentlich Ptolemäus I. mit dem Beinamen Soter oder Lagi (Sohn des Lagus) und Ptolemäus II. Philadelphus Alexandrien verschönert. Die ersten Bewohner der Stadt waren aus Ägyptiern und Griechen gemischt; dazu kamen aber frühzeitig viele Juden, die zur Bevölkerung der Gegend hierher versetzt wurden und hier griechische Sprache und Bildung annahmen, weshalb sie den Namen Hellenisten erhielten. Die Stadt hatte vier Häfen: 1) der große im Osten, welcher jetzt der neue heißt und sehr schlecht ist; 2) der Hafen Eunostus im Westen, jetzt der alte oder türkische genannt, tiefer und sicherer als der vorige, mit dem er ehemals durch einen langen Damm verbunden war, aber den christlichen Schiffern gesperrt; 3) der geheime oder verschlossene Hafen, nur für den Gebrauch des Königs; 4) der ausgegrabene Hafen oder Kibotos, der jetzt ausgefüllt ist. Von einzelnen Stadttheilen waren vorzüglich bemerkenswerth: das Bruchium am großen Hafen, von allen der prachtvollste, voll schöner Gebäude und Paläste, zu denen auch das Museum und das von Ptolemäus I. erbaute Schloß Sema, das Erbbegräbniß der Ptolemäer, gehörten; das Posidonium am geheimen Hafen, wo das Theater, der Neptunstempel und der von Antonius erbaute Palast Timonium standen; das Cäsarium, das Emporium (Markt), die Apostases; die Schiffswerfte, die Rhakotis, die Vorstadt Bukolis, wo das Serapium stand, die Todtenstadt oder Nekropolis, wo Begräbnisse und elf Häuser zur Einbalsamirung waren, aber auch Wettläufe und Spiele gefeiert wurden, der Hippodrom oder Rennplatz und die Nikopolis. Die von den Ptolemäern angelegte herrliche Bibliothek war zum größten Theile im Bruchium aufgestellt und dieser Theil, welcher 400,000 Bücherrollen enthalten haben soll, verbrannte, als Julius Cäsar im J. 47 v. Chr. Alexandrien belagerte, wurde aber durch die pergamenische Bibliothek von 200,000 Bücherrollen, welche Antonius der Kleopatra schenkte, einigermaßen wieder ersetzt. Der kleinere, im Tempel des Serapis, in dem sogenannten Serapium, aufgestellte Theil der Bibliothek wurde wahrscheinlich schon im J. 391 v. Chr. unter Theodosius, welcher alle heidnischen Tempel im ganzen römischen Reiche und unter ihnen auch das Serapium zerstören ließ, vernichtet; die aus den damals erhaltenen und später dazugekommenen Handschriften gebildete Büchersammlung wurde 641 ein Raub der Araber, welche unter Amru Alexandrien eroberten. Arabische Schriftsteller erzählen, die Bücher seien zum Heizen der Bäder verwandt worden und hätten ein halbes Jahr lang zur Heizung von 4000 Bädern hingereicht; ohne Zweifel ist dies aber nur orientalische Übertreibung, und die damals verbrannte Bibliothek war schwerlich die ältere. Als im Jahre 868 die Türken unter Achmet Ägypten eroberten, wurde Alexandrien gänzlich zerstört; nachmals nur nothdürftig und theilweise wiederhergestellt, wurde es doch wieder zur blühenden Handelsstadt und blieb es, bis die Portugiesen im Jahre 1498 den Seeweg nach Ostindien entdeckten und dadurch dem Handel eine ganz andere Richtung gaben; erst in der neuesten Zeit hat der Handel Alexandriens wieder zugenommen, namentlich seit Vollendung des 16 Meilen langen Kanals von Ramanieh, welcher zum Nil führt, 1820 durch 25,000 Arbeiter angelegt wurde und auch die 308 Cisternen der Stadt mit Wasser versieht.

Sprengen von Felsen durch Galvanismus.

Schon längst wußte man, daß die elektrische Materie oder, richtiger gesagt, der elektrische Strom nicht nur Metalle glühend machen und schmelzen, sondern auch Schießpulver entzünden könne, ohne daß man davon Gebrauch zu machen verstanden hätte. Vor kurzem hat nun ein Engländer, Namens Roberts, einen bereits als zweckmäßig erprobten, zugleich aber wohlfeilen, einfachen und leicht zu handhabenden Apparat angegeben, um sich der Entzündung von Schießpulver durch Galvanismus behufs des Sprengens von Felsen zu bedienen. Derselbe besteht aus einem kleinen Kasten von einem Fuß Länge und aus einer galvanischen Batterie von zehn Plattenpaaren, längs welche ein Stab läuft, an welchem eine blecherne Scheibe verschiebbar ist. Wird diese Scheibe an das Ende des Stabes gezogen und daselbst mit einer andern Scheibe in Berührung gebracht, so ist die Verbindung zwischen den entgegengesetzten Polen der Batterie hergestellt, worauf die Circulation des elektrischen Stromes beginnt und die Entzündung des Schießpulvers erfolgt; durch eine Spiralfeder wird die Scheibe in der Mitte des Stabes erhalten, so lange die Entzündung noch nicht stattfinden soll, wodurch Unfällen vorgebeugt wird, die beim gewöhnlichen Sprengen durch zu schnelles Verbrennen der Lunte und dadurch bewirktes zu frühes Explodiren so häufig vorkommen. Die kupfernen, zum Schießpulver führenden Leitungsdrähte sind der Isolirung halber mit Baumwollengarn umsponnen; ihre äußersten Enden sind durch einen feinen, nur ½ Zoll langen Stahldraht so miteinander verbunden, daß dadurch ein kleines Dreieck gebildet wird, welches in einer kleinen Patrone eingesetzt wird; das in derselben enthaltene Schießpulver wird durch die Verbrennung des Stahldrahts entzündet. Für größere Explosionen ist Draht von ⅕ Zoll Durchmesser am besten; für kleinere Explosionen und zum gewöhnlichen Sprengen reichen Drähte von ⅛ Zoll Durchmesser aus. Der ganze Apparat kostet nur 15 Schilling (5 Thaler) und kann für 1 Schill. Monate lang in brauchbarem Zustande erhalten werden.

Dieser Apparat wird nun auf folgende Weise angewandt. Über und unter dem Schießpulver wird ein leerer, nur mit Luft angefüllter Raum von etwa einem Fuß gelassen, die Patrone wird in die Mitte der Pulverladung gebracht, damit sich das Pulver mit einem Male entzünden kann, und die Besetzung wird dicht an den Leitungsdraht angedrückt, statt daß gewöhnlich beim Einstampfen in Folge des Zurückziehens der Nadel ein Luftloch gelassen wird. Ist die Besatzung fertig, so setzt man die Batterie in das etwa 40 Fuß von dem Bohrloche entfernte Kästchen; sobald alle betheiligten Personen sich hinreichend entfernt haben, zieht ein Arbeiter an einer Schnur; dadurch gelangt die blecherne Scheibe an das Ende des Stabes und die Explosion erfolgt nun augenblicklich.

Als Vorzüge der neuen Sprengmethode werden folgende aufgezählt: 1) Die Gefahren der meisten andern Methoden fallen hier gänzlich weg; die Person, welche an der Schnur zieht, kann sich in beliebig großer Entfernung befinden. 2) Die neue Methode versagt nur selten, geschieht dies aber ja einmal, so kann man sich sofort ohne alle Gefahr dem Bohrloche nähern, da nach dem Schmelzen des Stahldrahts der galvanische Strom unterbrochen ist und alle Wirkung der Batterie aufhört, mithin keine Explosion mehr möglich ist. 3) Das neue Verfahren leistet unter Wasser ebenso sichere Dienste als zu Lande, während bisher das Sprengen unter Wasser sehr beschwerlich, kostspielig und unsicher war. 4) Das Schießpulver entzündet sich, da es die Patrone auf allen Seiten umgibt, weit schneller, fast auf einmal, sodaß die volle Wirkung der Ladung gesichert ist. 5) Der Verlust an Kraft, den das bisher gewöhnliche Luftloch mit sich brachte, fällt weg. 6) Die Ausdehnung der eingeschlossenen Luft hat eine ansehnliche Kraftvermehrung zur Folge. 7) Die Ersparniß an Schießpulver, welche das neue System mit sich führt, ist sehr beträchtlich und scheint nach den bisher angestellten Versuchen wenigstens ⅓ des Schießpulvers zu betragen, sodaß man jetzt mit ⅔, in vielen Fällen mit der Hälfte der sonst nöthigen Quantität auskommt. Dieser Vorzug ist um so höher anzuschlagen, als der Verbrauch von Schießpulver beim Sprengen oft sehr groß war; in den Granitbrüchen kostet das zu einem einzigen Schuß erfoderliche Schießpulver oft gegen 20 Thaler. Endlich

liegt 8) ein nicht geringer Vorzug der neuen Methode darin, daß mittels derselben leicht mehre Bohrlöcher zugleich abgefeuert werden können.

Der Erste, welcher auf die praktische Benutzung der Entzündung des Schießpulvers durch Elektricität aufmerksam machte, ist der rühmlich bekannte amerikanische Gelehrte Hare in Philadelphia. Nach seinen Angaben hat derselbe sich bereits der von ihm angegebenen Vorrichtung zum Sprengen in Steinbrüchen bedient und mittels einer kräftigen Volta'schen Batterie, der er den Namen Calorimeter beilegt, aus einer Entfernung von 150 Fuß 12 Bohrlöcher auf einmal abgefeuert. Um mehre Ladungen auf einmal abzufeuern, löthete er die Drähte in zwei Bündel zusammen und leitete das eine von diesen an den einen, das andere an den andern Pol der Batterie.

Neuerdings hat auch der englische Oberst Paisley mit dem Ingenieurcorps in Chatham Versuche über das Abfeuern von Schießpulver durch Galvanismus, namentlich unter Wasser, angestellt, und aus den von ihm erhaltenen Resultaten geht die große Wichtigkeit der Methode für den Militairdienst hervor. Mehrmals feuerte er Schießpulver in einer Entfernung von 500 Fuß ab, wobei die Leitungsdrähte entweder in die Erde eingegraben oder ganz unter Wasser geführt waren; mit Hülfe einer unterirdischen Drahtleitung sprengte er eine Feldschanze, unter Wasser aber ein Fahrzeug, das ein Wrack vorstellte. Am 23. September dieses Jahres ließ er eine gewaltige unterseeische Pulvermine gegen das in der Rhede von Spithead auf dem Meeresgrunde liegende und dieselbe unsicher machende Wrack des im August 1782 gesunkenen Linienschiffs Royal George von 120 Kanonen wirken, wobei ein Cylinder mit 2320 Pfund Pulver behutsam gesenkt und an den massenhaftesten Theil der Trümmer gebracht, dann aber durch die Volta'sche Batterie entzündet wurde; seitdem haben Taucher eine Menge Kanonen und andere Gegenstände, gelöstes Zimmerholz u. s. w., heraufgebracht, und man hofft, durch wiederholtes Sprengen die Rhede bald von dem lästigen Hindernisse befreien zu können. Mit Hülfe der Volta'schen Batterie kann man künftig bei einer Belagerung die angelegten Minen nicht nur augenblicklich und gleichzeitig sprengen, sondern auch den Augenblick abwarten, wo die zum Sturme vordringende feindliche Colonne die Stelle erreicht, an welcher die Mine angelegt ist, und daher seinen Zweck weit sicherer erreichen als nach der gewöhnlichen Methode, bei welcher die Mine oft zu früh oder zu spät in die Luft fliegt, sowie man auch zusammengesetzte Minen nach der neuen Methode mit weit genauerer Gleichzeitigkeit als bisher abfeuern kann.

Mäßigkeit der Kameele.

Es ist bekannt, daß die Kameele nach und nach, besonders wenn man sie von Jugend auf daran gewöhnt, einer solchen Enthaltsamkeit fähig werden, daß sie eine unglaublich lange Zeit aller Nahrungsmittel entbehren können. Vorzüglich wunderte man sich darüber, daß sie bei ihren Reisen durch die Wüste so lange ausdauern konnten, ohne zu trinken, erklärte dies jedoch bisher dadurch, daß man ihrem Magen eine Art Wassersack beilegte, in welchem sie Wasser aufbewahren könnten. Neuere Beobachtungen haben aber dargethan, daß diese Enthaltsamkeit der Kameele größtentheils auf der Organisation und weiten Ausdehnung der Speicheldrüsen beruht, die bei allen Thieren mit der gewöhnlichen Nahrung derselben in einem gewissen Verhältnisse stehen.

Ein Reisender, Namens Botta, bemerkte auf seinem Zuge durch den Theil der großen Wüste, welcher in einiger Entfernung von Kairo beginnt, daß seine Kameele, je weiter sie sich von dem Punkte der Abreise entfernten, immer magerer wurden. Ebenso fand er die schon längst gemachte Erfahrung bestätigt, daß diese Thiere schon von fern das Wasser gleichsam zu fühlen schienen, indem sie trotz aller Erschöpfung ihrer Kräfte schneller zu laufen begannen. Sobald sie an eine der wenigen Cisternen in der Wüste kamen, fielen sie mit großer Begierde über das darin vorhandene Wasser her und tranken lange, ohne abzusetzen. Am meisten überraschte ihn die Veränderung, die nun mit den Kameelen vorging: nach kurzer Ruhe nahmen sie, als sie getrunken hatten, ebenso schnell wieder zu als sie vorher abgenommen, sodaß er ganz andere Thiere als die seinigen vor sich zu sehen glaubte. Da nun in ihrer gewöhnlichen Lebensweise keine Änderung vorgegangen war, als daß sie einige Hände voll trockener Nahrung bekommen und eine große Menge Wasser getrunken hatten, so beweist dies zur Genüge, daß die Feuchtigkeit aus dem Magen in den übrigen Körper und selbst in das Zellgewebe eingedrungen sein mußt.

Tuchbereitung ohne Spinnen oder Weben.

Englische Blätter berichten von einer sehr merkwürdigen Erfindung, welche vor kurzem gemacht worden ist und darin besteht, breites oder schmales wollenes Tuch ohne Spinnen oder Weben zu bereiten. Der Erfinder ist ein Amerikaner und scheint alle Aussicht zu haben, durch den Verkauf des von ihm für England sowol als andere Fabrikländer erworbenen Patentrechts ein ansehnliches Vermögen zu erwerben. Vielen der angesehensten englischen Fabrikanten und Kaufleute sind Proben des Tuches nebst einer Abbildung der Maschinerie vorgezeigt worden und keiner derselben hat an der Möglichkeit gezweifelt, mit der letztern geringes Tuch von großer Festigkeit zu verfertigen. Man hat berechnet, daß eine einfache Maschine, welche nicht über 600 Pf. St. zu stehen kommt, im Stande ist, täglich in 12 Stunden 600 Yards (1800 englische Fuß) wollenes Tuch, ein Yard oder drei Fuß breit, zu verfertigen, woraus sich ergibt, welche große Ersparniß an Hand- und Maschinenarbeit mit der Einführung dieser neuen Maschine verbunden sein würde.

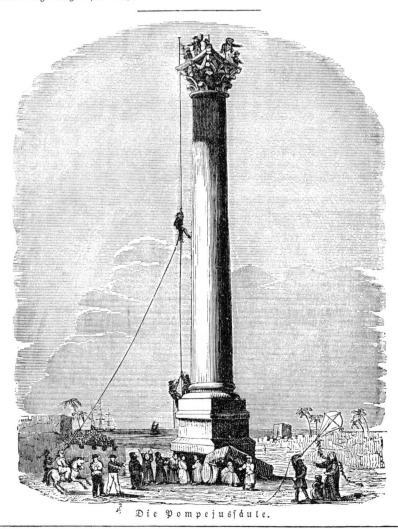

Die Pompejussäule.

Verantwortlicher Herausgeber: Friedrich Brockhaus. — Druck und Verlag von F. A. Brockhaus in Leipzig.

1

Das Pfennig-Magazin

für

Verbreitung gemeinnütziger Kenntnisse.

351.]   Erscheint jeden Sonnabend.   **[December 21, 1839.**

Die Fischotter.

Die Ottern oder Fischottern, zu den fleischfressenden vierfüßigen Säugthieren oder Raubthieren, und zwar zu derjenigen Unterordnung derselben, welche die reißenden Thiere umfaßt, gehörig, sind dem Iltis, Marder und Stinkthier verwandt, indem sie wie diese einen langgestreckten, schlangenartigen Körper und kurze Füße mit fünf Zehen haben und deshalb mit diesen Thieren den gemeinschaftlichen Namen der langgestreckten Zehengänger führen. Sie haben einen plattgedrückten Kopf, sehr stumpfe Schnauze, dicke Lippen, kürzere Füße als die Wiesel, mit denen sie sonst viel Ähnlichkeit haben, übrigens Schwimmfüße, d. h. zwischen den Zehen eine Schwimmhaut, und einen oben und unten flachen Schwanz. Man kennt von ihnen vorzüglich vier Arten, welche sämmtlich Wasserthiere sind, daher gut schwimmen, auch untertauchen und in der Nähe des Wassers wohnen. Die gemeine Fischotter (Lutra vulgaris), welche unsere Abbildung vorstellt, ist oben dunkelbraun, Brust und Bauch sind graulich. Ihr Körper ist zwei Fuß, ihr Schwanz einen Fuß lang; das Männchen ist im Durchschnitt 20—24, das Weibchen 17—20 Pfund

schwer; sie hat einen dicken Kopf, der sich in eine breite Schnauze mit sehr scharfen Zähnen endigt, dicken Hals, kleine Augen, kurze Ohren und dicke, mit scharfen Klauen bewaffnete Füße; ihre Haare werden durch Reiben elektrisch, wie die der Katzen und Füchse, und nehmen kein Wasser an. Sie findet sich in ganz Europa, außerdem in Nordasien bis nach Kamtschatka und sehr häufig in Nordamerika, lebt an fischreichen Flüssen und Teichen, frißt am liebsten Fische und Krebse, jedoch nur solche, die sie selbst getödtet hat, aber auch Wasserratten, Mäuse, Frösche und Wasservögel, und hat eine helle, pfeifende Stimme.

Die Fischer und Angler haben gegen die Otter einen tiefgewurzelten Haß, weil sie in der Verfolgung des Fischgeschlechts ihr Nebenbuhler ist, und zwar ein sehr gefährlicher, indem sie immer auf dem Platze, unermüdlich in ihren Jagden und im höchsten Grade gefräßig und mordlustig ist. Die Klage, daß sie viel mehr Fische tödte als fresse, ist wohlbegründet; wenn Überfluß an Beute vorhanden ist, so frißt sie nur den obern Theil der Fische und läßt den Schwanz zurück.

Gleich dem Fuchs und der wilden Katze ist sie ein nächtliches Raubthier; sie bleibt ruhig in ihrer Höhle bis zum Einbruche der Nacht, beginnt dann ihre Raubzüge und setzt sie bis gegen Sonnenaufgang fort. Die Leichtigkeit und Schnelligkeit ihrer Bewegungen im Wasser bei der Jagd ihrer Beute ist erstaunlich, und ihre Ausdauer kommt ihrer Geschwindigkeit gleich; selbst auf die pfeilschnelle Forelle, die eine instinctmäßige Furcht vor ihr zu haben scheint, macht sie Jagd, verfolgt sie bei allen Windungen und Querzügen und setzt ihre Verfolgung mit einer Beharrlichkeit fort, die in der Regel den Erfolg sichert; oft treibt sie eine große Zahl von Forellen in eine Untiefe und jagt sie vor sich her, bis der größte Theil derselben auf den Sand gelaufen ist. Ihre Wohnung· nimmt sie gewöhnlich in einer passenden Höhlung des Ufers, besonders wenn sie von den Wurzeln eines Baumes oder durch Gebüsche bedeckt und verborgen wird, zuweilen sogar zwischen Haufen von Floßholz, nicht selten aber auch in ansehnlicher Entfernung von ihrem gewöhnlichen Fischrevier. Im März oder zu Anfang des April wirft das Weibchen, nachdem es neun Wochen trächtig gewesen, zwei bis fünf Junge und pflegt sie mit großer Sorgfalt. Während der Frühlings= und Sommermonate, wo die Jungen noch von ihrer Mutter abhängen, ist die Verwüstung, welche sie unter den Fischen anrichtet, am bedeutendsten, da sie nicht nur für ihre eigenen Bedürfnisse, sondern auch für die der Jungen zu sorgen hat; ihre nächtliche Thätigkeit ist dann unermüdlich. Von der Ausdehnung und zugleich von dem Erfolge derselben zeugen die Spuren, welche sie im Schlamme oder weichen Boden am Wasser zurückläßt; wenn sich ein Fischbehälter in der Nähe ihres Reviers befindet, so leidet er in dieser Jahreszeit außerordentlich; eine Nacht nach der andern kehrt sie zurück, bis von der kleinen Brut nichts mehr übrig ist. Die Wehre von Forellenbächen sind gleichfalls beliebte Fischplätze dieses listigen Thieres und werden oft der schönsten Fische beraubt. Der Schaden, den die Otter anrichtet, beschränkt sich aber nicht blos auf die Fische, welche sie tödtet und frißt, ihre Gegenwart ist der Vermehrung der Fische auch insofern hinderlich, als diese von ihren gewöhnlichen Laichplätzen verscheucht und abgehalten werden, ihren Laich dahin zu legen, wo das Ausbrüten der Eier gesichert ist. So bedeutend ist die Verwüstung, welche zwei oder drei Paar Ottern in einer Ausdehnung von einer Stunde und darüber in einem Flusse anrichten, daß sie ihn in einiger Zeit fast aller seiner Fische im ganzen Bereiche ihrer Excursionen berauben und dann eben dadurch selbst genöthigt werden, ihr Revier zu wechseln. Zur Entdeckung einer Otter führen außer ihren Spuren auch ihre häufigen Ausleerungen, die durch die unverdauten Überreste von Fischen, Gräten und Schuppen über ihren Ursprung nicht in Zweifel lassen. Nur wenn es an Fischen mangelt, nährt sich die Otter von Fröschen, Wasserratten und andern Wasserthieren, schwerlich aber jemals, wie Buffon meint, von Baumrinde und im Frühjahre von jungem Grase. Zuweilen soll sie in Ermangelung von Fischen auch Lämmer, Ferkel und Federvieh angreifen und so auf einige Zeit die Gewohnheiten ihrer Stammverwandten annehmen. Im Winter, wenn die kleineren Flüsse und Teiche gefroren sind, sucht die Otter solche Stellen im Flusse, deren Tiefe sie gegen das Zufrieren schützt, oder wandert von einem Nebenflusse zu seinem Hauptflusse und setzt dort ihr Zerstörungswerk fort; indessen sind schnellfließende Forellenbäche im Winter fast immer offen, und hier bleibt sie, da ihre Beute hier immer zugänglich ist. Sie beschränkt sich übrigens nicht auf Flüsse, Teiche und Seen, sondern besucht auch das Meer und ist auf den felsigen Hebrideninseln im Westen Schottlands, sowie an den Mündungen der Flüsse von Schottland selbst sehr häufig.

In England gab die Otterjagd bis gegen das Ende des vorigen Jahrhunderts eine sehr beliebte Belustigung ab, wie noch jetzt die Fuchsjagd; sie wurde auf folgende Weise betrieben. Die Jäger zu Fuß und zu Pferde versammelten sich, mit Spießen bewaffnet, auf jeder Seite des Flusses, wo man eine Otter vermuthete; die dazu abgerichteten Hunde mußten das Schilf und die Binsen am Ufer durchsuchen; gewöhnlich zeigten die Fußtapfen des Thieres im Schlamme, wo man es zu suchen hatte, und der Mist desselben erleichterte die Entdeckung. Die aufgejagte Otter flüchtete sich sogleich ins Wasser, auf jeder Seite von Hunden und Jägern angegriffen; während ihres ersten Untertauchens ruhte die Verfolgung und Alle lauerten begierig, an welcher Stelle sie zu Tage kommen würde, um Luft zu schöpfen; ihr Emportauchen war das Signal zu einem erneuerten Angriffe, dem sie sich gewöhnlich wieder durch Untertauchen entzog, bis sie endlich von den Hunden umzingelt wurde und der Kampf auf Leben und Tod begann. Der entschlossene Widerstand des Thieres, die schweren Wunden, die es den vordersten der angreifenden Hunde versetzte, seine Versuche, sie zu ertränken, und seine unermüdliche Ausdauer, bis es durch einen Spieß durchbohrt und getödtet wurde, machten die Jagd wenigstens ebenso interessant als die hitzigste Hirschjagd sein kann. Zu bemerken ist übrigens noch, daß die Otter sich jung nicht nur leicht zähmen, sondern sogar zum Fischfang abrichten läßt. Das Fleisch dieses Thieres schmeckt ranzig und fischartig. Die katholische Kirche erlaubt den Genuß desselben an Fasttagen, indem sie, wie es scheint, die Otter als ein Mittelding zwischen einem vierfüßigen Thiere und einem Fische betrachtet. Das Fell der Fischottern, wegen dessen sie nicht nur mit Schrot geschossen, sondern auch in Tellereisen oder Ottergarnen gefangen werden, wird sehr geschätzt und nicht selten mit 16 Thalern und darüber bezahlt. Die meisten Otterfelle kommen aber aus Nordamerika.

Die amerikanische Fischotter (Lutra Canadensis) ist größer als die europäische, sonst aber derselben in ihrem Bau und ihrer Lebensweise sehr ähnlich, sowie auch mehre andere ausländische Ottern nur Abarten der gemeinen sind. In Europa, namentlich in Schottland, kommt zuweilen eine gefleckte Spielart der Otter vor, die in dem gedachten Lande unter dem Namen des Otterkönigs bekannt ist. Von der gemeinen Fischotter wesentlich verschiedene Arten sind die Sumpfotter, die Meerotter und die brasilische Flußotter. Die Sumpfotter (L. lutreola) ist kleiner als die Fischotter, von lichtbrauner Farbe mit schwärzlichem Haare, und hat zwischen den Zehen nur eine kleine Schwimmhaut; in Deutschland kommt sie seltener vor, häufiger aber im nördlichen Europa, in Nordasien und besonders im mittlern Theile von Amerika. Die Meerotter (L. marina) ist fast noch einmal so groß als die gemeine, bis drei Fuß lang, hat kurze Hinterfüße, wie die Robben, mit denen sie überhaupt Ähnlichkeit hat, und einen braunschwarzen, sammtglänzenden, sehr dicken und feinen Pelz, der das kostbarste Pelzwerk liefert und zuweilen bis mit 150 Thalern bezahlt wird. Sie lebt paarweise an den nordischen Küsten, namentlich aber auf den Inseln zwischen Asien und Amerika, zwischen 50 und 60 Grad nördl. Breite, läuft und schwimmt sehr gut, oft weit ins Meer hinein, sieht im Wasser scharf, auf dem Lande aber desto schlechter, und zeichnet sich durch Schärfe des Gehörs und Geruchs aus. Ihres Pelzes wegen ist sie natürlich vieler Verfolgung ausgesetzt, der sie sich zu Lande minder leicht entziehen kann. Mit ihr wird häufig die, im wärmern Südamerika, aber nur an Flüssen wohnende brasilische Flußotter, auch zuweilen Wasserwolf genannt, verwechselt; auch sie ist weit größer als die gemeine Otter und von braunschwarzer Farbe.

Dauer der Zeitigung und des Lebens bei verschiedenen Pflanzen.

Die Dauer des Zeitraums, welcher bei den Pflanzen zwischen der Befruchtung und der Reife der Frucht vergeht, ist bei den verschiedenen Pflanzen ebenso verschieden, als die Trächtigkeitsperiode der Thiere, worüber wir in Nr. 302 Angaben mitgetheilt haben. Über die Ursachen dieser Verschiedenheit sind wir noch ganz im Dunkeln; so viel ist aber ausgemacht, daß die Größe und Dicke der Frucht, sowie die Zahl der Samen von keinem überwiegenden Einflusse sein kann, wie sich aus der folgenden Zusammenstellung sogleich ergibt. Der zwischen der Blüte und der Zeit der Reife verfließende Zeitraum beträgt

bei dem grünen Hirsengras oder Fennich 13 Tage
  = dem gemeinen Bluthirse . . . . . . 14 =
  = dem Schafschwingel und dem gemeinen Zittergras . . . . 16 =
  = der Rasenschmiele und dem sibirischen Haargras . . . . 17 =
  = dem Hainrispengras . . . . 18 =
  = Himbeerstrauch, Erdbeerstrauch, Mohn, Ulmbaum, Kirschbaum . . . . . . 2 Monate
  = Wau, Traubenkirsche, Schöllkraut, Linde . . . . 3 =
  = Apfelbaum, Pflaumenbaum, Schlehdorn, Buche, Wallnußbaum . 3—5 =
  = Roßkastanie, Hagedorn, Rose . . . 4 =
  = Vogelbeere, Birke, Erle . . . . . 5 =
  = Weinstock, Birnbaum . . . . . 5—6 =
  = dem echten Kastanienbaum, Mispel, Haselnußstrauch, Mandelbaum, Sanddorn . . . . 6 =
  = Ölbaum, Steineiche, Sadebaum und dem immergrünen Seidelbast . . 7 =
  = Herbstzeitlose und Mistel . . . 8—9 =
  = den meisten Kiefernarten . . . . . 11 =

Bei mehren Zapfenbäumen, z. B. dem gemeinen Wachholderstrauch und mehren amerikanischen und europäischen Eichenarten, z. B. der Steineiche, tritt die Reife der Früchte erst ein Jahr nach der Blüte ein. Die Früchte der Pomeranzenbäume bleiben oft zwei Jahre an den Bäumen hängen und die Samen der Cedern fallen erst 2 oder 2¼ Jahre nach der Blüte von selbst ab; die letztere Dauer der Zeitigung ist die längste, welche man kennt.

Die Lebensdauer der Pflanzen ist gleichfalls sehr verschieden. Bei manchen, wohin der Schimmel, die Schwämme und viele Conferven gehören, beträgt sie nur wenige Tage, bisweilen sogar nur einige Stunden. Die einjährigen Pflanzen entwickeln sich in einigen Monaten, kommen sehr schnell zur Reife und sterben ab, sobald diese vorüber ist. Andere Pflanzen, welche deshalb zweijährige heißen, leben zwei Jahre, entwickeln im ersten Wurzeln, Stämme und Blätter und sterben im zweiten nach Entwickelung der Samen ab. Die perennirenden oder ausdauernden Pflanzen leben mehre

Jahre hindurch, sind aber darin verschieden, daß bei einigen alle Theile, bei andern nur die Wurzeln ausdauern. Nur wenige krautartige Gewächse erreichen ein höheres Alter, aber von den Sträuchern und Bäumen werden viele sehr alt. Bei den dikotyledonischen Bäumen (bei denen sich Holz, Mark, Rinde und Markstrahlen im Stamme unterscheiden lassen) kann man aus ihrer Dicke oder der Anzahl ihrer Jahresringe mit ziemlicher Sicherheit auf ihr Alter schließen. Besonders häufig sind sehr alte Linden; in der Nähe der Stadt Freiburg in der Schweiz steht eine Linde, die im J. 1476 gepflanzt wurde, daneben aber eine noch weit dickere, die der Sage nach schon damals ihres Alters und ihrer Dicke wegen berühmt war und ihren Dimensionen nach zu schließen über 1230 Jahre alt sein kann. Das Alter einer Linde in Frankreich wird an 1076 Jahre geschätzt, und in Neustadt am Kocher in Würtemberg steht eine, die nach historischen Urkunden 7—800 Jahre alt ist. Am Ätna in Sicilien stehen mehre Kastanienbäume, die 800—1000 Jahre alt sind. Der morgenländische Platanenbaum muß nach der Dicke, die er erreichen kann, ein Alter von 4000 Jahren erreichen können. Vom Affenbrotbaum hat man ein Exemplar gefunden, das nach seiner Dicke (30 Fuß Durchmesser) wahrscheinlich an 6000 Jahre alt ist, d. h. so alt, als die ganze Erde nach der Mosaischen Schöpfungsgeschichte; das Alter einer virginischen Cypresse schätzt man mit Wahrscheinlichkeit auf wenigstens 4000 Jahre. Die Cedern vom Libanon sollen bis 1000 Jahre und darüber, ja nach der Meinung Einiger mehre Jahrtausende, Eibenbäume über 2000, die Eiche 1500, der Bergahorn über 500 Jahre alt werden können. Auch der Pomeranzen- und Citronenbaum scheinen ein sehr hohes Alter erreichen zu können; einen Pomeranzenbaum in Rom schätzt man 600 Jahre alt; Cypressen hat man in Spanien 3—400 Jahre alt gefunden, doch können sie gewiß noch weit älter werden. Über das Alter der monokotyledonischen Bäume (bei denen sich Holz, Mark und Rinde im Stamme nicht unterscheiden lassen) fehlt es an Beobachtungen; im Allgemeinen scheinen sie nicht so alt als die dikotyledonischen zu werden, doch mögen die Palmen ein Alter von einigen Jahrhunderten erreichen.

Der König und der Müller.

Die englische Literatur ist so reich an alten Balladen, Volksliedern und versificirten Legenden, wie wol schwerlich die Literatur irgend eines andern Volkes; ein großer Theil derselben hat seiner naiven, echt volksthümlichen Haltung wegen in der Übertragung auch für ausländische, der englischen Sprache unkundige Leser Interesse. Die umstehende Abbildung bezieht sich auf eine dieser ältern Balladen, welche ein Abenteuer des Königs Heinrich II. von England besingt, eines der besten und edelsten englischen Könige, dem viele romantische Abenteuer zugeschrieben werden; wir geben sie hier ihrem wesentlichen Inhalte nach wieder.

König Heinrich II. ritt eines Tages nach Sherwood auf die Hirschjagd und gab sich derselben mit solchem Eifer hin, daß er von seinem Gefolge abkam und sich verirrte. Indem er so, ermüdet und nicht wenig in Verlegenheit, hin und her ritt, traf er endlich einen Müller und fragte ihn, wo der Weg nach Nottingham gehe. Der Müller gab ihm nicht undeutlich zu verstehen, er halte ihn für einen Strauchdieb und Buschklepper, und rieth ihm, sich aus dem Staube zu machen. Der

*

König lächelte und sagte: „Ich bin kein Räuber, son= dern ein ehrlicher Edelmann; ich habe mich verirrt und suche ein Nachtquartier." — „Ihr ein Edelmann!" rief der Müller aus; „gewiß hängen alle Eure Be= sitzungen auf Euerm Rücken und Ihr habt keinen Pfennig in der Tasche. Aber wenn Ihr ein ehrli= cher Mann seid, will ich Euch ein Nachtquartier ge= ben." — „Ein ehrlicher Mann", sagte der König, „bin ich immer gewesen, und hier ist meine Hand darauf." — „Nein, Freund", versetzte der Müller, „im Dun= keln gebe ich Niemand die Hand; ich muß Euch besser kennen lernen, bevor wir uns die Hand schütteln; aber kommt mit mir, wir sind nahe bei meinem Hause." Der König folgte ihm dahin; das Haus duftete stark nach Pudding und kochender Pökelfleischbrühe und war voll Rauch, doch war es hell genug, daß der Müller des Monarchen Gesicht erkennen konnte. „Euer Ge= sicht gefällt mir", sagte er, „Ihr seht ehrlich aus, Ihr

soll diese Nacht mit meinem Sohne Richard zusam= men schlafen." Darauf äußerte seine Frau: „Er ist wahrlich ein hübscher Bursche, doch ist es gut, vorsich= tig zu Werke zu gehen. Seid Ihr auch wirklich kein Landstreicher? Zeigt Euern Paß und wir wollen Euch trauen." Der junge Monarch lächelte über die Be= denklichkeiten der Frau und sagte: „Ich bin ein Höfling und habe mich verirrt; jede Gefälligkeit, die Ihr mir erzeigt, soll reichlich vergolten werden." Der Müller flüsterte nun seiner Frau zu, der Fremdling scheine seiner Kleidung und seinem Benehmen nach von guter Herkunft zu sein; es sei Sünde, ihn von der Thüre zu weisen, worauf die Frau zum König sagte: „Junger Mann, Ihr seid willkommen und sollt ein treffliches Nachtlager haben; ich werde frisches Stroh in Euer Bett legen und hanfene Bettdecken darüber breiten. Zum Bettgenossen sollt Ihr Niemand schlech= teres als unsern eigenen Sohn Richard haben."

Der König und der Müller.

Sie setzten sich nun zum Abendessen; dieses bestand aus heißem Pudding und guter Apfelpastete, wozu es nicht an schäumendem Ale fehlte, der in einer braunen Schale lustig die Runde machte. „Das trinke ich Euch, guter Kamerad", sagte der Müller, indem er einen gewaltigen Zug that; der König versetzte: „Ich thue Euch Bescheid und danke für Euern Willkommen; laßt mich aber des Anstandes eingedenk sein und auch Euerm Sohne zutrinken." Immer mehr that nun der Ale seine Wirkung und öffnete des geselligen Müllers

Herz. Auf seinen Wink brachte sein Weib noch eine treffliche Wildpretpastete herbei, die dem Könige so wohl mundete, daß er bemerkte, einen solchen Leckerbissen habe er noch nie gegessen. „Herr!" sagte Richard, „für uns ist dies gar kein Leckerbissen, wir essen es alle Tage." — „Wirklich?" versetzte der König; „in wel= cher Stadt kauft Ihr das Fleisch?" „Kaufen!" rief Jener aus, „wir zahlen nie einen Pfennig dafür; wir treffen es im Walde, wo es lustig vor uns her läuft. Stets sind wenigstens zwei bis drei Stück Wildpret im Hause, alle fleischig und wohlgenährt; aber ich bitte Euch, sagt Niemand etwas davon, denn wir möchten um Vieles nicht, daß der König es wüßte." — Heinrich antwortete: „Seid sicher, der König soll durch mich nichts davon erfahren", und legte sich nach einem kräftigen Trunke von jener provinziellen Mischung von Ale und Wein, die den Namen Lammwolle führt, auf sein Lager von frischem Stroh und hanfenen Decken nieder. Am Morgen darauf traf ihn sein Gefolge vor der Thüre des Müllers, als er eben im Begriff war, zu Pferde zu steigen. Die Höflinge knieten vor ihm nieder und nannten ihn Sire; dem Müller, der an seine anfängliche unfreundliche Begegnung, das gefährliche Geheimniß von der Wildpretpastete und den Galgen dachte, fiel dabei das Herz vor die Füße. Der König sah ihn zittern, zog sein Schwert und sagte kein Wort, worauf der Müller, in der Meinung, der König wolle ihm das Leben nehmen, niederfiel und laut zu schreien begann; nicht gering war daher seine Überraschung und Freude, als der König ihm zur Belohnung seiner Gastfreundschaft den Ritterschlag ertheilte und ihm einen Jahrgehalt aussetzte.

Als König Heinrich nach Westminster zurückgekehrt war und sich mit seinen Höflingen über die Erlebnisse und Abenteuer der Jagd besprach, erklärte er, der Spaß mit dem Müller wäre von allen der beste gewesen, und er wünsche sehr, ihn mit seiner Frau am Hofe zu haben. Er schickte deshalb sogleich einen Boten an ihn ab; kaum hatte dieser die Botschaft ausgerichtet, als der Müller ausrief: „Ich kann mich nicht darein finden; was sollen wir bei Hofe machen?" „Am Ende gar gehängt werden", meinte Richard, dem seine Rede über das Wildpret einfiel. „Sicherlich nicht", versetzte der Bote; „der König hat Gutes mit Euch im Sinne und veranstaltet Euch zu Ehren ein großes Fest." Für diese erfreuliche Nachricht belohnte der Müller den Boten mit drei Farthings und versprach zu kommen nach des Königs Befehl; kaum war er fort, als Jener mit seiner Frau zu überlegen begann, wie sie sich wol zu diesem Besuche am angemessensten herausstaffiren würden. „Die Sache kostet uns freilich viel Geld", rief er aus, „aber wir müssen mit Würde erscheinen, sollte auch alles Ersparte darauf gehen; wir brauchen neue Kleider, Pferde und Diener, Sattel und Zeug!" Seine Frau kam ihm zu Hülfe und hielt ihn von dieser ansehnlichen Ausgabe ab. „Mache dir nur keine Sorgen, für mich wenigstens sollst du keinen Penny ausgeben; ich mache meinen Sonntagsstaat zurecht und wir reiten auf unsern Müllerthieren, mit Sattel und Zaum, so gut wir sie bekommen können." In diesem stattlichen Aufzuge ritten sie dann auch wirklich nach Hofe, ihr Sohn Richard voran, der eine Hahnenfeder an seinen Hut gesteckt hatte, und traten so in die Halle des Königs.

Man kann sich wol denken, daß das Erscheinen des Müllers und seiner Familie, die an ihren ländlichen Sitten und Kleidern nicht das Mindeste geändert hatten, bei Hofe großes Gelächter erregte; aber gerade der Contrast war nach dem Geschmacke des Königs, der die ehrlichen Leute sehr herablassend behandelte. „Willkommen, Herr Ritter", rief er, „und willkommen Ihr, schöne Dame, und Ihr, junger Squire, der Ihr mein Bettgenosse wart." Auch die Königin, die herzutrat, sprach freundlich und gnädig und belustigte sich nicht wenig an der Verlegenheit der Müllerin, die so steif wie eine Kartendame vor ihr stand und bei jedem Worte einen tiefen Knir machte. Die Tafelfreuden setzten diesem Besuch die Krone auf; der Müller aß und trank, was man ihm darbot, ohne ein Wort

zu sprechen; sein Sohn gestand aber offen, daß er sich aus allen den königlichen Gerichten nichts mache und ein Schwarzpudding ihm lieber sei, worauf er zur großen Belustigung der ganzen Gesellschaft einen riesigen Pudding aus seinen ungeheuern Taschen hervorzog. Nach aufgehobener Tafel rief der König den Müller von Mansfeld, jetzt Sir John Cockle genannt, zu sich und ernannte ihn zum Aufseher des Waldes Sherwood mit einem Gehalt von 300 Pf. St., doch unter der Bedingung, kein Wildpret mehr zu stehlen.

Skizzen aus Konstantinopel. *)

Die Hauptstadt des ottomanischen Reichs gleicht keiner andern Hauptstadt in Europa. Der Fremde erblickt einen ausgedehnten Raum, der mit vereinigten Flecken und Dörfern bedeckt ist; Häuser, die roth, grün, grau, weiß angestrichen sind; Kirchhöfe, die mit Cypressen bepflanzt sind; große Flächen, auf denen man nichts als rauchende Trümmer und vom Feuer geschwärzte Mauern sieht; prachtvolle Moscheen, deren Kuppeln mit Blei gedeckt sind; Minarets, die sich wie unsere Kirchthürme in die Lüfte erheben; Gärten und unbebaute Ländereien in der Nähe großer Gebäude; Alles dies gewährt ein Schauspiel, das man sich, ohne es gesehen zu haben, unmöglich vorstellen kann. Dazu kommen noch die sieben hügelförmigen Erhebungen des Terrains, ein unermeßlicher, mit Schiffen aller Nationen angefüllter Hafen, das Meer auf drei Seiten und der schöne Himmel des Südens, bewundernswürdige Schönheiten, welche weder von der Zeit noch von den Türken zerstört werden können. Konstantinopel verdankt alle seine Vortheile und seine ganze Pracht seiner Lage, seinem Himmel und dem nahen Meere; dies sind Wunder, welche der Menschengeist nicht zu schaffen vermag; man erkennt daran nicht die Werke Derer, welche Steine zusammenfügen und aufbauen, sondern die der Natur und der Schöpfung.

In dem verworrenen Durcheinander von Häusern bemerkt man nur wenige Gebäude, die genauer in Augenschein genommen zu werden verdienen. Die Einzelheiten sind unbedeutend und wenig oder nichts darunter zieht die Aufmerksamkeit des Beschauers auf sich; nur im Ganzen und in der Mannichfaltigkeit der Gegenstände liegt das Reizende und Großartige. Wenn man durch eine Straße schreitet, so sieht man in derselben nur ein kothiges und verfallenes Pflaster, enge und unreinliche Kaufläden und schlecht gebaute Häuser, fast nirgend ein Bauwerk, das einer nähern Beschauung werth wäre, mit Ausnahme der großen Moscheen und einiger schönen Brunnen. Stellt man sich aber an einen offenen, hoch gelegenen Ort, so sieht man nichts als entzückende Bilder. Wer sich des Anblicks von Konstantinopel erfreuen will, darf nicht um sich sehen. Ist man in Pera, so muß man die Spitze des Serails, das Ufer von Skutari ins Auge fassen; ist man in der Kaiserstadt selbst, so muß man seine Blicke auf das Quartier Galata, auf die Hügel von St.=Dimitri und Eyoub und auf den so belebten Bosporus richten. Alle Orter, die sich in der Entfernung zeigen, fesseln die Aufmerksamkeit. Ändert man seinen Standpunkt, so bekommt man neue Scenen zu Gesicht und der Horizont wechselt mit jedem Schritte. Diese Schönheiten verlieren ihren Reiz nicht, denn man sieht sie nie aus der Nähe; nähert man sich aber einem Gemälde, von dem man

---

*) Nach einem vor einigen Jahren geschriebenen Aufsatze des ausgezeichneten, durch seine Geschichte der Kreuzzüge bekannten, vor kurzem gestorbenen französischen Historikers Michaud. Vergl. Nr. 13.

entzückt war, so wird es von andern ebenso reizenden ersetzt, die sich in der Ferne zeigen.

Wenn die Reisenden in Konstantinopel ankommen, so pflegen sie zuerst sich zur Sophienkirche zu begeben; auch wir haben unsere Wanderungen durch die Kaiserstadt mit derselben begonnen. Die Sophienkirche ist unzählige Male beschrieben worden. Von Konstantin dem Großen erbaut, von einer fanatischen Sekte zur Zeit des Anastasius niedergebrannt, von Justinian wieder aufgebaut, ist dieser berühmte Tempel nacheinander dem Gottesdienste der Katholiken, dem der Griechen und seit drei Jahrhunderten dem der Muselmänner gewidmet gewesen. Die Reparaturen, Vergrößerungen und Veränderungen, denen er unterworfen gewesen ist, geben seinem Äußern etwas Gedrungenes und Massives, worin sich die zierlichen und luftigen Formen, welche die Geschichtschreiber und Alterthumsforscher von ihm rühmen, nur mit Mühe erkennen lassen. Wir wünschten das Innere des Gebäudes zu besehen, man kann es aber nur, wenn man mit einem großherrlichen Firman versehen ist, betreten, und solche Firmans zu erlangen, hat besonders seit dem letzten Kriege mit den Russen große Schwierigkeit. Man will dadurch dem Fanatismus des Volkes eine gewisse Genugthuung geben, welches sich einen Einfall in das türkische Gebiet ruhig gefallen läßt, es aber nicht leiden will, daß der Boden der Moscheen von den Fußtritten der Ungläubigen entweiht wird. Übrigens haben die Türken ein Vorgefühl, daß die Sophienkirche einst wieder in die Hände der Christen fallen werde, und diese Ahnung oder Weissagung vermehrt noch ihr mistrauisches und argwöhnisches Wesen; man muß also darauf verzichten, das Innere derselben zu sehen, oder warten, bis die Weissagung in Erfüllung geht.

Ein anderes Gebäude, dessen Inneres die Fremden ebenso wenig betreten können, ist das Serail des Großherrn. Das Serail ist der am meisten in die Augen fallende Punkt von Konstantinopel; dahin richten sich alle Blicke, wenn man in der Hauptstadt der Osmanen ankommt, sowie alle Gedanken, wenn man sich mit der Türkei und dem ottomanischen Reiche beschäftigt. Das Serail des Großherrn ist nicht nur ein kaiserliches Residenzschloß, man kann es als eine kleine Stadt inmitten der großen Stadt betrachten, die ihre eigenen Gesetze, Gebräuche und Obrigkeiten hat.

Wir stehen vor der kaiserlichen oder hohen Pforte (Babi=Humaïoun); eingefaßt von zwei alten Thürmen und jeder äußern Verzierung entbehrend, entspricht sie in ihrem Aussehen keineswegs dem Namen, den man ihr beilegt. Man tritt zuerst in einen ungepflasterten, unregelmäßig gestalteten Hof, der mit dem Hofe eines unserer mittelalterlichen Ritterschlösser Ähnlichkeit hat. Links vom Eingange befindet sich die ehemalige Irenenkirche, die jetzt als Rüstkammer dient. Hier werden Helme, Lanzen und Schilder christlicher Krieger aufbewahrt, nach einigen Reisenden auch die Maschinen, die bei der Belagerung von Nicäa während des ersten Kreuzzuges gebraucht wurden; der Kaiser Alexis hatte dieselben geliefert und ließ sie nach der Übergabe von Nicäa nach Konstantinopel zurückbringen. Wahrscheinlich rührt diese Rüstkammer noch aus der Zeit der Griechen her und ist von den Türken erhalten und vermehrt worden. Ich bedauerte sehr, nicht in das Innere der Kirche gelangen und gleichzeitig ein Denkmal des griechischen Reichs und ein interessantes Capitel der Geschichte der Kriegswissenschaft studiren zu können. In jedem andern Lande würde man sich beeifern, die Waffen besiegter Völker als Trophäen vorzuzeigen, aber die Türken haben den Grundsatz, den Fremden Alles, selbst ihren eigenen Ruhm zu verbergen.

Neben der Irenenkirche traten wir in ein ziemlich großes, aber unregelmäßiges Gebäude, in welchem die Silbermünzen (welche die Aufschrift Adli, d. h. richtig, tragen) fabricirt oder vielmehr verändert und zwar beständig verschlechtert werden. Diese Münzverschlechterung ist eine der größten Plagen des Landes und ein Übel, das immer ärger wird. Die türkischen Piaster, welche vor 50 Jahren 20 Groschen galten, sind gegenwärtig kaum noch 1½ Groschen werth. Die Münzverwaltung hat schon vielen Menschen ihren Kopf gekostet; vor einigen Jahren wurden drei Armenier, denen dieses gewinnbringende, aber gefährliche Geschäft übertragen war, an der Thüre ihres Hauses am Bosporus aufgehängt; zwei andere Armenier, die ihnen im Amte folgten, kamen mit der Verbannung und Confiscation ihrer Güter davon. Der jetzige Director des Münzwesens theilt, wie es heißt, die Vortheile der Geldausprägung mit allen hohen Staatsbeamten, doch wird ihn diese Vorsicht gegen das Loos, das seiner wartet, nicht schützen. Die großherrlichen Münzen werden aber darum nicht besser werden, denn alle Strafen und strengen Maßregeln helfen in der Türkei nichts, da man sich immer nur an die Personen, niemals an die Sachen hält; am Tage des Gerichts fallen nur die Köpfe, aber die Misbräuche bleiben.

Hinter dem Münzgebäude steht nach dem Meere zu ein anderes Gebäude, das man auch als zu den großherrlichen Finanzen gehörig ansehen kann und dessen Name schon düstere Ideen erweckt; dies ist das Gefängniß des Bostandschi=Baschi, in welchem die Unglücklichen, welche man verurtheilt hat und von denen man Schätze erpressen will, der Tortur unterworfen werden. Sultan Mahmud hat zwar den Güterconfiscationen entsagt, doch macht der deshalb erlassene Firman hinsichtlich der auf unrechten Wegen erworbenen Reichthümer ausdrücklich eine Ausnahme, und man begreift leicht, daß dieser Vorbehalt die Aufhebung der ganzen Regel in sich faßt.

Wenn man das zweite Thor betritt, so erblickt man Fahnen und Kriegstrophäen, die an der Decke aufgehangen sind. Diese Siegeszeichen sollen in im Serail lebenden Türken das Andenken ruhmvoller Thaten ihrer Nation wecken; aber gleichzeitig werden sie durch andere Erinnerungen entgegengesetzter Art traurig gestimmt, wenn sie in diesem finstern Durchgange die sogenannte Dschellad=odassi oder Henkerkammer erblicken, in welcher die hohen Beamten, welche sich die Ungnade des Großherrn zugezogen haben, gefangen gehalten und oft sogar hingerichtet werden. Ich fragte nach dem Platze, wo die auf Befehl des Sultans fallenden Köpfe ausgestellt werden; man führte uns an eine Stelle vor der äußern Mauer des Serails. Hier werden im Beisein eines Gerichtsbeamten mit einem weißen Stabe die Köpfe, oft auch die Leichname Derer, welche der Arm der großherrlichen Gerechtigkeit getroffen hat, ausgestellt; neben jedem Kopfe befindet sich ein Yafta oder Schild, auf welchem in einer meist sehr lakonischen Sprache, oft ohne Angabe bestimmter Thatsachen, die Gründe der Hinrichtung bezeichnet sind. Ich erinnere mich an das Yafta Halet=Effendi's; dieser Günstling Mahmud's wurde im Allgemeinen beschuldigt, alle Wege des Lasters durchlaufen und sich mit dem Mantel der Treue und Tugend bedeckt zu haben, um die Muselmänner zu verderben und zu verunreinigen; am Schlusse hieß es: „Dies ist der Kopf des Verräthers, der in der Verbannung erdrosselt wurde." Ein so motivirtes Urtheil bildet oft das einzige Actenstück des Processes, und das türkische Publicum begnügt sich damit, denn es ist überzeugt, daß die auf Befehl ihres Gebieters Sterbenden immer Unrecht haben und daß Gott selbst sie aus dem Buche des Lebens ausgestrichen hat. Wenn Köpfe von Vezieren, Paschas oder Ministern fallen, so erweist man ihnen die Ehre, sie auf einem marmornen Pfeiler und in einem hölzernen oder silbernen Becken auszustellen; mit gemeinen Köpfen macht man weniger Umstände und steckt sie entweder auf einen Pfahl oder wirft sie aufs Gerathewohl zu Boden. Alle diese Köpfe gehören dem Sultan oder vielmehr dem Dschellad, d. i. Henker; dieser überliefert oder verkauft sie den Familien der Enthaupteten, zuweilen auch Fremden; der Kopf des berüchtigten Ali Pascha von Janina wurde zuerst von einem Engländer erhandelt, dann an einen Derwisch verkauft, der ihn begraben ließ.

Ich glaubte zu bemerken, daß auf dem für diese schrecklichen Ausstellungen bestimmten Platze schon Gras zu wachsen anfing, und die mich begleitenden Personen sagten mir, daß im Serail bereits seit mehren Monaten keine Köpfe ausgestellt worden seien. Man muß also Mäßigung, welche der Sultan, wie es scheint, anzunehmen beginnt, loben, nur thut leider die Mäßigung in der Türkei die wenigste Wirkung. Man darf nicht etwa glauben, daß eine Justiz, die uns schaudern macht, auf die Türken denselben Eindruck hervorbringt; auch trifft sie in der Regel nur Beamte, die ihren Einfluß und ihre Macht gemisbraucht haben und verhaßte Werkzeuge des Despotismus sind, was man aber mit sehr wenigen Ausnahmen von allen Beamten sagen kann. In diesem Falle wüthet also der Despotismus gegen sich selbst und gewährt dadurch den von ihm unterdrückten Völkern eine Genugthuung. Dazu kommt, daß die Strenge des Sultans sehr oft durch die Volksleidenschaften erst veranlaßt wird, sodaß die Menge fast immer die Mitschuldige der Regierung ist, wenn diese von ihrer Macht einen gewaltthätigen Gebrauch macht.

Am Ende des zweiten Hofes — um auf das Serail zurückzukommen — befindet sich ein drittes Thor, genannt das Thor der Glückseligkeit; es führt zu dem Palaste des Großherrn, dem der Prinzen, welches der Käfig genannt wird, und dem der Sultaninnen. Zu den vielen Geheimnissen des Serails gehört die kaiserliche Bibliothek, die noch kein Reisender gesehen hat und in der sich, wie Manche glauben, die verloren gegangenen Bücher des Livius nebst andern Meisterwerken des Alterthums befinden.

Wer Contraste liebt, braucht nur in das Serail zu kommen. Hier erblickt er auf der einen Seite Spuren einer Barbarei, die ihm das Haar sträuben macht; auf der andern schöne Gärten und den üppigen Wohnsitz der Lust. Die Geschichte meldet, was in den ersten Höfen vorgeht; die übrigen Vorgänge anlangend, mußte man sich bisher an die Phantasiebilder der Dichter und Romanschreiber halten. Einigen Reisenden ist es indeß gelungen, in das Innere der Gärten einzudringen; sie sahen hier Cypressenalleen, Mosaikfußböden, vergoldete Gitter, Gewächshäuser, Springbrunnen, den Winter= und den Sommerharem und den prachtvollen Kiosk, den der Sultan in der schönen Jahreszeit bewohnt. Leider bin ich nicht im Stande, von diesem Allem etwas mitzutheilen; so groß auch meine Neugierde war, hielt mich doch die Furcht von jedem Versuche eines weitern Vordringens ab. Nur aus den glaubwürdigen Berichten anderer Reisenden weiß ich, daß kürzlich ein schwedischer Edelmann, der in der Hütte eines deutschen Gärtners versteckt war, drei oder vier

Georgierinnen gesehen hat, die schön waren wie Houris und sich hinter die Bäume flüchteten, wiewol sie gewiß sehnlich wünschten, gesehen zu werden. Ein englischer Reisender will ferner in dem Sommerharem mehre Flaschen mit der Aufschrift „Danziger Liqueur" gefunden haben. Auch Dr. Clarke rühmt sich in der Beschreibung seiner Reise im Morgenlande, viele Wunderdinge gesehen zu haben, unter andern das Schlafzimmer der Odalisken und die gelben Pantoffeln der Sultaninnen; um dahin zu gelangen, begab er sich in Lebensgefahr. Interessanter als dies Alles wären Mittheilungen über die Sitten des Harems, die Eifersüchteleien, die Ränke und die Leidenschaften dieses geheimnißvollen Ortes, aber so lange, bis der Oberste der schwarzen Verschnittenen in seiner Verschwiegenheit zu beharren aufhört oder es einer schönen Odaliske einfällt, uns „Mémoires d'une contemporaine" zu liefern, werden wir nie etwas Gewisses hierüber erfahren. Man glaubt übrigens in Konstantinopel allgemein, daß der Sultan der Einförmigkeit des Serails, dieses Ortes der Wonne, überdrüssig zu werden anfängt; gewiß ist so viel, daß er sein Vergnügen bisweilen anderwärts sucht.

Nachdem wir von der Sophienkirche und dem Serail so viel gesehen haben, als zu sehen verstattet ist, lenken wir unsere Schritte nach dem Platze Atmeidan; dies ist der ehemalige Hippodrom oder die Rennbahn, wo das leidenschaftliche griechische Volk so oft die Ruhe des Reichs aufs Spiel setzte, indem es sich für die Grünen oder die Blauen Partei nahm. Während die Vernunft ausschweifte und sich in theologische Spitzfindigkeiten verlor, erniedrigten sich der Heldenmuth und die Tapferkeit zu den Kämpfen des Circus und dem Wettlauf der Wagen; ein volles Jahrhundert lebte die merkwürdige Nation der Griechen mit dem Keime einer tödtlichen Krankheit fort und ihr Verfall oder Todeskampf überlebte sogar ihre marmornen und ehernen Denkmäler. Der Hippodrom hat nicht mehr die Ausdehnung und Gestalt wie zur Griechenzeit. Dieser berühmte Platz war ehemals mit den Meisterwerken der Bildhauerei bedeckt, und ohne Übertreibung kann man sagen, daß er einst mehr in Stein gehauene oder in Erz gegossene Götter und Helden enthielt, als die ihn einschließenden oder theilweise bedeckenden Häuser jetzt Einwohner fassen. Die meisten der den Hippodrom schmückenden Denkmäler sind schon im Jahre 1204 bei der Eroberung Konstantinopels durch die Lateiner verschwunden. Die ehernen Statuen des Augustus und mehrer andern Kaiser, die der Diana, Juno und Pallas, Helena, die in ihrer ganzen Schönheit, Hercules, der mit allen Attributen der Kraft dargestellt war, Paris, welcher der Venus den Apfel reicht, viele andere bei den Alten berühmte Meisterwerke wurden in den Schmelzofen geworfen und in Scheidemünze verwandelt; so groß war die Barbarei dieser Schar von Kreuzfahrern, die aus Frankreich und Italien gekommen waren, denselben Ländern, wo die Künste und ihre Wunderwerke gegenwärtig der Gegenstand allgemeiner Bewunderung sind.

Auf der einen Seite des Platzes Atmeidan steht die schöne Moschee Sultan Achmed's, auf der andern nichts als verfallene Häuser, die nicht einmal die Ehre haben, Ruinen zu sein. Von allen alten Denkmälern, die er enthielt, sind nur noch drei übrig; das wichtigste davon ist der Obelisk, der einst durch ein Erdbeben umgestürzt und unter der Regierung des Kaisers Theodosius wieder aufgerichtet wurde. Wenn man einmal die auf seinen vier Seiten eingegrabenen Hieroglyphen zu entziffern gelernt haben wird, so wird man erfahren, welchem Königsgeschlechte er seine Erbauung verdankt und ob er die öffentlichen Plätze von Theben, von Memphis oder von Hieropolis schmückte. Dieses Monument besteht aus zwei völlig verschiedenen Theilen und läßt uns den Charakter und die Sinnesart zweier Völker zugleich deutlich erkennen. Betrachtet man den Obelisken selbst, dessen Masse so imposant ist, und auf welchem Zeichen eingegraben sind, die man nicht mehr versteht, so wird man an die Größe und geheimnißvolle Weisheit des alten Ägypten erinnert; betrachtet man aber das mit Trophäen und pomphaften Inschriften bedeckte Piedestal, so erkennt man die Eitelkeit der byzantinischen Griechen. Auf dem Fuße der Spitzsäule ist die Vorrichtung vorgestellt, mittels deffen sie von Proculus wieder aufgerichtet wurde. Man kann hierbei den Scharfsinn des Mechanismus nicht verkennen; aber wichtiger ist die Frage, auf welche Weise man zu Werke gegangen ist, um diese ungeheure Masse aus Oberägypten oder wenigstens aus Memphis den Nil hinab, über den Archipel und das Meer von Marmara zu transportiren und auf dem Hippodrom aufzustellen. Als wir eben den Obelisken betrachteten, gingen einige Fanarioten oder Griechen aus Pera vorüber; wir befragten sie über das Denkmal, ohne eine Antwort zu erhalten; ich fragte endlich einen Papa (Geistlichen), in welcher Zeit der Obelisk wol errichtet worden wäre, und erhielt zur Antwort: „In einer Zeit, wo die Menschen weit stärker waren, als sie es heutzutage sind.“ Weiter war nichts von ihm zu erfahren. Oft mußte ich die große Unwissenheit der Griechen in Betreff ihrer eigenen Geschichte beklagen. Es gibt eine Zeit, wo die größten Nationen den mit Gras bewachsenen Ruinen gleichen. Die umgeworfenen und halb zerstörten Denkmäler haben aber wenigstens Das voraus, daß sie uns von ihrem Ursprunge und ihrem Ruhme erzählen, während ein dahinsterbendes Volk kaum mehr weiß, was es einst gewesen ist.

(Der Beschluß folgt in Nr. 352.)

Ein Riesenschwan.

Kürzlich starb auf dem Kanale im St.-Jamespark (zu dem St.-Jamespalaste in London gehörig) der riesengroße, dort unter dem Namen des alten Hans bekannte Schwan, in einem Alter von fast 70 Jahren, da er um das Jahr 1770 ausgebrütet wurde. Aus seiner Jugendgeschichte ist so viel bekannt, daß er anfangs auf einem Teiche bei dem ehemaligen Buckinghampalaste lebte und daselbst oft die Ehre hatte, von der Königin Charlotte mit eigener hoher Hand gefüttert zu werden. Seine Stärke und sein Muth waren außerordentlich; oft haben Hunde, die sich unvorsichtig dem Waffer näherten und von ihm ergriffen wurden, ihr Grab in den Wellen gefunden, ja selbst ein Knabe wurde einmal von ihm gefaßt und ins Waffer gezogen. Seitdem aber die ornithologische Gesellschaft den Kanal mit ausländischen Vögeln bevölkerte, hatte der alte Hans einen schweren Stand, ging jedoch aus allen Kämpfen siegreich hervor, bis ihn ein Heer polnischer Gänse im Waffer angriff und ihm Wunden beibrachte, die nach wenigen Tagen den Tod zur Folge hatten.

Der Freitagsmarkt in Gent.

Zur Vervollständigung der in Nr. 324 gelieferten Ansichten der Stadt Gent, welche unter den belgischen Städten ungefähr Das ist, was Lyon unter den französischen und Manchester unter den englischen, liefern wir nachträglich eine Ansicht eines der größten öffentlichen Plätze dieser Stadt, welcher hauptsächlich der Schauplatz der beklagenswerthen blutigen Unruhen war, die im Anfange Octobers, durch Fabrikarbeiter in Folge einer Herabsetzung ihres Lohnes veranlaßt, in Gent ausbrachen, und daher in der letzten Zeit in den öffentlichen Blättern häufig erwähnt worden ist. Schon im Mittelalter war er Zeuge zahlreicher Volkstumulte gewesen.

Verantwortlicher Herausgeber: Friedrich Brockhaus. — Druck und Verlag von F. A. Brockhaus in Leipzig.

Das Pfennig-Magazin

für

Verbreitung gemeinnütziger Kenntnisse.

352.]   Erscheint jeden Sonnabend.   [December 28, 1839.

Sophokles.

Sophokles, der gefeiertste und größte griechische Trauer= spieldichter, wurde in dem zu Athen gehörigen Flecken Kolonos im Jahre 495, nach Andern 491 v. Chr. geboren. Aus einer wohlhabenden und angesehenen Fa= milie abstammend, erhielt er eine nach den Begriffen seiner Zeit sorgfältige Erziehung, die von den glänzend= sten geistigen Anlagen und den schönsten körperlichen Vorzügen (unter denen nur eine wohlklingende Stimme gefehlt haben soll) unterstützt wurde. Frühzeitig wandte er sich mit überwiegender Vorliebe der Dichtkunst zu und begann, wie es scheint, mit der lyrischen; erst in seinem 28. Jahre, 468 v. Chr., trat er als dramati= scher Dichter auf. In diesem Jahre fand nämlich bei Gelegenheit der durch Cimon bewirkten Übertragung der Gebeine des Theseus von Scyros nach Athen ein dra=

matischer Wettstreit statt, bei welchem Sophokles als Nebenbuhler des erhabenen, um 30 Jahre ältern Äschy= lus, welcher als Schöpfer der tragischen Poesie in Grie= chenland angesehen werden muß, erschien und über den= selben den Preis davon trug, der ihm von den zehn Staatsfeldherren, Cimon an ihrer Spitze, zuerkannt wurde, welchen der Archont, von dem üblichen Gebrauche abweichend, das Kampfrichteramt übertragen hatte. Von dieser Zeit an bis zu seinem Tode war Sophokles un= abläffig mit der dramatischen Dichtkunst beschäftigt; noch 19 Male gewann er den ersten Preis, öfter den zweiten, und niemals mußte er sich mit dem dritten Preise begnügen. Indeß war sein Leben nicht ausschließlich den Musen gewidmet; er bekleidete bürgerliche und mi= litairische Ämter, wiewol er dabei, nach den dürftigen

Nachrichten zu schließen, die über seine Thätigkeit auf diesem Felde auf uns gekommen sind, wenigstens nichts Ausgezeichnetes geleistet zu haben scheint, war noch im höhern Alter Anführer im Kriege gegen die Samier, zugleich mit Perikles und Thucydides, und wird auch unter den Priestern Athens genannt. Als Tragiker erwarb er sich einen Ruhm, der weit über die Grenzen seines Vaterlandes hinausging, und mehre Könige bemühten sich um die Wette, ihn an ihren Hof zu ziehen, aber vergebens, da Sophokles nicht dazu zu bewegen war, sein Vaterland zu verlassen. Bis in das höchste Alter blieb er im ungestörten Gebrauche seiner geistigen Fähigkeiten und hörte nicht auf zu dichten, ja gerade einige seiner ausgezeichnetsten Werke gehören, wie es scheint, der spätesten Periode seines Lebens an. In seinem 80. Jahre oder vielleicht noch später wurde er von einem undankbaren Sohne, dem er einen jüngern von einer andern Mutter vorzog, angeklagt, daß er wegen Altersschwäche nicht mehr im Stande sei, sein Vermögen selbst zu verwalten. Statt aller Vertheidigung las Sophokles seinen Richtern das soeben von ihm gedichtete Trauerspiel „Ödipus auf Kolonos" vor, nach Andern aber nur den herrlichen Chor dieses Stücks, in welchem sein Geburtsort Kolonos gepriesen wird; nach Anhörung desselben sprachen die von Bewunderung erfüllten Richter ihn, ohne sich weiter zu besinnen, frei, hoben die Gerichtssitzung auf und begleiteten ihn im Triumphe nach seiner Wohnung. Er starb um das Jahr 407 v. Chr. oder noch später, jedenfalls nur kurze Zeit vor der Schlacht bei Aegospotamos, in welcher der spartanische Feldherr Lysander die athenische Macht demüthigte, und in einem Alter zwischen 80—90 Jahren. Über die Art seines Todes theilen die alten Schriftsteller verschiedene Angaben mit. Nach Einigen erstickte er beim Genusse einer Weinbeere, nach Andern starb er in Folge zu großer Anstrengung bei Vorlesung seiner „Antigone", noch Andere endlich melden, daß ihn die übermäßige Freude bei der Nachricht eines neuen Sieges, den eines seiner Dramen bei den olympischen Spielen davon getragen, getödtet habe; nur darin stimmen Alle überein, daß sein Tod leicht und schmerzlos ohne vorhergegangene Krankheit erfolgt sei.

Mit Sophokles erreichte die griechische Tragödie den höchsten Gipfel der Vollendung; er wußte zuerst den Athenern eine leidenschaftliche Neigung zum Theater einzuflößen, die sich auch in glänzender, ja verschwenderischer Ausstattung der dramatischen Vorstellungen aussprach; die Aufführung einiger seiner Stücke soll nach einer Angabe, die freilich für sehr übertrieben gehalten werden muß, mehr gekostet haben als der ganze peloponnesische Krieg. Wie bei Äschylus die Kraft und Kühnheit, bei Euripides die Kunst vorzugsweise hervortritt, so zeichnen sich die Dichtungen des Sophokles durch tiefes Gefühl aus; in ihnen weht ein reiner und frommer Geist, und die Gesinnung, die sich in ihnen ausspricht, steht dem christlichen Sinne näher als die irgend eines andern griechischen Dichters. Auch noch jetzt können sie auf unverdorbene Gemüther ihre Wirkung nicht verfehlen und müssen bei allen Denen, die Sinn für das Edle und Einfach=Erhabene haben, die lebendigste Theilnahme erregen; solche Leser aber, die durch die neueste Gattung dramatischer Poesie, welche von Frankreich ausgegangen ist, verwöhnt und verdorben sind, können sie freilich nicht ansprechen. Die Zahl der von Sophokles gedichteten Trauerspiele wird von Einigen auf 130, von Andern nur auf 70—80 angegeben, ja der Philolog Böckh in Berlin ist der Meinung, daß unter 106 Dramen, deren Titel bekannt sind, ihm nur 26 mit einiger Si-

cherheit zugeschrieben werden können; vielleicht sind viele, die mit seinem Namen bezeichnet werden, zum Theil oder ganz von seinem Sohne Jophon, der übrigens als dramatischer Dichter keine Berühmtheit erlangt hat, verfaßt worden. Gegenwärtig sind nur sieben Trauerspiele des Sophokles noch vorhanden, die indessen zum Glück im Urtheile der alten Schriftsteller gerade zu den ausgezeichnetsten gehören: „Der König Ödipus", „Ödipus in Kolonos", „Antigone", „Elektra", „Der wüthende Ajax", „Die Trachinierinnen" und „Philoktetes".

Die englische Baumwollenmanufactur im Jahre 1838.

So groß auch der Umfang und die Bedeutung der englischen Baumwollenmanufactur bereits seit vielen Jahren sind, so sind sie doch fortwährend noch im Steigen begriffen. Im J. 1781 betrug die Einfuhr an roher Baumwolle in England nur 5 Mill. Pfund; nur 52 Jahre nachher, im J. 1833, war sie auf 304 Mill. Pfund oder 931,796 Ballen gestiegen, ist auch nachher fortwährend gestiegen, ohne daß der mindeste nachtheilige Einfluß des deutschen Zollvereins zu bemerken gewesen wäre, und betrug 1838 1,429,062 Ballen oder etwa 466 Mill. Pfund, im Durchschnittspreise zu 7 Pence das Pfund; demnach ist die Einfuhr in den seit 1833 verflossenen 5 Jahren um etwa 53 Procent gestiegen. Die Ausfuhr an roher Baumwolle betrug 1833 79,066 Ballen, 1838 102,370 Ballen (worunter 23,007 nach Hamburg, 20,894 nach Rußland), hat also nur um etwa 20 Procent zugenommen, wogegen die innere Consumtion 1833 877,589, 1838 1,265,116 Ballen betrug, also ungefähr um 50 Procent gestiegen ist. Die Quantität der im Jahre 1838 gesponnenen Garne betrug 379,486,510 Pfund (55½ Mill. oder 16 Procent mehr 1837, 109½ oder 40 Procent mehr als 1833); hiervon wurden 116,116,180 Pfund ausgeführt, während im J. 1833 die Garnausfuhr nur 68,948,363 Pfund betrug. Diejenigen Gegenden, welche die größten Quantitäten von baumwollenen Garnen empfingen, sind: Hansestädte 38¾ Mill., Holland 22¾ Mill., Rußland 18¾ Mill., Indien und China 11 Mill., Neapel und Sicilien 5⅞ Mill., Türkei 4¼ Mill., Sardinien und Toscana 3¾ Mill. Pfund u. s. w. Von den in den Hansestädten eingeführten Garnen ist wahrscheinlich beiweitem der größte Theil nach den Zollvereinsstaaten gegangen. Der declarirte Werth aller im J. 1838 ausgeführten baumwollenen Waaren betrug 11,746,475 Pf. St.; die Hauptausfuhrartikel bildeten Callicos (547½ Mill. Yards =9,832,289 Pf. St.), Tull (81,987,421 Yards =922,358 Pf. St.), Tücher, Strumpfwirkerwaaren, Velveteens, Cambrics und Musselins. Gegen 1833 sind nur Velveteens und Cambrics zurückgeblieben, doch wird dieser Ausfall durch die große Zunahme aller andern Artikel weit überwogen; namentlich betrug die Ausfuhr an Callicos 1833 nur 315,655,992 Yards, an Tull 1829 nur 39 Mill. Yards u. s. w. Einen sehr großen Theil der englischen Baumwollwaaren nehmen Asien, Afrika und Amerika in Anspruch; dieser betrug nämlich 1838 mit Einrechnung des Garns 36 Procent der gesammten Ausfuhr, bei den Callicos 51, bei den Cambrics und Musselins 62, bei den Tüchern 66, bei den Strumpfwaaren 91 Procent u. s. w. Über die innere Consumtion fehlt es an Angaben, sie mag sich aber auf etwa 12 Millionen Pf. St. belaufen,

d. h. eine ungefähr ebenso große Masse von Waaren erfodert haben, als die Ausfuhr ins Ausland. Dies stimmt auch mit den Annahmen der englischen Statistiker Mac Culloch und Baines überein, welche den Gesammtwerth der englischen Baumwollenfabrikate mit Inbegriff der Garne auf 30—34 Mill. Pf. St. schätzen. Die große Wichtigkeit dieser kolossalen Manufactur für den Wohlstand des Landes geht daraus hervor, daß das rohe Material 12½ Mill. gekostet haben mag, welche dafür aus dem Lande gegangen sind, daß aber der Werth desselben durch die Verarbeitung auf beinahe 30 Mill. Pf. St., also fast um 150 Procent erhöht worden ist, und daß durch diesen Fabrikationszweig nach den neuesten Berechnungen 750,000 Personen direct und ebenso viele indirect, zusammen also 1½ Mill. Menschen, Beschäftigung und Verdienst finden.

Wir knüpfen hieran einige Angaben, welche beweisen, daß auch auf dem europäischen Continente, namentlich aber in den Staaten des deutschen Zollverbandes, die Baumwollenmanufactur im Steigen begriffen ist. Im deutschen Zollverbande betrug die Einfuhr baumwollener Garne, die fast ganz auf Rechnung Englands zu setzen ist, 1834 251,148 Centner, 1836 307,867 Centner, ist also um mehr als 20 Procent gestiegen, während die Ausfuhr von 40,695 auf 27,942 Centner, also um fast 33 Procent, gefallen ist. Da nun auch die Production der baumwollenen Garne im Innern des Zollverbandes seit 1834 beträchtlich gestiegen sein muß, weil die bereits bestehenden Spinnereien durch neue und größere vermehrt worden sind, so muß die Production baumwollener Waaren sehr bedeutend gestiegen sein. Dies erhellt auch daraus, daß die Ausfuhr baumwollener Waaren 1834 74,955, 1836 aber 84,273 Centner betrug, also um 12 Procent gestiegen ist, während die Einfuhr stationair geblieben ist (1834 13,540, 1836 13,507 Centner). Die Zunahme der Production selbst muß aber noch weit größer gewesen sein, und wenn man nur den reinen Überschuß der Einfuhr baumwollener Garne über die Ausfuhr in Erwägung zieht, in diesen drei Jahren fast 33 Procent betragen haben, wovon 12 Procent auf die vermehrte Ausfuhr kommen, wonach die Consumtion baumwollener Waaren im Innern der Zollvereinsstaaten um 21 Procent gestiegen sein müßte.

Cadiz.

Das mittelländische Meer ist dasjenige, in welchem, wie es scheint, zuerst die Schiffahrt von den Völkern der Vorzeit im Großen geübt worden ist. An seinen Küsten wurden die ersten Sitze des Seehandels gegründet: Tyrus und Sidon im Osten, Karthago an der afrikanischen Küste, Marsilia (Marseille) und Gades (Cadiz) im Westen genossen lange die Vortheile eines lebhaften Handelsverkehrs, während die Bewohner der Länder, zu denen jene Städte gehörten, in geringer Entfernung vom Meere noch in tiefe Barbarei versunken waren. Der zuletzt genannte Handelsplatz, mit dem wir es hier zunächst zu thun haben, ehemals Gadir, von den Griechen Gadira genannt, war eine Colonie der Phönizier, die vor ungefähr 3000 Jahren von ihnen angelegt wurde, und ist ohne Zweifel eine der ältesten Städte des Landes. Die Erreichung eines so entfernten Punktes, der jenseit der Säulen des Hercules, d. h. der Straße von Gibraltar, liegt, war für die Phönizier ein Unternehmen, das nicht geringere Kühnheit erfoderte als das des Colombo, welcher aus demselben Hafen auslief, um das atlantische Meer zu durchschiffen und eine unbekannte Welt aufzusuchen. Cadiz gelangte bald zu großem Wohlstande. Nach der Zerstörung ihrer Mutterstadt Tyrus durch Nebukadnezar schlossen sich die Bewohner von Cadiz an die karthagischen Phönizier (Punier) an und kamen in Folge dieses Bündnisses zur Zeit der punischen Kriege unter die Herrschaft der Römer, welche die Stadt Gades nannten; aber auch unter ihnen fuhr sie fort zu blühen. Ihre spätere Geschichte ist mit der Spaniens verbunden. Im Jahre 1596 wurde Cadiz von einer englischen Expedition unter Lord Effingham geplündert und verbrannt; im J. 1702 wurde es wieder von den Engländern und Holländern angegriffen. 1810 erhoben die Cortes in Cadiz die Fahne der Unabhängigkeit, als das übrige Spanien im Besitze der Franzosen war, weshalb die Stadt von den letztern vom 6. Febr. 1810 bis 25. Aug. 1812 vergeblich belagert wurde, eine Belagerung, die sie mit ungemeiner Standhaftigkeit aushielt. 1823 war Cadiz der Sammel- und Zufluchtsplatz der spanischen Liberalen und der Aufenthaltsort Ferdinand's VII. vom 15. Jun. bis 1. Oct. Doch wurden die Hoffnungen Jener sehr bald durch die französische Occupationsarmee vereitelt, welche, 30,000 Mann stark, am 16. August unter dem Herzog von Angoulème vor Cadiz ankam, schon am 31. August einen Theil der Forts erstürmte, am 23. September die Stadt bombardirte und dieselbe nach stattgefundener Capitulation am 3. und 4. Oct. besetzte.

Als Hafen- und Handelsplatz ist Cadiz trefflich gelegen; es beherrscht den Handel von Europa, Afrika und Kleinasien im Mittelmeere, während gleichzeitig die Winde und Wellen des atlantischen Meeres seinem Hafen Schiffe aus der neuen Welt zuführen. Die Provinz Andalusien, für deren Producte Cadiz als Ausweg dient, ist hinsichtlich der Mannichfaltigkeit und des Werths ihrer Erzeugnisse die reichste in ganz Spanien; von der Natur in so hohem Grade begünstigt, braucht sie nur Frieden, Ordnung und Freiheit, um ihre Bewohner wohlhabend und glücklich zu sehen. Leider hat es an diesen Segnungen in der neuern Zeit nur zu sehr gefehlt; vergeblich ankämpfend gegen die mannichfaltigen Drangsale, die auf der pyrenäischen Halbinsel lasten, ist Cadiz schon seit geraumer Zeit in Verfall. Ein Drittel der Häuser steht leer; die Hausmiethen sind auf den vierten oder fünften Theil ihres frühern Betrags gesunken. Wie ganz anders waren die Verhältnisse noch im Anfange des vorigen Jahrhunderts! Damals gingen aus den Häfen von Südamerika, Manilla und den philippinischen Inseln reiche Gallionen nach Cadiz unter Segel, und in Folge der Verlegung des Monopols für den südamerikanischen Handel von Sevilla nach Cadiz hatten fast alle Nationen dort ihre Correspondenten, Handelshäuser oder Factoreien. Noch 1792 betrug der Werth der aus dem spanischen Amerika eingeführten Artikel über sieben Millionen Pf. St.; im vorhergehenden Jahre hatte Spanien ebendaher an gemünztem und ungemünztem Gold und Silber über fünf Mill. Pf. St. erhalten. Der Krieg von 1793 war der erste Schlag, der dem Handel von Cadiz wesentlichen Schaden zufügte; eine Reihenfolge unglücklicher Ereignisse hat ihn seitdem in seinen gegenwärtigen Zustand versetzt. Seitdem die spanischen Colonien in Südamerika unabhängig geworden sind, ist der Handel in die Hände von Ausländern gefallen; spanische Schiffe sind nur noch mit dem Handel mit Cuba, Portorico und den philippinischen Inseln beschäftigt, aus welchen Zucker, Kaffee, Taback und Gewürze eingeführt werden. Im J. 1837 wurden in

Ansicht von Cadiz.

Cadiz 150,534,774 Pfund Zucker, 36,654,514 Pfund Kaffee, 1,196,185 Pfund Taback in Blättern und 143,704,500 Stück Cigarren eingeführt. Der wichtigste Ausfuhrartikel ist Xereswein, sogenannter Sect; 43 Häuser in Xeres und Puerto de Santa=Maria (St.=Marienhafen), unweit Cadiz, verschifften in den Jahren 1835—37 im Durchschnitt jährlich 28,627 Fässer zu einem Betrage von etwa 900,000 Pf. St. nach dem Auslande. Die übrigen Ausfuhrartikel bestehen in Früchten, Salz, Wolle und Seide, die hauptsächlich gegen Manufacturwaaren ausgetauscht werden, da die spanischen Fabrikate von Wolle, Baumwolle, Flachs, Leder, Eisen u. s. w. gegenwärtig sämmtlich von geringer Qualität sind, selbst die einst im übrigen Europa so gesuchten Tuche und Seidenzeuche nicht ausgenommen. Im J. 1829 wurde Cadiz zu einem Freihafen erklärt, wo Güter ohne Zahlung von Zöllen eingeführt werden konnten; der dadurch hervorgerufene ungeheure Schleichhandel war aber die Ursache der baldigen Aufhebung dieses Privilegiums (im J. 1832). Der Küstenhandel von Cadiz ist beträchtlich; mit Einrechnung ihrer wiederholten Fahrten laufen jährlich 2—3000 dieser Schiffe von 5—60 Tonnen Last in den Hafen ein, welche Wein, Öl, Kohlen u. s. w. bringen und mit Colonial= und Manufacturwaaren befrachtet werden.

Cadiz gehört eigentlich nicht zu dem festen Lande von Spanien, sondern liegt auf dem nordwestlichen Ende einer schmalen Landzunge der Insel Leon, die aber nur durch eine eine Meile breiten Meeresarm vom Lande getrennt und mit demselben am südöstlichen Ende durch eine Brücke verbunden ist. Auf beiden Seiten der Bai von Cadiz sind zum Schutze der Stadt und des Hafens Forts angelegt, unter denen der Trocadero durch die Erstürmung der Franzosen unter dem Herzoge von Angoulême am 30. und 31. August 1823 bekannt geworden ist; auch die Stadt selbst ist befestigt. Sie zählt etwa 75,000 Einwohner, 3740 Häuser, 223 Straßen, 34 Plätze, 28 Kirchen, 39 öffentliche Gebäude und ist sehr regelmäßig gebaut; die Straßen zeichnen sich durch Reinlichkeit, gutes Pflaster und gute Beleuchtung aus. Die Häuser sind großentheils in einem dem morgenländi=

schen ähnlichen Style gebaut, zweistöckig, mit einem von einer Galerie umgebenen Hofe; im Sommer wird dieser mit einer Leinwand, die mit Wasser besprengt wird, bedeckt und als Zimmer benutzt. Unter den öffentlichen Gebäuden sind wenige besonders erwähnenswerth; zu den schönsten gehört das Zollhaus; das Hospital ist wegen seiner großen Ausdehnung, das 148 Fuß hohe Signalhaus wegen seiner schönen Aussicht zu bemerken. Das Trinkwasser in Cadiz ist, da es an Quellen mangelt, sehr schlecht; es kommt entweder aus Cisternen, oder vom festen Lande, und zwar von der nahen Stadt Puerto de Santa=Maria.

Skizzen aus Konstantinopel.
(Beschluß aus Nr. 351.)

Die beiden andern auf dem Atmeidan noch vorhandenen Denkmäler sind die Schlangensäule und die historische Säule. Die letztere diente dazu, bei dem Wettrennen der Wagen das eine Ende der Rennbahn zu bezeichnen. Wir wissen aus der Geschichte, daß Konstantin der Große sie mit kupfernen Platten belegen ließ und daß eine griechische Inschrift an dem Fußgestell sie mit dem berühmten Koloß von Rhodus verglich; aber nichts ist den Denkmälern so verderblich als metallene Zierathen. Diese Säule ist jetzt nur noch eine verfallene Masse und droht die Vorübergehenden in ihrem Sturze zu begraben. Die Schlangensäule ist aus dem Tempel zu Delphi, wo sie dazu diente, den berühmten goldenen Dreifuß zu tragen, der dem Apollo nach der Schlacht bei Platää geweiht wurde. Der Säulenschaft, aus drei spiralförmig gewundenen Schlangen bestehend, wurde von den Köpfen dieser Thiere überragt, auf denen der Dreifuß ruhte, die aber nicht mehr vorhanden sind. Die erste Verstümmelung dieses Denkmals schreibt man dem Sultan Mohammed II. zu, der mit seiner Streitart den einen Schlangenkopf herunterhieb; über das Schicksal der beiden andern schweigt die Geschichte, aber bekanntlich haben die alten Denkmäler des Morgenlandes dreierlei gleich furchtbare

Feinde: die Zeit, die Türken und die Liebhaber von Alterthümern. Die türkische Regierung sorgt auf keine Weise für alle diese Denkmäler, und die Osmanen gehen täglich über den Atmeidan, ohne die historische Säule, die Schlangensäule und den Obelisken nur eines Blickes zu würdigen; diese Überreste des Alterthums haben für sie nichts Nationales, nichts, das ihre Phantasie und ihre Vaterlandsliebe in Anspruch nimmt. Die Türken selbst errichten auf ihren öffentlichen Plätzen niemals Denkmäler; zur Verzierung ihrer Städte brauchen sie weder Obelisken noch Säulen, noch weniger Bilder von Menschen oder Thieren aus Metall oder Stein. Nur die Urne eines Brunnens verzieren sie bisweilen, und die Denkmäler dieser Art sind außer den Moscheen und ihre marmornen Grabsteinen der Todtenäcker die einzigen architektonischen Zierden, die man in den Städten des Morgenlandes zu sehen bekommt.

Ehemals übte sich die türkische Jugend auf dem Atmeidanplatze im Dscherridwerfen, was eine große Zahl von Zuschauern herbeizog, namentlich viele Frauen, welche kamen, um die Geschwindigkeit der arabischen oder tatarischen Pferde und die Geschicklichkeit der jungen Ikoglans (Pagen) zu bewundern. Seit man aber das Militairwesen zu reformiren begonnen hat, ist das Dscherridwerfen aus der Mode gekommen und wird bald ganz abkommen, wie einst der Wettlauf der Wagen und die Spiele des Circus. Jetzt sieht man auf dem Atmeidan nur noch Soldaten der neuen Miliz, welche sich in den europäischen Exercitien üben.

Ich kann den Hippodrom nicht verlassen, ohne von der Moschee Achmed's zu sprechen.*) Man tritt zuerst in einen ziemlich geräumigen, mit schönen Bäumen bepflanzten Hof, der als öffentlicher Durchgang dient, weshalb Kleinhändler ihre tragbaren Buden hier aufschlagen, wie vor unsern Kirchen; Arme sieht man hier nicht, denn in der Nähe der Moscheen zu betteln, ist verboten. Der zweite Hof ist mit zwei Reihen von Säulen umgeben, die aus den Ruinen von Ephesus und den alten Städten der Troas entführt worden sein sollen; in der Mitte befindet sich ein marmorner Brunnen für die Waschungen. Als ich meine Blicke auf das Dach der äußern Galerie richtete, erblickte ich Schaaren von Holztauben, denen jener Ort als Taubenschlag dient und deren Girren sich in das Gebet der Muselmänner mischt. Das Äußere der Moschee mit ihren sechs Minarets, ihren fünf Kuppeln und ihren Säulengängen hat meine Aufmerksamkeit in höherm Grade erregt als die ehemalige Sophienkirche; die arabischen Formen jenes Gebäudes schienen mir mit der gesammten Physiognomie einer muselmännischen Stadt mehr im Einklange zu stehen. Es war mir vergönnt, das Innere zu betreten. Der innere Raum der Moschee zeigt die ernste und strenge Einfachheit und Schmucklosigkeit einer protestantischen Kirche. Vier ungeheure Pfeiler tragen die Hauptkuppel; Stühle, Bänke, Altäre sind nicht vorhanden. Teppiche und ägyptische Matten bedecken den Fußboden; an den Wänden sieht man einige Inschriften mit goldenen Buchstaben; bunte Fensterscheiben lassen nur ein mattes Licht in den Tempel dringen, aber immer brennende Lampen ersetzen den Sonnenschein. Über dem Orte, wo der Koran aufbewahrt wird, zeigte man mir rechts eine Kanzel, von welcher herab der Imam die Gebete leitet, links diejenige, wo der Khatib das Gebet für den Sultan spricht und alle Freitage eine Art Predigt hält. Nicht weit davon ist eine vergitterte Tribune, auf welcher der Großherr dem Got-

tesdienste beiwohnt. In der Moschee Achmed's fand eins der wichtigsten Ereignisse in der türkischen Geschichte statt; hier wurde nämlich die Fahne des Propheten gegen die empörten Janitscharen entfaltet und die Aufhebung dieses so lange furchtbaren Corps im Beisein der Ulemas und des versammelten Volkes verkündigt.

Neben der Moschee ruht die Asche des Sultans Achmed und seines Sohnes Osman. Einen besondern Begräbnißplatz der Mitglieder des regierenden Hauses haben die Türken nicht. Der große Soliman, Mohammed II., Bajazet und viele andere Sultane sind neben den Moscheen, die sie gegründet haben, begraben, und die schönsten religiösen Denkmäler von Stambul entfalten ihre Pracht neben einem kaiserlichen Grabe. Ein großes Imaret oder Armenhaus ist mit der Moschee Achmed's verbunden; so stehen Wohlthätigkeitsanstalten unter der Obhut der Religion, und das Armenhaus ist gleichsam ein Nebengebäude des Gotteshauses. Ebenso ist es mit den dem öffentlichen Unterrichte gewidmeten Anstalten; jede der großen Moscheen hat ihr Collegium und ihre allen Freunden der Studien offen stehende Bibliothek. Nach dem Koran ist die Wissenschaft der Gottheit angenehm, und Aufklärung unter den Menschen verbreiten, heißt die Wohlthaten des Schöpfers verbreiten; ohne Zweifel ist dieser Grundsatz vortrefflich, doch darf man ein Volk nicht immer nach den von demselben bekannten Grundsätzen beurtheilen.

Nicht weit von dem Atmeidan erblickt man auf dem zweiten Hügel eine Säule, die man ehemals die purpurne Säule nannte und jetzt die verbrannte Säule nennt. Eine Menge von Holzschuppen, die an das Fußgestell gelehnt sind und jedenfalls bis zum nächsten Feuer in diesem Quartier hier bleiben werden, gestatten nicht, ganz heran zu kommen. Diese Säule ist aus Rom hierher transportirt worden und trug ehemals eine schöne Bildsäule des Apollo, an deren Stelle später eine Bildsäule des Kaisers Konstantin trat; einige Schriftsteller versichern, der Kopf des Kaisers wäre mit einigen der heiligen Nägel geschmückt gewesen, die bei der Kreuzigung des Heilandes gebraucht wurden. In der Mitte des 12. Jahrhunderts wurde die Säule durch einen heftigen Blitzschlag umgestürzt und die Statue zerbrochen, was man für eine üble Vorbedeutung hielt. Der Kaiser Emanuel Komnenus machte den vom Blitze verursachten Schaden wieder gut und versah die Säule mit einer noch jetzt erhaltenen Inschrift, in der er den Heiland anflehte, die Hauptstadt und das Reich zu beschirmen. Die verbrannte Säule ist aus Porphyrstücken gebildet, die vom Feuer geschwärzt sind, und mit erhabenen kupfernen Ringen bedeckt, welche die Fugen der Steine verbergen. Konstantinopel besitzt noch andere Denkmäler oder vielmehr Ruinen, die für die Geschichte der Kunst nicht ohne Interesse sind. Dahin gehört die Säule des Marcian von weißem Marmor, aus dem Ganzen gehauen und 75 Fuß hoch; ihr Capitäl und Fußgestell sind sehr beschädigt, man bemerkt darauf römische Adler und die fast verlösche Darstellung einer Frau, weshalb diese Säule bei den Türken die Säule des Mädchens heißt. Der Ort, wo sie steht, war vorzeit ein mit Mauern eingeschlossener Garten; jetzt ist er offen und voll Nesseln und Unkraut. Wir nahmen auch die auf dem Berge Zapolus, dem ehemaligen Galeerenhafen gegenüber, stehende Säule des Arkadius in Augenschein, die man als Nebenbuhlerin der Säulen des Trajan und Antonin ansah; jetzt ist davon nur noch das etwa 14 Fuß hohe Postament übrig, in welchem sich eine mit einigen Basreliefs verzierte Treppe befindet. An

*) Vergl. Pfennig-Magazin Nr. 168.

dieses Piedestal lehnt sich die Hütte eines armen Türken, der von der Neugier der Fremden lebt; er ist der
einzige Bewohner des Quartiers, der sich nicht wundert, daß man einen Steinhaufen oder vielmehr einen un-
förmigen Felsblock, dem die Feuersbrünste seinen Glanz
und seine natürliche Farbe genommen haben, eines Besuchs würdigt. Von der Höhe dieser Säule beherrscht
man einen ziemlich weiten Horizont; vor uns hatten
wir nach dem Meere von Marmara zu jene berühmte
goldene Pforte, durch welche die Triumphatoren einzo-
gen, und das Schloß der sieben Thürme, welches Peter Grelot die Bastille von Konstantinopel nennt. Dieser französische Reisende hat in der Mitte des 17. Jahrhunderts die Säule des Arkadius noch aufrecht und in
ihrer vollen Höhe gesehen; sie war damals von Häusern umgeben, welche den Zugang zu ihr hinderten;
auch litt man nicht, daß Christen sie in Augenschein
nahmen. Eines Tages wagte ein Reisender, sich auf
dem Gipfel der Säule sehen zu lassen; sein Erscheinen
reichte hin, um die ganze Nachbarschaft in Alarm zu
setzen. Einige hielten ihn für die Seele eines griechischen Kaisers, welche die Stelle der Statue, die sonst
auf der Säule zu sehen war, einnehmen wollte; Andere waren der Meinung, daß Jemand in der Absicht
auf die Säule gestiegen sei, um zu beobachten, was in
den Harems vorginge. Der unvorsichtige Reisende wurde
verhaftet und von einer wüthenden Menge begleitet zum
Unter-Baschi geführt, wo er nur durch ein halbes
Wunder der Bastonade entging. Gegenwärtig können
die Reisenden ohne Besorgniß die Reste der alten Denkmals in Augenschein nehmen, aber mit der Leichtigkeit,
es zu sehen, ist Gleichgültigkeit eingetreten, und die
Zahl der Schaulustigen nimmt täglich ab. Ich bin
beim Ausgange aus der innern Treppe, wie beim Eingange zu derselben durch die Hütte des armen Musel-
manns gegangen; dieser beklagte sich gegen uns, daß
man die Säule nicht mehr besuche; seit drei Monaten hatte er nicht so viel Almosen eingenommen, um
eine Pfeife Tabak davon rauchen zu können; seine hölzerne
Baracke fiel in Trümmer. Andere Denkmäler, die im
17. und 18. Jahrhunderte noch zu sehen waren —
unter andern die Säule des Theodosius auf dem dritten Hügel, zwei andere Säulen auf dem siebenten Hügel und die Pyramide der Winde auf dem sogenannten
Forum pistorium, d. h. Bäckermarkt — sind nicht
mehr vorhanden.

Die alten Cisternen von Byzanz habe ich nicht
gesehen; die meisten derselben sind ausgefüllt; diejenige,
welche die Türken die Cisterne der tausend Säulen
nannten, enthält jetzt eine Seidenspinnerei. Die Hauptstadt wird jetzt mit Wasser nur noch durch Wasserleitungen, die dasselbe aus dem nahen Dorfe Belgrad
und aus Pyrgos herbeiführen, versorgt. Die Türken
haben die Wasserleitungen der griechischen Kaiser erhalten und durch neue vermehrt. Nahe bei dem sogenannten schiefen Thore (Egrikabou) sah ich den Haupt-
behälter, in den das Wasser geleitet und von welchem
aus es in alle Stadtviertel vertheilt wird. Jede Straße
hat ihren Brunnen, jede große Moschee ihr Bassin voll
frischen Wassers. Ein Muselmann hat an jedem Orte
der Stadt Gelegenheit, seinen Durst zu stillen und seinen Körper oder seine Kleider von Flecken zu reinigen.
Oft ist auch für die Bequemlichkeit der Reisenden durch
ein eisernes, kupfernes oder hölzernes Trinkgefäß gesorgt,
das am Marmorbecken eines Brunnens durch eine Kette
befestigt ist. Mit Recht zählen die Türken das Wasser
zu den größten Wohlthaten Gottes, und ihre Mildthätig-
keit sorgt dafür, daß Niemand daran Mangel leidet.

Ein Reisender darf nicht verfehlen, die Thürme
und äußern Mauern von Byzanz in Augenschein zu
nehmen, die noch jetzt mit ihren Trümmern das Gebiet der Stadt umgeben. Ich habe sie mehre Male
besucht, um zu wissen, auf welcher Seite die Sarazenen, die Kreuzfahrer und die Türken die Stadt angegriffen haben. Was von den griechischen Festungswerken noch übrig ist, bietet sehr malerische Ansichten dar,
besonders von der Landseite. Hier kriecht der Epheu
längs der Wälle hin und bedeckt sie mit einem grünen
Teppich; weiterhin drängen sich Pflanzen und Gesträuche durch die Fugen der Steine, und aus einer verfallenen Mauer bringt die reichste Vegetation hervor. Auf
den Gipfeln der Thürme stehen Bäume mit rothen
Früchten, ungefähr von der Größe der Orangenbäume;
am Eingange einer Bresche, welche die Kanonen Mohammed's II. geöffnet haben sollen, pflückte ich vortreffliche Feigen. Mehre Thore der Stadt haben noch Inschriften zu Ehren der Kaiser, welche sie erbaut haben,
doch hat die Zeit den Stein unterminirt oder die Ei-
senplatte, auf welcher die Inschrift eingegraben ist, be-
nagt. Die Türken haben seit ihrer Eroberung die
Mauern von Byzanz nicht angerührt, nicht einmal im
Kriege mit Rußland, wo sie hätten daran denken können, sie in Vertheidigungszustand zu setzen, und man
muß es ihnen jedenfalls Dank wissen, daß sie diese
schönen Ruinen geschont haben.

Interessant ist es, das jetzige Konstantinopel mit
den Schilderungen zu vergleichen, welche die ältern
Schriftsteller und die Chronisten der Kreuzzüge von dem
alten Byzanz machen. Mehre der letztern sahen die
Stadt auf dem Zuge nach Jerusalem und sprechen von
der Residenz mit großer Begeisterung. So ruft Foucher
de Chartres aus: „O welche große und schöne Stadt!
wie viele Klöster und Paläste! wie viele wundervolle
Dinge auf den Plätzen und in den Straßen!“ Nicht
geringeres Erstaunen äußert Villehardouin: „Diejenigen, welche sie noch nicht gesehen hatten, betrachteten
diese prachtvolle Stadt und konnten kaum ihren Augen
trauen, daß es auf der ganzen Welt eine so schöne und
reiche Stadt gäbe, besonders als sie ihre hohen Mauern
wahrnahmen und ihre schönen Thürme, ihre reichen
und stolzen Paläste und ihre prächtigen Kirchen, deren
Zahl so groß ist, daß man es kaum glaubt, wenn man
es nicht mit eigenen Augen sieht.“ Leider enthält der
Bericht dieser Chronisten nur unbestimmte und abge-
rissene Äußerungen über die Wunder, welche sie erblickten. Odon de Deuil, welcher den König Ludwig VII.
auf dem zweiten Kreuzzuge begleitete, spricht von Byzanz als ein besser unterrichteter Beobachter und theilt
zwar den Enthusiasmus der meisten Pilger, vergißt aber
dabei nicht, das Gesehene mit einigen Einzelnheiten zu
beschreiben. „Konstantinopel“, sagt er, „der Stolz der
Griechen, reich durch seinen Ruhm und Das, was es
enthält, hat die Form eines Dreiecks. Am innern
Winkel sieht man die Sophienkirche und den Palast
Konstantin's. An zwei Seiten ist die Stadt vom
Meere umgeben. Wenn man ankommt, so hat man
zu seiner Rechten den Arm von St.-Georg, zur Linken den Hafen oder das goldene Horn; im Hintergrunde steht der Palast, welcher Blaquernes heißt
und sich durch Pracht und Zierlichkeit der Bauart
auszeichnet. Seinen Bewohnern gewährt er den
dreifachen Anblick des Meeres, des Feldes und der
Stadt. Das Gold glänzt hier überall; der Fußboden ist von Marmor. Die dritte Seite der Stadt
ist gegen das Land gekehrt und durch eine mit Thürmen besetzte Mauer befestigt, die sich in einer Länge

von einer Stunde vom Meere bis zum Palaste er=
streckt. An mehren Stellen bedecken die Reichen die
Straßen mit ihren Gebäuden und lassen den Armen
und Fremden den Unrath und die Finsterniß. Hier
werden Diebstähle, Mordthaten und andere Ver=
brechen begangen, welche die Dunkelheit begünstigt.
In dieser Stadt, welche fast ebenso viel Herren
als Reiche und ebenso viel Diebe als Arme hat, ken=
nen die Übelthäter weder Furcht noch Scham; kein Ge=
setz bestraft hier das Verbrechen. Diese Stadt ist in
jeder Hinsicht ausgezeichnet; wie sie alle andern an Reich=
thümern übertrifft, so übertrifft sie dieselben auch an
Lastern." An einer andern Stelle heißt es: „Konstan=
tinopel, stolz auf seine trügerischen Reichthümer, verderbt
und gewissenlos, hat für seine Schätze ebenso viel zu
fürchten, als es selbst wegen seiner Treulosigkeit zu fürchten
ist. Ohne seine Sittenverderbniß könnte es wegen sei=
ner milden Luft, der Fruchtbarkeit seines Bodens und
seiner günstigen Lage für die Ausbreitung des Glau=
bens allen andern Örtern vorgezogen werden. Der es
bespülende Meeresarm von St.=Georg gleicht einem
Meere wegen seines salzigen Wassers und einem Flusse
wegen seiner geringen Breite, die ihn sieben bis acht
Mal täglich zu überschreiten erlaubt."

Dieser Schilderung des genannten Schriftstellers,
in welcher sich ebenso große Bewunderung für die Stadt
Konstantin's als Abneigung gegen ihre Bewohner aus=
spricht, mag es im 12. Jahrhundert nicht an Wahr=
heit gefehlt haben; aber wie viele Änderungen sind seit=
dem eingetreten! Könnte er Konstantinopel jetzt sehen
und mit uns die Straßen und öffentlichen Plätze von
Stambul durchwandern, er fände fast nichts von Dem
wieder, was ihn einst entzückte oder ihm anstößig war.
Groß würde das Erstaunen und der Schmerz jenes
frommen Mönchs sein, wenn er an der Stelle jener
zahlreichen, den Heiligen und der heiligen Jungfrau ge=
widmeten Kirchen überall Minarets und Moscheen fände,
wenn er an der einst von dem Klerus der Sophienkirche
bewohnten Stelle den Palast und Harem eines Sultans
erblickte. Wo sich einst die prächtigen Paläste Konstantin's
erhoben, würde er nur Hütten, hölzerne Häuser und einige
größere Gebäude sehen, welche die Türken Serai oder Ko=
nak nennen, und deren kahle Mauern, vergitterte Fen=
ster und einsame Höfe ihnen beim ersten Anblick das
Ansehen von Klöstern oder Gefängnissen geben. Zur
Zeit der Kreuzzüge sah man jene Cypressenhaine noch
nicht, welche, von den Muselmännern den Gräbern ge=
weiht, in der Stadt und außerhalb derselben überall
die Ruhestätten der Todten beschatten; ebenso wenig
kannte man die reichen Bazars, welche jetzt zu den Zier=
den der neuern Stadt gehören. Der schöne Hügel von
Pera, der uns jetzt wie eine besondere Stadt erscheint,
war im Mittelalter mit Feigenbäumen und Weinstöcken
bedeckt. Die breiten Stadtgräben waren unter dem
Schutze eines langen Friedens zu Gärten geworden, in
denen alle Arten von Zier= und Nutzpflanzen wuchsen
und wo die Kaiser bisweilen wilde Thiere hielten. Die
Hauptstadt des osmanischen Reichs zeigt ferner nicht
mehr jene bizarren Gebäude, welche manche Straßen
unter einer dunkeln Decke verschlossen und in unterir=
dische Galerien verwandelten. Man findet in Stambul
nicht mehr jene Pracht der Großen, noch jene Zügello=
sigkeit des Volkes, welche der Kaplan Ludwig's VII. so
lebhaft schildert. Jetzt herrscht ein anderer Luxus, eine
andere Verderbniß und eine andere Gesellschaft; Häuser,
Straßen, Regierung, Religion, Volk, mit einem Worte,
Alles hat sich verändert. Ein Reisender jener längst
vergangenen Zeiten würde von der Stadt nichts wieder=

erkennen als ihre geographische Lage und ihre dreieckige
Gestalt, ihre reizenden Aussichten und die Schönheit
ihres Klimas, das goldene Horn, das einem Meere
gleicht, und die Meerenge von St.=Georg, die einem
großen Flusse ähnlich ist.

Naturhistorische Notizen.

Die Fruchtbarkeit der vierfüßigen Thiere steht, wie
schon Buffon bemerkte, im Allgemeinen im umgekehr=
ten Verhältnisse ihrer Größe, d. h. je größer ein Thier
ist, desto geringer ist seine Fruchtbarkeit. Der Elefant,
das Rhinoceros, das Flußpferd, das Kameel, der Wal=
fisch u. s. w. bringen bei jedem Wurfe nur ein Jun=
ges zur Welt, das Pferd, das Zebra, der Esel, die Kuh,
das Reh, der Hirsch, der Delphin, die meisten Affen
gewöhnlich eins, zuweilen jedoch zwei, die Ziege, das
Schaf, die Gemse u. s. w. zwei bis drei, die kleinern
Arten aber, das Kaninchen, das Meerschwein, die Feld=
maus u. s. w. 8, 10, 12—20 Junge auf einmal,
und zwar die Feldmaus 4—10, der Hund, die Acker=
maus, das Kaninchen 4—12, der Hamster und die
meisten Beutelthiere bis 16 u. s. w. Ebenso werfen
die kleinern Arten auch mehrmals im Jahre: die Wan=
derratte dreimal, jedesmal bis 19 Junge, das Meer=
schwein bis achtmal, jedesmal bis 12 Junge, die Haus=
maus drei bis fünfmal, der Hase viermal, Ackermaus
und Kaninchen vom April bis in den Spätherbst alle
fünf Wochen u. s. w. Dagegen werfen die größern
Thiere, das Kameel, die Kuh u. s. w., wie überhaupt
die meisten Säugthiere, nur einmal jährlich, der Ele=
fant sogar nur einmal alle drei bis vier Jahre. Nur
das Schwein scheint von dem oben angegebenen allge=
meinen Gesetze eine Ausnahme zu machen, da es weit
fruchtbarer ist, als seiner Größe angemessen zu sein
scheint; es wirft nämlich zweimal im Jahre und jedes=
mal bis 15, wol auch 20 Junge. Bei manchen Thie=
ren wird die Seltenheit der Würfe durch die große
Anzahl der bei jedem Wurfe zur Welt kommenden
Jungen gleichsam compensirt. Daß die Anzahl der
jährlich stattfindenden Würfe mit der Dauer der Träch=
tigkeitsperiode, über welche wir in Nr. 302 Angaben
mitgetheilt haben, in genauer Verbindung stehen muß,
ist für sich klar.

Was das Verhältniß der Geschlechter betrifft, so
nimmt Buffon an, daß die Zahl der Jungen männli=
chen Geschlechts größer sei als die des weiblichen, im All=
gemeinen um etwa $\frac{1}{16}$. Ein geschätzter jetzt lebender Na=
turforscher, Professor Bellingeri in Turin, glaubt zu dem
Resultate gekommen zu sein, daß das Verhältniß der
Geschlechter bei den Geburten der Wirbelthiere von der
Art der Nahrungsmittel abhänge, und daß bei den
kräuterfressenden Thieren die Zahl der männlichen Jun=
gen, bei den fleischfressenden dagegen die der weiblichen
größer sei. Er theilt nämlich jede der vier Classen der
Wirbelthiere (Säugthiere, Vögel, Amphibien und Fische)
nach der Beschaffenheit ihrer Nahrungsmittel in vier
Gruppen: kräuterfressende, fleischfressende, Alles fressende
und fischfressende, von denen die beiden ersten die zahl=
reichsten sind. Seine Beobachtungen beschränken sich
auf diese und zwar nur bei den Säugthieren; von den
kräuterfressenden hat er das Schaf, die Ziege, die Kuh,
den Hirsch, das Pferd, das Meerschwein und das Ka=
ninchen, von den fleischfressenden den Hund und die
Katze beobachtet; jene bringen, mit Ausnahme des Hir=
sches, mehr männliche, diese mehr weibliche Junge zur

Welt, wiewol der Hund im gezähmten Zustande fast gänzlich von vegetabilischer Nahrung lebt und daher in solchem auch mehr das Verhalten der kräuterfressenden Thiere zeigt. Außer der Nahrung hat aber noch der Zustand der Monogamie oder Polygamie, in dem die Thiere leben, Einfluß auf das Verhältniß der Geschlechter. Der Hirsch lebt in Polygamie und bei jedem Wurf kommen mehr weibliche Junge als männliche zur Welt; das Reh lebt in Monogamie und wirft immer nur zwei Junge, ein männliches und ein weibliches. Indem aber die Polygamie bei dem Hirsch die Regel der Production umkehrt, äußert sie auf andere kräuterfressende Säugthiere nicht dieselbe Ordnung; der Widder und Ziegenbock leben im Zustande der Polygamie und dennoch ist die Zahl der Lämmer und Ziegen männlichen Geschlechts überwiegend.

Der Tempel zu Dschaggernath.

Einer der berühmtesten Tempel Indiens ist der Tempel oder die Pagode zu Dschaggernath im Bezirke von Cuttack (Provinz Orissa, Präsidentschaft Kalkutta), dicht an der Ostküste Vorderindiens und unweit des Tschilkasees, in einer öden und unfruchtbaren Gegend gelegen. Der Ort hat seinen Namen von dem Gotte Dschaggernath, d. h. Herr der Welt; mit diesem Namen wird hier und auf der ganzen Küste Koromandel der Gott Wischnu bezeichnet, dem dieser Tempel gewidmet ist. Er ist 1100 Fuß lang, von gewaltigen Granitblöcken gebaut, eine einförmige Steinmasse und bildet einen der berühmtesten Wallfahrtsörter der Hindus, die besonders an den zwei hohen Festen des Gottes im März und Juli in ungeheuern Scharen herzuströmen. Ihre Zahl wird jährlich auf mindestens eine Million berechnet, aber neun Zehntheile der Pilger sollen unterwegs durch Hunger, Ermattung oder Krankheiten hinweggerafft werden. Ohne Zweifel ist diese Angabe sehr übertrieben, indessen ist so viel ausgemacht, daß die Umgegend Meilen weit (nach Einigen bis auf 12 Meilen in der Runde) mit den Gebeinen der gestorbenen Pilger bedeckt ist. Bejahrte Hindus treten die Wallfahrt nicht selten in der Absicht an, hier ihr Leben zu beschließen. Unweit des Tempels ist ein Platz, wohin die Leichname der Gestorbenen unbegraben geworfen und wo sie von Hunden und Geiern verzehrt werden. Die Abgaben der Pilger werfen eine ansehnliche Summe ab, die nach Abzug der sich auf 50,000 Thaler belaufenden Kosten zur Unterhaltung des Tempels seit der Besitznahme der früher den Mahratten unterworfenen Landschaft durch die Engländer im J. 1803 der englischen Regierung zufällt, welcher es aber freilich von vielen Seiten zum Vorwurfe gemacht wird, daß sie den heidnischen Götzendienst als Einnahmequelle benutzt. Die Einwohner selbst genießen des Tempeldienstes halber völlige Abgabenfreiheit.

Verantwortlicher Herausgeber Friedrich Brockhaus. — Druck und Verlag von F. A. Brockhaus in Leipzig.

2